무료 동영상 강의, CBT 모의고사 무료 응시권 제공!!

컴퓨터 활용능력 1급 필기 총정리 문제집

Vision IT 지음

IT연구회
해당 분야의 IT 전문 컴퓨터학원과 전문가 선생님들이 최선의 책을 출간하고자 만든 집필/감수 전문연구회로서, 수년간의 강의 경험과 노하우를 수험생 여러분에게 전달하고자 최선을 다하고 있습니다. IT연구회에 참여를 원하시는 선생님이나 교육기관은 ccd770@hanmail.net으로 언제든지 연락주십시오. 좋은 교재를 만들기 위해 많은 선생님들의 참여를 부탁드립니다.

구경화_IT 전문강사
김수현_IT 전문강사
김현숙_IT 전문강사
류은순_IT 전문강사
박봉기_IT 전문강사
문현철_IT 전문강사
송기웅_IT 및 SW전문강사
신영진_신영진컴퓨터학원장
이은미_IT 및 SW전문강사
장명희_IT 전문강사
전미정_IT 전문강사
조정례_IT 전문강사
최은영_IT 전문강사
김미애_강릉컴퓨터교육학원장
엄영숙_권선구청 IT 전문강사
조은숙_동안여성회관 IT 전문강사
김경화_IT 전문강사
김 숙_IT 전문강사
남궁명주_IT 전문강사
민지희_IT 전문강사
박상휘_IT 전문강사
백천식_IT 전문강사
송희원_IT 전문강사
윤정아_IT 전문강사
이천직_IT 전문강사
장은경_ITQ 전문강사
조영식_IT 전문강사
차영란_IT 전문강사
황선애_IT 전문강사
은일신_충주열린학교 IT 전문강사
옥향미_인천여성의광장 IT 전문강사
최윤석_용인직업전문교육원장
김선숙_IT 전문강사
김시령_IT 전문강사
노란주_IT 전문강사
문경순_IT 전문강사
박은주_IT 전문강사
변진숙_IT 전문강사
신동수_IT 전문강사
이강용_IT 전문강사
임선자_IT 전문강사
장은주_IT 전문강사
조완희_IT 전문강사
최갑인_IT 전문강사
김건석_교육공학박사
양은숙_경남도립남해대학 IT 전문강사
이은직_인천대학교 IT 전문강사
홍효미_다산직업전문학교

BM (주)도서출판 성안당

■ 도서 A/S 안내

성안당에서 발행하는 모든 도서는 저자와 출판사, 그리고 독자가 함께 만들어 나갑니다.

좋은 책을 펴내기 위해 많은 노력을 기울이고 있습니다. 혹시라도 내용상의 오류나 오탈자 등이 발견되면 "좋은 책은 나라의 보배"로서 우리 모두가 함께 만들어 간다는 마음으로 연락주시기 바랍니다. 수정 보완하여 더 나은 책이 되도록 최선을 다하겠습니다.

성안당은 늘 독자 여러분들의 소중한 의견을 기다리고 있습니다. 좋은 의견을 보내주시는 분께는 성안당 쇼핑몰의 포인트(3,000포인트)를 적립해 드립니다.

잘못 만들어진 책이나 부록 등이 파손된 경우에는 교환해 드립니다.

저자 문의 e-mail : leo45@hanmail.net

본서 기획자 e-mail : coh@cyber.co.kr(최옥현)

홈페이지 : http://www.cyber.co.kr 전화 : 031) 950-6300

머리말

PREFACE

본 수험서의 특징을 보면 ...

❶ 무료 동영상 강의(핵심정리)

과목별 핵심정리에 무료 동영상 강의를 제공하여 쉽고 확실하게 시험을 준비할 수 있도록 하였습니다.

❷ 단계별 학습(과목별 핵심정리+꼭 알아야 할 기출문제 150선+실전모의고사+최신기출문제+CBT 모의고사)

최근 기출문제를 분석하여 출제 비중이 높은 핵심 내용들로만 이론을 정리하였고, 시험을 대비해 꼭 알아야 할 기출문제 150문제를 엄선하여 제공합니다. 여기에 실전모의고사 5회+최신기출문제 15회+CBT 모의고사(무료 쿠폰 제공)로 최선의 학습 시스템을 제공합니다.

❸ 내용 분석

각 핵심정리마다 출제 빈도를 분석하여 중요도를 표시하였고, 특히 중요한 내용마다 별색으로 표시하여 학습의 효율성을 높였습니다.

❹ CBT 모의고사(무료 쿠폰 제공)

상시 시험 대비 CBT 모의고사를 제공하여 실제 시험과 유사한 환경에서 마지막 점검을 할 수 있게 함으로써 시험 전 사전 테스트 및 취약 부분에 대한 보강학습을 유도할 수 있도록 하였습니다.

수험생 여러분! 기회는 시작하는 것에서부터 존재합니다. 또한 부정하면 할 수 있는 것이 없으나, 긍정하면 할 수 있는 일이 수없이 많이 존재합니다. 본 수험서의 첫 장을 넘기는 순간부터 기회는 시작되는 것이며, 본인이 긍정하고 하나하나 익혀 나간다면 합격은 여러분의 눈앞에 쉽게 다가설 것입니다. 이 책을 빌어 수험생 여러분들의 합격을 진심으로 기원합니다.

저자 일동

이 책을 보는 방법 PREVIEW

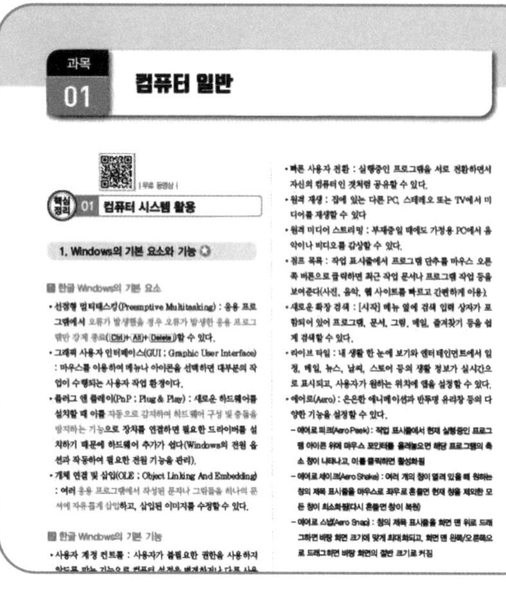

❶ 핵심정리

전체 내용을 중요 핵심요약별로 정리하였습니다.

❷ 중요도 표시

핵심정리를 출제 비중별로 중요도를 표시하였습니다.

❸ 무료 동영상 QR

전체 핵심정리의 내용을 저자 직강 무료 동영상 강의를 통해 학습할 수 있습니다.

❹ 중요 내용 강조

핵심정리 내용 중에서도 꼭 알아야 할 내용을 별색으로 강조하였습니다.

무료 동영상 강의 학습 및 다운로드

① 스마트폰으로 QR 코드를 찍어 유튜브로 연결하여 학습합니다.

② 성안당 사이트(www.cyber.co.kr)에 접속하여 로그인(아이디/비밀번호 입력)한 후 [자료실]에서 다운로드하여 PC에서 학습합니다.

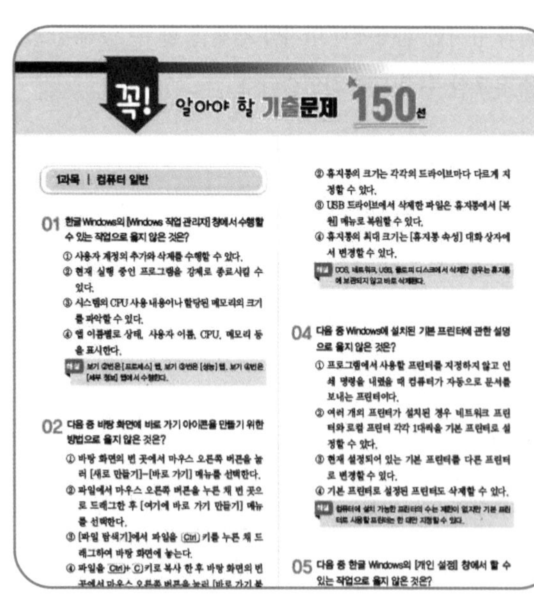

❶ 꼭 알아야 할 기출문제 150선

본 도서에서 가장 중요한 부분으로 지금까지 출제된 기출문제 중 가장 출제 빈도가 높고 앞으로도 출제될 가능성이 높은 150문제를 엄선하였습니다.

❷ 해설과 정답

각 문제마다 상세한 해설과 정답을 표시하여 학습의 효율을 높였습니다.

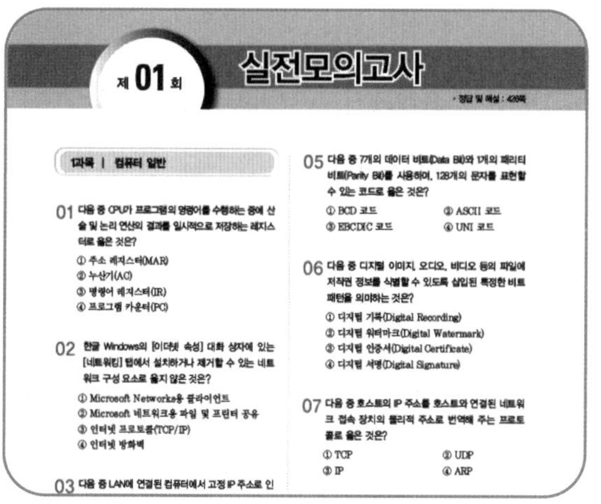

제 01 회 실전모의고사

1과목 | 컴퓨터 일반

01 다음 중 CPU가 프로그램의 명령어를 수행하는 중에 산술 및 논리 연산의 결과를 일시적으로 저장하는 레지스터로 옳은 것은?
① 주소 레지스터(MAR)
② 누산기(AC)
③ 명령어 레지스터(IR)
④ 프로그램 카운터(PC)

02 한글 Windows의 [이더넷 속성] 대화 상자에 있는 [네트워킹] 탭에서 설치하거나 제거할 수 있는 네트워크 구성 요소로 옳지 않은 것은?
① Microsoft Networks용 클라이언트
② Microsoft 네트워크용 파일 및 프린터 공유
③ 인터넷 프로토콜(TCP/IP)
④ 인터넷 방화벽

03 다음 중 LAN에 연결된 컴퓨터에서 고정 IP 주소로 인

05 다음 중 7개의 데이터 비트(Data Bit)와 1개의 패리티 비트(Parity Bit)를 사용하여, 128개의 문자를 표현할 수 있는 코드로 옳은 것은?
① BCD 코드 ② ASCII 코드
③ EBCDIC 코드 ④ UNI 코드

06 다음 중 디지털 이미지, 오디오, 비디오 등의 파일에 저작권 정보를 식별할 수 있도록 삽입된 특정한 비트 패턴을 의미하는 것은?
① 디지털 기록(Digital Recording)
② 디지털 워터마크(Digital Watermark)
③ 디지털 인증서(Digital Certificate)
④ 디지털 서명(Digital Signature)

07 다음 중 호스트의 IP 주소를 호스트와 연결된 네트워크 접속 장치의 물리적 주소로 번역해 주는 프로토콜로 옳은 것은?
① TCP ② UDP
③ IP ④ ARP

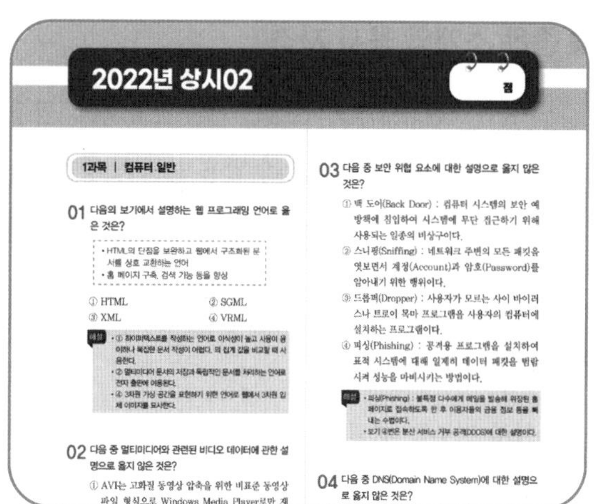

2022년 상시02

1과목 | 컴퓨터 일반

01 다음의 보기에서 설명하는 웹 프로그래밍 언어로 옳은 것은?
• HTML의 단점을 보완하고 웹에서 구조화된 문서를 상호 교환하는 언어
• 홈 페이지 구축, 검색 기능 등을 향상
① HTML ② SGML
③ XML ④ VRML

02 다음 중 멀티미디어와 관련된 비디오 데이터에 관한 설명으로 옳지 않은 것은?
① AVI는 고화질 동영상 압축을 위한 비표준 동영상 파일 형식으로 Windows Media Player로만 재

03 다음 중 보안 위협 요소에 대한 설명으로 옳지 않은 것은?
① 백 도어(Back Door) : 컴퓨터 시스템의 보안 예방책에 침입하여 시스템에 무단 접근하기 위해 사용되는 일종의 비상구이다.
② 스니핑(Sniffing) : 네트워크 주변의 모든 패킷을 엿보면서 계정(Account)과 암호(Password)를 알아내기 위한 행위이다.
③ 드롭퍼(Dropper) : 사용자가 모르는 사이 바이러스나 트로이 목마 프로그램을 사용자의 컴퓨터에 설치하는 프로그램이다.
④ 피싱(Phishing) : 공격용 프로그램을 설치하여 표적 시스템에 대해 일제히 데이터 패킷을 범람시켜 성능을 마비시키는 방법이다.

04 다음 중 DNS(Domain Name System)에 대한 설명으로 옳지 않은 것은?

❶ 실전모의고사

시험 직전 최종적으로 실력을 평가할 수 있도록 5회분의 실전모의고사를 수록하였으며, 정답 및 해설은 책의 제일 뒷부분에 수록하였습니다.

❷ 기출문제

최근 기출문제 15회를 수록하여 출제 경향을 파악하고 실력을 점검할 수 있도록 하였습니다.

CBT 무료 응시 쿠폰

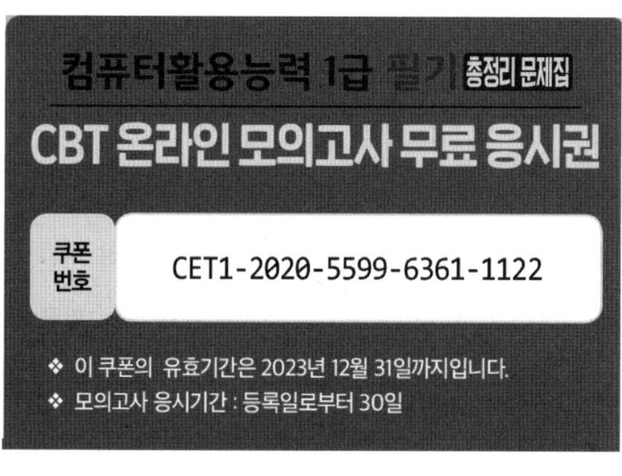

CBT 시험 서비스를 제공하여 상시시험 환경과 유사한 상태에서 최종적으로 실력을 점검할 수 있는 서비스를 제공합니다. 자세한 사용 방법은 쿠폰을 개봉하여 확인할 수 있습니다.

1 종목 소개와 응시 자격

- 〈컴퓨터활용능력〉 검정은 사무자동화의 필수 프로그램인 스프레드시트(SpreadSheet)와 데이터베이스(Database) 활용 능력을 평가하는 국가기술자격 시험입니다.
- 응시 자격은 남녀노소 제한 없이 누구나 응시할 수 있습니다.

2 원서 접수 안내

- 원서 접수를 위해서는 자격평가사업단 홈페이지(http://license.korcham.net/)에 회원가입 후 본인인증이 되어야 합니다.
- 원서 접수 기간 마지막일은 18:00에 마감되며, 상시검정은 개설일로부터 시험일 기준 최소 4일 전까지 접수를 해야 합니다. 또한, 필기 시험의 발표는 익일 10시이고, 실기 시험은 2주 후 금요일입니다.
- 접수 시간 중이라도 수험자가 많을 경우 시험장은 조기 마감될 수 있습니다.
- 원서 접수는 인터넷 접수를 원칙으로 하며, 인터넷 접수 시 상공회의소를 방문하지 않아도 됩니다(다만, 인터넷 접수 시 검정 수수료 외 인터넷 접수 수수료 1,200원이 별도 부과).
- 해당 원서 접수 기간 중에 시행 상공회의소의 근무 시간에 방문하여 접수도 가능합니다(방문 접수 시 절차는 인터넷 접수 절차와 동일하며, 인터넷 결제 수수료는 부담되지 않음).
- 검정 수수료는 필기의 경우 19,000원이고, 실기의 경우 22,500원입니다.

3 인터넷 접수 절차

STEP 01 | 종목 및 등급 선택 → STEP 02 | 로그인 → STEP 03 | 사진 올리기 → STEP 04 | 원하는 지역 선택 → STEP 05 | 원하는 시험장 선택 → STEP 06 | 원하는 시험 일시 및 시험 시간 선택 → STEP 07 | 선택 내역 확인 → STEP 08 | 전자 결제 → STEP 09 | 접수 완료 및 수험표 출력

4 시험 과목

등급	시험 방법	시험 과목	출제 형태	시험 시간
1급	필기 시험	• 컴퓨터 일반 • 스프레드시트 일반 • 데이터베이스 일반	객관식 60문항	60분
	실기 시험	• 스프레드시트 실무 • 데이터베이스 실무	컴퓨터 작업형	90분 (과목별 45분)
2급	필기 시험	• 컴퓨터 일반 • 스프레드시트 일반	객관식 40문항	40분
	실기 시험	스프레드시트 실무	컴퓨터 작업형	40분

5 시험 시작 시간(정기)

시험 방법	등급	시험 시작 시간	시험 시간
필기 시험	1급	09:00	09:15 ~ 10:15(60분)
	2급	10:30	10:45 ~ 11:25(40분)
실기 시험	1급	09:00	09:15 ~ 10:45(90분)
	2급	11:00	11:15 ~ 11:55(40분)

※ 반드시 입실 시간(시험 시작 시간)을 준수하여야 하며, 입실 시간 이후에는 입실이 불가능합니다.

6 합격 결정 기준 및 자격증

- **필기** : 매 과목 100점 만점에 과목당 40점 이상이고 평균 60점 이상
- **실기** : 100점 만점에 70점 이상(1급은 두 과목 모두 70점 이상)
- **발표** : 합격자는 자격평가사업단 홈페이지(http://license.korcham.net/)에서 확인합니다(합격 여부 확인 시 수검번호, 성명, 주민등록번호 등의 정보가 필요).
- **자격증 발급 수수료** : 인터넷은 3,100원 / 방문은 3,500원 / 우체국 등기 배송료는 2,450원(해당자는 신청자가 별도 부담)
- **자격증 발급 기간 및 수령 방법** : 우편 수령과 방문 수령이 있는데 우편 수령 시에는 우체국 등기 배송 요금 2,450원이 추가되고, 방문 수령 시에는 자격증 신청 후 15일 이후에 상공회의소로 신분증을 지참하여 수령하면 됩니다.

목차 CONTENTS

PART 01

핵심정리

1과목 • 컴퓨터 일반

핵심정리 01 컴퓨터 시스템 활용 ······ 12
핵심정리 02 컴퓨터 시스템 관리 ······ 29
핵심정리 03 인터넷 자료 활용 ······ 42
핵심정리 04 컴퓨터 시스템 보호 ······ 57

2과목 • 스프레드시트 일반

핵심정리 05 응용 프로그램 준비 ······ 63
핵심정리 06 데이터 입력 ······ 67
핵심정리 07 데이터 계산 ······ 76
핵심정리 08 데이터 관리 ······ 83
핵심정리 09 차트 활용 ······ 89
핵심정리 10 출력 작업 ······ 95
핵심정리 11 매크로 활용 ······ 97

3과목 • 데이터베이스 일반

핵심정리 12 DBMS 파일 사용 ······ 105
핵심정리 13 테이블 활용 ······ 110
핵심정리 14 쿼리 활용 ······ 118
핵심정리 15 폼 활용 ······ 126
핵심정리 16 보고서 활용 ······ 131
핵심정리 17 데이터베이스 프로그래밍 ······ 136

PART 02

꼭! 알아야 할 기출문제 150선

1과목 • 컴퓨터 일반 ······ 146
2과목 • 스프레드시트 일반 ······ 155
3과목 • 데이터베이스 일반 ······ 166

PART 03

실전모의고사

1회 • 실전모의고사 ······ 178
2회 • 실전모의고사 ······ 187
3회 • 실전모의고사 ······ 197
4회 • 실전모의고사 ······ 207
5회 • 실전모의고사 ······ 217

PART 04

최신기출문제

1회 • 최신기출문제(2015년06월27일) ······ 15–06–01
2회 • 최신기출문제(2015년10월17일) ······ 15–10–01
3회 • 최신기출문제(2016년03월05일) ······ 16–03–01
4회 • 최신기출문제(2016년06월25일) ······ 16–06–01
5회 • 최신기출문제(2016년10월22일) ······ 16–10–01
6회 • 최신기출문제(2017년03월04일) ······ 17–03–01
7회 • 최신기출문제(2017년09월02일) ······ 17–09–01

목차 CONTENTS

8회 • 최신기출문제(2018년03월03일) ········· 18-03-01
9회 • 최신기출문제(2018년09월01일) ········· 18-09-01
10회 • 최신기출문제(2019년03월02일) ········· 19-03-01
11회 • 최신기출문제(2019년08월31일) ········· 19-08-01
12회 • 최신기출문제(2020년02월29일) ········· 20-02-01
13회 • 최신기출문제(2020년07월04일) ········· 20-07-01
14회 • 최신기출문제(2021년 상시01) ········· 21-01
15회 • 최신기출문제(2022년 상시02) ········· 22-01

실전모의고사 정답 및 해설

1회 • 실전모의고사 정답 및 해설 ········· 426
2회 • 실전모의고사 정답 및 해설 ········· 429
3회 • 실전모의고사 정답 및 해설 ········· 432
4회 • 실전모의고사 정답 및 해설 ········· 435
5회 • 실전모의고사 정답 및 해설 ········· 438

Computer Efficiency Test

핵심정리

01과목 ➡ 컴퓨터 일반

02과목 ➡ 스프레드시트 일반

03과목 ➡ 데이터베이스 일반

과목 01

컴퓨터 일반

| 무료 동영상 |

핵심정리 01 컴퓨터 시스템 활용

1. Windows의 기본 요소와 기능

1 한글 Windows의 기본 요소

- 선점형 멀티태스킹(Preemptive Multitasking) : 응용 프로그램에서 오류가 발생했을 경우 오류가 발생한 응용 프로그램만 강제 종료(Ctrl+Alt+Delete)할 수 있다.
- 그래픽 사용자 인터페이스(GUI ; Graphic User Interface) : 마우스를 이용하여 메뉴나 아이콘을 선택하면 대부분의 작업이 수행되는 사용자 작업 환경이다.
- 플러그 앤 플레이(PnP ; Plug & Play) : 새로운 하드웨어를 설치할 때 이를 자동으로 감지하여 하드웨어 구성 및 충돌을 방지하는 기능으로 장치를 연결하면 필요한 드라이버를 설치하기 때문에 하드웨어 추가가 쉽다(Windows의 전원 옵션과 작동하여 필요한 전원 기능을 관리).
- 개체 연결 및 삽입(OLE ; Object Linking And Embedding) : 여러 응용 프로그램에서 작성된 문자나 그림들을 하나의 문서에 자유롭게 삽입하고, 삽입된 이미지를 수정할 수 있다.

2 한글 Windows의 기본 기능

- 사용자 계정 컨트롤 : 사용자가 불필요한 권한을 사용하지 않도록 막는 기능으로 컴퓨터 설정을 변경하거나 다른 사용자 계정에 영향을 줄 때 사용한다(해커와 악성 소프트웨어로부터 보호).
- BitLocker 드라이브 암호화 : Windows와 데이터가 있는 드라이브를 암호화한다.
- Windows Defender : 시스템을 감시하여 외부 접근 시 알림 기능을 제공한다(스파이웨어 방지).
- ReadyBoost : USB 드라이브나 플래시 메모리 카드를 이용하여 컴퓨터의 속도를 향상시킨다(최대 8개의 USB 드라이브를 사용하여 256GB까지 사용 가능).
- 빠른 사용자 전환 : 실행중인 프로그램을 서로 전환하면서 자신의 컴퓨터인 것처럼 공유할 수 있다.
- 원격 재생 : 집에 있는 다른 PC, 스테레오 또는 TV에서 미디어를 재생할 수 있다
- 원격 미디어 스트리밍 : 부재중일 때에도 가정용 PC에서 음악이나 비디오를 감상할 수 있다.
- 점프 목록 : 작업 표시줄에서 프로그램 단추를 마우스 오른쪽 버튼으로 클릭하면 최근 작업 문서나 프로그램 작업 등을 보여준다(사진, 음악, 웹 사이트를 빠르고 간편하게 이용).
- 새로운 확장 검색 : [시작] 메뉴 옆에 검색 입력 상자가 포함되어 있어 프로그램, 문서, 그림, 메일, 즐겨찾기 등을 쉽게 검색할 수 있다.
- 라이브 타일 : 내 생활 한 눈에 보기와 엔터테인먼트에서 일정, 메일, 뉴스, 날씨, 스토어 등의 생활 정보가 실시간으로 표시되고, 사용자가 원하는 위치에 앱을 설정할 수 있다.
- 에어로(Aero) : 은은한 애니메이션과 반투명 유리창 등의 다양한 기능을 설정할 수 있다.
  - 에어로 피크(Aero Peek) : 작업 표시줄에서 현재 실행중인 프로그램 아이콘 위에 마우스 포인터를 올려놓으면 해당 프로그램의 축소 창이 나타나고, 이를 클릭하면 활성화됨
  - 에어로 세이크(Aero Shake) : 여러 개의 창이 열려 있을 때 원하는 창의 제목 표시줄을 마우스로 좌우로 흔들면 현재 창을 제외한 모든 창이 최소화됨(다시 흔들면 창이 복원)
  - 에어로 스냅(Aero Snap) : 창의 제목 표시줄을 화면 맨 위로 드래그하면 바탕 화면 크기에 맞게 최대화되고, 화면 맨 왼쪽/오른쪽으로 드래그하면 바탕 화면의 절반 크기로 커짐

3 파일 시스템(File System)

- 디스크의 파일 정보가 저장된 섹터를 찾아볼 수 있도록 정보를 저장하는 특수 영역으로 FAT, FAT32는 Convert 명령을 이용하여 NTFS로 변환이 가능하다.
- NTFS는 FAT, FAT32로 변환이 어려우므로 파티션을 다시 설정하고, 포맷해야 한다.
- NTFS 압축을 사용하면 성능이 저하되며, 개별 파일과 폴더 외에도 NTFS 드라이브 전체를 압축할 수 있다(폴더 내용을 압축하지 않으면서 폴더 압축이 가능).

종류	설명
FAT(16)	파티션 용량은 2GB까지 제한되고, 기타 버전의 운영 체제에서 제한적으로 사용
FAT32	• FAT에 비해 작은 클러스터 크기와 큰 볼륨을 제공하므로 효율적 공간이 가능(4GB) • 공백을 포함하여 최대 255자까지 파일 이름(한글 127자, 영문 255자)을 지원(VFAT)
NTFS	• FAT나 FAT32 보다 대용량(16TB)의 디스크에 적합하고, 안정성과 보안성이 좋음 • 포맷된 하드 디스크 드라이브는 압축하여 디스크 공간을 절약할 수 있음 • 파일 및 폴더 권한, 암호화, 디스크 할당량, 제한된 계정, 압축 등 고급 기능을 제공

2. 한글 Windows의 부팅과 종료 ✪✪

1 한글 Windows의 부팅 과정

㉠ ROM-BIOS(하드웨어를 관리)와 POST(하드웨어를 검사)를 실행한다.

㉡ MBR(Master Boot Record)과 부트 섹터(Boot Sector)를 검색한다.

㉢ Windows의 NTLDR(기본 입출력 관리 파일)을 실행하여 메모리로 로딩한다.

㉣ BOOT.INI를 읽고, 부팅 메뉴를 표시한다.

㉤ NTDETECT.COM을 읽고, 레지스트리를 확인한다.

㉥ NTOSKRNL.EXE를 실행하여 필요한 정보를 읽는다.

㉦ WINLOGON.EXE를 실행하여 로그온 화면을 표시한다.

㉧ USERINIT.EXE와 EXPLORER.EXE를 순차적으로 실행한다.

2 다중(멀티) 부팅

• 두 개 이상의 운영 체제를 설치한 경우 컴퓨터를 시작할 때마다 사용할 운영 체제를 선택한다.

• 여러 개의 운영 체제가 설치되면 다중 부팅 메뉴가 표시되며, 정보는 부팅 구성 데이터(BCD)에 저장된다.

• [제어판]-[시스템]을 선택한 후 '고급 시스템 설정'을 클릭하고, [시스템 속성] 대화 상자의 [고급] 탭에서 '시작 및 복구'에 있는 [설정] 단추를 클릭한다.

3 한글 Windows의 고급 부팅 옵션

• [시작]-[설정]-[업데이트 및 보안]을 선택한 후 [복구]-[고급 시작 옵션]에서 [지금 다시 시작]을 클릭한다.

• 옵션 선택에서 [문제 해결]을 선택한 후 [고급 옵션]-[시작 설정]-[다시 시작]을 클릭한다.

고급 옵션	설명
디버깅 사용	직렬 케이블을 통해 다른 컴퓨터에 디버그 정보를 보내면서 컴퓨터를 부팅(고급 문제 해결 모드로 Windows를 시작)
부팅 로깅 사용	부팅 과정 중 일어나는 로딩 장치 드라이버에 대한 로그 파일(C:₩Windows₩ntbtlog.txt)을 작성
저해상도 비디오 사용	디스플레이 해상도를 저해상도 모드로 사용
안전 모드 사용	컴퓨터가 비정상적으로 작동될 때 Windows를 최소한의 기능으로 부팅하여 시스템의 각종 문제를 진단(CD-ROM, 프린터, 네트워크 카드, 사운드 카드 등은 사용할 수 없음)
안전 모드(네트워킹 사용) 사용	네트워크를 지원하는 안전 모드로 부팅
안전 모드(명령 프롬프트 사용) 사용	명령 입력 프롬프트를 사용할 수 있는 안전 모드로 부팅
드라이버 서명 적용 사용 안 함	부적절한 서명이 포함된 드라이버를 설치할 수 있도록 허용
멜웨어 방지 보호 조기 실행 사용 안 함	멜웨어 차단 시스템을 사용하지 않도록 함
오류 발생 후 자동 다시 시작 사용 안 함	Windows의 시스템 오류 시 다시 시작되지 않도록 함

4 한글 Windows의 종료

• [시작]-[전원]-[시스템 종료]를 선택한다.

• 바탕 화면에서 Alt+F4 키를 누르면 [Windows 종료] 대화 상자가 나타난다.

작업	설명
사용자 전환	• 현재 로그온 한 사용자 계정 상태를 그대로 두고, 다른 사용자 계정으로 전환하여 손쉽게 로그온 함 • 둘 이상의 사용자 계정이 있는 경우 로그오프하거나 프로그램을 닫지 않고도 다른 사용자 계정으로 빠르게 전환
로그아웃	• 모든 프로그램을 종료하고, 새롭게 로그온할 사용자를 선택 • 컴퓨터를 다시 시작하지 않고도 다른 사용자가 로그온할 수 있음
절전	• 모니터와 하드 디스크를 최소 전력으로 두고, 컴퓨터에서 최대 전원 작업을 빠르게 시작할 수 있는 전력 절약 상태 • 최대 절전 모드는 컴퓨터를 다시 켜면 종료할 때 작업 중이던 모든 내용이 화면에 그대로 표시(전력이 가장 낮음) • 하이브리드 절전 모드는 모든 내용을 하드 디스크에 저장한 후 절전 상태로 전환했다가 해제 시 다시 시작
다시 시작	시스템을 종료한 후 자동적으로 다시 부팅

5 Windows 작업 관리자

- 바탕 화면에서 Ctrl+Shift+ESC 키를 누른다.
- 작업 표시줄의 바로 가기 메뉴에서 [작업 관리자]를 선택한다.

탭	설명
[프로세스]	현재 실행 중인 프로세스(앱) 목록을 확인하거나 '작업 끝내기'로 종료
[성능]	CPU와 메모리의 사용 현황 등에 관한 정보를 그래프로 확인
[앱 기록]	설치된 앱별로 CPU 시간, 네트워크, 데이터 통신, 타일 업데이트 등을 표시
[시작프로그램]	컴퓨터 시작 시 실행되는 프로그램의 상태와 영향을 표시
[사용자]	컴퓨터에 로그인한 사용자의 연결을 끊거나 로그오프 할 수 있음
[세부 정보]	앱 이름별로 세부 정보(상태, 사용자 이름, CPU, 메모리 등)를 표시
[서비스]	해당 프로세스와 연결된 서비스를 표시(이름, 설명, 상태, 그룹 등)

3. 마우스 및 키보드 사용 ✪✪

1 바로 가기 키(단축키)

바로 가기 키	설명
F1	Windows 도움말 및 지원
F2	해당 항목(파일 및 폴더)의 이름 바꾸기
F3	검색 결과 창을 표시(파일 또는 폴더 검색)
F4	파일 탐색기에서 주소 표시줄 표시
F5	최신 정보로 새로 고침
F6	창이나 바탕 화면의 요소를 순차적으로 이동
Ctrl + ESC	[시작] 메뉴 호출
Ctrl + C	복사
Ctrl + X	잘라내기
Ctrl + V	붙여넣기
Ctrl + Z	실행 취소
Ctrl + Y	다시 실행
Ctrl + A	모든 개체 선택
Alt + F4	창을 닫거나 프로그램을 종료
Alt + Tab	실행중인 프로그램 목록으로 창 전환
Alt + ESC	열린 순서대로 항목 전환
Alt + Enter	선택 항목의 속성 대화 상자 표시(=Alt+더블 클릭)
Alt + Print Screen	현재 활성화된 창만 클립보드에 복사
Print Screen	화면 전체를 클립보드에 복사
Alt + SpaceBar	창 조절 메뉴 표시
Shift + CD 삽입	CD 자동 실행 방지
Shift + F10	선택 항목의 바로 가기 메뉴 표시

2 윈도우 로고 키

로고 키	설명
⊞	[시작] 메뉴 표시
⊞ + E	파일 탐색기 형태의 컴퓨터 열기
⊞ + F	피드백 허브 창 표시
⊞ + G	가젯을 차례로 선택
⊞ + R	[실행] 대화 상자 표시
⊞ + T	작업 표시줄의 최소화된 프로그램을 차례로 선택
⊞ + Tab	작업 표시줄의 단추를 차례로 선택
⊞ + Break	시스템 창 표시
⊞ + D	모든 창을 최소화하거나 이전 크기로 열기
⊞ + M	모든 창을 최소화(복원은 ⊞+Shift+M)
⊞ + L	컴퓨터 잠금 또는 사용자 전환 표시
⊞ + U	설정 창 표시
⊞ + ↑/↓	창 최대화/최소화(에어로 스냅)
⊞ + Home	선택 창을 제외하고, 모든 창을 최소화(에어로 세이크)

3 클립보드(Clipboard)

- 최근에 복사하거나 잘라내기 한 데이터가 임시로 기억되며, 새로운 데이터를 복사하거나 잘라내기 하면 이전 데이터는 자동으로 삭제된다.
- 가장 최근에 저장한 하나의 내용만 저장되며, 여러 번 사용이 가능하다.
- 문자, 이미지, 소리 등을 기억하며, 서로 다른 응용 프로그램간 데이터를 쉽게 전달할 수 있다.
- 시스템을 재시작하면 클립보드에 저장된 데이터는 삭제된다.
- 저장된 데이터의 파일 확장자는 *.CLP이다.

4. 메뉴 및 창 사용 ✪

1 창의 구성 요소

- 빠른 실행 도구 모음 : 자주 사용하는 기본 명령들을 등록하여 바로 실행할 수 있다.
- 창 조절 단추 : 현재 창의 크기를 최소화(–), 최대화(□), 이전 크기로 복원(▣), 닫기(×)의 형태로 표시한다.
- 메뉴 표시줄 : 현재 열려 있는 창에서 사용할 수 있는 다양한 기능들을 메뉴 형태로 나타난다(창의 기본 기능을 실행할 수 있도록 각종 명령을 모아놓음).
- 뒤로/앞으로 : 현재 창에서 이전 또는 다음 항목으로 이동한다.
- 주소(경로) 표시줄 : 현재 열려 있는 창의 위치 경로와 경로명을 표시한다.
- 탐색 창 : 사용자 시스템에 있는 모든 디스크와 폴더, 파일들을 표시한다.
- 검색란 : 시스템에서 원하는 파일이나 폴더를 다양한 방법으로 검색한다(파일명이나 폴더명으로 원하는 항목을 검색).
- 폴더 내용 표시 창 : 시스템의 탐색한 창에서 선택한 디스크와 폴더의 내용을 표시한다.
- 스크롤바 : 창 내용이 모두 나타나지 않을 때 스크롤 단추를 클릭하거나 드래그한다.
- 상태 표시줄 : 현재 선택한 파일이나 폴더에 대해 다양한 항목과 상세 정보를 표시한다.

2 창의 배열

- 작업 표시줄의 바로 가기 메뉴에서 창 배열 종류(계단식 창 배열, 창 가로 정렬 보기, 창 세로 정렬 보기)를 선택한다.
- 바탕 화면에 있는 창들만 배열할 수 있으며, 작업 표시줄에 표시된 창은 배열할 수 없다.

3 창의 전환

- 작업 표시줄에 표시된 창이나 프로그램 단추를 클릭한다.
- Alt+ESC 키를 누르면서 작업할 창을 선택한다.
- Alt+Tab 키를 눌러 현재 실행중인 창 목록이 나타나면 Tab 키로 작업할 창을 선택한다.

5. [시작] 메뉴 및 작업 표시줄 ✪✪✪

1 [시작] 메뉴의 특징

- 한글 Windows에 설치된 프로그램이 있는 곳으로 [시작] 단추를 클릭하거나 Ctrl+ESC 키 또는 ⊞ 키를 누른다.
- 한글 Windows에서 사용하는 프로그램은 앱 목록에 추가되는데 해당 목록에는 임의의 프로그램을 등록하거나 제거할 수 있다.
- 컴퓨터에 설치된 모든 앱(프로그램)은 숫자순, 영문순, 한글순으로 정렬되어 나타난다.
- 특정 앱을 시작 화면에 고정시키려면 해당 앱 목록에서 마우스 오른쪽 버튼을 클릭하고, [시작 화면에 고정]을 선택한다.
- 특정 앱을 작업 표시줄에 고정시키려면 해당 앱 목록에서 마우스 오른쪽 버튼을 클릭하고, [자세히]-[작업 표시줄에 고정]을 선택한다.
- 시작 화면/작업 표시줄에 고정된 항목을 제거하려면 해당 앱 항목에서 마우스 오른쪽 버튼을 클릭하고, [시작 화면에서 제거]/[작업 표시줄에서 제거]를 선택한다.

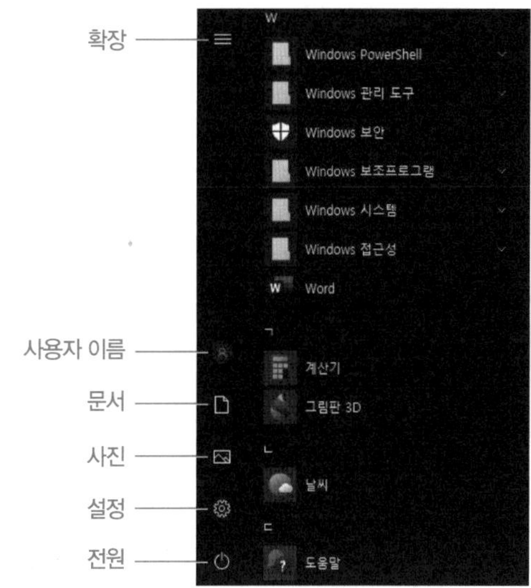

2 [시작] 메뉴의 항목

항목	설명
확장	[시작] 메뉴 항목을 확장하거나 축소
사용자 이름	사용자 계정 유형, 이름, 그림 등을 변경할 수 있음
문서	파일 탐색기의 [내 PC]-[문서]로 이동하며, 문서 파일을 저장하거나 문서 폴더를 작성
사진	파일 탐색기의 [내 PC]-[사진]으로 이동하며, 사진(그림) 파일을 저장하거나 그림 폴더를 작성
설정	Windows 설정 창을 호출(시스템, 장치, 전화, 네트워크 및 인터넷, 개인 설정, 앱, 계정, 시간 및 언어, 게임, 접근성, 검색, 개인 정보, 업데이트 및 보안)
전원	절전, 시스템 종료, 다시 시작

3 [시작] 단추의 바로 가기 메뉴

- [시작] 단추에서 마우스 오른쪽 버튼을 클릭하면 다양한 설정 메뉴가 나타난다.
- 앱 및 기능, 전원 옵션, 이벤트 뷰어, 시스템, 장치 관리자, 네트워크 연결, 디스크 관리, 컴퓨터 관리, 작업 관리자, 설정, 파일 탐색기, 검색, 실행, 종료 또는 로그아웃, 데스크톱 등의 메뉴를 선택할 수 있다.

4 작업 표시줄의 특징

- 현재 실행중인 프로그램을 아이콘으로 표시하며, 알림 영역에는 날짜와 시계를 표시할 수 있다.
- 작업 표시줄의 크기와 위치를 조절하려면 바로 가기 메뉴에서 [모든 작업 표시줄 잠금]의 체크 표시를 해제한다.
- 작업 표시줄 경계선에 마우스 포인터를 위치시킨 후 포인터 모양이 화살표로 변경되면 마우스를 드래그하여 크기를 변경할 수 있다(화면 크기의 상하좌우 1/2까지 조절 가능).
- 위치는 작업 표시줄의 빈 부분을 드래그하여 위쪽, 아래쪽, 왼쪽, 오른쪽에 위치시킬 수 있다.
- 작업 표시줄의 빈 영역을 선택한 후 Alt+Enter 키를 누르면 작업 표시줄 설정 창이 나타난다.

5 작업 표시줄의 구성 요소

구성 요소	설명
[시작] 단추	[시작] 메뉴가 나타남
검색	앱, 문서, 웹, 동영상, 사진, 설정, 음악, 폴더 등을 검색
작업 보기	현재 실행(작업)중인 프로그램 목록을 창별로 확인
빠른 실행 아이콘	자주 사용하는 프로그램을 아이콘 형태로 등록(마우스 클릭으로 바로 실행)
실행중인 프로그램 아이콘	현재 실행(작업)중인 프로그램 등을 아이콘 형태로 등록
알림 영역(Tray)	시스템에 설정된 날짜와 시간, 볼륨, 인쇄 상황 등을 표시(=시스템 표시 영역)
바탕 화면 보기	현재 작업중인 상태에서 ▎단추를 클릭하면 모든 프로그램을 작업 표시줄에 최소화시키고, 바탕 화면을 표시

6 작업 표시줄의 설정

- 작업 표시줄 잠금 : 현재 상태에서 작업 표시줄의 크기와 위치를 변경할 수 없도록 고정한다.
- 데스크톱 모드에서 작업 표시줄 자동 숨기기 : 작업 표시줄을 숨기다가 마우스 포인터를 작업 표시줄 영역에 위치하면 다시 나타난다.
- 작은 작업 표시줄 단추 사용 : 작업 표시줄의 아이콘을 작게 표시한다.
- 작업 표시줄 단추에 배지 표시 : 해당 앱과 관련하여 특정 작업이 발생하는 것을 알려준다('작은 작업 표시줄 단추 사용'을 설정하면 해당 항목은 비활성화됨).
- 화면에서의 작업 표시줄 위치 : 화면에서의 위치를 아래쪽, 왼쪽, 오른쪽, 위쪽으로 선택할 수 있다.
- 작업 표시줄 단추 하나로 표시 : '항상, 레이블 숨기기', '작업 표시줄이 꽉 찼을 때'를 선택하여 해당 경우에 단추 하나로 표시한다(단추 하나로 표시 안 함인 경우는 '안 함'을 선택).
- 알림 영역 : 작업 표시줄에 표시할 아이콘을 선택하거나 시스템 아이콘의 켜기/끄기를 선택한다.
- 여러 디스플레이 : 모든 디스플레이 작업 표시줄 표시, 작업 표시줄 단추 표시 위치(모든 작업 표시줄, 주 작업 표시줄 및 창이 열려 있는 작업 표시줄, 창이 열려 있는 작업 표시줄), 다른 작업 표시줄의 단추 하나로 표시(항상, 레이블 숨기기, 작업 표시줄이 꽉 찼을 때, 안 함)를 지정한다.
- 피플 : 작업 표시줄에 연락처 표시와 표시할 연락처 수를 선택한다.

7 작업 표시줄의 바로 가기 메뉴

- 도구 모음, 검색, 작업 보기 단추 표시, 계단식 창 배열, 창 가로 정렬 보기, 창 세로 정렬 보기, 바탕 화면 보기, 작업 관리자, 모든 작업 표시줄 잠금, 작업 표시줄 설정 등으로 구성된다.
- 창 배열 시 작업 중인 창들이 바탕 화면에 열려 있어야 하며, 작업 표시줄에 아이콘으로 등록되어 있으면 창 배열을 할 수 없다.
- [도구 모음]–[주소] : 인터넷 주소를 입력할 수 있는 주소 표시줄을 표시한다.
- [도구 모음]–[링크] : 즐겨찾기의 링크를 이용하여 웹 페이지로 이동할 수 있도록 표시한다.
- [도구 모음]–[바탕 화면] : 현재 바탕 화면의 내용을 확인할 수 있는 도구 모음을 표시한다.
- [도구 모음]–[새 도구 모음] : 사용자가 임의의 도구를 만들어 표시한다.

6. 바탕 화면의 사용 ✪✪✪

1 바탕 화면의 특징

- Windows의 초기 화면으로 삭제는 할 수 없지만 배경색, 배경 사진, 맞춤 등은 변경할 수 있다.

- Windows의 설치 시 기본적으로 휴지통만 표시되지만 필요에 따라 아이콘을 등록할 수 있다.
- 바탕 화면에 아이콘이 많으면 컴퓨터 부팅 속도와 프로그램 실행 속도에 영향을 미친다.
- 자주 사용하는 프로그램, 파일 및 폴더에 대해 바로 가기 아이콘을 추가할 수 있다.
- 인터넷에 연결하여 웹 페이지를 바탕 화면에 추가할 수 있다.

2 바탕 화면의 바로 가기 메뉴

메뉴	설명
새 폴더	바탕 화면에 새로운 폴더를 생성
보기	바탕 화면의 아이콘을 큰 아이콘, 보통 아이콘, 작은 아이콘으로 표시(아이콘 자동 정렬, 아이콘을 그리드에 맞춤, 바탕 화면 아이콘 표시)
정렬 기준	바탕 화면의 아이콘을 이름, 크기, 항목 유형, 수정한 날짜로 정렬
새로 고침	바탕 화면의 내용을 최신 정보로 새로 고침
붙여넣기	복사나 잘라내기 한 내용을 바탕 화면에 붙여넣음
바로 가기 붙여넣기	복사나 잘라내기 한 내용을 바탕 화면에 바로 가기 아이콘으로 붙여넣음
삭제 취소	바탕 화면에서 삭제한 내용을 취소
새로 만들기	폴더, 바로 가기, 문서 파일 등을 바탕 화면에 새로 작성
디스플레이 설정	디스플레이 창을 호출하여 색, 배율, 해상도, 방향 등을 설정
개인 설정	개인 설정 창을 호출하여 바탕 화면을 다양하게 꾸밈

3 아이콘(Icon)

- 파일 또는 폴더를 쉽게 구별할 수 있도록 그림 형태로 나타낸 것이다.
- 아이콘을 삭제하면 프로그램에 직접적인 영향을 미칠 수 있으므로 주의해야 한다.

4 바로 가기 아이콘(Shortcut)

- 실제 프로그램이 아니라 응용 프로그램의 경로를 기억하고 있는 아이콘으로 확장자는 'LNK'이다.
- 원본 파일이 있는 위치와 다른 위치에 만들 수 있다(파일이나 폴더의 위치 정보를 기억).
- 일반 아이콘과 같이 더블 클릭하면 링크된 해당 프로그램이 실행된다(연결된 원본 파일이 실행).
- 일반 아이콘과 구분하기 위하여 아이콘 왼쪽 아래에 화살표( )가 표시된다.
- 위치는 실제 파일 위치와 다를 수 있으며, 삭제해도 원본 파일에는 전혀 영향을 주지 않는다.
- 해당 아이콘을 다른 곳으로 이동시키더라도 원본 내용은 이동되지 않는다.
- 하나의 원본 파일에 대한 바로 가기 아이콘을 여러 개 만들어 사용할 수 있다.
- 파일, 폴더, 디스크 드라이브, 제어판, 파일 탐색기, 프린터 등 모든 항목에 대해 바로 가기를 작성할 수 있다.

5 바로 가기 아이콘 만들기

- 폴더 창에서 해당 개체를 선택한 후 [홈] 탭의 [새로 만들기] 그룹에서 새 항목(새 항목 ▾) 단추를 클릭하고, [바로 가기]를 선택한다.
- 해당 개체를 선택하고 바로 가기 메뉴의 [보내기]-[바탕 화면에 바로 가기 만들기]를 선택한다.
- 해당 개체의 바로 가기 메뉴에서 [바로 가기 만들기]를 선택한다.
- 바탕 화면의 바로 가기 메뉴에서 [새로 만들기]-[바로 가기]를 선택한다.
- 해당 개체를 선택하고 마우스 오른쪽 버튼으로 드래그한 후 [여기에 바로 가기 만들기]를 선택한다.
- 해당 개체를 선택하고, Alt 키를 누른 상태에서 바탕 화면으로 드래그한다.
- 해당 개체를 선택하고, Ctrl+Shift 키를 누른 상태에서 드래그한다.
- 바로 가기 아이콘을 복사하여 다른 위치에 붙여넣기를 한다.
- 해당 개체를 복사한 후 바탕 화면에서 바로 가기 메뉴의 [바로 가기 붙여넣기]를 선택한다.

6 바로 가기 아이콘 속성

- 바로 가기 아이콘의 바로 가기 메뉴에서 [속성]을 선택하면 해당 아이콘의 [속성] 대화 상자가 나타난다.
- 원본을 다른 개체로 변경할 수 있으며 대상 형식, 대상 위치 등을 확인할 수 있다(연결 항목의 바로 가기 키 지정).
- 바로 가기 아이콘의 모양을 바꿀 수 있으며, 연결 대상 파일을 지정할 수 있다.
- 바로 가기 아이콘에 연결된 대상 파일의 이름을 바꾸어도 실제 원본 파일에는 영향을 주지 않는다.
- 바로 가기 아이콘의 속성에서는 아이콘의 이름, 연결된 대상 파일의 경로 등이 포함되지만 공유를 설정할 수는 없다.

7. 폴더 옵션 ✪✪

1 [일반] 탭

• 폴더 찾아보기 : 각 폴더의 내용을 같은 창이나 새 창에서 폴더 열기를 할 수 있도록 지정한다.
• 항목을 다음과 같이 클릭 : 마우스를 한 번 또는 두 번 클릭하여 폴더나 바탕 화면의 항목을 열도록 지정한다.
• 개인 정보 보호 : 빠른 실행에서 최근에 사용된 파일 및 폴더를 표시한다.

2 [보기] 탭

• 폴더 보기 : 모든 폴더를 현재 폴더 설정이나 기본 폴더 보기 설정으로 지정한다.
• 고급 설정 : 공유 마법사 사용, 드라이브 문자 표시, 메뉴 항상 표시, 숨김 파일 및 폴더, 시스템 파일, 파일 확장명 숨기기, 제목 표시줄에 전체 경로 표시 여부, 미리 보기 창의 파일 내용 표시 여부, 팝업 설명의 표시 여부 등을 지정한다.

3 [검색] 탭

• 검색 방법 : 파일과 폴더를 검색할 때 검색 결과에 하위 폴더가 포함되거나 부분적으로 일치하는 항목을 선택할 수 있다.
• 색인되지 않은 위치 검색 시 : 시스템 디렉터리나 압축 파일의 포함 유무를 선택할 수 있다.

8. 파일/폴더 만들기와 사용 ★★★

1 파일의 특징

• 파일은 서로 관련성 있는 정보의 집합으로 디스크에 저장되는 기본 단위이다.
• 점(.)을 기준으로 '파일명.확장자'로 구분하고, 확장자는 생략이 가능하다.
• 파일명은 공백을 포함하여 한글은 최대 127자, 영문은 최대 255자까지 사용할 수 있다.
• *, ?, /, ₩, :, ", 〈, 〉, |, : ₩ 등과 같은 특수 문자는 파일명으로 사용할 수 없다.

종류	확장자	종류	확장자
실행 파일	BAT, COM, EXE	압축 파일	ZIP, ARJ, RAR
그림 파일	BMP, JPG, PCX	백업 파일	BAK
문서 파일	HWP,DOC, TXT	사운드 파일	WAV, MP3, MID
동영상 파일	AVI, MOV, MPG	웹 파일	HTM, HTML

※ 아카이브 파일 : Zip 파일과 같이 압축된 파일이나 보관 및 저장 속성을 가진 파일

2 파일 속성

탭	설명
[일반]	파일 이름, 파일 형식, 연결 프로그램, 위치, 크기, 디스크 할당 크기, 만든 날짜, 수정한 날짜, 액세스한 날짜, 특성(읽기 전용, 숨김) 등을 확인
[보안]	개체 이름, 그룹 또는 사용자 이름, 사용 권한, 특정 권한 및 고급 설정 등을 확인
[자세히]	파일 이름, 유형, 폴더 위치, 크기, 만든 날짜, 수정한 날짜, 특성, 소유자, 컴퓨터 등을 확인
[이전 버전]	파일 버전에 따라 이름, 수정한 날짜, 위치를 확인

※ 오디오 정보 : 비트 전송률, 채널, 샘플 속도

3 폴더의 특징

• 폴더는 서로 관련 있는 파일들을 체계적으로 보관하는 장소로 DOS의 디렉토리와 동일한 개념이다.
• 하나의 폴더는 여러 개의 하위 폴더를 포함할 수 있지만 같은 폴더 내에 동일한 이름의 폴더는 존재할 수 없다(파일은 폴더를 포함할 수 없음).
• 계층적 구조를 갖기 때문에 상위 폴더를 삭제하면 하위 폴더에 있는 파일들까지 모두 삭제된다.
• [홈] 탭의 [새로 만들기] 그룹에서 새 폴더(새 폴더) 단추를 클릭한다.
• 폴더를 작성할 위치에서 빠른 실행 도구 모음에 있는 새 폴더( ) 단추를 클릭한다.
• 폴더를 작성할 위치에서 마우스 오른쪽 버튼을 클릭하고, [새로 만들기]-[폴더]를 선택한다.

4 폴더 속성

탭	설명
[일반]	폴더 이름, 종류, 위치, 크기, 디스크 할당 크기, 내용, 만든 날짜, 특성(읽기 전용, 숨김) 등을 확인
[공유]	• 다른 사용자와 폴더 내용을 공유하고, 폴더에 액세스 사용 권한을 설정 • 네트워크상에서 공유할 폴더 이름을 표시 • 다른 사람이 공유 폴더에 액세스하려면 사용자 계정과 암호가 필요 • 공유 사용 권한에서 그룹 또는 사용자 이름을 추가 • 동시 사용자 수를 제한할 수 있으며, 최대 20명까지만 가능 • 고급 공유 설정에서 다른 사용자들의 사용 권한을 개별적으로 설정
[보안]	개체 이름, 그룹 또는 사용자 이름, 사용 권한, 특정 권한 및 고급 설정 등을 확인
[이전 버전]	폴더 버전에 따라 이름, 수정한 날짜를 확인
[사용자 지정]	• 새로운 유형을 이용하여 폴더를 최적화 • 폴더에 있는 사진이나 폴더 아이콘을 변경

5 압축 폴더의 사용

- 폴더를 압축하면 디스크 공간을 절약할 수 있으며, 압축한 폴더를 다른 컴퓨터로 빠르게 전송할 수 있다.
- 일부 프로그램은 압축을 풀지 않고, 압축 폴더에서 바로 실행한다.
- 암호를 이용하여 파일을 보호하므로 컴퓨터 성능이 저하되지 않는다.
- 압축 폴더와 파일 또는 그 안에 포함된 파일이나 프로그램을 일반 폴더에서 사용하는 것과 동일하게 사용할 수 있다.
- 압축 폴더를 다른 드라이브나 폴더로 이동시킬 수 있으며, 다른 파일 압축 프로그램을 사용하는 다른 사용자들과 공유할 수 있다.
- 다른 파일에 종속되어 있는 프로그램을 실행할 경우 압축을 해제한 후 실행한다.
- 압축하려는 파일과 폴더를 선택한 후 [공유] 탭의 [보내기] 그룹에서 압축(ZIP)(압축(ZIP)) 단추를 클릭한다.

6 디스크 속성

탭	설명
[일반]	디스크 이름, 종류, 파일 시스템, 사용 중인 공간, 사용 가능한 공간, 용량 등을 확인하거나 디스크 정리를 수행
[도구]	오류 검사, 조각 모음, 백업 등을 수행
[하드웨어]	모든 디스크 드라이브(이름, 종류)와 장치 속성(제조업체, 위치, 장치 상태)을 확인
[공유]	• 다른 사용자와 디스크 내용을 공유하고, 디스크에 액세스 사용 권한을 설정 • 다른 사람이 공유 폴더에 액세스하려면 사용자 계정과 암호가 필요
[보안]	개체 이름, 그룹 또는 사용자 이름, 사용 권한, 특정 권한 및 고급 설정 등을 확인
[이전 버전]	폴더 버전에 따라 이름, 수정한 날짜를 확인
[할당량]	각 시스템 사용자에게 디스크 사용 할당량에 대한 제한 여부를 지정

7 파일과 폴더의 선택

방법	설명
하나의 파일/폴더 선택	• 선택할 파일/폴더를 마우스로 클릭 • 선택한 파일/폴더의 해제는 ESC 키를 누르거나 마우스로 빈 공간을 클릭
연속된 파일/폴더 선택	• 첫 번째 파일/폴더를 선택하고, Shift 키를 누른 상태에서 다른 파일/폴더를 클릭 • 선택할 파일/폴더가 포함되도록 마우스로 드래그
떨어진 파일/폴더 선택	• Ctrl 키를 누른 상태에서 해당 파일/폴더를 클릭 • 선택한 파일/폴더의 해제는 Ctrl 키를 누른 상태에서 선택한 파일/폴더를 다시 클릭
전체 파일/폴더 선택	• [홈] 탭의 [선택] 그룹에서 모두 선택(모두 선택) 단추를 클릭 • Ctrl+A 키를 누름
특정 폴더 선택	폴더명이 'M'으로 시작하는 폴더가 있을 경우 M 키를 누르면 해당 영문자로 시작하는 첫 번째 폴더를 선택
선택 영역 반전	• 선택된 파일/폴더를 해제하고, 선택되지 않은 다른 파일/폴더를 선택 • 기존 선택에서 제외할 파일/폴더를 클릭한 후 [홈] 탭의 [선택] 그룹에서 선택 영역 반전(선택 영역 반전) 단추를 클릭

8 연결 프로그램

- 파일 종류에 따라 해당 프로그램이 자동 실행되는 프로그램으로 확장자에 따라 연결 프로그램이 결정된다.
- 확장자가 다르더라도 특정 응용 프로그램을 지정하여 실행할 수 있다.
- 확장자가 같은 파일에 대해 다른 연결 프로그램을 지정할 수는 없다.
- 연결 프로그램이 지정된 파일에서 [열기]를 선택하면 자동으로 해당 프로그램이 실행된다.
- 연결 프로그램이 지정되지 않은 파일을 열기 위해서는 어떤 응용 프로그램을 사용할지를 결정한다.
- 응용 프로그램을 설치하면 해당 프로그램에서 사용하는 파일은 연결 프로그램이 자동으로 설정된다.
- 파일을 더블 클릭했을 때 [연결 프로그램] 대화 상자가 나타나면 현재 연결된 프로그램이 없음을 의미한다(파일에 연결된 프로그램은 사용자가 바꿀 수 있음).
- 특정 파일의 바로 가기 메뉴에서 [연결 프로그램]-[다른 앱 선택]을 선택하면 연결 프로그램을 변경할 수 있다.
- [파일 속성] 대화 상자의 [일반] 탭에서 '연결 프로그램'에 있는 [변경] 단추를 클릭해도 연결 프로그램을 변경할 수 있다.

9. 이동, 복사, 삭제, 이름 바꾸기 ★★★

1 파일과 폴더의 이동

방법	설명
메뉴	파일/폴더 선택 → [홈] 탭의 [클립보드] 그룹에서 잘라내기(잘라내기) → [홈] 탭의 [클립보드] 그룹에서 붙여넣기(붙여넣기)

바로 가기 메뉴	파일/폴더 선택 → 바로 가기 메뉴에서 [잘라내기] → 바로 가기 메뉴에서 [붙여넣기]
바로 가기 키	파일/폴더 선택 → Ctrl+X → Ctrl+V
드래그	• 파일/폴더 선택 → 마우스 오른쪽 버튼으로 이동할 폴더로 드래그 → 바로 가기 메뉴에서 [여기로 이동] • 실행 파일의 이동 → 파일을 선택한 후 Shift+드래그

2 파일과 폴더의 복사

방법	설명
메뉴	파일/폴더 선택 → [홈] 탭의 [클립보드] 그룹에서 복사(복사) → [홈] 탭의 [클립보드] 그룹에서 붙여넣기(붙여넣기)
바로 가기 메뉴	파일/폴더 선택 → 바로 가기 메뉴에서 [복사] → 바로 가기 메뉴에서 [붙여넣기]
바로 가기 키	파일/폴더 선택 → Ctrl+C → Ctrl+V
드래그	• 파일/폴더 선택 → 마우스 오른쪽 버튼으로 복사할 폴더로 드래그 → 바로 가기 메뉴에서 [여기에 복사] • 실행 파일의 복사 → 파일을 선택한 후 Ctrl+드래그

※ 파일/폴더 선택 → 바로 가기 메뉴에서 [보내기]를 선택하면 '복사'가 수행

3 같은/다른 드라이브에서 이동/복사

- 같은 드라이브에서 데이터를 이동하려면 드래그한다.
- 같은 드라이브에서 데이터를 복사하려면 Ctrl+드래그한다.
- 다른 드라이브에서 데이터 이동하려면 Shift+드래그한다.
- 다른 드라이브에서 데이터 복사하려면 드래그한다.

4 파일과 폴더의 삭제

방법	설명
메뉴	파일/폴더 선택 → [홈] 탭의 [구성] 그룹에서 삭제(✕)
바로 가기 메뉴	파일/폴더 선택 → 바로 가기 메뉴에서 [삭제]
바로 가기 키	파일/폴더 선택 → Delete 키나 Shift+Delete 키
드래그	파일/폴더 선택 → 휴지통으로 드래그

5 파일과 폴더의 이름 바꾸기

여러 개의 파일/폴더를 선택한 후 이름을 바꾸면 동일한 이름으로 변경되며, 이름 뒤에 (1), (2), (3),…이 붙는다.

방법	설명
메뉴	파일 또는 폴더를 선택한 후 [홈] 탭의 [구성] 그룹에서 이름 바꾸기(이름 바꾸기)
바로 가기 키	파일 또는 폴더를 선택한 후 F2 키를 누름
바로 가기 메뉴	파일 또는 폴더를 선택한 후 바로 가기 메뉴에서 [이름 바꾸기]를 선택
마우스	파일 또는 폴더를 선택한 후 이름 부분을 마우스로 한 번 더 클릭
기타	파일 또는 폴더를 선택한 후 Alt 키를 누른 상태에서 F 와 M 키를 차례로 누름

10. 휴지통 다루기 ✪✪✪

1 휴지통의 특징

- 컴퓨터에서 삭제한 파일이나 폴더를 임시 보관하는 장소로 'Recycled' 폴더에 저장된다.
- 휴지통 크기는 하드 디스크 용량의 10%로 설정되지만 사용자에 따라 최대 100%까지 설정할 수 있다.
- 하드 디스크가 여러 개인 경우 드라이브마다 크기를 동일하게 또는 다르게 설정할 수 있다.
- 휴지통에 있는 파일은 복원하기 전까지 해당 내용을 볼 수가 없다.
- 휴지통 비우기를 실행하면 보관된 파일이 완전히 삭제되므로 하드 디스크 공간이 늘어난다.
- 휴지통 크기를 초과하여 파일을 삭제하면 보관된 파일 중 가장 오래된 파일부터 자동 삭제된다.
- 휴지통이 가득차면 가장 최근에 삭제된 파일이나 폴더가 들어갈 수 있는 공간을 확보하기 위해 휴지통을 자동으로 정리한다.
- 휴지통에 있는 파일은 잘라내기만 수행이 가능하며, 복사는 수행할 수 없다.
- 휴지통 아이콘은 이름 바꾸기를 할 수 있으나 휴지통 자체를 삭제할 수는 없다.
- 휴지통에 있는 파일은 실행이나 이름 변경을 할 수 없고, 내용 유무에 따라 아이콘 모양이 다르다.

2 휴지통 비우기

- 휴지통 아이콘의 바로 가기 메뉴에서 [휴지통 비우기]를 선택한다.
- 휴지통 창에서 [휴지통 도구] 탭의 [관리] 그룹에 있는 휴지통 비우기(휴지통 비우기) 단추를 클릭한다.

- 휴지통에서 파일을 확인하면서 삭제하려면 해당 파일을 선택하고, [홈] 탭의 [구성] 그룹에서 삭제(✕) 단추를 클릭한다.

3 파일 복원하기

- 복원할 파일을 선택한 후 바로 가기 메뉴에서 [복원]을 선택한다.
- 여러 개의 파일을 복원하려면 [휴지통 도구] 탭의 [복원] 그룹에서 선택한 항목 복원( ) 단추를 클릭한다.
- 한번에 모든 파일을 복원하려면 [휴지통 도구] 탭의 [복원] 그룹에서 모든 항목 복원( ) 단추를 클릭한다.
- 다른 위치로 파일을 복원하려면 복원할 파일을 선택한 후 원하는 위치로 드래그한다.

4 휴지통에 보관되지 않고 바로 삭제되는 경우

- DOS, 네트워크, USB, 이동 디스크에서 삭제한 경우이다.
- Shift+Delete 키로 삭제하거나 Shift 키를 누른 상태로 휴지통 아이콘에 끌어놓기를 한 경우이다.
- [휴지통 속성] 대화 상자의 [일반] 탭에서 '파일을 휴지통에 버리지 않고 삭제할 때 바로 제거' 항목을 선택한 경우이다.
- 삭제할 파일 크기보다 휴지통 크기가 작거나 휴지통 크기가 0%로 설정되어 있는 경우이다.

5 [휴지통 속성] 대화 상자

항목	설명
사용자 지정 크기	휴지통의 크기를 사용자가 원하는 크기로 설정
최대 크기	휴지통의 최대 크기(100%)를 설정
파일을 휴지통에 버리지 않고 삭제할 때 바로 제거	파일을 삭제하면 휴지통에 버리지 않고 곧바로 삭제되도록 설정
삭제 확인 대화 상자 표시	파일을 삭제할 때마다 확인 메시지의 표시 유무를 결정

11. 검색 및 실행 ★★

1 검색 내용

- 앱, 문서, 웹, 동영상, 사진(그림), 설정, 음악, 폴더 등 모든 개체를 쉽게 검색할 수 있다.
- 사용자 및 다른 컴퓨터, 드라이브, 인터넷 등을 검색할 수 있으며, 웹 페이지 검색도 가능하다.
- 파일에 포함되어 있는 단어나 문장을 이용하여 검색할 수 있다.
- 검색 상자에 내용을 입력하면 자동으로 검색이 시작되며, 검색 내용 앞에 '-'를 붙이면 해당 내용이 포함되지 않은 파일/폴더를 검색한다.
- 와일드 카드 문자(?, *)를 이용하여 이름 일부가 포함된 파일 또는 폴더를 검색할 수 있다.

2 검색 방법

- Windows 검색( ) 단추를 클릭하고, 검색 상자에 원하는 내용을 입력하면 파일, 폴더, 제어판, 프로그램, 전자 메일 메시지 등을 검색할 수 있다.
- 검색 내용으로 단어나 일부 문자열을 입력하면 파일 이름, 파일에 포함된 텍스트(내용), 제목, 속성, 태그, 만든 이 등을 기준으로 검색된다.
- 도움말은 기존 운영 체제의 메뉴 방식이 아닌 작업 표시줄의 검색 상자에 원하는 항목을 입력하여 질문에 대한 답으로 확인할 수 있다.

3 검색 설정

- 유해 정보 차단의 경우 웹 미리 보기에서 웹 결과가 자동으로 로드되지 않는다(엄격, 중간, 끔).
- OneDrive 및 Outlook과 같은 클라우드 서비스에서 콘텐츠를 검색한다.
- PC의 콘텐츠를 인덱싱하면 파일, 전자 메일 또는 기타 로컬 콘텐츠를 검색할 때 검색 결과를 빠르게 얻을 수 있다.
- 내 파일 찾기에서 '클래식'은 라이브러리와 바탕 화면만 검색하고, '고급'은 라이브러리와 바탕 화면을 포함하여 PC 전체를 검색한다.
- 제외된 특정 폴더를 추가하여 해당 폴더가 검색되지 않도록 할 수 있다.

12. 내 PC 및 파일 탐색기 ★★★

1 내 PC의 특징

- 로컬(하드) 디스크, 이동식 드라이브, DVD/CD-ROM, 네트워크 등을 표시하며, 컴퓨터 설정을 수정할 수 있다.
- 파일을 실행하거나 폴더의 생성/삭제/검색 또는 디스크 포맷, 공유 등의 관리 기능을 제공한다.
- 내 PC의 바로 가기 메뉴에서 [속성]을 선택하면 [제어판]-[시스템]과 동일한 창이 나타난다.

• 내 PC와 파일 탐색기의 공통점은 파일과 폴더의 복사/이동/삭제/이름 변경/속성, 디스크의 이름 변경, 디스크 포맷, 디스크 복사, 프로그램 실행, 보기 형식 변경 및 아이콘 정렬, 네트워크 드라이브 연결/끊기 등이 있다.

2 파일 탐색기의 특징

• 컴퓨터에 있는 파일, 폴더 및 드라이브의 계층적 구조를 표시한다.
• 파일 및 폴더의 복사, 이동, 이름 변경, 검색, 디스크 도구 이용 등의 작업을 수행한다.
• 네트워크 드라이브를 연결하여 원격 컴퓨터의 파일 목록을 표시할 수 있다.
• 왼쪽 창은 폴더의 구조를 보여주고, 오른쪽 창은 선택한 폴더의 해당 내용을 보여준다.
• 왼쪽 창과 오른쪽 창의 크기는 사용자가 임의로 조절할 수 있다.
• [보기] 탭의 [창] 그룹에서 [미리 보기 창]은 파일 내용을 미리 볼 수 있고, [세부 정보 창]은 파일의 세부 정보(수정한/만든 날짜, 크기)를 확인할 수 있다.

3 파일 탐색기의 실행

• [시작]–[Windows 시스템]–[파일 탐색기]를 선택한다.
• [시작] 단추의 바로 가기 메뉴에서 [파일 탐색기]를 선택한다.
• ⊞+E 키를 누른다.
• [시작] 단추의 바로 가기 메뉴에서 [실행]을 선택하고, 입력 상자에 "explorer"를 입력한 후 Enter 키를 누른다.
• Windows 검색 입력란에 "파일 탐색기"를 입력하고, Enter 키를 누른다.

4 파일 탐색기 창의 구조

모양	설명
> 📁	하위 폴더가 숨겨진 상태로 >를 클릭하면 숨겨졌던 하위 폴더를 표시
∨ 📁	하위 폴더가 표시된 상태로 ∨를 클릭하면 표시되었던 하위 폴더가 숨겨짐
📁	해당 폴더에 하위 폴더가 없음을 의미

5 파일 탐색기의 바로 가기 키

바로 가기 키	설명
*	선택한 폴더의 모든 하위 폴더를 표시
BackSpace	현재 폴더의 상위 폴더로 이동
→	선택한 폴더가 닫혀 있으면 열고, 열려 있으면 하위 폴더를 선택
←	선택한 폴더가 열려 있으면 닫고, 닫혀 있으면 상위 폴더를 선택

6 파일 탐색기의 아이콘 보기

메뉴	설명
아주 큰 아이콘	아주(가장) 큰 모양의 아이콘으로 표시
큰 아이콘	큰 모양의 아이콘으로 표시
보통 아이콘	보통(일반) 모양의 아이콘으로 표시
작은 아이콘	작은 모양의 아이콘으로 표시
목록	최소한의 아이콘과 파일 및 폴더의 이름만을 표시
자세히	현재 파일과 폴더의 이름, 수정한 날짜, 유형, 크기 등의 세부 정보를 표시
타일	보통 아이콘으로 여러 개가 나란히 표시
내용	파일 내용을 일부 보여 주면서 행 단위로 표시

7 파일 탐색기의 정렬 기준

메뉴	설명
이름	파일의 이름('가나다' 또는 'ABC')순으로 정렬
날짜	파일을 날짜순으로 정렬(만든 날짜, 수정한 날짜, 찍은 날짜로도 정렬)
유형	파일의 종류 또는 형식순으로 정렬
크기	파일의 크기(용량)순으로 정렬
오름차순	파일 이름을 '가나다' 또는 'ABC'의 오름차순으로 정렬
내림차순	파일 이름을 '다나가' 또는 'CBA'의 내림차순으로 정렬

13. 보조프로그램 활용하기 ★★★

1 메모장

• 서식이 필요 없는 간단한 메모나 텍스트 문서를 작성할 수 있다(확장자 : *.TXT).
• 웹 페이지용 HTML 문서 작성과 찾기/바꾸기 기능이 가능하다.
• OLE 기능을 사용할 수 없으므로 그림판에서 작업한 개체 등을 연결할 수 없다.
• 전체 문서에 대해서만 글꼴, 글꼴 스타일, 글꼴 크기를 설정할 수 있다.

- 자동 줄 바꿈 기능을 이용하면 창의 가로 크기에 맞게 텍스트를 편집할 수 있다.
- 페이지 설정 시 머리글과 바닥글에 사용되는 명령 코드를 이용하여 문서를 작성할 수 있다.
- 문서 첫 행 왼쪽 여백에 ".LOG"를 입력하고, [파일]-[저장]을 선택하면 문서를 열 때마다 현재 시간과 날짜가 문서 끝에 삽입된다(현재 시간과 날짜를 자동으로 추가하려면 F5 키를 누름).
- 창 크기에 맞추어 텍스트 줄을 바꾸고, 문서 내용을 표시할 수 있다.

2 워드패드

- 서식 있는 텍스트(RTF) 형식의 문서를 작성하는 편집 프로그램으로 문서 크기에 제한이 없다.
- 다양한 글꼴, 글꼴 스타일, 단락 서식 등으로 문서 서식을 적용할 수 있다.
- 들여쓰기/내어쓰기, 글머리 기호, 찾기/바꾸기, OLE, Layout, 전자 메일 보내기 등이 가능하다.
- OLE 기능을 이용하면 소리(.wav) 파일을 워드패드로 작성된 문서에 넣을 수 있다.
- 사진, 그림, 날짜 및 시간, 클립아트, 비디오 클립, 사운드 파일 등의 개체를 삽입할 수 있다.
- 제공하는 문서 파일에는 Word for Windows(*.doc), 문서 작성기(*.wri), 서식 있는 문자열(*.rtf), 텍스트 문서(*.txt) 등이 있다.

3 그림판

- 기본 형식은 BMP이며 JPEG, PCX, GIF, PNG, TIFF 등의 파일 형식을 편집할 수 있다.
- OLE 기능을 지원하므로 다른 응용 프로그램과 연결이 가능하다(비트맵 형식).
- 작업한 그림 파일을 배경 화면으로 사용하거나 전자 메일로 보내기를 할 수 있다.
- 그림의 너비와 높이 단위를 '인치, 센티미터, 픽셀'로 설정할 수 있다.
- Shift 키를 이용하면 정사각형, 정원, 45도의 대각선, 수평선/수직선 등을 그릴 수 있다.
- 마우스 오른쪽 단추를 누르고 드래그하면 색2(배경색)로 그림을 그릴 수 있다.
- 전경색(색 1) 단추는 연필, 브러시, 도형 테두리 및 윤곽선에 사용되고, 배경색(색 2) 단추는 지우개, 도형 채우기에 사용된다.

4 캡처 도구

- 화면의 특정 부분이나 창, 전체 화면을 캡처하여 HTML, PNG, GIF, JPG 파일로 저장할 수 있다.
- 캡처가 완료되면 해당 개체는 자동으로 클립보드 및 표시 창에 복사된다.
- 자유형 캡처, 사각형 캡처, 창 캡처, 전체 화면 캡처를 선택한 다음 캡처할 화면 영역을 선택한다.
- 캡처된 화면에서 형광펜이나 지우개 도구로 수정이 가능하다.

5 원격 데스크톱 연결

- 하나의 컴퓨터(클라이언트)에서 다른 위치의 여러 원격 컴퓨터(호스트)에 연결한다.
- 연결을 통해 최적화할 수 있는 연결 속도를 다양하게 지정한다(문서 인쇄 가능).
- 연결 시 화면 크기를 선택할 수 있으며, 연결이 끊어지면 자동으로 연결을 시도할 수 있다.

6 Windows Media Player

- 오디오 파일(MID, RM 등), 동영상 파일(MPEG, MOV, AVI 등)을 재생한다.
- 디지털 미디어 파일을 재생하거나 구성한다(내용 편집은 불가능).
- 음악 CD의 재생 및 복사, 인터넷 라디오 방송 청취, 휴대용 장치를 이용한 파일 복사(동기화) 기능을 제공한다(자막이나 캡션이 포함된 Windows 미디어 파일과 DVD를 재생).
- 미디어 재생기의 업데이트 버전으로 스트리밍(Streaming) 기술을 지원한다.

7 문자표

- 글꼴 종류에 따라 사용할 수 있는 다양한 특수 문자를 확인한다.
- 개별 문자 또는 문자 그룹을 복사한 후 해당 문자를 표시할 수 있는 프로그램에 붙여넣기 한다.

8 단계 레코더

- 화면에 녹음을 시작하면서부터 끝날 때까지의 모든 단계와 이벤트 정보를 포함한다.
- 슬라이드 쇼나 추가적인 세부 사항만 볼 수 있도록 링크를 화면에서 제공한다.
- 경로를 지정해 저장하면 .zip 파일이 되고, 녹음한 파일 확장자는 .mht 파일이다.

9 명령 프롬프트

- MS-DOS 명령어를 사용할 수 있는 창으로 키보드를 입력할 수 있는 작업 환경이다(명령을 텍스트 기반으로 실행).
- Alt + Enter 키를 이용하면 창을 전체 화면으로 확대하거나 원래 크기로 조정할 수 있다.
- 창에 표시된 텍스트를 다른 문서에 복사할 수 있다.
- 창을 종료하려면 커서 위치에서 "exit"를 입력하고 Enter 키를 누른다.

14. 유니버설 앱 활용하기 ✪✪

1 계산기

- 간단하거나 복잡한 계산이 가능하며, 계산 결과를 복사하여 다른 프로그램에 붙여넣기 할 수 있다.
- 자릿수 구분 단위(천 단위 구분 기호)와 단위 변환, 날짜 계산, 워크시트(주택 담보 대출, 자동차 임대, 연비 계산) 등을 사용할 수 있다.
- 현재 숫자를 저장하려면 [MS] 버튼, 저장된 숫자를 불러오려면 [MR] 버튼, 저장된 숫자를 삭제하려면 [MC] 버튼을 각각 사용한다.
- 표준용은 사칙연산을 이용한 계산을 할 수 있다(단위 변환 가능).
- 공학용은 로그, 삼각함수 등 32자리 유효 숫자까지 계산을 할 수 있다(Degrees, Radians, Grads의 표시 크기 사용).
- 프로그래머용은 2진수, 8진수, 16진수 같은 특별한 숫자 체계의 계산을 할 수 있다.

2 그림판 3D

- 그림판의 최신 버전으로 새로운 도구를 사용하여 3차원 모델링 작업이 가능하다.
- 2D 캔버스 도구는 3D 개체에서 사용할 수 있는 다양한 아트 도구를 제공한다(마커와 연필 같은 대부분의 아트 도구는 스트로크의 두께 및 불투명도 조정이 가능).
- 2D로만 작업을 하려면 [메뉴]-[설정]을 선택한 후 원근감 표시를 '끔'으로 설정한다.

3 비디오 편집기

- 프로젝트 라이브러리에 제작할 영상 파일들을 불러와서 동영상을 만들고 편집할 수 있다.
- 스토리보드에 편집할 영상을 올려놓고, 동영상의 일부를 잘라서 사용할 수 있다.
- 동영상 편집 및 이어 붙이기, 제목 카드, 자막 추가, 3D 효과, 속도 조절, 회전, 배경 음악 등의 기능을 제공한다.

4 스티커 메모

- 종이에 쓰듯이 메모를 쓰거나 전화번호를 적는 등의 작업을 수행한다.
- 태블릿 펜 또는 키보드를 사용하며, 바로 가기 메뉴에서 색을 선택하면 메모 색을 변경할 수 있다.
- 텍스트 서식을 지정하거나 글머리 기호를 추가하여 목록을 만들고, 텍스트 크기를 변경할 수 있다.

15. 인쇄 및 프린터 설정 ✪✪✪

1 문서 인쇄

- [공유] 탭의 [보내기] 그룹에서 인쇄(인쇄) 단추를 클릭하면 선택한 파일을 프린터로 보낸다.
- 문서 아이콘을 프린터 아이콘 위로 드래그 앤 드롭하면 인쇄가 가능하다.
- 응용 프로그램에 따라 그림(이미지) 형태로 저장이 가능하다.

2 프린터 폴더

- 현재 시스템에 설치된 프린터 정보, 인쇄 중인 문서, 인쇄 대기 중인 문서를 확인할 수 있다.
- 인쇄 중인 문서를 강제 종료시키거나 인쇄가 시작된 경우 잠시 중지시켰다가 다시 인쇄할 수 있다.
- 여러 출력 파일들의 대기 상태를 확인할 수 있으며, 출력 순서를 임의로 조정할 수 있다.

3 프린터 설치 과정

㉠ [제어판]-[장치 및 프린터]를 선택한 후 장치 및 프린터 창에서 [프린터 추가]를 클릭한다.

㉡ 장치 추가 창에서 '로컬 프린터'인지 '네트워크(무선) 프린터'인지의 여부를 결정한다.

- 로컬 프린터 : 컴퓨터에 직접 케이블로 연결된 프린터로 현재 시스템에서만 사용 가능
- 네트워크 프린터 : 네트워크상에서 다른 컴퓨터와 연결된 프린터로 여러 사용자가 사용 가능

㉢ 프린터에 사용할 포트를 선택한다.

㉣ 프린터 드라이버 설치를 위해 프린터 제조업체 및 모델로 사용할 소프트웨어를 선택한다.

㉤ 기본 프린터로 사용할 것인지를 선택한다.

ⓗ 프린터 이름을 지정한 후 프린터를 공유(공유 이름, 위치, 설명)할 것인지를 선택한다.
ⓢ 테스트 인쇄 지정 여부를 선택한다.

4 기본 프린터 설정

- 인쇄 시 특정 프린터를 지정하지 않은 경우 자동으로 인쇄 작업이 수행되는 프린터이다.
- 기본 프린터로 설정할 프린터를 클릭한 후 바로 가기 메뉴에서 [기본 프린터로 설정]을 선택한다.
- 컴퓨터에 설치 가능한 프린터의 수는 제한이 없지만 기본 프린터로 사용할 프린터는 한 대만 지정할 수 있다.
- 네트워크를 통하여 다른 컴퓨터에 연결된 프린터도 기본 프린터로 지정할 수 있다.
- 기본 프린터는 해당 프린터 아이콘에 체크 표시가 되어 있다.
- 지정된 기본 프린터를 해제하려면 다른 프린터를 기본 프린터로 설정해야 한다.

5 프린터 속성

- 장치 및 프린터 창에 있는 해당 프린터 아이콘의 바로 가기 메뉴에서 [프린터 속성]을 선택한다.
- 프린터 공유, 포트, 드라이버, 페이지 방향, 스풀 기능, 색 관리, 인쇄 매수, 보안 등을 지정한다.
- 인쇄 해상도를 높게 설정하면 인쇄 품질은 좋지만 인쇄 속도가 느려지고, 잉크 소모가 많이 된다.

탭	설명
[일반]	컴퓨터에 설치된 프린터 모델, 기본 기능, 사용 가능한 용지 등을 확인
[공유]	프린터를 네트워크상에서 공유할지의 여부와 현재 공유된 프린터 드라이버를 설치
[포트]	프린터 포트를 지정하거나 추가/삭제/구성 등의 작업 가능
[고급]	인쇄된 문서 보관, 프린터 사용 시간, 프린터 드라이버, 스풀 사용 여부 등을 설정
[색 관리]	컬러 프린터와 색 프로필 연결 방법 등을 설정

6 프린터 삭제

- 장치 및 프린터 창에서 삭제할 프린터를 선택하고, [장치 제거]를 클릭하거나 바로 가기 메뉴에서 [장치 제거]를 선택한다.
- 삭제한 프린터가 기본 프린터로 지정되어 있다면 다른 프린터가 기본 프린터로 자동 설정된다.

7 인쇄 작업 제어

- 현재 인쇄 중이거나 인쇄 대기 중인 문서의 취소, 중지, 순서 변경 등의 작업을 할 수 있다.
- 인쇄 대기 중인 문서의 용지 방향, 용지 공급, 인쇄 매수 등을 설정할 수 있지만 내용을 변경할 수는 없다.
- 인쇄 중인 문서와 인쇄 대기 중인 문서의 목록을 통해 인쇄 진행 정도를 파악할 수 있다.
- 문서를 인쇄하는 동안 작업 표시줄의 알림 영역(Tray)에 프린터 아이콘이 표시되며, 인쇄 작업이 끝나면 프린터 아이콘은 자동으로 사라진다.

8 인쇄 관리자 창

- 작업 표시줄의 알림 영역에서 프린터 아이콘을 더블 클릭한다.
- 장치 및 프린터 창에서 해당 프린터를 선택한 후 도구 모음의 [인쇄 작업 목록 보기]를 클릭한다.
- 프린터의 바로 가기 메뉴에서 [인쇄 작업 목록 보기]를 선택한다.
- 문서 이름의 바로 가기 메뉴에서 인쇄 취소, 일시 중지, 다시 시작 등의 작업을 할 수 있다.
- 인쇄 중인 문서 이름, 상태, 소유자, 페이지 수, 크기, 제출, 포트가 표시된다.

메뉴	설명
인쇄 일시 중지	인쇄 중인 문서를 일시 중지시키고, 다시 인쇄하려면 바로 가기 메뉴에서 [다시 시작]을 선택
모든 문서 취소	대기 중인 인쇄 문서를 취소
공유	해당 프린터의 공유를 설정

9 스풀(SPOOL)

- 저속의 출력 장치와 고속의 중앙 처리 장치 사이의 속도 차이를 해결하여 컴퓨터의 처리 효율을 높이는 기능이다.
- 입력과 출력을 동시에 병행하며, 인쇄가 끝날 때까지 다른 작업을 처리할 수 있다.
- 스풀 기능을 사용하려면 스풀에 사용될 디스크의 추가 용량이 필요하다(인쇄 속도는 느림).
- 프린터 작업을 임시로 하드 디스크에 보내고, 디스크의 출력 파일을 백그라운드 작업으로 보낸다.
- 여러 페이지를 인쇄할 경우 첫 페이지만 스풀에 들어오면 바로 인쇄한다.
- 프린터를 공유하여 여러 페이지를 인쇄할 경우 마지막 페이지까지 스풀에 들어온 후 인쇄한다.

16. 제어판의 구성 요소 ✪✪✪

1 프로그램 및 기능

- 프로그램 및 기능 창에는 프로그램 이름, 게시자, 설치 날짜, 크기, 버전 등이 표시된다.
- 특정 응용 프로그램을 완전히 제거하려면 Uninstall하거나 프로그램 및 기능을 이용한다.

항목	설명
프로그램 제거 또는 변경	• 프로그램을 제거하거나 특정 옵션을 이용하여 프로그램 구성을 변경 • 일부 프로그램에는 프로그램 제거뿐만 아니라 프로그램 변경 또는 복구 옵션도 포함(대부분의 경우 제거 옵션만 제공)
설치된 업데이트 보기	컴퓨터에 설치된 업데이트 목록에서 제거 또는 변경할 수 있음
Windows 기능 켜기/끄기	• Windows에 포함된 인터넷 정보 서비스의 일부는 설정된 경우만 사용할 수 있으며, 해당 기능을 사용하지 않는 경우는 해제 • 관리자 암호를 묻거나 확인하는 메시지가 나타나면 암호를 입력 • 기능을 사용하려면 확인란을 선택하고, 사용하지 않으려면 확인란 선택을 취소 • 흰색 확인란은 설치되지 않음, 흰색 확인란에 체크 표시는 전체 항목이 설치, 검정색이 채워진 확인란은 일부 항목만 설치

2 시스템

- Windows 버전, 시스템(프로세서, 메모리, 시스템 종류 등), 컴퓨터 이름, 도메인 및 작업 그룹 설정, Windows 정품 인증 등을 표시한다.
- 설치된 장치에 대해 자동으로 권장 업데이트를 다운로드하고 설치하도록 지정한다.

탭	설명
[컴퓨터 이름]	사용자 컴퓨터에 대한 컴퓨터 설명, 전체 컴퓨터 이름, 작업 그룹 등을 설정
[하드웨어]	설치된 하드웨어 장치를 열거하고, 장치 드라이버와 해당 정보의 다운로드를 설정
[고급]	시시각 효과, 프로세서 일정, 메모리 사용 및 가상 메모리를 설정하거나 사용자 프로필, 시스템 시작, 시스템 오류 및 디버깅 정보를 설정(사용자 프로필에는 각 사용자의 기본 설정이 저장되어 로그온 할 때마다 바탕 화면을 구성)
[시스템 보호]	컴퓨터를 이전 복원 지점으로 되돌려 시스템 변경을 취소하거나 복원 설정을 구성하여 디스크 공간을 관리하고, 복원 지점을 삭제
[원격]	다른 컴퓨터에서 해당 컴퓨터를 사용할 수 있도록 원격 지원 연결을 허용

3 장치 관리자

- 하드웨어 장치의 드라이버를 설치 및 업데이트하고, 하드웨어의 올바른 작동 유무를 확인한다.
- 시스템에 설치된 하드웨어 정보를 확인하거나 각 장치의 고급 설정 및 속성을 변경한다.
- 불필요한 하드웨어를 제거하려면 해당 하드웨어의 바로 가기 메뉴에서 [디바이스 제거]를 선택한다.
- 자동으로 인식하지 못하는 하드웨어는 [제어판]-[장치 및 프린터]를 이용하여 설치한다.
- 플러그 앤 플레이(PNP)를 지원하지 않는 하드웨어의 경우 [동작]-[레거시 하드웨어 추가]를 선택한다([실행]을 선택한 후 "hdwwiz.exe"를 입력하고, [확인] 단추를 클릭).

4 접근성 센터

㉠ 디스플레이가 없는 컴퓨터 사용

- 내레이터 켜기 : 내레이터가 화면의 모든 텍스트를 소리 내어 읽어준다.
- 오디오 설명 켜기 : 비디오에서 발생하는 상황에 대한 설명을 들을 수 있다.
- 시간 제한 및 깜박이는 시각 신호 조정 : 필요 없는 애니메이션을 모두 끈다.

㉡ 컴퓨터를 보기 쉽게 설정

- 고대비 테마 선택 : 고대비 색 구성표를 설정하여 해당 항목을 뚜렷하고 쉽게 식별할 수 있다.
- Alt+Shift+Print Screen을 누르면 고대비 켬/끔 : 해당 키를 눌러 고대비 테마를 설정하거나 해제할 수 있다.
- 돋보기 켜기 : 돋보기를 설정하면 마우스가 가리키고 있는 화면 부분을 확대한다.
- 깜박이는 커서의 두께 설정 : 대화 상자 및 프로그램에서 깜박이는 커서를 두껍게 만들 수 있다.

㉢ 마우스 또는 키보드가 없는 컴퓨터 사용

- 화상 키보드 사용 : 표준 키를 모두 갖춘 시각적 키보드를 표시하므로 마우스나 포인팅 장치를 사용하여 키를 선택하거나 표준 키보드 키를 사용할 수 있다.
- 음성 인식 사용 : 음성으로 컴퓨터를 제어할 수 있으므로 마이크를 사용하여 컴퓨터가 이해하고, 응답하는 명령을 말할 수 있다(받아쓰기 가능).

㉣ 마우스를 사용하기 쉽게 설정

- 마우스 포인터 : 마우스 포인터의 색과 크기를 변경할 수 있다.

• 마우스 키 켜기 : 숫자 키패드를 사용하여 화면에서 마우스를 이동한다.
• 마우스로 가리키면 창 활성화 : 마우스로 창을 가리키는 방법으로 창을 쉽게 선택하고, 활성화한다.
• 화면 가장자리로 이동할 때 창이 자동으로 배열되지 않도록 방지 : 창을 화면 가장자리로 이동할 때 창이 자동으로 배열되지 않도록 방지한다(에어로 스냅과 에어로 세이크의 실행 유무 결정).

㉤ 키보드를 사용하기 쉽게 설정
• 고정 키 켜기 : Shift, Ctrl, Alt 키가 기본적으로 눌려 있는 상태로 고정하여 여러 키를 누르는 효과를 준다.
• 토글 키 켜기 : Num Lock, Scroll Lock, Caps Lock 키를 누를 때마다 신호음을 들을 수 있도록 지정한다.
• 필터 키 켜기 : 짧게 입력한 키와 반복된 키 입력을 무시하거나 키의 반복 입력 속도를 느리게 지정한다.

㉥ 소리 대신 텍스트나 시각적 표시 방법 사용
• 소리에 대한 시각적 알림 켜기 : Windows에 로그온할 때 실행할 경고음을 설정한다.
• 음성 대화에 텍스트 자막 사용 : 텍스트 자막을 표시하여 컴퓨터에서 수행 중인 작업을 나타낸다.

5 키보드

탭	설명
[속도]	문자 재입력 시간, 키를 누르고 있을 때 반복되는 속도, 커서 깜박임 속도를 조절
[하드웨어]	컴퓨터에 연결된 키보드의 제조업체, 위치, 장치 상태 등을 확인

6 마우스

탭	설명
[단추]	왼손잡이, 오른손잡이에 맞게 단추 지정, 더블 클릭 속도, 클릭 잠금을 설정
[포인터]	마우스 포인터 모양을 사용자 임의로 지정
[포인터 옵션]	마우스 포인터의 이동 속도, 포인터 자국 표시 여부, 입력 시 포인터 숨기기, Ctrl 키를 누르면 포인터 위치 표시 등을 지정
[휠]	휠을 한 번 돌릴 때 스크롤의 정도를 지정하거나 휠을 상하로 이동할 때 스크롤할 문자 수를 지정(한 번에 스크롤 할 줄의 수는 최대 100줄까지 가능)
[하드웨어]	컴퓨터에 연결된 마우스의 제조업체, 위치, 장치 상태 등을 확인

7 기본 프로그램

항목	설명
기본 프로그램 설정	파일 형식 및 프로토콜을 열 때 사용할 기본 프로그램을 설정
파일 형식 또는 프로토콜을 프로그램과 연결	파일 형식 및 프로토콜이 특정 프로그램에서 항상 열리도록 설정
자동 재생 설정 변경	미디어의 유형에 맞게 CD 또는 기타 미디어를 자동으로 재생(미디어나 장치를 삽입할 때 발생하는 동작을 선택)
컴퓨터의 기본 프로그램 설정	특정 프로그램에 대한 액세스를 제어하고, 컴퓨터에 대한 기본값을 설정(웹 브라우징이나 전자 메일과 같은 작업에 사용할 기본 프로그램을 선택)

8 글꼴

• Windows는 다양한 글꼴이 설치된 상태로 모든 글꼴은 C:₩Windows₩Fonts 폴더에 존재한다.
• 새로운 글꼴 설치 시 인터넷에서 다운로드한 후 바로 가기 메뉴에서 [설치]를 선택한다.
• 설치할 글꼴을 해당 폴더에 복사하거나 [제어판]-[글꼴]로 드래그하여 설치할 수도 있다.
• 글꼴 확장자는 FON, TTF, TTC 등이며 윤곽선(트루타입, 오픈타입), 벡터, 래스터 글꼴을 제공한다.
• 글꼴 아이콘을 더블 클릭하면 글꼴 이름, 버전, 글꼴 크기를 확인하고, 인쇄할 수 있다.

9 Windows Defender 방화벽

• 해커나 악성 소프트웨어가 인터넷 또는 네트워크를 통해 컴퓨터에 액세스하는 것을 방지한다.
• 바이러스 및 웜을 차단할 수 있지만 스팸이나 원하지 않은 메일이 수신되는 것을 차단할 수는 없다.
• 새로운 프로그램을 차단할 때 알림을 표시할 수 있도록 설정할 수 있다.
• 인바운드 규칙은 외부에서 내부로 들어오는 움직임을 설정하는 규칙이고, 아웃바운드 규칙은 내부에서 외부로 나가는 움직임을 설정하는 규칙이다.

10 사용자 계정

• 액세스할 수 있는 파일 및 폴더, 컴퓨터에 허용되는 변경 작업 유형 및 바탕 화면 배경, 화면 보호기 등 개인의 기본 설정을 알려준다(각 사용자의 고유한 계정 이름, 그림, 암호를 지정).
• 프로그램을 종료하지 않고, 사용자 계정만 변경하려면 '사용자 전환'을 선택한다.

종류	설명
표준 사용자 계정	• 일상적인 컴퓨터 작업에 사용하며, 자신의 계정 유형을 관리자로 변경할 수 없음 • 시스템 설정을 바꾸거나 컴퓨터에 프로그램을 설치할 수 없음 • 암호 지정, 계정 이름 및 사진 변경, 계정 삭제 등의 기능을 제공
관리자 계정	• 컴퓨터에 대한 제어 권한이 가장 많으며, 필요한 경우에만 사용 • 전체 컴퓨터 설정을 변경하거나 다른 사람의 파일을 사용할 수 있음 • 모든 암호 변경 및 제거, 계정 이름 및 사진 변경, 새로운 계정 등의 기능을 제공 • 유해 프로그램이 컴퓨터 변경을 방지하도록 사용자 계정 컨트롤을 변경
게스트 계정	• 컴퓨터를 임시로 사용하는 사용자들만 사용 • 암호 지정과 시스템 설치 및 설정 변경 불가능(사용자 정보가 저장되지 않음)

11 보안 및 유지 관리

항목	설명
보안 및 유지 관리 설정 변경	보안 메시지와 유지 관리 메시지 등의 표시 유무를 선택
사용자 계정 컨트롤 설정 변경	컴퓨터 변경 내용에 대한 알림 조건을 선택(유해한 프로그램이 컴퓨터를 변경하는 것을 방지)
보관된 메시지 보기	컴퓨터 안정성 및 문제 기록 검토

12 인터넷 옵션

탭	설명
[일반]	현재 페이지, 시작 옵션, 검색 기록(임시 파일, 열어본 페이지 목록, 다운로드 기록, 쿠키 및 웹 사이트 데이터 등), 색, 언어, 글꼴, 접근성 등을 관리
[보안]	보안 설정을 보거나 변경할 웹 콘텐츠 영역 선택, 보안 수준 등을 지정
[개인 정보]	인터넷 영역 설정, 쿠키 파일의 저장 여부, 사이트 지우기, 팝업 차단 등을 지정
[내용]	인증서, 개인정보, 자동 완성, 피드 및 웹 조각 등을 지정
[연결]	인터넷 연결, VPN(가상 사설망), 프록시 서버 구성, LAN 환경 등을 지정
[프로그램]	기본 웹 브라우저, 추가 기능 관리, HTML 편집, 인터넷 프로그램, 전자 메일, 파일 연결 등을 지정
[고급]	검색, 링크에 밑줄 표시, 멀티미디어, 보안, 접근성 등을 지정

17. Windows 설정의 구성 요소 ★★★

1 시스템

- 텍스트, 앱 및 기타 항목의 크기를 변경할 수 있다(고급 배율과 야간 모드 설정 가능).
- 디스플레이 해상도와 방향(가로, 세로, 가로/세로 대칭 이동)을 설정할 수 있다.
- 여러(다중) 디스플레이 설정과 그래픽을 설정할 수 있다(특정 프로그램에 대한 그래픽 성능 설정을 지정, 배터리 사용 시간을 절약).
- 하나의 시스템에 여러 대(최대 10대)의 모니터를 연결할 수 있으며, 이런 경우 각 모니터를 개별적으로 설정할 수 있다(연결되어 있는 모니터의 개수를 감지).
- 멀티태스킹 기능으로 여러 창의 맞춤 작업과 타임라인 등의 기능을 선택한다.

2 개인 설정

항목	설명
배경	• 바탕 화면 배경으로 사용할 그림 파일(BMP, GIF, JPG, PNG 등)을 선택(슬라이드 쇼를 만들려면 사진을 두 개 이상 선택) • 사진 위치는 채우기, 맞춤, 확대, 바둑판식 배열, 가운데 중에서 선택 • 고대비에서는 고유색을 사용하여 텍스트와 앱을 보기 쉽게 설정
색	• 제목 표시줄, 창 테두리, 아이콘 간격에 대한 색상, 글꼴, 크기 등을 설정 • 창을 투명하게 설정하거나 색상을 조합하여 표시
잠금 화면	• 컴퓨터를 장시간 사용하지 않을 경우 모니터와 하드 디스크의 전원을 차단 • 지정한 대기 시간(분) 동안 컴퓨터를 작동하지 않으면 화면 보호기가 실행 • 화면 보호기를 멈추려면 마우스를 움직이거나 임의의 키를 누름
테마	• 바탕 화면 배경, 창 색, 소리, 마우스 커서 등으로 구성 • 테마를 변경하거나 다른 이름으로 저장할 수 있음 • 바탕 화면 아이콘 설정은 바탕 화면에 아이콘을 추가/제거하거나 모양을 변경
시작	시작 화면에 더 많은 타일 표시, 시작 메뉴에서 앱 목록 표시, 최근에 추가된 앱 표시, 가장 많이 사용하는 앱 표시, 전체 시작 화면 사용 등을 설정

3 접근성

항목	설명
디스플레이	텍스트 확대, 디스플레이의 앱 및 텍스트 크기, 커서 및 마우스 포인터 크기 및 색 변경, 밝기, 야간 모드, 애니메이션 및 투명도, 스크롤 막대 숨기기 등을 설정

커서 및 포인터	포인터 크기 및 색 변경, 커서 두께 변경, 터치 피드백 변경 등을 설정
돋보기	디스플레이 일부를 확대/축소하는 기능으로 전체 화면 또는 별도 창에서 실행(돋보기 기능 : 마우스 커서, 키보드 포커스, 텍스트 삽입 지점, 내레이터 커서)
내레이터	화면 읽기 기능으로 해당 정보를 사용하여 장치를 탐색하거나 키보드, 터치 및 마우스로 제어(음성 선택, 키보드 설정과 내레이터 커서 사용)
선택 자막	오디오를 텍스트로 표시하여 소리 없이 사용하는 기능으로 자막 글꼴에서는 색/투명도/스타일/크기/효과를, 자막 배경에서는 배경색/배경 투명도를 설정

| 무료 동영상 |

02 컴퓨터 시스템 관리

1. 컴퓨터의 원리와 기능 ✪

1 컴퓨터의 원리

- 입력한 자료(Data)를 주어진 프로그램을 이용하여 정보(Information)의 결과로 출력한다.
- 자료는 원하는 결과를 얻기 위해 입력하는 문자나 수치로 현실 세계에서 관찰과 측정을 통해 수집한 값이고, 정보는 자료를 더욱 유용한 형태로 가공하여 사용자에게 제공하는 것이다.
- 0(False) 또는 1(True)의 논리적 원리를 기본으로 2진법의 가장 안정적인 회로를 구현한다.
- EDPS(Electronic Data Processing System) 또는 ADPS(Automatic Data Processing System)라고도 한다.

2 컴퓨터의 특징과 기능

- 컴퓨터는 신속성, 정확성(GIGO), 자동성, 범용성, 호환성, 대용량성의 특징을 갖는다.
- 컴퓨터는 입력 기능, 출력 기능, 제어 기능, 연산 기능, 기억 기능으로 구성된다.

2. 컴퓨터의 역사 ✪✪

1 기계식 계산기

계산기	년도	설명
파스칼(Pascalline)	1642년	• 톱니바퀴 원리를 이용한 최초의 기계식 계산기 • 덧셈과 뺄셈이 가능한 치차식 계산기
라이프니츠(Leibnits)	1673년	• 파스칼의 계산기를 개량하여 사칙 연산이 가능 • 탁상 계산기의 시조
찰스 바베지(C. Babbage)	1823년	• 차분(Difference) 기관 : 수학적인 방법을 이용하여 삼각 함수와 미적분이 가능 • 해석(Analytical) 기관 : 차분 기관을 개선하여 입출력, 기억, 연산, 제어 장치를 도입(현대식 전자계산기의 모체)
홀러리스(H. Hollerith)	1889년	• 천공 카드 시스템(Punched Card System)을 고안 • 일괄 처리 방식의 효시로 국세 조사나 인구 조사 등에 사용
튜링 기계(Turing Machine)	1936년	• 논리적으로 동작하는 추상적인 계산 장치 • 현대 컴퓨터의 논리적(수학적) 모델
에이컨(H. Aiken)/IBM	1944년	• MARK-Ⅰ을 공동으로 개발한 최초의 전기 기계식 계산기 • 해석 기관의 원리를 실현하였으며, 군사용으로 이용

2 전자식 계산기

계산기	년도	설명
에니악(ENIAC)	1946년	• 모클리와 에커트가 개발 • 최초의 전자계산기로 외부 프로그래밍 방식을 사용
에드삭(EDSAC)	1949년	• 모리스와 윌키스가 개발 • 최초로 프로그램 내장 방식을 도입한 전자계산기로 컴퓨터의 원형
유니박-원(UNIVAC-Ⅰ)	1951년	• 모클리와 에커트가 개발 • 최초의 상업용 전자계산기로 미국 인구 통계나 국세 조사에 이용
에드박(EDVAC)	1952년	• 모클리와 에커트가 ENIAC을 개량하여 개발 • 프로그램 내장 방식과 2진법을 채택

3 프로그램 내장 방식

- 1945년 폰 노이만(J. V. Neumann)에 의해 확립되고, 현재 모든 컴퓨터에 적용되는 방식으로 주기억 장치에 저장된 내용은 주소를 이용해서 접근한다.
- 프로그램과 데이터를 주기억 장치에 저장하거나 기억 장치에 계산 순서를 미리 저장한다.
- 서브루틴의 사용이 가능하며, 사용 빈도에 제한이 없다.
- 각 기계어 명령의 실행 단계마다 대부분 자동으로 처리된다.

• 명령 처리는 프로그램 계수기(Program Counter)에 의해 순차적으로 수행된다.

3. 컴퓨터의 세대별 특징 ✪✪✪

1 제1세대(1940년 중반~1950년 후반)

회로 소자	진공관(Tube)
연산 속도	ms(milli second), 10^{-3}
특징	• 사용 언어 : 기계어, 어셈블리어 • 하드웨어 개발에 중점 • 주로 과학 계산용으로 사용하며, 일괄 처리 시스템을 도입

2 제2세대(1950년 후반~1960년 중반)

회로 소자	트랜지스터(TR)
연산 속도	μs(micro second), 10^{-6}
특징	• 사용 언어 : FORTRAN, COBOL, ALGOL 등 • 소프트웨어 개발에 중점하여 고급 언어와 운영 체제(OS)가 등장 • 다중 프로그래밍, 온라인 실시간 처리 시스템을 도입

3 제3세대(1960년 중반~1970년 중반)

회로 소자	집적 회로(IC)
연산 속도	ns(nano second), 10^{-9}
특징	• 사용 언어 : PASCAL, LISP, BASIC, PL/I 등 • OMR, OCR, MICR의 입력 장치 개발 • 경영 정보 시스템(MIS), 시분할 처리 시스템, 다중 모드 시스템을 도입

4 제4세대(1970년 중반~1980년 중반)

회로 소자	고밀도 집적 회로(LSI)
연산 속도	ps(pico second), 10^{-12}
특징	• 사용 언어 : C, ADA 등 • 마이크로프로세서(CPU)의 개발로 개인용 컴퓨터(PC)가 등장 • 네트워크 발달, 사무 자동화(OA)와 공장 자동화(FA) 실현, 가상 기억 장치와 분산 처리 시스템을 도입

5 제5세대(1980년 중반~현재)

회로 소자	초고밀도 집적 회로(VLSI)
연산 속도	fs(femto second), 10^{-15}
특징	• 사용 언어 : Visual C, Visual Basic, Java, Delphi 등 • 인공 지능(AI), 신경망, 퍼지 이론, 패턴 인식 • 전문가 시스템, 의사 결정 지원 시스템을 구현

※ 매카시(J. MaCarthy)에 의해 최초로 인공 지능이라는 용어를 사용

4. 컴퓨터의 분류 ✪✪

1 취급 데이터(자료) 형태에 따른 분류

컴퓨터	설명
디지털 (Digital)	• 문자, 숫자와 같은 데이터를 취급하며, 논리 회로를 사용 • 정밀도가 높으며, 프로그램 보관이 용이(범용성으로 연산 속도 느림)
아날로그 (Analog)	• 전압, 전류, 곡선과 같은 데이터를 취급하며, 증폭 회로를 사용 • 사칙 연산 외에 프로그램을 기억하지 않음(특수성으로 연산 속도 빠름)
하이브리드 (Hybrid)	• 디지털 컴퓨터와 아날로그 컴퓨터의 장점만을 결합(특수 목적용) • AD 변환기와 DA 변환기에 의해 아날로그형이나 디지털형으로 출력

2 처리 능력(규모)에 따른 분류

컴퓨터	설명
초대형 (Super)	• 일기 예보, 항공 우주 같은 높은 정밀도의 3차원 시뮬레이션 등에서 사용 • 수백 배의 연산 속도가 필요(초당 연산 능력이 10~15GFLOPS 이상)
대형 (Mainframe)	• 대기업, 은행, 병원 등에서 사용하며, 온도와 습도 등에 대비 • 처리 속도가 빠르고 기억 용량이 크며, 여러 사용자가 동시에 사용
중형 (Mini)	• 중소 기업, 연구 기관 등에서 사용 • 워크스테이션보다 처리 속도가 빠르며, 기억 용량이 큼
소형 (Micro)	• 마이크로프로세서를 CPU로 사용 • 네트워크상에서 클라이언트 역할을 담당
워크스테이션 (Workstation)	• 고성능의 그래픽, 멀티미디어 제작, 네트워크상에서 서버 역할을 담당 • RISC 마이크로프로세서를 사용하며, 복잡한 계산 처리가 가능
개인용 (Personal)	• 네트워크상에서 클라이언트로 사용되며, CISC 방식을 채택 • 데스크톱(Desktop) 〉 랩톱(Laptop) 〉 노트북(Note-book) 〉 팜톱(PDA)

3 사용 목적(용도)에 따른 분류

컴퓨터	설명
전용(특수용)	• 군사용, 의학용, 항공 산업용, 과학 기술용 등의 특수 목적에 적합 • 산업용 제어 분야에서 업무 처리 능력이 뛰어나지만 호환성이 떨어짐 • 항공기의 궤도 추적 및 생산 설비의 자동 공정 제어 등에 사용
범용(일반용)	• 문서 작성, 사무/통계 처리, 그래픽, 게임, 멀티미디어 등에 적합 • 기억 용량이나 처리 속도의 향상이 쉬움(응용력과 융통성이 뛰어남) • 다양한 종류의 디지털 데이터에서 처리가 용이

5. 자료의 표현과 처리 ✪✪

1 데이터 표현 단위

단위	설명
비트 (Bit)	• 0 또는 1을 나타내는 정보 표현의 최소 단위 • n개의 비트로 2^n개의 데이터를 표현
니블 (Nibble)	• 4개의 비트로 구성 • 하나의 니블로 표현할 수 있는 데이터 수는 16(2^4)
바이트 (Byte)	• 문자 표현의 최소 단위(1Byte=8Bit) • 1Byte로 표현할 수 있는 데이터 수는 256(2^8) • 영어/숫자 : 1Byte, 한글/한자/특수 문자 : 2Byte
워드 (Word)	• 정보 및 연산의 기본 단위로 주기억 장치의 주소를 할당 • 하프(Half) 워드 : 2Byte, 풀(Full) 워드 : 4Byte , 더블(Double) 워드 : 8Byte
필드(항목) (Field)	• 파일을 구성하는 가장 작은 논리적 단위(자료 처리의 최소 단위) • 여러 개의 필드가 모여 레코드(Record)가 됨 • 레코드를 구성하는 항목(예 : 성명, 전화번호, 주소 등)
레코드 (Record)	• 논리 레코드 : 프로그램(자료) 처리의 기본 단위 • 물리 레코드 : 하나 이상의 논리 레코드로 구성된 입출력 단위(=블록, Block)
파일 (File)	• 프로그램 구성의 기본 단위 • 관련된 레코드들의 집합에 해당
데이터베이스 (Database)	• 파일들을 모아놓은 집합체 • 자료 중복을 배제하므로 검색, 추가, 삭제가 용이

2 문자 데이터 표현 방식

코드	설명
BCD 코드 (2진화 10진 코드)	• 6비트로 구성되며, 2^6(64)가지의 문자를 표현 • 영문 소문자 표현이 불가능한 대표적인 가중치 코드(=8421 코드)
ASCII 코드 (미국 표준 코드)	• 7비트로 구성되며, 2^7(128)가지의 문자를 표현 • 실제 사용은 패리티 체크 비트를 포함하여 8비트를 사용 • 데이터 통신을 위한 정보 교환 코드로 PC에서 문자를 표현 • 텍스트 기반 데이터에 사용되는 표준 싱글 바이트 문자 인코딩
EBCDIC 코드 (확장 2진화 10진 코드)	• 8비트로 구성되며, 2^8(256)가지의 문자를 표현 • 범용(대형) 컴퓨터에서 정보 처리 부호용으로 사용
유니 코드 (KS X 1005-1)	• 전 세계 모든 문자를 표현할 수 있는 16비트 완성형 국제 표준 코드 • 완성형에 조합형을 반영하여 현대 한글의 모든 표현이 가능 • 한글, 한자, 영문, 숫자 모두를 2바이트로 표시

※ 그레이(Gray) 코드 : 아날로그-디지털 변환 또는 데이터 전송 등에 사용되는 비가중치 코드로 입출력 장치 코드에 유용하며, 연산에는 부적합

3 숫자 데이터 표현 방식

방식	설명
고정 소수점	• 정수 표현 방식으로 구조가 단순하여 수의 표현 범위에 제한 • 연산 처리 속도가 빠르므로 연산 시간이 짧음 • 2진 연산으로 부호와 절대치, 부호와 1의 보수, 부호와 2의 보수가 있음 • 10진 연산으로 팩(Pack) 연산과 언팩(Unpack) 연산이 있음
부동 소수점	• 큰 수와 작은 수를 표현하며, 실수(소수점 포함) 데이터 표현과 연산에 사용 • 연산 처리 속도는 느리지만 수의 표현 범위에 제한이 없음 • 맨 왼쪽 비트는 부호 비트로 양수이면 '0', 음수이면 '1'로 표현 • 부호, 지수부, 가수부(소수부)로 구성
팩 10진 형식	• 1Byte의 10진수 2자리를 표현하며, 연산은 가능하나 출력은 불가능 • 계산이 복잡하지 않고, 입출력 데이터의 양이 많을 경우 유리
언팩 10진 형식	• 1Byte의 10진수 1자리를 표현하며, 연산은 불가능하나 출력은 가능 • 왼쪽의 존 비트는 F(1111)로 나타내고, 맨 오른쪽의 존 비트에는 부호를 표시

4 오류 검출 및 정정 방식

종류	특징
패리티 비트 (Parity Bit)	• 데이터 전송 중 발생하는 오류를 검사하는 에러 검출용 코드 • 데이터 비트에 1을 추가하여 데이터 오류를 검출(정정은 불가능)

해밍 코드 (Hamming Code)	• 데이터 전송 중 발생하는 오류를 검출하거나 수정하는 코드 • BCD 코드에 3개의 체크 비트를 추가해 7비트로 구성
순환 중복 검사 (CRC)	• 데이터 전송 중 블록 단위로 오류를 검출하거나 수정하는 방식 • 오류가 많이 발생하는 블록합 검사의 단점과 집단 오류를 해결
블록합 검사 (BSC)	• 패리티 비트의 단점을 보완하여 오류 발생을 검사하는 방식 • 전송 데이터의 패리티 비트와 데이터 프레임의 블록합 검사 문자를 전송
3초과(Excess-3) 코드	• 8421 코드에 3을 더한 코드(10진수 5는 3초과 코드로 1000에 해당) • 자기 보수 코드로 연산에 용이

6. 중앙 처리 장치 ✪✪✪

1 중앙 처리 장치(CPU)의 구조

- 마이크로프로세서(Microprocessor)라고도 하며 제어 장치, 연산 장치, 레지스터로 구성된다.
- 시스템 전체의 동작을 제어 및 관리(명령 해석과 입출력 장치를 제어)하며, 연산을 빠르게 처리한다(중앙 처리 장치의 클럭 주파수가 높으면 처리 속도가 빠름).
- CPU의 성능 차이를 결정하는 요소에는 레지스터의 수, 파이프라인에서 병렬 처리 방식의 수용 여부, RISC 또는 CISC 방식의 수용 여부 등이 있다.
- 클럭 주파수, 워드 크기, 캐시 메모리, 파이프 라이닝 등이 CPU의 처리 속도에 영향을 준다.

2 중앙 처리 장치의 성능 단위

- MIPS(Million Instruction Per Second) : 초당 실행 가능한 명령어의 개수를 백만 단위로 나타내는 처리 속도 단위이다.
- KIPS(Kilo Instruction Per Second) : 초당 실행되는 명령어 수를 1,000 단위로 나타내는 단위이다.
- LIPS(Logical Inferences Per Second) : 초당 실행할 수 있는 추론 연산의 횟수이다.
- FLOPS(FLoating Operating Per Second) : 초당 실행되는 부동 소수점 연산의 횟수이다.
- 클럭 속도(Clock Speed) : CPU가 초당 발생시키는 주파수 사이클(MHz, GHz)이다.
- 클럭 주파수(Clock Frequency) : CPU가 클럭 주기에 따라 명령을 수행할 때 클럭 값이 높을수록 CPU는 빠르게 일을 처리한다(효율을 두 배로 증가시키는 클럭 더블링 기술 사용).
- 클럭은 CPU 속도에 맞추어 적용되어야 안정적이다.

3 제어 장치(CU ; Control Unit)

- 주기억 장치로부터 받은 프로그램 명령어를 해독하고 처리하는 장치이다.
- 입출력, 기억, 연산 등의 각 장치를 효율적으로 관리하고, 동작을 지시하는 역할을 수행한다.

장치	설명
프로그램 카운터(PC)	다음에 실행될 명령어 주소를 저장하며, 프로그램의 수행 순서를 제어
명령 레지스터(IR)	현재 실행중인 명령어를 해독하기 위해 임시로 보관
명령 해독기(ID)	입력된 명령을 해독하여 올바른 연산을 수행하도록 제어 신호를 전송
번지 해독기(AD)	주소(번지)를 해독하여 주소에 기억된 내용을 데이터 레지스터로 전송
부호기(Encoder)	명령 해독기에서 받은 명령을 실행 가능한 신호로 변환하여 전송
기억 주소 레지스터(MAR)	주기억 장치의 주소나 기억 장치에서 메모리 주소를 기억
기억 버퍼 레지스터(MBR)	기억 장치에서 읽거나 저장할 데이터를 일시적으로 기억

4 연산 장치(ALU ; Arithmetic Logic Unit)

- 제어 장치의 명령에 따라 산술 연산과 논리 연산을 수행하는 장치이다.
- 기억 장치로부터 필요한 데이터를 받아 연산을 수행한다.

장치	설명
누산기(Accumulator)	산술 및 논리 연산의 결과를 일시적으로 기억
가산기(Adder)	사칙 연산과 함께 데이터 레지스터에 저장된 값과 누산기 값을 더함
보수기(Complement)	음수 표현이나 뺄셈 시 입력된 데이터를 보수로 변환
시프터(Shifter)	곱셈, 나눗셈 등 연산의 보조 기능을 수행하는 자리 이동기
데이터(Data) 레지스터	연산에 필요한 데이터를 일시적으로 기억
상태(Status) 레지스터	CPU 상태와 연산 결과(양수, 음수, 자리 올림/넘침 등) 상태를 기억
기억(Storage) 레지스터	기억 장치에 전송할 데이터를 일시적으로 기억
인덱스(Index) 레지스터	주소를 변경하기 위해 사용
주소(Address) 레지스터	기억 장치 내의 주소를 기억

5 마이크로프로세서(Microprocessor)

- CPU 기능을 대규모 집적 회로(LSI)에 탑재한 장치로 산술 연산과 논리 연산의 제어 능력을 갖는다.
- 레지스터, 제어 장치, 연산 장치를 포함하며, 클럭 주파수와 내부 버스의 폭으로 성능을 평가한다.
- 데이터 처리 능력은 버스의 비트 수와 초당 발생하는 클럭 주파수인 헤르츠(Hertz)로 표현한다.
- 클럭 주파수와 내부 버스의 Bit 수로 성능을 평가한다.

종류	설명
CISC	• 명령어 셋을 갖춘 프로세서로 처리 속도가 느림 • 프로그래머에게 많은 명령어를 제공하므로 프로그래밍이 간단 • 고급 언어에 기계어를 대응시키므로 명령어 집합이 크고, 길이가 가변적(구조 복잡) • 전력 소모가 많고, 생산 가격이 비쌈(레지스터 적음) • Intel 계열의 일반 컴퓨터(PC)에서 주로 사용
RISC	• 실행 속도를 높이기 위해 개발한 프로세서로 SPARC, Alpha 등이 대표적 • 복잡한 연산 수행을 위해 명령어를 반복 수행하므로 프로그래밍이 복잡 • 적은 명령어 집합과 주소 지정 방식을 최소화하여 제어 장치가 간단 • 전력 소모가 적고, 생산 가격이 저렴(레지스터 많음) • 애플사의 Power PC, Power Mac G3, Power Mac G4 등에서도 사용 • 그래픽 응용 분야의 워크스테이션에서 주로 사용

7. 중앙 처리 장치 관련 용어 ★★★

1 레지스터(Register)

- CPU 내부에서 처리할 명령어나 연산의 결과 값을 일시적으로 기억하는 고속의 기억 장치이다.
- ALU(산술/논리 장치)에서 연산된 자료를 일시적으로 저장한다.
- 레지스터의 크기는 컴퓨터가 한 번에 처리할 수 있는 데이터의 크기이다.
- 저장 시 수행 시간은 수십 나노 초(ns ; nano second) 이하로 기억 장치 중 가장 빠르다.

2 인터럽트(Interrupt)

- 프로그램 실행 중 응급 사태가 발생한 경우 해당 프로그램을 중지한 후 응급 사태를 처리하고, 다시 중지 시점에서 기존 프로그램을 실행한다.
- 여러 장치에서 동시에 인터럽트가 발생할 경우 우선 순위가 높은 인터럽트부터 수행한다.
- 발생 원인은 전원이나 기계적인 문제가 발생한 경우, 기억 영역의 접근과 같은 프로그램에서 문제가 발생한 경우, Supervisor Call이나 데이터 에러가 발생한 경우, 입출력 장치의 외부적인 요인에 의해 발생한 경우, 기억 공간이 아닌 곳에서 자원 접근을 시도한 경우, 어떤 값을 0으로 나누는 등의 불법적인 명령을 사용한 경우, Operator의 의도적 조작에 의해 중단된 경우 등이 있다.
- 우선 순위는 전원 이상(정전) → 기계 착오(기계 고장) → 외부(타이머, 콘솔 조작) → 입출력(I/O) 에러 → 프로그램(프로그램 오류) → SVC(제어 프로그램의 인터럽트 요청) 순으로 진행된다.

종류	설명
외부 인터럽트	전원(정전), 기계 착오, 입출력 장치 등의 외부적인 요인에 의해 발생
내부 인터럽트 (=트랩)	오버플로우, 언더플로우 등 잘못된 명령이나 데이터를 사용할 때 발생
소프트웨어 인터럽트	기억 공간의 허용되지 않은 곳에 접근할 경우 발생(예 : SVC 등)

3 DMA(Direct Memory Access)

- 입출력 데이터를 주기억 장치와 주변 장치 사이에 전송하여 CPU의 부담을 최소화한다.
- 데이터를 직접 주고받으므로 입출력의 전송 속도를 높일 수 있다.
- 주기억 장치에 접근하기 위해서 사이클 스틸을 하며, 전송이 끝나면 CPU를 인터럽트 한다.

4 프로그램 상태 워드(PSW ; Program Status Word)

- 프로세스 상태에 대한 여러 가지 정보를 갖는 레지스터로 실행중인 CPU 상태를 포함한다.
- CPU에서 실행될 명령 순서를 제어하거나 특정 프로그램과 관련된 시스템 상태를 유지한다.

5 버스(Bus)

- 중앙 처리 장치, 주기억 장치, 입출력 장치 등의 각 장치 사이에서 데이터 전송을 위한 통로이다.
- 내부 버스는 CPU와 레지스터 사이의 전송 통로로 폭에 따라 16, 32, 64비트로 구분한다.
- 외부 버스는 CPU와 주변 장치 사이의 전송 통로로 데이터 버스, 주소 버스, 제어 버스가 있다.

6 채널(Channel)

- 입출력 장치와 주기억 장치간의 데이터 전송을 담당하며, 두 장치 사이의 속도 차이를 개선한다.
- 주변 장치의 제어 권한을 CPU로부터 넘겨받아 입출력을 관리하며, 작업이 끝나면 CPU에게 인터럽트 신호를 보낸다.
- 입출력이 일어나는 동안 프로세서가 다른 일을 하지 못하는 문제점을 극복한다.

7 교착 상태(Deadlock)

- 둘 이상의 프로세스들이 서로 다른 프로세스가 차지하고 있는 자원을 무한정 기다리고 있어 프로세스의 진행이 중단된 상태이다.
- 두 개 이상의 프로세스들이 자원을 점유한 상태에서는 서로 다른 프로세스가 점유하고 있는 자원을 동시에 사용할 수 없다.

8. 주기억 장치 ✪✪✪

1 ROM(Read Only Memory)

- 전원이 꺼져도 기억된 내용이 지워지지 않는 비휘발성 메모리로 읽기만 가능하다.
- 입출력 시스템(BIOS), 자가 진단 프로그램(POST), 한글/한자 코드 등이 수록되어 있으며, 펌웨어(Firmware)로 구성된다.

종류	특징
MASK ROM	제조 과정에서 필요한 정보를 미리 기록하며, 사용자가 수정할 수 없음
PROM	정보를 한 번만 기록하며, 기록 후에는 변경할 수 없음
EPROM	자외선을 이용하여 정보를 지우고 여러 번 기록할 수 있음
EEPROM	• 전기적인 방법을 이용하여 정보를 지우고 다시 기록할 수 있음 • 제조될 때부터 하나의 칩에 두 개의 메모리를 가짐(EAROM이라고도 함)
Firmware	• 하드웨어와 소프트웨어의 중간 형태로 추가나 삭제가 가능 • 하드웨어 교체 없이 소프트웨어의 업그레이드만으로 시스템 성능을 개선 • ROM(EEPROM)에 저장되는 마이크로컴퓨터 프로그램이 해당 • 하드웨어 동작을 제어하며, 디지털 시스템에서 널리 이용

2 RAM(Random Access Memory)

- 전원이 꺼지면 기억된 내용이 지워지는 휘발성 메모리로 읽고 쓰기가 가능하다.
- 부팅 시 시스템 내부에서 가장 먼저 자체 검사가 시작된다.
- EDO RAM은 DRAM의 일종으로 입출력 속도가 빠르다.
- DIP RAM은 일정 개수의 램을 메인보드에 직접 납땜하여 붙인 램이다.
- Shadow RAM은 ROM에서 읽은 BIOS 루틴을 빠르게 액세스하기 위해 특수 영역에 넣은 복사본이다.
- Module RAM은 기판에 일정 규격의 램을 끼워 사용하며, 대부분의 메인보드에서 채택한다.

종류	특징
동적램(DRAM)	• 주기적인 재충전(Refresh)이 필요하며, 주로 주기억 장치에서 사용 • 소비 전력이 낮고, 집적도가 높지만 속도가 느림 • 가격이 저렴하고, 회로가 간단(대용량 시스템 구성이 용이)
정적램(SRAM)	• 재충전이 필요 없으며, 주로 캐시 메모리에서 사용 • 소비 전력이 높고, 집적도가 낮지만 속도가 빠름 • 가격이 비싸고, 회로가 복잡

3 캐시 메모리(Cache Memory)

- CPU와 주기억 장치 사이의 실행 속도를 높이기 위해 사용되는 고속(로컬) 메모리이다.
- 명령어와 데이터를 일시 저장하며, 주소 대신 기억된 정보를 통하여 기억 장치에 접근한다.
- DRAM의 속도 문제를 해결하며, SRAM을 프로세서와 메인 메모리 사이에서 사용한다.
- 성능은 히트율(Hit Ratio)로 표현하며, 적중률이 높을 때 시스템 속도가 향상된다.

4 가상 메모리(Virtual Memory)

- 보조 기억 장치의 일부를 주기억 장치처럼 사용하는 메모리로 주기억 장치의 부족한 용량을 보완한다(멀티프로그래밍이 가능).
- 주프로그램은 보조 기억 장치에 저장하고, CPU에서 사용할 부분만 주기억 장치에 적재한다.
- 프로그램이 사용할 수 있는 주소 공간의 크기가 실제 주기억 장치의 기억 공간보다 클 때 사용한다.
- 실제 메모리 크기를 초월하며, 주기억 장치 보다 큰 프로그램을 실행할 경우 유용하다.

5 플래시 메모리(Flash Memory)

- EEPROM의 일종으로 전원이 끊어져도 저장된 정보가 지워지지 않는 비휘발성 메모리이다(ROM과 RAM의 기능을 모두 가짐).
- 휴대용 컴퓨터, MP3, 개인용 정보 단말기, 디지털 카메라의 보조 기억 장치로 사용한다.

6 버퍼 메모리(Buffer Memory)

- CPU와 주변 장치 사이의 속도 차이를 줄이기 위한 임시 메모리이다.
- **데이터를 주고받을 때** 전송 속도의 차이를 보완하며, 데이터의 전송 효율을 높이기 위해 사용한다.

7 연상 메모리(Associative Memory)

- 내용에 따라 값을 읽거나 변경시키는 메모리로 접근 속도가 빠르다.
- 주소 대신 기억된 정보를 이용하여 기억 장치에 접근하는 장치로 CAM이라고도 한다.

9. 보조 기억 장치 ✪✪

1 자기 디스크(Magnetic Disk)

- 순차 처리(SASD) 또는 직접 처리(DASD)가 가능한 기억 장치이다.
- 저장 용량이 크고, 입출력 속도가 빠르다.

용어	설명
트랙(Track)	디스크 표면의 동심원으로 데이터를 저장
섹터(Sector)	트랙을 일정하게 나눈 영역으로 실제 데이터가 저장
실린더(Cylinder)	디스크 회전축의 동일 거리에 있는 트랙의 모임(트랙 수 = 실린더 개수)
클러스터(Cluster)	여러 개의 섹터를 하나로 묶은 것으로 실제 데이터를 읽고 쓰는 단위
헤드(Head)	데이터를 읽어 내거나 쓰는 장치
디스크 팩(Disk Pack)	디스크 원판을 여러 장 겹쳐서 하나로 묶은 것
TPI(Tracks Per Inch)	1인치에 기록 가능한 트랙 수(디스크의 기록 밀도 단위)

2 자기 디스크의 처리 시간

- 탐색 시간(Seek Time) : 읽기/쓰기 헤드를 트랙까지 이동하는데 걸리는 시간이다(가장 김).
- 검색 시간(Search Time) : 데이터를 찾기 위해 레코드 위치까지 도달하는데 걸리는 시간이다.
- **회전 대기 시간(Latency Time) : 회전 디스크 위에 헤드가 위치하여 찾고자 하는 데이터 레코드의 기록 부분이 헤드 아래까지 오는데 걸리는 시간이다.**
- 데이터 전송 시간(Data Transfer Time) : 주기억 장치와 자기 디스크 사이에서 데이터 전송이 완료되는데 걸리는 시간이다.
- 응답 시간(Turn Around Time) : 명령 지시 후 명령에 대한 결과가 올 때까지 걸리는 시간이다.
- 유휴 시간(Idle Time) : 데이터가 CPU로 돌아올 때까지 CPU가 대기하는데 걸리는 시간이다.
- 접근 시간(Access Time) = 위치 설정 시간(Seek Time) + 회전 대기 시간(Latency Time) + 데이터 전송 시간(Data Transfer Time)이다.

3 하드 디스크(Hard Disk)

- 대용량으로 직접 또는 임의 처리가 가능하며, 자기 테이프에 비해 접근 속도가 빠르다.
- **사양은** 용량(Capacity), 전송률(Transfer Rate), 버퍼 메모리(Buffer Memory) 등과 관계가 있다.

4 SSD(Solid State Drive)

- HDD와 비슷하게 동작하지만 기계적 장치인 HDD와는 달리 반도체를 이용하여 정보를 저장한다.
- 데이터를 메모리에 저장하므로 불량 섹터가 없고, 외부 충격에 강하다.
- 일반 하드 디스크에 비해 속도가 빠르고, 기계적 지연이나 에러의 확률 및 발열 소음이 적다.
- 소형화, 경량화할 수 있는 하드 디스크의 대체 저장 장치이지만 가격이 비싸다.

5 광 디스크(Optical Disk)

- 레이저빔을 이용하여 데이터를 기록하고, 정보를 읽는 장치로 대용량의 데이터를 저장한다.
- 멀티미디어의 저장 매체로 사용되며, 영구 보관이 가능하다(1배속은 1초 동안에 150KB를 전송).

종류	특징
CD-ROM	데이터를 읽을 수만 있는 장치로 650~700MB를 저장하며, 한 면만 사용
CD-R	데이터를 한 번만 기록할 수 있는 장치로 WORM CD이라고도 함
CD-RW	데이터를 반복적으로 쓰고 지울 수 있는 장치로 주로 백업용으로 사용

DVD	단면에 4.7GB, 양면에 9.4GB 정도를 저장하는 차세대 저장 매체로 디스크 한 면에 약 135분의 동영상 저장이 가능하며, 최대 8개 국어의 음성을 지원

6 블루레이 디스크(Blu-Ray Disk)

- HD급 고화질 비디오를 저장할 수 있는 차세대 광학 장치이다.
- 디스크 한 장에 25GB 이상을 저장할 수 있다.

7 단위별 속도와 용량

- 기억 장치의 처리 속도(빠름 → 느림) : 레지스터 → 캐시 메모리 → 주기억 장치(RAM → ROM) → 보조 기억 장치(SSD → 하드 디스크 → 광 디스크 → 플로피 디스크 → 자기 테이프) 순이다.
- 기억 용량 단위(적음 → 많음) : KB(2^{10}byte) → MB(2^{20}byte) → GB(2^{30}byte) → TB(2^{40}byte) → PB(2^{50}byte) → EB(2^{60}byte) 순이다.
- 처리 속도 단위(느림 → 빠름) : ms(10^{-3}sec) → μs(10^{-6}sec) → ns(10^{-9}sec) → ps(10^{-12}sec) → fs(10^{-15}sec) → as(10^{-18}sec) 순이다.

10. 입출력 장치 ✪

1 입력 장치

분류	설명
자기 잉크 문자 판독기(MICR)	자성체의 특수 잉크로 기록된 자료(문자, 숫자)를 판독하는 장치로 위조나 변조가 어려워 수표나 어음 등에 사용
광학 문자 판독기(OCR)	빛을 이용하여 광학적 문자를 판독(요금 청구서, 지로 용지 등)
광학 마크 판독기(OMR)	수성 사인펜 등으로 표시된 정보를 판독(시험 답안지 등)
바코드 판독기(BCR)	POS 시스템을 이용하여 정보를 판독(슈퍼, 백화점, 서점 등)
터치 스크린(Touch Screen)	스크린 메뉴를 손가락으로 선택(현금 입출금기 등)
디지타이저(Digitizer)	그림, 차트, 도면 등 좌표 지시기에서 좌표를 검출하여 입력
광전 펜(Light Pen)	펜 끝의 감광 소자를 신호로 변경하여 메뉴, 아이콘을 선택
트랙 볼(Track Ball)	볼을 손가락으로 움직여 포인터를 이동

2 표시 장치

- **빛의 3원색인** 적색(R), 녹색(G), 청색(B)을 혼합하여 색을 표현**하며, 컬러 모니터의 기본 색상을 갖는다(색 모델의 하나인** 색상(H), 채도(S), 명도(B)로 색을 표현).
- **해상도(Resolution)는** 정밀도를 나타내는 화질 평가의 기준으로 점(Pixel)의 개수가 많을수록 고해상도의 선명한 화면이다(비디오 카드의 성능이나 모니터 크기를 결정).
- **픽셀(Pixel)은** 화면을 이루는 최소 구성 단위로 그림의 화소를 의미한다.
- **PPI(Pixels Per Inch)는** 인치당 픽셀 수로 화면에서 선명도를 나타내는 단위이다.
- **점 간격(Dot Pitch)은 픽셀 사이의 공간을 나타내는 것으로 간격이 가까울수록 영상은 선명하다.**
- **재생률(Refresh Rate)은 초당 모니터에 빔을 쏘는 횟수로 재생률이 높을수록 깜빡임이 적다.**
- **모니터의 크기는 화면의** 대각선 길이를 인치(Inch)로 표시한다(플리커 프리를 적용하면 눈의 피로를 줄임).

종류	설명
음극선관(CRT)	• 해상도가 높고, 화면 표시 속도가 빠름 • 화면 떨림 현상과 정전기가 발생, 전력 소모가 많음
액정 디스플레이(LCD)	• 보는 각도에 따라 선명도가 다르며, 화면 표시 속도가 느림 • 이동이 편리하고, 눈의 부담과 전력 소모가 적음
박막 트랜지스터 LCD(TFT LCD)	• 깜박임 현상(Flickers)이 없고, 어두운 곳에서도 잘 보임 • 선명도가 뛰어나 노트북의 표시 장치로 많이 사용
플라즈마 디스플레이(PDP)	• 고해상도로 눈의 피로가 적고, 화면 표시 속도가 가장 빠름 • 높은 전력 소모로 많은 열을 방출

3 출력 장치(충격식 프린터)

종류	설명
도트 프린터	점(Dot)의 조합으로 인쇄하는 방식(소음이 크지만 유지비가 저렴)
활자식 프린터	리본에 충격을 가하여 인쇄하는 방식(행 단위로 속도는 빠르지만 소음이 큼)

4 출력 장치(비충격식 프린터)

종류	설명
열전사 프린터	• 리본을 열로 녹여서 인쇄(가격이 저렴) • 유지비가 많이 들며, 인쇄 속도가 느림

감열 프린터	• 감열 용지에 열을 가하여 인쇄(팩시밀리, 은행 번호표 등에 사용) • 유지비가 많이 들며, 인쇄물의 변색 생김
잉크젯 프린터	• 노즐을 통하여 잉크를 뿌려 인쇄(개인용 프린터로 많이 사용) • 컬러 인쇄가 가능하지만 노즐이 막히거나 잉크가 번질 수 있음
레이저 프린터	• 레이저 광선을 이용하여 인쇄(해상도가 높고, 인쇄 속도가 빠름) • 토너를 사용하므로 유지비가 많이 듦

5 프린터 관련 용어

- CPI(Character Per Inch) : 인치당 인쇄할 수 있는 문자의 수이다.
- DPI(Dot Per Inch) : 인치당 인쇄되는 점의 수이다(인쇄 선명도의 단위).
- CPS(Character Per Second) : 초당 인쇄할 수 있는 문자의 수이다(도트 프린터의 속도 단위).
- LPM(Line Per Minute) : 분당 인쇄할 수 있는 라인의 수이다(라인 프린터의 속도 단위).
- PPM(Page Per Minute) : 분당 인쇄할 수 있는 페이지의 수이다(레이저 프린터의 속도 단위).

11. 기타 관련 장치 ✪✪✪

1 메인보드(Mainboard, 마더보드)

구성 요소	특징
CPU 소켓 (CPU Socket)	• CPU를 장착하여 연결하는 소켓 • CPU의 형태에 따라 소켓(Socket) 타입과 슬롯(Slot) 타입으로 구분
칩셋 (Chip Set)	• 데이터 송수신, CPU, Memory, System Bus 사이의 데이터 흐름을 제어 • 기억 장치의 오류 검사 정정(ECC) 지원 여부와 설치할 수 있는 최대 크기를 결정(메인보드의 관리 정보와 성능을 결정) • Ultra DMA 33/66/100, SATA 방식 등의 지원 여부를 결정
메모리 소켓 (RAM Socket)	• 낱개로 장착하는 DIMM 소켓과 2개 단위로 장착하는 SIMM 소켓으로 구분 • 모듈 램의 규격에 따라 72핀, 168핀, 184핀, 240핀, 284핀 등이 있음
내장 전지 (Internal Battery)	• 충전식 전지는 컴퓨터를 오래 사용하지 않을 경우 CMOS에 저장된 바이오스 정보가 사라짐(바이오스가 기록된 CMOS SRAM에 전력을 공급) • RTC(Real Time Clock) 장치에 전원을 공급하여 날짜와 시간을 알림

확장 슬롯 (Expansion Slot)	• 컴퓨터 성능을 높이기 위해 회로 기판에 추가로 장착할 수 있는 슬롯 • 그래픽 카드, 사운드 카드, 랜 카드 등을 장착

2 확장 버스/확장 슬롯

종류	설명
ISA 방식	호환성이 좋지만 속도가 느려서 사용하지 않음(PC/AT 버스라고도 함)
VESA 방식	• 32비트의 데이터 흐름을 지원하며, 고성능의 비디오 카드를 장착 • 펜티엄급에서는 사용하지 않음(ISA 방식도 사용 가능)
PCI 방식	• 64비트 구조의 확장 규격으로 표준화된 클럭 속도와 커넥터를 제공 • CPU와 외부 버스 사이에 데이터 흐름을 정리하는 브리지가 설치됨
PCMCIA 방식	노트북의 접속 장치로 새로운 주변 기기를 연결하여 사용(PC 카드 방식)
AGP 방식	• 3D 그래픽 표현을 빠르게 하는 차세대 규격(PCI 보다 2배 이상 빠름) • 주기억 장치를 비디오 카드처럼 사용(기존 그래픽 카드보다 4배 이상 빠름) • CPU와 입출력 장치간의 속도 차이로 인한 충돌을 방지
PCI Express 방식	• AGP 방식을 보완한 고속의 차세대 그래픽 카드 규격 • 성능과 확장성이 향상된 직렬 버스로 핫 플러그인(Hot Plug-In)을 지원

3 연결 포트

종류	설명
직렬 포트 (Serial Port)	• 한번에 한 비트씩 주변 장치로 전송(컴퓨터에 내장된 입출력 포트) • 모뎀 및 마우스를 COM1~COM4 등을 이용하여 연결(통신용으로 사용)
병렬 포트 (Parallel Port)	• 한번에 여러 비트씩 주변 장치로 전송(본체 뒷면의 25핀 포트) • 프린터 및 스캐너 등을 연결할 때 사용
PS/2 포트	• 마우스나 키보드를 PC에 접속하기 위해 IBM이 개발 • 다른 주변 장치가 직렬 포트를 사용할 수 있도록 지원

USB 포트	• 여러 개의 직렬 장치를 하나로 통합한 방식으로 플러그 앤 플레이(PnP)를 지원 • USB를 지원하는 주변 기기에는 별도의 전원이 필요 없음(USB 3.0은 최대 5Gbps의 속도) • 핫 플러깅 기능으로 컴퓨터를 종료하거나 다시 시작하지 않아도 장치를 연결하거나 끊을 수 있음(컴퓨터 사용 중 주변 장치를 연결해도 인식) • 1.5Mbps의 저속 모드는 HID(Human Interface Device)에서 사용 • 주변 기기(키보드, 마우스, 스캐너, 프린터 등)를 최대 127개까지 연결
IEEE 1394	• 대용량 멀티미디어 콘텐츠의 빠른 전송을 위해 외부 장비를 연결(=Firewire) • 100Mbps~1Gbps의 전송 속도를 가지며, 핫 플러그인을 지원 • 플러그 앤 플레이 기능으로 각종 디지털 기기의 접속과 단절이 자유로움 • 주변 기기(비디오 카메라, 디지털 카메라 등)를 최대 63개까지 연결
무선 직렬 포트(IrDA)	• 적외선을 이용하여 주변 장치와 통신을 가능하게 함 • 노트북과 주변 장치 사이의 통신 연결에 사용
HDMI	• 디지털 비디오와 오디오 신호를 통합하여 전송할 수 있는 규격 • 기존 아날로그 단자를 대체하여 DVD 플레이어, HDTV 등에 사용
디스플레이 포트(DP)	• 디스플레이 장치에 영상과 음성을 하나로 통합한 규격 • 여러 개의 기기를 하나로 연결하여 신호를 각각 전송

4 바이오스(BIOS ; Basic Input Output System)

- 펌웨어의 일종으로 컴퓨터의 입출력 장치나 메모리 등 하드웨어 환경을 관리한다.
- ROM에 저장되어 ROM-BIOS라고도 하며, 자체에 기본적인 디바이스 드라이버들을 포함한다.
- PC의 전원을 켜면 바이오스 프로그램이 작동하여 시스템을 초기화하고, POST를 실시한다.
- Windows를 부팅하는 과정에서 컴퓨터의 자기 진단과 주변기기 등을 점검한다.
- 구성품의 올바른 동작과 주변 기기간 데이터 전송을 원활하게 한다(인터럽트의 처리 부분이 있음).
- 최근에는 플래시 롬(Flash ROM)에 저장되어 칩 교환 없이 업그레이드할 수 있다.

12. 시스템 소프트웨어 ✪✪✪

1 시스템 소프트웨어의 개념

- 컴퓨터를 효율적으로 사용하기 위해 필요한 소프트웨어로 운영 체제 및 컴파일러, 어셈블러, 라이브러리 등이 포함된다.
- 응용 소프트웨어가 실행될 때 컴퓨터 하드웨어를 효율적으로 사용하도록 인터페이스 역할을 한다.

2 제어 프로그램(Control Program)

종류	설명
감시 프로그램	프로그램의 실행 과정과 시스템의 동작 상태 등을 감시
자료 관리 프로그램	프로그램에 관련된 파일과 데이터를 처리할 수 있도록 관리
작업 관리 프로그램	연속적인 작업 처리를 위하여 스케줄 및 입출력 장치 등을 관리

3 처리 프로그램(Processing Program)

종류	설명
언어 번역 프로그램	사용자가 작성한 원시 프로그램을 기계어로 번역하여 목적 프로그램을 작성하는 것으로 어셈블러(Assembler), 컴파일러(Compiler), 인터프리터(Interpreter) 등이 있음
서비스 프로그램	프로그램 작성 시간과 노력을 줄이고, 업무 처리 능률의 향상을 목적으로 작성하는 것으로 연계 편집(Linkage Editor), 정렬/병합(Sort/Merge), 유틸리티(Utility), 라이브러리(Library) 등이 있음

4 운영 체제(OS)의 개념과 기능

- 컴퓨터와 사용자 사이에서 시스템을 효율적으로 운영할 수 있도록 인터페이스 역할을 담당한다.
- 사용자가 응용 프로그램을 편리하게 사용하고, 하드웨어의 성능을 최적화할 수 있다.
- 하드웨어를 사용 가능하도록 소프트웨어나 펌웨어로 구현하고, 시스템 메모리를 관리한다.
- 하드웨어의 효과적인 제어와 사용자 프로그램의 실행 환경을 제공한다(BIOS를 포함).
- 프로세스 관리, 기억 장치 관리, 파일 관리, 입출력 관리, 리소스 관리 등의 역할을 한다.

5 운영 체제의 성능 평가 요인

요인	설명
처리 능력(Throughput) 향상	단위 시간에 처리할 수 있는 작업의 양

응답 시간(Turnaround Time) 단축	요구한 결과를 얻을 수 있을 때까지 소요되는 시간
신뢰도 (Reliability) 향상	시스템 오류 없이 기능을 정확하게 수행할 수 있는 척도
사용 가능도 (Availability) 향상	신속하게 시스템 자원을 사용할 수 있도록 지원하는 능력

6 운영 체제의 운영 방식

- 일괄 처리(Batch Processing) 시스템 : 데이터를 일정량 또는 일정 기간 모아서 한꺼번에 처리하는 시스템이다(예 : 급여 계산, 전기 요금 등).
- 실시간 처리(Real Time Processing) 시스템 : 자료가 수신되는 즉시 처리하여 사용자 입력에 바로 응답할 수 있는 시스템이다(예 : 좌석 예약, 은행 업무 등).
- 시분할 처리(Time Sharing) 시스템 : CPU의 처리 시간을 일정한 시간으로 나누어서 여러 개의 작업을 연속적으로 처리하는 시스템이다(일정 시간 단위로 CPU 사용권을 신속하게 전환하여 각 사용자들이 자신만이 컴퓨터를 사용하고 있는 것처럼 느낌).
- 분산 처리(Distributed Processing) 시스템 : 여러 대의 컴퓨터를 통신망으로 연결하여 작업과 자원을 분산시켜 처리함으로써 컴퓨터의 처리 능력과 효율을 향상시키는 시스템이다.
- 듀얼(Dual) 시스템 : 2개의 CPU가 같은 업무를 동시에 처리하며, 결과를 상호 점검하다가 기계 고장으로 인한 작업 중단에 대비하여 미리 두 대의 컴퓨터를 설치한 후 한 대는 항상 대기 상태에 있도록 한 시스템이다.
- 듀플렉스(Duplex) 시스템 : 시스템의 안정성을 위하여 한쪽의 CPU가 가동 중일 때 다른 한쪽의 CPU가 고장나면 즉시 대기 중인 CPU가 작동되도록 운영하는 시스템이다.
- 임베디드(Embedded) 시스템 : 일반 PC 형태가 아닌 보드 (회로 기판) 형태의 반도체 기억 소자에 응용 프로그램을 탑재하여 컴퓨터 기능을 수행하는 시스템으로 하드웨어와 소프트웨어가 하나로 조합되어 2차 저장 장치를 갖지 않는다(Windows CE, 팜 OS, iOS, 안드로이드 등에서 사용).
- 다중 프로그래밍(Multi Programming) : 하나의 CPU에서 동시에 여러 개의 프로그램을 처리하는 방식으로 각 프로그램이 주어진 시간만큼 CPU를 사용하고 반환한다.
- 다중 처리(Multi Processing) : 동시에 프로그램을 수행할 수 있는 CPU를 두 개 이상 두고 업무를 분담하여 처리한다.(업무를 분담하여 처리하며, 신뢰성과 연산 능력을 향상).

13. 응용 소프트웨어 ★★★

1 응용 소프트웨어의 분류

종류	설명
상용 소프트웨어 (Commercial)	일정 금액을 지불하여 구입한 후 사용하는 소프트웨어
공개 소프트웨어 (Open)	개발자가 소스를 공개하여 자유롭게 사용하고, 수정이나 재배포할 수 있는 소프트웨어
셰어웨어 (Shareware)	일정 기간이나 기능에 제한을 두고 프로그램을 사용한 후 구입 여부를 판단하는 소프트웨어
프리웨어 (Freeware)	사용 기간과 기능에 제한 없이 무료로 사용할 수 있으며, 저작권자의 동의 없이 자유롭게 복사, 배포할 수 있는 소프트웨어
미들웨어 (Middleware)	복잡한 여러 기종의 컴퓨팅 환경에서 응용 프로그램과 운영 체제의 차이를 보완해 주고, 서버와 클라이언트들을 중간에서 연결해 주는 소프트웨어
베타 버전 (Beta Version)	소프트웨어 개발사가 프로그램을 공개하기 전에 테스트를 목적으로 일반인에 공개하는 소프트웨어
데모 버전 (Demo Version)	상용 소프트웨어의 기능을 알리기 위해 사용 기간이나 기능에 제한을 두고, 무료로 배포하는 소프트웨어
테스트 버전 (Test Version)	데모 버전 이전에 프로그램의 문제점들을 찾아내기 위해 무료로 배포하는 소프트웨어
알파 버전 (Alpha Version)	프로그램 오류(결점)를 찾아내기 위해 개발사 내에서 테스트를 목적으로 제작한 소프트웨어
번들 프로그램 (Bundle Program)	하드웨어나 소프트웨어 구입 시 무료로 배포하는 소프트웨어
패치 프로그램 (Patch Program)	이미 출시된 프로그램에 존재하는 프로그램의 오류 수정 및 기능 향상을 위해 프로그램의 일부 파일을 변경하는 소프트웨어
디바이스 드라이버 (Device Driver)	하드웨어를 추가로 설치할 때 새로운 장치를 인식하기 위한 설치 프로그램
벤치 마크 테스트 (Benchmark Test)	하드웨어나 소프트웨어의 성능을 검사하기 위해 실제 사용되는 조건에서 처리 능력을 테스트 함

2 유틸리티 프로그램

- 사용자가 컴퓨터를 보다 쉽게 사용할 수 있도록 도와주는 프로그램으로 시스템에 있는 기존 프로그램을 지원하거나 기능을 향상시킨다.
- 다수의 작업이나 목적에 대하여 적용되는 편리한 서비스 프로그램이나 루틴을 말한다(하드웨어, 운영 체제, 응용 소프트웨어를 관리하는데 도움을 줌).
- 데이터 복구, 백업의 기능을 가지며 압축, 바이러스 백신, 디스크 관리, 화면 보호기 등이 있다.

3 압축 프로그램

- 용량이 큰 파일의 압축 및 해제 기능을 갖춘 프로그램으로 디스크 공간을 효율적으로 활용하며, 데이터 용량을 최소화한다(암호 지정과 분할 압축이 가능).
- 압축은 텍스트뿐만 아니라 음악, 사진, 동영상 파일 등도 압축할 수 있다.
- 데이터의 이동, 보관, 전송, 백업 등의 작업에 시간과 비용을 절약할 수 있다.
- 이미 압축된 파일을 여러 개 모아 다시 한꺼번에 압축하면 압축률이 좋지 않다.

14. 프로그래밍 언어 ✪✪

1 프로그래밍 언어의 조건

- 언어의 구조가 단순 명료하면서 해당 언어의 개념이 명확하고 확장성이 좋아야 한다.
- 프로그램의 검증이 용이하면서 해당 프로그램의 이동성, 호환성, 이식성이 좋아야 한다.
- 프로그래밍의 순서는 업무 분석 → 입출력 설계 및 흐름도 작성(업무 처리의 순서) → 코딩(프로그램 언어를 작성) → 번역 및 오류 수정 → 테스트(프로그래밍을 컴파일) → 실행(결과 출력) → 문서화(명확성을 위해 프로그램 개발을 정리)이다.

2 언어 번역 프로그램의 종류

종류	설명
어셈블러(Assembler)	어셈블리어(기계어와 대응되는 기호나 문자로 작성)로 작성된 원시 프로그램을 기계어로 번역
인터프리터(Interpreter)	• 고급 언어로 작성된 원시 프로그램을 한 문장씩 읽고, 기계어로 번역(목적 프로그램을 생성하지 않음) • 대화식 처리가 가능하며, 메모리 공간을 적게 차지 • 줄 단위로 번역하므로 번역 속도는 빠르지만 실행 속도가 느림 • BASIC, LISP, APL, SNOBOL 등이 해당
컴파일러(Compiler)	• 고급 언어의 원시 프로그램을 기계어나 어셈블리어의 목적 프로그램으로 번역 • 대화식 처리가 불가능하며, 메모리 공간을 많이 차지 • 프로그램 단위로 번역하므로 번역 속도는 느리지만 실행 속도가 빠름 • COBOL, FORTRAN, C, ALGOL, PASCAL 등이 해당
프리프로세서(Preprocessor)	• 고급 언어로 작성된 프로그램을 다른 고급 언어로 번역 • 매크로 확장, 기호 변환 등의 작업을 수행

3 언어 번역 과정

과정	설명
원시 프로그램	사용자가 고급 언어로 작성한 프로그램
목적 프로그램	언어 번역기를 통해 기계어로 번역한 프로그램
로드 모듈	링커에 의해 실행 가능한 형태로 만들어진 모듈
링커(Linker)	목적 코드를 실행 가능한 로드 모듈로 생성하는 프로그램(=연계 편집 프로그램)
로더(Loader)	• 모듈이 실행되도록 기억 공간을 할당하고, 메모리에 적재시켜 주는 프로그램 • 목적 프로그램을 주기억 장치에 적재하여 실행(주기억 장치에 빈 공간을 할당) • 종속적인 모든 주소를 할당된 주기억 장치 주소와 일치하도록 조정 • 재배치(Relocation), 할당(Allocation), 링킹(Linking)의 기능이 있음

※ 디버깅(Debugging) : 프로그램의 오류를 찾아 수정하는 작업으로 보조 프로그램을 이용하는 경우와 검사용 데이터를 수행시켜 오류를 찾는 경우가 있음

15. PC의 유지 보수 ✪✪

1 시스템 최적화

종류	설명
디스크 포맷	• 디스크의 트랙과 섹터를 초기화(모든 데이터는 삭제) • 요소는 용량, 파일 시스템, 할당 단위 크기, 볼륨 레이블, 빠른 포맷
디스크 오류 검사	• 디스크에서 폴더와 파일의 논리적/물리적 오류를 점검한 후 손상 영역을 복구(검사 중에 다른 작업을 수행할 수 없음) • 수행할 수 있는 드라이브는 하드 디스크 드라이브, 압축된 드라이브, 램 드라이브, 메모리 카드이고, 수행할 수 없는 드라이브는 CD-ROM 드라이브, 네트워크 드라이브
디스크 정리	• 불필요한 파일이나 프로그램을 삭제하여 디스크의 여유 공간을 확보 • 삭제할 수 있는 파일에는 다운로드한 프로그램 파일, 임시 인터넷 파일, 오프라인 웹 페이지, 전송 최적화 파일, 휴지통, 설치 로그 파일, 임시 파일, 미리 보기 사진 등이 있음
드라이브 조각 모음	• 디스크 단편화를 제거하여 사용 중인 디스크의 입출력 속도와 디스크 공간을 최적화(공간을 정렬하여 프로그램을 빠르게 실행) • 다른 작업을 할 수 있지만 모든 작업을 중지하면 보다 효율적 • 요일과 시간을 지정하여 자동으로 수행되도록 예약할 수 있음 • 파일 시스템(FAT, FAT32, NTFS)으로 포맷된 볼륨에 대하여 수행 가능 • CD-ROM 드라이브, 네트워크 드라이브, 압축 드라이브는 수행 불가능

2 하드 디스크의 연결 방식

종류	설명
IDE (AT-BUS)	• 하드 디스크 용량을 528MB까지 지원하며, 최대 2개까지 연결 • Master(하드 디스크)/Slave(CD-ROM)의 점퍼를 조정하여 연결
EIDE (ATA)	• 500MB 이상의 하드 디스크를 최대 4개(주변 장치 포함)까지 연결 • IDE를 확장하여 최대 8.4GB까지의 용량을 지원 • Master(하드 디스크)/Slave(CD-ROM)의 점퍼를 조정하여 연결
SCSI	• 버스 폭에 따라 주변 장치를 7개까지 연결 • 속도가 빠르고 데이터 기록 밀도가 높은 인터페이스로 터미네이션과 각 장치의 ID 설정이 필요(서버용 컴퓨터에서 사용) • 하드 디스크 및 CD-ROM 등을 체인식으로 연결
SATA	• 병렬 ATA를 대체하기 위한 직렬 ATA(Serial ATA) 방식 • 메인보드와 보조 기억 장치의 데이터 전송 시 한 번에 한 비트씩 전송 • 데이터 선이 얇아 내부에 통풍이 잘 되며, 데이터의 신뢰성이 높음 • 핫 플러그인 기능으로 시스템 운용 도중 자유롭게 부착이 가능 • 하드 디스크나 광학 드라이브와의 고속 전송을 목적으로 함(PATA 방식보다 전송 속도 빠름) • Master(하드 디스크)/Slave(CD-ROM)의 점퍼를 조정하여 연결

3 RAID(Redundant Array of Inexpensive Disks)

• 여러 개의 하드 디스크를 하나의 디스크처럼 보이게 하는 기술로 프로세서와 드라이브 사이의 속도 차이를 개선한다.
• 서버에서 대용량의 하드 디스크를 이용할 경우 필요하다(백업 정책으로 데이터를 서버에서 사용).
• 동일한 데이터를 여러 디스크에 중복 저장할 수 있어 장애에 강하다(모든 디스크의 스트립을 인터리브 함).
• 데이터 복구가 용이하고, 안정성이 향상된다.
• 하나의 RAID는 논리적 하드 디스크로 인식되며, 스트라이핑 기술로 저장 공간을 파티션 한다.

16. PC의 응급 처치 ✪✪

1 전원 및 메인보드 관련 문제

문제	해결 방법
전원이 들어오지 않을 경우	전원 케이블의 접속 상태와 전원 공급 장치의 고장 여부 확인
부팅 시 '삑' 소리가 나는 경우	'삑' 소리가 나면 RAM 문제이고, '삑~삑삑삑' 소리가 나면 그래픽 카드 문제로 고장 여부 확인
부팅이 되지 않는 경우	• 안전 모드로 부팅한 후 문제를 해결하고, 정상 모드로 재부팅 • Windows 시스템 파일이 손상된 경우 복구 콘솔을 사용 • CMOS 배터리의 충전 여부와 하드 디스크의 점퍼 상태 확인 • 전원 장치 및 롬 바이오스의 이상 유무나 바이러스 확인
메모리가 인식되지 않는 경우	RAM 소켓의 올바른 장착 여부 확인

2 CMOS 관련 문제

• CMOS는 부팅 시 필요한 하드웨어 정보를 담고 있는 반도체이다.
• ROM에 파일 형태로 기억되며, 비디오 보드나 하드 디스크를 바꾸면 CMOS 셋업 정보도 바꾼다.
• 날짜와 시간, 하드 디스크 타입, 부팅 시 비밀번호 옵션, 부팅 순서, 전원 관리 모드, 칩셋, Anti-Virus 등을 설정한다.

문제	해결 방법
CMOS 설정이 변경된 경우	백신 프로그램을 이용하여 바이러스 감염 여부 확인
CMOS 설정이 초기화 된 경우	메인보드에 장착되어 있는 배터리의 방전 여부 확인
CMOS 셋업 시 비밀번호를 잊어버린 경우	메인보드에 장착되어 있는 배터리를 뽑았다가 다시 장착
CMOS 셋업 정보가 지워져 하드 디스크를 인식하지 못하는 경우	CMOS Setup의 Auto Detector 기능을 이용

3 하드 디스크 관련 문제

문제	해결 방법
디스크가 인식되지 않는 경우	파티션 설정이나 하드 디스크의 점퍼 설정과 타입을 확인
읽기 오류가 발생한 경우	디스크 검사 등을 이용하여 하드 디스크의 오류 검사
HDD controller failure인 경우	메인보드와 하드 디스크의 연결 케이블 확인

4 프린터 관련 문제

문제	해결 방법
스풀 에러가 발생한 경우	스풀 공간이 부족하므로 하드 디스크의 공간을 확보
인쇄가 되지 않는 경우	• 프린터의 설정 상태나 기종에 맞는 드라이버 설치를 확인 • 프린터의 전원이나 케이블의 연결 상태를 확인

인쇄 속도가 느려진 경우	[프린터 속성] 대화 상자의 [고급] 탭에서 스풀 관련 항목을 확인('바로 인쇄 시작' 옵션을 선택)

5 기타 관련 문제

문제	해결 방법
디스크 공간이 부족한 경우	• 사용하지 않는 파일을 백업한 후 삭제 • 디스크 정리를 수행하여 Windows 구성 요소나 임시 파일, 다운로드받은 Active X 컨트롤, Java 애플릿 등을 삭제
메모리가 부족한 경우	• 불필요한 프로그램을 모두 종료하고, 필요한 프로그램만 다시 실행 • 휴지통, 임시 파일, 사용하지 않는 프로그램 등을 삭제 • [시스템 속성] 대화 상자의 [고급] 탭에서 가상 메모리를 재설정
하드웨어가 충돌하는 경우	• [제어판]-[장치 관리자]에서 설치된 하드웨어를 확인하고, 충돌이 발생한 하드웨어는 삭제한 후 재설치 • 하나의 장치를 여러 하드웨어가 사용할 경우 해당 하드웨어를 삭제한 후 재설치
네트워크에 연결이 안 되는 경우	• 방화벽 같은 외부적 요인이나 원격 데스크톱 설정을 확인 • 네트워크 어댑터의 올바른 설치 유무나 충돌 상태를 확인 • 컴퓨터의 프로토콜이나 웹 브라우저 상태를 확인

| 무료 동영상 |

03 인터넷 자료 활용

1. 인터넷의 개요 ★★

1 인터넷 주소

- 인터넷에서 컴퓨터를 식별하기 위한 주소로 호스트 컴퓨터, 기관 종류, 국가 등으로 구성한다.
- 숫자로 구성된 IP 주소와 문자로 구성된 도메인 이름(Domain Name)으로 나뉜다.
- 미국과 NIC가 없는 국가는 InterNIC, 우리나라는 KRNIC에서 각각 관리한다.
- KRNIC는 IP 주소와 도메인 이름뿐만 아니라 인터넷 주소의 정책 연구, 제도 개선, 인터넷 활성화, 국제 인터넷 주소 기구 협력 등의 업무를 수행한다.
- 국제 인터넷 주소 관리 기구(ICANN)는 Top Level Domain(com, net, org, edu, us)을 관리하고, 인터넷 프로토콜(IP)에서 사용되는 도메인 이름의 디렉토리를 등록하고 유지한다.

2 IPv4(Internet Protocol version 4)

- 현재 사용하는 IP 주소로 32비트를 8비트씩 4개의 점(.)으로 나누어 표시한다(예 : 179.145.1.22).
- 숫자로 표현된 주소는 점(.)으로 구분되어 4옥텟(Octet)으로 되어 있다(1옥텟 = 8Bit = 1Byte).
- 5개의 클래스로 구성되며, 현재 할당된 주소는 대부분이 C 클래스이다.

클래스	설명
A Class	국가나 대형 통신망에서 사용(최대 16,777,214개의 호스트를 사용)
B Class	중 · 대규모의 통신망에서 사용(최대 65,534개의 호스트를 사용)
C Class	소규모의 통신망에서 사용(최대 254개의 호스트를 사용)
D Class	멀티캐스팅용에서 사용
E Class	실험용으로 사용

3 IPv6(Internet Protocol version 6)

- IPv4의 주소 공간을 4배 확장한 것으로 128비트를 16비트씩 8개로 나누어 표시하며, IP는 콜론(:)으로 구분한다(IP 주소의 부족 현상을 해소하기 위한 차세대 주소 체계).
- 주소의 한 부분이 0으로만 연속되는 경우 연속된 0은 '::'으로 생략할 수 있다.
- 실시간 흐름 제어로 향상된 멀티미디어 기능과 보안 기능을 지원하며, 전송 속도가 빠르다.
- 인증성, 기밀성, 데이터 무결성으로 보안 문제를 해결한다.
- 유니 캐스트(일대일 통신), 멀티 캐스트(일대다 통신), 애니 캐스트(일대일 통신) 주소로 분류된다.

4 도메인 네임(Domain Name)

- 숫자로 구성된 IP 주소를 이해하기 쉽도록 문자로 표기하며, 영문은 대소문자를 구별하지 않는다.
- 하나의 IP 주소는 여러 개의 도메인 네임을 가질 수 있다.
- 영문자나 숫자로 시작하며 쉼표(,), 밑줄(_) 등의 특수 문자와 공백은 사용할 수 없다.
- 주소 체제는 점(.)으로 구분하며, 오른쪽으로 갈수록 상위 도메인이다.

www.cyber.co.kr
호스트 이름, 기관 이름, 기관 종류, 국가 도메인

국제 도메인	기관(소속)	국내 도메인
com	일반 기업체, 회사	co
edu	교육 기관, 학교	ac
gov	정부, 공공 기관	go
int	국제 단체	
net	네트워크 관련 기관	ne
org	비영리 단체	or
	개인	pe

5 DNS(Domain Name System)

- 문자로 입력된 도메인 이름을 컴퓨터가 인식하는 IP 주소로 변경하는 시스템이다.
- TCP/IP에서 사용하는 서비스로 URL의 도메인 이름과 호스트 이름을 DNS Server에 등록한다.
- DNS Server는 도메인 이름과 대응하는 IP 주소의 데이터베이스를 원하는 컴퓨터에 제공한다.
- 모든 호스트들을 각 도메인별로 계층화 시켜서 관리하며, 루트(Root), 최상위 도메인(TLD), 2차 도메인(SLD) 등으로 구성한다.

6 서브넷 마스크(Subnet Mask)

- 호스트 이름으로부터 IP 주소지에 대한 네트워크 이름을 규정하는 것으로 32비트의 크기를 갖는다.
- 0~255까지의 숫자 4개를 점으로 표기하며, IP 주소와 결합하여 네트워크를 식별한다.
- 컴퓨터가 속한 네트워크 식별자를 추출하는 것으로 IP 주소의 공간 낭비에 대한 문제를 해결한다.
- IP 주소를 네트워크 ID 부분과 호스트 ID 부분으로 구별하기 위해서 사용한다.

2. 인터넷 프로토콜 ★★★

1 프로토콜(Protocol)의 개념

- 통신을 원하는 두 개체간에 무엇을, 어떻게, 언제 통신할 것인가에 대해 약속한 규정이다(데이터 전송 중 오류 검출).
- 통신 절차, 에러 검사 및 제어, 흐름 제어(패킷 수 조절), 동기화 등에 관련된 기술이다(동기화 기능을 수행).
- 전송 데이터 프레임의 구성에 따라 문자 방식, 바이트 방식, 비트 방식 등이 있다.
- 기본 요소는 구문(Syntax), 의미(Semantics), 순서(Timing)가 있다.

2 TCP/IP

- 가장 기본적인 통신 규약으로 다양한 종류의 운영 체제에 대하여 네트워킹을 제공한다.
- 컴퓨터 기종에 관계없이 인터넷 환경에서 정보 교환이 가능하다.

구분	설명
TCP	• OSI 7계층 중 트랜스포트 계층에 해당하며, 전송 데이터의 오류 여부를 검사 • 두 종단간 연결을 설정한 후 데이터를 패킷 단위로 교환
IP	• OSI 7계층 중 네트워크 계층에 해당하며, 신뢰성이 나쁨 • 패킷 주소를 해석하고 경로를 설정하여 다음 호스트로 전송

3 주요 프로토콜

종류	특징
HTTP	• WWW를 이용할 때 서버와 클라이언트간의 정보 교환 프로토콜 • 웹 페이지와 웹 브라우저 사이에서 하이퍼텍스트 문서를 전송(포트 번호 : 80)
ARP	• IP 주소를 물리적 네트워크 주소로 대응시키기 위해 사용하는 프로토콜 • 컴퓨터의 IP 주소만 알고 MAC 주소를 모르는 경우 IP 주소로부터 MAC 주소를 찾음
RARP	• 네트워크상에서 물리적 네트워크 주소(MAC)를 IP 주소로 대응시키기 위한 프로토콜 • 호스트가 IP 주소를 모르는 경우 이를 서버로부터 요청하기 위해 사용
NNTP	• 뉴스 그룹에 있는 글을 관리하기 위해 사용되는 프로토콜 • 유즈넷 서비스에서 기사 내용을 전달(포트 번호 : 119)
DHCP	• 네트워크에서 IP 주소를 관리하거나 할당할 수 있는 프로토콜 • IP 주소를 자동으로 설정하는 방식을 사용
UDP	• 네트워크에서 컴퓨터간 메시지 교환 시 제한된 서비스만을 제공하는 프로토콜 • TCP의 대안으로 IP를 사용하여 데이터를 전송
ICMP	• 호스트 서버와 게이트웨이 사이에서 메시지를 제어하거나 에러를 알려주는 프로토콜 • 네트워크 계층을 관리하거나 제어하는 등 다양한 기능을 제공
SNMP	• 가장 광범위하게 사용되고 있는 네트워크 관리 시스템 프로토콜 • 네트워크 장치 및 동작을 감시

4 OSI 7계층의 특징

- 기존 컴퓨터나 다른 종류의 네트워크 접속을 용이하게 하기 위한 프로토콜의 표준이다.

• 효율적이면서 상호 접속이 용이한 컴퓨터 통신망 구축을 목적으로 한다.

계층	특징
응용(Application) 계층	응용 프로그램(사용자)의 정보 활용과 통신 제어
표현(Presentation) 계층	데이터 표준화와 압축, 코드 변환, 구문 검색, 정보의 형식과 암호화 기능을 제공
세션(Session) 계층	프로세서간 대화 설정 및 유지, 종료(송수신측간 관련성 유지, 동기 제어, 데이터 교환 관리, 대화의 구성 및 동기 제공)
전송(Transport) 계층	투명하고 신뢰성 있는 데이터 전송, 오류 복구와 흐름 제어(장비 : 게이트웨이)
네트워크(Network) 계층	데이터 교환 기능으로 목적지 경로를 설정 또는 종료하고, 패킷 정보를 전송하여 트래픽을 제어(장비 : 라우터)
데이터 링크(Data Link) 계층	물리 계층의 전송 오류를 검출하고 수정, 링크의 확립/유지/단절의 수단을 제공(장비 : 브리지, 스위치)
물리(Physical) 계층	전송 매체의 전기적, 물리적 특징을 규정(장비 : 리피터, 허브)

5 OSI 7계층과 TCP/IP 계층

OSI 7계층			TCP/IP 계층	해당 프로토콜
상위층	7	응용	응용 계층	HTTP, FTP, SMTP, SNMP, POP, DHCP, DNS, Telnet
	6	표현		
	5	세션		
	4	전송	전송 계층	TCP, UDP
하위층	3	네트워크	인터넷 계층	IP, ICMP, ARP, RARP
	2	데이터 링크	네트워크 접속 계층	MAC 주소
	1	물리		토큰링, 토큰 버스, 이더넷

3. 웹 브라우저 사용 및 설정 ✪

1 웹 브라우저(Web Browser)

• GUI 환경과 그래픽을 기반으로 하이퍼미디어 형태의 웹 정보와 서비스를 사용할 수 있다(웹 서버와 HTTP 프로토콜로 통신).

• 웹 페이지의 저장 및 인쇄, 자주 방문하는 사이트의 기억 및 관리, 전자 우편 및 HTML 문서 편집 등의 기능을 제공한다.

• 플러그 인 프로그램을 설치하면 동영상, 음성 등 다양한 멀티미디어 정보를 처리(검색)할 수 있다.

• 사용자가 방문했던 웹 사이트 주소들을 순서대로 기억하는 것을 히스토리(History)라고 한다.

• 자주 방문하는 웹 사이트를 쉽게 찾아갈 수 있도록 사이트 주소를 목록 형태로 저장한 것을 즐겨찾기(Bookmark)라고 한다.

• 익스플로러(Explorer), 엣지(Egde), 크롬(Chrome), 모자이크(Mosaic), 핫자바(Hot Java), 사파리(Safari), 오페라(Opera), 파이어폭스(Firefox) 등이 있다.

2 익스플로러 보안 기능

• 보안 등급을 설정하거나 내용 관리자를 지정해서 접속 가능한 웹 사이트를 제한할 수 있다.

• 등급을 사용하여 사용자, 공급자 등을 확인할 수 없으나 볼 수 있는 내용을 제한할 수는 있다.

• 인터넷 쇼핑에서 사용되는 개인정보를 관리할 수 있다.

3 인터넷 팝업 차단 기능

• 인터넷 화면에서 자동으로 실행되는 웹 사이트의 팝업 창을 차단하는 기능으로 필요 없는 광고나 홍보를 자동적으로 차단할 수 있다.

• 익스플로러에서 [도구]-[팝업 차단]을 선택하여 팝업 차단 기능을 선택할 수 있다.

• 특정 웹 사이트에서 차단 메시지가 나타나면 알림줄을 클릭하여 팝업 창의 허용 여부를 지정한다.

4. 인터넷 서비스 ✪✪

1 WWW(World Wide Web) – 포트 번호 : 80

• 텍스트, 사운드, 이미지, 동화상 등이 복합된 HTML 언어와 하이퍼텍스트 기반으로 되어 있는 HTTP 프로토콜을 사용한다(GUI와 멀티미디어 기법을 활용).

• 웹 페이지는 서버에서 정보를 제공하고, 클라이언트에서 정보를 검색하고 제공받는다.

2 URL(Uniform Resource Locator)

• 정보의 위치를 나타내는 표준 주소 체계로 정보에 대한 접근 방법, 위치, 파일명 등을 표시한다.

• 형식은 접근 프로토콜://IP 주소 또는 호스트 도메인 이름[:포트 번호]/파일 위치(경로)/파일 이름 순이다(프로토콜 : 인터넷 서비스 종류, IP 주소 또는 도메인 이름 : 검색 정보가 있는 호스트 주소, 포트 번호 : 서비스를 구분하는 번호, 파일 위치와 파일명 : 저장된 실제 경로와 이름).

3 FTP(File Transfer Protocol) – 포트 번호 : 21

- TCP/IP 프로토콜을 기반으로 인터넷을 통하여 서버와 클라이언트 사이의 파일을 송수신한다.
- FTP 유틸리티 프로그램에서 서버의 IP 주소, 계정, 암호를 입력하면 파일을 업로드 할 수 있다.
- 익명 파일 전송(Anonymous FTP)은 계정 없이도 누구든지 Anonymous 또는 FTP라는 로그인명으로 호스트에 대해 FTP를 실행할 수 있다.
- Full Service FTP(User FTP)는 해당 시스템의 계정을 소유한 사람만이 접속할 수 있다.

전송 모드	설명
바이너리 모드	그림 파일, 동영상 파일, 압축된 형태의 파일을 전송할 때 사용
아스키 모드	텍스트 파일을 전송할 때 사용

4 원격 접속(Telnet) – 포트 번호 : 23

- 원격지 컴퓨터에 권한을 가진 사용자가 접속하여 프로그램을 실행하거나 시스템을 관리한다.
- 전 세계의 다양한 온라인 서비스를 제공받을 수 있다(다른 시스템에 직접 접속된 것처럼 사용).

5 유즈넷(Usenet)

- 특정 주제나 공통 관심사에 대하여 네티즌들이 자유롭게 자신의 의견을 제시하고 토론할 수 있다.
- 인터넷 사용자간에 뉴스의 분배, 조회, 송수신할 수 있는 환경을 제공한다.

6 전자 우편(E-Mail)

- 수신자만 명시하면 내용을 쓰지 않아도 되며, 여러 수신자에게 메일을 한번에 송신할 수 있다.
- 사용자 ID 다음에 '@' 기호를 붙이고 메일 서버의 호스트 주소를 입력한다(leo@hanmail.net).
- 스팸(SPAM)은 수신인이 원하지 않는 메시지나 정보이다(토론 주제와 상관없는 기사 등).
- 스패밍(Spamming)은 수신인이 원하지 않는 메시지나 정보를 일방적으로 보내는 행위이다.

구조	설명
머리부(Header)	To(수신자 주소), From(발신자 주소), Subject(제목), Date(전송 날짜), Cc(참조인 주소), Bcc(숨은 참조인 주소) 등
본문부(Body)	문자(Character), 첨부 파일(Attach), 서명, 로고 등

7 전자 우편 프로토콜

프로토콜	설명
SMTP	전자 우편의 송신을 담당(TCP/IP 호스트의 우편함에 ASCII 문자 메시지를 전송)
POP3	전자 우편의 수신을 담당(제목과 내용을 한번에 다운받음)
IMAP	전자 우편의 수신을 담당(제목과 송신자를 보고 메일의 다운로드를 결정)
MIME	멀티미디어 메일의 송신을 담당(일반 문자열, 이미지, 오디오, 비디오 등을 기호화)

8 전자 우편 기능

- 회신 : 받은 메일에 답장을 작성한 후 다시 전송하는 것이다.
- 전체 회신 : 받은 메일에 답장을 작성하되 모든 참조인들에게 전송하는 것이다.
- 전달 : 받은 메일과 첨부 자료를 다른 사람에게 그대로 전송하는 것이다.
- 첨부 : 문서, 이미지, 동영상 등의 파일을 추가하여 보내는 것이다.
- 서명 : 메일을 보낸 사람의 신원을 증명하기 위하여 내용 마지막에 붙이는 표식이다.
- 참조 : 수신자 외에 따로 메일을 받을 사람을 지정하는 것이다.
- 숨은 참조 : 참조와 비슷한 기능이지만 수신 메일에 참조자 표시가 없다.

9 인터넷 관련 용어

- 인트라넷(Intranet) : 기업 내 네트워크를 인터넷의 정보망에 연결하여 저렴한 비용으로 회사 업무를 구축하는 시스템이다(인터넷 기술을 기업 내 정보 시스템에 적용한 것으로 전자 우편 시스템, 전자 결재 시스템 등을 인터넷 환경으로 통합).
- 엑스트라넷(Extranet) : 인트라넷의 범위를 확대해서 기업 대 기업을 대상으로 정보를 공유한다.
- 미러 사이트(Mirror Site) : 다수의 이용자들이 동시에 접속할 경우 액세스 분산화와 네트워크 부하를 방지할 목적으로 같은 내용을 복사한다.
- 데몬(Daemon) : 인터넷상에서 발생하는 서비스를 처리하기 위해 웹 서버에 항상 실행중인 상태로 있는 프로그램이다.
- 쿠키(Cookie) : 웹 사이트의 방문 기록(ID)을 남겨 사용자와 사이트를 매개해 주는 역할을 한다.
- 캐싱(Caching) : 자주 사용하는 사이트를 하드 디스크에 저장하고, 해당 자료에 접근하면 미리 저장한 하드 디스크의 자료를 빠르게 보여준다.

- 전자상거래(E-Commerce) : 컴퓨터에서 거래를 할 수 있는 기능으로 신용카드를 이용할 경우 SET 프로토콜이 필요하다(개인정보의 유출 위험으로 신뢰도 문제가 발생).
- 워터마킹(Watermarking) : 오디오, 비디오, 이미지 등의 디지털 콘텐츠에 육안으로 구별할 수 없는 저작권 정보를 삽입하여 불법 복제를 막는 기술이다.
- 유비쿼터스(Ubiquitous) : 언제 어디서나 자유롭게 네트워크를 통해 컴퓨터에 접속할 수 있는 환경으로 모든 사물에 초소형 칩을 내장시켜 연결하면 사물끼리 통신이 가능하다(대표적인 기술로는 RFID와 USN 등이 있음).
- 블루투스(Bluetooth) : 근거리에 놓여 있는 컴퓨터와 이동 단말기를 무선으로 연결하여 쌍방향으로 실시간 통신을 가능하게 해주는 규격 또는 장치이다(IEEE 802.15.1 규격을 사용하는 PANs(Personal Area Networks)의 산업 표준).
- DMB(Digital Multimedia Broadcasting) : 영상이나 음성을 디지털로 변환하는 기술로 언제 어디서나 다양한 콘텐츠를 접할 수 있다(디지털 멀티미디어 방송).
- GPS(Global Positioning System) : 위성 항법 장치로 어느 곳에서든지 인공위성을 이용하여 자신의 위치를 확인할 수 있는 시스템이다(증강 현실에 사용).
- GIS(Geographic Information System) : 지리 정보 시스템으로 지리 공간 데이터를 분석 또는 가공하여 교통, 통신 등과 같은 지형 분야에 활용할 수 있는 시스템이다.
- IMT-2000 : 통신의 문제점을 해결하기 위한 차세대 이동통신으로 지역적 한계와 멀티미디어 통신의 고속 전송이 불가능한 기술적 한계를 극복한다(공통 주파수 확보).

5. 웹 프로그래밍 언어 ★★

1 HTML(Hyper Text Markup Language)

- 하이퍼텍스트를 작성하는 언어로 이식성이 높고 사용이 용이하나 복잡한 문서 작성이 어렵다.
- HTML은 HTML에 비해 애니메이션이 강화되고, 동적인 웹 페이지를 만들 수 있다.

2 SGML(Standard Generalized Markup Language)

- 멀티미디어 문서의 저장과 독립적인 문서를 처리하는 언어로 전자 출판에 이용된다.
- 유연성이 좋고 독립적인 시스템 운용이 가능하나 기능이 복잡하다.

3 XML(eXtensible Markup Language)

- HTML의 단점을 보완하고 웹에서 구조화된 문서를 상호 교환하는 언어로 HTML 태그의 사용자 정의가 가능하다(홈 페이지 구축, 검색 기능 등을 향상).
- DTD(Document Type Definition)가 고정되지 않으므로 논리적 구조를 표현할 수 있다.
- 태그(Tag)와 속성을 사용자가 정의할 수 있으며, 문서 내용과 이를 표현하는 방식이 독립적이다.

4 WML(Wireless Markup Language)

- XML에 기초를 둔 언어로 태그를 이용하여 데이터, 텍스트, 이미지 등을 지원한다.
- 휴대폰, PDA 등 무선 단말기에서 텍스트를 기반으로 콘텐츠를 제공한다.

5 VRML(Virtual Reality Modeling Language)

- 3차원 가상 공간을 표현하기 위한 언어로 웹에서 3차원 입체 이미지를 묘사한다(플러그 인 사용).
- HTML을 기반으로 각종 운영 체제에 독립적이며 가상 쇼핑몰, 3차원 채팅 등에 이용된다.

6 자바(Java)

- 웹상에서 멀티미디어 데이터를 유용하게 처리할 수 있는 객체 지향(Object-oriented) 언어이다.
- 하나의 자바 프로그램이 여러 작업을 할 수 있으며, 멀티쓰레드를 제공한다(보안에 강함)
- 다른 컴퓨터와의 호환성과 이식성이 뛰어나며, 가상 바이트 코드(Byte Code)를 사용한다.
- 분산형 컴퓨팅 및 통신 환경에 알맞은 응용 프로그램을 개발하는데 적합하다.
- C++ 언어를 기반으로 플랫폼에 독립적이며, 실시간 정보를 통해 애니메이션을 구현한다.
- 상속성(Inheritance), 캡슐화(Encapsulation), 오버로딩(Overloading), 다형성(Polymorphism) 등을 제공한다.

7 자바 스크립트(JavaScript)

- 웹 문서에 소스 코드를 삽입하고, HTML을 확장하여 이를 편리하게 꾸밀 수 있다.
- 자바 애플릿을 보완하여 웹 브라우저에서 변수 선언 없이 직접 번역되고 실행된다(클래스 없음).
- 컴파일된 언어에 비해 처리 시간이 오래 걸리지만 짧은 프로그램에는 유용하다.

8 객체 지향 프로그래밍과 언어

구분	설명
객체 지향 프로그래밍	• 동작보다는 객체, 논리보다는 자료를 기준으로 구성 • 소프트웨어의 재사용성으로 프로그램 개발 시간을 단축 • 절차적 프로그램 개발에 적합 • Smalltalk, C++, Java 등에서 객체 지향의 개념을 표현
객체 지향 언어	• 객체 내부의 데이터 구조에서 데이터형뿐만 아니라 사용 함수까지 함께 정의한 것을 클래스(Class)라고 함 • 객체가 수행할 수 있는 특정 작업을 메소드(Method)라고 함 • 상속성, 다형성, 캡슐화, 추상화 등의 특징을 가짐 • 객체는 속성과 메소드의 상속뿐만 아니라 재사용이 가능

6. 데이터 전송 기술 ✪

1 데이터 전송 방식

방식	설명
단방향(Simplex)	한 쪽 방향으로만 정보 전송이 가능한 방식(예 : 라디오, TV 등)
반이중(Half Duplex)	양 쪽 방향으로 정보 전송이 가능하지만 동시에는 전송할 수 없는 방식(예 : 휴대용 무전기 등)
전이중(Full Duplex)	양 쪽 방향으로 동시에 정보 전송이 가능한 방식(예 : 전화기 등)

2 데이터 통신 방식

방식	설명
호스트-터미널(Host-Terminal)	데이터 처리를 하는 호스트 컴퓨터와 서비스 요청만을 처리하는 단말기로 구성된 방식으로 유지 보수가 쉬움(=중앙 집중 방식)
피어-투-피어(Peer-to-Peer)	고속 LAN을 기반으로 컴퓨터간 1:1로 연결되며, 워크스테이션이나 개인용 컴퓨터를 단말기로 사용(=동배간 처리 방식)
클라이언트-서버(Client-Server)	정보를 제공하는 컴퓨터와 자원을 활용하는 다수의 컴퓨터를 연결하여 독자적으로 데이터를 처리(=분산 처리 방식)

7. 정보 통신망의 종류와 특징 ✪✪

1 근거리 통신망(LAN)

• **기업, 학교 등 전송 거리가 짧아** 고속 전송이 가능하며, 전송 오류가 적다(블루투스 사용 가능).

• **자원 공유를 목적으로** 파일 전송, 전자 우편 등의 데이터를 공유하며, 분산 처리가 가능하다.

2 도시권 정보 통신망(MAN)

• **대도시 근교에서 도시와 도시를 연결한 통신망이다.**

• **LAN과 WAN의 중간 형태로 도시 전체를 대상으로 구축한다.**

3 광대역 통신망(WAN)

• **국가와 국가 또는 전 세계의 컴퓨터가 하나로 연결된 통신망이다.**

• **복잡한 네트워크의 효과적인 관리와 원거리의 데이터 전송이 가능하다(에러 발생률이 높음).**

4 부가 가치 통신망(VAN)

• 통신 사업자로부터 대용량 회선을 임대하여 망을 구축하고, **새로운 서비스를 제공하는 통신망이다.**

• **회선 대여업과 함께 전화 교환, 패킷 교환, 전용 회선의 각 서비스 망을 구축한다.**

5 종합 정보 통신망(ISDN)

• 문자, 음성, 이미지, 동영상, 전화, 팩시밀리 등을 하나로 통합한 디지털 통신망이다.

• **회선 모드와 패킷 모드의 전송 방식을 통합하여 새로운 디지털망으로 확장한다.**

6 광대역 종합 정보 통신망(B-ISDN)

• 동영상 및 고속 데이터 전송이 가능한 광통신 기술을 기반으로 광범위한 서비스를 제공하는 디지털 공중 통신망이다.

• **패킷 교환 방식과 회선 교환 방식을 통합한 비동기식 전송 방식(ATM)을 사용한다.**

7 비대칭 디지털 가입자 회선(ADSL)

• 전화 회선을 통해 높은 대역폭의 디지털 정보를 1:1로 전송하며, 고속 데이터 통신이 가능하다.

• 전화는 낮은 주파수를, 데이터 통신은 높은 주파수를 이용하며, 다운로드 속도가 업로드 속도보다 빠르다.

8 초고속 디지털 가입자 회선(VDSL)

• **전송 거리가 짧은 구간에서** 고속의 데이터를 비대칭으로 전송하는 초고속 디지털 전송 기술이다.

• 양방향 서비스 속도가 비슷하며, 고화질의 영상 회의를 제공한다.

8. 정보 통신망의 유형 및 관련 용어 ★★★

1 정보 통신망의 유형

유형	특징
버스(Bus)형	• 하나의 통신 회선에 여러 대의 단말기가 연결된 형태로 CATV 망에 적합 • 노드 하나가 고장 나면 해당 노드에만 영향을 미침(신뢰성과 확장성이 편리) • 동시에 많은 신호를 전송하면 성능이 저하됨(설치가 용이하고, 비용은 저렴)
스타(Star)형	• 중앙의 컴퓨터와 1:1로 연결되는 중앙 집중식 형태로 온라인 시스템에 적합 • 중앙 컴퓨터가 고장 나면 전체 통신망이 마비되지만 유지 보수 및 확장이 용이
트리(Tree)형	• 하나의 회선에 여러 대의 단말기가 연결된 형태로 분산 처리 시스템에 적합 • 중앙 컴퓨터와 단말기를 하나의 통신 회선으로 연결하고, 이웃하는 단말 장치는 중간 단말 장치로 다시 연결(통신 경로가 가장 짧음)
링(Ring)형	• 서로 인접한 노드끼리 둥글게 연결된 형태로 LAN에 적합(기밀 보호 힘듦) • 양방향 전송으로 두 노드 사이의 채널이 고장 나면 전체 네트워크가 손상 • 포인트 투 포인트(Point-to-Point) 방식으로 연결시킴
메시(Mesh)형	• 모든 단말기들이 그물 모양의 회선으로 연결된 형태로 장거리 전송에 적합 • 하나의 통신 회선에 장애가 발생하면 다른 회선에 데이터를 전송 • 많은 양의 통신을 필요로 하는 경우에 사용(응답 시간이 빠름)

2 정보 통신망 관련 용어

- VoIP : 음성 데이터를 인터넷 프로토콜 데이터 패킷으로 변환하여 인터넷 망에서 음성 통화(국제 전화)를 가능하게 하는 기술이다.
- FTTH : 광섬유를 이용하여 100Mbps~1Gbps의 속도로 데이터를 전송하며, 인터넷 전화 및 TV, CATV 등의 서비스를 한번에 전송하는 기술이다.
- WIPI : 이동 통신 업체 사이에서 동일한 플랫폼을 사용하여 국가적 낭비를 줄이는 목적으로 추진된 무선 인터넷 플랫폼이다.
- WAP : 무선 장치들이 전자 우편, 뉴스 그룹, IRC 등을 인터넷 액세스에 사용될 수 있도록 방법을 표준화한다.
- WTP : 무선 인터넷에서 트랜잭션 형태의 데이터 전송 기능을 제공하는 프로토콜이다.
- WLL : 전화국과 가입자 단말 사이의 회선을 무선 시스템으로 구성하여 선로 구축이 용이하다.

3 새로운 정보 통신망 신기술

- 클라우드 컴퓨팅(Cloud Computing) : 하드웨어/소프트웨어의 컴퓨팅 자원을 자신이 필요한 만큼 빌려 쓰고 이에 대한 사용 요금을 지급하는 서비스로 서로 다른 위치에 존재하는 컴퓨팅 자원을 가상화 기술로 통합한다(데이터 저장, 콘텐츠 사용 등 IT 관련 서비스를 사용할 수 있는 환경으로 이용자의 모든 정보를 인터넷 서버에 저장하고, 이를 IT 기기를 통해 수시로 이용).
- 그리드 컴퓨팅(Grid Computing) : 분산되어 있는 컴퓨팅 자원을 초고속 인터넷 망을 통해 격자 구조로 공유함으로써 하나의 고성능 컴퓨터처럼 사용하는 기술이다(WWW 보다 처리 속도가 빠름).
- 유비쿼터스 컴퓨팅(Ubiquitous Computing) : 가상 공간이 아닌 현실 세계의 어디서나 컴퓨터 사용이 가능한 기술로 모든 사물들이 네트워크에 항상 연결되어 있어야 한다.
- RFID(Radio Frequency IDentification) : 모든 사물에 전자 태그(IC 칩)를 부착하고, 무선 통신 기술을 이용하여 사물의 정보 및 주변 상황을 감지하는 센서 기술이다(식품, 동물, 사물 등 다양한 정보를 관리).
- 스마트 그리드(Smart Grid) : 에너지 효율과 신재생 에너지의 확대를 목적으로 전력 산업, IT, 통신 기술을 하나로 결합하여 높은 효율의 전력망을 구축하는 기술이다.
- 상황 인식(Context Awareness) : 컴퓨터가 주변 상황을 인식하여 스스로 판단한 후 유용한 정보 서비스를 제공하는 기술이다.
- 안구 인식(Eye Recognition) : 카메라를 이용하여 모션 인식 기능을 확장한 기술이다.
- 센싱(Sensing) : 사람의 제스처나 음성, 동작, 눈빛 등을 인식해 기기를 작동시키는 기술이다(사물 인터넷의 필수 기능).
- 트랙백(Trackback) : 블로그에서 사용하는 기능으로 내 블로그에 해당 의견에 대한 댓글을 작성하면 일부 내용이 다른 사람의 글에 댓글로 보이게 하는 기술이다.
- RSS(Really Simple Syndication) : 뉴스나 블로그 등과 같이 콘텐츠가 자주 업데이트 되는 사이트들의 정보를 자동적으로 사용자에게 알려 주는 웹 서비스 기술이다.
- 햅틱(Haptic) : 입력 장치를 통한 피드백을 이용하여 촉각과 운동감 등을 느끼게 하는 기술이다(휴대폰에서 특정 애플리케이션에 맞춰 진동이 울림).
- 증강 현실(AR) : 현실 화면이나 실제 영상에 문자, 그래픽과 같은 가상의 3차원 정보를 실시간으로 보여주는 기술이다(기기에 내장된 카메라를 이용하여 실제 사물이나 환경에 부가 정보를 표시).

- ALL-IP : 이동 통신 서비스인 LTE, VoIP, IPTV, 유무선 등의 모든 통신망을 하나의 인터넷 프로토콜(IP)망으로 통합한 기술이다.
- NFC(Near Field Communication) : 13.56MHz 주파수 대역을 사용하는 근거리 무선 통신으로 가까운 거리에서 데이터를 전송하며 물품 정보, 결제, 교통, 잠금 장치 등에 활용되는 기술이다.
- 와이파이(Wi-Fi) : 무선 접속 장치(AP)가 설치된 일정 거리 안에서 무선 인터넷을 사용할 수 있는 근거리 통신망 기술이다(IEEE 802.11b 규격은 최대 11Mbps, IEEE 802.11g 규격은 최대 54Mbps의 속도를 지원).

4 최신 기술의 활용 분야

- 사물 인터넷(Internet of Things) : 유무선 통신망으로 연결된 기기를 이용하여 사람의 개입 없이 센서를 통해 수집한 다양한 정보를 주고받아 스스로 작업을 처리하는 통신 환경이다.
- 만물 인터넷(Internet of Everything) : 유무선 통신망으로 사물과 사람의 프로세스 등 모든 것을 연결하여 정보를 지능적으로 주고받는 차세대 통신 환경이다(사물 인터넷(IoT)이 확장된 개념).
- 유비쿼터스 센서 네트워크(USN) : RFID 태그 또는 센서를 통해 사물의 인식 정보는 물론 주변의 온도, 습도, 위치, 오염 정도 등의 환경 정보를 실시간으로 수집하고 관리하는 시스템이다.
- SSO(Single Sign On) : 각 시스템마다 매번 인증 절차를 밟지 않고 한 번의 로그인 과정으로 기업 내의 각종 업무 시스템이나 인터넷 서비스에 접속할 수 있는 보안 응용 솔루션이다.
- 텔레매틱스(Telematics) : 원격 통신(Telecommunication)과 정보 과학(Informatics)의 합성어로 자동차 안에서 위치 추적, 인터넷 접속, 차량 진단, 사고 감지, 교통 정보 등을 제공한다.
- 테더링(Tethering) : 휴대폰을 모뎀으로 활용할 수 있는 기능으로 노트북과 같은 IT 기기를 휴대폰에 연결하여 무선 인터넷을 사용할 수 있다.
- 핫스팟(Hot Spot) : 무선으로 초고속 인터넷을 사용할 수 있도록 전파를 중계하는 기지국으로 무선 공유기(AP) 주변의 통신이 가능하다.
- 시멘틱 웹(Semantic Web) : 사용자가 정보를 검색하면 컴퓨터가 정보를 이해하고, 조작까지 하는 차세대 지능형 웹으로 정보 사이의 연관성을 컴퓨터가 이해하고, 처리할 수 있는 프로그램을 통해 사용자가 원하는 정보를 제공한다(정보를 주고받으면서 자체적으로 필요한 일을 처리).
- 빅 데이터(Big Data) : 인터넷 및 스마트 IT의 혁명으로 휴대폰 통화량, 카드 결제, 기상 정보, 소셜 네트워크 서비스(SNS), 도로 교통량 등이 해당된다(막대한 정보 양의 데이터 집합).
- 지그비(Zigbee) : 저속의 전송 속도를 갖는 홈 오토메이션 및 데이터 네트워크를 위한 무선 통신망 규격이다.
- 와이브로(Wibro) : 휴대폰, 노트북, PDA 등을 이용하여 이동하면서 초고속 인터넷에 접속할 수 있는 무선 광대역 서비스이다.
- 초광대역 무선 통신(UWB) : 근거리에서 무선 통신을 이용하여 컴퓨터와 주변 기기 및 가전 제품 등을 연결하는 초고속 통신 방식이다.
- 데이터 글러브(Data Glove) : 손에 끼고 사용하는 멀티미디어용 입력 장치로 가상 시스템과 3차원 모형화 시스템에 널리 사용된다.
- HMD(Head Mounted Display) : 헬멧을 머리에 쓰면 초대형 화면을 보는 듯한 효과를 낼 수 있는 휴대용 디스플레이 장치이다.
- 구글 글래스(Google Glass) : HMD가 장착된 컴퓨터로 핸즈프리 형태로 정보를 보여주고, 자연 언어 음성을 통해 인터넷과 상호 작용한다.
- 웨어러블(Wearable) : 스마트폰이나 태블릿을 무선으로 연결하여 안경, 손목 시계, 밴드형 기기 등에서 사용하는 것으로 신체에 착용할 수 있어 실시간으로 작업이 가능하다.

5 모바일 기기 관련 용어

- 모티즌(Motizen) : 모바일(Mobile)과 네티즌(Netizen)의 합성어로 이동 전화나 PDA 등을 통해 무선 인터넷을 즐기는 사람이다.
- 위치 기반 서비스(LBS) : 이동 통신망이나 위성 항법 장치(GPS) 등을 통해 얻은 위치 정보를 바탕으로 이용자에게 여러 가지 서비스를 제공한다.
- 스마트 워치(Smart Watch) : 향상된 기능을 장착하고 있는 임베디드 시스템 시계로 모바일 앱(App) 또는 모바일 운영체제(OS)로 구동된다.
- 스마트 플러그(Smart Plug) : 인터넷이나 스마트폰으로 제품을 원격 제어하고, 가정이나 사무실의 전기 사용량을 모니터링할 수 있는 장치이다.
- 스마트 서명(Smart Sign) : 스마트폰 웹 브라우저에서 공인인증서를 포함한 전자 서명(진짜 신원을 증명하기 위한 서명)이 가능한 기술이다.
- 스마트 앱(Smart App) : 스마트폰 등에서 다운받아 사용할 수 있는 응용 프로그램이다(=어플).

- 앱 스토어(App Store) : 스마트폰에 설치할 수 있는 다양한 응용 프로그램을 지원 및 판매하는 온라인상의 거래 장터로 플레이 스토어(Play Store)라고도 한다.
- 플로팅 앱(Floating App) : 애플리케이션 실행 시 영상 화면을 오버레이의 팝업 창 형태로 분리하는 기능으로 멀티태스킹으로 다른 애플리케이션을 이용할 수 있다(여러 앱을 한꺼번에 사용).
- 앱 북(App Book) : 스마트폰이나 태블릿 PC 등에서 해당 애플리케이션으로 제공되는 전자책으로 동영상, 애니메이션, 3D 그래픽을 이용한다.
- SNS(Social Networking Service) : 블로그, 페이스북, 트위터 등에서 사람들간의 관계 맺기를 통해 네트워크 망을 형성하는 온라인 서비스이다.
- MHL(Mobile High-definition Link) : 모바일 기기를 TV나 모니터에 연결하여 스마트폰에 저장된 동영상을 볼 수 있는 기술이다.
- 네이티브 광고(Native Advertising) : 해당 웹 사이트에 맞게 고유한 방식으로 기획하거나 제작된 온라인 광고로 웹 콘텐츠 일부로 작동하기 때문에 사용자 관심이 집중된다.
- 풀 브라우징(Full Browsing) : 모바일 단말기에서도 PC상의 웹 사이트를 보는 것처럼 동일하게 문서나 동영상을 볼 수 있는 서비스이다.
- 킬 스위치(Kill Switch) : 스마트폰을 잃어버렸을 때 전화기에 저장된 개인정보를 원격으로 삭제하고, 스마트폰을 사용할 수 없는 상태로 만드는 기술이다.
- 모바일 오피스(Mobile Office) : 스마트폰, 태블릿 PC, 노트북 등으로 장소에 상관없이 네트워크에 접속하여 회사 업무를 처리할 수 있는 시스템이다.
- 모바일 플랫폼(Mobile Platform) : 이동 단말 장치에서 애플리케이션이나 서비스를 이용할 수 있도록 지원하는 환경으로 노키아의 심비안, MS의 윈도우 모바일, 구글의 안드로이드 등이 있다.

9. 네트워크 설치 환경 ✪✪✪

1 네트워크 설치 방법

- 네트워크 카드를 설치한 후 [제어판]-[장치 및 프린터]에서 '장치 추가'를 클릭한다.
- 네트워크 카드가 PNP를 지원할 경우 Windows가 자동으로 새 하드웨어를 추가한다.
- [제어판]-[네트워크 및 공유 센터]를 실행한 후 '활성 네트워크 보기'에서 '이더넷'을 선택하고, [일반] 탭에서 [속성] 단추를 클릭한다.
- [이더넷 속성] 대화 상자의 [네트워킹] 탭에서 [설치] 단추를 클릭하면 필요한 구성 요소 항목을 추가할 수 있다.
- 네트워크 연결은 사용자 컴퓨터와 인터넷, 네트워크, 다른 사용자 컴퓨터 사이의 연결을 지원한다.
- 이더넷의 연결 상태, 미디어 상태, 시간, 속도, 송수신한 작업 양(바이트) 등을 표시한다.

탭	설명
[네트워킹]	• 네트워크 연결에 사용하는 장치의 어댑터, 동작 상태, 드라이버 등의 구성을 확인 • 클라이언트, 서비스, 프로토콜 등의 네트워크 구성 요소를 설치하거나 제거
[공유]	다른 네트워크 사용자의 인터넷 연결과 공유 인터넷 연결 중지를 허용

2 연결 항목

- Microsoft Networks용 클라이언트 : 사용자 컴퓨터에서 Microsoft 네트워크에 있는 리소스를 액세스할 수 있다.
- Microsoft 네트워크용 파일 및 프린터 공유 : 다른 컴퓨터에서 Microsoft 네트워크를 이용하여 사용자 컴퓨터에 있는 리소스를 액세스할 수 있다.
- QoS 패킷 스케줄러 : 흐름 속도나 우선 순위 지정 서비스를 포함한 네트워크의 소통을 제어한다.
- 인터넷 프로토콜(TCP/IP) : 인터넷과 WAN에 연결할 때 사용하는 프로토콜로 다양하게 연결된 네트워크상에서 통신을 제공한다.

3 네트워크 및 공유 센터

항목	설명
어댑터 설정 변경	• 네트워크의 연결 상태와 사용 여부, 네트워크 이름 변경 등의 정보를 확인 • 이더넷 네트워크 어댑터에는 로컬 영역 연결이 만들어지고, 무선 네트워크 어댑터에는 무선 네트워크 연결이 작성
고급 공유 설정 변경	• 사용하는 네트워크마다 별도의 네트워크 프로필이 만들어짐 • 개인과 게스트 또는 공용에서 네트워크 검색과 파일 및 프린터 공유 설정 • 모든 네트워크에서는 공용 폴더 공유, 미디어 스트리밍, 파일 공유 연결, 암호로 보호된 공유 설정
미디어 스트리밍 옵션	• 미디어 스트리밍을 사용하면 음악, 사진, 비디오를 네트워크에 있는 다른 컴퓨터 및 장치와 주고받을 수 있음 • 미디어 스트리밍을 켜면 현재 네트워크 프로필 및 방화벽 설정이 수정됨 • 신뢰할 수 있는 네트워크에서만 미디어 스트리밍을 사용

활성 네트워크 보기	네트워크의 종류, 액세스 형식, 연결 상태(이더넷) 등을 표시
네트워크 설정 변경	새 연결 또는 네트워크 설정, 문제 해결 등을 작업

4 네트워크 드라이브 연결

- 다른 컴퓨터의 드라이브를 사용할 경우 연결 컴퓨터에는 반드시 공유 폴더가 존재해야 한다.
- 내 PC나 파일 탐색기에서 네트워크 드라이브로 설정된 개체를 확인할 수 있다.
- 해당 호스트 컴퓨터가 사용 가능할 때만 연결된 드라이브를 사용할 수 있다.
- 해당 드라이브의 연결을 끊은 다음 새 드라이브 문자로 다시 지정하여 컴퓨터나 공유 폴더를 다른 드라이브 문자로 지정할 수 있다.
- 내 PC를 실행한 후 [컴퓨터] 탭의 [네트워크] 그룹에서 [네트워크 드라이브 연결] 단추를 클릭하고, [네트워크 드라이브 연결] 대화 상자에서 '드라이브'와 '폴더'를 지정한다.
- 연결된 네트워크 드라이브를 해제하려면 [네트워크 드라이브 연결]-[네트워크 드라이브 연결 끊기]를 선택한다.

항목	설명
드라이브	네트워크를 연결할 때 Z:에서부터 A:까지의 사용되지 않는 드라이브 문자를 지정(C:, D:, E:는 제외)
폴더	연결할 공유 폴더의 경로를 '₩₩컴퓨터 이름₩폴더 이름' 형태로 지정
로그온할 때 다시 연결	Windows를 시작할 때마다 설정한 네트워크 드라이브로 다시 연결

5 네트워크 관련 명령어

명령어	설명
PING	네트워크 연결을 점검하기 위해 상대방 컴퓨터의 동작 여부를 확인(대상 IP 주소의 호스트 이름, 전송 신호의 손실률, 전송 신호의 응답 시간 등을 확인)
IPCONFIG	시스템의 IP 주소, 서브넷 마스크, 기본 게이트웨이를 확인하는 등 IP 주소의 설정(재설정) 상태를 확인
NSLOOKUP	특정 도메인의 IP 주소를 DNS 서버에서 검색
NETSTAT	컴퓨터에 연결된 다른 PC의 IP 주소와 포트 정보를 확인(바이러스나 해킹 여부를 진단)
WINIPCFG	현재 컴퓨터의 IP 정보나 네트워크 설정 정보 등을 보여줌
TRACERT	• 접속 호스트의 경로를 추적하고, 사이트 연결이 원활하지 않을 경우 문제를 찾음(IP 라우터가 패킷을 제대로 전송하는지를 확인) • IP 주소, 목적지까지 거치는 경로의 수, 각 구간 사이의 데이터 왕복 속도를 확인

6 네트워크 연결 장비

종류	특징
라우터(Router)	• 패킷에 의해 네트워크 노드를 결정하는 장치로 최적의 경로를 배정 • 물리 계층에서 신호를 중계하며, 거리 확장이나 상호 접속을 위해 사용 • 서로 다른 프로토콜을 운영하는 통신망에서 정보 전송을 위해 경로 설정
게이트웨이(Gateway)	• 서로 다른 프로토콜에서 네트워크를 상호 연결하는 장치 • 상위(응용) 계층을 연결하며, 다른 네트워크의 데이터 교환을 위한 출입구 역할 • LAN과 같은 네트워크를 다른 네트워크와 연결
리피터(Repeater)	• 광학 전송 매체에서 신호를 수신하여 다음 구간으로 전송하는 장치 • 인터넷 신호를 증폭하여 장거리로 정보를 전달할 때 사용
브리지(Bridge)	• 동일한 프로토콜을 쓰고 있는 다른 랜과 양방향 접속시키기 위한 장치 • 디지털 회선의 중간에 위치하며, 물리적으로 다른 네트워크를 연결할 때 사용 • 2개 이상의 LAN을 서로 연결하며, 목적지 주소의 선별과 경로를 결정
허브(Hub)	• LAN에서 여러 컴퓨터나 기기들을 연결하기 위한 장치 • 물리 계층에서 각 노드를 통신 회선으로 연결(통합 회선 관리) • 더미 허브는 LAN에 있는 대역폭을 컴퓨터 수만큼 나누어 제공하므로 불안정 • 스위칭 허브는 패킷을 고속으로 전송하며, 신호 처리와 관리 기능을 가짐

7 TCP/IP 프로토콜 설정

- [제어판]-[네트워크 및 공유 센터]를 실행한 후 '이더넷'을 선택하고, [이더넷 상태] 대화 상자에서 [속성] 단추를 클릭한다.
- [이더넷 속성] 대화 상자의 [네트워킹] 탭에서 '인터넷 프로토콜 버전 4(TCP/IPv4)'를 선택하고, [속성] 단추를 클릭한다.
- 수동 IP 설정의 경우 네트워크 관리자에게 문의하여 사용할 IP 주소를 할당받는다.
- IP 주소로 전환시켜 주는 역할을 하는 DNS의 IP 주소를 수동으로 입력할 수 있다.
- TCP/IPv4는 32비트 주소 체계를 사용하며, 8비트씩 4개의 10진수를 온점(.)으로 구분한다(현재 사용하는 IP 주소).
- TCP/IPv6은 128비트 주소 체계를 사용하며, 16비트씩 8개의 16진수를 콜론(:)으로 구분한다(IPv4의 주소 공간을 4배 확장).

항목	설명
자동으로 IP 주소 받기	• DHCP 서버로부터 동적으로 인터넷 프로토콜 주소를 지정 받아 사용 • DHCP는 IP 주소 없이 인터넷에 접속할 때 네트워크 관리자가 중앙에서 IP 주소를 할당하고, 다른 네트워크에 접속되었을 때 자동으로 새로운 IP 주소를 보냄
다음 IP 주소 사용	• IP 주소 : 네트워크 관리자나 인터넷 서비스 공급자가 제공한 주소를 입력 • 서브넷 마스크 : IP 주소와 사용자 컴퓨터가 속한 네트워크를 구별(IPv4 의 네트워크 주소와 호스트 주소를 구별) • 기본 게이트웨이 : 추가할 기본 게이트웨이의 IP 주소를 입력
자동으로 DNS 서버 주소 받기	DNS 서버의 네트워크 주소를 자동으로 가져올 수 있도록 지정
다음 DNS 서버 주소 사용	• 기본 설정 DNS 서버 : 기본 설정 DNS 서버나 주 DNS 서버의 IP 주소를 입력 • 보조 DNS 서버 : 보조 DNS 서버의 IP 주소를 입력

8 IP 주소와 DNS 서버

구분	설명
IP 주소	• 0~255까지의 숫자 4개로 구분하여 표기하는 32비트 정보로 공유는 불가능 • 인터넷에 연결된 호스트 컴퓨터의 고유 주소를 입력 • 네트워크 ID를 구성하는 고유 IP 주소와 고유 호스트 ID가 할당되어야 함
DNS 서버	• 인터넷 사용 시 문자로 된 컴퓨터 주소(도메인 네임)를 숫자로 된 IP 주소로 바꿈 • 자동으로 DNS 서버 주소를 사용하도록 설정 가능 • 여러 개의 DNS 서버 주소를 등록하거나 변경할 수 있음

9 인터넷 연결 공유(ICS)

- 하나의 연결만으로 홈 네트워크 또는 소규모 네트워크에 속한 컴퓨터를 인터넷에 연결한다.
- 네트워크의 모든 컴퓨터가 서로 통신하거나 인터넷에 액세스하면 Internet Explorer 및 Outlook과 같은 프로그램을 인터넷 서비스 공급자(ISP)에 직접 연결된 것처럼 사용한다.
- ICS 호스트 컴퓨터가 다른 컴퓨터와 인터넷 사이에서 네트워크 통신을 관리하는 역할을 한다.
- ICS 호스트 컴퓨터가 네트워크 통신을 컴퓨터와 인터넷 사이로 지정하는 네트워크에 사용된다.
- 인터넷에 직접 연결된 컴퓨터를 호스트 컴퓨터라고 하고, 호스트 컴퓨터를 통해 인터넷을 사용하는 컴퓨터를 클라이언트 컴퓨터라고 한다.
- ICS 클라이언트 컴퓨터는 ICS 호스트 컴퓨터에 연결하여 인터넷을 사용하는 컴퓨터이다.
- 호스트 컴퓨터는 클라이언트 컴퓨터의 게이트웨이 역할을 한다.

10 공유의 특징

- 데이터를 공유하려면 해당 데이터를 공용 폴더로 이동하거나 데이터가 있는 폴더를 공유시킨다.
- 폴더, 프린터, 드라이브에 설정할 수 있지만 파일, 모뎀, 사운드 카드에는 설정할 수 없다.
- 다른 컴퓨터에 있는 파일이나 폴더를 복사할 수 있지만 바이러스 감염 등에 주의해야 한다.
- 다른 사람이 공유 여부를 모르게 하려면 폴더나 드라이브의 공유 이름에 '$' 표시를 한다.
- 공용 폴더는 현재 사용 중인 컴퓨터의 모든 사용자가 접근할 수 있는 폴더이다.
- [C:]–[사용자] 폴더에 포함되지만 ID가 korea일 때 실제 위치는 'C:₩Users₩공용'이 된다.
- 종류에는 공용 다운로드, 공용 문서, 공용 비디오, 공용 사진, 공용 음악 등이 있다.

11 폴더 및 드라이브 공유 설정

- 내 PC 창에서 공유할 폴더나 드라이브를 선택한 후 바로 가기 메뉴에서 [속성]을 선택한다.
- 네트워크 파일 및 폴더 공유, 고급 공유, 암호 보호 등을 지정할 수 있다.
- 공유할 사람 선택, 사용 권한, 선택한 폴더의 공유와 공유 이름 등을 설정할 수 있다.
- 공유 폴더는 파일 탐색기에서 네트워크의 공유 폴더가 있는 컴퓨터를 클릭하여 확인한다.
- 공유 파일과 컴퓨터에 연결된 네트워크 유형에 따라 공유 방법이 달라진다.

12 프린터 공유 설정

- [장치 및 프린터]를 선택한 후 공유할 프린터의 바로 가기 메뉴에서 [프린터 속성]을 선택한다.
- [프린터 속성] 대화 상자의 [공유] 탭에서 '이 프린터 공유'를 선택하고, 네트워크상에서 공유한 프린터를 찾기 위해 공유 이름을 입력한다.
- 공유를 해제하려면 [프린터 속성] 대화 상자의 [공유] 탭에서 '이 프린터 공유'의 체크를 해제한다.

- 네트워크 공유 프린터에 연결한 후에는 내 PC에 연결되어 있는 것처럼 사용할 수 있다.
- 기본 프린터로 설정된 프린터를 네트워크상의 다른 컴퓨터에서 사용할 수 있다.
- 네트워크 프린터를 설치할 경우 프린터는 공유가 설정된다.
- 네트워크 프린터의 공유를 설정하는 과정에서 공유할 프린터 이름을 변경할 수 있다.
- 네트워크 프린터에서 공유할 프린터 이름을 입력할 경우 '₩₩컴퓨터 이름₩₩프린터 이름'의 형태로 지정한다.
- 공유 이름은 80자 이내로 한글, 영문, 숫자, 공백을 사용할 수 있지만 /, ₩, ,... 등의 특수 문자는 사용할 수 없다.

13 고급 공유 설정

- 파일 및 프린터 공유 : 파일 및 프린터 공유가 켜져 있으면 네트워크의 다른 사용자는 해당 컴퓨터에서 사용자가 공유한 파일과 프린터에 액세스할 수 있다.
- 공용 폴더 공유 : 공용 폴더 공유가 설정되어 있으면 홈 그룹 구성원을 비롯한 네트워크 사용자가 공용 폴더에 있는 파일에 액세스할 수 있다.
- 미디어 스트리밍 : 미디어 스트링이 켜져 있으면 네트워크에 있는 사용자 및 장치가 해당 컴퓨터에 있는 사진, 음악, 비디오에 액세스할 수 있다(컴퓨터에서 네트워크 미디어에 액세스 가능).
- 파일 공유 연결 : Windows에서는 파일 공유 연결의 보안을 위해 128비트 암호화를 사용하며, 이를 지원하지 않는 일부 장치는 40비트나 56비트 암호화를 사용해야 한다.
- 암호로 보호된 공유 : 암호 보호 공유가 켜져 있으면 해당 컴퓨터에 대한 사용자 계정과 암호가 있는 사용자만 공유 파일, 컴퓨터에 연결된 프린터 및 공유 폴더에 액세스할 수 있다(다른 사용자가 액세스하려면 암호 보호 공유를 꺼야 함).

10. 멀티미디어(Multimedia) ✪✪

1 멀티미디어의 개념

- 멀티(Multi)와 미디어(Media)가 결합된 것으로 선형 콘텐츠와 비선형 콘텐츠로 나눌 수 있다.
- 문자(Text), 그림(Image), 오디오(Audio), 비디오(Video), 애니메이션(Animation) 등의 정보를 통합하여 하나의 정보로 전달된다(초고속 통신망 기술로 대용량의 멀티미디어 정보를 전송).
- 다양한 형태의 데이터를 디지털 데이터로 변환하여 통합 처리한다(데이터는 압축하여 저장).
- 가상 현실, 전자 출판, 화상 회의, 방송, 교육, 의료 등 사회 전 분야에서 응용 가능하다.

2 멀티미디어의 특징

- 쌍방향성(Interactive) : 시간과 장소에 관계없이 서로 양방향으로 데이터를 주고받는다.
- 비선형성(Non-Linear) : 문자나 숫자 데이터 외에 소리 등의 데이터를 처리한다.
- 통합성(Integration) : 문자나 그래픽 정보에 오디오, 비디오 등을 하나로 통합한다.
- 디지털화(Digitalization) : 다양한 멀티미디어 데이터를 디지털 데이터로 변환하여 처리한다.

3 멀티미디어의 환경

- 하이퍼텍스트(Hypertext) : 하이퍼링크로 연결된 조직화된 정보로 문서와 문서를 연결하여 관련 정보를 쉽게 찾는 비선형 구조를 가지며, 여러 사용자가 다른 경로를 통해 접근할 수 있다.
- 하이퍼링크(Hyperlink) : 서로 관련 있는 문서와 문서를 연결하는 것으로 웹에서 정보를 효과적으로 나타낸다.
- 하이퍼미디어(Hypermedia) : 하이퍼텍스트에 소리, 동영상, 애니메이션 등의 정보를 결합한다 (특정 텍스트나 이미지 등 다양한 미디어를 클릭하면 연결된 문서로 이동하는 비선형 구조의 문서 형식).

11. 멀티미디어 하드웨어와 소프트웨어 ✪✪

1 CD-ROM(Compact Disc-Read Only Memory)

종류	용도
CD-DA	디지털 음악을 저장(규격 : Red Book)
CD-I	TV와 연결하여 스크린 화면을 구현(규격 : Green Book)
CD-R	빈 공간으로 생산되어 단 한 번만 기록(규격 : Orange Book)
CD-RW	패킷 라이팅 방식을 이용하여 여러 번 기록하고, 삭제 가능(규격 : Orange Book)
CD-G	음악과 그래픽 화상을 저장(규격 : Blue Book)
CD-COMBO	CD-ROM, CD-RW, DVD 등의 모든 기능을 통합하여 사용

2 DVD(Digital Versatile Disc)

- MPEG-2의 압축 기술로 대용량을 구현하며, 초당 1,200KB의 전송 속도를 지원한다.
- 최대 8개 국어를 지원하며, 돌비 AC3 서라운드 입체 음향과 멀티 앵글을 제공한다.

3 사운드 카드(Sound Card)

- 8비트와 16비트 웨이브 테이블(Wave Table) 방식이 있으며, 비트 수가 높을수록 원음에 가깝다.
- 재생 방식에 따라 FM과 PCM 방식으로 구분한다.

샘플링(Sampling)	• 선형적 데이터를 비선형적 데이터로 취급할 수 있도록 디지털화하는 것 • 샘플(Sample)은 소리 파형을 일정 시간 간격으로 추출한 것 • 샘플링 율(Sampling Rate)은 소리가 기록될 때 초당 음이 측정되는 횟수로 높으면 원음에 가까움(단위 : Hertz) • 샘플링 주파수(Sampling Frequency)는 초당 샘플링되는 횟수로 낮을수록 좋음 • 샘플링 비트(Sampling Bit) 수는 음질에 영향을 줌 • 아날로그 오디오 신호를 디지털 오디오 데이터로 변환할 때 파일 크기에 영향을 주는 요소에는 샘플링 비율(헤르츠), 양자화 크기(비트), 지속 시간(초) 등이 있음

4 비디오 카드(Video Card)

- 비디오 카드의 RAM 용량과 모니터의 성능에 따라 색상과 해상도가 결정된다.
- 버스 구조에 따라 ISA, VESA, PCI, AGP, PCI-Express 등으로 분류된다.

5 영상 보드(Image Board)

종류	설명
MPEG 보드	동화상을 압축하여 화면에서 볼 수 있도록 하는 장치
비디오 오버레이 보드	외부 비디오 신호를 모니터에 맞게 변환하여 화면에 표시하는 장치(TV나 비디오를 보면서 컴퓨터 작업이 가능)
프레임 그래버 보드	동화상을 데이터 파일로 저장, 편집하는 장치
비디오 캡처 보드	동화상 데이터를 컴퓨터가 처리할 수 있는 데이터 파일로 변환하는 장치

6 멀티미디어 제작 도구

- 사용자 입력에 따라 요소의 제어 흐름을 조정하며, 다양한 미디어 파일과 장치를 연결할 수 있다.
- 디렉터(Director), 툴북(Toolbook), 프리미어(Adobe Premiere), 베가스 프로(Vegas Pro), 하이퍼 카드(Hyper Card), 오소웨어(Authorware), 칵테일(Cocktail) 등이 있다.

12. 멀티미디어 데이터 ★★★

1 비트맵(Bitmap)

- 부드러운 이미지를 나타낼 때 사용하며, 점의 최소 단위인 픽셀(Pixel)로 구성한다(래스터 이미지).
- 글자나 그림을 확대하면 매끄럽지 않고 계단 모양처럼 울퉁불퉁하다(사실적 표현이 가능).
- 사실적 이미지의 고해상도를 표현하는데 적합하며, 기억 공간을 많이 차지한다.
- 그림을 모니터에 표시하는 속도가 벡터 방식보다 빠르다.
- 비트맵 방식의 그래픽 파일 형식에는 BMP, PCX, PNG, GIF, JPG, TIF 등이 있다.

2 벡터(Vector)

- 그림 크기와 상관없이 원형을 그대로 유지하며, 점들의 좌표값으로 구성한다(직선과 곡선 이용).
- 특정 부분을 확대 또는 축소시켜도 화질의 손상이 없고, 매끄럽게 표현된다.
- 이동과 회전의 변형이 쉽고, 도형 같은 단순한 개체 표현에 적합하다.
- 벡터 방식의 그래픽 파일 형식에는 AI, CDR, CGM, DRW, DXF, WMF 등이 있다.

3 그래픽 데이터 파일

- GIF : 인터넷 표준 그래픽 형식으로 8비트 컬러를 사용하여 최대 256 색상까지 표현할 수 있으며, 애니메이션 구현이 가능하다.
- Animated GIF : 웹에서 살아있는 것처럼 움직이는 그래픽 이미지로 적은 용량으로 애니메이션을 구현한다(대부분의 브라우저에서 지원).
- JPEG(JPG) : 사진과 같이 선명한 정지 영상 압축 기술의 국제 표준으로 인터넷에서 그림 전송 시 사용되며, 다양한 색상(최대 1,600만 색)을 표현한다(24비트 컬러를 사용).
- BMP : Windows의 표준으로 비트맵 정보를 압축하지 않고 저장한다(고해상도의 이미지를 표현하므로 파일 크기가 큼).
- TIFF(TIF) : 응용 프로그램간 그래픽 데이터 교환을 위해 개발된 형식으로 트루컬러가 가능하다.

- PCX : Paintbrush에서 사용되는 파일로 압축 방식이 간단하다(스캐너, 팩스 등에서 지원).
- PNG : GIF 대신 통신망에서 사용하는 웹 표준 그래픽 형식으로 다양한 특수 효과가 가능하다(선명한 그래픽으로 트루 컬러 지원과 투명색 지정이 가능).

4 그래픽 데이터 관련 용어

- 인터레이싱(Interlacing) : 이미지의 대략적인 모습을 먼저 보여준 다음 점차 자세한 모습을 보여주는 기법이다.
- 메조틴트(Mezzotint) : 이미지에 무수히 많은 점을 찍은 듯한 효과를 나타내는 기법이다.
- 솔러리제이션(Solarization) : 필름에 빛이 들어가 나타나는 색채의 반전 효과를 주는 기법이다.
- 디더링(Dithering) : 팔레트에 없는 색상을 컬러 패턴으로 대체하여 가장 유사한 컬러로 표현하는 기법이다(제한된 색상을 조합하여 음영과 색을 만듦).
- 필터링(Filtering) : 이미지에 필터 기능을 이용하여 새로운 이미지로 바꾸는 기법이다.
- 렌더링(Rendering) : 3차원 화면에 색깔과 음영 효과를 주어 입체감과 사실감을 나타내는 기법이다.
- 모델링(Modeling) : 렌더링 작업을 하기 전에 수행되는 기법이다(형상을 3차원 그래픽으로 표현).
- 쉐이딩(Shading) : 3차원 그래픽 화면에서 표시된 물체에 적절한 색깔과 밝기를 표현하여 입체감을 나타내는 기법이다.
- 와핑(Warping) : 이미지를 왜곡할 때 사용하며, 이미지를 유사 형태로 변형하는 기법이다.
- 모핑(Morphing) : 두 이미지를 자연스럽게 연결하고, 어떤 모습을 서서히 다른 형상으로 변화시키는 기법이다.
- 리터칭(Retouching) : 이미지 변형 작업으로 기존의 그림을 다른 형태로 새롭게 변형, 수정한다.
- 안티앨리어싱(Anti-Aliasing) : 화면 해상도가 낮아 사선이나 곡선이 매끄럽게 표현되지 않고, 톱니 모양과 같이 거칠게 표시되는 느낌을 감소시키는 기법이다(샘플링 이론을 기초로 제안).
- 로토스코핑(Rotoscoping) : 실제 장면을 촬영한 후 화면에 등장하는 캐릭터나 물체의 윤곽선을 추적하여 애니메이션의 기본형을 만들고, 여기에 컬러를 입히거나 형태를 변형시키는 기법이다.

5 웨이브(WAVE, WAV)

- 마이크로소프트사와 IBM이 개발한 PC용 오디오 파일 형식이다.
- PCM 방식으로 소리를 그대로 저장하였다가 사운드 카드를 통해 직접 재생(*.WAV)한다.
- 별도의 압축 과정이 필요하지 않으므로 MIDI보다 용량이 크다.
- 음악, 음성, 효과음 등 다양한 형태의 소리를 저장할 수 있다(샘플링하여 디지털 값으로 저장).

6 미디(MIDI)

- 전자 악기간 디지털 신호에 의한 통신 규약으로 여러 가지 악기로 동시 연주가 가능하다.
- 실제 사운드를 녹음하는 것이 아니라 정보만 저장하므로 사람 음성과 같은 자연음(효과음)은 저장할 수 없다(실제 음을 듣기 위해서는 신디사이저가 필요).
- 음악을 악보와 비슷한 하나의 순서(Sequence)로 저장하며, WAV 파일보다 크기가 작다.

7 MP3

- MPEG-1에서 오디오 압축 기술을 이용하여 만든 오디오 데이터의 디지털 파일 양식이다.
- 최고의 음질을 고밀도로 압축하는 기술(MPEG-1 Audio Player-3)이다(최대 12:1로 압축).
- 높은 압축률과 음반 CD 수준의 음질로 음성 전용 코덱으로 발전한다.

8 JPEG(Joint Photograph Experts Group)

- 풀 컬러(Full-Color)와 흑백 이미지의 압축을 위해 고안되었다(사용자 요구에 따라 압축 지정).
- 정지 영상의 디지털 압축 기술로 손실 압축과 무손실 압축이 가능하다.
- 화질에 따라 파일 크기가 다르며, 24Bit의 트루 컬러를 지원한다(화상을 보관하고 전송).

9 MPEG(Moving Picture Experts Group)

- 동영상 압축 기술에 대한 국제 표준으로 프레임과 프레임 사이의 차이에 중점을 둔다.
- 영상, 음성, 음향을 압축하며, 압축 속도는 느리지만 실시간 재생이 가능하다.
- 손실 압축과 중복 제거 기법을 사용하며 CD, DVD, HDTV, IMT-2000 등에서 동영상을 표현한다.

종류	설명
MPEG-1	비디오 CD, CD-I에서와 같이 CD 매체에 VHS 테이프의 동영상과 음향을 최대 1.5Mbps로 압축 저장하는 기술(고용량 매체에서 동영상을 재생)

MPEG-2	MPEG-Video, MPEG-Audio, MPEG-System으로 구성되며, 고화질과 음질을 지원하므로 차세대 디지털 및 위성 방송, DVD 등에 사용되는 기술(MPEG-1의 화질을 개선)
MPEG-3	고화질 TV의 높은 화질을 얻기 위한 영상 압축 기술
MPEG-4	MPEG-2를 개선한 것으로 동영상 데이터 전송이나 화상 회의 시스템의 양방향 전송에 사용되는 기술(대역폭이 적은 통신에서도 전송이 가능하며, IMT-2000에서 사용)
MPEG-7	동영상 데이터 검색과 전자상거래 등에 적합하며, 멀티미디어의 정보 검색이 가능하도록 메타 데이터를 추가한 기술(디지털 방송, 전자 도서관 등에서 사용)
MPEG-21	디지털 콘텐츠의 제작, 유통, 보안 등 전 과정을 포괄적으로 관리할 수 있는 기술

10 DVI(Digital Video Interactive)

- 인텔사에서 멀티미디어 분야의 동영상 압축 기술로 발전하였다(디지털 TV가 목적).
- 대용량의 영상 및 음성 데이터를 압축할 수 있으나 재생 속도가 느리다.
- 압축률은 최고 144:1 정도로 딜리 버리 보드와 캡처 보드로 구성된다.

11 DivX(Digital Video Express)

- MPEG-3과 MPEG-4를 재조합한 방식으로 기존 MPEG와는 다르게 비표준 동영상 파일 형식이다.
- 동영상을 압축하는 대용량의 고화질 파일 형식으로 영화 파일 압축에 많이 사용된다.
- 코덱을 이용하여 압축하며, 재생을 하려면 재생 프로그램과 압축에 사용된 코덱이 있어야 한다.

12 AVI(Audio Visual Interleaved)

- Windows에서 디지털 동영상을 재생하기 위한 표준 파일 형식이다(RIFF 규격).
- 오디오 정보와 비디오 정보를 디지털 오디오 방식으로 압축하므로 압축 속도가 빠르다.
- 많은 압축 코덱이 존재하므로 다양한 방식으로 파일을 만들 수 있다.

13 ASF(Advanced Streaming Format)

- MS사에서 개발한 통합 멀티미디어 형식으로 파일을 다운로드 하면서 재생이 가능하다.
- 용량이 작고 음질이 뛰어나 주로 스트리밍 서비스를 하는 인터넷 방송국에서 사용된다.
- 인터넷을 통해 오디오, 비디오 및 생방송을 수신한다.

13. 멀티미디어 분야 및 용어 ✪✪

1 멀티미디어 활용 분야

- 화상 회의 시스템(VCS) : 초고속 정보 통신망을 이용하여 원거리에 있는 사람들과 비디오 및 오디오를 통해 회의할 수 있도록 하는 시스템이다.
- 주문형 비디오(VOD) : 뉴스, 영화, 게임 등의 멀티미디어를 구축하여 사용자 요구에 따라 영상 정보를 원하는 시간에 볼 수 있는 양방향 서비스이다.
- 전화 비디오(VDT) : 전화선을 이용하여 홈쇼핑, 교육 등의 영상 정보를 이용할 수 있는 서비스이다.
- 가상 현실(VR) : 그래픽과 시뮬레이션을 이용하여 가상 세계를 현실처럼 체험할 수 있는 기술이다.
- 컴퓨터 이용 교육(CAI) : 컴퓨터를 수업 매체로 활용하여 필요한 지식, 정보, 기술 등을 학습하는 시스템이다(학습 능력에 따라 학습 내용을 통신망으로 교육).
- 의료 영상 정보 시스템(PACS) : 초고속 통신망의 화상을 이용하여 가정에서 환자를 원격으로 진료할 수 있는 의료 시스템이다.
- 키오스크(Kiosk) : 전시장, 백화점 쇼핑 안내, 서적 검색 등에 사용되는 무인 안내 시스템이다.
- 비디오텍스(Videotex) : 전화, TV를 컴퓨터와 연결하여 다양한 정보를 얻는 쌍방향 미디어이다.
- 텔레텍스트(Teletext) : TV의 방송망을 이용하여 필요한 정보(일기 예보, 프로그램 안내, 교통 안내 등)를 얻을 수 있는 시스템으로 대량의 정보 전송이 가능하다.
- 주문형 음악(MOD) : 모바일 인터넷에 접속하여 각종 음악 파일이나 음원을 제공받는 주문형 음악 서비스로 스트리밍 기술 등을 이용하여 음악을 실시간으로 들을 수 있다.

2 멀티미디어 관련 용어

- 코덱(CODEC) : 오디오, 비디오 등 아날로그 신호를 PCM을 사용하여 디지털 비트 스트림으로 압축 및 변환하고, 역으로 수신 측에서 디지털 신호를 아날로그 신호로 변환하는 장치이다.
- 스트리밍(Streaming) : 멀티미디어 데이터 파일의 크기 때문에 생겨난 기술로 멀티미디어 데이터를 다운받을 때까지 기다리지 않고 전송되는 대로 재생시킨다(실시간 처리).
- 비디오 캡처(Video Capture) : 비디오 신호를 그래픽 데이터로 입력받아 저장하는 기술이다.

- 인디오(Indio) : 인텔사가 개발한 영상 처리의 DVI를 발전시킨 새로운 동화상 압축, 복원 기술이다.
- 워터마크(Watermark) : 이미지, 소리, 영상 등의 디지털 콘텐츠에 사람이 식별할 수 없도록 삽입하는 것으로 외부로부터의 손상이나 변형에 강하여 최근 널리 사용되는 콘텐츠 보호 기술이다.
- HCI 기술 : 인간과 컴퓨터간 상호 작용에 관한 연구로 컴퓨터 작동 시스템이 인간과 상호 작용할 수 있도록 정보 처리 및 인지 과정을 연구하여 기능적으로 뛰어난 시스템을 디자인하는 기술이다(인간이 컴퓨터에 쉽고 편하게 다가갈 수 있도록 작동 시스템을 디자인하고 평가하는 과정).

| 무료 동영상 |

04 컴퓨터 시스템 보호

1. 정보 사회와 정보 윤리

1 정보 사회의 순기능

- 인터넷을 기반으로 멀티미디어 정보가 발달하고, 시간과 공간에 대한 제약이 없다.
- 사이버 공간상의 새로운 인간 관계와 문화가 형성된다.
- 정보 통신망의 발달로 개인 및 집단의 통신 교통량 증폭을 막을 수 있다.
- 기업에서 생산성 증가와 지적 재산권에 대한 사회화와 형식화가 가능하다.
- 정보 공유와 지식 정보 중심의 산업 구조로 자동화를 실현한다.

2 정보 사회의 역기능

- 개인정보의 유출로 사생활 침해와 정보 이용의 불균형 현상이 발생한다.
- 정보 기술에 대한 새로운 범죄가 증가하고, 직업 사회의 파괴와 직업병(VDT 증후군)을 유발한다.
- 가상 공간의 확대로 현실 도피와 비인간화를 촉진한다(인간 관계의 유대감 약화).
- 정보의 편중으로 계층간 정보 차이가 증가한다.
- 컴퓨터 범죄에 대한 기술 개발과 정보 유출에 대한 관련 법규를 마련한다.

3 법적인 정보 윤리

- 정보통신윤리위원회 : 불건전 정보의 억제 및 건전한 정보 문화 확산을 목적으로 유해 정보와 음란 정보에 관한 심의 및 감독을 시행한다.
- 방송통신심의위원회 : 방송의 공정성과 통신의 건전한 문화를 유지하여 올바른 환경을 조정한다.
- 정보화촉진기본법 : 정보 통신 산업의 기반을 조성하고, 정보 통신 기반의 고도화를 실현함으로 국민 생활의 질을 향상시킨다.
- 개인정보보호법 : 다른 정보와 결합하여 개인을 식별할 수 있는 정보로 성명, 주민등록번호 등으로 식별이 가능하다.
- 통신비밀보호법 : 통신 및 대화의 비밀과 자유에 대한 제한은 그 대상을 한정하고 엄격한 법적 절차를 거쳐 통신 비밀을 보호하고 통신 자유의 신장을 목적으로 한다.
- 컴퓨터프로그램보호법 : 컴퓨터 프로그램 저작자의 권리 보호와 프로그램의 공정한 이용을 목적으로 하며, 원 프로그램을 개작한 2차적 프로그램은 독자적인 프로그램으로 보호된다.

컴퓨터프로그램보호법의 제정 목적
• 컴퓨터 프로그램을 저작물로 인정하고, 일반 저작권과 같은 권리를 보장 • 창작된 프로그램의 공정한 이용과 유통을 촉진 • 새로운 프로그램의 창작을 유도하여 프로그램 산업과 기술을 진흥 • 프로그램 저작권, 프로그램 등록, 권리 침해에 대한 구제 등을 관리

2. 저작권 보호와 개인정보 보호

1 저작권법의 개념

- 저작권(Copyright)은 창작물을 만든 사람이 자기 저작물에 대해 가지는 배타적인 법적 권리로 여러 국가에서 인정된다.
- 저작자의 권리 보호와 저작물의 공정한 이용을 도모하여 문화 발전 및 산업 발전에 이바지한다.
- 원저작물을 번역, 변형, 각색 등의 방법으로 작성한 2차적 창작물은 독자적인 저작물로 보호된다.
- 사람 이름, 단체 명칭, 저작물 제호 등은 저작물에 해당되지 않는다.
- 다른 사람의 초상 사진을 사용하기 위해서는 사진 작가와 본인의 승낙을 동시에 받아야 한다.

2 저작권의 보호 기간

- 저작 재산권은 특별한 규정이 있는 경우를 제외하고는 저작자가 생존하는 동안과 사망한 후 70년간 존속한다.

- 공동 저작물의 저작 재산권은 맨 마지막으로 사망한 저작자가 사망한 후 70년간 존속한다.
- 무명 또는 알려지지 않은 이명이 표시된 저작물의 저작 재산권은 공표된 때부터 70년간 존속한다.
- 업무상 저작물의 저작 재산권은 공표한 때부터 70년간 존속한다. 다만, 창작한 때부터 50년 이내에 공표되지 아니한 경우에는 창작한 때부터 70년간 존속한다.

3 프로그램 저작권

- 프로그램 저작자가 프로그램을 복제, 개작, 번역, 배포, 발행할 권리를 의미한다.
- 지적 재산권이 있는 소프트웨어를 허가 없이 무단으로 판매하였을 경우 컴퓨터프로그램보호법에 저촉되어 처벌을 받는다.
- 프로그램이 창작된 시점부터 발생하여 해당 프로그램이 공표된 다음 연도부터 50년간 유지된다.

4 개인정보보호의 개념

- 개인정보는 살아 있는 개인에 관한 정보로 성명, 주민등록번호 등을 통하여 개인을 알아볼 수 있는 정보(해당 정보만으로는 개인을 알아볼 수 없더라도 다른 정보와 쉽게 결합하여 알아볼 수 있는 것을 포함)를 말한다.
- 정보보호는 정보의 주체가 의도하지 않은 정보의 누출, 변경, 파괴를 방지하는 것으로 우연 또는 허가받지 않은 정보로부터 보호한다.

5 개인정보의 유형 및 종류

구분		내용
일반적 정보	일반 정보	이름, 주민등록번호, 주소, 전화번호, 생년월일, 출생지, 이메일, ID/PW, IP 주소, 가족 관계 및 가족 구성원 정보
신체적 정보	신체 정보	얼굴, 지문, 홍채, 음성, 유전자, 키, 몸무게
	의료/건강 정보	건강 상태, 진료 기록, 신체 장애, 장애 등급
정신적 정보	기호/성향 정보	도서, 비디오 대여 기록, 잡지 구독 정보, 여행 활동 내역, 물품 구매 내역, 인터넷 웹 사이트 검색 내역
	신념/사상 정보	종교 및 활동 내역 정당, 노조 가입 여부 및 활동 내역
재산적 정보	개인/금융 정보	소득 정보, 신용카드, 계좌번호, 비밀번호, 부동산, 저축 내역
	신용 정보	개인 신용 평가 정보, 대출 또는 담보 설정 내역, 신용 카드 사용 내역
사회적 정보	교육 정보	학력, 성적, 출석, 자격증 내역, 상별 기록, 생활기록부
	법적 정보	전과/범죄/재판 기록, 과태료 납부 내역
	근로 정보	직장, 고용주, 근무처, 근로 경력, 상벌 기록, 직무 평가 기록

6 개인정보의 침해 유형 및 원인

개인정보 생명 주기	개인정보 침해 유형
수집	• 이용자의 동의 없이 개인정보 수집(관행적 주민등록번호 수집) • 과도한 개인정보 수집, 민감한 개인정보 수립
저장	개인정보의 기술적/관리적 조치 미비로 인한 개인정보 침해
이용 및 제공	• 고지 및 명시한 범위를 벗어난 개인정보의 목적 외 이용 • 동의 없는 제3자 제공과 개인정보 매매 • 부당한 개인정보 공유(계열사, 자회사, 패밀리 사이트 등) • 개인정보 이용 동의의 철회 및 회원 탈퇴 요구 불응
파기	정당한 이유 없이 개인정보 보유 및 미파기

7 개인정보의 안전한 관리

- 개인정보처리자는 개인정보가 분실, 도난, 유출, 변조 또는 훼손되지 아니하도록 내부 관리 계획 수립, 접속 기록 보관 등 대통령령으로 정하는 바에 따라 안전성 확보에 필요한 조치를 한다.
- 법률, 시행령, 고시에서는 개인정보의 안전성 확보에 필요한 구체적 기준을 명시하고 있으며, 이에 따른 안전 조치 의무 이행을 한다.
- 개인정보의 안전한 관리를 위한 보호 조치는 법적 요건 및 관련 규제 준수를 근간으로 하며, 정보 주체의 개인정보 보호 권리를 보장한다.
- 개인정보의 안전한 관리를 위해 수립한 보호 절차의 이행 및 내부 통제 준수 여부 확인 등을 위한 모니터링 절차를 적용한다.

8 개인정보의 보호 조치

- 개인정보를 안전하게 처리하기 위한 내부 관리 계획의 수립 및 시행
- 개인정보에 불법적인 접근을 차단하기 위한 침입 차단 시스템 등 접근 통제 장치의 설치 및 운영
- 접속 기록의 위조 및 변조 방지를 위한 조치

- 개인정보를 안전하게 저장 및 전송할 수 있는 암호화 기술 등을 이용한 보안 조치
- 백신 소프트웨어의 설치 및 운영 등 컴퓨터 바이러스에 의한 침해 방지 조치
- 그 밖에 개인정보의 안전성 확보를 위하여 필요한 보호 조치

9 개인정보보호 조직 구성 및 역할

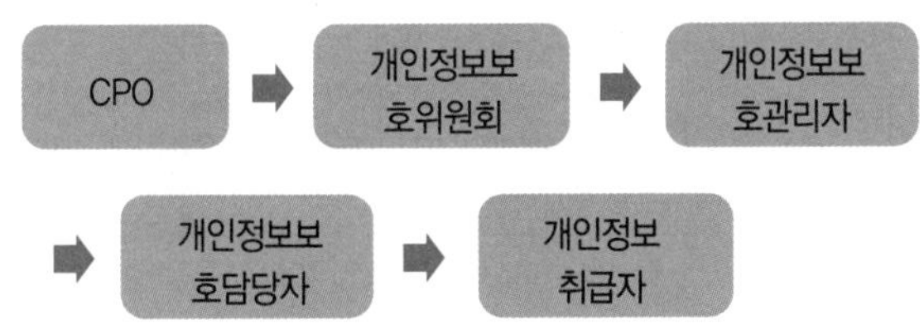

- 개인정보보호책임자(CPO)는 개인정보처리자의 개인정보 처리에 관한 업무를 총괄해서 책임을 지거나 업무 처리를 최종적으로 결정하는 자이다.
- 개인정보보호위원회는 개인정보보호에 관한 사항을 심의 및 의결하는 대통령 소속 행정위원회로 국민의 소중한 개인정보를 보호한다.
- 비즈니스 운영 특성에 따른 중요 개인정보 취급 영역 및 조직 구조 등을 고려하여 개인정보보호책임자를 지정하여 운영한다.
- 개인정보취급자는 개인정보처리자의 지휘 감독을 받아 개인정보를 처리하는 자로서 개인정보를 처리함에 있어서 개인정보가 안전하게 관리될 수 있도록 한다.
- 개인정보취급자는 업무상 또는 서비스 제공을 위해 이용자의 개인정보를 취급(수집, 보관, 처리, 이용, 제공, 관리, 파기 등)하는 역할을 한다.

3. 컴퓨터 범죄의 유형과 대책 ✪✪

1 컴퓨터 범죄의 유형

- 다른 사람의 ID와 신상 정보를 도용하여 불법적으로 사용한다.
- 컴퓨터에 바이러스를 전파하여 시스템(H/W, S/W)을 파괴한다.
- 암호 해독 프로그램을 이용하여 금품 횡령이나 위조 카드 등으로 부당 이득을 얻는다.
- 해커의 불법 침입으로 데이터의 저장 매체를 절취 또는 복사한다.
- 전자문서를 불법으로 복사하거나 시스템 해킹으로 중요 정보를 위조 또는 변조한다.
- 증거 인멸 또는 변조가 용이하며, 복잡한 방법으로 추적을 불가능하게 한다.

2 컴퓨터 범죄의 예방과 대책

- 정기적인 비밀번호 변경과 전송 데이터를 보호하기 위해 암호화 기법을 사용한다.
- 복사 방지용 소프트웨어를 개발하여 불법 복제를 예방한다.
- 해킹 방지를 위해 방화벽과 같은 보안 체제와 보호 패스워드를 시스템에 도입한다.
- 보안 관련 프로그램과 함께 지속적인 해킹 감시 및 접근 통제 도구를 개발한다.
- 신분 위장과 메시지 변조에 대해서는 PGP와 같은 공개키 암호 방식을 이용한다.
- 비밀번호는 입력 횟수를 제한하고, 최소 8개의 문자와 숫자가 혼합되도록 한다.

3 컴퓨터 범죄 관련 용어

- 해킹(Hacking) : 컴퓨터 시스템에 불법적으로 침투하여 자료와 시스템을 파괴 또는 변조하거나 불법적으로 데이터를 가져오는 행위이다.
- 해커(Hacker) : 불법적으로 해킹하여 수정 권한이 없는 프로그램을 마음대로 수정하는 사람이다.
- 크래킹(Cracking) : 컴퓨터 시스템에 불법적으로 침투하여 시스템과 자료를 파괴하는 행위이다.
- 크래커(Cracker) : 사용 권한이 없는 시스템에 불법적으로 침입하여 시스템을 파괴하거나 관련 정보를 유출하는 사람이다.
- 워 드라이빙(War Driving) : 차량에서 타인의 무선 정보 통신망에 무단으로 접속하는 행위이다.
- 메모리 해킹(Memory Hacking) : PC에 악성 코드를 감염시킨 후 인터넷 뱅킹(보안 카드 앞뒤 2자리)에서 이체할 때 오류 발생을 반복(이체 정보 미전송)한 다음 일정 시간이 경과되면 동일한 보안 카드 번호를 입력하여 범행 계좌로 이체하는 행위이다.

4. 바이러스의 분류와 예방 ✪✪

1 바이러스(Virus)의 특징

- 자신을 복제하거나 은폐할 수 있으며, 다른 파일과 데이터를 감염시킨다.
- 디스크의 부트 영역이나 프로그램 영역에 숨어 있으며, 주로 인터넷을 통해 감염된다.

- 하드웨어 성능에 큰 영향을 미칠 수 있으며, 전원이 꺼지면 바이러스가 침투할 수 없다.
- 바이러스의 감염 경로에는 바이러스에 감염된 파일을 다운로드한 경우, 공유 네트워크에서 감염된 사용자가 파일을 전송하는 경우, 감염된 E-mail의 첨부 파일을 열어보는 경우, 감염된 외부(이동) 디스크에서 데이터를 복사하는 경우, 불법으로 복사한 소프트웨어에 감염되는 경우 등이 있다.

2 바이러스의 감염 증상

- 컴퓨터가 부팅 되지 않거나 부팅 시간이 오래 걸리는 등 예측 불가능하게 컴퓨터가 재부팅된다.
- CMOS 설정 내용과 BIOS 환경이 변경되거나 파괴된다.
- 프로그램이 실행되지 않거나 속도가 느려진다.
- 하드 디스크를 인식하지 못하거나 모니터에 이상한 메시지가 표시된다.
- 디스크를 포맷하거나 디스크의 볼륨 레이블을 임의로 변경한다.
- 파일의 날짜나 크기 등이 변경되며, 사용 가능한 메모리 공간이 줄어든다(시스템 성능이 저하).

3 바이러스의 분류

분류	설명
부트 바이러스	부트 섹터를 손상시킴(미켈란젤로, 브레인, LBC 등)
파일 바이러스	실행 파일을 손상시키거나 시스템 파일의 코드를 복제하여 다른 파일을 감염시킴(예루살렘, 어둠의 복수자, CIH 등)
부트/파일 바이러스	부트 섹터와 실행 파일을 손상시킴(침입자, 나타스, 테킬라 등)
매크로 바이러스	MS-Word나 엑셀의 매크로 파일을 손상시킴(라록스, 멜리사, 로보캅 등)
은닉 바이러스	메모리에 상주하면서 다른 파일의 변형을 숨기거나 운영 체제로부터 피해 사실을 숨김
클러스터 바이러스	감염된 디스크에서 프로그램이 실행되면 동시에 바이러스가 실행
다형성 바이러스	코드 조합의 다양한 프로그램을 암호형 바이러스에 감염시켜 실행될 때마다 바이러스 코드 자체를 변경하여 식별자로 구분할 수 없게 함

※ 파일 바이러스의 진단법 : 파일 실행 시 속도 검사, 파일 크기의 증가 여부 확인, 파일 속성의 변경 유무 확인

4 바이러스의 종류

종류	특징
예루살렘 (Jerusalem)	13일의 금요일에만 작동하며, 메모리에 상주하여 실행 파일만 감염
체르노빌 (CIH)	매년 4월 26일에 활동하며, 플래시 메모리와 하드 디스크를 삭제
LBC	기억 장소의 크기를 감소시키거나 하드 디스크를 인식할 수 없음
멜리사 (Melissa)	아웃룩 주소록의 사용자 주소를 통하여 바이러스를 전파
라록스(Laroux)	엑셀의 매크로 기능을 이용하여 엑셀 문서만 파괴
백 오리피스 (Back Orifice)	트로이 목마가 발전된 형태로 다른 컴퓨터에 침입하여 저장된 정보를 파괴하거나 변조
님다 (Nimda)	아웃룩 주소록의 사용자에게 readme.exe 파일을 발송하며, 읽고/쓰기가 지정된 공유 컴퓨터는 네트워크를 통해 감염
폭탄 (Bomb)	디스크에 숨어 있다가 날짜와 시간, 파일 변경, 프로그램의 특정 행동 등 일정 조건을 만족하면 실행
슬래머 (Slammer)	• 2003년 1월 25일에 발견된 바이러스로 시스템 다운 현상이 전 세계적으로 나타남(SQL 서버에 패킷을 전송하여 해당 서버를 다운시킴) • SQL 서버 2000과 데스크톱 엔진 2000의 시스템을 공격하며, 보안이 약한 SQL 서버에 UDP 1434 포트(SQL-Monitor)를 이용하여 감염

5 웜(Worm)

- 네트워크에서 연속적으로 자신을 복제하여 시스템 부하를 높이는 바이러스의 일종이다.
- 시스템을 파괴하거나 작업을 지연 또는 방해하는 악성 프로그램이다.
- 바이러스와는 달리 다른 프로그램을 감염시키지 않지만 E-Mail에 바이러스를 삽입하여 전송한다.
- 주소록을 통해 자동으로 메일을 보내므로 확산(전파) 속도가 빠르다.

6 바이러스의 예방

- 중요한 프로그램이나 자료는 미리 백업하고, 실행 파일의 속성을 읽기 전용으로 한다.
- 램에 상주하여 부팅 시 바이러스 예방 프로그램이 실행되도록 한다.
- 네트워크를 통해 감염될 수 있으므로 공유 폴더의 관리를 철저히 한다.
- 다운로드받거나 복사한 파일은 반드시 최신 백신 프로그램으로 검사한다.
- 바이러스 감염이 의심되는 메일은 열지 말고 바이러스 검사를 먼저 한다.
- 백신 프로그램의 시스템 감시 및 인터넷 감시 기능을 이용하여 바이러스를 사전에 검색한다.
- 바이러스 예방 프로그램과 백신(치료) 프로그램을 항상 최신 버전으로 업데이트 한다.

• 램 상주 프로그램은 한 번 실행하면 시스템을 종료할 때까지 램에 상주하여 바이러스를 체크한다.

5. 정보 보호 및 시스템 보안 ✪✪✪

1 정보 보호의 요건

종류	설명
인증성 (Authentication)	정보를 보내는 사람의 신원을 확인하는 것으로 사용자 접근 권한 및 작업 수행을 조사
접근 제어 (Access Control)	시스템 자원 이용에 대한 불법적인 접근을 방지하는 것으로 크래커의 침입으로부터 보호
기밀성/비밀성 (Confidentiality)	전달 내용을 제3자가 획득하지 못하도록 하는 것으로 시스템 정보와 자원은 인가된 사용자에게만 허용
무결성 (Integrity)	시스템 정보는 인가 받은 사용자만 수정할 수 있으며, 위협 요소에는 사용자 데이터 변조, 전송 메시지 변조, 네트워크 구성 정보 유출 등이 있음
가용성 (Availability)	사용 권한이 부여된 사용자라면 언제든지 시스템을 사용할 수 있음
부인 방지 (Non-repudiation)	송신 여부와 수신 여부를 확인하는 것으로 전자상거래의 신뢰성과 안전성을 확보

2 시스템 보안

• 네트워크 구성 요소에 대한 보안으로 방화벽이나 백신 등을 이용하여 해커의 침입을 방지한다.

• 인터넷 개인 식별 번호인 아이핀(i-PIN)은 주민등록번호 대신 사용할 수 있으므로 아이핀 ID와 Password를 사용하면 웹 사이트에서 주민등록번호를 입력하지 않아도 된다.

• 최근에는 사람의 생체(홍채, 지문, 음성 등)를 이용한 인식 장치들이 개발되었다.

• 생체 인식에서 가장 많이 사용하는 것은 지문 인식 시스템이고, 보안성이 뛰어나다.

• NCSC(미국국립컴퓨터보안센터)에서 규정한 보안 등급은 보안 정책, 접근 방식, 인증 정도에 따라 (낮음) D1 → C1 → C2 → B1 → B2 → B3 → A1 (높음)로 구분한다.

• KISC(한국정보보호센터)는 K1(최저)~K7(최고)까지 구분하며, K4 등급 이상의 보안을 권장한다.

3 보안 위협 요소

종류	설명
트로이 목마 (Trojan Horse)	자기 복제 기능은 없지만 정상적으로 위장하고 있다가 프로그램이 실행되면 시스템에 손상을 주는 악의적인 루틴(지속적으로 정보를 유출)
트랩 도어 (Trap Door)	프로그램을 개발할 때 코드 중간에 중단 부분을 만들어 악의적인 목적으로 사용
백 도어 (Back Door)	컴퓨터 시스템의 보안 예방책에 침입하여 시스템에 무단 접근하기 위해 사용되는 일종의 비상구
스니핑 (Sniffing)	네트워크 주변의 모든 패킷을 엿보면서 계정(Account)과 암호(Password)를 알아내기 위한 행위
패킷 스니핑 (Packet Sniffing)	인터넷 상에서 정보를 송수신할 때 패킷을 엿보는 프로그램을 이용하여 패킷을 가로채는 행위
스푸핑 (Spoofing)	신뢰성 있는 사람이 네트워크를 통해 데이터를 보낸 것처럼 허가받지 않은 사용자가 네트워크상의 데이터를 변조하여 접속하는 행위
웹 스푸핑 (Web Spoofing)	사용자가 인터넷상에서 통신하는 정보를 크래커 사이트를 통하도록 하여 비밀번호를 알아내는 방법
스파이웨어 (Spyware)	다른 사람의 컴퓨터에 잠입해 개인 신상 정보 등과 같은 타인의 정보를 사용자 모르게 수집하는 프로그램
드롭퍼 (Dropper)	사용자가 모르는 사이 바이러스나 트로이 목마 프로그램을 사용자의 컴퓨터에 설치하는 프로그램
키 로거 (Key Logger)	사용자의 키보드 움직임을 탐지해 ID나 패스워드, 계좌 번호, 카드 번호 등의 개인정보를 몰래 빼내어 악용하는 수법
분산 서비스 거부 공격 (DDOS)	공격용 프로그램을 설치하여 표적 시스템에 대해 일제히 데이터 패킷을 범람시켜 성능을 마비시키는 방법(시스템 리소스를 독점하거나 파괴)
침입 탐지 시스템(IDS)	인가된 사용자 혹은 외부 침입자에 대해 시스템의 허가되지 않은 사용이나 오용(악용) 같은 침입을 알아내기 위한 시스템
피기배킹 (Piggybacking)	사용자가 정상적으로 시스템을 종료하지 않고, 자리를 떠났을 때 비인가된 사용자가 그 자리에서 작업을 수행하여 불법 접근을 행하는 행위
피싱 (Phishing)	불특정 다수에게 메일을 발송해 위장된 홈 페이지로 접속하도록 한 후 이용자들의 금융 정보 등을 빼내는 수법
파밍 (Pharming)	컴퓨터를 악성 코드에 감염시킨 후 접속 시 가짜 사이트로 유도하여 개인정보나 금융 정보 등을 몰래 빼내는 수법
스미싱 (Smishing)	무료 쿠폰, 모바일 초대장에 메시지를 보낸 후 해당 인터넷 주소를 클릭하면 스마트폰에 악성 코드가 설치되어 개인의 금융 정보를 빼내는 수법

4 보안 침입 형태

종류	설명
가로막기 (Interruption)	데이터의 전달 정보를 가로막는 행위로 가용성을 위협
가로채기 (Interception)	데이터의 전달 정보를 중간에 가로채는 행위로 기밀성을 위협
수정(변조, Modification)	데이터의 전달 정보를 다른 내용으로 바꾸는 행위로 무결성을 위협

위조 (Fabrication)	다른 송신자로 정보를 전송한 것처럼 위조하는 행위로 인증성을 위협

5 방화벽(Firewall)

• 외부의 불법적인 침입으로부터 정보를 보호하기 위한 보안 시스템이다.
• 외부의 침입 시도가 있을 때 네트워크 관리자에게 통보하는 역추적 기능이 있다(로그 정보를 통해 누가 외부에서 침입을 시도했는지 그 흔적을 찾아 역추적).
• 외부로부터 허가되지 않은 사용자 접근을 제안하고, 중앙 집중적인 보안 기능을 제공한다.
• 방화벽을 사용하더라도 내부의 불법적인 해킹은 막지 못한다.
• 내부 네트워크에서 인터넷으로 나가는 패킷은 그대로 통과시키고, 내부 네트워크로 들어오는 패킷은 내용을 체크하여 인증된 패킷만 통과시킨다.

6. 정보 보안의 종류 ✪✪✪

1 암호화(Encryption)

• 송신자가 지정한 수신자 외에 해당 내용을 알 수 없도록 데이터를 암호화하여 안전하게 전송한다.
• 키값이나 알고리즘 변조를 이용한 데이터 변환 작업으로 도청, 부정 접근 등을 대비한다.
• 데이터를 암호화할 때 사용하는 키(암호키, 공개키)는 공개하고, 복호화할 때의 키(해독키, 비밀키)는 비공개한다.

종류	설명
개인키/비밀키 (Private/Secret Key)	• 대칭형 암호 방식으로 송수신자의 비밀키가 일치하는 것을 이용하여 암호를 해독(암호화 알고리즘 : DES) • 암호키와 복호키가 동일한 방식으로 처리 과정이 빠름 • 송신자의 암호화 키와 복호화 키가 동일(복호화 키의 비밀성을 유지) • 정보 교환 시 사용자는 다수의 키를 유지, 관리해야 함
공개키/이중키 (Public Key)	• 비대칭형 암호 방식으로 송신자가 암호화할 때 사용키와 복호화 키가 서로 다름(암호화 알고리즘 : RSA) • 공개키로 암호화한 것은 비밀키로, 비밀키로 암호화한 것은 공개키로 복호화(암호키와 복호키가 서로 다른 방식으로 처리 과정이 느림) • 공개키만으로는 암호화된 내용을 보호할 수 없음(전자 서명 등에 사용)

2 암호화 알고리즘

종류	설명
대칭키 (DES)	• 알고리즘이 간단하여 실행 속도가 빠르고, 파일 크기가 작아 경제적 • 암호문 작성과 해독 과정에서 개인키를 사용 • 사용자 증가에 따른 키의 수가 많음 • 정보 교환 시 사용자는 다수의 키를 유지 및 관리(사용자 증가에 따라 관리해야 할 키의 수가 많음) • 안전성은 키의 길이 및 키의 비밀성 유지 여부에 영향을 받음
공개키 (RSA)	• 알고리즘이 복잡하여 실행 속도가 느리지만 적은 수의 키로 보안 유지가 가능 • 128비트 이상의 키를 사용하므로 비인가된 사용자가 암호를 풀기 어려움 • 데이터 통신 시 암호키를 전송할 필요가 없음(메시지 부인 방지 기능이 있음) • 데이터를 암호화할 때 사용하는 키를 공개하고, 복호화할 때 키는 비밀로 함

3 전자 우편 보안

종류	설명
PEM	인터넷에서 이용되고 있는 정보 암호화 기술로 특정 키가 있어야만 내용을 확인(비밀키/공개키 암호 방식)
PGP	인터넷에서 사용되는 기술로 PEM의 일부 기능만 수행하므로 보안성은 낮지만 사용은 용이(공개키 암호 방식)

4 웹 보안

종류	설명
SSL	• 웹 브라우저(WWW)와 서버를 위한 보안 방법으로 비대칭형 암호 시스템을 사용 • 세션으로 주고받은 자료를 암호화하고, 전자 사인을 통해 메커니즘을 사용
SET	• 전자상거래를 위한 신용 카드나 금융 거래 안전을 위한 보안 접근 방법 • 전자상거래의 보안 허점을 보완하고자 신용 카드 회사와 IBM, MS사가 기술적인 협력으로 개발(RSA 암호화에 기초를 둠) • 전자 상점, 금융 기관이 암호화 통신을 사용하므로 고객 정보가 노출되지 않음
SEA	• 전자 서명(메시지 위변조 불가능), 암호 등을 통해 보안을 구현 • W3C에서 개발하였으며, SSL과 S-HTTP의 단점을 보완
S-HTTP	웹에서 안전하게 파일 교환을 할 수 있는 HTTP의 확장판

과목 02

스프레드시트 일반

| 무료 동영상 |

핵심정리 05 응용 프로그램 준비

1. 워크시트의 기본 지식 ★★

1 엑셀의 시작과 종료

구분	내용
시작	• [시작]–[Excel 2016]을 선택 • 바탕 화면에서 엑셀 2016의 바로 가기 아이콘( )을 더블 클릭
종료	• [파일] 탭을 클릭하고, [닫기]를 선택 • 화면 왼쪽 상단( )을 클릭하고, [닫기]를 선택(왼쪽 상단을 더블 클릭해도 됨) • Alt+F4 키를 누르거나 Alt+F, X 키를 누름 • 창 조절 단추 중 닫기( ) 단추를 클릭

2 화면의 주요 구성 요소

- 제목 표시줄 : 현재 열려 있는 통합 문서의 제목, 파일명 등을 표시한다.
- 빠른 실행 도구 모음 : 자주 사용하는 명령들을 추가하여 수시로 사용할 수 있다.
- 열 머리글 : 워크시트의 세로 열을 나타낸다(최대 16,384개의 열).
- 행 머리글 : 워크시트의 가로 행을 나타낸다(최대 1,048,576개의 행).
- 워크시트 : 데이터의 모든 작업이 이루어지는 작업 공간으로 여러 개의 셀로 구성된다.
- 시트 탭 : 현재 통합 문서에 포함된 워크시트의 이름을 표시한다.
- 보기 단추 : 화면을 기본, 페이지 레이아웃, 페이지 나누기 미리 보기의 형태로 나타낸다.
- 상태 표시줄 : 현재의 작업 상태나 선택 명령에 대한 기본 정보를 표시한다(Caps Lock, Num Lock, Scroll Lock 키의 선택 유무가 표시).

3 [Excel 옵션]–[일반] 탭

- 다중 디스플레이를 사용하는 경우 : 텍스트와 이미지가 선명하게 표시되도록 화면을 조정한다.
- 선택 영역에 미니 도구 모음 표시 : 텍스트를 선택할 때 미니 도구 모음을 표시하여 서식 도구에 빠르게 액세스할 수 있다.
- 실시간 미리 보기 사용 : 다른 선택 사항을 커서로 가리키면 기능이 문서에 어떻게 영향을 주는지 미리 보여준다(워크시트에서 선택한 옵션의 효과를 미리 볼 수 있음).
- 자동으로 리본 축소 : 창을 축소하면 탭 이름만 표시된다.
- 화면 설명 스타일 : 프로그램 단추 이름이 있는 스크린 팁과 기능 설명의 표시 여부를 제어할 수 있도록 스타일(화면 설명에 기능 설명 표시/표시 안 함, 화면 설명 표시 안 함)을 선택할 수 있다.
- 다음을 기본 글꼴로 사용 : 새 워크시트 및 통합 문서의 기본 글꼴로 사용할 글꼴을 선택한다.
- 새 시트의 기본 보기 : Excel을 시작할 때 기본적으로 표시할 보기(기본 보기, 페이지 나누기 미리 보기, 페이지 레이아웃 보기)를 선택한다.
- 포함할 시트 수 : 통합 문서를 새로 만들 때 사용할 워크시트 수를 설정한다(최대 255개까지).

4 [Excel 옵션]–[수식] 탭

- 자동 : 기본 계산 설정으로 값, 수식, 이름을 변경할 때마다 수식을 모두 계산한다.
- 데이터 표만 수동 : 데이터 표를 제외하고, 수식을 모두 계산한다.
- 수동 : 계산 탭에서 계산을 클릭할 때만 열려 있는 통합 문서를 계산한다.
- 반복 계산 사용 : 순환 참조라고도 하는 반복 수식 계산이 허용된다.
- R1C1 참조 스타일 : 셀 참조와 행 및 열 머리글의 참조 스타일을 A1 스타일에서 R1C1 스타일로 변경한다.
- 수식 자동 완성 사용 : 사용자가 수식을 쉽게 만들어 편집하고, 입력/구문 오류를 최소화할 수 있다(셀 수식을 작성할 때 정의된 이름 및 관련 함수 목록을 표시).

- 수식에 표 이름 사용 : 표의 일부나 전체를 참조하는 수식을 사용할 때 보다 쉽고 직관적으로 표 데이터 작업을 할 수 있다.
- 다른 작업을 수행하면서 오류 검사 : 유휴 상태일 때 셀에 오류가 있는지 검사한다(셀에 오류가 있을 경우 셀 왼쪽 위 모서리에 오류 표지가 표시).
- 오류를 반환하는 수식이 있는 셀 : 오류값(#VALUE!, #DIV/0! 등)을 반환하는 수식에 대해 오류 표시기를 나타내고 오류를 수정한다.

5 [Excel 옵션]–[저장] 탭

- 다음 형식으로 파일 저장 : 통합 문서를 저장할 때 사용되는 기본 파일 형식을 설정한다.
- 자동 복구 정보 저장 간격 : 통합 문서 복구 파일은 분 단위 상자에 입력하는 간격(1~120)에 따라 자동으로 저장된다.
- 자동 복구 파일 위치 : 기본적인 자동 복구 파일의 위치가 표시된다.
- 기본 로컬 파일 위치 : 기본적인 파일 위치가 표시된다.
- 자동 복구 예외 항목 : 자동 복구를 사용하거나 사용하지 않을 통합 문서를 지정하는 것으로 목록 상자에서 원하는 통합 문서를 선택한다.

6 [Excel 옵션]–[고급] 탭

- 〈Enter〉 키를 누른 후 다음 셀로 이동 : 셀에서 Enter 키를 눌렀을 때 셀 포인터의 이동 방향(위쪽/아래쪽/왼쪽/오른쪽)을 지정한다.
- 소수점 자동 삽입 : 숫자에 자동으로 소수점을 지정할 경우 소수점 위치 상자에 소수 자릿수를 입력한다(양수는 소수점 이하, 음수는 소수점 이상).
- 채우기 핸들 및 셀 끌어서 놓기 사용 : 마우스 끌기로 데이터의 이동/복사와 채우기 핸들의 사용 유무를 지정한다.
- 셀에서 직접 편집 허용 : 해당 셀을 더블 클릭하여 데이터를 직접 편집할 수 있도록 지정한다.
- 데이터 범위의 서식과 수식을 확장 : 새 항목에 목록 나머지 부분의 서식을 자동으로 적용한다.
- 셀 내용을 자동 완성 : 열에서 데이터를 입력할 때 자동 완성 기능의 사용 유무를 지정한다.
- 시스템 구분 기호 사용 : 해당 확인란을 선택하면 기본 소수 구분 기호와 1000 단위 구분 기호를 사용한다(다른 구분 기호를 사용하려면 확인란의 선택을 취소).
- 표시할 최근 통합 문서 수 : 최근 사용한 문서 목록이 표시되도록 통합 문서 수(0~50)를 입력한다.
- 수식 입력줄 표시 : 화면에서 수식 입력줄의 표시 여부를 지정한다.
- 함수 화면 설명 표시 : 수식 자동 완성을 사용할 경우 표시되는 함수 목록에서 선택 함수에 대한 간단한 설명을 표시한다.
- 메모가 있는 셀 표시 : 워크시트에 메모가 표시되는 방법을 지정한다(메모와 표식 모두 표시 안 함/표식만, 마우스가 위치하면 메모 표시/메모와 표식).
- 이 워크시트의 표시 옵션 : 행/열 머리글, 수식, 페이지 나누기, 윤곽 기호, 눈금선 등의 표시 여부를 지정한다.

2. 창 제어 ✪

1 확대/축소

- 배율은 10%~400%까지 지정하며, 세밀하게 조정할 경우 상태 표시줄의 컨트롤을 사용한다.
- 시트 보기를 확대/축소하여도 인쇄에는 영향을 미치지 않는다.
- 워크시트의 일부분을 범위 지정한 후 '선택 영역에 맞춤'을 선택하면 해당 부분만 최대한 크게 보여지도록 자동으로 배율이 설정된다.
- 사용자 지정에서 사용자가 직접 확대/축소 배율(%)을 입력할 수 있다.
- [보기] 탭의 [확대/축소] 그룹에서 확대/축소(확대/축소) 아이콘을 클릭한다.

2 통합 문서 보기

- 기본 : 기본 보기 상태로 엑셀 문서를 표시한다.
- 페이지 나누기 미리 보기 : 문서가 인쇄될 때 페이지가 어디에서 나누어지는지를 표시한다.
- 페이지 레이아웃 : 인쇄된 문서가 어떻게 나타나는지를 확인하는 것으로 페이지의 시작과 끝이 어디인지를 확인한다(페이지의 머리글/바닥글을 볼 때 유용).
- 사용자 지정 보기 : 현재의 디스플레이 및 인쇄 설정을 이후에 빠르게 적용할 수 있도록 사용자 지정 보기로 저장한다.

3 틀 고정

- 데이터 양이 많은 경우 특정 범위의 행/열을 고정시켜 셀 포인터의 이동과 상관없이 화면에 항상 표시할 수 있도록 하는 기능이다(첫 행 고정과 첫 열 고정이 있음).
- 틀 고정을 수행하면 셀 포인터의 왼쪽과 위쪽으로 틀 고정선이 표시된다(구분선은 이동할 수 없음).
- 제목 행/열로 설정된 행/열은 셀 포인터를 아래쪽/오른쪽으로 이동시켜도 항상 화면에 표시된다.

- 셀 편집 모드에 있거나 워크시트가 보호된 경우에는 틀 고정 명령을 사용할 수 없다.
- 화면에 틀이 고정되어 있어도 인쇄에는 적용되지 않는다.
- 고정시킬 행의 아래쪽 또는 열의 오른쪽 셀을 선택한 후 [보기] 탭의 [창] 그룹에서 틀 고정(틀 고정) 아이콘을 클릭하고, [틀 고정]을 선택한다.
- 틀 고정을 취소하려면 다시 틀 고정(틀 고정) 아이콘을 클릭하고, [틀 고정 취소]를 선택한다.

4 창 나누기

- 워크시트를 여러 개의 창으로 분리하는 기능으로 최대 4개까지 분할할 수 있다.
- 특정 셀에서 창 나누기를 실행하면 선택된 셀의 왼쪽과 위쪽을 기준으로 분할된다.
- 창 경계선을 드래그하면 분할된 창의 크기를 변경할 수 있다.
- [보기] 탭의 [창] 그룹에서 나누기(나누기) 아이콘을 클릭한다.
- 창 나누기를 해제하려면 다시 나누기(나누기) 아이콘을 클릭하거나 분할된 가로와 세로줄을 더블 클릭한다.

5 창 정렬

- 열려 있는 모든 창들을 화면에 나타내어 해당 파일로 쉽게 이동할 수 있다.
- [보기] 탭의 [창] 그룹에서 모두 정렬(모두 정렬) 아이콘을 클릭한 후 [창 정렬] 대화 상자에서 정렬 방식(바둑판식, 가로, 세로, 계단식)을 선택한다.
- 현재 통합 문서의 창만을 표시하려면 '현재 통합 문서 창'을 선택한다.

3. 통합 문서 관리 ✪

1 새 통합 문서

- 새 통합 문서 제목은 사용자가 지정하기 전까지 '통합 문서 1', '통합 문서2', …로 자동 지정된다.
- [파일] 탭을 클릭하고, [새로 만들기]-[새 통합 문서]를 선택하거나 Ctrl+N 키를 누른다.
- 현재 통합 문서 창을 닫으려면 Ctrl+W 키나 Ctrl+F4 키를 누른다.

2 서식 파일

- 자주 사용하는 특정 양식의 폼을 미리 수록해 놓은 파일로 행/열, 시트 등을 숨기거나 통합 문서를 보호하는 서식 파일을 작성할 수 있다(확장자 : .xltx).
- 기존에 제공된 서식 파일을 불러오거나 직접 작성한 내용을 서식 파일로 저장할 수 있다.
- 매크로 사용 서식 파일(.xltm)의 경우 매크로까지 포함할 수 있다.
- 기본 서식 파일을 새로 만들 경우 워크시트는 Sheet.xltx, 통합 문서는 Book.xltx 파일로 지정하여 XLSTART 폴더에 저장한다.

3 통합 문서 열기

- [파일]-[열기]-[찾아보기]를 선택하거나 Ctrl+O 키를 누른다.
- Ctrl, Shift 키를 이용하면 여러 개의 파일을 동시에 열 수 있다.
- 엑셀에서 열 수 있는 통합 문서의 개수는 사용 가능한 메모리와 시스템 리소스에 의해 제한된다.
- [파일] 탭을 클릭하면 오른쪽에 최근 작업한 문서 파일이 등록되어 있는데 여기에서 원하는 문서 파일을 선택한다.

4 통합 문서 저장

- 이미 저장된 파일을 재저장하면 동일한 이름으로 저장되므로 [다른 이름으로 저장] 대화 상자는 나타나지 않는다.
- 문서가 기본적으로 저장되는 위치는 '내 문서(My Documents)' 폴더이다.
- [파일] 탭을 클릭하고, [저장]을 선택하거나 빠른 실행 도구 모음에서 저장(🖫) 단추를 클릭한다(Ctrl+S 키).

5 저장 옵션

- [다른 이름으로 저장] 대화 상자에서 [도구] 단추를 클릭하고, [일반 옵션]을 선택한다.
- '백업 파일 항상 만들기' 옵션은 통합 문서를 저장할 때마다 백업용 복사본을 저장한다.
- '열기 암호' 옵션은 파일을 안전하게 보호하는 방법으로 통합 문서를 열 때마다 암호(대소문자가 구분되며 문자, 숫자, 기호 등을 포함하여 255자까지 지정)를 확인한다.
- '쓰기 암호' 옵션은 암호를 모를 경우 읽기 전용으로 열어 수정할 수 있으나 기존 문서에는 저장할 수 없도록 암호를 지정한다(최대 15자까지 지정).
- '읽기 전용 권장' 옵션은 통합 문서를 수정하지 않도록 읽기 전용으로만 열 수 있으며, 읽기 전용으로 열어 내용을 변경할 경우에는 다른 이름으로 저장한다.

6 다른 이름으로 저장

파일 형식	설명
Excel 통합 문서	Excel 2016의 기본 파일로 저장(확장자 : xlsx)
Excel 매크로 사용 통합 문서	매크로가 포함된 통합 문서로 저장 (확장자 : xlam)
Excel 97 – 2003 통합 문서	이전 버전의 엑셀에서 저장(확장자 : xls)
웹 페이지	• 웹(WWW) 페이지에서 볼 수 있도록 저장 (확장자 : htm, html) • 전체 통합 문서 또는 선택한 시트만 웹 페이지로 저장할 수 있음
Excel 서식 파일	자주 사용하는 특정 양식의 폼으로 저장 (확장자 : xltx)
텍스트 (탭으로 분리)	탭으로 분리된 텍스트 파일로 저장 (확장자 : txt)
유니코드 텍스트	유니코드 텍스트 파일로 저장 (확장자 : txt)
CSV (쉼표로 분리)	현재 워크시트만 쉼표로 분리된 텍스트 파일로 저장(확장자 : csv)
텍스트 (공백으로 분리)	공백으로 분리된 텍스트 파일로 저장 (확장자 : prn)
DIF(Data Interchange Format)	현재 워크시트의 텍스트, 값, 수식만 저장 (확장자 : dif)
Excel 추가 기능	매크로를 사용하는 추가 기능 파일로 저장 (확장자 : xlam)

4. 통합 문서 공유와 시트 보호 ★★

1 통합 문서 공유

• 여러 사용자가 동시에 동일한 셀을 변경할 경우는 충돌이 발생하며, 공유 통합 문서에서 사용자 연결을 끊을 수 있다.
• 공유 통합 문서를 열어 작업한 후 저장하면 다른 사용자가 변경된 내용을 확인할 수 있다.
• 공유 통합 문서의 변경 내용을 추적하여 변경 내용을 새 시트에 작성할 수 있다.
• 공유 통합 문서를 네트워크 위치에 복사하면 다른 통합 문서나 문서의 연결이 유지된다.
• 공유 통합 문서의 워크시트에서 전체 행과 열은 삽입하거나 삭제할 수 있다.
• 공유 통합 문서를 열면 창의 제목 표시줄에 [공유]가 표시된다.
• 공유 통합 문서에서는 셀 삽입/삭제/병합, 워크시트 삭제, 그림/차트/하이퍼링크 삽입, 데이터 유효성 검사, 조건부 서식, 시나리오, 윤곽선, 부분합, 데이터 표, 피벗 테이블, 매크로 기록/변경 등을 할 수 없다.
• 통합 문서를 공유하기 위해서는 [검토] 탭의 [변경 내용] 그룹에서 통합 문서 공유(통합 문서 공유) 아이콘을 클릭한다.
• [통합 문서 공유] 대화 상자의 [편집] 탭에서 '여러 사용자가 동시에 변경할 수 있으며 통합 문서 병합도 가능' 확인란을 선택하고, [확인] 단추를 누른다.

2 공유 통합 문서 보호

• 다른 사용자가 변경된 내용을 제거할 수 없도록 통합 문서를 보호한다.
• 공유 통합 문서를 보호하려면 통합 문서 공유를 해제한 후 [검토] 탭의 [변경 내용] 그룹에서 통합 문서 보호와 공유(통합 문서 보호와 공유) 아이콘을 클릭한다.
• 암호를 지정하려면 통합 문서의 공유 상태를 먼저 해제해야 한다.
• '바뀐 내용 추적과 함께 공유' 확인란 및 암호를 입력하고, [확인] 단추를 누르면 통합 문서로 저장할 것인지를 묻는 메시지가 나타난다.

3 시트 보호

• 입력한 데이터나 차트, 시나리오, 그래픽 개체 등이 변경되지 않도록 보호한다.
• 행과 열의 삽입/삭제, 서식 지정, 잠긴 셀 내용 변경, 커서를 잠긴 셀 또는 잠기지 않은 셀로 이동하는 것을 막을 수 있다.
• 시트 보호를 설정하면 셀에 데이터를 입력하거나 수정할 경우 경고 메시지가 나타난다.
• 시트의 이름 바꾸기 및 숨기기 작업 등을 수행할 수 있다.
• 특정 시트만 보호하는 것으로 지정된 범위에서는 사용자 수정을 허용할 수도 있다.
• 암호 지정 시 대소문자가 구분되며, 255자까지 지정할 수 있다.
• 새 워크시트의 모든 셀은 기본적으로 '잠금' 속성이 설정되어 있다.
• 셀의 '잠금' 속성과 '숨김' 속성은 시트를 보호하기 전까지는 아무런 효과를 내지 못한다.
• [홈] 탭의 [셀] 그룹에서 서식(서식) 아이콘을 클릭하고, [시트 보호]를 선택하거나 [검토] 탭의 [변경 내용] 그룹에서 시트 보호(시트 보호) 아이콘을 클릭한다.

4 통합 문서 보호

• 시트의 이동, 삭제, 숨기기, 숨기기 해제, 이름 바꾸기, 창 이동, 창 크기 조절, 새 창, 창 나누기, 틀 고정 등을 할 수

없도록 통합 문서를 보호한다(통합 문서 창을 같은 크기와 위치에 유지).
- 암호 지정 시 대소문자가 구분되며, 255자까지 지정할 수 있다.
- [검토] 탭의 [변경 내용] 그룹에서 통합 문서 보호( ) 아이콘을 클릭한다.

5. 워크시트 편집 및 관리 ✪

1 시트 삽입
- 통합 문서에는 기본적으로 1개의 워크시트가 있으며, 최대 255개까지 삽입할 수 있다.
- 선택한 시트 왼쪽에 새로운 시트가 삽입되며, 시트 이름은 Sheet2, Sheet3, … 순으로 지정된다.
- [홈] 탭의 [셀] 그룹에서 삽입( ) 아이콘을 클릭하고, [시트 삽입]을 선택하거나 시트 탭의 바로 가기 메뉴에서 [삽입]을 선택한다(=Shift+F11 키).

2 시트 숨기기
- [홈] 탭의 [셀] 그룹에서 서식( ) 아이콘을 클릭하고, [숨기기 및 숨기기 취소]-[시트 숨기기]를 선택하거나 해당 시트의 바로 가기 메뉴에서 [숨기기]를 선택한다.
- 숨기기를 취소하려면 [홈] 탭의 [셀] 그룹에서 서식( ) 아이콘을 클릭하고, [숨기기 및 숨기기 취소]-[시트 숨기기 취소]를 선택하거나 숨겨진 시트의 바로 가기 메뉴에서 [숨기기 취소]를 선택한다.

3 시트 삭제
- 여러 개의 시트를 선택하여 동시에 삭제할 수 있다.
- 시트를 삭제하면 실행 취소 명령(Ctrl+Z 키)으로 되살릴 수 없다.
- [홈] 탭의 [셀] 그룹에서 삭제( ) 아이콘을 클릭하고, [시트 삭제]를 선택하거나 시트 탭의 바로 가기 메뉴에서 [삭제]를 선택한다.

4 시트 이동
- [이동/복사] 대화 상자에서 이동 위치를 선택하고, [확인] 단추를 누른다.
- 이동할 시트 탭을 원하는 시트 위치로 드래그한다.
- [홈] 탭의 [셀] 그룹에서 서식( ) 아이콘을 클릭하고, [시트 이동/복사]를 선택하거나 시트 탭의 바로 가기 메뉴에서 [이동/복사]를 선택한다.

5 시트 복사
- [이동/복사] 대화 상자에서 복사 위치와 '복사본 만들기' 확인란을 선택하고, [확인] 단추를 누른다.
- 복사할 시트 탭을 Ctrl 키를 이용하여 원하는 시트 위치로 드래그한다.
- 시트를 복사하면 원본 시트의 이름 뒤에 (2), (3), ... 등과 같은 숫자가 자동적으로 붙는다.
- [홈] 탭의 [셀] 그룹에서 서식( ) 아이콘을 클릭하고, [시트 이동/복사]를 선택하거나 시트 탭의 바로 가기 메뉴에서 [이동/복사]를 선택한다.

6 시트 이름 바꾸기
- 시트 이름은 공백을 포함하여 최대 31자까지 지정할 수 있지만 [, ?, *, /, ₩, : 등은 사용할 수 없다.
- 하나의 통합 문서에서는 동일한 이름의 시트를 만들 수 없다.
- 시트 탭을 마우스로 더블 클릭한 후 새로운 시트 이름을 입력한다.
- [홈] 탭의 [셀] 그룹에서 서식( ) 아이콘을 클릭하고, [시트 이름 바꾸기]를 선택하거나 시트 탭의 바로 가기 메뉴에서 [이름 바꾸기]를 선택한다.

7 시트 입력과 해제
- 여러 개의 시트를 선택한 상태에서 데이터를 입력하면 선택된 시트의 동일 셀에 모두 입력된다.
- 여러 개의 워크시트를 그룹으로 설정하면 제목 표시줄에 [그룹]이라고 표시된다.
- 그룹 상태에서 도형이나 차트 등의 그래픽 개체는 삽입되지 않는다.
- 시트 탭의 바로 가기 메뉴에서 [탭 색]을 선택하면 원하는 색상을 지정할 수 있다.
- 시트 그룹을 취소하려면 시트 탭의 바로 가기 메뉴에서 [시트 그룹 해제]를 선택하거나 임의의 시트를 클릭한다.

| 무료 동영상 |

핵심정리 06 데이터 입력

1. 각종 데이터 입력 ✪

1 문자 입력

- 한글, 영문, 숫자, 특수 문자 등이 혼합된 데이터로 셀의 왼쪽에 정렬된다.
- 한 셀에는 최대 255자까지 입력할 수 있으며, 두 줄로 입력하려면 Alt+Enter 키를 누른다.
- 수치 데이터를 문자 데이터로 인식하려면 수치 데이터 앞에 접두어(')를 입력한다.
- 문자 데이터가 셀 폭보다 긴 경우 오른쪽 셀이 비어 있으면 오른쪽 셀까지 표시된다.
- 문자 데이터가 셀 폭보다 긴 경우 오른쪽 셀에 데이터가 있으면 일부 데이터만 셀에 표시되고, 나머지는 셀에 가려 표시되지 않는다.

2 수치(숫자) 입력

- 숫자, 소수점(.), 쉼표(,), 통화 스타일(₩, $), 지수(E) 등의 데이터로 셀의 오른쪽에 정렬된다.
- 데이터 중간에 공백이나 특수 문자는 사용할 수 없다.
- 입력한 수치 데이터가 셀 폭보다 긴 경우 지수로 표현된다.
- 음수 데이터는 직접 입력하거나 데이터를 괄호로 묶어 표시한다.
- 분수 입력 시 0 1/3과 같이 입력할 경우 0을 빼고 1/3만 입력하면 날짜 데이터("01월 03일")로 간주한다(먼저 0을 입력한 후 한 칸의 공백을 삽입하고, 분수를 입력).

3 날짜 및 시간 입력

- 날짜는 '년, 월, 일' 또는 '월, 일' 형태로 입력하고, '년, 월, 일' 사이는 '/'나 '–'로 구분한다.
- 시간은 '시, 분, 초' 또는 '시, 분' 형태로 입력하고, '시, 분, 초' 사이는 콜론(:)으로 구분한다.
- 시간은 24시각제로 표시하되 12시각제로 표시할 경우는 시간 뒤에 PM(P)이나 AM(A)을 입력한다.
- 동일 셀에서는 날짜와 시간을 공백으로 구분한다.
- 수식에 날짜와 시간을 사용할 때는 큰 따옴표(" ")로 묶어준다.
- 현재 날짜 입력은 Ctrl+; 키를, 현재 시간 입력은 Ctrl+Shift+; 키를 누른다.

4 한자 입력

- 한글을 입력한 후 한자 키 또는 오른쪽 Ctrl 키를 누르면 해당 한자 목록이 나타난다.
- 단어를 한자로 변경할 때는 해당 단어 앞이나 뒤에 커서를 놓고, 한자 키 또는 오른쪽 Ctrl 키를 누르면 [한글/한자 변환] 대화 상자가 나타난다.

5 특수 문자 입력

- 특수 문자를 입력할 곳에서 한글 자음(ㄱ, ㄴ, ㄷ,…)을 입력한 후 한자 키 또는 오른쪽 Ctrl 키를 누르면 해당 특수 문자 목록이 나타난다.
- 각각의 한글 자음에 따라서 화면 하단에 표시되는 특수 문자가 다르다.

2. 데이터 수정과 편집 ✪✪

1 데이터 수정

방법	설명
셀에서 수정	• 수정할 셀에서 새로운 내용을 입력하면 기존 데이터가 지워지면서 입력됨 • 데이터 일부를 수정하려면 해당 셀을 더블 클릭하거나 F2 키를 눌러 수정
수식 입력줄에서 수정	수식 입력줄을 클릭하여 커서가 나타나면 데이터를 수정
여러 데이터 동시 수정	변경할 데이터를 범위 지정한 후 활성 셀에서 데이터를 수정하고, Ctrl+Enter 키를 누름
동일한 데이터를 여러 셀에 입력 : 동일한 데이터가 입력될 셀을 범위 지정한 후 해당 데이터를 입력하고, Ctrl+Enter 키를 누름	

2 데이터 삭제

- 데이터의 해당 범위를 지정하고, Delete 키를 누르면 지정된 모든 데이터가 삭제된다.
- 데이터의 해당 범위를 지정하고, BackSpace 키를 누르면 활성 셀의 데이터만 삭제된다.
- [홈] 탭의 [편집] 그룹에서 지우기(지우기 ▾) 아이콘을 클릭한다.

메뉴	설명
모두 지우기	입력된 데이터, 서식, 메모 등을 모두 삭제
서식 지우기	입력 데이터에 지정된 서식만 삭제
내용 지우기	• 지정된 서식, 메모 등은 변함이 없고, 데이터만 삭제 • 데이터 삭제 후 다른 데이터를 입력하면 지정된 서식이 그대로 적용
메모 지우기	셀에 입력된 메모만 삭제

3 자동 채우기

- 일정하게 증가하거나 감소하는 데이터(숫자, 날짜, 시간)를 연속적으로 입력하는 기능이다.

- 채우기 핸들을 오른쪽이나 아래쪽으로 드래그하면 숫자가 증가되면서 입력되지만 반대로 왼쪽이나 위쪽으로 드래그하면 감소되면서 입력된다.

4 문자 데이터 채우기

- 문자나 숫자 데이터를 자동 채우기하면 다른 셀에 그대로 복사된다.
- 문자와 숫자가 혼합된 데이터의 경우 문자 데이터는 복사되고, 숫자 데이터는 증가 또는 감소된다.
- 숫자가 두 군데 이상 있는 데이터의 경우 뒤에 있는 숫자만 증가 또는 감소된다.

5 수치 데이터 채우기

- 두 개의 셀에 수치 데이터가 입력되어 있을 경우 두 셀을 범위 지정하여 채우기 핸들을 드래그하면 두 값의 차이만큼 증가 또는 감소한다.
- 수치 데이터 셀에서 Ctrl 키를 누른 상태로 채우기 핸들을 드래그하면 1씩 증가 또는 감소된다.

6 날짜 및 시간 채우기

- 날짜 및 시간 데이터를 자동 채우기하면 '일'과 '시' 단위로 데이터가 채워진다.
- 마우스 오른쪽 버튼으로 날짜 데이터를 드래그하면 일 단위 채우기, 평일 단위 채우기, 월 단위 채우기, 연 단위 채우기를 선택할 수 있다.

7 사용자 지정 목록 채우기

- [파일] 탭에서 [옵션]을 선택한 후 [Excel 옵션] 대화 상자의 [고급] 탭에서 [사용자 지정 목록 편집] 단추를 클릭한다.
- [사용자 지정 목록] 대화 상자에서 연속 데이터를 확인할 수 있으며, 사용자가 필요에 따라 새로운 목록을 추가하거나 삭제할 수 있다.

8 자동 완성 기능

- 처음 셀에 입력한 문자가 동일한 열에서 기존 데이터와 같으면 자동적으로 해당 데이터가 채워지는 기능으로 문자나 문자/숫자가 결합된 데이터에서만 적용된다.
- 동일한 열에 목록이 많을 경우 사용자 임의로 자동 완성 목록에서 데이터를 선택한다.
- 데이터를 입력할 셀의 바로 가기 메뉴에서 [드롭다운 목록에서 선택]을 선택하거나 Alt+↓ 키를 눌러 나타난 목록에서 원하는 데이터를 선택한다.

9 [연속 데이터] 대화 상자

[홈] 탭의 [편집] 그룹에서 채우기(채우기 ▾) 아이콘을 클릭하고, [계열]을 선택한다.

옵션	기능
방향	• 연속 데이터를 실행할 행 방향이나 열 방향을 지정 • 선택 영역에서 각 행/열의 첫 셀 내용은 연속 데이터의 시작 값으로 사용
유형	• 선형 : 해당 값만큼 더해서 입력 • 급수 : 해당 값만큼 곱해서 입력 • 날짜 : 날짜에서 지정한 값만큼 증가해서 입력 • 자동 채우기 : 자동 채우기를 실행하여 결과를 입력
추세	추세 반영을 위한 단계 값은 선택 영역의 위쪽이나 왼쪽에 있는 값부터 계산
단계 값	연속 데이터의 증가 또는 감소 크기를 지정하는 양수나 음수를 입력
종료 값	연속 데이터가 끝나는 값을 지정하는 양수나 음수를 입력

3. 셀 범위 선택과 이동 ★

1 연속된 셀 범위 선택

- 첫 번째 셀을 클릭한 후 마지막 셀까지 마우스로 드래그한다.
- 첫 번째 셀을 클릭한 후 마지막 셀을 Shift 키를 누른 상태로 클릭한다.
- 첫 번째 셀을 클릭한 후 Shift 키를 누른 상태에서 해당 셀까지 방향키를 누른다.
- 첫 번째 셀을 클릭한 후 F8 키를 누르고, 해당 셀까지 방향키를 누른다.

2 떨어진 셀 범위 선택

- 첫 번째 셀을 클릭한 후 Ctrl 키를 누른 상태에서 마우스를 클릭하거나 드래그한다.
- 첫 번째 셀을 클릭한 후 Shift+F8 키를 누르고, 범위 설정할 셀로 이동한 다음 Shift 키를 누른 상태에서 방향키를 누른다.

3 행/열 전체 셀 범위 선택

- 행 전체를 선택할 때는 행 머리글을, 열 전체를 선택할 때는 열 머리글을 클릭한다.
- Shift나 Ctrl 키를 누른 상태에서 여러 행이나 열 전체를 범위 지정할 수 있다.
- Shift+SpaceBar 키는 워크시트에서 행 전체를 선택하고, Ctrl+SpaceBar 키는 열 전체를 선택한다.

4 워크시트 전체 범위 지정

- 행 머리글과 열 머리글의 교차 부분에 있는 모두 선택( ) 단추를 클릭한다.
- 하나의 열이 선택되어 있는 상태에서 Shift+SpaceBar 키를 누른다.
- Ctrl+A 키 또는 Ctrl+Shift+SpaceBar 키를 누른다.

5 셀 범위 선택 해제

- 선택된 셀 중 일부만 해제하려면 해제할 셀을 Ctrl 키를 누른 상태로 클릭한다.
- 선택된 셀 전체를 해제하려면 화살표 키를 누르거나 다른 셀을 클릭한다.

6 셀 포인터 이동

- 수식 입력줄의 이름 상자에 이동할 셀 주소를 입력하고, Enter 키를 누른다.
- [홈] 탭의 [편집] 그룹에서 찾기 및 선택(찾기 및 선택) 아이콘을 클릭하고, [이동]을 선택하거나 F5 또는 Ctrl+G 키를 누른다.
- [이동] 대화 상자에서 '참조' 입력란에 이동할 셀 주소를 입력하고, [확인] 단추를 누른다.

7 셀 포인터 이동 관련 키

바로 가기 키	기능
↑, ↓, ←, →	현재 위치에서 상, 하, 좌, 우로 이동
Ctrl+Home	첫 번째 셀(A1)로 이동
Ctrl+End	데이터의 가장 오른쪽 아래 셀로 이동
Tab/Shift+Tab	한 셀씩 오른쪽으로/왼쪽으로 이동
Shift+Enter	한 셀씩 위쪽로 이동
Home	현재 행에서 첫 번째 열로 이동
Ctrl+→	• 현재 행의 마지막 열로 이동 • 데이터가 입력된 경우 가장 오른쪽 셀로 이동
Ctrl+←	• 현재 행의 첫 번째 열로 이동 • 데이터가 입력된 경우 가장 왼쪽 셀로 이동
Ctrl+↑	• 현재 열의 첫 번째 행으로 이동 • 데이터가 입력된 경우 가장 위쪽 셀로 이동
Ctrl+↓	• 해당 열의 마지막 행으로 이동 • 데이터가 입력된 경우 가장 아래쪽 셀로 이동
Page Up, Page Down	한 화면 위 또는 아래로 이동
Alt+Page Up (Page Down)	한 화면 왼쪽(오른쪽)으로 이동

4. 일러스트레이션 활용 ✪

1 도형 작성

- Shift 키를 누른 상태에서 도형을 삽입하면 정원, 정사각형이 그려지고, Ctrl 키를 누른 상태에서 도형을 삽입하면 중심에서 바깥쪽으로 그려진다.
- Shift 키를 누른 상태에서 도형을 회전시키면 15도 간격으로 회전한다.
- Alt 키를 누른 상태에서 도형을 드래그하면 셀 눈금선에 정확히 맞춘다.
- Ctrl 키를 누른 상태에서 도형 크기를 조절하면 가운데가 고정된 상태에서 크기가 조절된다.
- Shift 키를 누른 상태에서 도형을 드래그하면 수평/수직 방향으로 이동하고, Ctrl 키를 누른 상태에서 도형을 드래그하면 도형이 복사된다.

2 하이퍼링크

- 셀의 값이나 그래픽 개체에 다른 파일 또는 웹 페이지로 연결하는 기능이다.
- 웹 페이지, 그림, 전자 메일 주소, 프로그램에 대한 링크를 지정한다.
- 현재 사용 중인 통합 문서의 다른 시트나 다른 통합 문서에 있는 특정 시트의 셀로 지정할 수 있다.
- E-mail에 하이퍼링크를 설정하면 하이퍼링크 클릭 시 E-mail 프로그램이 자동으로 실행된다.
- [삽입] 탭의 [링크] 그룹에서 하이퍼링크(하이퍼링크) 아이콘을 클릭하거나 바로 가기 메뉴에서 [하이퍼링크]를 선택한다(=Ctrl+K).

항목	설명
연결 대상	삽입하려는 하이퍼링크의 종류를 표시
표시할 텍스트	하이퍼링크를 설정하는 셀에 항상 표시되는 문자열
화면 설명	하이퍼링크 위에 마우스 포인터를 놓았을 때 표시되는 문자열
책갈피	하이퍼링크를 만들 수 있는 파일 내의 특정 위치

5. 메모와 윗주 ✪✪✪

1 메모 입력

- 메모란 입력 데이터에 보충 설명이나 참고 사항을 추가하는 기능으로 문자, 숫자, 특수 문자도 표현이 가능하다(텍스트 서식 지정).

• 수정, 삭제, 편집(크기 조절)할 수 있으며, 해당 데이터를 지우더라도 메모는 삭제되지 않는다.
• 메모가 입력된 셀 데이터를 다른 곳으로 복사하면 메모도 같이 복사된다.
• 메모가 입력된 셀 데이터를 다른 곳으로 이동하면 메모의 위치도 셀과 함께 변경된다.
• 통합 문서에 포함된 메모를 시트에 표시한 대로 인쇄하거나 시트 끝에 인쇄할 수 있다.

2 메모의 삽입과 표시

• [검토] 탭의 [메모] 그룹에서 새 메모(새 메모) 아이콘을 클릭한다.
• 해당 셀의 바로 가기 메뉴에서 [메모 삽입]을 선택하거나 Shift+F2 키를 누른다.
• 메모를 삽입하면 셀의 우측 상단에 빨간색 삼각형이 나타난다.
• 마우스 포인터를 메모가 입력된 셀에 위치시키면 해당 메모가 표시된다(작성 메모의 표시 위치를 자유롭게 지정).
• [검토] 탭의 [메모] 그룹에서 메모 표시/숨기기(메모 표시/숨기기) 아이콘을 클릭하거나 바로 가기 메뉴에서 [메모 표시/숨기기]를 선택하면 메모 내용이 항상 표시된다.
• 모든 메모를 표시하려면 [검토] 탭의 [메모] 그룹에서 메모 모두 표시(메모 모두 표시) 아이콘을 클릭한다.
• [Excel 옵션] 대화 상자의 [고급] 탭에서 표시에 있는 '메모와 표식'을 선택하면 메모를 삽입하자마자 화면에 바로 표시된다.

3 메모의 편집과 삭제

• 편집 또는 수정은 [검토] 탭의 [메모] 그룹에서 메모 편집(메모 편집) 아이콘을 클릭하거나 바로 가기 메뉴에서 [메모 편집]을 선택한다.
• 삭제는 [검토] 탭의 [메모] 그룹에서 삭제(삭제) 아이콘을 클릭하거나 바로 가기 메뉴에서 [메모 삭제]를 선택한다.

4 윗주 달기와 삽입

• 윗주란 입력 데이터 위쪽에 주석문을 추가하는 기능으로 문자열 데이터에서만 가능하다.
• 해당 셀의 데이터를 지우면 윗주도 함께 삭제된다.
• [홈] 탭의 [글꼴] 그룹에서 윗주 필드 표시/숨기기(내천) 아이콘을 클릭하고, [윗주 편집]을 선택하면 윗주 입력 상자가 나타난다.
• 메모와 달리 윗주를 입력한 후에는 아무런 표시가 나타나지 않는다.

5 윗주 표시/숨기기

• [홈] 탭의 [글꼴] 그룹에서 윗주 필드 표시/숨기기(내천) 아이콘을 클릭하고, [윗주 필드 표시]를 선택하면 입력된 윗주가 나타난다.
• 삽입한 윗주의 높이만큼 행 높이가 자동으로 변경된다.

6 윗주 서식 설정

• [홈] 탭의 [글꼴] 그룹에서 윗주 필드 표시/숨기기(내천) 아이콘을 클릭하고, [윗주 설정]을 선택한다.
• 데이터와는 별도로 윗주 자체의 맞춤, 글꼴, 글꼴 스타일, 크기, 밑줄, 색 등을 설정할 수 있다.

6. 찾기 및 바꾸기 ✪✪

1 찾기

• 워크시트에 입력한 데이터나 수식, 값, 메모에서 찾으려는 단어의 위치를 검색한다.
• 대표 문자(?, *)를 이용하여 검색할 수 있으며 +, −, = 등과 같은 특수 문자도 찾을 수 있다.
• 기본적으로 아래쪽과 오른쪽으로 검색하지만 Shift 키를 누른 채 [다음 찾기] 단추를 클릭하면 위쪽과 왼쪽으로 검색한다.
• [홈] 탭의 [편집] 그룹에서 찾기 및 선택(찾기 및 선택) 아이콘을 클릭하고, [찾기]를 선택하거나 Ctrl+F 키를 누른다.

항목	설명
찾을 내용	찾고자 하는 내용을 입력
범위	찾을 범위(시트, 통합 문서)를 선택
검색	찾을 방향(행, 열)을 지정
찾는 위치	찾을 내용이 있는 워크시트 요소(수식, 값, 메모)를 선택
대/소문자 구분	대문자와 소문자를 구분하여 검색
전체 셀 내용 일치	입력한 텍스트와 정확히 일치하는 셀을 검색
전자/반자 구분	전각 문자와 반각 문자로 구분하여 검색

2 바꾸기

• 입력한 텍스트를 하나씩 확인하면서 바꾸거나 한꺼번에 바꿀 수 있다.
• [홈] 탭의 [편집] 그룹에서 찾기 및 선택(찾기 및 선택) 아이콘을 클릭하고, [바꾸기]를 선택하거나 Ctrl+H 키를 누른다.

항목	설명
찾을 내용	검색할 텍스트를 입력
바꿀 내용	바꾸고자 하는 텍스트를 입력
모두 바꾸기	변경할 텍스트를 한꺼번에 모두 바꿈
바꾸기	변경할 텍스트를 하나씩 확인하면서 바꿈
모두 찾기	현재 셀 포인터가 위치한 셀부터 입력한 텍스트를 모두 검색
다음 찾기	현재 셀 포인터가 위치한 다음 셀부터 입력한 텍스트를 검색

7. 셀 편집 ✪✪

1 셀 삽입

- 기존의 셀을 오른쪽이나 아래쪽으로 밀어내고, 지정된 셀 범위만큼 새로운 셀을 삽입한다.
- 삽입할 범위를 지정한 후 Shift 키를 누른 상태로 채우기 핸들을 오른쪽이나 아래쪽으로 드래그하면 드래그한 만큼 빈 셀이 삽입되며, 기존 데이터는 오른쪽이나 아래쪽으로 이동된다.
- [홈] 탭의 [셀] 그룹에서 삽입(삽입) 아이콘을 클릭하고, [셀 삽입]을 선택한다.
- 해당 셀의 바로 가기 메뉴에서 [삽입]을 선택하거나 Ctrl+Shift+= 키를 누른다.

항목	설명
셀을 오른쪽으로 밀기	셀 삽입 후 기존 데이터를 오른쪽으로 이동
셀을 아래로 밀기	셀 삽입 후 기존 데이터를 아래쪽으로 이동
행 전체	행 전체 삽입 후 기존 데이터를 아래쪽으로 이동
열 전체	열 전체 삽입 후 기존 데이터를 오른쪽으로 이동

2 셀 삭제

- 지정된 셀 범위를 삭제하고, 아래쪽이나 오른쪽에 있는 셀을 해당 자리로 끌어온다.
- [홈] 탭의 [셀] 그룹에서 삭제(삭제) 아이콘을 클릭하고, [셀 삭제]를 선택한다.
- 해당 셀의 바로 가기 메뉴에서 [삭제]를 선택하거나 Ctrl+- 키를 누른다.

항목	설명
셀을 왼쪽으로 밀기	셀 삭제 후 기존 데이터를 왼쪽으로 이동
셀을 위로 밀기	셀 삭제 후 기존 데이터를 위쪽으로 이동
행 전체	행 전체 삭제 후 기존 데이터를 위쪽으로 이동
열 전체	열 전체 삭제 후 기존 데이터를 왼쪽으로 이동

3 행/열 삽입

- 삽입할 행이나 열 머리글을 선택한 후 [홈] 탭의 [셀] 그룹에서 삽입(삽입) 아이콘을 클릭하고, [시트 행/열 삽입]을 선택한다.
- 바로 가기 메뉴에서 [삽입]을 선택하거나 Ctrl++ 키를 누른다.

4 행/열 삭제

- 삭제할 행이나 열 머리글을 선택한 후 [홈] 탭의 [셀] 그룹에서 삭제(삭제) 아이콘을 클릭하고, [시트 행/열 삭제]를 선택한다.
- 바로 가기 메뉴에서 [삭제]를 선택하거나 Ctrl+- 키를 누른다.

5 행 높이 조절

- [홈] 탭의 [셀] 그룹에서 서식(서식) 아이콘을 클릭하고, [행 높이]를 선택하거나 행 머리글의 바로 가기 메뉴에서 [행 높이]를 선택한다.
- 행 머리글과 머리글 사이의 경계선을 드래그한다.
- 여러 개의 행을 선택하고 높이를 조절하면 범위 지정된 행의 높이가 동일하게 조절된다.
- [행 높이] 대화 상자에서 행 높이는 0~409까지 지정할 수 있으며, 행 높이를 0으로 지정하면 행을 숨긴 것과 동일하다.
- [홈] 탭의 [셀] 그룹에서 서식(서식) 아이콘을 클릭하고, [행 높이 자동 맞춤]을 선택하거나 행 머리글의 경계선을 더블클릭하면 해당 행에서 가장 큰 글꼴 높이에 맞추어 자동으로 조절된다.

6 열 너비 조절

- [홈] 탭의 [셀] 그룹에서 서식(서식) 아이콘을 클릭하고, [열 너비]를 선택하거나 열 머리글의 바로 가기 메뉴에서 [열 너비]를 선택한다.
- 열 머리글과 머리글 사이의 경계선을 드래그한다.
- 여러 개의 열을 선택하고 너비를 조절하면 범위 지정된 열의 너비가 동일하게 조절된다.
- [열 너비] 대화 상자에서 열 너비는 0~255까지 지정할 수 있으며, 열 너비를 0으로 지정하면 열을 숨긴 것과 동일하다.
- [홈] 탭의 [셀] 그룹에서 서식(서식) 아이콘을 클릭하고, [기본 너비]를 선택하면 [표준 너비] 대화 상자에서 표준 열 너비(8.38)를 확인할 수 있다.

• [홈] 탭의 [셀] 그룹에서 서식( ) 아이콘을 클릭하고, [열 너비 자동 맞춤]을 선택하거나 열 머리글의 경계선을 더블 클릭하면 해당 열에서 가장 긴 텍스트 길이에 맞추어 자동으로 조절된다.

7 행/열 숨기기

• 행/열을 숨기면 화면뿐만 아니라 인쇄 시에도 용지에 나타나지 않는다.
• 숨겨진 행/열의 셀 범위를 복사하거나 잘라내어 다른 셀에 붙여넣기 하면 숨겨진 행/열의 데이터가 나타난다.
• [홈] 탭의 [셀] 그룹에서 서식( ) 아이콘을 클릭하고, [숨기기 및 숨기기 취소]–[행/열 숨기기]를 선택한다.
• 숨길 행/열의 머리글을 선택한 후 바로 가기 메뉴에서 [숨기기]를 선택한다.

8 행/열 숨기기 취소

• 숨겨진 행의 위/아래 행을 범위 지정한 후 서식( ) 아이콘을 클릭하고, [숨기기 및 숨기기 취소]–[행 숨기기 취소]를 선택하거나 바로 가기 메뉴에서 [숨기기 취소]를 선택한다.
• 숨겨진 열의 왼쪽/오른쪽 열을 범위 지정한 후 서식( ) 아이콘을 클릭하고, [숨기기 및 숨기기 취소]–[열 숨기기 취소]를 선택하거나 바로 가기 메뉴에서 [숨기기 취소]를 선택한다.
• 첫 번째 행/열을 숨긴 경우는 워크시트 전체를 범위 지정한 후 서식( )아이콘을 클릭하고, [숨기기 및 숨기기 취소]–[행/열 숨기기 취소]를 선택한다.

8. 데이터 복사와 이동

1 데이터 복사

• [홈] 탭의 [클립보드] 그룹에서 복사(복사) 아이콘을 클릭한 후 붙여넣기( ) 아이콘을 클릭한다.
• 바로 가기 메뉴에서 [복사]를 선택한 후 [붙여넣기]를 선택한다.
• Ctrl+C 키를 누른 후 Ctrl+V 키를 누른다.
• 범위 지정된 데이터의 가장 자리를 Ctrl+드래그하여 복사한다.
• 선택한 복사 영역에 숨긴 셀이 있으면 숨긴 셀도 복사된다.

2 데이터 이동

• [홈] 탭의 [클립보드] 그룹에서 잘라내기(잘라내기) 아이콘을 클릭한 후 붙여넣기( ) 아이콘을 클릭한다.
• 바로 가기 메뉴에서 [잘라내기]를 선택한 후 [붙여넣기]를 선택한다.
• Ctrl+X 키를 누른 후 Ctrl+V 키를 누른다.
• 범위 지정된 데이터의 가장 자리를 드래그하여 이동한다.

3 선택하여 붙여넣기

항목	설명
모두	일반 데이터 내용을 모두 복사하여 붙여넣기
수식	데이터와 수식 내용만 복사하여 붙여넣기
값	데이터의 값만 복사하여 붙여넣기
서식	셀 서식만 복사하여 붙여넣기
메모	셀에 삽입된 메모만 복사하여 붙여넣기
유효성 검사	유효성 검사만 복사하여 붙여넣기
원본 테마 사용	복사한 데이터에 적용된 문서 테마 서식의 셀 내용을 모두 붙여넣기
테두리만 제외	테두리 서식만 제외하고 모든 내용을 복사하여 붙여넣기
열 너비	열 너비만 복사하여 붙여넣기
수식 및 숫자 서식	수식 및 숫자 서식만 복사하여 붙여넣기
값 및 숫자 서식	수식 결과값 및 숫자 서식만 복사하여 붙여넣기
연산	수치 데이터에 연산식(사칙 연산)을 이용하여 붙여넣기
내용 있는 셀만 붙여넣기	데이터(내용)가 있는 셀만 복사하여 붙여넣기(복사할 영역에 빈 셀이 있는 경우 붙여 넣을 영역의 값을 바꾸지 않음)
행/열 바꿈	행/열의 위치를 바꾸어 붙여넣기
연결하여 붙여넣기	복사 셀과 붙여넣기 셀을 연결하여 복사 셀 내용을 수정하면 붙여넣기 셀도 자동 수정

4 실행 취소

• 최근(이전)에 작업한 내용을 최대 100개까지 취소할 수 있다.
• 시트의 이름 변경, 시트의 삽입/삭제, 문서의 저장과 인쇄, 틀 고정, 시트 숨기기 또는 창 숨기기, 매크로(Macro)에서 작업한 내용은 실행 취소가 불가능하다.
• 실행 취소 목록( ) 단추를 누르고 취소할 내용을 드래그하여 선택하면 해당 내용이 한꺼번에 취소된다.
• 빠른 실행 도구 모음에서 실행 취소( ) 단추를 클릭한다(=Ctrl+Z).

5 다시 실행

• 다시 실행 목록( ) 단추를 누르고 다시 실행할 내용을 드래그하여 선택하면 해당 내용이 한꺼번에 다시 실행된다.

• 빠른 실행 도구 모음에서 다시 실행(↻) 단추를 클릭한다(=Ctrl+Y 키).

9. 셀 서식과 표시 형식 ✪✪✪

1 글꼴 서식

• [셀 서식] 대화 상자의 [글꼴] 탭에서는 밑줄, 효과(취소선, 위 첨자, 아래 첨자)까지 설정할 수 있다.
• 기본적으로 맑은 고딕, 11 포인트로 설정되어 있으나 표준 글꼴을 변경하려면 [Excel 옵션] 대화 상자의 [일반] 탭에서 기본 글꼴을 바꾼 후 엑셀을 다시 시작한다.

2 텍스트 맞춤 – 가로

항목	설명
왼쪽(들여쓰기)	데이터를 왼쪽에 맞추고 들여쓰기 지정
오른쪽(들여쓰기)	데이터를 오른쪽에 맞추고 들여쓰기 지정
채우기	선택한 문자를 해당 범위의 빈 공간에 채움
양쪽 맞춤	입력 데이터를 셀 너비와 동일하게 맞춤
선택 영역의 가운데로	데이터를 선택 영역의 가운데로 맞춤
균등 분할(들여쓰기)	데이터를 셀 크기에 맞게 수평으로 배분

3 텍스트 맞춤 – 세로

항목	설명
위쪽, 가운데, 아래쪽	데이터를 위쪽, 가운데, 아래쪽으로 맞춤
양쪽 맞춤	데이터를 셀 높이와 같게 정렬
균등 분할	데이터를 셀 크기에 맞게 수직으로 배분

4 텍스트 조정

항목	설명
자동 줄 바꿈	데이터가 열 너비를 넘으면 열 너비에 맞게 다음 줄로 표시
셀에 맞춤	데이터가 열 너비를 넘으면 글꼴 크기가 작아지면서 셀 안에 모두 표시
셀 병합	여러 셀에서 셀 병합을 실행하면 가장 위쪽 또는 왼쪽의 셀 데이터만 남고, 나머지는 모두 삭제(범위 지정한 셀을 하나로 합침)
텍스트 방향	텍스트 방향을 -90~90도 사이 또는 세로 방향으로 설정(양수는 오른쪽 끝의 위쪽으로 음수는 오른쪽 끝의 아래쪽으로 회전)

5 [표시 형식] 그룹

• 회계 표시 형식(💴) : 수치 데이터에 다양한 통화 스타일(달러, 유로 등)을 설정한다.
• 백분율 스타일(%) : 수치 데이터에 100을 곱한 후 % 기호를 표시한다.
• 쉼표 스타일(,) : 수치 데이터의 천(1000) 단위마다 쉼표를 표시한다.
• 자릿수 늘림(←.0 .00) : 수치 데이터의 소수 이하 자릿수를 늘린다.
• 자릿수 줄임(.00 →.0) : 수치 데이터의 소수 이하 자릿수를 반올림해서 줄인다.

6 [셀 서식]–[표시 형식] 탭

범주	설명
일반	설정된 모든 표시 형식을 기본값으로 복원(별도의 서식을 지정하지 않음)
숫자	소수점 자릿수, 1000 단위 구분 기호(,) 사용, 음수 표기 형식을 설정
통화	소수점 자릿수, 통화 기호(₩, $ 등), 음수 표시 형식 등을 설정
회계	소수점 자릿수, 통화 기호(₩, $ 등)를 설정(입력값이 0일 경우 '–'으로 표시)
날짜	날짜 표시 형식을 설정
시간	시간 표시 형식을 설정
백분율	셀 값에 100을 곱한 후 백분율 기호와 함께 표시(소수점 이하 자릿수 지정 가능)
분수	소수를 분수 형식으로 표시
지수	숫자를 지수 형식으로 표시(소수점 이하 자릿수 지정 가능)
텍스트	수치 데이터를 문자 데이터 형태로 표시(셀의 왼쪽 정렬)
기타	숫자를 우편번호, 전화번호, 주민등록번호 형식으로 표시
사용자 지정	사용자가 직접 필요한 표시 형식을 설정

7 사용자 지정 표시 형식

• 서식 코드에서는 4개(양수, 음수, 0, 텍스트)의 구역까지 지정할 수 있다.
• 각 구역은 세미콜론(;)으로 구분하며, 구역을 생략할 경우 해당 구역에 세미콜론만 입력한다.
• 조건이 없을 경우 양수, 음수, 0 서식, 텍스트 순으로 서식을 정의하지만 조건이 있을 경우는 지정된 순서대로 나타낸다.
• 조건이나 글꼴 색을 지정할 경우 대괄호([ ]) 안에 입력한다.

#,### ; [파랑](#,###) ; 0.00 ; @"님"
양수 서식 ; 음수 서식 ; 0 서식 ; @"텍스트"

8 주요 서식 코드

서식 코드	의미
#	유효 자릿수만 표시하며, 무효의 0은 표시하지 않음
?	무효의 0 대신 공백을 추가하여 소수점을 맞춤(소수점 정렬)
0	무효의 0을 포함하여 숫자의 자릿수를 표시
,	천 단위 구분자로 콤마를 삽입
;;;	셀에 입력한 자료를 숨길 때 사용
[색상]	서식 구역의 첫 부분에 색을 지정
[조건]	조건에 일치하는 경우에만 해당 서식을 적용
연도(yy)	• yy : 연도를 2자리로 표시(00~99년) • yyyy : 연도를 4자리로 표시(1900~9999년)
월(m)	• m : 월을 1~12로 표시 • mm : 월을 01~12로 표시 • mmm : 월을 Jan~Dec로 표시 • mmmm : 월을 January~December로 표시
일/요일(d)	• d : 일을 1~31일로 표시 • dd : 일을 01~31일로 표시 • ddd : 요일을 Sun~Sat로 표시 • dddd : 요일을 Sunday~Saturday로 표시
시간(h)	• h : 시간을 0~23으로 표시 • hh : 시간을 00~23으로 표시
분(m)	• m : 분을 0~59로 표시 • mm : 분을 00에서 59로 표시
초(s)	• s : 초를 0~59로 표시 • ss : 초를 00에서 59로 표시
오전/오후	AM/PM, A/P로 표시
@	문자 데이터의 위치를 표시
*	특정 문자를 셀의 너비만큼 반복하여 표시
(_)	데이터의 오른쪽 끝에 공백 표시(기호 뒤에 하나의 문자(–)가 있어야 함)
[DBNum]	숫자를 한자, 한자+숫자, 한글 등으로 표시([DBNum1]~[DBNum4])

9 서식 코드의 사용

입력 데이터	지정 서식	결과 데이터
20–03–10	dd–mmm	10–Mar
20–03–10	mmm–yy	Mar–20
08:15	hh:mm:ss AM/PM	08:15:00 AM
08:15	h:mm:ss	8:15:00
2468	##,###	2,468
2468	#,	2
45.37	# ?/?	45 3/8
45.37	0.00E+000	4.54E+001
우리나라	@화이팅	우리나라화이팅
246	[DBNum1]G/표준 [DBNum2]G/표준 [DBNum3]G/표준 [DBNum4]G/표준	二百四十六 貳百四拾六 2百4十6 이백사십육

10. 기타 서식 ✪✪✪

1 자동 서식

- 입력된 셀에서 빠른 실행 도구 모음에 추가한 자동 서식( ) 단추를 클릭하면 해당 데이터 범위가 자동적으로 지정된다.
- 시트가 보호되어 있으면 자동 서식을 사용할 수 없다.
- [Excel 옵션] 대화 상자의 [빠른 실행 도구 모음] 탭에서 '모든 명령'을 선택하고, 자동 서식을 찾아 [추가] 단추를 클릭한다.

2 조건부 서식

- 조건에 따라 데이터의 막대, 색조, 아이콘 집합을 사용하여 주요 셀이나 예외적인 값을 강조하고, 데이터를 시각적으로 표시한다.
- 특정 조건이나 기준에 따라 셀 범위의 모양을 변경하며, 범위 지정한 셀에서 특정 조건을 만족할 경우 설정된 서식을 적용한다(기존 셀 서식에 우선하며, 규칙에는 제한이 없음).
- 규칙 유형을 '수식을 사용하여 서식을 지정할 셀 결정'으로 선택하면 함수를 사용할 수 있다.
- 조건을 수식으로 입력할 경우 수식 앞에 반드시 등호(=)를 입력한다.
- 여러 조건 중에서 참인 조건이 여러 개일 경우 첫 번째 참 조건의 서식만 적용된다.
- 규칙별로 서로 다른 서식을 적용하거나 고유 및 중복 값에 대해서만 서식을 지정할 수 있다.
- 조건으로 설정된 해당 셀 값들이 변경되어 조건을 만족하지 않을 경우 적용된 서식이 해제된다.
- 통합 문서를 공유하기 전에 적용된 조건부 서식은 공유 통합 문서에 적용되지만 기존의 조건부 서식을 고치거나 새로운 서식을 적용할 수는 없다.
- 조건부 서식을 만들 때 동일한 워크시트의 다른 셀은 참조할 수 있으나 동일한 통합 문서의 다른 워크시트에 있는 셀 참조나 다른 통합 문서에 대한 외부 참조는 사용할 수 없다.
- 규칙에 맞는 셀 범위는 규칙에 따라 서식이 지정되고, 그렇지 않은 셀 범위는 지정되지 않는다.
- 새로운 규칙을 작성할 때, 작성한 규칙을 편집할 때, 작성한 규칙 중 특정 규칙을 삭제할 때, 규칙 순서를 변경할 때 사용한다.

• [홈] 탭의 [스타일] 그룹에서 조건부 서식(조건부 서식) 아이콘을 클릭하고, [새 규칙]을 선택한다.

규칙 유형	설명
셀 값을 기준으로 모든 셀의 서식 지정	셀 값에 따라 색이나 길이가 다른 데이터 막대를 모든 셀에 지정
다음을 포함하는 셀만 서식 지정	셀 값에 따라 범위와 조건을 지정하여 서식을 설정
상위 또는 하위 값만 서식 지정	셀 값 중 상위/하위 몇 % 이내로 서식을 설정
평균보다 크거나 작은 값만 서식 지정	셀 값 중 선택한 범위의 평균에 따라 서식을 설정
고유 또는 중복 값만 서식 지정	셀 값 중 중복 또는 고유 값에 따라 서식을 설정
수식을 사용하여 서식을 지정할 셀 결정	수식이나 함수로 조건을 지정하여 서식을 설정

3 스타일

• 서식 종류를 미리 정의하여 놓은 것으로 범위 지정한 셀에 다양한 스타일 서식을 적용할 수 있다.
• [홈] 탭의 [스타일] 그룹에서 자세히(▼) 단추를 클릭하고, [새 셀 스타일]을 선택하여 사용자가 직접 셀 스타일을 지정할 수도 있다.
• 다른 통합 문서에 정의된 스타일을 사용할 수 있으며, 특정 셀에 지정한 서식을 다른 셀에 복사할 수도 있다.

항목	설명
스타일 이름	스타일 서식을 정의할 때 스타일 이름을 입력
스타일에 포함할 항목	스타일에 포함할 항목을 선택

| 무료 동영상 |

07 데이터 계산

1. 수식과 함수 ✪

1 수식의 기본

• 수식은 수식 기호, 함수, 셀 참조, 연산자, 상수, 괄호 등으로 구성된다.
• 상수로 텍스트가 사용될 때는 따옴표(" ")로 묶어 주어야 한다.
• 피연산자의 셀 주소는 마우스를 이용하여 셀 범위를 선택하면 자동으로 셀 주소가 나타난다.
• 셀에 결과값이 아닌 입력한 수식을 그대로 표시하기 위해서는 Ctrl+~ 키를 누른다.

2 참조 연산자

연산자	수식	참조 범위
:(콜론)	=A1:D2	[A1] 셀에서 부터 [D2] 셀까지 참조
,(콤마)	=A1,D2	[A1] 셀과 [D2] 셀만 참조
공백	=A1:D2 B1:E2	셀 범위 중 공통되는 셀 참조([B1] 셀에서 부터 [D2] 셀까지 참조)

3 텍스트 연산자

연산자	의미	수식
&	텍스트를 서로 연결하여 하나로 만듦	="성안당"&"화이팅" → 성안당화이팅

4 함수의 기본

• 숫자, 텍스트, 논리값, 배열, 셀 참조 등을 인수로 지정할 수 있다.
• 인수 범위는 콜론(:)으로 표시하고, 구분은 쉼표(,)로 한다.
• 텍스트를 인수로 사용할 경우 인용 부호(" ")로 묶는다.
• 인수는 255개까지 사용할 수 있으며, 함수에 따라 생략할 수 있지만 괄호는 생략할 수 없다.

2. 셀 참조 ✪

1 동일한 워크시트의 셀 참조

• 현재 작업중인 워크시트의 특정 셀을 참조하는 것이다.
• 해당 셀의 주소를 직접 입력하거나 키보드나 마우스를 이용해 참조할 셀의 범위를 지정한다.

보기	설명
=SUM(A1:C2)	[A1] 셀부터 [C2] 셀까지의 합계를 구함
=SUM(A:A)	A열 전체의 합계를 구함
=SUM(1:1)	1행 전체의 합계를 구함
=A1*5	[A1] 셀 값에 5를 곱하여 구함

2 다른 워크시트의 셀 참조

• 다른 워크시트에 있는 특정 셀을 참조하는 경우 "시트 이름!셀 주소" 형식으로 사용한다.
• 참조하는 워크시트 이름 뒤에 느낌표(!) 표시를 한 후 셀 범위를 지정한다.

• 참조하는 워크시트 이름에 공백이 포함되어 있을 경우 시트 이름을 따옴표(' ')로 묶는다.

보기	설명
=Sheet2!A1*4	Sheet2의 [A1] 셀 값에 4를 곱한 결과를 구함
=성적!A1/3	'성적' 시트의 [A1] 셀 값을 3으로 나눈 결과를 구함
='평균'!A1/3	'평균' 시트의 [A1] 셀 값을 3으로 나눈 결과를 구함

3 외부 참조

• 다른 통합 문서를 열어 특정 셀을 현재 작업중인 시트에 참조한다(통합 문서의 경로 포함).
• 외부 참조일 경우에는 통합 문서의 이름을 대괄호([ ])로 묶는다.
• 참조하는 통합 문서 이름에 공백이 있으면 통합 문서와 워크시트 이름 전체를 따옴표(' ')로 묶는다.

보기	설명
=[실적현황.xlsx]Sheet1!A1*2	'실적현황.xlsx'의 Sheet1에서 [A1] 셀 값에 2를 곱한 결과를 구함
='[실적현황.xlsx]3월'!A1/2	'실적현황.xlsx'의 '3월' 시트에서 [A1] 셀 값을 2로 나눈 결과를 구함

4 상대/절대/혼합 참조

참조	설명
상대 참조	• '$' 표시 없이 행 머리글과 열 머리글로만 셀 주소가 구성(예 : A2). • 주소를 복사하면 현재 셀 위치에 맞게 자동으로 참조되는 셀 주소가 변경
절대 참조	• 행 머리글과 열 머리글 앞에 '$' 표시가 적용(예 : $A$2) • 주소를 복사하면 참조되는 셀 주소는 항상 고정
혼합 참조	• 행이나 열 머리글 중 한쪽에만 '$' 표시가 붙음(예 : $A2, A$2) • 주소를 복사하면 현재 셀 위치에 맞게 상대 참조 주소만 변경
참조 주소 전환 : 참조 주소의 변경 셀을 클릭한 후 F4 키를 누르면 참조 주소 형식이 '절대 참조($A$1) → 행 고정 혼합 참조(A$1) → 열 고정 혼합 참조($A1) → 상대 참조(A1)'로 자동적으로 변경	

5 오류 메시지

• #DIV/0! : 수식에서 특정 값을 0 또는 빈 셀로 나눌 경우 발생한다.
• #VALUE! : 잘못된 인수나 피연산자를 사용했을 경우 발생한다.
• #NAME? : 함수명을 잘못 사용하거나 수식에 인용 부호 없이 텍스트를 입력한 경우 발생한다.
• #N/A : 부적당한 인수를 사용하거나 사용할 수 없는 값을 지정할 경우 발생한다.
• #NUM! : 숫자 인수가 필요한 함수에 다른 인수를 지정한 경우 또는 잘못된 숫자 값을 사용한 경우 발생한다.
• #REF! : 수식에서 셀 참조가 유효하지 않았을 때 발생한다.
• #NULL! : 공통 부분이 없는 두 영역의 부분을 지정했을 경우 발생한다.
• ####### : 숫자 데이터의 길이가 셀보다 클 경우 발생한다.

3. 이름 정의 ✪

1 이름 정의의 기본

• 셀 주소 대신에 직접 셀 이름을 입력하여 수식에 적용할 수 있다.
• 이름 정의는 기본적으로 절대 참조로 대상 범위를 참조한다.
• 이름을 삭제하려면 [이름 관리자] 대화 상자에서 삭제할 이름을 선택하고, [삭제] 단추를 누른다.
• 수식에 사용된 이름을 삭제하면 '#NAME!'의 오류가 발생한다.

2 이름 만들기에서 작성

• 이름표가 숫자로 시작되거나 중간에 공백이 있으면 밑줄(_)로 표시된다(공백 문자는 포함할 수 없음).
• 수치 데이터는 이름을 만들 수 없지만 날짜 데이터는 이름을 만들 수 있다.
• [수식] 탭의 [정의된 이름] 그룹에서 선택 영역에서 만들기(선택 영역에서 만들기) 아이콘을 클릭하거나 Ctrl+Shift+F3 키를 누른다.

3 이름 관리자에서 작성

• 이름표가 없거나 이름표 사용에 적당하지 않은 경우 [이름 관리자] 대화 상자에서 이름을 정의한다.
• [수식] 탭의 [정의된 이름] 그룹에서 이름 관리자(이름 관리자) 아이콘을 클릭하거나 Ctrl+F3 키를 누른다.
• [이름 관리자] 대화 상자에서 [새로 만들기] 단추를 클릭한 후 [새 이름] 대화 상자에서 이름을 입력하고, [확인] 단추를 누른다.

4 이름 상자에서 작성

• 해당 셀 범위를 지정하고, 이름 상자에 이름을 정의(입력)한다.

• 이름을 정의하면 이름 상자에 정의된 이름 목록이 나타난다.

5 이름 작성 규칙

• 최대 255자까지 지정할 수 있으며, 대소문자는 구별하지 않는다.
• 문자나 밑줄(_) 또는 역슬래시(₩)로 시작하며, 이를 제외한 특수 문자는 사용할 수 없다.
• 상수나 수식을 이름으로 지정할 수 있다(공백 문자는 포함할 수 없음).
• 통합 문서에 동일한 이름을 2개 이상 지정할 수 없다.
• [A1] 셀이나 [B1] 셀과 같은 일반 주소 형식으로는 지정할 수 없다.

4. 다양한 내장 함수 ★★★

1 통계 함수의 종류

• AVERAGE(인수1, 인수2, …, 인수30) : 범위 지정한 인수의 평균을 구하고, 인수로는 숫자, 이름, 배열, 참조 영역 등을 지정할 수 있다.
• AVERAGEA(인수1, 인수 2, …) : 수치가 아닌 셀을 포함하는 인수의 평균을 구한다.
• AVERAGEIF(셀 범위, 조건, 평균 범위) : 범위 지정 목록에서 조건에 맞는 셀들의 평균을 구한다.
• AVERAGEIFS(평균을 구할 범위, 조건1 범위, 조건1, 조건2 범위, 조건2, …) : 하나의 조건을 만족하면서 또 다른 조건을 만족하는 셀 범위의 평균을 구한다.
• COUNT(인수1, 인수2, …) : 범위 지정 목록에서 숫자 데이터가 있는 셀의 개수를 구하며, 날짜와 숫자 텍스트는 개수에 포함되지만 논리값, 오류값은 제외된다.
• COUNTA(인수1, 인수2, …) : 범위 지정 목록에서 공백이 아닌 데이터가 입력된 모든 셀의 개수를 구하며 논리값, 오류값, 텍스트 등의 모든 값이 개수에 포함된다.
• COUNTBLANK(셀 범위) : 범위 지정 목록에서 데이터가 입력되지 않은 빈 셀의 개수를 구한다.
• COUNTIF(셀 범위, 찾을 조건) : 범위 지정 목록에서 찾을 조건과 일치하는 셀의 개수를 구하며, 비교 연산자를 사용할 경우에는 큰 따옴표(" ")로 묶는다.
• COUNTIFS(셀 범위, 조건, 셀 범위, 조건) : 범위 내에서 주어진 조건에 맞는 셀의 개수나 여러 조건에 맞는 셀의 개수를 구한다.
• RANK.EQ(인수, 수 목록, 순위 결정) : 지정한 목록에서 인수의 순위를 구하되 동점을 같은 순위로 표시하고 다음 순위는 표시하지 않으며, 순위를 구할 때 수 목록은 절대 참조로 지정한다(0을 입력하거나 생략하면 내림차순이고, 그 외에는 오름차순으로 구함).
• RANK.AVG(인수, 수 목록, 순위 결정) : 지정한 목록에서 인수의 순위를 구하되 동점 수에 따라 평균 순위를 표시하며, 순위를 구할 때 수 목록은 절대 참조로 지정한다(0을 입력하거나 생략하면 내림차순이고, 그 외에는 오름차순으로 구함).
• MAX(인수1, 인수2, …) : 범위 지정 목록에서 논리값과 텍스트를 제외한 최대값을 구한다.
• MAXA(인수1, 인수2, …) : 논리값, 숫자, 빈 셀, 숫자로 표시된 텍스트 등을 포함한 인수 중 가장 큰 값을 구한다.
• MIN(인수1, 인수2, …) : 범위 지정 목록에서 논리값과 텍스트를 제외한 최소값을 구한다.
• MINA(인수1, 인수2, …) : 논리값, 숫자, 빈 셀, 숫자로 표시된 텍스트 등을 포함한 인수 중 가장 작은 값을 구한다.
• LARGE(셀 범위, k) : 범위 지정 목록에서 k번째로 큰 값을 구하며, 범위를 입력하지 않거나 k가 0 이하이면 오류값(#NUM!)이 나타난다.
• SMALL(셀 범위, k) : 범위 지정 목록에서 k번째로 작은 값을 구하며, 범위를 입력하지 않거나 k가 0 이하이면 오류값(#NUM!)이 나타난다.
• MEDIAN(셀 범위) : 범위 지정 목록에서 중간값을 구하며, 수의 개수가 짝수이면 가운데에 있는 두 수의 평균을 구한다(텍스트, 논리값, 빈 셀 등은 무시하지만 0값을 가진 셀은 포함).
• MODE(인수1, 인수2, …) : 배열이나 데이터 범위에서 가장 빈도수가 높은 값(최빈수)을 구하며, 중복되는 데이터가 없으면 #N/A 오류값이 나타난다.
• STDEV(인수1, 인수2, …) : 인수의 표준 편차를 구한다(표본의 평균값에서 벗어나는 정도).
• VAR(인수1, 인수2, …) : 인수의 분산을 구하며, 통계값과 평균값과의 차이인 편차를 제곱하여 산술 평균을 낸다.
• FREQUENCY(배열1, 배열2) : 도수 분포를 세로 배열의 형태로 구하며, 셀 범위에서 구간 셀 범위값의 빈도 수를 계산하여 수직 배열로 나타낸다.
• GEOMEAN(인수1, 인수2, …) : 인수의 기하 평균을 구한다.
• HARMEAN(인수1, 인수2, …) : 인수의 조화 평균을 구한다.

2 수학/삼각 함수의 종류

• ABS(인수) : 인수에 대한 절대값(부호가 없는 숫자)을 구한다(예 : =ABS(-45) → 45).
• FACT(인수) : 인수에 대한 계승값(1×2×3×…×인수)을 구하며, 수치가 정수가 아니면 소수점 이하는 무시한다

(예 : =FACT(4) → 24, =FACT(3.2) → 6, =FACT(-4) → #NUM!).

- INT(인수) : 인수의 소수점 아래를 버리고, 가장 가까운 정수로 내림한다(예 : =INT(9.5) → 9, =INT(-6.2) → -7).
- MOD(인수, 나눌 값) : 나눗셈의 나머지 값을 구하며, 결과는 나눌 값과 동일한 부호를 갖는다. 이때, 나눌 값이 0이면 오류값(#DIV/0!)이 나타난다(예 : =MOD(7, 2) → 1, =MOD(5, -2) → -1).
- ROUND(인수, 자릿수) : 인수를 지정한 자릿수로 반올림한다. 이때, 자릿수가 0보다 크면 지정한 소수 자릿수로 반올림, 자릿수가 0이면 가장 가까운 정수로 반올림, 자릿수가 0보다 작으면 소수점 왼쪽에서 반올림한다(예 : =ROUND(145.235, 2) → 145.24, =ROUND(123.456, 0) → 123, =ROUND(975.325, -1) → 980).
- ROUNDDOWN(인수, 자릿수) : 인수를 지정한 자릿수로 내림한다. 이때, 자릿수가 양수이면 지정한 소수점 아래 자리에서 내림, 자릿수가 0이거나 생략되면 소수점 아래를 버리고 정수, 자릿수가 음수이면 지정한 소수점 왼쪽에서 내림한다(예 : =ROUNDDOWN(246.427, 2) → 246.42, =ROUNDDOWN(864.318, 0) → 864, =ROUNDDOWN(357.225, -1) → 350).
- ROUNDUP(인수, 자릿수) : 인수를 지정한 자릿수로 올림한다. 이때, 자릿수가 양수이면 지정한 소수점 아래 자리에서 올림, 자릿수가 0이거나 생략되면 소수점 아래를 올림하여 정수, 자릿수가 음수이면 지정한 소수점 왼쪽에서 올림한다(예 : =ROUNDUP(246.427, 2) → 246.43, =ROUNDUP(864.318, 0) → 865, =ROUNDUP(357.225, -1) → 360).
- SQRT(인수) : 양의 제곱근(√)을 구하며, 인수가 음수이면 오류값(#NUM!)이 나타난다(예 : =SQRT(4) → 2, =SQRT(ABS(-4)) → 2).
- TRUNC(인수, 자릿수) : 지정한 자릿수만을 소수점 아래에 남기고, 나머지 자리는 버린다(예 : =TRUNC(564.231, 1) → 564.2, =TRUNC(564.231, 0) → 564).
- SIGN(인수) : 인수의 부호를 구한다. 이때, 인수가 양수면 1, 0이면 0, 음수면 -1을 표시한다(예 : =SIGN(257) → 1, =SIGN(0) → 0, =SIGN(-435) → -1).
- POWER(인수, 제곱값) : 인수에 거듭 제곱한 결과를 구한다(예 : =POWER(3, 2) → 9, =POWER(2, -2) → 0.25).
- PRODUCT(인수1, 인수2, …) : 수치나 범위 지정된 인수를 모두 곱한다(예 : =PRODUCT(3, 2) → 6, =PRODUCT(2, -2, 3) → -12).
- RAND( ) : 0과 같거나 크고 1보다 작은 난수를 구한다.
- RANDBETWEEN(인수1, 인수2) : 지정한 두 수 사이에서 난수를 구한다.
- SUM(인수1, 인수2, …) : 범위를 지정한 목록에서 인수의 합을 구한다.
- SUMIF(셀 범위, 찾을 조건, 합을 구할 셀 범위) : 조건에 맞는 셀들의 합을 구하며, 합을 구할 셀 범위를 생략하면 처음 지정한 셀 범위의 합을 구한다.
- SUMIFS(셀 범위, 조건1 범위, 조건1, 조건2 범위, 조건2, …) : 여러 조건에 맞는 셀들의 합을 구한다.
- SUMPRODUCT(배열1, 배열2, …) : 배열이나 범위에서 대응되는 값끼리 곱해서 합을 구한다.
- EXP(인수) : e를 인수만큼 거듭 제곱한 값을 구한다(e=2.718281…이고 자연 로그의 밑).
- MDETERM(배열) : 배열의 행렬식을 구한다.
- MINVERSE(배열) : 배열의 역행렬을 구한다.

3 논리 함수의 종류

- NOT(인수) : 인수의 반대 값(FALSE → TRUE, TRUE → FALSE)을 표시하며, 값이 특정 값과 같지 않은지 확인할 때 사용한다(예 : =NOT(1) → FALSE, =NOT(1〉2) → TRUE).
- AND(인수1, 인수2) : 인수가 참일 경우에만 'TRUE'를 표시하고, 그렇지 않으면 'FALSE'를 표시한다. 이때, 참조 영역 인수에 텍스트나 빈 셀이 있으면 그 값은 무시된다(예 : =AND(1, TRUE) → TRUE, =AND(1, 10〈7) → FALSE).
- OR(인수1, 인수2) : 인수가 하나라도 참이면 'TRUE'를 표시하고, 그렇지 않으면 'FLASE'를 표시한다. 이때, 참조 영역 인수에 텍스트나 빈 셀이 있으면 그 값은 무시된다(예 : =OR(1, FALSE) → TRUE, =OR(4〈2, 10〈7) → FALSE).
- TRUE( )/FALSE( ) : 논리값 TRUE/FALSE를 구한다.
- IF(조건식, 인수1, 인수2) : 조건식이 참이면 인수1을 표시하고, 그렇지 않으면 인수2를 표시한다(인수와 함께 최대 7개까지 중첩하여 사용).
- IFERROR(인수1, 인수2) : 인수1이 오류이면 인수2를 표시하고, 그렇지 않으면 인수1을 표시한다.

4 날짜/시간 함수의 종류

- NOW( ) : 현재 컴퓨터에 지정된 날짜와 시간을 표시한다(예 : =NOW( ) → 2020-03-10 11:00).
- TODAY( ) : 현재 컴퓨터에 지정된 날짜를 표시한다(예 : =TODAY( ) → 2020-03-10).
- DATE(년, 월, 일) : 지정한 년, 월, 일을 사용하여 날짜를 표시한다(예 : =DATE(2020, 11, 6) → 2020-11-06).

- TIME(시, 분, 초) : 지정한 시, 분, 초를 사용하여 시간을 표시한다(예 : =TIME(10, 23, 25) → 10:23 AM).
- YEAR(날짜) : 날짜 일련번호로부터 년 단위(1900년~9999까지)를 구한다(예 : =YEAR("2020-11-09") → 2020).
- MONTH(날짜) : 날짜 일련번호로부터 월 단위(1월~12월까지)를 구한다(예 : =MONTH("2020-11-09") → 11).
- DAY(날짜) : 날짜 일련번호로부터 일 단위(1일~31일까지)를 구한다(예 : =DAY("2020-11-09") → 9).
- DAYS(종료 날짜, 시작 날짜) : 두 날짜 사이의 일 수를 구한다(예 : =DAYS(2020-11-1, 2020-11-15) → 14).
- DAYS360(날짜1, 날짜2) : 1년을 360일(30일 기준의 12개월)로 두 날짜 사이의 날짜 수를 구하며, 회계 체계가 12달 30일을 기준으로 할 때 임금을 계산할 수 있다(예 : =DAYS360("20-03-29", "20-05-28") → 59).
- HOUR(시간) : 날짜 일련번호로부터 시 단위(0시~23시까지)를 구한다(예 : =HOUR("6:30:12 PM") → 18).
- MINUTE(시간) : 날짜 일련번호로부터 분 단위(0분~59분까지)를 구한다(예 : =MINUTE("6:30:24 PM") → 30).
- SECOND(시간) : 날짜 일련번호로부터 초 단위(0초~59초까지)를 구한다(예 : =SECOND("6:30:24") → 24).
- EDATE(날짜, 월수) : 지정한 날짜를 기준으로 몇 개월 이전 또는 이후 날짜의 일련번호를 구한다. 이때, 월수가 양수이면 이후 날짜, 음수이면 이전 날짜를 구한다(예 : =EDATE("2020-03-10", 5) → 44053 또는 2020-08-10).
- EOMONTH(날짜, 월수) : 지정한 날짜를 기준으로 몇 개월 이전 또는 이후 달의 마지막 날짜의 일련번호를 구한다. 이때, 월수가 양수이면 이후 날짜, 음수이면 이전 날짜를 구한다(예 : =EOMONTH("2020-3-10", 5) → 44074 또는 2020-08-31).
- WEEKDAY(날짜, 반환값) : 날짜 일련번호로부터 요일 번호(1~7까지)를 구한다. 이때, 반환값이 1이거나 생략할 경우 1(일요일)에서 7(토요일)까지의 정수로, 반환값이 2일 경우 1(월요일)에서 7(일요일)까지의 정수로, 반환값이 3일 경우 0(월요일)에서 6(일요일)까지의 정수로 나타낸다(예 : =WEEKDAY("2020-04-28") → 3, =WEEKDAY("2020-07-18", 2) → 6).
- WORKDAY(날짜, 날짜 수, 휴일 날짜) : 날짜에서 토요일, 일요일, 지정한 휴일 날짜를 제외하고, 지정한 날짜 수만큼 지난 날짜의 일련번호를 구한다(예 : =WORKDAY("2020-03-10", 5) → 43907 또는 2020-03-17).
- DATEVALUE(날짜) : 지정한 날짜를 1900년 1월 1일부터 계산하여 경과된 날짜 수를 표시한다(예 : =DATEVALUE("2020-02-12") → 43873).
- NETWORKDAYS(날짜1, 날짜2, 휴일 날짜) : 주말과 지정한 휴일 날짜를 제외하고, 두 날짜 사이의 작업 일수를 구한다(예 : =NETWORKDAYS("2020-7-5", "2020-8-3") → 21).
- WEEKNUM(날짜, 옵션) : 해당 날짜가 일년 중 몇 번째 주에 속하는지를 구하되 옵션이 1이면 일요일부터, 2이면 월요일부터 시작한다(예 : =WEEKNUM("2020-3-10") → 11).
- YEARFRAC(날짜1, 날짜2) : 날짜1과 날짜2 사이의 날짜 수가 일 년 중에서 차지하는 비율을 구한다(예 : =YEARFRAC("2020-6-1", "2020-6-30") → 0.080556).

5 텍스트 함수의 종류

- CONCATENATE(텍스트1, 텍스트2) : 여러 텍스트를 하나의 텍스트로 조인하여 표시하거나 텍스트를 서로 결합하여 나열한다(예 : =CONCATENATE("대한", "민국") → 대한민국).
- EXACT(텍스트1, 텍스트2) : 두 텍스트를 비교하여 값이 일치하면 'TRUE'를 그렇지 않으면 'FALSE'를 표시한다. 이때, 영문의 대소문자는 구별된다(예 : =EXACT("Excel", "EXCEL") → FALSE).
- FIXED(인수, 자릿수) : 수를 고정 소수점 형식의 텍스트로 변경하며, 자릿수를 생략할 경우 소수점 2자리로 간주하여 반올림, 자릿수가 양수인 경우 소수점 오른쪽에서 반올림, 자릿수가 음수인 경우 소수점 왼쪽에서 반올림한다(예 : =FIXED(342.625, 1) → 342.6, =FIXED(342.625, -1) → 340).
- LEFT(텍스트, 수치) : 텍스트의 왼쪽부터 지정한 개수만큼의 문자를 표시하며, 텍스트 길이보다 수치가 크면 모두 표시된다(예 : =LEFT("KOREA Baseball", 8) → KOREA Ba).
- RIGHT(텍스트, 수치) : 텍스트의 오른쪽으로부터 지정한 개수만큼의 문자를 표시하며, 텍스트 길이보다 수치가 크면 모두 표시된다(예 : =RIGHT("KOREA Baseball", 4) → ball).
- MID(텍스트, 수치1, 수치2) : 문자열의 지정 위치에서 문자를 지정한 개수만큼 구하며, 수치의 위치가 전체 텍스트의 길이보다 길면 빈 텍스트(' ')를 표시한다(예 : =MID("KOREA Baseball", 4, 8) → EA Baseb).
- LEN(텍스트) : 텍스트 문자열 내의 문자 개수를 구하며, 공백을 포함한 텍스트를 대상으로 한다(예 : =LEN("KOREA Baseball") → 14).
- PROPER(텍스트) : 텍스트에 있는 각 단어의 첫 글자만 대문자로 변환하고, 나머지는 소문자로 변환한다(예 : =PROPER("korea BASEBALL") → Korea Baseball).
- TRIM(텍스트) : 텍스트의 양쪽 끝 공백을 삭제한다. 이때,

텍스트 사이에 한 칸의 공백을 제외하고, 모든 공백을 삭제한다(예 : =TRIM("KOREA B a s E B a L L") → KOREA B a s E B a L L).

- LOWER(텍스트) : 텍스트에 있는 대문자를 모두 소문자로 변환한다(예 : =LOWER("Korea Baseball") → korea baseball).
- UPPER(텍스트) : 텍스트에 있는 소문자를 모두 대문자로 변환한다(예 : =UPPER("Korea Baseball") → KOREA BASEBALL).
- **TEXT(인수, 형식) : 인수를 지정된 형식의 텍스트로 바꾼다(예 : =TEXT("2014-05-08", "mmmm dd") → May 08).**
- REPT(텍스트, 개수) : 텍스트를 개수만큼 표시한다(예 : =REPT("#", 3) → ###).
- **VALUE(텍스트) : 텍스트를 숫자로 변환한다(예 : =VALUE("$1,000") → 1000).**
- REPLACE(텍스트1, 변경할 위치, 텍스트 수, 텍스트2) : 지정한 위치에서 텍스트 수만큼 텍스트1의 일부를 텍스트2로 바꾼다(예 : =REPLACE("KOREA", 2, 4, "Baseball") → KBaseball).
- SUBSTITUTE(텍스트1, 바꿀 문자, 텍스트2, 바꿀 문자 위치) : 텍스트1을 텍스트2로 바꾼다(예 : =SUBSTITUTE("HOHO", "O", "A") → HAHA).
- FIND(텍스트1, 텍스트2, 시작 위치) : 텍스트2의 시작 위치부터 텍스트1을 찾아 위치를 표시하되 각각의 문자를 한 글자로 계산하고, 대소문자를 구분한다(예 : =FIND("v", "가족@45Love") → 8).
- FINDB(텍스트1, 텍스트2, 시작 위치) : 텍스트2의 시작 위치부터 텍스트1을 찾아 위치를 표시하되 숫자/영어는 한 글자, 한글/특수 문자는 두 글자로 계산하고, 대소문자를 구분한다(예 : =FINDB("v", "가족@45Love") → 11).
- SEARCH(텍스트1, 텍스트2, 시작 위치) : 텍스트2에서 시작 위치부터 텍스트1을 찾아 위치를 표시하되 각 문자를 한 글자로 계산하고, 대소문자를 구분하지 않는다(예 : =SEARCH("v", "가족@45Veve") → 6).
- SEARCHB(텍스트1, 텍스트2, 시작 위치) : 텍스트2에서 시작 위치부터 텍스트1을 찾아 위치를 표시하되 숫자/영어는 한 글자, 한글/특수 문자는 두 글자로 계산하고, 대소문자를 구분하지 않는다(예 : =SEARCHB("v", "가족@45Veve") → 9).

6 찾기/참조 함수의 종류

- CHOOSE(번호, 인수1, 인수2) : 인수 목록 중 번호에 해당하는 인수를 구한다(목록 중 하나를 골라 선택).
- INDEX(배열, 행 번호, 열 번호) : 표 또는 범위에서 지정된 행이나 열에 해당하는 값을 구하며, 해당 범위 내에 값이나 참조 영역을 구한다.
- MATCH(검색값, 배열 또는 범위, 검색 방법) : 지정한 순서와 조건에 맞는 배열에서 항목의 상대 위치 값을 찾는다. 이때, 검색 방법이 '1'이면 검색값보다 작거나 같은 값 중 최대값을 찾고(오름차순 정렬), 검색 방법이 '0'이면 검색값보다 크거나 같은 값 중 최소값을 찾는다(내림차순 정렬).
- **OFFSET(영역, 행 수, 열 수, 행 높이, 열 너비) : 기본 참조 영역으로부터 지정한 만큼 떨어진 위치의 참조 영역을 구하며, 특정 높이와 너비의 참조 영역을 표시한다.**
- **COLUMNS(셀 범위) : 주어진 셀 범위의 열 개수를 구한다.**
- **ROWS(셀 범위) : 주어진 셀 범위의 행 개수를 구한다.**
- VLOOKUP(찾을 값, 범위, 열 번호, 찾는 방법) : 배열 첫 열에서 값을 검색한 후 지정한 열의 같은 행에서 데이터를 추출하며, 첫 번째 열 값은 항상 오름차순으로 정렬되어야 한다. 이때, 찾는 방법이 TRUE이거나 생략된 경우 첫째 열에서 정확하게 일치하는 값이 없으면 찾을 값보다 작은 값 중에서 최대값을 찾고, 찾는 방법이 FALSE인 경우 첫째 열에서 정확하게 일치하는 값을 찾는다(값이 없을 경우 오류값(#N/A) 표시).
- HLOOKUP(찾을 값, 범위, 행 번호, 찾는 방법) : 배열 첫 행에서 값을 검색한 후 지정한 행의 같은 열에서 데이터를 추출하며, 첫 번째 행 값은 항상 오름차순으로 정렬되어야 한다. 이때, 찾는 방법이 TRUE이거나 생략된 경우 첫째 행에서 정확하게 일치하는 값이 없으면 찾을 값보다 작은 값 중에서 가장 큰 값을 찾고, 찾는 방법이 FALSE인 경우 첫째 행에서 정확하게 일치하는 값을 찾는다(값이 없을 경우 오류값(#N/A) 표시).
- **TRANSPOSE(범위) : 범위에 입력된 값의 행과 열을 바꾸어 지정한 셀 범위에 표시한다.**
- LOOKUP(기준값, 찾을 범위, 결과 범위) : 찾을 범위에서 기준값을 찾아 동일한 위치에 있는 결과 범위의 값을 표시한다.
- ADDRESS(행 번호, 열 번호, 참조) : 행 번호와 열 번호에 해당하는 셀 주소를 표시하되 참조가 1이면 절대 참조이고, 4이면 상대 참조이다.
- **INDIRECT(텍스트) : 주소 형태의 텍스트를 셀 주소로 변환하여 해당 주소 값을 표시한다.**
- **HYPERLINK(위치) : 지정된 위치의 문서를 열 수 있도록 바로 가기를 지정한다.**
- **COLUMN(셀) : 주어진 셀의 열 번호를 구하되 인수를 생략하는 경우 현재 셀 포인터가 위치한 곳의 열 번호를 구한다(예 : =COLUMN(D10) → 4 ∴ [D] 열은 네 번째 열이기 때문).**

- COLUMNS(셀 범위) : 주어진 셀 범위의 열 개수를 구한다(예 : =COLUMNS(B5:D5) → 3 ∴ [B5:D5] 영역에는 [B], [C], [D]의 세 개 열이 있기 때문).
- ROW(셀) : 주어진 셀의 행 번호를 구하되 인수를 생략하는 경우 현재 셀 포인터가 위치한 곳의 행 번호를 구한다(예 : =ROW(B10) → 10 ∴ [B10] 셀은 열 번째 행이기 때문).
- ROWS(셀 범위) : 주어진 셀 범위의 행 개수를 구한다(예 : =ROWS(A4:B6) → 3 ∴ [A4:B6] 영역에는 [4], [5], [6]의 세 개 행이 있기 때문).
- AREAS(범위) : 범위 안에 있는 영역 수를 표시한다(예 : =AREAS(B1:D1) → 1 ∴ [B1:D1] 영역이 하나이기 때문).

7 데이터베이스 함수의 종류

- DSUM(범위, 열 번호, 찾을 조건) : 지정한 조건에 맞는 데이터베이스에서 필드(열)의 합을 구한다.
- DAVERAGE(범위, 열 번호, 찾을 조건) : 지정한 조건에 맞는 데이터베이스에서 필드(열)의 평균을 구한다.
- DCOUNT(범위, 열 번호, 찾을 조건) : 지정한 조건에 맞는 데이터베이스에서 숫자를 포함한 셀의 개수를 구한다.
- DCOUNTA(범위, 열 번호, 찾을 조건) : 지정한 조건에 맞는 데이터베이스에서 비어 있지 않은 셀의 개수를 구한다.
- DMAX(범위, 열 번호, 찾을 조건) : 지정한 조건에 맞는 데이터베이스의 필드(열) 값 중에서 가장 큰 값을 구한다.
- DMIN(범위, 열 번호, 찾을 조건) : 지정한 조건에 맞는 데이터베이스의 필드(열) 값 중에서 가장 작은 값을 구한다.
- DPRODUCT(범위, 열 번호, 찾을 조건) : 지정한 조건에 맞는 데이터베이스의 필드(열)에서 데이터들을 모두 곱한 값을 구한다.
- DGET(범위, 열 번호, 찾을 조건) : 지정한 조건에 맞는 데이터베이스의 필드(열)에서 하나의 값을 추출한다.
- DVAR(범위, 열 번호, 찾을 조건) : 지정한 조건에 맞는 데이터베이스의 필드(열)에서 데이터들을 표본으로 분산을 구한다.
- DSTDEV(범위, 열 번호, 찾을 조건) : 지정한 조건에 맞는 데이터베이스의 필드(열)에서 데이터들을 표본으로 표준편차를 구한다.

8 재무 함수의 종류

- FV(이자, 기간, 금액, 현재 가치, 납입 시점) : 주기적인 지급액과 고정적인 이율에 의한 투자의 미래 가치를 산출하며, 매 기간 일정 금액을 일정한 이율로 해당 기간 동안 적립할 수 있다(납입 시점에서 1은 투자 주기 초를, 0 또는 생략 시에는 투자 주기 말을 의미).
- PV(이자, 기간, 금액, 미래 가치, 납입 시점) : 투자의 현재 가치를 구하는 것으로 일련의 미래 투자가 상응하는 현재 가치의 총합계이며, 매 기간 일정 금액을 일정한 이율로 해당 기간 동안 적립할 수 있다(금액은 투자 기간 동안 변경될 수 없음).
- NPV(할인율, 인수1, 인수2, …) : 주기적인 현금의 흐름과 할인율을 기준으로 투자의 현재 가치를 계산하는데 지출, 수입의 현금에 따른 인수는 29개까지 사용할 수 있다.
- PMT(이자, 기간, 현재 가치, 미래 가치/현금 잔액, 납입 시점) : 주기적인 지급액과 고정적인 이율을 기준으로 대출의 상환금을 계산하며, 연금의 주기적인 지급액을 산출할 수 있다(미래 가치/현금 잔액은 상환이 완료된 후 적용되는 것으로 생략하면 0으로 설정되고, 납입 시점에서 1은 상환 주기 초를, 0 또는 생략 시에는 상환 주기 말을 의미).
- SLN(취득 원가, 잔존 가치, 수명 년수) : 해당 기간 동안 정액법(감가상각 기준액을 자산의 기대 수명 년수 동안 균등하게 배분하는 방법)에 의한 자산의 감가상각비를 구한다.
- DB(취득 원가, 잔존 가치, 수명 년수, 기간, 월수) : 정율법(일정한 비율로 공제하는 방법)을 이용하여 특정 기간 동안 자산의 감가상각비를 구한다.
- ISBLANK(인수) : 인수로 주어진 셀에서 빈 셀의 여부를 판별하며, 인수로 지정한 셀이 비어 있으면 TRUE를, 비어 있지 않으면 FALSE를 구한다.
- ISERROR(인수) : 인수로 주어진 셀에서 오류 여부를 판별하며, 인수로 지정한 셀에 오류가 발생하면 TRUE를, 오류가 발생하지 않으면 FALSE를 구한다.
- ISERR(인수) : 인수로 주어진 셀에서 #N/A를 제외한 오류 값이 있으면 TRUE를 구한다.
- ISEVEN(인수)/ISODD(인수) : 인수로 주어진 셀이 짝수/홀수이면 TRUE를 구한다.
- ISNUMBER(인수)/ISTEXT(인수) : 인수로 주어진 셀이 숫자/텍스트이면 TRUE를 구한다.
- ISNONTEXT(인수) : 인수로 주어진 셀이 텍스트가 아니면 TRUE를 구한다.
- ISLOGICAL(인수) : 인수로 주어진 셀이 논리값이면 TRUE를 구한다.
- TYPE(인수) : 인수로 주어진 셀의 데이터 형식을 숫자로 표시한다(숫자 : 1, 텍스트 : 2, 논리값 : 4, 오류값 : 16).

9 배열 수식의 개념과 편집

- 하나 이상의 값 집합에 대하여 여러 가지 계산을 수행하고, 하나 또는 여러 개의 결과를 반환하는 수식으로 셀 수식을 사용할 때 메모리를 적게 사용한다.

• 수식을 입력하고 Ctrl+Shift+Enter 키를 동시에 누르면 수식 앞뒤에 중괄호({ })가 자동으로 입력된다.
• 두 개 이상의 값 집합에 수행되는 각각의 배열 인수는 동일한 개수의 행과 열을 가져야 한다.
• 잘못된 인수나 피연산자를 사용했을 때 '#VALUE!' 에러가 발생하며, 빈칸은 0으로 계산된다.
• **배열 범위에서 셀이 입력된 데이터를 변경하면 배열 수식의 결과도 자동으로 변경된다.**
• **배열 수식의 범위에서 셀이나 행/열 등은 삽입할 수 없다.**
• **배열 수식을 이동할 경우 전체를 한번에 이동시켜야 한다.**
• **배열 수식이나 배열 범위의 일부분을 복사하거나 변경할 수 있다.**

10 배열 상수의 개념

• **배열 수식에 사용되는 배열 인수로 중괄호를 직접 입력하여 상수를 묶어야 한다.**
• 숫자, 텍스트, TRUE나 FALSE 등의 논리 값, #N/A와 같은 오류 값을 사용할 수 있다.
• **정수, 실수, 3.70E+01 같은 지수형 숫자도 사용할 수 있다.**
• 길이가 다른 행과 열, 셀 참조, $, %, ( ) 등은 사용할 수 없다.
• 다른 행의 값은 세미콜론(;), 다른 열의 값은 쉼표(,)로 구분하며, 텍스트는 큰 따옴표(" ")로 묶어야 한다.

| 무료 동영상 |

핵심정리 08 데이터 관리

1. 데이터 정렬 ✪✪

1 정렬 방법

• 정렬 기준은 최대 64개까지 지정할 수 있으며, 기본적으로 위에서 아래로 행 단위로 정렬한다.
• 숨겨진 행/열은 정렬 시 이동되지 않으므로 데이터를 정렬하기 전에 표시한다.
• **색상별 정렬이 가능하여 글꼴 색 또는 셀 색, 셀 아이콘을 기준으로 정렬할 수도 있다.**
• 특정 글꼴 색이 적용된 셀을 포함한 행이 위에 표시되도록 정렬할 수 있다.
• **입력 데이터 중 특정 범위만 정렬하고자 할 때는 해당 부분을 범위 지정한 후 정렬한다.**
• **영숫자 텍스트는 왼쪽에서 오른쪽으로 문자 단위로 정렬된다.**
• 선택한 데이터 범위의 첫 행을 머리글 행으로 지정할 수 있다.
• **열 단위 정렬은** 데이터 목록에 있는 행 머리글을 인식하지 못하기 때문에 행 머리글을 제외한 데이터 목록을 범위로 지정한다.
• 정렬하려는 임의의 셀에서 [데이터] 탭의 [정렬 및 필터] 그룹에 있는 텍스트 오름차순 정렬(↓) 아이콘과 텍스트 내림차순 정렬(↓) 아이콘을 클릭한다.
• 정렬하려는 셀에서 [데이터] 탭의 [정렬 및 필터] 그룹에 있는 정렬(정렬) 아이콘을 클릭한다.

2 정렬 순서

• **오름차순 정렬 :** 숫자 → 공백 문자 → 특수 문자 → 영문자(소문자→대문자) → 한글 → 논리값(False→True) → 오류값 → 빈 셀의 순이다.
• **내림차순 정렬 :** 오류값 → 논리값(True→False) → 한글 → 영문자(대문자→소문자) → 특수 문자 → 공백 문자 → 숫자 → 빈 셀의 순이다.

3 정렬 순서

항목	설명
대/소문자 구분	대소문자를 구분하여 정렬
위쪽에서 아래쪽	하나 이상의 열 값을 기준으로 행을 정렬
왼쪽에서 오른쪽	하나 이상의 행 값을 기준으로 열을 정렬

4 텍스트/숫자/날짜 또는 시간 정렬

• 텍스트 정렬 : 셀 범위에서 영숫자 데이터 열을 선택하거나 현재 셀이 영숫자 데이터를 포함하는 표 열 안에 있는지 확인한다.
• 숫자 정렬 : 셀 범위에서 숫자 데이터 열을 선택하거나 현재 셀이 숫자 데이터를 포함하는 표 열 안에 있는지 확인한다.
• 날짜 또는 시간 정렬 : 셀 범위에서 날짜 또는 시간 열을 선택하거나 현재 셀이 날짜 또는 시간을 포함하는 표 열 안에 있는지 확인한다.

2. 레코드 관리 ✪

1 레코드 관리의 특징

- 기존 데이터에 레코드 관리 대화 상자를 이용하여 데이터를 검색, 추가, 삭제, 수정할 수 있다.
- 데이터 목록이 작성되어야 해당 기능을 수행하며, 데이터를 레코드 단위로 표시한다.
- 빠른 실행 도구 모음에서 추가한 레코드 관리( ) 단추를 클릭한다.

2 [레코드 관리] 대화 상자

단추	설명
새로 만들기	새 데이터를 입력할 때 [새로 만들기] 단추를 클릭한 후 Enter 키를 누름
삭제	목록에 나타난 레코드를 완전히 삭제
복원	레코드 관리의 변경 내용을 취소(이미 삭제된 레코드는 복구되지 않음)
이전 찾기	목록의 이전 레코드를 표시
다음 찾기	목록의 다음 레코드를 표시
조건	지정한 조건에 따라 레코드를 찾음

3 레코드 검색 및 추가

- 대화 상자에서 [이전 찾기]와 [다음 찾기] 단추를 누르거나 [조건] 단추를 누른다.
- 검색할 레코드의 일부 데이터를 입력하고, Enter 키를 누른다.
- 레코드를 추가하기 위해서는 레코드 목록의 각 첫 행에 레이블이 있어야 한다.
- [닫기] 단추를 누르면 입력된 데이터의 가장 아래 부분에 추가한 데이터가 나타난다.
- 데이터의 목록 중간에는 레코드를 삽입할 수 없다.

3. 자동 필터 ✪✪

1 자동 필터의 특징

- 자동 필터를 사용하려면 목록에 반드시 열 레이블이 있어야 한다.
- 필터를 이용하여 추출한 데이터는 항상 레코드(행 단위)로 표시된다(복사, 찾기, 편집, 인쇄 가능).
- 두 개 이상의 필드(열)로 필터링 할 수 있으며, 필터는 누적 적용되므로 추가하는 각 필터는 현재 필터 위에 적용된다.
- 필터는 필요한 데이터 추출을 위해 조건을 만족하지 않는 데이터를 잠시 숨기는 것이므로 목록 자체의 내용은 변경되지 않는다.
- 필터를 적용할 임의의 셀에서 [데이터] 탭의 [정렬 및 필터] 그룹에 있는 필터( ) 아이콘을 클릭하면 데이터 필드명에 자동 필터 목록( ) 단추가 나타난다.

2 필터 단추 사용

- 목록 단추에서 선택된 값을 포함하지 않는 모든 행은 숨기고, 조건에 맞는 데이터만 표시된다.
- 하나의 조건에 해당되는 데이터를 검색한 후 다른 필터의 목록 단추를 이용하여 다른 조건을 선택하면 두 개의 조건에 해당하는 데이터만 표시된다.
- 날짜 데이터는 연, 월, 일의 계층별로 그룹화되어 상위 수준을 선택하거나 선택을 취소할 경우 해당 수준 아래의 중첩 날짜가 모두 선택되거나 취소된다.
- 찾을 조건에 만족하는 데이터가 자동 필터 되면 필드 목록에는 단추가 표시된다.
- 목록 전체에 적용된 필터 결과를 해제하려면 [데이터] 탭의 [정렬 및 필터] 그룹에서 지우기(지우기) 아이콘을 클릭한다.

3 상위 10 자동 필터

- 항목이나 퍼센트(%)로 지정한 범위에 있는 행을 표시하며, 숫자 필드에서만 사용할 수 있다.
- 필터 목록 단추를 클릭한 후 [숫자 필터]-[상위 10]을 선택한다.
- '상위'나 '하위'를 선택하여 나타낼 항목 개수나 전체 목록의 퍼센트를 지정한다.

4 사용자 지정 자동 필터

- 두 개의 찾을 조건을 AND(그리고)와 OR(또는)로 지정할 수 있다.
- 만능 문자(*, ?)나 비교 연산자(=, 〉, 〉=, 〈, 〈=)를 이용하여 데이터를 추출할 수 있다.
- 필터 목록 단추를 클릭한 후 [숫자 필터]-[사용자 지정 필터]를 선택한다.

4. 고급 필터 ✪✪

1 고급 필터의 특징

- 복잡한 조건이나 여러 조건을 만족하는 레코드를 추출할 때 사용한다.

• 지정한 조건 범위에 일치하는 행만 나타내며, 필터 결과를 다른 위치에 표시할 수 있다.
• 워크시트의 목록에는 찾을 조건으로 사용할 수 있는 열 레이블이 있어야 한다.
• 특정 문자나 만능 문자를 사용하여 레코드를 검색할 수 있다.
• 고급 필터를 적용할 임의의 셀에서 [데이터] 탭의 [정렬 및 필터] 그룹에 있는 고급(고급) 아이콘을 클릭한다.

2 찾을 조건 지정

• 열 제목을 입력한 후 필터링할 조건을 열 제목 아래에 입력한다.
• 필터링 조건을 하나의 행에 입력하면 입력한 조건에 모두 만족(AND 조건)하는 데이터가 필터링되고, 조건을 서로 다른 행에 입력하면 입력한 조건 중 하나라도 만족(OR 조건)하는 데이터가 필터링된다.

1사분기	2사분기	평균
>=50	>=70	>=60

1사분기 50 이상, 2사분기 70 이상, 평균 60 이상인 조건을 모두 만족하는 데이터만 필터링(AND 조건)

제품	판매사원	수량
블루투스		
	한성희	
		>=100

제품은 '블루투스', 판매사원은 '한성희', 수량은 100 이상인 조건 중 하나라도 만족하는 데이터를 필터링(OR 조건)

부서	실적	컴퓨터
홍보부	>=90	
영업부	>=90	
		=>70

부서는 '홍보부'이고 실적은 90 이상이거나 부서는 '영업부'이고 실적은 80 이상이거나 컴퓨터가 70 이상인 조건을 만족하는 데이터를 필터링(AND, OR 조건)

3 고급 필터] 대화 상자

항목	설명
현재 위치에 필터	필터링한 결과를 현재 목록 위치에 표시
다른 장소에 복사	필터링한 결과를 사용자가 지정한 다른 위치에 표시
목록 범위	필터링할 원본 데이터의 목록 범위를 지정
조건 범위	찾을 조건이 입력된 셀 범위를 지정(조건 범위와 원본 데이터 사이에는 하나 이상의 빈 행이 있어야 하며, 조건 범위 내에 빈 행이 존재할 경우 모든 레코드를 표시)
복사 위치	추출된 결과가 표시되는 셀 주소를 지정
동일한 레코드는 하나만	추출된 결과 중에서 동일한 레코드는 하나만 표시

4 고급 필터의 고급 조건

• 함수나 식의 계산값을 고급 필터의 찾을 조건으로 지정하는 방식으로 다양한 함수와 식을 혼합하여 조건을 지정할 수 있다.
• 함수나 식으로 조건을 입력하면 셀에 비교되는 현재의 값에 따라 TRUE나 FALSE가 표시된다.
• 조건 범위의 첫 행에 입력될 조건 필드명은 원본 필드명과 다른 필드명을 입력하거나 생략하며, 바로 아래 행에 조건을 입력한다.

5. 데이터 유효성

1 데이터 유효성의 특징

• 데이터를 정확하게 입력할 수 있도록 적용되는 제한 사항을 정의하는 기능이다.
• 유효하지 않은 데이터를 사용자가 입력할 수 없도록 데이터 유효성 검사를 구성할 수 있다.
• 사용자가 데이터를 입력할 때 경고 메시지가 표시되도록 할 수 있다.
• 워크시트의 열 단위로 데이터 입력 모드(한글/영문)를 다르게 지정할 수 있다.
• 목록의 원본으로 정의된 이름 범위를 사용하려면 등호(=)와 범위 이름을 입력한다.
• 드롭다운 목록의 너비는 데이터 유효성 설정이 있는 셀 너비에 의해 결정된다.
• 목록 값을 입력하여 원본을 설정하려면 쉼표(,)로 구분하여 입력한다.
• [데이터] 탭의 [데이터 도구] 그룹에서 데이터 유효성 검사(데이터 유효성 검사) 아이콘을 클릭한다.

2 [데이터 유효성] 대화 상자

탭	설명
[설정]	유효성 조건의 제한 대상(모든 값, 정수, 소수점, 목록, 날짜, 시간, 텍스트 길이, 사용자 지정)과 제한 방법 등을 설정
[설명 메시지]	셀을 선택하면 나타나는 설명 메시지를 입력
[오류 메시지]	유효하지 않은 잘못된 데이터를 입력하면 나타나는 오류 메시지를 입력(오류 메시지의 유형 : 중지, 경고, 정보)
[IME 모드]	입력기의 모드를 선택

6. 외부 데이터 가져오기 ★★

1 텍스트 마법사

- 다른 프로그램에서 작성한 텍스트 파일을 엑셀에서 불러올 때 사용한다.
- [텍스트 마법사] 대화 상자에서 워크시트에 있는 텍스트를 열로 분리할 수 있다.

단계	설명
텍스트 마법사 1단계	• 원본 데이터 형식을 선택 • 각 필드가 쉼표나 탭과 같은 문자로 나뉠 때 '구분 기호로 분리됨'을 선택 • 각 필드가 일정한 너비로 정렬되어 있을 때 '너비가 일정함'을 선택
텍스트 마법사 2단계	• 데이터 구분 기호와 텍스트 한정자를 설정 • 구분 기호에는 '탭', '세미콜론', '쉼표', '공백', '기타'가 있음 • 문자 데이터를 구분하기 위해 텍스트 한정자 기호를 지정
텍스트 마법사 3단계	• 각 열을 선택하여 데이터 서식을 지정 • 열 데이터 서식에서 '일반', '텍스트', '날짜', '열 가져오지 않음'을 선택하여 각 필드별로 다르게 지정

2 텍스트 마법사 실행

- ㉠ [데이터] 탭의 [외부 데이터 가져오기] 그룹에서 텍스트(텍스트) 아이콘을 클릭한다.
- ㉡ [텍스트 파일 가져오기] 대화 상자에서 텍스트 파일을 선택하고, [가져오기] 단추를 누른다(가져올 수 있는 파일 형식 : *.txt, *.prn, *.csv 등).
- ㉢ [텍스트 마법사 - 3단계 중 1단계] 대화 상자에서 원본 데이터 형식을 '구분 기호로 분리됨'으로 선택하고, [다음] 단추를 누른다(구분 시작 행 : 가져오는 데이터의 첫 행 위치를 지정).
- ㉣ [텍스트 마법사 - 3단계 중 2단계] 대화 상자에서 구분 기호는 '쉼표'만을 선택하고, [다음] 단추를 누른다(연속된 구분 기호를 하나로 처리 : 동일한 구분 기호가 중복된 경우 하나로 취급).
- ㉤ [텍스트 마법사 - 3단계 중 3단계] 대화 상자에서 열 데이터 서식을 '일반'으로 선택하고, [마침] 단추를 누른다.
- ㉥ [데이터 가져오기] 대화 상자에서 기존 워크시트의 해당 셀을 지정하고, [확인] 단추를 누른다.

3 텍스트 나누기

- 워크시트의 한 열에 입력된 텍스트를 구분 기호(탭, 세미콜론, 쉼표, 공백 등)를 사용하여 여러 개의 열로 분리한다.
- 사용자가 원하는 구분 기호를 지정할 수도 있다.
- 각 필드가 일정 너비로 정렬되어 있는 경우 사용자가 열 구분선 위치를 지정하여 데이터를 분리할 수 있다.
- 데이터 필드 사이에 두 가지 이상의 문자 구분 기호가 있는 경우도 실행할 수 있다.
- 텍스트 나누기를 실행할 때 데이터 형식이나 셀 서식은 변경이 가능하다.
- 텍스트를 나눌 열 범위를 지정한 후 [데이터] 탭의 [데이터 도구] 그룹에서 텍스트 나누기(텍스트 나누기) 아이콘을 클릭한다.

7. 부분합 ★★★

1 부분합의 특징

- 데이터 열에 대한 요약 함수(합계, 개수, 평균, 최대값, 최소값, 곱, 표준 편차, 표본 분산 등)를 계산하는 기능이다.
- 계산에 사용할 요약 함수를 두 개 이상 사용하려면 함수의 종류 수만큼 부분합을 반복 실행한다.
- 특정 영역에 대해서만 부분합을 실행할 경우 해당 영역을 셀 범위로 설정한다.
- 첫 행에는 열 이름표가 있어야 하며, 부분합을 구하려는 항목을 기준으로 먼저 정렬한다.
- 특정 데이터만 표시된 상태에서 차트를 작성하면 표시된 데이터에 대해서만 차트가 작성된다.
- 데이터 아래에 요약을 표시할 수 있으며, 그룹 사이에 페이지를 나눌 수도 있다.
- 부분합을 제거하면 부분합과 함께 표에 삽입된 윤곽 및 페이지 나누기도 제거된다.

2 [부분합] 대화 상자

항목	설명
그룹화할 항목	부분합의 기준이 되는 그룹이 있는 열 레이블을 지정
사용할 함수	부분합을 구할 함수를 선택
부분합 계산 항목	계산에 사용할 값이 있는 열 레이블을 지정
새로운 값으로 대치	부분합을 모두 새로운 값으로 변경(두 가지 이상의 함수로 계산할 경우 해당 항목은 반드시 해제)
그룹 사이에서 페이지 나누기	그룹과 그룹 사이에 페이지를 나눔
데이터 아래에 요약 표시	데이터 아래에 부분합 결과를 삽입할지, 위에 삽입할지를 결정
모두 제거	부분합을 해제하고, 처음 목록을 표시

3 부분합 윤곽 기호

- 윤곽 기호를 사용하여 워크시트의 요약 부분에 머리글을 나타내는 행/열을 표시하거나 요약 행 또는 열과 인접한 하위 수준 데이터 등을 표시할 수 있다.
- [Excel 옵션] 대화 상자의 [고급] 탭에서 '윤곽을 설정한 경우 윤곽 기호 표시'를 선택하여 화면에 표시하거나 숨길 수 있다.

기호	설명
+	숨겨진 하위 수준의 데이터를 표시
-	하위 수준 데이터를 숨김
1	전체 부분합만 표시
2	하나의 그룹별 부분합과 전체 부분합을 표시
3	그룹별 부분합과 전체 부분합을 표시
4	전체 데이터를 표시

4 그룹 및 윤곽 설정

- 그룹 및 윤곽 설정을 사용하려면 그룹으로 묶고자 하는 데이터를 기준으로 먼저 정렬해야 한다.
- 그룹으로 묶기 위해 데이터를 정렬할 경우 오름차순이나 내림차순으로 정렬한다.
- 윤곽 수준에는 하위 수준이 여덟 개까지 있을 수 있으며, 안쪽 수준은 상위 바깥 수준의 하위 수준을 나타낸다.
- 그룹 및 윤곽 설정 기능을 사용하려면 각 그룹별 계산 항목은 사용자가 직접 입력해 주어야 한다.
- 윤곽을 만들 때나 만든 후에 스타일을 적용할 수 있다.

8. 피벗 테이블 및 피벗 차트 ★★★

1 피벗 테이블의 특징

- 원본 데이터의 행이나 열 위치를 사용자 임의로 변경하여 데이터를 표시할 수 있는 기능으로 많은 양의 데이터를 손쉽게 요약할 수 있다.
- 사용할 수 있는 함수로는 합계, 개수, 평균, 최대값, 최소값, 곱, 수치 개수, 표본 표준 편차, 표준 편차, 표본 분산, 분산 등이 있다.
- 피벗 테이블의 보고서 필터, 행 레이블, 열 레이블, 값을 추가 또는 삭제할 수 있다.
- 피벗 테이블 작성 후 사용자가 새로운 수식을 추가로 표시할 수 있다.
- 원본 데이터가 변경되면 데이터 새로 고침 기능을 이용하여 피벗 테이블 데이터도 변경할 수 있다.

2 피벗 테이블 보고서

- 피벗 테이블 보고서를 작성한 후 사용자가 새로운 수식을 추가하여 표시할 수 있다.
- 작업 중인 워크시트나 새로운 워크시트에 작성할 수 있다.
- 값 영역에 표시된 데이터를 삭제하거나 수정할 수 없다.

3 피벗 차트의 특징

- 피벗 테이블의 데이터를 이용하여 작성하는 차트로 피벗 테이블을 만든 후 작성할 수 있다.
- 피벗 테이블의 항목이나 필드가 변경되면 피벗 차트도 같이 변경된다.
- 피벗 테이블을 삭제하면 피벗 테이블과 연결된 피벗 차트는 삭제되지 않고, 일반 차트로 변경된다.
- 피벗 테이블의 임의의 셀을 선택한 후 [피벗 테이블 도구]-[분석] 탭의 [도구] 그룹에서 피벗 차트(피벗 차트) 아이콘을 클릭한다.

4 피벗 테이블 작성 과정

- ㉠ 데이터를 범위 지정한 후 [삽입] 탭의 [표] 그룹에서 피벗 테이블(피벗 테이블) 아이콘을 클릭한다.
- ㉡ [피벗 테이블 만들기] 대화 상자에서 표/범위를 지정하고, 기존 워크시트의 위치를 선택한 후 [확인] 단추를 누른다(현재 작업중인 워크시트나 새로운 워크시트에 작성).
- ㉢ 피벗 테이블 필드 목록 창에서 해당 필드를 각각 드래그하여 배치한다.
- ㉣ [값 필드 설정] 대화 상자의 [값 요약 기준] 탭에서 계산 유형을 선택한다(다양한 계산을 적용하거나 특정 값/다른 값 필드를 비교하려면 [값 표시 형식] 탭에서 설정).
- ㉤ [피벗 테이블 옵션] 대화 상자의 [요약 및 필터] 탭에서 총합계 유무를 선택한다(데이터의 빈 셀에 '**' 기호를 표시할 경우 [레이아웃 및 서식] 탭에서 빈 셀 표시 입력란에 "**"를 입력, 하위 수준의 확장/축소에 사용하는 [+], [-] 단추의 인쇄 여부는 [인쇄] 탭에서 설정).
- ㉥ [피벗 테이블 도구]-[디자인] 탭의 [레이아웃] 그룹에서 보고서 레이아웃(보고서 레이아웃) 아이콘을 클릭하고, 주어진 레이아웃 형식을 선택한다(행 필드를 열 필드로 편집 가능).

5 피벗 테이블 레이아웃

- 필터 필드 : 피벗 테이블을 필터별로 구분하는 곳으로 모두 나타내거나 특정 필드만 표시할 수 있다.
- 행 레이블 : 피벗 테이블에서 행(가로) 방향으로 지정된 레이블이다.
- 열 레이블 : 피벗 테이블에서 열(세로) 방향으로 지정된 레이블이다.
- 값 필드 : 데이터가 있는 원본 목록으로 분석 대상을 나타낸다(숫자 형식을 사용하므로 평균, 개수, 최대값 등을 구함).
- 값 영역 : 데이터가 나타나는 곳으로 함수가 표시된다(데이터 일부를 삭제하거나 추가할 수 없음).

6 피벗 테이블 계산 필드

- 원본 데이터를 기준으로 피벗 테이블에 새로운 필드를 추가하여 수식을 작성한다.
- 수식에는 데이터, 연산자, 상수 등을 사용하며, 셀 참조나 이름 정의 등은 사용할 수 없다.
- 피벗 테이블 영역으로 이동한 후 [피벗 테이블 도구]-[분석] 탭의 [계산] 그룹에서 필드, 항목 및 집합( ) 아이콘을 클릭하고, [계산 필드]를 선택한다.
- [계산 필드 삽입] 대화 상자에서 계산 필드의 이름과 수식을 지정한다.

7 피벗 테이블 항목 그룹화

- 특정 필드(행, 열)를 일정 단위의 그룹으로 묶는 기능이다.
- 항목을 그룹화할 경우 숫자, 시간, 날짜 단위의 필드에서만 사용할 수 있다.
- [데이터] 탭의 [개요] 그룹에서 그룹( ) 아이콘을 클릭하고, [그룹]을 선택한다(해당 필드의 바로 가기 메뉴에서 [그룹]을 선택해도 됨).

9. 데이터 통합 ✪✪✪

1 데이터 통합의 특징

- 여러 시트에 있는 데이터나 다른 통합 문서에 입력된 데이터를 통합할 수 있다.
- 각 워크시트에 입력된 데이터의 위치나 항목에 의해서 이루어진다.
- 원본 영역에 있는 항목 레이블이 워크시트마다 다른 경우에도 가능하다.
- 위치를 기준으로 통합할 수도 있고, 영역 이름을 정의하여 통합할 수도 있다.
- 다른 원본의 레이블과 일치하지 않는 레이블이 있는 경우 통합하면 별도의 행/열이 만들어진다.
- 통합에 사용할 수 있는 함수는 합계, 개수, 평균, 최대값, 최소값, 곱, 숫자 개수, 표본 표준 편차, 표준 편차, 표본 분산, 분산 등이 있다.
- [데이터] 탭의 [데이터 도구] 그룹에서 통합( ) 아이콘을 클릭한다.

2 [통합] 대화 상자

항목	설명
함수	데이터 통합에 사용할 함수를 선택
참조	통합할 데이터 영역을 지정
모든 참조 영역	모든 참조 영역이 표시(다른 통합 문서의 워크시트를 추가하여 통합 가능)
사용할 레이블	• 원본 영역에 있는 행/열 레이블을 결과 화면에 표시(레이블 복사의 여부) • 첫 행은 참조 영역의 첫 행을 데이터의 첫 행으로 사용(열 이름) • 왼쪽 열은 참조 영역의 왼쪽 열을 데이터의 첫 열로 사용(행 이름)
원본 데이터에 연결	원본 데이터에 연결하여 원본 데이터가 변경되면 통합 데이터도 변경

10. 데이터 표 ✪✪

1 데이터 표의 특징

- 특정 값의 변화에 따른 결과 값의 변화 과정을 표 형태로 표시하는 기능이다.
- 입력 값과 설정 수식으로부터 표를 만들어 수식 값의 변경한 결과를 확인할 수 있다(수식이 입력될 범위를 설정한 후 표 기능을 실행).
- 워크시트에서 특정 값을 변경할 경우 수식 결과의 변화 내용을 볼 수 있다.
- [데이터] 탭의 [예측] 그룹에서 가상 분석( ) 아이콘을 클릭하고, [데이터 표]를 선택한다.

2 [데이터 테이블] 대화 상자

항목	설명
행 입력 셀	변하는 값이 행에 있을 경우 변화되는 셀 주소를 지정
열 입력 셀	변하는 값이 열에 있을 경우 변화되는 셀 주소를 지정

11. 목표값 찾기 ★★★

1 목표값 찾기의 특징

- 수식 결과만 알고 결과를 계산하기 위한 입력값을 모르는 경우 사용하는 기능이다.
- 특정 결과를 얻기 위해 데이터가 어떻게 변하는지 확인할 수 있다.
- 사용자가 원하는 데이터를 입력해야 하지만 데이터의 셀 주소를 입력할 필요는 없다.
- 특정 셀을 참조하는 수식이 원하는 값을 찾을 때까지 셀 값을 계속 변경한다.
- [데이터] 탭의 [예측] 그룹에서 가상 분석(가상 분석) 아이콘을 클릭하고, [목표값 찾기]를 선택한다.

2 [목표값 찾기] 대화 상자

항목	설명
수식 셀	결과 값을 얻기 위한 셀 주소로 해당 셀에는 '값을 바꿀 셀'의 주소를 사용하는 수식이 필요(절대 참조 이용)
찾는 값	찾고자 하는 수식의 결과 값을 입력
값을 바꿀 셀	변경되는 값이 들어 있는 셀 주소

12. 시나리오 분석 ★★★

1 시나리오의 특징

- 결과를 예측하기 어려운 경우 다양한 가상 상황에 따른 결과값을 비교 분석할 수 있는 기능이다.
- 워크시트 데이터를 자동으로 바꿀 수 있는 값의 집합으로 워크시트 모델의 결과를 예측할 수 있다.
- 서로 다른 그룹을 만들어 워크시트에 저장한 후 새로운 시나리오로 전환할 수 있다.
- 특정 셀 변경에 따라 연결된 결과 셀의 값이 자동으로 변경되어 결과값을 예측할 수 있다.
- 여러 시나리오를 비교하기 위해 시나리오를 한 페이지의 피벗 테이블로 요약할 수 있다.
- 보고서 관리자 추가 기능을 사용하여 시나리오 등을 보고서에 결합하여 인쇄할 수 있다.
- 시나리오, 요약 보고서를 만들 때는 결과 셀이 없어도 되지만 시나리오 피벗 테이블 보고서에는 결과 셀을 반드시 지정해야 한다.
- [데이터] 탭의 [예측] 그룹에서 가상 분석(가상 분석) 아이콘을 클릭하고, [시나리오 관리자]를 선택한다.

2 [시나리오 추가] 대화 상자

항목	설명
시나리오 이름	시나리오 이름을 정의
변경 셀	값이 변경되는 셀(변경 셀 자체에는 수식이 없음)로 최대 32개까지 지정 가능
변경 금지	시나리오를 변경할 수 없도록 보호
숨기기	시나리오를 숨기거나 표시

3 [시나리오 관리자] 대화 상자

단추	설명
[추가]	새로운 시나리오를 작성
[편집]	선택한 시나리오를 변경
[병합]	다른 워크시트에 등록(저장)되어 있는 시나리오를 가져옴
[요약]	시나리오에 대한 요약 보고서나 피벗 테이블을 작성
[표시]	선택한 시나리오에 대해 결과를 표시

| 무료 동영상 |

핵심정리 09 차트 활용

1. 차트의 기본 ★

1 차트의 특징

- 데이터의 경향이나 상호 관계 그리고 추세를 쉽게 분석하기 위해서 사용한다.
- 워크시트 데이터와 연결되어 있어 원본 데이터를 바꾸면 자동적으로 차트 모양도 변경된다.
- 차트를 만들 수 있는 데이터는 현재 워크시트 내의 데이터, 다른 워크시트나 통합 문서 내의 데이터, 피벗 테이블 또는 부분합 등으로 요약된 데이터 등이다.

2 차트의 구성 요소

- 차트 제목 : 차트의 제목을 나타낸다.
- 차트 영역 : 차트의 모든 항목이 포함된 영역으로 그림이나 배경 무늬를 삽입할 수 있다.

- 그림 영역 : 가로(X)와 세로(Y) 축으로 구성된 것으로 데이터 계열을 표시한다.
- 축 : 데이터를 비교하기 위한 참조 영역으로 데이터 값은 세로 값(Y) 축에 나타나고, 항목은 가로 항목(X) 축에 나타난다.
- 세로 (값) 축 제목 : 세로 축의 제목을 나타낸다.
- 세로 (값) 축 : 데이터 계열의 크기(단위)를 나타낸다.
- 가로 (항목) 축 제목 : 가로 축의 제목을 나타낸다.
- 가로 (항목) 축 : 데이터 항목을 나타낸다.
- 범례 : 데이터 계열이나 항목에 지정된 무늬 및 색상을 표시한다.
- 데이터 계열 : 데이터 값을 표현하는 선이나 막대로 계열마다 다른 색과 무늬를 지정할 수 있다.
- 데이터 레이블 : 데이터 계열에 대한 값이나 항목을 표시한다.
- 눈금선 : 데이터 단위를 나타내는 축의 간격으로 주 눈금선과 보조 눈금선이 있다(차트 항목, 값, 계열 등을 정의하며, 차트 작성 시 워크시트 원본에서 생성).

3 차트의 작성과 크기 조절

- 데이터 범위를 지정한 후 [삽입] 탭의 [차트] 그룹에서 원하는 차트(세로 막대형, 꺾은선형, 원형, 가로 막대형, 영역형, 분산형, 기타)를 선택한다(데이터 범위를 지정한 후 F11 키를 누르면 엑셀의 기본 차트인 세로 막대형 차트가 빠르게 작성).
- 차트의 크기는 차트 영역을 클릭한 후 조절점을 상하좌우로 드래그한다.
- Alt 키를 누른 상태에서 차트 크기를 조절하면 차트가 셀에 맞춰서 조절된다.
- 그림 영역이나 범례도 조절점을 이용하여 크기를 조절할 수 있다.
- 차트 전체를 다른 곳으로 이동하려면 차트 영역을 이동할 곳으로 드래그한다.
- 차트 제목이나 가로/세로 축 제목의 경우 이동은 가능하지만 크기 조절은 할 수 없다.
- 차트를 삭제하려면 차트 영역을 클릭한 후 Delete 키를 누른다.
- 차트 시트는 시트 탭의 바로 가기 메뉴에서 [삭제]를 선택한다.
- 특정 데이터 계열만 삭제할 때는 해당 계열을 선택하고, Delete 키를 누른다.

2. 차트의 편집 ✪

1 [디자인] 탭의 [차트 레이아웃] 그룹

- 차트의 전체 레이아웃을 총 11가지 중에서 원하는 레이아웃으로 한번에 변경한다.
- 축 : 각 축을 표시하거나 축 옵션, 눈금, 레이블, 표시 형식 등을 지정한다.
- 축 제목 : 각 축의 제목을 입력하거나 제목 옵션, 채우기, 테두리 등을 지정한다.
- 차트 제목 : 차트 제목을 추가하거나 제거할 수 있으며, 위치를 지정할 수도 있다.
- 데이터 레이블 : 차트의 데이터 레이블을 추가하거나 제거할 수 있으며, 위치를 지정할 수도 있다(차트 요소의 레이블을 실제 데이터 값으로 지정).
- 데이터 테이블 : 차트에 데이터 표를 추가하거나 제거할 수 있다.
- 오차 막대 : 차트에 오류 표시줄을 추가할 수 있다.
- 눈금선 : 차트의 눈금선(주 가로/세로, 보조 가로/세로)을 설정하거나 해제한다.
- 범례 : 범례를 추가하거나 제거할 수 있으며, 위치를 지정할 수도 있다(차트와 겹치지 않게 표시).
- 선 : 차트에 하강선이나 최고/최저값 연결선 등을 추가한다(영역형/꺾은선형 차트에서만 가능).
- 추세선 : 차트에 추세선을 추가하거나 제거할 수 있다.
- 양선/음선 : 차트에 양선/음선을 추가하거나 제거할 수 있다(영역형/꺾은선형 차트에서만 가능).

2 [디자인] 탭의 [차트 스타일] 그룹

- 차트의 색(색상형, 단색형)과 스타일을 빠르게 변경한다.
- 차트의 전체 표시 스타일을 총 14가지의 스타일 중에서 원하는 스타일로 변경한다.

3 [디자인] 탭의 [데이터] 그룹

- 행/열 전환 : 축의 데이터를 서로 변경한다(X축 → Y축, Y축 → X축).
- 데이터 선택 : 차트에 포함된 데이터 범위를 변경한다(데이터를 시트에 입력하지 않고, 데이터 범위를 추가할 수 있음).
- 범례 항목(계열)에서 [제거] 단추를 클릭하면 기존 계열을 모두 삭제하고, 새로운 데이터 계열을 추가한다.
- 숨겨진 셀을 차트에 표시할 경우 [숨겨진 셀/빈 셀] 단추를 클릭하고, '숨겨진 행 및 열에 데이터 표시'를 선택한다.

4 [디자인] 탭의 [종류] 그룹

- 현재 워크시트에 삽입된 차트의 종류를 변경할 수 있다.

- 차트 종류 중에서 원하는 차트를 선택하거나 특정 계열의 차트 종류를 변경하여 혼합형 차트를 작성할 수도 있다.
- 데이터 계열 중에서 특정 계열만 차트 종류를 변경할 수 있다(계열의 바로 가기 메뉴에서 [계열 차트 종류 변경]을 선택해도 됨).

5 [디자인] 탭의 [위치] 그룹

- 차트를 통합 문서의 다른 시트나 탭으로 이동한다.
- 새 시트 : 'Chart1'이라는 차트 시트에 차트를 삽입한다.
- 워크시트에 삽입 : 현재 작업중인 워크시트에 차트를 삽입한다.

6 [서식] 탭의 [현재 선택 영역] 그룹

- 차트 요소 : 특정 서식을 지정할 수 있도록 차트 요소를 선택한다.
- 선택 영역 서식 : 선택한 차트 요소의 서식을 조정할 수 있도록 서식 작업 창을 표시한다.
- 스타일에 맞게 다시 설정 : 선택한 차트 요소의 사용자 지정 서식을 지우고, 차트에 적용된 전체 표시 스타일로 되돌린다(선택한 차트 요소가 문서의 전체 테마와 일치).

3. 차트의 서식 설정 ★★★

1 차트 영역 서식 작업 창

- 차트 영역에 대하여 채우기, 테두리, 그림자, 네온, 부드러운 가장자리, 3차원 서식 등을 지정한다.
- 테두리에서 '둥근 모서리'를 선택하면 차트의 테두리를 둥글게 변경할 수 있다.
- 차트 영역을 더블 클릭하거나 바로 가기 메뉴에서 [차트 영역 서식]을 선택한다.

2 그림 영역 서식 작업 창

- 차트의 그림 영역에 대하여 채우기, 테두리, 그림자, 네온, 부드러운 가장자리, 3차원 서식 등을 지정한다.
- 그림 영역을 더블 클릭하거나 바로 가기 메뉴에서 [그림 영역 서식]을 선택한다.

3 차트 제목 서식 작업 창

- 차트 제목에 대하여 채우기, 테두리, 그림자, 네온, 부드러운 가장자리, 3차원 서식, 맞춤 등을 지정한다.
- 차트 영역, 그림 영역, 차트 제목, 범례에 대하여 그림자를 설정할 경우 그림자에서 [미리 설정] 단추를 클릭한다.
- 차트 제목을 더블 클릭하거나 바로 가기 메뉴에서 [차트 제목 서식]을 선택한다.

4 범례 서식 작업 창

- 차트의 범례에 대하여 채우기, 테두리, 그림자, 네온, 부드러운 가장자리, 범례 옵션(위치) 등을 지정한다(범례를 차트와 겹치지 않게 표시).
- 워크시트에서 상응하는 데이터를 편집하여 개별 범례 항목을 수정할 수 있다.
- 범례를 더블 클릭하거나 바로 가기 메뉴에서 [범례 서식]을 선택한다.

5 데이터 계열 서식 작업 창

- 데이터 계열에 대하여 채우기, 테두리, 그림자, 네온, 부드러운 가장자리, 3차원 서식, 계열 옵션 등을 지정한다.
- 막대형 차트에서 막대에 채울 그림은 저장된 파일, 클립보드에 복사되어 있는 파일, 클립아트에서 선택할 수 있다.
- '쌓기'는 원본 그림의 크기에 따라 단위/그림이 달라진다.
- '다음 배율에 맞게 쌓기'는 계열 간의 원본 그림 크기가 달라도 단위/그림을 같게 설정하면 같은 크기로 표시된다.
- '계열 겹치기'에서 수치를 음수로 지정하면 데이터 계열 사이가 벌어지고, 양수로 지정하면 데이터 계열이 서로 겹쳐진다.
- '간격 너비'에서 숫자를 늘리면 막대 너비는 좁아지고, 숫자를 줄이면 막대 너비는 넓어진다(차트에서 데이터 계열의 간격을 넓게 또는 좁게 지정).
- 데이터 계열 서식에서 꺾은선형 차트의 경우는 '선'과 '표식'이 나타난다.
- 선에서 '완만한 선'을 선택하면 데이터 계열의 선을 완만한 굴곡으로 지정한다.
- 표식의 '표식 옵션'에서는 꺾은선형 표식의 형식(모양)과 크기를 지정한다.
- 데이터 계열을 더블 클릭하거나 바로 가기 메뉴에서 [데이터 계열 서식]을 선택한다.

6 데이터 레이블 서식 작업 창

- 차트의 데이터 레이블에 대하여 채우기, 테두리, 그림자, 네온, 부드러운 가장자리, 3차원 서식, 크기, 맞춤 등을 지정한다.
- 레이블 옵션에서는 레이블 내용(계열/항목 이름, 값, 지시선, 범례 표지, 구분 기호 등)과 레이블 위치(가운데, 왼쪽, 오른쪽, 위쪽, 아래쪽)를 지정한다.

- 각각의 데이터 요소나 데이터 계열 전체에 적용할 수 있다.
- 데이터 요소는 하나의 값을 나타내며, 관련 데이터 요소가 모여 하나의 데이터 계열을 이룬다.
- 데이터 레이블을 더블 클릭하거나 바로 가기 메뉴에서 [데이터 레이블 서식]을 선택한다.

7 축 서식 작업 창

- 차트의 세로 (값) 축과 가로 (항목) 축에 대하여 채우기, 선, 그림자, 네온, 부드러운 가장자리, 3차원 서식, 맞춤, 축 옵션, 눈금, 레이블, 표시 형식 등을 지정한다.
- 주 단위는 세로 (값) 축의 주 눈금선 간격이고, 보조 단위는 세로 (값) 축의 보조 눈금선 간격이다.
- 세로 (값) 축과 가로 (항목) 축을 더블 클릭하거나 바로 가기 메뉴에서 [축 서식]을 선택한다.

8 데이터 표 서식 작업 창

- 차트의 데이터 표에 대하여 채우기, 테두리, 그림자, 네온, 부드러운 가장자리, 3차원 서식, 데이터 표 옵션 등을 지정한다.
- 원형, 분산형, 도넛형, 거품형, 방사형, 표면형 차트 등은 지정할 수 없다.
- 데이터 표를 더블 클릭하거나 바로 가기 메뉴에서 [데이터 표 서식]을 선택한다.

4. 차트의 배경과 분석 ★★★

1 3차원 회전

- 3차원 차트는 3차원 세로 막대, 3차원 꺾은선과 같이 축이 3개로 구성된 차트이다.
- 차트 영역, 그림 영역, 차트 옆면/밑면 등 선택한 요소의 방향과 원근감을 변경할 수 있다.
- 원형이나 도넛형 차트는 각각의 데이터 계열을 드래그하여 조각마다 서로 다른 색상을 지정할 수 있다.
- 원형 차트의 조각은 0도에서 360도 범위 내에서 회전시킬 수 있다.
- 차트에서 옆면 또는 밑면을 더블 클릭하거나 바로 가기 메뉴에서 [옆면 서식] 또는 [밑면 서식]을 선택한다.

항목	설명
미리 설정	기본 제공 회전 또는 원근감 효과를 선택하여 원하는 옵션을 클릭
X 회전/Y 회전	가로 축/세로 축의 방향을 변경하기 위해 숫자를 입력
원근감	도형에 적용되는 단축량(깊이에 따른 확대 및 축소)으로 깊이 모양을 변경하기 위해 숫자를 입력
직각으로 축 고정	차트의 옆면과 밑면을 직각(정면)으로 고정
크기 자동 조정	선택한 차트 요소에 기본 배율 옵션을 적용(기본적으로 선택되어 있음)
깊이	선택한 차트 요소의 깊이를 지정(0~2000)하며, 기본 깊이는 100
높이	선택한 차트 요소의 높이를 지정(0~500)하며, 기본 높이는 100

2 추세선 설정

- 데이터의 추세를 그래픽으로 나타내는 선으로 데이터 예상이나 표본을 미리 확인할 수 있다(데이터를 분석하고 예측하는데 사용).
- 하나의 데이터 계열에 두 개 이상의 추세선을 사용할 수 있다.
- 추세선에 사용된 수식을 추세선과 함께 나타나게 할 수 있다.
- 차트를 선택한 후 [차트 도구]-[디자인] 탭의 [차트 레이아웃] 그룹에서 차트 요소 추가(차트 요소 추가) 아이콘을 클릭하고, 추세선 유형을 선택한다.
- 추세선을 더블 클릭하거나 바로 가기 메뉴에서 [추세선 서식]을 선택하면 추세선 서식 작업 창이 나타난다(추세선 옵션에서 추세/회귀 유형, 추세선 이름, 예측 등을 설정).
- 추세선을 추가할 수 있는 차트는 누적되지 않은 2차원 영역형, 가로 막대형, 세로 막대형, 꺾은선형, 주식형, 분산형, 거품형 차트 등이 있다.
- 추세선을 추가할 수 없는 차트는 3차원, 방사형, 원형, 표면형, 도넛형 차트 등이 있다.

3 오차 막대 설정

- 데이터 계열에 있는 각 데이터 요소의 잠재 오차량이나 불확실도를 나타낸 것이다.
- 3차원 차트의 데이터 계열에는 오차 막대를 추가할 수 없다.
- 분산형과 거품형 차트에는 X 값, Y 값, XY 값 모두에 대한 오차 막대를 나타낼 수 있다.
- 차트를 작성하고 난 후에는 차트 제목이나 축 제목을 삽입할 수 있다.
- 차트를 선택한 후 [차트 도구]-[디자인] 탭의 [차트 레이아웃] 그룹에서 차트 요소 추가(차트 요소 추가) 아이콘을 클릭하고, 오차 막대 유형을 선택한다.
- 오차 막대를 더블 클릭하거나 바로 가기 메뉴에서 [오차 막대 서식]을 선택하면 오차 막대 서식 작업 창이 나타난다(세로 오차 막대에서 방향, 끝 스타일, 오차량(고정값, 백분율, 표준 편차/오차, 사용자 지정) 등을 설정).

5. 차트의 데이터 변경 ✪

1 원본 데이터 변경

- 데이터 수정, 데이터 범위 변경, 데이터 계열 추가/제거 등을 수행할 때 사용한다.
- 원본 데이터의 값이나 요소(계열) 이름이 변경되면 차트에 자동으로 적용된다.
- 원본 데이터 범위 내에서 새로운 요소나 데이터 계열이 삽입되면 차트에 자동으로 적용되며, 삭제되면 차트에서도 삭제된다.
- [차트 도구]–[디자인] 탭의 [데이터] 그룹에서 데이터 선택(데이터 선택) 아이콘을 클릭한다.

2 범례의 이동과 삭제

- 마우스로 범례를 이동하거나 크기를 변경하는 경우 그림 영역의 크기나 위치는 변경되지 않는다.
- 차트에서 범례 또는 범례 항목을 클릭한 후 Delete 키를 누르면 범례가 삭제된다.

3 데이터 계열의 복사와 붙여넣기

- 원본 데이터에서 추가할 데이터 범위를 지정한 후 Ctrl+C 키를 누른다.
- 차트 영역을 선택한 후 Ctrl+V 키를 누른다.

4 색 범위로 데이터 계열 추가

- 차트 영역을 선택한다.
- 원본 데이터에 나타난 파란색 범위 조절점을 추가할 데이터로 드래그하여 범위를 확장한다.

6. 차트의 종류 및 특징 ✪✪✪

1 세로 막대형

- 여러 항목간의 값을 비교하고 분석할 수 있다.
- 일정 기간의 데이터 변화와 시간에 따른 변화를 강조한다.

종류	특징
묶은 세로 막대형	전체 항목의 값을 비교하여 값을 표시
누적 세로 막대형	전체 항목의 합계를 기준으로 각 값의 기여도를 비교하여 전체와 개별 항목간의 관계를 표시
100% 기준 누적 세로 막대형	전체 항목의 합계를 기준으로 각 값의 백분율을 비교
3차원 세로 막대형	가로 축 및 깊이 축을 따라 데이터 요소를 비교

2 가로 막대형

- 특정 기간 값의 변화를 강조하거나 특정 시점의 항목간 크기를 비교할 때 사용한다.
- 항목은 수직으로 값은 수평으로 구성된다.

종류	특징
묶은 가로 막대형	항목간의 값을 비교
누적 가로 막대형	각 항목과 전체 항목간의 관계를 비교
100% 기준 누적 가로 막대형	전체 항목의 합계를 기준으로 각 값의 백분율을 비교

3 꺾은선형

- 월, 분기, 회계 연도 등과 같은 일정 기간 동안 변화되는 데이터 추세를 나타내며, 시간 흐름에 따른 데이터의 변화율을 강조한다.
- 차트를 작성한 원본 데이터 값 중 빈 셀(Null 값)이 있을 경우 해당 부분은 단절되어 나타난다.
- 항목 데이터는 가로 축을 따라 일정 간격으로 표시되고, 모든 값 데이터는 세로 축을 따라 일정 간격으로 표시된다.

종류	특징
누적 꺾은선형	시간 흐름이나 순서별 항목에 따른 각 값의 기여도 추세를 표시
100% 기준 누적 꺾은선형	시간 흐름이나 순서별 항목에 따른 각 값의 기여도 백분율 추세를 표시
3차원 꺾은선형	각 데이터의 행이나 열을 3차원 표식으로 표시

4 원형

- 하나의 데이터 계열로 중요 요소를 강조할 때 사용하며, 전체 항목에 대한 각 항목의 크기 비율을 나타낸다(항상 한 개의 데이터 계열만을 가지고 있으므로 축이 없음).
- 차트에 그릴 값이 모두 음수가 아니거나 대부분 0이 아닌 경우, 항목이 원형 전체의 일부를 나타내는 경우 사용한다.
- 각각의 원형 조각을 차트 중심에서 분리하거나 결합할 수 있다.

종류	특징
3차원 원형	각 값이 합계에서 차지하는 부분을 3차원 형식으로 표시
원형 대 원형	원하는 값을 추출하여 다시 원형 차트로 나타냄

원형 대 가로 막대형	기본 원형 차트의 작은 원형 조각을 보다 쉽게 구분할 수 있음

5 영역형

- 시간에 따른 변동의 크기를 강조하며, 합계 값을 추세와 함께 표시할 수 있다.
- 누적 가로 막대형이나 누적 세로 막대형과 같이 전체에 대한 각 항목의 관계도 볼 수 있다.

종류	특징
누적 영역형	시간이나 항목에 따른 각 값의 기여도 추세를 보여줌
100% 기준 누적 영역형	시간이나 항목에 따른 각 값의 백분율 추세를 보여줌

6 분산형

- 두 개의 숫자를 XY 좌표로 이루어진 하나의 계열로 나타내며, 데이터의 불규칙한 간격이나 묶음을 보여준다(값을 점으로 비교).
- 가로 축 값이 일정하지 않거나 요소 수가 많은 경우 사용된다.
- 주로 과학 데이터나 공학용 데이터 분석에 많이 사용된다.
- 가로 축의 눈금 간격을 변경하는 경우, 축에 로그 눈금 간격을 표시하는 경우, 가로 축 값이 일정한 간격이 아닌 경우, 가로 축의 데이터 요소 수가 많은 경우, 개별 눈금을 조정하여 그룹화된 값의 자세한 정보를 표시하는 경우, 데이터 요소의 차이점보다 큰 데이터 집합간의 유사점을 표시하는 경우 사용한다.

종류	특징
곡선이 있는 분산형	데이터 요소를 연결하는 곡선이 표시
직선이 있는 분산형	데이터 요소를 연결하는 직선이 표시

7 주식형

- 주식의 가격 동향을 나타내거나 온도 변화와 같은 과학 데이터를 표현하는데 사용한다.
- 주식형 차트를 작성하기 위해서는 먼저 데이터가 정확한 순서로 구성되어야 한다.
- 두 개의 값 축 중 하나는 거래량을 측정하는 열을 나타내고, 다른 하나는 주식 가격을 나타낸다.

종류	특징
고가-저가-종가	고가, 저가, 종가의 순서에 따라 세 개의 값 계열이 필요
시가-고가-저가-종가	시가, 고가, 저가, 종가의 순서에 따라 네 개의 값 계열이 필요
거래량-고가-저가-종가	거래량, 고가, 저가, 종가의 순서에 따라 네 개의 값 계열이 필요하며, 두 개의 값 축을 사용하여 거래량을 표시
거래량-시가-고가-저가-종가	거래량, 시가, 고가, 저가, 종가의 순서에 따라 다섯 개의 값 계열이 필요

8 도넛형

- 원형 차트를 개선한 것으로 전체 항목에 대한 각 항목의 비율을 나타낸다(3차원 차트는 불가능).
- 바깥쪽에 위치한 데이터 계열의 모든 조각을 한번에 분리하거나 개별적으로 조각을 선택하여 분리할 수도 있다(차트를 이루는 각각의 원은 하나의 데이터 계열을 표시).
- 데이터 요소 서식 작업 창의 '계열 옵션'에서 첫째 조각의 각, 쪼개진 요소, 도넛 구멍 크기를 지정하는 회전각을 변경할 수 있다.
- 데이터 계열이 많아 알아보기가 쉽지 않은 경우 누적 세로 막대형 차트나 누적 가로 막대형 차트로 변경하는 것이 좋다.

종류	특징
쪼개진 도넛형	전체에 대한 각 값의 기여도를 보여 주면서 개별 값을 강조

9 표면형

- 데이터 양이 많거나 두 개의 데이터 집합에서 최적의 조합을 찾을 때 사용한다.
- 차트에 표현된 색과 무늬는 동일한 범위에 있는 항목을 나타낸다.

종류	특징
3차원 표면형	2차원을 교차하는 값의 추세를 연속되는 곡선으로 나타냄
3차원 표면형(골격형)	색으로 채워져 있지 않은 3차원 표면형 차트(선만 표시)
표면형(조감도)	위에서 내려다 본 표면형 차트(띠무늬는 특정 값 범위를 표시)
표면형(골격형 조감도)	위에서 내려다 본 표면형 차트(표면에 띠무늬가 표시되지 않음)

10 거품형

- 다른 차트와 혼합할 수 없으며, 데이터 표식의 크기를 통해 계열간 항목을 비교할 수 있다.
- 데이터 표식의 크기는 원본 데이터의 세 번째 열 값을 나타낸다.

• 데이터를 배열하려면 X값을 열/행에 놓고, 대응하는 Y값과 거품 크기를 인접한 행/열에 입력한다.

종류	특징
거품형	2개의 값 집합 대신 3개의 값 집합을 비교하며, 세 번째 값에 따라 거품 크기가 결정

11 방사형

• 많은 데이터 계열의 집계 값을 비교하며, 데이터 계열이 중심에서 외곽선으로 나오는 축을 갖는다.
• 각 항목마다 자체의 값 축을 갖고 있으며, 같은 계열은 하나의 선으로 연결된다.

종류	특징
표식이 있는 방사형	각 데이터 요소에 대한 표식과 함께 표시
채워진 방사형	데이터 계열에 해당하는 영역이 색으로 채워짐

12 혼합형

• 여러 개의 데이터 계열로 이루어진 차트에서 특정 데이터 계열만 선택하여 다른 차트로 나타낸다.
• 두 개 이상의 차트를 사용하여 차트에 포함된 특정 데이터 계열을 강조할 수 있다.
• 특정 데이터 계열의 값이 다른 데이터 계열 값과 차이가 많을 경우 이중 축 차트와 함께 사용한다.
• 서로 다른 단위의 데이터를 사용할 경우에도 이중 축 혼합형 차트로 나타낼 수 있다.
• 2차원 차트끼리는 혼합형 차트를 만들 수 있지만 2차원과 3차원 차트를 혼합할 수는 없다.
• 3차원 효과의 가로 막대형, 3차원 효과의 세로 막대형, 꺾은선형, 원형, 영역형, 표면형, 거품형, 주식형은 서로 혼합할 수 없다.

13 이중 축 차트

• 작성된 차트에 또 하나의 값 축을 추가하여 이중으로 값을 표시할 때 사용한다.
• 특정 데이터 계열 값의 범위가 다른 데이터 계열과 현저하게 차이가 날 때 사용한다.
• 이중 축으로 만들 데이터 계열을 선택한 후 바로 가기 메뉴에서 [데이터 계열 서식]을 선택한다.
• 데이터 계열 서식 작업 창의 '계열 옵션'에서 데이터 계열 지정 항목에 있는 '보조 축'을 선택한다.

14 새로운 차트의 종류

• 트리맵 : 색과 근접성을 기준으로 범주를 표시하며, 다른 차트로 표시하기 어려운 많은 양의 데이터를 쉽게 표시한다(계층 구조 안에 빈 셀이 있는 경우만 가능하며, 계층 안에서 비율을 비교).
• 선버스트 : 계층적 데이터를 표시하며, 하나의 고리가 어떤 요소로 구성되는가를 보여주는데 가장 효과적이다(계층 구조 내 빈 셀이 있는 경우 그릴 수 있고, 하나의 고리나 원이 계층 구조의 각 수준을 나타내면서 가장 안쪽에 있는 원이 구조의 가장 높은 수준을 나타냄). → 계층 구조가 없는 선버스트 차트는 도넛형 차트와 모양이 유사
• 히스토리그램 : 차트에 그려진 데이터는 분포 내의 빈도와 계급 구간으로 그룹화된 데이터 분포를 보여준다(계급 구간에서 차트의 각 열을 변경하여 데이터를 세부적으로 분석). → 파레토는 내림차순으로 정렬된 열과 총 누적 백분율로 나타내는 선을 모두 포함하는 순차적 히스토그램 차트
• 상자 수염 : 데이터 분포를 사분위수로 나타내고, 평균 및 이상값을 강조하므로 서로 특정 방식의 관계가 있는 여러 데이터 집합에서 사용한다(상자에는 수직으로 확장되는 '수염' 선을 포함).
• 폭포 : 값을 증감할 때 재무 데이터의 누계 합계가 표시되는데 이는 초기값이 양수 및 음수 값에 영향을 주는 방식을 이해하는데 유용하다(막대는 색으로 구분되므로 양수와 음수를 빠르게 구분).

| 무료 동영상 |

10 출력 작업

1. 페이지 나누기/페이지 나누기 미리 보기 ✪✪

1 페이지 나누기

• 페이지 나누기는 워크시트를 인쇄할 수 있도록 페이지 단위로 나누는 구분선이다.
• 워크시트가 한 페이지를 넘으면 자동으로 페이지 나누기 선이 삽입되어 여러 페이지로 인쇄된다.
• 페이지 구분선을 마우스로 드래그하여 구분선의 위치를 변경할 수 있다.
• 수동 페이지 나누기 선은 셀 포인터를 기준으로 위쪽과 왼쪽에 삽입된다.

• 수동으로 삽입된 페이지 나누기는 실선으로 표시되고, 자동으로 추가된 페이지 나누기는 파선으로 표시된다.
• 행 높이와 열 너비를 변경하면 자동 페이지 나누기의 위치도 변경된다.
• 용지 크기, 여백 설정, 배율 옵션 등에 따라 자동 페이지 나누기가 삽입된다.
• 강제로 페이지를 구분하려면 페이지를 구분할 셀을 클릭한 후 [페이지 레이아웃] 탭의 [페이지 설정] 그룹에서 나누기(나누기) 아이콘을 클릭하고, [페이지 나누기 삽입]을 선택한다.
• 수동 페이지 나누기 선을 제거하기 위해서는 페이지 나누기가 설정된 셀에서 나누기(나누기) 아이콘을 클릭하고, [페이지 나누기 제거]를 선택한다.

❷ 페이지 나누기 미리 보기

• 페이지 구분선과 페이지 번호가 나타나며, 페이지 구분선을 드래그하여 페이지의 나눌 위치를 조정할 수 있다.
• 인쇄 영역을 표시하는 굵은 실선을 드래그하여 인쇄 영역을 조정할 수 있다.
• 페이지 나누기 미리 보기 상태에서도 데이터의 입력 및 편집 작업이 가능하다.
• 수동으로 삽입된 페이지 나누기는 실선으로 표시되고, 자동으로 추가된 페이지 나누기는 파선으로 표시된다.
• 워크시트의 인쇄 모양을 보여 주기 위하여 [보기] 탭의 [통합 문서 보기] 그룹에서 페이지 나누기 미리 보기(페이지 나누기 미리 보기) 아이콘을 클릭한다.
• [보기] 탭의 [통합 문서 보기] 그룹에서 기본(기본) 아이콘을 클릭하면 처음 페이지 나누기 전의 상태로 돌아간다.

❸ 페이지 레이아웃

• 워크시트 문서가 어떤 형태로 출력되는지를 페이지 단위로 확인할 수 있다(페이지의 시작과 끝이 어디인지를 확인할 수 있음).
• 머리글/바닥글 영역이 표시되어 머리글이나 바닥글 내용을 바로 입력하거나 수정할 수 있다.
• 행 높이, 열 너비, 페이지 여백, 머리글/바닥글 여백 등을 마우스로 드래그하여 조절할 수 있다(페이지 구분선은 조절할 수 없음).
• [보기] 탭의 [통합 문서 보기] 그룹에서 페이지 레이아웃(페이지 레이아웃) 아이콘을 클릭한다.

2. [페이지 설정] 대화 상자 ★★★

❶ [페이지] 탭

항목	설명
용지 방향	용지의 인쇄 방향(세로, 가로)을 설정
배율	워크시트의 확대/축소 배율(10~400%)을 설정하거나 데이터에 관계없이 지정 페이지 수(한 장)에 맞게 인쇄하도록 자동 설정(용지 너비 : 1, 용지 높이 : 1)
용지 크기	인쇄할 용지의 크기를 설정
인쇄 품질	프린터의 해상도를 설정(해상도가 높을수록 선명)
시작 페이지 번호	인쇄를 시작할 페이지를 설정(기본값은 1페이지부터 인쇄)
옵션	[프린터 등록 정보] 대화 상자를 표시

❷ [여백] 탭

항목	설명
여백	위쪽, 아래쪽, 왼쪽, 오른쪽, 머리글, 바닥글의 여백을 지정(머리글이 데이터와 겹치지 않으려면 머리글 값이 위쪽 값보다 작아야 함)
페이지 가운데 맞춤	워크시트에서 작업한 내용이 인쇄 용지의 가운데에 위치하도록 맞춤

❸ [머리글/바닥글] 탭

• 워크시트에서 작업한 내용을 인쇄할 때 매 페이지의 상단과 하단에 특정 텍스트(페이지 번호, 문서의 제목, 작성자, 작성 날짜 등)를 표시할 수 있다.
• 머리글과 바닥글은 다시 입력하기 전까지 계속 유지되며, 인쇄 시 용지에만 나타난다.
• 머리글/바닥글은 워크시트 페이지마다 위쪽/아래쪽에 고정적으로 인쇄되는 내용이다.
• 머리말과 꼬리말이 짝수와 홀수 페이지에 다르게 표시되도록 설정할 수 있다.
• 머리글/바닥글의 편집 상태에서 문자열은 " " 따옴표를 사용하지 않으며, 연결 기호는 &를 사용한다(머리글/바닥글 내용에 '&' 문자를 포함시키려면 '&&'를 사용).
• −&[페이지 번호]&− : −1− 형태의 페이지 번호를 입력한다.
• &[페이지 번호]페이지 : 1페이지 형태의 페이지 수를 입력한다.

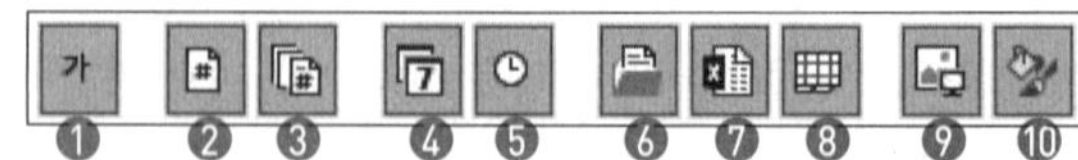

• ❶ : 텍스트 서식 • ❷ : 페이지 번호 삽입
• ❸ : 전체 페이지 수 삽입 • ❹ : 날짜 삽입
• ❺ : 시간 삽입 • ❻ : 파일 경로 삽입
• ❼ : 파일 이름 삽입 • ❽ : 시트 이름 삽입
• ❾ : 그림 삽입 • ❿ : 그림 서식

4 [시트] 탭

항목	설명
인쇄 영역	특정 부분만 인쇄할 수 있도록 해당 범위를 설정
인쇄 제목	인쇄할 때 페이지마다 반복할 행/열을 제목으로 설정(특정 행을 각 페이지의 수평 제목으로 인쇄하려면 '반복할 행', 수직 제목으로 인쇄하려면 '반복할 열'에 해당 범위를 지정)
눈금선	워크시트에서 셀 눈금선의 인쇄 여부를 설정
흑백으로	컬러로 지정된 데이터를 흑백으로 출력
간단하게 인쇄	그래픽 개체(도형, 차트, 일러스트레이션 등)를 제외하고, 텍스트만 빠르게 인쇄
행/열 머리글	행/열의 위치를 나타내는 머리글을 문서에 포함하여 인쇄
메모	해당 시트에 입력된 메모의 인쇄 위치를 설정('없음'을 선택하면 셀에 메모가 있더라도 인쇄되지 않음)
셀 오류 표시	셀 오류의 표시 방법을 지정
페이지 순서	• 한 페이지에 문서 전체를 인쇄할 수 없을 때 인쇄 방향(행/열)을 설정 • 행 우선은 행(아래) 방향으로 인쇄를 한 후 열 방향으로 진행 • 열 우선은 열(오른쪽) 방향으로 인쇄를 한 후 행 방향으로 진행

3. 인쇄 미리 보기와 인쇄 설정 ★

1 인쇄 미리 보기

- 작업 내용을 프린터로 인쇄하기 전에 여백이나 서식 등을 미리 확인할 수 있다.
- [파일] 탭에서 [인쇄]를 선택하거나 Ctrl+F2 키를 누른다.
- 인쇄 미리 보기 창의 오른쪽 하단에 있는 여백 표시( ) 단추를 클릭하면 셀 너비를 상하좌우로 조절할 수 있다(셀 너비를 조절하면 워크시트에도 변경된 너비가 적용).
- 인쇄 미리 보기 창을 종료하려면 ESC 키를 누른다.
- 여러 개의 인쇄 영역을 설정한 후 인쇄하면 설정한 순서대로 각각 다른 페이지에 인쇄된다.
- 차트를 선택한 후 [파일] 탭을 클릭하고, [인쇄]를 선택하면 차트만 미리 볼 수 있다.

2 인쇄 설정

- [인쇄] 메뉴에서는 인쇄 매수, 프린터의 상태 및 종류, 프린터 속성, 페이지 설정 등을 지정할 수 있다.
- [인쇄] 메뉴의 설정에서는 인쇄 범위, 인쇄 대상, 단면/양면 인쇄, 인쇄 방향, 인쇄 규격, 사용자 지정 여백, 용지 설정 등을 지정할 수 있다.

3 특정 부분만 인쇄

- 인쇄할 범위를 지정한 후 '설정'에서 인쇄 대상을 '선택 영역 인쇄'로 선택한다.
- 인쇄할 범위를 지정한 후 [페이지 레이아웃] 탭의 [페이지 설정] 그룹에서 인쇄 영역( ) 아이콘을 클릭하고, [인쇄 영역 설정]을 선택한다.
- [페이지 설정] 대화 상자의 [시트] 탭에서 '인쇄 영역'에 인쇄할 범위를 지정한다.
- 인쇄 영역으로 설정되면 인쇄 미리 보기에서는 설정된 부분만 표시된다.

| 무료 동영상 |

핵심정리 11 매크로 활용

1. 매크로의 특징과 기록 ★★★

1 매크로의 특징

- 매크로는 해당 작업이 필요할 때마다 실행할 수 있도록 일련의 명령과 함수를 Microsoft Visual Basic 모듈로 저장해 놓은 것이다.
- 반복적인 작업이나 시간이 많이 걸리는 작업을 보다 신속하게 처리하기 위해 사용된다.
- 특정 작업 내용을 바로 가기 키나 명령 단추로 기록하여 작업을 보다 빠르게 실행할 수 있다.
- 선택된 셀 위치에서 매크로가 실행되도록 하려면 상대 참조로 기록해야 한다.
- 엑셀에서 기본적으로 사용하는 통합 문서(.xlsx)는 매크로 제외 통합 문서이다.
- 새 매크로 기록을 이용하거나 VBA(Visual Basic for Application)을 이용하여 작성할 수 있다.

2 매크로 기록 작성

- 리본 메뉴에 [개발 도구] 탭을 표시하기 위하여 [파일]-[옵션]을 선택한다(매크로 기록 시 리본 메뉴의 탐색은 기록 단계에 포함되지 않음).
- [Excel 옵션] 대화 상자의 [리본 사용자 지정] 탭에서 리본 메뉴 사용자 지정에 있는 '개발 도구'를 체크하고, [확인] 단추를 누른다.

- [개발 도구] 탭의 [코드] 그룹에서 매크로 기록(매크로 기록) 아이콘을 클릭한다(사용자의 마우스 동작뿐만 아니라 키보드 동작도 그대로 기록).
- [매크로 기록] 대화 상자에서 매크로 이름, 바로 가키 키, 매크로 저장 위치 등을 설정한 후 [확인] 단추를 누른다.
- 매크로 기록 과정이 끝나면 [개발 도구] 탭의 [코드] 그룹에서 기록 중지(기록 중지) 아이콘을 클릭하여 매크로를 종료한다.
- 매크로로 작성한 내용은 필요에 따라 삭제, 편집이 가능하다.

3 매크로 이름

- 자동으로 부여되므로 설정된 이름을 이용하거나 새로운 이름을 사용자가 직접 입력할 수 있다.
- 첫 글자는 반드시 문자로 시작되어야 하며, 특수 문자(+, −, ?, $, & 등)는 사용할 수 없다.
- 이름 중간에 공백을 삽입할 수 없으며, 단어를 구분할 때는 밑줄(_)을 사용한다.
- Auto_Open으로 이름을 지정하면 통합 문서를 열 때마다 자동으로 실행된다.

4 바로 가기 키

- 매크로를 해당 바로 가기 키로 실행할 수 있도록 문자를 입력한다.
- 기본적으로 Ctrl+영문 소문자로 지정되지만 바로 가기 키 입력란에 대문자를 입력하면 Ctrl+Shift+영문 대문자로 지정된다.
- @나 #과 같은 특수 문자는 사용할 수 없다.
- 매크로가 작성된 통합 문서가 열린 경우 기억되어 있는 기본 바로 가기 키보다 매크로 실행 바로 가기 키가 우선한다.

5 매크로 저장 위치

- 개인용 매크로 통합 문서 : PERSONAL.XLSB에 저장되어 엑셀을 실행할 때마다 기록된 매크로를 자동으로 사용할 수 있도록 저장한다.
- 새 통합 문서 : 새로운 통합 문서에 기록된 매크로를 저장한다.
- 현재 통합 문서 : 현재 작업중인 통합 문서에 기록된 매크로를 저장한다.

6 매크로의 보안 경고

- 매크로가 포함된 문서 파일을 불러오면 '보안 경고'가 나타나는데 이때, [콘텐츠 사용] 단추를 클릭한다.
- '보안 경고' 없이 통합 문서에 포함된 모든 콘텐츠를 사용하려면 [개발 도구] 탭의 [코드] 그룹에서 매크로 보안(! 매크로 보안) 아이콘을 클릭한다.
- [보안 센터] 대화 상자의 [매크로 설정] 탭에서 '모든 매크로 포함'을 선택하고, [확인] 단추를 누른다.

7 매크로 삭제

- [개발 도구] 탭의 [코드] 그룹에서 매크로(매크로) 아이콘을 클릭하거나 [보기] 탭의 [매크로] 그룹에서 매크로(매크로) 아이콘을 클릭하고, [매크로 보기]를 선택한다.
- Visual Basic Editor의 프로시저에서 직접 지우거나 모듈을 삭제한다.
- 매크로 기능이 연결된 도형이나 버튼(단추)을 삭제해도 작성된 매크로는 삭제되지 않는다.

8 Visual Basic 편집기

- 사용자가 기록한 매크로 내용을 수정하거나 편집할 수 있다.
- 사용자가 명령어를 입력하여 매크로를 작성할 수도 있다.
- 작성된 매크로는 VBE(Visual Basic Editor)에서 해당하는 코드를 제거하면 매크로가 삭제된다.
- 모듈 창에서 커서 위치까지 실행하기 위한 바로 가기 키는 Ctrl+F8이다.
- 실행하고자 하는 매크로 구문에 커서를 위치시키고, F5 키를 누르면 매크로가 바로 실행된다.
- [개발 도구] 탭의 [코드] 그룹에서 Visual Basic(Visual Basic) 아이콘을 클릭하거나 [매크로] 대화 상자에서 [편집] 단추를 누른다.
- Alt+F11 키를 누르거나 [시트] 탭의 바로 가기 메뉴에서 [코드 보기]를 선택한다.

2. 매크로 실행 ✪✪

1 매크로 실행 과정

- 기록한 매크로를 실행할 경우 [개발 도구] 탭의 [코드] 그룹에서 매크로(매크로) 아이콘을 클릭하거나 Alt+F8 키를 누른다.
- 매크로 기록 시 설정한 바로 가기 키를 누른다.
- 매크로를 실행하는 동안 셀을 선택하면 매크로가 절대 참조를 기록하므로 처음 선택한 셀은 무시하고 현재 셀을 선택한다.

2 실행 방법(1)

- 매크로를 실행할 셀에서 [개발 도구] 탭의 [코드] 그룹에 있는 매크로(매크로) 아이콘을 클릭한다.
- [매크로] 대화 상자에서 실행할 매크로 이름을 선택하고, [실행] 단추를 누른다.

단추	설명
[실행]	선택한 매크로를 실행
[한 단계씩 코드 실행]	• 선택한 매크로를 한 줄씩 실행(디버깅) • Visual Basic Editor가 실행되고, F8 키를 눌러 한 단계씩 실행
[편집]	Visual Basic Editor를 이용하여 매크로 이름, 키, 명령 내용 등을 편집
[만들기]	Visual Basic Editor를 이용하여 매크로를 작성
[삭제]	선택한 매크로를 삭제
[옵션]	선택한 매크로에 바로 가기 키나 설명을 수정

3 실행 방법(2)

- 매크로를 실행할 셀에서 [매크로 기록] 대화 상자의 설정한 바로 가기 키를 누른다.
- [매크로 기록] 대화 상자에서 바로 가기 키를 소문자로 지정했을 경우에는 Ctrl+영문자를, 대문자로 지정했을 경우에는 Ctrl+Shift+영문자를 누른다.

4 기타 실행 방법

- [개발 도구] 탭의 [컨트롤] 그룹에서 삽입(삽입) 아이콘의 양식 컨트롤에서 단추(▭) 단추를 눌러 개체를 만들고, 매크로 이름과 연결한 후 해당 개체를 클릭한다.
- 양식 컨트롤인 [단추] 도구를 이용하여 명령 단추를 그린 후 실행할 매크로를 지정하면 해당 단추를 클릭하여 실행할 수 있다.
- [삽입] 탭의 [일러스트레이션] 그룹에 있는 도형(도형) 아이콘을 이용하여 매크로의 실행 단추를 만든다(도형, 그림 등과 같은 개체에 매크로를 지정하여 실행).

5 [개발 도구] 탭의 [컨트롤] 그룹

- 컨트롤은 데이터 표시/입력 또는 작업 수행을 위해 양식에 넣은 그래픽 개체로 텍스트 상자, 목록 상자, 옵션 단추, 명령 단추 등이 있다.
- ActiveX 컨트롤은 양식 컨트롤 보다 다양한 이벤트에 반응할 수 있으나 차트 시트에서는 사용할 수 없으며, 양식 컨트롤보다 호환성은 낮다.
- 양식 컨트롤의 '단추(양식 컨트롤)'를 클릭하거나 드래그해서 추가하면 [매크로 지정] 대화 상자가 자동으로 표시된다.

3. 매크로 편집과 제어문 ✪

1 프로시저(Procedure) 작성

- 프로시저는 한 단위로 실행되는 구문으로 이름은 모듈 수준에서 정의한다.
- 프로시저는 특정 기능을 수행할 수 있는 명령문들의 집합으로 사용자가 직접 기록한 매크로도 프로시저로 기록된다.
- 프로시저 이름은 매크로 이름과 같이 동일한 방법으로 사용자가 직접 입력한다.
- 프로시저를 실행할 경우 도구 모음에서 [매크로 실행] 단추를 클릭하거나 F5 키를 누른다.
- 프로시저의 범위는 Public 또는 Private로 설정하며, 해당 범위를 생략하면 Public이 설정된다.

2 프로시저 호출

- Call문을 이용하여 호출하며, 다른 프로시저에서 호출할 경우 프로시저의 이름을 입력한다.
- 매개 변수가 있을 경우 '프로시저 이름 변수 1, 매개 변수 2' 또는 'Call 프로시저 이름'의 형식을 사용한다.

3 프로시저 형식

- Sub 프로시저는 프로그램의 설정 작업을 수행하지만 결과값은 반환하지 않는다(Sub~End Sub).
- Function 프로시저는 사용자 정의 함수를 이용하여 작업을 수행한다(Function~End Function).
- Property 프로시저는 사용자 정의 속성을 작성할 경우 사용한다.

4 코드 작성

- 한 줄에 명령문 하나를 입력하며, 두 개 이상의 명령문을 입력할 때는 콜론(:)으로 구분한다.
- 명령문의 길이가 길면 밑줄(_)을 이용하여 두 줄 이상으로 나눌 수 있다.
- 예약어는 자동으로 첫 글자가 대문자로 입력되며, 대소문자를 구분하지 않는다.
- 주석문은 REM 또는 따옴표(')로 시작하는데 이는 매크로 실행에 아무런 영향을 주지 않는다.

- 구문을 입력할 때 행에 문법적 오류가 발생하면 이를 자동으로 검사한다.
- Ctrl+Enter 키를 누르면 입력할 수 있는 개체, 메서드, 속성 목록이 표시된다.
- 예약어는 파란색으로 표시되지만 상수, 변수, 수식 등은 검정색으로 표시된다(오류는 빨간색).

5 모듈(Module)

- 하나의 일을 처리하는 명령으로 *.bas 확장자를 갖는다.
- 매크로를 설정하면 모듈에 'sub 매크로명( )'의 형식으로 저장되어 있다.
- 하나 이상의 프로시저들을 이용하여 모듈을 구성한다.

6 메서드(Method)

- 개체에 특정 작업이나 동작을 지시하는 행동이다.
- 각 개체가 가지고 있는 메서드는 서로 다르며, '개체명.메서드' 형태로 표시한다.

7 변수

- 수시로 변하는 수로 항상 영문자로 시작해야 한다.
- 한글, 숫자, 밑줄 등을 사용하며, 영문의 경우 대소문자를 구분하지 않는다.
- 상수 값을 대입할 경우 등호(=)를 입력하며, 빈칸이나 마침표(.)를 사용할 수 없다.
- 변수명의 길이는 영문 최대 255자, 한글 최대 127자 이어야 한다.
- 엑셀에서 지정된 예약어는 변수명으로 사용할 수 없다.

종류	설명
Dim	변수를 선언할 때 사용
Public	모든 모듈에서 사용하는 변수를 선언할 때 사용
Static	정적 변수를 선언할 때 사용
Private	모듈에서 사용하는 변수를 선언할 때 사용

4. 새 쿼리와 외부 데이터베이스 ✪✪

1 새 쿼리 만들기

- SQL, dBASE, Access 등에서 사용하는 데이터베이스 파일, 텍스트 파일, 웹 페이지 파일 등을 엑셀로 가져와 워크시트에서 사용하는 기능이다.
- Microsoft Query, Access, dBASE, FoxPro, Oracle, Paradox, 텍스트 파일(txt, prn), 엑셀 파일(xlsx) 등을 액세스할 수 있다.
- 원본 데이터가 변경될 경우 가져온 데이터 파일에도 적용되도록 설정할 수 있다.
- 쿼리(Query)는 원본 데이터 작성 시 입력 데이터베이스의 위치와 연결 정보를 갖는다.
- 외부 데이터베이스에서 작성된 데이터를 읽는 방법에는 Microsoft Query, Microsoft Visual Basic, Web Query 사용 등이 있다(이미 저장되어 있는 웹 쿼리(*.iqy)를 실행).
- 쿼리의 실행은 *.dqy, *.iqy, *oqy, *,rqy 쿼리를 대상으로 한다.

2 외부 데이터베이스 이용

- Query를 사용하여 관계형 데이터베이스, 텍스트 파일의 데이터를 엑셀에서 읽으려면 ODBC 드라이버가 필요하다(OLAP 데이터 원본을 읽으려면 데이터 원본 드라이버가 필요).
- 웹 쿼리를 사용하여 인트라넷이나 인터넷에 저장된 데이터를 가져올 수 있다.
- Microsoft Excel 목록이나 텍스트 파일에 저장된 데이터를 가져올 수 있다.
- 외부 데이터베이스에서 추출 조건을 쿼리로 만들어 조건에 만족하는 데이터만 가져올 수 있다.
- 액세스(Access)는 원본 데이터의 변경 사항이 워크시트에 반영되도록 설정할 수 있다.
- 웹 페이지에서 텍스트, 서식이 설정된 텍스트, 테이블 텍스트 등의 데이터를 가져올 수 있다(모든 데이터를 가져올 수는 없음).
- 기타 원본은 다른 데이터 원본에서 데이터를 가져올 수 있다(Microsoft Query를 이용하면 검색 조건을 부여하여 워크시트에 가져올 데이터를 선별).
- 기존 연결은 Query에서 작성한 쿼리 파일(*.dqy)의 실행 결과를 워크시트로 가져올 수 있다.

3 외부 데이터의 [연결] 설정

- [통합 문서 연결] 대화 상자에서 시트, 이름, 위치(셀, 범위, 개체에 대한 참조), 값, 수식 등 통합 문서에서 사용되는 연결 위치 정보가 제공된다.
- [연결 속성] 대화 상자에서 일정한 시간 간격으로 외부 데이터를 자동으로 새로 고치도록 설정할 수 있다(통합 문서를 열 때 외부 데이터를 자동으로 새로 고치거나 새로 고치지 않고, 즉시 통합 문서를 열도록 설정할 수 있음).
- 연결을 제거할 경우 현재 통합 문서의 외부에서 연결하여 가져 온 데이터는 제거되지 않는다.

5. VBA 제어문 ✪

1 조건문

- If … Then … End If문 : 조건을 만족할 경우에만 해당 문장을 실행하며, 실행문이 Then과 같은 줄에 있는 경우는 End If문을 생략할 수 있다.
- If … Then … Else … End If문 : 조건을 만족할 경우 첫 번째 실행문을 실행하고, 그렇지 않으면 다음 실행문을 실행한다.
- If … Then … ElseIf … Else … End If문 : 조건을 만족할 경우 첫 번째 실행문을 실행하고, 다음 조건을 만족할 경우 두 번째 실행문을 실행하고, 두 조건을 모두 만족하지 않을 경우 마지막 실행문을 실행한다.
- Select Case문 : 비교 값을 여러 종류의 값과 비교하여 해당 문장을 실행한다.
- With … End With문 : 단일 개체에 대한 메소드나 속성을 변경하고, 프로그램의 길이를 줄일 수 있다(실행 속도 빠름).

2 반복문

- Do While … Loop문 : 조건을 만족할 때까지 실행문을 반복적으로 실행한다.
- Do … Loop While문 : 먼저 실행문를 실행한 후 조건을 만족할 때까지 계속석으로 해당 실행문을 반복 실행한다.
- Do Until … Loop문 : 조건을 비교한 후 조건이 만족하지 않을 경우에만 반복적으로 실행문을 실행하고, 만족하면 반복을 중지한다.
- Do … Loop Until문 : 먼저 실행문를 실행한 후 조건이 만족하지 않을 동안 반복적으로 실행문을 실행하고, 만족하면 반복을 중지한다.
- For … Next문 : 지정한 횟수만큼 실행문을 반복 실행한다.
- Exit문 : For … Next문, Do … Loop문, Sub 프로시저, Function 프로시저 등의 작업을 중지할 때 사용한다.
- While … Wend : 주어진 조건을 만족하는 동안 처리문을 반복 수행하며, 어떤 수준에서든 중첩하여 사용한다.

6. VBA 입출력문 ✪

1 InputBox문

- 특정 값을 키보드로부터 입력받고자 할 때 사용한다.
- 대화 상자에서 메시지를 표시하고, 사용자가 텍스트를 입력할 때까지 기다린다.
- 텍스트 상자 내용을 포함하는 문자열(String) 데이터 형식을 반환한다.
- 형식 : InputBox(prompt, title, default, xpos, ypos, helpfile, context)

2 MsgBox문

- 특정 값을 창(Window) 형태로 출력하고자 할 때 사용한다.
- 대화 상자에서 메시지를 표시하고, 사용자가 누른 단추가 나타내는 Integer 형식을 반환한다.
- 형식 : MsgBox(prompt, buttons, title, helpfile, context)

3 대화 상자에 표시할 Buttons 인수

VB 상수	값	설명
vbOKonly	0	확인 단추를 표시
vbOKCancel	1	확인과 취소 단추를 표시
vbAbortRetryIgnore	2	중단, 재시도, 무시 단추를 표시
vbYesNoCancel	3	예, 아니오, 취소 단추를 표시
vbYesNo	4	예, 아니오 단추를 표시
vbRetryCancel	5	재시도, 취소 단추를 표시
vbCritical	16	중요 아이콘(✖) 표시
vbQuestion	32	경고 아이콘(?) 표시
vbExclamation	48	경고 아이콘(!) 표시
vbInformation	64	정보 아이콘(i) 표시
vbDefaultButton1	0	첫 번째 단추를 기본값으로 표시
vbDefaultButton2	256	두 번째 단추를 기본값으로 표시
vbDefaultButton3	512	세 번째 단추를 기본값으로 표시

7. 프로그래밍 응용 ✪✪✪

1 Application 개체

속성 종류	설명
ActiveCell	활성화된 셀에 대한 참조 반환
ActiveSheet	활성화된 시트에 대한 참조 반환
ActiveWindow	활성화된 창에 대한 참조 반환
ActiveWorkbook	현재 작업중인 통합 문서(Range 개체 반환)
Selection	현재 창에서 선택한 개체(Range 개체 반환)
ThisWorkbook	매크로가 실행중인 통합 문서로 문서에 대한 참조 반환
Windows	모든 통합 문서 내의 창
Workbooks	열려 있는 모든 통합 문서
Worksheets	현재 통합 문서에 있는 모든 워크시트

메서드 종류	설명
InputBox	[입력] 대화 상자 표시
OnTime	지정된 시간에 프로그램을 실행
Onkey	특정 키나 키 조합을 누르면 지정한 프로시저가 실행
Goto	다른 셀로 이동

이벤트 종류	설명
NewWorkbook	새로운 워크북
WorkbookBeforeClose	통합 문서를 닫기 전에 이벤트 처리
SheetChange	워크시트의 셀이 변경될 때 발생

2 Workbook 개체

속성 종류	설명
Password	통합 문서와 관련된 암호를 가져오거나 설정
Count	통합 문서의 개수를 반환
Name	통합 문서의 이름을 반환
Saved	통합 문서의 저장 여부를 확인
Window	통합 문서에 있는 모든 창
Worksheets	통합 문서에 있는 모든 워크시트를 반환

메서드 종류	설명
Activate	통합 문서를 활성화하고, 해당 통합 문서의 첫 번째 시트 선택
Add	새로운 통합 문서 생성
NewWindow	통합 문서의 새 창 생성
GetOpenFilename	[열기] 대화 상자에서 선택한 파일 이름
GetSaveAsFilename	[다른 이름으로 저장] 대화 상자에서 선택한 파일 이름

이벤트 종류	설명
Open	통합 문서를 열 때 발생
Activate	통합 문서가 활성화될 때 발생
SheetActivate	시트가 활성화될 때 발생
NewSheet	새로운 시트를 생성할 때 발생
BeforeSave	통합 문서를 저장하기 전에 발생
Deactivate	통합 문서가 비활성화될 때 발생
BeforePrint	통합 문서가 인쇄되기 전에 발생
BeforeClose	통합 문서를 닫기 전에 발생

3 Worksheet 개체

속성 종류	설명
Cells	워크시트의 모든 셀
Columns	워크시트의 모든 열
EntireColumn	영역이 포함된 열 전체
Range	워크시트의 특정 셀이나 셀 범위
Rows	워크시트의 모든 행
EntireRow	지정 범위에 포함된 행 전체
Visible	워크시트의 표시 여부 지정

메서드 종류	설명
Activate	워크시트를 활성화
Add	워크시트를 삽입
Copy	워크시트를 복사
Protect	워크시트를 보호(수정할 수 없음)
Select	워크시트를 선택
Unprotect	보호된 워크시트를 해제

이벤트 종류	설명
Activate	워크시트가 활성화될 때 발생
Calculate	워크시트가 다시 계산될 때 발생
Change	워크시트의 셀이 변경될 때 발생
Deactivate	워크시트가 비활성화 되었을 때 발생
SelectionChange	워크시트에서 선택 영역이 변경될 때 발생

4 Range 개체

속성 종류	설명
ActiveCell	현재 셀
Address	참조하는 셀 혹은 셀 주소
Cells	지정된 범위의 셀 전체
Count	지정된 범위의 셀 수를 반환
CurrentRegion	지정된 시트의 현재 영역을 반환
End	지정된 범위의 영역 끝에 있는 셀
Formula	범위에 있는 실제 내용 지정(A1 스타일의 수식)
Item	지정된 범위 안에서 얼마 떨어진 범위인지를 표시
Next	현재 셀의 다음 셀, 현재 시트의 다음 시트
Offset	지정한 범위부터 얼마 떨어진 셀 주소인지를 표시
Range	셀이나 범위를 반환
Select	범위를 선택
Text	셀을 문자열로 지정
Value	범위 지정된 셀 값을 표시

메서드 종류	설명
Activate	셀을 활성화
AdvancedFilter	찾을 조건 범위를 기준으로 목록을 필터링하거나 복사

AutoFill	자동 채우기를 수행
AutoFilter	자동 필터를 사용하여 원하는 목록을 표시
Clear	전체 내용 삭제
ClearContents	내용만 삭제
ClearFomats	서식만 삭제
Delete	개체 지우기 수행
Find	찾기
FindNext	다음 찾기를 수행
FindPrevious	이전 찾기를 수행
Select	범위를 선택

5 Chart 개체

속성 종류	설명
ActiveChart	선택한 차트(차트 활성화 설정)
AxisTitle	제목 내용 등을 설정
ChartType	차트 종류 설정
Source	원본 데이터의 범위

메서드 종류	설명
Add	새로운 차트에 추가
Axes	차트 축 개체를 반환
ChartWizard	차트의 속성 변경(차트 마법사)

이벤트 종류	설명
Select	차트 요소를 선택했을 때 발생
SeriesChange	차트 데이터 요소 값이 변경될 때 발생

6 Window 개체

속성 종류	설명
Caption	제목 표시줄에 표시되는 이름
SelectedSheets	지정한 창에서 선택한 모든 시트

메서드 종류	설명
Activate	창 활성화
Close	창 닫기

7 UserForm 개체

속성 종류	설명
BorderStyle	폼 테두리 스타일을 설정
Caption	폼 제목 설정
Name	폼 이름 설정
Picture	폼에 그림 설정
ShowModal	폼에 모달 설정
StartUpPosition	폼의 시작 위치 설정

메서드 종류	설명
Hide	폼의 숨김 설정
Move	폼의 이동 설정
Show	폼의 표시 설정

이벤트 종류	설명
Initialize	폼을 초기화할 때 발생
Click	폼을 선택했을 때 발생
Activate	폼을 활성화했을 때 발생

8. 디자인 모드에서 컨트롤 속성 ✪✪

1 그림 관련 속성

종류	설명
Picture	비트맵 이미지를 지정
PictureSizeMode	그림 크기를 지정
PicturePosition	그림 위치를 지정
PictureAlignment	그림 정렬 기준을 지정

2 동작 관련 속성

종류	설명
AutoSize	CheckBox, ComboBox, TextBox에 적용되는 속성(자동 크기 지정)
Cancel	CommandButton의 속성으로 동작을 취소
Default	CommandButton의 속성으로 기본 동작을 설정
Enabled	컨트롤의 사용 여부를 설정
Locked	ListBox, OptionButton, TextBox의 속성으로 버튼의 잠금을 설정
Maxlength	TextBox, ComboBox의 속성으로 최대 문자수를 설정
Multiselect	ListBox의 속성으로 여러 개체의 선택 유무를 설정
TextAlign	TextBox, ComboBox의 속성으로 글자의 정렬 방법을 설정

3 모양 및 위치 관련 속성

종류	설명
Alignment	컨트롤 정렬 모양을 설정

BackColor/ForeColor	Frame, TextBox의 속성으로 배경색/전경색을 설정
BorderColor/BorderStyle	Frame, TextBox의 속성으로 테두리 색/테두리 스타일을 설정
BackStyle	TextBox의 속성으로 배경 스타일을 설정
Caption	컨트롤에 표시될 텍스트를 설정
DropButtonStyle	TextBox, ComboBox의 속성으로 드롭 단추의 스타일을 설정
Password	CharTextBox의 속성으로 암호 입력을 설정
ShowDropButtonWhen	TextBox, ComboBox의 속성으로 드롭 단추의 표시 시기를 설정
Value	속성에 따른 값 설정
Visible	개체의 표현 여부를 설정(True, False)
Height/Width	CommandButton, Frame, Image의 속성으로 개체의 높이/너비를 설정
Left/Top	Frame, Image의 속성으로 개체의 왼쪽/위쪽에서 위치값을 설정

4 데이터 관련 속성

종류	설명
ColumnCount	컬럼의 수 설정
ColumnHeads	컬럼의 열 머리글 설정
ColumnWidths	컬럼의 열 폭 설정
ControlSource	컨트롤의 원본을 설정
ListRows	ComboBox의 속성으로 행의 최대수를 설정
ListStyle	행의 스타일 설정
ListWidth	행의 폭 설정
RowSource	ComboBox, ListBox의 속성으로 열의 원본을 설정
Text	ComboBox, ListBox, TextBox의 속성으로 문자를 설정
TextColumn	ListBox의 속성으로 문자의 컬럼을 설정
TopIndex	ListBox의 속성으로 첫 줄에 보이게 하는 값을 설정

5 스크롤 관련 속성

종류	설명
Max/Min	ScrollBar, SpinButton의 속성으로 최대값/최소값을 설정
MultiRow	여러 줄의 표현 설정
ScrollBars	스크롤의 사용 유무를 설정

6 컨트롤 메서드

종류	설명
AddItem	ComboBox, ListBox의 속성으로 항목(내용) 추가 설정
Clear	ComboBox, ListBox의 속성으로 개체 내용 삭제를 설정
Copy	ComboBox, Frame, TextBox의 속성으로 내용 복사를 설정
Cut	ComboBox, Frame, TextBox의 속성으로 내용 잘라내기를 설정
Move	내용 이동을 설정
Paste	ComboBox, Frame, TextBox의 속성으로 내용 붙여넣기를 설정
RemoveItem	ComboBox, ListBox의 속성으로 항목 이동을 설정
SetFocus	포커스를 설정

7 컨트롤 이벤트

종류	설명
AfterUpdate	레코드가 변경되었을 때 업데이트 후에 저장 설정
BeforeUpdate	레코드가 변경되었을 때 업데이트 전에 저장 설정
Change	컨트롤 내용 선택이 변경되었을 때 이벤트 설정
Click	컨트롤 선택이 변경되었을 때 이벤트 설정
DropButton-Click	리스트에서 내용을 펼치도록 했을 때 이벤트 설정
Enter/Exit	Enter/Exit를 눌렀을 때 이벤트 설정
SpinDown/SpinUp	화살표 버튼의 왼쪽, 위쪽 버튼을 눌렀을 때 이벤트 설정

과목 03

데이터베이스 일반

| 무료 동영상 |

핵심정리 12 DBMS 파일 사용

1. 데이터베이스의 개념 ★★

1 데이터베이스의 정의

- 특정 조직의 응용 업무에 공동으로 사용하기 위해 데이터 중복을 최소화한 데이터의 집합체이다.
- 통합된 데이터(Integrated Data)로 중복을 최소화한다.
- 저장된 데이터(Stored Data)로 보조 기억 장치에 저장한다.
- 운영 데이터(Operational Data)로 단순 데이터 집합이 아닌 특정 조직의 고유 기능을 수행한다.
- 공용 데이터(Shared Data)로 특정 조직 내에서 여러 사람들이 공동으로 사용할 수 있도록 한다.

2 데이터베이스의 특징

- 실시간 접근 : 질의에 대해 실시간으로 응답을 의사 결정에 바로 반영한다.
- 계속적인 변화에 대응 : 데이터 상태를 최신의 정보로 유지한다.
- 데이터 공유 : 여러 사용자가 동시에 자기가 원하는 데이터에 접근하여 이용할 수 있다.
- 내용에 의한 참조 : 주소나 위치에 의한 참조가 아닌 사용자의 요구 내용에 따라 참조한다.
- 독립적인 데이터 : 데이터와 응용 프로그램이 서로 영향을 받지 않는다.

3 데이터베이스의 구성 요소

- 개체(Entity) : 데이터베이스에서 표현하려는 객체로 구별되는 정보의 대상을 말한다.
- 속성(Attribute) : 개체의 특징이나 상태를 표시하는 것으로 데이터의 가장 작은 단위를 말한다.
- 도메인(Domain) : 하나의 속성이 가질 수 있는 모든 값을 말한다.
- 관계(Relationship) : 개체와 개체간 또는 속성과 속성간의 상호 작용을 말한다.

4 데이터베이스의 사용자

- 일반 사용자 : 질의어를 이용하여 데이터베이스를 검색, 갱신 등의 작업을 수행한다.
- 응용 프로그래머 : 조작어를 이용해 데이터베이스를 응용하는 사용자이다.
- 데이터베이스 관리자(DBA) : 정의어와 제어어를 이용하여 데이터베이스를 정의, 제어, 관리하고 스키마를 정의한다(구성 요소를 결정하고, 데이터 사전과 무결성을 유지).

5 데이터베이스의 구축 절차

㉠ 시스템, 사용자, 응용 프로그램을 설정한다.

㉡ 논리적/물리적 데이터베이스를 설계한 후 데이터베이스를 실행하여 적용한다.

㉢ 구축한 데이터베이스에 데이터를 입력하거나 기존 데이터를 변환한다.

㉣ 구축한 데이터베이스에 어플리케이션(Application)을 적용한다.

㉤ 구축한 데이터베이스 시스템의 성능과 타당성을 위한 테스트를 한다.

㉥ 데이터베이스 시스템을 설치 및 운영한 후 피드백을 통해 어플리케이션을 수정하고 보안한다.

2. 데이터베이스 관리 시스템(DBMS) ★★★

1 DBMS의 정의

- 응용 프로그램과 데이터베이스 사이에서 데이터베이스를 효율적으로 관리 및 운용하는 시스템으로 데이터의 종속성과 중복성 문제를 해결한다.
- 데이터베이스를 생성 및 관리하며, 데이터로부터 사용자 물음에 대한 대답을 추출한다.
- 계층형, 관계형, 네트워크형으로 구분되며 데이터 검색, 추가, 갱신 등의 기능을 갖는다.

- 적용 업무 프로그램과 해당 프로그램이 사용하는 데이터베이스 사이에 존재한다.

2 DBMS의 종류

- 계층형 데이터베이스 관리 시스템(HDBMS) : IMS
- 네트워크형 데이터베이스 관리 시스템(NDBMS) : CODASYL DB
- 관계형 데이터베이스 관리 시스템(RDBMS) : DB2, ORACLE, INFORMIX, SYBASE, INGRES, MS-SQL SERVER, MY-SQL
- 객체 지향형 데이터베이스 관리 시스템(OODBMS) : OBJECTIVITY, O2, VERSANT, ONTOS, GEMSTONE
- 객체 관계형 데이터베이스 관리 시스템(ORDBMS) : UNISQL, OBJECT STORE, STARBURST, POSTGRES

3 DBMS의 목적

- 데이터 독립(Data Independence) : 다양한 변화에 따른 데이터베이스의 수정이 요구되는 경우 필요하다.
- 데이터 공유(Data Sharing) : 데이터는 서로 다른 사용자에 의하여 다양한 업무 목적에 사용된다.
- 데이터 보안(Data Security) : 비밀을 유지하면서 데이터를 안전하게 보관한다.
- 최소의 중복(Minimal Redundancy) : 중복 없이 동일 데이터를 공동으로 사용할 수 있으므로 중복을 최소화한다.

4 DBMS의 기능

기능	설명
정의 기능(DL)	• 응용 프로그램과 데이터베이스에 인터페이스 수단을 제공 • 물리적 구조를 가지고 여러 응용 프로그램을 공유(데이터베이스 구조를 정의)
조작 기능(ML)	응용 프로그램의 요구에 따라 체계적으로 접근(조작)
제어 기능(CL)	• 데이터베이스의 무결성과 보안성을 유지할 수 있도록 제어 • 병행 제어(여러 사용자가 데이터베이스를 동시에 접근), 보안 및 권한 검사 등을 정의(정확성과 안전성을 유지)

5 DBMS의 장단점

장점	• 데이터의 중복성을 최소화하거나 데이터를 통합하여 공유와 제거가 용이(데이터 관리) • 보안을 위해 사용자 권한을 제한하거나 일관성 및 무결성을 유지 • 데이터의 표준화나 데이터의 불일치성(중앙 집중 관리)을 제거 • 응용 프로그램의 개발 및 유지 보수가 용이
단점	• 하드웨어나 DBMS의 전산화 비용이 증가 • 다양한 데이터를 사용하려면 DBMS와 데이터베이스 언어를 조작할 수 있는 프로그래머가 필요(논리적 데이터 구조와 응용 프로그램이 영향을 받지 않아야 함) • 데이터베이스 붕괴 시 데이터 백업과 복구(회복)에 많은 비용과 시간이 소요

3. 데이터베이스 시스템의 구성 ✪✪✪

1 3단계 데이터베이스

- 전반적인 데이터베이스 기술로 데이터의 구조적 특성을 의미한다.
- 사용자의 관점에 따라 나누어진 스키마를 서브 스키마(Sub Schema)라고 한다.
- 논리적인 데이터베이스 기술부터 물리적인 데이터베이스 기술까지를 3층 스키마라고 한다.

2 스키마(Schema)

- 속성(Attribute), 개체(Entity), 관계(Relation)의 상호 관계를 정의하며, 현실 세계의 특정 부분에 대한 표현으로 인스턴스에 의해 규정된다.
- 메타 데이터(Meta-Data)라고도 하며, 데이터 조작과 제약 조건들을 기술한다.
- 데이터 객체의 정보를 관리하는 데이터 사전(Data Dictionary)에 저장된다.
- 데이터 사전은 DBA의 도구로서 데이터베이스 구조에 관한 정보를 저장하며, 데이터베이스에 저장되어 있는 모든 데이터 개체의 정보를 유지 및 관리한다(=시스템 카탈로그).
- 데이터 디렉터리(Data Directory) : 데이터 사전에 저장되어 있는 데이터를 참조하는데 필요한 정보를 수록한다.

스키마	특징
외부(서브) 스키마	• 데이터 구조를 나타내는 스키마 중에서 가장 밖에 있는 것 • 사용자나 응용 프로그래머가 데이터베이스를 바라보는 관점을 나타냄
개념 스키마	• 데이터 정의, 접근 권한, 보안 정책, 무결성 규칙에 대한 명세를 기술한 것 • DBA에 의해 구성되며, 기관이나 조직체의 관점을 나타냄 • 논리적인 전체 구조로 데이터 형태를 의미

내부(저장) 스키마	• 데이터가 저장된 물리적인 설계도(물리적인 데이터 구조를 의미) • 시스템 설계자나 프로그래머의 관점을 나타냄

3 뷰(View)

- 원칙적으로 하나 이상의 기본 테이블로부터 유도된 이름을 가진 가상의 테이블을 의미한다.
- 뷰를 통해서만 데이터에 접근하면 뷰에 나타나지 않는 데이터를 안전하게 보호하는 효율적인 기법으로 사용할 수 있다.
- 필요한 데이터만 뷰로 정의해서 처리할 수 있기 때문에 관리가 용이하고 명령문이 간단하다.
- 기본 테이블은 물리적으로 구현되어 데이터가 실제로 저장되지만 뷰는 물리적으로 구현되어 있지 않다(데이터의 논리적 독립성을 제공).
- 근본적으로 기본 테이블로부터 유도되지만 일단 정의된 뷰가 다른 뷰 정의에 기초가 된다.

4 데이터 정의어(DDL)

- 데이터베이스 스키마를 정의하는 언어로 데이터 기술 언어(Data Description Language)라고도 한다(데이터의 형식, 처리 방식 등을 정의).
- 데이터베이스를 생성하거나 구조 형태를 수정할 때 사용되며, 데이터베이스의 논리적 구조와 물리적 구조를 정의할 수 있는 기능을 제공한다(데이터 사전이라는 파일에 테이블로 저장).
- 데이터 보안(Security), 무결성(Integrity), 회복(Recovery) 등에 관련된 사항을 정의한다.
- SQL 명령어에는 생성(CREATE), 변경(ALTER), 제거(DROP) 등이 해당된다.

5 데이터 조작어(DML)

- 데이터베이스에 대한 검색과 갱신을 위한 언어로 테이블이나 필드 같은 데이터 구조는 변경할 수 없다(데이터 처리를 위해 사용자와 DBMS 사이의 인터페이스를 제공).
- 사용자가 응용 프로그램을 통하여 데이터베이스에 저장된 데이터를 액세스하거나 조작할 수 있다.
- 응용 프로그램이 데이터베이스에 명령하여 원하는 데이터를 사용자에게 제공할 수 있다.
- SQL 명령어에는 검색(SELECT FROM WHERE), 삽입(INSERT INTO), 삭제(DELETE FROM), 갱신(UPDATE) 등이 해당된다.

종류	설명
절차적 DML	한번에 하나의 레코드를 처리하는 언어로 데이터의 접근 방법을 명시
비절차적 DML	한번에 여러 개의 레코드를 처리하는 언어로 대화식 명령어를 지원하며, 질의어를 이용하여 검색, 추가, 수정, 삭제를 함(사용자가 어떠한 데이터가 필요한지를 명시할 뿐 어떻게 구하는지는 명시할 필요가 없음)

6 데이터 제어어(DCL)

- 파일의 데이터 구조를 서술하는 언어로 주로 데이터베이스 관리자에 의해 사용된다.
- 파일 전환 루틴의 조작에 의하여 복사된 파일의 데이터 구조를 서술한다(데이터의 보안, 무결성, 동시 처리 등을 서술).
- 데이터의 전송, 편집, 연산, 순환절 형성 등의 제어를 담당한다.

4. 데이터베이스의 종류 ✪✪

1 계층적(Hierarchical) 데이터베이스

- 스키마의 논리적 구조가 트리 형태인 자료 구조로 데이터 검색이 빠르지만 유연성이 부족하다.
- 트리 구조는 하나의 루트 레코드 타입과 다수의 종속 레코드 타입으로 구성된 순서 트리이다.
- 순서화된 트리 집합으로 간단하기 때문에 이해하기가 쉽다.
- 부모와 자식간의 레코드 사이 관계는 일대일(1:1)이나 일대다(1:n) 관계를 갖는다.
- 레코드를 삭제하면 그 자노드 이하도 삭제되며, 특정 레코드의 내용이 중복될 수 있다.

2 네트워크형(Network) 데이터베이스

- 최초로 데이터베이스 관리자의 기능과 역할을 정립하는 그래프 구조로 계층 모델을 개선하였다.
- 레코드간의 관계는 오너와 맴버 관계로서 일대다(1:n)나 다대다(n:m) 관계를 갖는다.
- 자식 레코드는 여러 개의 부모 레코드를 지칭할 수 있으므로 유연성이 높다.
- 데이터 변경이 어려워 확장성이 떨어진다.

3 관계형(Relational) 데이터베이스

- 개체 집합들 사이의 관계를 공통 속성으로 연결하는 독립된 형태로 개체를 테이블(Table)로 사용한다(단순한 표 형식을 표현한 것으로 다양한 관계의 정규형을 제안).

- 테이블의 열들을 나타내는 속성 중 각 행을 유일하게 구별할 수 있는 속성을 기본키로 지정한다.
- 데이터간의 관계를 기본키(Primary Key)와 이를 참조하는 외래키(Foreign Key)로 표현한다.
- 데이터의 검색, 추가, 삭제 등의 작업이 편리해 현재 가장 많이 사용되고 있다.

4 객체 지향형(Object Oriented) 데이터베이스

- 데이터와 절차(Procedure)를 일체화한 단위로 개체 지향의 사고방식을 이용한 데이터 모형이다.
- 여러 개의 개체가 서로 메시지를 교환하는 형태로 네트워크가 운영된다.
- 데이터와 데이터간의 관계가 객체 또는 상속 구조로 표현된다.

5. 키(Key)의 개념

1 기본키(Primary Key)

- 튜플을 유일하게 식별할 수 있는 속성 값으로 후보키가 두 개 이상인 경우 그 중 하나를 선택한다.
- 속성은 널(Null) 값이나 중복 값을 입력할 수 없고, 개체 무결성의 제약 조건을 갖는다.
- 항상 고유한 인덱스를 가지며, 여러 필드를 묶어서 하나의 기본키로 설정할 수 있다.
- 기본키가 설정된 상태에서 다른 필드를 기본키로 지정하면 기존의 기본키는 자동으로 해제된다.
- 기본키로 지정되면 중복 불가능한 인덱스 형태로 자동 설정된다.

2 후보키(Candidate Key)

- 유일성과 최소성을 만족하는 상태에서 튜플의 최소성을 갖는 키를 의미한다.
- 하나의 키 값으로 하나의 튜플만 식별하며, 각 튜플을 식별할 때는 최소한의 속성만을 필요로 한다.

3 대체키(Alternate Key)

- 후보키에서 기본키를 제외한 나머지 후보키들을 의미한다.
- 후보키가 둘 이상일 때 그 중 어느 하나를 기본키로 지정하면 나머지는 대체키가 된다.

4 슈퍼키(Super Key)

- 속성들이 해당 개체 내에서 유일하게 지정되는 키를 의미한다(릴레이션 내에 있는 속성들의 집합).
- 한 개 이상의 속성들로 구성되며, 유일성은 가지지만 최소성은 가지지 않는다.

5 외래키(Foreign Key)

- 어떤 릴레이션에 속해 있는 속성이나 집합이 다른 릴레이션의 기본키가 되는 경우를 의미한다.
- 각 테이블간의 개체를 참조하기 위한 경로로 사용되며, 참조 무결성의 제약 조건을 갖는다.
- 하나의 테이블에는 여러 개의 외부키가 존재할 수 있다.

6. 데이터베이스의 설계

1 개체-관계(E-R) 모델링

- 개체와의 관계를 시각적으로 표시하는 모델로 데이터를 엔티티(Entity), 관계(Relationship), 속성(Attribute)으로 묘사한다(데이터베이스를 구성하는 개체와 이들간의 관계를 개념적으로 표시).
- 현실 세계를 개체 집합과 관계 집합으로 나누어서 개념적으로 표현하는 방식이다.
- 실세계의 데이터에 관해 일반 사용자, 프로그래머, 관리자 등 서로 다른 인식을 하나로 통합한다.
- E-R 모델을 데이터베이스로 구현하기 위해서는 논리적 데이터 모델로 변환해야 한다.

2 E-R 다이어그램 표기법

- 현실 세계를 사람이 이해할 수 있도록 표현한 개념적 구조로 특정 DBMS를 고려하지는 않는다.
- E-R 모델에서 정의한 데이터를 관계형 데이터베이스에 저장하기 위해서는 각각의 개체를 테이블로 변환시킨다.
- 속성은 개체를 묘사하는데 사용될 수 있는 특성으로 관계형 데이터 모델에서 하나의 필드가 된다.

기호	의미	기호	의미
사각형	개체 타입	이중 사각형	의존 개체 타입
마름모	관계 타입	이중 마름모	관계 타입 식별
타원	속성 타입(필드)	밑줄 있는 타원	키 속성
선	연결자	점선 타원	유도된 속성

3 데이터 모델 관계

- 관계는 개체 타입의 모든 인스턴스들, 즉 개체 집합간의 대응이나 사상을 의미한다.
- 관계의 종류에는 개체 관계, 개체-속성 관계, 속성 관계가 있다.

관계	특징
일대일(1:1)	A 개체 집합의 한 개 인스턴스와 B 개체 집합의 한 개 인스턴스가 대응하는 경우
일대다(1:n)	A 개체 집합의 한 개 인스턴스와 B 개체 집합의 여러 인스턴스가 대응하는 경우
다대다(n:m)	A 개체 집합의 여러 인스턴스와 B 개체 집합의 여러 인스턴스가 대응하는 경우

4 관계형 모델(Relational Model)

- 데이터베이스를 구성하는 개체와 관계가 모두 동일하게 2차원 테이블로 표현된다.
- 모든 데이터들을 테이블과 같은 형태로 저장하고, 각각의 열은 대상의 속성을 나타낸다.
- 기본 릴레이션에서 기본키의 어떤 성분도 Null일 수 없다(개체 무결성).

종류	설명
테이블(Table)	• 릴레이션 또는 엔티티라고도 하며, 행과 열로 구성 • 테이블에 포함된 행은 유일해야 하며, 중복된 행은 존재할 수 없음
속성(Attribute)	• 테이블의 열을 구성하는 필드로 데이터베이스의 가장 작은 논리적 단위 • 파일 구조상 데이터 필드에 해당되며, 속성은 개체의 특성, 상태 등을 나타냄
도메인(Domain)	• 애트리뷰트에서 나타날 수 있는 모든 원자값의 집합을 의미 • N차 테이블은 N개의 도메인을 가짐
차수(Degree)	테이블에서 튜플을 구성하고 있는 속성 및 필드의 개수
튜플(Tuple)	• 데이터베이스 모델에서 테이블 행(레코드)으로 중복 데이터를 최소화 • 한 릴레이션에 포함된 튜플의 수를 카디날리티(Cardinality)라고 함
릴레이션(Relationship)	• 연관된 속성의 집합으로 테이블에 포함된 각 엔트리(Entry)는 단일값을 가지며, 그룹 항목이나 배열을 허용하지 않음(관계형 모델에서 테이블을 의미) • 각 열은 유일한 이름을 가지며, 열의 순서는 무의미 • 테이블에서 어느 두 개의 행도 동일하지 않으며, 행의 순서는 중요하지 않음 • 한 릴레이션을 구성하는 속성들 사이에는 순서가 없음 • 릴레이션에 포함된 튜플들은 모두 상이하며, 속성 값은 원자 값만을 저장 • 릴레이션에 포함된 튜플을 유일하게 식별하기 위한 속성들의 부분 집합을 키(Key)로 설정

5 정규화(Normalization)

- 중복 값을 일정한 규칙에 의해 추출하여 보다 단순한 형태의 다수 테이블로 데이터를 분리하는 작업이다(데이터베이스의 논리적 설계 단계에서 수행).
- 종속성을 가지지 않는 관계형 스키마를 더 작은 속성으로 나누어 바람직한 스키마로 만들어 가는 과정이다(현실 세계를 정확하게 표현하는 관계 스키마를 설계).
- 데이터베이스 스키마를 생성하고, 불필요한 데이터 중복을 방지하여 정보 검색을 용이하게 한다.
- 정규화를 수행해도 데이터의 중복을 완전히 제거할 수 있는 것은 아니다.
- 데이터의 종속으로 발생하는 이상(Anomaly) 현상(삽입, 삭제, 갱신)을 방지하는 것으로 종속성을 제거한다(자료의 무결성 유지와 자료 관리의 효율성을 강조).
- 릴레이션이 데이터베이스 내에서 모든 개체간의 관계를 표현 가능하도록 한다.
- 테이블의 불일치 위험을 최소화하고, 데이터 구조의 안정성을 최대화한다.
- 새로운 형태의 데이터가 삽입될 때 릴레이션을 재구성할 필요성을 줄일 수 있다.
- 정보의 일관성을 보장하며, 관계 연산에 의해 효율적인 정보 검색과 데이터 조작이 가능하다.

종류	설명
제1정규형(1NF)	• 하나의 제한 조건에서 릴레이션 R에 존재하는 도메인 값이 원자 값만을 포함하는 경우(하나의 제한 조건을 둔 것) • 모든 정규화 릴레이션은 제1정규형에 해당
제2정규형(2NF)	• 모든 속성이 기본키(Primary Key)에 종속적이어야 함 • 어떤 릴레이션 R이 제1정규형이고, 키에 포함되지 않는 모든 속성은 기본키에 완전 함수 종속성을 가짐
제3정규형(3NF)	주어진 릴레이션이 제2정규형을 만족하고, 모든 키가 아닌 속성이 기본키에 대해 논-이행(Non-Transitive) 관계를 갖는 경우
보이스 코드 정규형(BCNF)	• 제3정규형의 특수한 경우로 모든 결정자가 후보키를 갖는 릴레이션 • 모든 결정자 속성이 후보키일 때를 의미

제4정규형 (4NF)	• 릴레이션 R이 BCNF에 속하고 모든 다치 종속(MVD)이 함수 종속이면 릴레이션 R은 4NF임 • 릴레이션 R에 MVD A → B가 존재하고, R의 모든 속성들도 A에 종속
제5정규형 (5NF)	• 릴레이션 R에 존재하는 모든 종속(JD)이 릴레이션 R의 후보키를 통해서 성립하면 릴레이션 R은 제5정규형 • PJ/NF(Projection Join Normal Form)이라고도 함

| 무료 동영상 |

13 테이블 활용

1. 필드와 데이터 형식 ✪

1 필드 이름

• 첫 글자는 공백으로 시작할 수 없고 문자, 숫자, 특수 문자(., !, *, [,] 등은 제외), 공백을 조합하여 사용한다.
• 최대 64자까지 지정할 수 있으며, 하나의 테이블 내에서 중복된 이름을 사용할 수 없다.

2 필드 정렬

• 하나의 필드를 정렬할 때는 필드를 클릭한 후 [홈] 탭의 [정렬 및 필터] 그룹에서 [오름차순/내림차순] 단추를 클릭한다.
• 복수 개의 필드를 정렬할 때는 [홈] 탭의 [정렬 및 필터] 그룹에서 [고급] 단추를 클릭한 후 [고급 필터/정렬]을 선택한다.
• 폼 필터는 비어 있는 활성 폼이나 데이터시트인 폼 필터 창을 표시해서 필터링한다.
• 고급 필터/정렬은 데이터시트나 폼에 적용할 필터를 만들 수 있도록 창을 표시한다.

3 데이터 형식

종류	크기	특징
텍스트	255자 이내 (공백 제외)	• 텍스트 또는 텍스트와 숫자의 조합에 적합 • 전화번호, 주민등록번호처럼 계산에 사용되지 않는 숫자 정보
숫자	8바이트	• 계산을 하는데 사용하는 숫자 정보 • 가격, 기본급 등에 사용
날짜/시간	8바이트	• 100~9999년까지의 날짜와 시간값 • 생일, 졸업 날짜 등에 사용
통화	8바이트	• 계산에 관련된 숫자 정보(₩, $ 기호) • 소수점 15자리 이상, 4자리 이하까지 입력이 허용
일련 번호	4바이트	• 레코드를 구분할 수 있도록 자동으로 매겨주는 번호 • 부여된 번호는 삭제하거나 수정할 수 없음(업데이트 불가능)
Yes/No	1비트	• Yes/No, True/False, On/Off와 같이 두 개의 값 중 하나만 선택 • 성별, 합격여부, 회원/비회원 구분 등에 사용
OLE 개체	1GB	• 다른 응용 프로그램에서 만들어진 개체를 입력 • 이미지, 사운드 등의 개체를 연결(기본키나 인덱스 지정 불가능)
하이퍼링크	2,048자	하이퍼링크 주소, 파일 경로 등을 포함
조회 마법사	4바이트	목록 상자나 콤보 상자를 이용하여 다른 테이블 값이나 목록을 작성

4 조회 마법사

• 목록 상자나 콤보 상자를 작성하면 컨트롤의 특정 속성이 자동으로 설정된다.
• 필드를 폼에 추가하면 지정된 속성에 기초한 컨트롤이 자동으로 작성된다.
• 같은 값을 반복적으로 입력하는 경우 데이터를 빠르게 입력할 수 있다.
• 열을 두 개 이상 포함하는 조회 필드를 작성하며 문자열이나 숫자, Yes/No 필드에만 사용한다.

5 조회 속성

• 조회 마법사를 사용하지 않고 컨트롤을 작성할 경우 속성을 직접 설정할 수 있으며, 마법사로 컨트롤을 작성한 다음에도 속성을 원하는 대로 변경할 수 있다.
• 하나 이상의 폼에 바운드 목록 상자, 콤보 상자를 만들거나 수정할 때는 컨트롤 속성 시트 대신 테이블 디자인 보기에서 대부분의 속성을 설정할 수 있다.

6 Access 옵션

• 일반 : 실시간 미리 보기 사용, 화면 설명 스타일, 화면 설명에 바로 가기 키 표시, 새 데이터베이스의 기본 파일 형식, 기본 데이터베이스 폴더, 새 데이터베이스 정렬 순서, 사용자 이름 등이 있다.
• 현재 데이터베이스 : 응용 프로그램 제목 및 아이콘, 폼 표시, 상태 표시줄 표시, 문서 창 옵션, Access 특수 키 사용,

닫을 때 압축, 폼에 Windows 테마 컨트롤 사용, 레이아웃 보기 사용, 잘린 숫자 필드 확인, 탐색, 리본 메뉴 및 도구 모음 옵션, 이름 자동 고침 옵션 등이 있다.

- 데이터시트 : 기본 눈금선 표시(가로/세로), 기본 셀 효과(기본/볼록/오목), 기본 열 너비, 기본 글꼴 등이 있다.
- 개체 디자이너 : 테이블 디자인 보기, 쿼리 디자인, 폼/보고서 디자인 보기, 폼 및 보고서 디자인 보기에서 오류 검사 등이 있다.
- 언어 교정 : 자동 고침 옵션, Microsoft Office 프로그램에서 맞춤법 검사 등이 있다.

2. 제약 요건의 지정 ✪✪

1 제약 요건의 특징

- 각 필드에 데이터를 입력할 때 최소한의 조건으로 데이터의 정확성과 무결성을 확보한다.
- 널(Null) 값이나 중복된 데이터의 입력을 자체적으로 검사할 수 있다.
- 잘못된 데이터를 입력하는 등의 사용자 실수를 미리 예방할 수 있다.
- 디자인 보기 창의 [일반] 탭과 [조회] 탭을 이용하여 데이터의 제약 조건을 설정할 수 있다.

2 [일반] 탭

- 필드 크기 : 필드에 입력할 수 있는 최대 문자수를 지정한다.
- 형식 : 미리 정의되어 있는 형식이나 사용자 정의 형식을 이용해 필드의 표시 방법을 지정한다.
- 입력 마스크 : 필드에 입력할 모든 데이터의 유형이다.
- 캡션 : 폼이나 필드에서 사용할 수 있는 필드 레이블이다.
- 기본값 : 새 레코드를 만들 때 필드에 자동으로 입력될 값이다.
- 유효성 검사 규칙 : 필드에 입력할 수 있는 값을 제한하는 식이다.
- 유효성 검사 텍스트 : 유효성 검사 규칙에 어긋나는 데이터를 입력할 경우 나타나는 텍스트이다.
- 필수 : 필드에 값이 반드시 필요한지의 여부를 지정한다.
- 빈 문자열 허용 : 필드에 빈 문자열을 허용할지의 여부를 지정한다.
- 인덱스 : 필드에 인덱스를 설정할지의 여부를 지정한다.
- 유니코드 압축 : 필드에 유니코드의 압축을 허용할지의 여부를 지정한다.

3 [조회] 탭

- 컨트롤 표시 : 필드에 데이터를 입력할 때 사용하는 컨트롤의 유형을 지정한다.
- 행 원본 형식 : 사용할 행 원본 형식을 지정한다(테이블/쿼리, 값 목록, 필드 목록 등).
- 행 원본 : 원본으로 사용될 데이터를 지정한다.
- 바운드 열 : 컨트롤 값으로 사용될 열의 값을 설정한다.
- 열 개수 : 콤보 상자나 목록 상자에 표시되는 열의 수를 지정한다.
- 열 이름 : 열 이름의 표시 여부를 지정한다.
- 열 너비 : 열 너비를 지정하며, 열이 여러 개인 경우 세미콜론(;)으로 구분한다.
- 행 수 : 콤보 상자의 목록에 표시되는 최대 행 수를 지정한다.
- 목록 너비 : 콤보 상자에 나타나는 목록의 전체 너비를 cm와 같은 형식으로 지정한다.
- 목록 값만 허용 : 콤보 상자의 목록에 사용자가 입력할 수 없도록 설정한다.
- 여러 값 허용 : 여러 값을 선택할 수 있는지의 여부를 지정한다.

4 필드 크기

- 필드 집합에 문자열, 숫자, 일련 번호 형식으로 저장될 수 있는 데이터의 최대 크기를 설정한다.
- 데이터 크기가 작으면 처리 속도가 빨라지고 메모리도 적게 차지한다.
- 테이블 디자인 보기에서 변경 사항을 저장하면 필드 크기 속성의 변경 사항을 취소할 수 없다.
- 숫자 데이터 형식 필드의 데이터가 새 필드 크기 설정에 맞지 않을 때 분수는 반올림되거나 Null 값으로 지정될 수 있다.
- 데이터의 속성을 문자열로 설정하면 0과 255 사이의 숫자를 입력한다(기본값은 50).
- 데이터 속성을 일련 번호로 설정하면 필드 크기 속성은 정수(Long)나 복제 ID로 설정할 수 있다.
- 이미 데이터가 있는 필드의 크기 값을 작은 값으로 변환하면 데이터가 손실될 수 있다(예 : 문자열 데이터 형식 필드에 크기 설정을 255에서 50으로 변환하면 50문자 이상의 데이터는 손실).

설정	설명	소수점	크기
바이트	0~255까지의 숫자(분수는 없음)	없음	1byte
십진수	$-10^{28}-1$~$10^{28}-1$까지의 숫자	28	12byte
정수(Integer)	-32,768~32,767까지의 숫자(분수는 없음)	없음	2byte

정수 (Long)	-2,147,483,648~2,147, 483,647까지의 숫자(분수는 없음)	없음	4byte
실수 (Single)	• 음수 : -3.402823×10^{38} ~ -1.401298×10^{45}까지의 숫자 • 양수 : 1.401298×10^{45} ~ 3.402823×10^{38}까지의 숫자	7	4byte
실수 (Double)	• 음수 : $-1.79769313486231 \times 10^{308}$ ~ $-4.94065645841247 \times 10^{-324}$까지의 숫자 • 양수 : $1.79769313486231 \times 10^{308}$~ 4.94065645841247~10^{-324}까지의 숫자	15	8byte
복제 ID	복제에 사용할 고유 식별자(GUID)	사용할 수 없음	16byte

5 필드 형식

- 숫자, 날짜, 시간, 문자열 등을 표시하고, 인쇄하는 방법을 사용자가 정의할 수 있다.
- 미리 정의된 형식을 사용하거나 형식 기호를 사용하여 사용자 정의 형식을 만들 수 있다.
- 데이터가 표시되는 방법에만 적용되고, 데이터가 저장되는 방법에는 적용되지 않는다.
- 테이블 디자인 보기에서 필드의 형식 속성을 설정하면 해당 속성이 적용되고, 폼과 보고서의 새 컨트롤에는 필드 형식이 적용된다.
- 숫자와 통화 데이터 형식에 대해 사용자가 정의한 형식 기호를 사용할 수 없다.
- 같은 데이터에 입력 마스크를 정의한 다음 형식 속성을 설정하면 데이터가 표시될 때 입력 마스크는 무시되고 형식 속성이 적용된다.

6 숫자와 통화 데이터 형식

형식	설명
일반	숫자의 기본값으로 숫자를 입력한 대로 표시
통화	1000 단위 구분 기호를 사용하고, 음수는 괄호로 묶어 표시(소수 자릿수는 자동)
유로	현재 통화 형식으로 유로화 기호를 사용
고정	한 자리 이상의 숫자를 표시(소수 자릿수는 2)
표준	1000 단위 구분 기호를 사용하고, 음수는 괄호로 묶어 표시(소수 자릿수는 자동)
백분율	값에 100을 곱하고 백분율 기호(%)를 추가(소수 자릿수는 2)
과학용	표준 과학용 표기법을 사용

7 숫자와 통화 데이터의 사용자 정의 형식

기호	설명
.(마침표)	소수 구분 기호를 표시
,(쉼표)	1000 단위 구분 기호를 표시
0	한 자리 숫자나 0을 표시
#	한 자리 숫자를 표시하거나 무시
$	리터럴 문자 "$"를 표시
%	값에 100을 곱하고 끝에 백분율 기호를 추가
E- 또는 e-	음의 지수 뒤에는 빼셈 기호(-)를 붙이고, 양의 지수 뒤에는 아무 기호도 붙이지 않음
E+ 또는 e+	음의 지수 뒤에는 빼셈 기호(-)를 붙이고, 양의 지수 뒤에는 덧셈 기호(+)를 붙임

8 날짜/시간 데이터 형식

기본 날짜	2015-11-12 오후 5:34:23	자세한 시간	오후 5:34:23
자세한 날짜	2015년 11월 12일 목요일	보통 시간	오후 5:34
보통 날짜	15년 11월 12일	간단한 시간	17:34
간단한 날짜	2015-11-12		

9 날짜/시간 데이터의 사용자 정의 형식

기호	설명
:(콜론)	시간 구분 기호를 표시
/	날짜 구분 기호를 표시
c	일반 날짜와 동일
d	1 ~ 31 중 일을 표시
dd	01 ~ 31 중 일을 표시
ddd	Sun ~ Sat 중 요일을 표시
dddd	Sunday ~ Saturday 중 요일을 표시
ddddd	날짜(S) 표시
dddddd	날짜(L) 표시
w	일주일 중 몇 번째 일을 표시(1부터 7)
ww	1년 중 몇 번째 주를 표시(1부터 53)
m	1 ~ 12 중 월을 표시
mm	01 ~ 12 중 월을 표시
mmm	Jan ~ Dec 중 월을 표시
mmmm	January ~ December 중 월을 표시
y	1 ~ 366 중 일을 표시
yy	01 ~ 99 중 년도 마지막 두 자리 표시
yyyy	0100 ~ 9999 중 년도를 표시
h	0 ~ 23 중 시간을 표시

hh	00 ~ 23 중 시간을 표시
n	0 ~ 59 중 분을 표시
nn	00 ~ 59 중 분을 표시
s	0 ~ 59 중 초를 표시
ss	00 ~ 59 중 초를 표시
ttttt	시간(L) 표시
AM/PM	AM이나 PM으로 12시간제 표시
am/pm	am이나 pm으로 12시간제 표시
A/P	A나 P로 12시간제 표시
a/p	a나 p로 12시간제 표시
AMPM	오전/오후로 한 12시간제 표시

⑩ 문자열/메모 데이터의 사용자 정의 형식

기호	설명
@	문자열(문자나 공백)이 필요
&	문자열이 필요하지 않음(빈 자릿수 지정)
〈, 〉	모든 문자를 소문자, 대문자로 변경

⑪ 사용자 정의 형식

- 4개의 구역으로 나누되 각 구역은 세미콜론(;)으로 지정하고 날짜, 요일, 시간 등의 사용자 정의 기호는 공백으로 구분한다.
- 쉼표나 다른 구분 기호를 추가하려면 이중 따옴표(" ")로 표현한다.
- 각 구역의 형식을 지정하지 않을 경우 첫 번째 구역의 서식을 기본으로 한다.
- **첫 번째 구역(양수에 대한 형식);두 번째 구역(음수에 대한 형식);세 번째 구역(0에 대한 형식);네 번째 구역(Null 값에 대한 형식)으로 지정한다.**

⑫ 예/아니요 데이터 형식

- **입력란 컨트롤에 표시된 데이터에만 적용되며, 미리 정의된 형식을 제공한다.**
- 확인란 컨트롤이 사용되면 미리 정의된 형식이나 사용자 정의 형식은 무시된다.
- **지정 후 다른 형식으로 같은 값을 입력해도 지정한 형식으로 표시된다.**
- **세 개까지 포함하는 사용자 정의 형식을 사용할 수 있다.**

구역	설명
첫 번째 구역	예/아니요 데이터 형식에는 적용되지 않지만 자리 표시자로 세미콜론이 필요
두 번째 구역	예, True, On 값 자리에 표시할 문자열을 나타냄
세 번째 구역	No, False, Off 값 자리에 표시할 문자열을 나타냄

3. 입력 마스크와 유효성 검사 규칙 ✪✪✪

1 입력 마스크 설정

- **입력 마스크 속성을 사용하면 데이터를 쉽게 입력할 수 있고, 입력란 컨트롤 값을 제어할 수 있다.**
- 필드에 입력할 수 있는 데이터를 제한하는 것**으로 입력 마스크 마법사를 사용하면 속성을 쉽게 설정할 수 있다.**
- 입력 마스크 속성은 구역을 세미콜론(;)으로 구분하여 세 개까지 포함할 수 있다.
- 특수 문자를 사용하여 전화번호의 지역 코드와 같은 특정 데이터는 반드시 입력한다**(구내 번호와 같은 다른 데이터는 선택적으로 입력).**
- 문자는 입력 마스크의 각 문자에 대해 반드시 입력해야 하는 데이터 종류를 지정한다.

2 입력 마스크 구역

구역	설명
첫 번째	!(999) 999-9999와 같이 사용자 정의 기호로 입력 마스크 자체를 지정
두 번째	• 데이터 입력 시 괄호, 하이픈, 슬래시 등의 문자를 테이블에 저장할지의 여부를 지정 • '0'을 사용하면 입력 마스크 문자가 포함된 입력 형식이 그대로 저장(전화번호 입력 마스크에서 괄호와 같은 리터럴 표시 문자는 모두 값과 함께 저장) • '1'이나 공백을 사용하면 컨트롤에 입력한 문자만 저장
세 번째	• 입력 마스크에서 반드시 문자를 입력해야 하는 자리를 표시하기 위해 지정 • 모든 문자의 사용이 가능하며, 빈 문자열을 표시하려면 큰 따옴표로 묶은 공백을 사용(" ")

3 입력 마스크를 정의할 때 사용되는 문자

문자	설명
0	0부터 9까지의 숫자를 입력, 필수 요소로 덧셈과 뺄셈 기호를 사용할 수 없음
9	숫자나 공백을 입력, 선택 요소로 덧셈과 뺄셈 기호를 사용할 수 없음
#	• 숫자나 공백을 입력, 선택 요소로 덧셈 기호와 뺄셈 기호를 사용할 수 있음 • 공백은 편집 모드에서는 빈칸으로 표시되지만 데이터가 저장될 때 제거됨
L	A부터 Z까지의 영문자를 입력, 필수 요소

?	A부터 Z까지의 영문자를 입력, 선택 요소
A	영문자나 숫자, 한글을 입력, 필수 요소
a	영문자나 숫자, 한글을 입력, 선택 요소
&	모든 문자나 공백을 입력, 필수 요소
C	모든 문자나 공백을 입력, 선택 요소
. , : ; - /	소수 자릿수와 1000 단위, 날짜, 시간 등의 구분 기호를 입력
〈, 〉	모든 문자가 소문자, 대문자로 변환
!	입력 마스크 문자는 항상 왼쪽에서 오른쪽으로 채워지며, 느낌표를 포함시킬 수 있음(입력 마스크는 오른쪽에서 왼쪽으로 표시)
\, ₩	뒤에 나오는 문자가 리터럴 문자로 표시됨(예 : \A는 A만 표시)

4 유효성 검사 규칙

- 하나 이상의 필드에 입력될 수 있는 내용에 대한 제한이나 조건을 설정하는 규칙으로 폼의 필드, 레코드, 컨트롤 등에 설정할 수 있다.
- 다른 필드나 컨트롤로 이동하면 필드나 컨트롤에 대해 규칙이 수행되고, 다른 레코드로 이동하면 해당 레코드에 대해 규칙이 수행된다.
- 규칙에 어긋날 때마다 유효성 검사 메시지 속성에서 지정된 메시지가 나타난다.

사용 예	의미
〉=45, 〈45	45 이상인 값, 45 미만인 값만 입력
〉=50 and 〈70	50 이상이고, 70 미만인 값만 입력
0 or 〉=50	0 또는 50 이상인 값을 입력
Like"김*"	'김'으로 시작되는 값만 입력
Like"강??"	첫 글자가 '강'으로 시작하고, 나머지는 2문자 이내의 값만 입력
IN("남", "여")	'남'과 '여' 중에서 하나는 입력
LEN([수험번호])=5	수험번호 필드에 입력된 값의 길이는 5개를 입력
Between A and B	A 이상이고, B 이하인 값만 입력
〉=#19-1-1# and 〈=#20-12-31#	2019년 1월 1일부터 2020년 12월 31일까지의 값만 입력

5 기본 값

- 새 레코드를 만들 때 해당 필드에 자동으로 입력되는 문자열이나 식을 지정한다.
- 필드에 기본 값을 자동으로 입력하려면 Ctrl+Alt+SpaceBar 키를 누른다.
- OLE 개체, 일련 번호 필드에는 적용할 수 없다.
- 기본 값을 변경해도 기존 레코드에 변경 사항이 적용되지 않는다.

6 필수 여부

- 필드에 값이 필요한지의 여부를 지정하며, '예'로 설정할 경우 공백(Null)은 입력할 수 없다.
- 필수 속성을 '예'로 설정할 경우 데이터를 반드시 입력해야 한다.
- 일련 번호 필드를 제외한 모든 필드에 필수 속성을 설정할 수 있다.

7 빈 문자열

- 문자를 포함하지 않는 문자열로 값이 존재하지 않는 필드를 표시할 때 빈 문자열을 사용한다.
- 빈 문자열을 입력할 때는 큰 따옴표를 공백 없이("") 입력한다.
- 문자열, 메모, 하이퍼링크 필드에 빈 문자열을 입력하려면 필드의 빈 문자열 허용 속성을 '예'로 지정한다.

4. 기본키와 인덱스 ★★★

1 기본키(Primary Key)의 특징

- 테이블 내에 존재하는 개체들간의 관계를 명세하는 기준이 된다.
- 테이블 내에서 레코드를 유일하게 구별할 수 있도록 설정한다(중복 값 허용 안 함).
- 자료 검색 시 레코드는 기본키 순서대로 검색되며, 데이터 형식이 OLE 개체인 것은 기본키로 지정할 수 없다.
- 하나의 테이블에 2개 이상의 필드를 묶어서 기본키를 설정할 수 있다.
- 테이블의 기본키로 지정하면 기본키 필드에 중복 값이나 Null 값은 입력할 수 없다.
- 데이터베이스의 모든 테이블은 하나 이상의 기본키를 반드시 가지고 있어야 한다.
- 기본키 필드는 반드시 값을 입력해야 하며, 입력된 값은 변경할 수 있다.

2 기본키의 종류

종류	설명
일련 번호 기본 키	각 레코드를 테이블에 추가할 때마다 일련 번호가 자동 입력되도록 설정

단일 필드 기본 키	기본키로 선택한 필드가 중복 값을 갖거나 Null 값을 가지면 기본키로 설정되지 않음(고유 값이 들어 있는 필드를 기본키로 지정)
다중 필드 기본 키	단일 필드가 고유 값을 갖는 확신이 없을 때 두 개 이상의 필드를 기본키로 지정(다대다 관계의 다른 두 테이블을 연결하는 테이블의 경우 지정)

3 인덱스(Index)의 특징

- 데이터 검색이나 그룹화 등의 작업 속도를 향상시키기 위해 데이터를 일정 기준에 맞추어 정렬하는 기능이다(검색을 자주 하는 필드에 인덱스를 설정하는 것이 바람직).
- 인덱스 속성은 테이블 디자인 보기의 필드 속성 구역에서만 설정할 수 있다.
- 테이블 디자인 보기에서 수시로 인덱스를 추가하거나 삭제할 수 있다(성능이 떨어질 수 있음).
- 테이블에서 단일 필드를 사용해서 레코드를 찾고 정렬하려면 Indexed 속성을 사용한다.
- 메모, 하이퍼링크, OLE 개체의 데이터 형식 필드는 인덱스 할 수 없다.
- 인덱스를 설정하면 자료의 조회와 정렬 속도가 빨라지지만 갱신 속도는 느려진다(인덱스 필드의 쿼리 속도도 빨라짐).
- 중복 불가능(Unique) 색인을 설정하면 중복된 자료의 입력을 방지할 수 있다.
- 필드에는 고유하거나 고유하지 않은 값을 모두 지정할 수 있으며, 인덱스를 삭제하면 필드나 필드 데이터도 함께 삭제된다(한 테이블에서 여러 개의 인덱스를 생성).
- 기본키로 설정되는 필드에 대해서는 자동적으로 인덱스가 생성된다.
- 테이블을 저장할 때 만들어지고, 레코드를 변경하거나 추가할 때 자동으로 업데이트된다.

4 단일 필드 인덱스

- 하나의 필드에 인덱스를 지정하는 것으로 필드 속성의 [일반] 탭에서 설정한다.
- 테이블의 기본키가 단일 필드이면 자동으로 필드의 인덱스 속성이 예(중복 불가능)로 설정된다.

설정	설명
아니요	기본 값으로 인덱스를 지정하지 않음
예(중복 가능)	인덱스 지정 시 중복 데이터의 입력을 허용
예(중복 불가능)	인덱스 지정 시 중복 데이터의 입력을 허용하지 않음

5 다중 필드 인덱스

- 여러 필드에 인덱스를 지정하는 것으로 [인덱스] 대화 상자에서 설정한다.
- 다양한 필드로 검색 조건을 제공하는 경우 효과적으로 검색할 수 있다.

설정	설명
기본	아니요 → 인덱스가 없음(인덱스를 작성하지 않음)
고유	인덱스에 중복 값을 허용(인덱스를 작성)
Null 무시	인덱스에 중복 값을 허용하지 않음(인덱스를 작성)

5. 관계 설정 ✪✪✪

1 관계 설정의 특징

- 여러 개의 테이블을 일정한 규칙에 의하여 연결하는 것으로 두 개의 테이블에 속하는 원소를 서로 연관시키기 위해 하나의 쌍으로 연결한다.
- 관계를 정의할 테이블을 관계 창에 추가한 후 테이블의 키 필드를 다른 키 필드로 드래그한다.
- 둘 이상의 테이블, 폼, 보고서, 쿼리를 만들 때는 반드시 설정해야 한다.
- 참조 무결성을 이용하여 테이블에 임의대로 수정 및 삭제하지 못하도록 한다.
- 데이터베이스에서 각 주제별로 테이블을 만든 후 해당 정보들을 다시 가져올 수 있는 방법을 지정한다(과정의 첫 번째 단계는 테이블간의 관계를 정의).
- 테이블간 관계를 정의한 후 쿼리, 폼, 보고서를 만들어 여러 테이블 정보를 한번에 표시할 수 있다.
- [관계] 문서 탭에서 해당 관계에 대해 참조 무결성, 조인 유형 등을 설정할 수 있다.
- A 테이블과 A 테이블의 기본키를 외래키로 사용하는 B 테이블간에 관계를 설정하는 경우 관계 종류는 일대다 관계로 자동 지정된다.
- 테이블 관계를 제거하려면 관계선을 클릭하여 더 굵게 표시된 상태에서 Delete 키를 누른다.

2 관계의 종류

종류	특징
일대일(1:1)	• 테이블 A의 각 레코드는 테이블 B의 한 레코드에만 대응되며, 테이블 B의 각 레코드도 테이블 A의 한 레코드에만 대응 • 기본 테이블과 상대 테이블의 레코드는 기본키이거나 고유 인덱스이어야 함

일대다(1:n)	• 테이블 A의 한 레코드는 테이블 B의 여러 레코드와 대응될 수 있지만 테이블 B의 한 레코드는 테이블 A의 한 레코드에만 대응 • 기본 테이블과 상대 테이블 중 한 개만 기본키이거나 고유 인덱스이어야 함(가장 보편적으로 사용되는 관계)
다대다(n:m)	• 테이블 A의 한 레코드는 테이블 B의 여러 레코드와 대응되며, 테이블 B에서도 한 레코드가 테이블 A의 많은 레코드와 대응 • 상대 테이블의 레코드는 기본키이거나 고유 인덱스이어야 함

3 [관계 편집] 대화 상자

- 항상 참조 무결성 유지 : 레코드를 입력하거나 삭제할 때 테이블에 정의된 관계를 유지하는 규칙으로 테이블/쿼리에 존재하지 않는 관계 테이블/쿼리에 생성할 수 없도록 하고, 기본 테이블의 레코드를 삭제하거나 변경되지 않도록 설정한다(테이블간 참조 관계에 문제가 발생하지 않음).
- 관련 필드 모두 업데이트 : 테이블/쿼리에서 기본키 값이 변경될 때마다 연결된 테이블의 해당 필드 값도 자동으로 변경되도록 설정한다(관련된 레코드에 있는 대응 값을 모두 변경).
- 관련 레코드 모두 삭제 : 테이블/쿼리에서 레코드를 삭제할 때 연결된 테이블에서도 자동으로 삭제되도록 설정한다.
- 조인 유형 : 내부 조인, 왼쪽 우선 외부 조인, 오른쪽 우선 외부 조인 중에서 선택할 수 있다.

6. 참조 무결성 ✪✪✪

1 참조 무결성의 특징

- 테이블 레코드간의 관계를 유효하게 하고, 사용자가 실수로 관련 데이터를 삭제하거나 변경하지 않도록 하기 위한 규칙이다.
- 참조하고 참조되는 테이블간의 참조 관계에 아무런 문제가 없는 상태를 의미한다.
- 외래키 값은 널(Null) 값이거나 참조 테이블에 있는 기본키 값과 동일해야 한다.
- 기본 테이블의 기본키 필드가 다른 테이블의 외래키 필드와 데이터 형식이 같을 때 참조 무결성을 강화할 수 있다.
- 기본 테이블의 기본키 필드가 바뀌면 관련 테이블에서 해당 필드 값을 자동으로 수정할 수 있다.
- 기본 테이블에서 레코드를 삭제하면 해당 테이블에 관련된 레코드가 자동으로 삭제된다.

2 참조 무결성의 설정 조건

- 기본 테이블에서 일치하는 필드가 기본키이거나 고유 인덱스를 갖는다.
- 관련 필드의 데이터 형식이 같으나 일련 번호 필드는 크기 속성을 정수(Long)로 설정해서 숫자 필드에 연결할 수 있다.
- 일련 번호 필드의 필드 크기 속성을 복제 ID로 설정하여 숫자 필드에 연결할 수 있다.
- 두 테이블이 모두 동일한 액세스 데이터베이스에 저장되는 경우이어야 한다.
- 형식이 다른 데이터베이스의 연결 테이블에 대해서는 참조 무결성을 강화할 수 없다.
- 테이블이 연결 테이블이면 액세스 형식 테이블이고, 저장되어 있는 데이터베이스를 열어야 한다.

3 참조 무결성 강화에 따른 규칙

- 기본 테이블의 기본키에 존재하지 않는 관련 테이블의 외래키 필드에는 값을 입력할 수 없다.
- 관련 테이블에 일치하는 레코드가 존재할 때 기본 테이블에서 레코드를 삭제할 수 없다.
- 테이블을 참조하거나 참조되는 테이블에서 레코드를 추가 및 수정하면 참조 무결성이 깨진다.
- 레코드에 관련된 레코드가 있으면 기본 테이블에서 기본키를 바꿀 수 없다.
- 관계에 대한 규칙을 강화하려면 관계를 만들 때 '항상 참조 무결성 유지' 확인란을 선택한다.
- 참조 무결성을 강화하면 테이블 규칙이 위반될 때 메시지가 표시되고, 해당 내용을 변경할 수 없다.
- '관련 필드 모두 업데이트'와 '관련 레코드 모두 삭제' 확인란을 선택하면 관련 레코드 삭제나 변경에 대한 조건을 무시하고 참조 무결성을 유지할 수 있다.
- 기본 테이블의 기본키 값을 변경할 경우 자동으로 관련 레코드의 대응 값이 수정되게 하려면 '관련 필드 모두 업데이트' 확인란을 선택한다.
- '관련 레코드 모두 삭제' 확인란을 선택할 경우 기본 테이블의 레코드를 삭제하면 관련 테이블의 해당 레코드가 삭제된다.

7. 레코드의 추가, 삭제, 변경 ✪

1 레코드 추가

- 데이터시트 보기에서 맨 마지막 행에 데이터를 입력한다.
- 새로운 레코드는 항상 테이블의 마지막 행에 추가되며,

중간에 삽입될 수 없다.

- Tab 또는 Enter 키를 누르면 다음 필드로 커서가 이동한다.
- [홈] 탭의 [레코드] 그룹에서 [새로 만들기] 단추를 클릭한다(바로 가기 키 : Ctrl+＋ 키).
- 레코드의 바로 가기 메뉴에서 [새 레코드]를 선택한다.

필드식	기본 값
1	1
0	0
" "	빈 문자열
Date( )	오늘 날짜

[레코드 추가 시 필드 식에 입력되는 값]

2 레코드 삭제

- 여러 개의 레코드를 선택한 후 한 번에 삭제할 수 있다.
- 레코드를 삭제하면 해당 레코드가 영구히 삭제된다는 메시지 상자가 표시되고, 이때 [예]를 클릭하면 해당 레코드가 삭제된다.
- 레코드는 한 번 삭제되면 다시 되살릴 수 없다.
- [홈] 탭의 [레코드] 그룹에서 [삭제] 단추를 클릭하고, [레코드 삭제]를 선택한다(바로 가기 키 : Ctrl+− 키).
- 레코드의 바로 가기 메뉴에서 [레코드 삭제]를 선택한다.

3 데이터 변경

- 수정하고자 하는 레코드를 선택하고, 새로운 값을 입력한다.
- 수정할 필드를 클릭하거나 F2 키를 눌러 편집 상태로 변경되면 새로운 값을 입력한다.
- 방향키를 이용하여 각 필드로 이동하면 필드에 입력된 데이터 전체가 선택되고, 데이터를 입력하면 해당 레코드 필드의 입력 데이터가 한 번에 지워진다.

4 레코드 높이 변경

- 레코드를 선택한 후 [홈] 탭의 [레코드] 그룹에서 [기타] 단추를 클릭하고, [행 높이]를 선택한다.
- 레코드의 바로 가기 메뉴에서 [행 높이]를 선택한 후 행 높이를 입력한다.
- 레코드와 레코드 경계선을 마우스로 드래그한다.
- [홈] 탭의 [레코드] 그룹에서 [기타] 단추를 클릭하고, [열 너비]를 선택한 후 [열 너비] 대화 상자에서 '표준 높이'를 선택하면 디폴트 값(13.2095)에 맞추어 레코드 높이가 조절된다.

8. 데이터 변환 ✪✪

1 외부 데이터 가져오기(Import)

- 외부 데이터를 가져오기 위해서는 연결할 테이블 및 액세스를 만들거나 열어 놓아야한다.
- 데이터 연결 중에는 문자열 파일을 가져올 때를 제외하고, 기존 테이블에 데이터를 추가할 수 없다.
- 시트의 특정 필드를 제외하고, 다른 데이터베이스의 폼, 보고서 등을 가져올 수 있다.
- 가져올 데이터가 많거나 다른 사용자도 함께 사용할 파일이면 테이블 연결을 선택한다.
- 데이터를 가져와도 원본 테이블이나 파일은 변경되지 않는다.
- 하나 이상의 워크시트에 있는 데이터 일부 또는 전체를 Access의 새 테이블이나 기존 테이블에서 데이터 복사본으로 만들 수 있다.
- Access에서는 가져오려는 데이터 원본에 255개가 넘는 필드(열)가 있으면 처음 255개만 가져온다.
- Excel 데이터는 가져오기 명령으로 한 번에 하나의 워크시트만 가져올 수 있으므로 여러 워크시트에서 데이터를 가져오려면 각 워크시트에 대해 가져오기 명령을 반복해야 한다.
- 가져올 수 있는 외부 데이터 파일에는 FoxPro, dBASE, PARADOX, Excel, Lotus 1-2-3, 문자열 파일, Microsoft Exchange, HTML, ODBC 데이터베이스 등이 있다.

2 데이터 내보내기(Export)

- Access 이전 버전으로는 테이블만 내보낼 수 있다(워드나 엑셀 프로그램과 상호 호환성을 가짐).
- 테이블 데이터의 정의만 내보낼 수 있으며 제약 조건, 관계, 인덱스 같은 속성은 내보낼 수 없다.
- 테이블, 질의, 폼 보고서를 HTML로 내보낼 수 있으며, E-Mail 메시지를 첨부하여 저장할 수 있다.
- 데이터베이스 개체(테이블, 쿼리, 폼, 보고서 등)를 다른 데이터베이스나 응용 프로그램 등에서 사용할 수 있도록 해당 파일 형식으로 변경하여 출력한다.
- 파일 내보내는 경우 ODBC Databases 파일은 만들 수 없으며 테이블, 질의, 폼 보고서를 HTML 파일로 내보낼 수 있다.
- 테이블/쿼리에서는 액세스(accdb), 엑셀(xlsx), Lotus 1-2-3, Paradox, HTML, 텍스트 및 서식 있는 텍스트 파일(rtf), DBF, ASP, WORD 병합, XML, ODBC 데이터베이스 등을 내보낼 수 있다.
- 폼에서는 액세스(accdb), 엑셀(xlsx), HTML, 텍스트 파일, 서식 있는 텍스트 파일(rtf), ASP 등을 내보낼 수 있다.

• 보고서에서는 액세스(accdb), 엑셀(xlsx), HTML, 텍스트 파일, 서식 있는 텍스트 파일(rtf), Snapshot 등은 내보낼 수 있다.

3 연결 테이블(Linked Table) 만들기

• 외부 데이터의 사용 방법으로 데이터를 가져오지 않고 연결하면 다른 데이터베이스 테이블을 사용할 수 있다(새 테이블로 가져온 테이블을 이용하여 폼이나 보고서를 생성).
• 연결된 테이블에서 데이터를 추가하거나 수정하면 연결된 원본 데이터도 자동으로 변경된다.
• 연결 테이블을 만든 후 삭제하면 원본 데이터에는 변함이 없고, 연결된 테이블만 삭제된다.

4 데이터 수집

• 전자 메일을 이용하여 데이터베이스 파일에 데이터를 수정하거나 추가한다.
• 실시간으로 여러 사람에게 데이터 수집을 요청하여 받아볼 수 있으므로 시간 절약을 할 수 있다.
• 일련 번호, 첨부 파일, OLE 개체 필드의 데이터는 데이터 수집을 할 수 없다.
• 전자 메일 만들기는 사용자 정보를 수집하여 데이터베이스를 채우기 위한 양식 있는 전자 메일 메시지를 만든다.
• 회신 관리는 전자 메일 메시지에서 수집한 데이터의 회신을 보고 데이터를 업데이트한다.

| 무료 동영상 |

14 쿼리 활용

1. 단순 조회 질의 ✪✪

1 쿼리(Query)의 개념

• 여러 테이블을 분석하여 필요한 정보를 찾아 폼이나 보고서의 형태로 보여주는 것을 말한다.
• 테이블의 데이터를 이용하여 사용자가 원하는 형식으로 가공하여 보여줄 수 있다.
• 테이블이나 다른 쿼리를 이용하여 새로운 쿼리를 생성할 수 있다.
• 단순한 조회 이외에도 데이터의 추가, 삭제, 수정 등을 수행할 수 있다.
• 쿼리를 폼, 보고서, 데이터 액세스 페이지 등의 레코드 원본으로 사용할 수도 있다.
• 쿼리를 작성하려면 두 개 이상의 테이블이 관계가 설정되어 있어야 한다.

2 쿼리의 종류

종류	설명
선택 쿼리	지정된 조건으로 여러 개의 테이블에서 데이터를 검색한 후 설정된 순서대로 표시
실행 쿼리	여러 레코드를 한꺼번에 변경할 수 있는 쿼리로 삭제 쿼리, 업데이트 쿼리, 추가 쿼리, 테이블 작성 쿼리 등이 있음
SQL 쿼리	SQL문을 사용하여 만드는 쿼리로 통합 쿼리, 창구 쿼리, 데이터 정의 쿼리, 하위 쿼리 등이 있음

3 단순 조회 쿼리

• 하나 이상의 테이블이나 쿼리에서 지정한 필드 데이터를 검색하는 쿼리를 만들 수 있다.
• 마법사를 이용하여 모든 레코드의 그룹 합계, 개수, 평균값이나 필드의 최소값, 최대값을 나타낼 수 있다.
• 조건을 설정하여 사용할 수는 없다.

4 SQL문

• 데이터베이스에서 정보를 얻거나 갱신하기 위한 표준화된 언어로 대화형을 이용하거나 프로그램 내에 삽입하여 사용한다.
• SELECT 질의에서 정렬 순서의 기본 값은 오름차순이며, 여러 줄에 나누어 입력할 수 있다.
• 문장 끝에는 세미콜론(;)을 붙이고, 암호는 대소문자로 입력한다.
• SELECT, INSERT, UPDATE, DELETE 등의 명령으로 WHERE, ORDER BY절을 포함한다.

5 SELECT문

• 관계에 존재하는 튜플에서 선택 조건을 만족하는 튜플의 부분 집합을 구하기 위해 사용한다.
• 검색 시 열 이름이 여러 개일 경우에는 열 이름 사이를 콤마(,)로 구별한다.
• 모든 데이터 조회의 SELECT문에서는 반드시 SELECT FROM으로 지정해야 한다.
• 테이블의 모든 필드를 조회할 때는 필드 이름 대신 '*'를 사용한다.
• 두 개 이상의 테이블이 사용될 때는 테이블 이름과 필드 이름을 점(.)으로 구분한다.

• SELECT 다음에 필드 이름을 입력할 때 필드 이름에 공백이 포함될 경우에는 필드 이름을 대괄호([ ])로 묶어준다(예 : [사원 목록], [학생별 성적 현황]).

```
SELECT 필드 이름 FROM 테이블 이름;
SELECT * FROM 테이블 이름;
```

- SELECT 이름, 부서 FROM 사원; → '사원' 테이블에서 '이름' 필드와 '부서' 필드 검색
- SELECT 사원.부서, 간부.연봉 FROM 사원, 간부; → '사원' 테이블에서는 '부서' 필드를 검색하고 '간부' 테이블에서는 '연봉' 필드를 검색
- SELECT 사원.*, 간부.* FROM 사원, 간부; → '사원'과 '간부' 테이블에서 모든 필드 검색

6 WHERE절

- 여러 필드 중 특정 조건에 만족하는 레코드를 검색할 때 사용된다.
- FROM절 다음에 WHERE를 입력한 후 조건을 지정한다.
- 조건에 문자열을 지정할 때는 작은 따옴표(' ')나 큰 따옴표(" ")로 묶어야 한다.

```
SELECT 필드 이름 FROM 테이블 이름 WHERE 조건;
```

- SELECT 이름 FROM 사원 WHERE 부서='기술부'; → '사원' 테이블에서 부서가 '기술부'인 사원의 이름 검색
- SELECT 이름 FROM 간부 WHERE 호봉 >=7; → '간부' 테이블에서 호봉이 7 이상인 간부의 이름 검색

7 ORDER BY절

- 쿼리 결과로 검색된 레코드를 특정 필드를 기준으로 정렬할 때 사용된다.
- SELECT문의 가장 마지막에 위치하며, 기본값은 오름차순이다.
- ORDER BY절에서 ASC는 오름차순을, DESC는 내림차순을 의미한다.

```
SELECT 필드 이름 FROM 테이블 이름 ORDER BY 필드 이름 ASC;
```

- SELECT * FROM 사원 ORDER BY 이름 ASC; → '사원' 테이블을 '이름'을 기준으로 오름차순 검색
- SELECT * FROM 간부 ORDER BY 연봉 DESC; → '간부' 테이블을 '연봉'을 기준으로 내림차순 검색
- SELECT * FROM 간부 WHERE 호봉 >= 5 ORDER BY 연봉 ASC; → '간부' 테이블에서 호봉이 5 이상인 간부들의 '연봉'을 기준으로 오름차순 검색
- SELECT * FROM 사원 WHERE 나이 >= 28 ORDER BY 나이 DESC; → '사원' 테이블에서 나이가 28 이상인 사원들의 '나이'를 기준으로 내림차순 검색

2. 수식과 함수 ✪✪

1 산술/대입 연산자

연산자	기능	사용 예
^	어떤 수의 제곱수를 구함	2^3 → 6
*	두 수의 곱을 구함	3*7 → 21
/	두 수를 나누고 부동 소수점을 구함	6/2 → 3
\	두 수를 나누고 정수 몫을 구함	7 \ 2 → 3
Mod	두 수를 나누어 나머지를 구함	7 Mod 2 → 1
+, -	두 수의 합을, 차를 구함	7+3 → 10, 7-3 → 4
&	문자열을 결합	"우리" & "나라" → 우리나라

2 논리/비교 연산자

연산자	기능	사용 예
AND	다중 조건에서 모두가 참이면 결과값도 참	>=25 AND <=50 → 25 이상 50 이하
OR	다중 조건에서 하나의 값이 참이면 결과값도 참	"과장" OR "차장" → 과장이나 차장
NOT	특정한 조건에 반대되는 값을 출력	NOT "대리"→ 대리가 아님
LIKE	지정한 문자열이 포함되어 있는지를 판별	• LIKE "강*" → 강으로 시작하는 값 • LIKE "김??" → 김으로 시작하는 세 글자 값
IS	Null이나 NOT Null인 레코드를 검색	IS Null → 필드 값이 Null인 레코드
=, <, >, >=, <=, <>	두 값을 비교하여 참(True)과 거짓(False) 중 결과를 출력	• 200 >= 157 → TRUE • 100 <> 100 → FALSE

3 날짜/시간 함수

함수	기능	사용 예
DATE	현재 날짜를 표시	DATE( ) → 시스템의 현재 날짜를 표시

TIME	현재 시간을 표시	TIME( ) → 시스템의 현재 시간을 표시
DATEADD	특정 날짜에 지정한 날짜를 더한 날짜 표시	• DATEADD("D", 7, DATE ( )) → 현재 날짜에 7일을 더한 날짜를 표시 • DATEADD("M", 3, [급여일]) → 급여일 필드에 3개월을 더한 날짜를 표시
DATEDIFF	두 날짜 사이의 경과일을 표시	• DATEDIFF("D", [대여일], [회수일]) → 회수일에서 대여일을 뺀 날짜 • DATEDIFF("M", [입사], DATE( )) → 입사 필드에서 오늘까지 경과한 월 수

4 기타 날짜/시간 함수

- NOW : 현재 날짜와 시간을 표시한다.
- DATEPART : 년을 4분기로 나누어서 표시한다.
- DATEVALUE : 날짜를 숫자로 변환하여 표시한다.
- WEEKDAY : 날짜에 해당하는 요일을 표시한다.
- YEAR/MONTH/DAY : 날짜 데이터에서 년/월/일을 표시한다.
- MONTHNAME : 날짜 데이터에서 인수의 월을 나타내는 문자열로 반환한다.
- HOUR/MINUTE/SECOND : 시간 데이터에서 시/분/초를 표시한다.

5 문자열 함수

함수	기능	사용 예
INSTR	문자열 중 특정 문자의 위치를 표시	INSTR("월드컵4강신화", "컵") → 3
STRCOMP	문자열과 문자열을 비교	• STRCOMP("10", "9") → 1 • STRCOMP("10", "10") → 0
SPACE	공백을 의미	"2022" & SPACE(3) "월드컵" → 2022 월드컵
STRING	동일한 문자를 지정된 숫자만큼 반복해서 표시	STRING(5, "짝") → 짝짝짝짝짝

6 기타 문자열 함수

- LEFT/RIGHT/MID : 문자열의 왼쪽/오른쪽/중간에서 지정한 개수만큼만 표시한다.
- TRIM : 문자열 앞/뒤에 있는 공백을 자른 후 표시한다.
- LTRIM/RTRIM : 문자열의 왼쪽/오른쪽에 있는 공백을 자른 후 표시한다.
- LEN : 문자열의 길이(개수)를 표시한다.
- LENB : 문자열의 바이트 수를 표시한다.
- LCASE/UCASE : 문자열을 모두 소문자/대문자로 표시한다.
- REPLACE : 문자열에 포함된 특정 문자를 다른 문자로 전환한다.
- STRCONV : 문자열을 지정한 형식으로 반환한다.

7 선택 함수

함수	기능	사용 예
IIF	조건이 참이면 값1을, 거짓이면 값2를 출력	IIF([평균]>=80, "합격", "불합격") → 평균 필드의 값이 80 이상이면 합격을, 그렇지 않으면 불합격을 표시
CHOOSE	색인 번호에 따라 값 목록에서 수행할 값 또는 작업을 선택	• CHOOSE(2, "서울", "부산", "대구") → 부산 • CHOOSE(3, [이름], [부서], [연봉]) → 연봉 필드에 있는 내용 표시
SWITCH	조건과 값을 1:1로 비교하여 출력	SWITCH([필기]>=80, "실기응시", [실기]>=80, "합격") → 필기 필드의 값이 80 이상이면 "실기응시"를 표시하고, 실기 필드의 값이 80 이상이면 "합격"을 표시

8 자료 형식 변환 함수

- CDATE : 입력한 데이터를 날짜 데이터로 변환한다.
- CBOOL : 입력한 데이터를 논리 값으로 변환한다.
- CINT : 입력한 데이터를 반올림한 후 정수로 변환한다.
- CSTR : 입력한 데이터를 문자열로 변환한다.
- CLNG : 입력한 데이터를 Long 값으로 변환한다.

9 자료 형식 평가 함수

- ISDATE : 입력한 데이터를 날짜로 변환할 수 있는지의 여부를 논리 값으로 표시한다.
- ISNULL : 입력한 데이터가 널(Null) 값인지의 여부를 논리 값으로 표시한다.
- ISNUMERIC : 입력한 데이터가 숫자인지의 여부를 논리 값으로 표시한다.
- ISERROR : 입력한 데이터가 오류인지의 여부를 논리 값으로 표시한다.
- ISOBJECT : 입력한 데이터가 개체인지의 여부를 논리 값으로 표시한다.

10 집단 함수

- AVG : 지정된 필드의 평균을 구한다.
- SUM : 지정된 필드의 합계를 구한다.
- MAX/MIN : 지정된 필드의 최대값/최소값을 구한다.
- COUNT : 지정된 필드의 개수를 구한다.
- ROUND : 숫자 데이터를 지정한 자릿수로 반올림하여 출력한다.

- ABS : 숫자 데이터를 절대 값으로 출력한다.
- INT : 실수를 가까운 정수 값으로 출력한다.
- LARGE : n번째로 큰 값을 구한다.
- SUMPRODUCT : 배열 요소의 곱과 합을 구한다.
- SUBTOTAL : 데이터베이스의 부분합을 구한다.

11 도메인 계산 함수

- DAVG : 조건에 만족하는 필드의 평균을 구한다.
- DSUM : 조건에 만족하는 필드의 합계를 구한다.
- DMAX/DMIN : 조건에 만족하는 필드의 최대값/최소값을 구한다.
- DCOUNT : 조건에 만족하는 필드의 개수를 구한다.
- DLOOKUP : 조건에 만족하는 필드의 값을 구한다.

3. 데이터베이스 특수 연산 ★★★

1 IN 연산자

- 리스트에 있는 값에 포함되었는지를 확인하기 위해 사용하는 연산자이다.
- 특정 필드에서 지정한 값을 가지고 레코드 셋을 반환하고자 할 때 사용한다.
- 하위 쿼리를 이용하면 리스트에 있지 않은 레코드도 검색이 가능하다.
- 문자 데이터나 날짜 데이터는 인용 부호(' ') 내에 입력한다.
- 쿼리에서 구해진 반환 값을 다른 테이블의 WHERE절에 사용하며, 다른 테이블의 데이터를 조건으로 수행한다(WHERE절에 사용되는 SELECT문으로 ORDER BY절을 사용할 수 없음).

```
SELECT 필드 이름 FROM 테이블 이름 WHERE 조건 IN (값1, 값2, …);
```

```
SELECT 필드 이름 FROM 테이블 이름 WHERE 조건 IN
(SELECT 필드 이름 FROM 테이블 이름 WHERE 조건);
```

- SELECT 이름, 부서, 연봉, 호봉 FROM 간부 WHERE 호봉 IN (8, 9, 10); → '간부' 테이블에서 호봉이 8이거나 9이거나 10인 간부들의 이름, 부서, 연봉, 호봉 검색
- SELECT 이름 FROM 사원 WHERE 부서 IN (SELECT 부서 FROM 간부 WHERE 부서='영업부'); → '사원' 테이블에서 부서가 '영업부'인 사원의 이름 검색

2 BETWEEN 연산자

- AND 연산자를 이용하여 레코드가 비교하는 두 값의 범위 내에 해당하는지를 확인하기 위해 사용하는 연산자이다.
- 필드 값이 BETWEEN 연산자의 범위로 지정된 값 이내의 레코드만 검색한다.
- 문자 데이터나 날짜 데이터는 인용 부호(' ') 내에 입력한다.

```
SELECT 필드 이름 FROM 테이블 이름 WHERE 조건
BETWEEN 값1 AND 값2;
```

- SELECT 이름, 부서, 호봉 FROM 간부 WHERE 호봉 BETWEEN 4 AND 9; → '간부' 테이블에서 호봉이 4에서 9 사이인 간부의 이름, 부서, 호봉 검색
- SELECT * FROM 사원 WHERE 나이 BETWEEN 27 AND 30; → '사원' 테이블에서 나이가 27과 30 사이인 사원의 모든 데이터 검색

3 LIKE 연산자

- 질의 문자와 심벌을 이용해 문자 패턴에 일치하는 레코드를 검색할 때 사용하는 연산자이다.
- 데이터에 지정한 문자 혹은 문자열이 포함되어 있는지를 판별할 때 사용한다.
- % : 모든 문자를 의미한다(예 : 부% → 부산, 부산광역시, 부모님 등).
- _ : 하나의 문자를 의미한다(예 : 서_ → 서울, 서창, 서열, 서식 등).
- 문자 데이터나 날짜 데이터는 인용 부호(' ') 내에 입력한다.

```
SELECT 필드 이름 FROM 테이블 이름 WHERE 조건 LIKE '
질의 문자';
```

- SELECT * FROM 사원 WHERE 이름 LIKE '박%'; → '사원' 테이블에서 이름이 '박'으로 시작하는 사원의 모든 레코드 검색
- SELECT 이름, 부서 FROM 사원 WHERE 나이 LIKE '2_'; → '사원' 테이블에서 나이가 '2'로 시작하는 사원의 이름, 부서 검색

4 NOT 연산자

- 인수의 논리를 반대로 변경할 때 사용하는 연산자이다(예 : TRUE 인수는 FALSE, FALSE 인수는 TRUE로 변경).
- 다른 연산자 앞에 위치시켜 사용한다.

```
SELECT 필드 이름 FROM 테이블 이름 WHERE 조건 NOT
다른 연산자;
```

- SELECT 학과, 학번, 학점 FROM 성적 WHERE 학점 NOT IN ('B', 'C'); → '성적' 테이블에서 학점이 B나 C가 아닌 학생들의 학과, 학번, 학점 검색
- SELECT 이름, 부서, 호봉 FROM 간부 WHERE 호봉 NOT BETWEEN 4 AND 9; → '간부' 테이블에서 호봉이 4에서 9 사이가 아닌 간부의 이름, 부서, 호봉 검색

5 DISTINCT 키워드

- 테이블에서 중복을 제거한 레코드를 검색할 때 사용되는 키워드이다.
- SELECT문에서 필드 이름 앞에 삽입한다.

```
SELECT DISTINCT 필드 이름 FROM 테이블 이름;
```

- SELECT DISTINCT 이름 FROM 사원; → '사원' 테이블에서 중복을 제거한 후 이름 검색
- SELECT DISTINCT 이름, 연봉 FROM 간부; → '간부' 테이블에서 중복을 제거한 후 이름과 연봉 검색

4. 집단 함수의 구문 ★★★

1 집단 함수의 개념

- 그룹마다 하나의 결과를 표시하기 위해 레코드를 대상으로 연산을 수행한다(=그룹 함수).
- SELECT문에서는 GROUP BY절을 이용하여 레코드를 그룹화 한다.
- HAVING절은 반드시 GROUP BY와 함께 사용한다.

2 집단 함수의 종류

함수	설명
SUM	• 쿼리에서 지정 필드에 있는 일련 값의 합계를 구함 • 예 : SELECT SUM(급여) FROM 사원; → '사원' 테이블에서 급여의 합계를 구함
AVG	• 쿼리에서 지정 필드에 있는 일련 값의 평균을 구함 • 예 : SELECT AVG(급여) FROM 사원; → '사원' 테이블에서 급여의 평균을 구함
MAX	• 값 집합에서 최대값을 구함(단, 논리 값과 문자열은 무시) • 예 : SELECT MAX(연봉) FROM 간부; → '간부' 테이블에서 연봉의 최대값을 구함
MIN	• 값 집합에서 최소값을 구함(단, 논리 값과 문자열은 무시) • 예 : SELECT MIN(연봉) FROM 간부; → '간부' 테이블에서 연봉의 최소값을 구함
COUNT	• 인수 목록에서 숫자를 포함한 셀과 숫자의 개수를 구함 • 예 : SELECT COUNT(*) FROM 간부; → '간부' 테이블에서 간부의 수를 구함

3 GROUP BY절

- 생략이 가능한 절로 지정 필드 목록에서 동일한 값을 갖는 레코드를 하나의 레코드로 결합한다.
- SELECT문에서 SUM이나 COUNT 함수를 사용하면 각 레코드에 대한 요약 값이 계산되지만 함수가 없으면 요약 값이 생략된다.
- 필드 별명(Alias)을 사용할 수 없으며, 기본 행들은 명시된 필드의 순서대로 오름차순 정렬된다.
- 필드에서 Null 값은 생략되지 않지만 모든 SQL 계산 함수에서는 Null 값을 계산하지 않는다.
- SELECT에 있는 필드는 모두 GROUP BY절에 포함되거나 SQL 계산 함수의 인수로 사용된다.
- 대상 필드를 지정된 필드 값에 따라 그룹으로 나누어 준다(설정한 그룹별로 분석).
- 레코드가 메모나 OLE 개체를 가지고 있지 않은 경우 SELECT문에 SQL 계산 함수가 있으면 필드를 사용하지 않는 경우에도 GROUP BY 필드 목록에 있는 필드는 FROM 절에 나열된 모든 테이블의 필드를 참조할 수 있다.

```
SELECT 필드 이름 FROM 테이블 이름 GROUP BY 필드 이름
```

- SELECT 부서, SUM(연봉) FROM 간부 GROUP BY 부서; → '간부' 테이블에서 '부서'별로 그룹화한 후 부서의 연봉 합계를 구함
- SELECT 부서, MAX(연봉), MIN(연봉) FROM 간부 GROUP BY 부서; → '간부' 테이블에서 '부서'별로 그룹화한 후 부서, 최고 연봉, 최저 연봉을 구함

4 HAVING절

- GROUP BY절을 이용해 그룹화한 레코드 중 조건에 맞는 레코드를 나타낼 수 있다.
- HAVING절은 선택할 레코드를 결정하는 WHERE절과 비슷한 기능을 한다.
- GROUP BY로 레코드를 그룹화하고, HAVING으로 화면에 나타낼 레코드를 결정한다.

```
SELECT 필드 이름 FROM 테이블 이름 GROUP BY 필드 이름
HAVING 조건
```

- SELECT 부서, AVG(연봉) FROM 간부 GROUP BY 부서 HAVING [부서]='영업부'; → '간부' 테이블에서 부서별로 그룹화한 후 부서가 '영업부'인 간부의 부서와 평균 연봉을 구함
- SELECT 부서, AVG(나이) FROM 사원 GROUP BY 부서 HAVING NOT [부서]='영업부'; → '사원' 테이블에서 부서별로 그룹화한 후 부서가 '영업부'가 아닌 사원들의 부서와 평균 나이를 구함

5 HAVING과 WHERE절의 차이

- HAVING절과 WHERE절은 특정 조건을 지정하여 레코드를 검색할 때 사용한다.
- HAVING절의 경우는 데이터를 그룹화한 후 해당 그룹별로 조건을 지정하고, WHERE절의 경우는 일반적인 조건을 지정할 때 사용한다.
- HAVING절은 레코드가 GROUP BY에 의해 그룹화되면 출력할 레코드를 결정하고, WHERE절은 선택할 레코드를 결정한다.

5. 다중 테이블을 이용한 질의 ✪✪✪

1 조인(Join)의 개념

- 상호 관련성을 갖는 여러 개의 테이블을 연결하여 원하는 데이터를 검색하는 것이다.
- 정확성을 위해 속성 목록 앞에 테이블 이름을 기입하되 조인되는 두 테이블의 필드 수가 동일할 필요는 없다(한 테이블의 필드가 다른 필드와 관계가 있을 때 조인하여 검색).
- 조인에 사용되는 기준 필드의 데이터 형식은 동일하거나 호환되어야 한다.
- 조인을 이용하면 정규화를 통해 각 테이블로 분리된 데이터를 통합할 수 있다.
- 같은 필드 이름이 있을 때 테이블 이름을 필드 이름 앞에 붙여 사용한다(예 : 테이블 이름.필드 이름)
- n개의 테이블을 조인할 때 최소 n-1개의 조건식이 필요하다.

2 INNER JOIN(내부 조인)

- 가장 일반적인 형식으로 두 테이블의 공통 필드 값이 일치하는 경우 테이블의 레코드를 결합한다.
- 메모나 OLE 개체 데이터가 있는 필드를 조인하면 오류가 발생한다.
- 관계가 설정된 두 테이블에서 연결된 필드가 일치하는 레코드만 쿼리를 통해 추출한다.

SELECT 필드 FROM 테이블1 INNER JOIN 테이블2 ON 테이블1.필드=테이블2.필드;

3 LEFT JOIN(왼쪽 조인)

- 오른쪽 테이블로부터 조인된 필드에 일치하는 값이 없어도 작업 왼쪽에 있는 레코드가 모두 레코드 셋(Recordset) 개체에 추가되는 외부 조인이다.
- 조인 필드에 일치하는 값이 있으면 오른쪽 테이블 레코드가 왼쪽 테이블 레코드와 조인되고, 왼쪽 레코드에 일치하는 값이 없으면 Null 값의 레코드가 오른쪽에 조인된다.
- 첫째 테이블의 레코드가 둘째(오른쪽) 테이블의 레코드와 일치하지 않더라도 첫째(왼쪽) 테이블의 모든 레코드를 포함한다.
- 오른쪽 테이블 레코드가 왼쪽 테이블 레코드와 일치하는 값이 있을 때만 쿼리 결과에 추가된다.

SELECT 필드 FROM 테이블1 LEFT JOIN 테이블2 ON 테이블1.필드=테이블2.필드;

4 RIGHT JOIN(오른쪽 조인)

- 왼쪽 테이블의 조인 필드에 일치하는 값이 없어도 작업 오른쪽에 있는 레코드를 모두 레코드 셋(Recordset) 개체에 추가하는 외부 조인이다.
- 왼쪽 테이블의 레코드는 조인 필드에 일치하는 값이 있을 때만 오른쪽 테이블의 레코드와 연결된다.
- 첫째(왼쪽) 테이블의 레코드와 일치하는 값이 없어도 둘째(오른쪽) 테이블의 모든 레코드를 포함한다.
- 왼쪽 테이블의 레코드는 오른쪽 테이블의 레코드가 일치하는 값이 있을 때만 쿼리 결과에 추가된다.

SELECT 필드 FROM 테이블1 RIGHT JOIN 테이블2 ON 테이블1.필드=테이블2.필드;

5 카테전 곱(Cartesian Product) = CROSS JOIN

- 2개의 테이블에서 조합이 가능한 모든 행들이 표시되는 결합 연산을 수행한다.
- 첫 번째 테이블의 모든 행은 두 번째 테이블의 모든 행과 조인된다.
- 첫 번째 테이블의 행수를 두 번째 테이블의 행수로 곱한 것만큼 행을 반환한다.
- 2개 이상의 테이블에서 조인한 행들을 표시하면 새로운 테이블이 생성된다.

• 잘못된 조인 조건의 지정이나 생략 또는 첫 번째 테이블의 모든 행이 두 번째 테이블의 모든 행과 조인될 경우에 발생한다.
• 카테젼 곱 결과 필드의 수는 두 테이블의 필드 수를 더한 개수로 나타나고, 레코드는 곱한 개수만큼 나타난다.

SELECT 필드 이름 FROM 테이블1, 테이블2…;

SELECT 학번.*, 학과.* FROM 여자 남자; → '학번' 테이블과 '학과' 테이블에 대한 여자, 남자의 카테젼 곱을 검색

6 별명(Alias)

• 쿼리에서 같은 테이블이나 쿼리를 여러 번 사용할 경우 Alias 속성을 이용해 원본 테이블이나 쿼리 이름을 사용자가 정의할 수 있다.
• Alias 속성은 쿼리 데이터의 원본으로 사용되는 테이블이나 쿼리에서만 적용된다.
• 문자열 식을 사용하여 현재 사용하지 않는 이름에 Alias 속성을 지정할 수 있다.
• SQL문의 AS절을 사용하여 쿼리 창의 SQL 보기에서 Alias 속성을 설정할 수도 있다.
• SQL문에서 자체 조인을 만들 때 반드시 별칭을 사용해야 한다.
• 쿼리에 테이블이나 쿼리를 추가하면 자동으로 테이블이나 쿼리 이름에 Alias 속성이 설정된다.
• 같은 테이블이나 쿼리에 두 번째 인스턴스가 추가되면 자동으로 Alias 속성이 개체 이름 뒤에 밑줄과 1("_1")이 추가된 값으로 설정된다.
• 별칭을 만들어도 테이블이나 쿼리 이름은 변경되지 않고, 테이블이나 쿼리를 참조할 때 사용할 수 있는 다른 이름만 지정된다.

6. 실행 쿼리(Action Query) ✪✪✪

1 실행 쿼리의 개념과 종류

• 여러 레코드를 한꺼번에 변경할 수 있는 쿼리로 실행 시 존재하는 데이터가 변경되지는 않는다.
• 테이블 내용을 조회하는 것 외에 직접적으로 데이터를 입력, 수정, 삭제할 수 있다.

종류	설명
추가 쿼리	하나 이상의 테이블에 있는 레코드 그룹을 하나 이상의 테이블 끝에 추가
삭제 쿼리	하나 이상의 테이블에서 레코드 그룹을 삭제(레코드에 있는 특정 필드만이 아니라 레코드 전체가 삭제)
업데이트 쿼리	하나 이상의 테이블에서 레코드 그룹을 전체적으로 변경
테이블 작성 쿼리	하나 이상의 테이블에서 데이터의 일부나 전체를 가져와 새 테이블을 만듦

2 추가 쿼리(INSERT INTO~VALUE)

• 테이블에 레코드를 하나 또는 여러 개 추가할 때 사용하며, 지정 필드의 수와 데이터 형식은 같아야한다.
• 입력 데이터의 양이 적은 경우 주로 사용하며, 날짜나 문자 데이터는 인용 부호(' ')를 이용한다.
• 필드 값을 직접 지정하거나 다른 테이블의 레코드를 추출하여 추가할 수도 있다.
• 하나의 INSERT문을 이용해 여러 개의 레코드와 필드를 삽입할 수 있다.

INSERT INTO 테이블(필드 이름1, 필드 이름2, …) VALUE(필드값1, 필드값2, …);

INSERT INTO 간부(이름, 부서, 호봉, 연봉, 직위) VALUE('조분희', '기획부', 7, 25000000, '실장'); → 이름이 '조분희', 부서가 '기획부', 호봉이 '7', 연봉이 '25000000', 직위가 '실장'인 사람을 간부 테이블에 추가

3 추가 쿼리(INSERT INTO~SELECT)

• 쿼리의 실행 결과를 다른 테이블에 추가하거나 입력 데이터의 양이 많은 경우 주로 사용한다.
• 레코드의 전체 필드를 추가할 경우 필드 이름을 생략할 수 있다.
• 필드 이름을 지정하지 않으면 테이블의 모든 필드가 명시된 것으로 간주한다.

INSERT INTO 테이블(필드 이름1, 필드 이름2, …) SELECT문;

INSERT INTO 사원(이름, 나이, 부서) SELECT 이름, 나이, 부서 WHERE 부서='기술부'; → 부서가 '기술부'인 사원의 이름, 나이, 부서를 검색한 후 사원 테이블에 추가

4 삭제 쿼리(DELETE FROM)

• 주어진 조건을 입력하여 조건에 해당하는 레코드를 삭제할 때 사용한다(작업 취소 불가능).
• 하나 이상의 테이블에서 원하는 레코드 그룹을 찾아 삭제할 수 있다.

• WHERE문에 옵션을 지정하면 옵션에 해당하는 값만 삭제되지만 WHERE문을 생략하는 경우에는 해당 테이블 내의 모든 데이터가 삭제된다.
• 쿼리를 실행하기 전에 도구 모음에서 보기 형식을 클릭하고, 쿼리를 데이터시트 보기로 열어 삭제될 레코드를 미리 확인한다.

DELETE 필드 이름 FROM 테이블 이름 WHERE 조건;

DELETE FROM 사원 WHERE 나이>=28; → '사원' 테이블에서 나이가 '28' 이상인 사원을 삭제한 후 출력

5 업데이트 쿼리(UPDATE~SET)

• 하나 이상의 테이블에서 레코드 그룹을 전체적으로 변경할 때 사용한다.
• 특정 조건을 지정하여 조건에 해당되는 레코드나 필드만 선택적으로 변경할 수 있다.
• WHERE절의 조건을 생략하면 지정한 필드의 모든 입력 값이 한꺼번에 변경된다.

UPDATE 테이블 SET 필드 이름1=식1, 필드 이름2=식2, … WHERE 조건;

UPDATE 간부 SET 연봉=연봉*1.05 WHERE 호봉=8; → 호봉이 '8'인 간부의 연봉을 5% 인상하도록 수정

7. 기타 쿼리 ★★★

1 크로스탭 쿼리

• 열과 행 방향의 표 형태로 숫자 데이터의 집계를 구해주는 쿼리로 다차원적인 배열 기능과 열 방향, 행 방향의 위치가 자유롭다.
• 테이블에서 특정 필드의 요약값(합계, 개수, 평균 등)을 표시하고, 그 값들을 그룹별로 데이터시트의 왼쪽과 위쪽에 나열한다.
• 결과에 대한 열 이름을 나타내는 필드, 결과에 대한 행 이름을 나타내는 필드, 쿼리 본문에 삽입되어 값을 나타내는 필드로 구성된다.
• 조건을 지정할 필드를 표시한 후 요약 행에 '조건'을 선택하고, 크로스탭 행을 빈칸으로 남겨 둔 상태에서 조건란에 사용할 조건식을 입력하면 쿼리 결과에 표시할 레코드를 제한할 수 있다.

2 매개 변수 쿼리

• 쿼리 실행 시 레코드 검색 조건이나 필드에 삽입할 값 정보를 입력하는 대화 상자를 표시한다.
• 매개 변수를 이용하면 쿼리를 열 때마다 사용자가 입력한 조건에 해당하는 것만 검색할 수 있다.
• 두 가지 이상의 정보를 물어 보는 쿼리를 디자인할 수도 있다(두 개의 날짜를 묻는 쿼리를 만들어 두 날짜 사이에 있는 레코드를 모두 검색).
• 폼, 보고서, 데이터 액세스 페이지의 기초로 사용하기에 편리하다.
• 매개 변수 쿼리를 사용하는 대신 정보를 묻는 대화 상자나 사용자 정의 폼을 만들 수 있다.
• 디자인 보기의 '조건' 행에서 매개 변수 대화 상자에 표시할 텍스트를 대괄호로 묶어 입력한다.

3 통합 쿼리(Union 질의)

• 하나 이상의 테이블이나 쿼리 필드(열)를 결합하여 쿼리 결과에 하나의 필드나 열로 만든다.
• 두 개 이상의 테이블이나 쿼리에서 상응하는 필드들을 한 필드로 결합한다.
• 통합 쿼리를 실행하면 쿼리에 들어 있는 테이블이나 해당 필드에서 레코드를 되돌린다.
• 통합 쿼리를 작성할 때는 각 SELECT문에 필드를 동일한 개수와 순서로 입력해야 한다.
• 통합 쿼리 결과의 필드 이름은 SELECT문에서 지정한 필드 이름을 사용한다.

SELECT 필드 이름1 FROM 테이블1 UNION SELECT 필드 이름2 FROM 테이블2;

SELECT 이름, 부서 FROM 사원 UNION SELECT 이름, 부서 FROM 간부 ORDER BY 부서; → '사원' 테이블의 이름, 부서 필드와 '간부' 테이블의 이름, 부서 필드를 결합하여 이름순으로 오름차순으로 정렬

4 데이터 정의 쿼리

• 데이터 정의어(DDL)를 포함하는 SQL 쿼리로 하나의 정의문으로 구성된다.
• 데이터베이스에서 새로운 개체를 만들거나 변경할 때 사용한다.

구분	설명
CREATE TABLE	새로운 테이블을 작성

ALTER TABLE	기존 테이블에 새로운 필드나 조건을 추가
DROP	데이터베이스에서 테이블을 제거하거나 필드 및 필드 그룹에서 인덱스를 제거
CRATE INDEX	필드나 필드 그룹에 인덱스를 생성

5 하위 쿼리(Sub Query)

- 선택 쿼리나 실행 쿼리 안에서 다른 쿼리를 포함하는 것으로 중간 결과 값을 구해준다.
- SELECT문으로 구성되며, SELECT문의 결과 집합은 기본 쿼리에 대한 조건 검색의 일부가 된다.
- SELECT문의 필드 목록이나 WHERE/HAVING절에서 식 대신에 하위 쿼리를 사용할 수 있다.
- 쿼리 디자인 눈금의 필드 행에서 명령문을 입력하여 새 필드를 정의하거나 조건 행에서 필드 조건을 입력한다.
- 주 쿼리에서 IN 조건부를 사용하면 하위 쿼리의 일부 레코드에 동일한 값이 있는 레코드만 검색하고, ALL 조건부를 사용하면 하위 쿼리에서 검색된 모든 레코드와 비교하여 이를 만족시키는 레코드만 검색한다.
- ANY, IN, ALL 등의 예약어를 사용하여 하위 쿼리에서 반환된 값과 같은 값, 큰 값, 작은 값을 기본 쿼리에서 찾는다.

예약어	설명
ALL	반환값에 대해 비교 조건이 참이면 검색 조건은 참(아무 값도 복귀하지 않으면 검색 조건은 참)
ANY	최저 하나의 반환 값이 참이면 검색 조건은 참(아무 값도 복귀하지 않으면 검색 조건은 거짓)
SOME	ANY 연산자와 반대
EXISTS	하위 질의어가 하나 이상의 레코드를 복귀하면 검색 조건은 참(하위 쿼리의 결과 유무를 확인)

| 무료 동영상 |

15 폼 활용

1. 폼 작성의 기본 ✪

1 폼(Form)의 개념

- 테이블이나 쿼리를 바탕으로 데이터 입력이나 편집 작업을 효율적으로 하기 위한 화면 구성 방식으로 레이블, 콤보 상자, 목록 상자, 명령 단추 등의 컨트롤로 구성된다.
- 입출력을 위한 화면을 제공할 뿐 데이터가 직접 저장되는 것은 아니다(폼과 연결된 테이블에 저장).
- 폼에서는 한 개의 레코드씩 순차적으로 진행되며, 테이블에 저장된 모든 정보를 확인할 수 있다.
- 여러 개의 테이블에 데이터를 한 번에 입력할 수 있으며, 데이터베이스의 보안성을 높일 수 있다.
- 그림, 차트, 동영상 등의 OLE 개체 데이터를 표시할 수 있다.
- 폼에 있는 정보는 대부분 레코드 원본의 정보로 나머지는 폼 디자인으로 저장된다.
- 언바운드(Unbound) 폼은 테이블이나 쿼리에 연결되지 않은 폼이고, 바운드(Bound) 폼은 폼 형태로 테이블이나 쿼리에 연결되어 있는 폼이다.

2 폼 마법사를 이용한 폼 작성

- 사용자가 지정한 레코드 원본, 필드, 레이아웃, 서식에 대한 답변을 기초로 폼을 만든다.
- 원본 테이블 전체나 쿼리의 전체 필드 또는 일부분을 포함시켜 만들 수 있다.
- 폼 마법사를 이용하여 작성된 폼도 디자인 보기에서 수정이 가능하다.
- 폼 마법사를 통해 사용자가 선택한 필드를 사용하여 폼을 생성할 수 있다.
- 필드의 순서를 변경할 수 있으며, 폼 모양이나 스타일을 직접 선택하여 작성할 수 있다.
- 폼 작성 중에 폼을 수정하려면 폼 마법사의 마지막 단계에서 '폼 디자인 수정'을 선택한다.

3 폼 작성의 필수 항목

- SQL문의 실행 결과를 폼에 나타내려면 해당 SQL문을 레코드 원본으로 설정한다.
- 특정 필드 값을 표시하려면 반드시 해당 필드에 바운드 되는 컨트롤을 만들어야 한다.
- 컨트롤 원본 속성을 식으로 설정한 컨트롤에는 값을 입력할 수 없다.
- 폼 디자인은 빈 양식의 폼에서 사용자가 직접 텍스트 상자, 레이블, 단추 등의 필요한 컨트롤들을 삽입하여 작성한다.

4 폼 모양

종류	설명
열 형식	하나의 열로 한 행씩 나타나며, 필드의 이름은 왼쪽에 표시
테이블 형식	각 레코드의 필드들이 한 줄에 나타나며, 필드 이름은 폼의 맨 위에 표시

데이터시트	테이블을 데이터시트로 볼 때와 동일한 모습으로 폼을 만듦
맞춤	내용의 길이에 따라 균형 있게 배치되도록 만듦

5 폼의 저장 형식

항목	설명
MDB 형식	액세스에서 제공되는 기본적인 파일 형식으로 저장
외부 데이터 파일 형식	MDB 형식의 폼을 외부 데이터베이스 프로그램의 데이터 형식으로 변환하여 저장
HTML 형식	폼의 데이터를 인터넷 문서 형태로 변환하여 저장

6 폼의 종류(기본 보기 속성)

- **테이블에 존재하는** 레코드의 양이나 필드 수를 효율적으로 표현하기 위해 사용한다.
- **데이터 그룹에 속해 있는 데이터 값 등을 효율적으로 보기 위해 제공한다.**

종류	설명
다중 페이지 폼	단일 레코드의 양이 많을 때나 레코드의 일부를 감출 때 사용
연속 나열 폼	레코드를 구성하는 필드 수가 적을 때 이용되며, 서식화된 레코드 형식을 폼에서 연속적으로 볼 수 있음
하위 폼	필드에 해당하는 레코드 값을 하위 폼에 표시
팝업 폼	모든 창에서 데이터베이스의 표시를 우선하여 실행
모달 폼	액세스 작업 도중에 데이터 처리 정보를 수시로 전달할 수 있음

7 폼의 영역

- **폼 머리글 : 폼 보기의 위쪽에 나타나며,** 폼 제목 등과 같이 각 레코드에 동일하게 남아 있는 정보를 표시한다(인쇄 시에는 첫 페이지의 위쪽에 나타남).
- **페이지 머리글 :** 모든 인쇄 페이지의 위쪽에 제목이나 열 제목 등의 정보를 표시한다(인쇄 폼에서만 나타남).
- **본문 : 세부 구역은 레코드를 표시하며, 화면 또는 페이지에 한 레코드만 표시하거나 가능한 많은 레코드를 표시한다.**
- **하위 폼 : 폼 안에 있는 또 다른 폼을 의미한다.**
- **페이지 바닥글 :** 모든 인쇄 페이지의 아래쪽에 날짜나 페이지 번호 등의 정보를 표시한다(인쇄 폼에서만 나타남).
- **폼 바닥글 : 폼 보기의 아래쪽에 나타나며,** 폼 사용에 대한 지시 사항이나 명령 단추 등과 같이 각 레코드에 동일하게 남아 있는 정보를 표시한다(인쇄 시에는 마지막 페이지의 마지막 세부 구역 다음에 나타남).

8 분할 표시 폼

- 데이터시트 보기와 폼 보기를 동시에 표시하는 기능**으로 두 가지의 보기는** 같은 데이터 원본에 연결되어 있어 항상 상호 동기화된다(분할 표시 폼을 만든 후 컨트롤의 크기 조정 가능).
- **폼 속성 창의** '분할 표시 폼 방향' **항목을 이용하여 폼의 위쪽, 아래쪽, 왼쪽, 오른쪽 등 데이터시트가 표시되는 위치를 설정할 수 있다.**
- **폼 분할에서** 위쪽 구역은 데이터시트를 표시하는 폼을 만들고, 아래쪽 구역은 데이터시트에서 선택한 레코드 정보를 입력할 수 있다.

2. 폼의 주요 속성 ✪✪

1 폼 속성의 의미

- **폼의 형식, 크기, 화면 위치 등과 같은 폼의 일반적인 사항을 정의한다.**
- **폼 전체나 각 구역별로** 폼을 구성하는 각 컨트롤에 속성을 지정할 수 있다.
- **속성을 지정하려면 먼저 속성을 지정할 각 구역을 선택해야 한다.**

2 폼의 피벗 테이블 작성

- **데이터를 요약하여 분석 표 형식으로 알아볼 수 있게 해주는 대화형 테이블이다.**
- 피벗 테이블 구성 필드를 열 필드 머리글로 드래그하여 설정할 수 있다.
- 세부 정보 필드에는 여러 개의 필드를 삽입하여 분석할 수 있다.

3 [형식] 탭 속성

속성	설명
캡션	폼 보기 상태에서 제목에 표시되는 텍스트를 설정
기본 보기	폼을 여는 보기 지정(화면에 하나의 레코드만 표시되도록 변경) → 단일 폼, 연속 폼, 데이터시트, 피벗 테이블, 피벗 차트, 분할 표시 폼
탐색 단추	레코드 번호 상자의 표시 여부를 지정
레코드 선택기	레코드 선택기의 표시 여부를 지정
자동 크기 조정	폼 창을 열 때 자동 크기로 조정할 것인지의 여부를 지정
자동 가운데 맞춤	폼을 열 때 자동으로 가운데 맞출 것인지의 여부를 지정

테두리 스타일	테두리 종류와 테두리 요소 지정(없음, 가늘게, 조정 가능, 대화 상자)
컨트롤 상자	컨트롤 메뉴가 있는지의 여부를 지정
최소화 최대화 단추	최대화 단추와 최소화 단추의 표시 여부를 지정
닫기 단추	닫기 단추의 사용 여부를 지정
그림	폼의 배경으로 사용할 그림 파일을 지정
그림 유형	그림을 연결 개체로 저장할 것인지, 포함 개체로 저장할 것인지를 지정

4 [데이터] 탭 속성

속성	설명
레코드 원본	데이터 원본이나 테이블 이름, 쿼리, SQL문 등을 표시(바운드 시킬 데이터에 테이블 이름이나 질의를 입력)
필터	필터가 적용될 때 레코드의 하위 집합이 표시되도록 지정
필터 사용	필터 속성 여부를 지정
정렬 기준	레코드 정렬 방법을 지정
정렬 기준 사용	개체의 OrderBy 속성 설정을 지정
편집 가능	저장된 레코드의 편집 여부를 지정
추가 가능	레코드 추가의 여부를 지정
삭제 가능	레코드 삭제의 여부를 지정
레코드 잠금	두 사용자가 동시에 같은 레코드를 편집할 때 레코드 잠김의 여부를 지정(모든 레코드 : 다른 사용자가 편집할 수 없도록 함, 편집한 레코드 : 해당 레코드를 다른 사용자가 편집할 수 없도록 함)

5 폼 속성 값의 변경

- 폼 디자인 보기나 보고서 디자인 보기에서 속성을 설정하려는 컨트롤이나 영역, 폼, 보고서를 선택한 후 메뉴, 바로 가기 메뉴를 이용해 속성 시트를 표시한다.
- 값을 설정하려는 속성을 클릭하고, 속성 상자에 알맞은 설정이나 식을 입력한다.
- 속성 상자에 목록(⌄) 단추가 나타나면 이를 클릭한 후 목록에서 값을 선택한다.
- 속성 상자 오른쪽에 작성(...) 단추를 클릭한 후 [표현식 작성기] 대화 상자에서 속성을 변경한다.

6 탭 정지 속성

- 폼 보기에서 Tab 키를 사용해 커서를 컨트롤로 옮길 수 있는지의 여부를 지정한다.
- 폼 컨트롤에만 적용되며, 보고서 컨트롤에는 적용되지 않는다.
- 옵션 그룹에 나타나는 확인란, 옵션 단추, 토글 단추 컨트롤에는 적용되지 않고, 옵션 그룹 자체에만 적용된다.
- Tab 키를 눌렀을 때 커서가 해당 컨트롤로 이동하려면 탭 정지 속성을 '예'로 지정한다(기본값 : 예).
- 폼에서 컨트롤을 만들면 폼의 탭 순서대로 컨트롤 위치가 자동으로 할당되며, 새로 만든 컨트롤은 탭 순서의 마지막에 놓인다.

탭 정지 속성	예	Tab 키를 눌러 포커스(커서)를 컨트롤로 옮길 수 있음
	아니요	Tab 키를 눌러 포커스를 컨트롤로 옮길 수 없음

7 탭 순서 설정

- Tab 키를 눌러 포커스의 이동 순서를 지정하는 것으로 탭의 순서는 컨트롤 폼에 추가한 순서와 항상 일치한다.
- 기본적으로 위에서 아래쪽으로 커서가 이동되며, 사용자가 임의로 설정할 수 있다.
- '사용자 지정 순서'란에서 변경을 원하는 행을 드래그하여 순서를 지정한다.

3. 하위 폼 ★★★

1 하위 폼의 개념

- 폼 안에 있는 다른 폼으로 기본이 되는 폼을 기본 폼, 기본 폼 안에 들어 있는 폼을 하위 폼이라고 한다(기본 폼에는 여러 개의 하위 폼을 포함할 수 있음).
- 테이블, 쿼리나 다른 폼을 이용하여 하위 폼을 작성할 수 있다.
- 폼과 하위 폼의 조합을 계층형 폼 또는 마스터 폼과 세부 폼, 상위 폼과 하위 폼이라고도 한다.
- 각 하위 폼이 기본 폼 안에 배치되면 기본 폼이 포함할 수 있는 하위 폼의 수에는 제한이 없으며, 하위 폼을 7개까지 중첩시킬 수 있다.

2 하위 폼의 특징

- 하위 폼을 사용하면 일대다 관계에 있는 테이블이나 쿼리 데이터를 효과적으로 표시할 수 있다.
- 하위 폼은 연속 폼의 형태로 표시할 수 있지만 기본 폼은 연속 폼의 형태로 표시할 수 없다.
- 기본 폼과 하위 폼은 서로 연결되어 있으므로 하위 폼에는 기본 폼의 현재 레코드와 관련된 레코드만 표시한다.
- 하위 폼이 들어 있는 폼에서 새 레코드를 입력하는 경우 하위 폼의 현재 레코드가 기본 폼에 저장되며, 하위 폼에 추가되는 레코드도 자동으로 저장된다.

• 하위 폼은 데이터시트로 표시하거나 단일 폼 또는 연속 폼으로 표시할 수 있다(기본 폼은 단일 폼으로만 표시).

3 기본 폼과 하위 폼의 연결

• 연결 필드의 데이터 종류는 같아야 하며, 데이터 형식이나 필드 크기도 서로 같거나 호환되어야 한다(한 테이블을 기본으로 다른 테이블의 작업을 동시에 할 수 있음).
• 하위 필드 연결이나 기본 필드 연결 속성에는 필드 명이나 컨트롤 이름을 사용할 수 있다.
• 두 개 이상의 연결 필드를 지정할 때는 필드 이름을 세미콜론(;)으로 구분하여 입력하거나 하위 폼 필드 연결기 창에서 여러 필드를 선택한다.
• 폼이 연결되면 기본 폼과 하위 폼은 동기화되므로 하위 폼에는 기본 폼과 연관된 레코드만 표시한다.
• [하위 폼 필드 연결기] 대화 상자에서 기본 폼과 하위 폼의 연결 필드를 지정할 수 있다.

4 하위 폼 이동에 사용되는 키

• 기본 폼의 마지막 필드에서 Tab 키를 누르면 하위 폼의 첫 번째 필드로 이동한다.
• 하위 폼의 첫 번째 필드에서 Ctrl+Shift+Tab 키를 누르면 기본 폼의 마지막 필드로 이동한다.
• 하위 폼의 마지막 필드에서 Ctrl+Tab 키를 누르면 기본 폼의 다음 필드, 다음 레코드, 다음 페이지의 첫 번째 필드로 이동한다.

4. 컨트롤 사용 ✪

1 컨트롤(Control)의 개념과 종류

• 컨트롤은 데이터를 표시하거나 매크로 함수를 실행할 수 있는 보고서, 데이터 페이지의 개체이다.
• 폼이나 보고서 모양을 만들 수 있으며, 폼이나 보고서에 사용되는 데이터는 컨트롤에 저장된다.

종류	설명
바운드 컨트롤	원본으로 사용된 테이블이나 쿼리 필드에 연결되지 않은 컨트롤로 데이터베이스의 필드로부터 값을 표시하고, 업데이트할 수 있음(하나의 필드를 여러 개의 컨트롤에 바운드 시킬 수 있음)
언바운드 컨트롤	데이터 원본이 없고 연결되지 않는 컨트롤로 선, 사각형, 그림 등을 표시
계산 컨트롤	원본 데이터로 '='로 시작되는 계산식을 지정하지만 사용자가 직접 값을 입력할 수 없음

2 컨트롤 만들기

• 컨트롤 마법사( )가 선택되어 있을 때 컨트롤을 작성하면 자동으로 마법사가 실행되어 컨트롤을 만들 수 있다.
• 컨트롤 마법사가 선택되어 있지 않을 때는 컨트롤을 선택한 후 추가 위치를 클릭하거나 드래그한다.
• 컨트롤 마법사를 이용하면 데이터 원본이나 컨트롤 모양 등을 쉽게 선택할 수 있지만 레이블, 옵션 단추, 확인란, 선, 직사각형 컨트롤은 지원되지 않는다.
• 입력란, 확인란, 콤보 상자, 목록 상자 등은 컨트롤에 대한 레이블 컨트롤이 자동으로 추가된다.
• 하나의 폼이나 보고서에 동일한 컨트롤을 여러 개 작성할 수 있다.

3 레이블 컨트롤

• 폼이나 보고서의 제목과 같이 간단한 문자열을 나타낼 때 사용되는 컨트롤로 독립된 개체이다.
• 레이블은 폼, 보고서, 데이터 액세스 페이지에서 제목, 캡션, 설명 등을 표시하는 곳으로 폼 보기 상태에서 포커스를 가질 수 없다.
• Ctrl+Enter 키나 Shift+Enter 키를 이용하여 두 줄 이상의 문자열을 입력할 수 있다.
• 레이블( ) 단추를 클릭한 후 폼의 원하는 위치에서 마우스를 클릭하거나 드래그한 다음 문자열을 입력한다.

4 텍스트 상자 컨트롤

• 입력한 데이터나 계산 결과가 표시되는 독립적인 개체와 연결되어 있다.
• 입력란 마법사를 이용하여 글꼴, 크기, 속성, 모양 등을 설정할 수 있다.
• [컨트롤] 그룹에서 컨트롤 마법사( )가 선택되어 있어야 사용할 수 있다.
• 이름을 변경할 경우 텍스트 상자 컨트롤의 속성 창을 열고 이름 항목에 입력한다.
• 표시할 텍스트 양이 많은 경우 컨트롤의 세로 크기를 자동적으로 조정하여 텍스트가 모두 표시될 수 있도록 한다(데이터의 양이 일정하지 않은 경우 유용).

5 콤보 상자와 목록 상자

• [컨트롤] 그룹에서 콤보 상자( ) 단추나 목록 상자( ) 단추를 클릭한 후 폼의 원하는 위치에서 클릭하거나 드래그한다.

- 작성된 콤보 상자나 목록 상자를 필드와 바운드 시키려면 해당 상자의 속성 창에 있는 [데이터] 탭에서 행 원본 형식, 행 원본, 바운드 열 등의 값을 지정한다.
- 콤보 상자에서 입력한 값을 테이블에 저장할 수 있으며, 테이블이나 쿼리를 이용하여 콤보 상자에 값을 넣을 수 있다.
- 콤보 상자에서 선택한 값에 의해서 레코드를 검색할 수 있다.

6 명령 단추

- [컨트롤] 그룹에서 명령(xxxx) 단추를 클릭한 후 폼의 원하는 위치에서 클릭하거나 드래그한 다음 속성 창을 이용해 단추의 속성을 지정한다.
- 컨트롤 마법사가 선택되어 있는 경우 명령 단추 컨트롤을 작성하면 자동으로 명령 단추 마법사가 실행된다.
- 명령 단추는 레코드를 찾거나 레코드 인쇄, 폼 열기 등의 특정 기능을 실행할 때 사용하는 컨트롤로 바운드할 수 없다.

7 컨트롤 선택

- 하나의 컨트롤을 선택할 때는 마우스로 원하는 컨트롤을 클릭한다.
- 떨어진 여러 개의 컨트롤을 선택할 때는 Shift 키를 누른 상태로 컨트롤을 클릭한다.
- 지정한 영역을 모두 선택하려면 마우스를 이용해 해당 영역을 드래그하여 선택한다.
- 모든 컨트롤을 선택하려면 [폼 디자인 도구]-[디자인] 탭의 [컨트롤] 그룹에서 선택( ) 단추를 클릭한다.
- 폼에서 Alt + T 키를 눌렀을 경우 폼에 삽입된 단추 컨트롤을 클릭했을 때와 동일하게 작동하려면 캡션 속성에 '&T'라는 글자를 포함시킨다.

8 컨트롤 크기 조절

- 컨트롤을 선택한 후 조절점을 드래그하면 크기를 조절할 수 있다.
- 컨트롤을 선택한 후 Shift 키를 누른 상태로 방향키를 누르면 컨트롤의 크기가 조금씩 조절된다.
- [폼 디자인 도구]-[정렬] 탭의 [크기 및 순서 조정] 그룹을 이용해 컨트롤 크기를 조절할 수 있다.

5. 컨트롤의 주요 속성 ★★

1 [형식] 탭의 주요 속성

- 형식(Format) : 숫자, 날짜, 시간, 문자열 등을 표시하고 인쇄하는 방법을 정의한다.
- 소수 자릿수(DecimalPlaces) : 숫자를 표시할 때 사용되는 소수 자릿수를 지정한다.
- 화면 표시(Visible) : 화면에 컨트롤의 표시 여부를 지정한다.
- 배경 스타일(BaskStyle) : 컨트롤을 투명하게 할 것인지의 여부를 지정한다.
- 특수 효과(SpecialEffect) : 구역이나 컨트롤에 특별한 서식을 적용할 것인지의 여부를 지정한다.
- 테두리 스타일(BorderStyle) : 폼에 사용할 테두리의 종류와 테두리 요소를 지정한다.
- 캡션(Caption) : 다양한 보기에서 개체의 캡션을 통해 사용자에게 필요한 정보를 제공한다.
- 행 원본(RowSource) : 목록 상자, 콤보 상자, 차트 등 OLE 개체에 제공한 데이터를 지정한다.
- 행 원본 형식(RowSourceType) : 목록 상자, 콤보 상자, 차트 등 OLE 개체에 데이터를 제공하는 방법을 지정한다.
- 바운드 열(BoundColumn) : 목록 상자나 콤보 상자에서 선택 항목을 컨트롤 값으로 사용될 열을 지정한다.
- 여러 항목 선택(MultiSelect) : 폼의 목록 상자에서 여러 항목의 선택 여부와 방법을 지정한다.
- 중복 내용 숨기기(HideDuplicates) : 컨트롤 값이 이전의 컨트롤 값과 동일할 경우 숨길지의 여부를 지정한다.
- 확장 가능(CanGrow) : 컨트롤을 세로로 확장하여 데이터를 모두 표시할지의 여부를 지정한다.
- 축소 가능(CanShrink) : 데이터에 맞추어 컨트롤을 세로로 축소할지의 여부를 지정한다.

2 [데이터] 탭의 주요 속성

- 컨트롤 원본(ControlSource) : 옵션 그룹, 콤보 상자, 목록 상자 등의 컨트롤에 연결할(바운드할) 데이터를 지정한다.
- 기본값(DefaultValue) : 새 레코드가 만들어질 때 필드에 자동으로 입력될 값을 지정한다.
- 입력 마스크(InputMask) : 입력 데이터 값의 서식이나 형식을 지정하며, 컨트롤에 입력할 수 있는 값을 제어할 수 있다.
- 유효성 검사 규칙(ValidationRule) : 레코드, 필드, 컨트롤 등에 입력할 수 있는 데이터 사양을 지정할 수 있다.
- 사용(Enabled) : 폼 보기에서 컨트롤이 포커스를 가질 수 있는지를 지정한다.
- 잠금(Locked) : 폼 보기에서 컨트롤의 데이터를 편집할 수 있는지를 지정한다(특정 컨트롤의 값을 보호).

3 [이벤트] 탭의 주요 속성

- On Current : 컨트롤에 포커스가 들어오면 실행할 매크로나 이벤트 프로시저를 지정한다.

• On Click : 컨트롤을 클릭했을 때 실행할 매크로나 이벤트 프로시저를 지정한다.
• On Dbl Click : 컨트롤을 더블 클릭했을 때 실행할 매크로나 이벤트 프로시저를 지정한다.

4 [기타] 탭의 주요 속성

• 입력 시스템 모드(IMEMode) : 컨트롤에 포커스가 들어왔을 때 입력 모드(한글 또는 영숫자 반자)를 지정한다.
• 상태 표시줄(StatusBarText) : 컨트롤에 포커스가 들어왔을 때 상태 표시줄에 표시될 메시지를 지정한다.
• 탭 정지(TabStop) : Tab 키를 이용해 포커스를 받을지의 여부를 지정한다.
• 탭 인덱스(TabIndex) : 컨트롤의 탭 순서를 지정한다.

6. 폼 작성 기타 ✪✪

1 머리글/바닥글에서 요약 정보 표시

• 폼 머리글과 폼 바닥글에서 레이블(가) 단추와 텍스트 상자(가나) 단추를 이용하여 추가적인 요약 정보를 표시할 수 있다.
• 합계, 평균, 페이지 번호, 날짜/시간 등은 컨트롤 원본 속성에 함수나 식을 직접 입력하여 표시할 수 있다(컨트롤 원본 속성에 입력 시 식 작성기를 이용).
• 머리글 및 바닥글에서 입력된 요약 정보는 크기 조절이나 위치 변경이 가능하다.

2 누적 합계

• 보고서 입력란 컨트롤에만 적용되는 속성으로 그룹별로 누적 값을 계산한다.
• 아니요 : 현재 레코드 원본으로 사용하는 필드의 데이터를 입력란에 표시한다.
• 그룹 : 그룹별로 누적 합계를 계산한다.
• 모두 : 그룹과 관계없이 보고서의 끝까지 값이 누적된다.

3 조건부 서식

• 폼이나 보고서에서 조건에 해당되는 컨트롤에만 원하는 서식을 적용하고자 할 때 사용한다.
• 컨트롤에 따라 최대 50개의 규칙을 지정할 수 있으며, 각 조건별로 다른 서식을 적용할 수 있다.
• 조건부 서식이 설정되면 컨트롤 값의 변경 사항을 쉽게 파악할 수 있다.
• 필드 값, 식, 포커스를 가지는 컨트롤에 설정할 수 있으며, 해당 값이 변경되어 조건이 만족하지 않으면 서식이 해제된다(기본 서식 적용).

4 다른 형식으로 바꾸어 저장하기(내보내기)

• 데이터와 데이터베이스 개체를 다른 데이터베이스나 응용 프로그램 등에서 사용할 수 있도록 다른 데이터베이스, 스프레드시트 등의 파일 형식으로 출력할 수 있다.
• 데이터를 여러 가지로 지원하는 데이터베이스, 프로그램, 파일 형식으로 내보낼 수 있다.
• 데이터베이스 창에서 내보내기를 실행할 폼을 선택한 후 바로 가기 메뉴에서 [내보내기]를 선택한다.
• 데이터나 데이터베이스 개체를 내보낼 때는 [외부 데이터] 탭에서 [내보내기] 그룹을 사용한다.
• 내보낼 수 있는 파일 형식에는 Microsoft Excel 97-2000, Microsoft 액세스, 문자열(텍스트) 파일, HTML, XLM 문서, Microsoft Active Server Page, 서식 있는 문자열 형식(rtf) 등이 있다.

| 무료 동영상 |

핵심정리 16 보고서 활용

1. 기본 보고서 작성 ✪✪

1 보고서(Report)의 개념

• 테이블이나 쿼리(질의)를 인쇄하여 나타내기에 적합한 형식으로 데이터베이스를 구축한 후 다양한 형태의 출력물로 활용한다.
• 자료의 내용, 자료별 집계를 나타내거나 자세한 내역을 제외한 통계 자료만을 인쇄할 수 있고, 우편 발송을 위한 라벨이나 엽서를 만들 수도 있다.
• 보고서를 작성하면 데이터가 변경된 경우 새로운 보고서를 작성할 필요 없이 해당 데이터에 대한 보고서를 다시 출력하면 된다(분기별 결산 보고서나 영업 실적 같은 보고서를 작성).
• 디자인 보기 상태에서 컨트롤의 위치나 크기 변경 등의 디자인 작업을 할 수 있다.

2 보고서의 특징

• 각종 데이터를 쉽게 정렬하여 보여주고, 데이터를 재조합하여 정보를 만들 수 있다.

- 데이터베이스에 있는 자료의 효율성이 증대되며, 업무의 미래 지향적 데이터를 구축할 수 있다.
- 테이블, 쿼리, SQL 구문을 데이터 원본으로 사용할 수 있다(컨트롤에 데이터 입력 가능).
- 여러 유형의 컨트롤을 이용하여 다양한 데이터를 표시할 수 있다.
- 컨트롤에서는 컨트롤 원본을 이용하여 특정 필드에 바운드시킬 수 있다.
- 레코드 정렬 시 특정 필드를 기준으로 오름차순이나 내림차순으로 정렬할 수 있다.
- 엑셀 데이터와 같은 외부 데이터를 연결한 테이블을 이용하여 보고서를 작성할 수도 있다.
- 보고서의 레코드 원본으로 폼이 지정될 수 없지만 이벤트 프로시저를 작성할 수는 있다.

3 하위 보고서

- 일대다의 관계가 설정되어 있는 테이블이나 쿼리 데이터를 출력할 때 유용하다.
- 보고서와 연결된 하위 보고서는 주 보고서의 현재 레코드와 관련된 레코드만 표시한다.
- 주 보고서에는 최대 7개까지 하위 보고서를 중첩하여 작성할 수 있다.
- 주 보고서와 하위 보고서에 모두 그룹화 및 정렬 기능을 설정할 수 있다.
- 주 보고서에 하위 보고서를 연결하려면 원본으로 사용하는 레코드 원본간 관계를 만들어야 한다.

2. 보고서 인쇄 ✪

1 [페이지 설정] 대화 상자

- 폼과 보고서는 한번만 설정하면 자동으로 저장되고 테이블, 쿼리는 인쇄할 때마다 설정한다.
- 보고서를 열고 [인쇄 미리 보기] 탭의 [페이지 레이아웃] 그룹에서 [페이지 설정] 단추를 클릭한다.

탭	설명
[인쇄 옵션] 탭	인쇄할 용지의 위쪽/아래쪽/왼쪽/오른쪽 여백 설정과 데이터만 인쇄 설정이 가능(데이터만 인쇄는 선이나 레이블 항목들은 인쇄하지 않고, 데이터만(텍스트 상자에서 표시하는 값)을 인쇄하므로 미리 만들어진 양식을 이용할 수 있음)
[페이지] 탭	용지의 인쇄 방향(세로, 가로), 크기, 공급 방식, 프린터(기본 프린터, 프린터 선택) 등의 사항을 설정
[열] 탭	눈금 설정(열 개수, 행 간격), 열 크기(너비, 높이), 본문과 같게, 열 레이아웃(행/열 우선) 등의 사항을 설정

2 인쇄 미리 보기

단추	설명
인쇄	[인쇄] 대화 상자를 표시
크기	현재 구역의 용지 크기를 선택
여백	전체 문서 또는 현재 구역의 여백 크기를 선택
데이터만 인쇄	데이터만 인쇄할 것인지의 여부를 설정
세로/가로	세로/가로 방향으로 변경
열	[페이지 설정] 대화 상자의 [열] 탭을 표시
페이지 설정	[페이지 설정] 대화 상자를 표시
확대/축소	문서 미리 보기의 확대/축소 비율을 변경
한 페이지/두 페이지	한 페이지/두 페이지 단위로 미리 보기
인쇄 미리 보기 닫기	인쇄 미리 보기를 닫고, 문서 편집으로 돌아감

3 [인쇄] 대화 상자

항목	설명
프린터	인쇄 작업을 수행할 프린터를 지정
파일로 인쇄	보고서를 프린터로 직접 인쇄하지 않고 파일로 인쇄
인쇄 범위	모든 페이지를 인쇄할 것인지, 특정 페이지만 인쇄할 것인지를 지정
인쇄 매수	페이지를 몇 장씩 인쇄할 것인지를 지정
설정	[페이지 설정] 대화 상자에서 인쇄 페이지 설정 상태를 지정

3. 보고서 영역 및 그룹화 ✪✪✪

1 보고서 영역

- 각각의 영역은 특정 목적에 사용되며, 미리 정해진 순서대로 인쇄된다.
- 그룹 머리글과 그룹 바닥글은 보고서를 그룹으로 묶은 경우 표시되고, 그룹 이름과 그룹별 요약 정보를 나타낸다(요약 함수 등을 이용한 계산식을 입력).
- 보고서 머리글은 보고서의 첫 장 위쪽에 인쇄하며, 보고서 제목이나 출력 날짜 등을 표시한다.
- 보고서 바닥글은 보고서의 마지막 장 본문 아래에 인쇄하며, 본문 계산 필드의 합계나 평균 등을 표시한다(보고서 데이터에 대한 요약 정보를 표시).
- 본문은 레코드 내용이 인쇄되는 곳이다(반복적으로 본문에 있는 값을 표시).

• 페이지 머리글은 보고서의 매 장마다 위쪽에 인쇄하며, 첫 장에서는 보고서 머리글 아래에 인쇄한다(주로 필드의 표제를 표시).
• 페이지 바닥글은 보고서의 매 장마다 아래쪽에 인쇄하며, 페이지 번호나 출력 날짜 등을 표시한다.
• 그룹 머리글은 각 그룹의 첫 번째 레코드 위에 표시된다(그룹이 지정될 경우 그룹 상단에 반복적으로 표시).
• 그룹 바닥글은 각 그룹의 마지막 레코드 아래에 표시된다(그룹 요약 정보를 각 그룹 하단에 표시).

2 보고서 정렬

• 특정 필드로 데이터를 그룹화하면 해당 필드를 기준으로 데이터가 정렬되어 표시된다.
• 보고서에서 필드나 식은 10개까지 정렬이 가능하다.
• 첫째 행의 필드나 식은 첫 번째 정렬 기준이 되고, 두 번째 행은 두 번째 정렬 기준이 된다.
• 보고서를 디자인 보기로 연 후 [보고서 디자인 도구]-[디자인] 탭의 [그룹화 및 요약] 그룹에서 그룹화 및 정렬( ) 단추를 클릭한다.
• 그룹, 정렬 및 요약 창에서 필드/식 열의 첫 행에서 필드 이름을 선택하거나 식을 지정한다.
• 그룹 속성 중에서 그룹 머리글과 그룹 바닥글을 '아니요'로 지정하면 그룹화를 해제할 수 있다.

3 그룹화

• 보고서에서 표시되는 필드 내용을 효율적으로 전달하기 위해 사용한다(필드나 식은 10개까지 그룹화가 가능).
• 동일한 속성을 갖고 있는 필드를 통합하여 나열하며, 복잡한 필드 구성을 단일화시킬 수 있다.
• 그룹은 머리글과 같은 소계 및 요약 정보와 함께 표시되는 레코드 모음으로 그룹 머리글, 세부 레코드 및 그룹 바닥글로 구성된다.
• 그룹화 할 필드가 날짜 데이터이면 실제 값(기본)일/주/월/분기/연도를 기준으로, 문자 데이터이면 전체 필드(기본) 또는 처음 첫 자에서 다섯 자까지 문자수를 기준으로 그룹화 한다.
• 날짜/시간 필드를 그룹화하면 연도/분기/월 등 세부적인 그룹화가 가능하다.
• 그룹화된 레코드를 다시 그룹화할 수 있으며, 그룹별로 머리글/바닥글을 지정할 수 있다.
• 그룹화된 보고서의 경우 그룹 머리글을 이용하여 그룹 이름이나 합계 정보를 표시할 수 있다.
• 특정 필드를 기준으로 그룹화 하는 경우 데이터는 필드를 기준으로 정렬되어 표시된다.
• 필드의 데이터 형식이 메모나 하이퍼링크인 것은 그룹화 할 수 없다.
• 그룹은 레코드 집합이 둘 이상의 필드, 식, 그룹 레코드 원본에 의해 그룹화 될 때 중첩된다.
• 그룹을 만들면 데이터에 대한 요약 정보를 그룹 머리글이나 그룹 바닥글에 표시할 수 있다.
• 그룹 간격 옵션은 레코드가 그룹화 되는 방식을 결정하며, 텍스트 필드인 경우 전체 값, 첫 문자, 처음 두 문자, 사용자 지정 문자를 기준으로 그룹화 할 수 있다.

4 그룹화 만들기

항목	설명
그룹화 기준	그룹 설정 시 기준 필드를 지정
정렬 순서	오름차순이나 내림차순을 지정
그룹 간격	레코드의 그룹화 방식을 지정
요약	필드에 요약(합계)을 추가하거나 요약 표시의 위치를 지정
제목	그룹 머리글에 제목을 표시([확대/축소] 대화 상자 이용)
머리글/바닥글 구역 표시	그룹 머리글/바닥글 구역의 표시 여부를 지정
페이지 표시	같은 페이지에 표시 안 함, 전체 그룹을 같은 페이지에 표시, 머리글과 첫 레코드를 같은 페이지에 표시
창 표시	창 내용을 간단히 또는 자세히 중에서 표시

5 데이터 형식에 따른 그룹화

형식	설정	그룹화 되는 레코드
문자열	모든 값	일치하는 값으로 레코드가 그룹화
	접두 문자	지정된 부분까지 동일한 문자를 가진 레코드가 그룹화
날짜/시간	모든 값	일치하는 값으로 레코드가 그룹화
	년도/분기/월/주/일/시/분	년도별, 분기별, 월별, 주별, 일별, 시간별, 분별로 그룹화
통화/숫자	모든 값	일치하는 값으로 레코드가 그룹화
	지정	한 간격 내에서 레코드가 그룹화

6 보고서의 보기 형태

• 보고서 보기 : 인쇄 미리 보기와 비슷하지만 페이지 구분 없이 한 화면에 보고서를 표시한다.
• 인쇄 미리 보기 : 페이지 레이아웃의 설정이 용이하며, 보고서가 인쇄되었을 때의 모양을 확인한다.
• 디자인 보기 : 보고서에 삽입된 컨트롤의 속성, 맞춤, 위치 등을 설정한다.
• 레이아웃 보기 : 보고서 보기와 디자인 보기를 혼합한 형태이다.

4. 보고서의 주요 속성 ✪

1 [형식] 탭의 주요 속성

- 기본 보기 : 보고서의 보기 형식(인쇄 미리 보기, 보고서 보기)을 설정한다.
- 그림 맞춤 : 배경 그림의 위치를 설정한다.
- 그림 유형 : 배경 그림을 포함할 것인지 또는 연결할 것인지를 설정한다.
- 그림 크기 조정 모드 : 배경 그림의 크기와 비율을 설정한다.
- 그림 페이지 : 그림을 표시할 페이지를 설정한다.
- 그룹화 기준 : 그룹화의 기준으로 사용할 대상을 설정한다.
- 페이지 머리글/바닥글 : 페이지 머리글과 바닥글을 보고서 머리글과 바닥글의 같은 페이지에서 인쇄할지의 여부를 설정한다.
- 캡션 : 인쇄 미리 보기와 레이아웃 미리 보기에 나타나는 제목 표시줄의 텍스트를 설정한다.
- 반복 실행 구역 : 해당 머리글을 매 페이지마다 표시할지의 여부를 설정한다.

2 [데이터] 탭의 주요 속성

- 레코드 원본 : 사용할 레코드의 원본을 설정한다.
- 필터 : 사용할 추출 조건의 필터를 설정한다.
- 로드할 때 필터링/정렬 : 보고서를 로드할 때 필터와 정렬의 적용 여부를 설정한다.

3 [기타] 탭의 주요 속성

- 레코드 잠금 : 원본 테이블/쿼리의 레코드 잠금을 설정한다.
- 날짜 그룹화 : 날짜를 기준으로 그룹화할 날짜의 형식을 설정한다.

5. 기타 보고서 작성 ✪✪

1 조건부 서식

- 특정 조건에 만족하는 경우에만 서식이 적용되도록 하는 기능으로 텍스트 상자와 같이 값을 표시하는 컨트롤에 대해 설정한다.
- 폼이나 보고서에서 입력란이나 컨트롤에 특정한 조건을 적용시켜 서식을 나타나게 할 수 있다.
- 조건부 서식을 사용하면 상수나 특정 식의 결과와 비교하여 컨트롤 값을 지정할 수 있다.
- 조건은 여러 개를 지정할 수 있으며, 조건마다 다른 서식을 부여할 수 있다.
- 컨트롤의 데이터나 여러 조건에 따라 서식 조건을 지정하려면 논리식을 사용해야 한다.
- [조건부 서식 규칙 관리자] 대화 상자에서 규칙은 최대 50개까지 지정할 수 있다.
- 조건을 지정할 때 와일드카드(*, ?)를 사용하면 문자열이나 숫자를 나타낼 수 없다.
- 컨트롤 값이 변경되어 지정한 조건에 맞지 않으면 해당 컨트롤 서식을 기본값으로 반환한다.
- 모든 조건에 맞지 않고 지정한 컨트롤 서식이 나타나지 않을 때도 해당 서식을 취소하지 않는 한 컨트롤에 계속 적용한다.
- 폼이나 보고서의 컨트롤에 모니터링 할 값이 있는 경우 조건부 서식을 적용하면 컨트롤의 다양한 값을 쉽게 가져올 수 있다.

2 날짜 및 시간 입력

- 보고서를 작성할 때 NOW, DATE, TIME과 같은 함수를 이용해 현재 날짜와 시간(NOW), 오늘 날짜(DATE), 현재 시간(TIME)을 출력할 수 있다.
- 페이지 머리글/바닥글이나 보고서 머리글/바닥글에 입력란을 만든 후 날짜 및 시간을 출력하는 함수를 입력한다.
- [보고서 디자인 도구]-[디자인] 탭의 [보기] 그룹에서 [보기]-[인쇄 미리 보기]를 선택하면 보고서에 날짜와 시간이 출력된다.

3 페이지 번호 출력

- 보고서에 페이지 번호가 자동으로 삽입되도록 하는 기능이다.
- 보고서 디자인 보기 창에서 [보고서 디자인 도구]-[디자인] 탭의 [머리글/바닥글] 그룹에서 페이지 번호(페이지 번호) 단추를 클릭한 후 페이지 번호의 형식과 위치 등을 설정한다.
- [보고서 디자인 도구]-[디자인] 탭의 [보기] 그룹에서 [보기]-[인쇄 미리 보기]를 선택하면 설정된 내용에 따라 페이지 번호가 삽입된다.

항목	설명
형식	• N 페이지 : '5 페이지'와 같은 형식으로 페이지 번호를 삽입 • N/M 페이지 : '5/10 페이지'와 같은 형식으로 페이지 번호를 삽입
위치	• 페이지 위쪽[머리글] : 폼이나 보고서의 상단에 페이지 번호를 삽입 • 페이지 아래쪽[바닥글] : 폼이나 보고서의 하단에 페이지 번호를 삽입

맞춤	• [왼쪽], [가운데], [오른쪽] 중 하나를 선택 • [안쪽]을 선택 : 양면 인쇄 시 홀수 번호를 왼쪽 면에, 짝수 번호를 오른쪽 면에 인쇄 • [바깥쪽]을 선택 : 짝수 번호를 왼쪽 면에, 홀수 번호를 오른쪽 면에 인쇄

페이지 번호 식
- =[Page] → 1, 2, 3
- =Format([Page], "000") → 001, 002, 003
- =[Page] & "페이지" → 1페이지, 2페이지, 3페이지
- =[Pages] & "의" & [Page] & "페이지" → 3의 1페이지, 3의 2페이지, 3의 3페이지
- =[Pages] & "중" & [Page] & "페이지" → 3 중 1페이지, 3 중 2페이지, 3 중 3페이지

4 집계 정보 표시

- 보고서의 머리글이나 바닥글에 함수를 이용해 집계 정보를 표시할 수 있다(보고서 맨 앞/마지막 페이지에 집계 정보가 표시).
- 그룹 머리글이나 바닥글에 집계 정보를 입력하면 각 그룹별로 집계 정보가 표시된다.
- 페이지 머리글이나 바닥글에 함수를 이용한 요약 정보는 표시할 수 없다.
- 텍스트 상자 컨트롤을 이용하여 합계, 평균, 날짜, 레코드 개수 등의 요약 정보를 표시할 수 있다.
- [보고서 디자인 도구]-[디자인] 탭의 [보기] 그룹에서 [보기]-[인쇄 미리 보기]를 선택하면 집계 정보가 출력된다.

5 누적 합계 표시

- 보고서의 텍스트 상자 컨트롤에 적용되는 속성으로 레코드나 그룹별로 누적 값을 계산한다.
- 컨트롤 속성의 [데이터] 탭에서 '누적 합계' 속성을 이용하면 각 레코드 또는 그룹별 누적 합계를 표시할 수 있다.

항목	설명
아니요	• 현재 레코드가 사용하는 필드의 데이터를 텍스트 상자에 표시(기본값) • 레코드에서 원본으로 사용하는 필드 값이나 계산 결과를 표시
그룹	• 그룹별 누적 합계를 계산하며, 다른 그룹이 시작되면 0부터 다시 누적 • 동일한 그룹 내에서 누계를 표시
모두	• 그룹에 관계없이 다음 레코드의 필드 값에 누적되어 표시 • 그룹에 관계없이 전체 데이터에 대한 누계를 표시

6 Σ 요약

- Σ 요약 기능을 실행했을 때 생기는 요약 행을 통해 집계 함수를 쉽고 빠르게 사용할 수 있다.
- Σ 요약 기능이 설정된 상태에서 '텍스트' 데이터 형식의 필드에는 '개수'의 집계 함수만 지정할 수 있다.
- Σ 요약 기능이 설정된 상태에서 '예/아니요' 데이터 형식의 필드에 '개수'의 집계 함수를 지정하면 체크된 레코드의 총 개수가 표시된다.
- Σ 요약 기능은 데이터시트 형식으로 표시되는 테이블, 폼, 쿼리 등에서 사용한다(보고서는 제외).

6. 다양한 보고서 작성 ★★★

1 차트 보고서

- 작성된 테이블이나 쿼리를 이용해 데이터를 시각적으로 비교하거나 추세를 판단할 수 있도록 차트를 작성하는 보고서이다.
- 차트 마법사를 통하여 테이블이나 쿼리를 차트 보고서의 원본으로 작성할 수 있다.
- 차트 보고서의 디자인 보기 상태에서 차트를 더블 클릭하면 차트의 구성 요소를 편집할 수 있다.

2 크로스탭 보고서

- 여러 개의 열로 구성되면서 그룹 머리글과 그룹 바닥글, 세부 구역이 각 열마다 나타나는 구조의 보고서이다.
- 크로스탭 쿼리를 작성한 후 이를 레코드 원본으로 하여 보고서 마법사에서 작성한다.
- 보고서를 가로와 세로 방향으로 그룹화한 후 데이터에 대해 합계, 평균, 개수 등을 계산한다.
- 사용할 필드와 그룹 수준을 지정한 후 레코드 정렬 순서, 보고서 모양, 용지 방향 등을 설정한다.

3 우편 레이블 보고서

- 우편 발송을 위해 편지 봉투에 붙일 주소 레이블을 작성하는 보고서로 조건식은 입력할 수 없다.
- 많은 양의 우편물을 발송할 때 간편하게 주소를 출력해서 사용할 수 있다.
- 보고서 속성에서 레이블을 출력할 프린터를 지정할 수는 없다.
- 레이블 크기는 다양하게 준비되어 있으며, 필요에 따라 사용자가 직접 지정할 수도 있다.
- 레이블은 표준 레이블 또는 사용자 지정 레이블을 사용할 수 있다.
- 레이블에서 이름 필드 값에 '귀하'를 붙여 출력하려면 '{이름} 귀하'로 설정한다.
- 레이블 형식은 낱장 용지나 연속 용지를 선택할 수 있다.

| 무료 동영상 |

17 데이터베이스 프로그래밍

1. 매크로 활용 ✪✪

1 매크로의 개념

- 폼 열기나 보고서 인쇄와 같이 특별한 기능을 수행하는 하나 이상의 매크로 함수 집합으로 자주 반복되는 작업을 자동화할 수 있다.
- 테이블, 쿼리, 폼, 보고서 등의 각 개체에서 자동화 작업이 가능하도록 미리 정의된 기능이다.
- 매크로 함수로 구성된 매크로나 그룹일 수도 있고, 조건식을 사용하여 특정 상황에서 매크로가 실행될 때 매크로 함수가 수행되도록 할 수도 있다.
- 폼의 이벤트 속성에 대해 매크로를 작성하여 적용할 수 있다.
- 특정 조건이 참일 때만 매크로 함수를 실행하도록 할 수 있다.
- 매크로를 이용하여 폼을 열고 닫거나 메시지 박스를 표시할 수도 있다.
- 각 매크로 함수의 수행 방식을 제어하는 인수를 추가할 수 있다.
- 매크로 그룹 이름 다음에 점을 입력한 후 매크로 이름을 입력하여 이벤트나 이벤트 프로시저의 매크로 그룹에서 매크로를 실행할 수 있다.

2 그룹 매크로

- 한 개의 매크로 창에서 여러 개의 매크로를 작성하고 관리하는 것이다.
- 각 매크로는 자신이 속한 매크로 이름으로 구분되고, 다른 이름이 나오면 다른 매크로로 간주한다.
- 하나의 그룹 매크로에 여러 개의 매크로를 지정할 수 있고, 하나의 매크로에 여러 개의 매크로 함수를 설정할 수도 있다.
- 그룹명으로 매크로를 실행하면 가장 처음 설정한 매크로만 실행된다.
- 그룹 매크로 내에서 특정 매크로를 사용할 경우 그룹 매크로 이름을 마침표(.)로 구분한다.

3 조건 매크로

- 특정 조건을 만족하는 경우에만 실행되는 매크로이다.
- 조건식에는 관계 연산뿐만 아니라 함수 등을 이용하여 계산식 형태로 작성할 수 있다.
- 하나의 조건을 여러 매크로 함수에 적용할 경우 각 매크로 함수 행의 조건 열에 '…'을 입력한다.

2. 매크로 실행 ✪✪

1 데이터베이스 창 이용

- 창의 개체 목록에서 '매크로'를 선택한 후 실행할 매크로를 더블 클릭하거나 바로 가기 메뉴에서 [실행]을 선택한다.
- [매크로 도구]-[디자인] 탭의 [도구] 그룹에서 실행(! 실행) 단추를 클릭한다.
- 매크로의 바로 가기 키에서 '^'는 Ctrl 키를 의미(예 : ^C → Ctrl+C)하고, '+'는 Shift 키를 의미(예 : +S → Shift+S)한다.
- 기능 키를 바로 가기 키로 지정할 경우에는 중괄호({ }) 내에 입력한다.

2 폼 이용

㉠ [폼] 개체에서 해당 폼을 선택하고, 바로 가기 메뉴에서 [디자인 보기]를 선택한다.

㉡ 폼 이동 창에 있는 해당 단추를 선택하고, 바로 가기 메뉴에서 [이벤트 작성]을 선택한다.

㉢ [작성기 선택] 대화 상자에서 '매크로 작성기'를 선택하고, [확인] 단추를 클릭한다.

㉣ 매크로 함수에서 함수를 선택한 후 매크로 함수 인수에서 메시지와 종류를 설정한다.

㉤ 매크로 함수 인수에서 폼 이름, 보기 형식, 데이터 모드를 설정한 후 닫기(닫기) 단추를 클릭한다.

㉥ 다시 폼 디자인 창에서 해당 폼을 선택하고, 바로 가기 메뉴에서 [속성]을 선택한다.

㉦ 속성 시트 작업 창의 [이벤트] 탭에서 필요한 항목의 정의 내용을 지정한다.

㉧ 폼 보기 화면으로 전환한 후 각각의 명령 단추를 클릭하여 지정된 매크로를 실행한다.

3 매크로 자동 실행

- 매크로 작업을 마친 후 해당 매크로를 저장할 때 매크로 이름을 'AutoExec'로 지정하면 액세스를 실행할 때마다 해당 매크로가 바로 실행된다.

- 액세스를 실행할 때 매크로가 자동으로 실행되는 것을 방지하려면 Shift 키를 누른 상태로 데이터베이스 파일을 불러온다.

4 매크로 수정

- 데이터베이스 창의 개체 목록에서 수정할 매크로를 선택한 후 바로 가기 메뉴에서 [디자인 보기]를 선택한다.
- 매크로 창에서 작업 내용을 수정한 후 매크로를 저장하면 매크로가 실행될 때 수정 내용에 맞추어 매크로가 실행된다.
- 선택된 매크로 함수가 여러 개인 경우 이를 실행하면 위에서 아래의 순으로 실행된다.
- 매크로 실행 시 조건식은 계산식 형태로 작성할 수 있다.

3. 매크로 함수의 종류와 기능 ✪✪✪

1 폼과 보고서의 데이터 작업

기능	설명
ApplyFilter	테이블의 레코드와 폼/보고서의 원본이 되는 테이블 또는 쿼리의 레코드를 제한하거나 정렬(보고서에서 On-Open 이벤트 속성으로 지정한 매크로에만 사용)
FindNext	이전에 실행한 FindRecord 매크로 함수 또는 필드에서 [찾기] 대화 상자의 지정한 조건에 맞는 레코드를 반복적으로 검색
FindRecord	조건에 맞는 데이터의 첫째 레코드나 다음 레코드를 찾음(테이블 데이터시트, 쿼리 데이터시트, 폼 데이터시트, 폼에서 레코드를 찾음)
GoToControl	폼이나 테이블 데이터시트의 레코드에서 지정한 필드나 컨트롤로 커서를 이동
GotoPage	현재 폼에 있는 커서를 지정한 페이지의 첫 컨트롤로 이동(탭 컨트롤을 사용하여 한 폼에서 여러 페이지의 정보를 나타낼 수 있음)
GoToRecord	지정한 레코드를 열려 있는 테이블, 폼, 쿼리 결과 집합에서 현재 레코드로 이동(맨 처음, 맨 마지막, 다음 레코드, 이전 레코드 등으로 이동)

2 실행 작업

기능	설명
RunCommand	액세스 화면에 나타나는 모든 명령(메뉴 모음, 바로 가기 메뉴)을 실행
Quit	액세스를 종료하거나 Quit 매크로 함수로 액세스를 종료하기 전에 데이터베이스 개체를 저장하는 옵션을 지정
RunCode	비주얼 베이직의 Function 프로시저를 호출
RunMacro	매크로를 실행하며, 매크로 그룹에 포함될 수 있음
RunSQL	해당 SQL문으로 액세스의 실행 쿼리를 실행
RunApp	Excel이나 Word와 같은 외부 응용 프로그램을 실행
CancelEvent	해당 함수가 포함된 매크로를 실행하는 이벤트를 취소(매크로 이름은 BeforeUpdate, OnOpen, OnUn-load, OnPrint와 같이 이벤트 속성의 설정값)
StopAllMacros	현재 실행중인 모든 매크로를 중단
StopMacro	현재 실행중인 매크로를 중단

3 가져오기/내보내기 작업

기능	설명
OutputTo	지정한 액세스의 개체를 엑셀, 문자열 파일(.txt), 서식 있는 문자열 파일(.rtf), HTML 등과 같은 다른 파일 형식으로 내보내기
SendObject	데이터시트, 폼, 보고서, 모듈, 데이터 액세스 페이지 등을 전자 메일 메시지에 포함시킴
TransferDatabase	액세스 데이터베이스(.accdb) 또는 액세스 프로젝트(.adp)와 다른 데이터베이스간에 가져오거나 내보내기(연결 테이블을 사용하면 다른 데이터베이스에 있는 테이블 데이터도 사용할 수 있음)
TransferText	액세스 데이터베이스(.accdb) 또는 액세스 프로젝트(.adp)와 문자열 파일 사이에서 문자열을 가져오거나 내보내기(문자열 파일의 데이터를 현재 액세스 데이터베이스에 연결)
TransferSpread-sheet	액세스 데이터베이스(.accdb) 또는 액세스 프로젝트(.adp)와 스프레드시트 파일 사이에서 데이터를 가져오거나 내보내기(엑셀의 데이터를 현재 액세스 데이터베이스에 연결)

4 개체 조작 작업

기능	설명
DeleteObject	지정한 개체를 삭제하는데 메시지를 표시 하지 않음
CopyObject	지정한 데이터베이스 개체를 다른 액세스 데이터베이스나 같은 데이터베이스 또는 액세스 프로젝트(.adp)에 새 이름으로 복사
Rename	데이터베이스 개체의 이름을 변경
Maximize	현재 작업중인 창을 최대화(현재 창에서 개체를 최대한 많이 나타냄)
Minimize	현재 작업중인 창을 최소화
MoveSize	현재 창을 이동하거나 크기를 조정
Restore	최소화 또는 최대화되었던 창을 원래의 크기로 복원
OpenForm	폼 보기, 폼 디자인 보기, 인쇄 미리 보기, 데이터시트 보기로 폼을 열기(폼의 데이터 항목과 창 모드를 선택하여 표시되는 레코드를 제한)
OpenModule	비주얼 베이직 모듈을 디자인 보기로 열기한 후 진행 과정을 나타냄
OpenReport	보고서를 디자인 보기, 미리 보기로 열거나 바로 인쇄(보고서에서 인쇄할 레코드를 제한)
OpenTable	테이블을 데이터시트 보기, 디자인 보기, 미리 보기로 열기(테이블의 데이터 입력 모드를 선택)
SelectObject	지정한 데이터베이스 개체를 선택

OpenQuery	선택 쿼리나 크로스탭 쿼리를 열기 또는 실행 쿼리를 실행(쿼리에 대하여 데이터 입력 모드를 선택)
OpenView	개체를 데이터시트 보기, 디자인 보기, 인쇄 미리 보기로 열기
PrintOut	열려 있는 데이터베이스에서 현재 개체를 인쇄(데이터시트, 보고서, 폼, 데이터 액세스 페이지, 모듈을 인쇄)
SetValue	폼, 폼 데이터시트, 보고서의 필드, 컨트롤, 속성 값을 설정
ShowAllRecords	현재 테이블, 쿼리 결과 집합, 폼 등에 적용된 필터를 삭제
Requery	쿼리와 연결된 컨트롤의 데이터를 업데이트(컨트롤을 지정하지 않으면 개체 원본 자체를 다시 쿼리)
RepaintObject	지정한 데이터베이스 개체의 화면을 업데이트

5 기타 작업

기능	설명
SetMenuItem	창에서 사용자 정의 메뉴 모음이나 바로 가기 메뉴에 있는 메뉴 항목을 설정
AddMenu	폼이나 보고서에서 메뉴나 바로 가기 메뉴 모음을 사용자가 정의하여 추가
MsgBox	경고나 알림 메시지가 들어 있는 메시지 상자를 표시
SendKeys	키 입력을 액세스나 현재 응용 프로그램으로 직접 보내기
SetWarnings	시스템 메시지를 설정 또는 해제
Echo	매크로의 실행 상황을 화면에 표시할지의 여부를 결정
ShowToolbar	기본 도구 모음이나 사용자 정의 도구 모음을 표시하거나 숨기기
Beep	매크로를 실행할 때 경고음을 내기(화면에 중요 변화가 발생할 경우, 컨트롤에 잘못된 데이터 형식을 입력한 경우, 매크로 지정에 이르거나 실행이 끝날 경우)

4. VBA를 이용한 모듈 작성 ✪

1 개체의 구성

구성	설명
속성 (Property)	• 각각의 개체가 가지는 고유의 특성을 의미 • 개체의 특성은 '개체명.속성명'의 형태로 나타냄
메소드 (Method)	• 각 개체의 기능이나 동작을 지시하는 행동을 의미 • 메소드의 동작은 '개체명.메소드'의 형태로 나타냄
이벤트 (Event)	• 마우스 클릭이나 키 누름과 같이 개체에 의해 인식되는 동작으로서 이벤트에 대한 응답을 사용자 정의할 수 있음 • 이벤트에 연결된 속성을 사용하면 매크로를 실행하거나 Visual Basic 함수를 불러오거나 이벤트에 대한 응답으로 이벤트 프로시저를 실행할 수 있음
컬렉션 (Collection)	• 여러 개의 개체를 묶어 놓은 집합 • 컬렉션의 구분은 포함된 숫자나 이름으로 구별

2 모듈(Module)

- VBA에서 프로시저, 형식, 데이터 선언과 정의 등의 선언 집단을 의미한다.
- 선언부에서는 변수, 상수, 외부 프로시저 등을 정의한다.
- 폼의 이벤트 프로시저로 작성된 모듈은 폼과 함께 저장된다.
- 각 프로시저는 Sub 프로시저와 Function 프로시저가 될 수 있으며, VBA를 사용하여 액세스에서 사용할 프로시저를 만든다(비주얼 베이직 언어를 사용하여 모듈을 작성하고 사용).
- 폼과 보고서 모듈은 폼이나 보고서의 지역 코드를 포함하는 클래스 모듈이다.
- 폼 모듈과 보고서 모듈에는 이벤트에 응답하여 실행되는 이벤트 프로시저가 포함되기도 한다.
- 프로시저를 모듈에 전용인 것으로 지정하지 않은 경우에는 참조된 데이터베이스의 다른 모듈에 있는 프로시저에서 기본 모듈의 프로시저를 호출할 수 있다.
- 한 단위로 저장된 프로시저와 VBA 선언문의 집합으로 크게 기본 모듈과 클래스 모듈이 있다.

종류	설명
기본 모듈	다른 프로시저에도 사용할 수 있도록 Sub과 Function 프로시저를 생성하는 모듈
클래스 모듈	새로운 개체에 대한 정의를 포함할 수 있는 모듈

3 프로시저(Procedure)

- 프로그램에서 주요 구성 단위의 하나로 특정 문제 해결의 순서를 기술한다(=Statement).
- 연산을 실행하거나 값을 계산하는 구문(명령문)과 메서드로 구성한다.
- Sub 프로시저는 Sub ~ End Sub 형태로 연산 실행 후 반환하지 않는 프로시저이다.
- Function 프로시저는 Function과 End Function 형태로 값을 반환하거나 식에서 사용하는 프로시저이다(Function 문으로 함수를 직접 선언하고, End Function 문으로 함수를 종료).
- 이벤트 프로시저는 사용자나 시스템에서 발생하는 이벤트에 의해 자동으로 실행되는 프로시저이다(특정 객체에 이벤트가 발생하면 자동적으로 실행되나 다른 프로시저에서도 이를 호출하여 실행).

4 변수

- 각 변수는 해당 범위 수준에서 자신을 고유하게 식별하는 이름을 가진다(저장 위치의 이름).

• 데이터 형식은 지정되거나 지정되지 않을 수 있고, 위치에 따라 프로시저 변수와 모듈 변수로 나누어진다(Visual Basic 키워드를 포함할 수 없음).
• 주로 Dim문을 사용하여 선언하며, 필요에 따라 Private, Public, Static 등도 사용할 수 있다.
• Dim을 프로시저 처음에 선언하면 해당 프로시저에서만 사용이 가능하고, 모듈 처음에 선언하면 해당 모듈의 모든 프로시저에서 사용이 가능하다.
• 최대 255자까지 지정할 수 있으며, 첫 글자는 문자로 시작해야 한다.
• 문자, 숫자, 밑줄 문자(_)를 포함할 수 있지만 문장 부호나 공백, 예약어는 포함할 수 없다.
• 문장 앞에 어퍼스트로피(')나 REM이 입력된 경우는 설명문(주석)을 의미한다.
• 두 개 이상의 문장을 한 줄로 나타낼 경우에는 문장과 문장 사이에 콜론(:)을 사용한다.

Dim 변수 이름 As 데이터 형식

구분	예약어	사용 가능 범위
모듈 변수	Dim	해당 모듈 내에 있는 모든 프로시저에서 사용 가능
	Private	해당 모듈 내에 있는 모든 프로시저에서 사용 가능
	Public	모든 모듈 내에 있는 프로시저에서 사용 가능
프로시저 변수	Dim	해당 프로시저에서만 사용 가능
	Static	해당 프로시저에서만 사용 가능

5 데이터 형식

• 변수를 선언할 때 지정하며, 동일한 형식의 데이터만 저장할 수 있다.
• 변수를 선언하지 않고 생략하면 자동으로 Variant형으로 간주한다.
• Variant형은 다른 형식에 비해 데이터 크기가 크므로 기억 용량을 많이 차지한다(상수, 변수, 인수 선언 시 데이터 유형을 지정하지 않으면 자동으로 설정).
• Integer형은 −32,768~32,767까지의 정수를 사용한다.
• 모듈 선언부에 Option Explicit 명령문을 사용하는 경우 반드시 변수를 선언해야 한다.
• 하나의 문장에 실수, 정수와 같이 여러 개의 형식을 선언할 때는 형식 사이를 콤마(,)로 구분한다.

데이터 형식	선언 문자	크기
Integer(정수)	%	2byte
Long(정수)	&	4byte
Single(실수)	!	4byte
Double(실수)	#	8byte
Currency(통화)	@	8byte
String(문자)	$	문자열 길이
Variant(문자)	없음	22byte+문자 길이
Variant(숫자)	없음	16byte
Boolean(논리)	없음	2byte
Date(날짜)	없음	8byte
Byte	없음	1byte
사용자 정의	없음	정의된 요소

5. 이벤트 프로시저(Event Procedure) ★★★

1 데이터 이벤트

폼이나 컨트롤에서 데이터를 입력, 삭제, 변경하거나 한 레코드에서 다른 레코드로 포커스가 이동할 때 발생한다.

이벤트	발생 상황
AfterDelConfirm	레코드 삭제를 확인해서 실제로 레코드가 삭제되거나 취소할 때 발생
AfterInsert	새 레코드가 추가될 때 발생
AfterUpdate	컨트롤이나 레코드가 바뀐 데이터로 업데이트 된 후 레코드 메뉴에서 레코드 저장을 클릭할 때 발생
BeforeDelConfirm	레코드를 삭제한 후 [삭제 확인] 대화 상자가 나타나기 전에 발생
BeforeInsert	데이터베이스에 추가되지 않은 새 레코드에 첫 문자를 입력할 때 발생
BeforeUpdate	컨트롤이나 레코드가 바뀐 데이터로 업데이트되기 전이나 레코드 메뉴에서 레코드 저장을 클릭할 때 발생
(On)Change	입력란이나 콤보 상자의 입력란에 있는 내용이 바뀔 때 발생
(On)Current	폼의 데이터 원본에 대해 쿼리를 다시 실행할 때 발생
(On)Delete	레코드를 삭제할 때 삭제를 확인해서 실제로 삭제되기 전에 발생
(On)Dirty	폼의 내용이나 콤보 상자의 문자열 부분이 바뀔 때 탭 컨트롤의 한 페이지에서 다른 페이지로 이동할 때 발생
(On)Updated	OLE 개체의 데이터가 수정되었을 때 발생

2 필터 이벤트

폼에 필터를 적용하거나 필터를 만들 때 발생한다.

이벤트	발생 상황
ApplyFilter	레코드 메뉴에서 필터 적용을 클릭하거나 명령 표시줄에서 필터 적용 또는 서버 필터 적용 단추를 클릭할 때 발생
Filter	레코드 메뉴에서 필터를 가리키고, 폼 필터나 폼으로 서버 필터를 클릭할 때 명령 표시줄에서 폼 필터나 폼으로 서버 필터 단추를 클릭할 때 발생

3 창 이벤트

폼이나 보고서를 열거나 닫을 때 또는 크기를 조정할 때 발생한다.

이벤트	발생 상황
(On)Close	폼이나 보고서를 닫아 화면에서 사라질 때 발생
(On)Load	폼을 열어 그 레코드들이 표시될 때 발생
(On)Open	폼을 열어 레코드를 처음으로 표시하기 전이나 보고서를 열어 인쇄하기 전에 발생
(On)Resize	폼의 크기가 바뀔 때와 폼이 처음으로 표시될 때 발생
(On)Unload	폼이 닫히고 레코드가 언로드될 때 해당 폼이 화면에서 사라지기 전에 발생

4 키보드 이벤트

키보드 입력 또는 SendKeys 매크로 함수나 SendKeys문을 사용해서 키 입력이 전달될 때 발생한다.

이벤트	발생 상황
(On)KeyDown	컨트롤이나 폼이 포커스를 가지고 있는 동안 키보드에서 임의의 키를 누르면 발생
(On)KeyPress	컨트롤이나 폼이 포커스를 가지고 있을 때 표준 ANSI 문자에 해당하는 키나 키 조합을 눌렀다가 뗄 때 발생
(On)KeyUp	컨트롤이나 폼이 포커스를 가지고 있는 동안 누르고 있던 키를 놓을 때 발생

5 마우스 이벤트

마우스 단추를 누르고 있거나 클릭하는 등의 마우스 동작이 일어날 때 발생한다.

이벤트	발생 상황
(On)Click	컨트롤의 경우 컨트롤을 마우스 왼쪽 단추로 클릭할 때 발생, 폼의 경우 레코드 선택기나 구역 또는 컨트롤의 바깥쪽을 클릭할 때 발생
(On)DblClick	컨트롤이나 레이블을 마우스 왼쪽 단추로 두 번 클릭할 때 발생, 폼의 경우 폼의 빈 영역이나 레코드 선택기를 두 번 클릭할 때 발생
(On)Mouse-Down	포인터가 폼이나 컨트롤에 있는 동안 마우스 단추를 누를 때 발생
(On)Mouse-Move	마우스 포인터를 폼, 폼 영역, 컨트롤 등으로 이동시킬 때 발생
(On)MouseUp	포인터가 폼이나 컨트롤에서 누르고 있던 마우스 단추를 놓을 때 발생

6 포커스 이벤트

폼이나 컨트롤이 포커스를 얻거나 잃을 때, 폼이나 보고서가 활성화되거나 비활성화 될 때 발생한다.

이벤트	발생 상황
(On)Activate	폼이나 보고서가 현재 창이 될 때 발생
(On)Deactivate	현재 창이 다른 창으로 바뀔 때 또는 다른 창이 현재 창이 되기 전에 발생
(On)Enter	폼의 다른 컨트롤에서 특정 컨트롤로 포커스가 옮겨지기 전이나 폼을 열 때 발생
(On)Exit	같은 폼에서 한 컨트롤이 다른 컨트롤로 포커스를 잃기 전에 발생
(On)GotFocus	컨트롤이나 사용 가능한 컨트롤이 없는 폼이 포커스를 받을 때 발생
(On)LostFocus	폼이나 컨트롤이 포커스를 잃을 때 발생

7 인쇄 이벤트

보고서가 인쇄 중이거나 서식 설정 중일 때 발생한다.

이벤트	발생 상황
(On)Format	보고서의 한 구역에 어떤 데이터가 들어갈 것인지 결정할 때 또는 미리 보기나 인쇄 서식을 설정하기 전에 발생
(On)NoData	데이터가 없는 보고서를 인쇄하기 위해 서식 설정 후 보고서가 인쇄되기 전에 발생
(On)Page	인쇄를 위해 페이지 서식을 설정한 후 페이지가 인쇄되기 전에 발생
(On)Print	보고서 구역의 데이터를 서식 설정한 후 해당 구역이 인쇄되기 전에 발생
(On)Retreat	서식 설정 과정을 여러 번 수행하기 위해 페이지의 보고서 구역이 백업될 때 발생

8 오류와 타이밍 이벤트

폼이나 보고서에서 오류를 처리하고, 데이터를 동기화 하는데 사용된다.

이벤트	발생 상황
(On)Error	폼이나 보고서 사용 중에 런 타임 오류가 나타나면 발생
(On)Timer	폼의 TimerInterval 속성에 의해 지정된 시간 간격이 경과되면 발생

6. 제어문 ✪✪

1 If ... Then문

조건을 만족할 경우에만 해당 문장을 수행한다.

사용 형식	설명
If 조건 Then A	A를 Then과 같은 줄에 입력한 경우 End If 생략

If 조건 Then
A
End If
	A를 Then의 아래 줄에 입력한 경우 다음 줄에 End If 입력

사용 예	설명
If C>=80 Then MsgBox "합격"	C가 80보다 크거나 같으면 "합격"을 출력

If C<80 Then
MsgBox "합격"
End If
	C가 80보다 작으면 "합격"을 출력

2 If ... Then ... Else문

조건을 만족하면 A를 수행하고, 그렇지 않으면 B를 수행한다.

사용 형식	설명
If 조건 Then A Else B	A와 B를 각각 Then과 Else의 동일한 줄에 입력한 경우 End If 생략

If 조건 Then
A
Else
B
End If
	A와 B가 각각 Then과 Else 다음 줄에 입력한 경우 B 다음 줄에 End If 입력

사용 예	설명
If C>=80 Then MsgBox "합격" Else MsgBox "불합격"	C가 80보다 크거나 같으면 "합격"을 출력하고, 그렇지 않으면 "불합격"을 출력

If C>=D Then
MsgBox "True"
Else
MsgBox "False"
End If
	C가 D보다 크거나 같으면 "True"를 출력하고, 그렇지 않으면 "False"를 출력

3 If ... Then ... ElseIf ... Else ... If문

조건1을 만족하면 A를 수행, 조건2를 만족하면 B를 수행, 둘 다 만족하지 않으면 C를 수행한다.

사용 형식	사용 예	설명

If 조건1 Then
A
ElseIf 조건2 Then
B
Else
C
End If
	If A>=90 Then
	MsgBox "상위권"
	ElseIf A>=80 Then
	MsgBox "중위권"
	Else
	MsgBox "하위권"
	End If
		A가 90 이상이면 "상위권" 출력, 80 이상이면 "중위권" 출력, 그 이하이면 "하위권" 출력

4 Select Case문

비교값이 조건1에 해당하면 A를 수행, 조건2에 해당하면 B를 수행, 조건3에 해당하면 C를 수행(Case 다음의 Is는 생략 가능)한다.

사용 형식	사용 예	설명
Select Case 비교값 Case Is 조건1 A Case Is 조건2 B Case Is 조건3 C End Select	Select Case Avg Case Is >=90 "상위권" Case Is >=80 "중위권" Case Is <=79 "하위권" End Select	Avg가 90 이상이면 "상위권" 출력, 80 이상이면 "중위권" 출력, 79 이하면 "하위권" 출력

5 For ... Next문

시작 값부터 끝 값까지 증감 값만큼 계속 A를 반복 수행한다.

사용 형식	사용 예	설명
For 변수 = 시작값 To 끝값 Step 증감값 A Next 변수	For n = 1 To 10 Step 2 Sum = Sum+1 Next n	1부터 10까지 2씩 증가하는 누적 합계 출력(1+3+5+7+9)

6 Do While ... Loop문

조건을 만족할 때까지 A를 반복적으로 수행한다.

사용 형식	사용 예	설명
Do While 조건 A Loop	n = 1 Do While n <= 10 Sum = Sum+n n = n + 1 Loop	1부터 10까지 계속 반복하여 누적 합계를 출력(1+2+3+4+5+6+7+8+9+10)

7 Do ... Loop While문

먼저 A를 실행한 후 조건을 만족할 때까지 계속적으로 A를 반복 수행한다.

사용 형식	사용 예	설명
Do A Loop While 조건	n = 1 Do Sum = Sum+n n = n+1 Loop While n <= 5	1부터 5까지 계속 반복하여 누적 합계를 출력(1+2+3+4+5)

8 Do Unit ... Loop문

조건을 비교한 후 조건을 만족하지 않을 경우에만 반복적으로 A를 수행하고, 만족하면 반복을 중지한다.

사용 형식	사용 예	설명
Do Until 조건 A Loop	n = 1 Do Until n >= 5 Sum = Sum+n n = n+2 Loop	n이 1이므로 5보다 작다. 조건이 만족하지 않기 때문에 n이 5가 될 때까지 2씩 증가하며 누적 합계를 출력(1+3+5)

9 Exit문

For ... Next문, Do ... Loop문, Sub 프로시저, Function 프로시저 등의 작업을 중지할 때 사용한다.

구문	설명
Exit For	For문의 반복을 중지하고 빠져나옴
Exit Do	Do문의 반복을 중지하고 빠져나옴
Do Sub	Sub 프로시저를 중지하고 종료
Do Function	Function 프로시저를 중지하고 종료

10 On Error문

On Error문이 입력된 프로시저에서만 실행한다.

구문	설명
On Error GoTo	에러가 발생하면 메시지를 출력한 후 실행을 중단
On Error GoTo 이동할 루틴	에러가 발생하면 이동할 루틴으로 분기하여 작업을 처리하고, Resume Next문을 만나면 에러가 발생한 다음 문장으로 돌아와 작업을 수행
On Error GoTo Resume Next	실행 후 에러가 발생한 문장의 수행을 중지하고, 곧바로 다음 문장을 실행

7. 액세스의 주요 개체 ✪✪

1 Application 개체

종류	설명
CurrentData	CurrentData 개체와 이와 관련된 컬렉션, 속성, 메서드에 접근할 수 있음(개체 이름에 공백이 있을 때는 이름을 대괄호([ ])로 묶음)
Current Project	액세스 프로젝트(.adp)나 액세스 데이터베이스(.accdb)에 대한 참조(개체 이름에 공백이 있을 때는 이름을 대괄호([ ])로 묶음)
DoCmd	창 닫기, 폼 열기, 컨트롤 값 설정 등과 같은 작업을 수행
Visible	폼, 보고서, 폼 또는 보고서 구역, 액세스 페이지, 컨트롤 등을 보이거나 숨김
Run	액세스나 사용자 정의 Function 또는 Sub 프로시저를 수행

2 Form 개체

종류	설명
RecordsetClone	RecordSource 속성이 지정하는 폼의 Recordset 개체를 참조
RecordSource	폼이나 보고서의 데이터 원본을 지정
OpenArgs	OpenForm 메서드의 Openargs 인수로 지정되는 문자열 식을 결정
Requery	컨트롤 원본을 다시 쿼리하여 데이터를 업데이트
Refresh	폼을 업데이트하여 데이터의 변경 사항을 반영
SetFocus	포커스를 지정한 폼이나 컨트롤, 필드 등으로 이동
Undo	변경된 컨트롤이나 폼의 값을 원래 상태로 복원

3 Control 개체

종류	설명
ItemData	콤보 상자나 목록 상자에 지정된 행에 대한 바운드 열의 데이터를 반환
ItemSelected	목록 상자에서 선택한 데이터를 액세스
Requery	컨트롤 원본을 다시 쿼리하면 현재 개체의 지정한 컨트롤에서 데이터를 업데이트
SetFocus	지정한 컨트롤을 통해 포커스를 이동
Undo	변경된 컨트롤의 값을 원래 상태로 복원
SizeToFit	컨트롤의 크기를 입력한 데이터에 맞게 자동으로 조절

4 Report 개체

종류	설명
Visible	폼, 보고서, 폼 또는 보고서 구역, 액세스 페이지, 컨트롤 등을 보이거나 숨김
Page	인쇄 중인 폼이나 보고서에서 현재 페이지 번호를 지정
Pages	폼이나 보고서의 전체 페이지 수를 지정

5 DoCmd 개체

종류	설명
OpenReport	보고서를 디자인 보기 또는 미리 보기로 열거나 바로 인쇄
OpenForm	폼 보기를 다양한 형식으로 열기
RunSQL	해당 SQL문으로 액세스의 실행 쿼리를 실행
RunCommand	액세스의 기본 명령을 실행
RunMacro	매크로나 매크로 그룹을 실행
CopyObject	지정한 데이터베이스 개체를 다른 액세스 이름으로 복사
DeleteObject	지정한 데이터베이스 개체를 삭제
OutputTo	지정한 데이터베이스 개체를 파일로 출력
GoToRecord	지정한 레코드를 열려 있는 현재 레코드로 만듦
GoToControl	지정한 조건에 맞는 레코드 컨트롤로 포커스를 이동
FindRecord	지정한 조건에 맞는 레코드를 찾음
FindNext	이전에 실행한 FindRecord 매크로 함수 또는 필드에서 [찾기] 대화 상자의 지정한 조건에 맞는 레코드를 찾음

8. ADO 개체의 종류 및 기능 ✪✪

1 ADO(ActiveX Data Object)

- 데이터베이스에 접근하기 위한 개체로 사용이 용이하고 속도가 빠르다.
- 레코드를 편집(추가, 수정, 삭제 등)할 수 있으며, 각종 개체를 열 수 있다.
- ASP를 이용하여 웹 사이트를 개발할 수 있다.

2 DAO(Data Access Object)

- 데이터베이스의 구조를 나타내는 개체와 데이터베이스에 포함된 데이터이다.
- Visual Basic에서는 ADO 개체를 사용하여 표와 쿼리를 만들거나 변경하고, 데이터베이스를 보호하거나 외부 데이터 원본에서 데이터를 액세스할 수 있다.
- 코드로부터 데이터베이스에 저장된 데이터를 조작할 수 있다.

3 Connection 개체

- 데이터 원본에 대해 명령이나 저장 프로시저를 고유 메소드인 것처럼 실행할 수 있다(Dim문 사용).
- Open 메서드를 사용하여 데이터 원본에 연결하고, Excute 메서드를 사용하여 SQL문을 실행한다.
- 명령을 실행하려면 Command 개체의 Name 속성을 사용하여 해당 명령에 이름을 지정하고 Command 개체의 ActiveConnection 속성을 설정한다.
- 액세스 프로젝트나 데이터베이스 코드 개체의 Connection 개체를 참조하려면 CodeProject 개체의 Connection 속성을 사용한다.
- 변수를 선언할 때는 New 키워드를 개체 변수로 선언하면 개체 인스턴스를 만들 수 있다.

속성	Attributes	개체 하나의 여러 특성들을 나타냄
	CommandTimeout	명령을 종료하고 오류를 발생시키는데 걸리는 시간을 나타냄
	ConnectionString	데이터 원본에 연결을 구성하는데 사용되는 정보를 포함
	ConnectionTimeout	연결을 취소하고 오류를 발생시킬 때까지 걸리는 시간을 나타냄
	DefaultDatabase	기본 데이터베이스를 나타냄
	State	개체 상태가 열려 있는지 또는 닫혀 있는지의 여부를 설명
	Mode	데이터를 수정하는데 사용할 수 있는 권한을 나타냄
메서드	Open	데이터 원본에 대한 연결을 설정
	Close	열려 있는 개체 및 이와 관련된 모든 종속 개체를 닫기
	Execute	쿼리나 SQL문 또는 저장 프로시저를 실행
	BeginTrans	개체 내의 트랜잭션 프로세싱을 관리
	OpenSchema	데이터베이스 스키마 정보를 얻음
	Save	파일에 Recordset을 저장
	Cancle	보류중인 비동기 Execute 메소드나 Open 메소드 호출을 취소

4 Recordset 개체

- 기본 테이블이나 실행된 명령 결과로부터 전체 레코드 집합을 나타낸다.
- 테이블에서 가져온 레코드를 임시로 저장해 두는 레코드 집합이다.
- 현재 레코드의 설정에서 단일 레코드만 참조하며, 공급자로부터 데이터를 조작할 수 있다.
- ADO를 사용할 때 Recordset 개체를 사용하여 대부분의 데이터를 조작한다.
- 모든 Recordset 개체는 레코드(행)와 필드(열)를 사용한다.

구분	이름	설명
속성	AbsolutePage	현재 레코드가 들어갈 페이지를 지정
	AbsolutePosition	현재 레코드의 순서 위치를 지정
	ActiveConnection	지정된 Command 개체나 Recordset 개체가 속해 있는 Connection 개체를 나타냄
	CursorLocation	커서 서비스의 위치를 설정하거나 반환
	CursorType	개체에서 사용되는 커서의 형식을 나타냄
	LockType	편집하는 동안 레코드에 설정된 잠금 형식을 나타냄
	EditMode	현재 레코드의 편집 상태를 나타냄
	RecordCount	Recordset 개체의 현재 레코드 수를 나타냄
	MaxRecords	쿼리에서 Recordset에 반환되는 최대 레코드 개수를 나타냄
	PageCount	데이터의 페이지 수
	PageSize	페이지 하나를 구성하는 레코드 수를 나타냄
	CacheSize	메모리에 로컬 캐싱된 Recordset 개체의 레코드 개수를 나타냄
	Source	Recordset 개체에 있는 데이터에 대한 원본을 나타냄
	Status	일괄 업데이트 또는 기타 대량 작업과 관련된 현재 레코드의 상태를 나타냄
	BOF/EOF	현재 레코드 위치가 Recordset 개체의 첫째/마지막 레코드 앞/뒤에 온다는 것을 나타냄
메서드	AddNew	업데이트 가능한 Recordset 개체를 위한 새 레코드를 작성
	Cancel	보류중인 비동기 Execute 메소드나 Open 메소드 호출을 취소
	CancelBatch	보류중인 일괄 업데이트 작업을 취소
	CancelUpdate	현재 레코드에 취해진 변경 내용이나 새 레코드에 취해진 모든 변경 내용을 취소
	Clone	기존의 Recordset 개체로부터 Recordset 복제 개체를 작성
	MoveFirst	현재 레코드 위치를 Recordset의 첫째 레코드로 이동
	MoveLast	현재 레코드 위치를 Recordset의 마지막 레코드로 이동
	MoveNext	현재 레코드 위치를 다음 레코드로 (Recordset의 끝 부분으로) 이동
	MovePrevious	현재 레코드 위치를 이전 레코드로 이동
	NextRecordset	현재 Recordset 개체를 지우고 일련의 명령들을 실행하여 다음 레코드 집합을 반환
	Resync	기본 데이터베이스로부터 현재 Recordset 개체의 데이터를 새로 고침
	Requery	Recordset 개체에 있는 데이터를 업데이트
	Save	파일에 Recordset을 저장
	Seek	Recordset의 인덱스를 검색하여 지정한 값과 일치하는 행을 찾고 현재 행의 위치를 해당 행으로 변경
	Supports	지정된 Recordset 개체가 특정 기능을 지원하는지의 여부를 결정
	UpdateBatc	보류중인 모든 일괄 업데이트 내용을 디스크에 기록

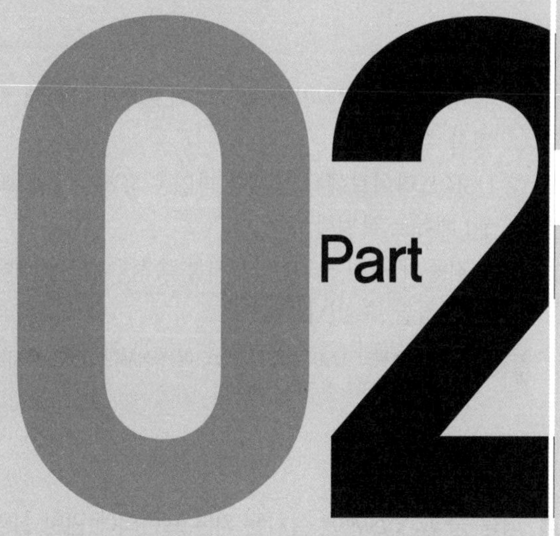

Computer Efficiency Test

꼭! 알아야 할 기출문제 150선

01과목  컴퓨터 일반

02과목 스프레드시트 일반

03과목 데이터베이스 일반

꼭! 알아야 할 기출문제 150선

1과목 | 컴퓨터 일반

01 한글 Windows의 [Windows 작업 관리자] 창에서 수행할 수 있는 작업으로 옳지 않은 것은?

① 사용자 계정의 추가와 삭제를 수행할 수 있다.
② 현재 실행 중인 프로그램을 강제로 종료시킬 수 있다.
③ 시스템의 CPU 사용 내용이나 할당된 메모리의 크기를 파악할 수 있다.
④ 앱 이름별로 상태, 사용자 이름, CPU, 메모리 등을 표시한다.

해설 보기 ②번은 [프로세스] 탭, 보기 ③번은 [성능] 탭, 보기 ④번은 [세부 정보] 탭에서 수행한다.

02 다음 중 바탕 화면에 바로 가기 아이콘을 만들기 위한 방법으로 옳지 않은 것은?

① 바탕 화면의 빈 곳에서 마우스 오른쪽 버튼을 눌러 [새로 만들기]-[바로 가기] 메뉴를 선택한다.
② 파일에서 마우스 오른쪽 버튼을 누른 채 빈 곳으로 드래그한 후 [여기에 바로 가기 만들기] 메뉴를 선택한다.
③ [파일 탐색기]에서 파일을 Ctrl 키를 누른 채 드래그하여 바탕 화면에 놓는다.
④ 파일을 Ctrl+C 키로 복사 한 후 바탕 화면의 빈 곳에서 마우스 오른쪽 버튼을 눌러 [바로 가기 붙여 넣기] 메뉴를 선택한다.

해설 해당 개체를 선택하고, Alt 키를 누른 상태에서 바탕 화면으로 드래그한다.

03 한글 Windows에서 사용하는 [휴지통]에 대한 설명으로 옳지 않은 것은?

① [명령 프롬프트] 창에서 삭제한 파일은 휴지통과 관계없이 영구히 삭제된다.
② 휴지통의 크기는 각각의 드라이브마다 다르게 지정할 수 있다.
③ USB 드라이브에서 삭제한 파일은 휴지통에서 [복원] 메뉴로 복원할 수 있다.
④ 휴지통의 최대 크기는 [휴지통 속성] 대화 상자에서 변경할 수 있다.

해설 DOS, 네트워크, USB, 플로피 디스크에서 삭제한 경우는 휴지통에 보관되지 않고 바로 삭제된다.

04 다음 중 Windows에 설치된 기본 프린터에 관한 설명으로 옳지 않은 것은?

① 프로그램에서 사용할 프린터를 지정하지 않고 인쇄 명령을 내렸을 때 컴퓨터가 자동으로 문서를 보내는 프린터이다.
② 여러 개의 프린터가 설치된 경우 네트워크 프린터와 로컬 프린터 각각 1대씩을 기본 프린터로 설정할 수 있다.
③ 현재 설정되어 있는 기본 프린터를 다른 프린터로 변경할 수 있다.
④ 기본 프린터로 설정된 프린터도 삭제할 수 있다.

해설 컴퓨터에 설치 가능한 프린터의 수는 제한이 없지만 기본 프린터로 사용할 프린터는 한 대만 지정할 수 있다.

05 다음 중 한글 Windows의 [개인 설정] 창에서 할 수 있는 작업으로 옳지 않은 것은?

① 바탕 화면에 새로운 테마를 지정하여 적용할 수 있다.
② 화면 보호기 설정을 사용하여 화면의 해상도를 변경할 수 있다.
③ Windows 및 프로그램의 이벤트에 적용되는 소리 구성 표를 변경할 수 있다.
④ 창 테두리, 시작 메뉴, 작업 표시줄의 색을 변경할 수 있다.

해설 [시스템]의 [디스플레이] 창에서 디스플레이 해상도와 방향(가로, 세로, 가로/세로 대칭 이동)을 설정할 수 있다.

정답 01 ① 02 ③ 03 ③ 04 ② 05 ②

06 한글 Windows의 [장치 관리자] 창에서 설정 가능한 하드웨어 관리에 대한 설명으로 옳지 않은 것은?

① 장치들의 드라이버를 식별하고, 설치된 장치 드라이버에 대한 정보를 알 수 있다.
② 가상 메모리에 대한 정보를 확인하고, 설정 값을 변경할 수 있다.
③ 장치 드라이버를 업데이트할 수 있다.
④ 하드웨어가 올바르게 작동하는지 확인할 수 있다.

해설
- 장치 관리자 : 하드웨어 장치의 드라이버를 설치 및 업데이트하고, 하드웨어의 수정과 문제를 해결한다.
- 보기 ②번의 작업은 장치 관리자 창에서 설정할 수 없다.

07 다음 중 1952년 폰 노이만이 프로그램 내장 방식과 2진 연산 방식을 적용하여 제작한 초창기 전자식 계산기는?

① 에니악(ENIAC) ② 에드삭(EDSAC)
③ 유니박(UNIVAC) ④ 에드박(EDVAC)

해설
- ① 최초의 전자 계산기로 외부 프로그래밍 방식을 사용한다.
- ② 최초로 프로그램 내장 방식을 도입한 전자 계산기로 컴퓨터의 원형이다.
- ③ 최초의 상업용 전자 계산기로 미국 인구 통계나 국세 조사에 이용된다.

08 다음 중 아날로그 컴퓨터와 비교하여 디지털 컴퓨터의 특징으로 옳지 않은 것은?

① 데이터의 각 자리마다 0 혹은 1의 비트로 표현한 이산적인 데이터를 처리한다.
② 데이터 처리를 위한 명령어들로 구성된 프로그램에 의해 동작된다.
③ 온도, 전압, 진동 등과 같이 연속적으로 변하는 데이터를 효율적으로 처리할 수 있다.
④ 산술 및 논리 연산을 처리하는 회로에 기반을 둔 범용 컴퓨터로 사용된다.

해설
- 디지털 컴퓨터 : 문자, 숫자와 같은 이산적인 데이터를 취급하며, 논리 회로를 사용한다.
- 아날로그 컴퓨터 : 전압, 전류와 같은 연속적인 데이터를 취급하며, 증폭 회로를 사용한다.

09 다음 중 컴퓨터에서 사용하는 자료의 외부적 표현 방식에 관한 설명으로 옳은 것은?

① ASCII는 데이터 통신용이나 개인용 컴퓨터에서 사용하며, 128가지의 문자를 표현할 수 있다.
② BCD는 8비트로 구성되어 있으며, 하나의 문자를 표현할 수 있다.
③ EBCDIC는 대형 컴퓨터에서 사용되는 범용 코드이며, 6비트로 구성되어 있다.
④ Unicode는 국제 표준 코드로 최대 256가지의 문자 표현이 가능하다.

해설
- BCD : 6비트로 구성되며, 64가지의 문자를 표현한다.
- EBCDIC : 8비트로 구성되며, 256가지의 문자를 표현한다.
- Unicode : 전 세계 모든 문자를 표현할 수 있는 16비트 완성형 국제 표준 코드이다.

10 다음 중 컴퓨터에서 사용하는 마이크로프로세서(Microprocessor)에 관한 설명으로 옳지 않은 것은?

① 제어 장치, 연산 장치, 주기억 장치가 하나의 반도체 칩에 내장된 장치이다.
② 클럭 주파수와 내부 버스의 Bit 수로 성능을 평가한다.
③ 트랜지스터의 집적도에 따라 기본적인 처리 속도가 결정된다.
④ 현재는 작은 규모의 임베디드 시스템이나 휴대용 기기에서부터 메인 프레임이나 슈퍼 컴퓨터까지 사용된다.

해설 마이크로프로세서 : CPU 기능을 대규모 집적 회로(LSI)에 탑재한 장치로 산술 연산과 논리 연산의 제어 능력을 갖는다.

11 다음 중 RAM(Random Access Memory)에 대한 설명으로 옳은 것은?

① 주로 펌웨어(Firmware)를 저장한다.
② 주기적으로 재충전(Refresh)이 필요한 DRAM은 주기억 장치로 사용된다.
③ 전원이 꺼져도 기억된 내용이 사라지지 않는 비휘발성 메모리로 읽기만 가능하다.
④ 컴퓨터의 기본적인 입출력 프로그램, 자가 진단 프로그램 등이 저장되어 있어 부팅 시 실행된다.

정답 06 ② 07 ④ 08 ③ 09 ① 10 ① 11 ②

해설 보기 ①, ③, ④번은 ROM(Read Only Memory)에 대한 설명이다.

12 다음 중 컴퓨터에서 사용되는 펌웨어(Firmware)에 대한 설명으로 옳지 않은 것은?

① 하드웨어의 동작을 지시하는 소프트웨어이지만 하드웨어적으로 구성되어 하드웨어의 일부분으로도 볼 수 있는 제품을 말한다.
② 하드웨어 교체 없이 소프트웨어 업그레이드만으로 시스템의 성능을 높이기 위한 목적으로 사용된다.
③ 시스템의 효율을 높이기 위해 RAM에 저장되어 관리된다.
④ 기계어 처리, 데이터 전송, 부동 소수점 연산, 채널 제어 등의 처리 루틴을 가지고 있다.

해설 시스템의 효율을 높이기 위해 ROM에 저장되어 관리된다.

13 다음 중 컴퓨터 기억 장치와 관련하여 캐시 메모리(Cache Memory)에 대한 설명으로 옳지 않은 것은?

① 컴퓨터의 CPU 내부에 비휘발성 메모리로 구성되며, 고속 액세스가 가능한 기억 장치이다.
② 캐시 메모리는 DRAM보다 접근 속도가 빠른 SRAM 등이 사용되며, 주기억 장치보다 소용량으로 구성된다.
③ 속도가 빠른 중앙 처리 장치와 상대적으로 속도가 느린 주기억 장치 사이에 위치하며, 컴퓨터 처리의 속도를 향상시키는 역할을 한다.
④ 캐시 메모리의 효율성은 적중률(Hit Ratio)로 나타낼 수 있으며, 적중률이 높을수록 시스템의 전체적인 속도가 향상된다.

해설 캐시 메모리는 컴퓨터의 CPU 내부에 휘발성 메모리로 구성된다.

14 다음 중 컴퓨터에서 하드 디스크를 연결하는 SATA 방식에 관한 설명으로 옳지 않은 것은?

① 직렬 인터페이스 방식을 사용한다.
② PATA 방식보다 데이터 전송 속도가 빠르다.
③ 핫 플러그인 기능을 지원한다.
④ EIDE는 일반적으로 SATA를 의미한다.

해설 EIDE : 500MB 이상의 하드 디스크를 최대 4개(주변 장치 포함)까지 연결하는 방식이다.

15 다음 중 컴퓨터의 하드 디스크와 관련하여 RAID(Redundant Array of Inexpensive Disks) 기술에 관한 설명으로 옳지 않은 것은?

① 여러 개의 하드 디스크를 모아서 하나의 하드 디스크처럼 사용할 수 있도록 하는 기술이다.
② 하드 디스크의 모음뿐만 아니라 자동으로 복제해 백업 정책을 구현해 주는 기술이다.
③ 미러링과 스트라이핑 기술을 결합하여 안정성과 속도를 향상시킨 디스크 연결 기술이다.
④ 하드 디스크, CD-ROM, 스캐너 등을 통합적으로 연결해 주는 기술이다.

해설 하드 디스크 및 CD-ROM 등을 체인식으로 연결하는 기술은 SCSI이다.

16 다음 중 HDD와 비교할 때 SSD에 대한 특징으로 옳지 않은 것은?

① 초고속 메모리 칩(Chip)에 데이터를 저장한다.
② 속도가 빠르나 외부의 충격에는 매우 약하다.
③ 발열, 소음, 전력 소모가 적다.
④ 소형화, 경량화할 수 있다는 장점이 있다.

해설 SSD(Solid State Drive) : HDD와는 달리 반도체를 이용하여 정보를 저장하며, 불량 섹터가 없고, 외부 충격에 강하다.

17 다음 중 블루레이 디스크에 관한 설명으로 옳지 않은 것은?

① CD, DVD에 비해 훨씬 짧은 파장을 갖는 레이저를 사용한다.
② 단층 구조로만 생산된다.
③ 트랙의 폭이 가장 좁다.
④ 디스크의 지름은 CD-ROM과 동일하다.

해설 블루레이 디스크 : HD급 고화질 비디오를 저장할 수 있는 차세대 광학 장치로 다층 구조를 갖는다.

정답 12 ③ 13 ① 14 ④ 15 ④ 16 ② 17 ②

18 한글 Windows에서 사용하는 USB(Universal Serial Bus)에 대한 설명으로 옳은 것은?

① USB는 범용 병렬 장치를 연결할 수 있게 해 주는 컴퓨터 인터페이스이다.

② 핫 플러그인(Hot Plug In) 기능은 지원하지 않으나 플러그 앤 플레이(Plug & Play) 기능은 지원한다.

③ USB 3.0은 이론적으로 최대 5Gbps의 전송 속도를 가지며, PC 및 연결 기기, 케이블 등의 모든 USB 3.0 단자는 파란색으로 되어 있어 이전 버전과 구분이 된다.

④ 허브를 이용하여 하나의 USB 포트에 여러 개의 주변 기기를 연결할 수 있으며, 최대 256개까지 연결할 수 있다.

해설 USB : 여러 개의 직렬 장치를 하나로 통합한 방식으로 플러그 앤 플레이(PnP)와 핫 플러깅(Hot Plugging)을 지원하며, 주변 기기를 최대 127개까지 연결할 수 있다.

19 다음 중 소스 코드까지 제공되어 사용자들이 자유롭게 수정하거나 변경할 수 있는 소프트웨어를 의미하는 것은?

① 주문형 소프트웨어(Customized Software)

② 오픈 소스 소프트웨어(Open Source Software)

③ 셰어웨어(Shareware)

④ 프리웨어(Freeware)

해설
- ③ 일정 기간이나 기능에 제한을 두고 프로그램을 사용한 후 구입 여부를 판단하는 소프트웨어이다.
- ④ 사용 기간과 기능에 제한 없이 무료로 사용할 수 있으며, 저작권자의 동의 없이 자유롭게 복사, 배포할 수 있는 소프트웨어이다.

20 다음 중 소프트웨어의 사용권에 따른 분류에 대한 설명으로 옳지 않은 것은?

① 애드웨어 : 배너 광고를 보는 대가로 무료로 사용하는 소프트웨어이다.

② 셰어웨어 : 정식 버전이 출시되기 전에 프로그램에 대한 일반인의 평가를 받기 위해 제작된 소프트웨어이다.

③ 번들 : 특정한 하드웨어나 소프트웨어를 구매하였을 때 포함하여 주는 소프트웨어이다.

④ 프리웨어 : 돈을 내지 않고도 사용가능하고 다른 사람에게 전달해 줄 수 있는 소프트웨어이다.

해설 셰어웨어 : 일정 기간이나 기능에 제한을 두고 프로그램을 사용한 후 구입 여부를 판단하는 소프트웨어이다.

21 다음 중 컴퓨터 운영 체제(OS) 대한 설명으로 옳지 않은 것은?

① 시스템의 메모리를 관리하고, 응용 프로그램이 제대로 실행될 수 있도록 제어한다.

② 컴퓨터 하드웨어와 응용 프로그램을 사용하고자 하는 사용자 사이에 위치하여 인터페이스 역할을 해주는 소프트웨어이다.

③ 프로세스 및 기억 장치 관리, 파일 및 주변 장치 관리 그리고 컴퓨터에 설치된 프로그램 등을 관리하는 역할과 유틸리티 프로그램을 제공한다.

④ 사용자 측면에서 특정 분야의 작업을 처리하기 위한 프로그램으로 반드시 설치될 필요는 없으나 설치하여 사용할 것을 권고하고 있다.

해설 운영 체제는 반드시 설치해야 PC를 사용할 수 있다.

22 다음 중 하나의 컴퓨터에 여러 개의 중앙 처리 장치를 설치하여 주기억 장치나 주변 장치들을 공유하고, 신뢰성과 연산 능력을 향상시키는 시스템을 의미하는 것은?

① 시분할 처리 시스템(Time Sharing System)

② 다중 프로그래밍 시스템(Multi-Programming System)

③ 듀플렉스 시스템(Duplex System)

④ 다중 처리 시스템(Multi-Processing System)

해설
- ① CPU의 처리 시간을 일정한 시간(Time Quantum)으로 나누어서 여러 개의 작업을 연속적으로 처리하는 시스템이다.
- ② 하나의 CPU에서 여러 개의 프로그램을 동시에 처리하는 방식으로 각 프로그램이 주어진 시간만큼 CPU를 사용하고 반환한다.
- ③ 시스템의 안정성을 위하여 한쪽의 CPU가 가동중일 때 다른 한쪽의 CPU가 고장나면 즉시 대기중인 CPU가 작동되도록 운영하는 시스템이다.

정답 18 ③ 19 ② 20 ② 21 ④ 22 ④

23 다음 중 컴퓨터 소프트웨어의 개발을 위한 객체 지향 언어에 관한 설명으로 옳지 않은 것은?

① 데이터와 그 데이터를 처리하는 함수를 객체로 묶어서 문제를 해결하는 언어이다.
② 상속, 캡슐화, 추상화, 다형성 등을 지원한다.
③ 시스템의 확장성이 높고, 정보 은폐가 용이하다.
④ 대표적인 객체 지향 언어로는 BASIC, Pascal, C 언어 등이 있다.

해설 대표적인 객체 지향 언어로는 Smalltalk, C++, Java 등이 있다.

24 한글 Windows의 디스크 정리에 대한 설명으로 옳은 것은?

① 디스크 정리를 통해 휴지통, 임시 인터넷 파일, 설치 로그 파일 등을 제거할 수 있다.
② 최근에 복원한 내용을 포함한 모든 파일을 제거하여 디스크 공간을 늘릴 수 있다.
③ C 드라이브에 있는 WINDOWS 폴더를 제거하여 디스크 공간을 늘릴 수 있다.
④ 조각난 파일, 인접한 파일, 이동할 수 없는 파일 등을 삭제하여 디스크 공간을 늘릴 수 있다.

해설
- ② 최근 복원한 내용을 포함한 모든 파일을 디스크 정리로 제거할 수는 없다.
- ③ C 드라이브에 있는 WINDOWS 폴더를 제거할 경우 컴퓨터 사용이 불가능하다.
- ④ 드라이브 조각 모음에 대한 설명이다.

25 다음 중 컴퓨터의 이상 증상과 해결 방법의 연결이 가장 적절하지 않은 것은?

① 하드 디스크로 부팅이 되지 않는 경우 : USB나 CD-ROM으로 부팅이 되면 하드 디스크 손상 점검 후 운영 체제 다시 설치
② 모니터 화면이 보이지 않는 경우 : 모니터의 전원 및 연결 부분 점검
③ 프린터가 작동되지 않는 경우 : 프린터와 컴퓨터 연결 부분 확인 및 프린터 드라이버 재설치
④ 컴퓨터 속도가 심하게 느려진 경우 : 메인보드 또는 하드 디스크 교체

컴퓨터 속도가 심하게 느려진 경우는 CMOS Setup에서 캐시 항목을 Enable로 설정하거나 레지스트리 등의 정보를 확인하여 불필요한 데이터를 삭제한다.

26 다음 중 PC 업그레이드 시 고려해야 할 사항으로 옳지 않은 것은?

① RAM이나 ODD를 설치할 때 접근 속도의 수치는 작은 것이 좋다.
② 하드 디스크를 교체할 때에는 연결 방식의 종류와 버전을 확인한다.
③ CPU 클럭 속도는 높은 것이 좋다.
④ RAM을 추가할 때에는 기존의 것 보다 더 많은 핀 수의 RAM으로 추가한다.

해설
- 램(RAM)은 접근 속도의 단위인 ns(나노 초)의 수치가 작을수록 성능이 좋다.
- RAM을 추가할 때에는 기존의 것과 동일한 핀 수의 RAM으로 추가한다.

27 다음 중 인터넷 주소 체계인 IPv6(Internet Protocol version 6)에 관한 설명으로 옳지 않은 것은?

① 주소의 확장성, 융통성, 연동성이 뛰어나며 실시간 흐름 제어로 향상된 멀티미디어 서비스를 제공할 수 있다.
② 16비트씩 4부분, 총 64비트의 주소를 사용하여 IP 주소의 부족 문제를 해결할 수 있다.
③ 주소 체계는 유니캐스트(Unicast), 애니캐스트(Anycast), 멀티캐스트(Multicast) 등 세 가지로 나뉜다.
④ 인증 서비스, 비밀성 서비스, 데이터 무결성 서비스를 제공함으로써 보안 문제를 해결할 수 있다.

해설 IPv6 : IPv4의 주소 공간을 4배 확장한 것으로 128비트를 16비트씩 8개로 나누어 표시하며, IP는 콜론(:)으로 구분한다.

28 다음 중 정보 통신과 관련하여 OSI 7계층 참조 모델에서 네트워크 계층의 주요 기능에 관한 설명으로 옳은 것은?

정답 23 ④ 24 ① 25 ④ 26 ④ 27 ② 28 ①

① 정보 교환 및 중계 기능, 경로 설정 기능을 제공한다.
② 전송 매체에서의 전기 신호 전송 기능과 제어 및 클럭 신호를 제공한다.
③ 송수신 시스템 간의 논리적 안정과 균일한 서비스를 제공한다.
④ 응용 프로세스 간의 정보 교환, 파일 전송 등을 제공한다.

해설 네트워크 계층 : 데이터의 교환 기능으로 목적지 접속을 설정하고 종료한다.

29 다음 중 인터넷 전자 우편에서 사용하는 POP3 프로토콜에 관한 설명으로 옳은 것은?

① 사용자가 작성한 이메일을 다른 사람의 계정으로 전송해 주는 역할을 한다.
② 메일 서버의 이메일을 사용자의 컴퓨터로 가져올 수 있도록 메일 서버에서 제공하는 프로토콜이다.
③ 멀티미디어 전자 우편을 주고받기 위한 인터넷 메일의 표준 프로토콜이다.
④ 웹 브라우저에서 제공하지 않는 멀티미디어 파일을 확인하여 실행시켜 주는 프로토콜이다.

해설 POP3을 이용하면 전자 메일 클라이언트를 통해 전자 메일을 받아 볼 수 있다.

30 다음 중 인터넷을 이용한 FTP(File Transfer Protocol)에 관한 설명으로 옳지 않은 것은?

① 멀리 떨어져 있는 컴퓨터로부터 파일을 전송 받거나 전송하는 서비스를 의미한다.
② 익명의 계정을 이용하여 파일을 전송할 수 있는 서버를 Anonymous FTP 서버라고 한다.
③ FTP 서버에 계정을 가지고 있는 사용자는 FTP 서버에 있는 프로그램을 다운로드 없이 실행시킬 수 있다.
④ 일반적으로 텍스트 파일의 전송을 위한 ASCII 모드와 실행 파일의 전송을 위한 Binary 모드로 구분하여 수행한다.

해설 FTP 서버에 있는 프로그램을 다운로드 없이 실행시키는 것은 불가능하다.

31 다음 중 1994년 스웨덴의 에릭슨에 의하여 최초로 개발된 근거리 통신 기술로 휴대폰, PDA, 노트북과 같은 휴대 가능한 장치들 사이의 양방향 정보 전송을 목적으로 하는 것은?

① TCP/IP ② CDMA
③ Bluetooth ④ USN

해설
- ① 인터넷에서 가장 기본적인 프로토콜로 네트워크로 연결된 시스템간의 데이터를 전송한다.
- ② 동일 주파수대와 동일 시간대에 복수 신호 중 순간적으로 한 개의 신호를 인지하여 기본 정보를 추출한다.
- ④ 제품이나 사물에 전자 태그(RFID Tag)를 부착하고, 이를 통해 제품(사물)에 대한 정보와 주변 환경 정보까지 탐지하여 실시간으로 정보를 통합 관리하는 기술이다.

32 다음 중 인터넷 기반 기술을 이용하여 기업들이 외부 보안을 유지한 채 협력 업체 간의 효율적인 업무 처리를 위해 사용하는 네트워크로 옳은 것은?

① 인트라넷(Intranet)
② 원거리 통신망(WAN)
③ 엑스트라넷(Extranet)
④ 근거리 통신망(LAN)

해설
- ① 기업 네트워크를 인터넷 정보망에 연결하여 저렴한 비용으로 회사 업무 네트워크를 구축하는 시스템이다.
- ② 국가와 국가 또는 전 세계의 컴퓨터가 하나로 연결된 통신망이다.
- ④ 건물, 기업, 학교 등 가까운 거리에 있는 컴퓨터끼리 연결하는 통신망이다.

33 다음 중 용어에 대한 설명으로 옳지 않은 것은?

① Ubiquitous : 시간과 장소에 상관없이 자유롭게 네트워크에 접속할 수 있는 정보 통신 환경
② Wibro : 고정된 장소에서 초고속 인터넷을 이용할 수 있는 무선 휴대 인터넷 서비스
③ VoIP : 음성 데이터를 인터넷 프로토콜 데이터 패킷으로 변화하여 일반 데이터망에서 통화를 가능하게 해주는 통신 서비스 기술
④ RFID : 전파를 이용해 정보를 인식하는 기술로 출입 관리, 주차 관리에 주로 사용

해설 와이브로(Wibro) : 휴대폰, 노트북, PDA 등을 이용하여 이동하면서 초고속 인터넷에 접속할 수 있는 무선 광대역 서비스이다.

정답 29 ② 30 ③ 31 ③ 32 ③ 33 ②

34 다음 중 4세대 이동 통신에 대한 설명으로 옳지 않은 것은?

① 하나의 단말기를 통해 위성망, 무선 랜, 인터넷 등을 모두 사용할 수 있는 서비스이다.
② 3세대 이동 통신으로 불리는 IMT-2000에 뒤이은 이동 통신 서비스이다.
③ 4세대 이동 통신 표준으로는 WCDMA, LTE-Advanced, Wibro-Evolution이 있다.
④ 동영상, 인터넷 방송 등의 대용량 데이터를 높은 속도로 처리할 수 있으며, 3차원 영상 데이터를 이용한 통화가 가능하다.

- 4세대 이동 통신 : 차세대 이동 통신(4G)의 명칭으로 LTE-Advanced, Wibro-Evolution 등이 있다.
- WCDMA는 화상 통신이 가능한 3세대 이동 통신이다.

35 다음 중 정보 통신망의 구성 형태를 설명한 내용으로 옳지 않은 것은?

① 망형(Mesh Topology)은 네트워크상의 모든 노드들이 서로 연결되는 방식으로 특정 노드에 이상이 생겨도 전송이 가능하다.
② 링형(Ring Topology)은 모든 노드들을 하나의 원형으로 연결하는 구조로 통신 제어가 간단하고, 신뢰성이 높아 특정 노드의 이상도 쉽게 해결할 수 있다.
③ 트리형(Tree Topology)은 하나의 컴퓨터에 네트워크를 연결하여 확장하는 형태로 확장이 많을 경우 트래픽이 과중될 수 있다.
④ 버스형(Bus Topology)은 모든 노드들이 하나의 케이블에 연결되어 있으며, 케이블 종단에는 종단 장치가 있어야 한다.

링형 : 서로 인접한 노드끼리 둥글게 연결된 형태로 양방향 전송이 가능하고, LAN에서 가장 많이 이용한다(두 노드 사이의 채널이 고장나면 전체 네트워크가 손상).

36 다음 중 유비쿼터스 센서 네트워크(USN)의 활용 분야에 속하는 것은?

① 테더링　　② 텔레매틱스
③ 블루투스　　④ 고퍼

- 유비쿼터스 센서 네트워크 : 제품이나 사물에 전자 태그(RFID Tag)를 부착하고, 이를 통해 제품(사물)에 대한 정보와 주변 환경 정보까지 탐지하여 실시간으로 정보를 통합 관리하는 기술이다.
- 텔레매틱스(Telematics) : 원격 통신(Telecommunication)과 정보 과학(Informatics)의 합성어로 통신과 방송망을 이용하여 자동차 안에서 위치 추적, 인터넷 접속, 차량 진단, 사고 감지, 교통 정보 등을 제공하는 서비스이다.

37 다음 중 사물 인터넷에 대한 설명으로 옳지 않은 것은?

① IoT(Internet of Things)라고도 하며 개인 맞춤형 스마트 서비스를 지향한다.
② 사람을 제외한 사물과 공간, 데이터 등을 이더넷으로 서로 연결시켜 주는 무선 통신 기술을 의미한다.
③ 스마트 센싱 기술과 무선 통신 기술을 융합하여 실시간으로 데이터를 주고받는다.
④ 사물 인터넷 기반 서비스는 개방형 아키텍처를 필요로 하기 때문에 정보 공유에 대한 부작용을 최소화하기 위한 정보 보안 기술의 적용이 중요하다.

- 사물 인터넷(Internet of Things) : 유무선 통신망으로 연결된 기기를 이용하여 사람의 개입 없이 센서를 통해 수집한 다양한 정보를 주고받아 스스로 작업을 처리하는 통신 환경이다.
- 보기 ②번에서 사람을 제외하지는 않는다.

38 다음 중 인터넷 서버까지의 경로를 추적하는 명령어인 Tracert의 실행 결과에 관한 설명으로 옳지 않은 것은?

① IP 주소, 목적지까지 거치는 경로의 수, 각 구간 사이의 데이터 왕복 속도를 확인할 수 있다.
② 특정 사이트가 열리지 않을 때 해당 서버가 문제인지 인터넷 망이 문제인지 확인할 수 있다.
③ 인터넷 속도가 느릴 때 어느 구간에서 정체를 일으키는지 확인할 수 있다.
④ 현재 자신의 컴퓨터에 연결된 다른 컴퓨터의 IP 주소나 포트 정보를 확인할 수 있다.

- Tracert : 접속 호스트의 경로를 추적하고, 사이트 연결이 원활하지 않을 경우 문제를 찾는 명령어이다(IP 라우터가 패킷을 제대로 전송하는지를 확인).
- 보기 ④번은 netstat 명령어에 대한 설명이다.

정답 34 ③　35 ②　36 ②　37 ②　38 ④

39 다음 중 이미지와 그래픽에서 사용되는 비트맵 방식의 파일 형식에 관한 설명으로 옳지 않은 것은?

① 픽셀(Pixel)로 이미지를 표현하며, 이미지를 확대하면 테두리가 거칠어진다.
② Windows에서 표준으로 사용되는 방식으로 복원한 데이터가 압축 전의 데이터와 완전히 일치하는 무손실 압축을 사용한다.
③ 래스터 방식이라고도 하며, 다양한 색상을 사용하므로 사실과 같은 이미지를 표현할 수 있다.
④ 파일 형식에는 BMP, GIF, JPG 등이 있다.

해설 보기 ②번은 GIF에 대한 설명이다.

40 다음 중 컴퓨터의 그래픽 데이터 표현에 사용되는 벡터 방식에 대한 설명으로 옳지 않은 것은?

① 이미지를 화소(Pixel)의 집합으로 표현하는 방식이다.
② 점과 점을 연결하는 직선과 곡선을 이용하여 이미지를 그린다.
③ 이미지를 확대하거나 축소하여도 계단 현상이 발생하지 않는다.
④ 파일 형식은 WMF, AI 등이 있다.

해설 보기 ①번은 비트맵(Bitmap) 방식에 대한 설명이다.

41 다음 중 멀티미디어와 관련된 그래픽 기법에 관한 설명으로 옳은 것은?

① 안티앨리어싱(Anti-Aliasing)은 제한된 색상을 조합하여 복잡한 색이나 새로운 색을 만드는 작업이다.
② 모델링(Modeling)은 3차원 애니메이션을 만드는 과정 중의 하나로 물체의 모형에 명암과 색상을 입혀 사실감을 더해 주는 작업이다.
③ 모핑(Morphing)은 2개의 이미지를 부드럽게 연결하여 변환 또는 통합하는 것으로 컴퓨터 그래픽, 영화 등에서 많이 사용된다.
④ 렌더링(Randering)은 이미지 가장자리의 톱니 모양 같은 계단 현상을 제거하여 경계선을 부드럽게 하는 필터링 기술이다.

해설
- 안티앨리어싱 : 화면 해상도가 낮아 사선이나 곡선이 매끄럽게 표현되지 않고, 톱니 모양과 같이 거칠게 표시되는 느낌을 감소시키는 기법이다.
- 모델링 : 렌더링 작업을 하기 전에 수행되는 기법이다
- 렌더링 : 3차원 화면의 각 면에 색깔과 음영 효과를 주어 입체감과 사실감을 나타내는 기법이다.

42 다음 중 멀티미디어와 관련하여 JPG 파일 형식에 관한 설명으로 옳지 않은 것은?

① 사진과 같은 정지 영상을 표현하기 위한 국제 표준 압축 방식이다.
② 24비트 컬러를 사용하여 트루 컬러로 이미지를 표현한다.
③ 사용자가 압축률을 지정해서 이미지를 압축하는 압축 기법을 사용할 수 있다.
④ 이미지를 확대해도 테두리가 거칠어지지 않고 매끄럽게 표현된다.

해설 JPEG(JPG) : 인터넷에서 그림 전송 시 사용되며, 다양한 색상(최대 1,600만 색)을 표현한다. 또한, 이미지를 확대하면 매끄럽지 않고 계단 모양처럼 울퉁불퉁하다.

43 다음 중 오디오 파일 형식에 대한 설명으로 옳지 않은 것은?

① MP3 : 소리에 대한 사람의 청각 특성을 잘 살려 압축하는 기법으로 CD 수준의 음질을 들을 수 있는 고음질 오디오 압축 표준 형식이다.
② MIDI : 실시간으로 사운드를 보내기 위해 만들어진 압축 방식으로 인터넷을 통해 데이터를 계속 받으면서 동시에 이미 다운로드 받은 데이터를 재생한다.
③ AIFF : 비압축 무손실 압축 포맷으로 Mac OS에서 표준으로 사용되는 오디오 파일 형식이다.
④ WAVE : 마이크로소프트사와 IBM이 개발한 PC용 오디오 파일 형식으로 낮은 레벨의 모노에서부터 CD 수준의 스테레오에 이르기까지 다양한 수준으로 저장할 수 있다.

해설 MIDI : 전자 악기간 디지털 신호에 의한 통신이나 컴퓨터와 전자 악기간 통신 규약으로 실제 음을 듣기 위해서는 그 음을 발생시켜 주는 장치(신디사이저)가 필요하다.

정답 39 ② 40 ① 41 ③ 42 ④ 43 ②

44 다음 중 디지털 콘텐츠의 생성/거래/전달/관리 등 전체 과정을 관리할 수 있는 기술로 멀티미디어 프레임워크의 MPEG 표준은?

① MPEG-1　　② MPEG-3
③ MPEG-7　　④ MPEG-21

- ① CD 매체에 VHS 테이프의 동영상과 음향을 최대 1.5Mbps로 압축 저장하는 기술이다.
- ② 고화질 TV의 높은 화질을 얻기 위한 영상 압축 기술이다.
- ③ 동영상 데이터 검색과 전자상거래 등에 적합하며, 멀티미디어의 정보 검색이 가능하도록 메타 데이터를 추가한 기술이다.

45 다음 중 저작권에 대한 설명으로 가장 적절하지 않은 것은?

① 저작 재산권은 저작자의 생존하는 동안과 저작시점에 따라 사망 후 50년간 또는 70년간 존속한다.
② 저작권은 저작자의 권리를 보호함을 목적으로 한다.
③ 영리를 목적으로 하지 않는 공연 또는 방송인 경우 저작 재산권을 제한할 수 있다.
④ 프로그램을 작성하기 위하여 사용하고 있는 프로그램 언어, 규약 및 해법에도 저작권이 적용된다.

해설 프로그램 작성을 위해 사용하고 있는 프로그램 언어, 규약 및 해법에는 저작권이 적용되지 않는다.

46 다음 중 인터넷 해킹과 관련하여 스니핑(Sniffing)에 관한 설명으로 옳은 것은?

① 네트워크를 거쳐 전송되는 패킷 정보를 읽어 계정과 암호를 알아내는 행위이다.
② 프로그램이 정상적인 상태로 유지되는 것처럼 믿도록 속임수를 사용하는 행위이다.
③ 자기 복제를 하는 프로그램으로 특정 대상을 파괴하는 행위이다.
④ 컴퓨터 사용자 몰래 다른 파일에 자신의 코드를 복사하는 행위이다.

해설 스니핑 : 네트워크 주변의 모든 패킷을 엿보면서 계정(Account)과 암호(Password)를 알아내기 위한 행위이다.

47 다음 중 시스템 보안과 관련한 불법적인 형태에 대한 설명으로 옳지 않은 것은?

① 피싱(Phishing)은 거짓 메일을 보내서 가짜 금융기관 등의 가짜 웹 사이트로 유인하여 정보를 빼내는 행위이다.
② 스푸핑(Spoofing)은 검증된 사람이 네트워크를 통해 데이터를 보낸 것처럼 데이터를 변조하여 접속을 시도하는 행위이다.
③ 분산 서비스 거부 공격(DDOS)은 마이크로소프트사의 MS-DOS를 운영 체제로 사용하는 컴퓨터에 네트워크를 통해 불법적으로 접속하는 행위이다.
④ 키 로거(Key Logger)는 키 입력 캐치 프로그램을 사용하여 ID나 암호를 알아내는 행위이다.

해설 분산 서비스 거부 공격(DDOS) : 많은 호스트에 패킷을 범람시킬 수 있는 공격용 프로그램을 분산 설치하여 표적 시스템에 대해 일제히 데이터 패킷을 범람시켜 시스템의 성능을 저하시키거나 마비시키는 방법이다.

48 다음 중 인터넷 보안을 위한 해결책으로 사용되는 암호화 기법에 대한 설명으로 옳지 않은 것은?

① 비밀키 암호화 기법은 동일한 키로 데이터를 암호화하고 복호화한다.
② 비밀키 암호화 기법은 대칭키 암호화 기법 또는 단일키 암호화 기법이라고도 하며, 대표적으로 DES(Data Encryption Standard)가 있다.
③ 공개키 암호화 기법은 비대칭 암호화 기법이라고도 하며, 대표적인 암호화 방식으로 RSA(Rivest, Shamir, Adleman)가 있다.
④ 공개키 암호화 기법에서는 암호화할 때 사용하는 키는 비밀로 하고, 복호화할 때 사용하는 키는 공개하는 방식을 사용한다.

해설
- 공개키는 송신자가 암호화할 때 사용키와 수신자의 복호화키가 서로 다르다. .
- 데이터를 암호화할 때 사용하는 키(암호키, 공개키)는 공개하고, 복호화할 때의 키(해독키, 비밀키)는 비공개한다.

49 다음 중 인터넷에서 방화벽을 사용하는 이유로 적절하지 않은 것은?

정답 44 ④　45 ④　46 ①　47 ③　48 ④　49 ④

① 외부로부터 허가받지 않은 불법적인 접근이나 해커의 공격으로부터 내부의 네트워크를 효과적으로 보호할 수 있다.
② 방화벽의 접근 제어, 인증, 암호화와 같은 기능으로 네트워크를 보호할 수 있다.
③ 역추적 기능이 있어서 외부의 침입자를 역추적하여 흔적을 찾을 수 있다.
④ 방화벽을 이용하면 외부의 보안이 완벽하며, 내부의 불법적인 해킹도 막을 수 있다.

해설 방화벽을 사용한다고 해서 외부의 보안이 완벽하거나 내부의 불법적인 해킹을 막지는 못한다.

50 다음 중 바이러스에 대한 설명으로 옳지 않은 것은?
① 감염 부위에 따라 부트 바이러스와 파일 바이러스로 구분한다.
② 사용자 몰래 스스로 복제하여 다른 프로그램을 감염 시키고, 정상적인 프로그램이나 다른 데이터 파일 등을 파괴한다.
③ 주로 복제품을 사용하거나 통신 매체를 통하여 다운 받은 프로그램에 의해 감염된다.
④ 컴퓨터 하드웨어와 무관하게 소프트웨어에만 영향을 미친다.

해설 바이러스는 운영 체제나 다른 응용 프로그램에 손상을 입히는 악성 프로그램으로 하드웨어 성능에도 큰 영향을 미칠 수 있다.

2과목 | 스프레드시트 일반

51 다음 중 [파일]-[옵션]의 [일반]에서 설정이 가능한 것은?
① 셀에 데이터를 입력한 후 Enter 키를 누를 때 포인터의 이동 방향을 오른쪽, 왼쪽, 아래쪽, 위쪽 중의 하나로 지정할 수 있다.
② 페이지 나누기 선의 표시 여부를 지정할 수 있다.
③ 눈금선 표시 여부를 지정할 수 있다.
④ 새 통합 문서를 열었을 때 적용할 기본 글꼴과 글꼴 크기, 포함할 시트 수 등을 지정할 수 있다.

해설 보기 ①, ②, ③번은 [Excel 옵션]-[고급] 탭에서 가능하다. .

52 다음 중 데이터 입력에 대한 설명으로 옳지 않은 것은?
① 고정 소수점이 포함된 숫자를 입력하려면 [Excel 옵션]의 [고급] 편집 옵션에서 '소수점 자동 삽입' 확인란을 선택하고 소수점 위치를 설정한다.
② 셀에 입력하는 글자 중 처음 몇 자가 해당 열의 기존 내용과 일치하면 나머지 글자가 자동으로 입력되며, 텍스트나 텍스트/숫자 조합, 날짜가 입력되는 경우에만 자동으로 입력된다.
③ 두 개 이상의 셀을 선택하고 채우기 핸들을 끌 때 Ctrl 키를 누르고 있으면 자동 채우기 기능을 해제할 수 있다.
④ 시간을 12시간제로 입력하려면 '9:00 pm'과 같이 시간 뒤에 공백을 입력하고 am 또는 pm을 입력한다.

해설 보기 ②번에서 텍스트만 자동으로 입력된다.

53 다음 중 [틀 고정] 기능에 대한 설명으로 옳지 않은 것은?
① 워크시트를 스크롤할 때 특정 행이나 열이 한 자리에 계속 표시되도록 선택할 수 있는 기능이다.
② 첫 행과 첫 열을 동시에 고정하여 표시되도록 설정할 수 있다.
③ 틀 고정은 통합 문서 보기가 [페이지 레이아웃] 상태일 때 설정할 수 있다.
④ 화면에 표시되는 틀 고정의 형태는 인쇄 시 적용되지 않는다.

해설 틀 고정은 통합 문서의 보기가 [기본] 또는 [페이지 나누기 미리 보기] 상태일 때 설정할 수 있다.

54 다음 중 [다른 이름으로 저장] 대화 상자의 [일반 옵션] 설정에 대한 설명으로 옳지 않은 것은?

정답 50 ④ 51 ④ 52 ② 53 ③ 54 ③

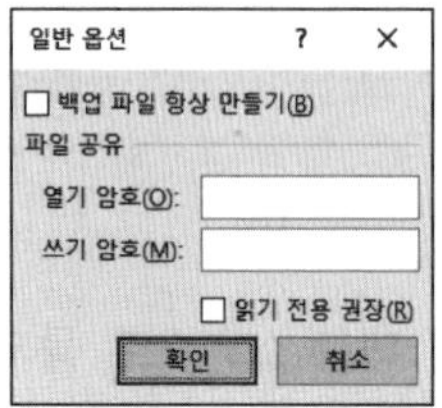

① '백업 파일 항상 만들기'는 통합 문서를 저장할 때마다 백업용 복사본을 저장한다.
② '열기 암호'는 파일을 보다 안전하게 보호하기 위해 일반적으로 사용되는 방법으로 통합 문서를 열 때마다 암호를 확인하게 한다.
③ '쓰기 암호'는 '열기 암호'가 함께 설정되어 있어야 하며, 저장할 때마다 암호를 확인하게 한다.
④ '읽기 전용 권장'은 내용 검토자가 파일을 실수로 수정하지 않도록 파일을 열 때 읽기 전용으로 여는 것이 좋다는 메시지를 표시한다.

해설 쓰기 암호 설정에 열기 암호가 반드시 필요한 것은 아니며, 쓰기 암호를 입력하지 않으면 읽기 전용으로 열거나 다른 이름으로 저장할 수 있다.

55 다음 중 그림에서의 각 기능에 대한 설명으로 옳지 않은 것은?

① [시트 보호]를 설정하면 기본적으로 셀의 선택만 가능하다.
② 시트 보호 시 특정 셀의 내용만 수정 가능하도록 하려면 해당 셀의 [셀 서식]에서 '잠금' 설정을 해제한다.
③ [통합 문서 보호]를 설정하면 포함된 차트, 도형 등의 그래픽 개체를 변경할 수 없다.
④ [범위 편집 허용]을 이용하면 보호된 워크시트에서 특정 사용자가 범위를 편집할 수 있도록 허용할 수 있다.

해설
• 통합 문서 보호 : 시트의 이동, 삭제, 숨기기, 숨기기 해제, 이름 바꾸기, 창 이동, 창 크기 조절, 새 창, 창 나누기, 틀 고정 등을 할 수 없도록 통합 문서를 보호한다.
• 통합 문서 보호 시 포함된 차트, 도형 등의 그래픽 개체는 변경할 수 있다.

56 다음 중 엑셀의 워크시트 관리에 대한 설명으로 옳지 않은 것은?

① 워크시트의 이름은 최대 31자까지만 지정할 수 있다.
② 여러 개의 워크시트에 데이터를 동시에 입력하고 편집할 수 있다.
③ 시트 전환 시 Alt+Page Up 키를 누르면 이전 워크시트로 이동하고, Alt+Page Down 키를 누르면 다음 워크시트로 이동한다.
④ 시트 탭을 색으로 구분하여 더욱 알아보기 쉽게 만들 수 있다.

해설 시트 전환 시 Ctrl+Page Up 키를 누르면 이전 워크시트로 이동한다.

57 다음 중 엑셀에서 날짜 데이터의 입력 방법에 대한 설명으로 옳지 않은 것은?

① 날짜 데이터는 하이픈(-)이나 슬래시(/)를 이용하여 년, 월, 일을 구분한다.
② 날짜의 연도를 생략하고 월과 일만 입력하면 자동으로 현재 연도가 추가된다.
③ 날짜의 연도를 두 자리로 입력할 때 연도가 30 이상이면 1900년대로 인식하고, 29 이하이면 2000년대로 인식한다.
④ Ctrl+Shift+; 키를 누르면 오늘 날짜가 입력된다.

해설 현재 날짜 입력은 Ctrl+; 키를, 현재 시간 입력은 Ctrl+Shift+; 키를 누른다.

58 다음 중 데이터가 입력된 셀에서 채우기 핸들을 드래그하여 데이터를 채우는 경우에 대한 설명으로 옳은 것은?

① 일반적인 문자 데이터나 날짜 데이터는 그대로 복사되어 채워진다.
② 1개의 숫자와 문자가 조합된 텍스트 데이터는 숫자만 1씩 증가하고, 문자는 그대로 복사되어 채워진다.
③ 숫자 데이터는 1씩 증가하면서 채워진다.

정답 55 ③ 56 ③ 57 ④ 58 ②

④ 숫자가 입력된 두 셀을 블록 설정하여 채우기 핸들을 드래그하면 두 숫자가 반복하여 채워진다.

해설
- ① 날짜 데이터는 증가되면서 채워진다.
- ③ 숫자 데이터는 복사되고, 1씩 증가면서 채우려면 Ctrl+드래그해야 한다.
- ④ 두 셀의 숫자 차이만큼 증가하거나 감소한다.

59 다음 중 그림에서 [보기] 탭 [창] 그룹의 각 명령에 대한 설명으로 옳지 않은 것은?

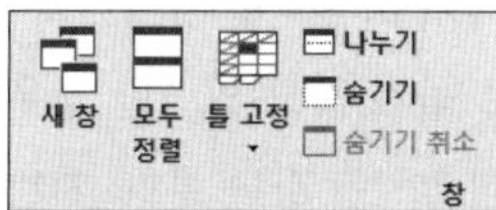

① [새 창]을 클릭하면 새로운 빈 통합 문서가 표시된다.
② [모두 정렬]은 현재 열려 있는 통합 문서를 바둑판식, 계단식, 가로, 세로 등 4가지 형태로 배열한다.
③ [숨기기]는 현재 활성화된 통합 문서 창을 보이지 않도록 숨긴다.
④ [나누기]를 클릭하면 워크시트를 최대 4개의 창으로 분할하여 멀리 떨어져 있는 여러 부분을 한 번에 볼 수 있다.

해설 새 창 : 현재 문서 보기가 있는 새 창을 열 수 있다(동시에 여러 곳에서 작업할 수 있도록 문서를 다른 창에서 열기 함).

60 다음 중 메모 기능에 대한 설명으로 옳지 않은 것은?

① 새 메모를 작성하려면 바로 가기 키 Shift+F2 키를 누르거나 [검토]-[메모] 그룹의 [새 메모]를 클릭한다.
② 셀을 이동하면 메모를 제외한 수식, 결과 값, 셀 서식 등이 이동된다.
③ 한 시트에 여러 개의 메모가 삽입되어 있는 경우 [검토]-[메모] 그룹의 [이전] 또는 [다음]을 이용하여 메모들을 탐색할 수 있다.
④ 통합 문서에 포함된 메모를 시트에 표시된 대로 인쇄하거나 시트 끝에 인쇄할 수 있다.

해설 셀을 이동하면 메모, 수식, 결과 값, 셀 서식 등이 모두 이동된다.

61 다음 중 엑셀의 화면 확대/축소 작업에 관한 설명으로 옳지 않은 것은?

① 문서의 확대/축소는 10%에서 400%까지 설정할 수 있다.
② 설정한 확대/축소 배율은 통합 문서의 모든 시트에 자동으로 적용된다.
③ 화면의 확대/축소는 단지 화면에서 보이는 상태만을 확대/축소하는 것으로 인쇄 시 적용되지 않는다.
④ Ctrl 키를 누른 채 마우스의 스크롤을 위로 올리면 화면이 확대되고, 아래로 내리면 화면이 축소된다.

해설 설정한 확대/축소 배율은 현재 지정한 시트에서만 적용된다.

62 다음 중 [찾기 및 바꾸기] 대화 상자에 대한 설명으로 옳지 않은 것은?

① 특정 서식이 있는 텍스트나 숫자를 찾을 수 있다.
② 데이터를 뒤에서부터 앞으로 검색하려면 Ctrl 키를 누른 상태에서 [다음 찾기] 단추를 클릭한다.
③ 영문자의 경우 대/소문자를 구분하여 찾을 수 있다.
④ 찾는 위치를 수식, 값, 메모 중에서 선택하여 지정할 수 있다.

해설 데이터를 뒤에서부터 앞으로 검색하려면 Shift 키를 누른 상태에서 [다음 찾기] 단추를 클릭한다.

63 다음 중 서식 코드를 셀의 사용자 지정 표시 형식으로 설정한 경우 입력 데이터와 표시 결과가 옳지 않은 것은?

	서식 코드	입력 데이터	표시
㉠	# ???/???	3.75	3 3/4
㉡	0,00#,	-6789	-0,007
㉢	*-#,##0	6789	*---6,789
㉣	▲#;▼#;0	-6789	▼6789

① ㉠ ② ㉡
③ ㉢ ④ ㉣

정답 59 ① 60 ② 61 ② 62 ② 63 ③

- # : 유효 자릿수만 표시하며, 무효의 0은 표시하지 않는다.
- 0 : 무효의 0을 포함하여 숫자의 자릿수를 표시한다.
- , : 천 단위 구분자로 콤마를 삽입한다.
- 보기 ⓒ에서의 결과는 6,789이다.

64 다음 중 조건부 서식에 대한 설명으로 옳지 않은 것은?

① 동일한 셀 범위에 둘 이상의 조건부 서식 규칙이 True로 평가되어 충돌하는 경우 [조건부 서식 규칙 관리자] 대화 상자의 규칙 목록에서 가장 위에 있는 즉, 우선 순위가 높은 규칙 하나만 적용된다.

② [홈] 탭의 [편집] 그룹에서 [찾기 및 선택]-[이동 옵션]을 이용하면 조건부 서식이 적용되고, 있는 셀을 적용한 순서대로 찾아 이동할 수 있다.

③ 조건부 서식을 만들 때 조건으로 다른 워크시트 또는 통합 문서에 참조는 사용할 수 없다.

④ 셀 범위에 대한 서식 규칙이 True로 평가되면 해당 규칙의 서식이 사용자가 임의로 지정한 서식보다 우선한다.

- [홈] 탭의 [스타일] 그룹에서 [조건부 서식] 단추를 클릭하고, [새 규칙]을 선택해서 규칙 유형과 서식을 지정해야 한다.
- [홈] 탭의 [편집] 그룹에서 [찾기 및 선택]-[이동 옵션]을 이용한다고 해서 조건부 서식이 적용되는 것은 아니다.

65 다음 중 수식 작성 과정에 대한 설명으로 옳지 않은 것은?

① 셀 범위를 참조할 때에는 시작 셀 이름과 마지막 셀 이름 사이에 콜론(:)이 입력된다.

② 다른 워크시트의 값을 참조하는 경우 해당 워크시트의 이름에 사이 띄우기가 포함되어 있으면 워크시트의 이름은 큰 따옴표(" ")로 묶인다.

③ 수식에 숫자를 입력할 때 화폐 단위나 천 단위 구분 기호와 같은 서식 문자는 입력하지 않는다.

④ 외부 참조를 하는 경우 통합 문서의 이름과 경로가 포함되어야 한다.

해설 다른 워크시트의 값을 참조할 때 참조하는 워크시트 이름에 공백이 포함되어 있을 경우 시트 이름을 따옴표(' ')로 묶는다.

66 다음 중 수식에서 발생하는 각 오류에 대한 원인으로 옳지 않은 것은?

① #NULL! – 배열 수식이 들어 있는 범위와 행 또는 열수가 같지 않은 배열 수식의 인수를 사용하는 경우

② #VALUE! – 수식에서 잘못된 인수나 피연산자를 사용한 경우

③ #NUM! – 수식이나 함수에 잘못된 숫자 값이 포함된 경우

④ #NAME? – 수식에서 이름으로 정의되지 않은 텍스트를 큰따옴표로 묶지 않고 입력한 경우

#NULL! : 공통 부분이 없는 두 영역의 부분을 지정했을 경우 발생한다.

67 다음 중 워크시트에서 작성한 수식으로 결과값이 다른 것은?

	A	B	C	
1	10	30	50	
2	40	60	80	
3	20	70	90	
4				

① =SMALL(B1:B3, COLUMN(C3))

② =SMALL(A1:B3, AVERAGE({1;2;3;4;5}))

③ =LARGE(A1:B3, ROW(A1))

④ =LARGE(A1:C3, AVERAGE({1;2;3;4;5}))

- 보기 ①, ③, ④번의 결과값은 70이고, 보기 ②번의 결과값은 30이다.
- =SMALL(A1:B3, AVERAGE({1;2;3;4;5})) : AVERAGE({1;2;3;4;5} = 3(1, 2, 3, 4, 5의 평균)이므로 =SMALL(A1:B3, 3) = 30([A1:B3] 영역에서 세 번째로 작은 값)이다.

68 다음 중 수식의 결과가 옳지 않은 것은?

① =FIXED(3456.789, 1, FALSE) → 3,456.8

② =EOMONTH(DATE(2015, 2, 25), 1) → 2015-03-31

③ =CHOOSE(ROW(A3:A6), "동", "서", "남", "북") → 남

④ =REPLACE("February", SEARCH("U", "Seoul-Unesco"), 5, " ") → Febru

정답 64 ② 65 ② 66 ① 67 ② 68 ④

- REPLACE(텍스트1, 변경할 위치, 텍스트 수, 텍스트2) : 지정한 위치에서 텍스트 수만큼 텍스트1의 일부를 텍스트2로 바꾼다.
- SEARCH(텍스트1, 텍스트2, 시작 위치) : 텍스트2의 시작 위치부터 텍스트1을 찾아 해당 위치를 표시하되 각 문자를 한 글자(1)로 계산한다.
- =REPLACE("February", SEARCH("U", "SeoulUnesco"), 5," ") → Feb

69 다음의 워크시트를 이용한 수식의 결과 값이 셋과 다른 것은?

	A
1	결과
2	33
3	TRUE
4	55
5	#REF!
6	88
7	#N/A
8	

① =IFERROR(ISLOGICAL(A3), "ERROR")
② =IFERROR(ISERR(A7), "ERROR")
③ =IFERROR(ISERROR(A7), "ERROR")
④ =IF(ISNUMBER(A4), TRUE, "ERROR")

- IFERROR(인수1, 인수2) : 인수1이 오류이면 인수2를 표시하고, 그렇지 않으면 인수1을 표시한다(오류값을 원하는 문자열로 대체할 때 사용).
- ① ISLOGICAL : 값이 논리값(TURE 혹은 FALSE)일 때 TRUE 값을 반환한다(결과는 TRUE).
- ② ISERR : 값이 #N/A가 아닌 오류값일 때 TRUE 값을 반환한다(결과는 FALSE).
- ③ ISERROR : 모든 오류값(#N/A 포함)일 때 TRUE 값을 반환한다(결과는 TRUE).
- ④ ISNUMBER : 수치값일 때 TRUE 값을 반환한다(결과는 TRUE).

70 다음의 워크시트에서 부서명[E2:E4]을 번호[A2:A11] 순서대로 반복하여 발령부서[C2:C11]에 배정하고자 한다. 다음 중 [C2] 셀에 입력할 수식으로 옳은 것은?

	A	B	C	D	E
1	번호	이름	발령부서		부서명
2	1	황현아	기획팀		기획팀
3	2	김지민	재무팀		재무팀
4	3	정미주	총무팀		총무팀
5	4	오민아	기획팀		
6	5	김혜린	재무팀		
7	6	김윤중	총무팀		
8	7	박유미	기획팀		
9	8	김영주	재무팀		
10	9	한상미	총무팀		
11	10	서은정	기획팀		
12					

① =INDEX($E$2:$E$4, MOD(A2, 3))
② =INDEX($E$2:$E$4, MOD(A2, 3)+1)
③ =INDEX($E$2:$E$4, MOD(A2−1, 3)+1)
④ =INDEX($E$2:$E$4, MOD(A2−1, 3))

- INDEX(배열, 행 번호, 열 번호) : 표나 범위에서 지정된 행이나 열에 해당하는 값을 구한다.
- MOD(인수, 나눌 값) : 나눗셈의 나머지 값을 구하며, 결과는 나눌 값과 동일한 부호를 갖는다.
- MOD(A2−1,3) : 0, 1, 2, 0, 1, 2순으로 반복되고, MOD(A2−1,3)+1 : 1, 2, 3, 1, 2, 3순으로 반복된다.

71 다음 중 워크시트에서 수식의 결과로 '부사장'을 출력하지 않는 것은?

	A	B	C	D
1	사원번호	성명	직함	생년월일
2	101	구민정	영업 과장	1980-12-08
3	102	강수영	부사장	1965-02-19
4	103	김진수	영업 사원	1991-08-30
5	104	박용만	영업 사원	1990-09-19
6	105	이순신	영업 부장	1971-09-20
7				

① =CHOOSE(CELL("row", B3), C2, C3, C4, C5, C6)
② =CHOOSE(TYPE(B4), C2, C3, C4, C5, C6)
③ =OFFSET(A1:A6, 2, 2, 1, 1)
④ =INDEX(A2:D6, MATCH(A3, A2:A6, 0), 3)

- CHOOSE(번호, 인수1, 인수2) : 인수 목록 중 번호에 해당하는 인수를 구한다(목록 중 하나를 골라 선택).
- CELL("row", B3)이 3이므로 [C2], [C3], [C4] 중 3번째인 [C4] 셀에 있는 영업 사원이 출력된다.

72 다음 중 연이율 4.5%로 2년 만기로 매월 말 400,000원씩 저축할 경우 복리 이자율로 계산하여 만기에 찾을 수 있는 금액을 구하기 위한 수식으로 옳은 것은?

① =FV(4.5%/12, 2*12, −400000)
② =FV(4.5%/12, 2*12, −400000, , 1)
③ =FV(4.5%, 2*12, −400000, , 1)
④ =FV(4.5%, 2*12, −400000)

정답 69 ② 70 ③ 71 ① 72 ①

해설
- FV(이자, 기간, 금액, 현재 가치, 납입 시점) : 주기적인 지급액과 고정적인 이율에 의한 투자의 미래 가치를 산출하는 것으로 납입 시점에서 1은 투자 주기 초를, 0 또는 생략 시에는 투자 주기 말을 의미한다.
- 연이율이 4.5%이므로 4.5%/12(1년)이고, 2년 만기이므로 2*12(1년)이다. 이때, 문제에서 매월 말이므로 납입 시점은 생략한다.

73 다음 중 배열 수식과 배열 상수에 대한 설명으로 옳지 않은 것은?

① 배열 수식에서 잘못된 인수나 피연산자를 사용할 경우 '#VALUE!'의 오류값이 발생한다.
② 배열 상수는 숫자, 논리값, 텍스트, 오류값 외에 수식도 사용할 수 있다.
③ 배열 상수에서 다른 행의 값은 세미콜론(;), 다른 열의 값은 쉼표(,)로 구분한다.
④ Ctrl+Shift+Enter 키를 누르면 중괄호({ }) 안에 배열 수식이 표시된다.

해설
- 배열 상수는 숫자, 텍스트, TRUE나 FALSE 등의 논리 값, #N/A와 같은 오류 값을 사용할 수 있다.
- 수식을 사용하는 것은 배열 수식에 대한 설명이다.

74 다음의 워크시트에서 순위[G2:G10]는 총점을 기준으로 구하되 동점자에 대해서는 국어를 기준으로 순위를 구하였다. 다음 중 [G2] 셀에 입력된 수식으로 옳은 것은?

	A	B	C	D	E	F	G
1	성명	국어	수학	영어	사회	총점	순위
2	홍길동	92	50	30	10	182	1
3	한민국	80	50	20	30	180	3
4	이대한	90	40	20	30	180	2
5	이나래	70	50	30	30	180	4
6	마상욱	80	50	30	10	170	7
7	박정인	90	40	20	20	170	6
8	사수영	70	40	30	30	170	8
9	고소영	85	40	30	20	175	5
10	장영수	70	50	10	5	135	9
11							

① {=RANK.EQ($F2, $F$2:$F$10)+RANK.EQ($B$2, $B$2:$B$10)}
② {=RANK.EQ($B$2, $B$2:$B$10)*RANK.EQ($F2, $F$2:$F$10)}
③ {=RANK.EQ($F2, $F$2:$F$10)+SUM(($F$2:$F$10=$F2)*($B$2:$B$10>$B2))}
④ {=SUM(($F$2:$F$10=$F2)*($B$2:$B$10>$B2))*RANK.EQ($F2, $F$2:$F$10)}

해설
- RANK.EQ(순위를 구하려는 수, 대상 범위, 순위 결정) : 범위 지정 목록에서 인수의 순위를 구하며, 순위를 구할 때는 해당 범위를 절대 참조로 지정해야 한다.
- SUM(인수1, 인수2, …) : 범위를 지정한 목록에서 인수의 합을 구한다.
- 수식을 입력하고 Ctrl+Shift+Enter 키를 동시에 누르면 수식 앞뒤에 중괄호({ })가 자동으로 입력된다.

75 다음 중 데이터 정렬 기능에 대한 설명으로 옳지 않은 것은?

① 원칙적으로 숨겨진 행이나 열에 있는 데이터는 정렬에 포함되지 않는다.
② 정렬은 기본적으로 왼쪽에서 오른쪽으로 열 단위로 정렬한다.
③ 영문자는 대/소문자를 구분하여 정렬할 수 있다.
④ 빈 셀은 오름차순/내림차순 정렬 방법에 상관없이 항상 가장 마지막으로 정렬된다.

해설 정렬은 기본적으로 위쪽에서 아래쪽으로 행 단위로 정렬한다.

76 다음 중 자동 필터에 관한 설명으로 옳지 않은 것은?

① 날짜가 입력된 열에서 요일로 필터링하려면 '날짜 필터' 목록에서 필터링 기준으로 사용할 요일을 하나 이상 선택하거나 취소한다.
② 두 개 이상의 필드에 조건을 설정하는 경우 필드 간에는 AND 조건으로 결합되어 필터링 된다.
③ 열 머리글에 표시되는 드롭다운 화살표에는 해당 열에서 가장 많이 나타나는 데이터 형식에 해당하는 필터 목록이 표시된다.
④ 검색 상자를 사용하여 텍스트와 숫자를 검색할 수 있으며, 배경 또는 텍스트에 색상 서식이 적용되어 있는 경우 셀의 색상을 기준으로 필터링할 수도 있다.

해설 날짜 데이터는 연, 월, 일의 계층별로 그룹화되어 계층에서 상위 수준을 선택하거나 선택을 취소하는 경우 해당 수준 아래의 중첩된 날짜가 모두 선택되거나 취소된다.

정답 73 ② 74 ③ 75 ② 76 ①

77 직원현황 표에서 이름이 세 글자이면서 '이'로 시작하고, TOEIC 점수가 600점 이상 800점 미만인 직원이거나 직급이 대리이면서 연차가 3년 이상인 직원의 데이터를 추출하고자 한다. 다음 중 이를 위한 [고급 필터]의 검색 조건으로 옳은 것은?

①

이름	TOEIC	TOEIC	직급	연차
이??	>=600	<800		
			대리	>=3

②

이름	TOEIC	TOEIC	직급	연차
이**	>=600		대리	
		<800		>=3

③

이름	TOEIC	TOEIC	직급	연차
이??	>=600		대리	
		<800		>=3

④

이름	TOEIC	TOEIC	직급	연차
이**	>=600	<800		
			대리	>=3

해설 고급 필터에서 조건이 같은 행(AND, ~이고)에 입력되어 있으면 조건을 모두 만족하는 것이고, 다른 행(OR, ~이거나)에 입력되어 있으면 조건 중 하나를 만족하면 된다.

78 다음 중 [데이터] 탭의 [외부 데이터 가져오기] 그룹에서 각 명령에 대한 설명으로 옳지 않은 것은?

① [기타 원본에서]-[Microsoft Query]를 이용하면 여러 테이블을 조인(Join)한 결과를 워크시트로 가져올 수 있다.
② [기존 연결]을 이용하면 Microsoft Query에서 작성한 쿼리 파일(*.dqy)의 실행 결과를 워크시트로 가져올 수 있다.
③ [웹]을 이용하면 웹 페이지의 모든 데이터를 원본 그대로 가져올 수 있다.
④ [Access]를 이용하면 원본 데이터의 변경 사항이 워크시트에 반영되도록 설정할 수 있다.

해설 웹 : 웹 페이지에서 데이터를 가져오지만 모든 데이터들을 그대로 가져올 수는 없다.

79 다음 중 [외부 데이터 가져오기] 기능에 대한 설명으로 옳지 않은 것은?

① 텍스트 파일은 구분 기호나 일정한 너비로 분리된 모든 열을 엑셀로 가져오기 때문에 일부 열만 가져올 수는 없다.
② 액세스 파일은 표, 피벗 테이블, 워크시트의 특정 위치 등으로 다양하게 불러올 수 있다.
③ 웹상의 데이터 중 일부를 워크시트로 가져오고, 새로 고침 기능을 이용하여 최신 데이터로 업데이트할 수 있다.
④ 기타 원본의 Microsoft Query 기능을 이용하면 외부 데이터베이스에서 가져올 데이터의 추출 조건을 설정하여 원하는 데이터만 가져올 수 있다.

해설 텍스트 파일은 구분 기호나 일정한 너비로 분리된 모든 열을 엑셀로 가져오기 때문에 일부 열만 가져올 수도 있다.

80 다음 중 부분합에 대한 설명으로 옳지 않은 것은?

① 부분합을 작성하려면 첫 행에는 열 이름표가 있어야 하며, 그룹화할 항목을 기준으로 반드시 정렬해야 제대로 된 결과를 얻을 수 있다.
② 그룹화를 위한 데이터의 정렬을 오름차순으로 할 때와 내림차순으로 할 때의 그룹별 부분합의 결과는 서로 다르다.
③ 부분합을 제거하면 부분합과 함께 표에 삽입된 윤곽 및 페이지 나누기도 모두 제거된다.
④ [부분합] 대화 상자에서 '새로운 값으로 대치'를 해제하지 않고, 부분합을 실행하면 이전에 작성한 부분합은 삭제되고 새롭게 작성한 부분합만 표시된다.

해설 그룹화를 위한 데이터의 정렬을 오름차순이나 내림차순으로 할 때 그룹별 부분합의 결과는 차이가 없다.

81 다음 중 피벗 테이블에 대한 설명으로 옳지 않은 것은?

① 피벗 테이블 보고서를 작성한 후 원본 데이터를 수정하면 피벗 테이블 보고서에 자동으로 반영된다.
② [피벗 테이블 필드 목록]에서 보고서에 추가할 필드 선택 시 데이터 형식이 텍스트이거나 논리값인 필드를 선택하여 '행 레이블' 영역에 추가한다.

정답 77 ① 78 ③ 79 ① 80 ② 81 ①

③ 값 영역에 추가된 필드가 2개 이상이면 Σ 값 필드가 열 레이블 또는 행 레이블 영역에 추가된다.
④ 열 레이블/행 레이블 단추를 클릭하여 레이블 필터나 값 필터를 설정할 수 있다.

해설 원본 데이터가 변경되면 데이터 새로 고침 기능을 이용하여 피벗 테이블 데이터도 변경할 수 있다.

82 다음 중 피벗 테이블과 피벗 차트에 대한 설명으로 옳지 않은 것은?

① 새 워크시트에 피벗 테이블을 생성하면 보고서 필터의 위치는 [A1] 셀, 행 레이블은 [A3] 셀에서 시작한다.
② 피벗 테이블과 연결된 피벗 차트가 있는 경우 피벗 테이블에서 [피벗 테이블 도구]의 [모두 지우기] 명령을 사용하면 피벗 테이블과 피벗 차트의 필드, 서식 및 필터가 제거된다.
③ 하위 데이터 집합에도 필터와 정렬을 적용하여 원하는 정보만 강조할 수 있으나 조건부 서식은 적용되지 않는다.
④ [피벗 테이블 옵션] 대화 상자에서 오류 값을 빈 셀로 표시하거나 빈 셀에 원하는 값을 지정하여 표시할 수도 있다.

해설 보기 ③번에서 조건부 서식은 적용되지 않는다. → 조건부 서식도 적용된다.

83 다음 시트에서 [표1]의 할인율[B3]을 적용한 할인가[B4]를 이용하여 [표2]의 각 정가에 해당하는 할인가[E3:E6]를 계산하고자 한다. 이때 가장 적합한 데이터 도구는?

	A	B	C	D	E
1	[표1] 할인 금액			[표2] 할인 금액표	
2	정가	₩ 10,000		정가	₩ 9,500
3	할인율	5%		₩ 10,000	
4	할인가	₩ 9,500		₩ 15,000	
5				₩ 24,000	
6				₩ 30,000	
7					

① 통합　　② 데이터 표
③ 부분합　　④ 시나리오 관리자

해설 데이터 표 : 특정 값의 변화에 따른 결과 값의 변화 과정을 표 형태로 표시하는 기능으로 입력 값과 설정 수식으로부터 표를 만들어 수식 값의 변경한 결과를 확인할 수 있다.

84 다음 중 그림과 같이 목표값 찾기를 지정했을 때의 설명으로 옳은 것은?

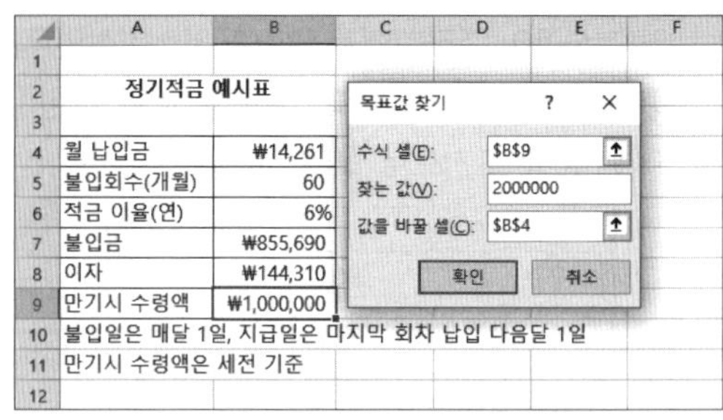

	A	B
1		
2	정기적금 예시표	
3		
4	월 납입금	₩14,261
5	불입회수(개월)	60
6	적금 이율(연)	6%
7	불입금	₩855,690
8	이자	₩144,310
9	만기시 수령액	₩1,000,000
10	불입일은 매달 1일, 지급일은 마지막 회차 납입 다음달 1일	
11	만기시 수령액은 세전 기준	
12		

① 만기시 수령액이 2,000,000원이 되려면 월 납입금은 얼마가 되어야 하는가?
② 만기시 수령액이 2,000,000원이 되려면 적금 이율(연)이 얼마가 되어야 하는가?
③ 불입금이 2,000,000원이 되려면 만기 시 수령액은 얼마가 되어야 하는가?
④ 월 납입금이 2,000,000원이 되려면 만기 시 수령액은 얼마가 되어야 하는가?

해설
• 수식 셀(만기시 수령액) : 결과 값을 얻기 위한 셀 주소(절대 참조)로 해당 셀에는 '값을 바꿀 셀'의 주소를 사용하는 수식이 필요하다.
• 찾는 값(2,000,000) : 찾고자 하는 수식의 결과 값을 입력한다.
• 값을 바꿀 셀(월 납입금) : 변경되는 값이 들어 있는 셀 주소이다.

85 다음 중 시나리오 요약 보고서에 대한 설명으로 옳지 않은 것은?

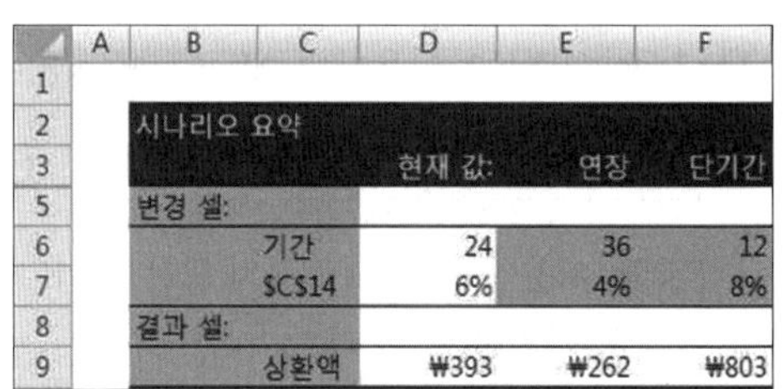

	A	B	C	D	E	F
1						
2		시나리오 요약				
3				현재 값:	연장	단기간
5		변경 셀:				
6			기간	24	36	12
7			$C$14	6%	4%	8%
8		결과 셀:				
9			상환액	₩393	₩262	₩803

① '연장'과 '단기간' 두 개의 시나리오가 작성되어 있다.
② '기간'과 '상환액'은 셀에 이름이 정의되어 있어 셀 참조 주소 대신 이름이 요약 보고서에 포함된 것이다.
③ 변경 셀은 수식이 입력되어 있는 셀이고, 결과 셀은 변경 셀의 값을 예측할 수 있는 숫자 값이 입력되어 있는 셀이다.

정답 82 ③ 83 ② 84 ① 85 ③

④ '현재 값:' 열은 시나리오 요약 보고서 작성 시점의 변경 셀 값들을 나타낸다.

해설 변경 셀은 워크시트에서 값이 변경되는 셀(변경 셀 자체에는 수식이 없음)이고, 결과 셀은 수식이 입력된 셀이다.

86 다음 중 차트에 대한 설명으로 옳지 않은 것은?

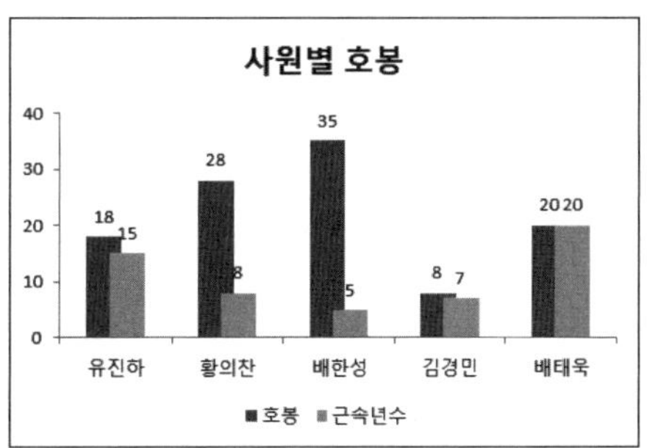

① 데이터 표식 항목 사이의 간격을 넓히기 위해서는 '간격 너비' 옵션을 현재 값보다 더 큰 값으로 설정한다.
② 데이터 계열 항목 안에서 표식이 겹쳐 보이도록 '계열 겹치기' 옵션을 음수 값으로 설정하였다.
③ 세로 (값) 축의 '주 눈금선'이 표시되지 않도록 설정하였다.
④ 레이블의 위치를 '바깥쪽 끝에'로 설정하였다.

해설 계열 겹치기 : 수치를 음수로 지정하면 데이터 계열 사이가 벌어지고, 양수로 지정하면 데이터 계열이 서로 겹쳐진다.

87 다음 중 차트 도구의 [데이터 선택]에 대한 설명으로 옳지 않은 것은?

① [차트 데이터 범위]에서 차트에 사용하는 데이터 전체의 범위를 수정할 수 있다.
② [행/열 전환]을 클릭하여 가로 (항목) 축의 데이터 계열과 범례 항목(계열)을 바꿀 수 있다.
③ 범례에서 표시되는 데이터 계열의 순서를 바꿀 수 없다.
④ 데이터 범위 내에 숨겨진 행이나 열의 데이터도 차트에 표시할 수 있다.

해설 차트를 선택한 후 [차트 도구]-[디자인] 탭의 [데이터] 그룹에서 [데이터 선택] 단추를 클릭하여 데이터 순서를 바꿀 수 있다.

88 다음의 차트와 같이 X축을 위쪽에 표시하기 위한 방법으로 옳은 것은?

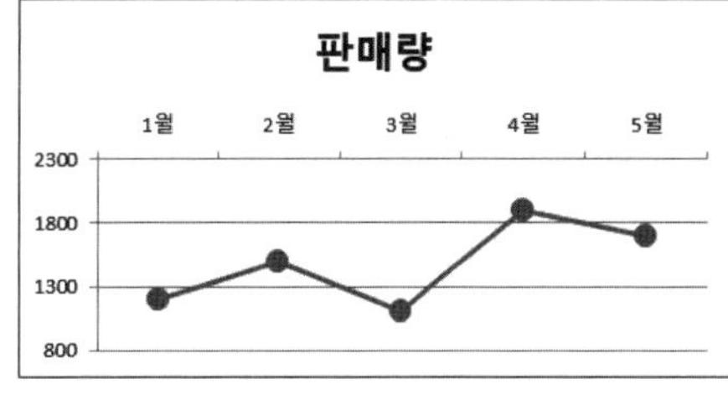

① 가로 축을 선택한 후 축 서식 작업 창의 축 옵션에서 세로 축 교차를 '최대 항목'으로 설정한다.
② 가로 축을 선택한 후 축 서식 작업 창의 축 옵션에서 '항목을 거꾸로'를 설정한다.
③ 세로 축을 선택한 후 축 서식 작업 창의 축 옵션에서 가로 축 교차를 '축의 최대값'으로 설정한다.
④ 세로 축을 선택한 후 축 서식 작업 창의 축 옵션에서 '값을 거꾸로'를 설정한다.

해설 세로 (값) 축을 선택한 후 축 서식 작업 창의 축 옵션에서 가로 축 교차를 '축의 최대값'으로 설정하면 가로 축이 세로 축 기준 축의 최대값이므로 X축이 위쪽에 표시된다.

89 다음 중 각 차트 종류에 대한 설명으로 적절하지 않은 것은?

① 영역형 차트 : 워크시트의 여러 열이나 행에 있는 데이터에서 시간에 따른 변동의 크기를 강조하여 합계 값을 추세와 함께 살펴볼 때 사용된다.
② 표면형 차트 : 일반적인 척도를 기준으로 연속적인 데이터를 표시할 수 있으므로 일정 간격에 따른 데이터의 추세를 표시할 때 사용된다.
③ 도넛형 차트 : 여러 열이나 행에 있는 데이터에서 전체에 대한 각 부분의 관계를 비율로 나타내어 각 부분을 비교할 때 사용된다.
④ 분산형 차트 : 여러 데이터 계열에 있는 숫자 값 사이의 관계를 보여 주거나 두 개의 숫자 그룹을 xy 좌표로 이루어진 하나의 계열로 표시할 때 사용된다.

해설 표면형 차트 : 데이터양이 많거나 두 개의 데이터 집합에서 최적의 조합을 찾을 때 사용하며, 차트에 표현된 색과 무늬는 동일한 범위에 있는 항목을 나타낸다.

정답 86 ② 87 ③ 88 ③ 89 ②

90 다음 중 엑셀 차트의 추세선에 관한 설명으로 옳지 않은 것은?

① 추세선은 지수, 선형, 로그, 다항식, 거듭제곱, 이동 평균 등 6가지의 종류가 있다.
② 하나의 데이터 계열에 두 개 이상의 추세선을 동시에 표시할 수는 없다.
③ 추세선이 추가된 데이터 계열의 차트 종류를 3차원 차트로 변경하면 추세선은 자동으로 삭제된다.
④ 추세선을 삭제하려면 차트에 표시된 추세선을 선택한 후 Delete 키를 누르거나 추세선의 바로 가기 메뉴에서 [삭제]를 선택한다.

해설 하나의 데이터 계열에 두 개 이상의 추세선을 동시에 표시할 수 있다.

91 다음 중 [페이지 나누기 미리 보기] 상태에서 설정할 수 있는 기능에 대한 설명으로 옳지 않은 것은?

① 행 높이와 열 너비를 변경하면 자동 페이지 나누기의 위치도 변경된다.
② 수동으로 삽입한 페이지 나누기를 제거하려면 페이지 나누기를 페이지 나누기 미리 보기 영역 밖으로 끌어다 놓는다.
③ [페이지 나누기 삽입] 기능은 선택한 셀의 아래쪽 행 오른쪽 열로 페이지 나누기를 삽입한다.
④ 수동 페이지 나누기를 모두 제거하려면 임의의 셀의 바로 가기 메뉴에서 [페이지 나누기 모두 원래대로]를 클릭한다.

해설 보기 ③번은 수동 페이지 나누기이며, 왼쪽과 위쪽으로 삽입된다.

92 다음 중 [페이지 설정] 대화 상자에 대한 설명으로 옳지 않은 것은?

① [페이지] 탭의 '자동 맞춤'에서 용지 너비와 용지 높이를 모두 1로 설정하면 확대/축소 배율이 항상 100%로 인쇄된다.
② [여백] 탭에서 '페이지 가운데 맞춤'의 가로 및 세로를 체크하면 인쇄 내용이 용지의 가운데에 맞춰 인쇄된다.
③ [머리글/바닥글] 탭의 '페이지 여백에 맞추기'를 체크하면 머리글이나 바닥글을 표시하기에 충분한 머리글 또는 바닥글 여백이 확보된다.
④ [시트] 탭의 '페이지 순서'에서 행 우선을 선택하면 여러 장에 인쇄될 경우 행 방향으로 인쇄된 후 나머지 열들을 인쇄한다.

해설 [페이지] 탭의 '자동 맞춤'에서 용지 너비와 용지 높이를 모두 1로 설정하면 여러 페이지가 한 페이지에 출력된다.

93 다음 중 엑셀의 인쇄 기능에 대한 설명으로 옳지 않은 것은?

① 차트만 제외하고 인쇄하기 위해서는 [차트 영역 서식] 대화 상자에서 '개체 인쇄'의 체크를 해제한다.
② 시트에 표시된 오류 값을 제외하고 인쇄하기 위해서는 [페이지 설정] 대화 상자에서 '셀 오류 표시'를 '<공백>'으로 선택한다.
③ 인쇄 내용을 페이지의 가운데에 맞춰 인쇄하려면 [페이지 설정] 대화 상자에서 '문서에 맞게 배율 조정'을 체크한다.
④ 인쇄되는 모든 페이지에 특정 행을 반복하려면 [페이지 설정] 대화 상자에서 '인쇄 제목'의 '반복할 행'에 열 레이블이 포함된 행의 참조를 입력한다.

해설
- 문서에 맞게 배율 조정 : 머리글 및 바닥글에서 워크시트와 동일한 글꼴 크기와 배율을 사용할지의 여부를 지정한다.
- 인쇄 내용을 페이지의 가운데에 맞춰 인쇄하려면 [여백] 탭에서 페이지 가운데 맞춤의 '가로'와 '세로'를 선택한다.

94 다음 중 매크로 편집 및 삭제에 대한 설명으로 옳지 않은 것은?

① [매크로] 대화 상자에서 편집할 매크로를 선택하고, [편집] 단추를 클릭하면 Visual Basic 편집기를 실행할 수 있다.

정답 90 ② 91 ③ 92 ① 93 ③ 94 ②

② Alt+F8 키를 눌러 Visual Basic 편집기를 실행하면 매크로를 수정할 수 있다.
③ PERSONAL.XLSB 파일을 삭제하면 통합 문서에 있는 모든 매크로를 삭제할 수 있다.
④ Visual Basic 편집기에서 삭제할 매크로의 코딩 부분을 범위로 지정한 뒤 Delete 키를 눌러 여러 매크로를 한 번에 삭제할 수 있다.

해설 Alt+F11 키를 눌러 Visual Basic 편집기를 실행하면 매크로를 수정할 수 있다.

95 다음 중 괄호( )에 해당하는 바로 가기 키의 연결이 옳은 것은?

> Visual Basic Editor에서 매크로를 한 단계씩 실행하기 위한 바로 가기 키는 (㉮)이고, 모듈 창의 커서 위치까지 실행하기 위한 바로 가기 키는 (㉯)이며, 매크로를 바로 실행하기 위한 바로 가기 키는 (㉰)이다.

① ㉮ – F5 ㉯ – Ctrl+F5 ㉰ – F8
② ㉮ – F5 ㉯ – Ctrl+F8 ㉰ – F8
③ ㉮ – F8 ㉯ – Ctrl+F5 ㉰ – F5
④ ㉮ – F8 ㉯ – Ctrl+F8 ㉰ – F5

- Visual Basic Editor에서 F8 키를 누르면 매크로가 한 단계씩 실행된다.
- 모듈 창에서 커서 위치까지 실행하기 위한 바로 가기 키는 Ctrl+F8 이다.
- 실행하고자 하는 매크로 구문에 커서를 위치시키고, F5 키를 누르면 매크로가 바로 실행된다.

96 다음 중 현재 선택된 셀을 기준으로 왼쪽 두 번째 셀과 바로 왼쪽 셀을 곱하는 수식을 입력하는 VBA 코드로 옳은 것은?

① ActiveCell.FormulaR1C1 = "=RC[2]*RC[1]"
② ActiveCell.FormulaR1C1 = "=RC[−2]*RC[−1]"
③ ActiveCell.Value = RC[2]*RC[1]
④ ActiveCell.Value = RC[−2]*RC[−1]

- ActiveCell : 현재 셀, Formula : 범위에 있는 실제 내용을 지정한다.
- 현재 셀을 기준으로 왼쪽과 위쪽은 음수(−), 오른쪽과 아래쪽은 양수(+)를 사용하되 위쪽/아래쪽은 R, 왼쪽/오른쪽은 C이므로 =RC[−2]*RC[−1]이다.

97 다음 중 각 VBA 코드에 대한 설명으로 옳지 않은 것은?

① Range("A5").Select ⇒ [A5] 셀로 셀 포인터를 이동한다.
② Range("C2").Font.Bold = "True" ⇒ [C2] 셀의 글꼴 스타일을 '굵게'로 설정한다.
③ Range("A1").Formula = 3 * 4 ⇒ [A1] 셀에 수식 '=3*4'가 입력된다.
④ Workbooks.Add ⇒ 새 통합 문서를 생성한다.

- Range : 워크시트의 특정 셀이나 셀 범위를 의미한다.
- Formula : 범위에 있는 실제 내용을 지정한다(A1 스타일의 수식).
- Range("A1").Formula="=3*4" ⇒ [A1] 셀에 3*4가 계산된 결과인 12를 입력한다.

98 다음은 Do...Loop 문을 이용하여 1에서부터 100까지의 홀수 합을 메시지 상자에 표시하는 코드이다. 다음 중 ㉠과 ㉡에 들어갈 식으로 옳은 것은?

```
Sub ODD( )
  Count = 1
  Total = 0
  Do ( ㉠ )
       Total = Total + Count
       ( ㉡ )
  Loop
  MsgBox Total
End Sub
```

① ㉠ While Count 〈 100 ㉡ Count = Count + 2
② ㉠ Until Count 〈 100 ㉡ Count = Count + 2
③ ㉠ Until Count 〉 100 ㉡ Count = Count + 1
④ ㉠ While Count 〉 100 ㉡ Count = Count + 1

정답 95 ④ 96 ② 97 ③ 98 ①

해설 • Do While ... Loop문 : 조건을 만족할 때까지 실행문을 반복적으로 실행한다.
• 홀수 합을 표시하므로 Count = Count + 2가 된다.

99 다음 중 프로시저를 실행한 결과에 대한 설명으로 옳은 것은?

```
Sub Bold( )
    Worksheets("Sheet3").Rows(4).Font.Bold = True
End Sub
```

① 현재 통합 문서의 Sheet3에서 [D] 열의 글꼴 스타일을 굵게 설정하는 프로시저이다.
② 현재 통합 문서의 Sheet3에서 [4] 행의 글꼴 스타일을 굵게 설정하는 프로시저이다.
③ 현재 통합 문서의 Sheet3에서 [D4] 셀의 글꼴 스타일을 굵게 설정하는 프로시저이다.
④ 현재 통합 문서의 Sheet3에서 [A4] 셀의 글꼴 스타일을 굵게 설정하는 프로시저이다.

해설 Worksheets("Sheet3") : Sheet3 시트, Rows(4) : 4번째 행 전체, Font : 글꼴, Bold : 굵게(볼드), True : 속성(참)이므로 현재 통합 문서의 Sheet3 시트에서 [4] 행 전체의 글꼴 스타일을 굵게 설정한다.

100 다음은 'Macro1' 매크로의 실행 결과와 VBA 코드이다. 다음 중 VBA 코드의 ⓐ, ⓑ, ⓒ에 해당하는 내용이 순서대로 나열된 것은?

	A	B	C
1	Name	Address	
2			
3			

```
Sub Macro1( )
    [ ⓐ ]("A1").Select
    ActiveCell.[ ⓑ ] = "Name"
    [ ⓐ ]("B1").Select
    ActiveCell.[ ⓑ ] = "Address"
    [ ⓐ ]("B2").[ ⓒ ]
End Sub
```

① Range, R1C1, FormulaR1C1
② Range, FormulaR1C1, Select
③ Cells, R1C1, FormulaR1C1
④ Cells, FormulaR1C1, Select

해설 • Range : 워크시트의 특정 셀이나 셀 범위를 의미하며, 셀 주소는 직접 셀 주소로 나타낸다.
• Formula : 범위에 있는 실제 내용을 지정한다.
• Select : 해당 셀 범위를 선택한다.
• Range("A1").Select → [A1] 셀을 선택한다.
• ActiveCell.FormularR1C1="Name" → 선택된 [A1](=R1C1) 셀에 Name을 입력한다.
• Range("B2").Select → [B2] 셀을 선택한다.

3과목 | 데이터베이스 일반

101 다음 중 DBMS의 단점에 대한 설명으로 옳지 않은 것은?

① 하드웨어나 DBMS 구입 비용, 전산화 비용 등이 증가함
② DBMS와 데이터베이스 언어를 조작할 수 있는 고급 프로그래머가 필요함
③ 데이터를 통합하는 중앙 집중 관리가 어려움
④ 데이터의 백업과 복구에 많은 비용과 시간이 소요됨

해설 중앙 집중 관리는 DBMS의 장점으로 데이터의 불일치성을 제거한다.

102 다음 중 데이터 보안 및 회복, 무결성, 병행 수행 제어 등을 정의하는 데이터베이스 언어로 데이터베이스 관리자가 데이터 관리를 목적으로 주로 사용하는 언어는?

① 데이터 제어어(DCL)
② 데이터 부속어(DSL)
③ 데이터 정의어(DDL)
④ 데이터 조작어(DML)

해설 • ③ 데이터베이스 스키마를 정의하는 언어로 데이터베이스를 생성하거나 구조 형태를 수정할 때 사용되며, 데이터베이스의 논리적 구조와 물리적 구조를 정의할 수 있는 기능을 제공한다.
• ④ 데이터베이스에 대한 검색과 갱신을 위한 언어로 테이블이나 필드 같은 데이터 구조는 변경할 수 없다.

정답 99 ② 100 ② 101 ③ 102 ①

103 다음 중 데이터베이스 모델에 대한 설명으로 옳지 않은 것은?

① 계층형 모델은 하나의 루트 레코드 타입과 종속된 레코드 타입으로 구성된 트리 구조를 가진다.
② 네트워크형 모델은 그래프 표현을 이용하여 레코드간의 관계를 다대다 관계(N:M)로 표현할 수 있다.
③ 관계형 모델은 행과 열로 구성되는 테이블로 표시되고, 각 테이블 간에는 공통 속성을 통해 관계가 성립된다.
④ 객체 지향형 모델은 데이터를 개체와 관계로 표현하며, 일반화, 집단화 등의 개념을 추가하여 복잡한 데이터를 나타낸다.

해설 객체 지향형 모델은 데이터와 절차(Procedure)를 일체화한 단위로 데이터와 데이터간의 관계가 객체 또는 상속 구조로 표현된다.

104 다음 중 개체 관계 모델(Entity Relationship Model)에 관한 설명으로 옳지 않은 것은?

① 개념적 설계에 가장 많이 사용되는 모델로 개체 관계도(ERD)가 가장 대표적이다.
② 개체 집합과 관계 집합으로 나누어서 개념적으로 표시하는 방식으로 특정 데이터베이스 관리 시스템(DBMS)을 고려한 것은 아니다.
③ 데이터를 개체(Entity), 관계(Relationship), 속성(Attribute)과 같은 개념으로 표시한다.
④ 개체(Entity)는 가상의 객체나 개념을 의미하고, 속성(Attribute)은 개체를 묘사하는데 사용될 수 있는 특성을 의미한다.

해설
- 개체(Entity) : 데이터베이스에서 표현하려는 객체로 구별되는 정보의 대상을 말한다.
- 속성(Attribute) : 개체의 특징이나 상태를 표시하는 것으로 데이터의 가장 작은 단위를 말한다.

105 다음 중 E-R 다이어그램 표기법의 기호와 의미가 맞게 연결된 것은?

① 사각형 – 속성(Attribute) 타입
② 마름모 – 관계(Relationship) 타입
③ 타원 – 개체(Entity) 타입
④ 밑줄 타원 – 의존 개체 타입

해설 사각형 - 개체 타입, 타원 - 속성 타입, 밑줄 타원 - 키 속성 타입

106 다음 중 릴레이션(Relation)에 대한 설명으로 옳지 않은 것은?

① 한 릴레이션에 포함된 튜플(Tuple)의 수를 인스턴스(Instance)라 한다.
② 연관된 속성의 집합으로 관계형 모델에서의 테이블(Table)을 의미한다.
③ 한 릴레이션을 구성하는 속성(Attribute)들 사이에는 순서가 없다.
④ 한 릴레이션에 포함된 튜플을 유일하게 식별하기 위한 속성들의 부분 집합을 키(Key)로 설정한다.

해설 한 릴레이션에 포함된 튜플(Tuple)의 수를 카디날리티(Cardinality)라고 한다.

107 다음 중 데이터를 입력 또는 삭제 시 이상(Anomaly) 현상이 일어나지 않도록 데이터베이스를 설계하기 위한 기술을 의미하는 용어는?

① 자동화 ② 정규화
③ 순서화 ④ 추상화

해설 정규화 : 데이터의 종속으로 발생하는 이상(Anomaly) 현상(삽입, 삭제, 갱신)을 방지하는 것으로 종속성을 제거한다(자료의 무결성 유지와 자료 관리의 효율성을 강조).

108 다음 중 필드의 각 데이터 형식에 대한 설명으로 옳지 않은 것은?

① 통화 형식은 소수점 이하 4자리까지의 숫자를 저장할 수 있으며, 기본 필드 크기는 8바이트이다.
② 예/아니요 형식은 Yes/No, True/False, On/Off 등 두 값 중 하나만 입력하는 경우에 사용하는 것으로 기본 필드 크기는 1비트이다.
③ 일련번호 형식은 새 레코드를 만들 때 자동으로 생성되는 고유 값으로 저장된다.

정답 103 ④ 104 ④ 105 ② 106 ① 107 ② 108 ④

④ 메모 형식은 텍스트 및 숫자 데이터가 최대 255 자까지 저장된다.

해설 메모 형식은 문자열과 숫자를 임의로 조합하여 65,535개까지 입력할 수 있다.

109 다음 중 [학과] 테이블의 '학과코드' 필드에 대한 설명으로 옳지 않은 것은?

학과

필드 이름	데이터 형식
학과코드	숫자

일반 | 조회

필드 크기	바이트
형식	
소수 자릿수	자동
입력 마스크	999;0;0
캡션	
기본값	10
유효성 검사 규칙	<=200
유효성 검사 텍스트	
필수	예
인덱스	예(중복 불가능)
스마트 태그	
텍스트 맞춤	일반

① 동일한 학과코드는 입력될 수 없으며, 학과코드는 반드시 입력되어야 한다.
② 문자나 4자리 이상의 숫자는 입력할 수 없다.
③ 필드의 형식이 바이트 이므로 필드의 값은 최대 255까지 입력할 수 있다.
④ 레코드가 새로 생성되는 경우 '10'이 자동으로 입력된다.

해설 필드의 형식은 바이트 형식이나 유효성 검사 규칙에 의해 200 이하의 숫자만 입력할 수 있다.

110 다음 중 특정 필드에 입력 마스크를 '09#L'로 설정하였을 때의 입력 데이터로 옳은 것은?

① 123A　　② A124
③ 12A4　　④ 12AB

해설
- 0 : 0부터 9까지의 숫자를 입력한다.
- 9 : 숫자나 공백을 입력한다.
- # : 숫자나 공백을 입력한다.
- L : A부터 Z까지의 영문자를 입력한다.

111 다음 중 테이블의 특정 필드에서 텍스트 길이와 상관없이 '가'로 시작하는 데이터만 입력할 수 있도록 제한하는 유효성 검사 규칙으로 옳은 것은?

① = "가?"　　② = "가"
③ Like "가*"　　④ Like "가?"

해설
- LIKE : 지정한 문자열이 포함되어 있는 레코드를 검색한다.
- * : 여러 개의 문자가 일치, ? : 하나의 문자만 일치

112 [직원] 테이블의 '급여' 필드는 데이터 형식이 숫자이고, 필드 크기가 정수(Long)로 설정되어 있다. 다음 중 '급여' 필드에 입력 가능한 숫자를 백만원 이상, 오백만원 이하로 설정하기 위한 유효성 검사 규칙으로 옳은 것은?

① <= 1000000 Or <= 5000000
② >= 1000000 And <= 5000000
③ >= 1000000, <= 5000,000
④ 1,000,000 <= And <= 5,000,000

해설 1,000,000 이상이면서 5,000,000 이하의 두 조건을 모두 만족해야 하므로 AND 연산자를 사용한다. 또한, 데이터 형식이 숫자이기 때문에 천 단위 ','를 사용하지 않는다.

113 다음 중 테이블 간의 관계 설정에서 일대일 관계가 성립하는 것은?

① 양쪽 테이블의 연결 필드가 모두 중복 불가능의 인덱스나 기본키로 설정되어 있는 경우
② 어느 한쪽에서 테이블의 연결 필드가 중복 불가능의 인덱스나 기본키로 설정되어 있는 경우
③ 오른쪽 관련 테이블의 연결 필드가 중복 가능한 인덱스나 후보키로 설정되어 있는 경우
④ 양쪽 테이블의 연결 필드가 모두 중복 가능한 인덱스나 후보키로 설정되어 있는 경우

해설 양쪽 모두가 독립적이면서 널(Null)값을 가질 수 없는 기본키로 설정되어야 한다.

정답 109 ③　110 ①　111 ③　112 ②　113 ①

114 다음 중 데이터시트 보기에서 레코드의 요약 정보를 표시하는 'Σ 요약' 기능에 관한 설명으로 옳지 않은 것은?

① 'Σ 요약' 기능을 실행했을 때 생기는 요약 행을 통해 집계 함수를 좀 더 쉽고 빠르게 사용할 수 있다.
② 'Σ 요약' 기능은 데이터시트 형식으로 표시되는 테이블, 폼, 쿼리, 보고서 등에서 사용할 수 있다.
③ 'Σ 요약' 기능이 설정된 상태에서 '텍스트' 데이터 형식의 필드에는 '개수' 집계 함수만 지정할 수 있다.
④ 'Σ 요약' 기능이 설정된 상태에서 '예/아니요' 데이터 형식의 필드에 '개수' 집계 함수를 지정하면 체크된 레코드의 총 개수가 표시된다.

해설 Σ 요약 기능은 데이터시트 형식으로 표시되는 테이블, 폼, 쿼리 등에서 사용할 수 있다(보고서는 제외).

115 다음 중 테이블의 필드 속성 설정 시 사용하는 인덱스에 관한 설명으로 옳지 않은 것은?

① 인덱스를 설정하면 레코드의 검색과 정렬 속도가 빨라진다.
② 인덱스를 설정하면 레코드의 추가, 수정, 삭제 속도는 느려진다.
③ 데이터 형식이 OLE 개체인 필드에는 인덱스를 설정할 수 없다.
④ 인덱스는 한 개의 필드에만 설정이 가능하므로 주로 기본키에 설정한다.

해설 한 테이블에서 여러 개의 인덱스를 생성할 수 있다(인덱스는 10개의 필드를, 테이블은 32개의 인덱스를 설정).

116 '부서코드'를 기본키로 하는 [부서] 테이블과 '부서코드'를 포함한 사원정보가 있는 [사원] 테이블을 이용하여 관계를 설정하였다. 다음 중 이와 관련된 관계 설정에 대한 설명으로 옳은 것은? (단, 한 부서에는 여러 명의 사원이 소속되어 있으며, 한 사원은 하나의 부서에 소속된다.)

① '항상 참조 무결성 유지'를 설정하면 [사원] 테이블에 입력하려는 '사원'의 '부서코드'는 반드시 [부서] 테이블에 존재해야만 한다.
② '항상 참조 무결성 유지'를 설정하면 [부서] 테이블에서 '부서코드'가 바뀌는 경우 [사원] 테이블에 있는 '사원'의 '부서코드'도 무조건 자동으로 바뀐다.
③ '항상 참조 무결성 유지'를 설정하지 않더라도 [사원] 테이블에 입력하려는 '사원'의 '부서코드'는 반드시 [부서] 테이블에 존재해야만 한다.
④ '항상 참조 무결성 유지'를 설정하지 않더라도 [사원] 테이블에서 사용 중인 '부서코드'는 [부서] 테이블에서 삭제할 수 없다.

해설 항상 참조 무결성 유지 : 레코드를 입력하거나 삭제할 때 테이블에 정의된 관계를 유지하는 규칙으로 테이블/쿼리에 존재하지 않는 관계 테이블/쿼리에 생성할 수 없도록 하고, 기본 테이블의 레코드를 삭제하거나 변경되지 않도록 설정한다.

117 [평균성적] 테이블에서 '평균' 필드 값이 90 이상인 학생들을 검색하여 '학년' 필드를 기준으로 내림차순, '반' 필드를 기준으로 오름차순 정렬하여 표시하고자 한다. 다음 중 SQL문의 각 괄호 안에 넣을 예약어로 옳은 것은?

```
SELECT 학년, 반, 이름
FROM 평균성적
WHERE 평균 >= 90 ( ㉠ ) 학년 ( ㉡ ) 반 ( ㉢ );
```

① ㉠ GROUP BY ㉡ DESC ㉢ ASC
② ㉠ GROUP BY ㉡ ASC ㉢ DESC
③ ㉠ ORDER BY ㉡ DESC ㉢ ASC
④ ㉠ ORDER BY ㉡ ASC ㉢ DESC

해설 ORDER BY : 반환된 레코드 셋을 특정한 필드를 기준으로 정렬하여 표시할 때 사용하며, 끝에 ASC를 입력하면 오름차순, DESC를 입력하면 내림차순으로 정렬된다.

118 다음 중 [회원] 테이블에서 '나이' 필드의 값이 20 이상 30 이하이고, '이름' 필드에서 성이 김씨인 회원을 검색하는 SQL 문으로 옳은 것은?

① SELECT * FROM 회원 WHERE 나이 <= 30 And 나이 >=20 And 이름 = "김";

정답 114 ② 115 ④ 116 ① 117 ③ 118 ④

② SELECT * FROM 회원 WHERE 나이 <= 30 And >= 20 Or 이름 like "*김*";
③ SELECT * FROM 회원 WHERE 나이 <= 30 Or 나이>=20 And 이름 = "김*";
④ SELECT * FROM 회원 WHERE 나이 Between 20 And 30 And 이름 like "김*";

해설
- Between : AND 연산자를 이용해 레코드가 비교하는 두 값의 범위 내에 해당하는지를 확인한다.
- Like : 질의 문자와 심볼을 이용해 문자 패턴에 일치하는 레코드를 검색한다.

119 다음 중 각 쿼리문에 대한 설명으로 옳지 않은 것은?

① SELECT Weekday([출고일], 1) FROM 출고; → 출고일 필드의 날짜 값에서 요일을 나타내는 정수를 표시하며, 일요일을 1로 시작한다.
② SELECT DateDiff("d", [출고일], Date( )) FROM 출고; → 출고일 필드의 날짜 값에서 오늘 날짜까지 경과한 일자 수를 표시한다.
③ SELECT DateAdd("y", 5, Date( )) AS 날짜계산; → 오늘 날짜에서 5년을 더한 날짜를 표시한다.
④ SELECT * FROM 출고 WHERE Month([출고일])=9; → 출고일 필드의 날짜 값에서 9월에 해당하는 레코드들만 표시한다.

해설 DATEADD(형식, 값, 날짜) : 지정된 날짜에서 형식(년, 월, 일)을 지정한 값만큼 증가하는 함수이다.

120 다음은 [학생] 테이블의 디자인 보기와 [학생] 테이블을 이용한 SQL문이다. 다음 중 SQL문의 실행 결과에 대한 설명으로 옳은 것은?

학생

필드 이름	데이터 형식
학번	텍스트
성명	텍스트
동아리	텍스트

```
SELECT 동아리 FROM 학생
GROUP BY 동아리
HAVING COUNT(*)>2;
```

① 같은 성명을 가진 학생이 3명 이상인 동아리들을 검색한다.
② 동아리를 3개 이상 가입한 학생들을 검색한다.
③ 3개의 동아리 중 하나라도 가입한 학생들을 검색한다.
④ 동아리에 가입한 학생이 3명 이상인 동아리들을 검색한다.

해설 SELECT 필드 이름 FROM 테이블 이름 GROUP BY 필드 이름 HAVING 조건; : SELECT문에서는 GROUP BY절을 이용하여 레코드를 그룹화 하고, HAVING절은 반드시 GROUP BY와 함께 사용한다.

121 사원관리 데이터베이스에는 [부서정보] 테이블과 실적정보를 포함한 [사원정보] 테이블이 관계로 연결되어 있다. 다음 중 SQL문의 실행 결과에 대한 설명으로 옳은 것은? (단, 부서에는 여러 사원이 있으며, 한 사원은 하나의 부서에 소속되는 1 대 다 관계임)

```
SELECT 부서정보.부서번호, 부서명, 번호, 이름, 실적
FROM 부서정보 RIGHT JOIN 사원정보 ON 부서정보.부서
번호 = 사원정보.부서번호;
```

① 두 테이블에서 부서번호가 일치되는 레코드의 부서번호, 부서명, 번호, 이름, 실적 필드를 표시한다.
② [부서정보] 테이블의 레코드는 모두 포함하고, [사원정보] 테이블에서는 실적이 있는 레코드만 포함하여 결과를 표시한다.
③ [부서정보] 테이블의 레코드는 [사원정보] 테이블의 부서번호와 일치되는 것만 포함하고, [사원정보] 테이블에서는 실적이 있는 레코드만 포함하여 결과를 표시한다.
④ [부서정보] 테이블의 레코드는 [사원정보] 테이블의 부서번호와 일치되는 것만 포함하고, [사원정보] 테이블에서는 모든 레코드가 포함하여 결과를 표시한다.

해설 RIGHT JOIN : 오른쪽 테이블의 레코드가 왼쪽 테이블의 레코드와 일치하는 값이 없더라도 쿼리 결과에 추가된다. 즉, 테이블1 RIGHT JOIN 테이블2 ON 조건 = 테이블2를 모두 표시하고, 조건에 맞는 테이블1을 표시한다.

정답 119 ③ 120 ④ 121 ④

122 '갑' 테이블의 속성 A가 1, 2, 3, 4, 5의 도메인을 가지고 있고, '을' 테이블의 속성 A가 0, 2, 3, 4, 6의 도메인을 가지고 있다고 가정할 때 다음 SQL 구문의 실행 결과는?

```
SELECT A FROM 갑 UNION SELECT A FROM 을;
```

① 2, 3, 4　② 0, 1, 2, 3, 4, 5, 6
③ 1, 5, 6　④ 0

- 통합 쿼리(Union 질의) : 하나 이상의 테이블이나 쿼리 필드(열)를 결합하여 쿼리 결과에 하나의 필드나 열로 만든다. 즉, 두 개 이상의 테이블이나 쿼리에서 상응하는 필드들을 한 필드로 결합한다.
- 각각 A가 가지는 1, 2, 3, 4, 5와 0, 2, 3, 4, 6에서 중복되는 레코드는 한번만 기록하여 내용을 합치므로 결과는 0, 1, 2, 3, 4, 5, 6을 도출한다.

123 다음 중 각 쿼리 유형에 대한 설명으로 옳지 않은 것은?

① 매개 변수 쿼리 – 쿼리를 실행할 때마다 값이나 패턴을 묻는 메시지를 표시하여 조건에 맞는 필드만 반환한다.
② 크로스탭 쿼리 – 레코드의 합계나 평균 등의 요약을 계산한 다음 데이터시트의 왼쪽 세로 방향과 위쪽 가로 방향 두 종류로 결과를 그룹화 하는 쿼리로 데이터를 쉽게 분석할 수 있게 해준다.
③ 추가 쿼리 – 테이블의 데이터를 복사하거나 데이터를 보관해야 하는 경우에 사용되며, 새로운 테이블을 생성한다.
④ 선택 쿼리 – 하나 이상의 테이블, 기존 쿼리 또는 이 두 가지의 조합에서 데이터를 가져올 수 있다.

해설 추가 쿼리 : 하나 이상의 테이블에 있는 레코드 그룹을 하나 이상의 테이블 끝에 추가한다.

124 다음의 SQL문에 대한 설명으로 옳지 않은 것은?

```
ALTER TABLE 고객
DROP 취미 CASCADE;
```

① 고객 테이블의 구조적인 변경이 발생한다.
② 취미 필드를 고객 테이블로부터 삭제한다.
③ CASCADE는 해당 필드와 연관된 다른 테이블의 내용도 삭제하는 옵션이다.
④ 고객 테이블이 수정되면 취미 테이블의 내용도 같이 수정된다.

해설
- ALTER TABLE : 기존 테이블에 새로운 필드나 조건을 추가하여 변경한다.
- DROP : 데이터베이스에서 테이블을 제거하거나 필드나 필드 그룹에서 인덱스를 제거한다.
- CASCADE : 외래키를 포함한 모든 행도 함께 삭제한다.
- 고객 테이블을 변경하여 취미뿐만 아니라 다른 것도 삭제하므로 취미 테이블을 수정하는 것은 아니다.

125 다음 중 폼에서의 탭 순서(Tab Order) 지정에 관한 설명으로 옳지 않은 것은?

① 폼 보기에서 Tab 키나 Enter 키를 눌렀을 때 포커스(Focus)의 이동 순서를 지정하는 것이다.
② 키보드를 이용하여 컨트롤 간 이동을 신속하게 할 수 있는 기능이다.
③ 레이블 컨트롤을 포함한 모든 컨트롤에 탭 순서를 지정할 수 있다.
④ 해당 컨트롤의 '탭 정지' 속성을 '아니요'로 지정하면 탭 순서에서 제외된다.

- 레이블 컨트롤을 포함한 모든 컨트롤에 탭 순서를 지정할 수는 없다.
- 기본적으로 컨트롤을 작성한 순서대로 탭 순서를 설정하지만 선 또는 레이블 컨트롤에서는 사용할 수 없다.

126 다음 중 폼 마법사에서 선택 가능한 폼의 모양으로 각 필드가 왼쪽의 레이블과 함께 각 행에 나타나며, 폼이 생성된 직후에는 컨트롤 레이아웃이 설정되어 있어 각각의 컨트롤을 다른 크기로 변경할 수 없는 것은?

① 컬럼 형식　② 테이블 형식
③ 데이터시트　④ 맞춤

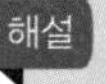
- 테이블 형식 : 각 레코드의 필드들이 한 줄에 나타나며, 필드 이름은 폼의 맨 위에 표시한다.
- 데이터시트 : 테이블을 데이터시트로 볼 때와 동일한 모습으로 폼을 만든다.
- 맞춤 : 내용의 길이에 따라 균형 있게 배치되도록 만든다.

정답 122 ② 123 ③ 124 ④ 125 ③ 126 ①

127 폼 바닥글에 [사원] 테이블의 '직급'이 '과장'인 레코드들의 '급여' 합계를 구하고자 한다. 다음 중 폼 바닥글의 텍스트 상자 컨트롤에 입력해야 할 식으로 옳은 것은?

① =DHAP("[사원]", "[급여]", "[직급]='과장'")
② =DHAP("[급여]", "[사원]", "[직급]='과장'")
③ =DSUM("[사원]", "[급여]", "[직급]='과장'")
④ =DSUM("[급여]", "[사원]", "[직급]='과장'")

- DSUM( ) : 지정된 레코드 집합에서 해당 필드 값의 합계를 계산하거나 조건에 만족하는 필드 합을 출력한다.
- DSUM 함수의 조건은 필드, 테이블, 레코드 순이므로 필드는 '급여', 테이블은 '사원', 레코드는 '직급=과장'이다.

128 다음 중 폼에서의 컨트롤 속성에 대한 설명으로 옳지 않은 것은?

① 우편번호를 검색할 수 있는 폼에서 텍스트 상자에 사용자가 검색어를 입력하고, Enter 키를 누를 때 검색이 일어나게 하는 이벤트 속성은 'On Data Change'이다.
② 텍스트 상자의 '컨트롤 원본' 속성은 텍스트 상자와 테이블의 필드를 연결하는 역할을 한다.
③ '자동 고침 사용' 속성을 '예'로 설정한 경우에는 사용자가 잘못 입력한 영어 단어를 올바른 단어로 자동 정정한다.
④ 콤보 상자의 '바운드 열' 속성은 콤보 상자에 표시되는 열 중에서 '컨트롤 원본' 속성에 연결된 필드에 입력할 열을 지정한다.

해설 Enter 키를 누를 때 검색이 일어나게 하는 이벤트 속성은 Enter 키이다.

129 폼의 각 컨트롤에 포커스가 위치할 때 입력 모드를 '한글' 또는 '영숫자 반자'로 각각 지정하고자 한다. 다음 중 이를 위해 설정해야 할 컨트롤 속성은?

① 엔터키 기능(EnterKey Behavior)
② 상태 표시줄(StatusBar Text)
③ 탭 인덱스(Tab Index)
④ 입력 시스템 모드(IME Mode)

- ① 입력 컨트롤에서 Enter 키를 눌렀을 때 실행될 작업을 지정한다.
- ② 컨트롤에 포커스가 들어왔을 때 상태 표시줄에 표시될 메시지를 지정한다.
- ③ 컨트롤의 탭 순서를 지정한다.

130 다음 중 기본 폼과 하위 폼의 연결에 대한 설명으로 옳은 것은?

① [직접 지정]을 선택하려면 두 테이블 간에 일대다 관계가 설정되어 있어야 한다.
② 연결하는 필드의 변경은 [데이터] 탭의 '하위 필드 연결'에서만 가능하다.
③ 두 개 이상의 연결 필드를 지정할 때는 하위 폼 연결기 창에서 여러 필드를 선택한다.
④ 하위 폼 필드 연결기 창에서는 기본 폼과 하위 폼의 연결 필드를 한꺼번에 지정할 수 없다.

- ① [직접 지정]을 선택할 경우 하위 폼이 기본 폼의 기본키 필드가 같으면 관계 설정을 하지 않아도 된다.
- ② 연결하는 필드의 변경은 하위 필드 연결을 이용하거나 속성란을 이용한다.
- ④ 하위 폼 필드 연결기 창에서는 기본 폼, 하위 폼의 연결 필드를 한번에 지정할 수 있다.

131 다음 중 텍스트 상자 컨트롤에 대한 설명으로 옳지 않은 것은?

① 일반 텍스트 상자는 컨트롤 원본 속성이 테이블의 필드명을 제외한 일반 텍스트가 입력된 경우이다.
② 바운드 텍스트 상자는 컨트롤 원본 속성이 테이블의 필드명으로 지정된 경우이다.
③ 언바운드 텍스트 상자는 컨트롤 원본 속성이 비어 있는 경우이다.
④ 계산 텍스트 상자는 컨트롤 원본 속성이 식으로 입력되어 있는 경우이다.

- 언바운드 컨트롤 : 컨트롤이 비어있는 경우이다.
- 바운드 컨트롤 : 컨트롤 원본에 테이블의 필드명이나 계산식을 사용할 수 있다.
- 컨트롤 원본에 필드명 또는 계산식을 제외한 텍스트 또는 숫자를 입력할 경우 #Name? 오류가 표시된다.

정답 127 ④ 128 ① 129 ④ 130 ③ 131 ①

132 다음 중 콤보 상자의 속성에 대한 설명으로 옳지 않은 것은?

① 컨트롤 원본 : 목록으로 표시할 데이터를 SQL문이나 테이블명 등을 통해 지정한다.
② 행 원본 유형 : 목록으로 표시할 데이터 제공 방법을 '테이블/쿼리', '값 목록', '필드 목록' 중 선택한다.
③ 바운드 열 : 선택한 항목에서 몇 번째 열을 컨트롤에 저장할 것인지를 설정한다.
④ 목록 값만 허용 : '예'로 설정하면 목록에 제공된 데이터 이외의 값을 추가할 수 없다.

> 해설
> • 컨트롤 원본은 컨트롤과 바운드될 테이블, 쿼리를 지정하며, 속성 창에서 '컨트롤 원본'을 지정하면 바운드 컨트롤로 변경할 수 있다.
> • 보기 ①번은 행 원본에 대한 설명이다.

133 다음 중 보고서의 보기 형태에 대한 설명으로 옳지 않은 것은?

① '보고서 보기'는 인쇄 미리 보기와 비슷하지만 페이지의 구분 없이 한 화면에 보고서를 표시한다.
② '인쇄 미리 보기'에서는 페이지 레이아웃의 설정이 용이하며, 보고서가 인쇄되었을 때의 모양을 확인할 수 있다.
③ '디자인 보기'에서는 보고서에 삽입된 컨트롤의 속성, 맞춤, 위치 등을 설정할 수 있다.
④ '레이아웃 보기'는 '보고서 보기'와 '인쇄 미리 보기'를 혼합한 형태로 데이터를 임시로 변경하려는 경우 사용한다.

> 해설 '레이아웃 보기'는 페이지 구분 없이 한 화면에 보고서를 표시하며, 실제 보고서 데이터를 바탕으로 열 너비를 조정하고, 그룹 수준 및 합계를 추가할 수 있지만 데이터 변경은 불가능하다.

134 다음 중 보고서의 각 구역에 대한 설명으로 옳지 않은 것은?

① '페이지 머리글'은 인쇄 시 모든 페이지의 맨 위에 출력되며, 모든 페이지에 특정 내용을 반복하려는 경우 사용한다.
② '보고서 머리글'은 보고서의 맨 앞에 한 번 출력되며, 일반적으로 그룹별 요약 정보를 표시할 때 사용한다.
③ '그룹 머리글'은 각 새 레코드 그룹의 맨 앞에 출력되며, 그룹 이름이나 그룹별 계산 결과를 표시할 때 사용한다.
④ '본문'은 레코드 원본의 모든 행에 대해 한 번씩 출력되며, 보고서의 본문을 구성하는 컨트롤이 추가된다.

> 해설 그룹별 요약 정보를 표시할 때 사용하는 것은 그룹 머리글이다.

135 다음 중 보고서에 대한 설명으로 옳지 않은 것은? (단, 이 보고서는 전체 4페이지이며, 현재 페이지는 2페이지이다.)

거래처별 제품목록

거래처명	제품번호	제품이름	단가	재고량
㈜맑은세상	15	아쿠아렌즈	₩50,000	22
	14	바슈롬렌즈	₩35,000	15
	20	C-BR렌즈	₩50,000	3
	제품수:	3	총재고량:	40
거래처명	제품번호	제품이름	단가	재고량
참아이㈜	9	선글래스C	₩170,000	10
	7	선글래스A	₩100,000	23
	8	선글래스B	₩120,000	46

2 / 4

① '거래처명'을 표시하는 컨트롤은 '중복 내용 숨기기' 속성이 '예'로 설정되어 있다.
② '거래처명'에 대한 그룹 머리글 영역이 만들어져 있고, '반복 실행 구역' 속성이 '예'로 설정되어 있다.
③ '거래처명'에 대한 그룹 바닥글 영역이 설정되어 있고, 요약 정보를 표시하고 있다.
④ '거래처별 제품목록'이라는 제목은 '거래처명'에 대한 그룹 머리글 영역에 만들어져 있다.

> 해설 '거래처별 제품목록'이라는 제목은 '거래처명'에 대한 페이지 머리글 영역에 만들어져 있다.

136 다음 중 전체 페이지가 5페이지이고, 현재 페이지가 2페이지인 보고서에서 표시되는 식과 결과가 올바른 것은?

정답 132 ① 133 ④ 134 ② 135 ④ 136 ②

① 식 =[Page] → 결과 2/5
② 식 =[Page] & "페이지" → 결과 2페이지
③ 식 =[Page] & "중 " & [Page] → 결과 5중 2
④ 식 =Format([Page], "000") → 결과 005

해설 ① 식 =[Page] → 결과 2, ③ 식 =[Page] & "중 " & [Page] → 결과 2중 2, ④ 식 =Format([Page], "000") → 결과 002

137 다음 중 보고서의 [페이지 설정] 대화 상자에 대한 설명으로 옳지 않은 것은?

① 여러 열로 구성된 보고서를 인쇄할 때에는 [열] 탭에서 열의 개수와 행 간격, 열의 너비, 높이 등을 설정한다.
② [인쇄 옵션] 탭에서 보고서의 위쪽, 아래쪽, 왼쪽, 오른쪽 여백을 밀리미터 단위로 설정할 수 있다.
③ [페이지] 탭에서 보고서의 인쇄할 범위로 인쇄할 페이지를 지정할 수 있다.
④ [인쇄 옵션] 탭의 '데이터만 인쇄'를 선택하여 체크 표시하면 컨트롤의 테두리, 눈금선 및 선이나 상자 같은 그래픽을 표시하지 않는다.

해설 [페이지 설정] 대화 상자의 [페이지] 탭 : 용지의 인쇄 방향(세로, 가로), 크기, 공급 방식 등을 설정한다.

138 다음 중 보고서의 레코드 원본에 대한 설명으로 옳지 않은 것은?

① [보고서 마법사]를 통해 원하는 필드들을 손쉽게 선택하여 레코드 원본으로 지정할 수 있다.
② 기본적으로 하나의 테이블에서만 필요한 필드를 선택하여 레코드 원본으로 지정할 수 있다.
③ [속성 시트]의 레코드 원본 드롭다운 목록에서 테이블이나 쿼리를 선택하여 지정할 수 있다.
④ 쿼리 작성기를 통해 새 쿼리를 작성하여 레코드 원본으로 지정할 수 있다.

해설
- 보고서의 레코드 원본으로 외부 엑셀 파일에 대한 연결 테이블을 사용할 수 있다.
- 보고서의 레코드 원본으로 SQL문을 지정하면 쿼리 결과를 이용하여 보고서를 만들 수 있다.
- 보고서의 레코드 원본으로 저장해 놓은 쿼리를 사용하는 경우 쿼리가 바뀌면 변경된 쿼리를 이용하여 보고서가 작성된다.

139 다음 중 하위 보고서에 대한 설명으로 옳지 않은 것은?

① 일대다 관계가 적용되어 있는 테이블이나 쿼리의 데이터를 표시하려는 경우 특히 유용하다.
② 주 보고서와 하위 보고서에 모두 그룹화 및 정렬 기능을 설정할 수 있다.
③ 주 보고서에는 최대 3개까지 하위 보고서를 중첩하여 작성할 수 있다.
④ 주 보고서에 하위 보고서를 연결하려면 원본으로 사용하는 레코드 원본 간에 관계를 만들어야 한다.

해설 주 보고서에는 최대 7개까지 하위 보고서를 중첩하여 작성할 수 있다.

140 다음 중 보고서의 그룹화 및 정렬에 대한 설명으로 옳지 않은 것은?

① '그룹'은 머리글과 같은 소계 및 요약 정보와 함께 표시되는 레코드의 모음으로 그룹 머리글, 세부 레코드 및 그룹 바닥글로 구성된다.
② 그룹화 할 필드가 날짜 데이터이면 실제 값(기본) 일/주/월/분기/연도를 기준으로 문자 데이터이면 전체 필드(기본) 또는 처음 첫 자에서 다섯 자까지 문자수를 기준으로 그룹화 할 수 있다.
③ Sum 함수를 사용하는 계산 컨트롤을 그룹 머리글에 추가하면 현재 그룹에 대한 합계를 표시할 수 있다.
④ 필드나 식을 기준으로 최대 5단계까지 그룹화 할 수 있으며, 같은 필드나 식은 한 번씩만 그룹화 할 수 있다.

해설 필드나 식을 기준으로 최대 10단계까지 그룹화 할 수 있다.

141 다음 중 보고서의 그룹 바닥글 구역에 '=COUNT(*)'를 입력했을 때 출력되는 결과로 옳은 것은?

① Null 필드를 포함한 그룹별 레코드 개수
② Null 필드를 포함한 전체 레코드 개수
③ Null 필드를 제외한 그룹별 레코드 개수
④ Null 필드를 제외한 전체 레코드 개수

정답 137 ③ 138 ② 139 ③ 140 ④ 141 ①

해설 COUNT 함수는 레코드 개수를 계산하는 함수로 COUNT(*)를 사용하면 Null 필드가 있는 레코드까지 포함하여 전체 레코드 수를 계산하고 반환한다.

142 다음 중 우편물 레이블 마법사를 이용한 레이블 보고서 생성에 대한 설명으로 옳지 않은 것은?

① 레이블은 우편물 발송을 위한 것이므로 반드시 출력하려는 테이블에 우편번호와 주소가 있어야 한다.
② 수신자 성명 뒤에 일괄 '귀하'와 같은 문구를 넣을 수도 있다.
③ 레이블 크기는 다양하게 준비되어 있으며, 필요에 따라 사용자가 직접 지정할 수도 있다.
④ 레이블 형식은 낱장 용지나 연속 용지를 선택 할 수 있다.

해설 레이블은 우편물 발송을 위한 것이지만 반드시 출력 테이블에 우편번호와 주소가 있어야 되는 것은 아니다.

143 다음 중 액세스의 매크로에 대한 설명으로 옳지 않은 것은?

① 반복적으로 수행되는 작업을 자동화하여 간단히 처리할 수 있도록 하는 기능이다.
② 매크로 함수 또는 매크로 함수 집합으로 구성되며, 각 매크로 함수의 수행 방식을 제어하는 인수를 추가할 수 있다.
③ 매크로를 이용하여 폼을 열고 닫거나 메시지 박스를 표시할 수도 있다.
④ 매크로는 주로 컨트롤의 이벤트에 연결하여 사용하며, 폼 개체 내에서만 사용할 수 있다.

해설 매크로는 테이블, 쿼리, 폼, 보고서 등의 각 개체에서 자동화 작업이 가능하도록 미리 정의된 기능이다.

144 다음 중 각 매크로 함수에 대한 설명으로 옳지 않은 것은?

① MSGBOX 함수는 사용자에게 필요한 메시지를 화면에 보여주며, 경고음을 설정할 수 있다.
② GOTOCONTROL 함수는 활성화된 폼에서 커서를 특정 컨트롤로 자동 이동하는데 사용한다.
③ CANCELEVENT 함수는 인수로 지정한 이벤트를 취소하는 기능을 수행한다.
④ FINDNEXT 함수는 FindRecord 함수나 [찾기 및 바꾸기] 대화 상자에서 지정한 조건에 맞는 다음 레코드를 찾는다.

해설 CancelEvent 함수 : 액세스에서 매크로 함수가 포함된 매크로 실행 이벤트를 취소할 수 있다.

145 다음 중 이벤트 프로시저에서 쿼리를 실행 모드로 여는 명령은?

① DoCmd.OpenQuery
② DoCmd.SetQuery
③ DoCmd.QueryView
④ DoCmd.QueryTable

해설 DoCmd.OpenQuery : VBA 모듈에서 선택 쿼리를 데이터시트 보기, 디자인 보기, 인쇄 미리 보기 등으로 열기 위해 사용하는 메서드이다.

146 다음의 프로그램을 수행한 후 변수 Sum의 값으로 옳은 것은?

```
Sum = 0
For i = 1 to 20
  Select Case ( i Mod 4)
  Case 0
    Sum = Sum + i
  Case 1, 2, 3
End Select
Next
```

① 45　　② 55
③ 60　　④ 70

해설 순환문 1부터 20까지 1씩 증가하는 것으로 4로 나눈 나머지가 0이면 즉, 4의 배수이면 i 변수의 누적합을 구한다. 이때, 나머지가 1, 2, 3이면 별도의 실행문 없이 패스한다. 그러므로 1부터 20까지 4의 배수를 더하면 4+8+12+16+20=60이 된다.

정답 142 ① 143 ④ 144 ③ 145 ① 146 ③

147 다음 중 이벤트 프로시저에 대한 설명으로 옳지 않은 것은?

```
Private Sub cmd재고_Click( )
txt재고수량=txt입고량 – txt총주문량
DoCmd.OpenReport "제품별재고현황", _
acViewDesign, , "제품번호='"& cmb조회 & "'"
End Sub
```

① 'cmd재고' 컨트롤을 클릭했을 때 실행된다.
② 'txt재고수량' 컨트롤에는 'txt입고량' 컨트롤에 표시되는 값에서 'txt총주문량' 컨트롤에 표시되는 값을 차감한 값으로 표시된다.
③ '제품별재고현황' 보고서가 즉시 프린터로 출력된다.
④ '제품별재고현황' 보고서가 출력될 때 '제품번호' 필드 값이 'cmb조회' 컨트롤 값과 일치하는 데이터만 표시된다.

해설 OpenReport : 보고서를 디자인 보기, 미리 보기로 열거나 바로 인쇄한다(보고서에서 인쇄할 레코드를 제한).

148 다음의 이벤트 프로시저에서 [Command1] 단추를 클릭했을 때의 실행 결과로 옳은 것은?

```
Private Sub Command1_Click( )
    DoCmd.OpenForm "사원정보", acNormal
    DoCmd.GoToRecord , , acNewRec
End Sub
```

① [사원정보] 테이블이 열리고, 가장 마지막 행의 새 레코드에 포커스가 표시된다.
② [사원정보] 폼이 열리고, 첫 번째 레코드의 가장 왼쪽 컨트롤에 포커스가 표시된다.
③ [사원정보] 폼이 열리고, 마지막 레코드의 가장 왼쪽 컨트롤에 포커스가 표시된다.
④ [사원정보] 폼이 열리고, 새 레코드를 입력할 수 있도록 비워진 폼이 표시된다.

해설
- DoCmd 개체 : 액세스 매크로 함수를 실행할 수 있는 액세스 개체로 창 닫기, 폼 열기, 컨트롤 값 설정 등과 같은 액세스 함수를 실행한다.
- OpenForm : 폼 보기, 폼 디자인 보기, 인쇄 미리 보기, 데이터시트 보기로 폼을 연다.
- GoToRecord : 지정한 레코드를 열려 있는 테이블, 폼, 쿼리 결과 집합에서 현재 레코드로 만든다.
- OpenForm "사원정보"로 사원정보 폼을 폼 보기(acNormal)로 열고, 새 레코드(acNewRec)로 이동하는(GoToRecord) 이벤트 프로시저를 수행한다.

149 다음 중 Application 개체의 속성과 메서드에 대한 설명으로 옳은 것은?

① CurrentData : 현재 액세스 프로젝트나 액세스 데이터베이스에 대한 참조
② Run : 사용자 정의 Function 또는 Sub 프로시저를 수행
③ CurrentProject : 현재 데이터베이스에 저장된 개체를 참조
④ DoCmd : 인수로 지정된 명령어를 실행

해설
- CurrentData : CurrentData 개체와 이와 관련된 컬렉션, 속성, 메서드에 액세스한다.
- CurrentProject : 액세스 프로젝트(.adp)나 액세스 데이터베이스(.accdb)에 대한 참조를 한다.
- DoCmd : 창 닫기, 폼 열기, 컨트롤 값 설정 등과 같은 작업을 수행한다.

150 다음 중 Connection 개체와 관련된 메서드나 속성에 해당하지 않는 것은?

① Open : 데이터 원본에 대한 연결을 설정한다.
② Execute : 지정된 쿼리, SQL 구문 등을 실행한다.
③ AddNew : 새 레코드를 만든다.
④ ConnectionString : 데이터 원본을 연결할 때 사용되는 정보를 나타낸다.

해설 AddNew : 업데이트 가능한 Recordset 개체를 위한 새 레코드를 작성한다.

정답 147 ③ 148 ④ 149 ② 150 ③

Part 03

Computer Efficiency Test

실전모의고사

제01회 실전모의고사

제02회 실전모의고사

제03회 실전모의고사

제04회 실전모의고사

제05회 실전모의고사

제 01 회 실전모의고사

• 정답 및 해설 : 426쪽

1과목 | 컴퓨터 일반

01 다음 중 CPU가 프로그램의 명령어를 수행하는 중에 산술 및 논리 연산의 결과를 일시적으로 저장하는 레지스터로 옳은 것은?

① 주소 레지스터(MAR)
② 누산기(AC)
③ 명령어 레지스터(IR)
④ 프로그램 카운터(PC)

02 한글 Windows의 [이더넷 속성] 대화 상자에 있는 [네트워킹] 탭에서 설치하거나 제거할 수 있는 네트워크 구성 요소로 옳지 않은 것은?

① Microsoft Networks용 클라이언트
② Microsoft 네트워크용 파일 및 프린터 공유
③ 인터넷 프로토콜(TCP/IP)
④ 인터넷 방화벽

03 다음 중 LAN에 연결된 컴퓨터에서 고정 IP 주소로 인터넷에 접속하기 위해 설정해야 할 인터넷 프로토콜 버전 4(TCP/IPv4) 항목으로 옳지 않은 것은?

① IP 주소　② 게이트웨이 주소
③ DNS 서버 주소　④ DHCP 서버 주소

04 다음 중 사용자가 눈으로 보는 현실 화면이나 실제 영상에 문자나 그래픽과 같은 가상의 3차원 정보를 실시간으로 겹쳐 보여주는 새로운 멀티미디어 기술을 의미하는 용어로 옳은 것은?

① 가상 장치 인터페이스(VDI)
② 가상 현실 모델 언어(VRML)
③ 증강 현실(AR)
④ 주문형 비디오(VOD)

05 다음 중 7개의 데이터 비트(Data Bit)와 1개의 패리티 비트(Parity Bit)를 사용하며, 128개의 문자를 표현할 수 있는 코드로 옳은 것은?

① BCD 코드　② ASCII 코드
③ EBCDIC 코드　④ UNI 코드

06 다음 중 디지털 이미지, 오디오, 비디오 등의 파일에 저작권 정보를 식별할 수 있도록 삽입된 특정한 비트 패턴을 의미하는 것은?

① 디지털 기록(Digital Recording)
② 디지털 워터마크(Digital Watermark)
③ 디지털 인증서(Digital Certificate)
④ 디지털 서명(Digital Signature)

07 다음 중 호스트의 IP 주소를 호스트와 연결된 네트워크 접속 장치의 물리적 주소로 번역해 주는 프로토콜로 옳은 것은?

① TCP　② UDP
③ IP　④ ARP

08 한글 Windows에서 사용하는 [사용자 계정]에 관한 설정으로 옳지 않은 것은?

① 컴퓨터를 공유하는 각 사용자별로 Windows를 설정하며, 고유한 계정 이름, 그림 및 암호를 선택하고 개별적으로 적용되는 다른 설정을 선택할 수 있다.
② 개인 파일, 즐겨 찾는 웹 사이트 목록 및 최근 방문한 웹 페이지 목록을 사용자별로 관리할 수 있다.
③ 관리자 계정을 가진 사용자가 다른 사용자의 암호를 임의로 변경하면 해당 사용자는 웹 사이트 또는 네트워크 리소스에 대한 저장된 암호 및 개인 인증서를 모두 잃게 된다.

④ 컴퓨터를 여러 사람이 공유하되 각 사용자는 고유한 파일 및 설정을 사용할 수 있다.

09 한글 Windows에서 [파일 탐색기] 창의 기능과 구조에 대한 설명으로 옳지 않은 것은?

① 탐색 창의 폴더 영역과 파일 영역의 크기를 조절하려면 양쪽 영역을 구분하는 경계선을 좌우로 드래그한다.
② 탐색 창의 폴더 영역에서 폴더를 선택한 후에 숫자 키패드의 / 키를 누르면 선택된 폴더의 모든 하위 폴더를 표시해 준다.
③ 탐색 창의 폴더 영역에서 폴더를 선택한 후에 왼쪽 방향키 ←를 누르면 선택된 폴더가 열려있을 때는 닫고, 닫혀 있으면 상위 폴더가 선택된다.
④ 탐색 창의 폴더 영역에서 폴더를 선택한 후 BackSpace 키를 누르면 상위 폴더가 선택된다.

10 한글 Windows의 [전원 옵션] 창에서 전원 관리 옵션에 해당되지 않는 것은?

① 균형 조정 ② 절전
③ 고성능 ④ 최대 절전 모드

11 다음 중 Java 언어에 대한 설명으로 옳지 않은 것은?

① 객체 지향 언어로 추상화, 상속화, 다형성과 같은 특징을 가진다.
② 인터프리터를 이용한 프로그래밍 언어로 특히 인공 지능 분야에서 널리 사용되고 있다.
③ 네트워크 환경에서 분산 작업이 가능하도록 설계되었다.
④ 특정 컴퓨터 구조와 무관한 가상 바이트 머신 코드를 사용하므로 플랫폼이 독립적이다.

12 다음은 프린터 설치 과정을 설명한 것이다. 올바른 순서로 연결된 것은?

㉠ 시스템에 연결된 방법에 따라 로컬 프린터와 네트워크 프린터를 선택한다.
㉡ [프린터 추가 마법사]를 실행한다.
㉢ 시험 인쇄를 한다.
㉣ 프린터의 제조업체와 모델명을 선택한다.
㉤ 프린터에 사용할 포트를 선택한다.

① ㉠-㉡-㉤-㉣-㉢ ② ㉠-㉡-㉣-㉢-㉤
③ ㉡-㉠-㉣-㉤-㉢ ④ ㉡-㉠-㉤-㉣-㉢

13 다음 중 디지털 콘텐츠의 제작 및 유통, 보안 등의 모든 과정을 관리할 수 있게 하는 기술 표준을 제시한 MPEG의 종류로 옳은 것은?

① MPEG-3 ② MPEG-4
③ MPEG-7 ④ MPEG-21

14 한글 Windows에 설치된 프린터의 인쇄 관리자 창에 관한 설명으로 옳지 않은 것은?

① 인쇄 대기열에 있는 문서의 인쇄를 일시 중지시킬 수 있다.
② [문서]-[취소] 메뉴를 선택하면 일시 중지가 취소되어 문서를 다시 인쇄된다.
③ 현재 인쇄가 수행 중인 상태에서 새로운 문서의 인쇄 명령을 실행하면 인쇄 대기열에 추가된다.
④ 인쇄 대기열에 있는 문서의 인쇄 순서를 변경할 수 있다.

15 다음 중 데이터 전송에 사용되는 장비에 대한 설명으로 옳지 않은 것은?

① 데이터 전송의 정확성을 보장받기 위하여 라우터를 사용한다.
② 디지털 데이터의 감쇠 현상을 방지하기 위해서 리피터를 사용한다.
③ 아날로그 데이터의 감쇠 현상을 복원하기 위해서 증폭기를 사용한다.
④ 모뎀은 디지털 신호와 아날로그 신호를 상호 변환하는 기능을 가진다.

16 한글 Windows에서 네트워크상에 공유된 프린터에 관한 설명으로 옳지 않은 것은?

① 공유된 프린터와 연결된 컴퓨터는 항상 켜져 있어야 네트워크상의 다른 컴퓨터에서 사용할 수 있다.

② 공유된 프린터의 아이콘 그림에는 왼쪽 아래에 체크 표시가 추가되어 다른 프린터와 구별된다.

③ 프린터의 공유를 원하면 [제어판]-[장치 및 프린터]를 선택한 후 공유할 프린터의 바로 가기 메뉴에서 [프린터 속성]을 선택한다.

④ 한 대의 컴퓨터에서 동일한 네트워크에 존재하는 공유된 프린터를 여러 대 설정할 수 있다.

17 다음 중 컴퓨터에서 사용하는 펌웨어에 관한 설명으로 옳은 것은?

① 하드웨어의 교체 없이 소프트웨어 업그레이드만으로도 시스템 성능을 개선할 수 있다.

② 컴퓨터를 더욱 효율적으로 사용하기 위한 전기, 전자적 장치이다.

③ 주로 캐시 메모리에 일시적으로 저장되어 하드웨어를 제어 또는 관리하는 역할을 한다.

④ 컴퓨터 바이러스의 일종으로 시스템 성능을 저하시킬 수 있으므로 가급적 사용하지 않아야 한다.

18 다음 중 다양한 정보의 데이터베이스를 구축하여 사용자가 요구하는 정보를 원하는 시간에 서비스 받을 수 있는 멀티미디어 서비스를 무엇이라 하는가?

① 폴링(Polling)

② P2P(Peer-to-Peer)

③ VCS(Video Conference System)

④ VOD(Video-On-Demand)

19 다음 중에서 컴퓨터 네트워크와 관련하여 인트라넷(Intranet)에 대한 설명으로 옳은 것은?

① 음성이나 비디오 등의 아날로그 신호를 전송에 적합한 디지털 신호로 변환하고, 그 역의 작업을 수행하는 네트워크 장치이다.

② 기업체, 연구소 등 조직 내부의 각종 업무를 인터넷 기술을 활용하여 손쉬운 방법으로 처리할 수 있도록 한 것이다.

③ 지역적으로 분산된 여러 대의 컴퓨터를 연결하여 작업을 분담하여 처리하는 네트워크 형태이다.

④ 기업체가 협력 업체와 고객간의 정보 공유를 목적으로 구성한 네트워크이다.

20 다음 내용이 설명하는 운영 체제의 운영 방식으로 옳은 것은?

> 지역적으로 여러 개의 컴퓨터를 연결해서 작업을 분담 처리하는 시스템으로 컴퓨터의 부담을 줄이며, 일부의 시스템 고장 시에도 운영이 가능하도록 하는 방식이다.

① 분산 처리 시스템

② 시분할 시스템

③ 다중 처리 시스템

④ 다중 프로그래밍 시스템

2과목 | 스프레드시트 일반

21 다음 중 시나리오에 대한 설명으로 옳지 않은 것은?

① 시나리오 관리자에서 시나리오를 삭제하면 시나리오 요약 보고서의 해당 시나리오도 자동적으로 삭제된다.

② 특정 셀의 변경에 따라 연결된 결과 셀의 값이 자동으로 변경되어 결과값을 예측할 수 있다.

③ 여러 시나리오를 비교하기 위해 시나리오를 피벗 테이블로 요약할 수 있다.

④ 변경 셀과 결과 셀에 이름을 지정한 후 시나리오 요약 보고서를 작성하면 결과에 셀 주소 대신 지정한 이름이 표시된다.

22 다음 중 항목의 구성비를 표현하는데 적합한 차트인 원형 차트 및 도넛형 차트에 대한 설명으로 옳지 않은 것은?

① 원형 차트의 모든 조각을 차트 중심에서 끌어낼 수 있다.
② 도넛형 차트는 원형 차트와 마찬가지로 전체에 대한 각 부분의 구성비를 보여 주지만 데이터 계열이 두 개 이상 포함될 수 있다는 점이 다르다.
③ 원형 차트는 첫째 조각의 각을 0도에서 360도 사이의 값을 이용하여 회전시킬 수 있으나 도넛형 차트는 첫째 조각의 각을 회전시킬 수 없다.
④ 도넛형 차트의 도넛 구멍 크기는 10%에서 90% 사이의 값으로 변경할 수 있다.

23 다음 워크시트에서 [A]열의 사원코드 중 첫 문자가 A이면 50, B이면 40, C이면 30의 기말수당을 지급하고자 할 때 수식으로 옳은 것은?

	A	B
1	사원코드	기말수당
2	A101	50
3	B101	40
4	C101	30
5	*수당단위는 천원임	
6		

① =IF(LEFT(A2, 1)="A", 50, IF(LEFT(A2, 1)="B", 40, 30))
② =IF(RIGHT(A2, 1)="A", 50, IF(RIGHT(A2, 1)="B", 40, 30))
③ =IF(LEFT(A2, 1)='A', 50, IF(LEFT(A2, 1)='B', 40, 30))
④ =IF(RIGHT(A2, 1)='A', 50, IF(RIGHT(A2, 1)='B', 40, 30))

24 다음 중 엑셀의 데이터 입력에 관한 설명으로 옳지 않은 것은?

① 한 셀에 여러 줄로 데이터를 입력하려면 Alt + Enter 키를 누르면 된다.
② 데이터 입력 도중 입력을 취소하려면 ESC 키나 [빠른 실행 도구 모음]의 [취소] 버튼을 클릭한다.
③ 여러 셀에 동일한 내용을 입력하려면 해당 셀을 범위로 지정한 후 데이터를 입력하고, Shift + Enter 키를 누른다.
④ 특정 부분을 범위로 지정한 후 데이터를 입력하고, Enter 키를 누르면 셀 포인터가 지정한 범위 안에서만 이동한다.

25 다음에서 설명하는 차트의 종류로 옳은 것은?

- 가로축의 값이 일정한 간격이 아닌 경우
- 가로축의 데이터 요소 수가 많은 경우
- 데이터 요소간의 차이점보다는 데이터 집합간의 유사점을 표시하려는 경우

① 주식형 차트 ② 분산형 차트
③ 영역형 차트 ④ 방사형 차트

26 다음 화면은 하나의 페이지를 페이지 나누기를 이용하여 6 페이지로 나눈 것이다. 페이지 나누기 미리 보기 화면에서 페이지 분할선을 해제하려면 마우스 오른쪽 버튼을 눌러 나타나는 메뉴 중 어느 것을 선택하면 되는가?

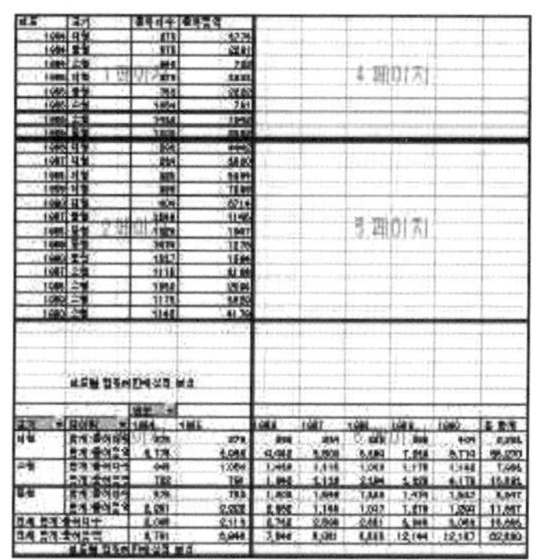

① 페이지 설정
② 인쇄 영역 설정
③ 페이지 나누기 모두 원래대로
④ 인쇄 영역 다시 설정

27 통합 문서를 열 때마다 특정 작업이 자동으로 수행되는 매크로를 작성하려고 한다. 이때 사용해야 할 매크로 이름으로 옳은 것은?

① Auto_Open ② Auto_Exec
③ Auto_Macro ④ Auto_Start

28 다음 중 피벗 테이블에 대한 설명으로 옳지 않은 것은?

① 피벗 차트 보고서는 피벗 테이블 보고서를 만들지 않고는 만들 수 없으며, 피벗 테이블과 피벗 차트를 함께 만든 후 피벗 테이블을 삭제하면 피벗 차트는 일반 차트로 변경된다.
② 피벗 테이블 보고서에서 필드 단추를 다른 열이나 행의 위치로 끌어다 놓으면 데이터 표시 형식이 달라진다.
③ 피벗 테이블 보고서는 엑셀에서 작성된 데이터를 대상으로 새로운 대화형 테이블을 만드는데 사용하며, 외부 액세스 데이터베이스에서 만들어진 데이터는 호환되지 않으므로 사용할 수 없다.
④ 피벗 테이블 보고서를 이용하면 가장 유용하고, 관심이 있는 하위 데이터 집합에 대해 필터, 정렬, 그룹 및 조건부 서식을 적용하여 원하는 정보만 강조할 수 있다.

29 다음 프로시저가 실행된 후 Total 값으로 옳은 것은?

```
Sub PTotal()
  For j = 1 To 10 Step 3
    Total = Total + j
  Next j
  MsgBox "총 "& Total& "입니다."
End Sub
```

① 17 ② 22
③ 12 ④ 10

30 다음 중 워크시트의 셀 구분선을 그대로 인쇄하기 위한 설정 방법으로 옳은 것은?

① [페이지 설정] 대화 상자의 [시트] 탭에서 '눈금선'을 선택한다.
② [페이지 설정] 대화 상자의 [페이지] 탭에서 '눈금선'을 선택한다.
③ [페이지 설정] 대화 상자의 [여백] 탭에서 '눈금선'을 선택한다.
④ [페이지 설정] 대화 상자의 [머리글/바닥글] 탭에서 '눈금선'을 선택한다.

31 다음 중 데이터 정렬에 관한 설명으로 옳지 않은 것은?

① 머리글 행이 없는 데이터도 원하는 기준으로 정렬이 가능하다.
② 영문자의 경우 대/소문자를 구분하여 정렬할 수 있으며, 오름차순으로 정렬하면 소문자가 우선 순위를 갖는다.
③ 글꼴에 지정된 색을 기준으로 정렬하려면 정렬 기준을 '셀 색'으로 설정한다.
④ 기본 내림차순 정렬은 오류값>논리값>문자>숫자>빈 셀의 순으로 정렬된다.

32 다음 중 10,000,000원을 2년간 대출할 때 연 5.5%의 이자율이 적용된다면 매월 말 상환해야 할 불입액을 구하기 위한 수식으로 옳은 것은?

① =PMT(5.5%/12, 24, -10000000)
② =PMT(5.5%, 24, -10000000)
③ =PMT(5.5%, 24, -10000000,0,1)
④ =PMT(5.5%/12, 24, -10000000,0,1)

33 엑셀에서 데이터를 정렬하려는데 다음과 같은 [정렬 경고] 대화 상자가 표시되었다. 다음 중 옳지 않은 것은?

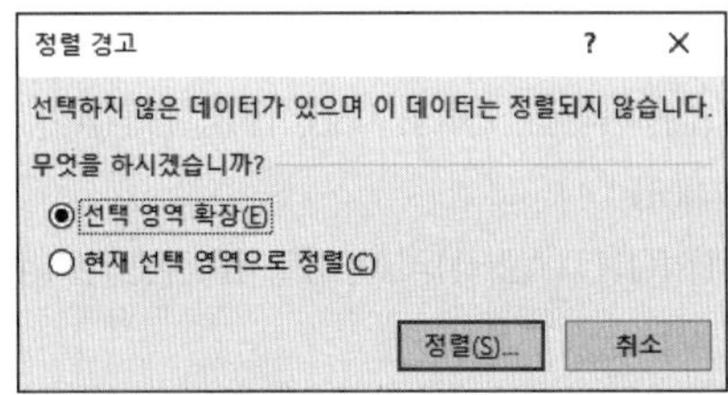

① 이 [정렬 경고] 대화 상자는 표 범위에서 하나의 열만 범위로 선택한 경우에 발생한다.
② 인접한 데이터를 포함하기 위해 선택 영역을 늘리려면 '선택 영역 확장'을 선택한다.
③ 이 [정렬 경고] 대화 상자는 셀 포인터가 표 범위 내에 있지 않기 때문에 발생한다.
④ '현재 선택 영역으로 정렬'을 선택하면 현재 설정한 열만을 정렬 대상으로 선택한다.

34 다음 시트에서 [C1] 셀에 수식 =A1+B1+C1을 입력할 경우 발생하는 오류에 대한 설명으로 옳은 것은?

	A	B	C
1	0	100	
2			

① #DIV/0! 오류 ② #NUM! 오류
③ #REF! 오류 ④ 순환 참조 경고

35 다음 시트에서 윤정희의 근속년을 2012년을 기준으로 구하고자 한다. 다음 중 [E11] 셀에 입력할 수식으로 옳은 것은?

	A	B	C	D	E
1					
2					
3		이름	입사일	부서	연봉
4		김나미	1990-03-01	영업부	3,000만원
5		김보라	1998-03-02	총무부	3,500만원
6		이지선	2003-03-02	총무부	3,200만원
7		윤정희	2001-03-02	영업부	2,000만원
8		임형석	2002-11-26	총무부	1,800만원
9		서민규	2000-10-08	총무부	2,200만원
10		김상희	2003-06-17	총무부	1,500만원
11		이름	윤정희	근속년	
12					

① =2012+YEAR(HLOOKUP(C11, $B$3:$E$10, 2, 0))
② =2012−YEAR(HLOOKUP(C11, $B$3:$E$10, 2, 1))
③ =2012+YEAR(VLOOKUP(C11, $B$3:$E$10, 2, 0))
④ =2012−YEAR(VLOOKUP(C11, $B$3:$E$10, 2, 0))

36 다음 중 작성된 매크로를 실행하는 방법으로 옳지 않은 것은?

① [매크로] 대화 상자에서 매크로를 선택하여 실행한다.
② 매크로를 작성할 때 지정한 바로 가기 키를 이용하여 실행한다.
③ 매크로를 지정한 도형을 클릭하여 실행한다.
④ 매크로가 적용되는 셀의 바로 가기 메뉴를 이용하여 실행한다.

37 다음 중 [매크로] 대화 상자에 대한 설명으로 옳지 않은 것은?

```
Sub EnterValue( )
  Worksheets("Sales").Cells(6, 1).Value= "korea"
End Sub
```

① Sales 시트의 [A1] 셀에 korea를 입력한다.
② Sales 영역의 [A1:A6] 셀에 korea를 입력한다.
③ Sales 시트의 [A6] 셀에 korea를 입력한다.
④ Sales 시트의 [F1] 셀에 korea를 입력한다.

38 다음 중 3을 넣으면 화면에 3000이 입력되는 것처럼 일정한 소수점의 위치를 지정하여 입력을 빠르게 하기 위한 방법으로 옳은 것은?

① [Excel 옵션]-[수식]-[데이터 범위의 서식과 수식을 확장]에서 소수점의 위치를 지정한다.
② [Excel 옵션]-[고급]-[소수점 자동 삽입]에서 소수점의 위치를 지정한다.
③ [Excel 옵션]-[편집]-[셀에서 직접 편집]에서 소수점의 위치를 지정한다.
④ [Excel 옵션]-[고급]-[셀 내용 자동 완성]에서 소수점의 위치를 지정한다.

39 다음 중 한자와 특수 문자 입력에 대한 설명으로 옳지 않은 것은?

① 한글 자음 중 하나를 입력한 후 [한자] 키를 누르면 화면 하단에 특수 문자 목록이 표시된다.
② '국'과 같이 한자의 음이 되는 글자를 한 글자를 입력한 후 [한자] 키를 누르면 화면 하단에 해당 글자에 대한 한자 목록이 표시된다.
③ 한글 모음을 입력한 후 [한자] 키를 이용하면 그리스 문자를 편리하게 사용할 수 있다.
④ 한글 자음에 따라서 화면 하단에 표시되는 특수 문자가 다르다.

40 다음 중 아래의 빈칸 ㉠과 ㉡에 들어갈 내용으로 옳은 것은?

> • [㉠]와/과 [㉡]은/는 엑셀의 연산이나 기타 기능에 상관없이 사용자에게 셀에 입력된 데이터의 추가 정보를 제공하기 위해서 사용하는 것이다.
> • 셀의 데이터를 삭제할 때 [㉠]은/는 함께 삭제되지 않으며, [㉡]은/는 함께 삭제된다.

① ㉠ : 메모 ㉡ : 윗주
② ㉠ : 윗주 ㉡ : 메모
③ ㉠ : 메모 ㉡ : 회람
④ ㉠ : 회람 ㉡ : 메모

3과목 | 데이터베이스 일반

41 다음 중 관계형 데이터베이스에서 사용되는 용어에 대한 설명으로 옳은 것은?

① 도메인(Domain) : 테이블에서 행을 나타내는 말로 레코드와 같은 의미
② 튜플(Tuple) : 하나의 속성이 취할 수 있는 값의 집합
③ 속성(Attribute) : 테이블에서 열을 나타내는 말로 필드와 같은 의미
④ 차수(Degree) : 한 릴레이션에서 튜플의 개수

42 다음 중 레코드가 추가될 때마다 시스템에서 자동으로 값을 입력해주며, 업데이트나 수정이 불가능한 데이터 형식은?

① 텍스트 ② 숫자
③ 일련번호 ④ 예/아니요

43 다음 중 폼에서 Alt+T 키를 눌렀을 때 폼에 삽입된 단추 컨트롤을 클릭했을 때와 동일하게 동작하도록 설정하는 방법은?

① 명령 단추의 단축키 속성에 T를 입력한다.
② 캡션 속성에 &T라는 글자를 포함시킨다.
③ 명령 단추의 이름을 T로 지정한다.
④ 명령 단추의 이름에 _T라는 글자를 포함시킨다.

44 폼에서 텍스트 상자 컨트롤에 데이터를 입력하려고 한다. 다음 중 해당 컨트롤에 포커스가 위치한 경우 입력 모드를 '한글' 또는 '영숫자반자'와 같은 입력 상태로 지정하려고 할 때 사용하는 컨트롤의 속성으로 옳은 것은?

① 엔터키 기능(EnterKey Behavior)
② 상태 표시줄(StatusBar Text)
③ 탭 인덱스(Tab Index)
④ 입력 시스템 모드(IME Mode)

45 테이블에서 이미 작성된 필드의 순서를 변경하려고 할 때 옳지 않은 것은?

① 데이터시트 보기에서 이동시킬 필드를 선택한 후 새로운 위치로 드래그 앤 드롭하여 필드를 이동시킬 수 있다.
② 디자인 보기에서 이동시킬 필드를 선택한 후 새로운 위치로 드래그 앤 드롭하여 필드를 이동시킬 수 있다.
③ 디자인 보기에서 한번에 여러 개의 필드를 선택한 후 이동시킬 수 있다.
④ 데이터시트 보기에서 잘라내기와 붙여넣기를 이용하여 필드를 이동시킬 수 있다.

46 다음 보고서에 대한 설명으로 옳지 않은 것은? (단, 보고서는 전체 7페이지이며, 현재 페이지는 4페이지이다.)

제품별 납품 현황

제품코드	제품명	납품일자	거래처명	납품단가	납품수량	납품금액
D5	커플러	2003-10-12	구리전기	35	45	1,575
		2003-10-19	의정부전기	35	94	3,290
		2003-10-09	호주전기	35	31	1,085
		납품건수: 7				
제품코드	제품명	납품일자	거래처명	납품단가	납품수량	납품금액
D6	PCB	2003-08-12	강화전기	65	23	1,495
		2003-12-20	산본전기	65	34	2,210
		2003-08-22	금촌전기	65	42	2,730
		납품건수: 3				
제품코드	제품명	납품일자	거래처명	납품단가	납품수량	납품금액
D7	와이어	2003-08-21	평화전기	40	31	1,240

4/7

① '제품별 납품 현황'을 표시하는 제목은 보고서 머리글에 작성하였다.
② '그룹화 및 정렬' 옵션 중 '같은 페이지에 표시 안 함'을 설정하였다.
③ '제품코드'에 대한 그룹 머리글과 그룹 바닥글을 모두 만들었다.
④ '제품코드'와 '제품명'을 표시하는 컨트롤의 '중복 내용 숨기기' 속성을 '예'로 설정하였다.

47 다음 중 외부 데이터 가져오기 기능을 이용하여 액세스로 가져올 수 없는 데이터 형식은?

① dBASE 파일
② Lotus 1-2-3 파일
③ HWP 파일
④ 텍스트 파일

48 다음 중 하위 폼에서 새로운 레코드를 추가하려고 할 때 설정해야 할 폼 속성은?

① '필터 사용'을 '예'로 설정한다.
② '추가 가능'을 '예'로 설정한다.
③ '편집 가능'을 '예'로 설정한다.
④ '삭제 가능'을 '예'로 설정한다.

49 다음과 같이 페이지 번호를 출력하고자 할 때의 수식으로 옳은 것은?

7 페이지 중 1

① =[Page]& 페이지 중& [Pages]
② =[Pages]& 페이지 중& [Page]
③ =[Page]& " 페이지 중 "& [Pages]
④ =[Pages]& " 페이지 중 "& [Page]

50 폼이나 보고서의 특정 컨트롤에서 '=[단가]*[수량]*(1-[할인률])'과 같은 계산식을 사용하고자 한다. 이때 계산 결과를 소수점 이하 첫째 자리까지 표시하기 위한 함수는?

① Clng( )
② Val( )
③ Format( )
④ DLookUp( )

51 다음 중 SQL문에서 HAVING문을 사용하여 조건을 설정할 수 있는 것은?

① GROUP BY 절
② LIKE 절
③ WHERE 절
④ ORDER BY 절

52 다음 중 보고서 작성 시 레코드 정렬에 대한 설명으로 옳은 것은?

① 보고서에서 필드나 식을 기준으로 7개까지 정렬할 수 있다.
② 특정 필드를 기준으로 오름차순 또는 내림차순으로 정렬할 수 있다.
③ 정렬할 필드나 식을 선택하면 기본적으로 내림차순으로 설정된다.
④ 그룹에 대해서는 머리글이나 바닥글을 표시할 수 없다.

53 다음과 같은 [회비납부] 테이블을 이용하여 월별로 납부금액의 합계를 계산하는 SQL문으로 옳은 것은?

회비납부

필드 이름	데이터 형식
납부일	날짜/시간
회원번호	텍스트
납부금액	통화

회비납부

납부일	회원번호	납부금액
2013-01-07	200001	₩25,000
2013-01-21	200002	₩25,000
2013-01-30	200003	₩30,000
2013-02-04	200001	₩25,000
2013-02-06	200002	₩25,000
2013-02-13	200003	₩30,000
2013-02-26	201304	₩50,000

① select month(납부일) as 월, sum(납부금액) from 회비납부 where year(납부일) = year(date( )) group by 납부일
② select month(납부일) as 월, sum(납부금액) from 회비납부 where year(납부일) = year(date( )) group by month(납부일)

③ select month(납부일) as 월, sum(납부금액) from 회비납부 group by 납부일 where year(납부일) = year(date( ))

④ select month(납부일) as 월, sum(납부금액) from 회비납부 group by month(납부일) where year(납부일) = year(date( ))

54 다음 중 쿼리에 대한 설명으로 옳지 않은 것은?

① 쿼리는 테이블의 데이터를 이용하여 사용자가 원하는 형식으로 가공하여 보여줄 수 있다.

② 테이블이나 다른 쿼리를 이용하여 새로운 쿼리를 생성할 수 있다.

③ 쿼리는 단순한 조회 이외에도 데이터의 추가, 삭제, 수정 등을 수행할 수 있다.

④ 쿼리를 이용하여 추출한 결과는 폼과 보고서에서만 사용할 수 있다.

55 다음 중 하위 폼에 대한 설명으로 옳지 않은 것은?

① 하위 폼은 테이블, 쿼리나 다른 폼을 이용하여 작성할 수 있다.

② 연결된 기본 폼과 하위 폼 모두 연속 폼의 형태로 표시할 수 있다.

③ 사용할 수 있는 하위 폼의 개수에는 제한이 없으나 하위 폼의 중첩은 7개 수준까지만 가능하다.

④ 기본 폼과 하위 폼을 연결할 필드의 데이터 형식은 같거나 호환되어야 한다.

56 다음 데이터베이스 관련 용어 중에서 성격이 다른 것은?

① DDL　② DBA

③ DML　④ DCL

57 다음 중 Recordset 개체에 대한 설명으로 옳지 않은 것은?

① Recordset 개체는 레코드(행)와 필드(열)를 사용하여 구성된다.

② 테이블에서 가져온 레코드를 임시로 저장해 두는 레코드 집합이다.

③ 공급자가 지원하는 기능에 관계없이 Recordset의 속성이나 메소드를 사용할 수 있다.

④ Recordset 개체는 언제나 현재 레코드의 설정 내에서 단일 레코드만 참조한다.

58 다음 중 서로 관계를 맺고 있는 릴레이션 R1과 R2에서 릴레이션 R2의 한 속성이나 속성의 조합이 릴레이션 R1의 기본키인 것을 무엇이라고 하는가?

① 대체 키(Alternate Key)

② 슈퍼 키(Super Key)

③ 후보 키(Candidate Key)

④ 외래 키(Foreign Key)

59 다음 중 보고서의 원본으로 사용할 수 없는 것은?

① 폼　② 쿼리

③ 테이블　④ SQL 구문

60 다음 중 함수에 대한 설명으로 옳지 않은 것은?

① ROUND( ) : 인수로 입력한 숫자를 지정한 자리수로 반올림해 준다.

② DSUM( ) : 지정된 레코드 집합에서 해당 필드값의 합계를 계산할 수 있다.

③ INSTR( ) : 문자열에서 특정한 문자 또는 문자열이 존재하는 위치를 구해 준다.

④ VALUE( ) : 문자열에 포함된 숫자를 적절한 형식의 숫자 값으로 반환한다.

제 02 회 실전모의고사

• 정답 및 해설 : 429쪽

1과목 | 컴퓨터 일반

01 한글 Windows의 레지스트리(Registry)에 대한 설명으로 가장 옳지 않은 것은?

① 윈도우즈에서 사용하는 환경 설정 및 각종 시스템과 관련된 정보가 저장되어 있는 데이터베이스이다.
② 레지스트리에 이상이 있을 경우 윈도우즈 운영체제에 치명적인 손상이 생길 수 있다.
③ 레지스트리 파일은 윈도우즈의 부팅 관련 파일과 시스템 관련 프로그램의 설정 파일로 구성되어 있다.
④ [Windows 시스템]–[실행]에서 "regedit" 명령으로 레지스트리 편집기를 실행할 수 있다.

02 다음 중 컴퓨터에서 사용하는 캐시 메모리에 관한 설명으로 옳은 것은?

① 중앙 처리장치와 주기억 장치 사이에 위치하여 컴퓨터의 처리 속도를 향상시키는 역할을 한다.
② RAM의 종류 중 DRAM이 캐시 메모리로 사용된다.
③ 보조 기억 장치의 일부를 주기억 장치처럼 사용하는 메모리이다.
④ 주기억 장치의 용량보다 큰 프로그램을 로딩하여 실행시킬 경우에 사용된다.

03 다음 중 쿠키에 대한 설명으로 옳은 것은?

① 인터넷 사용 시 네트워크에 접속하기 위한 프로그램이다.
② 특정 웹 사이트 접속 시 반복적으로 사용되는 접속 정보를 가지고 있는 파일이다.
③ 웹 브라우저에서 기본으로 제공하지 않는 기능을 부가적으로 설치하여 구현되도록 한다.
④ 자주 사용하는 사이트의 자료를 저장한 후 다시 동일한 사이트 접속 시 자동으로 자료를 불러온다.

04 다음 중 개인용 컴퓨터에서 메인보드의 구성 요소와 관련된 설명으로 옳지 않은 것은?

① 칩셋(Chip Set)의 종류에는 사우스 브리지와 노스 브리지 칩이 있으며, 메인보드를 관리하기 위한 정보와 각 장치를 지원하기 위한 정보가 들어 있다.
② 메인보드의 버스(Bus)는 컴퓨터에서 데이터를 주고받는 통로로 사용 용도에 따라 내부 버스, 외부 버스, 확장 버스가 있다.
③ 포트(Port)는 메인보드와 주변 장치를 연결하기 위한 접속 장치로 직렬 포트, 병렬 포트, PS/2 포트, USB 포트 등이 있다.
④ 바이오스(BIOS)는 컴퓨터의 기본 입출력 장치나 메모리 등의 하드웨어 작동에 필요한 명령을 모아놓은 프로그램으로 RAM에 위치한다.

05 다음 중 TCP/IP 통신에서 클라이언트가 인터넷을 사용할 수 있도록 하기 위해 동적인 IP 주소를 할당받도록 해주는 것은?

① WWW　　② HTML
③ DHCP　　④ WINS

06 다음 중 인터넷 서버까지의 경로를 추적하는 명령어인 Tracert의 실행 결과에 관한 설명으로 옳지 않은 것은?

① IP 주소, 목적지까지 거치는 경로의 수, 각 구간 사이의 데이터 왕복 속도를 확인할 수 있다.
② 특정 사이트가 열리지 않을 때 해당 서버가 문제인지 인터넷 망이 문제인지를 확인할 수 있다.
③ 인터넷 속도가 느릴 때 어느 구간에서 정체를 일으키는지를 확인할 수 있다.

④ 현재 자신의 컴퓨터에 연결된 다른 컴퓨터의 IP 주소나 포트 정보를 확인할 수 있다.

07 다음 중 이미지 표현 방식에 대한 설명으로 옳지 않은 것은?

① 비트맵 방식은 그림을 픽셀(Pixel)이라고 하는 여러 개의 점으로 표시하는 방식이다.
② 비트맵 방식으로 저장된 이미지는 벡터 방식에 비해 메모리를 적게 차지하며, 화면에 보여주는 속도가 느리다.
③ 벡터 방식은 점과 점을 연결하는 직선이나 곡선을 이용하여 이미지를 표현하는 방식이다.
④ 벡터 방식은 그림을 확대 또는 축소할 때 화질의 손상이 거의 없다.

08 한글 Windows에서 프린터 설치에 관한 설명으로 옳지 않은 것은?

① 이미 설치한 프린터라도 다른 이름으로 다시 설치할 수 있다.
② 새로운 프린터를 설치하는 과정에서 네트워크 프린터를 기본 프린터로 설정하려면 반드시 스풀링 설정이 필요하다.
③ 여러 대의 프린터를 한 대의 컴퓨터에 설치할 수 있고, 한 대의 프린터를 네트워크로 공유하여 여러 대의 컴퓨터에서 사용할 수 있다.
④ 컴퓨터에서 기본 프린터는 한 대만 지정할 수 있으며, 기본 프린터로 설정된 프린터도 삭제할 수 있다.

09 다음 중 Windows가 시작될 때 자동으로 실행되는 응용 프로그램들 중 일부 프로그램을 자동으로 실행되지 않도록 설정하기 위해 실행해야 할 명령어는?

① taskmgr ② format
③ winver ④ msconfig

10 한글 Windows에서 [Windows 업데이트] 기능에 관한 설명으로 옳지 않은 것은?

① Windows 운영 체제의 보안 및 성능을 향상시킬 수 있다.
② [고급 옵션] 기능을 이용하면 Windows를 업데이트할 때 다른 Microsoft 제품에 대한 업데이트 받기를 설정할 수 있다.
③ [Windows 업데이트]를 통하여 바이러스 백신 소프트웨어의 업데이트를 할 수 있다.
④ 비디오 카드나 사운드 카드와 같은 하드웨어 드라이버와 관련된 업데이트도 할 수 있다.

11 운영 체제는 사용자 편의성과 시스템 생산성을 높이기 위한 프로그램이다. 다음 중 운영 체제의 목적으로 가장 거리가 먼 것은?

① 처리 능력 증대 ② 신뢰도 향상
③ 응답 시간 단축 ④ 파일 전송

12 한글 Windows의 [시스템] 창에 관한 설명으로 옳지 않은 것은?

① [시스템] 창에서 컴퓨터 이름이나 작업 그룹 등을 확인하고, 변경할 수 있다.
② [제어판]에 있는 [시스템]을 클릭하면 표시된다.
③ [시스템] 창에서 [시작] 메뉴의 속성을 변경할 수 있다.
④ 바탕 화면에 있는 [컴퓨터]의 바로 가기 메뉴에서 [속성]을 선택하면 표시된다.

13 한글 Windows의 인쇄 작업에 대한 설명으로 옳지 않은 것은?

① 프린터에서 인쇄 작업이 시작된 경우라도 잠시 중지 시켰다가 다시 이어서 인쇄가 가능하다.
② 여러 개의 출력 파일들의 출력 대기 상태를 확인할 수 있다.
③ 여러 개의 출력 파일들이 출력 대기할 때 출력 순서를 임의로 조정할 수 있다.
④ 일단 프린터에서 인쇄 작업에 들어간 것은 프린터 전원을 끄기 전에는 강제로 종료시킬 수 없다.

14 다음 중 네트워크 연결을 위한 동배간 처리(Peer-To-Peer) 방식에 대한 설명으로 옳지 않은 것은?

① 컴퓨터와 컴퓨터가 동등하게 연결되는 방식이다.
② 각각의 컴퓨터는 클라이언트인 동시에 서버가 될 수 있다.
③ 워크스테이션이나 PC를 단말기로 사용하는 작은 규모의 네트워크에 많이 사용된다.
④ 유지 보수가 쉬우며, 데이터의 보안이 우수하고 주로 데이터 양이 많을 때 사용한다.

15 다음 중 보안 기법에 대한 설명으로 옳지 않은 것은?

① 사용자 인증은 사용자를 식별하고 정상적인 사용자인지를 검증함으로써 허가되지 않은 사용자의 접근을 차단하는 방법이다.
② 방화벽 보안 시스템은 외부로부터 들어오는 불법적 해킹은 차단되나 내부의 불법적 해킹은 차단하지 못한다.
③ 암호화 방법은 동일한 키로 데이터를 암호화하고, 복호화 하는 공개키 암호화 기법과 서로 다른 키로 데이터를 암호화하고 복호화 하는 비밀키 암호화 기법이 있다.
④ 전자 우편에서 사용되는 대표적인 보안 방법은 PGP와 PEM이다.

16 다음 중 한 이미지가 다른 이미지로 변형되어 가는 과정을 뜻하는 그래픽 기법으로 특히 영화 산업에서 주로 사용되는 특수 효과는?

① 로토스코핑　　② 셀 애니메이션
③ 모핑　　④ 입자 시스템

17 다음 중 한 대의 시스템을 여러 사용자가 공동으로 이용하는 경우 각 사용자들에게 CPU에 대한 사용권을 일정 시간동안 할당하여 마치 각자가 컴퓨터를 독점하여 사용하고 있는 것처럼 느끼게 하는 시스템 운영 방식은?

① 일괄 처리 시스템
② 다중 프로그래밍 시스템
③ 다중 처리 시스템
④ 시분할 시스템

18 다음 중 보기 설명에 해당하는 네트워크의 구성 장비는?

- 두 개의 근거리 통신망(LAN) 시스템을 이어주는 접속 장치이다.
- 양쪽방향으로 데이터의 전송만 해줄 뿐 프로토콜 변환 등 복잡한 처리는 불가능하다.
- 네트워크 프로토콜과는 독립적으로 작용하므로 네트워크에 연결된 여러 단말들의 통신 프로토콜을 바꾸지 않고도 네트워크를 확장할 수 있다.

① 라우터　　② 스위칭 허브
③ 브리지　　④ 모뎀

19 다음 중 컴퓨터에서 사용하는 데이터의 논리적 구성 단위를 작은 것에서 큰 것 순으로 바르게 나열한 것은?

① 비트 – 바이트 – 워드 – 필드
② 워드 – 필드 – 바이트 – 레코드
③ 워드 – 필드 – 파일 – 레코드
④ 필드 – 레코드 – 파일 – 데이터베이스

20 다음 중 통신 기술에 대한 설명으로 옳지 않은 것은?

① ALL-IP : PSTN과 같은 유선 전화망과 무선망, 패킷 데이터망과 같은 기존 통신망 모두가 하나의 IP 기반 망으로 통합된다.
② UWB(Ultra-Wide Band) : 근거리에서 컴퓨터와 주변 기기 및 가전 제품 등을 연결하는 초고속 무선 인터페이스로 개인 통신망에 사용한다.
③ 지그비(Zigbee) : 저전력, 저비용, 저속도와 2.4GHz를 기반으로 하는 홈 자동화 및 데이터 전송을 위한 무선 네트워크 규격으로 반경 1Km 내에서 데이터 전송이 가능하다.
④ 와이브로(Wibro) : 무선과 광대역 인터넷을 통합한 의미로 휴대용 단말기를 이용하여 정지 및 이동 중에 인터넷에 접속이 가능하다.

2과목 | 스프레드시트 일반

21 다음 중 워크시트에서 사원번호의 첫 번째 문자가 'G'인 매출액[B2:B6]의 합계를 구하는 배열 수식은?

	A	B
1	사원번호	매출액
2	G1003	12548
3	T2005	7580
4	G2400	23587
5	M1233	23882
6	T3211	16839
7		

① ={SUM(LEFT($A$2:$A$6, 1="G")*$B$2:$B$6)}
② ={SUM((LEFT($A$2:$A$6, 1)="G"), $B$2:$B$6)}
③ {=SUM(LEFT($A$2:$A$6, 1="G"), $B$2:$B$6)}
④ {=SUM((LEFT($A$2:$A$6, 1)="G")*$B$2:$B$6)}

22 다음 중 그림과 같이 하나의 셀에 두 줄 이상의 데이터를 입력하고자 할 때 줄을 바꾸기 위하여 사용하는 바로 가기 키는?

	A	B
1	우리나라 대한민국	
2		

① Ctrl+Enter
② Ctrl+Shift+Enter
③ Alt+Enter
④ Shift+Enter

23 [C1] 셀에 "=A1*B1"이라는 계산식이 입력되어 있을 때 다음 중 입력된 수식의 결과를 값으로 변경하는 VBA 코드로 옳은 것은?

① Range("C1").Formula = Range("C1").Count
② Range("C1").Value = Range("C1").Value
③ Range("C1").Value = Range("C1").Formula
④ Range("C1").Formula = Range("C1").FormulaR1C1

24 다음 중 엑셀에서 정렬 기준으로 사용할 수 없는 것은?

① 셀 색 ② 셀 아이콘
③ 글꼴 색 ④ 글꼴 크기

25 다음 중 차트의 데이터 레이블 추가/제거에 대한 설명으로 옳지 않은 것은?

① 데이터 레이블이 겹치지 않고 읽기 쉽도록 차트에서 데이터 레이블의 위치를 조정할 수 있다.
② 레이블 내용은 계열 이름, 항목 이름, 차트 이름, 값 중에서 한 가지를 선택하여 표시할 수 있다.
③ 기본적으로 데이터 레이블은 워크시트 값에 연결되며, 변경될 때마다 자동으로 업데이트 된다.
④ 계열별 데이터 레이블 제거는 삭제를 원하는 계열의 데이터 레이블을 한 번 클릭하여 선택한 후 Delete 키를 누른다.

26 다음 중 부분합에 대한 설명으로 옳지 않은 것은?

① 부분합은 SUBTOTAL 함수를 사용하여 합계나 평균 등의 요약 값을 계산한다.
② 첫 행에는 열 이름표가 있어야 하며, 데이터는 그룹화 할 항목을 기준으로 정렬되어 있어야 한다.
③ 항목 및 하위 항목별로 데이터를 요약하며, 사용자 지정 계산과 수식을 만들 수 있다.
④ 부분합을 제거하면 부분합과 함께 표에 삽입된 윤곽 및 페이지 나누기도 제거된다.

27 다음 중 매크로 기록에 관한 설명으로 옳지 않은 것은?

① 작업에 영향을 끼칠 수 있는 동작이 기록되며, 틀린 동작과 불필요한 동작까지 함께 기록된다.
② 기본적으로 상대 참조로 기록되므로 절대 참조를 해야 할 경우 '절대 참조로 기록'을 클릭하여 전환해야 한다.
③ 매크로의 작성에 소요된 시간은 기록되지 않는다.
④ 미리 어떤 동작, 어떤 기능을 기록할 것인지 순서를 정하여 두고 작업하는 것이 좋다.

28 다음 중 그림과 같이 성유나의 성적 변화에 따른 평균의 변화를 표의 형태로 표시하기 위한 데이터 표 작업에 대한 설명으로 옳지 않은 것은?

	A	B
1	성명	성적
2	김도훈	74.5
3	홍기태	54.5
4	성유나	79.0
5	강정훈	80.5
6	남도현	65.5
7	소병국	72.5
8	평균	71.1
9		
10	성유나	평균
11		71.1
12	50	66.3
13	60	67.9
14	70	69.6
15	80	71.3
16	90	72.9
17	100	74.6
18		

① 데이터 표의 결과 값은 반드시 변화하는 성유나의 성적을 포함한 수식으로 작성되어야 한다.
② 평균의 변화 값을 구하는 데이터 표이므로 평균 [B8]의 수식을 그대로 [B11] 셀에 입력한다.
③ [A11:B17] 영역을 선택한 후 [데이터]–[예측]–[가상 분석]–[데이터 표]를 선택하여 실행한다.
④ [데이터 표] 대화 상자에서 '행 입력 셀'에 [B4]를 입력한다.

29 다음 중 [데이터]–[외부 데이터 가져오기]로 가져올 수 없는 파일 형식은?

① Access(*.accdb)
② 웹(*.htm)
③ XML 데이터(*.xml)
④ MS–Word(*.doc)

30 다음 시트에서 [B11] 셀에 영업1부의 인원수를 구하는 수식으로 옳지 않은 것은?

	A	B
1	성명	부서
2	김남이	영업3부
3	이지훈	영업1부
4	김현철	영업2부
5	하나영	영업1부
6	유미진	영업1부
7	임진태	영업2부
8	현상국	영업2부
9	한동일	영업1부
10		
11	영업1부 인원수	
12		

① =COUNTIF(B2:B9, "영업1부")
② {=SUM((B2:B9="영업1부")*1)}
③ {=SUM(IF(B2:B9="영업1부", 1))}
④ {=COUNT(IF(B2:B9="영업1부", 1, 0))}

31 다음 중 도넛형 차트의 구멍 크기를 작게 하는 방법으로 옳은 것은?

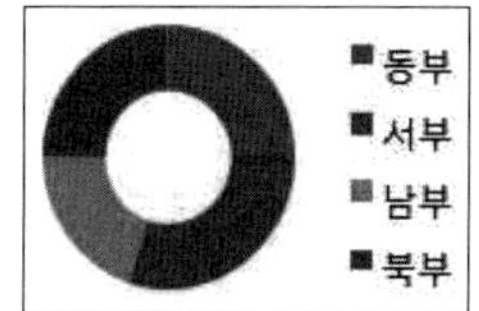

① [차트 옵션] 대화 상자의 [도넛형 차트] 탭에서 [직경]의 값을 작게 조정한다.
② [보기] 메뉴의 [차트 직경 조정]을 선택한다.
③ [데이터 계열 서식] 작업 창의 [계열 옵션]에서 [도넛 구멍 크기]의 값을 작게 조정한다.
④ [차트 옵션] 대화 상자에서 [옵션] 탭의 [내부 차트 크기]의 값을 작게 조정한다.

32 다음 중 메모에 대한 설명으로 옳지 않은 것은?

① 새 메모를 작성하려면 바로 가기 키 Shift+F2 키를 누르거나 [검토] 탭의 [메모] 그룹에서 '새 메모'를 클릭한다.
② 셀을 이동하면 메모를 제외한 수식, 결과값, 셀 서식 등이 이동된다.
③ 한 시트에 여러 개의 메모가 삽입되어 있는 경우 [검토] 탭의 [메모] 그룹에서 '이전' 또는 '다음'을 이용하여 메모들을 탐색할 수 있다.
④ 통합 문서에 포함된 메모를 시트에 표시된 대로 인쇄하거나 시트 끝에 인쇄할 수 있다.

33 다음 중 페이지 레이아웃 및 인쇄 관련 설정에 대한 설명으로 옳지 않은 것은?

① [인쇄 미리 보기] 상태에서는 마우스를 이용하여 페이지 여백을 조정할 수 있다.
② [페이지 설정] 대화 상자의 [페이지] 탭에서 확대/축소 배율을 지정할 수 있다.

③ [보기] 탭의 [통합 문서 보기] 그룹에서 '페이지 나누기 미리 보기'를 클릭하면 머리글 및 바닥글을 쉽게 삽입할 수 있다.
④ '페이지 나누기 삽입'은 새 페이지가 시작되는 위치를 지정하는 것으로 선택 영역의 위쪽과 왼쪽에 페이지 나누기가 삽입된다.

34 다음 중 엑셀의 화면 제어에 관한 설명으로 옳지 않은 것은?

① 숨겨진 통합 문서를 표시하려면 [보기]-[창]-'숨기기 취소'를 실행한다.
② 틀 고정에 의해 분할된 왼쪽 또는 위쪽 부분은 인쇄 시 반복할 행과 반복할 열로 자동 설정된다.
③ [Excel 옵션]의 [고급] 탭에서 'IntelliMouse로 화면 확대/축소' 옵션을 설정하면 Ctrl 키를 누르지 않은 상태에서 마우스 휠의 스크롤만으로 화면의 축소 및 확대가 가능하다.
④ 확대/축소 배율은 선택된 시트에만 적용된다.

35 다음 그림과 같이 발령부서[C2:C11]는 부서명[E2:E4]의 데이터 값을 번호[A2:A11]를 기준으로 순서대로 반복하여 배정하고자 한다. [C2] 셀에 입력할 수식으로 옳은 것은?

	A	B	C	D	E
1	번호	이름	발령부서		부서명
2	1	황현아	기획팀		기획팀
3	2	김지민	재무팀		재무팀
4	3	정미주	총무팀		총무팀
5	4	오민아	기획팀		
6	5	김혜린	재무팀		
7	6	김윤중	총무팀		
8	7	박유미	기획팀		
9	8	김영주	재무팀		
10	9	한상미	총무팀		
11	10	서은정	기획팀		
12					

① =INDEX($E$2:$E$4, MOD(A2, 3))
② =INDEX($E$2:$E$4, MOD(A2, 3)+1)
③ =INDEX($E$2:$E$4, MOD(A2−1, 3)+1)
④ =INDEX($E$2:$E$4, MOD(A2−1, 3))

36 다음 중 셀 스타일에 대한 설명으로 옳지 않은 것은?

① '표준' 셀 스타일은 삭제할 수 없다.
② 셀 스타일은 글꼴과 글꼴 크기, 표시 형식, 셀 테두리 및 셀 음영 등의 서식 특성이 정의된 집합이다.
③ 사용자가 만든 셀 스타일은 기본적으로 모든 엑셀 통합 문서에서 사용할 수 있다.
④ 셀 스타일을 삭제하면 해당 스타일이 적용됐던 영역의 스타일이 '표준' 셀 스타일로 변경되어 적용된다.

37 통합 문서의 첫 번째 시트 뒤에 새로운 시트를 추가하는 프로시저를 작성하려고 한다. 다음 중 ( )에 해당하는 인수로 옳은 것은?

```
Worksheets.Add (        ):=Sheets(1)
```

① Left　　② Right
③ After　　④ Before

38 다음 중 보기의 서브 프로시저를 호출하는 방법으로 옳은 것은?

```
Sub TEST(단가, 수량, 이름)
  Dim 합계 As Long
  합계 = 단가 * 수량
  MsgBox 이름 & "의 금액 : "& 합계
End Sub
```

① TEST(200, 500, "이순신")
② TEST 200, 500, "이순신"
③ Call TEST 200, 500, "이순신"
④ =TEST(200, 500, "이순신")

39 다음의 그림에서 수식 =DMIN(A1:C6, 2, E2:E3)을 실행하였을 때의 결과값으로 옳은 것은?

	A	B	C	D	E
1	이름	키	몸무게		
2	홍길동	165	67		몸무게
3	이대한	170	69		>=60
4	한민국	177	78		
5	이우리	162	58		
6	김상공	180	80		
7					

① 165　　② 170
③ 177　　④ 162

40 다음 중 Excel 통합 문서의 웹 페이지(.htm, .html) 형식 저장과 관련된 설명으로 옳지 않은 것은?

① 조건부 서식 중 데이터 막대, 아이콘 집합은 지원되지 않는다.
② 회전된 텍스트는 올바로 표시되지 않는다.
③ 배경 질감 및 그래픽과 같은 관련 파일은 하위 폴더에 저장된다.
④ 일부 시트만을 선택하여 저장할 수 없다.

3과목 | 데이터베이스 일반

41 다음 중 Access에서 외부 데이터 가져오기 기능을 이용하여 테이블을 생성할 수 없는 파일 형식은?

① 다른 Access 데이터베이스 파일
② Excel 파일
③ Paradox 파일
④ 압축된 Zip 파일

42 다음 중 보기와 같은 이벤트 프로시저에 대한 설명으로 옳지 않은 것은?

```
Private Sub 실행_DblClick( )
  Dim strSearch As String
  Dim intWhere As Integer
  With Me!순번
  strSearch = InputBox("입력")
  ' Find string in text.
   intWhere = InStr(.Value, strSearch)
   If intWhere Then
   .SetFocus
   .SelStart = intWhere - 1
   .SelLength = Len(strSearch)
  Else
   MsgBox "String not found"
  End If
 End With
 End Sub
```

① intWhere 변수에는 10.56과 같은 실수를 저장할 수 없다.
② strSearch 변수에는 사용자가 입력 상자를 통해 입력한 값이 저장된다.
③ InStr(.Value, strSearch)에서 .Value는 strSearch 변수의 값을 말한다.
④ 입력 상자에서 입력된 문자열과 같은 내용을 찾지 못하면 'String not found.'란 메시지 상자를 표시한다.

43 다음은 데이터베이스 관리 시스템(DBMS)의 기능과 각 기능에 대한 설명이다. 바르게 짝지어진 것은?

ⓐ 조작 기능　ⓑ 제어 기능　ⓒ 정의 기능
㉮ 데이터의 정확성과 보안성을 유지하기 위한 무결성, 보안 및 권한 검사, 병행 제어 등의 기능을 정의하는 기능 ㉯ 데이터 형(Type), 구조, 데이터를 이용하는 방식을 정의하는 기능 ㉰ 데이터의 검색, 삽입, 삭제, 변경 등을 처리하기 위한 접근 수단을 정의하는 기능

① ⓐ-㉮, ⓑ-㉯, ⓒ-㉰
② ⓐ-㉰, ⓑ-㉮, ⓒ-㉯
③ ⓐ-㉮, ⓑ-㉰, ⓒ-㉯
④ ⓐ-㉯, ⓑ-㉮, ⓒ-㉰

44 다음 중 보고서에서 [페이지 번호] 대화 상자를 이용한 페이지 번호 설정에 대한 설명으로 옳지 않은 것은?

① 첫 페이지에만 페이지 번호가 표시되거나 표시되지 않도록 설정할 수 있다.
② 페이지 번호의 표시 위치를 '페이지 위쪽', '페이지 아래쪽', '페이지 양쪽' 중 선택할 수 있다.
③ 페이지 번호의 형식을 'N 페이지'와 'N/M 페이지' 중 선택할 수 있다.
④ [페이지 번호] 대화 상자를 열 때마다 페이지 번호 표시를 위한 수식이 입력된 텍스트 상자가 자동으로 삽입된다.

45 다음 중 Access의 테이블 디자인에서 필드 속성의 입력 마스크가 'L&A'로 설정되어 있을 때 입력 가능한 데이터는?

① 123　　② 1AB
③ AB　　④ A1B

46 다음 중 보고서에서 그룹 머리글의 '반복 실행 구역' 속성을 '예'로 설정한 경우에 대한 설명으로 옳은 것은?

① 매 레코드마다 해당 그룹 머리글이 표시된다.
② 한 그룹이 여러 페이지에 걸쳐서 표시되는 경우 각 페이지에 해당 그룹 머리글이 표시된다.
③ 그룹 머리글이 보고서의 시작 부분과 끝 부분에 표시된다.
④ 매 그룹의 시작 부분에 해당 그룹 머리글이 표시된다.

47 다음 내용 중 하위 폼에 대한 옳은 설명만을 나열한 것은?

> ⓐ 하위 폼에는 기본 폼의 현재 레코드와 관련된 레코드만 표시된다.
> ⓑ 하위 폼은 단일 폼으로 표시되며, 연속 폼으로는 표시될 수 없다.
> ⓒ 기본 폼과 하위 폼을 연결할 필드의 데이터 형식은 같거나 호환되어야 한다.
> ⓓ 여러 개의 연결 필드를 지정하려면 콜론(:)으로 필드명을 구분하여 입력한다.

① ⓐ, ⓑ, ⓒ　　② ⓐ, ⓒ
③ ⓑ, ⓒ, ⓓ　　④ ⓑ, ⓓ

48 다음 중 기본키에 대한 설명으로 옳지 않은 것은?

① 한 개의 필드만 기본키로 지정할 수 있다.
② 기본키가 설정되어 있는 상태에서 다른 필드를 기본키로 지정하면 기존의 기본키는 자동으로 해제된다.
③ 여러 필드를 묶어서 기본키로 사용할 수 있다.
④ 기본키로 지정되면 중복 불가능한 인덱스로 자동 설정된다.

49 다음과 같은 [동아리회원] 테이블에서 학과명을 입력받아 일치하는 학과의 학생만을 조회할 수 있도록 하는 쿼리의 SQL문으로 옳은 것은?

동아리회원

회원ID	이름	성별	학과명
cdpark	유용범	남	경영
chaehee	은동건	남	컴퓨터과학
hspark	문지혁	여	회계
ksjang	고민종	여	경영
lesomi	강민용	여	컴퓨터과학
shyeo	백근일	남	회계

① select * from 동아리회원 where 학과명 = [학과를 입력하시오]
② select * from 동아리회원 where 학과명 = "학과를 입력하시오"
③ select * from 동아리회원 where 학과명 in (학과를 입력하시오)
④ select * from 동아리회원 where 학과명 like "학과를 입력하시오"

50 다음 중 [학생] 테이블에서 '점수'가 60 이상인 학생들의 인원수를 구하는 식으로 옳은 것은? (단, '학번' 필드는 [학생] 테이블의 기본키이다.)

① =DCount("[학생]", "[학번]", "[점수]>= 60")
② =DCount("[학번]", "[학생]", "[점수]>= 60")
③ =DLookUp("[학생]", "[학번]", "[점수]>= 60")
④ =DLookUp("*", "[학생]", "[점수]>= 60")

51 다음 중 우편물 레이블 마법사를 이용한 레이블 보고서 생성에 대한 설명으로 옳지 않은 것은?

① 레이블은 우편물 발송을 위한 것이므로 반드시 출력하려는 테이블에 우편번호와 주소가 있어야 한다.
② 수신자 성명 뒤에 '귀하'와 같은 문구를 넣을 수도 있다.
③ 레이블 크기는 다양하게 준비되어 있으며, 필요에 따라 사용자가 직접 지정할 수도 있다.
④ 레이블 형식은 낱장 용지나 연속 용지를 선택할 수 있다.

52 다음 중 폼에 삽입된 텍스트 상자 컨트롤의 이름을 변경하는 방법으로 옳은 것은?

① 텍스트 상자 컨트롤의 바로 가기 메뉴에서 '변경'을 선택한 후 이름을 입력한다.
② 텍스트 상자 컨트롤에 연결된 레이블 컨트롤에 이름을 입력한다.
③ 텍스트 상자 컨트롤의 속성 창을 열고 이름 항목에 입력한다.
④ 텍스트 상자 컨트롤을 클릭한 다음 컨트롤 안에 이름을 입력한다.

53 다음 중 [주소록]이라는 연결 테이블의 내용을 [거래처] 테이블에 추가하는 SQL문으로 옳은 것은? (단, 두 테이블은 모두 '거래처번호', '거래처명', '연락처'라는 동일한 데이터 형식과 필드 순서를 갖고 있다. 또한, '거래처번호' 필드를 기준으로 [거래처] 테이블에 존재하지 않는 데이터만을 추가하고자 한다.)

① insert into 거래처(거래처번호, 거래처명, 연락처) set 주소록(거래처번호, 거래처명, 연락처) where 거래처번호 is not null
② insert into 거래처 select * from 주소록 where 거래처번호 not in (select 거래처번호 from 거래처)
③ insert into 거래처 values 주소록(거래처번호, 거래처명, 연락처)
④ insert into 거래처(거래처번호, 거래처명, 연락처) select 거래처번호, 거래처명, 연락처 from 주소록 where 거래처번호 not in (select 거래처번호 from 주소록)

54 다음 중 SELECT문에서 사용되는 GROUP BY와 관련된 설명으로 옳지 않은 것은?

① GROUP BY절을 이용하면 SUM 또는 COUNT와 같은 집계 함수를 사용하여 요약 값을 생성할 수 있다.
② GROUP BY절에 대한 조건식은 WHERE절을 사용한다.
③ GROUP BY절에서 지정한 필드 목록의 값이 같은 레코드를 단일 레코드로 결합한다.
④ GROUP BY절을 이용하면 설정한 그룹별로 분석할 수 있다.

55 다음 중 다른 데이터베이스의 원본 데이터를 연결 테이블로 가져온 테이블과 새 테이블로 가져온 테이블에 대한 설명으로 옳지 않은 것은?

① 연결 테이블로 가져온 테이블을 삭제하면 연결되어 있는 원본 데이터베이스 테이블도 삭제된다.
② 연결 테이블로 가져온 테이블을 삭제해도 원본 테이블은 삭제되지 않고 연결만 삭제된다.
③ 새 테이블로 가져온 테이블을 삭제해도 원본 테이블은 삭제되지 않는다.
④ 새 테이블로 가져온 테이블을 이용하여 폼이나 보고서를 생성할 수 있다.

56 다음 중 정렬 및 그룹화 기능을 사용하여 업체별 판매금액의 합계를 보고서 형태로 작성하려는 작업에 관련된 설명으로 옳지 않은 것은?

① 업체명이나 업체번호 필드를 이용하여 데이터를 그룹화 한다.
② 그룹의 머리글이나 바닥글에 =Sum([판매금액])과 같은 함수를 이용하여 요약 정보를 생성한다.
③ 본문 영역에는 아무런 컨트롤도 추가하지 않고 간격을 0으로 좁힌다.
④ 전체 업체의 총 판매금액에 대한 사항은 페이지 바닥글에서 구성한다.

57 다음 중 데이터베이스의 정규화와 정규형에 대한 설명으로 옳지 않은 것은?

① 정규화의 목적은 데이터베이스 중복성을 최소화하고, 정보의 일관성을 보장하는데 있다.
② 정규화란 릴레이션 스키마 속성들 간의 종속성을 분석하여 바람직한 속성을 가진 릴레이션으로 분해하는 과정이다.
③ 데이터베이스 정규화에는 몇 가지 규칙이 있는데, 규칙을 정규형이라고 한다.
④ 제1정규형이 지켜진 데이터베이스는 제2정규형과 제3정규형도 만족하며, 대부분의 응용 프로그램에서 필요한 가장 높은 수준으로 간주된다.

58 다음 중 두 테이블에서 조인(Join)된 필드가 일치하는 레코드만 결합하는 조인일 때 괄호 안에 알맞은 것은?

```
SELECT 필드목록 FROM 테이블1 (      ) JOIN 테이블2 ON
테이블1.필드=테이블2.필드;
```

① INNER　　② OUTER
③ LEFT　　④ RIGHT

59 다음 중 보고서에서 순번 항목과 같이 그룹 내의 데이터에 대한 일련번호를 표시하기 위해 텍스트 상자 컨트롤의 속성을 설정하는 방법으로 옳은 것은?

① 텍스트 상자의 컨트롤 원본을 '=1'로 지정하고, 누적 합계 속성을 '그룹'으로 지정한다.
② 텍스트 상자의 컨트롤 원본을 '+1'로 지정하고, 누적 합계 속성을 '그룹'으로 지정한다.
③ 텍스트 상자의 컨트롤 원본을 '+1'로 지정하고, 누적 합계 속성을 '모두'로 지정한다.
④ 텍스트 상자의 컨트롤 원본을 '=1'로 지정하고, 누적 합계 속성을 '모두'로 지정한다.

60 매크로를 이용하여 외부의 응용 프로그램을 실행하려고 한다. 이때 사용할 수 있는 가장 적절한 매크로 함수는 무엇인가?

① RunCommand　　② RunMacro
③ RunSQL　　④ RunApp

제 03 회 실전모의고사

• 정답 및 해설 : 432쪽

1과목 | 컴퓨터 일반

01 한글 Windows에서 [휴지통]에 대한 설명으로 옳지 않은 것은?

① 삭제된 파일이나 폴더가 임시 보관되는 장소로 [휴지통]에 들어있는 파일은 필요할 때 복원할 수 있다.
② [휴지통]의 크기는 기본적으로 각 드라이브 용량의 10%로 설정되며, 변경할 수 있다.
③ [휴지통]의 용량을 초과하여 사용하면 [휴지통]의 모든 내용은 삭제된다.
④ [휴지통]에서 문서 파일을 복원하기 전 까지는 파일을 편집할 수 없다.

02 다음 중 컴퓨터 소프트웨어 개발 과정에서 제작되는 알파(Alpha) 버전에 관한 설명으로 옳은 것은?

① 정식 프로그램의 기능을 홍보하기 위해 기능 및 기간을 제한하여 배포하는 프로그램이다.
② 베타 테스트를 하기 전에 제작 회사 내에서 테스트할 목적으로 제작된 프로그램이다.
③ 정식 버전을 출시하기 전에 테스트 목적으로 일반인에게 공개하는 프로그램이다.
④ 오류 수정이나 성능 향상을 위해 이미 배포된 프로그램에서 일부를 변경해 주는 프로그램이다.

03 다음 중 한글 Windows에서 [시작] 메뉴에 대한 설명으로 옳지 않은 것은?

① [시작] 단추를 누르면 왼쪽 위에는 현재 로그온한 사용자의 로고가 표시된다.
② Windows에 설치된 프로그램이 있는 곳으로 Ctrl+ESC 키 또는 ⊞를 누른다.
③ [시작] 메뉴의 프로그램(앱) 목록은 사용자가 원하는 대로 추가하거나 삭제할 수 있다.
④ [시작] 메뉴에 있는 특정 앱들은 시작 화면에 따로 고정시킬 수 없다.

04 다음 중 멀티미디어에 관련된 설명으로 옳지 않은 것은?

① 웹에서 멀티미디어 데이터를 다운로드하면서 동시에 재생해 주는 기술을 스트리밍 기술이라고 한다.
② 멀티미디어 데이터의 전송 및 보관을 위해 대용량의 동영상 및 사운드 파일을 압축하거나 압축을 푸는데 사용되는 모든 기술, 도구 등을 통칭하여 코덱(CODEC)이라 한다.
③ 텍스트, 그래픽, 사운드, 동영상, 애니메이션 등의 여러 미디어를 통하여 처리하는 멀티미디어의 특징을 비선형성(Non-Linear)이라 한다.
④ 정보 제공자와 사용자간 상호 작용에 의해 데이터가 전달되는 쌍방향성의 특징이 있다.

05 한글 Windows에서 프린터를 이용한 인쇄 기능의 설명으로 옳지 않은 것은?

① 문서가 인쇄되는 동안 프린터 아이콘이 알림 영역에 표시되며, 인쇄가 완료되면 아이콘이 사라진다.
② 인쇄 대기열에는 인쇄 대기 중인 문서가 표시되며, 목록의 각 항목에는 인쇄 상태 및 페이지 수와 같은 정보가 제공된다.
③ 인쇄 대기열에서 프린터의 작동을 일시 중지하거나 계속할 수 있으며, 인쇄 대기 중인 모든 문서의 인쇄를 취소할 수 있다.
④ 인쇄 대기 중인 문서에 대해서 용지 방향, 용지 공급 및 인쇄 매수 등을 인쇄 창에서 변경할 수 있다.

06 다음 중 동영상 압축 표준에 대한 설명으로 옳지 않은 것은?

① DivX : MPEG-4와 MP3을 재조합한 것으로 비표준 동영상 파일 형식이다.
② AVI : MS사가 개발한 Windows의 표준 동영상 파일 형식이다.
③ ASF : Apple사가 개발한 동영상 압축 기술로 JPEG 방식을 사용한다.
④ MPEG : 동영상뿐만 아니라 오디오도 압축할 수 있으며, 프레임간 연관성을 고려하여 중복 데이터를 제거하는 손실 압축 기법을 사용한다.

07 다음에서 설명하는 저작권법에 기초한 저작자의 재산권이 제한되는 범위가 아닌 것은?

> 저작권법은 저작자의 권리와 이에 인접하는 권리를 보호하고, 저작물의 공정한 이용을 도모함으로써 문화의 향상 발전에 이바지함을 목적으로 한다. 저작물의 공정한 이용은 저작자의 권리를 본질적으로 침해하지 않는 범위 내에서 제한하게 된다.

① 공적 이용을 위하여 공공 기관 등에서 복제하는 경우
② 보도, 비평, 교육, 연구 등을 위하여 정당한 범위 안에서 인용하는 경우
③ 고등학교 이하의 학교 교육 목적상 필요한 교과용 도서에 게재하는 경우
④ 방송 사업자가 자체 방송을 위하여 일시적으로 녹음, 녹화하는 경우

08 다음 중 IPv6 주소 체계에 대한 설명으로 옳지 않은 것은?

① IPv4의 업그레이드 버전으로 주소 구조가 64비트로 확장되었다.
② 주소의 각 부분은 콜론(:)으로 구분하여 16진수로 표현한다.
③ IPv4에 비해 주소의 확장성, 융통성, 연동성이 뛰어나다.
④ 실시간 흐름 제어로 향상된 멀티미디어 기능을 지원한다.

09 다음 중 운영 체제의 구성에서 제어 프로그램에 속하지 않는 것은?

① 다중 프로그램(Multi Program)
② 감시 프로그램(Supervisor Program)
③ 작업 관리 프로그램(Job Management Program)
④ 데이터 관리 프로그램(Data Management Program)

10 다음 중 네트워크 장비인 리피터(Repeater)에 대한 설명으로 옳은 것은?

① 프로토콜 변환 기능을 내포하여 다른 프로토콜에 의해 운영되는 두 개의 네트워크를 연결하는 장치이다.
② 네트워크 계층의 연동 장치로 최적 경로 설정에 이용되는 장치이다.
③ 장거리 전송을 위하여 전송 신호를 재생시키거나 출력 전압을 높여주는 방법 등을 통해 주어진 신호를 증폭시켜 전달해 주는 중계 장치이다.
④ 주로 LAN에서 다른 네트워크에 데이터를 보내거나 다른 네트워크로부터 데이터를 받아들이는데 사용되는 장치이다.

11 다음 중 네트워크 통신망의 구성 형태에 관한 설명으로 옳은 것은?

① 계층(Tree)형 : 한 개의 통신 회선에 여러 대의 단말 장치가 연결되어 있는 형태로 설치가 용이하고, 통신망의 가용성이 높다.
② 버스(Bus)형 : 인접한 컴퓨터와 단말기를 서로 연결하여 양방향으로 데이터 전송이 가능한 형태로 단말기의 추가, 제거 및 기밀 보호가 어렵다.
③ 성(Star)형 : 모든 단말기가 중앙 컴퓨터에 연결되어 있는 형태로 고장 발견이 쉽고 유지 보수가 용이하다.

④ 링(Ring)형 : 모든 지점의 컴퓨터와 단말 장치를 서로 연결한 상태로 응답 시간이 빠르고 노드의 연결성이 높다.

12 다음 중 인트라넷(Intranet)에 대한 설명으로 옳은 것은?

① 여러 대의 컴퓨터를 연결하여 하나의 서버로 사용하는 기술이다.
② 인터넷 기술을 이용하여 조직 내의 각종 업무를 수행할 수 있도록 만든 네트워크 환경이다.
③ 사용자가 원할 경우 기록을 만들어 컴퓨터에 대해 성공한 연결 시도와 실패한 연결 시도를 기록한다.
④ 기업체가 협력 업체와 고객간의 정보 공유를 목적으로 구성한 네트워크이다.

13 한글 Windows에서 [Windows Defender 방화벽]이 수행하는 작업에 관한 설명으로 옳지 않은 것은?

① 권한이 없는 사용자가 네트워크를 통해 컴퓨터에 액세스하는 것을 방지한다.
② 특정 연결 요청을 차단하거나 차단을 해제하기 위해 사용자의 허가를 요청한다.
③ 네트워크 위치는 홈 또는 회사(개인) 네트워크, 공용 네트워크로 나누어진다.
④ 위험한 첨부 파일이 있는 전자 메일을 사용자가 열지 못하게 한다.

14 다음 중 TV, 냉장고, 이동 전화 등과 같이 해당 제품의 특정 기능에 맞게 특화되어 제품 자체에 포함된 운영 체제는?

① 임베디드 운영 체제　② 유닉스 운영 체제
③ 리눅스 운영 체제　④ 윈도우 운영 체제

15 다음 중 문자 데이터를 표현하는 코드 체계에 해당되지 않는 것은?

① ASCII 코드　② EBCDIC 코드
③ Unicode　④ GRAY 코드

16 다음 중 시스템 복구를 해야 하는 시기로 가장 적절하지 않은 것은?

① 새 장치를 설치한 후 시스템이 불안정 할 때
② 로그온 화면이 나타나지 않으며, 운영 체제를 시작할 수 없을 때
③ 누락되거나 손상된 데이터 파일을 이전 버전으로 되돌리고자 할 때
④ 파일의 단편화를 개선하여 디스크의 접근 속도를 향상시키고자 할 때

17 다음 중 한글 Windows의 [개인 설정] 창에서 할 수 있는 작업으로 옳지 않은 것은?

① 바탕 화면에 새로운 테마를 지정하여 적용할 수 있다.
② 화면 보호기 설정을 사용하여 화면의 해상도를 변경할 수 있다.
③ Windows 및 프로그램의 이벤트에 적용되는 소리 구성 표를 변경할 수 있다.
④ 창 테두리, 시작 메뉴, 작업 표시줄의 색을 변경할 수 있다.

18 다음 내용 중 옳은 것만 고른 것은?

> ⓐ 중앙 처리 장치는 컴퓨터의 하드웨어를 제어하고, 입력받은 데이터를 처리하여 출력장치로 내보내는 기능을 한다.
> ⓑ 보조 기억 장치는 저장 용량에 따라 순차 접근과 직접 접근 방식으로 구분한다.
> ⓒ 레이저 프린터는 프린터 헤드의 가는 구멍을 통해 잉크를 분사하여 인쇄하는 방식으로 소음이 적고, 저렴한 비용으로 컬러 인쇄가 가능하다.
> ⓓ 중앙 처리 장치는 마이크로프로세서라고도 하며, 명령 집합 형태에 따라 CISC와 RISC 두 가지로 나뉜다.
> ⓔ 컴퓨터의 하드웨어는 크게 제어 장치, 연산 장치, 주기억 장치, 보조 기억 장치, 입력 장치, 출력 장치로 구분된다.

① ⓑ, ⓒ, ⓓ　② ⓐ, ⓓ, ⓔ
③ ⓐ, ⓑ, ⓓ　④ ⓐ, ⓑ, ⓒ

19 다음 그림은 일반적인 웹 서버 프로그램의 동작 과정이다. 다음 중 서버 쪽 ( ) 안의 웹 프로그램으로 옳지 않은 것은?

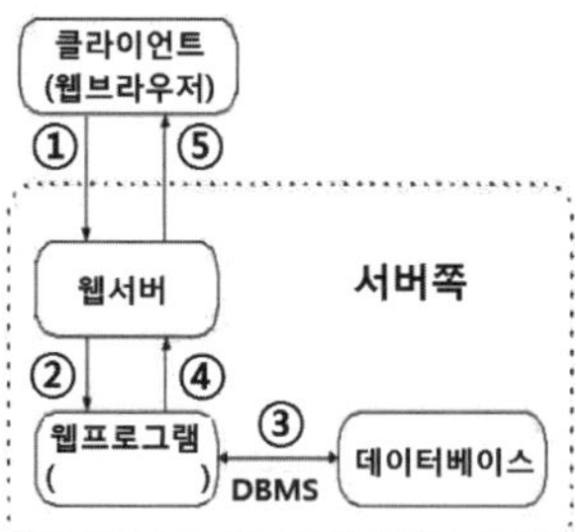

① ASP ② JSP
③ XML ④ PHP

20 다음 중 프로그램 수행에 있어서 다음 순서에 실행할 명령어 주소를 저장하는 레지스터는?

① 주소 레지스터(MAR)
② 프로그램 카운터(PC)
③ 명령어 레지스터(IR)
④ 버퍼 레지스터(MBR)

2과목 | 스프레드시트 일반

21 다음 중 보기의 프로시저를 실행한 결과에 대한 설명으로 옳은 것은?

```
Sub Enter( )
    Worksheets("Sheet5").Cells(6, 3) = "KOREA"
End Sub
```

① Sheet5 시트의 [C3:C6] 영역에 "KOREA"를 입력한다.
② Sheet5 시트의 [A6:C6] 영역에 "KOREA"를 입력한다.
③ Sheet5 시트의 [C6] 셀에 "KOREA"를 입력한다.
④ Sheet5 시트의 [A6] 셀에 "KOREA"를 입력한다.

22 다음 중 자동 필터에 관한 설명으로 옳지 않은 것은?

① 데이터에 필터를 적용하면 지정한 조건에 맞는 행만 표시되고 나머지 행은 숨겨지며, 필터링된 데이터는 다시 정렬하거나 이동하지 않고도 복사, 찾기, 편집 및 인쇄를 할 수 있다.
② '상위 10' 자동 필터는 숫자 데이터 필드에서만 가능하고, 문자 데이터 필드에서는 사용할 수 없다.
③ 자동 필터를 사용하면 목록 값, 서식, 조건으로 세 가지 유형의 필터를 만들 수 있는데 각 셀 범위나 표 열에 대해 적용할 필터의 유형을 선택적으로 두 가지 이상 적용할 수 있다.
④ 필터의 결과는 레코드(행) 단위로 추출된다.

23 다음 중 시트를 이용하여 수식을 실행했을 때 표시되는 결과 값으로 옳은 것은?

	A	B	C	D	E
1	이름	국어	영어	수학	평균
2	홍길동	83	90	73	82
3	이대한	65	87	91	81
4	한민국	80	75	100	85
5	평균	76	84	88	82.66667
6					

① =SUM(COUNTA(B2:D4), MAXA(B2:D4)) → 102
② =AVERAGE(SMALL(C2:C4, 2), LARGE(C2:C4, 2)) → 75
③ =SUM(LARGE(B3:D3, 2), SMALL(B3:D3, 2)) → 174
④ =SUM(COUNTA(B2, D4), MINA(B2, D4)) → 109

24 다음 중 엑셀의 데이터 입력에 관련된 설명으로 옳지 않은 것은?

① 한 셀에 여러 줄의 데이터를 입력하려면 Alt+Enter 키를 사용한다.
② 워크시트에서 Tab 키를 누르면 오른쪽으로 한 셀씩 이동한다.
③ 같은 데이터를 여러 셀에 한 번에 입력하려면 Ctrl+Enter 키를 사용한다.

④ 숫자나 날짜 데이터의 경우 입력 시 앞의 몇 글자가 해당 열의 기존 내용과 일치하면 자동으로 입력된다.

25 다음 중 작성된 매크로를 엑셀이 실행될 때마다 모든 통합 문서에서 실행할 수 있도록 하는 방법으로 옳은 것은?

① 작성된 매크로를 XLSTART 폴더에 AUTO.XLSB로 저장한다.
② 작성된 매크로를 임의의 폴더에 PERSONAL.XLSB로 저장한다.
③ 작성된 매크로를 XLSTART 폴더에 PERSONAL.XLSB로 저장한다.
④ 작성된 매크로를 임의의 폴더에 AUTO.XLSB로 저장한다.

26 다음 그림은 'Macro1' 매크로의 실행 결과와 VBA 코드이다. 다음 중 VBA 코드의 ⓐ, ⓑ, ⓒ에 들어갈 내용이 순서대로 나열된 것은?

	A	B	C
1	Name	Address	
2			
3			

```
Sub Macro1( )
    [ ⓐ ]("A1").Select
    ActiveCell.[ ⓑ ] = "Name"
    [ ⓐ ]("B1").Select
    ActiveCell.[ ⓑ ] = "Address"
    [ ⓐ ]("B2").[ ⓒ ]
End Sub
```

① Range – R1C1 – FormulaR1C1
② Range – FormulaR1C1 – Select
③ Cells – R1C1 – FormulaR1C1
④ Cells – FormulaR1C1 – Select

27 다음 중 피벗 차트 보고서에 대한 설명으로 옳지 않은 것은?

① 피벗 차트 보고서에 필터를 적용하면 피벗 테이블 보고서에 자동 적용된다.
② 피벗 차트 보고서 생성 시 자동으로 차트 제목, 항목, 범례 등이 삽입되어 표시된다.
③ 표준 차트는 기본적으로 워크시트에 포함된 차트로 만들어지고, 피벗 차트 보고서는 기본적으로 차트 시트에 만들어진다.
④ 피벗 차트 보고서를 삭제해도 관련된 피벗 테이블 보고서는 삭제되지 않는다.

28 다음 시트에서 [표1]의 할인율[B3]을 적용한 할인가[B4]를 이용하여 [표2]의 각 정가에 해당하는 할인가[E3:E6]를 계산하고자 한다. 다음 중 가장 적합한 데이터 도구는?

	A	B	C	D	E
1	[표1] 할인 금액			[표2] 할인 금액표	
2	정가	₩ 10,000		정가	₩ 9,500
3	할인율	5%		₩ 10,000	
4	할인가	₩ 9,500		₩ 15,000	
5				₩ 24,000	
6				₩ 30,000	
7					

① 통합　　② 데이터 표
③ 부분합　　④ 시나리오 관리자

29 다음 중 엑셀의 오차 막대에 대한 설명으로 옳지 않은 것은?

① 3차원 차트는 오차 막대를 표시할 수 없다.
② 차트에 고정값, 백분율, 표준 편차, 표준 오차, 사용자 지정 중 선택하여 오차량을 표시할 수 있다.
③ 오차 막대를 화면에 표시하는 방법에는 2가지로 양의 값, 음의 값이 있다.
④ 차트에 오차 막대를 추가하려면 데이터 계열을 선택한 후 [차트 도구]–[디자인]–[차트 레이아웃]–[차트 요소 추가]–오차 막대를 클릭한다.

30 [데이터]–[외부 데이터 가져오기]–[텍스트]를 실행하여 텍스트 파일을 불러오고자 한다. 다음 중 이에 대한 설명으로 옳은 것은?

① 가져온 데이터는 원본 텍스트 파일이 수정되면 즉시 수정된 내용이 자동으로 반영된다.
② 데이터의 구분 기호로 탭, 세미콜론, 쉼표, 공백 등이 기본으로 제공되며, 사용자가 원하는 구분 기호를 설정할 수도 있다.
③ 텍스트 파일에서 특정 열(Column)만 선택하여 가져올 수는 없다.
④ 기본적으로 사용되는 텍스트 파일의 형식은 *.txt, *.prn, *.hwp이다.

31 다음 중 워크시트에서 총점[B2:B5]을 원래의 값에 기본점수[E2]를 더한 값으로 변경하려고 할 때 실행해야 할 작업 순서로 옳은 것은?

	A	B	C	D	E
1	성명	총점	등급		기본점수
2	장한별	85	A		10
3	홍국영	78	B		
4	정후겸	55	C		
5	이이산	67	D		
6					

① [E2] 선택-[복사]-[B2:B5] 선택-[홈]-[클립보드]-[선택하여 붙여넣기]-더하기-확인
② [E2] 선택-[복사]-[B2:B5] 선택-[홈]-[클립보드]-[연결하여 붙여넣기]
③ [E2] 선택-[복사]-[B2:B5] 선택-[홈]-[클립보드]-[값 붙여넣기]
④ [E2] 선택-[복사]-[B2:B5] 선택-[홈]-[클립보드]-[하이퍼링크로 붙여넣기]

32 다음 중 시트에서 주어진 표와 표의 데이터를 이용한 차트의 설명으로 옳지 않은 것은?

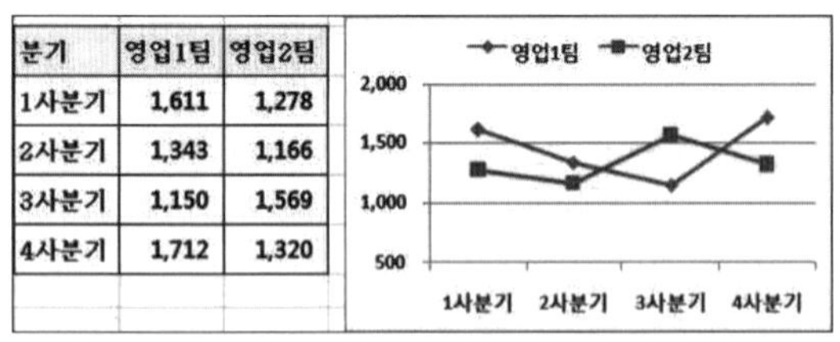

분기	영업1팀	영업2팀
1사분기	1,611	1,278
2사분기	1,343	1,166
3사분기	1,150	1,569
4사분기	1,712	1,320

① 표 전체를 원본 데이터로 사용하고 있다.
② 분기가 데이터 계열로 사용되고 있다.
③ 세로 (값) 축의 축 서식에서 최소값을 500으로 설정하였다.
④ 차트의 종류는 표식이 있는 꺾은선형이다.

33 다음 중 배열 수식과 배열 상수에 대한 설명으로 옳지 않은 것은?

① 배열 수식에서 잘못된 인수나 피연산자를 사용할 경우 '#VALUE!'의 오류값이 발생한다.
② 배열 상수는 숫자, 논리값, 텍스트, 오류값 외에 수식도 사용할 수 있다.
③ 배열 상수에서 다른 행의 값은 세미콜론(;), 다른 열의 값은 쉼표(,)로 구분한다.
④ Ctrl+Shift+Enter 키를 누르면 중괄호({ }) 안에 배열 수식이 표시된다.

34 다음 중 엑셀의 바로 가기 키 및 기능키에 대한 설명으로 옳지 않은 것은?

① Ctrl+Shift+U : 수식 입력줄이 확장되거나 축소된다.
② Ctrl+1 : [셀 서식] 대화 상자를 표시한다.
③ Ctrl+F1 : 리본 메뉴가 표시되거나 숨겨진다.
④ F12 : 새 워크시트가 삽입된다.

35 다음 중 통합 문서 저장 시 사용하는 [일반 옵션]에 관한 설명으로 옳지 않은 것은?

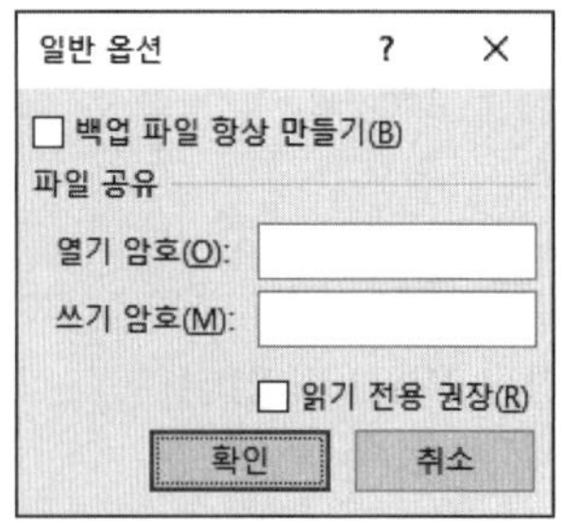

① [백업 파일 항상 만들기]는 통합 문서를 저장할 때마다 백업 복사본을 저장하는 기능이다.
② [열기 암호]는 암호를 모르면 통합 문서를 열어 사용할 수 없도록 암호를 지정하는 기능이다.

③ [쓰기 암호]는 암호를 모르더라도 읽기 전용으로 열어 열람이 가능하나 원래 문서 및 복사본으로 통합 문서를 저장할 수 없도록 암호를 지정하는 기능이다.

④ [읽기 전용 권장]은 문서를 열 때마다 통합 문서를 읽기 전용으로 열도록 대화 상자를 나타내는 기능이다.

36 다음 중 [페이지 설정] 대화 상자의 [시트] 탭에서 설정할 수 없는 것은?

① 워크시트의 셀 구분선이 인쇄되도록 설정할 수 있다.

② 컬러로 설정된 셀 채우기의 색상이나 무늬를 무시하고, 흑백으로 인쇄되도록 설정할 수 있다.

③ 워크시트에 삽입되어 있는 차트, 도형, 그림 등의 모든 그래픽 요소를 제외하고 텍스트만 빠르게 인쇄 되도록 설정할 수 있다.

④ 인쇄할 페이지의 상단이나 하단에 동일한 내용을 인쇄하기 위한 머리글/바닥글을 설정할 수 있다.

37 다음 그림과 같이 '통합 문서 보호' 기능이 설정되었을 때의 상황을 설명한 것으로 옳지 않은 것은?

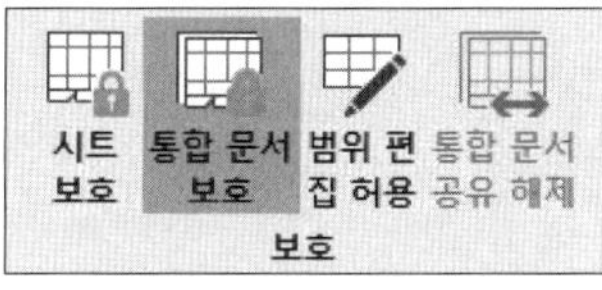

① 워크시트를 이동하거나 삭제할 수 없다.

② 새 워크시트 또는 차트 시트를 삽입할 수 없다.

③ 통합 문서가 열릴 때마다 통합 문서 창을 같은 크기와 위치에 유지할 수 있다.

④ 워크시트의 이름을 변경할 수 있다.

38 다음 그림에 대한 설명으로 옳지 않은 것은?

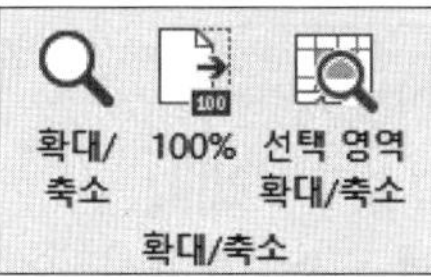

① 설정된 확대/축소 비율은 지정한 시트에만 적용된다.

② 특정 영역만 확대해서 보려면 해당 영역을 선택하고 [선택 영역 확대/축소]를 실행한다. 단, 확대된 크기는 원래 크기의 400%를 넘지 못한다.

③ 최소 축소 비율은 원래 크기의 10%이다.

④ [확대/축소]를 클릭하여 설정한 확대 비율은 인쇄 시 확대/축소 비율에 반영된다.

39 다음 중 시트에서 부서별 인원수[H3:H6]를 구하기 위하여 [H3] 셀에 입력되는 배열 수식으로 옳지 않은 것은?

	A	B	C	D	E	F	G	H
1								
2		사원명	부서명	직위	급여		부서별 인원수	
3		홍길동	개발1부	부장	3500000		개발1부	3
4		이대한	영업2부	과장	2800000		개발2부	1
5		한민국	영업1부	대리	2500000		영업1부	1
6		이겨레	개발1부	과장	3000000		영업2부	2
7		김국수	개발1부	부장	3700000			
8		박미나	개발2부	대리	2800000			
9		최신호	영업2부	부장	3300000			
10								

① {=SUM(($C$3:$C$9=G3)*1)}

② {=DSUM(($C$3:$C$9=G3)*1)}

③ {=SUM(IF($C$3:$C$9=G3, 1))}

④ {=COUNT(IF($C$3:$C$9=G3, 1))}

40 다음 그림과 같은 시트에서 수식의 결과 값이 셋과 다른 것은?

	A	B	C	D	E	F	G
1	10	20	30	40	50	60	70
2							

① =SMALL(A1:G1, {3})

② =AVERAGE(SMALL(A1:G1, {1;2;3;4;5}))

③ =LARGE(A1:G1, {5})

④ =SMALL(A1:G1, COLUMN(D1))

3과목 | 데이터베이스 일반

41 다음 중 입력 마스크에서 사용되는 기호 문자와 의미가 옳게 연결된 것은?

① 0 : 선택 요소로서 숫자나 공백을 입력
② 9 : 필수 요소로서 0~9까지의 숫자를 입력
③ # : 선택 요소로서 A~Z까지의 영문자를 입력
④ & : 필수 요소로서 모든 문자나 공백을 입력

42 다음 중 데이터 이벤트 속성에 해당하지 않는 것은?

① After Update ② On Change
③ Before Update ④ On Dbl Click

43 다음 중 데이터베이스 관리 시스템(DBMS)에 대한 설명으로 옳지 않은 것은?

① 응용 프로그램과 데이터베이스 사이에 위치하여 데이터베이스를 관리한다.
② 파일 시스템의 단점인 데이터의 중복성과 종속성 문제를 해결하기 위해 제안된 시스템이다.
③ DBMS의 기능은 정의 기능, 조작 기능 및 제어 기능으로 나뉜다.
④ 순차적인 접근을 지원하여 백업과 회복의 절차가 간단하다.

44 다음 중 데이터베이스에 저장되어 있는 모든 데이터 개체들에 대한 정보를 유지, 관리하는 시스템으로 '시스템 카탈로그'라고도 불리는 것은?

① 데이터 사전(Data Dictionary)
② 스키마(Schema)
③ SQL
④ 관계 대수(Relational Algebra)

45 다음 중 보기와 같은 이벤트 프로시저를 실행하는 Command1 단추를 클릭했을 때 실행 결과로 옳은 것은?

```
Private Sub Command1_Click()
    DoCmd.OpenForm "사원정보", acNormal
    DoCmd.GoToRecord , , acNewRec
End Sub
```

① 사원정보 테이블이 열리고 새 레코드를 입력 할 수 있도록 비워진 테이블이 열린다.
② 사원정보 폼이 열리고 첫 번째 레코드의 가장 왼쪽 컨트롤에 포커스가 표시된다.
③ 사원정보 폼이 열리고 마지막 레코드의 가장 왼쪽 컨트롤에 포커스가 표시된다.
④ 사원정보 폼이 열리고 새 레코드를 입력할 수 있도록 비워진 폼이 표시된다.

46 다음 중 전체 페이지는 100이고, 현재 페이지는 10일 때 페이지 정보를 표현하는 식과 결과가 옳지 않은 것은?

① 식 : =[Page], 결과 : 10
② 식 : =[Page] & "Page", 결과 : 10Page
③ 식 : =Format([Page], "000"), 결과 : 10
④ 식 : =[Page] & "/" & [Pages], 결과 : 10/100

47 다음과 같이 보고서 머리글의 텍스트 박스 컨트롤에 컨트롤 원본을 지정하였다. 다음 중 보고서 미리 보기를 실행하였을 때 표시되는 결과로 옳은 것은? (단, 오늘 날짜가 2013년 10월 4일 금요일이라고 가정한다.

```
=Format(Date( ), "mmm")
```

① Oct ② 10월
③ 10 ④ Fri

48 다음 그림과 같이 그룹화 되어 있는 보고서에 대한 설명으로 옳지 않은 것은?

출판사 : 다림			
도서코드	도서명	저자	정가
A547	자전거 도둑	박완서	7000
A914	와인	김준철	25000
도서합계:	2		
출판사 : 백산출판사			
도서코드	도서명	저자	정가
A067	교육의 역사	장찬익	13000
B476	카지노 경영론	오수철	14000
C498	결혼준비 요령	김정철	18000
도서합계:	3		

① 출판사별로 그룹화되어 있다.
② 그룹 바닥글 영역이 설정되어 있다.
③ 그룹 머리글에 출판사별 도서수가 표시되어 있다.
④ 그룹내 도서코드는 오름차순으로 정렬되어 있다.

49 다음 중 실행 쿼리에 해당하지 않는 것은?

① 테이블 만들기 쿼리 ② 추가 쿼리
③ 업데이트 쿼리 ④ 선택 쿼리

50 다음 중 〈급여〉 테이블에 대한 SQL 명령과 실행 결과로 옳지 않은 것은? (단, 빈칸은 Null 임)

사원번호	성명	가족수
1	가	2
2	나	4
3	다	

① SELECT COUNT(성명) FROM 급여;를 실행한 결과는 3이다.
② SELECT COUNT(가족수) FROM 급여;를 실행한 결과는 3이다.
③ SELECT COUNT(*) FROM 급여;를 실행한 결과는 3이다.
④ SELECT COUNT(*) FROM 급여 WHERE 가족수 Is Null;을 실행한 결과는 1이다.

51 다음 쿼리에 설정된 조건에 대한 설명으로 옳은 것은?

필드:	한글이름	도시명(주거지)
테이블:	방문자	방문자
정렬:		
표시:	☑	☑
조건:	Like "김*"	"서울시"
또는:		"경기도"

① 한글이름이 '김'으로 시작하는 레코드 중 도시명(주거지)이 '서울시' 또는 '경기도'인 레코드 검색
② 한글이름이 '김'으로 시작하거나 도시명(주거지)이 '서울시'이거나 '경기도'인 레코드 검색
③ 한글이름이 '김'으로 시작하는 레코드 중 도시명(주거지)이 '서울시'이거나 도시명(주거지)이 '경기도'인 레코드 검색
④ 한글이름이 '김'으로 시작하는 레코드 중 도시명(주거지)이 '경기도'는 제외하고 '서울시'인 레코드 검색

52 다음 중 쿼리 검색 조건의 연산자와 함수 사용에 대한 설명이 옳지 않은 것은?

① YEAR(DATE( ))는 시스템의 현재 날짜 정보에서 연도값만을 반환한다.
② INSTR("KOREA", "R")는 "KOREA"라는 문자열에서 "R"의 위치 3을 반환한다.
③ RIGHT([주민번호], 2)="01"은 [주민번호] 필드에서 맨 앞의 두 자리가 '01'인 레코드를 추출한다.
④ LIKE "[ㄱ-ㄷ]*"은 'ㄱ'에서 'ㄷ' 사이에 있는 문자로 시작하는 필드 값을 검색한다.

53 다음 중 데이터시트에 요약 정보를 표시하는 'Σ 요약' 기능에 관한 설명으로 옳지 않은 것은?

① 'Σ 요약' 기능을 실행했을 때 생기는 요약 행을 통해 집계 함수를 좀 더 쉽고 빠르게 사용할 수 있다.
② 'Σ 요약' 기능은 데이터시트 형식으로 표시되는 테이블, 폼, 쿼리, 보고서 등에서 사용할 수 있다.
③ 'Σ 요약' 기능이 설정된 상태에서 '텍스트' 데이터 형식의 필드에는 '개수' 집계 함수만 지정할 수 있다.
④ 'Σ 요약' 기능이 설정된 상태에서 '예/아니요' 데이터 형식의 필드에 '개수' 집계 함수를 지정하면 체크된 레코드의 총 개수가 표시된다.

54 다음의 보기에서 개체별로 내보내기 할 수 있는 형식의 연결이 옳은 것만 나열한 것은?

> ⓐ 테이블 및 쿼리 – Excel, Word RTF 파일, Paradox 파일, SharePoint 목록 등
> ⓑ 폼 – HTML 문서, 텍스트 파일, ODBC 데이터베이스, Snapshot 등
> ⓒ 보고서 – Word RTF 파일, 텍스트 파일, dBASE 파일, Paradox 파일 등

① ⓐ, ⓑ, ⓒ ② ⓐ, ⓒ
③ ⓑ, ⓒ ④ ⓐ

55 다음 중 보고서의 [페이지 설정] 대화 상자에서 '데이터만 인쇄' 옵션을 선택했을 때 인쇄되는 것으로 옳은 것은?

① 콤보 상자의 모양
② 선이나 사각형으로 작성한 모양
③ 레이블로 작성한 보고서의 제목
④ 텍스트 상자에서 표시하는 값

56 다음 중 하나의 필드에 할당되는 크기(바이트 수 기준)가 가장 작은 데이터 형식은 무엇인가?

① 정수(Long) ② 날짜/시간
③ 통화 ④ 복제 ID

57 다음 중 폼이나 보고서에서 조건에 맞는 특정 컨트롤에만 서식을 적용하는 조건부 서식에 대한 설명으로 옳은 것을 모두 고르면?

ⓐ 조건부 서식은 식이 아닌 필드 값으로만 설정이 가능하다.
ⓑ 컨트롤 값이 변경되어 조건을 만족하지 않으면, 적용된 서식이 해제되고 기본 서식이 적용된다.
ⓒ 조건은 3개까지 지정할 수 있으며, 조건별로 다른 서식을 적용할 수 있다.
ⓓ 지정한 조건 중 2개 이상이 참이면, 조건이 참인 서식이 모두 적용된다.

① ⓐ, ⓑ ② ⓑ, ⓒ
③ ⓒ, ⓓ ④ ⓐ, ⓓ

58 다음 중 폼의 데이터 속성에서 설정할 수 없는 것은?

① 데이터 원본 ② 레코드 잠금
③ 데이터 입력 ④ 로드할 때 필터링

59 다음 중 기본 폼과 하위 폼에 대한 설명으로 옳지 않은 것은?

① '일대다' 관계에서 하위 폼에는 '일'에 해당하는 데이터가 표시되며, 기본 폼에는 '다'에 해당하는 데이터가 표시된다.
② 하위 폼은 연속 폼의 형태로 표시할 수 있지만 기본 폼은 연속 폼의 형태로 표시할 수 없다.
③ 기본 폼 내에 포함시킬 수 있는 하위 폼의 개수는 제한이 없으며, 최대 7수준까지 하위폼을 중첩시킬 수 있다.
④ 테이블, 쿼리나 다른 폼을 이용하여 하위 폼을 작성할 수 있다.

60 [테이블 도구]–[만들기]–[폼] 그룹의 명령을 이용하여 위쪽 구역에는 데이터시트를 표시하는 폼을 만들고, 아래쪽 구역에는 데이터시트에서 선택한 레코드에 대한 정보를 입력할 수 있는 폼을 만들고자 한다. 다음 중 가장 적절한 폼 만들기 명령은?

① 여러 항목 ② 폼 분할
③ 폼 마법사 ④ 모달 대화 상자

제 04 회 실전모의고사

• 정답 및 해설 : 435쪽

1과목 | 컴퓨터 일반

01 다음 중에서 멀티미디어 그래픽과 관련하여 렌더링(Rendering) 기법에 대한 설명으로 옳은 것은?

① 웹에서 멀티미디어 데이터를 다운로드하면서 재생하여 주는 기술이다.
② 2개의 이미지를 부드럽게 연결하여 변환하는 기술이다.
③ 3차원 그래픽에서 화면에 그린 물체의 모형에 명암과 색상을 입혀 사실감을 더해주는 기술이다.
④ 그림의 경계선을 부드럽게 처리해주는 필터링 기술이다.

02 다음 중 컴퓨터에서 사용하는 그래픽 파일의 형식에 관한 설명으로 옳은 것은?

① BMP 파일은 Windows에서 기본적으로 지원하는 포맷으로 고해상도 이미지를 제공하지만 압축을 사용하지 않으므로 파일의 크기가 크다.
② JPG 파일은 인터넷 표준 그래픽 파일 형식으로 256가지 색을 표현하지만 애니메이션으로도 표현할 수 있다.
③ GIF는 손실과 무손실 압축 기법을 모두를 사용할 수 있으며, 24비트를 사용하여 색을 표현하기 때문에 사진과 같은 선명한 사진을 표현할 수 있다.
④ WMF 방식은 데이터의 호환성을 위하여 개발된 방식으로 3D 그래픽 표현이 가능하다.

03 다음 중 인터넷 상의 보안을 위협하는 행위에 대한 설명으로 옳은 것은?

① 어떤 프로그램이 정상적으로 실행되는 것처럼 속임수를 사용하는 것은 Sniffing이다.
② 네트워크 주변을 지나다니는 패킷을 엿보면서 아이디와 패스워드를 알아내는 것은 Spoofing이다.
③ 크래킹의 도구로 키보드의 입력을 문서 파일로 저장하거나 주기적으로 전송하여 ID나 암호 등의 개인 정보를 빼내는 것은 Key Logger이다.
④ 특정 사이트에 오버플로우를 일으켜서 시스템이 서비스를 거부하도록 만드는 것은 Trap Door이다.

04 다음 중 전화 통신망과 같은 공중 데이터 통신망에 많이 이용되며 통신 회선 장애 시 다른 경로를 통해 데이터 전송이 가능한 형태의 통신망으로 옳은 것은?

① 성형(Star) ② 버스형(Bus)
③ 망형(Mesh) ④ 계층형(Tree)

05 다음 중 네트워크와 관련하여 OSI 7계층 참조 모델에서 각 계층의 대표적인 장비로 옳지 않은 것은?

① 트랜스포트 계층(Transport Layer) – 허브(Hub)
② 네트워크 계층(Network Layer) – 라우터(Router)
③ 데이터 링크 계층(Data-Link Layer) – 브리지(Bridge)
④ 물리 계층(Physical Layer) – 리피터(Repeater)

06 다음 중 거래 업무를 컴퓨터를 통해 수행할 수 있도록 전자 금융, 전자 문서 교환, 전자 우편 등의 서비스를 제공하는 것은 무엇인가?

① VLAN(Virtual Local Area Network)
② 전자상거래(E-Commerce)
③ 인트라넷(Intranet)
④ 엑스트라넷(Extranet)

07 다음 중 정보를 전송하기 위하여 송수신기가 같은 상태를 유지하도록 하는 프로토콜의 기능을 의미하는 것은?

① 연결 제어 ② 흐름 제어
③ 오류 제어 ④ 동기화

08 다음 중 컴퓨터 소프트웨어 개발을 위한 객체 지향 언어에 관한 설명으로 옳지 않은 것은?

① 데이터와 그 데이터를 처리하는 함수를 객체로 묶어서 문제를 해결하는 언어이다.
② 상속, 캡슐화, 추상화, 다형성 등을 지원한다.
③ 시스템의 확장성이 높고, 정보 은폐가 용이하다.
④ 대표적인 객체 지향 언어로 BASIC, Pascal, C 언어 등이 있다.

09 한글 Windows의 [그림판]에서 실행할 수 있는 기능으로 옳지 않은 것은?

① 선택한 영역을 대칭으로 이동시킬 수 있다.
② 그림판에서 그림을 그린 다음 다른 문서를 붙여 넣거나 바탕 화면 배경으로 사용할 수 있다.
③ 선택한 영역의 색을 [색 채우기] 도구를 이용하여 다른 색으로 변경할 수 있다.
④ JPG, GIF, BMP와 같은 그림 파일도 그림판에서 작업할 수 있다.

10 다음 중 컴퓨터에서 수 표현을 위한 고정 소수점 방식의 음수를 표현하는 방법에 대한 설명으로 옳지 않은 것은?

① 부호 비트 이외의 정수 부분을 그대로 표현하는 부호화 절대치 방식이 있다.
② 부호를 포함한 모든 비트를 1은 0으로, 0은 1로 바꾸는 0의 보수 방식이 있다.
③ 부호화 절대치에서 부호 비트 이외의 비트를 반대로 취하는 부호화 1의 보수 방식이 있다.
④ 1의 보수의 오른쪽 마지막 비트에 1을 더해 표시하는 부호화 2의 보수 방식이 있다.

11 다음 중에서 컴퓨터의 하드 디스크와 관련하여 RAID (Redundant Array of Inexpensive Disks) 기술에 관한 설명으로 옳지 않은 것은?

① 여러 개의 하드 디스크를 모아서 하나의 하드 디스크처럼 사용할 수 있도록 하는 기술이다.
② 하드 디스크의 모음뿐만 아니라 자동으로 복제해 백업 정책을 구현해 주는 기술이다.
③ 미러링과 스트라이핑 기술을 결합하여 안정성과 속도를 향상시킨 디스크 연결 기술이다.
④ 하드 디스크, CD-ROM, 스캐너 등을 통합적으로 연결해 주는 기술이다.

12 다음 중 컴퓨터에서 사용하는 캐시 메모리에 대한 설명으로 옳지 않은 것은?

① 캐시 메모리는 주로 속도가 빠른 SRAM을 사용한다.
② 캐시 메모리에는 데이터뿐만 아니라 프로그램도 들어간다.
③ 캐시 메모리에 있는 데이터와 메인 메모리에 있는 데이터가 항상 일치하지는 않는다.
④ 캐시 적중률이 낮아야 캐시 메모리의 성능이 우수하다고 할 수 있다.

13 다음 중 인터넷 연결을 위하여 TCP/IP 프로토콜을 설정할 때 서브넷 마스크(Subnet Mask)의 역할에 관한 설명으로 옳은 것은?

① 도메인 명을 IP 주소로 변환해 주는 서버를 지정한다.
② IP 주소의 네트워크 주소와 호스트 주소를 구별해 준다.
③ 호스트와 연결 방식을 식별한다.
④ 연결된 사용자들의 IP를 식별한다.

14 다음 중 컴퓨터에서 데이터를 표현하기 위한 코드에 관한 설명으로 옳지 않은 것은?

① EBCDIC 코드는 4개의 Zone 비트와 4개의 Digit 비트로 구성되며, 256개의 문자를 표현할 수 있다.
② 표준 BCD 코드는 2개의 Zone 비트와 4개의 Digit 비트로 구성되며, 영문 대문자와 소문자를 포함하여 64개의 문자를 표현할 수 있다.

③ 해밍 코드(Hamming Code)는 잘못된 정보를 체크하고, 오류를 검출하여 다시 교정할 수 있는 코드이다.
④ 유니 코드(Unicode)는 전 세계의 모든 문자를 2바이트로 표현하는 국제 표준 코드이다.

15 한글 Windows의 [이더넷 속성] 대화 상자에서 설치 가능한 네트워크 기능의 유형으로 옳지 않은 것은?

① 어댑터 ② 서비스
③ 프로토콜 ④ 클라이언트

16 한글 Windows의 [작업 표시줄 설정] 창에서 할 수 있는 작업으로 옳지 않은 것은?

① 작업 표시줄 자동 숨기기를 설정할 수 있다.
② 작업 표시줄 단추에 배지 표시를 설정할 수 있다.
③ 알림 영역에 표시할 아이콘과 시스템 아이콘을 사용자가 지정할 수 있다.
④ 컴퓨터에 설치된 모든 앱을 숫자순, 영문순, 한글순으로 정렬할 수 있다.

17 한글 Windows의 [Windows 작업 관리자]에서 실행 가능한 작업으로 옳지 않은 것은?

① 실행 중인 프로그램을 닫지 않고, 사용자를 전환할 수 있다.
② 실행 중인 응용 프로그램이나 프로세스에 대한 정보를 확인할 수 있다.
③ 작업 환경, 다른 사용자, 컴퓨터 공유 여부에 따라 사용자에 대한 추가 정보를 확인할 수 있다.
④ 컴퓨터에서 사용되고 있는 CPU와 메모리의 사용 현황 등에 관한 정보를 그래프로 확인할 수 있다.

18 한글 Windows의 [장치 관리자] 창에서 설정 가능한 하드웨어 관리에 대한 설명으로 옳지 않은 것은?

① 장치들의 드라이버를 식별하고, 설치된 장치 드라이버에 대한 정보를 알 수 있다.
② 가상 메모리에 대한 정보를 확인하고, 설정 값을 변경할 수 있다.
③ 장치 드라이버를 업데이트 할 수 있다.
④ 하드웨어가 올바르게 작동하는지 확인할 수 있다.

19 한글 Windows의 레지스트리(Registry)에 관한 설명으로 옳지 않은 것은?

① 검색 상자에 "regedit"를 입력하여 레지스트리 편집기를 실행할 수 있다.
② 레지스트리 편집기를 사용하면 레지스트리 폴더 및 각 레지스트리 파일에 대한 설정을 볼 수 있다.
③ 레지스트리가 손상되면 Windows에 치명적인 손상을 줄 수 있으므로 주의하여 사용해야 한다.
④ 레지스트리의 정보는 수정할 수는 있으나 삭제는 할 수 없어 언제든지 레지스트리 복원이 가능하다.

20 다음 중 컴퓨터 소프트웨어에서 셰어웨어(Shareware)에 관한 설명으로 옳은 것은?

① 정해진 금액을 지불하고 정식으로 사용하는 프로그램이다.
② 사용 기간과 일부 기능을 제한하여 정식 제품의 구입을 유도하기 위한 프로그램이다.
③ 사용 기간의 제한 없이 무료 사용과 배포가 가능한 프로그램이다.
④ ROM에 저장되며, BIOS와 관련이 있는 시스템 프로그램이다.

2과목 | 스프레드시트 일반

21 다음 중 시트에서 고급 필터 기능을 이용하여 수량이 전체 평균보다 크면서 거래일자가 1월 중인 데이터를 추출하려고 할 때 고급 필터의 조건식으로 옳은 것은?

	A	B	C	D	E	F
1	거래일자	거래처명	제품명	수량	단가	금액
2	12-01-02	대한전자	LED TV	10	1,230,000	12,300,000
3	12-01-05	현대전자	세탁기	15	369,000	5,535,000
4	12-01-12	현대전자	전자 레인지	20	95,000	1,900,000
5	12-01-15	대한전자	캠코더	25	856,000	21,400,000
6	12-01-20	현대전자	세탁기	15	369,000	5,535,000
7	12-01-25	한국전자	전자 레인지	10	139,000	1,390,000
8	12-01-26	미래전자	LED TV	10	1,230,000	12,300,000
9	12-02-03	한국전자	식기세척기	30	369,000	11,070,000
10	12-02-06	대한전자	캠코더	25	265,000	6,625,000

①

거래일자	수량
=MONTH($A2)=1	=$D2>AVERAGE($D$2:$D$10)

②

거래일자	수량
=MONTH($A2)=1	=$D2>AVERAGE(D2:D10)

③

거래월	평균
=MONTH($A2)=1	=$D2>AVERAGE(D2:D10)

④

거래월	평균
=MONTH($A2)=1	=$D2>AVERAGE($D$2:$D$10)

22 다음 중 데이터의 자동 필터 기능에 대한 설명으로 옳지 않은 것은?

① 같은 열에서 여러 개의 항목을 동시에 선택하여 데이터를 추출할 수 있다.
② 숫자로만 구성된 하나의 열에서는 색 기준 필터와 숫자 필터를 동시에 적용할 수 없다.
③ 같은 열에 날짜, 숫자, 텍스트가 섞여 있으면 항상 텍스트 필터가 기본으로 적용된다.
④ 필터를 이용하여 추출한 데이터는 항상 레코드(행) 단위로 표시된다.

23 다음 중 그림과 같이 [B2:B5] 영역에 데이터 유효성 검사가 설정되어 있을 때 [B2:B5] 영역에 입력할 수 없는 값은?

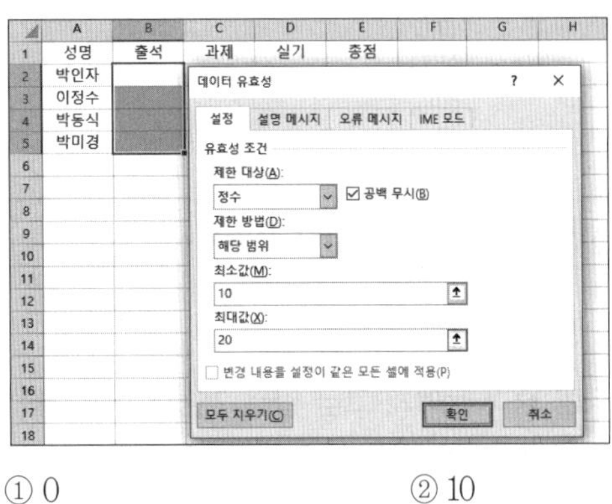

① 0　　② 10
③ 15　　④ 20

24 다음 중 피벗 테이블에 대한 설명으로 옳지 않은 것은?

① 피벗 테이블 보고서를 작성한 후 원본 데이터를 수정하면 수정된 내용이 피벗 테이블 보고서에 자동으로 반영된다.
② 피벗 테이블 필드 목록에서 보고서에 추가할 필드로 데이터 형식이 텍스트와 논리값인 것을 선택하면 '행 레이블' 영역으로 옮겨진다.
③ 값 영역에 추가된 필드가 2개 이상이 되면 값 필드가 열 레이블 또는 행 레이블 영역에 표시된다.
④ 행 레이블 또는 열 레이블에 표시된 값 필드가 값 영역에 추가된 필드의 표시 방향을 결정한다.

25 다음 중 엑셀에서 날짜 데이터의 입력 방법을 설명한 것으로 옳지 않은 것은?

① 날짜 데이터는 하이픈(-)이나 슬래시(/)를 이용하여 년, 월, 일을 구분한다.
② 날짜의 연도를 생략하고 월과 일만 입력하면 자동으로 올해의 연도가 추가되어 입력된다.
③ 날짜의 연도를 두 자리로 입력할 때 연도가 30이상이면 1900년대로 인식하고, 29이하면 2000년대로 인식한다.
④ 오늘의 날짜를 입력하고 싶으면 Ctrl+Shift+; (세미콜론) 키를 누르면 된다.

26 다음 중 시트와 같이 이름에 '철'이라는 글자가 포함된 셀의 서식을 채우기 색 '노랑', 글꼴 스타일 '굵은 기울임꼴'로 변경하고자 한다. 이를 위해 [A2:A7] 영역에 설정한 조건부 서식의 수식 규칙으로 옳은 것은?

	A	B	C	D
1	이름	컴퓨터일반	스프레드시트	데이터베이스
2	함초롱	89	65	92
3	***강원철***	68	76	58
4	김우진	75	68	52
5	민수현	87	82	80
6	***신해철***	54	78	48
7	***안철진***	98	68	94
8				

① =COUNT(A2, "*철*")
② =COUNT(A2:A7, "*철*")
③ =COUNTIF(A2, "*철*")
④ =COUNTIF(A2:A7, "*철*")

27 다음 중 엑셀의 작업 환경 설정을 위한 [Excel 옵션]의 각 메뉴에 대한 설명으로 옳지 않은 것은?

① [일반]-[사용자 인터페이스 옵션] : '실시간 미리 보기 사용'을 선택하면 선택 사항을 커서로 가리킬 때 해당 기능이 문서에 어떻게 영향을 주는지 결과를 미리 보여준다.
② [수식]-[수식 작업] : '수식에 표 이름 사용'을 선택하면 데이터가 입력된 범위에 행 또는 열 레이블이 있을 경우 이 레이블을 정의된 이름처럼 수식에 이름으로 사용할 수 있다.
③ [저장]-[통합 문서 저장] : '다음 형식으로 파일 저장'에서 통합 문서의 기본 저장 파일 형식을 지정할 수 있다.
④ [고급]-[이 통합 문서의 계산 대상] : '다른 문서에 대한 링크 업데이트'를 선택하면 워크시트와 연결된 외부 문서에 포함된 결과 값의 복사본을 저장한다.

28 다음 중 셀 서식의 표시 형식 기호가 "\#,###;-\#,##0"으로 설정된 셀에 6345.678을 입력하였을 때의 표시 결과로 옳은 것은?

① \6340 ② \6,340
③ \6,345 ④ \6,346

29 다음 중 매크로 작성 시 지정하는 바로 가기 키에 대한 설명으로 옳은 것은?

① 엑셀에 이미 지정되어 있는 바로 가기 키는 매크로의 바로 가기 키로 지정할 수 없다.
② 매크로 기록 시 바로 가기 키는 반드시 지정하여야 한다.
③ 매크로 작성 시 지정한 바로 가기 키는 추후에도 수정이 가능하다.
④ 바로 가기 키는 기본적으로 Ctrl과 영문 소문자로 조합하여 사용하나 대문자로 지정하면 Ctrl에 이어서 Alt가 자동으로 덧붙여 지정된다.

30 다음 중 보기에 주어진 매크로 모듈에 대한 설명으로 옳은 것은?

```
Sub Macro1( )
  For i = 1 To 10 Step 2
    ActiveCell.FormulaR1C1 = i
    Selection.Font.ColorIndex = 5
    ActiveCell.Offset(1, 0).Range("A1").Select
  Next i
End Sub
```

① [A1] 셀을 기준으로 매크로가 실행된다.
② [A1] 셀에 "1, 3, 5, 7, 9"가 할당된다.
③ 셀의 글자색을 파란색으로 변경한다.
④ 반복문이 10번 수행된다.

31 다음 중 시트에서 자격증 응시자에 대한 과목별 평균을 구하려고 할 때 [C11] 셀에 입력해야 할 배열 수식으로 옳은 것은?

	A	B	C
1	자격증 응시 결과		
2	응시자	과목	점수
3	강선미	1과목	80
4		2과목	85
5	이수진	1과목	85
6		2과목	90
7	김예린	1과목	80
8		2과목	95
9			
10		과목	평균
11		1과목	
12		2과목	
13			

① {=AVERAGE(IF(MOD(ROW(C3:C8), 2)=0, C3:C8))}
② {=AVERAGE(IF(MOD(ROW(C3:C8), 2)=1, C3:C8))}
③ {=AVERAGE(IF(MOD(ROWS(C3:C8), 2)=0, C3:C8))}
④ {=AVERAGE(IF(MOD(ROWS(C3:C8), 2)=1, C3:C8))}

32 다음의 시트 내용에서 [A4:B5] 영역을 선택한 후 수식 =A1:B2+D1:E2를 입력하고, Ctrl+Shift+Enter 키를 눌렀을 때 [B5] 셀에 표시되는 값으로 옳은 것은?

	A	B	C	D	E
1	1	2		1	2
2	3	4		3	4
3					
4					
5					
6					

① 4　② 8
③ 10　④ 20

33 다음 중 수식의 결과와 동일한 결과를 반환하는 수식으로 옳은 것은?

```
=SUMPRODUCT((A1:A100=C1)*(B1:B100=D1))
```

① =SUMIFS(A1:A100, C1, B1:B100, D1)
② =COUNTIFS(A1:A100, C1, B1:B100, D1)
③ =AVERAGEIFS(A1:A100, C1, B1:B100, D1)
④ =SUBTOTAL(SUM, A1:A100, B1:B100)

34 다음 중 시트에서 직위가 "부장"인 직원의 급여 평균을 [C10] 셀에 구하는 배열 수식으로 옳은 것은?

	A	B	C	D
1	사원명	부서명	직위	급여
2	홍길동	개발1부	부장	3500000
3	이대한	영업1부	과장	2800000
4	한민국	인사1부	대리	2500000
5	이계레	개발1부	과장	3000000
6	김국수	영업2부	부장	3700000
7	박미나	영업2부	대리	2800000
8	최신호	개발2부	부장	3300000
9				
10	부장의 평균 급여 :			
11				

① {=AVERAGE(IF(C2:C8="부장", C2:C8))}
② =AVERAGE(IF(C2:C8="부장", C2:C8))}
③ =AVERAGE(IF(C2:C8="부장", D2:D8))}
④ {=AVERAGE(IF(C2:C8="부장", D2:D8))}

35 다음 중 Excel 2016의 리본 메뉴에 대한 설명으로 옳지 않은 것은?

① 리본 메뉴를 최소화하거나 원래 상태로 되돌리려면 Ctrl+F10 키를 누른다.
② 리본 메뉴를 빠르게 최소화하려면 활성 탭의 이름을 두 번 클릭하고, 리본 메뉴를 원래 상태로 되돌리려면 탭을 다시 두 번 클릭한다.
③ 리본 메뉴는 탭, 그룹 및 명령의 세 요소로 구성되어 있다.
④ 리본 메뉴에 바로 가기 키를 나타내려면 Alt 키를 누른다.

36 다음 중 워크시트에 대한 설명으로 옳은 것은?

① 워크시트 복사는 Alt 키를 누르면서 원본 워크시트 탭을 마우스로 드래그 앤 드롭하면 된다.
② 시트를 삭제하려면 시트 탭에서 마우스 오른쪽 단추를 클릭한 후 표시되는 [삭제] 메뉴를 선택하면 되지만 삭제된 시트는 되살릴 수 없으므로 유의하여야 한다.
③ 연속된 여러 개의 시트를 선택할 때는 첫 번째 시트를 선택하고, Ctrl 키를 누른 상태에서 마지막 워크시트의 시트 탭을 클릭하면 된다.
④ 떨어져 있는 여러 개의 시트를 선택할 때는 먼저 Shift 키를 누른 상태에서 원하는 워크시트의 시트 탭을 차례로 누르면 된다.

37 다음 중 차트 제목으로 [B1] 셀의 텍스트를 연결하는 과정으로 옳은 것은?

① 차트에서 차트 제목을 클릭한 후 등호(=)를 입력한 후 [B1] 셀을 선택한다.
② 차트에서 차트 제목을 클릭한 후 수식 입력줄에서 등호(=)를 입력한 후 [B1] 셀을 선택한다.
③ 차트에서 차트 제목을 클릭한 후 수식 입력줄에서 [B1] 셀을 선택한다.
④ 차트에서 차트 제목을 클릭한 후 수식 입력줄에서 '=TEXT(B1)'을 입력한다.

38 다음 중 엑셀 차트의 추세선에 관한 설명으로 옳지 않은 것은?

① 추세선은 6종류로 지수, 선형, 로그, 다항식, 거듭제곱, 이동 평균이 있다.

② 하나의 데이터 계열에 두 개 이상의 추세선을 동시에 표시할 수 없다.
③ 추세선이 추가된 데이터 계열의 차트 종류를 3차원으로 바꾸면 추세선이 사라진다.
④ 추세선을 삭제하려면 차트에 표시된 추세선을 선택한 후 Delete 키를 누르거나 바로 가기 메뉴의 [삭제]를 선택한다.

39 다음 중 엑셀의 [페이지 설정] 대화 상자에 대한 설명으로 옳은 것은?

① 인쇄 배율을 수동으로 설정할 수 있으며, 배율은 워크시트 표준 크기에서 10%에서 200%까지 가능하다.
② 셀 구분선이나 행/열 머리글은 인쇄되도록 설정할 수 없다.
③ [페이지 설정] 대화 상자의 [페이지] 탭에서 [자동 맞춤]의 용지 너비와 용지 높이를 1로 지정하면 여러 페이지가 한 페이지에 출력되도록 확대/축소 배율이 자동으로 조정된다.
④ 셀에 설정된 메모를 시트에 표시된 대로 인쇄할 수는 없고, 시트 끝에 인쇄할 수는 있다.

40 다음 중 엑셀의 틀 고정에 대한 기능 설명으로 옳지 않은 것은?

① 틀 고정은 특정 행 또는 열을 고정할 때 사용하는 기능으로 주로 표의 제목 행 또는 제목 열을 고정한 후 작업할 때 유용하다.
② 선택된 셀의 왼쪽 열과 바로 위의 행이 고정된다.
③ 틀 고정 구분선을 마우스로 잡아끌어 틀 고정 구분선을 이동시킬 수 있다.
④ 틀 고정 방법으로 첫 행 고정을 실행하면 선택된 셀의 위치와 상관없이 첫 행이 고정된다.

3과목 | 데이터베이스 일반

41 다음 중 현재 레코드에 대한 내용을 수정하는 Recordset 개체의 메서드로 옳은 것은?

① AddNew ② Delete
③ Update ④ Insert

42 다음 중 모듈에 대한 설명으로 옳지 않은 것은?

① 모듈은 클래스 모듈, 응용 모듈, 기타 모듈로 분류한다.
② 클래스 모듈은 사용자 정의 개체를 만들 때 사용한다.
③ 모듈은 선언부를 가진다.
④ 이벤트 프로시저는 특정 개체에 적용되는 SUB 프로시저이다.

43 다음 중 데이터베이스의 특징으로 옳지 않은 것은?

① 다수의 이용자들이 서로 상이한 목적으로 동일 데이터를 공유
② 데이터의 검색이나 갱신이 효율적으로 이루어질 수 있도록 데이터의 중복을 최대화
③ 특정 조직에서 필요한 정보를 얻기 위하여 필요한 데이터를 저장
④ 효과적인 데이터 처리를 위한 구조화

44 다음 중 데이터 보안 및 회복, 무결성, 병행 수행 제어 등을 정의하는 데이터베이스 언어로 데이터베이스 관리자가 데이터 관리를 목적으로 주로 사용하는 언어는?

① 데이터 제어어(DCL)
② 데이터 부속어(DSL)
③ 데이터 정의어(DDL)
④ 데이터 조작어(DML)

45 다음 중 '거래처' 별로 그룹이 설정된 '매출 내역 보고서'에서 본문 영역에 있는 'txt순번' 텍스트 상자 컨트롤에 해당 거래처별로 매출의 순번(1, 2, 3...)을 표시하려고 할 때 'txt순번' 컨트롤의 속성 설정 방법으로 옳은 것은?

① 컨트롤 원본 속성을 '1'로 설정하고, 누적 합계 속성을 '아니오'로 설정
② 컨트롤 원본 속성을 '1'로 설정하고, 누적 합계 속성을 '예'로 설정
③ 컨트롤 원본 속성을 '=1'로 설정하고, 누적 합계 속성을 '모두'로 설정
④ 컨트롤 원본 속성을 '=1'로 설정하고, 누적 합계 속성을 '그룹'으로 설정

46 다음 중 보고서 마법사를 이용하여 숫자로 된 필드에 요약 값을 나타내는 과정에 대한 설명으로 옳지 않은 것은?

① 그룹 수준을 지정해야만 요약 옵션을 사용할 수 있다.
② 그룹화 수준에서 앞의 두 문자만 가지고 그룹화를 지정할 수도 있다.
③ 정렬 순서와 무관하게 요약 옵션을 사용할 수 있다.
④ 요약 옵션은 합계, 평균, 최대, 최소 중 한 가지 계산 값만 선택할 수 있다.

47 다음 중 보고서 마법사를 이용하여 아래와 같은 모양의 보고서를 작성하기 위해 선택해야 할 모양으로 옳은 것은?

① 단계　② 블록
③ 외곽선1　④ 외곽선2

48 다음 중 하위 보고서 작성에 대한 설명으로 옳지 않은 것은?

① 디자인 보기 화면에서 하위 보고서 컨트롤에 포함된 레이블은 삭제가 가능하다.
② 디자인 보기 화면에서 삽입된 하위 보고서의 크기 조절은 가능하지 않다.
③ "일대다" 관계에서 하위 보고서는 "다" 쪽에 해당하는 데이터가 표시된다.
④ 하위 보고서 마법사를 이용하여 작성할 수 있다.

49 다음 중 사원 테이블에서 호봉이 6인 사원의 연봉을 3% 인상된 값으로 수정하는 실행 쿼리를 작성하고자 할 때, 아래의 각 괄호에 넣어야 할 용어를 순서대로 나열한 것으로 옳은 것은?

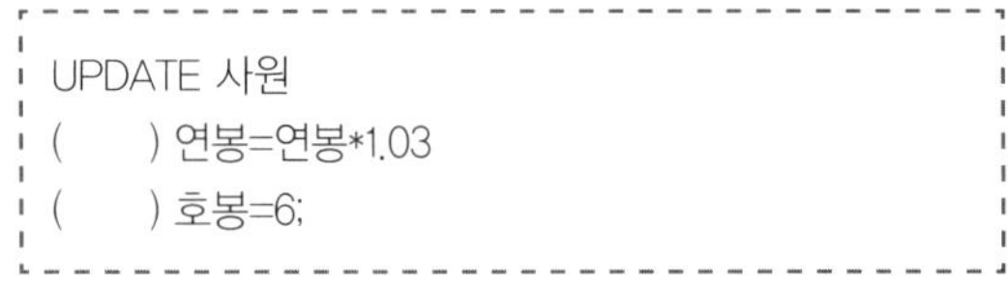

```
UPDATE 사원
(      ) 연봉=연봉*1.03
(      ) 호봉=6;
```

① FROM ~ WHERE　② SET ~ WHERE
③ VALUE ~ SELECT　④ INTO ~ VALUE

50 다음 중 동호회 테이블과 사원 테이블을 조인하여 질의한 결과가 아래의 그림과 같이 나타나게 하기 위한 질의로 옳은 것은?

동호회 : 테이블

회원ID	사번	이름
M101	B117	이상태
M102	K230	강칠구
M103	K300	박차고

사원 : 테이블

사번	이름	주소
K230	강칠구	서울
K300	박차고	부산
K400	김치국	대전

질의 결과 :

회원ID	동호회.사번	동호회.이름	사원.사번	사원.이름	주소
M102	K230	강칠구	K230	강칠구	서울
M103	K300	박차고	K300	박차고	부산

① SELECT 동호회.*, 사원.* FROM 동호회 INNER JOIN 사원 ON 동호회.사번 = 사원.사번;
② SELECT 동호회.*, 사원.* FROM 동호회 LEFT JOIN 사원 ON 동호회.사번 = 사원.사번;

③ SELECT 동호회.*, 사원.* FROM 동호회 RIGHT JOIN 사원 ON 동호회.사번 = 사원.사번;
④ SELECT 동호회.*, 사원.* FROM 동호회 OUTER JOIN 사원 ON 동호회.사번 = 사원.사번;

51 다음 중 '학번', '이름', '전화번호' 필드로 동일하게 구성되어 있는 [재학생] 테이블과 [졸업생] 테이블을 통합하여 나타내는 쿼리문으로 옳은 것은?

① Select 학번, 이름, 전화번호 From 재학생, 졸업생 Where 재학생.학번 = 졸업생.학번;
② Select 학번, 이름, 전화번호 From 재학생 JOIN Select 학번, 이름, 전화번호 From 졸업생;
③ Select 학번, 이름, 전화번호 From 재학생 OR Select 학번, 이름, 전화번호 From 졸업생;
④ Select 학번, 이름, 전화번호 From 재학생 UNION Select 학번, 이름, 전화번호 From 졸업생;

52 다음 중 도서명에 '액세스'라는 단어가 포함된 도서 정보를 검색하려고 할 때 아래 SQL문의 WHERE절에 들어갈 조건으로 옳은 것은?

```
SELECT 도서명, 저자, 출판년도, 가격
FROM 도서
WHERE;
```

① 도서명 = "*액세스*"
② 도서명 IN "*액세스*"
③ 도서명 BETWEEN "*액세스*"
④ 도서명 LIKE "*액세스*"

53 다음 중 기본키(Primary Key)에 대한 설명으로 옳은 것은?

① 테이블에 기본키를 반드시 설정해야 한다.
② 액세스에서는 단일 필드 기본키와 일련번호 기본키만 정의 가능하다.
③ 데이터가 이미 입력된 필드도 기본키로 지정할 수 있다.
④ 여러 개의 필드를 합쳐 기본키로 지정할 수 없다.

54 다음 중 Access 데이터를 텍스트 파일로 내보내는 과정에 대한 설명으로 옳지 않은 것은?

① Excel, Word 등 다양한 형식으로 내보낼 수 있다.
② 테이블, 쿼리, 폼 및 보고서를 텍스트 파일로 내보낼 수 있다.
③ 쿼리를 텍스트 파일로 내보낼 경우 텍스트 파일에는 쿼리의 SQL문이 저장된다.
④ 테이블 및 쿼리를 내보내는 경우 전체 개체를 내보내거나 추가 서식 없이 데이터만 내보내도록 선택할 수 있다.

55 다음 중 입력 마스크에서 사용되는 기호 문자에 대한 설명으로 옳은 것은?

① 0 : 선택 요소로서 숫자나 공백을 입력
② 9 : 필수 요소로서 0~9까지의 숫자를 입력
③ # : 선택 요소로서 A~Z까지의 영문자를 입력
④ & : 필수 요소로서 단일 문자나 공백을 입력

56 다음 중 그림과 같이 필드 속성을 설정한 경우 입력값에 따른 결과가 옳지 않은 것은?

필드 크기	실수(Single)
형식	표준
소수 자릿수	1
입력 마스크	
캡션	
기본값	0
유효성 검사 규칙	<>1 And <>-1
유효성 검사 텍스트	
필수	예

① '1'을 입력하는 경우 값이 입력되지 않는다.
② '-1'을 입력하는 경우 값이 입력되지 않는다.
③ 필드 값을 입력하지 않는 경우 기본 값으로 '0.0'이 입력된다.
④ '1234'를 입력하는 경우 표시되는 값은 '1234.0'이 된다.

57 다음 중 보기의 설명에 해당되는 컨트롤로 옳은 것은?

- 그룹 틀, 확인란, 옵션 단추, 토글 단추 등으로 구성
- 필드 크기가 정수인 숫자 데이터 형식이나 '예/아니요'로 설정된 필드에 설정
- 원하는 값을 클릭하여 쉽게 내용을 선택
- 몇 개의 컨트롤을 그룹으로 하여 제한된 선택 조합을 표시할 때 사용

① 콤보 상자 ② 목록 상자
③ 옵션 그룹 ④ 명령 단추

58 다음 중 폼에서 데이터 원본으로 사용하는 테이블의 필드 값을 보여주고, 값을 수정할 수도 있는 컨트롤로 가장 적절한 것은?

① 바운드 컨트롤 ② 언바운드 컨트롤
③ 계산 컨트롤 ④ 탭 컨트롤

59 다음 중 폼의 구성 요소에 대한 설명으로 옳지 않은 것은?

① 폼 머리글은 인쇄할 때 모든 페이지의 상단에 매번 표시된다.
② 하위 폼은 폼 안에 있는 또 하나의 폼을 의미한다.
③ 폼 바닥글은 폼 요약 정보 등과 같이 각 레코드에 동일하게 표시될 정보가 입력되는 구역이다.
④ 본문은 사용할 실제 내용을 입력하는 구역으로 폼 보기 형식에 따라 하나의 레코드만 표시하거나 여러 개의 레코드를 표시한다.

60 다음 중 〈학생〉 테이블에서 '학년' 필드가 1인 레코드의 개수를 계산하고자 할 때의 수식으로 옳은 것은? (단, 〈학생〉 테이블의 기본키는 '학번' 필드이다.)

① =DLookup("*", "학생", "학년=1")
② =DLookup(*, 학생, 학년=1)
③ =DCount(학번, 학생, 학년=1)
④ =DCount("*", "학생", "학년=1")

제 05 회 실전모의고사

• 정답 및 해설 : 438쪽

1과목 | 컴퓨터 일반

01 다음의 설명에 해당하는 그래픽 관련 용어는?

> 물체의 형상을 컴퓨터 내부에서 3차원 그래픽으로 어떻게 표현할 것인지를 정하는 과정

① 디더링 ② 인터레이싱
③ 모핑 ④ 모델링

02 다음 중 멀티미디어와 관련된 비디오 데이터에 관한 설명으로 옳지 않은 것은?

① AVI는 고화질 동영상 압축을 위한 비표준 동영상 파일 형식으로 Windows Media Player로만 재생이 가능하다.
② MPEG은 동영상 전문가 그룹에서 제정한 동영상 압축 기술에 관한 국제 표준 규격으로 동영상뿐만 아니라 오디오 데이터도 압축할 수 있다.
③ ASF는 MS사에서 개발한 통합 멀티미디어 형식으로 용량이 작고, 음질이 뛰어나 주로 스트리밍 서비스를 하는 인터넷 방송국에서 사용된다.
④ Quick Time Movie는 Apple사에서 개발한 동영상 압축 기술로 Windows에서도 재생 가능하다.

03 다음 중 보안을 위협하는 공격 형태의 하나인 DoS(Denial of Service) 공격에 대한 설명으로 옳은 것은?

① 특정한 시스템에서 보안이 제거되어 있는 통로를 지칭하는 말이다.
② 시스템에 불법적인 행위를 수행하기 위해 다른 프로그램으로 위장하여 특정 프로그램을 침투시키는 행위이다.
③ 시스템에 오버플로우를 일으켜 정상적인 서비스를 수행하지 못하도록 만드는 행위이다.
④ 자기 스스로를 복제함으로써 시스템의 부하를 일으켜 시스템을 다운시키는 프로그램을 말한다.

04 다음 중 인터넷에서 사용하는 DNS에 관한 설명으로 옳지 않은 것은?

① DNS는 Domain Name Server 또는 Domain Name System의 약자로 쓰인다.
② 문자로 만들어진 도메인 이름을 숫자로 된 IP 주소로 바꾸는 시스템이다.
③ DNS 서버는 IP 주소를 이용하여 패킷의 최단 전송 경로를 설정한다.
④ DNS에서는 모든 호스트들을 각 도메인별로 계층화 시켜서 관리한다.

05 한글 Windows에서 사용하는 웹 브라우저에 관한 설명으로 옳지 않은 것은?

① 웹 서버와 HTTP 프로토콜로 통신한다.
② 플러그인 프로그램을 사용하여 동영상, 소리 등의 멀티미디어 데이터를 처리할 수 있다.
③ 자주 방문하는 웹 사이트 주소를 관리하는 기능이 있다.
④ 웹 서버에 있는 홈 페이지를 수정할 수 있다.

06 다음 중 OSI 7계층에서 데이터 링크 계층(Data Link Layer)의 기능에 관한 설명으로 옳지 않은 것은?

① 송신측이 수신측의 처리 속도보다 더 빨리 데이터를 보내지 못하도록 조절하는 흐름 제어 기능이 있다.
② 프레임의 시작과 끝을 구분하기 위한 프레임의 동기화 기능이 있다.
③ 응용 프로세스 간의 정보 교환, 파일 전송 등의 전송 제어 기능이 있다.
④ 프레임의 순차적 전송을 위한 순서 제어 기능이 있다.

07 다음 중 인터넷에서 사용하는 표준 주소 체계인 URL(Uniform Resource Locator)의 4가지 구성 요소를 순서대로 옳게 나열한 것은?

① 프로토콜, 서버 주소, 포트 번호, 파일 경로
② 서버 주소, 프로토콜, 포트 번호, 파일 경로
③ 프로토콜, 서버 주소, 파일 경로, 포트 번호
④ 포트 번호, 프로토콜, 서버 주소, 파일 경로

08 다음 중 전송할 데이터의 양과 회선 사용 시간이 많을 때 효율적이며, 중앙 컴퓨터와 터미널이 1:1로 연결되어 유지 보수가 쉬운 연결 방식은?

① 메인 프레임 방식
② 포인트 투 포인트 방식
③ 클라이언트-서버 방식
④ 반이중 방식

09 다음 중 컴퓨터의 소프트웨어 관련 용어에 대한 설명으로 옳지 않은 것은?

① 셰어웨어(Shareware)는 일정 기간 무료 사용 후 원하면 정식 프로그램을 구입할 수 있는 형태의 프로그램이다.
② 프리웨어(Freeware)는 누구나 자유롭게 사용할 수 있는 프로그램으로 기간 및 기능에 제한이 없다.
③ 패치 프로그램(Patch Program)은 기능을 알리기 위해 기간이나 기능에 제한을 두어 무료 배포하는 프로그램이다.
④ 베타 버전(Beta Version)은 정식 프로그램을 발표하기 전에 프로그램의 문제 발견이나 기능 향상을 위해 무료로 배포하는 프로그램이다.

10 다음 중에서 설명하는 내용으로 옳은 것은?

> 컴퓨터를 사용하기 위해 근본적으로 필요한 소프트웨어를 의미하며, 여기에는 운영 체제, 각종 언어의 컴파일러, 어셈블러, 라이브러리 프로그램 등이 있다.

① 응용 소프트웨어
② 임베디드 소프트웨어
③ 시스템 소프트웨어
④ 멀티미디어 소프트웨어

11 다음 중 컴퓨터의 클럭 주파수에 대한 설명으로 옳지 않은 것은?

① 컴퓨터는 전류가 흐르는 상태(ON)와 흐르지 않는 상태(OFF)가 반복되어 작동하는데, 이 전류의 흐름을 클럭 주파수라 한다.
② CPU는 클럭 주기에 따라 명령을 수행하며, 클럭 주파수가 적을수록 연산 속도가 빠르다고 할 수 있다.
③ PC의 클럭 속도 단위는 보통 GHz를 사용하는데 1GHz는 1,000,000,000Hz를 의미하며, 1Hz는 1초 동안 1번의 주기가 반복되는 것을 의미한다.
④ 컴퓨터의 메인 보드에 공급되는 클럭은 CPU의 속도에 맞추어 적절하게 적용되어야 컴퓨터가 안정적으로 구동된다.

12 다음 중 컴퓨터를 구성하는 CPU와 관련된 RISC 프로세서에 대한 설명으로 옳지 않은 것은?

① CISC 프로세서에 비해 주소 지정 모드와 명령어의 종류가 적다.
② CISC 프로세서에 비해 프로그래밍이 어려운 반면 처리 속도가 빠르다.
③ CISC 프로세서에 비해 생산 가격이 비싸고, 소비 전력이 높다.
④ 고성능의 워크스테이션이나 그래픽용 컴퓨터에 많이 사용된다.

13 다음 중 보조 기억 장치인 SSD에 대한 설명으로 옳지 않은 것은?

① SSD는 Solid State Drive(또는 Disk)의 약자로 HDD에 비해 속도가 빠르고, 발열 및 소음이 적으며, 소형화/경량화 할 수 있는 장점이 있다.
② 기억 매체로 플래시 메모리나 DRAM을 사용하나 DRAM은 제품 규격이나 가격, 휘발성의 문제로 많이 사용하지는 않는다.

③ SSD는 HDD에 비해 외부의 충격에 강하며, 디스크가 아닌 메모리에 데이터를 기록하므로 배드 섹터가 발생하지 않는다.
④ SSD는 HDD에 비해 저장 용량당 가격이 저렴하여 향후 빠르게 하드 디스크를 대체할 것으로 전망된다.

14 다음 중 하드웨어와 그 성능을 나타내는 단위를 연결한 것으로 적절하지 않은 것은?

① 하드 디스크 : RPM ② CPU : FLOPS
③ DVD-ROM : 배속 ④ RAM : BPI

15 다음 중 하드웨어를 추가하여 설치하는 방법에 대한 설명으로 옳지 않은 것은?

① [장치 관리자]에서 [동작]-[레거시 하드웨어 추가] 메뉴를 이용하여 설치할 수 있다.
② [하드웨어 추가 마법사]를 이용하여 설치할 수 있다.
③ 플러그 앤 플레이가 지원되는 하드웨어를 장착하고, Windows를 실행하면 새로 장착한 하드웨어를 자동으로 인식하고 설치한다.
④ PS/2 또는 직렬 포트를 통해 연결된 키보드와 마우스 등은 [제어판]-[장치 및 프린터]를 이용하여 설치할 수 있다.

16 한글 Windows에서 연결 프로그램에 대한 설명으로 옳지 않은 것은?

① 문서나 그림 같은 데이터 파일을 더블 클릭하면 자동으로 실행되는 응용 프로그램이다.
② 데이터 파일의 바로 가기 메뉴에서 [연결 프로그램]을 선택하면 연결 프로그램을 변경할 수 있다.
③ 연결 프로그램이 지정되지 않았을 경우 데이터 파일을 더블 클릭하면 연결 프로그램을 선택하기 위한 대화 상자가 표시된다.
④ [연결 프로그램] 대화 상자에서 연결 프로그램을 삭제하면 연결된 데이터 파일도 함께 삭제된다.

17 한글 Windows 운영 체제의 다양한 기능에 대한 설명으로 옳지 않은 것은?

① ReadyBoost를 설정한 USB 플래시 드라이브 및 플래시 메모리 카드를 사용하여 컴퓨터 속도를 향상시킬 수 있다.
② Windows Defender를 사용하여 스파이웨어 및 그 밖의 원치 않는 소프트웨어로부터 컴퓨터를 보호할 수 있다.
③ 기본적으로 성능, 보안, 안정성 면에서 고급 기능을 제공하는 NTFS 파일 시스템을 사용하여 FAT32는 사용할 수 없다.
④ 점프 목록을 사용하여 최근에 작업한 파일을 빠르게 찾을 수 있다.

18 한글 Windows의 파일이나 폴더 검색에 대한 설명으로 옳지 않은 것은?

① [시작] 메뉴의 검색 상자를 사용하면 색인된 파일만 검색 결과에 나타나며, 컴퓨터의 일반적인 파일들은 대부분 색인이 구성되어 있다.
② 검색 상자에서 내용 앞에 '-'를 붙이면 해당 내용이 포함되지 않은 파일이나 폴더를 검색할 수 있다.
③ 데이터를 검색한 후 검색 기준을 저장할 수 있고, 저장된 검색을 열기만 하면 원래 검색과 일치하는 최신 파일이 나타난다.
④ [시작] 메뉴의 검색 상자에서 검색 필터를 사용하여 파일을 검색할 수 있다.

19 다음 중 원격 데스크톱을 사용할 때 네트워크 연결이 잘 안 되는 경우 원인을 찾는 방법으로 가장 적절하지 않은 것은?

① 방화벽과 같은 외부적인 요인 확인
② 원격 데스크톱 연결 설정 확인
③ Ping과 같은 DOS 명령어 이용
④ 파일 탐색기의 [폴더 옵션]에서 [기본값 복원] 이용

20 한글 Windows에서 사용하는 바로 가기 키에 대한 설명으로 옳지 않은 것은?

① Alt+Ctrl : 열린 항목 간 전환
② Alt+F4 : 사용 중인 항목 닫기 또는 실행 중인 프로그램 끝내기
③ Alt+SpaceBar : 활성창의 바로 가기 메뉴 열기
④ Alt+Enter : 선택한 항목의 속성 표시

2과목 | 스프레드시트 일반

21 다음 중 [찾기 및 바꾸기] 대화 상자에 대한 설명으로 옳지 않은 것은?

① Ctrl+F : [바꾸기] 탭이 선택되어 있는 [찾기 및 바꾸기] 대화 상자를 표시한다.
② [찾기 및 바꾸기] 대화 상자의 찾을 내용에 '김*혁'을 입력하면 '김혁', '김동혁', '김신혁' 등을 찾을 수 있다.
③ 영문자의 경우 대/소문자를 구분하여 찾을 수 있다.
④ 찾는 위치를 수식, 값, 메모 중에서 선택하여 지정할 수 있다.

22 다음 중 각 VBA 코드에 대한 설명으로 옳지 않은 것은?

① Range("A5").Select ⇒ [A5] 셀로 셀 포인터를 이동한다.
② Range("C2").Font.Bold = "True" ⇒ [C2] 셀의 글꼴 스타일을 '굵게'로 설정한다.
③ Range("A1").Formula = 3 * 4 ⇒ [A1] 셀에 수식 '=3*4'가 입력된다.
④ Workbooks.Add ⇒ 새 통합 문서를 생성한다.

23 다음 중 엑셀의 정렬 기능에 대한 설명으로 옳지 않은 것은?

① 오름차순 정렬과 내림차순 정렬 모두 빈 셀은 항상 마지막으로 정렬된다.
② 영숫자 텍스트는 왼쪽에서 오른쪽 방향으로 문자 단위로 정렬된다.
③ 사용자가 [정렬 옵션] 대화 상자에서 대/소문자를 구분하도록 변경하여 오름차순으로 정렬하면 대문자가 소문자보다 우선 순위를 갖는다.
④ 공백으로 시작하는 문자열은 오름차순 정렬일 때 숫자 바로 다음에 정렬되고, 내림차순 정렬일 때는 숫자 바로 앞에 정렬된다.

24 다음 중 엑셀에서 특정 데이터의 연속 항목을 더 쉽게 입력하기 위해 사용하거나 정렬의 기준으로 사용되는 사용자 지정 목록에 대한 설명으로 옳지 않은 것은?

① 엑셀에서 기본적으로 제공되는 목록은 수정하여 사용할 수 있으며, 필요 없는 경우 삭제할 수도 있다.
② [파일]-[옵션]-[고급]-[사용자 지정 목록 편집]을 클릭한 후 [사용자 지정 목록] 대화 상자에서 사용자 지정 목록을 추가 또는 삭제할 수 있다.
③ 사용자 지정 목록을 만들면 다른 통합 문서에서 사용할 수 있도록 컴퓨터 레지스트리에 추가된다.
④ 사용자 지정 목록에는 텍스트 또는 텍스트와 숫자의 조합 등이 포함될 수 있다.

25 다음 중 시나리오에 대한 설명으로 옳지 않은 것은?

① 시나리오 관리자에서 시나리오를 삭제하면 시나리오 요약 보고서의 해당 시나리오도 자동으로 삭제된다.
② 특정 셀의 변경에 따라 연결된 결과 셀의 값이 자동으로 변경되어 결과값을 예측할 수 있다.
③ 여러 시나리오를 비교하기 위해 시나리오를 피벗 테이블로 요약할 수 있다.
④ 변경 셀과 결과 셀에 이름을 지정한 후 시나리오 요약 보고서를 작성하면 결과에 셀 주소 대신 지정한 이름이 표시된다.

26 다음 시트에서 [A2:C4] 영역을 선택한 후 조건부 서식을 그림과 같이 설정하였다. 이에 대한 설명으로 옳은 것은? (단, 규칙의 적용 대상은 $A$2:$C$4임)

	A	B	C	D
1	성명	금액	비고	
2	김길동	1,100		
3	손미영	3,800	최우수	
4	박상우	2,900		
5	합계	7,800		
6				

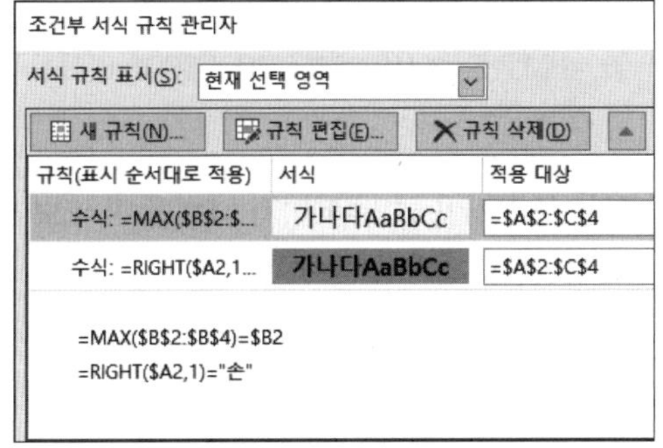

① [A3:C3] 영역이 조건부 서식의 첫 번째 규칙에 설정된 서식으로 바뀐다.
② [B3] 셀만 조건부 서식의 첫 번째 규칙에 설정된 서식으로 바뀐다.
③ [A3:C3] 영역이 조건부 서식의 두 번째 규칙에 설정된 서식으로 바뀐다.
④ [A3] 셀만 조건부 서식의 두 번째 규칙에 설정된 서식으로 바뀐다.

27 다음 중 부분합 실행 결과에 대한 설명으로 옳지 않은 것은?

	A	B	C
1	이름	분기	매출
2	강호동	상반기	3,302,000
3	강호동	하반기	3,062,850
4	강호동 요약		6,364,850
5	박명수	상반기	1,565,100
6	박명수	하반기	2,691,100
7	박명수 요약		4,256,200
8	유재석	상반기	3,138,950
9	유재석	하반기	1,948,500
10	유재석 요약		5,087,450
11	총합계		15,708,500

① 상반기와 하반기를 기준으로 항목이 그룹화되었다.
② 매출에 대하여 합계 함수가 사용되었다.
③ 데이터 아래에 요약 표시가 선택되었다.
④ 부분합 윤곽 기호 지우기가 실행되었다.

28 다음 중 자료 입력에 대한 설명으로 옳지 않은 것은?

① 한자를 입력하려면 한글을 입력한 후 키보드의 [한자] 키를 눌러 변환한다.
② 특수 문자를 입력하려면 먼저 한글 자음을 입력한 후 키보드의 [한/영] 키를 눌러 원하는 특수 문자를 선택한다.
③ 숫자 데이터를 문자 데이터로 입력하려면 숫자 데이터 앞에 문자 접두어(')를 입력한다.
④ 분수 앞에 정수가 없는 일반 분수를 입력하려면 '0'을 먼저 입력하고 [SpaceBar] 키를 눌러 빈 칸을 한 개 입력한 후 '3/8'과 같이 분수를 입력한다.

29 다음 중 [B5] 셀에 적용된 사용자 지정 표시 형식으로 옳은 것은?

	A	B
1	근무일	근무시간
2	1째날	11:30
3	2째날	10:45
4	3째날	11:10
5	합계	33:25
6		

① h:mm　　② hh:mm
③ h:mm;@　　④ [h]:mm

30 다음 시트에서 배열 수식을 이용하여 한 번에 금액 [D2:D5]을 구하려고 한다. 다음 중 [D2] 셀에 입력할 배열 수식으로 옳은 것은?

	A	B	C	D
1	제품명	수량	단가	금액
2	디지털카메라	10	350,000	
3	전자사전	15	205,000	
4	모니터	20	155,000	
5	태블릿	5	550,000	
6				

① {=B2*C2}
② {=B2:B5*C2:C5}
③ {=B2*C2:B5*C5}
④ {=SUMPRODUCT(B2:B5, C2:C5)}

31 다음 중 [매크로 기록] 대화 상자에 대한 설명으로 옳지 않은 것은?

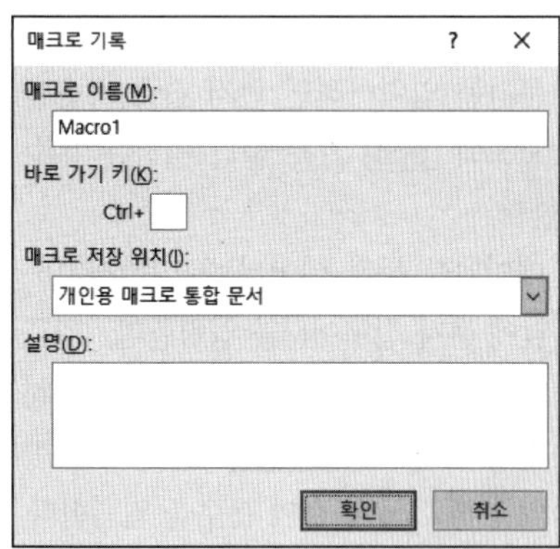

① 매크로 이름의 첫 글자는 문자, 숫자, 밑줄 등을 사용할 수 있으며, 공백은 사용할 수 없다.
② 바로 가기 키 상자에 사용할 문자는 @나 #과 같은 특수 문자와 숫자는 사용할 수 없으며, 영문 대소문자는 모두 입력할 수 있다.
③ 개인용 매크로 통합 문서에 저장된 매크로는 엑셀을 시작할 때마다 모든 통합 문서에서 사용할 수 있다.
④ 설명 상자에 매크로에 관한 설명을 입력할 수 있으며, 입력된 내용은 매크로 실행에 영향을 주지 않는다.

32 다음 중 시트에서 지원자가 0이 아닌 셀의 평균을 구하는 [B9] 셀의 수식으로 옳지 않은 것은?

	A	B
1	지원부서	지원자
2	개발	450
3	영업	261
4	마케팅	880
5	재무	0
6	기획	592
7	생산	0
8	전체 평균	364
9	0 제외 평균	
10		

① =SUMIF(B2:B7, "<>0")/COUNTIF(B2:B7, "<>0")
② =SUMIF(B2:B7, "<>0")/COUNT(B2:B7)
③ =AVERAGEIF(B2:B7, "<>0")
④ {=AVERAGE(IF(B2:B7<>0, B2:B7))}

33 다음 중 10,000,000원을 2년간 연 5.5%의 이자율로 대출할 때 매월 말 상환해야 할 불입액을 구하기 위한 수식으로 옳은 것은?

① =PMT(5.5%/12, 24, -10000000)
② =PMT(5.5%, 24, -10000000)
③ =PMT(5.5%, 24, -10000000,0,1)
④ =PMT(5.5%/12, 24, -10000000,0,1)

34 다음 중 [보기] 탭의 [페이지 나누기 미리 보기]에 대한 설명으로 옳지 않은 것은?

① 페이지 나누기는 구분선을 이용하여 인쇄를 위한 페이지 나누기를 빠르게 조정하는 기능이다.
② 행 높이와 열 너비를 변경하면 자동 페이지 나누기의 위치도 변경된다.
③ [페이지 나누기 미리 보기]에서 수동으로 삽입된 페이지 나누기는 파선으로 표시되고, 자동으로 추가된 페이지 나누기는 실선으로 표시된다.
④ 용지 크기, 여백 설정, 배율 옵션 등에 따라 자동 페이지 나누기가 삽입된다.

35 다음 중 수식 작성 과정에 대한 설명으로 옳지 않은 것은?

① 셀 범위를 참조할 때에는 시작 셀 이름과 마지막 셀 이름 사이에 콜론(:)이 입력된다.
② 다른 워크시트의 값을 참조하는 경우 해당 워크시트 이름에 알파벳 이외의 문자가 포함되어 있으면 워크시트의 이름은 큰 따옴표(" ")로 묶인다.
③ 수식 안의 문자나 숫자에는 글꼴 서식이 지정되지 않는다.
④ 외부 참조에는 통합 문서의 이름과 경로가 포함된다.

36 다음 중 워크시트에 관한 설명으로 옳은 것은?

① 탭 스크롤 단추(◂ ▸ ···)를 이용하여 다른 시트를 빠르게 선택할 수 있다.
② 행과 열이 교차되면서 만들어진 사각형으로 데이터가 입력되는 기본 단위를 워크시트라고 한다.
③ 새로운 통합 문서를 열었을 때 기본적으로 만들어지는 워크시트 수는 항상 3개로 한정되어 있다.
④ 이름 상자는 현재 작업 중인 셀의 이름이나 주소를 표시하는 부분으로 차트나 그리기 개체를 선택하면 개체의 이름이 표시된다.

37 다음 중 [파일]-[옵션]-[고급] 탭에서 설정할 수 없는 것은?

① 셀에 데이터를 입력한 후 Enter 키를 누를 때 포인터의 이동 방향을 오른쪽, 왼쪽, 아래쪽, 위쪽 중의 하나로 지정할 수 있다.
② 표시할 최근 통합 문서 수를 지정할 수 있다.
③ 눈금선 표시 여부를 지정할 수 있다.
④ 새 통합 문서를 열었을 때 적용할 표준 글꼴과 글꼴 크기, 새 시트의 기본 보기를 지정할 수 있다.

38 다음 중 차트에 관한 설명으로 옳지 않은 것은?

① 차트를 작성하려면 반드시 원본 데이터가 있어야 하며, 작성된 차트는 원본 데이터가 변경되면 차트의 내용이 함께 변경된다.
② 특정 차트 서식 파일을 자주 사용하는 경우에 해당 서식 파일을 기본 차트로 설정할 수 있다.
③ 차트에 사용될 데이터를 범위로 지정한 후 Alt+F11 키를 누르면 데이터가 있는 워크시트에 기본 차트인 묶은 세로 막대형 차트가 작성된다.
④ 차트에 두 개 이상의 차트 종류를 사용하여 혼합형 차트를 만들 수 있다.

39 다음에서 설명하는 차트의 종류로 가장 적절한 것은?

- 가로 축의 값이 일정한 간격이 아닌 경우
- 가로 축의 데이터 요소 수가 많은 경우
- 데이터 요소 간의 차이점보다는 데이터 집합 간의 유사점을 표시하려는 경우

① 주식형 차트　　② 분산형 차트
③ 영역형 차트　　④ 방사형 차트

40 워크시트 인쇄 시 매 페이지 상단에 '작성 일 : 오늘 날짜'를 출력하려고 한다. 다음 중 머리글의 내용으로 옳은 것은? (표시 예 : 오늘 날짜가 2014-01-01인 경우 → 작성 일 : 2014-01-01)

① "작성 일 : "&[날짜]
② "작성 일 : "&[DATE]
③ 작성 일 : &[날짜]
④ 작성 일 : &[DATE]

3과목 | 데이터베이스 일반

41 다음 중 VBA 코드로 작성한 모듈에서 txt날짜_DblClick인 프로시저가 실행되는 시점으로 옳은 것은?

① 다른 프로시저에서 이 프로시저를 호출해야 실행된다.
② 해당 폼을 열면 폼에 속해 있는 모든 프로시저가 실행된다.
③ txt날짜 컨트롤이 더블 클릭될 때 실행된다.
④ 해당 폼의 txt날짜 컨트롤에 값이 입력되면 실행된다.

42 다음 중 보고서 머리글과 바닥글에 대한 설명으로 옳지 않은 것은?

① 보고서 머리글은 보고서의 첫 페이지에 한 번만 출력된다.
② 보고서 바닥글은 전체 데이터에 대한 합계와 같은 요약 정보를 나타내는데 사용된다.
③ 보고서 첫 페이지의 윗부분에는 보고서 머리글이 먼저 나타나고, 다음에 페이지 머리글이 출력된다.
④ 보고서를 인쇄하거나 미리 보는 경우 보고서 바닥글이 페이지 바닥글 아래에 표시된다.

43 다음 중 데이터베이스에 저장된 데이터를 실제 처리하는데 사용되는 데이터 조작어에 해당하는 SQL 문은?

① COMMIT ② SELECT
③ DROP ④ CREATE

44 다음 중 정규화(Normalization)의 목적에 대한 설명으로 옳지 않은 것은?

① 테이블의 불일치 위험을 최소화하고, 데이터 구조의 안정성을 최대화한다.
② 모든 릴레이션이 데이터베이스 내에서 모든 개체 간의 관계를 표현 가능하도록 한다.
③ 간단한 관계 연산에 의해 효율적인 정보 검색과 데이터 조작이 가능하다.
④ 데이터 중복을 최소화하기 위해 데이터베이스의 물리적 설계 단계에서 수행한다.

45 다음 중 보고서 인쇄 미리 보기에서의 [페이지 설정] 대화 상자에 대한 설명으로 옳지 않은 것은?

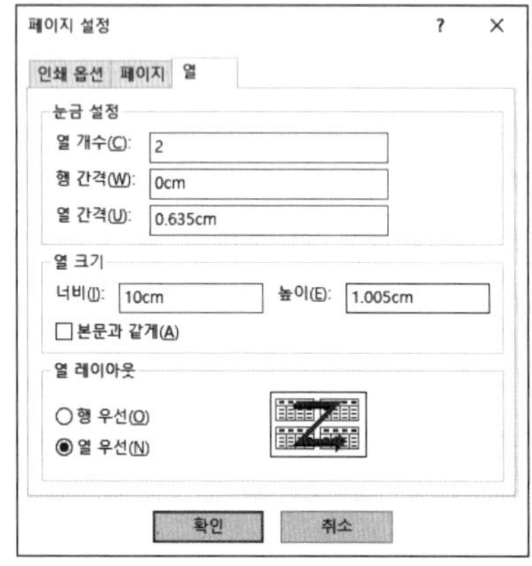

① [열] 탭의 '열 크기'에서 '본문과 같게'는 열의 너비와 높이를 보고서 본문의 너비와 높이에 맞춰 인쇄하는 것이다.
② [열] 탭에서 지정한 '눈금 설정'과 '열 크기'에 비해 페이지의 가로 크기가 작은 경우 자동으로 축소하여 인쇄된다.
③ [인쇄 옵션] 탭에서 레이블 및 컨트롤의 테두리, 눈금선 등의 그래픽은 인쇄하지 않고, 데이터만 인쇄되도록 설정할 수 있다.
④ [페이지] 탭에서는 인쇄할 용지의 크기, 용지 방향, 프린터를 지정할 수 있다.

46 다음 중 제품별 납품 현황을 출력하기 위한 아래의 보고서를 작성하는 방법에 대한 설명으로 옳지 않은 것은? (단, 이 보고서는 전체 7페이지이며, 현재 표시된 부분은 5페이지이다.)

제품별 납품 현황

제품명	납품일자	납품수량	납품금액
와이어	2003-11-14	43	1,720
	2003-10-11	34	1,360
	2003-10-09	30	1,200
	2003-08-21	31	1,240
	납품건수: 5		
제품명	**납품일자**	**납품수량**	**납품금액**
감쇠기	2003-12-11	60	3,120
	2003-12-10	133	6,915
	2003-11-19	80	4,160
	2003-11-17	105	5,460
	2003-09-27	65	3,380

5/7

① '제품별 납품 현황'을 표시하는 부분은 페이지 머리글에 작성하였다.
② 제품명, 납품일자 등의 레이블과 두 개의 선이 표시되는 부분은 그룹 머리글에 작성하였으며, '반복 실행 구역' 속성을 '예'로 설정하였다.
③ 납품일자, 납품수량, 납품금액을 표시하는 텍스트 상자 컨트롤에는 [납품수량]>=100과 같은 식을 조건으로 하는 '조건부 서식'이 적용되었다.
④ 와이어, 감쇠기 등이 표시되는 '제품명' 컨트롤은 그룹 머리글 영역에 작성하여 그룹별로 한 번씩만 표시되도록 설정하였다.

47 다음 중 액세스의 내보내기(Export) 기능에 대한 설명으로 옳지 않은 것은?

① 테이블이나 쿼리, 폼이나 보고서 등을 다른 형식으로 바꾸어 파일로 저장할 수 있다.
② 테이블을 Access 데이터베이스로 내보내는 경우 '정의 및 데이터'를 내보낼 것인지 '정의만' 내보낼 것인지 선택할 수 있다.
③ 쿼리를 엑셀이나 HTML 형식으로 내보내는 경우 쿼리의 SQL문이 아니라 SQL문의 실행 결과가 저장된다.

④ 테이블은 내보내지 않고 보고서만 Word(*.rtf)로 내보내는 경우 원본 테이블이 없으므로 데이터는 표시되지 않는다.

48 다음 중 데이터 형식에 대한 설명으로 옳지 않은 것은?

① 숫자 형식을 선택하면 기본적으로 실수가 지정된다.
② 예/아니요 형식은 '예' 값에는 '-1'이 사용되고, '아니요' 값에는 '0'이 사용된다.
③ 일련번호 형식의 필드는 사용자가 임의로 입력하거나 수정할 수 없다.
④ 텍스트 형식은 문자를 최대 255자까지 저장할 수 있다.

49 다음 중 실행 쿼리의 삽입(INSERT)문에 대한 설명으로 옳지 않은 것은?

① 여러 개의 레코드를 한 번에 여러 개의 테이블에 동시에 추가할 수 있다.
② 필드 값을 직접 지정하거나 다른 테이블의 레코드를 추출하여 추가할 수 있다.
③ 레코드의 전체 필드를 추가할 경우 필드 이름을 생략할 수 있다.
④ 하나의 INSERT문을 이용해 여러 개의 레코드와 필드를 삽입할 수 있다.

50 다음 중 SQL문에 대한 설명으로 옳은 것은?

```
SELECT T1.품번, T2.제조사
FROM T1, T2
WHERE T2.소재지 IN('서울', '수원') AND T1.품번=T2.품번;
```

① 테이블 T1과 T2에서 품번이 일치하는 레코드들만 선택된다.
② 테이블 T2의 소재지가 서울 또는 수원인 레코드들만 선택된다.
③ 테이블 T1의 품번 필드와 T2의 소재지 필드만 SQL 실행 결과로 표시된다.
④ 테이블 T1의 품번 필드와 T2의 제조사 필드만 SQL 실행 결과로 표시된다.

51 다음 중 매개 변수 쿼리를 작성하기 위한 설명으로 옳지 않은 것은?

① 매개 변수 쿼리는 쿼리 실행 시 조건을 입력받아 조건에 맞는 레코드만 반환하는 쿼리이다.
② 매개 변수를 적용할 필드의 조건 행에서 매개 변수 대화 상자에 표시할 텍스트를 { } 중괄호로 묶어 입력한다.
③ Like 키워드와 와일드 카드 문자를 사용하여 필드 값의 일부로 검색할 수 있는 조건을 만들 수 있다.
④ 매개 변수 대화 상자에 표시할 텍스트에 '.', '!', '[ ]'와 같은 특수 문자는 포함시키면 안 된다.

52 다음 중 문자열 처리 함수 instr의 식이 아래와 같을 때 결과 값으로 옳은 것은?

```
=instr("ABCDABCDAB", "CD")
```

① 0　　② true
③ 3　　④ 3, 7

53 다음 중 사원 테이블(사원번호, 이름, 직급, 급여, 부서명)에서 직급이 관리자인 사원의 급여를 20%씩 인상하는 SQL문으로 옳은 것은?

① Update from 사원 set 급여=급여*1.2 where 직급='관리자'
② Update 사원 set 급여=급여*1.2 where 직급='관리자'
③ Update 급여 set 급여*1.2 from 사원 where 직급='관리자'
④ Update 급여=급여*1.2 set 사원 where 직급='관리자'

54 다음 중 테이블의 관계 설정에 관한 내용으로 옳지 않은 것은?

① 두 테이블을 직접 다대다 관계로 설정할 수 있다.
② 일대다 관계는 하나의 테이블에 저장된 대표 값을 다른 테이블에서 여러 번 참조하는 작업에 적합하다.

③ 일대일 관계에서 한 테이블의 각 레코드는 다른 테이블의 한 레코드에만 대응된다.
④ 참조 무결성 유지를 설정하면 기본 테이블의 기본 키 필드에 없는 값은 관련된 테이블의 외래 키 필드에 입력할 수 없다.

55 사원 폼을 선택한 후 [만들기]-[기타 폼]-[모달 대화 상자]를 선택하여 모달 대화 상자 폼을 생성하였다. 다음 중 모달 대화 상자 폼의 실행에 대한 설명으로 옳지 않은 것은?

① 생성된 폼의 2개 버튼 중 하나는 [확인]이다.
② 생성된 폼의 2개 버튼 중 하나는 [취소]이다.
③ [확인] 버튼을 누르면 사원 폼이 열린다.
④ [취소] 버튼을 누르면 대화 상자가 닫힌다.

56 다음 중 현재 폼에서 'cmd숨기기' 단추를 클릭하는 경우 DateDue 컨트롤이 표시되지 않도록 하기 위한 이벤트 프로시저로 옳은 것은?

① Private Sub cmd숨기기_Click( )
Me.[DateDue]!Visible = False
End Sub
② Private Sub cmd숨기기_DblClick( )
Me!DateDue.Visible = True
End Sub
③ Private Sub cmd숨기기_Click( )
Me![DateDue].Visible = False
End Sub
④ Private Sub cmd숨기기_DblClick( )
Me.DateDue!Visible = True
End Sub

57 다음 중 필드 속성에 대한 설명으로 옳지 않은 것은?

① 입력 마스크는 텍스트, 숫자, 날짜/시간, 통화 형식에서 사용할 수 있다.
② 필드 값이 반드시 있어야 하는 경우 필수 속성을 '예'로 설정하면 된다.
③ '예 /아니요'의 세부 형식은 'Yes/No'와 'True/False' 두 가지를 제공한다.
④ 텍스트, 숫자, 일련 번호 형식에서만 필드 크기를 지정할 수 있다.

58 다음 중 폼의 탭 순서(Tab Order)에 대한 설명으로 옳지 않은 것은?

① 기본으로 설정되는 탭 순서는 폼에 컨트롤을 추가하여 작성한 순서대로 설정된다.
② [탭 순서] 대화 상자의 [자동 순서]는 탭 순서를 위에서 아래로, 오른쪽에서 왼쪽으로 설정한다.
③ 폼 보기에서 Tab 키를 눌렀을 때 각 컨트롤 사이에 이동되는 순서를 설정하는 것이다.
④ 탭 정지 속성의 기본 값은 '예'이다.

59 다음 중 매크로 함수에 대한 설명으로 옳지 않은 것은?

① FindRecord 함수는 필드, 컨트롤, 속성 등의 값을 설정한다.
② ApplyFilter 함수는 테이블이나 쿼리로부터 레코드를 필터링한다.
③ OpenReport 함수는 작성된 보고서를 호출하여 실행한다.
④ MessageBox 함수는 메시지 상자를 통해 경고나 알림 등의 정보를 표시한다.

60 다음 중 기본 폼과 하위 폼에 대한 설명으로 옳지 않은 것은?

① '일 대 다' 관계일 때 하위 폼에는 '일'에 해당하는 데이터가 표시되며, 기본 폼에는 '다'에 해당하는 데이터가 표시된다.
② 하위 폼은 연속 폼의 형태로 표시할 수 있지만 기본 폼은 연속 폼의 형태로 표시할 수 없다.
③ 기본 폼 내에 포함시킬 수 있는 하위 폼의 개수는 제한이 없으며, 최대 7수준까지 하위폼을 중첩시킬 수 있다.
④ 테이블, 쿼리나 다른 폼을 이용하여 하위 폼을 작성할 수 있다.

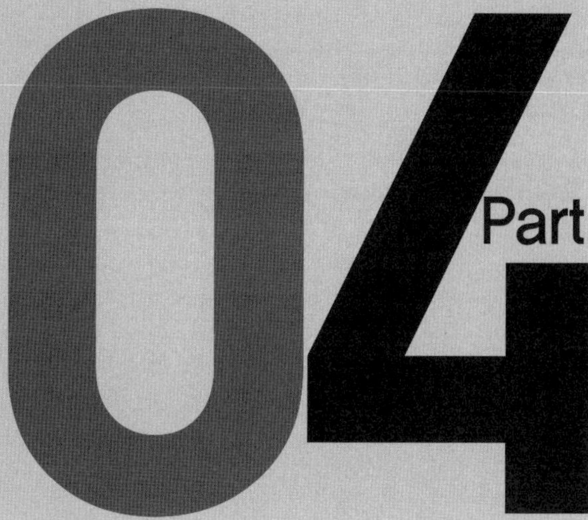

Computer Efficiency Test

최신기출문제

2015년 06월 27일 시행 기출문제

1과목 | 컴퓨터 일반

01 다음 중 컴퓨터의 발전 과정으로 3세대 이후의 특징에 해당하지 않는 것은?

① 개인용 컴퓨터의 사용 ② 전문가 시스템
③ 일괄 처리 시스템 ④ 집적 회로의 사용

해설 보기 ①번은 제4세대, 보기 ②번은 제5세대, 보기 ③번은 제1세대, 보기 ④번은 제3세대에 해당된다.

02 한글 Windows의 파일 탐색기에서 세부 정보 창을 통해 확인할 수 있는 정보로 옳지 않은 것은?

① 선택된 디스크의 사용 공간
② 선택된 파일이나 폴더의 항목 수
③ 파일이나 폴더의 수정한 날짜
④ 파일이나 폴더의 압축 예상 크기

해설 파일이나 폴더의 압축 예상 크기는 파일 탐색기 창에서 확인할 수 없다.

03 한글 Windows의 [Windows 작업 관리자] 창에서 수행할 수 있는 작업으로 옳지 않은 것은?

① 사용자 계정의 추가와 삭제를 수행할 수 있다.
② 현재 실행 중인 프로그램을 강제로 종료시킬 수 있다.
③ 시스템의 CPU 사용 내용이나 할당된 메모리의 크기를 파악할 수 있다.
④ 앱 이름별로 상태, 사용자 이름, CPU, 메모리 등을 표시한다.

해설 보기 ②번은 [프로세스] 탭, 보기 ③번은 [성능] 탭, 보기 ④번은 [세부 정보] 탭에서 수행한다.

04 다음 중 웹 프로그래밍 언어에 해당하지 않는 것은?

① DHTML ② COBOL
③ SGML ④ WML

해설 COBOL : 사무 처리의 응용을 위해 개발된 프로그래밍 언어이다.

05 다음 중 인터넷 통신 장비인 게이트웨이(Gateway)의 기본적인 역할에 관한 설명으로 옳은 것은?

① 현재 위치한 네트워크에서 다른 네트워크로 연결할 때 사용된다.
② 인터넷 신호를 증폭하며, 먼 거리로 정보를 전달할 때 사용된다.
③ 네트워크 계층의 연동 장치로 경로 설정에 사용된다.
④ 문자로 된 도메인 이름을 숫자로 이루어진 실제 IP 주소로 변환하는데 사용된다.

해설 게이트웨이 : 서로 다른 네트워크 및 프로토콜간을 연결할 때 사용하는 장치로 상위 계층을 연결하여 형식, 주소, 프로토콜을 변환한다.

06 한글 Windows에서 사용하는 바로 가기 키에 대한 설명으로 옳지 않은 것은?

① ⊞+L : 컴퓨터 잠금 또는 사용자 전환
② ⊞+R : 실행 대화 상자 열기
③ ⊞+Pause : 제어판의 [시스템] 창 표시
④ ⊞+E : 장치 및 프린터 추가

해설 ⊞+E : 파일 탐색기 형태의 컴퓨터를 열기한다.

07 다음 중 인터넷 보안을 위한 해결책으로 사용되는 암호화 기법에 대한 설명으로 옳지 않은 것은?

① 비밀키 암호화 기법은 동일한 키로 데이터를 암호화하고 복호화한다.

정답 01 ③ 02 ④ 03 ① 04 ② 05 ① 06 ④ 07 ④

② 비밀키 암호화 기법은 대칭키 암호화 기법 또는 단일키 암호화 기법이라고도 하며, 대표적으로 DES(Data Encryption Standard)가 있다.
③ 공개키 암호화 기법은 비대칭 암호화 기법이라고도 하며, 대표적인 암호화 방식으로 RSA(Rivest, Shamir, Adleman)가 있다.
④ 공개키 암호화 기법에서는 암호화할 때 사용하는 키는 비밀로 하고, 복호화할 때 사용하는 키는 공개하는 방식을 사용한다.

해설
- 공개키는 송신자가 암호화할 때 사용키와 수신자의 복호화키가 서로 다르다.
- 데이터를 암호화할 때 사용하는 키(암호키, 공개키)는 공개하고, 복호화할 때의 키(해독키, 비밀키)는 비공개한다.

08 다음 중 소프트웨어의 사용권에 따른 분류에 대한 설명으로 옳지 않은 것은?

① 애드웨어 : 배너 광고를 보는 대가로 무료로 사용하는 소프트웨어이다.
② 셰어웨어 : 정식 버전이 출시되기 전에 프로그램에 대한 일반인의 평가를 받기 위해 제작된 소프트웨어이다.
③ 번들 : 특정한 하드웨어나 소프트웨어를 구매하였을 때 포함하여 주는 소프트웨어이다.
④ 프리웨어 : 돈을 내지 않고도 사용가능하고 다른 사람에게 전달해 줄 수 있는 소프트웨어이다.

해설 셰어웨어 : 일정 기간이나 기능에 제한을 두고 프로그램을 사용한 후 구입 여부를 판단하는 소프트웨어이다.

09 다음 중 동영상 데이터 파일 형식으로 옳지 않은 것은?

① AVI ② DVI
③ ASF ④ DXF

해설 DXF : Auto CAD에서 사용하는 파일 형식이다.

10 다음 중 컴퓨터의 운영 체제에 대한 설명으로 옳지 않은 것은?

① 시스템의 모든 동작 상태를 관리하고, 감독하는 제어 프로그램의 핵심 프로그램을 슈퍼바이저(Supervisor)라 부른다.
② 운영 체제는 컴퓨터가 동작하는 동안 하드 디스크 내에 위치하여 여러 종류의 자원 관리 서비스를 제공한다.
③ 키보드, 모니터, 디스크 드라이브 등의 필수적인 주변 장치들을 관리하는 BIOS를 포함한다.
④ 운영 체제는 사용자가 응용 프로그램을 편리하게 사용하고, 하드웨어의 성능을 최적화 할 수 있도록 한다.

해설 운영 체제 : 하드웨어를 사용 가능하도록 소프트웨어나 펌웨어로 구현하며, 하드웨어 성능을 최적화할 수 있다. 또한 프로세스 관리, 기억 장치 관리, 파일 관리, 입출력 관리, 리소스 관리 등의 역할을 한다.

11 다음 중 시스템의 정보 보안을 위한 기본 충족 요건으로 적절하지 않은 것은?

① 시스템 내의 정보와 자원은 인가된 사용자만 접근이 허용되어야 한다.
② 소프트웨어의 버전과 저작권에 관한 내용이 인증되어야 한다.
③ 정보를 전송하는 과정에서 변경되지 않고 전달되어야 한다.
④ 사용자를 식별하고 접근 권한을 확인할 수 있어야 한다.

해설 소프트웨어의 버전에 관한 내용이 인증될 필요는 없다.

12 다음 중 컴퓨터에서 사용되는 펌웨어(Firmware)에 대한 설명으로 옳지 않은 것은?

① 하드웨어의 동작을 지시하는 소프트웨어이지만 하드웨어적으로 구성되어 하드웨어의 일부분으로도 볼 수 있는 제품을 말한다.
② 하드웨어 교체 없이 소프트웨어 업그레이드만으로 시스템의 성능을 높이기 위한 목적으로 사용된다.
③ 시스템의 효율을 높이기 위해 RAM에 저장되어 관리된다.

정답 08 ② 09 ④ 10 ② 11 ② 12 ③

④ 기계어 처리, 데이터 전송, 부동 소수점 연산, 채널 제어 등의 처리 루틴을 가지고 있다.

해설 시스템의 효율을 높이기 위해 ROM에 저장되어 관리된다.

13 다음 중 멀티미디어와 관련하여 JPG 파일 형식에 관한 설명으로 옳지 않은 것은?

① 사진과 같은 정지 영상을 표현하기 위한 국제 표준 압축 방식이다.
② 24비트 컬러를 사용하여 트루 컬러로 이미지를 표현한다.
③ 사용자가 압축률을 지정해서 이미지를 압축하는 압축 기법을 사용할 수 있다.
④ 이미지를 확대해도 테두리가 거칠어지지 않고 매끄럽게 표현된다.

해설 JPEG(JPG) : 인터넷에서 그림 전송 시 사용되며, 다양한 색상(최대 1,600만 색)을 표현한다. 또한, 이미지를 확대하면 매끄럽지 않고 계단 모양처럼 울퉁불퉁하다.

14 다음 중 어떤 장치가 다른 장치의 일을 잠시 중단시키고 자신의 상태 변화를 알려주는 것을 뜻하는 용어로 옳은 것은?

① 클라이언트/서버 ② 인터럽트
③ DMA ④ 채널

해설 인터럽트(Interrupt) : 프로그램 실행 중 응급 사태가 발생한 경우 해당 프로그램을 중지한 후 응급 사태를 처리하고, 다시 중지 시점에서 기존 프로그램을 실행한다.

15 다음 중 DNS가 가지고 있는 특정 도메인의 IP Address를 검색해 주는 서비스로 옳은 것은?

① Gopher ② Archie
③ IRC ④ Nslookup

해설
- ① 여러 곳에 분산되어 있는 자료를 하나의 클라이언트를 통해 검색한다.
- ② 익명의 FTP 사이트에 저장되어 있는 각종 파일들을 검색한다.
- ③ 여러 사람들이 관심 있는 분야별로 대화할 수 있는 가상 공간이다.

16 다음 중 PC 업그레이드 시 고려해야 할 사항으로 옳지 않은 것은?

① RAM이나 ODD를 설치할 때 접근 속도의 수치는 작은 것이 좋다.
② 하드 디스크를 교체할 때에는 연결 방식의 종류와 버전을 확인한다.
③ CPU 클럭 속도는 높은 것이 좋다.
④ RAM을 추가할 때에는 기존의 것 보다 더 많은 핀 수의 RAM으로 추가한다.

해설
- 램(RAM)은 접근 속도의 단위인 ns(나노 초)의 수치가 작을수록 성능이 좋다.
- RAM을 추가할 때에는 기존의 것과 동일한 핀 수의 RAM으로 추가한다.

17 한글 Windows의 [글꼴]에 관한 설명으로 옳지 않은 것은?

① 글꼴 파일은 .rtf 또는 .inf의 확장자를 가지고 있다.
② 시스템에서 사용하는 글꼴은 C:₩Windows₩Fonts 폴더에 파일 형태로 저장되어 있다.
③ TrueType 글꼴과 OpenType 글꼴을 제공하며, 프린터 및 프로그램에서 작동한다.
④ 글꼴에는 기울임꼴, 굵게, 굵게 기울임꼴과 같은 글꼴 스타일이 있다.

해설
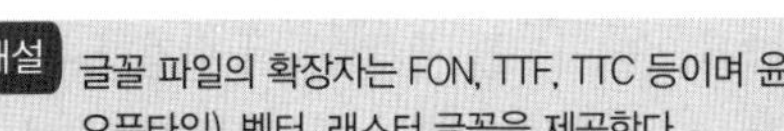
글꼴 파일의 확장자는 FON, TTF, TTC 등이며 윤곽선(트루타입, 오픈타입), 벡터, 래스터 글꼴을 제공한다.

18 다음 중 인터넷 주소 체계에서 IPv6에 관한 설명으로 옳지 않은 것은?

① 128 비트의 주소를 사용하여 IPv4의 주소 부족 문제를 해결하였다.
② IPv4와 비교하였을 때 자료 전송 속도가 늦지만 주소의 확장성과 융통성이 우수하다.
③ 인증성, 기밀성, 데이터 무결성의 지원으로 보안 기능을 포함한다.
④ IPv4와 호환성이 있으며, 실시간 흐름 제어가 가능하다.

정답 13 ④ 14 ② 15 ④ 16 ④ 17 ① 18 ②

해설 IPv6 : IPv4의 주소 공간을 4배 확장한 것으로 128비트를 16비트씩 8개로 나누어 표시하며, 전송 속도가 빠르다.

19 다음 중 유비쿼터스 센서 네트워크(USN)의 활용 분야에 속하는 것은?

① 테더링　② 텔레매틱스
③ 블루투스　④ 고퍼

해설
- 유비쿼터스 센서 네트워크 : 제품이나 사물에 전자 태그(RFID Tag)를 부착하고, 이를 통해 제품(사물)에 대한 정보와 주변 환경 정보까지 탐지하여 실시간으로 정보를 통합 관리하는 기술이다.
- 텔레매틱스(Telematics) : 원격 통신(Telecommunication)과 정보 과학(Informatics)의 합성어로 통신과 방송망을 이용하여 자동차 안에서 위치 추적, 인터넷 접속, 차량 진단, 사고 감지, 교통 정보 등을 제공하는 서비스이다.

20 한글 Windows의 [제어판]–[프로그램 및 기능]에 대한 설명으로 옳지 않은 것은?

① Windows에 설치되어 있는 응용 프로그램을 변경하거나 제거할 수 있다.
② 게임, 인쇄 및 문서 서비스, 인터넷 정보 서비스 등 Windows에 포함되어 있는 다양한 기능의 사용 여부를 선택할 수 있다.
③ 설치된 업데이트를 확인할 수 있으며, 업데이트 목록에서 업데이트를 제거하거나 변경할 수 있다.
④ [Microsoft Store에서 더 많은 테마 보기]를 선택하여 Microsoft사에서 제공하는 다양한 테마를 추가 설치할 수 있다.

해설 보기 ④번은 [설정]–[개인 설정]에서 가능하다.

2과목 | 스프레드시트 일반

21 다음 그림에서의 각 기능에 대한 설명으로 옳지 않은 것은?

① [시트 보호]를 설정하면 기본적으로 셀의 선택만 가능하다.
② 시트 보호 시 특정 셀의 내용만 수정 가능하도록 하려면 해당 셀의 [셀 서식]에서 '잠금' 설정을 해제한다.
③ [통합 문서 보호]를 설정하면 포함된 차트, 도형 등의 그래픽 개체를 변경할 수 없다.
④ [범위 편집 허용]을 이용하면 보호된 워크시트에서 특정 사용자가 범위를 편집할 수 있도록 허용할 수 있다.

해설 통합 문서 보호 : 시트의 이동, 삭제, 숨기기, 숨기기 해제, 이름 바꾸기, 창 이동, 창 크기 조절, 새 창, 창 나누기, 틀 고정 등을 할 수 없도록 통합 문서를 보호한다.

22 다음 중 자동 필터에 관한 설명으로 옳지 않은 것은?

① 데이터에 필터를 적용하면 지정한 조건에 맞는 행만 표시되고 나머지 행은 숨겨지며, 필터링된 데이터는 다시 정렬하거나 이동하지 않고도 복사, 찾기, 편집 및 인쇄를 할 수 있다.
② '상위 10 자동 필터'는 숫자 데이터 필드에서만 설정 가능하고, 텍스트 데이터 필드에서는 사용할 수 없다.
③ 한 열에 숫자 입력 셀이 5개 있고, 텍스트 입력 셀이 3개 있는 경우 자동 필터는 셀의 수가 적은 '텍스트 필터' 명령으로 표시된다.
④ 날짜 데이터는 연, 월, 일의 계층별로 그룹화되어 계층에서 상위 수준을 선택하거나 선택을 취소하는 경우 해당 수준 아래의 중첩된 날짜가 모두 선택되거나 선택 취소된다.

해설 한 열에 숫자 입력 셀이 5개, 텍스트 입력 셀이 3개 있는 경우 자동 필터는 숫자 필터 명령으로 표시된다.

23 다음 중 [셀 서식] 대화 상자의 [맞춤] 탭에 있는 '텍스트 방향'에서 설정할 수 없는 항목은?

① 텍스트 방향대로
② 텍스트 반대 방향으로
③ 왼쪽에서 오른쪽
④ 오른쪽에서 왼쪽

정답 19 ② 20 ④ 21 ③ 22 ③ 23 ②

해설 텍스트 방향에는 텍스트 방향대로, 왼쪽에서 오른쪽, 오른쪽에서 왼쪽의 세 가지가 있다.

24 다음 시트에서 [표1]의 할인율[B3]을 적용한 할인가[B4]를 이용하여 [표2]의 각 정가에 해당하는 할인가[E3:E6]를 계산하고자 한다. 이때 가장 적합한 데이터 도구는?

	A	B	C	D	E
1	[표1] 할인 금액			[표2] 할인 금액표	
2	정가	₩ 10,000		정가	₩ 9,500
3	할인율	5%		₩ 10,000	
4	할인가	₩ 9,500		₩ 15,000	
5				₩ 24,000	
6				₩ 30,000	
7					

① 통합 ② 데이터 표
③ 부분합 ④ 시나리오 관리자

데이터 표 : 특정 값의 변화에 따른 결과 값의 변화 과정을 표 형태로 표시하는 기능으로 입력 값과 설정 수식으로부터 표를 만들어 수식 값의 변경한 결과를 확인할 수 있다.

25 다음 중 Excel과 Access간의 데이터 교환 방법에 대한 설명으로 적절하지 않은 것은?

① Excel 통합 문서를 열 때 Access 데이터에 연결하려면 보안 센터 표시줄을 사용하거나 통합 문서를 신뢰할 수 있는 위치에 둠으로써 데이터 연결을 사용할 수 있도록 설정해야 한다.
② Excel의 [데이터] 탭 [외부 데이터 가져오기] 그룹에서 [기타 원본에서]–[Microsoft Query에서] 기능을 이용하면 외부 Access 원본 데이터와 동기화할 수 있다.
③ Excel의 [외부 데이터 가져오기] 기능을 이용하면 Access 파일의 특정 테이블만 선택하여 가져올 수 있다.
④ Excel의 [데이터] 탭 [연결] 그룹에서 [속성]을 클릭하면 기존 Access 파일의 연결을 추가하거나 제거할 수 있다.

해설 Excel의 [데이터] 탭 [연결] 그룹에서 [연결]을 클릭하면 기존 Access 파일의 연결을 추가하거나 제거할 수 있다.

26 다음 중 바닥글 영역에 페이지 번호를 인쇄하도록 설정된 여러 개의 시트를 출력하면서 전체 출력물의 페이지 번호가 일련번호로 이어지게 하는 방법으로 옳지 않은 것은?

① [인쇄] 대화 상자에서 '인쇄 대상'을 '전체 통합 문서'로 선택하여 인쇄한다.
② 전체 시트를 그룹으로 설정한 후 인쇄한다.
③ 각 시트의 [페이지 설정] 대화 상자에서 '일련번호로 출력'을 선택한 후 인쇄한다.
④ 각 시트의 [페이지 설정] 대화 상자에서 '시작 페이지 번호'를 일련번호에 맞게 설정한 후 인쇄한다.

해설 [페이지 설정] 대화 상자에서 '일련번호로 출력'이라는 메뉴나 옵션은 없다.

27 다음의 시트에서 수식 =DSUM(A1:D7, 4, B1:B2)을 실행했을 때 결과 값으로 옳은 것은?

	A	B	C	D
1	성명	부서	1/4분기	2/4분기
2	김남이	영업1부	10	15
3	이지영	영업2부	20	25
4	하나미	영업1부	15	20
5	임진태	영업2부	10	10
6	현민대	영업2부	20	15
7	한민국	영업1부	15	20
8				

① 10 ② 15
③ 40 ④ 55

해설
- DSUM(범위, 열 번호, 찾을 조건) : 지정한 조건에 맞는 데이터베이스에서 필드(열)의 합을 구한다.
- =DSUM(A1:D7, 4, B1:B2) : [A1:D7] 영역에서 4번째 열에 있는 데이터(2/4분기) 중 부서가 영업1부인 데이터들의 합을 구한다(15+20+20=55).

28 텍스트 파일의 데이터를 워크시트로 가져올 때 사용하는 [텍스트 마법사]에서 각 필드의 너비(열 구분선)를 지정하는 단계에 대한 설명으로 옳지 않은 것은?

① 앞 단계에서 원본 데이터 형식을 '구분 기호로 분리됨'을 선택한 경우 열 구분선을 지정할 수 없다.
② 구분선을 넣으려면 원하는 위치를 마우스로 클릭한다.

정답 24 ② 25 ④ 26 ③ 27 ④ 28 ③

③ 열 구분선을 옮기려면 구분선을 삭제한 후 다시 넣어야 한다.
④ 구분선을 삭제하려면 구분선을 마우스로 두 번 클릭한다.

해설 열 구분선을 옮기려면 구분선을 마우스로 드래그한다.

29 다음 프로시저의 실행 결과로 옳은 것은?

```
Sub loopTest( )
  Dim k As Integer
  Do while k< 3
      [A1].offset(k,1)=10
      k = k + 2
  Loop
End Sub
```

① [A2] 셀에 10이 입력된다.
② [A1] 셀과 [A3] 셀에 10이 입력된다.
③ [B2] 셀에 10이 입력된다.
④ [B1] 셀과 [B3] 셀에 10이 입력된다.

해설
- [A1].offset(0, 1) = 10 : [A1] 셀을 기준으로 아래로 0칸, 오른쪽으로 1칸[B1] = 10
- [A1].offset(2, 1) = 10 : [A1] 셀을 기준으로 아래로 2칸, 오른쪽으로 1칸[B3] = 10

30 다음 중 여러 워크시트를 선택하여 그룹으로 설정한 경우에 대한 설명으로 옳지 않은 것은?

① 엑셀 창의 맨 위 제목 표시줄에 [그룹]이라고 표시된다.
② 그룹 상태에서 도형이나 차트 등의 그래픽 개체는 삽입되지 않는다.
③ 그룹으로 설정된 임의의 시트에서 입력하거나 편집한 데이터는 그룹으로 설정된 모든 시트에 반영된다.
④ 그룹 상태에서 여러 개의 시트에 정렬 및 필터 기능을 수행할 수 있다.

해설 그룹 상태에서 여러 개의 시트에 정렬 및 필터 기능은 수행할 수 없다.

31 다음의 시트에서 [I2:I5] 영역에 [B2:F14] 영역의 표를 참조하는 배열 수식을 사용하여 지점별 총대출금액을 구하였다. 다음 중 [I2] 셀의 수식 입력줄에 표시된 함수식으로 옳은 것은?

	B	D	E	F
1	성명	지점	대출금액(천)	기간(월)
2	문정현	서울	7,500	36
3	조일순	경기	5,000	24
4	남태우	서울	10,000	60
5	송현주	충남	8,000	36
6	민병우	서울	5,000	24
7	정백칠	경기	10,000	60
8	김주석	경기	10,000	60
9	오창환	부산	15,000	24
10	장정	서울	7,000	24
11	원주연	서울	3,000	36
12	강소라	충남	5,000	24
13	김연	서울	5,000	12
14	정민수	경기	5,000	36
15				

	H	I
1	지점	총대출금액(천)
2	서울	37,500
3	경기	30,000
4	부산	15,000
5	충남	13,000
6		

① {=SUMIF($D$2:$D$14=H2))}
② {=SUMIF($D$2:$D$14=H2, $E$2:$E$14, 1))}
③ {=SUM(IF($D$2:$D$14=H2, 1, 0))}
④ {=SUM(IF($D$2:$D$14=H2, $E$2:$E$14, 0))}

해설 =SUM(IF($D$2:$D$14=H2, $E$2:$E$14, 0)) : [D2:D14] 영역에서 값이 [H2] 셀인 '서울'이면 [E2:E14] 영역까지의 값을 더하고, '서울'이 아니면 0을 더한다. 즉, [D2] 셀은 '서울'이기 때문에 [E2] 셀의 값인 7,500이고, [D3] 셀은 '경기'이기 때문에 [E3] 셀의 값이 아닌 0의 값을 더한다.

32 다음 중 공유된 통합 문서에 대한 설명으로 옳지 않은 것은?

① 공유된 통합 문서에서는 조건부 서식, 차트, 시나리오 등을 추가하거나 편집할 수 없다.
② 암호로 보호된 공유 통합 문서에서 보호를 해제 하여도 통합 문서의 공유 상태는 해제되지 않는다.
③ 공유 통합 문서를 네트워크의 위치에 복사해도 다른 통합 문서와의 연결은 그대로 유지된다.
④ 공유 통합 문서는 사용자의 엑셀 버전과 관련이 있다.

해설 암호로 보호된 공유 통합 문서에서 보호를 해제하면 통합 문서의 공유 상태가 해제된다.

33 다음 중 연이율 4.5%로 2년 만기로 매월 말 400,000원씩 저축할 경우 복리 이자율로 계산하여 만기에 찾을 수 있는 금액을 구하기 위한 수식으로 옳은 것은?

정답 29 ④ 30 ④ 31 ④ 32 ② 33 ①

① =FV(4.5%/12, 2*12, −400000)
② =FV(4.5%/12, 2*12, −400000, , 1)
③ =FV(4.5%, 2*12, −400000, , 1)
④ =FV(4.5%, 2*12, −400000)

해설 • FV(이자, 기간, 금액, 현재 가치, 납입 시점) : 주기적인 지급액과 고정적인 이율에 의한 투자의 미래 가치를 산출하는 것으로 납입 시점에서 1은 투자 주기 초를, 0 또는 생략 시에는 투자 주기 말을 의미한다.
• 연이율이 4.5%이므로 4.5%/12(1년)이고, 2년 만기이므로 2*12(1년)이다. 이때, 문제에서 매월 말이므로 납입 시점은 생략한다.

34 다음의 왼쪽 차트를 수정하여 오른쪽 차트로 변환하였다. 다음 중 변환된 항목에 대한 설명으로 옳은 것은?

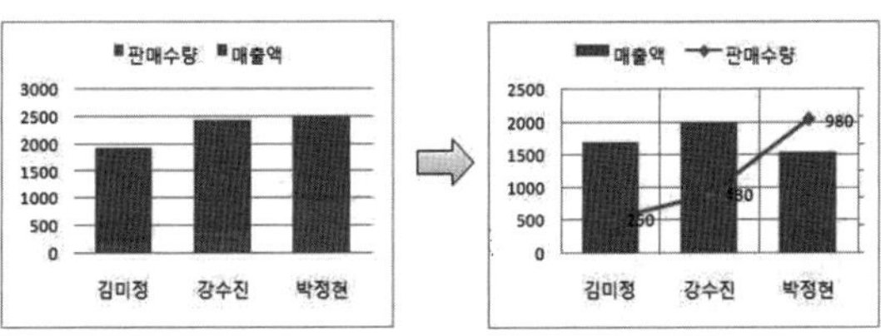

① 기본 가로 눈금선으로 보조 눈금선을 표시하였다.
② 보조 세로 (값) 축의 주 눈금을 '500'으로 설정하였다.
③ 매출액 계열을 보조 축으로 설정하였다.
④ 보조 세로 (값) 축의 축 레이블을 '없음'으로 설정하였다.

해설 • 보기 ②번에서는 보조 세로 (값) 축이 아니라 기본 세로 축의 주 눈금을 '500'으로 설정하였다.
• 보기 ③번에서는 매출액이 아니라 판매수량 계열을 보조 축으로 설정하였다.

35 다음 중 배열 수식과 배열 상수에 대한 설명으로 옳지 않은 것은?

① 배열 수식에서 잘못된 인수나 피연산자를 사용할 경우 '#VALUE!'의 오류값이 발생한다.
② 배열 상수는 숫자, 논리값, 텍스트, 오류값 외에 수식도 사용할 수 있다.
③ 배열 상수에서 다른 행의 값은 세미콜론(;), 다른 열의 값은 쉼표(,)로 구분한다.
④ Ctrl+Shift+Enter 키를 누르면 중괄호({ }) 안에 배열 수식이 표시된다.

해설 • 배열 상수는 숫자, 텍스트, TRUE나 FALSE 등의 논리 값, #N/A와 같은 오류 값을 사용할 수 있다.
• 수식을 사용하는 것은 배열 수식에 대한 설명이다.

36 다음 시트의 [A1:C8] 영역에서 그림과 같이 조건부 서식을 적용한 경우 서식이 적용되는 셀의 개수로 옳은 것은?

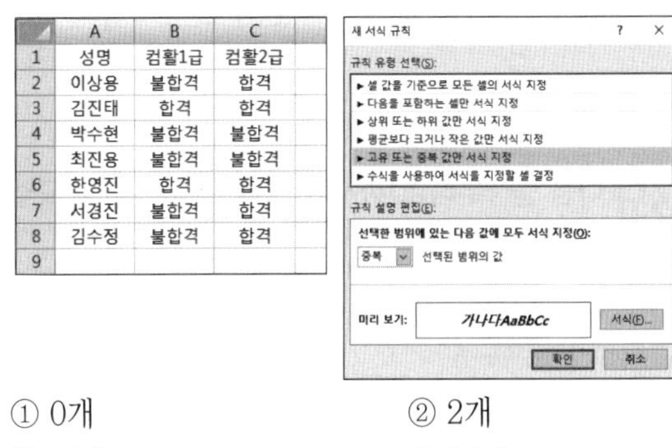

	A	B	C
1	성명	컴활1급	컴활2급
2	이상용	불합격	합격
3	김진태	합격	합격
4	박수현	불합격	불합격
5	최진용	불합격	불합격
6	한영진	합격	합격
7	서경진	불합격	합격
8	김수정	불합격	합격
9			

① 0개 ② 2개
③ 14개 ④ 24개

해설 • 고유 또는 중복 값만 서식 지정 : 셀 값 중 중복 또는 고유 값에 따라 서식을 설정한다.
• 중복에 대한 서식 지정이므로 합격, 불합격이라고 표시된 [B2:C8] 영역에서 서식이 지정된다.

37 다음 중 작업에 필요한 여러 개의 통합 문서를 한 화면에 함께 표시하여 비교하면서 작업하기에 편리한 기능은?

① 창 나누기 ② 창 정렬
③ 틀 고정 ④ 페이지 나누기

해설 창 정렬 : 여러 개의 통합 문서를 배열한 후 서로 비교하면서 작업할 수 있는 기능으로 열려 있는 모든 창들을 화면에 나타내어 해당 파일로 쉽게 이동할 수 있다.

38 다음 중 엑셀의 틀 고정에 대한 설명으로 옳지 않은 것은?

① 화면에 표시되는 틀 고정 형태는 인쇄 시 적용되지 않는다.
② 틀 고정 구분선의 위치는 지우고 새로 만들기 전에는 마우스를 이용하여 변경할 수 없다.

정답 34 ④ 35 ② 36 ③ 37 ② 38 ④

③ 틀 고정을 수행하면 셀 포인터의 왼쪽과 위쪽으로 고정선이 표시되므로 고정하고자 하는 행의 아래쪽, 열의 오른쪽에 셀 포인터를 놓고 틀 고정을 수행해야 한다.

④ 틀 고정이 설정되어 있는 경우 나중에 복구할 수 있도록 모든 창의 현재 레이아웃이 작업 영역으로 저장된다.

해설 페이지 레이아웃 상태에서는 틀 고정을 지정할 수 없다.

39 다음 중 1부터 10까지의 합을 구하는 VBA 모듈로 옳지 않은 것은?

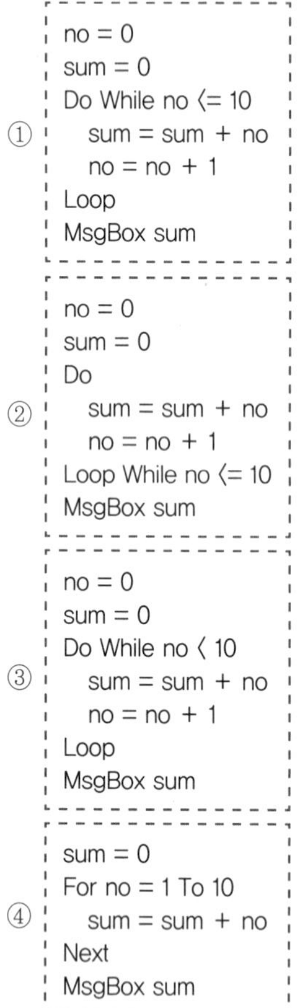

①
```
no = 0
sum = 0
Do While no <= 10
  sum = sum + no
  no = no + 1
Loop
MsgBox sum
```

②
```
no = 0
sum = 0
Do
  sum = sum + no
  no = no + 1
Loop While no <= 10
MsgBox sum
```

③
```
no = 0
sum = 0
Do While no < 10
  sum = sum + no
  no = no + 1
Loop
MsgBox sum
```

④
```
sum = 0
For no = 1 To 10
  sum = sum + no
Next
MsgBox sum
```

해설 보기 ③번에서 Do While no < 10이 아니라 Do While no <= 10이어야 한다.

40 다음 중 워크시트의 표와 표의 데이터를 이용한 차트에 대한 설명으로 옳지 않은 것은?

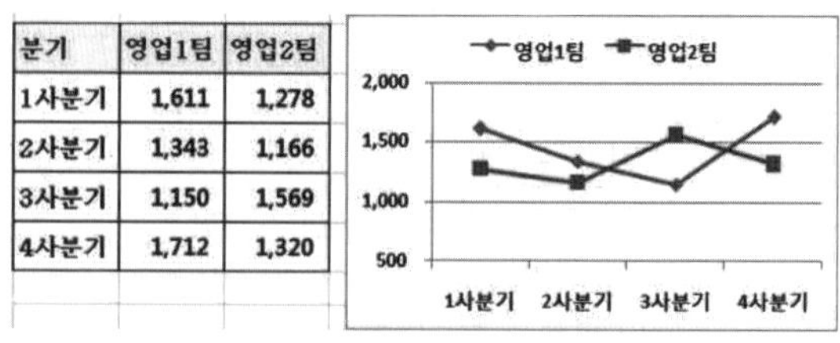

분기	영업1팀	영업2팀
1사분기	1,611	1,278
2사분기	1,343	1,166
3사분기	1,150	1,569
4사분기	1,712	1,320

① 표 전체를 원본 데이터로 사용하고 있다.

② 분기가 데이터 계열로 사용되고 있다.

③ 세로 (값) 축의 축 서식에서 최소값을 '500'으로 설정하였다.

④ 차트의 종류는 표식이 있는 꺾은선형이다.

해설 분기는 가로 (항목) 축으로 사용되고 있다.

3과목 | 데이터베이스 일반

41 다음 중 Access의 보고서 개체에 대한 설명으로 옳지 않은 것은?

① 보고서는 테이블이나 쿼리의 내용을 화면이나 프린터로 인쇄하기 위한 개체이다.

② 보고서의 레코드 원본으로 테이블, 쿼리, SQL 문을 사용한다.

③ 보고서에도 조건부 서식을 적용할 수 있다.

④ 보고서의 컨트롤을 이용하여 레코드 원본으로 사용된 테이블에 데이터를 입력하거나 수정할 수 있다.

해설 보고서는 여러 유형의 컨트롤로 데이터를 표시할 수 있으나 데이터 입력, 추가, 삭제 등은 불가능하다.

42 다음의 SQL문에 대한 설명으로 옳지 않은 것은?

```
ALTER TABLE 고객
DROP 취미 CASCADE;
```

① 고객 테이블의 구조적인 변경이 발생한다.

② 취미 필드를 고객 테이블로부터 삭제한다.

정답 39 ③ 40 ② 41 ④ 42 ④

③ CASCADE는 해당 필드와 연관된 다른 테이블의 내용도 삭제하는 옵션이다.
④ 고객 테이블이 수정되면 취미 테이블의 내용도 같이 수정된다.

해설
- ALTER TABLE : 기존 테이블에 새로운 필드나 조건을 추가하여 변경한다.
- DROP : 데이터베이스에서 테이블을 제거하거나 필드나 필드 그룹에서 인덱스를 제거한다.
- CASCADE : 외래키를 포함한 모든 행도 함께 삭제한다.
- 고객 테이블을 변경하여 취미뿐만 아니라 다른 것도 삭제하므로 취미 테이블을 수정하는 것은 아니다.

43 다음 중 DoCmd 개체에서 사용할 수 있는 메서드로 옳지 않은 것은?

① Close ② Undo
③ OpenForm ④ Quit

해설 Undo는 Form 개체에 해당한다.

44 다음 중 DBMS의 단점에 대한 설명으로 옳지 않은 것은?

① 하드웨어나 DBMS 구입 비용, 전산화 비용 등이 증가함
② DBMS와 데이터베이스 언어를 조작할 수 있는 고급 프로그래머가 필요함
③ 데이터를 통합하는 중앙 집중 관리가 어려움
④ 데이터의 백업과 복구에 많은 비용과 시간이 소요됨

해설 중앙 집중 관리는 DBMS의 장점으로 데이터의 불일치성을 제거한다.

45 다음 중 쿼리를 실행할 때마다 메시지 상자를 표시하여 사용자에게 조건 값을 입력받아 쿼리를 실행하는 유형은?

① 크로스탭 쿼리 ② 매개 변수 쿼리
③ 통합 쿼리 ④ 실행 쿼리

해설
- ① 열과 행 방향의 표 형태로 숫자 데이터의 집계를 나타내는 쿼리이다.
- ③ 하나 이상의 테이블이나 쿼리 필드(열)를 결합하여 쿼리 결과에 하나의 필드나 열로 만든다.
- ④ 여러 레코드를 한꺼번에 변경할 수 있는 쿼리이다.

46 다음 중 폼 작성에 대한 설명으로 옳지 않은 것은?

① [컨트롤 마법사]를 이용하여 '폼 닫기' 매크로를 실행시키는 명령 단추를 삽입할 수 있다.
② 폼 속성 시트에서 그림을 설정하면 폼의 배경 그림으로 표시된다.
③ 사각형, 직선 등의 도형 컨트롤을 삽입할 수 있다.
④ [그룹화 및 정렬] 기능으로 레코드를 그룹화하여 표시할 수 있다.

해설 보고서는 [그룹화 및 정렬] 기능으로 레코드를 그룹화하여 표시할 수 있으나 폼은 [그룹화 및 정렬] 기능이 활성화되지 않는다.

47 다음 중 [속성 시트] 창에서 하위 폼의 제목(레이블)을 변경하기 위한 방법으로 옳은 것은?

① [형식] 탭의 '캡션'을 수정한다.
② [데이터] 탭의 '표시'를 수정한다.
③ [이벤트] 탭의 '제목'을 수정한다.
④ [기타] 탭의 '레이블'을 수정한다.

해설 [속성 시트] 창에서 하위 폼의 제목(레이블)을 변경하려면 [형식] 탭의 '캡션'을 수정한다.

48 다음 중 보고서의 [페이지 설정] 대화 상자에 대한 설명으로 옳지 않은 것은?

① 여러 열로 구성된 보고서를 인쇄할 때에는 [열] 탭에서 열의 개수와 행 간격, 열의 너비, 높이 등을 설정한다.
② [인쇄 옵션] 탭에서 보고서의 위쪽, 아래쪽, 왼쪽, 오른쪽 여백을 밀리미터 단위로 설정할 수 있다.
③ [페이지] 탭에서 보고서의 인쇄할 범위로 인쇄할 페이지를 지정할 수 있다.

정답 43 ② 44 ③ 45 ② 46 ④ 47 ① 48 ③

④ [인쇄 옵션] 탭의 '데이터만 인쇄'를 선택하여 체크 표시하면 컨트롤의 테두리, 눈금선 및 선이나 상자 같은 그래픽을 표시하지 않는다.

해설 [페이지 설정] 대화 상자의 [페이지] 탭 : 용지의 인쇄 방향(세로, 가로), 크기, 공급 방식 등을 설정한다.

49 다음 중 텍스트 상자 컨트롤의 [속성 시트] 창에 표시되는 각 탭에서 설정 가능한 속성으로 옳은 것은?

① [형식] 탭 – 유효성 검사 규칙, 중복 내용 숨기기
② [이벤트] 탭 – IME 모드, 하이퍼링크
③ [기타] 탭 – 상태 표시줄 텍스트, 탭 인덱스
④ [데이터] 탭 – 데이터시트 캡션, 기본 값

해설 유효성 검사 규칙은 [데이터] 탭, IME 모드는 [기타] 탭에 해당한다.

50 다음 중 테이블에 데이터가 입력되는 방식을 제어하기 위한 방법으로 적절하지 않은 것은?

① 유효성 검사 규칙을 설정하여 필드에 입력되는 데이터 값의 범위를 설정한다.
② 입력 마스크를 이용하여 필드의 각 자리에 입력되는 값의 종류를 제한한다.
③ 색인(Index)을 이용하여 해당 필드에 중복된 값이 입력되지 않도록 설정한다.
④ 기본키(Primary Key) 속성을 이용하여 레코드 추가 시 기본으로 입력되는 값을 설정한다.

해설 기본값 속성을 이용하여 레코드 추가 시 기본으로 입력되는 값을 설정한다.

51 다음 중 콤보 상자의 속성에 대한 설명으로 옳지 않은 것은?

① 컨트롤 원본 : 목록으로 표시할 데이터를 SQL문이나 테이블명 등을 통해 지정한다.
② 행 원본 유형 : 목록으로 표시할 데이터 제공 방법을 '테이블/쿼리', '값 목록', '필드 목록' 중 선택한다.
③ 바운드 열 : 선택한 항목에서 몇 번째 열을 컨트롤에 저장할 것인지를 설정한다.
④ 목록 값만 허용 : '예'로 설정하면 목록에 제공된 데이터 이외의 값을 추가할 수 없다.

해설 • 컨트롤 원본은 컨트롤과 바운드될 테이블, 쿼리를 지정하며, 속성 창에서 '컨트롤 원본'을 지정하면 바운드 컨트롤로 변경할 수 있다.
• 보기 ①번은 행 원본에 대한 설명이다.

52 다음 중 다양한 사용자의 요구 사항을 분석하여 정보 구조를 표현한 관계도(ERD)를 생성하는 데이터베이스 설계 단계는?

① 데이터베이스 기획　② 개념적 설계
③ 논리적 설계　④ 물리적 설계

해설 개념적 설계 : 다양한 사용자의 요구 사항을 분석하여 정보 구조를 표현한 관계도를 생성하거나 클라이언트의 요구 사항을 분석한다.

53 다음 중 보고서 페이지 번호를 표시하는 컨트롤에 입력된 컨트롤 원본과 그 결과가 맞게 연결된 것을 모두 고른 것은? (단, 전체 페이지는 5페이지임)

	컨트롤 원본	결과
ⓐ	="Page" & [Page] & "/" & [Pages]	1/5 Page
ⓑ	=[Page] & "페이지"	1페이지
ⓒ	=[Page] & "/" & [Pages] & "Page"	Page1/5
ⓓ	=Format([Page], "00")	01

① ⓐ, ⓑ, ⓒ　② ⓑ, ⓒ, ⓓ
③ ⓐ, ⓒ　④ ⓑ, ⓓ

해설 ⓐ의 결과는 Page1/5이고, ⓒ의 결과는 1/5Page이다.

54 [직원] 테이블의 '급여' 필드는 데이터 형식이 숫자이고, 필드 크기가 정수(Long)로 설정되어 있다. 다음 중 '급여' 필드에 입력 가능한 숫자를 백만원 이상, 오백만원 이하로 설정하기 위한 유효성 검사 규칙으로 옳은 것은?

① <= 1000000 Or <= 5000000
② >= 1000000 And <= 5000000

정답 49 ③　50 ④　51 ①　52 ②　53 ④　54 ②

③ >= 1000000, <= 5000,000

④ 1,000,000 <= And <= 5,000,000

해설 1,000,000 이상이면서 5,000,000 이하의 두 조건을 모두 만족해야 하므로 AND 연산자를 사용한다. 또한, 데이터 형식이 숫자이기 때문에 천 단위 ','를 사용하지 않는다.

55 다음 중 프로시저에 대한 설명으로 옳지 않은 것은?

① 프로시저는 연산을 수행하거나 값을 계산하는 일련의 명령문과 메서드로 구성된다.

② 명령문은 대체로 프로시저나 선언 구역에서 한 줄로 표현되며, 명령문의 끝에는 세미콜론(;)을 찍어 구분한다.

③ 이벤트 프로시저는 특정 객체에 해당 이벤트가 발생하면 자동적으로 실행되나 다른 프로시저에서도 이를 호출하여 실행할 수 있다.

④ Function 프로시저는 Function 문으로 함수를 선언하고 End Function 문으로 함수를 끝낸다.

해설 명령문은 프로시저나 선언 구역에서 한 줄 이상으로 사용할 수 있으며, 명령문 끝에 세미콜론(;)을 찍어 구분하지 않는다.

56 다음 중 특정 필드에 입력 마스크를 '09#L'로 설정하였을 때의 입력 데이터로 옳은 것은?

① 123A ② A124

③ 12A4 ④ 12AB

해설
- 0 : 0부터 9까지의 숫자를 입력한다.
- 9 : 숫자나 공백을 입력한다.
- # : 숫자나 공백을 입력한다.
- L : A부터 Z까지의 영문자를 입력한다.

57 다음 중 액세스에서 사용되는 데이터 형식의 종류 – 크기 – 특징에 대한 연결이 옳은 것은?

① 메모 – 65,535자 이내 – 참고나 설명과 같이 긴 문자열이나 문자열과 숫자의 조합

② 예/아니요 – 1바이트 – 두 값 중 하나만을 선택할 때 사용

③ 통화 – 8비트 – 소수점 왼쪽으로 7자리, 오른쪽으로 4자리까지 표시 가능

④ 숫자 – 2바이트 – 산술 계산에 이용되는 숫자 데이터

- 예/아니요 – 1비트 – Yes/No, True/False, On/Off 등 두 값 중 하나만 입력하는 경우 사용
- 통화 – 8바이트 – 화폐 계산에 사용될 자료를 저장하는 형식이며, 소수점 이하 4자리까지 지정
- 숫자 – 바이트형(1Byte), 정수형(Integer, 2Byte), 정수형(Log, 4Byte), 실수형(Single, 4Byte), 실수형(Double, 8Byte) – 산술 계산에 사용되는 각종 크기의 숫자를 입력

58 다음 중 SELECT문의 선택된 필드에서 중복 데이터를 포함하는 레코드를 제외시키는 조건자로 옳은 것은?

① DISTINCT ② UNIQUE

③ ONLY ④ *

DISTINCT : 테이블에서 중복을 제거한 레코드를 검색할 때 사용되는 키워드로 SELECT문에서 필드 이름 앞에 삽입한다.

정답 55 ② 56 ① 57 ① 58 ①

59 사원관리 데이터베이스에는 [부서정보] 테이블과 실적 정보를 포함한 [사원정보] 테이블이 관계로 연결되어 있다. 다음 중 SQL문의 실행 결과에 대한 설명으로 옳은 것은? (단, 부서에는 여러 사원이 있으며, 한 사원은 하나의 부서에 소속되는 1 대 다 관계임)

```
SELECT 부서정보.부서번호, 부서명, 번호, 이름, 실적
FROM 부서정보 RIGHT JOIN 사원정보 ON 부서정보.부서번호 = 사원정보.부서번호;
```

① 두 테이블에서 부서번호가 일치되는 레코드의 부서번호, 부서명, 번호, 이름, 실적 필드를 표시한다.
② [부서정보] 테이블의 레코드는 모두 포함하고, [사원정보] 테이블에서는 실적이 있는 레코드만 포함하여 결과를 표시한다.
③ [부서정보] 테이블의 레코드는 [사원정보] 테이블의 부서번호와 일치되는 것만 포함하고, [사원정보] 테이블에서는 실적이 있는 레코드만 포함하여 결과를 표시한다.
④ [부서정보] 테이블의 레코드는 [사원정보] 테이블의 부서번호와 일치되는 것만 포함하고, [사원정보] 테이블에서는 모든 레코드가 포함하여 결과를 표시한다.

해설 RIGHT JOIN : 오른쪽 테이블의 레코드가 왼쪽 테이블의 레코드와 일치하는 값이 없더라도 쿼리 결과에 추가된다. 즉, 테이블1 RIGHT JOIN 테이블2 ON 조건 = 테이블2를 모두 표시하고, 조건에 맞는 테이블1을 표시한다.

60 폼 바닥글에 [사원] 테이블의 '직급'이 '과장'인 레코드들의 '급여' 합계를 구하고자 한다. 다음 중 폼 바닥글의 텍스트 상자 컨트롤에 입력해야 할 식으로 옳은 것은?

① =DHAP("[사원]", "[급여]", "[직급]='과장'")
② =DHAP("[급여]", "[사원]", "[직급]='과장'")
③ =DSUM("[사원]", "[급여]", "[직급]='과장'")
④ =DSUM("[급여]", "[사원]", "[직급]='과장'")

해설
- DSUM( ) : 지정된 레코드 집합에서 해당 필드 값의 합계를 계산하거나 조건에 만족하는 필드 합을 출력한다.
- DSUM 함수의 조건은 필드, 테이블, 레코드 순이므로 필드는 '급여', 테이블은 '사원', 레코드는 '직급=과장'이다.

정답 59 ④ 60 ④

2015년 10월 17일 시행 기출문제

1과목 | 컴퓨터 일반

01 다음 중 컴퓨터 그래픽과 관련하여 벡터(Vector) 이미지에 관한 설명으로 옳지 않은 것은?

① 이미지 크기를 확대하여도 화질에 손상이 없다.
② 점과 점을 연결하는 직선이나 곡선을 이용하여 이미지를 구성한다.
③ 대표적인 파일 형식에는 AI, WMF 등이 있다.
④ 픽셀로 이미지를 표현하며, 래스터(Raster) 이미지라고도 한다.

해설 보기 ④번은 비트맵(Bitmap)에 대한 설명이다.

02 한글 Windows에서 사용하는 [휴지통]에 대한 설명으로 옳지 않은 것은?

① [명령 프롬프트] 창에서 삭제한 파일은 휴지통과 관계없이 영구히 삭제된다.
② 휴지통의 크기는 각각의 드라이브마다 다르게 지정할 수 있다.
③ USB 드라이브에서 삭제한 파일은 휴지통에서 [복원] 메뉴로 복원할 수 있다.
④ 휴지통의 최대 크기는 [휴지통 속성] 대화 상자에서 변경할 수 있다.

해설 DOS, 네트워크, USB, 플로피 디스크에서 삭제한 경우는 휴지통에 보관되지 않고 바로 삭제된다.

03 다음 중 전자 음향 장치나 디지털 악기 간의 통신 규약으로 음악의 연주 정보 및 여러 가지 기능에 대한 정보를 포함하여 저장하는 데이터 형식은?

① WAV　② RA/RM
③ MP3　④ MIDI

해설
- ① 마이크로소프트사와 IBM이 개발한 PC용 오디오 파일 형식이다.
- ② 인터넷을 이용하여 실시간으로 음악을 들을 수 있는 스트리밍 방식을 지원하는 파일 양식이다.
- ③ MPEG 기술을 이용하여 만든 오디오 데이터의 디지털 파일 양식이다.

04 다음 중 저작권에 대한 설명으로 가장 적절하지 않은 것은?

① 저작 재산권은 저작자의 생존하는 동안과 저작시점에 따라 사망 후 50년간 또는 70년간 존속한다.
② 저작권은 저작자의 권리를 보호함을 목적으로 한다.
③ 영리를 목적으로 하지 않는 공연 또는 방송인 경우 저작 재산권을 제한할 수 있다.
④ 프로그램을 작성하기 위하여 사용하고 있는 프로그램 언어, 규약 및 해법에도 저작권이 적용된다.

해설 프로그램 작성을 위해 사용하고 있는 프로그램 언어, 규약 및 해법에는 저작권이 적용되지 않는다.

05 다음 중 인터넷 전자 우편에서 사용하는 POP3 프로토콜에 관한 설명으로 옳은 것은?

① 사용자가 작성한 이메일을 다른 사람의 계정으로 전송해 주는 역할을 한다.
② 메일 서버의 이메일을 사용자의 컴퓨터로 가져올 수 있도록 메일 서버에서 제공하는 프로토콜이다.
③ 멀티미디어 전자 우편을 주고받기 위한 인터넷 메일의 표준 프로토콜이다.
④ 웹 브라우저에서 제공하지 않는 멀티미디어 파일을 확인하여 실행시켜 주는 프로토콜이다.

해설 POP3을 이용하면 전자 메일 클라이언트를 통해 전자 메일을 받아 볼 수 있다.

정답 01 ④　02 ③　03 ④　04 ④　05 ②

06 다음 중 시스템 보안과 관련한 불법적인 형태에 대한 설명으로 옳지 않은 것은?

① 피싱(Phishing)은 거짓 메일을 보내서 가짜 금융 기관 등의 가짜 웹 사이트로 유인하여 정보를 빼내는 행위이다.

② 스푸핑(Spoofing)은 검증된 사람이 네트워크를 통해 데이터를 보낸 것처럼 데이터를 변조하여 접속을 시도하는 행위이다.

③ 분산 서비스 거부 공격(DDOS)은 마이크로소프트사의 MS-DOS를 운영 체제로 사용하는 컴퓨터에 네트워크를 통해 불법적으로 접속하는 행위이다.

④ 키 로거(Key Logger)는 키 입력 캐치 프로그램을 사용하여 ID나 암호를 알아내는 행위이다.

해설 분산 서비스 거부 공격(DDOS) : 많은 호스트에 패킷을 범람시킬 수 있는 공격용 프로그램을 분산 설치하여 표적 시스템에 대해 일제히 데이터 패킷을 범람시켜 시스템의 성능을 저하시키거나 마비시키는 방법이다.

07 다음 중 휴대폰을 모뎀처럼 활용하는 방법으로 컴퓨터나 노트북 등의 IT 기기를 휴대폰에 연결하여 무선 인터넷을 사용할 수 있게 하는 기능은?

① 와이파이 ② 블루투스

③ 테더링 ④ 와이브로

- 와이파이(Wi-Fi) : IEEE 802.11 기반의 무선랜 연결과 장치간 연결로 PAN, LAN, WAN 등을 지원하는 기술이다.
- 블루투스(Bluetooth) : 근거리 무선 접속을 지원하기 위해 사용되는 대표적인 통신 기술로 주파수 대역에서 송수신할 수 있는 마이크로 칩을 장착한다.
- 와이브로(Wibro) : 휴대폰, 노트북, PDA 등을 이용하여 이동하면서 초고속 인터넷에 접속할 수 있는 무선 광대역 서비스이다.

08 다음 중 데이터 통신망에 관한 설명으로 옳지 않은 것은?

① LAN은 자원 공유를 목적으로 작은 기관의 구내에서 사용하며, 전송 거리가 짧고 고속 전송이 가능하지만 WAN에 비해 에러 발생률이 높은 통신망이다.

② VAN은 기간 통신망 사업자로부터 회선을 빌려 기존의 정보에 새로운 가치를 부여하여 다수의 이용자에게 판매하는 통신망이다.

③ B-ISDN은 광대역 네트워크에서 데이터, 음성, 고해상도의 동영상 등의 다양한 서비스를 디지털 통신망을 이용해 제공하는 고속 통신망이다.

④ WLL은 전화국과 가입자 단말 사이의 회선을 유선 대신 무선 시스템을 이용하여 구성하는 통신망이다.

해설 근거리 통신망(LAN) : 건물, 기업, 학교 등 가까운 거리에 있는 컴퓨터끼리 연결하는 통신망으로 전송 거리가 짧아 고속 전송이 가능하며, 전송 오류가 적다.

09 다음 중 4세대 이동 통신에 대한 설명으로 옳지 않은 것은?

① 하나의 단말기를 통해 위성망, 무선 랜, 인터넷 등을 모두 사용할 수 있는 서비스이다.

② 3세대 이동 통신으로 불리는 IMT-2000에 뒤이은 이동 통신 서비스이다.

③ 4세대 이동 통신 표준으로는 WCDMA, LTE-Advanced, Wibro-Evolution이 있다.

④ 동영상, 인터넷 방송 등의 대용량 데이터를 높은 속도로 처리할 수 있으며, 3차원 영상 데이터를 이용한 통화가 가능하다.

해설
- 4세대 이동 통신 : 차세대 이동 통신(4G)의 명칭으로 LTE-Advanced, Wibro-Evolution 등이 있다.
- WCDMA는 화상 통신이 가능한 3세대 이동 통신이다.

10 다음 중 컴퓨터에서 사용되는 운영 체제에 관한 설명으로 옳지 않은 것은?

① 사용자에게 편리함을 제공하고, 시스템의 생산성을 높여 주는 역할을 한다.

② 주요 기능은 프로세스 관리, 기억 장치 관리, 주변 장치 관리, 파일 관리 등으로 여러 가지 기능을 처리한다.

③ 운영 체제의 목적은 처리 능력의 향상, 응답 시간의 최대화, 사용 가능도의 향상, 신뢰도의 향상이다.

정답 06 ③ 07 ③ 08 ① 09 ③ 10 ③

④ 제어 프로그램과 처리 프로그램으로 구성된다.

해설 운영 체제의 목적 : 처리 능력(Throughput) 향상, 응답 시간(Turnaround Time) 단축, 신뢰도(Reliability) 향상, 사용 가능도(Availability) 향상

11 다음 중 시스템 소프트웨어에 해당하지 않는 것은?

① 부트 로더 ② 장치 드라이버
③ C 런타임 라이브러리 ④ 웹 브라우저

해설 웹 브라우저(Web Browser) : GUI 환경과 그래픽을 기반으로 문자, 음성, 동영상 등의 멀티미디어 정보를 검색할 수 있다.

12 다음 중 RAM(Random Access Memory)에 대한 설명으로 옳은 것은?

① 주로 펌웨어(Firmware)를 저장한다.
② 주기적으로 재충전(Refresh)이 필요한 DRAM은 주기억 장치로 사용된다.
③ 전원이 꺼져도 기억된 내용이 사라지지 않는 비휘발성 메모리로 읽기만 가능하다.
④ 컴퓨터의 기본적인 입출력 프로그램, 자가 진단 프로그램 등이 저장되어 있어 부팅 시 실행된다.

해설 보기 ①, ③, ④번은 ROM(Read Only Memory)에 대한 설명이다.

13 다음 중 HDD와 비교할 때 SSD에 대한 특징으로 옳지 않은 것은?

① 초고속 메모리 칩(Chip)에 데이터를 저장한다.
② 속도가 빠르나 외부의 충격에는 매우 약하다.
③ 발열, 소음, 전력 소모가 적다.
④ 소형화, 경량화할 수 있다는 장점이 있다.

해설 SSD(Solid State Drive) : HDD와는 달리 반도체를 이용하여 정보를 저장하며, 불량 섹터가 없고, 외부 충격에 강하다.

14 다음 중 컴퓨터의 이상 증상과 해결 방법의 연결이 가장 적절하지 않은 것은?

① 하드 디스크로 부팅이 되지 않는 경우 : USB나 CD-ROM으로 부팅이 되면 하드 디스크 손상 점검 후 운영 체제 다시 설치
② 모니터 화면이 보이지 않는 경우 : 모니터의 전원 및 연결 부분 점검
③ 프린터가 작동되지 않는 경우 : 프린터와 컴퓨터 연결 부분 확인 및 프린터 드라이버 재설치
④ 컴퓨터 속도가 심하게 느려진 경우 : 메인보드 또는 하드 디스크 교체

해설 컴퓨터 속도가 심하게 느려진 경우는 CMOS Setup에서 캐시 항목을 Enable로 설정하거나 레지스트리 등의 정보를 확인하여 불필요한 데이터를 삭제한다.

15 한글 Windows에서의 프린터 설치에 관한 설명으로 옳지 않은 것은?

① Bluetooth 프린터를 설치하려면 컴퓨터에 Bluetooth 무선 어댑터를 연결하거나 켠 후 [프린터 추가 마법사]를 실행한다.
② 새로운 프린터를 설치하는 과정에서 네트워크 프린터를 기본 프린터로 설정하려면 반드시 스풀링의 설정이 필요하다.
③ 로컬 프린터 설치 시 프린터가 USB(범용 직렬 버스) 모델인 경우에는 프린터를 컴퓨터에 연결하면 Windows에서 자동으로 검색하고 설치한다.
④ 공유 프린터 설정 시 네트워크가 홈 그룹으로 설정되면 프린터가 자동으로 공유되며, 프린터가 연결된 컴퓨터의 전원이 켜져 있어야 프린터의 사용이 가능하다.

해설 스풀링은 저속의 출력 장치와 고속의 중앙 처리 장치 사이의 속도 차이를 해결하여 컴퓨터의 처리 효율을 높이는 기능으로 보기 ②번처럼 기본 프린터 설정 시 반드시 필요한 것은 아니다.

16 한글 Windows에서 제공되는 Windows 원격 지원 기능에 관한 설명으로 옳지 않은 것은?

① 사용하는 운영 체제의 종류와 상관없이 상대방의 컴퓨터에서 사용자 컴퓨터에 연결하여 편리하게 문제 해결 방법을 제시할 수 있도록 하는 기능이다.

정답 11 ④ 12 ② 13 ② 14 ④ 15 ② 16 ①

② 상대방이 연결한 후에 사용자 컴퓨터 화면을 공유하여 실시간으로 채팅을 할 수 있으며, 사용자가 허락하면 원격으로 사용자 컴퓨터를 조작하고 동작시킬 수 있다.
③ 요청을 받은 사람만 Windows 원격 지원을 사용하여 내 컴퓨터에 연결할 수 있도록 모든 세션이 암호화되고 암호로 보호된다.
④ 원격 지원을 사용하는 동안 상대방과 사용자는 인터넷에 연결되어 있어야 하며, Windows 방화벽을 사용하고 있으면 원격 지원을 위해 임시로 방화벽 포트를 열어야 한다.

해설 Windows 원격 지원 : 동일한 운영 체제에서 다른 사용자에게 해결 방법을 문의하여 문제를 해결하는 기능으로 멀리 떨어져 있는 사용자가 내 컴퓨터에 연결하여 해결 방법을 보여 줄 수 있다. 이때, 요청을 받은 사람만 Windows 원격 지원을 사용하여 내 컴퓨터에 연결할 수 있도록 모든 세션이 암호화되고 암호로 보호된다.

17 한글 Windows의 파일 또는 폴더의 암호화에 대한 설명으로 옳지 않은 것은?

① 암호화한 파일 또는 폴더에 대한 액세스를 원하는 다른 사용자는 자신의 EFS(파일 시스템 암호화) 인증서를 미리 해당 파일에 추가해야 한다.
② 폴더 또는 파일을 처음 암호화할 때 암호화 인증서가 자동으로 만들어진다.
③ NTFS 파일 시스템을 사용하지 않는 컴퓨터 또는 드라이브로 파일을 복사하더라도 설정된 암호는 유지된다.
④ 파일 또는 폴더의 암호화에 사용되는 암호화 키는 항상 암호화 인증서와 관련되어 있거나 연결되어 있다.

해설 보기 ③번에서 설정된 암호는 유지된다. → 설정된 암호는 유지되지 않는다.

18 한글 Windows의 시스템 복원에 관한 설명으로 옳지 않은 것은?

① 시스템에 해를 끼칠 수 있는 변경 사항을 시스템 복원을 이용하여 취소하고, 시스템의 설정 및 성능을 복원할 수 있다.
② 전자 메일, 문서 또는 사진과 같은 개인 파일에 영향을 주지 않고 컴퓨터에 대한 시스템 변경 내용을 실행 취소할 수 있다.
③ 시스템 복원을 수행하면 이전에 삭제된 파일이나 폴더가 휴지통에서 원래 위치로 복원된다.
④ 시스템 복원은 시스템 보호 기능을 사용하여 컴퓨터에서 자동으로 복원 지점을 만들고 저장한다.

해설 시스템 복원 : 시스템에 문제가 발생할 경우 데이터 파일의 손실 없이 컴퓨터를 이전 상태로 복원하는 기능으로 이를 수행한다고 해서 이전에 삭제된 파일이나 폴더가 휴지통에서 원래 위치로 복원되는 것은 아니다.

19 한글 Windows의 [제어판]-[마우스]에서 설정 가능한 기능으로 옳지 않은 것은?

① 입력할 때 포인터 숨기기를 할 수 있다.
② Alt 키를 눌러 포인터의 위치를 표시할 수 있다.
③ 포인터 자국의 길이를 조정하여 표시할 수 있다.
④ 포인터의 그림자를 사용할 수 있다.

해설 [포인터 옵션] 탭에서 Ctrl 키를 누르면 포인터 위치 표시 등을 지정할 수 있다.

20 다음 중 바탕 화면에 바로 가기 아이콘을 만들기 위한 방법으로 옳지 않은 것은?

① 바탕 화면의 빈 곳에서 마우스 오른쪽 버튼을 눌러 [새로 만들기]-[바로 가기] 메뉴를 선택한다.
② 파일에서 마우스 오른쪽 버튼을 누른 채 빈 곳으로 드래그한 후 [여기에 바로 가기 만들기] 메뉴를 선택한다.
③ [파일 탐색기]에서 파일을 Ctrl 키를 누른 채 드래그하여 바탕 화면에 놓는다.
④ 파일을 Ctrl+C 키로 복사 한 후 바탕 화면의 빈 곳에서 마우스 오른쪽 버튼을 눌러 [바로 가기 붙여 넣기] 메뉴를 선택한다.

정답 17 ③ 18 ③ 19 ② 20 ③

해설 해당 개체를 선택하고, Alt 키를 누른 상태에서 바탕 화면으로 드래그한다.

2과목 | 스프레드시트 일반

21 다음 중 [데이터] 탭의 [외부 데이터 가져오기] 그룹에서 각 명령에 대한 설명으로 옳지 않은 것은?

① [기타 원본에서]-[Microsoft Query]를 이용하면 여러 테이블을 조인(Join)한 결과를 워크시트로 가져올 수 있다.
② [기존 연결]을 이용하면 Microsoft Query에서 작성한 쿼리 파일(*.dqy)의 실행 결과를 워크시트로 가져올 수 있다.
③ [웹]을 이용하면 웹 페이지의 모든 데이터를 원본 그대로 가져올 수 있다.
④ [Access]를 이용하면 원본 데이터의 변경 사항이 워크시트에 반영되도록 설정할 수 있다.

해설 웹 : 웹 페이지에서 데이터를 가져오지만 모든 데이터들을 그대로 가져올 수는 없다.

22 다음 중 실행 취소 및 다시 실행 명령에 대한 설명으로 옳지 않은 것은?

① 작업을 취소하려면 빠른 실행 도구 모음에서 [실행 취소]( )를 선택하거나 Ctrl+Z 키를 누른다.
② 작업을 취소한 경우 Ctrl+D 키를 눌러 원래대로 되돌릴 수 있다.
③ 시트 이름 변경, 시트 위치 이동, 시트 복사와 같은 작업은 취소할 수 없다.
④ 빠른 실행 도구 모음에서 [실행 취소] 옆의 화살표( )를 클릭하여 여러 작업을 한 번에 취소할 수도 있다.

해설 작업을 취소한 경우 Ctrl+Y 키를 눌러 원래대로 되돌릴 수 있다.

23 다음 중 괄호( ) 안에 해당하는 바로 가기 키로 옳은 것은?

> 통합 문서 내에서 (㉠) 키는 다음 워크시트로 이동, (㉡) 키는 이전 워크시트로 이동할 때 사용한다.

① ㉠ Shift+Page Down, ㉡ Shift+Page Up
② ㉠ Ctrl+Page Down, ㉡ Ctrl+Page Up
③ ㉠ Ctrl+←, ㉡ Ctrl+←
④ ㉠ Shift+↑, ㉡ Shift+↓

해설 시트 전환 시 Ctrl+Page Up 키를 누르면 이전 워크시트로 이동하고, Ctrl+Page Down 키를 누르면 다음 워크시트로 이동한다.

24 다음 중 [A1:E5] 영역에서 B열과 D열에만 배경색을 설정하기 위한 조건부 서식의 규칙으로 옳은 것은?

	A	B	C	D	E
1	자산코드	L47C	S22C	N71E	S34G
2	비품명	디스크	디스크	디스크	모니터
3	내용연수	4	3	3	5
4	경과연수	2	1	2	3
5	취득원가	550,000	66,000	132,000	33,000
6					

① =MOD(COLUMNS($A1), 2)=1
② =MOD(COLUMNS(A$1), 2)=0
③ =MOD(COLUMN($A1), 2)=0
④ =MOD(COLUMN(A$1), 2)=0

해설
- MOD(인수, 나눌 값) : 나눗셈의 나머지 값을 구하며, 결과는 나눌 값과 동일한 부호를 갖는다.
- COLUMN(셀) : 주어진 셀의 열 번호를 구하되 인수를 생략하는 경우 현재 셀 포인터가 위치한 곳의 열 번호를 구한다.
- 두 함수를 이용하면 2로 나누어 나머지가 0이라는 것은 짝수를 의미하므로 열의 번호가 짝수일 경우 배경색을 적용한다.

25 다음 중 서식 코드를 셀의 사용자 지정 표시 형식으로 설정한 경우 입력 데이터와 표시 결과가 옳지 않은 것은? (단, 열 너비는 표준 열 너비이다.)

	서식 코드	입력 데이터	표시
㉠	# ???/???	3.75	3 3/4
㉡	0,00#,	-6789	-0,007
㉢	*-#,##0	6789	*---6,789
㉣	▲#;▼#;0	-6789	▼6789

정답 21 ③ 22 ② 23 ② 24 ④ 25 ③

① ㉠ ② ㉡
③ ㉢ ④ ㉣

- # : 유효 자릿수만 표시하며, 무효의 0은 표시하지 않는다.
- 0 : 무효의 0을 포함하여 숫자의 자릿수를 표시한다.
- , : 천 단위 구분자로 콤마를 삽입한다.
- 보기 ㉢에서의 결과는 6,789이다.

26 다음 중 워크시트에 관한 설명으로 옳지 않은 것은?

① 워크시트가 연속적으로 여러 개 선택된 상태에서 Shift+F11 키를 누르면 선택된 워크시트의 개수만큼 새로운 워크시트가 삽입된다.
② 워크시트의 이름을 변경하지 못하도록 하려면 [시트 보호] 대화 상자의 '잠긴 셀의 내용과 워크시트 보호'에 체크 표시한다.
③ 워크시트를 숨긴 경우 시트 탭 표시줄에는 표시되지 않지만 다른 워크시트나 다른 통합 문서에서 계속 참조할 수 있다.
④ [페이지 레이아웃] 탭의 [페이지 설정] 그룹에서 '배경' 명령을 이용하여 시트 배경 이미지를 화면에 표시할 수 있으나 인쇄되지는 않는다.

- 시트 보호는 입력한 데이터나 차트, 시나리오, 그래픽 개체 등이 변경되지 않도록 보호하는 것으로 시트 보호를 설정하면 셀에 데이터를 입력하거나 수정할 경우 경고 메시지가 나타난다.
- 시트의 이름 바꾸기 및 숨기기 작업 등은 수행할 수 있다.

27 다음 중 VBA에서 각 영역 선택을 위한 Range 속성 관련 코드로 옳지 않은 것은?

① [A1:D10] 영역 선택 → Range("A1:D10").Select
② "판매량"으로 정의된 이름 영역 선택 → Range("판매량").Select
③ [A1] 셀, [C5] 셀 선택 → Range("A1", "C5").Select
④ [A1:C5] 영역 선택 → Range(Cells(1, 1), Cells(5, 3)).Select

- Range : 워크시트의 특정 셀이나 셀 범위를 지정한다.
- Select : 범위를 선택한다.
- Range("A1", "C5").Select : [A1] 셀에서 [C5] 셀까지 모든 셀을 선택한다.

28 다음은 Do...Loop 문을 이용하여 1에서부터 100까지의 홀수 합을 메시지 상자에 표시하는 코드이다. 다음 중 ㉠과 ㉡에 들어갈 식으로 옳은 것은?

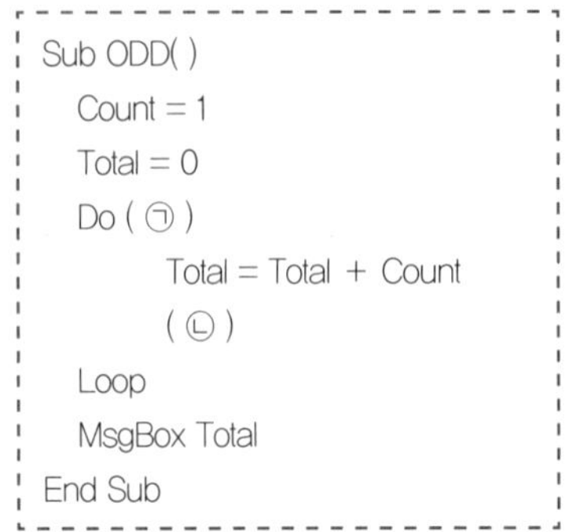
```
Sub ODD( )
  Count = 1
  Total = 0
  Do ( ㉠ )
      Total = Total + Count
      ( ㉡ )
  Loop
  MsgBox Total
End Sub
```

① ㉠ While Count 〈 100 ㉡ Count = Count + 2
② ㉠ Until Count 〈 100 ㉡ Count = Count + 2
③ ㉠ Until Count 〉 100 ㉡ Count = Count + 1
④ ㉠ While Count 〉 100 ㉡ Count = Count + 1

- Do While ... Loop문 : 조건을 만족할 때까지 실행문을 반복적으로 실행한다.
- 홀수 합을 표시하므로 Count = Count + 2가 된다.

29 다음 중 셀 영역을 선택한 후 상태 표시줄의 바로 가기 메뉴인 [상태 표시줄 사용자 지정]에서 선택할 수 있는 자동 계산에 해당되지 않는 것은?

① 선택한 영역 중 숫자 데이터가 입력된 셀의 수
② 선택한 영역 중 문자 데이터가 입력된 셀의 수
③ 선택한 영역 중 데이터가 입력된 셀의 수
④ 선택한 영역의 합계, 평균, 최소값, 최대값

해설 상태 표시줄 사용자 지정의 자동 계산에는 합계, 평균, 개수, 숫자 셀 수, 최소값, 최대값 등이 있다.

30 다음의 워크시트에서 [C1] 셀에 수식 '=A1+B1+C1'을 입력할 경우 발생하는 상황으로 옳은 것은?

	A	B	C
1	0	100	
2			

① [C1] 셀에 '#REF!' 오류 표시

정답 ▶ 26 ② 27 ③ 28 ① 29 ② 30 ④

② [C1] 셀에 '#NUM!' 오류 표시
③ 데이터 유효성 오류 메시지 창 표시
④ 순환 참조 경고 메시지 창 표시

해설 순환 참조 경고 : 하나 이상의 수식에 순환 참조가 포함되어 있으며, 제대로 계산할 수 없다. 순환 참조는 동일한 수식의 결과에 종속되는 수식 내의 모든 참조이다.

31 다음의 워크시트에서 '김인수' 사원의 근속년수를 오늘 날짜를 기준으로 구하고자 할 때 [D8] 셀에 입력할 수식으로 옳은 것은?

	A	B	C	D
1	사원	입사일자	부서	연봉
2	홍진성	2010-12-12	영업부	3000만원
3	김미영	1999-12-01	연구소	5000만원
4	한철수	2005-10-05	총무부	4000만원
5	김인수	2009-04-02	경리부	3600만원
6	장인선	2012-01-02	기획실	2500만원
7				
8	이름	김인수	근속년수	
9				

① =YEAR(TODAY( ))−YEAR(HLOOKUP(B8, A2:D6, 2, 0))
② =YEAR(TODAY( ))−YEAR(HLOOKUP(B8, A2:D6, 2, 1))
③ =YEAR(TODAY( ))−YEAR(VLOOKUP(B8, A2:B6, 2, 0))
④ =YEAR(TODAY( ))−YEAR(VLOOKUP(B8, A2:B6, 2, 1))

해설
- YEAR(날짜) : 날짜 일련 번호로부터 년 단위(1900년부터 9999까지)를 구한다.
- TODAY( ) : 현재 컴퓨터에 지정된 날짜를 표시한다.
- VLOOKUP(찾을 값, 범위, 열 번호, 찾는 방법) : 배열 첫 열에서 값을 검색한 후 지정한 열의 같은 행에서 데이터를 추출하며, 첫 번째 열 값은 항상 오름차순으로 정렬되어야 한다.

32 다음의 차트에 대한 설명으로 옳지 않은 것은?

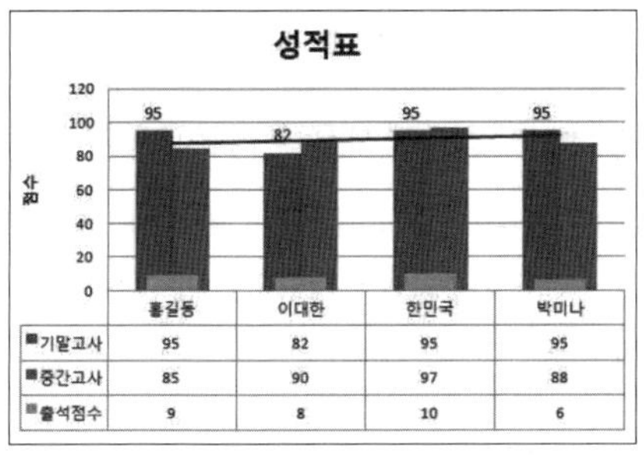

① 기본 세로 축 제목은 '제목 회전'으로 "점수"가 입력되었다.
② 세로 (값) 축의 주 단위는 20이고, 보조 눈금선은 표시되지 않았다.
③ 기말고사에 대한 변화 추세를 파악하기 위하여 추세선과 데이터 레이블을 표시하였다.
④ 범례와 범례 표지가 표시되지 않았다.

해설 차트 아래에 범례 표지가 표시되어 있다.

33 다음 중 차트 편집에 관한 설명으로 옳지 않은 것은?

① 차트를 삭제하여도 원본 데이터에는 영향을 미치지 않지만 워크시트에서 차트 데이터 범위 영역 내의 데이터를 수정하는 경우 차트에도 수정 사항이 반영된다.
② 두 개 이상의 차트 종류를 혼합하여 작성할 수는 있으나 2차원 차트와 3차원 차트를 혼합하여 작성할 수는 없다.
③ 워크시트에서 차트 데이터 범위 영역의 중간에 항목을 삽입하는 경우 차트에서도 항목이 삽입된다.
④ 워크시트에서 차트 데이터 범위 영역의 중간에 데이터 계열을 삽입하는 경우 차트에서도 데이터 계열이 삽입된다.

해설 워크시트에서 차트 데이터 범위 영역의 중간에 항목을 삽입하면 차트에서도 항목이 삽입되지만 데이터 계열은 삽입되지 않는다.

34 다음 중 [페이지 설정] 대화 상자의 [시트] 탭에 대한 설명으로 옳지 않은 것은?

① '메모'는 메모를 인쇄에 포함하지 않는 '(없음)' 외에 '시트 끝', '시트에 표시된 대로' 중 선택하여 인쇄 위치를 지정할 수 있다.
② '행/열 머리글'을 선택하면 워크시트의 행 머리글과 열 머리글을 포함하여 인쇄한다.
③ '반복할 행'은 매 페이지 상단에 제목으로 인쇄될 영역을 지정하는 것으로 비연속 구간의 여러 행을 선택할 수 있다.

정답 31 ③ 32 ④ 33 ④ 34 ③

④ '셀 오류 표시'는 '표시된 대로' 외에 '<공백>', '--', '#N/A' 중 선택하여 표시할 수 있다.

해설 특정 행을 각 페이지의 가로 제목으로 사용하려면 [페이지 설정] 대화 상자의 [시트] 탭에서 반복할 행에 제목으로 사용할 셀을 지정한다.

35 다음 중 워크시트의 화면 [확대/축소]에 관한 설명으로 옳지 않은 것은?

① 여러 워크시트가 선택된 상태에서 확대/축소 배율을 변경하면 선택된 워크시트 모두 확대/축소 배율이 적용된다.
② [보기] 탭 [확대/축소] 그룹의 [선택 영역 확대/축소] 명령은 선택된 영역으로 전체 창을 채우도록 워크시트를 확대하거나 축소한다.
③ 확대/축소 배율은 최소 10%, 최대 400%까지 설정할 수 있다.
④ [확대/축소] 대화 상자에서 지정한 배율은 인쇄 시 [페이지 설정]의 확대/축소 배율에 반영된다.

해설 [확대/축소] 대화 상자에서 지정한 배율은 인쇄 시 [페이지 설정] 대화 상자의 확대/축소 배율에는 반영되지 않는다.

36 직원현황 표에서 이름이 세 글자이면서 '이'로 시작하고, TOEIC 점수가 600점 이상 800점 미만인 직원이거나 직급이 대리이면서 연차가 3년 이상인 직원의 데이터를 추출하고자 한다. 다음 중 이를 위한 [고급 필터]의 검색 조건으로 옳은 것은?

①

이름	TOEIC	TOEIC	직급	연차
이??	>=600	<800		
			대리	>=3

②

이름	TOEIC	TOEIC	직급	연차
이**	>=600		대리	
		<800		>=3

③

이름	TOEIC	TOEIC	직급	연차
이??	>=600		대리	
		<800		>=3

④

이름	TOEIC	TOEIC	직급	연차
이**	>=600	<800		
			대리	>=3

해설 고급 필터에서 조건이 같은 행(AND, ~이고)에 입력되어 있으면 조건을 모두 만족하는 것이고, 다른 행(OR, ~이거나)에 입력되어 있으면 조건 중 하나를 만족하면 된다.

37 다음 중 부분합 결과를 통해 명확히 알 수 있는 내용으로 옳은 것은?

	A	B	C	D	E
1	부서	제품명	상태	판매량	재고량
2	생산1팀	냉장고	양호	45	35
3	생산1팀	냉장고	양호	45	25
4		**냉장고 요약**		90	60
5	생산1팀	세탁기	양호	45	10
6	생산1팀	세탁기	양호	100	20
7		**세탁기 요약**		145	30
8	**생산1팀 요약**			235	90
9	생산2팀	세탁기	양호	80	15
10	생산2팀	세탁기	불량	45	8
11		**세탁기 요약**		125	23
12	생산2팀	전자레인지	양호	70	27
13	생산2팀	전자레인지	양호	100	60
14	생산2팀	전자레인지	불량	100	50
15		**전자레인지 요약**		270	137
16	**생산2팀 요약**			395	160
17	**총합계**			630	250

① [부분합] 대화 상자에서 '새로운 값으로 대치' 옵션과 '데이터 아래에 요약 표시' 옵션을 해제하여 실행하였다.
② 부분합으로 설정된 그룹의 윤곽이 자동 윤곽으로 재설정 되었다.
③ 부분합 수행 전 첫 번째 정렬 기준으로 '제품명', 두 번째 정렬 기준으로 '부서', 세 번째 정렬 기준으로 '판매량'을 선택하여 각각 오름차순 정렬을 실행하였다.
④ '부서'를 그룹화할 항목으로 선택하여 '판매량'과 '재고량'의 합계를 계산한 후 '제품명'을 그룹화할 항목으로 선택하여 '판매량'과 '재고량'의 합계를 계산하였다.

해설 [부분합] 대화 상자에서 그룹화할 항목은 '부서', 사용할 함수는 '합계', 부분합 계산 항목은 '판매량', '재고량'을 선택한 후 다시 [부분합] 대화 상자에서 그룹화할 항목은 '제품명', 사용할 함수는 '합계', 부분합 계산 항목은 '판매량', '재고량'을 선택하였다.

38 다음 중 데이터 정렬에 대한 설명으로 옳지 않은 것은?

① 정렬 조건을 최대 64개까지 지정할 수 있어 다양한 조건으로 정렬할 수 있다.

정답 35 ④ 36 ① 37 ④ 38 ③

② 숨겨진 열이나 행은 정렬 시 이동되지 않으므로 데이터를 정렬하기 전에 숨겨진 열과 행을 표시하는 것이 좋다.
③ 정렬 기준을 글꼴 색이나 셀 색으로 선택한 경우의 기본 정렬 순서는 오름차순의 경우 밝은 색에서 어두운 색 순으로 정렬된다.
④ 첫째 기준 뿐만 아니라 모든 정렬 기준에서 사용자 지정 목록을 정렬 기준으로 사용할 수 있다.

해설
- 셀 색 또는 글꼴 색을 사용하여 셀 범위나 표 열의 서식을 수동으로 또는 조건부로 지정한 경우 이러한 색을 기준으로 정렬할 수 있다.
- 셀 색, 글꼴 색 또는 아이콘의 기본 정렬 순서는 없다.

39 다음의 워크시트와 같이 데이터가 입력되도록 [A1:C3] 영역을 선택하여 2차원 배열 상수를 작성하고자 한다. 다음 중 이를 위한 배열 수식으로 옳은 것은?

	A	B	C
1	1	2	3
2	10	20	30
3	100	200	300
4			

① ={1, 2, 3;10, 20, 30;100, 200, 300}
② ={1, 2, 3,10, 20, 30, 100, 200, 300}
③ ={1;2;3;10;20;30;100;200;300}
④ ={1;2;3, 10;20;30, 100;200;300}

해설 배열 상수 : 배열 수식에 사용되는 배열 인수로 중괄호를 직접 입력하여 상수를 묶어야 한다. 이때, 다른 행의 값은 세미콜론(;), 다른 열의 값은 쉼표(,)로 구분한다.

40 다음의 워크시트에서 [F2] 셀에 소속이 '영업1부'인 총매출액의 합계를 계산하기 위한 수식으로 옳지 않은 것은?

	A	B	C	D	E	F	G
1	성명	소속	총매출액		소속	총매출액	평균매출액
2	이민우	영업1부	8,819		영업1부	28,581	7,145
3	차소라	영업2부	8,072				
4	진희경	영업3부	6,983				
5	장용	영업1부	7,499				
6	최병철	영업1부	7,343				
7	김철수	영업3부	4,875				
8	정진수	영업2부	5,605				
9	고희수	영업3부	8,689				
10	조민희	영업3부	7,060				
11	추소영	영업2부	6,772				
12	홍수아	영업3부	6,185				
13	이경식	영업1부	4,920				
14	유동근	영업2부	7,590				
15	이혁재	영업2부	6,437				

(메모: 소속별 총매출액의 합계)

① =DSUM(A1:C15, 3, E1:E2)
② =DSUM(A1:C15, C1, E1:E2)
③ =SUMIF(B2:B15, E2, C2:C15)
④ =SUMIF(A1:C15, E2, C1:C15).

해설
- SUMIF(셀 범위, 찾을 조건, 합을 구할 셀 범위) : 조건에 맞는 셀들의 합을 구하며, 합을 구할 셀 범위를 생략하면 처음 지정한 셀 범위의 합을 구한다.
- =SUMIF(A1:C15, E2, C1:C15)의 결과값은 0이다. 즉, 셀 범위는 찾을 조건이 있는 소속 열만 범위 지정해야 한다.

3과목 | 데이터베이스 일반

41 다음 중 폼을 디자인 보기나 데이터시트 보기로 열기 위해 사용하는 매크로 함수는?

① RunCommand
② OpenForm
③ RunMacro
④ RunSQL

해설
- ① 액세스 화면상에 나타나는 모든 명령(메뉴 모음, 바로 가기 메뉴)을 실행한다.
- ③ 매크로를 실행하며, 매크로 그룹에 포함될 수 있다.
- ④ 해당 SQL문으로 액세스의 실행 쿼리를 실행한다.

42 다음의 프로그램을 수행한 후 변수 Sum의 값으로 옳은 것은?

```
Sum = 0
For i = 1 to 20
  Select Case ( i Mod 4)
  Case 0
    Sum = Sum + i
  Case 1, 2, 3
End Select
Next
```

① 45
② 55
③ 60
④ 70

해설 순환문 1부터 20까지 1씩 증가하는 것으로 4로 나눈 나머지가 0이면 즉, 4의 배수이면 i 변수의 누적합을 구한다. 이때, 나머지가 1, 2, 3이면 별도의 실행문 없이 패스한다. 그러므로 1부터 20까지 4의 배수를 더하면 4+8+12+16+20=60이 된다.

정답 39 ① 40 ④ 41 ② 42 ③

43 다음 중 데이터베이스 모델에 대한 설명으로 옳지 않은 것은?

① 계층형 모델은 하나의 루트 레코드 타입과 종속된 레코드 타입으로 구성된 트리 구조를 가진다.
② 네트워크형 모델은 그래프 표현을 이용하여 레코드 간의 관계를 다대다 관계(N:M)로 표현할 수 있다.
③ 관계형 모델은 행과 열로 구성되는 테이블로 표시되고, 각 테이블 간에는 공통 속성을 통해 관계가 성립된다.
④ 객체 지향형 모델은 데이터를 개체와 관계로 표현하며, 일반화, 집단화 등의 개념을 추가하여 복잡한 데이터를 나타낸다.

해설 객체 지향형 모델은 데이터와 절차(Procedure)를 일체화한 단위로 데이터와 데이터간의 관계가 객체 또는 상속 구조로 표현된다.

44 다음 중 관계형 데이터베이스 관리 시스템(RDBMS)의 종류에 해당하지 않는 것은?

① MS-SQL Server ② 오라클(ORACLE)
③ MY-SQL ④ 파이썬(Python)

해설 관계형 데이터베이스 관리 시스템(RDBMS) 종류 : DB2, ORACLE, INFORMIX, SYBASE, INGRES, MS-SQL 등이 있다.

45 다음 중 디자인이 미리 정해져 있는 거래 명세서나 세금 계산서를 가장 손쉽게 생성할 수 있는 보고서 관련 명령은?

① 새 보고서
② 보고서 마법사
③ 보고서 디자인
④ 업무 문서 양식 마법사

해설
- ① 레이아웃 보기 상태에서 필드를 추가하여 보고서를 작성한다.
- ② 마법사의 진행 순서에 따라 설정 사항을 지정하면 자동으로 보고서가 작성된다.
- ③ 컨트롤을 이용하여 사용자가 직접 보고서를 작성한다.

46 다음 중 콤보 상자 컨트롤의 각 속성에 대한 설명으로 옳지 않은 것은?

① 행 원본(Row Source) : 콤보 상자 컨트롤에서 사용할 데이터 설정
② 컨트롤 원본(Control Source) : 연결할(바운드할) 데이터 설정
③ 바운드 열(Bound Column) : 콤보 상자 컨트롤에 저장할 열 설정
④ 사용 가능(Enabled) : 컨트롤에 입력된 데이터의 편집 여부 설정

해설 사용 가능(Enabled) : 폼 보기에서 컨트롤이 포커스를 가질 수 있는지를 지정한다.

47 다음 중 보고서의 레코드 원본에 대한 설명으로 옳지 않은 것은?

① [보고서 마법사]를 통해 원하는 필드들을 손쉽게 선택하여 레코드 원본으로 지정할 수 있다.
② 기본적으로 하나의 테이블에서만 필요한 필드를 선택하여 레코드 원본으로 지정할 수 있다.
③ [속성 시트]의 레코드 원본 드롭다운 목록에서 테이블이나 쿼리를 선택하여 지정할 수 있다.
④ 쿼리 작성기를 통해 새 쿼리를 작성하여 레코드 원본으로 지정할 수 있다.

해설
- 보고서의 레코드 원본으로 외부 엑셀 파일에 대한 연결 테이블을 사용할 수 있다.
- 보고서의 레코드 원본으로 SQL문을 지정하면 쿼리 결과를 이용하여 보고서를 만들 수 있다.
- 보고서의 레코드 원본으로 저장해 놓은 쿼리를 사용하는 경우 쿼리가 바뀌면 변경된 쿼리를 이용하여 보고서가 작성된다.

48 다음 중 각 쿼리문에 대한 설명으로 옳지 않은 것은?

① SELECT Weekday([출고일], 1) FROM 출고; → 출고일 필드의 날짜 값에서 요일을 나타내는 정수를 표시하며, 일요일을 1로 시작한다.
② SELECT DateDiff("d", [출고일], Date( )) FROM 출고; → 출고일 필드의 날짜 값에서 오늘 날짜까지 경과한 일자 수를 표시한다.

정답 43 ④ 44 ④ 45 ④ 46 ④ 47 ② 48 ③

③ SELECT DateAdd("y", 5, Date( )) AS 날짜 계산; → 오늘 날짜에서 5년을 더한 날짜를 표시한다.

④ SELECT * FROM 출고 WHERE Month([출고일])=9; → 출고일 필드의 날짜 값에서 9월에 해당하는 레코드들만 표시한다.

해설 DATEADD(형식, 값, 날짜) : 지정된 날짜에서 형식(년, 월, 일)을 지정한 값만큼 증가하는 함수이다.

49 다음 중 보고서의 각 보기 형태에 대한 설명으로 옳지 않은 것은?

① 보고서 보기는 인쇄 미리 보기와 비슷하지만 페이지를 구분하여 화면에 보고서를 표시한다.

② 레이아웃 보기는 보고서 내용을 직접 보면서 다양한 서식과 컨트롤 속성을 설정할 수 있다.

③ 디자인 보기는 보고서에 삽입된 컨트롤의 속성, 맞춤, 위치 등을 설정할 수 있으며, 보고서 내용은 볼 수 없다.

④ 인쇄 미리 보기는 [인쇄] 메뉴의 [인쇄 미리 보기]를 실행하여 보는 것과 같은 것으로 인쇄 될 모양을 미리 보여준다.

해설 보고서 보기는 인쇄 미리 보기와 비슷하지만 페이지의 구분 없이 한 화면에 보고서를 표시한다.

50 다음은 [학생] 테이블의 디자인 보기와 [학생] 테이블을 이용한 SQL문이다. 다음 중 SQL문의 실행 결과에 대한 설명으로 옳은 것은?

학생

필드 이름	데이터 형식
학번	텍스트
성명	텍스트
동아리	텍스트

```
SELECT 동아리 FROM 학생
GROUP BY 동아리
HAVING COUNT(*)>2;
```

① 같은 성명을 가진 학생이 3명 이상인 동아리들을 검색한다.

② 동아리를 3개 이상 가입한 학생들을 검색한다.

③ 3개의 동아리 중 하나라도 가입한 학생들을 검색한다.

④ 동아리에 가입한 학생이 3명 이상인 동아리들을 검색한다.

해설 SELECT 필드 이름 FROM 테이블 이름 GROUP BY 필드 이름 HAVING 조건; : SELECT문에서는 GROUP BY절을 이용하여 레코드를 그룹화 하고, HAVING절은 반드시 GROUP BY와 함께 사용한다.

51 다음 중 자료 분석에 매우 유용한 결과를 보여주는 크로스탭 쿼리에 관한 설명으로 옳은 것은?

① 크로스탭 쿼리는 값을 요약한 다음 세 가지의 집합 기준으로 그룹화 한다.

② 열과 행이 교차하는 곳에는 숫자 값을 사용하는 필드만 선택 가능하다.

③ 크로스탭 쿼리 작성 시 행 머리글은 최대 3개까지 필드를 지정할 수 있다.

④ 크로스탭 쿼리는 폼 또는 보고서 개체를 데이터 원본으로 사용한다.

해설 크로스탭 쿼리 : 열과 행 방향의 표 형태로 숫자 데이터의 집계를 구해주는 쿼리로 테이블 특정 필드의 요약값(합계, 개수, 평균 등)을 표시하고, 그 값들을 그룹별로 데이터시트의 왼쪽과 위쪽에 나열한다.

52 다음 중 쿼리문의 구문 형식이 옳지 않은 것은?

① INSERT INTO MEMBER(ID, PASSWORD, NAME, AGE) VALUES('A001', '1234', 'KIM', 20);

② UPDATE MEMBER SET AGE=17 WHERE ID='A001';

③ SELECT * DISTINCT FROM MEMBER WHERE AGE=17;

④ DELETE FROM MEMBER WHERE ID='A001';

해설 DISTINCT 키워드 형식 : SELECT DISTINCT 필드 이름 FROM 테이블 이름 → 테이블에서 중복을 제거한 레코드를 검색할 때 사용되는 키워드로 Select문에서 필드 이름 앞에 삽입된다.

정답 ▶ 49 ① 50 ④ 51 ③ 52 ③

53 다음 중 폼에서 컨트롤을 선택하는 방법에 대한 설명으로 옳은 것은?

① 여러 개의 컨트롤들을 비순차적으로 선택하려면 Ctrl 키를 누른 채 원하는 컨트롤을 각각 클릭한다.
② 일정 영역의 컨트롤들을 한 번에 모두 선택하려면 마우스로 선택할 컨트롤들이 다 포함되도록 해당 영역을 드래그 한다.
③ 정렬된 여러 개의 컨트롤들을 모두 선택하려면 맨 위에 위치한 컨트롤을 클릭한 후 마지막에 위치한 컨트롤을 Shift 키를 누른 채 클릭한다.
④ 본문 영역 내의 컨트롤들만 모두 선택하려면 Ctrl+A 키를 누른다.

해설
- 떨어진 여러 개의 컨트롤을 선택할 때는 Shift 키를 누른 상태로 컨트롤을 클릭한다.
- 지정한 영역을 모두 선택하려면 마우스를 이용해 해당 영역을 드래그하여 선택한다.
- 모든 컨트롤을 선택하려면 [폼 디자인 도구]-[디자인] 탭의 [컨트롤] 그룹에서 [선택] 단추를 클릭한다.

54 다음 중 외부 데이터 가져오기 기능을 이용하여 테이블에 데이터를 가져 올 때 적절하지 않은 파일 형식은?

① 텍스트 파일 ② Excel 파일
③ Word 파일 ④ XML 파일

해설 가져올 수 있는 외부 데이터 파일에는 FoxPro, dBASE, PARADOX, Excel, Lotus 1-2-3, 문자열(텍스트) 파일, Microsoft Exchange, HTML, ODBC 데이터베이스 등이 있다.

55 부서코드'를 기본키로 하는 [부서] 테이블과 '부서코드'를 포함한 사원정보가 있는 [사원] 테이블을 이용하여 관계를 설정하였다. 다음 중 이와 관련된 관계 설정에 대한 설명으로 옳은 것은? (단, 한 부서에는 여러 명의 사원이 소속되어 있으며, 한 사원은 하나의 부서에 소속된다.)

① '항상 참조 무결성 유지'를 설정하면 [사원] 테이블에 입력하려는 '사원'의 '부서코드'는 반드시 [부서] 테이블에 존재해야만 한다.
② '항상 참조 무결성 유지'를 설정하면 [부서] 테이블에서 '부서코드'가 바뀌는 경우 [사원] 테이블에 있는 '사원'의 '부서코드'도 무조건 자동으로 바뀐다.
③ '항상 참조 무결성 유지'를 설정하지 않더라도 [사원] 테이블에 입력하려는 '사원'의 '부서코드'는 반드시 [부서] 테이블에 존재해야만 한다.
④ '항상 참조 무결성 유지'를 설정하지 않더라도 [사원] 테이블에서 사용 중인 '부서코드'는 [부서] 테이블에서 삭제할 수 없다.

해설 항상 참조 무결성 유지 : 레코드를 입력하거나 삭제할 때 테이블에 정의된 관계를 유지하는 규칙으로 테이블/쿼리에 존재하지 않는 관계 테이블/쿼리에 생성할 수 없도록 하고, 기본 테이블의 레코드를 삭제하거나 변경되지 않도록 설정한다.

56 다음 중 테이블에 입력된 날짜 필드의 값을 '2015-10-13'과 같은 형식으로 표시하고자 할 때 테이블의 디자인 보기에서 지정해야 할 형식 속성 값으로 옳은 것은?

① 기본 날짜 ② 자세한 날짜
③ 보통 날짜 ④ 간단한 날짜

- 기본 날짜 : 2015-10-13 오후 5:33:20
- 자세한 날짜 : 2015년 10월 13일 화요일
- 보통 날짜 : 15년 10월 13일

57 다음 중 테이블에서의 필드 이름 지정 규칙에 대한 설명으로 옳은 것은?

① 필드 이름의 첫 글자는 숫자로 시작할 수 없다.
② 테이블 이름과 동일한 이름을 필드 이름으로 지정할 수 없다.
③ 한 테이블 내에 동일한 이름의 필드를 2개 이상 지정할 수 없다.
④ 필드 이름에 문자, 숫자, 공백, 특수 문자를 조합한 모든 기호를 포함할 수 있다.

해설 필드의 이름
- 필드 이름의 첫 글자는 공백으로 시작할 수 없다.
- 필드 이름은 최대 64자까지 지정할 수 있으며, 하나의 테이블 내에서 중복된 이름을 사용할 수 없다.
- 문자, 숫자, 특수 문자(., !, *, [,] 등은 제외), 공백을 조합하여 사용할 수 있다.

정답 53 ② 54 ③ 55 ① 56 ④ 57 ③

58 다음 중 폼 작성 시 속성 설정에 대한 설명으로 옳지 않은 것은?

① 폼은 데이터의 입력, 편집 작업 등을 위한 사용자와의 인터페이스로 테이블, 쿼리, SQL문 등을 '레코드 원본' 속성으로 지정할 수 있다.
② 폼의 제목 표시줄에 표시되는 텍스트는 '이름' 속성을 이용하여 변경할 수 있다.
③ 폼의 보기 형식은 '기본 보기' 속성에서 단일 폼, 연속 폼, 데이터시트, 피벗 테이블, 피벗 차트, 분할 표시 폼 중 선택할 수 있다.
④ 이벤트 작성을 위한 작성기는 식 작성기, 매크로 작성기, 코드 작성기 중 선택할 수 있다.

해설 ② 변경할 수 있다. → 변경할 수 없다.

59 [만들기] 탭 [폼] 그룹의 명령을 이용하여 폼 보기와 데이터 시트 보기를 동시에 표시하는 폼을 만들고자 한다. 다음 중 가장 적절한 폼 만들기 명령은?

① 여러 항목 ② 폼 분할
③ 폼 마법사 ④ 모달 대화 상자

해설
- ① 행(레코드)으로 표현된 데이터시트를 그대로 옮긴다.
- ③ 폼을 편리하게 만들어주는 도구이다.
- ④ 다른 창으로 포커스가 이동하지 않고 닫힐 때까지 포커스를 유지한다.

60 다음 중 폼 마법사를 이용하여 폼을 작성할 때 폼의 모양을 지정하기 위한 선택 항목에 해당하지 않는 것은?

① 컬럼 형식 ② 피벗 테이블
③ 데이터시트 ④ 맞춤

해설 폼 모양을 지정하기 위한 선택 항목에는 컬럼 형식, 테이블 형식, 데이터시트, 맞춤이 있다.

정답 58 ② 59 ② 60 ②

2016년 03월 05일 시행 기출문제

1과목 | 컴퓨터 일반

01 한글 Windows에서 동영상 파일의 바로 가기 메뉴 중 [속성]을 선택하여 확인할 수 있는 비디오 정보에 해당하지 않는 것은?

① 길이　② 비트 수준
③ 프레임 속도　④ 총 비트 전송률

해설 동영상 파일의 비디오 정보 : 길이, 프레임 너비, 프레임 높이, 프레임 속도, 데이터 속도, 총 비트 전송률 등이 있다.

02 다음 중 하이퍼미디어에 관한 설명으로 옳지 않은 것은?

① 특정 텍스트나 이미지 등의 다양한 미디어를 클릭하면 연결된 문서로 이동하는 문서 형식이다.
② 문서와 문서가 연결되어 있는 형식으로 문서를 읽는 순서가 결정되는 선형 구조를 가지고 있다.
③ 하이퍼미디어는 하이퍼텍스트와 멀티미디어를 합한 개념이다.
④ 하나의 데이터를 여러 사용자가 서로 다른 경로를 통해 검색할 수 있다.

해설 하이퍼미디어(Hypermedia)는 특정 텍스트나 다양한 미디어를 클릭하면 연결된 문서로 이동하는 비선형 구조의 문서 형식이다.

03 다음 중 정보 보안을 위한 비밀키 암호화 기법에 대한 설명으로 옳지 않은 것은?

① 비밀키 암호화 기법의 안전성은 키의 길이 및 키의 비밀성 유지 여부에 영향을 많이 받는다.
② 암호화와 복호화 시 사용하는 키가 동일한 암호화 기법이다.
③ 알고리즘이 복잡하여 암호화나 복호화를 하는 속도가 느리다는 단점이 있다.
④ 사용자의 증가에 따라 관리해야 할 키의 수가 많아진다.

해설 비밀키 암호화 기법은 알고리즘이 간단하여 실행 속도가 빠르다.

04 다음 중 각 인터넷 서비스에 대한 설명으로 옳지 않은 것은?

① IRC는 여러 사람들이 관심 있는 분야별로 채널에서 대화할 수 있는 서비스이다.
② WAIS는 여러 곳에 분산되어 있는 전문 주제 데이터베이스의 자료들을 키워드를 사용하여 검색할 수 있게 하는 서비스이다.
③ Usenet은 멀리 떨어져 있는 컴퓨터에 접속하여 자신의 컴퓨터처럼 사용할 수 있도록 하는 서비스이다.
④ E-Commerce는 컴퓨터에서 거래할 수 있도록 다양한 서비스를 제공한다.

해설
- 유즈넷(Usenet) : 특정 주제나 관심사에 대하여 네티즌들이 자유롭게 자신의 의견을 제시하고, 토론할 수 있는 서비스이다.
- 보기 ③번은 텔넷(Telnet)에 대한 설명이다.

05 다음 중 컴퓨터 통신에서 사용하는 프로토콜 기능에 관한 설명으로 적절하지 않은 것은?

① 통신망에 전송되는 패킷의 흐름을 제어해서 시스템 전체의 안전성을 유지한다.
② 정보를 전송하기 위해 송수신기 사이에 같은 상태를 유지하도록 동기화 기능을 수행한다.
③ 데이터 전송 도중에 발생하는 오류를 검출한다.
④ 네트워크에 접속된 다양한 단말 장치를 자동으로 인식하고 호환성을 제공한다.

해설 프로토콜(Protocol) : 컴퓨터와 컴퓨터, 컴퓨터와 터미널간의 데이터 통신을 위해 규정된 통신 규약으로 통신을 원하는 두 개체간에 무엇을, 어떻게, 언제 통신할 것인가에 대해 약속한 규정이다.

정답 01 ② 02 ② 03 ③ 04 ③ 05 ④

06 다음 중 네트워크 연결 방식의 하나인 클라이언트/서버 방식에 관한 설명으로 옳은 것은?

① 서버와 클라이언트가 모두 처리 능력을 가지며, 분산 처리 환경에 적합하다.
② 중앙 컴퓨터가 모든 단말기에서 요구하는 데이터 처리를 전담한다.
③ 동등한 계층 노드들이 서로 클라이언트와 서버의 역할을 동시에 할 수 있다.
④ 단방향 통신을 사용하며, 처리를 위한 대기 시간이 필요하다.

해설 클라이언트/서버 방식 : 정보를 제공하는 컴퓨터와 정보 자원을 활용하는 다수의 컴퓨터를 연결하여 독자적인 데이터 처리를 하는 분산 처리 방식이다.

07 다음 중 블루투스에 대한 설명으로 옳은 것은?

① IEEE 802.15.1 규격을 사용하는 PANs(Personal Area Networks)의 산업 표준이다.
② 컴퓨터 주변 기기에 다양한 규격의 커넥터들을 사용하는데 커넥터 간 호환되지 않는 문제를 해결하고자 개발되었다.
③ 기존의 통신 기기, 가전 및 사무실 기기들의 종류에 상관없이 하나의 표준 접속을 통하여 다양한 기능을 수행하도록 하기 위해 개발되었다.
④ 기존의 전화선을 이용한 고속 디지털 전송 기술 중 하나이다.

해설 블루투스(Bluetooth) : 근거리 무선 접속을 지원하기 위해 사용되는 대표적인 통신 기술로 주파수 대역에서 송수신할 수 있는 마이크로 칩을 장착하여 양방향으로 정보를 전송한다.

08 다음 중 저작 재산권의 제한 사항으로 옳지 않은 것은?

① 재판 절차에 필요하여 저작물을 복제한 경우
② 방송 사업자가 자체 방송을 위해 일시적으로 녹음하거나 녹화한 경우
③ 시각 장애자나 청각 장애자 등을 위해 점자에 의한 복제인 경우
④ 도서관을 포함한 국가의 모든 공공 기관에 보관된 자료를 복제한 경우

저작 재산권의 제한 사항 : 보기 ①, ②, ③번 외에 정치적 연설 등을 이용한 경우, 공공 저작물을 자유롭게 이용한 경우, 학교 교육 목적 등에 이용한 경우, 시사 보도나 시사적 기사 및 논설을 복제한 경우, 공표된 저작물을 인용한 경우, 영리를 목적으로 하지 아니하는 공연/방송인 경우, 사적 이용을 위해 복제하거나 도서관 등에서 복제한 경우, 시험 문제로서 복제한 경우, 미술 저작물 등의 전시 또는 복제를 한 경우, 저작물 이용 과정에서 일시적으로 복제한 경우 등이 있다.

09 다음 중 컴퓨터 소프트웨어 개발 과정에서 제작되는 알파(Alpha) 버전에 관한 설명으로 옳은 것은?

① 정식 프로그램의 기능을 홍보하기 위해 기능 및 기간을 제한하여 배포하는 프로그램이다.
② 베타 테스트를 하기 전에 제작 회사 내에서 테스트할 목적으로 제작된 프로그램이다.
③ 정식 버전을 출시하기 전에 테스트 목적으로 일반인에게 공개하는 프로그램이다.
④ 오류 수정이나 성능 향상을 위해 이미 배포된 프로그램의 일부를 변경해 주는 프로그램이다.

해설 보기 ①번은 데모(Demo) 버전, 보기 ③번은 베타(Beta) 버전, 보기 ④번은 패치(Patch) 프로그램에 대한 설명이다.

10 한글 Windows의 [시스템 구성]에 대한 설명으로 옳지 않은 것은?

① Windows가 제대로 시작되지 않는 문제를 식별하도록 도와주는 고급 도구이며, 문제를 찾아 격리시키기 위한 것이다.
② 시작 모드 중 '선택 모드'는 기본 장치 및 서비스로만 Windows를 시작하여 발생된 문제를 진단하는데 유용하다.
③ 한 번에 하나씩 공용 서비스 및 시작 프로그램을 끈 상태에서 Windows를 시작한 다음 다시 켤 수 있으므로 서비스를 끌 때는 문제가 발생하지 않지만 켤 때 문제가 발생하면 해당 서비스가 문제의 원인임을 알 수 있다.
④ 부팅 옵션 중 '안전 부팅'의 '최소 설치'를 선택하면 중요한 시스템 서비스만 실행되는 안전 모드로 Windows를 시작하며, 네트워킹은 사용할 수 없다.

정답 ▶ 06 ① 07 ① 08 ④ 09 ② 10 ②

해설 보기 ②번은 선택 모드가 아니고 진단 모드에 대한 설명이다.

11 한글 Windows의 보조프로그램 중 [명령 프롬프트]에 관한 설명으로 옳지 않은 것은?

① MS-DOS 명령 및 기타 컴퓨터 명령을 텍스트 기반으로 실행한다.
② [명령 프롬프트] 창에서 표시되는 텍스트를 복사하여 메모장에 붙여 넣을 수 있다.
③ 윈도우 [시작] 단추의 검색 상자에 'command'를 입력하여 실행할 수도 있다.
④ [명령 프롬프트] 창에서 'exit'를 입력하여 종료할 수 있다.

해설
- 명령 프롬프트 창을 실행하려면 [시작] 단추의 검색 상자에 "cmd"를 입력해야 한다.
- 보기 ③번의 경우 [제어판]-[접근성 센터]-[마우스 또는 키보드가 없는 컴퓨터 사용] 창이 나타난다.

12 다음 중 하나의 컴퓨터에 여러 개의 중앙 처리 장치를 설치하여 주기억 장치나 주변 장치들을 공유하고, 신뢰성과 연산 능력을 향상시키는 시스템을 의미하는 것은?

① 시분할 처리 시스템(Time Sharing System)
② 다중 프로그래밍 시스템(Multi-Programming System)
③ 듀플렉스 시스템(Duplex System)
④ 다중 처리 시스템(Multi-Processing System)

해설
- ① CPU의 처리 시간을 일정한 시간(Time Quantum)으로 나누어서 여러 개의 작업을 연속적으로 처리하는 시스템이다.
- ② 하나의 CPU에서 여러 개의 프로그램을 동시에 처리하는 방식으로 각 프로그램이 주어진 시간만큼 CPU를 사용하고 반환한다.
- ③ 시스템의 안정성을 위하여 한쪽의 CPU가 가동중일 때 다른 한쪽의 CPU가 고장나면 즉시 대기중인 CPU가 작동되도록 운영하는 시스템이다.

13 다음 중 컴퓨터에서 사용하는 자료의 외부적 표현 방식에 관한 설명으로 옳은 것은?

① ASCII는 데이터 통신용이나 개인용 컴퓨터에서 사용하며, 128가지의 문자를 표현할 수 있다.
② BCD는 8비트로 구성되어 있으며, 하나의 문자를 표현할 수 있다.
③ EBCDIC는 대형 컴퓨터에서 사용되는 범용 코드이며, 6비트로 구성되어 있다.
④ Unicode는 국제 표준 코드로 최대 256가지의 문자 표현이 가능하다.

해설
- BCD : 6비트로 구성되며, 64가지의 문자를 표현한다.
- EBCDIC : 8비트로 구성되며, 256가지의 문자를 표현한다.
- Unicode : 전 세계 모든 문자를 표현할 수 있는 16비트 완성형 국제 표준 코드이다.

14 다음 중 컴퓨터에서 하드 디스크를 연결하는 SATA 방식에 관한 설명으로 옳지 않은 것은?

① 직렬 인터페이스 방식을 사용한다.
② PATA 방식보다 데이터 전송 속도가 빠르다.
③ 핫 플러그인 기능을 지원한다.
④ EIDE는 일반적으로 SATA를 의미한다.

해설 EIDE : 500MB 이상의 하드 디스크를 최대 4개(주변 장치 포함)까지 연결하는 방식이다.

15 다음 중 컴퓨터 시스템을 효율적으로 관리하기 위한 유의 사항으로 적절하지 않은 것은?

① 모니터의 번인 현상을 방지하기 위하여 화면 보호기를 사용한다.
② 주기적으로 자주 시스템을 재부팅하여 부품의 수명을 연장시킨다.
③ 컴퓨터를 끌 때에는 작업 중인 문서를 먼저 저장한 후 종료시킨다.
④ 정기적으로 시스템 최적화 프로그램을 사용하여 컴퓨터를 점검한다.

해설 주기적으로 자주 시스템을 재부팅한다고 해서 부품의 수명이 연장되는 것은 아니다.

정답 11 ③ 12 ④ 13 ① 14 ④ 15 ②

16 다음 중 컴퓨터가 하드 디스크를 인식하지 못하는 경우의 대처 방법으로 가장 적절하지 않은 것은?

① 드라이브 조각 모음을 수행하여 단편화를 제거한다.
② CMOS Setup에서의 하드 디스크 설정 내용을 확인한다.
③ 백신 프로그램으로 바이러스에 의한 것인지 점검한다.
④ 하드 디스크 전원의 연결 상태를 점검한다.

해설 드라이브 조각 모음 : 디스크 단편화를 제거하여 사용중인 디스크의 입출력 속도와 디스크 공간을 최적화시키는 것으로 디스크의 파일 공간과 사용하지 않은 공간을 정렬하여 프로그램을 빠르게 실행한다.

17 한글 Windows에서 장치 및 프린터 폴더에 표시되지 않는 내용은?

① 사용자 컴퓨터
② PS/2 또는 직렬 포트를 통해 연결된 키보드와 마우스
③ 컴퓨터의 USB 포트에 연결하는 모든 장치
④ 가끔 컴퓨터에 연결하는 휴대용 장치

해설 장치 및 프린터 폴더에 USB 방식의 키보드와 마우스는 표시되지만 PS/2 또는 직렬 포트 방식은 표시되지 않는다.

18 한글 Windows에서 파일이나 폴더를 삭제하는 방법으로 옳지 않은 것은?

① 파일이나 폴더를 선택한 후에 휴지통으로 끌어넣기를 한다.
② 파일이나 폴더를 선택한 후에 [편집] 메뉴의 [삭제]를 선택한다.
③ 파일이나 폴더를 선택한 후에 바로 가기 메뉴의 [삭제]를 선택한다.
④ 파일이나 폴더를 선택한 후에 키보드의 Delete 키로 삭제한다.

해설 파일이나 폴더를 선택한 후에 [홈] 탭의 [구성] 그룹에서 [삭제] 단추를 클릭한다.

19 한글 Windows의 디스크 정리에 대한 설명으로 옳은 것은?

① 디스크 정리를 통해 휴지통, 임시 인터넷 파일, 설치 로그 파일 등을 제거할 수 있다.
② 최근에 복원한 내용을 포함한 모든 파일을 제거하여 디스크 공간을 늘릴 수 있다.
③ C 드라이브에 있는 WINDOWS 폴더를 제거하여 디스크 공간을 늘릴 수 있다.
④ 조각난 파일, 인접한 파일, 이동할 수 없는 파일 등을 삭제하여 디스크 공간을 늘릴 수 있다.

해설
- ② 최근 복원한 내용을 포함한 모든 파일을 디스크 정리로 제거할 수는 없다.
- ③ C 드라이브에 있는 WINDOWS 폴더를 제거할 경우 컴퓨터 사용이 불가능하다.
- ④ 드라이브 조각 모음에 대한 설명이다.

20 다음 중 32비트 및 64비트 버전의 Windows OS에 관한 설명으로 옳지 않은 것은?

① 64비트 버전의 Windows에서는 대용량 RAM을 32비트 시스템보다 효과적으로 처리한다.
② 64비트 버전의 Windows를 설치하려면 64비트 버전의 Windows를 실행할 수 있는 CPU가 필요하다.
③ 64비트 버전의 Windows에서 하드웨어 장치가 정상적으로 동작하려면 64비트용 장치 드라이버가 필요하다.
④ 프로그램이 64비트 버전의 Windows용으로 설계된 경우 호환성 유지를 위해 32비트 버전의 Windows에서도 작동되도록 설계되어 있다.

해설 높은 비트 버전의 Windows용으로 설계된 경우 그보다 낮은 비트 버전의 Windows에서는 작동이 불가능하다.

2과목 | 스프레드시트 일반

정답 16 ① 17 ② 18 ② 19 ① 20 ④

21 다음 중 외부 데이터의 [연결] 설정 기능에 대한 설명으로 옳지 않은 것은?

① [통합 문서 연결] 대화 상자에서 시트, 이름, 위치(셀, 범위, 개체에 대한 참조), 값, 수식 등 통합 문서에서 사용되는 연결 위치 정보가 제공된다.
② [연결 속성] 대화 상자에서 일정한 시간 간격으로 외부 데이터를 자동으로 새로 고치도록 설정할 수 있다.
③ [연결 속성] 대화 상자에서 통합 문서를 열 때 외부 데이터를 자동으로 새로 고치거나 외부 데이터를 새로 고치지 않고 즉시 통합 문서를 열도록 설정할 수 있다.
④ 연결을 제거하면 현재 통합 문서에 외부에서 연결하여 가져 온 데이터도 함께 제거된다.

해설 연결을 제거할 경우 현재 통합 문서의 외부에서 연결하여 가져 온 데이터는 제거되지 않는다.

22 다음 중 [데이터]–[외부 데이터 가져오기]에서 가져올 수 없는 파일 형식은?

① PDF 파일　　② 웹 데이터
③ Access 자료　　④ Microsoft Query

해설 외부 데이터 가져오기에서 가져올 수 있는 파일 형식은 Microsoft Query, Access, dBASE, Foxpro, Oracle, Paradox, SQL 등의 데이터베이스 파일과 텍스트 파일, 엑셀 파일, 웹 파일 등이 있다.

23 다음 중 엑셀의 정렬 기능에 대한 설명으로 옳지 않은 것은?

① 오름차순 정렬과 내림차순 정렬 모두 빈 셀은 항상 마지막으로 정렬된다.
② 영숫자 텍스트는 왼쪽에서 오른쪽 방향으로 문자 단위로 정렬된다.
③ 사용자가 [정렬 옵션] 대화 상자에서 대/소문자를 구분하도록 변경하여 오름차순으로 정렬하면 대문자가 소문자보다 우선 순위를 갖는다.
④ 공백으로 시작하는 문자열은 오름차순 정렬일 때 숫자 바로 다음에 정렬되고, 내림차순 정렬일 때는 숫자 바로 앞에 정렬된다.

해설 대/소문자를 구분하여 오름차순으로 정렬하면 소문자 → 대문자 순이고, 내림차순으로 정렬하면 대문자 → 소문자 순으로 정렬된다.

24 다음 중 그림과 같이 목표값 찾기를 지정했을 때의 설명으로 옳은 것은?

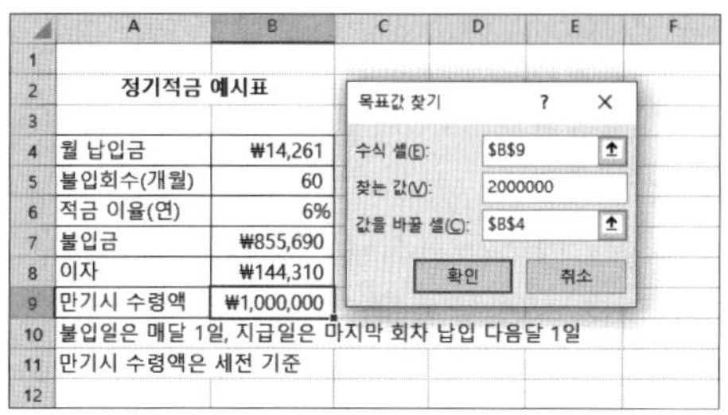

	A	B	C	D	E	F
1						
2	정기적금 예시표					
3						
4	월 납입금	₩14,261				
5	불입회수(개월)	60				
6	적금 이율(연)	6%				
7	불입금	₩855,690				
8	이자	₩144,310				
9	만기시 수령액	₩1,000,000				
10	불입일은 매달 1일, 지급일은 마지막 회차 납입 다음달 1일					
11	만기시 수령액은 세전 기준					
12						

① 만기시 수령액이 2,000,000원이 되려면 월 납입금은 얼마가 되어야 하는가?
② 만기시 수령액이 2,000,000원이 되려면 적금 이율(연)이 얼마가 되어야 하는가?
③ 불입금이 2,000,000원이 되려면 만기 시 수령액은 얼마가 되어야 하는가?
④ 월 납입금이 2,000,000원이 되려면 만기 시 수령액은 얼마가 되어야 하는가?

해설
- 수식 셀(만기시 수령액) : 결과 값을 얻기 위한 셀 주소(절대 참조)로 해당 셀에는 '값을 바꿀 셀'의 주소를 사용하는 수식이 필요하다.
- 찾는 값(2,000,000) : 찾고자 하는 수식의 결과 값을 입력한다.
- 값을 바꿀 셀(월 납입금) : 변경되는 값이 들어 있는 셀 주소이다.

25 다음 중 셀에 수식을 입력하는 방법에 대한 설명으로 옳지 않은 것은?

① 수식에서 통합 문서의 여러 워크시트에 있는 동일한 셀 범위 데이터를 이용하려면 3차원 참조를 사용한다.
② 계산할 셀 범위를 선택하여 수식을 입력한 다음 Ctrl+Enter 키를 누르면 동일한 수식을 신택한 범위의 모든 셀에 빠르게 입력할 수 있다.
③ 수식을 입력한 후 결과값이 수식이 아닌 상수로 입력되게 하려면 수식을 입력한 후 바로 Alt+F9 키를 누른다.

정답 21 ④　22 ①　23 ③　24 ①　25 ③

④ 배열 상수에는 숫자나 텍스트 외에 'TRUE', 'FALSE' 등의 논리값 또는 '#N/A'와 같은 오류 값도 포함될 수 있다.

해설 셀의 결과값에 수식이 아닌 상수로 입력되게 하려면 수식을 입력한 후 F9 키를 누른다.

26 다음 중 메모에 대한 설명으로 옳지 않은 것은?

① 새 메모를 작성하려면 바로 가기 키인 Shift + F2를 누른다.
② 작성된 메모가 표시되는 위치를 자유롭게 지정할 수 있고, 메모가 항상 표시되도록 설정할 수 있다.
③ 피벗 테이블의 셀에 메모를 삽입한 경우 데이터를 정렬하면 메모도 데이터와 함께 정렬된다.
④ 메모의 텍스트 서식을 변경하거나 메모에 입력된 텍스트에 맞도록 메모 크기를 자동으로 조정할 수 있다.

해설 피벗 테이블의 셀에 메모를 삽입한 경우 데이터를 정렬하면 메모는 피벗 테이블의 셀에 고정되어 있다.

27 다음의 조건을 처리하는 셀 서식의 사용자 지정 표시 형식으로 옳은 것은?

셀의 값이 1000이상이면 '파랑', 1000미만 500이상이면 '빨강', 500미만이면 색을 지정하지 않고, 각 조건에 대해 천 단위 구분 기호(,)와 소수 이하 첫째 자리까지 표시한다.
[표시 예 : 1234.56 → 1,234.6, 432 → 432.0]

① [파랑][>=1000]#,##0.0;[빨강][>=500]#,##0.0;#,##0.0
② [파랑][>=1000]#,###.#;[빨강][>=500]#,###.#;#,###.#
③ [>=1000]〈파랑〉#,##0.0;[>=500]〈빨강〉#,##0.0;#,##0.0
④ [>=1000]〈파랑〉#,###.#;[>=500]〈빨강〉#,###.#;#,###.#

해설
- 사용자 지정 표시 형식 : 각 구역은 세미콜론(;)으로 구분하며, 조건이나 글꼴 색을 지정할 경우 대괄호([ ]) 안에 입력한다.
- # : 유효 자릿수만 표시하며, 무효의 0은 표시하지 않는다.
- 0 : 무효의 0을 포함하여 숫자의 자릿수를 표시한다.

28 다음 중 [파일]-[옵션]의 [일반]에서 설정이 가능한 것은?

① 셀에 데이터를 입력한 후 Enter 키를 누를 때 포인터의 이동 방향을 오른쪽, 왼쪽, 아래쪽, 위쪽 중의 하나로 지정할 수 있다.
② 페이지 나누기 선의 표시 여부를 지정할 수 있다.
③ 눈금선 표시 여부를 지정할 수 있다.
④ 새 통합 문서를 열었을 때 적용할 기본 글꼴과 글꼴 크기, 포함할 시트 수 등을 지정할 수 있다.

해설 보기 ①, ②, ③번은 [Excel 옵션]-[고급] 탭에서 가능하다.

29 다음 중 괄호( )에 해당하는 바로 가기 키의 연결이 옳은 것은?

Visual Basic Editor에서 매크로를 한 단계씩 실행하기 위한 바로 가기 키는 (㉮)이고, 모듈 창의 커서 위치까지 실행하기 위한 바로 가기 키는 (㉯)이며, 매크로를 바로 실행하기 위한 바로 가기 키는 (㉰)이다.

① ㉮ – F5 ㉯ – Ctrl+F5 ㉰ – F8
② ㉮ – F5 ㉯ – Ctrl+F8 ㉰ – F8
③ ㉮ – F8 ㉯ – Ctrl+F5 ㉰ – F5
④ ㉮ – F8 ㉯ – Ctrl+F8 ㉰ – F5

해설
- Visual Basic Editor에서 F8 키를 누르면 매크로가 한 단계씩 실행된다.
- 모듈 창에서 커서 위치까지 실행하기 위한 바로 가기 키는 Ctrl+F8 이다.
- 실행하고자 하는 매크로 구문에 커서를 위치시키고, F5 키를 누르면 매크로가 바로 실행된다.

30 다음 중 수식 작성 과정에 대한 설명으로 옳지 않은 것은?

① 셀 범위를 참조할 때에는 시작 셀 이름과 마지막 셀 이름 사이에 콜론(:)이 입력된다.
② 다른 워크시트의 값을 참조하는 경우 해당 워크시트의 이름에 사이 띄우기가 포함되어 있으면 워크시트의 이름은 큰 따옴표(" ")로 묶인다.

정답 26 ③ 27 ① 28 ④ 29 ④ 30 ②

③ 수식에 숫자를 입력할 때 화폐 단위나 천 단위 구분 기호와 같은 서식 문자는 입력하지 않는다.
④ 외부 참조를 하는 경우 통합 문서의 이름과 경로가 포함되어야 한다.

해설 다른 워크시트의 값을 참조할 때 참조하는 워크시트 이름에 공백이 포함되어 있을 경우 시트 이름을 따옴표(' ')로 묶는다.

31 다음 중 차트에서 사용하는 축에 대한 설명으로 옳지 않은 것은?

① 방사형 차트와 거품형 차트에서는 기본 가로 축만 표시된다.
② 가로 (항목) 축에서 [축 위치] 옵션은 데이터 표시와 레이블이 축에 표시되는 방식에 영향을 주며, 2차원 영역형 차트, 세로 막대형 차트 및 꺾은선형 차트에 사용할 수 있다.
③ 가로 (항목) 축이 날짜 값인 경우 [축 종류]에서 '날짜 축'을 선택하여 [기준 단위]를 '일', '월', '년' 중 선택하여 지정할 수 있다.
④ 3차원 꺾은선형 차트는 세 개의 축(가로, 세로, 깊이 축)에 따라 데이터 요소를 비교한다.

해설 거품형 차트는 세 값의 집합을 비교할 때 사용하는 차트로 기본 가로와 세로 축이 모두 표시된다.

32 다음은 'Macro1' 매크로의 실행 결과와 VBA 코드이다. 다음 중 VBA 코드의 ⓐ, ⓑ, ⓒ에 해당하는 내용이 순서대로 나열된 것은?

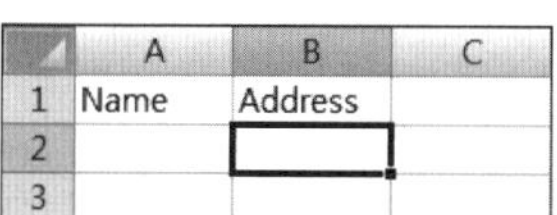

	A	B	C
1	Name	Address	
2			
3			

```
Sub Macro1( )
    [ ⓐ ]("A1").Select
    ActiveCell.[ ⓑ ] = "Name"
    [ ⓐ ]("B1").Select
    ActiveCell.[ ⓑ ] = "Address"
    [ ⓐ ]("B2").[ ⓒ ]
End Sub
```

① Range, R1C1, FormulaR1C1
② Range, FormulaR1C1, Select
③ Cells, R1C1, FormulaR1C1
④ Cells, FormulaR1C1, Select

해설
• Range : 워크시트의 특정 셀이나 셀 범위를 의미하며, 셀 주소는 직접 셀 주소로 나타낸다.
• Formula : 범위에 있는 실제 내용을 지정한다.
• Select : 해당 셀 범위를 선택한다.
• Range("A1").Select → [A1] 셀을 선택한다.
• ActiveCell.FormularR1C1="Name" → 선택된 [A1](=R1C1) 셀에 Name을 입력한다.
• Range("B2").Select → [B2] 셀을 선택한다.

33 다음과 같이 워크시트에 데이터가 입력되어 있는 경우 보기의 수식과 그 결과값으로 옳지 않은 것은?

	A
1	
2	한국 대한민국
3	분기 수익
4	수익
5	아름다운 설악산
6	

① =MID(A5, SEARCHB(A1, A5)+5, 3) → '설악산'
② =REPLACE(A5, SEARCHB("한", A2), 5, " ") → '설악산'
③ =MID(A2, SEARCHB(A4, A3), 2) → '민국'
④ =REPLACE(A3, SEARCHB(A4, A3), 2, "명세서") → '분기명세서'

해설
• REPLACE(텍스트1, 변경할 위치, 텍스트 수, 텍스트2) : 지정한 위치에서 텍스트 수만큼 텍스트1의 일부를 텍스트2로 바꾼다.
• SEARCHB(텍스트1, 텍스트2, 시작 위치) : 텍스트2의 시작 위치부터 텍스트1을 찾아 해당 위치를 표시하되 영문과 숫자는 한 글자(1), 한글과 특수 문자는 두 글자(2)로 계산한다.
• SEARCHB(A4, A3)=6이고, REPLACE(A3, 6, 2, "명세서")는 [A3] 셀의 6번째부터 2글자를 '명세서'로 바꾸므로 결과값은 '분기 수익명세서'이다.

34 다음의 워크시트에서 [F2] 셀에 소속이 '영업1부'인 총매출액의 합계를 계산하기 위한 수식으로 옳지 않은 것은?

정답 31 ① 32 ② 33 ④ 34 ④

	A	B	C	D	E	F	G
1	성명	소속	총매출액		소속	총매출액	평균매출액
2	이민우	영업1부	8,819		영업1부	28,581	7,145
3	차소라	영업2부	8,072				
4	진희경	영업3부	6,983				
5	장용	영업1부	7,499				
6	최병철	영업1부	7,343				
7	김철수	영업3부	4,875				
8	정진수	영업2부	5,605				
9	고희수	영업3부	8,689				
10	조민희	영업3부	7,060				
11	추소영	영업2부	6,772				
12	홍수아	영업3부	6,185				
13	이경식	영업1부	4,920				
14	유동근	영업2부	7,590				
15	이혁재	영업2부	6,437				

소속별 총매출액의 합계

① =DSUM(A1:C15, 3, E1:E2)

② =DSUM(A1:C15, C1, E1:E2)

③ =SUMIF(B2:B15, E2, C2:C15)

④ =SUMIF(A1:C15, E2, C1:C15)

- SUMIF(셀 범위, 찾을 조건, 합을 구할 셀 범위) : 조건에 맞는 셀들의 합을 구하며, 합을 구할 셀 범위를 생략하면 처음 지정한 셀 범위의 합을 구한다.
- =SUMIF(A1:C15, E2, C1:C15)의 결과값은 0이다. 셀 범위는 찾을 조건이 있는 소속 열만 범위를 지정해야 한다.

35 다음 중 워크시트 이름으로 적절하지 않은 것은?

① 시험 & 1분반 ② BOOK / 1

③ 1분기 ~ 4분기 ④ TEST #1

시트 이름은 공백을 포함하여 최대 31자까지 지정할 수 있지만 [, ?, *, /, ₩, : 등은 사용할 수 없다.

36 다음의 차트와 같이 오차 막대를 표시하기 위한 오차 막대 서식 설정값으로 옳은 것은?

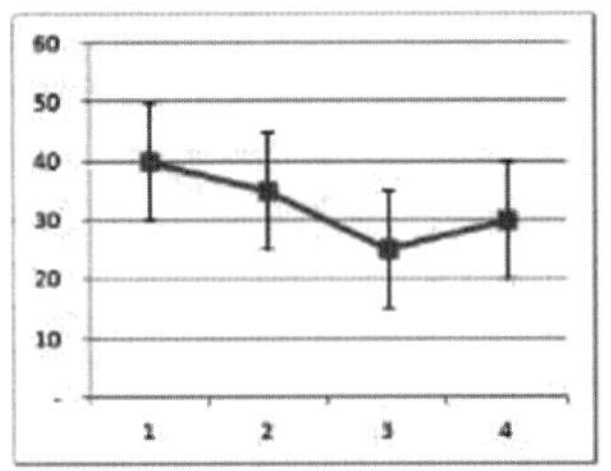

① 표시 방향(모두), 오차량(고정값 10)

② 표시 방향(모두), 오차량(표준 편차 1.0)

③ 표시 방향(양의 값), 오차량(고정값 10)

④ 표시 방향(양의 값), 오차량(표준 편차 1.0)

해설 오차 막대의 바로 가기 메뉴에서 [오차 막대 서식]을 선택한 후 오차 막대 서식 작업 창의 '세로 오차 막대'에서 표시(방향, 끝 스타일), 오차량(고정값, 백분율, 표준 편차, 표준 및 오차) 등을 설정할 수 있다.

37 다음 워크시트의 [C3:C15] 영역을 이용하여 출신지역별로 인원수를 [G3:G7] 영역에 계산하려고 한다. 다음 중 [G3] 셀에 수식을 작성한 뒤 채우기 핸들을 사용하여 [G7] 셀까지 수식 복사를 할 경우 [G3] 셀에 입력할 수식으로 옳은 것은?

	A	B	C	D	E	F	G
1							
2		성명	출신지역	나이			인원
3		김광철	서울	32		서울 지역	3
4		김다나	경기	35		경기 지역	2
5		고준영	서울	36		호남 지역	3
6		성영주	호남	38		영남 지역	3
7		김철수	경기	38		제주 지역	2
8		정석중	호남	42			
9		이진주	영남	44			
10		박성수	제주	45			
11		최미나	영남	48			
12		강희수	제주	50			
13		조광식	서울	52			
14		원춘배	호남	52			
15		지민주	영남	54			
16							

① =SUM(IF($C$3:$C$15=LEFT(F3, 2), 1, 0))

② {=SUM(IF($C$3:$C$15=LEFT(F3, 2), 1, 0))}

③ =SUM(IF($C$3:$C$15=LEFT(F3, 2), 1, 1))

④ {=SUM(IF($C$3:$C$15=LEFT(F3, 2), 1, 1))}

- LEFT(F3, 2) : [F3] 셀의 왼쪽에서 2개의 문자를 추출한다.
- IF($C$3:$C$15=LEFT(F3, 2), 1, 0) : [$C$3:$C$15] 영역에서 LEFT 함수의 조건에 부합하면 1, 그렇지 않으면 0을 반환한다.
- {=SUM(IF($C$3:$C$15)=(LEFT(F3, 2)), 1, 0))} : 반환된 값의 합계를 구하되 배열 수식에 따라 Ctrl+Shift+Enter 키를 동시에 누르면 수식 앞뒤에 중괄호({ })가 자동으로 입력된다.

38 다음 중 셀 서식 관련 바로 가기 키에 대한 설명으로 옳지 않은 것은?

① Ctrl+1 : [셀 서식] 대화 상자가 표시된다.

② Ctrl+2 : 선택한 셀에 글꼴 스타일 '굵게'가 적용되며, 다시 누르면 적용이 취소된다.

③ Ctrl+3 : 선택한 셀에 밑줄이 적용되며, 다시 누르면 적용이 취소된다.

④ Ctrl+5 : 선택한 셀에 취소선이 적용되며, 다시 누르면 적용이 취소된다.

- Ctrl+3 키 : '기울임꼴'이 적용되고, 다시 누르면 적용이 취소된다(=Ctrl+I).
- Ctrl+4 키 : '밑줄'이 적용되고, 다시 누르면 적용이 취소된다(=Ctrl+U).

정답 35 ② 36 ① 37 ② 38 ③

39 다음 중 엑셀의 틀 고정에 대한 기능 설명으로 옳지 않은 것은?

① 틀 고정은 특정 행 또는 열을 고정할 때 사용하는 기능으로 주로 표의 제목 행 또는 제목 열을 고정한 후 작업할 때 유용하다.
② 선택된 셀의 왼쪽 열과 바로 위의 행이 고정된다.
③ 틀 고정 구분선을 마우스로 잡아끌어 틀 고정 구분선을 이동시킬 수 있다.
④ 틀 고정 방법으로 첫 행 고정을 실행하면 선택된 셀의 위치와 상관없이 첫 행이 고정된다.

해설 틀 고정 구분선은 이동시킬 수 없다.

40 다음 중 [보기] 탭의 [창] 그룹에서 각 명령에 대한 설명으로 옳지 않은 것은?

① [새 창]을 클릭하면 새로운 빈 통합 문서가 만들어져 표시된다.
② [모두 정렬]은 현재 열려 있는 문서를 바둑판식, 계단식, 가로, 세로 등 4가지 형태로 배열한다.
③ [숨기기]는 현재 활성화된 통합 문서 창을 보이지 않도록 숨긴다.
④ [나누기]를 클릭하면 워크시트를 최대 4개의 창으로 분리하여 멀리 떨어져 있는 여러 부분을 한 번에 볼 수 있다.

해설 새 창 : 현재 문서 보기가 있는 새 창을 열 수 있다(동시에 여러 곳에서 작업할 수 있도록 문서를 다른 창에서 열기 함).

3과목 | 데이터베이스 일반

41 다음 중 VBA에서 프로시저, 형식, 데이터 선언과 정의 등의 선언 집단을 의미하는 것은?

① 매크로 ② 모듈
③ 이벤트 ④ 폼

해설
- ① 폼 열기나 보고서 인쇄와 같이 특별한 기능을 수행하는 하나 이상의 매크로 함수 집합으로 자주 반복되는 작업을 자동화할 수 있다.
- ③ 프로그램을 사용할 때 발생하는 다양한 사건이다.
- ④ 테이블이나 쿼리를 바탕으로 데이터 입력이나 편집 작업을 보다 효율적으로 하기 위하여 작업을 만드는 화면 구성 방식이다.

42 다음 중 SQL문에서 사용되는 연산식과 그 결과값이 옳지 않은 것은?

① 연산식 : "1" & "2" → 결과값 : 3
② 연산식 : 3 MOD 3 → 결과값 : 0
③ 연산식 : 1 〈 〉 2 AND 3 〉 3 → 결과값 : 0(FALSE)
④ 연산식 : 1 AND 2 → 결과값 : -1(TRUE)

해설 &는 문자열을 결합하는 것으로 보기 ①번의 결과값은 12이다.

43 다음 중 액세스의 매크로에 대한 설명으로 옳지 않은 것은?

① 반복적으로 수행되는 작업을 자동화하여 간단히 처리할 수 있도록 하는 기능이다.
② 매크로 함수 또는 매크로 함수 집합으로 구성되며, 각 매크로 함수의 수행 방식을 제어하는 인수를 추가할 수 있다.
③ 매크로를 이용하여 폼을 열고 닫거나 메시지 박스를 표시할 수도 있다.
④ 매크로는 주로 컨트롤의 이벤트에 연결하여 사용하며, 폼 개체 내에서만 사용할 수 있다.

해설 매크로는 테이블, 쿼리, 폼, 보고서 등의 각 개체에서 자동화 작업이 가능하도록 미리 정의된 기능이다.

44 다음 중 관계형 데이터베이스 관리 시스템(RDBMS)의 종류에 해당하지 않는 것은?

① MS-SQL Server ② 오라클(ORACLE)
③ MY-SQL ④ 파이썬(Python)

정답 39 ③ 40 ① 41 ② 42 ① 43 ④ 44 ④

해설 • 관계형 데이터베이스 관리 시스템(RDBMS) : DB2, ORACLE, INFORMIX, SYBASE, INGRES, MS-SQL SERVER, MY-SQL 등이 있다.
• 보기 ④번은 프로그래밍 언어이다.

45 다음 중 릴레이션(Relation)에 대한 설명으로 옳지 않은 것은?

① 한 릴레이션에 포함된 튜플(Tuple)의 수를 인스턴스(Instance)라 한다.
② 연관된 속성의 집합으로 관계형 모델에서의 테이블(Table)을 의미한다.
③ 한 릴레이션을 구성하는 속성(Attribute)들 사이에는 순서가 없다.
④ 한 릴레이션에 포함된 튜플을 유일하게 식별하기 위한 속성들의 부분 집합을 키(Key)로 설정한다.

해설 한 릴레이션에 포함된 튜플(Tuple)의 수를 카디날리티(Cardinality)라고 한다.

46 다음 중 보고서의 보기 형태에 대한 설명으로 옳지 않은 것은?

① '보고서 보기'는 인쇄 미리 보기와 비슷하지만 페이지의 구분 없이 한 화면에 보고서를 표시한다.
② '인쇄 미리 보기'에서는 페이지 레이아웃의 설정이 용이하며, 보고서가 인쇄되었을 때의 모양을 확인할 수 있다.
③ '디자인 보기'에서는 보고서에 삽입된 컨트롤의 속성, 맞춤, 위치 등을 설정할 수 있다.
④ '레이아웃 보기'는 '보고서 보기'와 '인쇄 미리 보기'를 혼합한 형태로 데이터를 임시로 변경하려는 경우 사용한다.

해설 레이아웃 보기는 보고서 보기와 디자인 보기를 혼합한 형태이다.

47 다음 중 콤보 상자 컨트롤의 각 속성에 대한 설명으로 옳지 않은 것은?

① 행 원본(Row Source) : 콤보 상자 컨트롤에서 사용할 데이터 설정
② 컨트롤 원본(Control Source) : 연결할(바운드 할) 데이터 설정
③ 바운드 열(Bound Column) : 콤보 상자 컨트롤에 저장할 열 설정
④ 사용 가능(Enabled) : 컨트롤에 입력된 데이터의 편집 여부 설정

해설 • 사용 가능(Enabled) : 폼 보기에서 컨트롤이 포커스를 가질 수 있는지를 지정한다.
• 보기 ④번은 잠금(Locked)에 대한 설명이다.

48 다음 중 하위 보고서에 대한 설명으로 옳지 않은 것은?

① 일대다 관계가 적용되어 있는 테이블이나 쿼리의 데이터를 표시하려는 경우 특히 유용하다.
② 주 보고서와 하위 보고서에 모두 그룹화 및 정렬 기능을 설정할 수 있다.
③ 주 보고서에는 최대 3개까지 하위 보고서를 중첩하여 작성할 수 있다.
④ 주 보고서에 하위 보고서를 연결하려면 원본으로 사용하는 레코드 원본 간에 관계를 만들어야 한다.

해설 주 보고서에는 최대 7개까지 하위 보고서를 중첩하여 작성할 수 있다.

49 다음 중 주어진 [Customer] 테이블을 참조하여 아래의 SQL문을 실행한 결과로 옳은 것은?

```
SELECT Count(*)
FROM (SELECT Distinct City From Customer);
```

Customer

City	Age	Hobby
부산	30	축구
서울	26	영화감상
부산	45	낚시
서울	25	야구
대전	21	축구
서울	19	음악감상
광주	19	여행
서울	38	야구
인천	53	배구

레코드: 1/9 필터 없음

① 3　　② 5
③ 7　　④ 9

정답 45 ① 46 ④ 47 ④ 48 ③ 49 ②

해설 • Distinct : 테이블에서 중복을 제거한 레코드를 검색할 때 사용되는 키워드이다.
• Customer 테이블에서 City명 중 중복을 제거하면 부산, 서울, 대전, 광주, 인천이므로 SQL문의 실행 결과는 5이다.

50 다음 중 데이터시트 보기 상태에서의 레코드 추가/삭제에 대한 설명으로 옳은 것은?

① 레코드를 여러 번 복사한 경우 첫 번째 복사한 레코드만 사용이 가능하다.
② 새로운 레코드는 항상 테이블의 마지막 행에서만 추가되며, 중간에 삽입될 수 없다.
③ 레코드를 추가하는 단축키는 Ctrl+Insert이다.
④ 여러 레코드를 선택하여 한 번에 삭제할 수 있으며, 삭제된 레코드는 복원할 수 있다.

해설 • ① 첫 번째 복사한 레코드만 사용이 가능한 것은 아니다.
• ③ 레코드를 추가하는 단축키는 Ctrl+＋이다.
• ④ 삭제된 레코드는 복원이 불가능하다.

51 다음 중 쿼리 작성 시 사용하는 특수 연산자와 함수에 대한 설명으로 옳지 않은 것은?

① YEAR(DATE( )) → 시스템의 현재 날짜 정보에서 연도 값만을 반환한다.
② INSTR("KOREA", "R") → 'KOREA'라는 문자열에서 'R'의 위치 '3'을 반환한다.
③ RIGHT([주민번호], 2) = "01" → [주민번호] 필드에서 맨 앞의 두 자리가 '01'인 레코드를 추출한다.
④ LIKE "[ㄱ－ㄷ]*" → 'ㄱ'에서 'ㄷ' 사이에 있는 문자로 시작하는 필드 값을 검색한다.

해설 • RIGHT : 문자열의 오른쪽에서 지정한 개수만큼만 표시한다.
• RIGHT([주민번호], 2) = "01" → [주민번호] 필드에서 맨 뒤(오른쪽)의 두 자리가 '01'인 레코드를 추출한다.

52 다음 중 실행 쿼리의 삽입(INSERT)문에 대한 설명으로 옳지 않은 것은?

① 한 개의 INSERT문으로 여러 개의 레코드를 여러 개의 테이블에 동일하게 추가할 수 있다.
② 필드 값을 직접 지정하거나 다른 테이블의 레코드를 추출하여 추가할 수 있다.
③ 레코드의 전체 필드를 추가할 경우 필드 이름을 생략할 수 있다.
④ 하나의 INSERT문을 이용해 여러 개의 레코드와 필드를 삽입할 수 있다.

해설 삽입(INSERT)문 : 동시에 여러 개의 레코드를 추가할 수 있지만 한번에 하나의 테이블에만 추가가 가능하다.

53 다음 중 외부 데이터 가져오기 기능에 대한 설명으로 옳지 않은 것은?

① [텍스트 가져오기 마법사]를 이용하여 기존 테이블에 내용을 추가하려는 경우 기본키에 해당하는 필드의 값들이 고유한 값이 되도록 데이터를 수정하며 가져올 수 있다.
② 하나 이상의 Excel 워크시트에 있는 데이터의 일부 또는 전체를 Access의 새 테이블이나 기존 테이블에 데이터 복사본으로 만들 수 있다.
③ Access에서는 가져오려는 데이터 원본에 255개가 넘는 필드(열)가 있으면 처음 255개 필드만 가져온다.
④ Excel 데이터는 가져오기 명령으로 한 번에 하나의 워크시트만 가져올 수 있으므로 여러 워크시트에서 데이터를 가져오려면 각 워크시트에 대해 가져오기 명령을 반복해야 한다.

해설 [텍스트 가져오기 마법사]에서는 데이터를 수정하면서 가져올 수는 없다.

정답 ▶ 50 ② 51 ③ 52 ① 53 ①

54 다음 중 데이터시트 보기에서 레코드의 요약 정보를 표시하는 'Σ 요약' 기능에 관한 설명으로 옳지 않은 것은?

① 'Σ 요약' 기능을 실행했을 때 생기는 요약 행을 통해 집계 함수를 좀 더 쉽고 빠르게 사용할 수 있다.
② 'Σ 요약' 기능은 데이터시트 형식으로 표시되는 테이블, 폼, 쿼리, 보고서 등에서 사용할 수 있다.
③ 'Σ 요약' 기능이 설정된 상태에서 '텍스트' 데이터 형식의 필드에는 '개수' 집계 함수만 지정할 수 있다.
④ 'Σ 요약' 기능이 설정된 상태에서 '예/아니요' 데이터 형식의 필드에 '개수' 집계 함수를 지정하면 체크된 레코드의 총 개수가 표시된다.

해설 Σ 요약 기능은 데이터시트 형식으로 표시되는 테이블, 폼, 쿼리 등에서 사용할 수 있다(보고서는 제외).

55 다음 중 분할 표시 폼에 대한 설명으로 옳지 않은 것은?

① 분할 표시 폼은 [만들기] 탭의 [폼] 그룹에서 [폼 분할]을 클릭하여 만들 수 있다.
② 분할 표시 폼은 데이터시트 보기와 폼 보기를 동시에 표시하는 기능이며, 이 두 보기는 같은 데이터 원본에 연결되어 있어 항상 상호 동기화된다.
③ 분할 표시 폼을 만든 후에는 컨트롤의 크기 조정은 할 수 없으나 새로운 필드의 추가는 가능하다.
④ 폼 속성 창의 '분할 표시 폼 방향' 항목을 이용하여 폼의 위쪽, 아래쪽, 왼쪽, 오른쪽 등 데이터시트가 표시되는 위치를 설정할 수 있다.

해설 분할 표시 폼을 만든 후 컨트롤의 크기 조정은 가능하다.

56 다음 중 테이블에 입력된 날짜 필드의 값을 '2015-10-13'과 같은 형식으로 표시하고자 할 때 테이블의 디자인 보기에서 지정해야 할 '형식' 속성 값으로 옳은 것은?

① 기본 날짜 ② 자세한 날짜
③ 보통 날짜 ④ 간단한 날짜

해설
- 기본 날짜 : 2015-11-13 오후 3:25:30
- 자세한 날짜 : 2015년 11월 13일 금요일
- 보통 날짜 : 15년 11월 13일

57 다음 중 폼 만들기 도구로 빈 양식의 폼에서 사용자가 직접 텍스트 상자, 레이블, 단추 등의 필요한 컨트롤들을 삽입하여 작성해야 하는 것은?

① 폼 ② 폼 분할
③ 여러 항목 ④ 폼 디자인

해설
- ① 입출력을 위한 화면을 제공할 뿐 데이터가 직접 저장되는 것은 아니다.
- ② 위쪽 구역에는 데이터시트를 표시하는 폼을 만들고, 아래쪽 구역에는 데이터시트에서 선택한 레코드에 대한 정보를 입력할 수 있다.
- ③ 행(레코드)으로 표현된 데이터시트를 그대로 옮긴다.

58 다음 중 [Access 옵션]에서 파일을 열 때마다 나타나는 기본 시작 폼의 설정을 위한 '폼 표시' 옵션이 있는 범주는?

① 일반
② 현재 데이터베이스
③ 고급
④ 사용자 지정

해설 [Access 옵션]-[현재 데이터베이스] : 응용 프로그램 제목 및 아이콘, 폼 표시, 상태 표시줄 표시, 문서 창 옵션, Access 특수 키 사용, 닫을 때 압축, 폼에 Windows 테마 컨트롤 사용, 현재 데이터베이스에 레이아웃 보기 사용, 잘린 숫자 필드 확인, 탐색, 리본 메뉴 및 도구 모음 옵션, 이름 자동 고침 옵션 등을 지정한다.

59 다음 중 피벗 테이블 작성에 대한 설명으로 옳지 않은 것은?

① 피벗 테이블 구성 필드를 열 필드 머리글로 드래그하여 설정할 수 있다.
② 세부 정보 필드에는 하나의 필드만을 삽입하여 분석할 수 있다.
③ 데이터를 요약하여 분석 표 형식으로 알아볼 수 있게 해주는 대화형 테이블을 말한다.
④ [폼] 그룹에서 [기타 폼]을 클릭한 후 [피벗 테이블]을 이용한다.

해설 세부 정보 필드에는 여러 개의 필드를 삽입하여 분석할 수 있다.

정답 54 ② 55 ③ 56 ④ 57 ④ 58 ② 59 ②

60 다음과 같이 조회할 고객의 최소 나이를 입력받아 검색하는 매개 변수 쿼리를 작성하려고 한다. 다음 중 'Age' 필드의 조건식으로 옳은 것은?

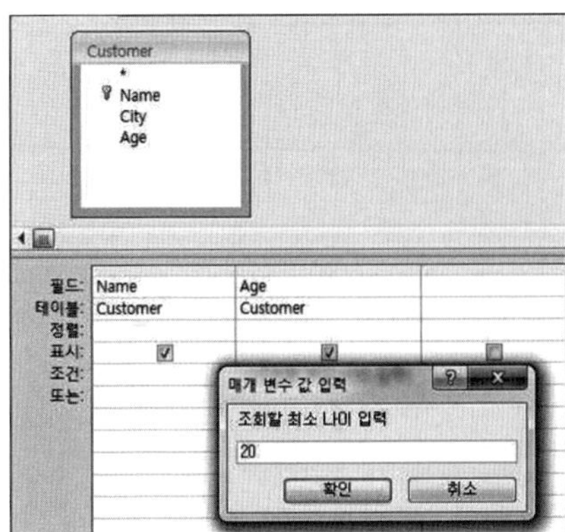

① >={조회할 최소 나이 입력}
② >="조회할 최소 나이 입력"
③ >=[조회할 최소 나이 입력]
④ >=(조회할 최소 나이 입력)

해설 매개 변수 쿼리 : 디자인 보기의 '조건' 행에서 매개 변수 대화 상자에 표시할 텍스트는 대괄호[ ]로 묶어 입력한다.

정답 60 ③

2016년 06월 25일 시행 기출문제

1과목 | 컴퓨터 일반

01 다음 중 컴퓨터에서 사용하는 유니 코드(Unicode)에 관한 설명으로 옳은 것은?

① 국제 표준으로 16비트의 만국 공통의 국제 문자 부호 체제이다.
② 6비트로 구성되어 있으며, 대소문자를 구별할 수 없다.
③ 미국 표준국에서 통신을 위해 최근에 개발된 7비트 문자 부호 체제이다.
④ 대형 컴퓨터에서 주로 사용하며, BCD 코드에서 확장된 8비트 체제이다.

해설
- 유니 코드(Unicode) : 전 세계 모든 문자를 표현할 수 있는 16비트 완성형 국제 표준 코드로 완성형에 조합형을 반영하여 현대 한글의 모든 표현이 가능하다.
- 보기 ②번은 BCD 코드, 보기 ③번은 ASCII 코드, 보기 ④번은 EBCDIC 코드에 대한 설명이다.

02 다음 중 USB 규격의 버전별 최대 데이터 전송 속도로 옳지 않은 것은?

① USB 1.1 : 12Mbps
② USB 2.0 : 480Mbps
③ USB 3.0 : 1Gbps
④ USB 3.1 : 10Gbps

해설 USB 3.0의 최대 데이터 전송 속도는 5Gbps이다.

03 다음 중 컴퓨터에서 사용하는 모니터에 관한 설명으로 옳지 않은 것은?

① 모니터 해상도는 픽셀(Pixel) 수에 따라 결정된다.
② 모니터 크기는 화면의 가로와 세로 길이를 더한 값이다.
③ 재생률(Refresh Rate)이 높을수록 모니터의 깜박임이 줄어든다.
④ 플리커 프리(Flicker Free)가 적용된 모니터의 경우 눈의 피로를 줄일 수 있다.

해설 모니터의 크기 : 화면의 대각선 길이를 인치(Inch)로 표시한다.

04 다음 중 컴퓨터 주기억 장치로 사용되는 SRAM과 DRAM에 관한 설명으로 옳지 않은 것은?

① SRAM은 주로 콘덴서로 구성되며, 재충전이 필요하다.
② SRAM은 DRAM 보다 전력 소모가 많으나 접근 속도가 빠르다.
③ DRAM은 SRAM 보다 집적도가 높아 일반적인 주기억 장치로 사용된다.
④ SRAM은 전원이 공급되는 동안에는 기억 내용이 유지된다.

해설 SRAM은 재충전이 필요 없으며, 주로 캐시 메모리에서 사용한다.

05 한글 Windows의 [Windows 작업 관리자]에서 실행 가능한 작업으로 옳지 않은 것은?

① 네트워크에 연결되어 있는 경우 네트워크의 작동 상태를 확인하고, 수정할 수 있다.
② 실행 중인 응용 프로그램이나 프로세스에 대한 정보를 확인할 수 있다.
③ 둘 이상의 사용자가 컴퓨터에 연결되어 있는 경우 연결된 사용자 및 작업 상황을 확인하고, 사용자에게 메시지를 보낼 수 있다.
④ 컴퓨터에서 사용되고 있는 메모리 및 CPU 리소스의 양에 대한 자세한 정보를 볼 수 있다.

해설 보기 ①번은 네트워크 및 공유 센터에서 상태를 확인하고, 수정할 수 있다.

정답 01 ① 02 ③ 03 ② 04 ① 05 ①

06 다음 중 컴퓨터에서 사용하는 기억 장치에 관한 설명으로 옳지 않은 것은?

① 플래시(Flash) 메모리는 비휘발성 기억 장치로 주로 디지털 카메라나 MP3, 개인용 정보 단말기, USB 드라이브 등 휴대형 기기에서 대용량 정보를 저장하는 용도로 사용된다.
② 하드 디스크 인터페이스 방식은 EIDE, SATA, SCSI 방식 등이 있다.
③ 캐시(Cache) 메모리는 CPU와 주기억 장치 사이에 위치하여 두 장치간의 속도 차이를 줄여 컴퓨터의 처리 속도를 빠르게 하기 위한 메모리이다.
④ 연관(Associative) 메모리는 보조 기억 장치를 마치 주기억 장치와 같이 사용하여 실제 주기억 장치 용량보다 기억 용량을 확대하여 사용하는 방법이다.

• 연관(Associative) 메모리 : 내용에 따라 값을 읽거나 변경시키는 메모리로 접근 속도가 빠르다.
• 보기 ④번의 내용은 가상(Virtual) 메모리에 대한 설명이다.

07 한글 Windows의 [고급 부팅 옵션] 화면에서 [안전 모드] 항목의 부팅 방법에 관한 설명으로 옳은 것은?

① 컴퓨터가 비정상적으로 작동될 때 컴퓨터에 발생한 문제를 해결하기 위하여 사용하는 방식으로 네트워크를 사용할 수 없다.
② 네트워크가 연결된 경우에 컴퓨터 관리자에게 해당 컴퓨터의 디버그 정보를 보내면서 부팅하는 방식이다.
③ 마지막으로 시스템이 문제없이 실행되고 종료되었을 때 레지스트리 정보와 드라이버를 사용하여 부팅하는 방식이다.
④ 시스템의 안전을 위하여 다중 부팅 선택 화면을 이용하여 부팅하는 방식이다.

해설 안전 모드 : 컴퓨터가 비정상적으로 작동될 때 Windows를 최소한의 기능으로 부팅하여 시스템의 각종 문제를 진단한다(CD-ROM, 프린터, 네트워크 카드, 사운드 카드 등은 사용할 수 없음).

08 한글 Windows에서 홈 그룹 설정에 대한 설명으로 옳지 않은 것은?

① 홈 그룹은 홈 네트워크에서만 사용할 수 있다.
② 홈 그룹에 참여하면 Guest 계정을 제외한 내 컴퓨터의 모든 계정이 홈 그룹의 구성원이 된다.
③ 모든 사람이 홈 그룹을 나가도 홈 그룹은 존재한다.
④ 자동으로 공유되지 않는 파일과 폴더는 공유 대상 메뉴를 사용하여 개별 파일과 폴더를 선택하고, 다른 사용자와 공유할 수 있다.

해설 모든 사람이 홈 그룹을 나가면 홈 그룹은 존재할 수 없다.

09 다음 중 컴퓨터 변경 내용에 대한 알림 조건을 선택할 수 있는 사용자 계정 컨트롤(UAC) 설정에 대한 설명으로 옳지 않은 것은?

① 유해한 프로그램이나 불법 사용자가 컴퓨터 설정을 임의로 변경하지 못하도록 제어하는 기능이다.
② Guest 계정에서는 [사용자 계정 컨트롤 설정] 창에서 관리자 계정의 암호를 입력해야 UAC의 알림 빈도를 제어할 수 있다.
③ UAC를 '항상 알림'으로 설정하는 것이 가장 안전한 설정이며, 프로그램에서 관리자 수준 권한이 필요한 컴퓨터 변경 작업을 수행하거나 사용자가 직접 Windows 설정을 변경할 때 알림이 표시된다.
④ UAC를 기본 값으로 설정하는 경우 프로그램에서 사용자 모르게 컴퓨터를 변경하려는 경우에만 알림이 표시되며, 사용자가 직접 Windows 설정을 변경하는 경우에는 알림이 표시되지 않는다.

해설 Guest 계정에서는 [사용자 계정 컨트롤 설정] 창이 실행되지 않는다.

10 다음 중 CMOS와 BIOS에 대한 설명으로 옳지 않은 것은?

① 일반적으로 부팅 시 Delete 키 또는 F2 키 등을 눌러 CMOS 셋업 프로그램을 실행할 수 있다.
② BIOS는 POST, 시스템 초기화, 시스템 부트 등을 수행하는 제어 프로그램이다.
③ BIOS는 CMOS에 저장되어 있다.

정답 06 ④ 07 ① 08 ③ 09 ② 10 ③

④ CMOS는 부팅 시에 필요한 하드웨어 정보를 담고 있는 반도체이다.

 바이오스(BIOS)는 메인보드의 ROM에 저장되어 있어 ROM-BIOS라고도 한다.

11 다음 중 게시판 입력, 상품 검색, 회원 가입 등과 같은 데이터베이스 처리 작업을 수행하기 위해 사용하며, 웹 서버에서 작동하는 스크립트 언어들로만 모아 놓은 것은?

① HTML, XML, SGML
② Java, Java Applet, Java Script
③ Java Script, VB Script
④ ASP, JSP, PHP

- ASP : CGI의 단점을 보완하기 위해 개발된 웹 문서 언어로 Windows 계열에서만 수행이 가능하다.
- JSP : 자바를 이용한 서버 측 스크립트로 다양한 운영 체제에서 사용이 가능하다.
- PHP : 서버 측 스크립트 언어로 서버에서 해석하여 HTML 문서를 만든다.

12 다음 중 보기의 설명에 해당하는 Windows 제공 기능은?

- 데이터와 데이터를 연결하여 원본 데이터를 수정할 때 연결된 데이터도 함께 수정되도록 지원하는 기능이다.
- 이 기능을 지원하는 그래픽 프로그램에서 그린 그림을 문서 편집기에 연결한 경우 그래픽 프로그램에서 그림을 수정하면 문서 편집기의 그림도 같이 변경된다.

① 선점형 멀티태스크(Preemptive Multitasking)
② GUI(Graphic User Interface)
③ PnP(Plug & Play)
④ OLE(Object Linking and Embedding)

- ① 응용 프로그램에서 오류가 발생했을 경우 오류가 발생한 응용 프로그램만 강제 종료(Ctrl+Alt+Delete)할 수 있다.
- ② 마우스를 이용하여 메뉴나 아이콘을 선택하면 대부분의 작업이 수행되는 사용자 작업 환경이다.
- ③ 새로운 하드웨어를 설치할 때 이를 자동으로 감지하여 하드웨어 구성 및 충돌을 방지하는 기능으로 장치를 연결하면 필요한 드라이버를 설치하기 때문에 하드웨어 추가가 쉽다.

13 다음 중 인터넷에서 사용하는 IPv6에 관한 설명으로 옳지 않은 것은?

① IPv4와의 호환성이 우수하다.
② 128비트의 주소를 사용하며, 주소의 각 부분은 .(Period)로 구분한다.
③ 실시간 흐름 제어로 향상된 멀티미디어 기능을 지원한다.
④ 인증성, 기밀성, 데이터 무결성의 지원으로 보안 문제를 해결할 수 있다.

 IPv6 : IPv4의 주소 공간을 4배 확장한 것으로 128비트를 16비트씩 8개로 나누어 표시하며, IP는 콜론(:)으로 구분한다.

14 다음 중 디지털 데이터 신호를 변조하지 않고, 원래의 신호를 그대로 직접 전송하는 방식으로 LAN과 같은 근거리 통신망에 사용되는 것은?

① 단방향 전송 ② 반이중 전송
③ 베이스밴드 전송 ④ 브로드밴드 전송

- 단방향 : 한 쪽 방향으로만 정보 전송이 가능한 방식이다.
- 반이중 : 양 쪽 방향으로 정보 전송이 가능하지만 동시에는 전송할 수 없는 방식이다.

15 다음 중 네트워크와 관련하여 Ping 서비스에 대한 설명으로 옳은 것은?

① 인터넷의 기원, 구성, 사용 가능한 인터넷 서비스 등 기초적인 정보를 제공하는 서비스이다.
② 웹 브라우저와 웹 서버 사이의 정보 전달을 위한 인터페이스를 제공해 주는 서비스이다.
③ DNS가 가지고 있는 특정 도메인의 IP 주소를 검색해 주는 서비스이다.
④ 지정된 호스트에 대해 네트워크층의 통신이 가능한지의 여부를 확인하는 서비스이다.

해설 Ping : 네트워크 연결을 점검하기 위해 상대방 컴퓨터의 동작 여부를 확인하는 명령어이다(대상 IP 주소의 호스트 이름, 전송 신호의 손실률, 전송 신호의 응답 시간 등을 확인).

정답 11 ④ 12 ④ 13 ② 14 ③ 15 ④

16 다음 중 음성 또는 영상의 아날로그 신호를 디지털 신호로 변환하거나 그 반대로 디지털 신호를 아날로그 신호로 변환하는 장치는?

① 허브(HUB)
② 디지털 서비스 유니트(DSU)
③ 코덱(CODEC)
④ 통신 제어 장치(CCU)

- ① LAN 상에서 한꺼번에 여러 컴퓨터나 기기들을 연결하기 위한 장치이다.
- ② 디지털 회선용의 회선 종단 장치로 주 컴퓨터나 각종 데이터 단말 장치(DTE)를 고속 디지털 전송로에 접속하여 데이터 통신을 한다.
- ④ 데이터 통신 시스템에서 주 컴퓨터에 접속되어 컴퓨터와 단말간 또는 다른 컴퓨터간에 통신 제어 기능을 수행하는 장치이다.

17 다음 중 인터넷상의 보안을 위협하는 행위에 대한 설명으로 옳은 것은?

① 어떤 프로그램이 정상적으로 실행되는 것처럼 속임수를 사용하는 것은 Sniffing이다.
② 네트워크 주변을 지나다니는 패킷을 엿보면서 아이디와 패스워드를 알아내는 것은 Spoofing이다.
③ 크래킹의 도구로 키보드의 입력을 문서 파일로 저장하거나 주기적으로 전송하여 ID나 암호 등의 개인 정보를 빼내는 것은 Key Logger이다.
④ 특정 사이트에 오버플로우를 일으켜서 시스템이 서비스를 거부하도록 만드는 것은 Trap Door이다.

- Sniffing : 네트워크 주변의 모든 패킷을 엿보면서 계정(Account)과 암호(Password)를 알아내기 위한 행위이다.
- Spoofing : 신뢰성 있는 사람이 네트워크를 통해 데이터를 보낸 것처럼 허가받지 않은 사용자가 네트워크상의 데이터를 변조하여 접속하는 행위이다.
- Trap Door : 프로그램을 개발할 때 코드 중간에 중단 부분을 만들어 악의적인 목적으로 사용한다.

18 다음 중 컴퓨터 통신에서 사용하는 프록시(Proxy) 서버의 기능으로 옳은 것은?

① 방화벽 기능과 캐시 기능
② 웹 서비스와 IP 주소 확인 기능
③ 팝업 차단과 방문한 웹 주소 기억 기능
④ 서버 인증과 바이러스 차단 기능

프록시(Proxy) 서버 : 시스템에 방화벽이 있는 경우 외부와의 통신을 위해 만들어 놓은 것으로 방화벽 안쪽에 있는 서버들의 외부 연결을 이루며, 연결 속도를 올리기 위해 다른 서버로부터 목록을 캐시한다.

19 다음 중 멀티미디어에 대한 설명으로 옳지 않은 것은?

① 멀티미디어와 관련된 표준안은 그래픽, 오디오, 문서 등 매우 다양하다.
② 대표적인 정지 화상 표준으로는 손실, 무손실 압축 기법을 다 사용할 수 있는 JPEG과 무손실 압축 기법을 사용하는 GIF가 있다.
③ 국제 표준 규격인 MPEG은 Windows 표준 동영상 파일 형식으로 Windows에서 별도의 하드웨어 장치 없이 재생할 수 있다.
④ 스트리밍이 지원되는 파일 형식은 ASF, WMV, RAM 등이 있다.

- MPEG : 동영상 전문가 그룹에서 제정한 동영상 압축 기술에 대한 국제 표준으로 동영상뿐만 아니라 오디오 데이터도 압축하며, 압축 시에는 데이터가 손실되지만 사용 목적에는 지장이 없다.
- Windows에서 별도의 하드웨어 장치 없이 재생할 수 있는 것은 AVI이다.

20 다음 중 멀티미디어 그래픽과 관련하여 이미지 표현 방식에 관한 설명으로 옳지 않은 것은?

① 비트맵 방식은 이미지를 모니터 화면에 표시하는 속도가 벡터 방식에 비해 빠르다.
② 비트맵 방식은 다양한 색상을 사용하므로 사진과 같은 사실적 표현이 가능하고, 여러 가지 특수 효과를 쉽게 줄 수 있다.
③ 벡터 방식은 점, 직선, 도형 정보를 사용하여 수학적인 계산에 의해 이미지를 표현한다.
④ 벡터 방식의 대표적인 프로그램 종류는 포토샵, 일러스트레이터, 플래시 등이 있다.

비트맵 방식은 포토샵, 페인트샵 등에서 사용하고, 벡터 방식은 일러스트레이터, 플래시, 코렐 드로우 등에서 사용한다.

정답 16 ③ 17 ③ 18 ① 19 ③ 20 ④

2과목 | 스프레드시트 일반

21 다음 중 피벗 테이블과 피벗 차트에 대한 설명으로 옳지 않은 것은?

① 새 워크시트에 피벗 테이블을 생성하면 보고서 필터의 위치는 [A1] 셀, 행 레이블은 [A3] 셀에서 시작한다.
② 피벗 테이블과 연결된 피벗 차트가 있는 경우 피벗 테이블에서 [모두 지우기] 명령을 사용하면 피벗 테이블과 피벗 차트의 필드, 서식 및 필터가 제거된다.
③ 하위 데이터 집합에도 필터와 정렬을 적용하여 원하는 정보만 강조할 수 있으나 조건부 서식은 적용되지 않는다.
④ [피벗 테이블 옵션] 대화 상자에서 오류 값을 빈 셀로 표시하거나 빈 셀에 원하는 값을 지정하여 표시할 수도 있다.

해설 하위 데이터 집합에도 조건부 서식은 적용이 가능하다.

22 다음 중 자동 필터에 관한 설명으로 옳지 않은 것은?

① 날짜가 입력된 열에서 요일로 필터링하려면 '날짜 필터' 목록에서 필터링 기준으로 사용할 요일을 하나 이상 선택하거나 취소한다.
② 두 개 이상의 필드에 조건을 설정하는 경우 필드 간에는 AND 조건으로 결합되어 필터링 된다.
③ 열 머리글에 표시되는 드롭다운 화살표에는 해당 열에서 가장 많이 나타나는 데이터 형식에 해당하는 필터 목록이 표시된다.
④ 자동 필터를 사용하면 목록 값, 서식 또는 조건 등 세 가지 유형의 필터를 만들 수 있으며, 각 셀의 범위나 표 열에 대해 한 번에 한 가지 유형의 필터만 사용할 수 있다.

해설 날짜 데이터는 연, 월, 일의 계층별로 그룹화되어 계층에서 상위 수준을 선택하거나 선택을 취소하는 경우 해당 수준 아래의 중첩된 날짜가 모두 선택되거나 취소된다.

23 다음 중 데이터 유효성 검사를 실행하기 위해 유효성 조건으로 설정할 수 있는 '제한 대상'에 대한 설명으로 옳지 않은 것은?

① 목록 : 목록으로 정의한 항목으로 데이터 제한
② 정수 : 지정된 범위를 벗어난 숫자 제한
③ 데이터 : 지정된 데이터 형식에 대한 제한
④ 사용자 지정 : 수식을 사용하여 허용되는 값 제한

해설
- 유효성 조건의 제한 대상 : 모든 값, 정수, 소수점, 목록, 날짜, 시간, 텍스트 길이, 사용자 지정
- 제한 대상에 '데이터' 항목은 없다.

24 다음 중 외부 데이터 가져오기를 이용하여 데이터를 추출한 경우 연결된 데이터에 새로 고침을 실행하는 작업에 대한 설명으로 옳지 않은 것은?

① 통합 문서를 열 때 외부 데이터 범위를 자동으로 새로 고칠 수 있으며, 외부 데이터는 저장하지 않고, 통합 문서를 저장하여 통합 문서 파일 크기를 줄일 수도 있다.
② 새로 고침 옵션에서 '다른 작업하면서 새로 고침'을 선택하여 OLAP 쿼리를 백그라운드로 실행하면 쿼리가 실행되는 동안에도 Excel을 사용할 수 있다.
③ 열려 있는 통합 문서가 여러 개이면 각 통합 문서에서 '모두 새로 고침'을 클릭하여 외부 데이터를 새로 고쳐야 한다.
④ 일정한 간격으로 데이터 새로 고침을 자동 수행하도록 설정할 수 있으며, 수행 간격은 분 단위로 지정한다.

해설 다른 작업하면서 새로 고침을 선택하여 OLAP 쿼리를 백그라운드로 실행하면 쿼리가 실행되는 동안에 Excel을 사용할 수는 없다.

25 다음 중 서식 코드를 셀의 사용자 지정 표시 형식으로 설정한 경우 입력 데이터와 표시 결과가 옳지 않은 것은?

정답 ▶ 21 ③ 22 ① 23 ③ 24 ② 25 ③

	서식 코드	입력 데이터	표시
㉠	# ???/???	3.75	3　3/4
㉡	0.00#,	-6789	-0.007
㉢	*-#,##0	6789	*---6,789
㉣	▲#;▼#;0	-6789	▼6789

① ㉠　　② ㉡

③ ㉢　　④ ㉣

해설
- # : 유효 자릿수만 표시하며, 무효의 0은 표시하지 않는다.
- 0 : 무효의 0을 포함하여 숫자의 자릿수를 표시한다.
- , : 천 단위 구분자로 콤마를 삽입한다.
- 보기 ㉢에서의 결과는 6,789이다.

26 다음 중 데이터 입력에 대한 설명으로 옳지 않은 것은?

① 고정 소수점이 포함된 숫자를 입력하려면 [Excel 옵션]의 [고급] 편집 옵션에서 '소수점 자동 삽입' 확인란을 선택하고 소수점 위치를 설정한다.

② 셀에 입력하는 글자 중 처음 몇 자가 해당 열의 기존 내용과 일치하면 나머지 글자가 자동으로 입력되며, 텍스트나 텍스트/숫자 조합, 날짜가 입력되는 경우에만 자동으로 입력된다.

③ 두 개 이상의 셀을 선택하고 채우기 핸들을 끌 때 Ctrl 키를 누르고 있으면 자동 채우기 기능을 해제할 수 있다.

④ 시간을 12시간제로 입력하려면 '9:00 pm'과 같이 시간 뒤에 공백을 입력하고 am 또는 pm을 입력한다.

해설 보기 ②번에서 텍스트만 자동으로 입력된다.

27 다음 중 통합 문서 보호를 설정한 경우 이에 대한 설명으로 옳지 않은 것은?

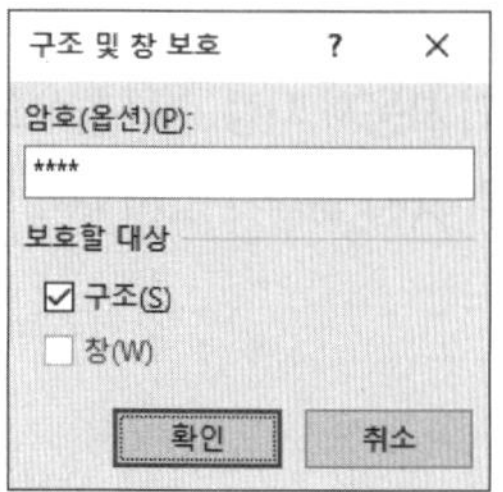

① 워크시트의 이동, 삭제, 숨기기, 워크시트의 이름 변경 등의 기능을 실행할 수 없다.

② 삽입되어 있는 차트를 다른 워크시트로 이동시킬 수 없다.

③ 시나리오 요약 보고서를 만들 수 없다.

④ 피벗 테이블 보고서에서 데이터 영역의 셀에 대한 원본 데이터를 표시하거나 별도 워크시트에 필드 페이지를 표시할 수 없다.

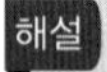

해설
- 통합 문서 보호 : 시트의 이동, 삭제, 숨기기, 숨기기 해제, 이름 바꾸기, 창 이동, 창 크기 조절 등을 할 수 없도록 통합 문서를 보호한다.
- 보기 ②번에서 삽입되어 있는 차트를 다른 워크시트로 이동시킬 수 있다.

28 다음 중 셀을 이동하거나 복사하는 과정에 대한 설명으로 옳지 않은 것은?

① 셀을 이동하거나 복사하면 수식과 결과값, 셀 서식 및 메모를 포함한 셀 전체가 이동되거나 복사된다.

② 선택 영역의 테두리를 클릭한 채 다른 위치로 드래그하면 해당 영역이 이동된다.

③ 선택한 복사 영역에 숨겨진 행이나 열이 있는 경우 숨겨진 영역도 함께 복사된다.

④ Ctrl+X 키를 이용하여 잘라내기 한 경우 [값 붙여넣기]를 실행할 수 있다.

해설 Ctrl+X 키를 이용하여 잘라내기하면 [붙여넣기]와 [연결하여 붙여넣기]만 실행이 가능하고, [값 붙여넣기]는 실행할 수 없다.

29 다음 중 워크시트에서 <보기>의 프로시저 실행 결과로 옳은 것은?

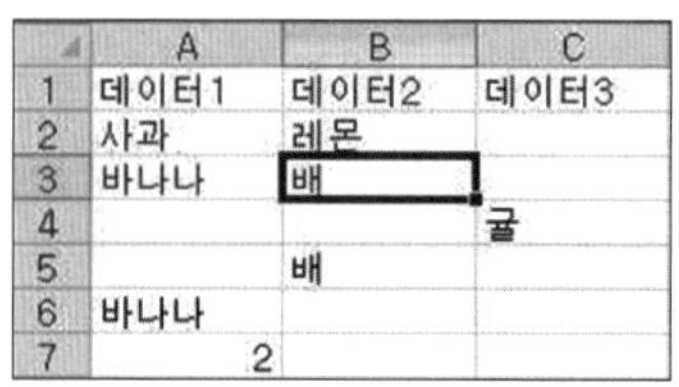

	A	B	C
1	데이터1	데이터2	데이터3
2	사과	레몬	
3	바나나	배	
4			귤
5		배	
6	바나나		
7	2		

```
Sub B3 선택( )
    Range("B3").CurrentRegion.Select
End Sub
```

정답 26 ② 27 ② 28 ④ 29 ④

① [B3] 셀이 선택된다.
② [A1:B3] 셀이 선택된다.
③ [A1:C3] 셀이 선택된다.
④ [A1:C7] 셀이 선택된다.

CurrentRegion은 현재 영역을 나타내는 Range 개체를 반환하므로 Range("B3").CurrentRegion은 [B3] 셀의 현재 영역을 의미한다. 즉, Range("c3").CurrentRegion.select라 하면 [A1] 셀에서 [E6] 셀 전부를 선택한다.

30 다음 중 서브 프로시저가 실행된 후 [A2] 셀의 값으로 옳은 것은?

```
Sub 예제( )
    Range("A1:C3").Value = 10
    Range("A1", "C3").Value = 20
    Range("A1, C3").Value = 30
End Sub
```

① 10　　② 20
③ 30　　④ 0

해설 Range("A1:C3")과 Range("A1", "C3")은 동일한 의미(전체 범위)로 20이 더 나중에 실행되었기 때문에 [A2] 셀의 값은 20이다.

31 다음 중 워크시트에서 수식의 결과로 '부사장'을 출력하지 않는 것은?

	A	B	C	D
1	사원번호	성명	직함	생년월일
2	101	구민정	영업 과장	1980-12-08
3	102	강수영	부사장	1965-02-19
4	103	김진수	영업 사원	1991-08-30
5	104	박용만	영업 사원	1990-09-19
6	105	이순신	영업 부장	1971-09-20
7				

① =CHOOSE(CELL("row", B3), C2, C3, C4, C5, C6)
② =CHOOSE(TYPE(B4), C2, C3, C4, C5, C6)
③ =OFFSET(A1:A6, 2, 2, 1, 1)
④ =INDEX(A2:D6, MATCH(A3, A2:A6, 0))

- CHOOSE(번호, 인수1, 인수2) : 인수 목록 중 번호에 해당하는 인수를 구한다(목록 중 하나를 골라 선택).
- CELL("row", B3)이 3이므로 [C2], [C3], [C4] 중 3번째인 [C4] 셀에 있는 영업 사원이 출력된다.

32 다음 중 워크시트에서 [A4:B5] 영역을 선택한 후 수식 =A1:B2+D1:E2를 입력하고, Ctrl+Shift+Enter 키를 눌렀을 때, [B5] 셀에 표시되는 값으로 옳은 것은?

	A	B	C	D	E
1	1	2		1	2
2	3	4		3	4
3					
4					
5					

① 4　　② 8
③ 10　　④ 20

해설 배열 수식의 관계로 [A4] 셀은 [A1]+[D1], [B4] 셀은 [B1]+[E1], [A5] 셀은 [A2]+[D2], [B5] 셀은 [B2]+[E2]의 수식이 성립되므로 [B5] 셀에는 4+4=8이 표시된다.

33 다음 중 시트에서 자격증 응시자에 대한 과목별 평균을 구하려고 할 때, [C11] 셀에 입력해야 할 배열 수식으로 옳은 것은?

	A	B	C
1	자격증 응시 결과		
2	응시자	과목	점수
3	강선미	1과목	80
4		2과목	86
5	이수진	1과목	90
6		2과목	80
7	김예린	1과목	78
8		2과목	88
9			
10		과목	평균
11		1과목	
12		2과목	

① {=AVERAGE(IF(MOD(ROW(C3:C8), 2)=0, C3:C8))}
② {=AVERAGE(IF(MOD(ROW(C3:C8), 2)=1, C3:C8))}
③ {=AVERAGE(IF(MOD(ROWS(C3:C8), 2)=0, C3:C8))}
④ {=AVERAGE(IF(MOD(ROWS(C3:C8), 2)=1, C3:C8))}

- 배열 수식은 수식을 입력하고 Ctrl+Shift+Enter 키를 동시에 누르면 수식 앞뒤에 중괄호({ })가 자동으로 입력된다.
- ROW(C3:C8)에서 참조행 3을 반환하고, MOD(3, 2)에서 1을 반환한다.

정답 30 ② 31 ① 32 ② 33 ②

34 다음 중 배열 수식 및 배열 함수에 대한 설명으로 옳지 않은 것은?

① 배열 수식에서 사용되는 배열 상수에는 숫자, 텍스트, TRUE나 FALSE 등의 논리값 또는 #N/A와 같은 오류 값이 포함될 수 있다.

② MDETERM 함수는 배열로 저장된 행렬에 대한 역행렬을 산출한다.

③ PERCENTILE 함수는 범위에서 k번째 백분위수 값을 구하며, 이때 k는 0에서 1까지 백분위수 값 범위이다.

④ FREQUENCY 함수는 값의 범위 내에서 해당 값의 발생 빈도를 계산하여 세로 배열 형태로 나타낸다.

해설 MDETERM(배열) 함수는 배열의 행렬식을 구하고, MINVERSE(배열) 함수는 배열의 역행렬을 구한다.

35 다음 중 [틀 고정]에 대한 설명으로 옳지 않은 것은?

① 워크시트를 스크롤할 때 특정 행이나 열이 계속 표시되도록 하는 기능이다.

② 워크시트의 화면상 첫 행이나 첫 열을 고정할 수 있으며, 선택한 셀의 위쪽 행과 왼쪽 열을 고정할 수도 있다.

③ 표시되어 있는 틀 고정 선을 더블 클릭하여 틀 고정을 취소할 수 있다.

④ 인쇄 시 화면에 표시되는 틀 고정의 형태는 적용되지 않는다.

해설
- 틀 고정을 취소하려면 [틀 고정] 단추를 클릭하고, [틀 고정 취소]를 선택한다.
- 틀 고정을 취소할 수 있다. → 틀 고정을 취소할 수 없다.

36 다음 중 엑셀에서 지원하는 파일 형식에 대한 설명으로 옳지 않은 것은?

① 통합 문서에 매크로나 VBA 코드가 없으면 '*.xlsx' 파일 형식으로 저장한다.

② Excel 2010 파일을 Excel 2016에서 열어 작업할 경우 파일은 자동으로 Excel 2016 형식으로 저장된다.

③ 통합 문서를 서식 파일로 사용하려면 '*.xltx' 파일 형식으로 저장한다.

④ 이전 버전의 Excel에서 만든 파일을 Excel 2016 파일로 저장하면 새로운 Excel 기능을 모두 사용할 수 있다.

해설 보기 ②번에서 Excel 2010 파일을 Excel 2016에서 열어 작업할 경우 파일이 자동으로 Excel 2016 형식으로 저장되지는 않는다. 즉, Excel 2016 형식으로 다시 저장해야 한다.

37 다음 중 보기 설명에 해당하는 차트 종류는?

- 항목의 값을 점으로 표시하여 여러 데이터 값들의 관계를 보여주며, 주로 과학 데이터의 차트 작성에 사용된다. 
- 가로 축의 값이 일정한 간격이 아닌 경우나 데이터 요소의 수가 많은 경우 사용된다.
- 기본적으로 5개의 하위 차트 종류가 제공되며, 3차원 차트로 작성할 수 없다.

① 분산형 차트　② 도넛형 차트

③ 방사형 차트　④ 혼합형 차트

해설
- 도넛형 : 원형 차트를 개선한 것으로 전체 항목에 대한 각 항목의 비율을 나타낸다.
- 방사형 : 많은 데이터 계열의 집계 값을 비교할 때 사용한다.
- 혼합형 : 여러 개의 데이터 계열로 이루어진 차트에서 특정 데이터 계열만 선택하여 다른 차트로 나타낼 때 사용한다.

38 다음 중 엑셀 차트의 추세선에 관한 설명으로 옳지 않은 것은?

① 추세선은 지수, 선형, 로그, 다항식, 거듭제곱, 이동 평균 등 6가지의 종류가 있다.

② 하나의 데이터 계열에 두 개 이상의 추세선을 동시에 표시할 수는 없다.

③ 추세선이 추가된 데이터 계열의 차트 종류를 3차원 차트로 변경하면 추세선은 자동으로 삭제된다.

④ 추세선을 삭제하려면 차트에 표시된 추세선을 선택한 후 Delete 키를 누르거나 추세선의 바로 가기 메뉴에서 [삭제]를 선택한다.

해설 하나의 데이터 계열에 두 개 이상의 추세선을 동시에 표시할 수 있다.

정답 34 ② 35 ③ 36 ② 37 ① 38 ②

39 다음 중 [보기] 탭의 [페이지 나누기 미리 보기]에 대한 설명으로 옳지 않은 것은?

① 페이지 나누기는 구분선을 이용하여 인쇄를 위한 페이지 나누기를 빠르게 조정하는 기능이다.

② 행 높이와 열 너비를 변경하면 자동 페이지 나누기의 위치도 변경된다.

③ [페이지 나누기 미리 보기]에서 수동으로 삽입된 페이지 나누기는 파선으로 표시되고, 자동으로 추가된 페이지 나누기는 실선으로 표시된다.

④ 용지 크기, 여백 설정, 배율 옵션 등에 따라 자동 페이지 나누기가 삽입된다.

해설 [페이지 나누기 미리 보기]에서 수동으로 삽입된 페이지 나누기는 실선으로 표시되고, 자동으로 추가된 페이지 나누기는 파선으로 표시된다.

40 다음 중 워크시트의 화면 [확대/축소]에 관한 설명으로 옳지 않은 것은?

① 여러 워크시트가 선택된 상태에서 확대/축소 배율을 변경하면 선택된 워크시트 모두 확대/축소 배율이 적용된다.

② [보기] 탭 [확대/축소] 그룹의 [선택 영역 확대/축소] 명령은 선택된 영역으로 전체 창을 채우도록 워크시트를 확대하거나 축소한다.

③ 확대/축소 배율은 최소 10%, 최대 400%까지 설정할 수 있다.

④ [확대/축소] 대화 상자에서 지정한 배율은 인쇄 시 [페이지 설정]의 확대/축소 배율에 반영된다.

해설 화면에서 지정한 확대/축소 배율은 인쇄 시 적용되지 않는다.

3과목 | 데이터베이스 일반

41 다음 중 매크로 함수에 대한 설명으로 옳은 것은?

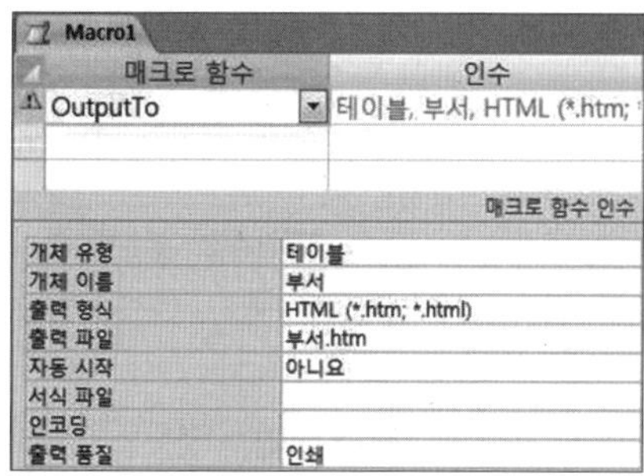

① 부서.htm 파일을 인쇄한 후 부서.htm 파일의 내용을 [부서] 테이블로 저장한다.

② HTML 문서인 부서.htm 파일을 읽어 [부서] 테이블로 가져오기 마법사를 실행한다.

③ [부서] 테이블의 내용을 HTML 문서인 부서.htm 파일로 저장한다.

④ [부서] 테이블의 형식을 HTML 형식으로 변경한 후 [부서] 테이블에 저장한다.

해설 OutputTo : 지정한 액세스의 개체를 엑셀, 문자열 파일(.txt), 서식 있는 문자열 파일(.rtf), HTML 등과 같은 다른 파일 형식으로 내보내기하는 매크로 함수이다.

42 다음 중 이름이 'txt제목'인 텍스트 상자 컨트롤에 '매출내역'이라는 내용을 입력하는 VBA 명령으로 옳지 않은 것은?

① txt제목 = "매출내역"

② txt제목.text = "매출내역"

③ txt제목.value = "매출내역"

④ txt제목.caption = "매출내역"

해설 이름은 실제 이름에 해당하고, caption은 보여 지는 이름으로 이름은 'txt제목'인데 텍스트 상자 컨트롤에 '매출내역'을 보이게 할 경우 caption을 사용지만 caption = "매출내역"을 입력해도 txt제목은 변경되지 않는다.

43 다음 중 외래키 값을 관련된 테이블의 기본키 값과 동일하게 유지해 주는 제약 조건은?

정답 39 ③ 40 ④ 41 ③ 42 ④ 43 ③

① 동시 제어성　　② 관련성
③ 참조 무결성　　④ 동일성

해설 참조 무결성 : 관련된 테이블 레코드간의 관계를 유효하게 하고, 사용자가 실수로 관련 데이터를 삭제하거나 변경하지 않도록 하기 위해서 액세스가 사용하는 규칙으로 참조하고 참조되는 테이블간의 참조 관계에 아무런 문제가 없는 상태이다.

44 다음 중 실행 쿼리에 해당하지 않는 것은?

① 테이블 만들기 쿼리　　② 추가 쿼리
③ 업데이트 쿼리　　④ 선택 쿼리

해설 실행 쿼리 : 여러 레코드를 한꺼번에 변경할 수 있는 쿼리로 삭제 쿼리, 업데이트 쿼리, 추가 쿼리, 테이블 작성 쿼리 등으로 나누어진다.

45 다음 중 데이터 보안 및 회복, 무결성, 병행 수행 제어 등을 정의하는 데이터베이스 언어로 데이터베이스 관리자가 데이터 관리를 목적으로 주로 사용하는 언어는?

① 데이터 제어어(DCL)
② 데이터 부속어(DSL)
③ 데이터 정의어(DDL)
④ 데이터 조작어(DML)

해설
- ③ 데이터베이스 스키마를 정의하는 언어로 데이터베이스를 생성하거나 구조 형태를 수정할 때 사용되며, 데이터베이스의 논리적 구조와 물리적 구조를 정의할 수 있는 기능을 제공한다.
- ④ 데이터베이스에 대한 검색과 갱신을 위한 언어로 테이블이나 필드 같은 데이터 구조는 변경할 수 없다.

46 다음 중 보고서의 각 구역에 대한 설명으로 옳지 않은 것은?

① 보고서 바닥글 영역에는 로고, 보고서 제목, 날짜 등을 삽입하며, 보고서의 모든 페이지에 출력된다.
② 페이지 머리글 영역에는 열 제목 등을 삽입하며, 모든 페이지의 맨 위에 출력된다.
③ 그룹 머리글/바닥글 영역에는 일반적으로 그룹별 이름, 요약 정보 등을 삽입한다.
④ 본문 영역은 실제 데이터가 레코드 단위로 반복 출력되는 부분이다.

해설 보고서 바닥글 : 보고서의 제일 마지막 장 본문 아래에 인쇄하며, 본문 계산 필드의 합계나 평균 등을 표시한다(보고서 데이터에 대한 요약 정보를 표시).

47 다음 중 보고서의 그룹화 및 정렬에 대한 설명으로 옳지 않은 것은?

① '그룹'은 머리글과 같은 소계 및 요약 정보와 함께 표시되는 레코드의 모음으로 그룹 머리글, 세부 레코드 및 그룹 바닥글로 구성된다.
② 그룹화 할 필드가 날짜 데이터이면 실제 값(기본) 일/주/월/분기/연도를 기준으로 문자 데이터이면 전체 필드(기본) 또는 처음 첫 자에서 다섯 자까지 문자수를 기준으로 그룹화 할 수 있다.
③ Sum 함수를 사용하는 계산 컨트롤을 그룹 머리글에 추가하면 현재 그룹에 대한 합계를 표시할 수 있다.
④ 필드나 식을 기준으로 최대 5단계까지 그룹화 할 수 있으며, 같은 필드나 식은 한 번씩만 그룹화 할 수 있다.

해설 필드나 식을 기준으로 최대 10단계까지 그룹화 할 수 있다.

48 다음 중 보고서 작성 시 페이지 번호 출력을 위한 식과 그 결과의 연결이 옳지 않은 것은? (Page, Pages 변수값은 각각 20과 80으로 설정되었다고 가정한다.)

① 식 : =[Page] 결과값 : 20
② 식 : =[Page] & " Page" 결과값 : 20 Page
③ 식 : =Format([Page], "000") 결과값 : 020
④ 식 : =[Page/Pages] 결과값 : 20/80

해설 식 : = [page] &"/" &[pages] 일 때, 결과값 : 20/80이 된다.

49 다음 중 레이블 보고서에 관한 설명으로 옳지 않은 것은?

① 레이블은 표준 레이블 또는 사용자 지정 레이블을 사용할 수 있다.
② 여러 개의 열로 이루어지고, 그룹 머리글과 그룹 바닥글, 세부 구역이 각 열마다 나타난다.

정답 44 ④　45 ①　46 ①　47 ④　48 ④　49 ②

③ 레이블 형식에서 낱장 용지와 연속 용지를 선택할 수 있다.
④ 레이블에서 이름 필드의 값에 '귀하'를 붙여 출력하려면 '{이름}귀하'로 설정한다.

해설 보기 ②번은 크로스탭 보고서에 대한 설명이다.

50 다음 중 [관계 편집] 대화 상자에 대한 설명으로 옳지 않은 것은?

① 관계를 구성하는 어느 한 쪽의 테이블 또는 필드 및 쿼리를 변경할 수 있다.
② 조인 유형을 내부 조인, 왼쪽 우선 외부 조인, 오른쪽 우선 외부 조인 중에서 선택할 수 있다.
③ '항상 참조 무결성 유지'를 선택한 경우 '관련 필드 모두 업데이트'와 '관련 레코드 모두 삭제' 옵션을 선택할 수 있다.
④ 관계의 종류를 일대다, 다대다, 일대일 중에서 선택할 수 있다.

해설 관계를 정의할 테이블을 관계 창에 추가한 후 테이블의 키 필드를 다른 테이블의 키 필드로 드래그하여 정의하는 것으로 보기 ④번에서와 같이 선택할 수 있는 개념이 아니다.

51 '갑' 테이블의 속성 A가 1, 2, 3, 4, 5의 도메인을 가지고 있고, '을' 테이블의 속성 A가 0, 2, 3, 4, 6의 도메인을 가지고 있다고 가정할 때 다음 SQL 구문의 실행 결과는?

```
SELECT A FROM 갑 UNION SELECT A FROM 을;
```

① 2, 3, 4
② 0, 1, 2, 3, 4, 5, 6
③ 1, 5, 6
④ 0

해설
- 통합 쿼리(Union 질의) : 하나 이상의 테이블이나 쿼리 필드(열)를 결합하여 쿼리 결과에 하나의 필드나 열로 만든다. 즉, 두 개 이상의 테이블이나 쿼리에서 상응하는 필드들을 한 필드로 결합한다.
- 각각 A가 가지는 1, 2, 3, 4, 5와 0, 2, 3, 4, 6에서 중복되는 레코드는 한번만 기록하여 내용을 합치므로 결과는 0, 1, 2, 3, 4, 5, 6을 도출한다.

52 다음 중 SQL의 SELECT문에 대한 설명으로 옳지 않은 것은?

① ORDER BY문을 이용하여 정렬할 때, 기본 값은 오름차순 정렬(ASC) 값을 가진다.
② 검색 필드의 구분은 콤마(,)로 구분한다.
③ 검색 결과에 중복되는 레코드를 없애기 위해서는 'DISTINCT'를 명세해야 한다.
④ FROM 절에는 테이블 이름만을 지정할 수 있다.

- SELECT 다음에 필드 이름을 입력할 때 필드 이름에 공백이 포함될 경우에는 필드 이름을 대괄호([ ])로 묶어준다.
- FROM 절에는 테이블 이름뿐만 아니라 쿼리도 지정할 수 있다.

53 다음 중 필드 속성에 대한 설명으로 옳지 않은 것은?

① 입력 마스크는 텍스트, 숫자, 날짜/시간, 통화 형식에서 사용할 수 있다.
② 필드 값이 반드시 있어야 하는 경우, 필수 속성을 '예'로 설정하면 된다.
③ '예/아니요'의 세부 형식은 'Yes/No'와 'True/False' 두 가지만을 제공한다.
④ 텍스트, 숫자, 일련 번호 형식에서만 필드 크기를 지정할 수 있다.

해설 '예/아니요'의 세부 형식은 Yes/No, True/False, On/Off와 같이 두 개의 값 중 하나만 선택한다.

54 다음 중 조회 속성에서 콤보 상자에 대한 설명으로 옳지 않은 것은?

① 바운드 열의 기본값은 1이며, 열 개수보다 큰 숫자를 지정할 수는 없다.
② 행 원본 유형을 '값 목록'으로 설정한 경우 콤보 상자에 표시된 값만 입력할 수 있다.
③ 행 개수는 최대 255개까지 가능하다.
④ 실제 행수가 지정된 행 개수를 초과하면 스크롤바가 표시된다.

- 행 원본 형식 : 사용할 행 원본 형식을 지정한다(테이블, 쿼리, 값 목록, 필드 목록 등).
- 행 원본 유형을 '값 목록'으로 설정하면 직접 입력한 값을 원본으로 사용할 수 있다

정답 ▶ 50 ④ 51 ② 52 ④ 53 ③ 54 ②

55 다음 중 액세스의 다양한 폼 보기에 대한 설명으로 적절하지 않은 것은?

① 데이터 시트 : 행과 열로 구성된 형태로 표시하여 여러 레코드를 한 화면에 표시한다.
② 모달 폼 : 해당 폼을 전체 화면 크기의 창으로 표시한다.
③ 연속 폼 : 현재 창을 채울 만큼 여러 레코드를 함께 표시한다.
④ 하위 폼 : 연결된 기본 폼의 현재 레코드와 관련된 레코드만 표시한다.

해설 모달 폼 : 액세스 작업을 하는 도중에 데이터 처리 정보를 수시로 전달할 수 있다.

56 다음 중 폼에서의 컨트롤 속성에 대한 설명으로 옳지 않은 것은?

① 우편번호를 검색할 수 있는 폼에서 텍스트 상자에 사용자가 검색어를 입력하고, Enter 키를 누를 때 검색이 일어나게 하는 이벤트 속성은 'On Data Change'이다.
② 텍스트 상자의 '컨트롤 원본' 속성은 텍스트 상자와 테이블의 필드를 연결하는 역할을 한다.
③ '자동 고침 사용' 속성을 '예'로 설정한 경우에는 사용자가 잘못 입력한 영어 단어를 올바른 단어로 자동 정정한다.
④ 콤보 상자의 '바운드 열' 속성은 콤보 상자에 표시되는 열 중에서 '컨트롤 원본' 속성에 연결된 필드에 입력할 열을 지정한다.

해설 Enter 키를 누를 때 검색이 일어나게 하는 이벤트 속성은 Enter 키이다.

57 다음 중 문자열 함수의 결과 값으로 옳은 것은?

```
InStr(3, "I Have A Dream", "A", 1)
```

① 0 ② 1
③ 3 ④ 4

해설
- INSTR(문자열 1, 문자열 2) : 문자열 1에서 특정한 문자 또는 문자열이 위치한 자릿수를 구해 준다.
- Start가 3이므로 검색은 3번째 문자(공백 포함하여 H)부터 시작하지만 카운트할 때는 첫 번째 글자인 I부터 시작한다.

58 다음 중 데이터베이스에서 인덱스를 사용하는 목적으로 가장 적절한 것은?

① 데이터 검색 및 정렬 작업 속도 향상
② 데이터의 추가, 수정, 삭제 속도 향상
③ 데이터의 일관성 유지
④ 최소 중복성 유지

해설 인덱스 : 데이터의 검색이나 그룹화 등의 작업 속도를 향상시키기 위해 데이터를 일정한 기준에 맞추어 정렬하는 기능으로 검색을 자주 하는 필드에 대해 인덱스를 설정하는 것이 바람직하다.

59 다음 중 폼이나 보고서에서 조건에 맞는 특정 컨트롤에만 적용하는 조건부 서식에 대한 설명으로 옳은 것은?

ⓐ 조건부 서식은 식이 아닌 필드 값으로만 설정이 가능하다.
ⓑ 컨트롤 값이 변경되어 조건을 만족하지 않으면 적용된 서식이 해제되고 기본 서식이 적용된다.
ⓒ 조건은 3개까지 지정할 수 있으며, 조건별로 다른 서식을 적용할 수 있다.
ⓓ 지정한 조건 중 2개 이상이 참이면, 조건이 참인 서식이 모두 적용된다.

① ⓐ, ⓑ ② ⓑ, ⓒ
③ ⓒ, ⓓ ④ ⓐ, ⓓ

해설 조건부 서식 : 폼이나 보고서에서 조건에 해당되는 컨트롤에만 원하는 서식을 적용하고자 할 때 사용하는 것으로 조건은 3개까지 지정할 수 있으며, 각 조건별로 다른 서식을 적용할 수 있다. 필드 값, 식, 포커스를 가지는 컨트롤에 설정할 수 있으며, 해당 값이 변경되어 조건이 만족하지 않으면 서식이 해제된다(기본 서식 적용).

60 다음 중 하위 폼에 대한 설명으로 옳지 않은 것은?

① 하위 폼에서 여러 개의 연결 필드를 지정할 때에 사용되는 구분자는 세미콜론(;)이다.
② 하위 폼은 단일 폼, 연속 폼, 데이터 시트 형태로 표시할 수 있으며, 기본 폼은 단일 폼 또는 연속 폼 형태로 표시할 수 있다.
③ 기본 폼과 하위 폼을 연결할 필드의 데이터 형식은 같거나 호환되어야 한다.
④ [하위 폼 필드 연결기]를 이용하여 간단히 기본 폼과 하위 폼의 연결 필드를 지정할 수 있다.

해설 하위 폼은 연속 폼의 형태로 표시할 수 있지만 기본 폼은 연속 폼의 형태로 표시할 수 없다.

정답 55 ② 56 ① 57 ④ 58 ① 59 ② 60 ②

2016년 10월 22일 시행 기출문제

1과목 | 컴퓨터 일반

01 다음 중 네트워크 연결을 위한 동배간 처리(Peer-To-Peer) 방식에 대한 설명으로 옳지 않은 것은?

① 컴퓨터와 컴퓨터가 동등하게 연결되는 방식이다.
② 각각의 컴퓨터는 클라이언트인 동시에 서버가 될 수 있다.
③ 워크스테이션이나 PC를 단말기로 사용하는 작은 규모의 네트워크에 많이 사용된다.
④ 유지 보수가 쉽고 데이터의 보안이 우수하며, 주로 데이터 양이 많을 때 사용한다.

해설 동배간 처리(Peer-To-Peer) 방식 : 고속 LAN을 기반으로 컴퓨터간 1:1로 동등하게 연결되며, 워크스테이션이나 개인용 컴퓨터를 단말기로 사용하는 방식이다(동배간 처리 방식).

02 다음 중 멀티미디어의 특징으로 옳지 않은 것은?

① 디지털 데이터로 변환하여 통합 처리한다.
② 정보 제공자와 사용자 간의 상호 작용에 의해 데이터가 전달된다.
③ 데이터가 사용자 선택에 따라 순차적으로 처리되는 선형성의 특징을 가진다.
④ 문자, 그림, 사운드 등의 여러 미디어를 통합하여 처리한다.

해설 멀티미디어는 문자나 숫자 데이터 외에 소리 등의 데이터를 처리하는 비선형성(Non-Linear)의 특징을 가진다.

03 다음 중 컴퓨터의 그래픽 데이터 표현에 사용되는 벡터 방식에 대한 설명으로 옳지 않은 것은?

① 이미지를 화소(Pixel)의 집합으로 표현하는 방식이다.
② 점과 점을 연결하는 직선과 곡선을 이용하여 이미지를 그린다.
③ 이미지를 확대하거나 축소하여도 계단 현상이 발생하지 않는다.
④ 파일 형식은 WMF, AI 등이 있다.

해설 보기 ①번은 비트맵(Bitmap) 방식에 대한 설명이다.

04 다음 중 정보 보안을 위해 사용하는 공개키 암호화 기법에 대한 설명으로 옳지 않은 것은?

① 알고리즘이 복잡하며, 암호화와 복호화 속도가 느리다.
② 키의 분배가 용이하고, 관리해야 할 키의 수가 적다.
③ 비대칭 암호화 기법이라고도 하며, 대표적으로 DES가 있다.
④ 데이터를 암호화할 때 사용하는 키를 공개하고, 복호화할 때 키는 비밀로 한다.

해설 대표적인 DES는 개인키(비밀키)에 해당한다.

05 다음 중 인터넷에서 사용하는 URL에 관한 설명으로 옳지 않은 것은?

① 인터넷상에 존재하는 각종 자원의 위치를 나타내는 표준 주소 체계이다.
② URL의 일반적인 형식은 프로토콜://호스트 주소[:포트 번호][/파일 경로]이다.
③ FTP 계정이 있는 경우 URL은 http://user_name:password@server_name:port_number 형식을 사용한다.
④ 일반적으로 HTTP 서비스는 80번 포트를 사용한다.

해설 FTP 계정이 있는 경우의 URL은 ftp://ftp.cyber.co.kr 형식을 사용한다.

정답 01 ④ 02 ③ 03 ① 04 ③ 05 ③

06 다음 중 소프트웨어의 저작권에 따른 분류에서 데모 버전과 가장 유사한 분류에 해당하는 것은?

① 프리웨어(Freeware)
② 셰어웨어(Shareware)
③ 포스트 카드웨어(Postcardware)
④ 상용 소프트웨어(Commercial Software)

해설
- 프리웨어 : 사용 기간과 기능에 제한 없이 무료로 사용할 수 있으며, 저작권자의 동의 없이 자유롭게 복사, 배포할 수 있는 소프트웨어이다.
- 셰어웨어 : 일정 기간이나 기능에 제한을 두고 프로그램을 사용한 후 구입 여부를 판단하는 소프트웨어이다.
- 상용 소프트웨어 : 일정 금액을 지불하여 구입한 후 사용하는 소프트웨어이다.

07 다음 중 시스템 보안을 위해 사용하는 방화벽(Firewall)에 대한 설명으로 옳지 않은 것은?

① IP 주소 및 포트 번호를 이용하거나 사용자 인증을 기반으로 접속을 차단하여 네트워크의 출입로를 단일화함으로써 보안 관리 범위를 좁히고, 접근 제어를 효율적으로 할 수 있다.
② '명백히 금지되지 않은 것은 허용한다.'는 소극적 방어 개념이 아니라 '명백히 허용되지 않은 것은 금지한다.'라는 적극적 방어 개념을 가지고 있다.
③ 방화벽을 운영하면 네트워크의 부하가 감소되며, 네트워크 트래픽이 게이트웨이로 집중된다.
④ 로그 정보를 통해 누가 외부에서 침입을 시도했는지 그 흔적을 찾아 역추적을 할 수 있다.

해설 방화벽은 외부의 불법적인 침입이나 해커의 공격으로부터 정보를 보호하기 위한 보안 시스템으로 운영 시 네트워크의 부하가 증가된다.

08 다음 중 와이파이(Wi-Fi)에 대한 설명으로 옳지 않은 것은?

① IEEE 802.11 기술 규격의 브랜드명으로 Wireless Fidelity의 약어이다.
② 무선 신호를 전달하는 AP(Access Point)를 중심으로 데이터를 주고받는 인프라 스트럭쳐(Infrastructure) 모드와 AP 없이 데이터를 주고받는 애드혹(Ad Hoc) 모드가 있다.
③ 유선 랜을 무선화한 것이기 때문에 사용 거리에 제한이 없고, 전송 속도가 3G 이동 통신에 비해 느리며, 전송 비용이 고가이다.
④ IEEE 802.11b 규격은 최대 11Mbps, IEEE 802.11g 규격은 최대 54Mbps의 속도를 지원한다.

해설 와이파이(Wi-Fi) : 무선 접속 장치(AP)가 설치된 일정 거리 안에서 무선 인터넷을 사용할 수 있는 근거리 통신망 기술로 전송 속도가 3G 이동 통신보다 빠르다.

09 다음 중 인터넷 서버까지의 경로를 추적하는 명령어인 Tracert의 실행 결과에 관한 설명으로 옳지 않은 것은?

① IP 주소, 목적지까지 거치는 경로의 수, 각 구간 사이의 데이터 왕복 속도를 확인할 수 있다.
② 특정 사이트가 열리지 않을 때 해당 서버가 문제인지 인터넷 망이 문제인지 확인할 수 있다.
③ 인터넷 속도가 느릴 때 어느 구간에서 정체를 일으키는지 확인할 수 있다.
④ 현재 자신의 컴퓨터에 연결된 다른 컴퓨터의 IP 주소나 포트 정보를 확인할 수 있다.

해설
- Tracert : 접속 호스트의 경로를 추적하고, 사이트 연결이 원활하지 않을 경우 문제를 찾는 명령어이다(IP 라우터가 패킷을 제대로 전송하는지를 확인).
- 보기 ④번은 netstat 명령어에 대한 설명이다.

10 다음 중 컴퓨터에서 사용하는 하드 디스크의 파티션에 관한 설명으로 옳지 않은 것은?

① 파티션 작업을 실행한 후에는 반드시 포맷을 실행하여야 하드 디스크를 사용할 수 있다.
② 각 파티션 영역에는 다른 운영 체제를 설치할 수 있다.
③ 하나의 파티션에 여러 개의 파일 시스템을 사용할 수 있다.
④ 하나의 물리적인 하드 디스크를 여러 개의 논리적 영역으로 분할하거나 다시 합치는 작업이다.

해설 한 파티션에는 하나의 파일 시스템만 사용하며, 파티션을 여러 개로 나누면 두 개 이상의 운영 체제를 설치할 수 있다.

정답 06 ② 07 ③ 08 ③ 09 ④ 10 ③

11 한글 Windows의 [메모장]에 관한 설명으로 옳지 않은 것은?

① 텍스트 파일이나 웹 페이지를 편집하는 간단한 도구로 사용할 수 있다.
② [이동] 명령으로 원하는 줄 번호를 입력하여 문서의 특정 줄로 이동할 수 있으며, 자동 줄 바꿈이 설정된 경우에도 이동 명령을 사용할 수 있다.
③ 특정 문자나 단어를 찾아서 바꾸거나 창 크기에 맞추어 텍스트 줄을 바꾸어 문서의 내용을 표시할 수 있다.
④ 머리글과 바닥글을 설정하여 문서의 위쪽과 아래쪽 여백에 원하는 텍스트를 표시하여 인쇄할 수 있다.

해설 메모장에서 자동 줄 바꿈 기능은 사용할 수 있으나 보기 ②번의 내용은 사용할 수 없다.

12 다음 중 컴퓨터에서 문자를 표현하는 코드 체계에 대한 설명으로 옳지 않은 것은?

① BCD 코드 : 64가지의 문자를 표현할 수 있으나 영문 소문자는 표현이 불가능하다.
② Unicode : 세계 각국의 언어를 4바이트 체계로 통일한 국제 표준 코드이다.
③ ASCII 코드 : 128가지의 문자를 표현할 수 있으며, 주로 데이터 통신용이나 PC에서 많이 사용된다.
④ EBCDIC 코드 : BCD 코드를 확장한 코드 체계로 256가지의 문자를 표현할 수 있다.

해설 유니 코드 : 전 세계 모든 문자를 표현할 수 있는 16비트 완성형 국제 표준 코드로 완성형에 조합형을 반영하여 현대 한글의 모든 표현이 가능하다.

13 다음 중 컴퓨터에서 사용하는 데이터의 논리적 구성 단위를 작은 것에서 큰 것 순으로 바르게 나열한 것은?

① 비트(Bit) – 바이트(Byte) – 레코드(Record) – 워드(Word)
② 워드(Word) – 필드(Field) – 바이트(Byte) – 레코드(Record)
③ 워드(Word) – 필드(Field) – 파일(File) – 레코드(Record)
④ 필드(Field) – 레코드(Record) – 파일(File) – 데이터베이스(Database)

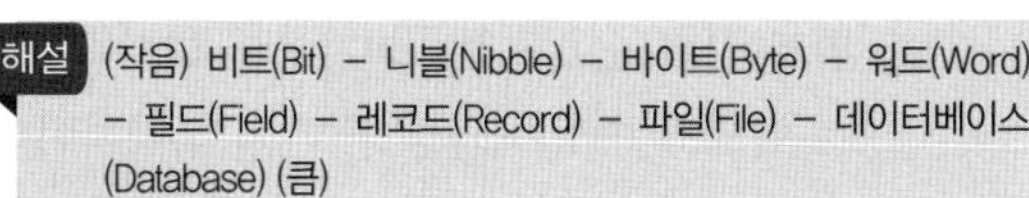

해설 (작음) 비트(Bit) – 니블(Nibble) – 바이트(Byte) – 워드(Word) – 필드(Field) – 레코드(Record) – 파일(File) – 데이터베이스(Database) (큼)

14 한글 Windows의 [장치 관리자] 창에서 설정 가능한 하드웨어 관리에 대한 설명으로 옳지 않은 것은?

① 장치들의 드라이버를 식별하고, 설치된 장치 드라이버에 대한 정보를 알 수 있다.
② 가상 메모리에 대한 정보를 확인하고, 설정 값을 변경할 수 있다.
③ 장치 드라이버를 업데이트할 수 있다.
④ 하드웨어가 올바르게 작동하는지 확인할 수 있다.

해설
• 장치 관리자 : 하드웨어 장치의 드라이버를 설치 및 업데이트하고, 하드웨어의 수정과 문제를 해결한다.
• 보기 ②번의 작업은 장치 관리자 창에서 설정할 수 없다.

15 다음 중 컴퓨터에서 사용하는 마이크로프로세서(Microprocessor)에 관한 설명으로 옳지 않은 것은?

① 제어 장치, 연산 장치, 주기억 장치가 하나의 반도체 칩에 내장된 장치이다.
② 클럭 주파수와 내부 버스의 Bit 수로 성능을 평가한다.
③ 트랜지스터의 집적도에 따라 기본적인 처리 속도가 결정된다.
④ 현재는 작은 규모의 임베디드 시스템이나 휴대용 기기에서부터 메인 프레임이나 슈퍼 컴퓨터까지 사용된다.

해설 마이크로프로세서 : CPU 기능을 대규모 집적 회로(LSI)에 탑재한 장치로 산술 연산과 논리 연산의 제어 능력을 갖는다.

16 다음 중 레지스터(Register)에 대한 설명 중 옳지 않은 것은?

① CPU 내부에서 처리할 명령어나 연산 결과 값을 일시적으로 저장하는 기억 장치이다.

정답 11 ② 12 ② 13 ④ 14 ② 15 ① 16 ③

② 레지스터 크기는 컴퓨터가 한번에 처리할 수 있는 데이터의 크기를 나타낸다.
③ 펌웨어(Firmware)를 저장하는 비휘발성 메모리로 액세스 속도가 가장 빠른 기억 장치이다.
④ 구조는 플립플롭(Flip-Flop)이나 래치(Latch)를 직렬 또는 병렬로 연결한다.

해설 레지스터 : CPU 내부에서 처리할 명령어나 연산의 결과 값을 일시적으로 기억하는 고속의 기억 장치로 ALU(산술/논리 장치)에서 연산된 자료를 일시적으로 저장한다.

17 한글 Windows의 [관리 도구] 중 [컴퓨터 관리]에서 수행 가능한 디스크 관리 작업에 해당하지 않는 것은?

① 볼륨을 확장하거나 축소할 수 있다.
② 드라이브 문자를 변경할 수 있다.
③ 포맷을 실행할 수 있다.
④ 분석 및 디버그 로그를 표시할 수 있다.

해설 디스크 관리에서는 보기 ①, ②, ③번의 작업만 가능하다.

18 한글 Windows의 [제어판]-[백업 및 복원]에서 '백업 설정'에 대한 설명으로 옳지 않은 것은?

① 정기적으로 예약된 백업 시간에 컴퓨터가 꺼져 있거나, 절전 모드이거나, 최대 절전 모드인 경우 Windows 백업에서는 해당 백업을 건너뛰고 예약된 다음 백업 때까지 기다린다.
② '자동 선택' 방식으로 백업하는 경우 해당 컴퓨터에 사용자 계정이 있는 모든 사용자의 기본 Windows 폴더, 바탕 화면 및 라이브러리에 저장된 데이터 파일을 백업한다.
③ '직접 선택' 방식으로 백업하는 경우 사용자가 알려진 시스템 폴더의 모든 파일을 선택하여 백업할 수 있다.
④ 기본적으로 백업은 정기적으로 만들어지며, 일정을 변경하고 백업을 수동으로 만들 수 있다.

해설 직접 선택 방식으로 백업하는 경우 사용자가 알려진 시스템 폴더의 모든 파일을 선택하여 백업할 수는 없다.

19 한글 Windows에서 [연결 프로그램]에 대한 설명으로 옳지 않은 것은?

① 문서나 그림 같은 데이터 파일을 더블 클릭하면 자동으로 실행되는 응용 프로그램이다.
② 데이터 파일의 바로 가기 메뉴에서 [연결 프로그램]을 선택하면 연결 프로그램을 변경할 수 있다.
③ 연결 프로그램이 지정되지 않았을 경우 데이터 파일을 더블 클릭하면 연결 프로그램을 선택하기 위한 대화 상자가 표시된다.
④ [연결 프로그램] 대화 상자에서 연결 프로그램을 삭제하면 연결된 데이터 파일도 함께 삭제된다.

해설 [연결 프로그램] 대화 상자에서 연결 프로그램을 삭제한다고 해서 연결된 데이터 파일이 삭제되는 것은 아니다.

20 다음 중 반도체를 이용한 컴퓨터 보조 기억 장치로 크기가 작고 충격에 강하며, 소음 발생이 없는 대용량 저장 장치에 해당하는 것은?

① HDD(Hard Disk Drive)
② DVD(Digital Versatile Disk)
③ SSD(Solid State Drive)
④ CD-RW(Compact Disc Rewritable)

해설
- ① 컴퓨터 내부에 고정되어 유동성이 없으므로 고정 디스크라고도 한다.
- ② 단면에 4.7GB, 양면에 9.4GB 정도의 데이터를 저장하는 차세대 저장 매체이다.
- ④ 데이터를 반복적으로 쓰고 지울 수 있는 장치로 주로 백업용으로 사용한다.

2과목 | 스프레드시트 일반

21 다음 중 데이터 입력에 대한 설명으로 옳지 않은 것은?

① 동일한 문자를 여러 개의 셀에 입력하려면 셀에 문자를 입력한 후 채우기 핸들을 드래그 한다.

정답 17 ④ 18 ③ 19 ④ 20 ③ 21 ③

② 두 개 이상의 셀을 선택하고 채우기 핸들을 드래그 할 때 Ctrl 키를 누르고 있으면 [자동 채우기] 기능을 해제할 수 있으며, 선택한 값은 인접한 셀에 복사되고 데이터가 연속으로 확장되지 않는다.
③ 일정 범위 내에 동일한 데이터를 한 번에 입력하려면 범위를 지정하여 데이터를 입력한 후 바로 이어서 Shift+Enter 키를 누른다.
④ 사용자 지정 연속 데이터 채우기를 사용하여 데이터를 입력하는 경우 사용자 지정 목록에는 텍스트나 텍스트 /숫자 조합만 포함될 수 있다.

해설 일정 범위 내에 동일한 데이터를 한 번에 입력하려면 범위를 지정하여 데이터를 입력한 후 바로 이어서 Ctrl+Enter 키를 누른다.

22 다음의 워크시트에서 '영어'가 중간값을 초과하면서 '성명'의 두 번째 문자가 "영"인 데이터를 필터링 하고자 한다. 다음 중 고급 필터 실행을 위한 조건의 입력값으로 옳은 것은?

	A	B	C	D
1	성명	반	국어	영어
2	강동식	1	80	80
3	강영주	2	50	90
4	박강영	1	90	91
5	박영식	1	60	85
6	박민영	2	80	80
7	영수김	2	70	81
8	박영에리	1	95	92
9	김영미	2	88	86
10	이영	1	75	87

①

영어중간값	성명
=$D2>MEDIAN($D$2:$D$10)	="=*영*"

②

영어중간값	성명
=$D2>MEDIAN($D$2:$D$10)	="=?영*"

③

영어	성명
=$D2>MEDIAN($D$2:$D$10)	="=*영*"

④

영어	성명
=$D2>MEDIAN($D$2:$D$10)	="=?영*"

해설
• ?는 하나의 문자를 의미하고, *는 여러 문자를 의미한다.
• 김* : '김'으로 시작하는 모든 문자이다.
• *김* : '김'이라는 문자열을 포함하는 문자이다.
• 김? : '김'으로 시작하되 그 다음은 한 글자의 문자이다.

23 다음 중 왼쪽 그림의 [B2:B5] 영역에 [텍스트 나누기]를 실행하여 오른쪽 그림과 같이 소속이 분리되도록 실행하는 과정에 대한 설명으로 옳지 않은 것은?

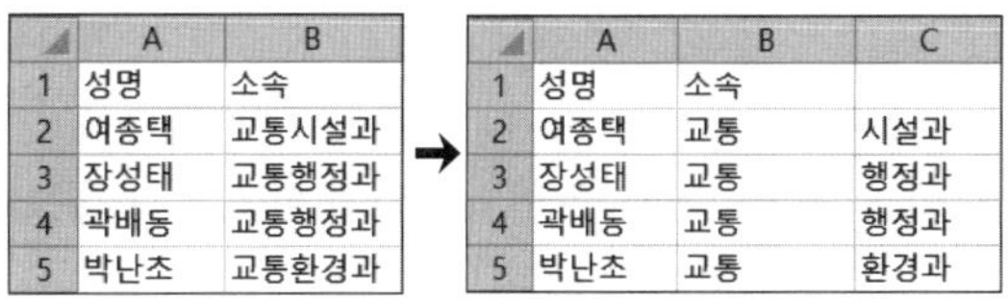

	A	B
1	성명	소속
2	여종택	교통시설과
3	장성태	교통행정과
4	곽배동	교통행정과
5	박난초	교통환경과

→

	A	B	C
1	성명	소속	
2	여종택	교통	시설과
3	장성태	교통	행정과
4	곽배동	교통	행정과
5	박난초	교통	환경과

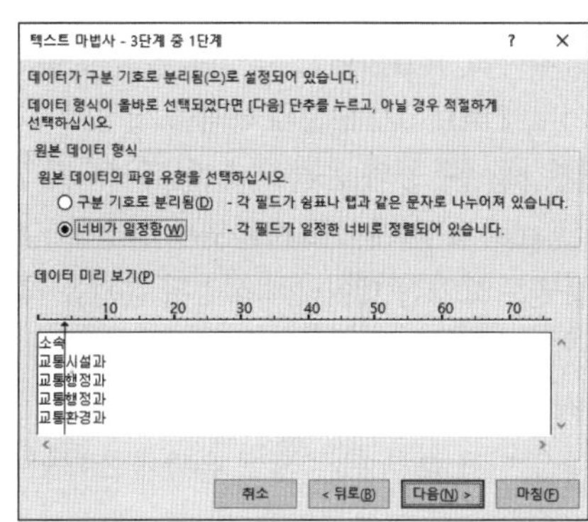

① 텍스트 마법사 2단계에서 구분선의 위치를 변경하려면 구분선을 마우스로 클릭한 상태에서 원하는 위치로 드래그 한다.
② 분할하려는 범위에 포함할 수 있는 행과 열의 개수는 제한이 없다.
③ 구분선을 삭제하려면 구분선을 마우스로 두 번 클릭한다.
④ 구분선을 넣으려면 원하는 위치를 마우스로 클릭한다.

해설 분할하려는 범위에 포함할 수 있는 행의 개수는 제한이 없지만 열은 반드시 1개의 열만 가능하다.

24 다음 중 엑셀의 오차 막대에 대한 설명으로 옳지 않은 것은?

① 3차원 차트는 오차 막대를 표시할 수 없다.
② 차트에 고정값, 백분율, 표준 편차, 표준 오차, 사용자 지정 중 하나를 선택하여 오차량을 표시할 수 있다.
③ 오차 막대를 화면에 표시하는 방법은 2가지로 양의 값, 음의 값이 있다.
④ 분산형과 거품형 차트에는 세로 오차 막대, 가로 오차 막대를 적용할 수 있다.

정답 ▶ 22 ② 23 ② 24 ③

해설 오차 막대의 바로 가기 메뉴에서 [오차 막대 서식]을 선택한 후 오차 막대 서식 작업 창의 '세로 오차 막대'에서 표시(방향, 끝 스타일), 오차량(고정값, 백분율, 표준 편차, 표준 및 오차) 등을 설정할 수 있다.

25 다음 중 워크시트의 데이터 목록에 윤곽 설정을 하는 경우 옳지 않은 것은?

① 그룹화하여 요약하려는 데이터 목록이 있는 경우 데이터에 최대 8개 수준의 윤곽을 설정할 수 있다.

② 1 2, +, - 등의 윤곽 기호가 표시되지 않는 경우 [Excel 옵션]에서 표시되도록 설정할 수 있다.

③ 그룹별로 요약된 데이터에 설정된 윤곽을 제거하면 윤곽 기호와 함께 요약 정보가 표시된 원본 데이터도 삭제된다.

④ 윤곽을 만들 때나 만든 후에 윤곽에 스타일을 적용할 수 있다.

해설 보기 ③번에서 윤곽선만 제거하므로 요약 정보가 표시된 원본 데이터는 아무런 영향이 없다.

26 다음 중 시나리오에 대한 설명으로 옳지 않은 것은?

① 시나리오 관리자에서 시나리오를 삭제하면 시나리오 요약 보고서의 해당 시나리오도 자동으로 삭제된다.

② 특정 셀의 변경에 따라 연결된 결과 셀의 값이 자동으로 변경되어 결과값을 예측할 수 있다.

③ 여러 시나리오를 비교하기 위해 시나리오를 피벗 테이블로 요약할 수 있다.

④ 변경 셀과 결과 셀에 이름을 지정한 후 시나리오 요약 보고서를 작성하면 결과에 셀 주소 대신 지정한 이름이 표시된다.

해설
- 시나리오는 결과를 예측하기 어려운 경우 다양한 가상 상황에 따른 결과값을 비교 분석할 수 있는 기능이다.
- 보기 ①번에서 시나리오도 자동으로 삭제된다. → 시나리오는 자동으로 삭제되지 않는다.

27 다음 중 조건부 서식에 대한 설명으로 옳지 않은 것은?

① 동일한 셀 범위에 둘 이상의 조건부 서식 규칙이 True로 평가되어 충돌하는 경우 [조건부 서식 규칙 관리자] 대화 상자의 규칙 목록에서 가장 위에 있는 즉, 우선 순위가 높은 규칙 하나만 적용된다.

② [홈] 탭의 [편집] 그룹에서 [찾기 및 선택]-[이동 옵션]을 이용하면 조건부 서식이 적용되고, 있는 셀을 적용한 순서대로 찾아 이동할 수 있다.

③ 조건부 서식을 만들 때 조건으로 다른 워크시트 또는 통합 문서에 참조는 사용할 수 없다.

④ 셀 범위에 대한 서식 규칙이 True로 평가되면 해당 규칙의 서식이 사용자가 임의로 지정한 서식보다 우선한다.

해설
- [홈] 탭의 [스타일] 그룹에서 [조건부 서식] 단추를 클릭하고, [새 규칙]을 선택해서 규칙 유형과 서식을 지정해야 한다.
- [홈] 탭의 [편집] 그룹에서 [찾기 및 선택]-[이동 옵션]을 이용한다고 해서 조건부 서식이 적용되는 것은 아니다.

28 다음 중 각 VBA 코드에 대한 설명으로 옳지 않은 것은?

① Range("A5").Select ⇒ [A5] 셀로 셀 포인터를 이동한다.

② Range("C2").Font.Bold = "True" ⇒ [C2] 셀의 글꼴 스타일을 '굵게'로 설정한다.

③ Range("A1").Formula = 3 * 4 ⇒ [A1] 셀에 수식 '=3*4'가 입력된다.

④ Workbooks.Add ⇒ 새 통합 문서를 생성한다.

해설
- Range : 워크시트의 특정 셀이나 셀 범위를 의미한다.
- Formula : 범위에 있는 실제 내용을 지정한다(A1 스타일의 수식).
- Range("A1").Formula="=3*4" ⇒ [A1] 셀에 3*4가 계산된 결과인 12를 입력한다.

29 다음 중 [H2:H10] 영역에 '총점'으로 순위를 구한 후 동점자에 대해 '국어'로 순위를 구할 경우 [H2] 셀에 들어갈 수식으로 옳은 것은?

	A	B	C	D	E	F	G	H
1	성명	국어	수학	영어	사회	총점	순위(총점)	순위(총점,국어)
2	홍길동	90	50	30	10	180	1	1
3	한민국	80	50	20	30	180	1	3
4	이대한	90	40	20	30	180	1	1
5	이나래	70	50	30	30	180	1	4
6	마상욱	80	50	30	10	170	5	6
7	박정인	90	40	20	20	170	5	5
8	사수영	70	40	30	30	170	5	8
9	고소영	80	40	30	20	170	5	6
10	장영수	70	50	10	5	135	9	9

정답 25 ③ 26 ① 27 ② 28 ③ 29 ③

① {=RANK.EQ($F2, $F$2:$F$10)+RANK.EQ($B$2, $B$2:$B$10)}

② {=RANK.EQ($B$2, $B$2:$B$10)*RANK.EQ($F2, $F$2:$F$10)}

③ {=RANK.EQ($F2, $F$2:$F$10)+SUM(($F$2:$F$10=$F2)*($B$2:$B$10>$B2))}

④ {=SUM(($F$2:$F$10=$F2)*($B$2:$B$10>$B2))*RANK.EQ($F2, $F$2:$F$10)}

해설 • RANK.EQ(순위를 구하려는 수, 대상 범위, 순위 결정) : 범위 지정 목록에서 인수의 순위를 구하며, 순위를 구할 때는 해당 범위를 절대 참조로 지정해야 한다.
• 수식을 입력하고 Ctrl+Shift+Enter 키를 동시에 누르면 수식 앞뒤에 중괄호({ })가 자동으로 입력된다.

30 다음 중 셀의 내용을 편집할 수 있는 셀의 편집 모드로 전환하는 방법에 대한 설명으로 옳지 않은 것은?

① 편집하려는 데이터가 있는 셀을 더블 클릭한다.

② 편집하려는 셀을 클릭하고, 수식 입력줄을 클릭한다.

③ 셀을 선택한 후 F2 키를 누르면 셀에 입력된 내용의 맨 앞에 삽입 포인터가 나타난다.

④ 새 문자를 입력하여 기존 문자를 즉시 바꿀 수 있도록 겹쳐 쓰기 모드를 활성화하려면 편집모드 상태에서 Insert 키를 누른다.

해설 셀을 선택한 후 F2 키를 누르면 셀에 입력된 내용의 맨 뒤에 삽입 포인터가 나타난다.

31 다음 중 [개발 도구] 탭의 [컨트롤] 그룹에 대한 설명으로 옳지 않는 것은?

① 컨트롤은 데이터 표시/입력 또는 작업 수행을 위해 양식에 넣은 그래픽 개체로 텍스트 상자, 목록 상자, 옵션 단추, 명령 단추 등이 있다.

② ActiveX 컨트롤은 양식 컨트롤 보다 다양한 이벤트에 반응할 수 있으나 차트 시트에서는 사용할 수 없는 등양식 컨트롤보다 호환성은 낮다.

③ [디자인 모드] 상태에서는 양식 컨트롤과 ActiveX 컨트롤 모두 매크로 등 정해진 동작은 실행하지 않으며 컨트롤의 선택, 크기 조절, 이동 등의 작업을 할 수 있다.

④ 양식 컨트롤의 '단추(양식 컨트롤)'를 클릭하거나 드래그해서 추가하면 [매크로 지정] 대화 상자가 자동으로 표시된다.

• 확인란, 옵션 단추 또는 토글 단추를 사용하여 '둘 중 하나/또는'(또는 이진) 선택을 나타낼 수 있다.
• 보기 ③번에서 작업을 할 수 있다. → 작업을 할 수 없다.

32 다음 중 메모 기능에 대한 설명으로 옳지 않은 것은?

① 새 메모를 작성하려면 Shift+F2 키를 누른다.

② 메모 텍스트에는 [홈] 탭의 [글꼴] 그룹에 있는 [채우기 색]과 [글꼴 색] 옵션을 사용할 수 없다.

③ 삽입된 메모는 시트에 표시된 대로 인쇄하거나 시트 끝에 모아서 인쇄할 수 있다.

④ [홈] 탭의 [편집] 그룹에 있는 [지우기]–[모두 지우기]를 이용하여 셀을 지운 경우 셀의 내용과 서식만 삭제되고, 메모는 삭제되지 않는다.

[지우기]–[모두 지우기]를 선택하면 입력된 데이터, 서식, 메모 등을 모두 삭제한다.

33 다음 중 세로 막대형 차트에 대한 설명으로 옳지 않은 것은?

① 시간의 경과에 따른 데이터 변동을 표시하거나 항목별 비교를 나타내는 데 유용하다.

② [계열 겹치기] 값을 0에서 100 사이의 백분율로 조정하여 세로 막대의 겹침 상태를 조정할 수 있으며, 값이 높을수록 세로 막대 사이의 간격이 증가한다.

③ [간격 너비] 값을 0에서 500 사이의 백분율로 조정하여 각 항목에 대해 표시되는 데이터 요소 집합 사이의 간격을 조정할 수 있다.

④ 세로(값) 축 값의 순서를 거꾸로 표시할 수 있다.

해설 계열 겹치기 : 수치를 음수로 지정하면 데이터 계열 사이가 벌어지고, 양수로 지정하면 데이터 계열이 서로 겹쳐진다.

정답 30 ③ 31 ③ 32 ④ 33 ②

34 다음 중 공유 통합 문서에 대한 설명으로 옳지 않은 것은?

① 여러 사용자가 동시에 동일한 셀을 변경하려면 충돌이 발생한다.
② 통합 문서를 공유한 후 하이퍼링크, 시나리오, 매크로 등의 기능은 변경할 수 없지만 조건부 서식, 차트, 그림 등의 기능은 변경할 수 있다.
③ 공유 통합 문서를 네트워크 위치에 복사해도 다른 통합 문서나 문서의 연결은 그대로 유지된다.
④ 공유 통합 문서를 열면 창의 제목 표시줄의 엑셀 파일명 옆에 [공유]라는 글자가 표시된다.

해설 보기 ②번에서 조건부 서식, 차트, 그림 등의 기능도 변경할 수 없다.

35 다음 중 인쇄 기능에 대한 설명으로 옳지 않은 것은?

① 기본적으로 워크시트의 눈금선은 인쇄되지 않으나 인쇄 되도록 설정할 수 있다.
② [페이지 설정] 대화 상자의 [시트] 탭에서 '간단하게 인쇄'를 선택하면 셀의 테두리를 포함하여 인쇄할 수 있다.
③ Ctrl+F2 키를 누르면 [인쇄 미리 보기]가 실행된다.
④ [인쇄 미리 보기]에서 '여백 표시'를 선택한 경우 마우스로 여백을 변경할 수 있다.

해설 간단하게 인쇄 : 워크시트에 삽입된 그래픽 개체(도형, 차트, 일러스트레이션 등)를 제외하고, 텍스트만 빠르게 인쇄한다.

36 다음 중 [A13] 셀에 수식 =INDEX((A1:C6, A8:C11), 2, 2, 2)을 입력한 결과로 옳은 것은?

COUNTIF | =INDEX((A1:C6, A8:C11), 2, 2, 2)

	A	B	C	D	E
1	과일	가격	개수		
2	사과	₩690	40		
3	바나나	₩340	38		
4	레몬	₩550	15		
5	오렌지	₩250	25		
6	배	₩590	40		
7					
8	아몬드	₩2,800	10		
9	캐슈넛	₩3,550	16		
10	땅콩	₩1,250	20		
11	호두	₩1,750	12		
12					
13	=INDEX((A1:				

① 690　② 340
③ 2,800　④ 3,550

해설 • INDEX(배열, 행 번호, 열 번호) : 표 또는 범위에서 지정된 행이나 열에 해당하는 값을 구하며, 해당 범위 내에 값이나 참조 영역을 구한다.
• 해당 범위에서 두 번째 행과 두 번째 열을 구하는 것으로 참조 영역의 번호가 2이므로 아몬드, 캐슈넛에 있는 범위에서 두 번째 행이면서 두 번째 열은 ₩3550이다.

37 다음 중 수식의 결과가 옳지 않은 것은?

① =FIXED(3456.789, 1, FALSE) → 3,456.8
② =EOMONTH(DATE(2015, 2, 25), 1) → 2015-03-31
③ =CHOOSE(ROW(A3:A6), "동", "서", "남", 2015) → 남
④ =REPLACE("February", SEARCH("U", "SeoulUnesco"), 5," ") → Febru

해설 • REPLACE(텍스트1, 변경할 위치, 텍스트 수, 텍스트2) : 지정한 위치에서 텍스트 수만큼 텍스트1의 일부를 텍스트2로 바꾼다.
• =REPLACE("February", SEARCH("U", "SeoulUnesco"), 5," ") → Feb

38 다음 중 3차원 참조에 대한 설명으로 옳지 않은 것은?

① 여러 워크시트에 있는 동일한 셀 데이터나 셀 범위 데이터에 대한 참조를 뜻한다.
② Sheet2부터 Sheet4까지의 [A2] 셀을 모두 더하라는 식을 =SUM(Sheet2:Sheet4!A2)와 같이 3차원 참조로 표현할 수 있다.
③ SUM, AVERAGE, COUNTA, STDEV 등의 함수를 사용할 수 있다.
④ 배열 수식에 3차원 참조를 사용할 수 있다.

해설 배열 수식에 3차원 참조를 사용할 수 없다.

39 다음 중 워크시트 사용에 관한 설명으로 옳지 않은 것은?

정답 ▶ 34 ② 35 ② 36 ④ 37 ④ 38 ④ 39 ④

① 현재 워크시트의 앞이나 뒤의 시트를 선택할 때에는 Ctrl+Page Up 키와 Ctrl+Page Down 키를 이용한다.
② 현재 워크시트의 왼쪽에 새로운 시트를 삽입할 때에는 Shift+F11 키를 누른다.
③ 연속된 여러 개의 시트를 선택할 때에는 첫 번째 시트를 선택하고, Shift 키를 누른 채 마지막 시트의 시트 탭을 클릭한다.
④ 그룹으로 묶은 시트에서 복사하거나 잘라낸 모든 데이터는 다른 한 개의 시트에 붙여 넣을 수 있다.

해설 • 그룹으로 묶은 시트에서 복사하거나 잘라낸 모든 데이터는 다른 한 개의 시트에 붙여 넣을 수 없다.
• 복사 영역과 붙여 넣을 영역의 크기 및 모양이 다르다는 메시지가 나타난다.

40 다음 중 워크시트의 인쇄 영역 설정에 대한 설명으로 옳지 않은 것은?

① 인쇄 영역을 정의한 후 워크시트를 인쇄하면 해당 인쇄 영역만 인쇄된다.
② 사용자가 설정한 인쇄 영역은 엑셀을 종료하면 인쇄 영역 설정이 자동으로 해제된다.
③ 필요한 경우 기존 인쇄 영역에 다른 영역을 추가하여 인쇄 영역을 확대할 수 있다.
④ 인쇄 영역으로 여러 영역이 설정된 경우 설정한 순서대로 각기 다른 페이지에 인쇄된다.

해설 인쇄 영역은 특정 부분만 인쇄할 수 있도록 해당 범위를 설정하는 것으로 사용자가 설정한 인쇄 영역은 엑셀을 종료하면 인쇄 영역 설정이 자동으로 해제되지는 않는다.

3과목 | 데이터베이스 일반

41 다음 중 관계형 데이터베이스에 대한 설명으로 옳지 않은 것은?

① 개념적으로 개체와 관계로 구성된다.
② 개체의 특성이나 상태를 기술해 주는 것을 개체 인스턴스(Instance)라 한다.
③ 개체와 관계를 도식으로 표현한 것을 ER 다이어그램이라 한다.
④ 관계는 개체 관계와 속성 관계로 나누어 볼 수 있다.

해설 개체의 특성이나 상태를 기술해 주는 것을 속성(Attribute)이라 한다.

42 다음 중 데이터 조작어(DML ; Data Manipulation Language)에 대한 설명으로 옳지 않은 것은?

① 사용자가 응용 프로그램을 통하여 데이터베이스에 저장된 데이터를 액세스하거나 조작할 수 있도록 하는 언어이다.
② 비절차식 데이터 조작 언어는 사용자가 어떠한 데이터가 필요한지를 명시할 뿐 어떻게 구하는지는 명시할 필요가 없다.
③ 비절차식 데이터 조작 언어는 절차식 데이터 조작 언어보다 배우기 쉽고 사용하기 쉽지만 코드의 효율성은 떨어진다.
④ SELECT, UPDATE, CREATE, DELETE 문이 해당된다.

해설 데이터 조작어(DML)의 명령어에는 검색(SELECT FROM WHERE), 삽입(INSERT INTO), 삭제(DELETE FROM), 갱신(UPDATE) 등이 해당된다.

43 다음 중 쿼리 실행 시 값이나 패턴을 묻는 메시지를 표시한 후 사용자에게 조건값을 입력받아 사용하는 쿼리는?

① 선택 쿼리　　② 요약 쿼리
③ 매개 변수 쿼리　　④ 크로스탭 쿼리

해설 매개 변수 쿼리 : 실행할 때 레코드 검색 조건이나 필드에 삽입할 값과 같은 정보를 입력할 수 있는 대화 상자를 표시하는 쿼리로 매개 변수를 이용하면 쿼리를 열 때마다 사용자의 입력 조건에 해당하는 것만 검색할 수 있다.

44 다음 중 [우편물 레이블 마법사]를 이용한 보고서 작성에 대한 설명으로 옳지 않은 것은?

① 마법사로 완성된 보고서의 [인쇄 미리 보기] 상태에서는 [페이지 설정] 대화 상자를 사용하여 레이블 사이의 간격이나 여백을 변경할 수 있다.

정답 40 ② 41 ② 42 ④ 43 ③ 44 ④

② 마법사의 각 단계에서 레이블 크기, 텍스트 모양, 사용 가능한 필드, 정렬 기준 등을 지정할 수 있다.
③ 마법사의 마지막 단계에서 '인쇄될 우편물 레이블 미리 보기'를 선택한 경우 완성된 보고서가 [인쇄 미리 보기] 상태로 표시된다.
④ 마법사에서 사용 가능한 필드 지정 시 우편물 레이블에 추가 가능한 필드의 개수는 최대 5개이다.

해설 우편물 레이블 보고서는 우편 발송을 위해 편지 봉투에 붙일 주소 레이블을 작성하는 보고서로 조건식은 입력할 수 없으며, 많은 양의 우편물을 발송할 때 간편하게 주소를 출력해서 사용할 수 있다.

45 다음 중 보고서의 [그룹, 정렬 및 요약] 창을 이용한 정렬 및 그룹 설정에 대한 설명으로 옳지 않은 것은?

① 보고서의 그룹 수준 및 정렬 수준은 최대 10개까지 정의할 수 있다.
② 그룹 수준을 삭제하는 경우 그룹 머리글 또는 그룹 바닥글 구역에 삽입되어 있는 모든 컨트롤들은 자동으로 본문 구역으로 이동된다.
③ '전체 그룹을 같은 페이지에 표시' 옵션을 선택한 경우 페이지의 나머지 공간에 그룹을 표시할 수 없는 경우 빈 공간으로 두고 대신 다음 페이지에서 그룹이 시작된다.
④ 그룹 간격 옵션은 레코드가 그룹화 되는 방식을 결정하는 설정이며, 텍스트 필드인 경우 전체 값, 첫 문자, 처음 두 문자, 사용자 지정 문자를 기준으로 그룹화 할 수 있다.

해설 그룹 수준을 삭제하는 경우 그룹 머리글 또는 그룹 바닥글 구역에 삽입되어 있는 모든 컨트롤들이 자동으로 본문 구역으로 이동되지는 않는다.

46 다음 중 보고서의 각 구역에 대한 설명으로 옳지 않은 것은?

① 페이지 머리글은 인쇄 시 모든 페이지의 맨 위에 출력되며, 모든 페이지에 특정 내용을 반복하려는 경우 사용한다.
② 보고서 머리글은 보고서의 맨 앞에 한 번 출력되며, 함수를 이용한 집계 정보를 표시할 수 없다.
③ 그룹 머리글은 각 새 레코드 그룹의 맨 앞에 출력되며, 그룹 이름이나 그룹별 계산 결과를 표시할 때 사용한다.
④ 본문은 레코드 원본의 모든 행에 대해 한 번씩 출력되며, 보고서의 본문을 구성하는 컨트롤이 추가된다.

해설 보고서 머리글 : 보고서의 첫 장 위쪽에 인쇄하며, 보고서의 제목이나 출력 날짜 등을 표시한다.

47 다음과 같은 필드로 구성된 〈SERVICE〉 테이블에서 실행 가능한 쿼리로 적절하지 않은 것은?

필드 이름	데이터 형식
등급	텍스트
비용	숫자
번호	숫자

① INSERT INTO SERVICE(등급, 비용) VALUES ('C', 7000);
② UPDATE SERVICE SET 등급 = 'C' WHERE 등급 = 'D';
③ INSERT INTO SERVICE (등급, 비용, 번호) VALUES ('A', 10000, 10);
④ UPDATE SERVICE SET 비용 = 비용*1.1;

해설
- 추가 쿼리(INSERT INTO~VALUE) : 테이블에 레코드를 하나 또는 여러 개를 추가할 때 사용하며, 지정하는 필드의 수와 데이터 형은 같아야한다.
- INSERT INTO 테이블(필드 이름1, 필드 이름2, …) VALUE(필드값1, 필드값2, …);

48 다음 중 〈도서〉 테이블에서 정가 필드의 값이 10000 이상이면서 20000 이하인 도서를 검색하기 위한 SQL문으로 옳은 것은?

① SELECT * FROM 도서 WHERE 정가 IN (10000, 20000)
② SELECT * FROM 도서 WHERE 정가 〉 10000 OR 정가 〈 20000
③ SELECT * FROM 도서 WHERE 10000 <= 정가 <= 20000
④ SELECT * FROM 도서 WHERE 정가 BETWEEN 10000 AND 20000

정답 45 ② 46 ② 47 ① 48 ④

해설 • BETWEEN : AND 연산자를 이용해 레코드가 비교하는 두 값의 범위 내에 해당하는지를 확인하기 위해 사용하는 연산자로 필드 값이 BETWEEN 연산자의 범위로 지정된 값 이내의 레코드만 검색한다.
• SELECT 필드 이름 FROM 테이블 이름 WHERE 조건 BETWEEN 값1 AND 값2;

49 다음 중 〈사원〉 테이블에서 주소가 '서울'인 사원의 이름과 부서를 입사년도가 오래된 사원부터 최근인 사원의 순서로 검색하기 위한 SQL문으로 옳은 것은?

① SELECT 이름, 부서 FROM 사원 ORDER BY 주소='서울' ASC WHERE 입사년도;
② SELECT 이름, 부서 FROM 사원 ORDER BY 입사년도 DESC WHERE 주소='서울';
③ SELECT 이름, 부서 FROM 사원 WHERE 입사년도 ORDER BY 주소='서울' DESC;
④ SELECT 이름, 부서 FROM 사원 WHERE 주소='서울' ORDER BY 입사년도 ASC;

해설 • ORDER BY절 : 쿼리 결과로 검색된 레코드에서 특정 필드를 기준으로 정렬할 때 사용하고, SELECT문의 가장 마지막에 위치한다(기본값은 오름차순).
• ORDER BY절에서 ASC는 오름차순을, DESC는 내림차순을 의미한다.
• SELECT 필드 이름 FROM 테이블 이름 ORDER BY 필드 이름 ASC;

50 다음 중 인덱싱된 테이블 형식 Recordset 개체에서 현재 인덱스에 지정한 조건에 맞는 레코드를 검색하여 현재 레코드로 설정하는 Recordset 객체의 메서드는?

① Seek ② Move
③ Find ④ Search

해설 Seek : Recordset의 인덱스를 검색하여 지정한 값과 일치하는 행을 찾고, 현재 행의 위치를 해당 행으로 변경한다.

51 다음 중 모듈에 대한 설명으로 적절하지 않은 것은?

① 모듈은 표준 모듈과 클래스 모듈로 구분된다.
② 사용자 정의 개체를 만들 때에는 표준 모듈만 사용한다.
③ 선언부에서는 변수, 상수, 외부 프로시저 등을 정의한다.
④ 폼의 이벤트 프로시저로 작성된 모듈은 폼과 함께 저장된다.

해설 • 표준 모듈 : 다른 프로시저에도 사용할 수 있도록 Sub과 Function 프로시저를 생성하는 모듈이다.
• 클래스 모듈 : 새로운 개체에 대한 정의를 포함할 수 있는 모듈이다.

52 다음 중 Access의 기본키에 대한 설명으로 옳지 않은 것은?

① 기본키는 테이블의 [디자인 보기] 상태에서 설정할 수 있다.
② 기본키로 설정된 필드에는 널(NULL) 값이 허용되지 않는다.
③ 기본키로 설정된 필드에는 항상 고유한 값이 입력 되도록 자동으로 확인된다.
④ 관계가 설정되어 있는 테이블의 기본키를 해제하면 해당 테이블의 관계도 삭제된다.

해설 • 항상 고유한 인덱스를 가져야하며, 여러 필드를 묶어서 하나의 기본키로 설정할 수 있다.
• 관계가 설정된 테이블의 기본키를 해제하면 해당 테이블의 관계는 삭제되지 않는다.

53 다음 중 기본 폼과 하위 폼을 연결하기 위한 기본 조건에 대한 설명으로 옳지 않은 것은?

① 기본 필드와 하위 필드의 데이터 형식과 필드의 크기는 같거나 호환되어야 한다.
② 중첩된 하위 폼은 최대 2개 수준까지 만들 수 있다.
③ 테이블간에 관계가 설정되어 있지 않은 경우에도 하위 폼으로 연결할 수 있다.
④ 하위 폼의 기본 필드 연결 속성은 기본 폼을 하위 폼에 연결해 주는 기본 폼의 필드를 지정하는 속성이다.

해설 각 하위 폼이 기본 폼 안에 배치되기만 하면 기본 폼이 포함할 수 있는 하위 폼의 수에는 제한이 없으며, 하위 폼을 7개까지 중첩시킬 수 있다.

정답 49 ④ 50 ① 51 ② 52 ④ 53 ②

54 다음 중 Access에서 테이블의 관계 설정에 대한 설명으로 옳지 않은 것은?

① [관계] 문서 탭에서 해당 관계에 대해 참조 무결성, 조인 유형 등을 설정할 수 있다.
② A 테이블과 A 테이블의 기본키를 외래 키로 사용하는 B 테이블간에 관계를 설정하는 경우 관계 종류는 일대다 관계로 자동 지정된다.
③ 이미 [디자인 보기] 상태로 열려 있는 테이블에 대한 관계 설정 시 해당 테이블은 자동 저장되어 닫힌다.
④ 테이블 관계를 제거하려면 관계선을 클릭하여 더 굵게 표시된 상태에서 Delete 키를 누른다.

해설 [디자인 보기] 상태로 열려 있는 테이블에 대한 관계 설정 시 해당 테이블은 자동 저장되어 닫히지 않는다.

55 다음 중 특정 필드의 입력 마스크를 'LA09#'으로 설정하였을 때 입력 가능한 데이터로 옳은 것은?

① 12345 ② A상345
③ A123A ④ A1BCD

해설
• L : A부터 Z까지의 영문자를 입력한다.
• A : 영문자나 숫자를 입력한다.
• # : 숫자나 공백을 입력한다.

56 다음 중 폼 작성에 관한 설명으로 옳지 않은 것은?

① 여러 개의 컨트롤을 선택하여 자동 정렬할 수 있다.
② 컨트롤의 탭 순서는 자동으로 화면 위에서 아래로 지정된다.
③ 사각형, 선 등의 도형 컨트롤을 삽입할 수 있다.
④ 컨트롤 마법사를 사용하여 폼을 닫는 매크로를 실행 시 키는 단추를 만들 수 있다.

해설
• 탭 인덱스(TabIndex) : 컨트롤의 탭 순서를 지정한다.
• 컨트롤의 탭 순서가 자동으로 화면 위에서 아래로 지정되는 것은 아니다.

57 다음 중 폼이나 보고서에서 사용되는 컨트롤에 대한 설명으로 옳지 않은 것은?

① 페이지 번호 컨트롤을 추가하는 경우 페이지 번호 식을 포함한 텍스트 상자 컨트롤이 삽입된다.
② 목록 상자 컨트롤은 바운드 또는 언바운드 컨트롤로 사용할 수 있다.
③ 로고 컨트롤을 추가하는 경우 머리글 구역에 이미지 컨트롤이 삽입된다.
④ 예/아니요 필드를 추가하는 경우 기본적으로 토글 단추 컨트롤이 삽입된다.

해설 예/아니요 : 입력란 컨트롤에 표시된 데이터에만 적용되며, 미리 정의된 형식을 제공한다. 또한, 확인란 컨트롤이 사용되면 미리 정의된 형식이나 사용자 정의 형식은 무시된다.

58 다음 중 〈학생〉 테이블의 성적 필드에 성적을 입력하는 경우 0에서 100 사이의 숫자만 입력 가능하도록 설정하기 위한 필드 속성은?

① 필드 크기 ② 필수
③ 유효성 검사 규칙 ④ 기본값

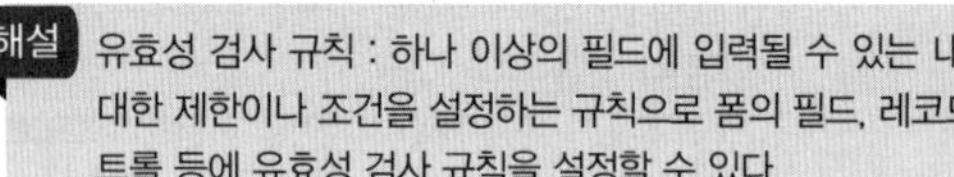
해설 유효성 검사 규칙 : 하나 이상의 필드에 입력될 수 있는 내용에 대한 제한이나 조건을 설정하는 규칙으로 폼의 필드, 레코드, 컨트롤 등에 유효성 검사 규칙을 설정할 수 있다.

정답 ▶ 54 ③ 55 ② 56 ② 57 ④ 58 ③

59 다음 중 폼에 대한 설명으로 옳지 않은 것은?

① 분할 표시 폼을 이용하여 동일한 테이블에 대한 전체 목록과 각 레코드에 대한 단일 폼을 함께 보여줄 수 있다.

② [레이아웃 보기] 상태에서는 [필드 목록] 창을 이용하여 원본으로 사용하는 테이블이나 쿼리의 필드를 추가할 수 있다.

③ 일반적으로 기본 폼과 하위 폼은 일대다 관계이다.

④ [폼 보기] 상태에서는 [컨트롤] 그룹의 '로고', '제목', '날짜 및 시간' 등의 제한적 컨트롤만 사용 가능하다.

- 폼 보기 상태에서 제목에 표시되는 텍스트를 설정한다.
- 잠금(Locked) : 폼 보기에서 컨트롤의 데이터를 편집할 수 있는지를 지정한다(특정 컨트롤의 값을 보호).

60 다음 중 보고서에서 텍스트 상자 컨트롤의 속성 설정에 대한 설명으로 옳지 않은 것은?

① 상태 표시줄 텍스트 속성은 컨트롤을 선택했을 때 상태 표시줄에 표시할 메시지를 설정한다.

② 컨트롤 원본 속성에서 함수나 수식 사용 시 문자는 작은 따옴표('), 필드명이나 컨트롤 이름은 큰 따옴표(")를 사용하여 구분한다.

③ 사용 가능 속성은 컨트롤에 포커스를 이동시킬 수 있는지의 여부를 설정한다.

④ 중복 내용 숨기기 속성은 데이터가 이전 레코드와 같을 때 컨트롤을 숨길지의 여부를 설정한다.

해설 컨트롤 원본 속성을 식으로 설정한 컨트롤에는 값을 입력할 수 없다.

정답 59 ④ 60 ②

2017년 03월 04일 시행 기출문제

1과목 | 컴퓨터 일반

01 다음 중 멀티미디어의 동영상에 관련된 설명으로 옳지 않은 것은?

① 국제표준화단체인 MPEG에서는 다양한 규격의 압축 포맷과 부가 표준을 만들었다.
② 비디오 스트리밍은 인터넷에서 영상 파일을 다운로드 하면서 실시간 재생하는 기법이다.
③ MIDI는 애플사에서 개발한 동영상 압축 기술로 시퀀싱 작업을 통해 작성된다.
④ AVI는 Windows에서 기본적으로 지원하는 표준 동영상 파일 형식으로 별도의 하드웨어 장치 없이 재생이 가능하다.

해설 MIDI : 전자 악기간 디지털 신호에 의한 통신이나 컴퓨터와 전자 악기간 통신 규약으로 음악을 악보와 비슷한 하나의 순서(Sequence)로 저장하며, WAV 파일보다 크기가 작다.

02 다음 중 멀티미디어 그래픽과 관련하여 렌더링(Rendering) 기법에 대한 설명으로 옳은 것은?

① 제한된 색상을 조합하여 새로운 색을 만드는 기술이다.
② 2개의 이미지를 부드럽게 연결하여 변환하는 기술이다.
③ 3차원 그래픽에서 화면에 그린 물체의 모형에 명암과 색상을 입혀 사실감을 더해 주는 기술이다.
④ 그림의 경계선을 부드럽게 처리해 주는 필터링 기술이다.

해설 보기 ①번은 디더링, 보기 ②번은 모핑, 보기 ④번은 안티앨리어싱에 대한 설명이다.

03 다음 중 컴퓨터 보안 기법의 하나인 방화벽에 관한 설명으로 옳지 않은 것은?

① 전자 메일 바이러스나 온라인 피싱 등을 방지할 수 있다.
② 해킹 등에 의한 외부로의 정보 유출을 막기 위해 사용하는 보안 기법이다.
③ 외부 침입자의 역추적 기능이 있다.
④ 내부의 불법 해킹은 막지 못한다.

해설 방화벽 : 외부의 불법적인 침입이나 해커의 공격으로부터 정보를 보호하기 위한 보안 시스템으로 네트워크 내부에 있는 호스트를 외부로부터 보호하거나 외부의 정보 유출을 막기 위해 사용한다.

04 다음 중 컴퓨터 바이러스의 특징으로 옳지 않은 것은?

① 디스크의 부트 영역이나 프로그램 영역에 숨어 있다.
② 자신을 복제할 수 있으며, 다른 프로그램을 감염시킬 수 있다.
③ 인터넷과 같은 통신 매체를 통해서만 감염된다.
④ 소프트웨어뿐만 아니라 하드웨어의 성능에도 영향을 미칠 수 있다.

해설 인터넷 외에도 감염된 외부 디스크(이동 디스크 등)에서 데이터를 복사하는 경우 감염될 수 있다.

05 다음 중 사물 인터넷에 대한 설명으로 옳지 않은 것은?

① IoT(Internet of Things)라고도 하며 개인 맞춤형 스마트 서비스를 지향한다.
② 사람을 제외한 사물과 공간, 데이터 등을 이더넷으로 서로 연결시켜 주는 무선 통신 기술을 의미한다.
③ 스마트 센싱 기술과 무선 통신 기술을 융합하여 실시간으로 데이터를 주고받는다.
④ 사물 인터넷 기반 서비스는 개방형 아키텍처를 필요로 하기 때문에 정보 공유에 대한 부작용을 최소화하기 위한 정보 보안 기술의 적용이 중요하다.

정답 01 ③ 02 ③ 03 ① 04 ③ 05 ②

해설 • 사물 인터넷(Internet of Things) : 유무선 통신망으로 연결된 기기를 이용하여 사람의 개입 없이 센서를 통해 수집한 다양한 정보를 주고받아 스스로 작업을 처리하는 통신 환경이다.
• 보기 ②번에서 사람을 제외하지는 않는다.

06 다음 중 웹 브라우저를 이용하여 실행할 수 있는 기능에 대한 설명으로 옳지 않은 것은?

① 웹 페이지의 내용을 저장하거나 인쇄할 수 있다.
② 플러그인을 설치하여 비디오, 애니메이션과 같은 멀티미디어 파일을 재생할 수 있다.
③ HTML 및 XML 형태의 소스 파일을 볼 수 있다.
④ 원격의 컴퓨터에 접속하여 자신의 컴퓨터처럼 사용할 수 있다.

해설 보기 ④번은 텔넷(Telnet)에 대한 설명이다.

07 다음 중 인터넷 주소 체계에서 IPv6에 대한 설명으로 옳지 않은 것은?

① 16비트씩 8부분으로 구성되며, 각 부분은 점(.)으로 구분된다.
② 각 부분은 4자리의 16진수로 표현하며 앞자리의 0은 생략할 수 있다.
③ IPv4에 비해 등급별, 서비스별로 패킷을 구분할 수 있어 품질 보장이 용이하다.
④ 유니캐스트, 애니캐스트, 멀티캐스트 형태의 유형으로 할당하기 때문에 할당된 주소의 낭비 요인을 줄이고 간단하게 주소를 결정할 수 있다.

해설 IPv6 : IPv4의 주소 공간을 4배 확장한 것으로 128비트를 16비트씩 8개로 나누어 표시하며, 각 부분은 콜론(:)으로 구분한다.

08 다음 중 정보를 전송하기 위하여 송수신기가 같은 상태를 유지하도록 하는 프로토콜의 기능을 의미하는 것은?

① 연결 제어 ② 흐름 제어
③ 오류 제어 ④ 동기화

해설 정보를 전송하기 위해 송수신기 사이에 같은 상태를 유지하도록 동기화 기능을 수행한다.

09 다음 중 컴퓨터 소프트웨어의 개발을 위한 객체 지향 언어에 관한 설명으로 옳지 않은 것은?

① 데이터와 그 데이터를 처리하는 함수를 객체로 묶어서 문제를 해결하는 언어이다.
② 상속, 캡슐화, 추상화, 다형성 등을 지원한다.
③ 시스템의 확장성이 높고, 정보 은폐가 용이하다.
④ 대표적인 객체 지향 언어로는 BASIC, Pascal, C 언어 등이 있다.

해설 대표적인 객체 지향 언어로는 Smalltalk, C++, Java 등이 있다.

10 다음 중 드라이브 조각 모음을 수행할 수 있는 대상으로 옳은 것은?

① CD-ROM 드라이브
② Windows가 지원하지 않는 형식의 압축 프로그램
③ 외장 하드 디스크 드라이브
④ 네트워크 드라이브

해설 CD-ROM 드라이브, 네트워크 드라이브, Windows가 지원하지 않는 디스크 압축 프로그램에 의해 압축된 드라이브는 조각 모음을 할 수 없다.

11 다음 중 컴퓨터에서 사용하는 자료의 표현에 관한 설명으로 옳지 않은 것은?

① 실수형 데이터는 정해진 크기에 부호(1bit)와 가수부(7bit)로 구분하여 표현한다.
② 2진 정수 데이터는 실수 데이터 보다 표현할 수 있는 범위가 작으며, 연산 속도는 빠르다.
③ 숫자 데이터 표현 중 10진 연산을 위하여 "팩(Pack)과 언팩(Unpack)" 표현 방식이 사용된다.
④ 컴퓨터에서 뺄셈을 수행하기 위해서는 보수와 덧셈 연산을 이용한다.

해설 실수형 데이터(부동 소수점 연산)는 숫자를 부호(1비트), 지수부(7비트), 가수부(소수부)로 나누어 표현한다.

12 다음 중 아날로그 컴퓨터와 비교하여 디지털 컴퓨터의 특징으로 옳지 않은 것은?

정답 06 ④ 07 ① 08 ④ 09 ④ 10 ③ 11 ① 12 ③

① 데이터의 각 자리마다 0 혹은 1의 비트로 표현한 이산적인 데이터를 처리한다.
② 데이터 처리를 위한 명령어들로 구성된 프로그램에 의해 동작된다.
③ 온도, 전압, 진동 등과 같이 연속적으로 변하는 데이터를 효율적으로 처리할 수 있다.
④ 산술 및 논리 연산을 처리하는 회로에 기반을 둔 범용 컴퓨터로 사용된다.

- 디지털 컴퓨터 : 문자, 숫자와 같은 이산적인 데이터를 취급하며, 논리 회로를 사용한다.
- 아날로그 컴퓨터 : 전압, 전류와 같은 연속적인 데이터를 취급하며, 증폭 회로를 사용한다.

13 다음 중 컴퓨터의 하드 디스크와 관련하여 RAID(Redundant Array of Inexpensive Disks) 기술에 관한 설명으로 옳지 않은 것은?

① 여러 개의 하드 디스크를 모아서 하나의 하드 디스크처럼 사용할 수 있도록 하는 기술이다.
② 하드 디스크의 모음뿐만 아니라 자동으로 복제해 백업 정책을 구현해 주는 기술이다.
③ 미러링과 스트라이핑 기술을 결합하여 안정성과 속도를 향상시킨 디스크 연결 기술이다.
④ 하드 디스크, CD-ROM, 스캐너 등을 통합적으로 연결해 주는 기술이다.

해설 하드 디스크 및 CD-ROM 등을 체인식으로 연결하는 기술은 SCSI이다.

14 다음 중 추가로 설치한 하드 디스크를 인식하지 못하는 경우에 대한 대책으로 적절하지 않은 것은?

① CMOS 셋업에서 하드 디스크 타입이 일치하는지 확인한다.
② 하드 디스크의 데이터 케이블 연결이나 전원 케이블 연결을 확인한다.
③ 부팅 디스크로 부팅한 후 디스크 검사로 부트 섹터를 복구한다.
④ 운영 체제가 설치되어 있는 경우 재설치하고, 그 외에는 포맷한다.

하드 디스크를 인식하는 것과 보기 ④번의 내용은 아무런 관계가 없다.

15 다음 중 컴퓨터의 내부 기억 장치에 관한 설명으로 옳은 것은?

① RAM은 일시적으로 전원 공급이 없더라도 내용은 계속 기억된다.
② SRAM이 DRAM 보다 접근 속도가 느리다.
③ 주기억 장치의 접근 속도 개선을 위하여 가상 메모리가 사용된다.
④ ROM에는 BIOS, 기본 글꼴, POST 시스템 등이 저장되어 있다.

ROM(Read Only Memory) : 전원이 꺼져도 기억된 내용이 지워지지 않는 비휘발성 메모리로 읽기만 가능하다. 또한, 입출력 시스템(BIOS), 자가 진단 프로그램(POST), 한글/한자 코드 등이 수록되어 있으며, 펌웨어(Firmware)로 구성된다.

16 다음 중 컴퓨터의 제어 장치에 있는 레지스터에 관한 설명으로 옳지 않은 것은?

① 다음번에 실행할 명령어의 번지를 기억하는 프로그램 계수기(PC)가 있다.
② 현재 실행 중인 명령어를 기억하는 명령 레지스터(IR)가 있다.
③ 명령 레지스터에 있는 명령어를 해독하는 명령 해독기(Decoder)가 있다.
④ 해독된 데이터의 음수 부호를 검사하는 부호기(Encoder)가 있다.

해설 부호기(Encoder)는 명령 해독기에서 받은 명령을 실행 가능한 신호로 변환하여 전송한다.

17 다음 중 컴퓨터 고장으로 인한 작업 중단에 대비하고, 업무 처리의 신뢰도를 높이기 위해 2개의 CPU가 같은 업무를 동시에 처리하여 그 결과를 상호 점검하면서 운영하는 시스템은?

① 듀플렉스 시스템　　② 클러스터링 시스템
③ 듀얼 시스템　　④ 다중 처리 시스템

정답 13 ④ 14 ④ 15 ④ 16 ④ 17 ③

해설 • ① 시스템의 안정성을 위하여 한쪽의 CPU가 가동중일 때 다른 한쪽의 CPU가 고장나면 즉시 대기중인 CPU가 작동되도록 운영하는 시스템이다.
• ② 두 대 이상의 컴퓨터를 함께 묶어서 단일 시스템처럼 사용한다.
• ④ 하나의 컴퓨터에 여러 개의 중앙 처리 장치(CPU)를 설치하여 주기억 장치나 주변 장치들을 공유하고, 신뢰성과 연산 능력을 향상시키는 시스템이다.

18 한글 Windows의 파일이나 폴더 검색에 대한 설명으로 옳지 않은 것은?

① [시작] 메뉴의 검색 상자를 사용하면 색인된 파일만 검색 결과에 나타나며, 컴퓨터의 일반적인 파일들은 대부분 색인이 구성되어 있다.
② 검색 상자에서 내용 앞에 '–'를 붙이면 해당 내용이 포함되지 않은 파일이나 폴더를 검색할 수 있다.
③ 데이터를 검색한 후 검색 기준을 저장할 수 있고, 저장된 검색을 열기만 하면 원래 검색과 일치하는 최신 파일이 나타난다.
④ [시작] 메뉴의 검색 상자에서 검색 필터를 사용하여 파일을 검색할 수 있다.

해설 [시작] 메뉴의 검색 상자에서 검색 필터를 사용하여 파일을 검색할 수 없다.

19 한글 Windows에서 Device Stage에 대한 설명으로 옳지 않은 것은?

① Device Stage는 해당 장치의 제조업체에 의해 각 장치에 맞게 사용자가 지정되며, 연결 시 선택할 수 있는 옵션은 동일하게 표시한다.
② Device Stage는 장치에 대한 세부 정보 및 해당 장치로 수행할 수 있는 작업을 표시하며, 호환되는 장치를 컴퓨터에 연결하면 Device Stage가 자동으로 열린다.
③ 두 개 이상의 장치를 컴퓨터에 연결하는 경우 두 개 이상의 Device Stage 인스턴스가 동시에 열릴 수 있다.
④ 장치 동기화가 설정되어 있는 경우에는 Device Stage가 열리지만 Windows 작업 표시줄에 최소화되어 표시된다.

해설 Device Stage : Windows에서 해당 기능을 제공하는 장치가 컴퓨터에 연결되면 쉽고 빠르게 새로운 하드웨어를 사용할 수 있다. Device Stage 정보는 제조사에서 Microsoft사에 제공하고, 이를 Windows Update를 통하여 배포한다.

20 한글 Windows의 멀티 부팅 기능에 대한 설명으로 옳지 않은 것은?

① 컴퓨터의 디스크 공간이 충분한 경우 새 버전의 Windows를 별도의 파티션에 설치하고, 이전 버전의 Windows를 컴퓨터에 유지할 수 있게 하는 기능이다.
② 멀티 부팅을 위해서는 컴퓨터의 하드 디스크에 각 운영 체제에 사용할 개별 파티션이 필요하다.
③ 멀티 부팅은 2개의 Windows 중에서 최신 버전을 먼저 설치하고, 이전 버전을 다음에 설치해야 정상적으로 부팅된다.
④ 컴퓨터를 시작할 때마다 실행할 Windows 버전을 선택할 수 있다.

해설 멀티 부팅은 2개의 Windows 중에서 이전 버전의 운영 체제를 먼저 설치한 후 최신 버전의 운영 체제를 설치해야 정상적으로 부팅된다.

2과목 | 스프레드시트 일반

21 다음 중 입력한 데이터에 지정된 사용자 지정 표시 형식의 결과가 옳지 않은 것은?

①

입력 자료	엑셀
표시 형식	@@@
결과	엑셀엑셀엑셀

②

입력 자료	1
표시 형식	#"0,000"
결과	10,000

③

입력 자료	0.5
표시 형식	[<1]0.??;#,###
결과	0.50

④

입력 자료	2012-10-09
표시 형식	mmm-dd
결과	Oct-09

정답 18 ④ 19 ① 20 ③ 21 ③

해설
- # : 유효 자릿수만 표시하며, 무효의 0은 표시하지 않는다.
- ? : 무효의 0 대신 공백을 추가하여 소수점을 맞춘다(소수점 정렬).
- 0 : 무효의 0을 포함하여 숫자의 자릿수를 표시한다.
- 보기 ③번의 결과는 0.50이다.

22 다음 중 그림과 같이 [A1] 셀에 10을 입력하고 [A3] 셀까지 자동 채우기 한 후 나타나는 [자동 채우기] 옵션에 대한 설명으로 옳지 않은 것은?

	A	B	C
1	10		
2	10		
3	10		
4			
5		◉ 셀 복사(C)	
6		○ 연속 데이터 채우기(S)	
7		○ 서식만 채우기(F)	
8		○ 서식 없이 채우기(O)	
9		○ 빠른 채우기(F)	
10			

① 셀 복사 : [A1] 셀의 값 10이 [A2] 셀과 [A3] 셀에 복사되고, [A1] 셀의 서식은 복사되지 않는다.
② 연속 데이터 채우기 : [A1] 셀의 서식과 함께 [A2] 셀에는 값 11, [A3] 셀에는 값 12가 입력된다.
③ 서식만 채우기 : [A2] 셀과 [A3] 셀에 [A1] 셀의 서식만 복사되고, 값은 입력되지 않는다.
④ 서식 없이 채우기: [A2] 셀과 [A3] 셀에 [A1] 셀의 서식은 복사되지 않고, [A1] 셀의 값 10이 입력된다.

해설 보기 ①번에서 셀과 서식은 같이 복사된다.

23 다음 중 피벗 차트 보고서에 대한 설명으로 옳지 않은 것은?

① 피벗 차트 보고서에 필터를 적용하면 피벗 테이블 보고서에 자동 적용된다.
② 처음 피벗 테이블 보고서를 만들 때 자동으로 피벗 차트 보고서를 함께 만들 수도 있고, 기존 피벗 테이블 보고서에서 피벗 차트 보고서를 만들 수도 있다.
③ 피벗 차트 보고서를 정적 차트로 변환하려면 관련된 피벗 테이블 보고서를 선택한 후 [분석] 탭의 [동작] 그룹에서 [지우기]-[모두 지우기] 명령을 수행하여 피벗 테이블 보고서를 먼저 삭제한다.
④ 피벗 차트 보고서를 삭제해도 관련된 피벗 테이블 보고서는 삭제되지 않는다.

해설
- 피벗 테이블과 연결된 피벗 차트가 있는 경우 피벗 테이블에서 [모두 지우기] 명령을 사용하면 피벗 테이블과 피벗 차트의 필드, 서식 및 필터가 제거된다.
- 피벗 차트 보고서를 정적 차트로 변환하려면 관련된 피벗 테이블 보고서를 선택한 후 Delete 키를 눌러 피벗 테이블을 삭제한다.

24 다음은 연이율 6%의 대출금 5,000,000원을 36개월, 60개월, 24개월로 상환 시 월 상환액에 따른 시나리오 요약 보고서를 작성한 것이다. 다음 중 이에 관한 설명으로 옳지 않은 것은?

	A	B
1	원금	5,000,000
2	연이율	6%
3	기간	36
4		
5	월 상환액	₩152,110
6	총 상환액	₩5,475,948.74

→

시나리오 요약	현재 값:	기간 연장	기간 단축
변경 셀:			
기간	36	60	24
결과 셀:			
월상환액	₩152,110	₩96,664	₩221,603

① 시나리오 추가 시 사용된 [변경 셀]은 [B3] 셀이다.
② [B3] 셀은 '기간'으로 [B5] 셀은 '월상환액'으로 이름이 정의되어 있다.
③ 일반적으로 시나리오를 만들 때 [변경 셀]에는 사용자가 값을 입력할 수는 있으나 여러 개의 셀을 참조할 수는 없다.
④ [B5] 셀은 시나리오 요약 시 [결과 셀]로 사용되었으며, 수식이 포함되어 있다.

해설 일반적으로 시나리오를 만들 때 [변경 셀]에는 여러 개의 셀을 참조할 수 있다.

정답 22 ① 23 ③ 24 ③

25 다음 중 Access 외부 데이터를 Excel로 가져와 사용하는 방법에 대한 설명으로 옳지 않은 것은?

① 현재 통합 문서에 표, 피벗 테이블 보고서, 피벗 차트 및 피벗 테이블 보고서 중 선택하여 가져올 수 있다.

② [데이터 가져오기] 대화 상자에서 데이터가 들어갈 위치는 새 워크시트의 [A1] 셀이 기본으로 선택된다.

③ 파일을 열거나 다른 작업을 하면서 또는 일정한 간격으로 데이터에 대한 새로 고침을 실행할 수 있다.

④ [통합 문서 연결] 대화 상자에 열로 표시되는 연결 이름과 설명을 변경할 수 있다.

해설 [데이터 가져오기] 대화 상자에서 데이터가 들어갈 위치를 '새 워크시트'로 선택하면 새 워크시트의 [A1] 셀이 기본으로 선택된다. '기존 워크시트'를 선택하면 입력 시작 셀을 선택할 수 있다.

26 다음 중 워크시트 (가)를 (나)와 같이 정렬하기 위한 방법으로 옳은 것은?

(가)

	A	B	C	D
1	이름	사번	부서	직위
2	윤여송	a-001	기획실	과장
3	이기상	a-002	기획실	대리
4	이원평	a-003	기획실	사원
5	강문상	a-004	관리과	사원
6				
7				

(나)

	A	B	C	D
1	부서	사번	이름	직위
2	기획실	a-001	윤여송	과장
3	기획실	a-002	이기상	대리
4	기획실	a-003	이원평	사원
5	관리과	a-004	강문상	사원

① 정렬 옵션을 '왼쪽에서 오른쪽'으로 설정

② 정렬 옵션을 '위쪽에서 아래쪽'으로 설정

③ 정렬 기준을 '셀 색', 정렬을 '위에 표시'로 설정

④ 정렬 기준을 '셀 색', 정렬을 '아래쪽에 표시'로 설정

해설 [정렬] 대화 상자에서 [옵션] 버튼을 클릭한 후 '왼쪽에서 오른쪽'으로 선택하면 열 방향으로 정렬할 수 있다.

27 다음 중 차트에서 3차원 막대 그래프에 적용할 수 없는 기능은?

① 상하 회전 ② 원근감 조절

③ 추세선 ④ 데이터 표 표시

해설 추세선이 추가된 데이터 계열의 차트 종류를 3차원 차트로 변경하면 추세선은 자동으로 삭제된다.

28 다음 중 엑셀의 데이터 입력에 대한 설명으로 옳지 않은 것은?

① 한 셀에 여러 줄의 데이터를 입력하려면 Alt+Enter 키를 사용한다.

② 셀에 데이터를 입력하고 Shift+Enter 키를 누르면 셀 입력이 완료되고 바로 아래의 셀이 선택된다.

③ 같은 데이터를 여러 셀에 한 번에 입력하려면 Ctrl+Enter 키를 사용한다.

④ 수식이 들어 있는 셀을 선택하고, 채우기 핸들을 두 번 클릭하면 수식이 적용되는 모든 인접한 셀에 대해 아래쪽으로 수식을 자동 입력할 수 있다.

해설 셀에 데이터를 입력하고 Shift+Enter 키를 누르면 셀 입력이 완료되고 위쪽 셀이 선택된다.

29 다음의 프로시저를 이용하여 [A1:C3] 영역의 서식만 지우려고 한다. 다음 중 괄호 안에 들어갈 코드로 옳은 것은?

```
Sub Procedure( )
  Range("A1:C3")
  Select Selection.(          )
End Sub
```

① DeleteFormats

② FreeFormats

③ ClearFormats

④ DeactivateFormats

해설 Clear : 모두 지우기, ClearContents : 내용 지우기, ClearFormats – 서식 지우기, ClearComments – 메모 지우기

30 다음 중 [찾기 및 바꾸기] 대화 상자에 대한 설명으로 옳지 않은 것은?

정답 25 ② 26 ① 27 ③ 28 ② 29 ③ 30 ③

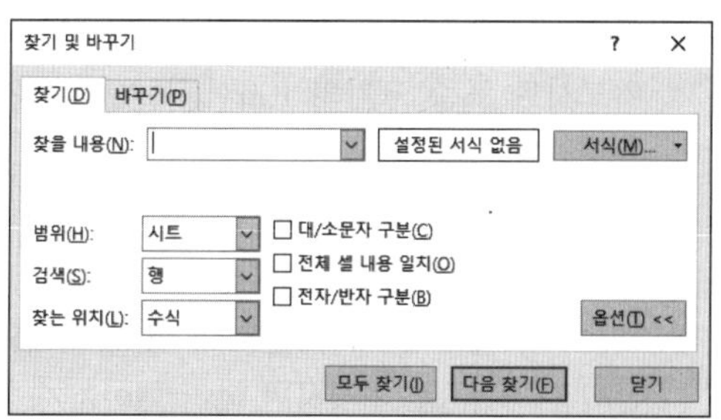

① 문서에서 '찾을 내용'에 입력한 내용과 일치하는 이전 항목을 찾으려면 Shift 키를 누른 상태에서 [다음 찾기] 단추를 클릭한다.
② '찾을 내용'에 입력한 문자만 있는 셀을 검색하려면 '전체 셀 내용 일치'를 선택한다.
③ 별표(*), 물음표(?) 및 물결표(~) 등의 문자가 포함된 내용을 찾으려면 '찾을 내용'에 작은따옴표(') 뒤에 해당 문자를 붙여 입력한다.
④ 찾을 내용을 워크시트에서 검색할지 전체 통합 문서 에서 검색할지 등을 선택하려면 '범위'에서 '시트' 또는 '통합 문서'를 선택한다.

해설 별표(*), 물음표(?) 등의 문자가 포함된 내용을 찾으려면 '찾을 내용' 앞에 물결(~) 기호를 입력한다.

31 다음 중 매크로 편집에 사용되는 Visual Basic Editor에 관한 설명으로 옳지 않은 것은?

① Visual Basic Editor는 단축키 Alt+F11 키를 누르면 실행된다.
② 작성된 매크로는 한 번에 실행되며, 한 단계씩 실행될 수는 없다.
③ Visual Basic Editor는 프로젝트 탐색기, 속성 창, 모듈 시트 등으로 구성되어 있다.
④ 실행하고자 하는 매크로 구문 내에 커서를 위치시키고, F5 키를 누르면 매크로가 바로 실행된다.

해설 보기 ②번에서 한 단계씩 실행하려면 F8 키를 누르고, 매크로를 바로 실행하려면 F5 키를 누른다.

32 다음 중 시트에서 각 수식을 실행했을 때의 결과 값으로 옳은 것은?

	A	B	C	D	E
1	이름	국어	영어	수학	평균
2	홍길동	83	90	73	82
3	이대한	65	87	91	81
4	한민국	80	75	100	85
5	평균	76	84	88	82.66667
6					

① =SUM(COUNTA(B2:D4), MAXA(B2:D4)) → 102
② =AVERAGE(SMALL(C2:C4, 2), LARGE(C2:C4, 2)) → 75
③ =SUM(LARGE(B3:D3, 2), SMALL(B3:D3, 2)) → 174
④ =SUM(COUNTA(B2, D4), MINA(B2, D4)) → 109

해설 LARGE(B3:D3, 2)는 [B3:D3] 영역에서 2번째로 큰 값인 87을 구하고, SMALL(B3:D3, 2)는 [B3:D3] 영역에서 2번째로 작은 값인 87을 구한다. 그러므로 SUM 함수에 따라 87+87 = 174이다.

33 다음 중 시트에서 각 수식을 실행했을 때의 결과 값으로 옳지 않은 것은?

	A
1	2017년 3월 5일 일요일
2	2017년 3월 20일 월요일
3	2017년 4월 10일 월요일

① EOMONTH(A1,-3) → 2016-12-05
② DAYS360(A1,A3) → 35
③ NETWORKDAYS(A1,A2) → 11
④ WORKDAY(A1,10) → 2017-03-17

해설 EOMONTH(날짜, 월수) : 지정된 달 수 이전/이후 달의 마지막 날 날짜 일련번호를 구하되 월수가 양수이면 이후 날짜, 음수이면 이전 날짜를 구한다. 그러므로 =EOMONTH(A1,-3) → 2016-12-31이다.

34 다음 중 통합 문서 공유에 대한 설명으로 옳지 않은 것은?

① 병합된 셀, 조건부 서식, 데이터 유효성 검사, 차트, 그림과 같은 일부 기능은 공유 통합 문서에서 추가하거나 변경할 수 없다.
② 공유된 통합 문서는 여러 사용자가 동시에 변경할 수 없다.
③ 통합 문서를 공유하는 경우 저장 위치는 웹 서버가 아니라 공유 네트워크 폴더를 사용해야 한다.

정답 31 ② 32 ③ 33 ① 34 ②

④ 셀을 잠그고 워크시트를 보호하여 액세스를 제한하지 않으면 네트워크 공유에 액세스할 수 있는 모든 사용자가 공유 통합 문서에 대한 모든 액세스 권한을 갖게 된다.

해설 공유된 통합 문서는 여러 사용자가 동시에 변경할 수 있다.

35 다음 그림과 같이 워크시트에 배열 상수 형태로 배열 수식이 입력되어 있을 때, [A5] 셀에서 수식 =SUM(A1, B2)를 실행하였다. 다음 중 그 결과로 옳은 것은?

	A	B	C
1	{={1,2,3;4,5,6}}	{={1,2,3;4,5,6}}	{={1,2,3;4,5,6}}
2	{={1,2,3;4,5,6}}	{={1,2,3;4,5,6}}	{={1,2,3;4,5,6}}

① 3　② 6
③ 7　④ 8

해설
- 배열 상수는 배열 수식에 사용되는 배열 인수로 중괄호를 직접 입력하여 상수를 묶어야 한다.
- [A1] 셀에는 1, [B2] 셀에는 5이므로 =SUM(A1, B2)는 1 + 5 = 6이 된다.

36 다음 중 엑셀의 확장자에 따른 파일 형식과 설명이 옳지 않은 것은?

① .xlsb – Excel 2016 바이너리 파일 형식이다.
② .xlsm – XML 기반의 Excel 2016 파일 형식으로 매크로를 포함할 수 있다.
③ .xlsx – XML 기반의 기본 Excel 2016 파일 형식으로 VBA 매크로 코드나 Excel 4.0 매크로 시트를 저장할 수 없다.
④ .xltx – Excel 서식 파일의 기본 Excel 2016 파일 형식으로 VBA 매크로 코드나 Excel 4.0 매크로 시트를 저장할 수 있다.

해설 .xltx 확장자는 VBA 매크로 코드로 저장할 수 없다.

37 다음 중 엑셀의 [페이지 설정] 대화 상자에 대한 설명으로 옳은 것은?

① 인쇄 배율을 수동으로 설정할 수 있으며, 배율은 워크시트 표준 크기의 10%에서 200%까지 설정 가능하다.
② [시트] 탭에서 머리글/바닥글과 행/열 머리글이 인쇄 되도록 설정할 수 있다.
③ [페이지] 탭에서 '자동 맞춤'의 용지 너비와 용지 높이를 각각 1로 지정하면 여러 페이지가 한 페이지에 인쇄된다.
④ 셀에 설정된 메모는 시트에 표시된 대로 인쇄할 수는 없으나 시트 끝에 인쇄되도록 설정할 수 있다.

해설
- ① 배율은 워크시트 표준 크기의 10%에서 400%까지 설정이 가능하다.
- ② [시트] 탭에서 행/열 머리글이 인쇄 되도록 설정할 수 있다.
- ④ 셀에 설정된 메모는 화면에 표시된 상태 그대로 인쇄된다.

38 다음 중 [페이지 나누기 미리 보기] 상태에서 설정할 수 있는 기능에 대한 설명으로 옳지 않은 것은?

① 행 높이와 열 너비를 변경하면 자동 페이지 나누기의 위치도 변경된다.
② 수동으로 삽입한 페이지 나누기를 제거하려면 페이지 나누기를 페이지 나누기 미리 보기 영역 밖으로 끌어다 놓는다.
③ [페이지 나누기 삽입] 기능은 선택한 셀의 아래쪽 행 오른쪽 열로 페이지 나누기를 삽입한다.
④ 수동 페이지 나누기를 모두 제거하려면 임의의 셀의 바로 가기 메뉴에서 [페이지 나누기 모두 원래대로]를 클릭한다.

해설 보기 ③번은 수동 페이지 나누기이며, 왼쪽과 위쪽으로 삽입된다.

39 다음 중 수식에서 발생하는 각 오류에 대한 원인으로 옳지 않은 것은?

① #NULL! – 배열 수식이 들어 있는 범위와 행 또는 열수가 같지 않은 배열 수식의 인수를 사용하는 경우
② #VALUE! – 수식에서 잘못된 인수나 피연산자를 사용한 경우

정답 35 ②　36 ④　37 ③　38 ③　39 ①

③ #NUM! – 수식이나 함수에 잘못된 숫자 값이 포함된 경우

④ #NAME? – 수식에서 이름으로 정의되지 않은 텍스트를 큰따옴표로 묶지 않고 입력한 경우

해설 #NULL! : 공통 부분이 없는 두 영역의 부분을 지정했을 경우 발생한다.

40 다음 중에서 설명하는 차트의 종류로 가장 적절한 것은?

- 가로 축의 값이 일정한 간격이 아닌 경우
- 가로 축의 데이터 요소 수가 많은 경우
- 데이터 요소 간의 차이점보다는 큰 데이터 집합 간의 유사점을 표시하려는 경우

① 주식형 차트 ② 분산형 차트
③ 영역형 차트 ④ 방사형 차트

해설
- ① 주식의 가격 동향을 나타내거나 온도 변화와 같은 과학 데이터를 표현하는데 사용한다.
- ③ 시간에 따른 변동의 크기를 강조하며, 합계 값을 추세와 함께 표시할 수 있다.
- ④ 많은 데이터 계열의 집계 값을 비교할 때 사용한다.

3과목 | 데이터베이스 일반

41 다음 중 이벤트 프로시저에서 [Command1] 단추를 클릭했을 때의 실행 결과로 옳은 것은?

```
Private Sub Command1_Click( )
  DoCmd.OpenForm "사원정보", acNormal
  DoCmd.GoToRecord , , acNewRec
End Sub
```

① [사원정보] 테이블이 열리고, 가장 마지막 행의 새 레코드에 포커스가 표시된다.

② [사원정보] 폼이 열리고, 첫 번째 레코드의 가장 왼쪽 컨트롤에 포커스가 표시된다.

③ [사원정보] 폼이 열리고, 마지막 레코드의 가장 왼쪽 컨트롤에 포커스가 표시된다.

④ [사원정보] 폼이 열리고, 새 레코드를 입력할 수 있도록 비워진 폼이 표시된다.

해설
- DoCmd 개체 : 액세스 매크로 함수를 실행할 수 있는 액세스 개체로 창 닫기, 폼 열기, 컨트롤 값 설정 등과 같은 액세스 함수를 실행한다.
- OpenForm : 폼 보기, 폼 디자인 보기, 인쇄 미리 보기, 데이터시트 보기로 폼을 연다.
- GoToRecord : 지정한 레코드를 열려 있는 테이블, 폼, 쿼리 결과 집합에서 현재 레코드로 만든다.
- OpenForm "사원정보"로 사원정보 폼을 폼 보기(acNormal)로 열고, 새 레코드(acNewRec)로 이동하는(GoToRecord) 이벤트 프로시저를 수행한다.

42 다음 중 VBA 모듈에서 선택 쿼리를 데이터시트 보기, 디자인 보기, 인쇄 미리 보기 등으로 열기 위해 사용하는 메서드는?

① Docmd.RunSQL
② DoCmd.OpenQuery
③ DoCmd.RunQuery
④ Docmd.OpenSQL

해설
- Docmd.RunSQL : SQL문을 실행하는 매크로 함수를 수행한다.
- DoCmd.OpenQuery : 선택 쿼리를 데이터시트 보기, 디자인 보기, 인쇄 미리 보기 등으로 열기 위해 사용한다.

43 다음 중 보고서의 각 구역에 대한 설명으로 옳지 않은 것은?

① 보고서 머리글 : 보고서의 맨 앞에 한 번 출력되며, 일반적으로 로고나 제목 및 날짜 등의 정보를 표시할 때 사용한다.

② 페이지 바닥글 : 각 레코드 그룹의 맨 끝에 출력되며, 그룹에 대한 요약 정보를 표시할 때 사용한다.

③ 본문 : 레코드 원본의 모든 행에 대해 한 번씩 출력되며, 보고서의 본문을 구성하는 컨트롤이 여기에 추가된다.

④ 보고서 바닥글 : 보고서 총합계 또는 전체 보고서에 대한 기타 요약 정보를 표시할 때 사용한다.

해설 페이지 바닥글 : 각 페이지 하단에 표시되며, 주로 날짜, 페이지번호를 삽입한다.

정답 40 ② 41 ④ 42 ② 43 ②

44 다음 중 정규화에 대한 설명으로 옳지 않은 것은?

① 정규화를 통해 삽입, 삭제, 갱신 이상의 발생을 방지할 수 있다.
② 정규화를 통해 데이터 삽입 시 테이블 재구성의 필요성을 줄일 수 있다.
③ 정규화는 테이블 속성들 사이의 종속성을 최대한 배제하는 과정으로 볼 수 있다.
④ 정규화를 수행하여 데이터의 중복을 완전히 제거할 수 있다.

해설 정규화를 수행해도 데이터의 중복을 완전히 제거할 수는 없다.

45 다음 중 기본키(Primary Key)에 대한 설명으로 옳지 않은 것은?

① 기본키로 지정된 필드는 다른 레코드와 동일한 값을 가질 수 없다.
② 기본키 필드에 값이 입력되지 않으면 레코드가 저장되지 않는다.
③ 기본키가 설정되지 않아도 테이블은 생성된다.
④ 기본키는 하나의 필드에만 설정할 수 있다.

해설 기본키는 하나의 속성에만 지정할 수 있지만 2개 이상의 속성으로 조합해서 지정할 수도 있다.

46 다음 중 폼이나 보고서에서 테이블이나 쿼리의 필드를 컨트롤 원본으로 사용하는 컨트롤을 의미하는 것은?

① 언바운드 컨트롤 ② 바운드 컨트롤
③ 계산 컨트롤 ④ 레이블 컨트롤

해설
• 언바운드 컨트롤 : 데이터 원본이 없고 연결되지 않는 컨트롤로 정보, 선, 사각형, 그림 등을 표시할 수 있다.
• 계산 컨트롤 : 원본 데이터로 '='로 시작되는 계산식을 지정하며, 사용자가 직접 값을 입력할 수 없다.
• 레이블 컨트롤 : 주로 폼이나 보고서의 제목과 같이 간단한 문자열을 나타낼 때 사용되는 컨트롤로 독립된 개체이다.

47 다음 중 [업무 문서 양식 마법사]를 이용한 보고서 작성에 대한 설명으로 옳지 않은 것은?

① 테이블을 이용하여 세금계산서를 작성할 수 있다.
② 테이블을 이용하여 거래명세서를 작성할 수 있다.
③ 쿼리를 이용하여 우편물 레이블을 작성할 수 있다.
④ 쿼리를 이용하여 서식이 없는 세금계산서를 작성할 수 있다.

해설 우편물 레이블은 레이블 보고서를 이용하여 만든다.

48 다음 중 보고서의 [그룹, 정렬 및 요약] 창의 그룹 설정에 대한 설명으로 옳은 것을 모두 나열한 것은?

ⓐ 필드나 식을 기준으로 최대 5개까지 그룹 수준을 정의할 수 있다.
ⓑ 같은 필드나 식을 두 번 이상 그룹화 할 수 있다.
ⓒ 여러 필드에 요약을 추가하거나 같은 필드에 여러 종류의 요약을 계산할 수 있다.
ⓓ 그룹 수준을 삭제하려면 그룹의 머리글 구역과 바닥글 구역을 모두 제거하면 된다.
ⓔ 그룹화를 하려면 그룹 머리글과 그룹 바닥글을 모두 선택해야 한다.

① ⓐ, ⓓ ② ⓐ, ⓓ, ⓔ
③ ⓑ, ⓒ ④ ⓑ, ⓒ, ⓔ

해설
• 그룹, 정렬 및 요약 창에서 필드/식 열의 첫 행에서 필드 이름을 선택하거나 식을 지정한다.
• 필드나 식을 기준으로 최대 10개까지 지정할 수 있다.

49 다음 중 폼과 보고서에서 설정 가능한 [조건부 서식]에 대한 설명으로 옳지 않은 것은?

① 원하는 필드 값에 대한 서식을 지정할 수 있다.
② 식이 TRUE 또는 FALSE로 평가되는 경우에 대한 서식을 지정할 수 있다.
③ 필드에 포커스가 있는지 여부에 따라 서식을 지정할 수도 있다.
④ 조건에 맞지 않는 경우의 서식은 조건을 식으로만 지정할 수 있다.

해설 조건부 서식은 필드값, 식, 필드에 포커스가 있음의 세 가지를 기준으로 설정할 수 있다.

정답 44 ④ 45 ④ 46 ② 47 ③ 48 ③ 49 ④

50 다음 중 [폼 마법사]를 이용한 폼 작성 시 선택 가능한 폼의 모양 중 각 필드가 왼쪽의 레이블과 함께 각 행에 표시되고 컨트롤 레이아웃이 자동으로 설정되는 것은?

① 컬럼 형식　　② 테이블 형식
③ 데이터시트　　④ 맞춤

- 테이블 형식 : 각 레코드의 필드들이 한 줄에 나타나며, 필드 이름은 폼의 맨 위에 표시한다.
- 데이터시트 : 테이블을 데이터시트로 볼 때와 동일한 모습으로 폼을 만든다.
- 맞춤 : 내용의 길이에 따라 균형 있게 배치되도록 만든다.

51 다음 중 그림과 같은 결과를 표시하는 쿼리로 옳은 것은?

영화명	감독	장르	제작년도
베테랑	백감독	멜로	2013
베테랑	류승완	액션	2015
퇴마전	김휘	스릴러	2014
Mother	난니 모레티	멜로	2015

① SELECT * FROM movie ORDER BY 영화명, 장르;
② SELECT * FROM movie ORDER BY 영화명 DESC, 장르 DESC;
③ SELECT * FROM movie ORDER BY 제작년도, 장르 DESC;
④ SELECT * FROM movie ORDER BY 감독, 제작년도;

해설
- ORDER BY : 쿼리 결과로 검색된 레코드를 특정한 필드를 기준으로 정렬할 때 사용된다.
- SELECT문의 가장 마지막에 위치하며, 기본값은 오름차순이다.
- ORDER BY절에서 ASC는 오름차순을, DESC는 내림차순을 의미한다.

52 다음 중 <PERSON> 테이블에 대한 쿼리의 실행 결과 값은?

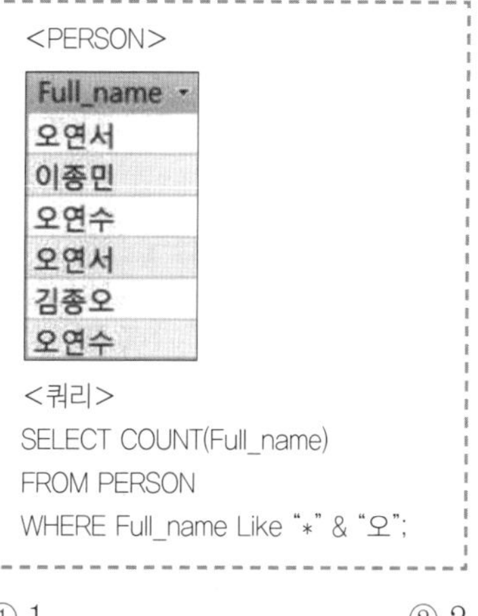
<PERSON>

Full_name
오연서
이종민
오연수
오연서
김종오
오연수

<쿼리>

```
SELECT COUNT(Full_name)
FROM PERSON
WHERE Full_name Like "*" & "오";
```

① 1　　② 2
③ 4　　④ 5

해설 "*" & "오"에서는 "~오"와 비슷한 단어를 찾아야 하므로 첫 단어에서 "오"가 포함되면 안 된다. 그러므로 '~오'와 비슷한 이름은 김종오이다.

53 다음 중 사원 테이블에서 호봉이 6인 사원의 연봉을 3% 인상된 값으로 수정하는 실행 쿼리를 작성하고자할 때 각 괄호에 넣어야 할 구문을 순서대로 나열한 것은?

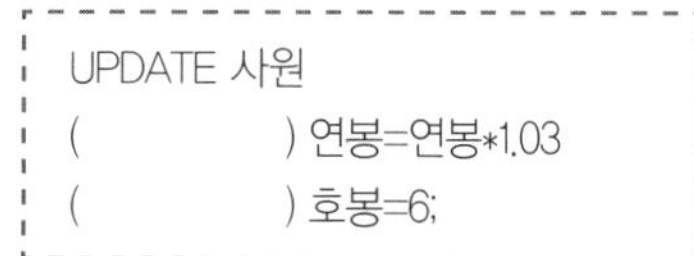

```
UPDATE 사원
(          ) 연봉=연봉*1.03
(          ) 호봉=6;
```

① FROM, WHERE　　② SET, WHERE
③ VALUE, SELECT　　④ INTO, VALUE

해설
- 하나 이상의 테이블에서 레코드 그룹을 전체적으로 변경할 때 사용한다.
- UPDATE 테이블 SET 필드 이름1=식1, 필드 이름2=식2, … WHERE 조건;

54 다음 중 입사일이 '1990-03-02'인 사원의 현재까지 근무한 년 수를 출력하기 위한 SQL문으로 옳은 것은?

① select datediff("yyyy", '1990-03-02', date( ));
② select dateadd("yyyy", date( ), '1990-03-02');
③ select datevalue("yy", '1990-03-02', date( ));
④ select datediff("yy", '1990-03-02', date( ));

해설 datediff : 두 날짜 사이의 경과일을 표시한다.

정답 50 ① 51 ① 52 ① 53 ② 54 ①

55 다음 중 제공된 항목에서만 값을 선택할 수 있으며, 직접 입력할 수는 없는 컨트롤은?

① 텍스트 상자　　② 레이블
③ 콤보 상자　　④ 목록 상자

해설
- 텍스트 상자 : 레코드 원본의 데이터를 표시한다.
- 레이블 : 캡션이나 제목 같은 설명 텍스트를 표시한다.
- 콤보 상자 : 텍스트 상자와 목록 상자를 결합한 형식으로 새로운 값을 입력할 수 있다.

56 다음 중 테이블의 필드 값을 손쉽게 요약 분석하여 통계적인 값을 그래프로 보여주는 개체는?

① 폼
② 폼 분할
③ 피벗 차트
④ 기타 폼 – 데이터시트

해설
- 폼 : 테이블이나 쿼리를 바탕으로 데이터의 입력이나 편집 작업을 보다 효율적으로 하기 위하여 작업을 만드는 화면 구성 방식이다.
- 폼 분할은 위쪽 구역에는 데이터시트를 표시하는 폼을 만들고, 아래쪽 구역에는 데이터시트에서 선택한 레코드에 대한 정보를 입력할 수 있다.

57 다음 중 입력 마스크를 '>LOL L?0'로 지정했을 때 유효한 입력 값은?

① a9b M　　② M3F A07
③ H3H 가H3　　④ 9Z3 3?H

해설
- 〈, 〉 : 모든 문자가 소문자, 대문자로 변환한다.
- L : A부터 Z까지의 영문자를 입력, 필수 요소이다.
- ? : A부터 Z까지의 영문자를 입력, 선택 요소이다.
- 0 : 0부터 9까지의 숫자를 입력, 필수 요소로 덧셈과 뺄셈 기호를 사용할 수 없다.

58 다음 그림과 같이 <주문내역> 테이블과 <제품> 테이블의 관계가 설정되어 있다. 다음 중 <제품> 테이블의 특정 레코드를 삭제하였을 경우에 대한 설명으로 옳은 것은?

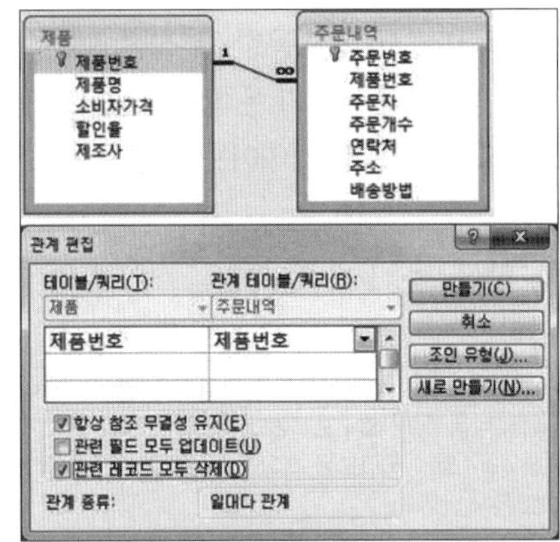

① <주문내역> 테이블에서 참조되고 있으므로 <제품> 테이블에서 특정 레코드를 삭제할 수 없다.
② <제품> 테이블에서만 특정 레코드가 삭제되고, <주문 내역> 테이블에는 아무런 변동이 없다.
③ <제품> 테이블의 특정 레코드가 삭제되고, 이를 참조하는 <주문내역> 테이블의 모든 레코드도 함께 삭제된다.
④ <제품> 테이블의 특정 레코드와 <주문내역> 테이블의 모든 레코드가 삭제된다.

해설 〈제품〉에서의 레코드와 〈주문내역〉에서의 레코드는 각각 연결되어 있으므로 〈제품〉 테이블에서 특정 레코드를 지우면 관련된 레코드만 〈주문내역〉에서 삭제된다.

59 다음과 같이 필드 속성을 설정한 경우 입력 값에 따른 결과가 옳지 않은 것은?

필드 크기	실수(Single)
형식	표준
소수 자릿수	1
입력 마스크	
캡션	
기본값	0
유효성 검사 규칙	<>1 And <>-1
유효성 검사 텍스트	
필수	예

① '1'을 입력하는 경우 값이 입력되지 않는다.
② '–1'을 입력하는 경우 값이 입력되지 않는다.
③ 필드 값을 입력하지 않는 경우 기본 값으로 '0.0'이 입력된다.
④ '1234'를 입력하는 경우 표시 되는 값은 '1234.0'이 된다.

해설 '1234'를 입력하는 경우 표시 되는 값은 '1,234.0'이 된다.

정답 55 ④　56 ③　57 ③　58 ③　59 ④

60 다음과 같은 <학생> 테이블에서 필드의 순서를 변경하기 위한 방법으로 옳지 않은 것은?

학번	성명	주소	취미	전화
1111	홍길동	서울시	변장술	111-2222
2222	이도령	남원시	태권도	222-3333

① 디자인 보기에서 <주소> 필드를 선택한 후 이동할 위치로 끌어다 놓는다.

② 디자인 보기에서 <주소> 필드를 선택한 후 Shift 키를 누른 상태에서 <전화> 필드를 선택하여 이동할 위치로 끌어다 놓으면 <주소, 취미, 전화> 필드가 이동된다.

③ 데이터시트 보기에서 <전화> 필드를 선택한 후 이동할 위치로 끌어다 놓는다.

④ 데이터시트 보기에서 <주소> 필드명을 선택한 후 Ctrl 키를 누른 상태에서 <전화> 필드를 선택하여 이동할 위치로 끌어다 놓으면 <주소, 전화> 필드만 이동된다.

해설 데이터시트 보기에서 〈주소〉 필드명을 선택한 후 Ctrl 키를 누른 상태에서 〈전화〉 필드를 선택하여 이동 위치로 드래그하면 선택된 필드들이 복사된다.

정답 60 ④

2017년 09월 02일 시행 기출문제

1과목 | 컴퓨터 일반

01 다음 중 사운드의 압축 및 복원과 관련된 기술이 아닌 것은?

① FLAC ② AIFF
③ H.264 ④ WAV

해설 H.264(MPEG-4/AVC, MPEG-4 Part 10) : 고선명 비디오의 녹화, 압축, 배포를 위한 가장 일반적인 포맷으로 높은 데이터의 압축 효율과 최근 비디오 코덱에서 많이 사용된다(동영상을 다른 코덱에서 절반 정도의 작은 용량으로 만들 수 있음).

02 다음 중 그래픽 데이터의 표현 방식에 대한 설명으로 옳지 않은 것은?

① 비트맵 방식은 픽셀(Pixel)이라고 하는 여러 개의 점들로 이미지를 표현하는 방식이다.
② 이미지를 비트맵 방식으로 저장한 경우 벡터 방식에 비해 메모리를 적게 차지하지만 화면에 이미지를 보여 주는 속도는 느리다.
③ 벡터 방식은 점과 점을 연결하는 직선이나 곡선을 이용하여 이미지를 표현하는 방식이다.
④ 벡터 방식은 그림을 확대 또는 축소할 때 화질의 손상이 거의 없다.

해설 이미지를 비트맵 방식으로 저장한 경우 벡터 방식에 비해 메모리를 많이 차지한다.

03 다음 중 프로그램을 직접 감염시키지 않고 디렉터리 영역에 저장된 프로그램의 시작 위치를 바이러스의 시작 위치로 변경하는 파일 바이러스 유형은?

① 연결형 바이러스
② 기생형 바이러스
③ 산란형 바이러스
④ 겹쳐쓰기형 바이러스

- 연결형 바이러스 : 프로그램을 실행하면 원래 프로그램 대신 바이러스가 먼저 실행된다.
- 기생형 바이러스 : 원래 프로그램에 손상을 주지 않으면서 앞/뒤에 공존하는 바이러스이다.
- 산란형 바이러스 : COM 파일을 생성한 후 해당 파일에 바이러스 프로그램을 삽입하는 바이러스이다.
- 겹쳐쓰기형 바이러스 : 원래의 프로그램 앞부분에 겹쳐져서 바이러스 프로그램이 위치하는 경우로 기존 파일 크기가 변화되지 않는 바이러스이다.

04 다음 중 인터넷에서 방화벽을 사용하는 이유로 적절하지 않은 것은?

① 외부로부터 허가받지 않은 불법적인 접근이나 해커의 공격으로부터 내부의 네트워크를 효과적으로 보호할 수 있다.
② 방화벽의 접근 제어, 인증, 암호화와 같은 기능으로 네트워크를 보호할 수 있다.
③ 역추적 기능으로 외부의 침입자를 역추적하여 흔적을 찾을 수 있다.
④ 외부에 대한 보안이 완벽하며, 내부의 불법적인 해킹도 막을 수 있다.

방화벽(Firewall) : 외부의 불법적인 침입이나 해커의 공격으로부터 정보를 보호하기 위한 보안 시스템으로 네트워크 내부에 있는 호스트를 외부로부터 보호하거나 외부의 정보 유출을 막기 위해 사용한다.

05 다음 중 DNS가 가지고 있는 특정 도메인의 IP Address를 검색해 주는 서비스는?

① Gopher ② Archie
③ IRC ④ Nslookup

- ① 메뉴 방식을 사용하여 계층적인 분산 정보를 제공한다.
- ② 익명의 FTP 사이트에 저장되어 있는 각종 파일들을 검색한다.
- ③ 여러 사람들이 관심 있는 분야별로 대화할 수 있는 가상 공간이다.

정답 01 ③ 02 ② 03 ① 04 ④ 05 ④

06 다음 중 컴퓨터 통신의 OSI 7계층에서 사용되는 장비와 해당 계층의 연결이 옳지 않은 것은?

① 물리 계층 – 리피터(Repeater), 허브(Hub)
② 데이터 링크 계층 – 브리지(Bridge), 스위치(Switch)
③ 네트워크 계층 – 라우터(Router)
④ 응용 계층 – 게이트웨이(Gateway)

해설 게이트웨이(Gateway)는 전송(Transport) 계층에 해당한다.

07 다음 중 전자 우편에 사용되는 프로토콜인 POP3(Post Office Protocol 3)에 관한 설명으로 옳은 것은?

① 사용자의 컴퓨터에서 작성한 메일을 다른 사람의 계정이 있는 곳으로 전송해 주는 역할을 한다.
② 메일 서버에 도착한 메일을 사용자 컴퓨터로 가져와 관리한다.
③ 웹 브라우저가 지원하지 않는 각종 멀티미디어 파일의 내용을 확인한 후 실행해 준다.
④ 메일을 패킷으로 나누어 패킷 주소를 해석하고 경로를 결정하여 메일 서버로 보낸다.

해설 POP3 : 전자 우편의 수신을 담당하는 프로토콜로 제목과 내용을 한번에 다운받는다.

08 다음 중 네트워크의 구성 형태에 대한 설명으로 옳지 않은 것은?

① 트리형(Tree)은 허브를 이용하여 계층적으로 구성한 형태이다.
② 버스형(Bus)은 하나의 통신 회선에 여러 대의 컴퓨터를 연결한 형태이다.
③ 링형(Ring)은 모든 컴퓨터를 그물 모양으로 서로 연결한 형태이다.
④ 스타형(Star)은 각 컴퓨터를 허브와 점 대 점으로 연결한 형태이다.

해설 링형(Ring) : 서로 인접한 노드끼리 둥글게 연결된 형태로 양방향 전송이 가능하고, LAN에서 가장 많이 이용된다(두 노드 사이의 채널이 고장 나면 전체 네트워크가 손상).

09 다음 중 컴퓨터 운영 체제의 운영 방식에 대한 설명으로 옳지 않은 것은?

① 일괄 처리(Batch Processing) : 컴퓨터에 입력하는 데이터를 일정량 또는 일정 시간 동안 모았다가 한꺼번에 처리하는 방식이다.
② 실시간 처리(Real Time Processing) : 처리할 데이터가 입력될 때 마다 즉시 처리하는 방식으로 각종 예약 시스템이나 은행 업무 등에서 사용한다.
③ 다중 처리(Multi–Processing) : 한 개의 CPU로 여러 개의 프로그램을 동시에 처리하는 방식이다.
④ 시분할 시스템(Time Sharing System) : 한 대의 시스템을 여러 사용자가 동시에 사용하는 방식으로 처리 시간을 짧은 시간 단위로 나누어 각 사용자에게 순차적으로 할당하여 실행한다.

해설 다중 처리(Multi Processing) 시스템 : 하나의 컴퓨터에 여러 개의 중앙 처리 장치(CPU)를 설치하여 주기억 장치나 주변 장치들을 공유하고, 신뢰성과 연산 능력을 향상시키는 시스템이다(업무를 분담하여 처리).

10 다음 중 컴퓨터의 수 연산에서 사용되는 보수(Complement)에 대한 설명으로 옳지 않은 것은?

① 보수는 컴퓨터 연산에서 덧셈 연산을 이용하여 뺄셈을 수행하기 위해 사용한다.
② N진법에는 N의 보수와 N–1의 보수가 존재한다.
③ 2진수 1010의 1의 보수는 0을 1로, 1을 0으로 바꾼 0101에 1을 더한 것이다.
④ 2진수 10101의 2의 보수는 01011이다.

해설
- 10진수 10을 2진수로 바꾸면 1010이 된다. 이때, 보수는 1 → 0으로 0 → 1로 처리한다.
- 1010의 1의 보수는 0101이고, 1010의 2의 보수는 0110이다.

11 다음 중 컴퓨터에서 사용하는 유니 코드(Unicode)에 대한 설명으로 옳지 않은 것은?

① 세계 각국의 언어를 통일된 방법으로 표현할 수 있게 제안된 국제적인 코드 규약의 이름이다.
② 8비트 문자 코드인 아스키(ASCII) 코드를 32비트로 확장하여 전 세계의 모든 문자를 표현하는 표준 코드이다.

정답 06 ④ 07 ② 08 ③ 09 ③ 10 ③ 11 ②

③ 한글은 조합형, 완성형, 옛글자 모두를 표현할 수 있다.
④ 최대 65,536자의 글자를 코드화할 수 있다.

해설 유니 코드 : 전 세계 모든 문자를 표현할 수 있는 16비트 완성형 국제 표준 코드로 완성형에 조합형을 반영하여 현대 한글의 모든 표현이 가능하다(한글, 한자, 영문, 숫자 모두를 2바이트로 표시).

12 다음 중 컴퓨터 소프트웨어에서 셰어웨어(Shareware)에 관한 설명으로 옳은 것은?

① 정해진 금액을 지불하고 정식으로 사용하는 프로그램이다.
② 사용 기간과 일부 기능을 제한하여 정식 제품의 구입을 유도하기 위한 프로그램이다.
③ 사용 기간의 제한 없이 무료 사용과 배포가 가능한 프로그램이다.
④ ROM에 저장되며, BIOS와 관련이 있는 시스템 프로그램이다.

해설 셰어웨어 : 일정 기간이나 기능에 제한을 두고 프로그램을 사용한 후 구입 여부를 판단하는 소프트웨어이다.

13 다음 중 3D 프린터에 관한 설명으로 옳지 않은 것은?

① 입력한 도면을 바탕으로 3차원 입체 물품을 만들어 내는 프린터이다.
② 인쇄 방식은 레이어로 쌓아 입체 형상을 만드는 적층형과 작은 덩어리를 뭉쳐서 만드는 모델링형이 있다.
③ 인쇄 원리는 잉크를 종이 표면에 분사하여 2D 이미지를 인쇄하는 잉크젯 프린터의 원리와 같다.
④ 기계, 건축, 예술, 우주 등 많은 분야에서 응용되고 있으며, 의료 분야에서도 활발히 활용되고 있다.

해설 3D 프린터에는 레이어로 쌓아 입체 형상을 만드는 적층형과 소재 덩어리를 깎아내 모델링하는 절삭형이 있다.

14 다음 중 캐시(Cache) 메모리에 관한 설명으로 옳은 것은?

① 캐시 메모리로 DRAM이 사용되어 접근 속도가 매우 빠르다.
② 캐시 적중률이 높을수록 컴퓨터 시스템의 전체 처리 속도가 저하된다.
③ 캐시 메모리는 보조기억 장치의 일부를 주기억 장치처럼 사용하는 메모리이다.
④ CPU와 주기억 장치 사이에서 처리 속도를 향상시키기 위한 일종의 버퍼 메모리 역할을 한다.

해설 캐시 메모리 : CPU와 주기억 장치 사이의 속도 차이를 줄이기 위한 고속 메모리로 적중률(Hit Ratio)이 높을 때 시스템의 전반적인 속도가 향상된다.

15 다음 중 PC 관리에 대한 설명으로 옳지 않은 것은?

① 직사광선과 습기가 많거나 자성이 강한 물체가 있는 곳은 피하는 것이 좋다.
② 무정전 전원 공급 장치(UPS)를 설치하면 전압이나 전류가 갑자기 증가할 경우 발생할 수 있는 시스템 손상을 방지할 수 있다.
③ 컴퓨터 전용 전원 장치를 단독으로 사용하고, 전원을 끌 때는 사용 중인 프로그램을 먼저 종료하는 것이 좋다.
④ 컴퓨터의 성능 향상을 위해 주기적으로 디스크 정리, 디스크 검사, 드라이브 조각 모음 등을 실행하는 것이 좋다.

해설 무정전 공급 장치(UPS) : 예상치 못한 정전에 대비하여 일정 시간 동안 안정적인 전원을 공급해 주는 장치이다.

16 다음 중 중앙 처리 장치와 입출력 장치 사이의 속도 차이로 인한 문제를 해결하기 위한 장치는?

① 범용 레지스터 ② 터미널
③ 콘솔 ④ 채널

해설 채널(Channel) : 입출력 장치와 주기억 장치간의 데이터 전송을 담당하며, 두 장치 사이의 속도 차이를 개선한다. 또한, 주변 장치에 대한 제어 권한을 CPU로부터 넘겨받아 CPU 대신 입출력을 관리하며, 입출력 작업이 끝나면 CPU에게 인터럽트 신호를 보낸다.

정답 12 ② 13 ② 14 ④ 15 ② 16 ④

17 한글 Windows에서 파일의 검색 기능을 향상시키기 위한 기능은?

① 색인　② 압축
③ 복원　④ 백업

해설 색인을 설정하면 시스템이 여유가 있거나 필요할 때마다 추가 또는 삭제된 파일을 포함하여 재정렬할 수 있다(검색이 빨라짐).

18 한글 Windows에서 [시스템 속성] 대화 상자의 [고급] 탭에서 설정 가능한 기능으로 옳지 않은 것은?

① 프로세서 리소스 할당 방법, 가상 메모리의 크기 등을 지정할 수 있다.
② 컴퓨터의 이름, 도메인 및 작업 그룹 설정을 확인할 수 있다.
③ 사용자 계정과 관련된 바탕 화면 설정과 기타 정보를 확인하고 사용자 유형 변경, 삭제, 복사 등의 작업을 할 수 있다.
④ 시스템에 이상이 있을 경우에 취할 수 있는 방법을 지정할 수 있다.

해설 보기 ②번은 [제어판]-[시스템]에서 가능하다.

19 한글 Windows의 [휴지통]에 관한 설명으로 옳지 않은 것은?

① 휴지통에 지정된 최대 크기를 초과하면 보관된 파일 중 가장 용량이 큰 파일부터 자동 삭제된다.
② 휴지통에 보관된 실행 파일은 복원은 가능하지만 휴지통에서 실행하거나 이름을 변경할 수는 없다.
③ 휴지통 속성에서 파일이나 폴더가 삭제될 때마다 삭제 확인 대화 상자가 표시되지 않도록 설정할 수 있다.
④ 휴지통의 파일이 실제 저장된 폴더 위치는 일반적으로 C:₩$Recycle.Bin이다.

해설 휴지통에 지정된 최대 크기를 초과하면 보관된 파일 중 먼저 삭제되어 휴지통에 보관된 파일부터 순차적으로 삭제된다.

20 한글 Windows의 [제어판]-[프로그램 및 기능]에 대한 설명으로 옳지 않은 것은?

① Windows에 설치되어 있는 응용 프로그램을 변경하거나 제거할 수 있다.
② 게임, 인쇄 및 문서 서비스, 인터넷 정보 서비스 등 Windows에 포함되어 있는 다양한 기능의 사용 여부를 선택할 수 있다.
③ 설치된 업데이트를 확인할 수 있으며, 업데이트 목록에서 업데이트를 제거하거나 변경할 수 있다.
④ [Microsoft Store에서 더 많은 테마 보기]를 선택하여 Microsoft사에서 제공하는 다양한 테마를 추가 설치할 수 있다.

해설 보기 ④번은 [설정]-[개인 설정]에서 가능하다.

2과목 | 스프레드시트 일반

21 다음 중 [목표값 찾기] 대화 상자에 대한 설명으로 옳지 않은 것은?

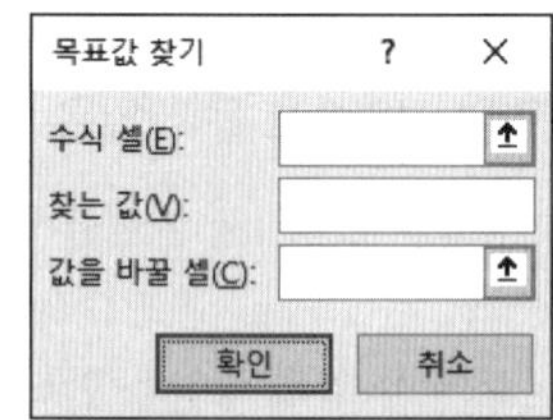

① '수식 셀' 상자에 목표값 찾기에 의해 변경되는 셀 주소를 입력한다.
② '찾는 값' 상자에 원하는 수식이 있는 셀 주소를 입력한다.
③ '값을 바꿀 셀' 상자에 조정할 값이 있는 셀 주소를 입력한다.
④ 목표값 찾기는 하나의 변수 입력 값만 사용된다.

해설 찾는 값에는 찾고자 하는 수식의 결과 값을 입력한다.

정답 17 ①　18 ②　19 ①　20 ④　21 ②

22 다음 중 워크시트에 외부 데이터를 가져오는 방법으로 적절하지 않은 것은?

① Microsoft Query 사용　② 웹 쿼리 사용
③ 데이터 연결 마법사 사용　④ 하이퍼링크 사용

해설 하이퍼링크는 셀의 값이나 그래픽 개체에 다른 파일 또는 웹 페이지로 연결하는 기능이다.

23 다음 중 [찾기 및 바꾸기] 대화 상자에 대한 설명으로 옳지 않은 것은?

① 특정 서식이 있는 텍스트나 숫자를 찾을 수 있다.
② 데이터를 뒤에서부터 앞으로 검색하려면 Ctrl 키를 누른 상태에서 [다음 찾기] 단추를 클릭한다.
③ 영문자의 경우 대/소문자를 구분하여 찾을 수 있다.
④ 찾는 위치를 수식, 값, 메모 중에서 선택하여 지정할 수 있다.

해설 데이터를 뒤에서부터 앞으로 검색하려면 Shift 키를 누른 상태에서 [다음 찾기] 단추를 클릭한다.

24 다음 중 워크시트에서의 [중복된 항목 제거] 기능에 대한 설명으로 옳지 않은 것은?

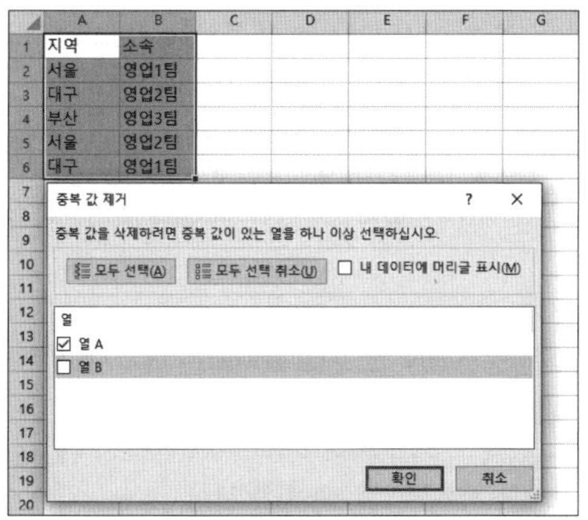

① [중복된 항목 제거]를 실행하면 동일한 데이터의 첫 번째 레코드를 제외한 나머지 레코드가 삭제된다.
② [중복된 항목 제거] 대화 상자에서 [내 데이터에 머리글 표시]를 선택하면 대화 상자의 '열' 목록에 '열 A' 대신 '지역', '열 B' 대신 '소속'이 표시된다.
③ 중복 값을 제거하면 선택한 셀 범위나 테이블 값이 제거되고, 제거된 만큼의 해당 셀 범위나 테이블 밖의 다른 값도 변경되거나 이동된다.
④ 위 대화 상자에서 '열 A'와 '열 B'를 모두 선택하고 실행하면 '중복된 값이 없습니다'라는 메시지 박스가 나타난다.

해설 중복 값을 제거하면 선택한 셀 범위의 테이블 값이 제거되고, 제거된 만큼 셀 범위가 줄어들어 압축되나 테이블 밖의 다른 값은 변경 또는 이동되지 않는다.

25 다음 중 고급 필터의 조건 범위를 [E1:G3] 영역으로 지정한 후 고급 필터를 실행했을 때 결과로 옳은 것은? (단, [G3] 셀에는 '=C2>=AVERAGE($C$2:$C$5)'이 입력되어 있다.)

G3　=C2>=AVERAGE($C$2:$C$5)

	A	B	C	D	E	F	G
1	코너	담당	판매금액		코너	담당	식
2	잡화	김남희	5122000		잡화	*남	
3	식료품	남궁미	450000		식료품		TRUE
4	잡화	이수남	5328000				
5	식료품	서남	6544000				

① 코너가 '잡화'이거나 담당이 '남'으로 끝나고, 코너가 '식료품'이거나 판매금액이 판매금액의 평균 이상인 데이터
② 코너가 '잡화'이거나 '식료품'이고, 담당에 '남'이 포함되거나 판매금액의 평균이 5,122,000 이상인 데이터
③ 코너가 '잡화'이고 담당이 '남'으로 끝나거나 코너가 '식료품'이고, 판매금액이 판매금액의 평균 이상인 데이터
④ 코너가 '잡화'이고 담당이 '남'이 포함되거나 코너가 '식료품'이고, 판매금액의 평균이 5,122,000 이상인 데이터

해설
- 필터링 조건을 하나의 행에 입력하면 입력한 조건에 모두 만족(AND 조건)하는 데이터가 필터링되고, 조건을 서로 다른 행에 입력하면 입력한 조건 중 하나라도 만족(OR 조건)하는 데이터가 필터링된다.
- 문제의 조건은 코너가 '잡화'이고 담당이 '남'으로 끝나거나 코너가 '식료품'이고 판매금액이 판매금액의 평균 이상인 데이터를 의미한다.

정답 22 ④　23 ②　24 ③　25 ③

26 다음 중 과학, 통계 및 공학 데이터와 같은 숫자 값을 표시하고 비교하는데 주로 사용되며, 두 개의 숫자 그룹을 XY 좌표로 이루어진 하나의 계열로 표시하기에 적합한 차트 유형은?

① 영역형 차트 ② 주식형 차트
③ 분산형 차트 ④ 방사형 차트

해설
- ① 시간에 따른 변동의 크기를 강조하며, 합계 값을 추세와 함께 표시할 수 있다.
- ② 주식의 가격 동향을 나타내거나 온도 변화와 같은 과학 데이터를 표현하는데 사용한다.
- ④ 많은 데이터 계열의 집계 값을 비교할 때 사용한다.

27 다음 중 A열의 글꼴 서식을 '굵게'로 설정하는 매크로로 옳지 않은 것은?

① Range("A:A").Font.Bold = True
② Columns(1).Font.Bold = True
③ Range("1:1").Font.Bold = True
④ Columns("A").Font.Bold = True

해설 보기 ①번은 A열을, 보기 ②번은 첫 번째 열을, 보기 ④번은 A열을 선택하지만 보기 ③번은 1행을 선택한다.

28 다음의 워크시트에서 [D1] 셀에 숫자를 입력한 후 [오류 추적 단추]가 표시되었다. 다음 중 오류 표시에 대한 설명으로 옳지 않은 것은?

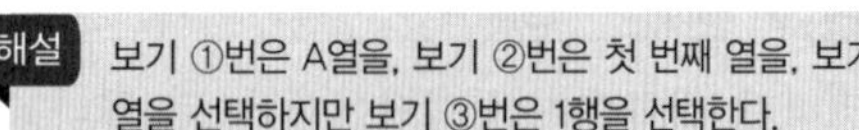

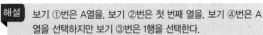

① 오류 검사 규칙으로 '오류를 반환하는 수식이 있는 셀'이 선택되어 있는 경우 그림과 같이 셀 왼쪽에 [오류 추적 단추]가 나타난다.
② 숫자를 셀에 입력한 후 텍스트로 서식을 지정한 경우에 나타난다.
③ [오류 추적 단추]를 눌러 나타난 메뉴 중 [숫자로 변환]을 클릭하면 오류 표시가 사라지고 숫자로 정상 입력된다.
④ 텍스트로 서식이 지정된 셀에 숫자를 입력하는 경우 오류 표시기가 나타난다.

해설 숫자를 셀에 입력한 후 텍스트로 서식을 지정한 경우에는 숫자가 텍스트 서식으로 변경된다.

29 다음 중 워크시트의 [A1] 셀에서 10.1을 입력한 후 Ctrl 키를 누르고 자동 채우기 핸들을 아래로 드래그한 경우 [A4] 셀에 입력되는 값은?

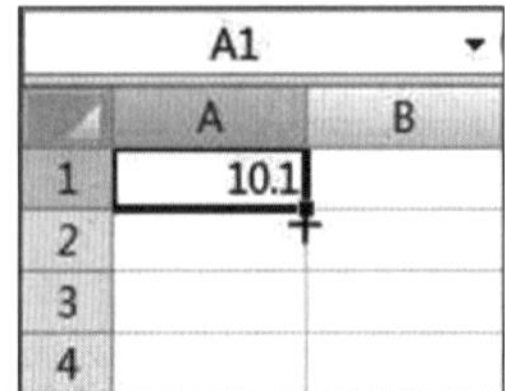

① 10.1 ② 10.4
③ 13.1 ④ 13.4

해설 [A1] 셀에서 Ctrl 키를 누른 상태에서 자동 채우기 핸들을 드래그하면 11.1, 12.1, 13.1 순으로 나타난다.

30 다음 중 셀에 자료를 입력하고 표시 형식을 적용하였을 때 셀에 표시되는 결과로 옳지 않은 것은?

① (입력 자료) 0.5 (표시 형식) hh:mm (결과) 12:00
② (입력 자료) 10 (표시 형식) yyyy-mm-dd (결과) 1900-01-10
③ (입력 자료) 1234 (표시 형식) #, (결과) 1
④ (입력 자료) 13 (표시 형식) ##*! (결과) 13*!

해설
- # : 유효 자릿수만 표시하며, 무효의 0은 표시하지 않는다.
- * : 특정 문자를 셀의 너비만큼 반복하여 표시한다.
- (입력 자료) 13 (표시 형식) ##*! (결과) 13*!!!!!!!!!!

31 다음 중 VBA 코드로 표시되는 메시지 박스에 관한 설명으로 옳지 않은 것은?

```
a=MsgBox("작업을 종료합니까?", vbYesNoCancel + vbQuestion, "확인"
```

① 메시지 박스에 정보 아이콘(⚠)이 표시된다.
② 메시지 박스의 제목으로 '확인'이 표시된다.
③ 메시지 박스의 ESC 키를 누르면 작업이 취소된다.

정답 26 ③ 27 ③ 28 ② 29 ③ 30 ④ 31 ①

④ 메시지 박스에 '예', '아니요', '취소' 버튼이 표시된다.

해설
- MsgBox : 대화 상자에 메시지를 표시한다.
- vbYesNoCancel : '예', '아니요', '취소'의 3개 단추를 활성화한다.
- vbQuestion : 쿼리 경고 아이콘을 표시한다(물음표 아이콘).

32 다음 중 성별이 '여'인 직원의 근속년수 합계를 구하는 수식으로 옳지 않은 것은?

	A	B	C	D	E	F
1			사원 현황			
2	사원번호	이름	생년월일	성별	직위	근속년수
3	가-011	백수인	78-05-19	여	대리	13
4	나-012	장재근	79-04-30	남	대리	14
5	다-008	이성만	74-12-23	남	과장	19
6	가-005	김유신	71-03-12	여	부장	24
7	가-022	이덕화	88-01-12	남	사원	7
8	다-012	공재룡	87-12-23	남	사원	9
9	나-006	이현성	70-04-29	여	부장	22
10	다-008	홍록기	74-03-22	남	차장	17
11	가-004	신동엽	68-03-23	남	이사	29
12	나-009	김한석	70-05-04	여	이사	26

① =DSUM(A2:F12, F2, D2:D3)
② =SUMIFS(F3:F12, D3:D12, "=D3")
③ {=SUM(IF(D3:D12=D3, F3:F12, 0))}
④ =SUMIF(D3:F12, D3, F3:F12)

해설
- =SUMIFS(셀 범위, 조건1 범위, 조건1, 조건2 범위, 조건2, …) : 여러 조건에 맞는 셀들의 합을 구한다.
- 보기 ②번은 =SUMIFS(F3:F12,D3:D12,D3) 또는 =SUMIFS(F3:F12,D3:D12,"여")로 작성해야 한다.

33 다음의 워크시트에서 일자[A2:A7], 제품명[B2:B7], 수량[C2:C7], [A9:C13] 영역을 이용하여 금액[D2:D7]을 배열 수식으로 계산하고자 한다. 다음 중 [D2] 셀에 입력된 수식으로 옳은 것은? (단, 금액은 단가×수량으로 계산하며, 단가는 [A9:C13] 영역을 참조하여 구함)

	A	B	C	D
1	일자	제품명	수량	금액
2	10월 03일	허브차	35	52,500
3	10월 05일	아로마비누	90	270,000
4	10월 05일	허브차	15	22,500
5	11월 01일	아로마비누	20	80,000
6	11월 20일	허브차	80	160,000
7	11월 30일	허브차	90	180,000
8				
9	제품명	월	단가	
10	허브차	10	1,500	
11	허브차	11	2,000	
12	아로마비누	10	3,000	
13	아로마비누	11	4,000	

① {=INDEX($C$10:$C$13, MATCH(MONTH(A2)&B2, $B$10:$B$13&$A$10:$A$13, 0))*C2}
② {=INDEX($C$10:$C$13, MATCH(MONTH(A2)&B2, $A$10:$A$13, $A$10:$A$13, 0))*C2}
③ {=INDEX($C$10:$C$13, MATCH(MONTH(A2), B2, $B$10:$B$13&$A$10:$A$13, 0))*C2}
④ {=INDEX($C$10:$C$13, MATCH(MONTH(A2), B2, $A$10:$A$13&$B$10:$B$13, 0))*C2}

해설
- INDEX(배열, 행 번호, 열 번호) : 표 또는 범위에서 지정된 행이나 열에 해당하는 값을 구하며, 해당 범위 내에 값이나 참조 영역을 구한다.
- MATCH(검색값, 배열 또는 범위, 검색 방법) : 지정한 순서와 조건에 맞는 배열에서 항목의 상대 위치 값을 찾는다. 이때, 검색 방법이 '1'이면 검색값보다 작거나 같은 값 중 최대값을 찾고(오름차순 정렬), 검색 방법이 '0'이면 검색값보다 크거나 같은 값 중 최소값을 찾는다(내림차순 정렬).
- MONTH(날짜) : 날짜 일련 번호로부터 월 단위(1월부터 12월까지)를 구한다.

34 다음 중 [인쇄 미리 보기] 상태에서 설정할 수 있는 기능에 대한 설명으로 옳지 않은 것은?

① '여백 표시'가 되어 있는 경우 미리 보기로 표시된 워크시트의 열 너비를 조정할 수 있다.
② [페이지 설정]에서 '인쇄 영역'을 변경하여 인쇄할 수 있다.
③ [머리글/바닥글]로 설정한 내용은 매 페이지 상단이나 하단의 별도 영역에, 인쇄 제목의 반복할 행/열은 매 페이지의 본문 영역에 반복 출력된다.
④ [페이지 설정]에서 확대/축소 배율을 10%에서 최대 400%까지 설정하여 인쇄할 수 있다.

해설 보기 ②번은 [페이지 설정] 대화 상자의 [시트] 탭에서 가능하다.

35 다음 중 수식의 실행 결과가 나머지 셋과 다른 것은?

① =COLUMNS(C1:E4)
② =COLUMNS({1, 2, 3;4, 5, 6})
③ =MOD(2, -5)
④ =COUNT(0, "거짓", TRUE, "1")

정답 32 ② 33 ① 34 ② 35 ③

해설 • 보기 ①, ②, ④번의 결과값은 '3'이고, 보기 ④번의 결과값은 '-3'이다.
• MOD(인수, 나눌 값) : 나눗셈의 나머지 값을 구하며, 결과는 나눌 값과 동일한 부호를 갖는다.

36 다음 중 워크시트를 이용한 수식의 실행 결과가 나머지 셋과 다른 것은?

	A	
1	결과	
2	33	
3	TRUE	
4	55	
5	#REF!	
6	88	
7	#N/A	
8		

① =IFERROR(ISLOGICAL(A3), "ERROR")
② =IFERROR(ISERR(A7), "ERROR")
③ =IFERROR(ISERROR(A7), "ERROR")
④ =IF(ISNUMBER(A4), TRUE, "ERROR")

• =IFERROR(인수1, 인수2) : 인수1이 오류이면 인수2를 표시하고, 그렇지 않으면 인수1을 표시한다.
• =ISERR(인수) : 인수로 주어진 셀에서 #N/A를 제외한 오류 값이 있으면 TRUE를 구한다.
• 보기 ①, ③, ④번의 결과값은 'TRUE'이고, 보기 ②번의 결과값은 'FALSE'이다.

37 다음 중 통합 문서 저장 시 사용하는 [일반 옵션]에 관한 설명으로 옳지 않은 것은?

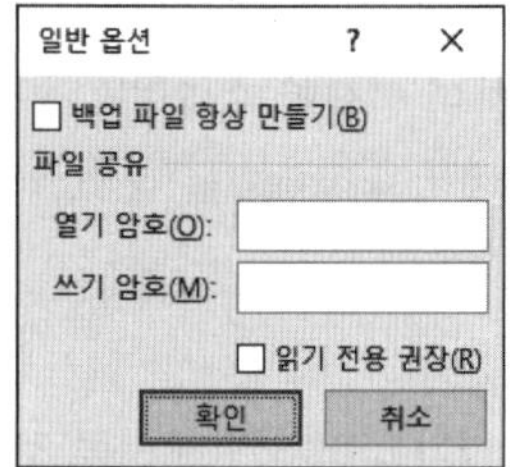

① [백업 파일 항상 만들기]는 통합 문서를 저장할 때마다 백업 복사본을 저장하는 기능이다.
② [열기 암호]는 암호를 모르면 통합 문서를 열어 사용할 수 없도록 암호를 지정하는 기능이다.
③ [쓰기 암호]는 암호를 모르더라도 읽기 전용으로 열어 열람이 가능하나 원래 문서 및 복사본으로 통합 문서를 저장할 수 없도록 암호를 지정하는 기능이다.
④ [읽기 전용 권장]은 문서를 열 때마다 통합 문서를 읽기 전용으로 열도록 대화 상자를 나타내는 기능이다.

해설 [쓰기 암호]는 암호를 모르더라도 읽기 전용으로 열면 확인이 가능하고, 복사본으로 문서 저장이 가능하다.

38 다음 중 차트 도구의 [데이터 선택]에 대한 설명으로 옳지 않은 것은?

① [차트 데이터 범위]에서 차트에 사용하는 데이터 전체의 범위를 수정할 수 있다.
② [행/열 전환]을 클릭하여 가로 (항목) 축의 데이터 계열과 범례 항목(계열)을 바꿀 수 있다.
③ 데이터 계열이 범례에서 표시되는 순서를 바꿀 수 있다.
④ 데이터 범위 내에 숨겨진 행이나 열의 데이터도 차트에 표시된다.

해설 데이터 범위 내에 숨겨진 행이나 열의 데이터는 차트에 표시되지 않는다.

39 다음 중 [틀 고정] 기능에 대한 설명으로 옳지 않은 것은?

① 워크시트를 스크롤 할 때 특정 행이나 열이 한 자리에 계속 표시되도록 선택할 수 있는 기능이다.
② 첫 행과 첫 열을 동시에 고정하여 표시되도록 설정할 수 있다.
③ 틀 고정은 통합 문서 보기가 [페이지 레이아웃] 상태일 때 설정할 수 있다.
④ 화면에 표시되는 틀 고정의 형태는 인쇄 시 적용되지 않는다.

해설 페이지 레이아웃 상태에서는 틀 고정을 설정할 수 없다.

정답 36 ② 37 ③ 38 ④ 39 ③

40 다음 중 워크시트에 대한 설명으로 옳은 것은?

① 워크시트 복사는 Alt 키를 누르면서 원본 워크시트 탭을 마우스로 드래그 앤 드롭하면 된다.
② 시트를 삭제하려면 시트 탭에서 마우스 오른쪽 단추를 클릭한 후 표시되는 [삭제] 메뉴를 선택하면 되지만 삭제된 시트는 되살릴 수 없으므로 유의하여야 한다.
③ 연속된 여러 개의 시트를 선택할 때는 첫 번째 시트를 선택하고, Ctrl 키를 누른 상태에서 마지막 워크시트의 시트 탭을 클릭하면 된다.
④ 떨어져 있는 여러 개의 시트를 선택할 때는 먼저 Shift 키를 누른 상태에서 원하는 워크시트의 시트 탭을 차례로 누르면 된다.

해설
- ① Alt 키 → Ctrl 키
- ③ Ctrl 키 → Shift 키
- ③ Shift 키 → Ctrl 키

3과목 | 데이터베이스 일반

41 다음 중 매크로(MACRO)에 관한 설명으로 옳지 않은 것은?

① 매크로는 작업을 자동화하고 폼, 보고서 및 컨트롤에 기능을 추가하는 데 사용되는 도구이다.
② 매크로 개체는 탐색 창의 매크로에 표시되지만 포함된 매크로는 표시되지 않는다.
③ 매크로가 실행 중일 때 한 단계씩 실행을 시작하려면 Ctrl+Break 키를 누른다.
④ 자동 실행 매크로가 실행되지 않게 하려면 Ctrl 키를 누른 채 데이터베이스 파일을 연다.

해설 자동 실행 매크로가 실행되지 않게 하려면 Shift 키를 누른 채 데이터베이스 파일을 연다.

42 다음 중 VBA의 모듈에 대한 설명으로 적절하지 않은 것은?

① 모듈은 여러 개의 프로시저로 구성할 수 있다.
② 전역 변수 선언을 위해서는 PUBLIC으로 변수명 앞에 지정해 주어야 한다.
③ SUB는 결과값을 SUB를 호출한 곳으로 반환한다.
④ 선언문에서 변수에 데이터 형식을 생략하면 변수는 VARIANT 형식을 가진다.

해설 SUB는 프로시저 내에 작성된 코드를 실행하는 일반적인 형태로 결과값을 반환하지 않는다.

43 다음 중 데이터베이스 관리 시스템(DBMS)의 장점에 해당하지 않는 것은?

① 데이터의 일관성 유지
② 데이터의 무결성 유지
③ 데이터의 보안 보장
④ 데이터간의 종속성 유지

해설 데이터의 중복성을 최소화하거나 데이터를 통합하여 공유와 제거가 용이하다(데이터 관리).

44 다음 중 쿼리에서 두 테이블에 조인된 필드가 일치하는 레코드만 결합하기 위해 괄호 안에 넣어야 할 조인 유형으로 옳은 것은?

```
SELECT 필드목록 FROM 테이블1 (          )
테이블2 ON 테이블1.필드=테이블2.필드;
```

① INNER JOIN　　② OUTER JOIN
③ LEFT JOIN　　④ RIGHT JOIN

해설
- INNER JOIN : 가장 일반적인 형식으로 두 테이블의 공통된 필드 값이 일치하는 경우 두 테이블의 레코드를 결합하며, 메모나 OLE 개체 데이터가 있는 필드를 조인하면 오류가 발생한다.
- SELECT 필드 FROM 테이블1 INNER JOIN 테이블2 ON 테이블1.필드=테이블2.필드;

45 다음 중 [학생] 테이블의 'S_Number' 필드를 [데이터시트 보기] 상태에서는 '학번'으로 표시하고자 할 때 설정해야 할 항목은?

① 형식　　② 캡션
③ 스마트 태그　　④ 입력 마스크

정답 ▶ 40 ②　41 ④　42 ③　43 ④　44 ①　45 ②

해설 캡션 : 제목 표시줄에 표시될 텍스트를 지정하는 속성이다.

46 다음 중 하나의 테이블로만 구성되어 있는 데이터베이스에서 쿼리 마법사를 이용하여 만들 수 없는 쿼리는?

① 단순 쿼리
② 중복 데이터 검색 쿼리
③ 크로스탭 쿼리
④ 불일치 검색 쿼리

해설 불일치 검색 쿼리는 두 개의 테이블이나 쿼리를 비교하여 불일치하는 레코드를 추출하는 쿼리이다.

47 다음 중 보고서에 관한 설명으로 옳은 것은?

① 보고서의 각 구역은 표시하거나 숨길 수 있으나 보고서 머리글은 항상 표시되어야 하는 구역으로 숨김 설정이 안 된다.
② 보고서 레이아웃 보기에서는 실제 보고서 데이터를 바탕으로 열 너비를 조정하거나 그룹 수준 및 합계를 추가할 수 있다.
③ 보고서에서는 바운드 컨트롤과 계산 컨트롤만 사용 가능하므로 언바운드 컨트롤의 사용을 주의해야 한다.
④ 보고서의 그룹 중첩은 불가능하며, 같은 필드나 식에 대하여 한 번씩만 그룹을 만들 수 있다.

해설 보고서 머리글은 첫 페이지 상단에 한 번 표시되며, 보고서는 디자인 보기 상태에서 설정 및 수정하고 인쇄 미리 보기나 레이아웃 보기에서 확인할 수 있다.

48 다음 중 보고서 마법사로 보고서를 생성하는 과정에서 지정할 수 있는 요약 정보에 대한 설명으로 옳지 않은 것은?

① 텍스트 속성인 필드만으로 구성된 테이블에는 요약 옵션을 사용할 수 없다.
② 요약 옵션은 정렬 순서 지정 단계에서 지정하는 것으로 그룹 수준과는 무관하다.
③ 요약 옵션으로 지정된 필드의 합계, 평균, 최댓값, 최솟값을 구할 수 있다.
④ 테이블 간의 관계를 미리 지정해 둔 경우 둘 이상의 테이블에 있는 필드를 사용할 수 있다.

해설 그룹 수준을 지정해야 요약 옵션을 사용할 수 있다.

49 회원목록 보고서는 '지역' 필드를 기준으로 정렬되어 있다. 다음 중 동일한 지역인 경우 지역명이 맨 처음에 한 번만 표시되도록 하기 위한 속성으로 옳은 것은?

① [확장 가능] 속성을 '아니요'로 설정
② [누적 합계] 속성을 '예'로 설정
③ [중복 내용 숨기기] 속성을 '예'로 설정
④ [표시] 속성을 '아니요'로 설정

해설 중복 내용 숨기기 : 텍스트 상자와 같은 컨트롤의 속성으로 이전 레코드와 동일한 값을 갖는 경우에는 컨트롤을 표시하지 않도록 설정한다.

50 하위 보고서를 만들 때 다음의 조건을 만족하면 주 보고서와 하위 보고서가 자동으로 연결되어 목록에 표시된다. 다음 중괄호에 들어갈 단어를 순서대로 바르게 나열한 것은?

- 주 보고서와 하위 보고서에서 사용되는 테이블/쿼리 등이 (ⓐ)관계로 설정된 경우
- 주 보고서는 (ⓑ)을(를) 가진 테이블/쿼리를 사용하고, 하위 보고서는 (ⓒ)와(과) 같거나 호환되는 데이터 형식을 가진 필드가 포함된 테이블 /쿼리를 사용할 경우

① ⓐ–일대일, ⓑ–필드, ⓒ–기본키
② ⓐ–일대다, ⓑ–기본키, ⓒ–기본키 필드
③ ⓐ–일대일, ⓑ–레코드, ⓒ–기본키 필드
④ ⓐ–일대다, ⓑ–기본키 필드, ⓒ–필드

해설
- 주 보고서와 하위 보고서에서 사용되는 테이블/쿼리 등이 일대다 관계로 설정되었을 경우
- 주 보고서는 기본키를 가진 테이블/쿼리를 사용하고, 하위 보고서는 기본키 필드와 같거나 호환되는 데이터 형식을 가진 필드가 포함된 테이블/쿼리를 사용할 경우

51 다음 중 폼의 탭 순서(Tab Order)에 대한 설명으로 옳지 않은 것은?

정답 46 ④ 47 ② 48 ② 49 ③ 50 ② 51 ②

① 기본으로 설정되는 탭 순서는 폼에 컨트롤을 추가하여 작성한 순서대로 설정된다.
② [탭 순서] 대화 상자의 [자동 순서]는 탭 순서를 위에서 아래로, 오른쪽에서 왼쪽으로 설정한다.
③ 폼 보기에서 Tab 키를 눌렀을 때 각 컨트롤 사이에 이동되는 순서를 설정하는 것이다.
④ 탭 정지 속성의 기본 값은 '예'이다.

해설 [자동 순서] 단추를 클릭하면 폼이나 보고서에 삽입된 컨트롤의 위치를 기준으로 위쪽에서 아래쪽으로, 왼쪽에서 오른쪽 순으로 탭 순서가 자동 설정된다.

52 다음 중 테이블에서 내보내기가 가능한 파일 형식에 해당 하지 않는 것은?

① 엑셀(Excel) 파일
② ODBC 데이터베이스
③ HTML 문서
④ VBA 코드

해설 테이블에서 내보내기가 가능한 파일 형식 : Excel, Access 데이터베이스, 텍스트 파일, XML, ODBC, HTML, dBASE, Paradox, Lotus1-2-3, Sharepoint 목록, RTF 파일, PDF 또는 XPS, Microsoft Office Word로 병합 등이 있다.

53 다음 중 두 개의 테이블 사이에서 외래 키(Foreign Key)에 해당하는 필드는? (단, 밑줄은 각 테이블의 기본키를 표시함)

직원(<u>사번</u>, 성명, 부서명, 주소, 전화, 이메일)
부서(<u>부서명</u>, 팀장, 팀원수)

① 직원 테이블의 사번
② 부서 테이블의 팀원수
③ 부서 테이블의 팀장
④ 직원 테이블의 부서명

- 외래 키 : 어떤 릴레이션에 속해 있는 속성이나 속성 집합이 다른 릴레이션의 기본키가 되는 경우를 의미한다. 각 테이블간의 개체를 참조하기 위한 경로로 사용되며, 참조 무결성의 제약 조건을 갖는다(하나의 테이블에 여러 개의 외부 키가 존재할 수 있음).
- 직원 테이블에 있는 부서명이 부서 테이블에 있는 부서명을 찾아갈 때 각 해당 직원이 속해 있는 부서명의 이름과 팀장이 누구이고 팀원수가 몇 명인지 알 수 있다.

54 다음 중 '학년별검색' 매개 변수 쿼리를 실행하여 나타나는 메시지 상자의 a에 2를, b에 3을 입력한 결과로 옳은 것은?

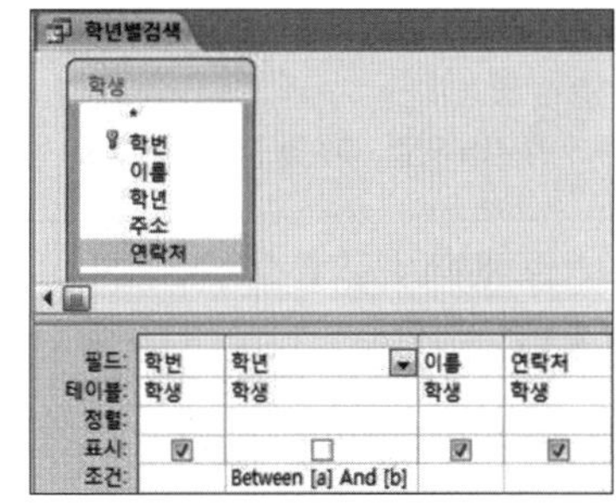

① 2학년과 3학년 레코드만 출력된다.
② 2학년 레코드만 출력된다.
③ 3학년 레코드만 선택된다.
④ 2학년과 3학년을 제외한 레코드만 출력된다.

- BETWEEN A AND B : A와 B 사이의 값으로 AND 연산을 수행한 결과와 같다.
- Between 2 and 3 : 2부터 3 사이에 포함되는 레코드를 구하므로 출력되는 레코드는 학년이 2학년과 3학년인 레코드만 출력된다.

55 다음 중 <급여> 테이블에 대한 SQL 명령과 실행 결과로 옳지 않은 것은? (단, 빈 칸은 Null임)

사원번호	성명	가족수
1	가	2
2	나	4
3	다	

① SELECT COUNT(성명) FROM 급여; 를 실행한 결과는 3이다.
② SELECT COUNT(가족수) FROM 급여; 를 실행한 결과는 3이다.
③ SELECT COUNT(*) FROM 급여; 를 실행한 결과는 3이다.
④ SELECT COUNT(*) FROM 급여 WHERE 가족수 Is Null;을 실행한 결과는 1이다.

해설 COUNT 함수는 레코드 개수를 계산하는 함수로 COUNT(*)를 사용하면 Null 필드가 있는 레코드까지 포함하여 전체 레코드 수를 계산하고 반환한다. COUNT([필드])를 사용하면 Null 필드가 있는 레코드는 제외하고 개수를 반환한다. 그러므로 보기 ②에서 결과는 '2'이다.

정답 52 ④ 53 ④ 54 ① 55 ②

56 다음 중 설명에 해당하는 폼을 작성하기에 가장 용이한 방법은?

> • 하나의 폼에서 폼 보기와 데이터시트 보기로 동시에 같은 데이터를 볼 수 있다.
> • 같은 데이터 원본에 연결되어 있으며 항상 상호 동기화된다.
> • 폼의 두 보기 중 하나에서 필드를 선택하면 다른 보기에서도 동일한 필드가 선택된다.

① 폼 도구 사용 ② 폼 마법사 사용
③ 여러 항목 도구 사용 ④ 폼 분할 도구 사용

해설 하나의 폼에서 폼 보기와 데이터시트 보기로 동시에 같은 데이터를 확인하려면 '폼 분할' 도구를 사용한다.

57 다음 중 Access에서 데이터를 찾거나 바꿀 때 사용하는 와일드카드 문자를 사용한 결과에 대한 설명이 옳지 않은 것은?

① 1#3 → 103, 113, 123 등 검색
② 소?자 → 소비자, 소유자, 소개자 등 검색
③ 소[!비유]자 → 소비자와 소개자 등 검색
④ b[a-c]d → bad와 bbd 등 검색

해설 소[!비유]자를 입력하면 '소개자'는 찾지만 '소비자'와 '소유자'는 검색할 수 없다.

58 다음 중 데이터의 형식에 관한 설명으로 옳지 않은 것은?

① 텍스트 형식에는 텍스트와 숫자 모두 입력할 수 있다.
② 숫자 형식에는 필드 크기를 설정하여 숫자 값의 크기를 제어할 수 있다.
③ 메모 형식에는 텍스트와 비슷하나 최대 255자까지 입력 가능하다.
④ 하이퍼링크 형식에는 웹 사이트나 파일의 특정 위치로 바로 이동하는 주소 데이터를 입력할 수 있다.

해설 메모 형식은 문자열과 숫자를 임의로 조합하여 65,535개까지 입력할 수 있다.

59 다음 중 특정 데이터를 시각적으로 강조 표시하는 조건부 서식에 대한 설명으로 옳지 않은 것은?

① 하나 이상의 조건에 따라 폼과 보고서의 컨트롤 서식 또는 컨트롤 값의 서식을 변경할 수 있다.
② 컨트롤 값이 변경되어 조건에 만족하지 않으면 적용된 서식이 해제되고, 기본 서식이 적용된다.
③ 폼이나 보고서를 다른 파일 형식으로 출력하거나 내보내도 조건부 서식은 유지된다.
④ 지정한 조건 중 두 개 이상이 true이면 true인 첫 번째 조건의 서식만 적용된다.

해설 폼이나 보고서를 다른 파일 형식으로 출력하거나 내보내도 조건부 서식은 유지되지 않는다.

60 액세스에서 다음과 같은 폼을 편집하고자 한다. 다음 중 편집에 대한 설명이 옳지 않은 것은?

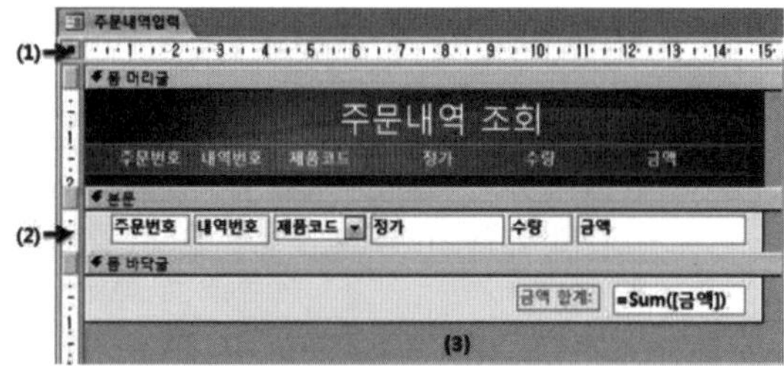

① (1)번 부분을 더블 클릭하면 폼의 속성 창을 열 수 있다.
② (2)번의 세로 눈금자를 클릭하면 본문의 모든 컨트롤을 선택할 수 있다.
③ (3)번 부분을 더블 클릭하여 폼 바닥글의 배경색을 변경할 수 있다.
④ 이런 폼의 기본 보기 속성은 '연속 폼'으로 하는 것이 좋다.

해설 폼 바닥글의 배경색을 변경하려면 폼 바닥글 영역을 더블 클릭한다.

정답 56 ④ 57 ③ 58 ③ 59 ③ 60 ③

2018년 03월 03일 시행 기출문제

1과목 | 컴퓨터 일반

01 다음 중 사운드 데이터의 샘플링(Sampling)에 관한 설명으로 옳지 않은 것은?

① 디지털 신호를 아날로그 신호로 변환해 주는 작업이다.
② 샘플링 레이트(Sampling Rate) 가 높을수록 원음에 가깝다.
③ 샘플링 레이트는 초당 샘플링 횟수를 의미한다.
④ 샘플링 레이트의 단위는 Hz(헤르츠)를 사용한다.

해설 샘플링(Sampling) : 선형적인 데이터를 비선형적 데이터로 취급할 수 있도록 디지털화하는 것으로 아날로그 형태의 소리를 디지털 형태로 바꾸는 작업이다.

02 다음 중 이미지 데이터의 표현 방식에서 벡터(Vector) 방식에 관한 설명으로 옳지 않은 것은?

① 벡터 방식의 그림 파일 형식에는 wmf, ai 등이 있다.
② 이미지를 점과 선을 이용하여 표현하는 방식이다.
③ 그림을 확대하거나 축소할 때 계단 현상이 발생하지 않는다.
④ 포토샵, 그림판 등의 소프트웨어로 그림을 편집할 수 있다.

해설 벡터 방식은 점, 직선, 도형 정보를 사용하여 수학적인 계산에 의해 이미지를 표현하므로 포토샵, 그림판 등의 소프트웨어로 그림을 편집할 수는 없다.

03 다음 중 컴퓨터의 정상적인 작동을 방해하여 운영 체제나 저장된 데이터에 손상을 입힐 수 있는 보안 위협의 종류는?

① 바이러스 ② 키로거
③ 애드웨어 ④ 스파이웨어

해설 바이러스 : 운영 체제나 다른 응용 프로그램에 손상을 입히는 악성 프로그램으로 디스크의 부트 영역이나 프로그램 영역에 숨어 있으며, 주로 인터넷을 통해 감염된다.

04 다음 중 방화벽(Firewall)에 대한 설명으로 옳지 않은 것은?

① 보안이 필요한 네트워크의 통로를 단일화하여 관리한다.
② 내부 네트워크에서 외부로 나가는 패킷을 체크하여 인증된 패킷만 통과시킨다.
③ 역추적 기능으로 외부 침입자의 흔적을 찾을 수 있다.
④ 방화벽은 외부 네트워크와 내부 네트워크 사이에 위치한다.

해설 방화벽은 외부에서 내부 네트워크로 들어오는 패킷은 내용을 엄밀히 체크하여 인증된 패킷만 통과시키는 구조이다.

05 다음 중 인터넷에서 사용하는 TCP/IP에 대한 설명으로 옳지 않은 것은?

① 서로 다른 기종의 컴퓨터들 간 데이터를 송/수신하기 위한 표준 프로토콜이다.
② 일부 망에 장애가 있어도 다른 망으로 통신이 가능한 신뢰성을 제공한다.
③ TCP는 패킷 주소를 해석하고 최적의 경로를 결정하여 전송하는 역할을 한다.
④ IP는 OSI 7계층 중 네트워크 계층에 해당하는 프로토콜이다.

해설
• TCP : 두 종단간 연결을 설정한 후 데이터를 패킷 단위로 교환한다.
• IP : 패킷 주소를 해석하고 경로를 설정하여 다음 호스트로 전송한다.

정답 01 ① 02 ④ 03 ① 04 ② 05 ③

06 다음 중 유비쿼터스 센서 네트워크(USN)의 활용 분야에 속하는 것은?

① 테더링　② 텔레매틱스
③ 블루투스　④ 고퍼

해설
- 유비쿼터스 센서 네트워크(USN) : 제품이나 사물에 전자 태그(RFID Tag)를 부착하고, 이를 통해 제품(사물)에 대한 정보와 주변 환경 정보까지 탐지하여 실시간으로 정보를 통합 관리하는 기술이다.
- 텔레매틱스(Telematics) : 원격 통신(Telecommunication)과 정보 과학(Informatics)의 합성어로 통신과 방송망을 이용하여 자동차 안에서 위치 추적, 인터넷 접속, 차량 진단, 사고 감지, 교통 정보 등을 제공하는 서비스이다.

07 다음 중 전자 우편에서 사용하는 POP3 프로토콜에 관한 설명으로 옳은 것은?

① 사용자가 작성한 이메일을 다른 사람의 계정으로 전송해 주는 역할을 한다.
② 메일 서버의 이메일을 사용자의 컴퓨터로 가져올 수 있도록 메일 서버에서 제공하는 프로토콜이다.
③ 멀티미디어 전자 우편을 주고받기 위한 인터넷 메일의 표준 프로토콜이다.
④ 웹 브라우저에서 제공하지 않는 멀티미디어 파일을 확인하여 실행시켜주는 프로토콜이다.

해설 POP3을 이용하면 전자 메일 클라이언트를 통해 전자 메일을 받아 볼 수 있다.

08 다음 중 인터넷을 사용하기 위한 IPv6 주소 체계에 대한 설명으로 옳지 않은 것은?

① IPv4의 업그레이드 버전으로 주소 구조가 64비트로 확장되었다.
② 주소의 각 부분은 콜론(:)으로 구분하여 16진수로 표현한다.
③ IPv4에 비해 주소의 확장성, 융통성, 연동성이 뛰어나다.
④ 실시간 흐름 제어로 향상된 멀티미디어 기능을 지원한다.

해설 IPv6 : IPv4의 주소 공간을 4배 확장한 것으로 128비트를 16비트씩 8개로 나누어 표시한다.

09 다음 중 컴퓨터 메인보드의 버스(Bus)에 관한 설명으로 옳지 않은 것은?

① 컴퓨터에서 데이터를 주고받는 통로로 사용 용도에 따라 내부 버스, 외부 버스, 확장 버스로 구분된다.
② 내부 버스는 CPU와 주변 장치간의 데이터 전송에 사용되는 통로이다.
③ 외부 버스는 전달하는 신호의 형태에 따라 데이터 버스, 주소 버스, 제어 버스로 구분된다.
④ 확장 버스는 메인보드에서 지원하는 기능 외에 다른 기능을 지원하는 장치를 연결하는 부분으로 끼울 수 있는 형태이기에 확장 슬롯이라고도 한다.

해설 내부 버스는 CPU 내부에서 레지스터간의 데이터 전송에 사용되는 통로이다.

10 다음 중 웹 프로그래밍 언어에 대한 설명으로 옳지 않은 것은?

① ASP는 서버 측에서 동적으로 수행되는 페이지를 만들기 위한 언어로 Windows 계열의 운영 체제에서 실행 가능하다.
② PHP는 클라이언트 측에서 동적으로 수행되는 스크립트 언어로 UNIX 운영 체제에서 실행 가능하다.
③ XML은 HTML의 단점을 보완하여 웹에서 구조화된 폭넓고 다양한 문서들을 상호 교환할 수 있도록 설계된 언어이다.
④ JSP는 자바로 만들어진 서버 스크립트로 다양한 운영 체제에서 사용 가능하다.

해설 PHP는 서버 측 스크립트 언어로 서버에서 해석하여 HTML 문서를 만든다.

11 다음 중 임베디드 시스템에 관한 설명으로 옳은 것은?

① 지역적으로 다른 위치에 있는 여러 대의 컴퓨터를 연결하여 분산 처리하는 시스템이다.
② 처리할 데이터를 일정시간 동안 모아서 일괄 처리하는 방식의 시스템이다.

정답 ▶ 06 ② 07 ② 08 ① 09 ② 10 ② 11 ③

③ 특정 기능을 수행하기 위하여 전체 장치의 일부분으로 내장되는 전자 시스템이다.

④ 두 개의 CPU가 동시에 같은 업무를 처리하는 방식으로 업무의 신뢰도를 높이는 작업에 이용된다.

해설 임베디드(Embedded) 시스템 : 일반 PC 형태가 아닌 보드(회로기판) 형태의 반도체 기억 소자에 응용 프로그램을 탑재하여 컴퓨터 기능을 수행하는 시스템으로 하드웨어와 소프트웨어가 하나로 조합되어 2차 저장 장치를 갖지 않는다.

12 다음 중 컴퓨터 운영 체제의 성능 평가 기준에 해당하지 않는 것은?

① 일정 시간 내에 시스템이 처리하는 양을 의미하는 처리 능력(Throughput)

② 작업을 의뢰한 시간부터 처리가 완료된 시간까지의 반환 시간(Turn Around Time)

③ 중앙 처리 장치의 사용 정도를 측정하는 사용 가능도(Availability)

④ 주어진 문제를 정확하게 해결하는 정도를 의미하는 신뢰도(Reliability)

해설 사용 가능도(Availability) 향상은 신속하게 시스템 자원을 사용할 수 있도록 지원하는 능력이다.다.

13 다음 중 컴퓨터의 발전 과정으로 3세대 이후의 특징에 해당하지 않는 것은?

① 개인용 컴퓨터의 사용

② 전문가 시스템

③ 일괄 처리 시스템

④ 집적 회로의 사용

해설 일괄 처리 시스템은 제1세대에 해당한다.

14 다음 중 CMOS 셋업 프로그램에서 설정할 수 없는 항목은?

① 시스템 암호 설정

② 하드 디스크의 타입

③ 멀티 부팅 시 사용하려는 BIOS의 종류

④ 하드 디스크나 USB 등의 부팅 순서

CMOS Setup에서는 날짜와 시간, 하드 디스크 타입, 부팅 시 비밀번호 옵션, 부팅 순서, 전원 관리 모드, 칩셋, Anti-Virus 등을 설정한다.

15 다음 중 컴퓨터 업그레이드에 관한 설명으로 적절하지 않은 것은?

① 컴퓨터 처리 성능의 개선을 위해 하드웨어 업그레이드를 한다.

② 장치 제어기를 업그레이드하면 하드웨어를 교체하지 않더라도 보다 향상된 기능으로 하드웨어를 사용할 수 있다.

③ 하드 디스크 업그레이드의 경우에는 부족한 공간 확보를 위해 파티션이 여러 개로 나뉘는 제품을 선택한다.

④ 고사양을 요구하는 소프트웨어가 늘어남에 따라 컴퓨터의 처리 속도가 느려지거나 제대로 동작하지 않을 경우 가장 먼저 고려하는 것은 RAM 업그레이드이다.

• 대용량의 하드 디스크를 위해 ROM BIOS를 업그레이드 한다.
• 파티션이 여러 개로 나뉘는 제품과 하드 디스크 업그레이드는 아무런 관계가 없다.

16 다음 중 Windows [제어판]의 [프로그램] 범주에서 할 수 있는 작업에 관한 설명으로 옳지 않은 것은?

① [프로그램 제거]를 이용하여 프로그램을 제거할 수 있으며, 삭제된 프로그램 파일을 복원할 수도 있다.

② [설치된 업데이트 보기]를 이용하면 설치된 업데이트를 제거할 수 있다.

③ [Windows 기능 켜기/끄기]를 이용하면 Windows에 포함되어 있는 인터넷 정보 서비스 같은 일부 프로그램 및 기능을 사용하도록 설정하거나 해제할 수 있다.

④ [프로그램 제거 또는 변경]을 이용하면 특정 옵션에서 프로그램 구성을 변경할 수 있다.

해설 프로그램 제거 시 삭제된 프로그램 파일을 복원할 수는 없다.

정답 12 ③ 13 ③ 14 ③ 15 ③ 16 ①

17 다음 중 NTFS 파일 시스템에 관한 설명으로 옳지 않은 것은?

① 파일 및 폴더에 대한 액세스 제어를 유지하고 제한된 계정을 지원한다.
② Active Directory 서비스를 제공한다.
③ 하드 디스크의 파티션(볼륨) 크기를 100GB까지 지원한다.
④ FAT나 FAT32 파일 시스템보다 성능, 보안, 안전성이 높다.

해설 NTFS : FAT나 FAT32 파일 시스템에서 지원되지 않는 더 큰 용량의 디스크에 적합한 파일 시스템으로 이론적으로 최대 볼륨의 크기는 256TB이다.

18 다음 중 Windows에서 네트워크 연결 시 IP 설정이 자동으로 할당되지 않을 경우 직접 설정해야 하는 TCP/IP 속성에 해당하지 않는 것은?

① IP 주소 ② 기본 게이트웨이
③ 서브넷 마스크 ④ 라우터 주소

해설
- IP 주소 : 네트워크 관리자나 인터넷 서비스 공급자가 제공한 주소를 입력한다.
- 기본 게이트웨이 : 추가할 기본 게이트웨이의 IP 주소를 입력한다.
- 서브넷 마스크 : IP 주소와 사용자 컴퓨터가 속한 네트워크를 구별한다.

19 다음 중 Windows의 [제어판]–[키보드]에서 설정할 수 있는 것으로 옳지 않은 것은?

① 입력 위치를 표시하는 커서의 모양을 선택할 수 있다.
② 키 반복 속도를 조절할 수 있다.
③ 커서 깜박임 속도를 조절할 수 있다.
④ 키 재입력 시간을 조절할 수 있다.

해설 보기 ①번은 [마우스 속성] 대화 상자에서 설정할 수 있다.

20 다음 중 Windows에서 설치된 기본 프린터의 인쇄 관리자 창에서 실행할 수 있는 작업으로 옳지 않은 것은?

① 인쇄 작업이 시작된 문서도 중간에 강제로 인쇄를 종료할 수 있으며 잠시 중지시켰다가 다시 인쇄할 수 있다.
② [프린터] 메뉴에서 [모든 문서 취소]를 선택하면 스풀러에 저장되어 있는 모든 인쇄 작업을 취소할 수 있다.
③ 인쇄 대기 중인 문서를 삭제하거나 출력 대기 순서를 임의로 조정할 수 있다.
④ 인쇄 중인 문서나 오류가 발생한 문서를 다른 프린터로 전송할 수 있다.

해설 인쇄 중인 문서나 오류가 발생한 문서를 다른 프린터로 전송할 수는 없다.

2과목 | 스프레드시트 일반

21 다음 중 워크시트의 '사번' 필드에 그림과 같이 사용자 지정 자동 필터를 적용하는 경우 표시되는 결과 행은?

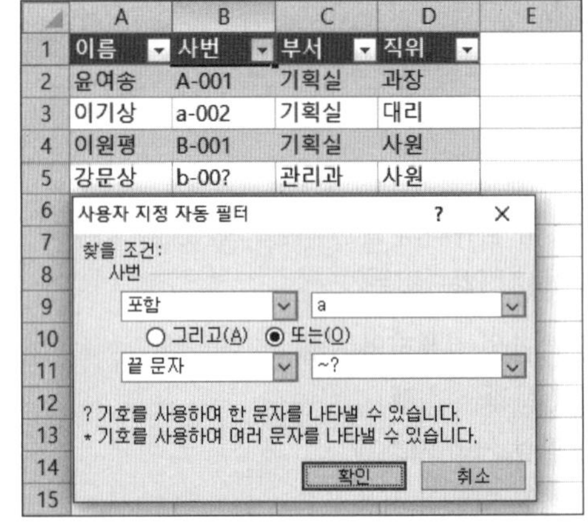

① 3행 ② 2행, 3행
③ 3행, 5행 ④ 2행, 3행, 5행

- 사번에서 'a(A)'를 포함하거나 끝 문자가 '?'인 행을 필터하면 2행, 3행, 5행이 필터된다.
- 두 개의 찾을 조건을 AND(그리고)와 OR(또는)로 지정할 수 있다.
- 만능 문자(*, ?)나 비교 연산자(=, >, >=, <, <=)를 이용하여 데이터를 추출할 수 있다.

22 다음 중 [데이터] 탭의 [외부 데이터 가져오기] 그룹에서 각 명령에 대한 설명으로 옳지 않은 것은?

정답 17 ③ 18 ④ 19 ① 20 ④ 21 ④ 22 ③

① [기타 원본에서]-[Microsoft Query]를 이용하면 여러 테이블을 조인(Join)한 결과를 워크시트로 가져올 수 있다.
② [기존 연결]을 이용하면 Microsoft Query에서 작성한 쿼리 파일(*.dqy)의 실행 결과를 워크시트로 가져올 수 있다.
③ [웹]을 이용하면 웹 페이지의 모든 데이터를 원본 그대로 가져올 수 있다.
④ [Access]를 이용하면 원본 데이터의 변경 사항이 워크시트에 반영되도록 설정할 수 있다.

해설 [웹]을 이용하면 웹 페이지에서 데이터를 가져오지만 모든 데이터들을 그대로 가져올 수는 없다.

23 다음 중 날짜 데이터의 자동 채우기 옵션에 포함되지 않는 내용은?

① 일 단위 채우기　② 주 단위 채우기
③ 월 단위 채우기　④ 평일 단위 채우기

해설 마우스 오른쪽 버튼으로 날짜 데이터를 드래그하면 일 단위 채우기, 평일 단위 채우기, 월 단위 채우기, 연 단위 채우기를 선택할 수 있다.

24 다음 중 데이터 정렬에 대한 설명으로 옳지 않은 것은?

① 정렬 조건을 최대 64개까지 지정할 수 있어 다양한 조건으로 정렬할 수 있다.
② 숨겨진 열이나 행은 정렬 시 이동되지 않으므로 데이터를 정렬하기 전에 숨겨진 열과 행을 표시하는 것이 좋다.
③ 정렬 기준을 글꼴 색이나 셀 색으로 선택한 경우의 기본 정렬 순서는 오름차순의 경우 밝은 색에서 어두운 색 순으로 정렬된다.
④ 첫째 기준뿐만 아니라 모든 정렬 기준에서 사용자 지정 목록을 정렬 기준으로 사용할 수 있다.

해설
- 셀 색 또는 글꼴 색을 사용하여 셀 범위나 표 열의 서식을 수동으로 또는 조건부로 지정한 경우 이러한 색을 기준으로 정렬할 수 있다.
- 셀 색, 글꼴 색 또는 아이콘의 기본 정렬 순서는 없다.

25 다음 중 Excel에서 Access와의 데이터 교환 방법에 대한 설명으로 적절하지 않은 것은?

① Excel 통합 문서를 열 때 Access 데이터에 연결하려면 보안 센터 표시줄을 사용하거나 통합 문서를 신뢰할 수 있는 위치에 둠으로써 데이터 연결을 사용할 수 있도록 설정해야 한다.
② [데이터] 탭의 [외부 데이터 가져오기] 그룹에서 [기타 원본에서]-[Microsoft Query]를 선택하면 Access 파일의 특정 테이블의 특정 필드만 선택하여 가져올 수도 있다.
③ [데이터] 탭의 [외부 데이터 가져오기] 그룹에서 [Access]를 선택하면 특정 Access 파일에서 테이블을 선택하여 피벗 테이블 보고서로 가져올 수도 있다.
④ [데이터] 탭의 [연결] 그룹에서 [속성]을 클릭하면 기존 Access 파일의 연결을 추가하거나 제거할 수 있다.

해설 Excel 화면의 [데이터] 탭의 [연결] 그룹에서 [연결]을 클릭하면 기존 Access 파일의 연결을 추가하거나 제거할 수 있다.

26 다음의 워크시트에서 [C2:C4] 영역을 선택하여 작업한 결과가 다른 것은?

	A	B	C	D	E
1	이름	국어	영어	수학	평균
2	홍길동	83	90	73	82
3	이대한	65	87	91	81
4	한민국	80	75	100	85
5	평균	76	84	88	82.66667
6					

① Delete 키를 누른 경우
② BackSpace 키를 누른 경우
③ 마우스 오른쪽 버튼의 바로 가기 메뉴에서 [내용 지우기]를 선택한 경우
④ [홈] 탭의 [편집] 그룹에서 [지우기]-[내용 지우기]를 선택한 경우

해설
- 보기 ①, ③, ④번의 결과는 [C2:C4] 영역의 내용이 삭제된다.
- 보기 ②번의 경우는 [C2] 셀의 데이터만 삭제된다.

정답 23 ② 24 ③ 25 ④ 26 ②

27 다음의 워크시트에서 부서명[E2:E4]을 번호[A2:A11] 순서대로 반복하여 발령부서[C2:C11]에 배정하고자 한다. 다음 중 [C2] 셀에 입력할 수식으로 옳은 것은?

	A	B	C	D	E
1	번호	이름	발령부서		부서명
2	1	황현아	기획팀		기획팀
3	2	김지민	재무팀		재무팀
4	3	정미주	총무팀		총무팀
5	4	오민아	기획팀		
6	5	김혜린	재무팀		
7	6	김윤중	총무팀		
8	7	박유미	기획팀		
9	8	김영주	재무팀		
10	9	한상미	총무팀		
11	10	서은정	기획팀		
12					

① =INDEX($E$2:$E$4, MOD(A2, 3))
② =INDEX($E$2:$E$4, MOD(A2, 3)+1)
③ =INDEX($E$2:$E$4, MOD(A2−1, 3)+1)
④ =INDEX($E$2:$E$4, MOD(A2−1, 3))

해설
• INDEX(배열, 행 번호, 열 번호) : 표나 범위에서 지정된 행이나 열에 해당하는 값을 구한다.
• MOD(인수, 나눌 값) : 나눗셈의 나머지 값을 구하며, 결과는 나눌 값과 동일한 부호를 갖는다.
• MOD(A2−1,3) : 0, 1, 2, 0, 1, 2순으로 반복되고, MOD(A2−1,3)+1 : 1, 2, 3, 1, 2, 3순으로 반복된다.

28 다음의 워크시트에서 매출액[B3:B9]을 이용하여 매출 구간별 빈도수를 [F3:F6] 영역에 계산하고자 한다. 다음 중 이를 위한 배열 수식으로 옳은 것은?

	A	B	C	D	E	F
1						
2		매출액		매출구간		빈도수
3		75		0	50	1
4		93		51	100	2
5		130		101	200	3
6		32		201	300	1
7		123				
8		257				
9		169				

① {=PERCENTILE(B3:B9, E3:E6)}
② {=PERCENTILE(E3:E6, B3:B9)}
③ {=FREQUENCY(B3:B9, E3:E6)}
④ {=FREQUENCY(E3:E6, B3:B9)}

해설
• FREQUENCY(배열1, 배열2) : 도수 분포를 세로 배열의 형태로 구하며, 셀 범위에서 구간 셀 범위값의 빈도 수를 계산하여 수직 배열로 나타낸다.
• 수식을 입력하고 Ctrl+Shift+Enter 키를 동시에 누르면 수식 앞뒤에 중괄호({ })가 자동으로 입력된다.

29 다음 중 워크시트의 [A1] 셀에 사용자 지정 표시 형식 '#,###,'을 적용했을 때 표시되는 값은?

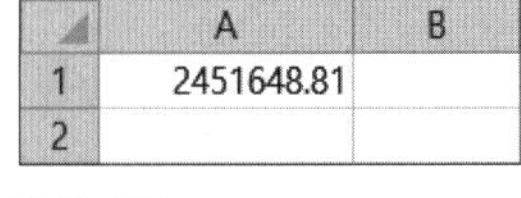

	A	B
1	2451648.81	
2		

① 2,451　　② 2,452
③ 2　　④ 2,4

해설
• # : 유효 자릿수만 표시하며, 무효의 0은 표시하지 않는다.
• , : 천 단위 구분자로 콤마를 삽입한다.

30 다음 중 [매크로] 대화 상자에 대한 설명으로 옳지 않은 것은?

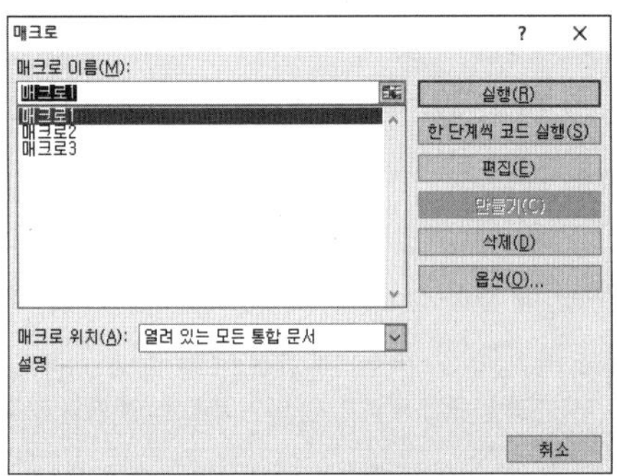

① 매크로 이름 상자에서는 매크로의 이름을 선택하여 변경할 수 있다.
② [한 단계씩 코드 실행] 단추를 클릭하면 선택한 매크로를 한 줄씩 실행한다.
③ [편집] 단추를 클릭하면 선택한 매크로를 수정할 수 있도록 VBA가 실행된다.
④ [옵션] 단추를 클릭하면 바로 가기 키를 설정하거나 변경할 수 있다.

해설 매크로 이름 상자에서 해당 매크로의 이름을 선택하여 변경할 수는 없다.

31 다음 중 [머리글/바닥글] 기능에 대한 설명으로 옳지 않은 것은?

① 머리글이나 바닥글의 텍스트에 앰퍼샌드(&) 문자 한 개를 포함시키려면 앰퍼샌드(&) 문자를 두 번 입력한다.

정답 27 ③ 28 ③ 29 ② 30 ① 31 ③

② 여러 워크시트에 동일한 [머리글/바닥글]을 한 번에 추가하려면 여러 워크시트를 선택하여 그룹화 한 후 설정한다.

③ [페이지 나누기 미리 보기] 상태에서는 워크시트에 머리글과 바닥글 영역이 함께 표시되어 간단히 머리글/바닥글을 추가할 수 있다.

④ 차트 시트인 경우 [페이지 설정] 대화 상자의 [머리글/바닥글] 탭에서 머리글/바닥글을 추가할 수 있다.

해설 • 페이지 나누기 미리 보기는 페이지 구분선과 페이지 번호가 나타나며, 페이지 구분선을 드래그하여 페이지의 나눌 위치를 조정할 수 있다.
• 머리글 및 바닥글은 [페이지 설정] 대화 상자의 [머리글/바닥글] 탭에서 가능하다.

32 다음의 워크시트에서 [D2] 셀에 SUM 함수를 사용하여 총점을 계산한 후 채우기 핸들을 [D5] 셀까지 드래그하여 총점을 계산하는 '총점' 매크로를 생성하였다. 다음 중 '총점' 매크로의 VBA 코드 창에서 괄호( ) 안에 해당하는 값을 올바르게 나열한 것은?

	A	B	C	D
1	성명	국어	영어	총점
2	강동식	81	89	
3	최서민	78	97	
4	박동수	87	88	
5	박두식	67	78	

```
Sub 총점()
  Range(" ⓐ ").Select
  ActiveCell.FormulaR1C1 = "=SUM( ⓑ )"
  Range("D2").Select
  Selection.AutoFill Destination:=Range(" ⓒ "), _
  Type:=xlFillDefault
  Range(" ⓓ ").Select
  Range("D6").Select
End Sub
```

① ⓐ D2, ⓑ (RC[−1]:RC[−1]), ⓒ D5, ⓓ D5
② ⓐ A6, ⓑ (RC[−1]:RC[−0]), ⓒ D2:D5, ⓓ D5
③ ⓐ D2, ⓑ (RC[−2]:RC[−0]), ⓒ D5, ⓓ D2:D5
④ ⓐ D2, ⓑ (RC[−2]:RC[−1]), ⓒ D2:D5, ⓓ D2:D5

해설 • [D2] 셀은 총점을 구하는 첫 번째 셀이다.
• (RC[−2]:RC[−1])에서 R은 ROW, C는 COLUMN인데 [D2] 셀은 [B2] 셀과 [C2] 셀의 값을 더하기 때문에 열 기준에서 −2, −1이 된다.
• [D2:D5], [D2:D5] 영역은 자동 채우기 범위에 해당한다.

33 다음 중 워크시트에서 수식 '=SUM($B$2:C2)'이 입력된 [D2] 셀을 [D4] 셀에 복사하여 붙여 넣었을 때의 결과 값은?

D2 | fx =SUM($B$2:C2)

	A	B	C	D	E	F
1						
2		5	10	15		
3		7	14			
4		9	18			
5						

① 15　　② 27
③ 42　　④ 63

해설 • SUM(인수1, 인수2, …) : 범위를 지정한 목록에서 인수의 합을 구하므로 [D3] 셀에는 =SUM($B$2:C3) : 36, [D4] 셀에는 =SUM($B$2:C4) : 63이 나온다.
• 절대 참조는 행 머리글과 열 머리글 앞에 '$' 표시가 적용되며, 해당 주소를 복사하면 참조되는 셀 주소는 항상 고정된다.

34 다음 중 워크시트에서 [B3] 셀이 선택되어 있는 경우 각 키의 사용 결과로 옳지 않은 것은?

	A	B	C
1		물품명	수량
2	Fruit_01	사과	12
3	Fruit_02	배	22
4	Fruit_03	감귤	19
5	Fruit_04	포도	24
6	Fruit_05	메론	11

① Home 키를 눌러서 현재 열의 첫 행인 [B1] 셀로 이동한다.
② Ctrl+Home 키를 눌러서 [A1] 셀로 이동한다.
③ Ctrl+End 키를 눌러서 데이터가 포함된 마지막 행/열에 해당하는 [C6] 셀로 이동한다.
④ Shift+Enter 키를 눌러서 한 행 위인 [B2] 셀로 이동한다.

해설 [B3] 셀에서 Home 키를 누르면 현재 행의 첫 행인 [A3] 셀로 이동한다.

35 다음 중 워크시트에서 [A6] 셀에 수식 '=VLOOKUP("C", A2:C5, 3, 0)'을 입력한 경우의 결과로 옳은 것은?

COUNTIF | × ✓ fx =VLOOKUP("C",A2:C5,3,0)

	A	B	C	D	E	F
1	코드	품목	가격			
2	A	연필	1000			
3	B	볼펜	2000			
4	D	지우개	3000			
5	E	샤프	4000			
6	=VLOOKUP("C",A2:C5,3,0)					

정답 32 ④ 33 ④ 34 ① 35 ①

① #N/A ② #Name?
③ B ④ 2000

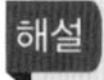
해설 • #N/A : 부적당한 인수를 사용하거나 사용할 수 없는 값을 지정할 경우 발생한다.
• #NAME? : 함수명을 잘못 사용하거나 수식에 인용 부호 없이 텍스트를 입력한 경우 발생한다.

36 다음의 워크시트에서 작성한 수식으로 결과값이 다른 것은?

	A	B	C
1	1	30	
2	2	20	
3	3	10	
4			
5			

① {=SUM((A1:A3*B1:B3))}
② {=SUM(A1:A3*{30;20;10})}
③ {=SUM(A1:A3*{30, 20, 10})}
④ =SUMPRODUCT(A1:A3, B1:B3)

해설 보기 ①, ②, ④번의 결과값은 '100'이고, 보기 ③번의 결과값은 '360'이다.

37 다음 중 그림에서의 각 기능에 대한 설명으로 옳지 않은 것은?

① [시트 보호]를 설정하면 기본적으로 셀의 선택만 가능하다.
② 시트 보호 시 특정 셀의 내용만 수정 가능하도록 하려면 해당 셀의 [셀 서식]에서 '잠금' 설정을 해제한다.
③ [통합 문서 보호]를 설정하면 포함된 차트, 도형 등의 그래픽 개체를 변경할 수 없다.
④ [범위 편집 허용]을 이용하면 보호된 워크시트에서 특정 사용자가 범위를 편집할 수 있도록 허용할 수 있다.

해설 • 통합 문서 보호 : 시트의 이동, 삭제, 숨기기, 숨기기 해제, 이름 바꾸기, 창 이동, 창 크기 조절, 새 창, 창 나누기, 틀 고정 등을 할 수 없도록 통합 문서를 보호한다.
• 통합 문서 보호 시 포함된 차트, 도형 등의 그래픽 개체는 변경할 수 있다.

38 다음의 차트와 같이 X축을 위쪽에 표시하기 위한 방법으로 옳은 것은?

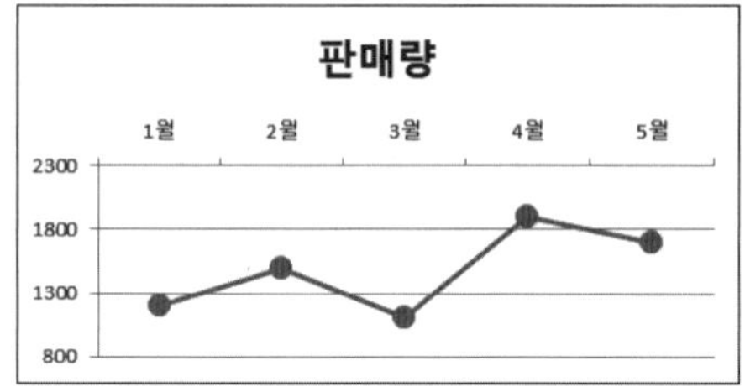

① 가로 축을 선택한 후 축 서식 작업 창의 축 옵션에서 세로 축 교차를 '최대 항목'으로 설정한다.
② 가로 축을 선택한 후 축 서식 작업 창의 축 옵션에서 '항목을 거꾸로'를 설정한다.
③ 세로 축을 선택한 후 축 서식 작업 창의 축 옵션에서 가로 축 교차를 '축의 최대값'으로 설정한다.
④ 세로 축을 선택한 후 축 서식 작업 창의 축 옵션에서 '값을 거꾸로'를 설정한다.

해설 세로 (값) 축을 선택한 후 축 서식 작업 창의 축 옵션에서 가로 축 교차를 '축의 최대값'으로 설정하면 가로 축이 세로 축 기준 축의 최대값이므로 X축이 위쪽에 표시된다.

39 다음 중 차트 만들기에 관한 설명으로 옳지 않은 것은?

① 워크시트에 삽입된 차트는 [차트 이동] 기능을 이용하여 새 통합 문서의 차트 시트로 배치할 수 있다.
② 차트를 만들 데이터를 선택하고 F11 키를 누르면 별도의 차트 시트(Chart1)에 기본 차트가 만들어진다.
③ 차트에서 사용할 데이터가 들어있는 셀을 하나만 선택하고 차트를 만들면 해당 셀을 직접 둘러싸는 셀의 데이터가 모두 차트에 표시된다.
④ 차트로 만들 데이터를 선택하고 Alt+F1 키를 누르면 현재 시트에 기본 차트가 만들어진다.

정답 36 ③ 37 ③ 38 ③ 39 ①

해설 차트 이동은 새 통합 문서가 아니라 동일한 문서의 워크시트나 새로운 시트에 배치할 수 있다.

40 다음 중 [페이지 레이아웃] 보기 상태에 대한 설명으로 옳지 않은 것은?

① 페이지 레이아웃 보기에서도 기본 보기와 같이 데이터 형식과 레이아웃을 변경할 수 있다.
② 페이지 레이아웃 보기에서 표시되는 눈금자의 단위는 [Excel 옵션]의 '고급' 범주에서 변경할 수 있다.
③ 마우스를 이용하여 페이지 여백과 머리글과 바닥글 여백을 조정할 수 있다.
④ 페이지 나누기를 조정하는 페이지 구분선을 마우스로 드래그하여 페이지 나누기를 빠르게 조정할 수 있다.

해설
- 페이지 나누기는 구분선을 이용하여 인쇄를 위한 페이지 나누기를 빠르게 조정하는 기능으로 용지 크기, 여백 설정, 설정한 배율 옵션을 바탕으로 만들어진다.
- 강제로 페이지를 구분하려면 페이지를 구분할 셀을 클릭한 후 [페이지 레이아웃] 탭의 [페이지 설정] 그룹에서 [나누기] 단추를 클릭하고, [페이지 나누기 삽입]을 선택한다.

3과목 | 데이터베이스 일반

41 다음 중 VBA에서 [프로시저 추가] 대화 상자의 각 옵션에 대한 설명으로 옳지 않은 것은?

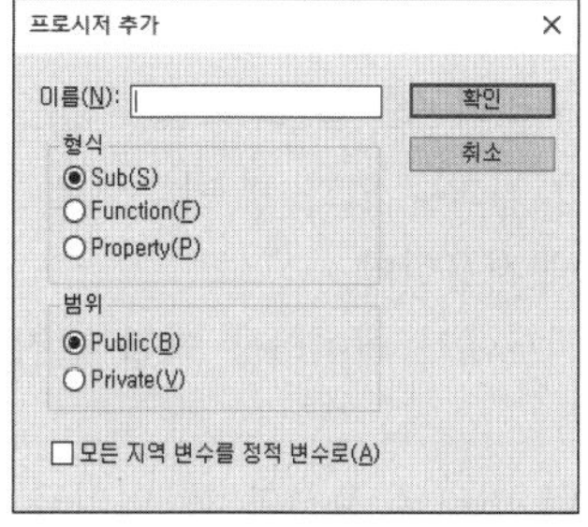

① Sub와 Public을 선택한 경우 Sub 프로시저는 모듈 내의 모든 프로시저에서 해당 Sub 프로시저를 호출할 수 있다.
② Sub와 Private를 선택한 경우 Sub 프로시저는 선언된 모듈 내의 다른 프로시저에서만 호출할 수 있다.
③ Function과 Public을 선택한 경우 Function 프로시저는 모든 모듈의 모든 프로시저에 액세스할 수 있다.
④ Function과 Private를 선택한 경우 Function 프로시저는 모든 모듈의 다른 프로시저에서만 액세스할 수 있다.

해설
- Function 프로시저는 해당 모듈의 모든 프로시저에서 사용이 가능하며, Function 문으로 함수를 선언하고, End Function 문으로 함수를 끝낸다.
- Private는 해당 모듈 내에 있는 모든 프로시저에서 사용이 가능하다.

42 다음 중 하위 보고서에 대한 설명으로 옳지 않은 것은?

① 관계 설정에 문제가 있을 경우 하위 보고서가 제대로 표시되지 않을 수 있다.
② 디자인 보기 상태에서 하위 보고서의 크기 조절 및 이동이 가능하다.
③ 테이블, 쿼리, 폼 또는 다른 보고서를 이용하여 하위 보고서를 작성할 수 있다.
④ 하위 보고서에는 그룹화 및 정렬 기능을 설정할 수 없다.

해설 주 보고서와 하위 보고서에 모두 그룹화 및 정렬 기능을 설정할 수 있다.

43 다음 중 액세스의 작업을 자동화하고 폼이나 보고서의 컨트롤에 기능들을 미리 정의하여 사용할 수 있도록 하는 기능은?

① 매크로
② 응용 프로그램 요소
③ 업무 문서 양식 마법사
④ 성능 분석 마법사

해설 폼 열기나 보고서 인쇄와 같이 특별한 기능을 수행하는 하나 이상의 매크로 함수 집합으로 매크로를 사용하면 자주 반복되는 작업을 자동화할 수 있다.

정답 40 ④ 41 ④ 42 ④ 43 ①

44 다음 중 관계형 데이터 모델에서 데이터의 정확성과 일관성을 보장하기 위한 것은?

① 릴레이션 ② 관계 연산자
③ 무결성 제약 조건 ④ 속성의 집합

해설 제약 요건은 각 필드에 데이터를 입력할 때 지켜야할 최소한의 조건으로 데이터의 정확성과 무결성을 확보하기 위한 방법이다.

45 다음 중 E-R 다이어그램 표기법의 기호와 의미가 바르게 연결된 것은?

① 사각형 – 속성(Attribute) 타입
② 마름모 – 관계(Relationship) 타입
③ 타원 – 개체(Entity) 타입
④ 밑줄 타원 – 의존 개체 타입

해설 사각형 – 개체 타입, 타원 – 속성 타입, 밑줄 타원 – 키 속성

46 다음 중 보고서의 시작 부분에 한 번만 표시되며 일반적으로 회사의 로고나 제목 등을 표시하는 구역은?

① 보고서 머리글 ② 페이지 머리글
③ 그룹 머리글 ④ 그룹 바닥글

해설
- 보고서 머리글 : 보고서의 맨 앞에 한 번 출력되며, 일반적으로 로고나 제목 및 날짜 등의 정보를 표시할 때 사용한다.
- 보고서 바닥글 : 보고서 총합계 또는 전체 보고서에 대한 기타 요약 정보를 표시할 때 사용한다.

47 다음 중 폼이나 보고서에서 사용되는 [조건부 서식]에 대한 설명으로 옳은 것은?

① 하나의 컨트롤에 여러 규칙이 설정되어 있는 경우 목록에서 규칙을 위/아래로 이동해 우선 순위를 변경할 수 있다.
② 레이블 컨트롤에는 필드 값을 기준으로 하는 규칙만 설정할 수 있다.
③ 하나의 컨트롤에 대해 규칙을 3개까지 지정할 수 있으며, 규칙별로 다양한 서식을 지정할 수 있다.
④ 규칙 유형에서 '다른 레코드와 비교'를 선택하면 적용할 형식으로 아이콘 집합을 적용할 수 있다.

해설
- 조건부 서식 : 보고서의 컨트롤이나 입력란에 특정 조건을 지정하여 조건에 해당하는 부분만 서식이 적용되도록 하는 기능이다.
- 하나의 컨트롤에 여러 규칙이 설정되어 있는 경우 순서를 이동할 수 있고, 상위 내용에 우선순위가 부여된다.

48 다음 중 보고서의 레코드 원본에 대한 설명으로 옳지 않은 것은?

① [보고서 마법사]를 통해 원하는 필드들을 손쉽게 선택하여 레코드 원본으로 지정할 수 있다.
② 하나의 테이블에서만 필요한 필드를 선택하여 레코드 원본으로 지정할 수 있다.
③ [속성 시트]의 '레코드 원본' 드롭다운 목록에서 테이블이나 쿼리를 선택하여 지정할 수 있다.
④ 쿼리 작성기를 통해 쿼리를 작성하여 레코드 원본으로 지정할 수 있다.

해설 보고서의 레코드 원본 : 다양한 데이터로 조회하는 SQL문을 속성 값으로 지정하여 그 결과를 보고서에 표시할 수 있다(여러 테이블이나 쿼리를 이용하여 원하는 데이터를 조회).

49 부서별 제품별 영업 실적을 관리하는 테이블에서 부서 별로 영업 실적이 1억 원 이상인 제품의 합계를 구하고자 한다. 다음 중 이를 위한 SQL문에서 반드시 사용해야 할 구문에 해당하지 않는 것은?

① SELECT 문 ② GROUP BY 절
③ HAVING 절 ④ ORDER BY 절

해설 ORDER BY절 : 쿼리 결과로 검색된 레코드를 특정한 필드를 기준으로 정렬할 때 사용하는 구문으로 문제에서는 해당하는 조건이 없다.

50 다음 중 크로스탭 쿼리에 관한 설명으로 옳지 않은 것은?

① 레코드의 요약 결과를 열과 행 방향으로 그룹화하여 표시할 때 사용한다.
② 쿼리 데이터시트에서 데이터를 직접 편집할 수 없다.
③ 2개 이상의 열 머리글 옵션과 행 머리글 옵션, 값 옵션 등을 지정해야 한다.
④ 행과 열이 교차하는 곳의 숫자 필드는 합계, 평균, 분산, 표준 편차 등을 계산할 수 있다.

정답 44 ③ 45 ② 46 ① 47 ① 48 ② 49 ④ 50 ③

해설 크로스탭 쿼리 : 열과 행 방향의 표 형태로 숫자 데이터의 집계를 구해주는 쿼리로 행 머리글을 최대 3개까지 지정할 수 있다(열 머리글은 하나만 지정 가능).

51 다음 중 쿼리의 [디자인 보기]에서 아래와 같이 설정한 경우 동일한 결과를 표시하는 SQL문은?

필드:	모집인원	지역
테이블:	Table1	Table1
업데이트:	2000	
조건:		"서울"
또는:	>1000	

① UPDATE Table1 SET 모집인원 > 1000 WHERE 지역="서울" AND 모집인원=2000;
② UPDATE Table1 SET 모집인원 = 2000 WHERE 지역="서울" AND 모집인원>1000;
③ UPDATE Table1 SET 모집인원 > 1000 WHERE 지역="서울" OR 모집인원=2000;
④ UPDATE Table1 SET 모집인원 = 2000 WHERE 지역="서울" OR 모집인원>1000;

해설 UPDATE~SET : 하나 이상의 테이블에서 레코드 그룹을 전체적으로 변경할 때 사용하는 구문으로 특정 조건을 지정하여 조건에 해당되는 레코드나 필드만 선택적으로 변경할 수 있다.

52 다음 중 각 연산식에 대한 결과 값이 옳지 않은 것은?

① IIF(1, 2, 3) → 결과값 : 2
② MID("123456", 3, 2) → 결과값 : 34
③ "A" & "B" → 결과값 : "AB"
④ 4 MOD 2 → 결과값 : 2

해설 MOD : 두 수를 나누어 나머지를 구하는 연산으로 4 MOD 2의 결과값은 0이다.

53 다음 중 외부 데이터인 Excel 통합 문서를 가져오거나 연결하기 위한 방법으로 옳지 않은 것은?

① 새 테이블로 추가하여 원본 데이터 가져오기
② 현재 데이터베이스의 테이블 중 하나를 지정하여 레코드로 추가하기
③ 테이블, 쿼리, 매크로 등 원하는 개체를 지정하여 가져오기
④ Excel의 원본 데이터에 대한 링크를 유지 관리하는 테이블로 만들기

해설 외부 데이터인 Excel 통합 문서를 가져오거나 연결을 할 경우 테이블이나 쿼리는 가능하지만 매크로는 가져오거나 연결할 수 없다.

54 다음 중 <학생> 테이블의 '나이' 필드에 유효성 검사 규칙을 다음과 같이 지정한 경우 데이터 입력 상황에 대한 설명으로 옳은 것은?

유효성 검사 규칙	>20
유효성 검사 테스트	숫자는 >20으로 입력합니다.

① 데이터를 입력하려고 하면 항상 '숫자는 >20으로 입력합니다.'라는 메시지가 먼저 표시된다.
② 20을 입력하면 '숫자는 >20으로 입력합니다.'라는 메시지가 표시된 후 입력 값이 정상적으로 저장된다.
③ 20을 입력하면 '숫자는 >20으로 입력합니다.'라는 메시지가 표시되며, 값을 다시 입력을 해야만 한다.
④ 30을 입력하면 '유효성 검사 규칙에 맞습니다.'라는 메시지가 표시된 후 입력 값이 정상적으로 저장된다.

• 유효성 검사 규칙 : 하나 이상의 필드에 입력될 수 있는 내용에 대한 제한이나 조건을 설정하는 규칙으로 폼의 필드, 레코드, 컨트롤 등에 유효성 검사 규칙을 설정할 수 있다.
• 유효성 검사 규칙을 설정하여 필드에 입력되는 데이터 값의 범위를 설정한다.

55 다음 중 기본키에 대한 설명으로 옳지 않은 것은?

① 기본키는 테이블 내 모든 레코드들을 고유하게 식별할 수 있는 필드에 지정한다.
② 테이블에서 기본키는 반드시 지정해야 하며, 한 개의 필드에만 지정할 수 있다.
③ 데이터시트 보기에서 새 테이블을 만들면 기본키가 자동으로 만들어지고 일련 번호 데이터 형식이 할당된다.

정답 51 ④ 52 ④ 53 ③ 54 ③ 55 ②

④ 하나 이상의 관계가 있는 테이블의 기본키를 제거하려면 관계를 먼저 삭제해야 한다.

해설 기본키는 하나의 속성에만 지정할 수 있지만 2개 이상의 속성으로 조합해서 지정할 수도 있다.

56 다음 중 [만들기] 탭 – [폼] 그룹에서 폼 보기와 데이터시트 보기를 동시에 표시하는 폼을 만들 때 가장 적절한 명령은?

① 여러 항목　② 폼 분할
③ 폼 마법사　④ 모달 대화 상자

해설
- ① 행(레코드)으로 표현된 데이터시트를 그대로 옮긴다.
- ③ 폼을 편리하게 만들어주는 도구이다.
- ④ 다른 창으로 포커스가 이동하지 않고 닫힐 때까지 포커스를 유지한다.

57 다음 중 폼의 레코드 원본으로 사용할 수 없는 것은?

① 테이블　② 쿼리
③ SQL문　④ 매크로

해설
- SQL문의 실행 결과를 폼에 나타내려면 해당 SQL문을 레코드 원본으로 설정한다.
- 매크로는 폼의 레코드 원본으로 사용할 수 없다.

58 다음 중 필드의 각 데이터 형식에 대한 설명으로 옳지 않은 것은?

① 통화 형식은 소수점 이하 4자리까지의 숫자를 저장할 수 있으며, 기본 필드 크기는 8바이트이다.
② Yes/No 형식은 Yes/No, True/False, On/Off 등과 같이 두 값 중 하나만 입력하는 경우에 사용하는 것으로 기본 필드 크기는 1비트이다.
③ 일련 번호 형식은 새 레코드를 만들 때 1부터 시작하는 정수가 자동 입력된다.
④ 메모 형식은 텍스트 및 숫자 데이터가 최대 255자까지 저장된다.

해설 메모 형식은 문자열과 숫자를 임의로 조합하여 65,535개까지 입력할 수 있다.

59 다음 중 아래와 같이 표시된 폼의 탐색 단추에 대한 설명으로 옳지 않은 것은?

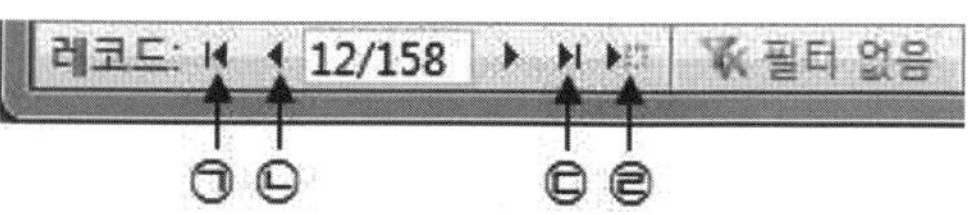

① ㉠ 첫 레코드로 이동한다.
② ㉡ 이전 레코드로 이동한다.
③ ㉢ 마지막 레코드로 이동한다.
④ ㉣ 이동할 레코드 번호를 입력하여 이동한다.

해설 ㉣ 새로운(빈) 레코드를 삽입한다.

60 다음 중 폼에 관련된 설명으로 옳지 않은 것은?

① 폼을 구성하는 컨트롤들은 마법사를 이용하여 손쉽게 작성할 수도 있다.
② 모달 폼은 다른 폼 안에 컨트롤로 삽입되어 연결된 폼을 의미한다.
③ 폼은 매크로나 이벤트 프로시저를 이용하여 작업을 자동화 할 수 있다.
④ 폼의 디자인 작업 시 눈금과 눈금자는 필요에 따라 표시하거나 숨길 수 있다.

해설 모달 폼 : 액세스 작업을 하는 도중에 데이터 처리 정보를 수시로 전달할 수 있는 폼이다.

정답 56 ② 57 ④ 58 ④ 59 ④ 60 ②

2018년 09월 01일 시행 기출문제

1과목 | 컴퓨터 일반

01 다음 중 마이크로프로세서(Microprocessor)에 관한 설명으로 옳지 않은 것은?

① 제어 장치, 연산 장치, 주기억 장치가 하나의 반도체 칩에 내장된 장치이다.
② 클럭 주파수와 내부 버스의 폭(Bandwidth)으로 성능을 평가한다.
③ 개인용 컴퓨터의 중앙 처리 장치로 사용된다.
④ 작은 규모의 임베디드 시스템이나 휴대용 기기에도 사용된다.

해설 마이크로프로세서 : CPU 기능을 대규모 집적 회로(LSI)에 탑재한 장치로 산술 연산과 논리 연산의 제어 능력을 갖는다.

02 다음 중 컴퓨터의 연산 장치에 있는 레지스터에 관한 설명으로 옳지 않은 것은?

① 2진수 덧셈을 수행하는 가산기(Adder)가 있다.
② 뺄셈을 수행하기 위해 입력된 값을 보수로 변환하는 보수기(Complementor)가 있다.
③ 연산 결과를 일시적으로 저장하는 누산기(Accumulator)가 있다.
④ 연산에 사용될 데이터를 기억하는 상태 레지스터(Status Register)가 있다.

해설 상태 레지스터(Status Register)는 CPU 상태와 연산 결과 상태를 기억한다.

03 다음 중 Windows 방화벽 기능에 대한 설명으로 옳지 않은 것은?

① 통신을 허용할 프로그램 및 기능에 대한 설정을 할 수 있다.
② 각 네트워크 위치 유형에 따른 외부 연결의 차단과 알림을 설정할 수 있다.
③ 내 컴퓨터에서 외부로 나가는 패킷의 내용을 체크하여 인증된 패킷만 내보내도록 설정할 수 있다.
④ 역추적 기능으로 외부 침입자의 흔적을 찾을 수 있다.

해설 방화벽 : 외부의 불법적인 침입이나 해커의 공격으로부터 정보를 보호하기 위한 보안 시스템으로 네트워크 내부에 있는 호스트를 외부로부터 보호하거나 외부의 정보 유출을 막기 위해 사용한다.

04 다음 중 Windows [제어판]–[시스템]에서 실행 가능한 작업에 대한 설명으로 옳지 않은 것은?

① Windows의 버전과 시스템에 대한 기본 정보를 확인할 수 있다.
② Windows 정품 인증을 위한 제품키를 변경할 수 있다.
③ 네트워크에서 확인 가능한 사용자 컴퓨터 이름을 변경할 수 있다.
④ 컴퓨터에 설치된 응용 프로그램을 설치하거나 제거할 수 있다.

해설 보기 ④번은 [제어판]–[프로그램 및 기능]에서 가능하다.

05 다음 중 Windows에서 하드 디스크의 용량 부족 문제가 발생하였을 때의 해결 방법으로 적절하지 않은 것은?

① 사용 빈도가 낮은 파일은 백업한 후 하드 디스크에서 삭제한다.
② 바이러스에 감염된 파일을 모두 삭제한다.
③ 사용하지 않는 Windows 구성 요소를 제거한다.
④ 디스크 정리를 수행하여 불필요한 파일을 삭제한다.

- 바이러스에 감염된 파일은 백신 프로그램을 이용하여 바로 치료해야 한다.
- 보기 ②번의 내용은 하드 디스크 용량 부족의 문제와는 아무런 관계가 없다.

정답 01 ① 02 ④ 03 ③ 04 ④ 05 ②

06 다음 중 Windows의 파일 탐색기에서 검색 상자를 사용하여 파일이나 폴더를 찾는 방법으로 옳지 않은 것은?

① 검색 상자에서 찾으려는 파일이나 폴더명을 입력하면 자동으로 필터링 되어 결과가 표시된다.
② 검색 내용에 '$'를 붙이면 해당 내용이 포함되지 않은 파일이나 폴더를 검색한다.
③ '*'나 '?' 등의 와일드카드 문자를 사용하여 파일이나 폴더를 검색할 수 있다.
④ 특정 파일 그룹을 정기적으로 검색하는 경우 검색 저장 기능을 이용하면 다음에 사용할 때 원래 검색과 일치하는 최신 파일을 표시해 준다.

해설 검색 상자에 내용을 입력하면 자동으로 검색이 시작되며, 검색 내용 앞에 '–'를 붙이면 해당 내용이 포함되지 않은 파일/폴더를 검색한다.

07 다음 중 Windows의 레지스트리에 관한 설명으로 옳지 않은 것은?

① 컴퓨터에 설치된 모든 하드웨어와 소프트웨어의 실행 정보를 관리하는 데이터베이스이다.
② 레지스트리 정보는 Windows가 작동하는 동안 지속적으로 참조된다.
③ Windows에 탑재된 레지스트리 편집기는 'reg.exe'이다.
④ 레지스트리에 문제가 발생하면 시스템 부팅이 안 될 수도 있다.

해설 Windows에 탑재된 레지스트리 편집기는 'regedit.exe'이다.

08 다음 중 서버에 데이터를 전송하기 전 아이디나 비밀번호의 입력 여부 또는 수량 입력과 같은 입력 사항을 확인할 때 사용하는 웹 프로그래밍 언어로 가장 적절한 것은?

① CSS ② UML
③ Java Script ④ VRML

해설 자바 스크립트 : HTML에 삽입되어 HTML을 확장하는 기능으로 HTML을 강력하고 편리하게 꾸밀 수 있으며, 자바 애플릿의 단점을 보완하여 웹 브라우저에서 직접 번역되고 실행된다.

09 다음 중 컴퓨터에서 사용되는 운영 체제의 목적에 관한 설명으로 옳지 않은 것은?

① 시스템에 작업을 의뢰한 시간부터 처리가 완료될 때까지 걸린 시간을 의미하는 반환 시간의 단축이 요구된다.
② 일정 시간 내에 시스템이 처리하는 일의 양을 의미하는 처리 능력의 향상이 요구된다.
③ 시스템이 주어진 문제를 정확하게 해결하는 정도를 의미하는 신뢰도의 향상이 요구된다.
④ 시스템을 사용할 수 있는 사용자의 수를 의미하는 사용 가능도의 향상이 요구된다.

해설
- 처리 능력(Throughput) 향상 : 단위 시간에 처리할 수 있는 작업의 양이다.
- 응답 시간(Turnaround Time) 단축 : 요구한 결과를 얻을 수 있을 때까지 소요되는 시간이다.
- 신뢰도(Reliability) 향상 : 시스템이 오류 없이 기능을 정확하게 수행할 수 있는 척도이다.
- 사용 가능도(Availability) 향상 : 신속하게 시스템 자원을 사용할 수 있도록 지원하는 능력이다.

10 다음 중 컴퓨터에서 하드 디스크를 연결하는 SATA 방식에 관한 설명으로 옳지 않은 것은?

① 직렬 인터페이스 방식을 사용한다.
② PATA 방식보다 데이터 전송 속도가 빠르다.
③ 핫 플러그인 기능을 지원한다.
④ EIDE는 일반적으로 SATA를 의미한다.

해설
- SATA : 메인보드와 보조 기억 장치의 데이터 전송을 위해 케이블이 직렬로 연결되어 한번에 한 비트씩 전송한다.
- EIDE : 500MB 이상의 하드 디스크를 최대 4개(주변 장치 포함)까지 연결하는 방식이다.

11 다음 중 유비쿼터스 컴퓨팅 기반 기술에 대한 설명으로 옳지 않은 것은?

정답 06 ② 07 ③ 08 ③ 09 ④ 10 ④ 11 ④

① 유비쿼터스 컴퓨팅이 가능하기 위한 고속의 네트워크 전송 기술
② 휴대성을 위한 초소형, 초경량의 하드웨어 제조 기술
③ 개인별 최적화된 소프트웨어의 제작, 유통 기술
④ 기본적으로 사람이 정보를 수집하는 작업이 요구되는 기술

해설 유비쿼터스 컴퓨팅(Ubiquitous Computing) : 가상 공간이 아닌 현실 세계의 어디서나 컴퓨터 사용이 가능한 기술로 모든 사물들이 네트워크에 항상 연결되어 있어야 한다.

12 다음 중 컴퓨터를 이용한 정보 처리 방식에서 분산 처리 시스템에 관한 설명으로 적절한 것은?

① 여러 개의 CPU와 하나의 주기억 장치를 이용하여 여러 프로그램을 동시에 처리하는 방식이다.
② 여러 명의 사용자가 사용하는 시스템에서 시간을 분할하여 프로그램을 실행하는 시스템이다.
③ 여러 대의 컴퓨터들에 의해 작업한 결과를 통신망을 이용하여 상호 교환할 수 있도록 연결되어 있는 시스템이다.
④ 하나의 CPU와 주기억 장치를 이용하여 여러 개의 프로그램을 동시에 처리하는 방식이다.

해설 분산 처리(Distributed Processing) 시스템 : 여러 대의 컴퓨터를 통신망으로 연결하여 작업과 자원을 분산시켜 처리하는 시스템이다.

13 다음 중 멀티미디어에서 사용되는 그래픽 기법에 관한 설명으로 옳지 않은 것은?

① 렌더링(Rendering)은 3차원 애니메이션을 만드는 작업의 일부이다.
② 모핑(Morphing)은 두 개의 이미지를 부드럽게 연결하여 변화하거나 통합하는 작업이다.
③ 앨리어싱(Aliasing)은 이미지 표현에 계단 현상을 제거하는 작업이다.
④ 디더링(Dithering)은 제한된 색상을 조합하여 새로운 색을 만드는 작업이다.

해설 앨리어싱(Aliasing) : 비트맵 이미지를 확대하였을 때 이미지의 경계선이 매끄럽지 않고 계단 형태로 나타나는 현상을 의미한다.

14 다음 중 JPEG 파일 형식에 대한 설명으로 옳지 않은 것은?

① 저장 시 사용자가 임의로 압축률을 조정할 수 있다.
② 사진과 같이 다양한 색을 가진 정지 영상을 표현하기에 적합하다.
③ 8비트 알파 채널을 이용하여 부드러운 투명 층을 표현할 수 있다.
④ 압축률이 높을수록 보다 많은 정보를 지우므로 이미지의 질이 낮아진다.

해설 JPEG(JPG) : 인터넷에서 그림 전송 시 사용되며, 다양한 색상(최대 1,600만 색)을 표현한다. 또한, 이미지를 확대하면 매끄럽지 않고 계단 모양처럼 울퉁불퉁하다(24비트의 트루 컬러를 지원).

15 다음 중 정보 통신 기술 관련 용어에 대한 설명으로 옳지 않은 것은?

① IoT : 사물에 센서를 부착하여 실시간으로 정보를 모은 후 인터넷을 통해 개별 사물들 간에 정보를 주고받게 하는 기술
② Wibro : 고정된 장소에서 초고속 인터넷을 이용할 수 있게 하는 무선 인터넷 서비스
③ VoIP : 음성 데이터를 인터넷 프로토콜 네트워크를 통해 전송하여 통화할 수 있게 하는 음성 통신 기술
④ RFID : 제품 식별, 출입 관리 등 다양한 분야에서 활용되는 기술로 전파를 이용하여 정보를 인식하는 기술

해설 와이브로(Wibro) : 휴대폰, 노트북, PDA 등을 이용하여 이동하면서 초고속 인터넷에 접속할 수 있는 무선 광대역 서비스이다.

16 다음 중 정보 사회에서 정보 보안을 위협하는 스니핑(Sniffing)에 관한 설명으로 옳은 것은?

① 네트워크를 통해 연속적으로 자기를 복제하여 시스템 부하를 높여 결국 시스템을 다운시킨다.
② 자기 복제 능력은 없으나 프로그램 내에 숨어 있다가 해당 프로그램이 실행될 때 활성화 되어 부작용을 일으킨다.
③ 정상적으로 실행되거나 검증된 데이터인 것처럼 속여 접속을 시도하거나 권한을 얻는 것을 말한다.

정답 12 ③ 13 ③ 14 ③ 15 ② 16 ④

④ 사용자가 전송하는 데이터를 훔쳐보는 것으로 네트워크의 패킷을 엿보면서 계정과 패스워드를 알아낸다.

해설 스니핑 : 네트워크 주변의 모든 패킷을 엿보면서 계정(Account)과 암호(Password)를 알아내기 위한 행위이다.

17 다음 중 인터넷 주소와 관련된 설명으로 옳지 않은 것은?

① IPv4는 클래스별로 주소 부여 체계가 달라지며, A Class는 소규모 통신망에 사용된다.
② URL은 인터넷상에 존재하는 각종 자원이 있는 위치를 나타내는 표준 주소 체계이다.
③ IPv6은 128비트, IPv4는 32비트로 구성된 주소 체계 방식이다.
④ DNS는 도메인 네임을 IP 주소로 변환하거나 그 반대의 변환을 수행하는 시스템이다.

해설
- IPv4 : 현재 사용하는 IP 주소로 32비트를 8비트씩 4개의 점(.)으로 나누어 표시한다(예 : 179.145.1.22).
- A Class : 국가나 대형 통신망에서 사용한다(최대 16,777,214개의 호스트를 사용).

18 다음 중 TCP/IP를 구성하는 각 계층에 관한 설명으로 옳지 않은 것은?

① 응용 계층은 응용 프로그램 간의 데이터 송수신을 담당한다.
② 전송 계층은 호스트들 간의 신뢰성 있는 통신을 지원한다.
③ 인터넷 계층은 데이터 전송을 위한 주소 지정 및 경로 설정을 지원한다.
④ 링크 계층은 사용자가 컴퓨터에 접근할 수 있도록 서비스를 제공한다.

해설 TCP/IP의 구성 계층 : 응용 계층, 전송 계층, 인터넷 계층, 네트워크 접속 계층

19 다음 중 정보 보안을 위해 사용하는 공개키 암호화 기법에 대한 설명으로 옳지 않은 것은?

① 알고리즘이 복잡하며 암호화와 복호화 속도가 느리다.
② 키의 분배가 용이하고 관리해야 할 키의 수가 적다.
③ 비대칭 암호화 기법이라고도 하며, 대표적으로 DES가 있다.
④ 데이터를 암호화할 때 사용하는 키를 공개하고 복호화 할 때 키는 비밀로 한다.

해설 암호화 알고리즘인 DES(대칭키)는 개인키/비밀키에 해당한다.

20 다음 중 네트워크 운영 방식 중 하나인 클라이언트/서버 방식에 관한 설명으로 옳은 것은?

① 서버와 클라이언트가 모두 처리 능력을 가지며, 분산 처리 환경에 적합하다.
② 중앙 컴퓨터가 모든 단말기에서 요구하는 데이터 처리를 전담한다.
③ 모든 단말기가 동등한 계층으로 연결되어 모두 클라이언트와 서버 역할을 할 수 있다.
④ 단방향 통신 방식으로 데이터 처리를 위한 대기시간이 필요하다.

해설 클라이언트/서버 방식 : 정보를 제공하는 컴퓨터와 정보 자원을 활용하는 다수의 컴퓨터를 연결하여 독자적인 데이터 처리를 하는 분산 처리 방식이다.

2과목 | 스프레드시트 일반

21 다음 중 보기의 괄호 안에 들어갈 기능명으로 옳은 것은?

(㉠)은/는 특정 값의 변화에 따른 결과값의 변화 과정을 한 번의 연산으로 빠르게 계산하여 표의 형태로 표시해 주는 도구이고, (㉡)은/는 비슷한 형식의 여러 데이터의 결과를 하나의 표로 통합하여 요약해 주는 도구이다.

① ㉠ 데이터 표, ㉡ 통합
② ㉠ 정렬, ㉡ 시나리오 관리자
③ ㉠ 부분합, ㉡ 피벗 테이블
④ ㉠ 목표값 찾기, ㉡ 데이터 유효성 검사

정답 17 ① 18 ④ 19 ③ 20 ① 21 ①

해설
- 데이터 표 : 특정 값의 변화에 따른 결과 값의 변화 과정을 표 형태로 표시하는 기능으로 입력 값과 설정 수식으로부터 표를 만들어 수식 값의 변경한 결과를 확인할 수 있다.
- 통합 : 여러 개의 데이터를 하나의 데이터 파일로 합치는 기능으로 여러 시트에 있는 데이터나 다른 통합 문서에 입력된 데이터를 통합할 수 있다.

22 다음 중 고급 필터 실행을 위한 조건 지정 방법에 대한 설명으로 옳지 않은 것은?

① 함수나 식을 사용하여 조건을 입력하면 셀에는 비교되는 현재 대상의 값에 따라 TRUE나 FALSE가 표시된다.

② 함수를 사용하여 조건을 입력하는 경우 원본 필드명과 동일한 필드명을 조건 레이블로 사용해야 한다.

③ 다양한 함수와 식을 혼합하여 조건을 지정할 수 있다.

④ 텍스트 데이터를 필터링할 때 대/소문자는 구분되지 않으나 수식으로 대/소문자를 구분하여 검색할 수 있다.

해설 함수를 사용하여 조건을 입력한다고 해서 원본 필드명과 동일한 필드명을 조건 레이블로 사용해야 되는 것은 아니다.

23 다음 중 피벗 테이블 보고서와 피벗 차트 보고서에 대한 설명으로 옳지 않은 것은?

① 피벗 테이블 보고서에서는 값 영역에 표시된 데이터 일부를 삭제하거나 추가할 수 없다.

② 피벗 차트 보고서를 만들 때마다 동일한 데이터로 관련된 피벗 테이블 보고서가 자동으로 생성된다.

③ 피벗 차트 보고서는 분산형, 주식형, 거품형 등 다양한 차트 종류로 변경할 수 있다.

④ 행 또는 열 레이블에서의 데이터 정렬은 수동(항목을 끌어 다시 정렬), 오름차순, 내림차순 중 선택할 수 있다.

해설 피벗 테이블 데이터로 만든 차트에서는 분산형, 거품형, 주식형 차트 종류로 변경할 수 없다.

24 다음 중 [외부 데이터 가져오기] 기능을 이용하여 텍스트 파일을 불러오는 경우에 대한 설명으로 옳은 것은?

① 가져 온 데이터는 원본 텍스트 파일이 수정되면 즉시 수정된 내용이 자동으로 반영된다.

② 데이터의 구분 기호로 탭, 세미콜론, 쉼표, 공백 등이 기본으로 제공되며, 사용자가 원하는 구분 기호를 설정할 수도 있다.

③ 텍스트 파일에서 특정 열(Column)만 선택하여 가져올 수는 없다.

④ 기본적으로 사용되는 텍스트 파일의 형식은 *.txt, *.prn, *.hwp이다.

해설
- ① 가져 온 데이터는 원본 텍스트 파일이 수정되면 내용이 자동으로 반영되지는 않는다.
- ③ 텍스트 파일에서 선택한 열을 가져오지 않고, 제외할 수 있으므로 특정 열만 선택하여 가져올 수 있다.
- ④ 기본적으로 사용되는 텍스트 파일의 형식은 *.txt, *.prn, *.csv이다.

25 다음 중 작성된 매크로를 엑셀이 실행될 때마다 모든 통합 문서에서 실행할 수 있도록 하는 방법으로 옳은 것은?

① 작성된 매크로를 Office 설치 폴더 내 [XLSTART] 폴더에 Auto.xlsb로 저장한다.

② 작성된 매크로를 임의의 폴더에 Personal.xlsb로 저장한다.

③ 작성된 매크로를 Office 설치 폴더 내 [XLSTART] 폴더에 Personal.xlsb로 저장한다.

④ 작성된 매크로를 임의의 폴더에 Auto.xlsb로 저장한다.

해설 개인용 매크로 통합 문서 : PERSONAL.XLSB에 저장되어 엑셀을 실행할 때마다 기록된 매크로를 자동으로 사용할 수 있도록 저장한다.

26 다음 중 그림의 시트에서 주어진 표 전체만 선택하는 방법으로 옳지 않은 것은?

정답 22 ② 23 ③ 24 ② 25 ③ 26 ①

	A	B	C	D	E
1	성명	직위	근무년수	월기본급	성과급
2	이준기	과장	8	2070000	800000
3	박지영	부장	15	2200000	1000000
4	정희철	사원	2	1840000	600000
5	박준원	사원	4	1980000	600000
6	황유리	과장	10	2160000	800000
7	최보미	부장	19	2300000	1000000
8	강만구	과장	15	1980000	800000
9					

① 행 머리글과 열 머리글이 만나는 워크시트 왼쪽 맨 위의 [모두 선택] 단추(◢)를 클릭한다.
② [A1] 셀을 클릭하고 Shift 키를 누른 채 [E8] 셀을 클릭한다.
③ [B4] 셀을 클릭하고 Ctrl+A 키를 누른다.
④ [A1] 셀을 클릭하고 F8 키를 누른 뒤에 → 키를 눌러 E열까지 이동하고 ↓ 키를 눌러 8행까지 선택한다.

해설 행 머리글과 열 머리글의 교차 부분에 있는 [모두 선택] 단추를 클릭하면 워크시트의 전체 범위가 지정된다.

27 다음은 워크시트 [A1] 셀에서 [매크로 기록]을 클릭하고 작업을 수행한 과정을 Visual Basic Editor의 코드 창에서 확인한 결과이다. 다음 중 이에 대한 설명으로 옳지 않은 것은?

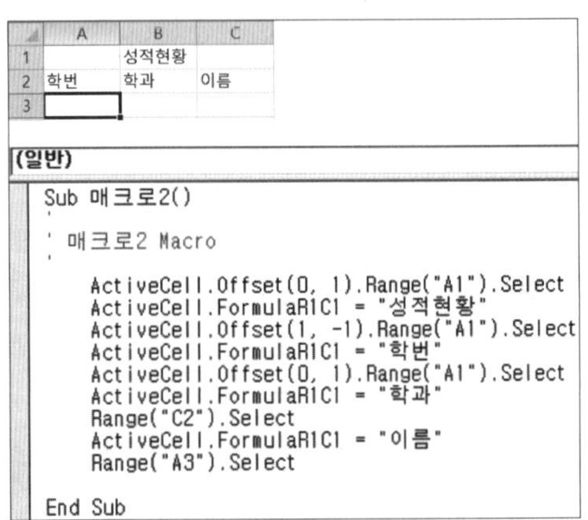
A
B
C
성적현황
학번
학과
이름
(일반)
Sub 매크로2()
' 매크로2 Macro
ActiveCell.Offset(0, 1).Range("A1").Select
ActiveCell.FormulaR1C1 = "성적현황"
ActiveCell.Offset(1, -1).Range("A1").Select
ActiveCell.FormulaR1C1 = "학번"
ActiveCell.Offset(0, 1).Range("A1").Select
ActiveCell.FormulaR1C1 = "학과"
Range("C2").Select
ActiveCell.FormulaR1C1 = "이름"
Range("A3").Select
End Sub

① 매크로의 이름은 '매크로2'이다.
② '성적현황', '학번', '학과'는 상대 참조로 기록 되었다.
③ [A3] 셀을 클릭하고 매크로를 실행한 후의 셀 포인터 위치는 [A5] 셀이다.
④ [B3] 셀을 클릭하고 매크로를 실행한 후의 [C3] 셀의 값은 '성적현황'이다.

해설 [A3] 셀을 클릭하고 매크로를 실행한 후의 셀 포인터 위치는 그대로 [A3] 셀이다.

28 다음 중 엑셀의 상태 표시줄에 대한 설명으로 옳지 않은 것은?

① 엑셀의 현재 작업 상태를 표시하며, 선택 영역에 대한 평균, 개수, 합계 등의 옵션을 선택하여 다양한 계산 결과를 표시할 수 있다.
② 확대/축소 컨트롤을 이용하면 10%~400% 범위 내에서 문서를 쉽게 확대/축소할 수 있다.
③ 자주 사용하는 도구들을 모아서 간단히 추가하거나 제거할 수 있으며, 리본 메뉴 아래에 표시할 수도 있다.
④ 기본적으로 상태 표시줄 왼쪽에는 매크로 기록 아이콘(▦)이 있으며, 매크로 기록 중에는 기록 중지 아이콘(■)으로 변경된다.

해설
- 상태 표시줄은 현재의 작업 상태나 선택 명령에 대한 기본 정보를 표시하는 곳으로 리본 메뉴 아래에 표시할 수는 없다.
- 빠른 실행 도구 모음에서 자주 사용하는 도구들을 모아서 간단히 추가하거나 제거할 수 있다.

29 다음 중 워크시트의 이름 작성에 관한 설명으로 옳지 않은 것은?

① 시트 탭의 시트 이름을 더블 클릭하여 이름을 수정할 수 있다.
② 시트 이름은 영문 기준으로 대소문자 구분 없이 최대 255자까지 지정할 수 있다.
③ 하나의 통합 문서 안에서는 동일한 시트 이름을 지정할 수 없다.
④ 시트 이름 입력 시 *, ?, /, [ ] 등의 기호는 입력되지 않는다.

해설 시트 이름은 공백을 포함하여 최대 31자까지 지정할 수 있지만 [, ?, *, /, ₩, : 등은 사용할 수 없다.

30 다음 중 엑셀의 화면 설정에 대한 설명으로 옳은 것은?

정답 27 ③ 28 ③ 29 ② 30 ③

① 워크시트 화면의 확대/축소 배율 지정은 모든 시트에 같은 배율로 적용된다.
② 틀 고정과 창 나누기를 동시에 수행할 수 있다.
③ 화면에 표시되는 틀 고정 형태는 인쇄 시 적용되지 않는다.
④ 틀 고정 구분선은 마우스 드래그로 위치를 변경할 수 있다.

해설 틀 고정 : 데이터양이 많은 경우 특정 범위의 열 또는 행을 고정시켜 셀 포인터의 이동과 상관없이 화면에 항상 표시할 수 있도록 하는 기능으로 인쇄에는 적용되지 않는다.

31 다음 중 '선택하여 붙여넣기' 기능에 대한 설명으로 옳지 않은 것은?

① 선택하여 붙여넣기 명령을 사용하면 워크시트에서 클립보드의 특정 셀 내용이나 수식, 서식, 메모 등을 복사하여 붙여 넣을 수 있다.
② 선택하여 붙여넣기의 바로 가기 키는 Ctrl+Alt+V 이다.
③ 잘라 낸 데이터 범위에서 서식을 제외하고 내용만 붙여 넣으려면 '내용 있는 셀만 붙여넣기'를 선택한다.
④ '연결하여 붙여넣기'를 선택하면 원본 셀의 값이 변경 되었을 때 붙여넣기 한 셀의 내용도 자동 변경된다.

해설 내용 있는 셀만 붙여넣기 : 데이터(내용)가 있는 셀만 복사하여 붙여넣기를 한다.

32 다음 그림과 같이 조건부 서식의 수식을 사용하여 표의 홀수 행마다 배경색을 노란색으로 채우고자 한다. 다음 중 조건부 서식에서 작성해야 할 수식으로 옳은 것은?

	A	B	C	D
1	부서별 비품관리			
2	부서	보유량	요청량	합계
3	기획팀	25	5	30
4	관리팀	15	20	35
5	총무팀	32	9	41
6	인사팀	22	25	47
7	회계팀	18	5	23
8	경영지원팀	15	18	33
9	감사팀	25	19	44
10	합계	152	101	253
11				

① =MOD(COLUMN( ), 2)=1
② =MOD(ROW( ), 2)=1
③ =COLUMN( )/2=1
④ =ROW( )/2=1

해설
- MOD(인수, 나눌 값) : 나눗셈의 나머지 값을 구하며, 결과는 나눌 값과 동일한 부호를 갖는다.
- ROW(셀) : 주어진 셀의 행 번호를 구하되 인수를 생략하는 경우 현재 셀 포인터가 위치한 곳의 행 번호를 구한다.

33 다음 중 데이터 입력 및 편집에 대한 설명으로 옳지 않은 것은?

① 숫자 데이터를 문자 데이터로 입력하려면 숫자 앞에 문자 접두어(인용 부호')를 먼저 입력한 후 이어서 입력한다.
② 한 셀 내에서 줄을 바꾸어 입력하려면 Alt+Enter 키를 이용한다.
③ 여러 셀을 선택하여 동일한 데이터를 한번에 입력하려면 입력하자마자 Shift+Enter 키를 누른다.
④ [홈] 탭의 [편집] 그룹에서 [지우기]를 이용하면 셀에 입력된 데이터나 서식, 메모 등을 선택하여 지울 수 있다.

해설 여러 셀을 선택하여 동일한 데이터를 한번에 입력하려면 입력하자마자 Ctrl+Enter 키를 누른다.

34 다음 중 정보 함수에 대한 설명으로 옳은 것은?

① ISBLANK 함수 : 값이 '0'이면 TRUE를 반환한다.
② ISERR 함수 : 값이 #N/A를 제외한 오류 값이면 TRUE를 반환한다.
③ ISODD 함수 : 숫자가 짝수이면 TRUE를 반환한다.
④ TYPE 함수 : 값의 데이터 형식을 나타내는 문자를 반환한다.

해설
- ISBLANK(인수) : 인수로 주어진 셀에서 빈 셀의 여부를 판별하며, 인수로 지정한 셀이 비어 있으면 TRUE를, 비어 있지 않으면 FALSE를 구한다.
- ISEVEN(인수)/ISODD(인수) : 인수로 주어진 셀이 짝수/홀수이면 TRUE를 구한다.
- TYPE(인수) : 인수로 주어진 셀의 데이터 형식을 숫자로 표시한다(숫자 : 1, 텍스트 : 2, 논리값 : 4, 오류값 : 16).

정답 31 ③ 32 ② 33 ③ 34 ②

35 다음 중 각 차트 종류에 대한 설명으로 적절하지 않은 것은?

① 영역형 차트 : 워크시트의 여러 열이나 행에 있는 데이터에서 시간에 따른 변동의 크기를 강조하여 합계 값을 추세와 함께 살펴볼 때 사용된다.
② 표면형 차트 : 일반적인 척도를 기준으로 연속적인 데이터를 표시할 수 있으므로 일정 간격에 따른 데이터의 추세를 표시할 때 사용된다.
③ 도넛형 차트 : 여러 열이나 행에 있는 데이터에서 전체에 대한 각 부분의 관계를 비율로 나타내어 각 부분을 비교할 때 사용된다.
④ 분산형 차트 : 여러 데이터 계열에 있는 숫자 값 사이의 관계를 보여 주거나 두 개의 숫자 그룹을 xy 좌표로 이루어진 하나의 계열로 표시할 때 사용된다.

해설 표면형 차트 : 데이터양이 많거나 두 개의 데이터 집합에서 최적의 조합을 찾을 때 사용하며, 차트에 표현된 색과 무늬는 동일한 범위에 있는 항목을 나타낸다.

36 다음 중 차트에 대한 설명으로 옳지 않은 것은?

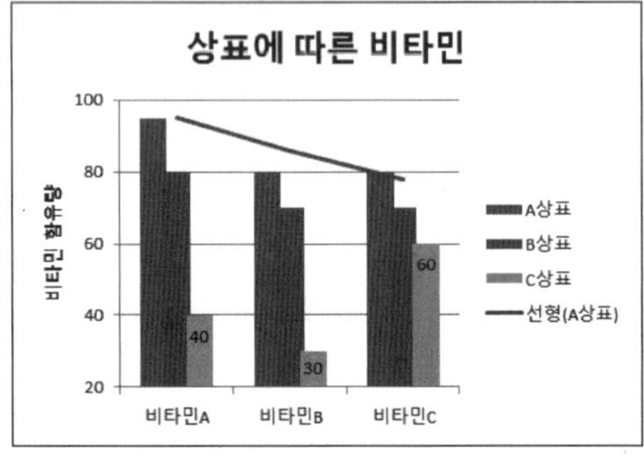

① [데이터 계열 서식] 작업 창에서 '계열 겹치기' 값이 0보다 작게 설정되었다.
② 'A상표' 계열에 선형 추세선이 추가되었고, 'C상표' 계열에는 데이터 레이블이 추가되었다.
③ 세로(값) 축의 주 단위는 20이고, 최소값과 최대값은 각각 20과 100으로 설정되었다.
④ 기본 세로 축 제목은 '제목 회전'으로 "비타민 함유량"이 입력되었다.

해설
- 계열 겹치기 : 수치를 음수로 지정하면 데이터 계열 사이가 벌어지고, 양수로 지정하면 데이터 계열이 서로 겹쳐진다.
- 문제의 차트에서는 계열 겹치기가 0보다 큰 양수로 지정되었다.

37 다음 중 [페이지 레이아웃] 보기 상태에서 설정 가능한 설명으로 옳지 않은 것은?

① 눈금자, 눈금선, 머리글 등을 표시하거나 숨길 수 있다.
② 마우스로 페이지 구분선을 클릭하여 페이지 나누기 위치를 조정할 수 있다.
③ 기본 보기에서와 같이 셀 서식을 변경하거나 수식 작업을 할 수 있다.
④ 머리글과 바닥글을 짝수 페이지와 홀수 페이지에 각각 다르게 지정할 수 있다.

해설 [페이지 레이아웃] 보기 상태에서 마우스로 페이지 구분선을 클릭하여 페이지 나누기 위치를 조정할 수는 없다.

38 다음 중 그림과 같이 워크시트에 데이터가 입력되어 있는 경우 보기의 수식과 그 결과 값으로 옳지 않은 것은?

	A
1	
2	한국 대한민국
3	분기 수익
4	수익
5	아름다운 설악산
6	

① =MID(A5, SEARCHB(A1, A5)+5, 3) → '설악산'
② =REPLACE(A5, SEARCHB("한", A2), 5," ") → '설악산'
③ =MID(A2, SEARCHB(A4, A3), 2) → '민국'
④ =REPLACE(A3, SEARCHB(A4, A3), 2, "명세서") → '분기명세서'

정답 35 ② 36 ① 37 ② 38 ④

해설
• REPLACE(텍스트1, 변경할 위치, 텍스트 수, 텍스트2) : 지정한 위치에서 텍스트 수만큼 텍스트1의 일부를 텍스트2로 바꾼다.
• SEARCHB(텍스트1, 텍스트2, 시작 위치) : 텍스트2의 시작 위치부터 텍스트1을 찾아 해당 위치를 표시하되 영문과 숫자는 한 글자(1), 한글과 특수 문자는 두 글자(2)로 계산한다.
• SEARCHB(A4, A3)=6이고, REPLACE(A3, 6, 2, "명세서")는 [A3] 셀의 6번째부터 2글자를 '명세서'로 바꾸므로 결과값은 '분기 수익명세서'이다.

39 다음의 시트에서 [D2:D5] 영역을 선택한 후 배열 수식으로 한 번에 금액을 구하려고 한다. 다음 중 이를 위한 수식으로 옳은 것은? (금액 = 수량 * 단가)

	A	B	C	D
1	제품명	수량	단가	금액
2	디지털카메라	10	350,000	
3	전자사전	15	205,000	
4	모니터	20	155,000	
5	태블릿	5	550,000	
6				

① {=B2*C2}
② {=B2:B5*C2:C5}
③ {=B2*C2:B5*C5}
④ {=SUMPRODUCT(B2:B5, C2:C5)}

해설 배열 수식은 수식을 입력하고 Ctrl+Shift+Enter 키를 동시에 누르면 수식 앞뒤에 중괄호({ })가 자동으로 입력된다. 즉, =B2:B5*C2:C5는 [B2:B5] 영역과 [C2:C5] 영역을 각각 곱하는 것으로 여기에 배열 수식을 이용하면 한 번에 금액을 구할 수 있다.

40 다음 워크시트의 [C3:C15] 영역을 이용하여 출신지역별로 인원수를 [G3:G7] 영역에 계산하려고 한다. 다음 중 [G3] 셀에 수식을 작성한 뒤 채우기 핸들을 사용하여 [G7] 셀까지 수식 복사를 할 경우 [G3] 셀에 입력할 수식으로 옳은 것은?

	A	B	C	D	E	F	G
1							
2		성명	출신지역	나이			인원
3		김광철	서울	32		서울 지역	3
4		김다나	경기	35		경기 지역	2
5		고준영	서울	36		호남 지역	3
6		성명주	호남	38		영남 지역	3
7		김철수	경기	38		제주 지역	2
8		정석중	호남	42			
9		이진주	영남	44			
10		박성수	제주	45			
11		최미나	영남	48			
12		강희수	제주	50			
13		조광식	서울	52			
14		원춘배	호남	52			
15		지민주	영남	54			
16							

① =SUM(IF($C$3:$C$15=LEFT(F3, 2), 1, 0))
② {=SUM(IF($C$3:$C$15=LEFT(F3, 2), 1, 0))}
③ =SUM(IF($C$3:$C$15=LEFT(F3, 2), 1, 1))
④ {=SUM(IF($C$3:$C$15=LEFT(F3, 2), 1, 1))}

해설
• LEFT(F3, 2) : [F3] 셀의 왼쪽에서 2개의 문자를 추출한다.
• IF($C$3:$C$15=LEFT(F3, 2), 1, 0) : [$C$3:$C$15] 영역에서 LEFT 함수의 조건에 부합하면 1, 그렇지 않으면 0을 반환한다.
• {=SUM(IF($C$3:$C$15)=(LEFT(F3, 2)), 1, 0))} : 반환된 값의 합계를 구하되 배열 수식에 따라 Ctrl+Shift+Enter 키를 동시에 누르면 수식 앞뒤에 중괄호({ })가 자동으로 입력된다.

3과목 | 데이터베이스 일반

41 다음 중 테이블의 '디자인 보기'에서 필드마다 한/영 키를 사용하지 않고도 데이터 입력 시의 한글이나 영문 입력 상태를 정할 수 있는 필드 속성은?

① 캡션
② 문장 입력 시스템 모드
③ IME 모드
④ 스마트 태그

해설 입력 시스템 모드(IME Mode) : 컨트롤에 포커스가 들어왔을 때 입력 모드(한글 또는 영숫자 반자)를 지정한다.

42 다음 중 테이블의 조회 속성에 대한 설명으로 옳지 않은 것은?

① 조회 속성을 이용하면 사용자가 직접 값을 입력하는 과정에서 발생하는 오류를 줄일 수 있다.
② 조회 열에서 다른 테이블이나 쿼리에 있는 값을 조회하도록 설정할 수 있다.
③ 원하는 값을 직접 입력하여 조회 목록을 만들 수 있다.
④ 조회 목록으로 표시할 열의 개수는 변경할 수 없으며, 행 원본에 맞추어 자동으로 설정된다.

해설 조회 속성은 여러 가지 컨트롤을 이용해 값의 목록이나 다른 테이블에서 값을 선택할 수 있도록 지정하는 것으로 조회 마법사로 목록 상자나 콤보 상자를 작성하면 컨트롤의 특정 속성이 자동으로 설정된다.

정답 39 ② 40 ② 41 ③ 42 ④

43 다음 중 특정 필드의 입력 마스크를 'LA09#'으로 설정하였을 때 입력 가능한 데이터로 옳은 것은?

① 12345 ② A상345
③ A123A ④ A1BCD

해설
- L : A부터 Z까지의 영문자를 입력한다.
- A : 영문자나 숫자를 입력한다.
- # : 숫자나 공백을 입력한다.

44 다음 중 하위 보고서 작성에 대한 설명으로 옳지 않은 것은?

① 하위 보고서를 통해서 기본 보고서 내용을 보강한 보고서를 만들 수 있다.
② 디자인 보기 화면에서는 삽입된 하위 보고서의 크기를 조절할 수 없다.
③ 일대다 관계에 있는 테이블이나 쿼리를 효과적으로 표시할 수 있다.
④ 일반적으로 하위 보고서의 개수에는 제한이 없으나 하위 보고서를 중첩하는 경우 7개의 수준까지 중첩시킬 수 있다.

해설 하위 보고서는 일대다의 관계가 설정되어 있는 테이블의 데이터를 출력할 때 유용한 것으로 디자인 보기 화면에서 삽입된 하위 보고서의 크기 조절과 이동은 가능하다.

45 '부서코드'를 기본키로 하는 [부서] 테이블과 '부서코드'를 포함한 사원정보가 있는 [사원] 테이블을 이용하여 관계를 설정하였다. 다음 중 이와 관련된 관계 설정에 대한 설명으로 옳은 것은? (단, 한 부서에는 여러 명의 사원이 소속되어 있으며, 한 사원은 하나의 부서에 소속된다.)

① '항상 참조 무결성 유지'를 설정하면 [사원] 테이블에 입력하려는 '사원'의 '부서코드'는 반드시 [부서] 테이블에 존재해야만 한다.
② '항상 참조 무결성 유지'를 설정하면 [사원] 테이블에서 '부서코드'를 수정하는 경우 [부서] 테이블의 해당 '부서코드'도 자동으로 수정된다.
③ '항상 참조 무결성 유지'를 설정하지 않더라도 [사원] 테이블에 입력하려는 '사원'의 '부서코드'는 반드시 [부서] 테이블에 존재해야만 한다.
④ '항상 참조 무결성 유지'를 설정하지 않더라도 [사원] 테이블에서 사용 중인 '부서코드'는 [부서] 테이블에서 삭제할 수 없다.

해설 항상 참조 무결성 유지 : 레코드를 입력하거나 삭제할 때 테이블에 정의된 관계를 유지하는 규칙으로 테이블/쿼리에 존재하지 않는 관계 테이블/쿼리에 생성할 수 없도록 하고, 기본 테이블의 레코드를 삭제하거나 변경되지 않도록 설정한다.

46 다음 중 VBA 코드를 실행했을 때 MsgBox에 표시되는 값은?

```
Dim i As Integer
Dim Num As Integer
For i = 0 To 7 Step 2
Num = Num+i
Next i
MsgBox Str(Num)
```

① 7 ② 12
③ 24 ④ 28

해설 For ... Next문 : 시작 값부터 끝 값까지 증감 값만큼 계속 수를 반복 수행하므로 문제의 보기는 0부터 7까지 2씩 증가하는 누적 합계(0+2+4+6=12)를 출력한다.

47 다음 중 매크로에 대한 설명으로 옳지 않은 것은?

① 매크로는 작업을 자동화하고 폼, 보고서 및 컨트롤에 기능을 추가하는데 사용되는 도구이다.
② 특정 조건이 참일 때에만 매크로 함수를 실행하도록 설정할 수 있다.
③ 하나의 매크로에는 하나의 매크로 함수만 포함될 수 있다.
④ 매크로를 컨트롤의 이벤트 속성에 포함시킬 수 있다.

해설 매크로 : 테이블, 쿼리, 폼, 보고서 등의 각 개체에서 자동화 작업이 가능하도록 미리 정의된 기능으로 하나의 매크로 그룹에 여러 개의 매크로를 만들 수 있으며, 하나의 매크로에 여러 개의 매크로 함수를 지정할 수 있다.

정답 43 ② 44 ② 45 ① 46 ② 47 ③

48 다음 중 데이터베이스의 3단계 구조 중 하나로 데이터베이스 전체의 논리적인 구조를 보여주는 스키마는?

① 외부 스키마 ② 서브 스키마
③ 개념 스키마 ④ 내부 스키마

해설
- 외부 스키마 : 응용 프로그래머나 일반 사용자가 쉽게 접근할 수 있는 논리적 구조의 스키마이다.
- 내부 스키마 : 물리적 저장 장치 관점에서 스키마이다.

49 다음 중 정규화에 대한 설명으로 옳지 않은 것은?

① 한 테이블에 너무 많은 정보를 포함해서 발생하는 이상 현상을 제거한다.
② 정규화를 실행하면 모든 테이블의 필드 수가 동일해진다.
③ 정규화를 실행하면 테이블이 나누어져 최종적으로는 일관성을 유지하게 된다.
④ 정규화를 실행하는 목적 중 하나는 데이터 중복의 최소화이다.

해설
- 정규화는 테이블 속성들 사이의 종속성을 최대한 배제하는 과정으로 테이블의 불일치 위험을 최소화하고, 데이터 구조의 안정성을 최대화한다.
- 정규화의 목적은 데이터베이스의 중복성을 최소화하고, 정보의 일관성을 보장하는데 있다.

50 다음 중 보고서를 작성하는 방법으로 옳지 않은 것은?

① [보고서] 도구를 사용하여 보고서 만들기
② [보고서 디자인] 도구를 사용하여 보고서 만들기
③ [새 보고서] 도구를 사용하여 보고서 만들기
④ [데이터] 도구를 사용하여 보고서 만들기

해설 보고서를 작성할 경우 [만들기] 탭의 [보고서] 그룹에서 [보고서], [보고서 디자인], [새 보고서], [보고서 마법사] 단추를 이용해서 보고서를 만들 수 있다.

51 다음 중 보고서의 각 구역에 대한 설명으로 옳지 않은 것은?

① 보고서 바닥글 영역에는 로고, 보고서 제목, 날짜 등을 삽입하며, 보고서의 모든 페이지에 출력된다.
② 페이지 머리글 영역에는 열 제목 등을 삽입하며, 모든 페이지의 맨 위에 출력된다.
③ 그룹 머리글/바닥글 영역에는 일반적으로 그룹별 이름, 요약 정보 등을 삽입한다.
④ 본문 영역은 실제 데이터가 레코드 단위로 반복 출력되는 부분이다.

보고서 바닥글 : 보고서의 제일 마지막 장 본문 아래에 인쇄하며, 본문 계산 필드의 합계나 평균 등을 표시한다(보고서 데이터에 대한 요약 정보를 표시).

52 다음 중 보고서에서 페이지 번호를 표시하는 컨트롤 원본과 그 표시 결과가 옳은 것은? (단, 현재 페이지는 1페이지이고, 전체 페이지는 5페이지임)

① ="Page" & [Page] & "/" & [Pages] → 1/5 Page
② =[Page] & "페이지" → 5페이지
③ =[Page] & "/" & [Pages] & "Page" → Page1/5
④ =Format([Page], "00") → 01

- ="Page" & [Page] & "/" & [Pages] → Page1/5
- =[Page] & "페이지" → 1페이지
- =[Page] & "/" & [Pages] & "Page" → 1/5Page

53 다음은 쿼리의 '디자인 보기'이다. 다음 중 쿼리의 실행 결과로 옳은 것은?

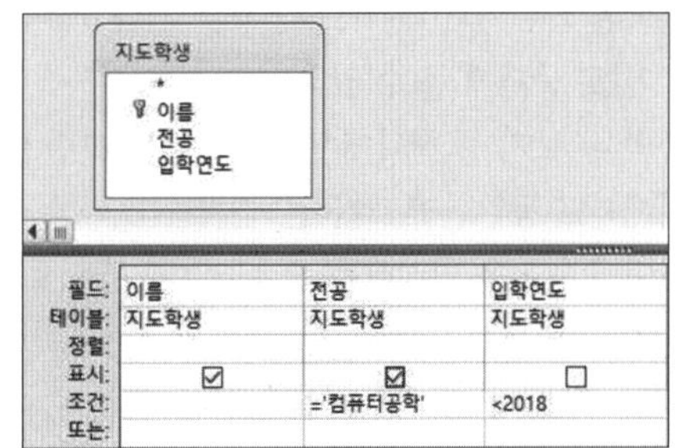

① 2018년 전에 입학했거나 컴퓨터공학을 전공하는 지도학생들의 이름과 전공을 표시
② 2018년 전에 입학하여 컴퓨터공학을 전공하는 지도학생들의 이름과 전공을 표시
③ 2018년 전에 입학했거나 컴퓨터공학을 전공하는 지도학생들의 이름, 전공, 입학연도를 표시

정답 48 ③ 49 ② 50 ④ 51 ① 52 ④ 53 ②

④ 2018년 전에 입학하여 컴퓨터공학을 전공하는 지도 학생의 이름, 전공, 입학연도를 표시

해설 • 2018년 전(<2018)에 입학하여 컴퓨터공학을 전공(='컴퓨터공학') 하는 까지가 조건이다.
• 표시 항목에서 이름과 전공에 체크가 되어 있으므로 지도학생들의 이름과 전공을 표시한다.

54 다음 중 SELECT문에 대한 설명으로 옳지 않은 것은?

① FROM 절에는 SELECT문에 나열된 필드를 포함하는 테이블이나 쿼리를 지정한다.
② 검색 결과에 중복되는 레코드를 없애기 위해서는 'DISTINCT' 조건자를 사용한다.
③ AS문은 필드 이름이나 테이블 이름에 별명을 지정할 때 사용한다.
④ GROUP BY문으로 레코드를 결합한 후에 WHERE 절을 사용하면 그룹화된 레코드 중 WHERE 절의 조건을 만족하는 모든 레코드가 표시된다.

해설 GROUP BY : 생략이 가능한 절로 지정한 필드 목록에서 동일한 값을 갖는 레코드를 하나의 레코드로 결합하며, SELECT문에 필드를 사용하지 않는 경우 GROUP BY 필드 목록에 있는 필드는 FROM절에 나열된 모든 테이블의 필드를 참조할 수 있다(SELECT 필드 이름 FROM 테이블 이름 GROUP BY 필드 이름).

55 다음 중 분할 표시 폼에 대한 설명으로 옳지 않은 것은?

① 분할된 화면에서 데이터를 [폼 보기]와 [데이터시트 보기]로 동시에 볼 수 있다.
② 폼의 두 보기 중 하나에서 필드를 선택하면 다른 보기에서도 동일한 필드가 선택된다.
③ 데이터 원본을 변경하는 경우 데이터시트 보기에서만 데이터를 변경할 수 있다.
④ 데이터시트가 표시되는 위치를 폼의 위쪽, 아래쪽, 왼쪽, 오른쪽 중에서 선택할 수 있다.

해설 • 분할 표시 폼은 데이터시트 보기와 폼 보기를 동시에 표시하는 기능으로 두 가지의 보기는 같은 데이터 원본에 연결되어 있어 항상 상호 동기화된다(분할 표시 폼을 만든 후 컨트롤의 크기 조정 가능).
• 분할 표시 폼을 이용하여 동일한 테이블에 대한 전체 목록과 각 레코드에 대한 단일 폼을 함께 보여준다.

56 다음 중 [학생] 테이블에서 '학년' 필드가 1인 레코드의 개수를 계산하고자 할 때의 수식으로 옳은 것은? (단, [학생] 테이블의 기본키는 '학번' 필드이다.)

① =DLookup("*", "학생", "학년=1")
② =DLookup(*, 학생, 학년=1)
③ =DCount(학번, 학생, 학년=1)
④ =DCount("*", "학생", "학년=1")

해설 DCOUNT([인수], [도메인], [조건])은 도메인에서 조건에 맞는 데이터를 기준으로 인수의 개수를 구하는 도메인 계산 함수이다.

57 다음 중 SQL문에 대한 설명으로 옳은 것은?

```
SELECT T1.품번, T2.제조사
FROM T1, T2
WHERE T2.소재지 IN ('서울', '수원') AND
T1.품번 = T2.품번;
```

① 테이블 T2에서 소재지가 서울 또는 수원이거나 T1과 품번이 일치하는 레코드들만 선택된다.
② 테이블 T1과 T2의 품번이 일치하면서 소재지는 서울과 수원을 제외한 레코드들만 선택된다.
③ 테이블 T1의 품번 필드와 테이블 T2의 소재지 필드만 SQL 실행 결과로 표시된다.
④ 테이블 T1의 품번 필드와 테이블 T2의 제조사 필드만 SQL 실행 결과로 표시된다.

해설 SELECT 필드 이름 FROM 테이블 이름 WHERE 조건; : 여러 필드 중 특정 조건에 만족하는 레코드만 검색할 때 사용된다. 조건에 문자열을 지정할 때는 작은 따옴표(' ')나 큰 따옴표(" ")로 묶어야 한다. 즉, T1의 품번과 T2의 제조사 필드를 검색한다.

정답 54 ④ 55 ③ 56 ④ 57 ④

58 다음 중 그림과 같은 결과를 표시하는 SQL문은?

도서명	저자	출판사	출간연도
컴퓨터과학	이연산	두빛	2011
자바	고자바	IT	2012
C#	윤피디	가람	2017
액세스	김디비	IT	2018
엑셀	이연산	화요	2018

① SELECT * FROM book ORDER BY [저자], [출간연도];

② SELECT * FROM book ORDER BY [출간연도] DESC, [출판사] DESC;

③ SELECT * FROM book ORDER BY [출간연도] ASC, [저자] ASC;

④ SELECT * FROM book ORDER BY [저자] DESC, [출간연도] ASC;

해설 ORDER BY절 : 쿼리 결과로 검색된 레코드를 특정한 필드를 기준으로 정렬할 때 사용하는 구문으로 SELECT문의 가장 마지막에 위치하며, 기본값은 오름차순이다(ASC는 오름차순, DESC는 내림차순을 의미).

59 다음 중 폼의 속성에 대한 설명으로 옳은 것은?

① 팝업 속성을 설정하면 포커스를 다른 개체로 이동하기 위해서는 반드시 폼을 닫아야 한다.

② '레코드 잠금' 속성의 기본 값은 '잠그지 않음'이며, 이 경우 레코드 편집 작업이 완료되기 전에 다른 사용자가 레코드를 변경할 수 있다.

③ 그림 맞춤 속성은 폼의 크기가 이미지의 원래 크기와 다른 경우 다양한 확대/축소 유형을 선택할 수 있다.

④ 레코드 집합 종류 속성의 값이 '다이너셋'인 경우 원본 테이블의 업데이트는 안 되며, 조회만 가능하다.

- 레코드 잠금 속성은 두 사용자가 동시에 같은 레코드를 편집할 때 레코드 잠김의 여부를 지정한다(기본 값 : 잠그지 않음).
- 그림 맞춤 속성은 배경 그림의 위치를 설정한다.

60 다음 중 폼에서 컨트롤의 탭 순서를 변경하는 방법으로 옳지 않은 것은?

① 마법사 또는 레이아웃과 같은 도구를 사용하여 폼을 만든 경우 컨트롤이 폼에 표시되는 순서(위쪽에서 아래쪽 및 왼쪽에서 오른쪽)와 같은 순서로 탭 순서가 설정된다.

② 기본적으로는 컨트롤을 작성한 순서대로 탭 순서가 설정되며, 레이블에는 설정할 수 없다.

③ [탭 순서] 대화 상자를 이용하면 컨트롤의 탭 순서를 컨트롤 이름 행을 드래그해서 조정할 수 있다.

④ 탭 순서에서 컨트롤을 제거하려면 컨트롤의 탭 정지 속성을 '예'로 설정한다.

해설 해당 컨트롤의 '탭 정지' 속성을 '아니요'로 지정하면 탭 순서에서 제외된다.

정답 ▶ 58 ③ 59 ② 60 ④

2019년 03월 02일 시행 기출문제

1과목 | 컴퓨터 일반

01 다음 중 컴퓨터 시스템에서 사용하는 가상 기억 장치(Virtual Memory)에 대한 설명으로 옳지 않은 것은?

① 보조 기억 장치 같은 큰 용량의 기억 장치를 주기억 장치처럼 사용하는 개념이다.
② 주기억 장치의 용량보다 큰 프로그램의 실행을 가능하게 한다.
③ 주소 매핑(Mapping)이라는 작업이 필요하다.
④ 주기억 장치의 접근 시간을 최소화하여 시스템의 처리 속도가 빨라진다.

해설 보기 ④번은 캐시 메모리에 대한 설명이다.

02 다음 중 멀티미디어에 대한 설명으로 옳지 않은 것은?

① 멀티미디어와 관련된 표준안은 그래픽, 오디오, 문서 등 매우 다양하다.
② 대표적인 정지 화상 표준으로는 손실, 무손실 압축 기법을 모두 사용할 수 있는 JPEG와 무손실 압축 기법을 사용하는 GIF가 있다.
③ MPEG는 Intel사가 개발한 동영상 압축 기술로 용량이 작고, 음질이 뛰어나다.
④ 스트리밍이 지원되는 파일 형식은 ASF, WMV, RAM 등이 있다.

해설
- MPEG는 동영상 전문가 그룹에서 제정한 동영상 압축 기술에 대한 국제 표준으로 동영상뿐만 아니라 오디오 데이터도 압축한다.
- 용량이 작고, 음질이 뛰어난 것은 ASF와 WMV 등이다.

03 다음 중 컴퓨터에서 사용하는 EBCDIC 코드에 대한 설명으로 옳지 않은 것은?

① 확장 이진화 10진 코드로 BCD 코드를 확장한 것이다.
② 특수 문자 및 소문자 표현이 가능하다.
③ 4비트의 존 부분과 4비트의 디지트 부분으로 구성된다.
④ 최대 64개의 문자 표현이 가능하다.

해설
- EBCDIC 코드는 8비트로 구성되며, 256가지의 문자를 표현한다.
- 최대 64가지의 문자를 표현하는 것은 BCD 코드이다.

04 다음 멀티미디어 용어 중 선택된 두 개의 이미지에 대해 하나의 이미지가 다른 이미지로 자연스럽게 변화하도록 하는 특수 효과를 뜻하는 것은?

① 렌더링(Rendering)
② 안티앨리어싱(Anti-Aliasing)
③ 모핑(Morphing)
④ 블러링(Bluring)

해설
- ① 3차원 화면의 각 면에 색깔과 음영 효과를 주어 입체감과 사실감을 나타내는 기법이다.
- ② 화면 해상도가 낮아 사선이나 곡선이 매끄럽게 표현되지 않고, 톱니 모양과 같이 거칠게 표시되는 느낌을 감소시키는 기법이다.

05 다음 중 컴퓨터 통신과 관련하여 P2P 방식에 관한 설명으로 옳은 것은?

① 인터넷에서 이루어지는 개인 대 개인의 파일 공유를 위한 기술이다.
② 인터넷을 통해 MP3을 제공해 주는 기술 및 서비스이다.
③ 인터넷을 통해 동영상을 상영해 주는 기술 및 서비스이다.
④ 여러 사용자가 동시에 온라인 게임을 할 수 있도록 제공해 주는 기술이다.

해설 P2P 방식은 컴퓨터와 컴퓨터가 1:1로 연결되는 방식으로 소규모 네트워크에 적합하다.

정답 01 ④ 02 ③ 03 ④ 04 ③ 05 ①

06 다음 중 소스 코드까지 제공되어 사용자들이 자유롭게 수정하거나 변경할 수 있는 소프트웨어를 의미하는 것은?

① 주문형 소프트웨어(Customized Software)
② 오픈 소스 소프트웨어(Open Source Software)
③ 셰어웨어(Shareware)
④ 프리웨어(Freeware)

- ③ 일정 기간이나 기능에 제한을 두고 프로그램을 사용한 후 구입 여부를 판단하는 소프트웨어이다.
- ④ 사용 기간과 기능에 제한 없이 무료로 사용할 수 있으며, 저작권자의 동의 없이 자유롭게 복사, 배포할 수 있는 소프트웨어이다.

07 다음 중 바탕 화면의 바로 가기 메뉴에서 [개인 설정]을 선택하여 설정할 수 있는 작업에 대한 설명으로 옳지 않은 것은?

① 바탕 화면의 배경, 창 색, 소리 등을 한 번에 변경할 수 있는 테마를 선택할 수 있다.
② 바탕 화면의 배경 이미지를 변경할 수 있다.
③ 바탕 화면에 시계, 일정, 날씨 등과 같은 가젯을 표시하도록 설정할 수 있다.
④ 화면 보호기를 설정할 수 있다.

해설 개인 설정 : 컴퓨터의 테마, 색, 소리, 바탕 화면 배경, 화면 보호기, 글꼴 크기, 사용자 계정 사진, 내 테마, Aero 테마, 기본 및 고대비 테마, 온라인 테마 등을 변경하여 개인적인 취향에 맞게 컴퓨터를 설정할 수 있다.

08 다음 중 Windows에서 Ctrl 키를 사용해야 하는 작업으로 옳지 않은 것은?

① 마우스와 함께 사용하여 같은 드라이브 내의 다른 폴더로 파일이나 폴더를 복사할 때
② 마우스와 함께 사용하여 비연속적인 위치에 있는 여러 파일이나 폴더를 동시에 선택할 때
③ 마우스와 함께 사용하여 다른 드라이브로 파일을 이동시킬 때
④ ESC 키와 함께 사용하여 [시작] 메뉴를 표시하고자 할 때

다른 드라이브로 파일을 이동하거나 복사할 경우는 드래그 앤 드롭을 이용한다.

09 다음 중 파일의 바로 가기 메뉴 중 [연결 프로그램]에 대한 설명으로 옳지 않은 것은?

① 문서나 그림 같은 데이터 파일을 더블 클릭할 때 자동으로 실행되는 응용 프로그램을 의미한다.
② 파일의 바로 가기 메뉴에서 [연결 프로그램]을 선택하면 연결 프로그램을 변경할 수 있다.
③ 연결 프로그램이 지정되지 않았을 경우 데이터 파일을 더블 클릭하면 연결 프로그램을 선택하기 위한 대화 상자가 표시된다.
④ [연결 프로그램] 대화 상자에서 연결 프로그램을 삭제하면 연결된 데이터 파일도 함께 삭제된다.

해설 [연결 프로그램] 대화 상자에서 연결 프로그램을 삭제하면 연결된 데이터 파일은 삭제되지 않는다.

10 다음 중 인터넷 서비스와 관련하여 FTP(File Transfer Protocol)에 관한 설명으로 옳지 않은 것은?

① 컴퓨터와 컴퓨터 사이에 파일을 주거나 받을 수 있는 원격 파일 전송 프로토콜이다.
② FTP 프로그램을 이용하여 FTP 서버에 파일을 전송하거나 수신하고, 파일의 삭제 및 이름 바꾸기 등을 할 수 있다.
③ Anonymous FTP는 FTP 서버에 계정이 없는 익명의 사용자도 접속하여 사용할 수 있는 서비스이다.
④ 그림, 동영상, 실행 파일, 압축 파일 등은 ASCII 모드로 전송한다.

해설 그림 파일, 동영상 파일, 압축된 형태의 파일을 전송할 때 사용하는 것은 바이너리 모드이고, 텍스트 파일을 전송할 때 사용하는 것은 아스키 모드이다.

11 다음 중 Windows에서 하드 디스크에 적용하는 [오류 검사]에 관한 설명으로 옳지 않은 것은?

정답 06 ② 07 ③ 08 ③ 09 ④ 10 ④ 11 ③

① 하드 디스크 자체의 물리적 오류를 찾아서 복구하므로 완료하는데 시간이 더 오래 걸릴 수 있다.
② 하드 디스크 드라이브를 검사하는 동안에도 드라이브를 계속 사용할 수 있다.
③ 하드 디스크 문제로 인하여 컴퓨터 시스템이 오작동하는 경우나 바이러스의 감염을 예방할 수 있다.
④ 하드 디스크의 [속성] 대화 상자에 있는 [도구] 탭에서 오류 검사를 실행할 수 있다.

해설 오류 검사는 디스크의 논리적/물리적 오류를 점검한 후 손상 영역을 복구하는 것으로 바이러스 감염을 예방하는 것과는 아무런 관계가 없다.

12 다음 중 웹 프로그래밍 언어인 JSP에 대한 설명으로 옳지 않은 것은?

① 웹 서버에서 동적으로 웹 브라우저를 관리하는 스크립트 언어이다.
② 웹 환경에서 작동되는 웹 어플리케이션을 개발할 수 있다.
③ JAVA 언어를 기반으로 하여 윈도우즈 운영 체제에서만 실행이 가능하다.
④ HTML 문서 내에서는 〈% … %〉와 같은 형태로 작성된다.

해설 JSP(Java Server Pages) : 자바를 이용한 서버 측 스크립트로 다양한 운영 체제에서 사용이 가능하다.

13 다음 중 Windows에 설치된 기본 프린터에 관한 설명으로 옳지 않은 것은?

① 프로그램에서 사용할 프린터를 지정하지 않고 인쇄 명령을 내렸을 때 컴퓨터가 자동으로 문서를 보내는 프린터이다.
② 여러 개의 프린터가 설치된 경우 네트워크 프린터와 로컬 프린터 각각 1대씩을 기본 프린터로 설정할 수 있다.
③ 현재 설정되어 있는 기본 프린터를 다른 프린터로 변경할 수 있다.
④ 기본 프린터로 설정된 프린터도 삭제할 수 있다.

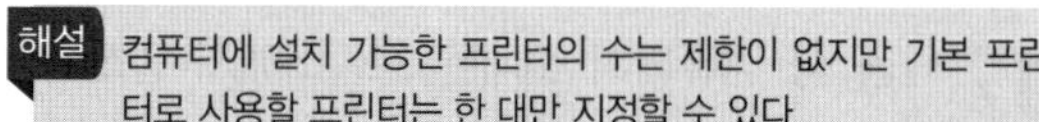
해설 컴퓨터에 설치 가능한 프린터의 수는 제한이 없지만 기본 프린터로 사용할 프린터는 한 대만 지정할 수 있다.

14 다음 중 컴퓨터의 계산 속도 단위가 느린 것에서 빠른 순서대로 옳게 나열된 것은?

① ms → ns → ps → μs
② ps → ns → ms → μs
③ μs → ms → ns → ps
④ ms → μs → ns → ps

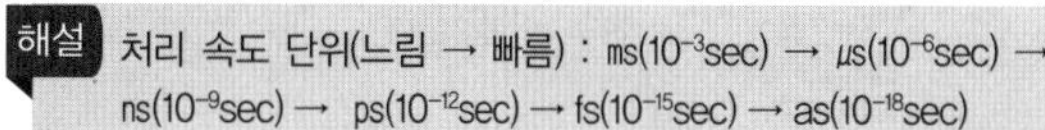
해설 처리 속도 단위(느림 → 빠름) : ms(10^{-3}sec) → μs(10^{-6}sec) → ns(10^{-9}sec) → ps(10^{-12}sec) → fs(10^{-15}sec) → as(10^{-18}sec)

15 다음 중 컴퓨터에서 중앙 처리 장치와 입출력 장치 사이의 속도 차이로 인한 문제점을 해결해 주는 장치는?

① 레지스터(Register)
② 인터럽트(Interrupt)
③ 콘솔(Console)
④ 채널(Channel)

해설
- ① CPU 내부에서 처리할 명령어나 연산의 결과 값을 일시적으로 기억하는 고속의 기억 장치이다.
- ② 프로그램 실행 중 응급 사태가 발생한 경우 해당 프로그램을 중지한 후 응급 사태를 처리하고, 다시 중지 시점에서 기존 프로그램을 실행한다.

16 다음 중 스마트 폰을 모뎀처럼 활용하는 방법으로 컴퓨터나 노트북 등의 IT 기기를 스마트 폰에 연결하여 무선 인터넷을 사용할 수 있게 하는 기능은?

① 와이파이(WiFi)
② 블루투스(Bluetooth)
③ 테더링(Tethering)
④ 와이브로(WiBro)

해설
- ① 무선 접속 장치(AP)가 설치된 일정 거리 안에서 무선 인터넷을 사용할 수 있는 근거리 통신망 기술이다.
- ② 근거리 무선 접속을 지원하기 위해 사용되는 대표적인 통신 기술로 주파수 대역에서 송수신할 수 있는 마이크로 칩을 장착한다.
- ④ 휴대폰, 노트북 등을 이용하여 이동하면서 초고속 인터넷에 접속할 수 있는 무선 광대역 서비스이다.

정답 ▶ 12 ③ 13 ② 14 ④ 15 ④ 16 ③

17 다음 중 컴퓨터에 설치된 프린터에서 인쇄가 수행되지 않을 경우의 문제 해결 방법으로 옳지 않은 것은?

① 프린터 케이블의 연결 상태가 정상인지 확인한다.
② 프린터의 기종과 프린터의 등록 정보가 올바르게 설정되어 있는지 확인한다.
③ 프린터의 스풀 공간이 부족하여 에러가 발생한 경우에는 하드 디스크에서 스풀 공간을 확보한다.
④ CMOS 셋업에서 프린터의 설정이 제대로 되어 있는지 시험 인쇄를 하여 확인한다.

해설 CMOS는 부팅 시 필요한 하드웨어 정보를 담고 있는 반도체로 프린터 설정과는 관계가 없다.

18 다음 중 Windows에서 [방화벽]이 수행하는 작업에 관한 설명으로 옳지 않은 것은?

① 권한이 없는 사용자가 네트워크를 통해 컴퓨터에 액세스하는 것을 방지한다.
② 특정 연결 요청을 차단하거나 차단 해제하기 위해 사용자의 허가를 요청한다.
③ 사용자가 원할 경우 기록을 만들어 컴퓨터에 대해 성공한 연결 시도와 실패한 연결 시도를 기록한다.
④ 위험한 첨부 파일이 있는 전자 메일을 사용자가 열지 못하게 한다.

해설 방화벽은 외부의 불법적인 침입이나 해커의 공격으로부터 정보를 보호하기 위한 보안 시스템으로 위험한 첨부 파일을 확인할 수는 없다.

19 다음 중 정보 보안을 위협하는 분산 서비스 거부 공격에 관한 설명으로 옳은 것은?

① 네트워크 주변을 돌아다니는 패킷을 엿보면서 계정과 패스워드를 알아내는 행위
② 검증된 사람이 네트워크를 통해 데이터를 보낸 것처럼 데이터를 변조하여 접속을 시도하는 행위
③ 여러 장비를 이용하여 특정 서버에 대량의 데이터를 집중적으로 전송하여 정상적인 기능을 방해하는 행위
④ 키보드의 키 입력 시 캐치 프로그램을 사용하여 ID나 암호 정보를 빼내는 행위

 분산 서비스 거부 공격(DDOS) : 많은 호스트에 패킷을 범람시킬 수 있는 공격용 프로그램을 분산 설치하여 표적 시스템에 대해 일제히 데이터 패킷을 범람시켜 시스템의 성능을 저하시키거나 마비시키는 방법이다.

20 다음 중 컴퓨터의 CMOS에서 설정할 수 있는 항목으로 옳지 않은 것은?

① 시스템 날짜와 시간
② 칩셋 설정
③ 부팅 순서
④ Windows 로그인 암호 변경

해설 CMOS에서 설정할 수 있는 항목 : 날짜와 시간, 하드 디스크 타입, 부팅 시 비밀번호 옵션, 부팅 순서, 전원 관리 모드, 칩셋, Anti-Virus 등이 있다.

2과목 | 스프레드시트 일반

21 다음 중 셀에 수식을 입력하는 방법에 대한 설명으로 옳지 않은 것은?

① 수식에서 통합 문서의 여러 워크시트에 있는 동일한 셀 범위 데이터를 이용하려면 3차원 참조를 사용한다.
② 계산할 셀 범위를 선택하여 수식을 입력한 후 Ctrl+Enter 키를 누르면 선택한 영역에 수식을 한 번에 채울 수 있다.
③ 수식을 입력한 후 결과 값이 수식이 아닌 상수로 입력되게 하려면 수식을 입력한 후 바로 Alt+F9 키를 누른다.
④ 배열 상수에는 숫자나 텍스트 외에 'TRUE', 'FALSE' 등의 논리값 또는 '#N/A'와 같은 오류 값도 포함될 수 있다.

해설 수식을 입력한 후 결과 값이 수식이 아닌 상수로 입력되게 하려면 수식을 입력한 후 바로 F9 키를 누른다.

정답 17 ④ 18 ④ 19 ③ 20 ④ 21 ③

22 다음의 워크시트에서 일자[A2:A7], 제품명[B2:B7], 수량 [C2:C7], [A9:C13] 영역을 이용하여 금액[D2:D7]을 배열 수식으로 계산하고자 한다. 다음 중 [D2] 셀에 입력된 수식으로 옳은 것은? (단, 금액은 단가 × 수량으로 계산하며, 단가는 [A9:C13] 영역을 참조하여 구함)

	A	B	C	D
1	일자	제품명	수량	금액
2	10월 03일	허브차	35	52,500
3	10월 05일	아로마비누	90	270,000
4	10월 05일	허브차	15	22,500
5	11월 01일	아로마비누	20	80,000
6	11월 20일	허브차	80	160,000
7	11월 30일	허브차	90	180,000
8				
9	제품명	월	단가	
10	허브차	10	1,500	
11	허브차	11	2,000	
12	아로마비누	10	3,000	
13	아로마비누	11	4,000	

① {=INDEX($C$10:$C$13, MATCH (MONTH(A2)&B2, $B$10:$B$13&$A$10:$A$13, 0))*C2}
② {=INDEX($C$10:$C$13, MATCH (MONTH(A2)&B2, $A$10:$A$13, $A$10:$A$13, 0))*C2}
③ {=INDEX($C$10:$C$13, MATCH(MONTH(A2), B2, $B$10:$B$13&$A$10:$A$13, 0))*C2}
④ {=INDEX($C$10:$C$13, MATCH(MONTH(A2), B2, $A$10:$A$13&$B$10:$B$13, 0))*C2}

해설
- INDEX(배열, 행 번호, 열 번호) : 표 또는 범위에서 지정된 행이나 열에 해당하는 값을 구하며, 해당 범위 내에 값이나 참조 영역을 구한다.
- MATCH(검색값, 배열 또는 범위, 검색 방법) : 지정한 순서와 조건에 맞는 배열에서 항목의 상대 위치 값을 찾는다. 이때, 검색 방법이 '1'이면 검색값보다 작거나 같은 값 중 최대값을 찾고(오름차순 정렬), 검색 방법이 '0'이면 검색값보다 크거나 같은 값 중 최소값을 찾는다(내림차순 정렬).
- MONTH(날짜) : 날짜 일련 번호로부터 월 단위(1월부터 12월까지)를 구한다.

23 다음 중 워크시트 사용에 관한 설명으로 옳지 않은 것은?

① 현재 워크시트의 앞이나 뒤의 시트를 선택할 때에는 Ctrl+Page Up 키와 Ctrl+Page Down 키를 이용한다.
② 현재 워크시트의 왼쪽에 새로운 시트를 삽입할 때에는 Shift+F11 키를 누른다.
③ 연속된 여러 개의 시트를 선택할 때에는 첫 번째 시트를 선택하고 Shift 키를 누른 채 마지막 시트의 시트 탭을 클릭한다.
④ 그룹으로 묶은 시트에서 복사하거나 잘라낸 모든 데이터는 다른 한 개의 시트에 붙여 넣을 수 있다.

해설
- 그룹으로 묶은 시트에서 복사하거나 잘라낸 모든 데이터를 다른 한 개의 시트에 붙여 넣을 경우 오류가 발생한다.
- 복사 영역과 붙여 넣을 영역의 크기 및 모양이 다르다는 메시지가 나타난다.

24 다음 중 차트에 포함할 수 있는 추세선에 대한 설명으로 옳은 것은?

① 추세선은 데이터의 추세를 그래픽으로 표시하고 예측 문제를 분석하는데 사용된다.
② 3차원 차트에 추세선을 표시하기 위해 2차원 차트를 작성하여 추세선을 추가한 뒤에 3차원으로 변환한다.
③ 지수, 선형, 로그 등 3가지 추세선 유형이 있다.
④ 모든 종류의 차트에 추세선을 사용할 수 있다.

해설
- 추세선은 지수, 선형, 로그, 다항식, 거듭제곱, 이동 평균 등 6가지의 종류가 있다.
- 추세선을 추가할 수 없는 차트에는 3차원, 방사형, 원형, 표면형, 도넛형 차트 등이 있다.

25 다음 중 화면 제어에 관한 설명으로 옳은 것은?

① 틀 고정은 행 또는 열, 열과 행으로 모두 고정이 가능하다.
② 창 나누기는 항상 4개로 분할되며, 분할된 창의 크기는 마우스를 드래그하여 변경이 가능하다.
③ 틀 고정선은 마우스를 드래그하여 위치를 변경할 수 있다.
④ 창 나누기는 [실행 취소] 명령으로 나누기를 해제할 수 있다.

해설 틀 고정 : 데이터 양이 많은 경우 특정 범위의 열 또는 행을 고정시켜 셀 포인터의 이동과 상관없이 화면에 항상 표시할 수 있도록 하는 기능이다.

정답 22 ① 23 ④ 24 ① 25 ①

26 다음 중 데이터의 필터 기능에 대한 설명으로 옳지 않은 것은?

① 필터 기능은 조건을 기술하는 방법에 따라 자동 필터와 고급 필터로 구분할 수 있다.
② 자동 필터에서 조건 지정 시 각 열에 설정된 조건들은 OR 조건으로 묶여 처리된다.
③ 필터 기능은 많은 양의 자료에서 설정된 조건에 맞는 자료만을 추출하여 나타내기 위한 기능이다.
④ 고급 필터를 이용하면 조건에 맞는 행에서 원하는 필드만 선택하여 다른 영역에 복사할 수 있다.

해설 자동 필터에서는 AND 조건만 가능하다.

27 다음 중 다음과 같은 수학식을 표현하기 위한 엑셀 수식으로 옳은 것은?

$$\sqrt{16} \times (|-2| + 2^3)$$

① =POWER(16)*(ABS(−2)+SQRT(2, 3))
② =SQRT(16)*(ABS(−2)+POWER(3, 2))
③ =SQRT(16)*(ABS(−2)+POWER(2, 3))
④ =POWER(16)*(ABS(−2)+SQRT(3, 2))

해설
- SQRT(인수) : 양의 제곱근(√)을 구하며, 인수가 음수이면 오류값(#NUM!)이 나타난다.
- ABS(인수) : 인수에 대한 절대값(부호가 없는 숫자)을 구한다.
- POWER(인수, 제곱값) : 인수에 거듭 제곱한 결과를 구한다.
- SQRT(16)=4, ABS(−2)=2, POWER(2, 3)=8이므로 4*(2+8)=40이 된다.

28 다음 중 윤곽에 대한 설명으로 옳지 않은 것은?

① 윤곽 기호를 설정하면 그룹의 요약 정보만 또는 필요한 그룹의 데이터만 확인할 수 있어 편리하다.
② 그룹별로 요약된 데이터에서 [윤곽 지우기]를 실행하면 설정된 윤곽 기호와 함께 윤곽 설정에 사용된 요약 정보도 함께 제거된다.
③ [부분합]을 실행하면 각 정보 행 그룹의 바로 아래나 위에 요약 행이 삽입되고, 윤곽이 자동으로 만들어진다.
④ 그룹화하여 요약하려는 데이터 목록이 있는 경우 데이터에 최대 8개 수준의 윤곽을 설정할 수 있으며 한 수준은 각 그룹에 해당한다.

해설 그룹별로 요약된 데이터에서 [윤곽 지우기]를 실행하면 설정된 윤곽 기호만 지워진다.

29 다음의 피벗 테이블에 대한 설명으로 옳지 않는 것은?

	A	B	C	D
1	구분	(모두		
2	차종	(모두		
3				
4	합계 : 통근거리		부서	
5	이름	입사	영업부	총무부
6	⊟김연희		16	
7		1991	16	
8	⊟박은지		24	
9		1996	24	
10	⊟배철수			24
11		1991		24
12	⊟이지원			25
13		1995		25
14	총합계		40	49

① 보고서 필터로 사용된 필드는 '구분'과 '차종'이다.
② 행 레이블로 사용된 필드는 '이름'과 '입사'이다.
③ 이지원은 '총무부'이며, 통근거리는 '25'이다.
④ 값 영역에 사용된 필드는 '부서'이다.

해설 값 영역에 사용된 필드는 '통근거리'이다.

30 다음 중 윗주에 대한 설명으로 옳지 않은 것은?

① 윗주는 셀에 대한 주석을 설정하는 것으로 문자열 데이터가 입력되어 있는 셀에만 표시할 수 있다.
② 윗주는 삽입해도 바로 표시되지 않고, [홈] 탭의 [글꼴] 그룹에서 [윗주 필드 표시]를 선택해야만 표시된다.
③ 윗주에 입력된 텍스트 중 일부분의 서식을 별도로 변경할 수 있다.
④ 셀의 데이터를 삭제하면 윗주도 함께 삭제된다.

해설 데이터와는 별도로 윗주 자체의 맞춤, 글꼴, 글꼴 스타일, 크기 등을 설정할 수 있지만 윗주에 입력된 텍스트 중 일부분의 서식은 별도로 변경할 수 없다.

31 다음 중 바닥글 영역에 페이지 번호를 인쇄하도록 설정된 여러 개의 시트를 출력하면서 전체 출력물의 페이지 번호가 일련번호로 이어지게 하는 방법으로 옳지 않은 것은?

정답 26 ② 27 ③ 28 ② 29 ④ 30 ③ 31 ③

① [인쇄 미리 보기 및 인쇄]의 '설정'을 '전체 통합 문서 인쇄'로 선택하여 인쇄한다.
② 전체 시트를 그룹으로 설정한 후 인쇄한다.
③ 각 시트의 [페이지 설정] 대화 상자에서 '일련번호로 출력'을 선택한 후 인쇄한다.
④ 각 시트의 [페이지 설정] 대화 상자에서 '시작 페이지 번호'를 일련번호에 맞게 설정한 후 인쇄한다.

해설 [페이지 설정] 대화 상자에서 '일련번호로 출력'이라는 체크 항목은 없다.

32 다음 중 VBA 코드에 대한 설명으로 옳지 않은 것은?

```
Private Sub Worksheet_Change(ByVal Target As Range)
  If Target.Address = Range("a1").Address Then
    Target.Font.Color.Index = 5
    MsgBox Range("a1").Value & "입니다."
  End If
End Sub
```

① 일반 모듈이 아닌 워크시트 이벤트를 사용한 코드이다.
② [A1] 셀을 선택하면 [A1] 셀의 값이 메시지 박스에 표시된다.
③ VBA 코드가 작성된 워크시트에서만 동작한다.
④ [A1] 셀이 변경되면 [A1] 셀의 글꼴 색이 Color Index가 5인 색으로 변경된다.

해설 [A1] 셀을 선택하면 [A1] 셀의 값과 함께 "입니다."라는 글자도 표시된다.

33 다음 중 시트의 특정 범위만 항상 인쇄하는 경우에 대한 설명으로 옳지 않은 것은?

① 인쇄할 영역을 블록 설정한 후 [페이지 레이아웃] 탭의 [페이지 설정] 그룹에서 [인쇄 영역]-[인쇄 영역 설정]을 클릭한다.
② 인쇄 영역으로 설정되면 페이지 나누기 미리 보기에서는 설정된 부분만 표시된다.
③ 인쇄 영역을 설정하면 자동으로 Print_Area라는 이름이 작성되며, 이름은 Ctrl+F3 키 혹은 [수식] 탭-[정의된 이름] 그룹-[이름 관리자]에서 확인할 수 있다.
④ 인쇄 영역 설정은 [페이지 설정] 대화 상자의 [시트] 탭에서 지정할 수도 있다.

해설 인쇄 영역으로 설정되면 페이지 나누기 미리 보기에서는 설정된 부분은 밝게, 설정되지 않은 부분은 어둡게 표시된다.

34 다음 중 워크시트에서 [B1:B3] 영역의 문자열을 [B4] 셀에 목록으로 표시하여 입력하기 위한 키 조작으로 옳은 것은?

	A	B	C
1	A	오름세	
2	B	보합세	
3	C	내림세	
4	D		
5	E	내림세 보합세	
6	F	오름세	
7	G		
8			

① Tab+↓ ② Shift+↓
③ Ctrl+↓ ④ Alt+↓

해설 자동 완성 기능 : 셀에 입력한 문자가 동일한 열에서 기존 데이터와 같으면 자동으로 데이터가 채워지는 기능으로 동일한 열에서 Alt+↓ 키를 이용하여 선택한다.

35 다음 중 수식의 결과가 옳지 않은 것은?

① =FIXED(3456.789, 1, FALSE) → 3,456.8
② =EOMONTH(DATE(2015, 2, 25), 1) → 2015-03-31
③ =CHOOSE(ROW(A3:A6), "동", "서", "남", "북") → 남
④ =REPLACE("February", SEARCH("U", "Seoul-Unesco"), 5, " ") → Febru

해설
- REPLACE(텍스트1, 변경할 위치, 텍스트 수, 텍스트2) : 지정한 위치에서 텍스트 수만큼 텍스트1의 일부를 텍스트2로 바꾼다.
- SEARCH(텍스트1, 텍스트2, 시작 위치) : 텍스트2의 시작 위치부터 텍스트1을 찾아 해당 위치를 표시하되 각 문자를 한 글자(1)로 계산한다.
- =REPLACE("February", SEARCH("U", "SeoulUnesco"), 5," ") → Feb

정답 32 ② 33 ② 34 ④ 35 ④

36 다음 중 차트에 대한 설명으로 옳지 않은 것은?

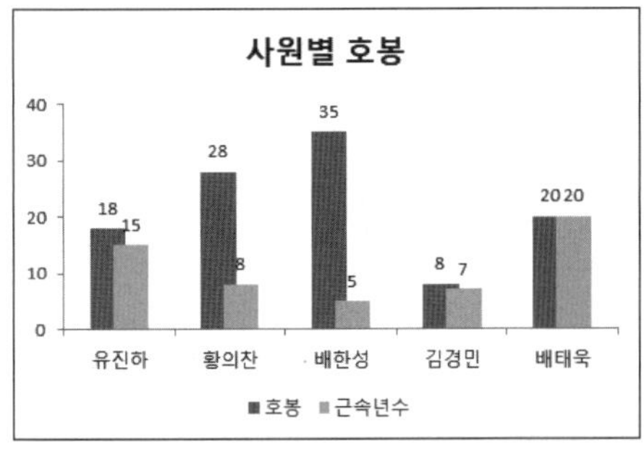

① 데이터 표식 항목 사이의 간격을 넓히기 위해서는 '간격 너비' 옵션을 현재 값보다 더 큰 값으로 설정한다.

② 데이터 계열 항목 안에서 표식이 겹쳐 보이도록 '계열 겹치기' 옵션을 음수 값으로 설정하였다.

③ 세로 (값) 축의 '주 눈금선'이 표시되지 않도록 설정하였다.

④ 레이블의 위치를 '바깥쪽 끝에'로 설정하였다.

해설 계열 겹치기 : 수치를 음수로 지정하면 데이터 계열 사이가 벌어지고, 양수로 지정하면 데이터 계열이 서로 겹쳐진다.

37 다음의 시트에서 부서별 인원수[H3:H6]를 구하기 위하여 [H3] 셀에 입력되는 배열 수식으로 옳지 않은 것은?

	A	B	C	D	E	F	G	H
1								
2		사원명	부서명	직위	급여		부서별 인원수	
3		홍길동	개발1부	부장	3500000		**개발1부**	3
4		이대한	영업2부	과장	2800000		**개발2부**	1
5		한민국	영업1부	대리	2500000		**영업1부**	1
6		이겨레	개발1부	과장	3000000		**영업2부**	2
7		김국수	개발1부	부장	3700000			
8		박미나	개발2부	대리	2800000			
9		최신호	영업2부	부장	3300000			
10								

① {=SUM(($C$3:$C$9=G3)*1)}

② {=DSUM(($C$3:$C$9=G3)*1)}

③ {=SUM(IF($C$3:$C$9=G3, 1))}

④ {=COUNT(IF($C$3:$C$9=G3, 1))}

해설 보기 ②의 경우 '이 함수에 대해 너무 적게 인수를 입력했습니다.'라는 메시지 대화 상자가 나타난다. 즉, 데이터베이스 함수는 배열 수식을 작성할 수 없고, 필드명이 포함되어야 한다.

38 다음 중 셀에 입력된 데이터에 사용자 지정 표시 형식을 설정한 후의 표시 결과로 옳은 것은?

① 0.25 → 0#.#% → 0.25%

② 0.57 → #.# → 0.6

③ 90.86 → #,##0.0 → 90.9

④ 100 → #,###;@"점" → 100점

해설 • # : 유효 자릿수만 표시하며, 무효의 0은 표시하지 않는다.
• 0.25 → 0#.#% → 25.%, 0.57 → #.# → .6, 100 → #,###;@"점" → 100

39 다음 중 매크로를 작성하고 사용하는 방법에 대한 설명으로 옳지 않은 것은?

① 매크로를 기록하는 경우 기본적으로 셀은 절대 참조로 기록되며, 상대 참조로 기록하고자 할 경우 '상대 참조로 기록'을 선택 한 다음 매크로 기록을 실행한다.

② 매크로에 지정된 바로 가기 키가 엑셀 고유의 바로 가기 키와 중복될 경우 엑셀 고유의 바로 가기 키가 우선한다.

③ 매크로를 기록하는 경우 실행하려는 작업을 완료하는데 필요한 모든 단계가 매크로 레코더에 기록되며, 리본 메뉴에서의 탐색은 기록된 단계에 포함되지 않는다.

④ 개인용 매크로 통합 문서에 저장한 매크로는 엑셀을 시작할 때마다 자동으로 로드되므로 다른 통합 문서에서도 실행할 수 있다.

해설 매크로가 작성된 통합 문서가 열린 경우 기억되어 있는 기본 바로 가기 키보다 매크로 실행 바로 가기 키가 우선한다.

40 다음 중 시나리오에 대한 설명으로 옳지 않은 것은?

① 시나리오는 별도의 파일로 저장하고, 자동으로 바꿀 수 있는 값의 집합이다.

② 시나리오를 사용하여 워크시트 모델의 결과를 예측할 수 있다.

③ 여러 시나리오를 비교하기 위해 시나리오를 한 페이지의 피벗 테이블로 요약할 수 있다.

④ 시나리오 피벗 테이블 보고서에는 결과 셀이 반드시 있어야 한다.

정답 36 ② 37 ② 38 ③ 39 ② 40 ①

해설 시나리오 : 결과를 예측하기 어려운 경우 다양한 가상 상황에 따른 결과값을 비교 분석할 수 있는 기능으로 특정 셀의 변경에 따라 연결된 결과 셀의 값이 자동으로 변경되어 결과값을 예측할 수 있다.

3과목 | 데이터베이스 일반

41 다음 중 폼이나 보고서의 특정 컨트롤에서 '=[단가]*[수량]*(1-[할인율])'과 같은 계산식을 사용하고, 계산 결과를 소수점 이하 첫째자리까지 표시하고자 할 때 사용해야 할 함수는?

① Str( )　② Val( )
③ Format( )　④ DLookUp( )

해설
- ① 입력한 데이터를 문자열로 변환한다.
- ② 입력한 데이터를 숫자로 변환한다.
- ④ 조건에 만족하는 필드 값을 구한다.

42 다음 중 참조 무결성에 대한 설명으로 옳지 않은 것은?

① 참조 무결성은 참조하고 참조되는 테이블 간의 참조 관계에 아무런 문제가 없는 상태를 의미한다.
② 다른 테이블을 참조하는 테이블 즉, 외래 키 값이 있는 테이블의 레코드 삭제 시에는 참조 무결성이 위배될 수 있다.
③ 다른 테이블을 참조하는 테이블의 레코드 추가 시 외래 키 값이 널(Null)인 경우에는 참조 무결성이 유지된다.
④ 다른 테이블에 의해 참조되는 테이블에서 레코드를 추가하는 경우에는 참조 무결성이 유지된다.

해설 다른 테이블에 의해 참조되는 테이블의 레코드를 삭제하는 것은 참조 무결성 위배되지만 외래 키 값이 있는 테이블은 레코드를 삭제해도 상관없다.

43 다음 중 그룹화된 보고서의 그룹 머리글과 그룹 바닥글에 대한 설명으로 옳지 않은 것은?

① 그룹 머리글은 각 그룹의 첫 번째 레코드 위에 표시된다.
② 그룹 바닥글은 각 그룹의 마지막 레코드 아래에 표시된다.
③ 그룹 머리글에 계산 컨트롤을 추가하여 전체 보고서에 대한 요약 값을 계산할 수 있다.
④ 그룹 바닥글은 그룹 요약과 같은 항목을 나타내는 데 효과적이다.

해설 보기 ③번의 내용은 불가능하며, 전체 보고서에 대한 요약 값을 계산하는 것은 그룹 바닥글에서 가능하다.

44 다음 중 하나의 필드에 할당되는 크기(바이트 수 기준)가 가장 작은 데이터 형식은?

① Yes/No　② 날짜/시간
③ 통화　④ 일련 번호

해설 Yes/No : 1비트, 날짜/시간 : 8바이트, 통화 : 8바이트, 일련 번호 : 4바이트

45 다음 중 기본키(Primary Key)에 대한 설명으로 옳은 것은?

① 모든 테이블에는 기본키를 반드시 설정해야 한다.
② 액세스에서는 단일 필드 기본키와 일련번호 기본키만 정의 가능하다.
③ 데이터가 이미 입력된 필드도 기본키로 지정할 수 있다.
④ OLE 개체나 첨부 파일 형식의 필드에도 기본키를 지정할 수 있다.

해설 기본키(Primary Key)는 튜플을 유일하게 식별할 수 있는 속성값으로 기본키 필드 값은 변경이 가능하다.

46 다음 중 폼을 디자인 보기나 데이터시트 보기로 열기 위해 사용하는 매크로 함수는?

① RunCommand　② OpenForm
③ RunMacro　④ RunSQL

해설
- ① 액세스의 기본 명령을 실행한다.
- ③ 매크로나 매크로 그룹을 실행한다.
- ④ 해당 SQL문으로 액세스의 실행 쿼리를 실행한다.

정답 41 ③　42 ②　43 ③　44 ①　45 ③　46 ②

47 다음 중 직원(사원번호, 부서명, 이름, 나이, 근무년수, 급여) 테이블에서 '근무년수'가 3 이상인 직원들을 나이가 많은 순서대로 조회하되, 같은 나이일 경우 급여의 오름차순으로 모든 필드를 표시하는 SQL문은?

① select * from 직원 where 근무년수 >= 3 order by 나이, 급여

② select * from 직원 order by 나이, 급여 where 근무년수 >= 3

③ select * from 직원 order by 나이 desc, 급여 asc where 근무년수 >= 3

④ select * from 직원 where 근무년수 >= 3 order by 나이 desc, 급여 asc

해설 ORDER BY : 쿼리 결과로 검색된 레코드를 특정한 필드를 기준으로 정렬할 때 사용되며, SELECT문의 가장 마지막에 위치한다(ASC는 오름차순을, DESC는 내림차순을 의미).

48 다음 중 하위 폼에 관한 설명으로 옳지 않은 것은?

① 하위 폼은 기본 폼 내에서만 존재하며, 별도의 독립된 폼으로 열 수 없다.

② 일대다 관계가 설정되어 있는 테이블이나 쿼리를 효과적으로 사용하기 위하여 사용한다.

③ 하위 폼은 보통 일대다 관계에서 '다'에 해당하는 테이블이나 쿼리를 원본으로 한다.

④ 연결 필드의 데이터 형식과 필드 크기는 같거나 호환되어야 한다.

해설
- 폼 안에 있는 또 하나의 다른 폼으로 기본이 되는 폼을 기본 폼, 기본 폼 안에 들어 있는 폼을 하위 폼이라고 한다.
- 기본 폼이 기본키를 가진 테이블을 사용하거나 하위 폼이 기본 폼의 기본키 필드와 같거나 호환되는 데이터 형식이 포함된 테이블을 사용하는 경우 기본 폼과 관계 설정이 되지 않아도 하위 폼을 설정할 수 있다.

49 다음 중 현재 폼에서 'cmd숨기기' 단추를 클릭하는 경우 DateDue 컨트롤이 표시되지 않도록 하기 위한 이벤트 프로시저로 옳은 것은?

① Private Sub cmd숨기기_Click( )
Me.[DateDue]!Visible = False
End Sub

② Private Sub cmd숨기기_DblClick( )
Me!DateDue.Visible = True
End Sub

③ Private Sub cmd숨기기_Click( )
Me![DateDue].Visible = False
End Sub

④ Private Sub cmd숨기기_DblClick( )
Me.DateDue!Visible = True
End Sub

해설
- Private Sub cmd숨기기_Click( ) : 이름이 'cmd숨기기'인 컨트롤을 클릭할 때 해당 프로시저가 수행된다. 참고로 DblClick( )은 컨트롤을 마우스 왼쪽 단추로 두 번 클릭할 때 발생한다.
- Me![DateDue].Visible = False : 폼, 보고서, 액세스 페이지 등의 표시 여부를 설정하는 것으로 'True'이면 개체가 보이고, 'False'이면 개체가 보이지 않는다.

50 다음 중 크로스탭 쿼리에 대한 설명으로 옳지 않은 것은?

① 쿼리 결과를 Excel 워크시트와 비슷한 표 형태로 표시하는 특수한 형식의 쿼리이다.

② 맨 왼쪽에 세로로 표시되는 행 머리글과 맨 위에 가로 방향으로 표시되는 열 머리글로 구분하여 데이터를 그룹화한다.

③ 그룹화한 데이터에 대해 레코드 개수, 합계, 평균 등을 계산할 수 있다.

④ 열 머리글로 사용될 필드는 여러 개를 지정할 수 있지만 행 머리글로 사용할 필드는 하나만 지정할 수 있다.

해설 행 머리글로 사용할 필드는 3개까지 지정할 수 있고, 열 머리글이나 값은 각각 1개씩만 지정할 수 있다.

51 다음 중 실행 쿼리의 삽입(INSERT)문에 대한 설명으로 옳지 않은 것은?

① 한 개의 INSERT문으로 여러 개의 레코드를 여러 개의 테이블에 동일하게 추가할 수 있다.

② 필드 값을 직접 지정하거나 다른 테이블의 레코드를 추출하여 추가할 수 있다.

정답 47 ④ 48 ① 49 ③ 50 ④ 51 ①

③ 레코드의 전체 필드를 추가할 경우 필드 이름을 생략할 수 있다.
④ 하나의 INSERT문을 이용해 여러 개의 레코드와 필드를 삽입할 수 있다.

해설 한 개의 INSERT문으로 여러 개의 레코드를 동시에 추가할 수 있지만 여러 개의 테이블에 추가할 수는 없다.

52 다음 중 쿼리에서 사용하는 문자열 조건에 대한 설명으로 옳지 않은 것은?

① "수학" or "영어" : "수학"이나 "영어"인 레코드를 찾는다.
② LIKE "서울*" : "서울"이라는 문자열로 시작하는 필드를 찾는다.
③ LIKE "*신림*" : 문자열의 두 번째가 "신"이고, 세 번째가 "림"인 문자열을 찾는다.
④ NOT "전산과" : 문자열의 값이 "전산과"가 아닌 문자열을 찾는다.

해설 LIKE "*신림*" : '신림'이라는 단어를 포함하고 있는 모든 문자열을 찾는다.

53 입사 지원자의 정보를 DB화하기 위해 테이블을 설계하고자 한다. 다음 중 한명의 지원자가 여러 개의 이력이나 경력사항을 갖는 경우 가장 적절한 테이블 구조는?

① 지원자(지원자ID, 이름, 성별, 생년월일, 연락처)
경력(경력ID, 회사, 직무, 근무기간)
② 지원자(지원자ID, 이름, 성별, 생년월일, 연락처)
경력(경력ID, 지원자ID, 회사, 직무, 근무기간)
③ 지원자(지원자ID, 이름, 성별, 생년월일, 연락처, 회사, 직무, 근무기간)
④ 지원자(지원자ID, 이름, 성별, 생년월일, 연락처, 회사1, 직무1, 근무기간1, 회사2, 직무2, 근무기간2, 회사3, 직무3, 근무기간3)

해설 지원자 테이블에서 기본키는 지원자ID이고, 경력 테이블에서 기본키는 경력ID 그리고 외래 키는 지원자ID이므로 보기 ②번의 테이블 구조가 적합하다.

54 다음 중 동아리 회원 목록을 표시하는 [동아리회원] 폼에서 그림과 같이 여자 회원인 경우 본문 영역의 모든 컨트롤들의 글꼴 서식을 굵게, 기울임꼴로 표시하는 방법으로 적절한 것은?

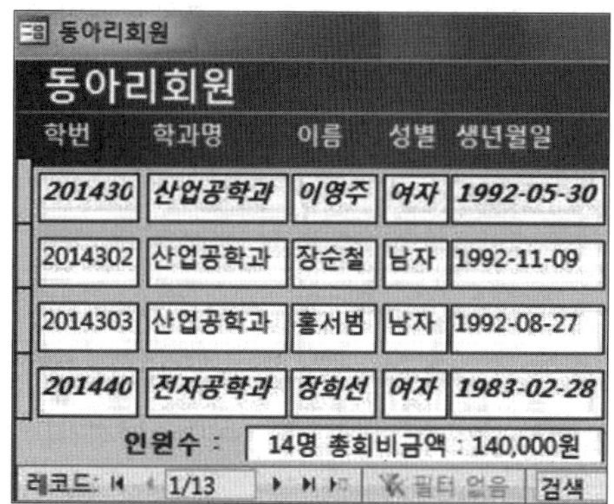

① 본문 영역에서 '성별' 컨트롤을 선택한 후 조건부 서식에서 규칙으로 필드 값이 다음 값과 같음, 값을 '여자'로 지정한 후 서식을 설정한다.
② 본문 영역의 모든 컨트롤들을 선택한 후 조건부 서식에서 규칙으로 조건식을 [성별]='여자'로 지정한 후 서식을 설정한다.
③ 본문 영역의 모든 컨트롤들을 선택한 후 조건부 서식에서 규칙으로 필드 값이 다음 값과 같음, 값을 '여자'로 지정한 후 서식을 설정한다.
④ 테이블의 데이터시트 보기에서 여자 회원 레코드들을 모두 선택한 후 서식을 설정한다.

해설 조건부 서식은 폼이나 보고서에서 조건에 해당되는 컨트롤에만 원하는 서식을 적용할 때 사용하는 것으로 폼 본문에서 모든 컨트롤의 텍스트에 조건부 서식을 지정할 경우 규칙으로 조건식을 작성한다.

55 폼의 각 컨트롤에 포커스가 위치할 때 입력 모드를 '한글' 또는 '영숫자 반자'로 각각 지정하고자 한다. 다음 중 이를 위해 설정해야 할 컨트롤 속성은?

① 엔터키 기능(EnterKey Behavior)
② 상태 표시줄(StatusBar Text)
③ 탭 인덱스(Tab Index)
④ IME 모드(IME Mode)

정답 52 ③ 53 ② 54 ② 55 ④

해설 입력 시스템 모드(IME Mode) : 컨트롤에 포커스가 들어왔을 때 입력 모드(한글 또는 영숫자 반자)를 지정한다.

56 다음과 같이 보고서의 그룹 바닥글에 도서의 총 권수와 정가의 합계를 인쇄하고자 한다. 다음 중 총 권수와 정가 합계 두 컨트롤의 수식으로 옳은 것은?

출판사: 다림[(02)860-2000]

도서코드	도서명	저자	정가
A547	자전거 도둑	박완서	7000
A914	와인	김준철	25000
	총 권수: 2권	정가합계:	32000

① =Count([정가]) & "권", =Total([정가])
② =CountA([정가]) & "권", =Sum([정가])
③ =CountA([도서명]) & "권", =Total([정가])
④ =Count(*) & "권", =Sum([정가])

해설
- Count(*) & "권" : 공백을 포함한 전체 레코드의 개수를 구한 후 "권"을 입력한다.
- Sum([정가]) : 지정된 필드에서 정가의 합을 구한다.

57 다음 중 정규화에 대한 설명으로 옳지 않은 것은?

① 대체로 더 작은 필드를 갖는 테이블로 분해하는 과정이다.
② 데이터 중복을 최소화하기 위한 작업이다.
③ 정규화를 통해 테이블 간의 종속성을 높이기 위한 것이다.
④ 추가, 갱신, 삭제 등 작업 시 이상(Anomaly) 현상이 발생하지 않도록 하기 위한 것이다.

해설 정규화 : 중복값을 일정한 규칙에 의해 추출하여 보다 단순한 형태의 다수 테이블로 데이터를 분리하는 작업으로 종속성을 가지지 않는 관계형 스키마를 더 작은 속성으로 나누어 바람직한 스키마로 만들어 가는 과정이다.

58 다음 중 Access의 개체에 대한 설명으로 옳지 않은 것은?

① 쿼리는 폼이나 보고서의 원본 데이터로 사용할 수 있다.
② 폼은 테이블이나 쿼리 데이터의 입출력 화면을 작성한다.
③ 매크로는 모듈에 비해 복잡한 작업을 처리하기 위해 프로그램을 직접 작성하는 것이다.
④ 테이블은 데이터를 저장하는데 사용하는 데이터베이스 개체로 레코드 및 필드로 구성된다.

해설 매크로는 반복적인 작업을 자동적으로 처리하는 개체로 중요 기능을 미리 매크로로 정의한다.

59 다음 중 보고서에서 '페이지 번호'를 표현하는 식과 그 결과의 연결이 옳은 것은? (단, 전체 페이지는 3이고, 현재 페이지는 1이다.)

① =[Page] → 3
② =[Page]& "페이지" → 1& 페이지
③ =Format([Page], "000") → 1000
④ =[Page]& "/"& [Pages]& "페이지" → 1/3페이지

해설
- Page : 현재 페이지, Pages : 전체 페이지, & : 연결 문자
- =[Page] → 1, =[Page]& "페이지" → 1페이지, =Format([Page], "000") → 001

60 다음 중 액세스의 보고서에 대한 설명으로 옳은 것은?

① 보고서 머리글과 보고서 바닥글의 내용은 모든 페이지에 출력된다.
② 보고서에서도 폼에서와 같이 이벤트 프로시저를 작성할 수 있다.
③ 보고서의 레코드 원본으로 테이블, 쿼리, 엑셀과 같은 외부 데이터, 매크로 등을 지정할 수 있다.
④ 컨트롤을 이용하지 않고도 보고서에 테이블의 데이터를 표시할 수 있다.

해설
- ① 보고서 머리글은 첫 페이지 상단에 한 번 표시하고, 보고서 바닥글은 마지막 페이지 하단에 한 번 표시한다.
- ③ 보고서의 레코드 원본으로 테이블, 쿼리, SQL 문을 사용한다.
- ④ 폼과 동일하게 여러 유형의 컨트롤을 이용하여 데이터를 표시할 수 있다.

정답 56 ④ 57 ③ 58 ③ 59 ④ 60 ②

2019년 08월 31일 시행 기출문제

1과목 | 컴퓨터 일반

01 다음 중 2차원 또는 3차원 물체의 모형에 명암과 색상을 입혀 사실감을 더해주는 그래픽 기법은?

① 모델링(Modeling)
② 애니메이션(Animation)
③ 리터칭(Retouching)
④ 렌더링(Rendering)

해설
• ① 렌더링 작업을 하기 전에 수행되는 기법이다.
• ③ 이미지 변형 작업으로 기존의 그림을 다른 형태로 새롭게 변형, 수정한다.

02 다음 중 mp3 파일의 크기를 결정하는 요소에 해당하지 않는 것은?

① 표본 추출률(Hz)
② 샘플 크기(bit)
③ 재생 방식(Mono, Stereo)
④ 프레임 너비(Pixel)

해설 픽셀(Pixel) : 화면을 이루는 최소 구성 단위로 그림의 화소를 의미한다.

03 다음 중 컴퓨터 통신에서 사용하는 프록시(Proxy) 서버의 기능으로 옳은 것은?

① 방화벽 기능과 캐시 기능
② 내부 불법 해킹 차단 기능
③ FTP 프로토콜 연결 해제 기능
④ 네트워크 병목 현상 해결 기능

해설 프록시(Proxy) 서버 : 보안 기능과 캐시 기능으로 외부 서버의 데이터를 대신 받는 역할을 담당한다.

04 다음 중 바이러스에 대한 설명으로 옳지 않은 것은?

① 감염 부위에 따라 부트 바이러스와 파일 바이러스로 구분한다.
② 사용자 몰래 스스로 복제하여 다른 프로그램을 감염 시키고, 정상적인 프로그램이나 다른 데이터 파일 등을 파괴한다.
③ 주로 복제품을 사용하거나 통신 매체를 통하여 다운 받은 프로그램에 의해 감염된다.
④ 컴퓨터 하드웨어와 무관하게 소프트웨어에만 영향을 미친다.

해설 바이러스는 운영 체제나 다른 응용 프로그램에 손상을 입히는 악성 프로그램으로 하드웨어 성능에도 큰 영향을 미칠 수 있다.

05 다음 중 사물 인터넷(IoT)에 대한 설명으로 옳지 않은 것은?

① 모든 사물을 네트워크로 연결하여 소통하는 정보통신 환경을 의미한다.
② 스마트 센싱 기술과 무선 통신 기술을 융합하여 실시간으로 데이터를 주고받는다.
③ 전기의 생산부터 소비까지의 전 과정에 정보 통신 기술을 접목하여 에너지 효율성을 높인다.
④ 개방형 정보 공유에 대한 부작용을 최소화하기 위해 정보 보안 기술의 적용이 필요하다.

해설 사물 인터넷(Internet of Things) : 유무선 통신망으로 연결된 기기를 이용하여 사람의 개입 없이 센서를 통해 수집한 다양한 정보를 주고받아 스스로 작업을 처리하는 통신 환경이다.

06 다음 중 IPv6 주소 체계에 관한 설명으로 옳지 않은 것은?

① IPv4 주소 체계의 주소 부족 문제를 해결하기 위하여 개발되었다.
② IPv6 주소는 16비트씩 8부분으로 총 128비트로 구성되어 있다.
③ 주소는 네트워크의 크기나 호스트의 수에 따라 A, B, C, D, E 클래스로 나누어진다.
④ 실시간 흐름 제어로 향상된 멀티미디어 기능을 지원한다.

해설 보기 ③번은 IPv4에 대한 설명이다.

정답 01 ④ 02 ④ 03 ① 04 ④ 05 ③ 06 ③

07 다음 중 인터넷에서 사용하는 URL에 관한 설명으로 옳지 않은 것은?

① 인터넷상에 존재하는 각종 자원의 위치를 나타내는 표준 주소 체계이다.
② URL의 일반적인 형식은 '프로토콜://호스트 주소[:포트 번호][/파일 경로]'이다.
③ 계정이 있는 FTP의 경우 'http://사용자 이름[:비밀 번호]@서버 이름:포트 번호' 형식으로 사용한다.
④ mailto 프로토콜은 IP 정보 없이 받는 사람의 이메일 주소만 나타내면 된다.

해설 HTTP 프로토콜은 FTP가 아니라 WWW에서 사용한다.

08 다음 중 컴퓨터 통신에서 사용하는 프로토콜 기능에 관한 설명으로 옳지 않은 것은?

① 통신망에 전송되는 패킷의 흐름을 제어해서 시스템 전체의 안전성을 유지한다.
② 정보를 전송하기 위해 송수신기 사이에 같은 상태를 유지하도록 동기화 기능을 수행한다.
③ 데이터 전송 도중에 발생하는 오류를 검출한다.
④ 네트워크에 접속된 다양한 단말 장치를 자동으로 인식하여 호환성을 제공한다.

해설 프로토콜(Protocol) : 네트워크상에서 다른 컴퓨터간 정보 교환을 가능하게 하는 통신 규약이다.

09 다음 중 객체 지향 프로그래밍 언어에 대한 설명으로 옳지 않은 것은?

① 소프트웨어의 재사용으로 프로그램의 개발 시간을 단축할 수 있다.
② 대표적인 객체 지향 언어로 C++, Java 등이 있다.
③ 상속성, 캡슐화, 추상화, 다형성 등의 특징이 있다.
④ 순차적인 처리가 중요시되며, 프로그램 전체가 유기적으로 연결되도록 작성한다.

해설 보기 ④번은 절차 지향 언어에 해당한다.

10 다음 중 보기의 설명에 해당하는 Windows 제공 기능은?

- 데이터와 데이터를 연결하여 원본 데이터를 수정할 때 연결된 데이터도 함께 수정되도록 지원하는 기능이다.
- 이 기능을 지원하는 그래픽 프로그램에서 그린 그림을 문서 편집기에 연결한 경우 그래픽 프로그램에서 그림을 수정하면 문서 편집기의 그림도 같이 변경된다.

① 선점형 멀티태스크(Preemptive Multitasking)
② GUI(Graphic User Interface)
③ PnP(Plug & Play)
④ OLE(Object Linking and Embedding)

해설
- ① 응용 프로그램에서 오류가 발생했을 경우 오류가 발생한 응용 프로그램만 강제 종료할 수 있다.
- ② 마우스를 이용하여 메뉴나 아이콘을 선택하면 대부분의 작업이 수행되는 사용자 작업 환경이다.
- ③ 새로운 하드웨어를 설치할 때 이를 자동으로 감지하여 하드웨어 구성 및 충돌을 방지하는 기능이다.

11 다음 중 컴퓨터에서 사용하는 ASCII 코드에 관한 설명으로 옳지 않은 것은?

① 각 문자를 7비트로 표현하며, 총 128개의 문자 표현이 가능하다.
② 확장 ASCII 코드는 8비트를 사용한다.
③ 데이터 처리 및 통신 시스템 상호 간의 정보 교환을 위해 사용된다.
④ 각 나라별 언어를 표현할 수 있다.

해설 유니 코드 : 전 세계 모든 문자를 표현할 수 있는 16비트 완성형 국제 표준 코드이다.

12 다음 중 컴퓨터의 펌웨어(Firmware)에 관한 설명으로 옳은 것은?

① 주로 하드 디스크에 저장되며, 부팅 시 동작한다.
② 펌웨어 업데이트만으로도 시스템의 성능을 향상시킬 수 있다.
③ 컴퓨터 바이러스 백신과 관련이 있는 프로그램이다.

정답 ▶ 07 ③ 08 ④ 09 ④ 10 ④ 11 ④ 12 ②

④ 컴퓨터 연산 속도를 빠르게 도와주는 하드웨어이다.

펌웨어(Firmware) : 하드웨어와 소프트웨어의 중간 형태 프로그램으로 하드웨어의 교체 없이 소프트웨어 업그레이드만으로 시스템 성능을 개선할 수 있다.

13 다음 중 컴퓨터 메인보드에 사용되는 칩셋(Chip Set)에 관한 설명으로 옳은 것은?

① 컴퓨터를 구성하는 모든 장치들이 장착되고 연결되는 기판이다.
② 메인보드에 장착되어 있는 각 장치들을 제어하고 역할을 조율한다.
③ CPU와 주변 장치 간의 데이터 전송에 사용되는 통로 역할을 한다.
④ 메인보드에 주변 장치를 연결하기 위한 접속 부분을 말한다.

칩셋 : 데이터의 송수신, CPU, Memory, System Bus 사이의 데이터 흐름을 제어하고, 메인보드를 관리하기 위한 정보와 각 장치를 지원하기 위한 정보가 있다.

14 다음 중 컴퓨터 보조 기억 장치로 사용되는 SSD(Solid State Drive)에 관한 설명으로 옳은 것은?

① 고속으로 데이터를 입출력할 수 있으며, 베드 섹터가 발생하지 않는다.
② HDD와 같이 바로 덮어쓰기를 할 수 있으며, 읽기/쓰기 성능이 비슷하다.
③ 650nm 파장의 적색 레이저를 사용하여 데이터를 기록 한다.
④ 소음이 없고 발열이 낮으나 HDD에 비해 외부 충격에 약하다.

SSD : HDD와 비슷하게 동작하지만 기계적 장치인 HDD와는 달리 반도체를 이용하여 정보를 저장하므로 불량 섹터가 없고, 외부 충격에 강하다.

15 다음 중 외부 인터럽트가 발생하는 경우에 해당하지 않는 것은?

① 컴퓨터의 전원 공급이 중단되었을 경우
② 실행할 수 없는 명령어가 사용된 경우
③ 타이머에 의해 의도적으로 프로그램이 중단된 경우
④ 입출력 장치의 입출력 준비 완료를 알리는 경우

• 외부 인터럽트 : 전원(정전), 기계 착오, 입출력 장치 등의 외부적인 요인에 의해 발생한다.
• 내부 인터럽트 : 오버플로우, 언더플로우 등 잘못된 명령이나 데이터를 사용할 때 발생한다.

16 다음 중 레지스터에 관한 설명으로 옳은 것은?

① CPU 내부에서 특정한 목적에 사용되는 일시적인 기억 장소이다.
② 메모리 중에서 가장 속도가 느리며, 플립플롭이나 래치 등으로 구성된다.
③ 컴퓨터의 유지 보수를 위한 시스템 정보를 저장한다.
④ 시스템 부팅 시 운영 체제가 로딩되는 메모리이다.

레지스터(Register) : CPU 내부에서 처리할 명령어나 연산의 결과 값을 일시적으로 기억하는 고속의 기억 장치로 ALU(산술/논리 장치)에서 연산된 자료를 일시적으로 저장한다.

17 다음 중 Windows 운영 체제에서 사용하는 NTFS 파일 시스템에 관한 설명으로 옳지 않은 것은?

① FAT32 파일 시스템과 비교하여 성능 및 안전성이 우수하다.
② 하드 디스크 논리 파티션의 크기에는 제한이 없다.
③ 비교적 큰 오버 헤드가 있기 때문에 약 400MB 이하의 볼륨에서 사용하는 것은 좋지 않다.
④ 파일 및 폴더에 대한 액세스 제어를 유지하고 제한된 계정을 지원한다.

NTFS 파일 시스템의 최대 볼륨 크기는 256TB이고, 파일 크기는 볼륨 크기에 의해서 제한한다.

18 다음 중 Windows의 관리 도구 중 [컴퓨터 관리]에서 수행 가능한 [디스크 관리] 작업에 해당하지 않는 것은?

① 볼륨을 확장하거나 축소할 수 있다.
② 드라이브 문자를 변경할 수 있다.
③ 포맷을 실행할 수 있다.
④ 분석 및 디버그 로그를 표시할 수 있다.

정답 13 ② 14 ① 15 ② 16 ① 17 ② 18 ④

해설 보기 ④번은 [컴퓨터 관리자]에서 수행 가능한 [이벤트 뷰어]에 해당한다.

19 다음 중 폴더의 [속성] 대화 상자에서 설정할 수 없는 작업 내용은?

① 문서나 사진, 음악 등 폴더의 최적화 유형을 설정할 수 있다.
② 폴더에 대한 사용 권한과 공유 설정을 할 수 있다.
③ 폴더 안의 파일을 삭제할 수 있다.
④ 폴더 아이콘을 변경할 수 있다.

해설 폴더 안의 파일을 삭제할 때는 Delete 키를 이용하므로 [속성] 대화 상자에서 설정할 수는 없다.

20 다음 중 Windows에서 시스템을 복원해야 하는 시기로 적절하지 않은 것은?

① 새 장치를 설치한 후 시스템이 불안정할 때
② 로그온 화면이 나타나지 않으며, Windows가 실행되지 않을 때
③ 누락되거나 손상된 데이터 파일을 이전 버전으로 되돌리고자 할 때
④ 파일의 단편화를 개선하여 디스크의 접근 속도를 향상 시키고자 할 때

해설 보기 ④번은 드라이브 조각 모음에 대한 설명이다.

2과목 | 스프레드시트 일반

21 다음 중 피벗 테이블에 대한 설명으로 옳지 않은 것은?

	A	B	C	D	E	F	G
18		직위	(모두)				
19							
20		평균 : 근속연수		부서명			
21		사원번호2	사원번호	기획팀	영업팀	총무팀	총합계
22		⊟ A그룹	AC-300	7			7
23			AC-301	10			10
24		⊟ B그룹	BY-400		12		12
25			BY-401	21			21
26			BY-402			8	8

① 피벗 테이블 보고서의 삽입 위치는 기존 워크시트의 [B20] 셀이다.
② 'A 그룹'과 'B 그룹'은 그룹화로 자동 생성된 이름이다.
③ 사원번호를 선택하여 사용자가 직접 그룹화를 설정하였다.
④ 행 레이블 영역의 필드에 필터 조건이 설정되어 있다.

해설 'A 그룹'과 'B 그룹'은 그룹화로 자동이 아닌 직접 생성한 이름이다.

22 다음 중 부분합에 대한 설명으로 옳지 않은 것은?

① 다중 함수를 이용하는 중첩 부분합을 작성하려면 [부분합] 대화 상자에서 매번 '새로운 값으로 대치' 항목을 선택해야 한다.
② 부분합을 제거하면 부분합과 함께 목록에 삽입된 윤곽 및 페이지 나누기도 제거된다.
③ 세부 정보가 있는 행 아래에 요약 행을 지정하려면 '데이터 아래에 요약 표시' 항목을 선택한다.
④ 중첩 부분합은 이미 작성된 부분합 그룹 내에 새로운 부분합 그룹을 추가하는 것이다.

해설 두 기지 이상의 함수를 적용하여 부분합을 계산할 경우 '새로운 값으로 대치' 항목은 반드시 해제한다.

23 다음 중 자동 필터에 관한 설명으로 옳지 않은 것은?

① 날짜가 입력된 열에서 요일로 필터링하려면 '날짜 필터' 목록에서 필터링 기준으로 사용할 요일을 하나 이상 선택하거나 취소한다.
② 두 개 이상의 필드에 조건을 설정하는 경우 필드 간에는 AND 조건으로 결합되어 필터링 된다.
③ 열 머리글에 표시되는 드롭다운 화살표에는 해당 열에서 가장 많이 나타나는 데이터 형식에 해당하는 필터 목록이 표시된다.
④ 검색 상자를 사용하여 텍스트와 숫자를 검색할 수 있으며, 배경 또는 텍스트에 색상 서식이 적용되어 있는 경우 셀의 색상을 기준으로 필터링할 수도 있다.

정답 19 ③ 20 ④ 21 ② 22 ① 23 ①

해설 날짜 데이터는 연, 월, 일의 계층별로 그룹화되어 계층에서 상위 수준을 선택하거나 선택을 취소하는 경우 해당 수준 아래의 중첩된 날짜가 모두 선택되거나 취소된다.

24 다음 중 왼쪽 그림의 [B2:B5] 영역에 [텍스트 나누기]를 실행하여 오른쪽 그림과 같이 소속이 분리되도록 실행하는 과정으로 옳지 않은 것은?

	A	B
1	성명	소속
2	여종택	교통시설과
3	장성태	교통행정과
4	곽배동	교통행정과
5	박난초	교통환경과

→

	A	B	C
1	성명	소속	
2	여종택	교통	시설과
3	장성태	교통	행정과
4	곽배동	교통	행정과
5	박난초	교통	환경과

텍스트 마법사 - 3단계 중 1단계 ? X
데이터가 구분 기호로 분리됨(으)로 설정되어 있습니다.
데이터 형식이 올바로 선택되었다면 [다음] 단추를 누르고, 아닐 경우 적절하게 선택하십시오.
원본 데이터 형식
원본 데이터의 파일 유형을 선택하십시오.
◉ 구분 기호로 분리됨(D) - 각 필드가 쉼표나 탭과 같은 문자로 나누어져 있습니다.
○ 너비가 일정함(W) - 각 필드가 일정한 너비로 정렬되어 있습니다.

① 텍스트 마법사 2단계의 데이터 미리 보기에서 분할하려는 위치를 클릭하여 구분선을 넣는다.
② 분할하려는 행과 열에 삽입 가능한 구분선의 개수에는 제한이 없다.
③ 구분선을 삭제하려면 구분선을 마우스로 두 번 클릭한다.
④ 구분선을 옮기려면 선을 마우스로 클릭한 상태에서 드래그 한다.

해설 분할하려는 범위에 포함할 수 있는 행의 개수는 제한이 없지만 열은 반드시 1개의 열만 가능하다.

25 다음 중 워크시트의 [B2] 셀에 표시 형식을 '$#,##0;($#,##0)'으로 설정하였을 때 표시되는 결과로 옳은 것은?

B2 fx -32767

	A	B	C	D
1				
2		-32767		
3				

① $32,767 ② −$32,767
③ ($32,767) ④ (−$32,767)

해설
- # : 유효 자릿수만 표시하며, 무효의 0은 표시하지 않는다.
- , : 천 단위 구분자로 콤마를 삽입한다.
- 0 : 무효의 0을 포함하여 숫자의 자릿수를 표시한다.

26 다음 중 데이터 입력에 대한 설명으로 옳지 않은 것은?

① 동일한 문자를 여러 개의 셀에 입력하려면 셀에 문자를 입력한 후 채우기 핸들을 드래그 한다.
② 숫자 데이터의 경우 두 개의 셀을 선택하고 채우기 핸들을 선택 방향으로 드래그하면 두 값의 차이만큼 증가/감소하며 자동 입력된다.
③ 일정 범위 내에 동일한 데이터를 한 번에 입력하려면 범위를 지정하여 데이터를 입력한 후 바로 이어서 Shift+Enter 키를 누른다.
④ 사용자 지정 연속 데이터 채우기를 사용하여 데이터를 입력하는 경우 사용자 지정 목록에는 텍스트나 텍스트 /숫자 조합만 포함될 수 있다.

해설 일정 범위 내에 동일한 데이터를 한 번에 입력하려면 범위를 지정하여 데이터를 입력한 후 바로 이어서 Ctrl+Enter 키를 누른다.

27 다음 중 날짜 데이터의 입력에 대한 설명으로 옳은 것은?

① 날짜는 1900년 1월 1일을 1로 시작하는 일련번호로 저장된다.
② 날짜 데이터는 슬래시(/)나 점(.) 또는 하이픈(−)으로 연, 월, 일을 구분하여 입력한다.
③ 수식에서 날짜 데이터를 직접 입력할 때에는 작은 따옴표(')로 묶어서 입력한다.
④ 단축키 Ctrl+Alt+;을 누르면 오늘 날짜가 입력된다.

해설
- 날짜는 '년, 월, 일' 또는 '월, 일' 형태로 입력하고, '년, 월, 일' 사이는 '/'나 '−'로 구분한다.
- 수식에 날짜와 시간을 사용할 때는 큰 따옴표(" ")로 묶어준다.
- 현재 날짜 입력은 Ctrl+;키를, 현재 시간 입력은 Ctrl+Shift+; 키를 누른다.

28 다음 중 그림에서 바로 가기 메뉴에 있는 [삭제] 대화 상자의 삭제 옵션을 선택하여 실행한 결과로 가능하지 않은 것은?

정답 24 ② 25 ③ 26 ③ 27 ① 28 ③

	A	B
1	21	31
2	22	32
3	23	33
4	24	34
5	25	35
6		

①

	A	B
1	21	31
2	32	
3	33	
4	34	
5	25	35
6		

②

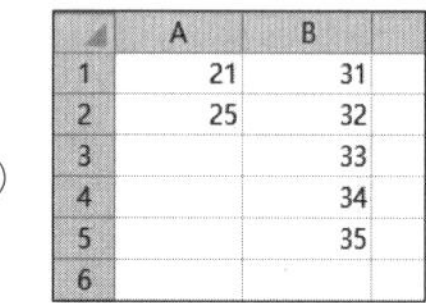

	A	B
1	21	31
2	25	32
3		33
4		34
5		35
6		

③

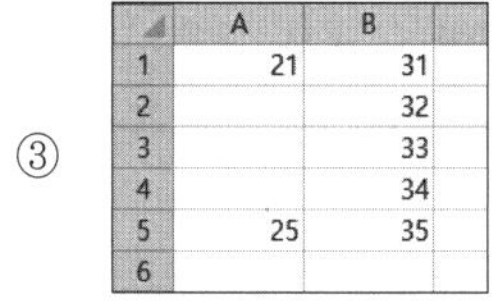

	A	B
1	21	31
2		32
3		33
4		34
5	25	35
6		

④

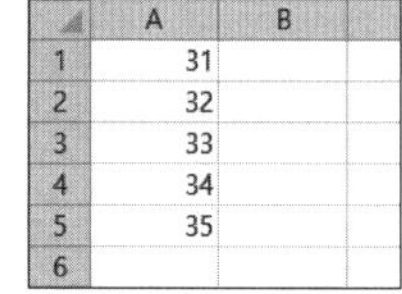

	A	B
1	31	
2	32	
3	33	
4	34	
5	35	
6		

해설
- 보기 ①번은 '셀을 왼쪽으로 밀기'의 선택 결과, 보기 ②번은 '셀을 위로 밀기'의 선택 결과, 보기 ④번은 '열 전체'의 선택 결과이다.
- 보기 ③번은 블록 지정 상태에서 바로 Delete 키를 누른 결과이다.
- '행 전체'의 선택 결과는 다음과 같다.

	A	B
1	21	31
2	25	35
3		
4		
5		
6		

29 다음 중 매크로에 대한 설명으로 옳지 않은 것은?

① 매크로 기록 시 리본 메뉴에서의 탐색도 매크로 기록에 포함된다.
② 매크로 이름은 숫자나 공백으로 시작할 수 없다.
③ 매크로를 사용하면 반복적인 작업들을 빠르고 쉽게 실행할 수 있다.
④ 그래픽 개체에 매크로를 지정한 후 개체를 클릭하여 매크로를 실행할 수 있다.

해설 매크로 기록 시 리본 메뉴에서의 탐색은 매크로 기록에 포함되지 않는다.

30 다음 중 VBA에서 엑셀 프로그램은 종료하지 않고, 현재 활성화된 통합 문서만 종료하기 위한 메서드는?

① ActiveWorkbook.Quit
② Application.Quit
③ Workbooks.Close
④ ActiveWindows.Close

해설
- ActiveWorkbook : 현재 작업 중인 통합 문서이다.
- Application : 다양한 개체 속성을 포함한다.
- Workbooks : 열려 있는 모든 통합 문서이다.

31 다음의 워크시트에서 순위[G2:G10]는 총점을 기준으로 구하되 동점자에 대해서는 국어를 기준으로 순위를 구하였다. 다음 중 [G2] 셀에 입력된 수식으로 옳은 것은?

	A	B	C	D	E	F	G
1	성명	국어	수학	영어	사회	총점	순위
2	홍길동	92	50	30	10	182	1
3	한민국	80	50	20	30	180	3
4	이대한	90	40	20	30	180	2
5	이나래	70	50	30	30	180	4
6	마상욱	80	50	30	10	170	7
7	박정인	90	40	20	20	170	6
8	사수영	70	40	30	30	170	8
9	고소영	85	40	30	20	175	5
10	장영수	70	50	10	5	135	9
11							

① {=RANK.EQ($F2, $F$2:$F$10)+RANK.EQ($B$2, $B$2:$B$10)}
② {=RANK.EQ($B$2, $B$2:$B$10)*RANK.EQ($F2, $F$2:$F$10)}
③ {=RANK.EQ($F2, $F$2:$F$10)+SUM(($F$2:$F$10=$F2)*($B$2:$B$10>$B2))}
④ {=SUM(($F$2:$F$10=$F2)*($B$2:$B$10>$B2))*RANK.EQ($F2, $F$2:$F$10)}

해설
- RANK.EQ(순위를 구하려는 수, 대상 범위, 순위 결정) : 범위 지정 목록에서 인수의 순위를 구하며, 순위를 구할 때는 해당 범위를 절대 참조로 지정해야 한다.
- SUM(인수1, 인수2, …) : 범위를 지정한 목록에서 인수의 합을 구한다.
- 수식을 입력하고 Ctrl+Shift+Enter 키를 동시에 누르면 수식 앞뒤에 중괄호({ })가 자동으로 입력된다.

32 다음의 시트와 같이 원본값에 LEFT(원본값, 2) 함수를 적용하여 추출값을 뽑아낸 후 추출값들의 합계를 계산하려고 한다. 다음 중 이를 위한 계산 방법으로 옳지 않은 것은?

정답 ▶ 29 ① 30 ③ 31 ③ 32 ③

	A	B
1	원본값	추출값
2	10개	10
3	23개	23
4	15개	15
5	09개	09
6	24개	24
7	합계	
8		

① =SUMPRODUCT(1*(B2:B6))
② =SUM(VALUE(B2), VALUE(B3), VALUE(B4), VALUE(B5), VALUE(B6))
③ =SUMPRODUCT(++(B2:B6))
④ =SUMPRODUCT(- -(B2:B6))

해설 • 보기 ①, ②, ④번의 결과값은 81이고, 보기 ③번의 결과값은 0이다.
• SUMPRODUCT(배열1, 배열2, …) : 배열이나 범위에서 대응되는 값끼리 곱해서 합을 구한다.

33 다음 중 [A13] 셀에 수식 '=INDEX((A1:C6, A8:C11), 2, 2, 2)'를 입력한 결과는?

IF =INDEX((A1:C6, A8:C11), 2, 2, 2)

	A	B	C	D	E	F
1	과일	가격	개수			
2	사과	₩690	40			
3	바나나	₩340	38			
4	레몬	₩550	15			
5	오렌지	₩250	25			
6	배	₩590	40			
7						
8	아몬드	₩2,800	10			
9	캐슈넛	₩3,550	16			
10	땅콩	₩1,250	20			
11	호두	₩1,750	12			
12						
13	=INDEX((					

① 690 ② 340
③ 2,800 ④ 3,550

• INDEX(배열, 행 번호, 열 번호) : 표 또는 범위에서 지정된 행이나 열에 해당하는 값을 구하며, 해당 범위 내에 값이나 참조 영역을 구한다.
• 해당 범위에서 두 번째 행과 두 번째 열을 구하는 것으로 참조 영역의 번호가 2이므로 아몬드, 캐슈넛에 있는 범위에서 두 번째 행이면서 두 번째 열은 ₩3550이다.

34 다음 중 수식의 결과가 나머지 셋과 다른 것은?

① =ABS(INT(−3/2)) ② =MOD(−3, 2)
③ =ROUNDUP(RAND( ), 0) ④ =FACT(1.9)

• ABS(인수) : 인수에 대한 절대값(부호가 없는 숫자)을 구한다.
• INT(인수) : 인수의 소수점 아래를 버리고, 가장 가까운 정수로 내림한다.
• 보기 ①번의 결과값은 2이고, 보기 ②, ③, ④번의 결과값은 1이다.

35 다음 중 Excel에서 리본 메뉴를 최소화하는 방법으로 옳지 않은 것은?

① 엑셀 창 오른쪽 위에 있는 '리본 메뉴 축소 단추(^)'를 클릭한다.
② 단축키 Alt+F1을 누른다.
③ 리본 메뉴의 활성 탭 이름을 더블 클릭한다.
④ 리본 메뉴를 최소화하거나 원래 상태로 되돌리려면 단축키 Ctrl+F1을 누른다.

해설 보기 ②번의 경우 수치 데이터에서 Alt+F1 키를 누르면 기본 세로 막대형 차트가 나타난다.

36 다음의 데이터를 이용하여 작성 가능한 차트 종류에 해당하지 않는 것은?

지역	A사	B
동부	13%	
서부	35%	
남부	27%	

① 분산형 차트 ② 도넛형 차트
③ 영역형 차트 ④ 주식형 차트

주식형 차트 : 주식의 가격 동향을 나타내거나 온도 변화와 같은 과학 데이터를 표현하는데 사용하는 차트로 주식형 차트를 작성하기 위해서는 먼저 데이터가 정확한 순서로 구성되어야 한다.

37 다음 중 엑셀 작업 중에 발생할 수 있는 만일의 사태에 대비하고 파일을 복구하기 위한 방법으로 옳지 않은 것은?

① 현재 작업 중인 파일의 백업 파일이 생성되도록 [다른 이름으로 저장] 대화 상자의 [도구]-[일반 옵션]에서 '백업 파일 항상 만들기'를 체크한다.

정답 33 ④ 34 ① 35 ② 36 ④ 37 ③

② 자동 복구를 활성화하여 파일이 원하는 주기마다 자동 저장되도록 설정한다.

③ 자동 복구를 활성화한 경우 [검토] 탭의 [정보]-[버전 관리]에서 작업 중인 파일의 이전 버전을 검토할 수 있다.

④ 저장하지 않고 닫은 파일을 복구하려면 [Excel 옵션] 대화 상자의 [저장] 탭에서 '저장하지 않고 닫은 경우 마지막으로 자동 복구된 버전 유지' 확인란이 선택되어 있어야 한다.

해설 [검토] 탭에는 [정보]-[버전 관리]에 대한 메뉴가 없다.

38 다음 중 〈수정 전〉 차트를 〈수정 후〉 차트로 변경하기 위한 작업으로 옳은 것은?

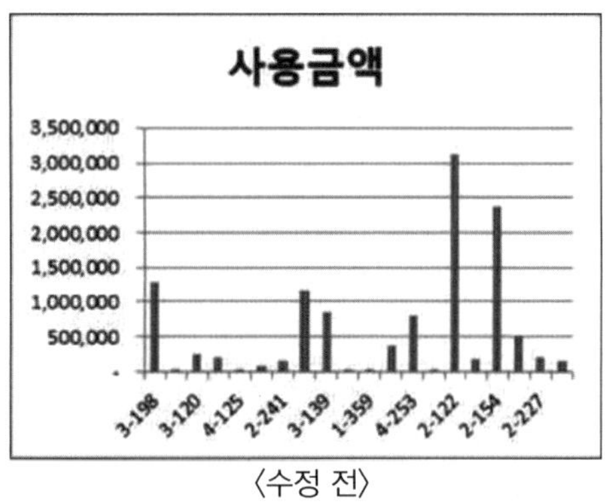

〈수정 전〉

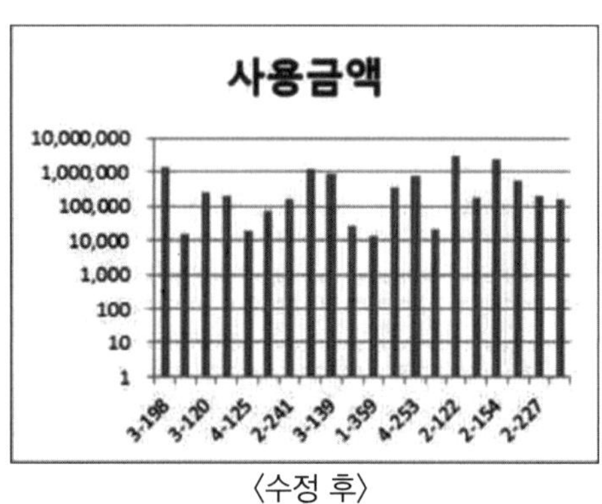

〈수정 후〉

① 차트의 종류를 누적 세로 막대형으로 바꾼다.

② 세로 (값) 축의 표시 단위를 '10000000'으로 설정한다.

③ 세로 (값) 축의 [축 서식] 작업 창에서 축 옵션의 '값을 거꾸로'를 선택한다.

④ 세로 (값) 축의 [축 서식] 작업 창에서 축 옵션의 '로그 눈금 간격' 기준을 '10'으로 설정한다.

해설 로그 눈금 간격 : 값 축을 로그 눈금 간격으로 변경하며, 음수나 0에는 로그 눈금 간격을 사용할 수 없다.

39 다음 중 [인쇄 미리 보기 및 인쇄]에 대한 설명으로 옳지 않은 것은?

① 인쇄 미리 보기를 끝내고 통합 문서로 돌아가려면 다른 탭을 클릭한다.

② 인쇄 및 미리 보기 할 대상을 선택 영역, 활성 시트, 전체 통합 문서 중 선택할 수 있다.

③ 페이지 여백 표시는 가능하나 페이지 여백의 변경은 [페이지 설정] 대화 상자에서만 설정할 수 있다.

④ 용지 방향을 가로 방향과 세로 방향으로 바꿔가며 미리 보기 할 수 있다.

해설 인쇄 미리 보기 상태에서 [여백 표시] 단추를 클릭하면 마우스를 이용하여 여백을 조정할 수 있다.

40 다음 중 워크시트의 인쇄 영역 설정에 대한 설명으로 옳지 않은 것은?

① 인쇄 영역은 리본 메뉴 [페이지 레이아웃] 탭이나 [페이지 설정] 대화 상자의 [시트] 탭에서 설정할 수 있다.

② 인쇄 영역을 설정했더라도 인쇄 시 활성 시트 전체가 인쇄되도록 설정할 수 있다.

③ 여러 시트에서 원하는 영역을 추가하여 인쇄 영역을 확대할 수 있다.

④ 여러 영역이 인쇄 영역으로 설정된 경우 설정한 순서대로 각기 다른 페이지에 인쇄된다.

해설 필요한 경우는 기존 인쇄 영역에 다른 영역을 추가하여 인쇄 영역을 확대할 수 있다.

3과목 | 데이터베이스 일반

정답 38 ④ 39 ③ 40 ③

41 다음 중 매크로에 대한 설명으로 옳지 않은 것은?

① 매크로를 한 단계씩 이동하면서 매크로의 흐름과 각 동작에 대한 정보를 확인할 수 있다.
② Access의 매크로는 작업을 자동화하고 양식, 보고서 및 컨트롤에 기능을 추가할 수 있게 해주는 도구이다.
③ 이미 매크로에 추가한 작업을 반복해야 하는 경우 매크로 동작을 복사하여 붙여 넣으면 된다.
④ 각 매크로는 하위 매크로를 포함할 수 없다.

해설 각 매크로는 하위 매크로를 포함할 수 있다.

42 다음의 이벤트 프로시저에서 [Command1] 단추를 클릭했을 때의 실행 결과로 옳은 것은?

```
Private Sub Command1_Click( )
DoCmd.OpenForm "사원정보", acNormal
DoCmd.GoToRecord , , acNewRec
End Sub
```

① [사원정보] 테이블이 열리고, 가장 마지막 행의 새 레코드에 포커스가 표시된다.
② [사원정보] 폼이 열리고, 첫 번째 레코드의 가장 왼쪽 컨트롤에 포커스가 표시된다.
③ [사원정보] 폼이 열리고, 마지막 레코드의 가장 왼쪽 컨트롤에 포커스가 표시된다.
④ [사원정보] 폼이 열리고, 새 레코드를 입력할 수 있도록 비워진 폼이 표시된다.

해설
- DoCmd 개체 : 액세스 매크로 함수를 실행할 수 있는 액세스 개체로 창 닫기, 폼 열기, 컨트롤 값 설정 등과 같은 액세스 함수를 실행한다.
- OpenForm : 폼 보기, 폼 디자인 보기, 인쇄 미리 보기, 데이터시트 보기로 폼을 연다.
- GoToRecord : 지정한 레코드를 열려 있는 테이블, 폼, 쿼리 결과 집합에서 현재 레코드로 만든다.
- OpenForm "사원정보"로 사원정보 폼을 폼 보기(acNormal)로 열고, 새 레코드(acNewRec)로 이동하는(GoToRecord) 이벤트 프로시저를 수행한다.

43 다음 중 데이터 중복성에 대한 설명으로 옳지 않은 것은?

① 중복으로 인한 데이터 불일치 시 일관성을 잃게 된다.
② 중복된 값에 대해 같은 수준의 데이터 보안이 유지되어야 한다.
③ 중복이 많아질수록 갱신 비용이 높아질 수 있다.
④ 제어가 분산되어 데이터 무결성을 유지하기 쉬워진다.

해설 데이터가 중복 저장되면 제어가 분산되게 되어 데이터의 무결성, 즉 데이터의 정확성을 유지하기가 어렵다.

44 다음 중 관계 데이터 모델에 대한 설명으로 옳지 않은 것은?

① 애트리뷰트가 취할 수 있는 같은 타입의 모든 원자 값들의 집합을 도메인이라 한다.
② 관계형 데이터베이스에서 릴레이션은 데이터들을 표(Table) 형태로 표현한 것이다.
③ 속성들로 구성된 튜플들 사이에는 순서가 없다.
④ 애트리뷰트는 널(Null) 값을 가질 수 없다.

해설 속성(Attribute) : 테이블의 열을 구성하는 필드로 데이터베이스의 가장 작은 논리적 단위이며, 널(Null) 값을 가질 수 있다.

45 다음 중 보고서에서 원본 데이터로 테이블이나 쿼리를 선택하기 위한 속성은?

① ODBC 데이터 원본
② 레코드 원본
③ OLE DB 원본
④ 컨트롤 원본

해설 레코드 원본 : 다양한 데이터로 조회하는 SQL문을 속성 값으로 지정하여 그 결과를 보고서에 표시할 수 있다.

46 다음 중 보고서의 그룹화에 대한 설명으로 옳지 않은 것은?

① 그룹 머리글과 그룹 바닥글에는 그룹별 요약 정보를 삽입할 수 있다.
② 그룹화 기준이 되는 필드는 데이터가 정렬되어 표시된다.
③ 보고서 마법사를 이용하여 기본적인 그룹화 보고서를 작성할 수 있다.

정답 41 ④ 42 ④ 43 ④ 44 ④ 45 ② 46 ④

④ 그룹화 기준은 한 개의 필드로만 지정할 수 있다.

해설 보고서의 그룹화 : 보고서에서 표시되는 필드의 내용을 보다 효율적으로 전달하기 위한 기능으로 그룹별로 합계나 평균 등의 요약 정보를 표시할 수 있고, 정렬된 순서에 따라 그룹화가 결정된다.

47 다음 중 보고서의 그룹 바닥글 구역에 '=COUNT(*)'를 입력했을 때 출력되는 결과로 옳은 것은?

① Null 필드를 포함한 그룹별 레코드 개수
② Null 필드를 포함한 전체 레코드 개수
③ Null 필드를 제외한 그룹별 레코드 개수
④ Null 필드를 제외한 전체 레코드 개수

해설 COUNT 함수는 레코드 개수를 계산하는 함수로 COUNT(*)를 사용하면 Null 필드가 있는 레코드까지 포함하여 전체 레코드 수를 계산하고 반환한다.

48 다음 중 보고서의 각 구역에 대한 설명으로 옳지 않은 것은?

① '페이지 머리글'은 인쇄 시 모든 페이지의 맨 위에 출력되며, 모든 페이지에 특정 내용을 반복하려는 경우 사용한다.
② '보고서 머리글'은 보고서의 맨 앞에 한 번 출력되며, 함수를 이용한 집계 정보를 표시할 수 없다.
③ '그룹 머리글'은 각 새 레코드 그룹의 맨 앞에 출력되며, 그룹 이름이나 그룹별 계산 결과를 표시할 때 사용한다.
④ '본문'은 레코드 원본의 모든 행에 대해 한 번씩 출력되며, 보고서의 본문을 구성하는 컨트롤이 추가된다.

해설 보고서 머리글 : 보고서의 시작 부분에 한 번만 표시되며, 일반적으로 회사의 로고나 제목 등을 표시하는 구역이다.

49 [평균성적] 테이블에서 '평균' 필드 값이 90 이상인 학생들을 검색하여 '학년' 필드를 기준으로 내림차순, '반' 필드를 기준으로 오름차순 정렬하여 표시하고자 한다. 다음 중 SQL문의 각 괄호 안에 넣을 예약어로 옳은 것은?

```
SELECT 학년, 반, 이름
FROM 평균 성적
WHERE 평균 >= 90
( ㉠ ) 학년 ( ㉡ ) 반 ( ㉢ );
```

① ㉠ GROUP BY ㉡ DESC ㉢ ASC
② ㉠ GROUP BY ㉡ ASC ㉢ DESC
③ ㉠ ORDER BY ㉡ DESC ㉢ ASC
④ ㉠ ORDER BY ㉡ ASC ㉢ DESC

해설 ORDER BY절 : 쿼리 결과로 검색된 레코드를 특정한 필드를 기준으로 정렬할 때 사용하는 구문으로 SELECT문의 가장 마지막에 위치하며, 기본값은 오름차순이다(ASC는 오름차순, DESC는 내림차순을 의미).

50 다음 중 요약 데이터를 보다 쉽게 이해할 수 있도록 합계, 평균 등의 집계 함수를 계산한 다음 데이터 시트의 측면과 위쪽에 두 세트의 값으로 그룹화하는 쿼리 유형은?

① 선택 쿼리 ② 크로스탭 쿼리
③ 통합 쿼리 ④ 업데이트 쿼리

해설 크로스탭 쿼리 : 레코드의 요약 결과를 열과 행 방향으로 그룹화하여 표시할 때 사용하는 것으로 쿼리 데이터시트에서 데이터를 직접 편집할 수 없으며, 행과 열이 교차하는 곳의 숫자 필드는 합계, 평균, 분산, 표준 편차 등을 계산할 수 있다.

51 다음 중 SQL 문에 대한 설명으로 옳은 것은?

```
UPDATE 학생 SET 주소='서울'
WHERE 학번=100;
```

① [학생] 테이블에 주소가 '서울'이고, 학번이 100인 레코드를 추가한다.
② [학생] 테이블에서 주소가 '서울'이고, 학번이 100인 레코드를 검색한다.
③ [학생] 테이블에서 학번이 100인 레코드의 주소를 '서울'로 갱신한다.
④ [학생] 테이블에서 주소가 '서울'인 레코드의 학번을 100으로 갱신한다.

정답 47 ① 48 ② 49 ③ 50 ② 51 ③

해설 업데이트 쿼리(UPDATE~SET) : 하나 이상의 테이블에서 레코드 그룹을 전체적으로 변경할 때 사용하는 것으로 특정 조건을 지정하여 조건에 해당되는 레코드나 필드만 선택적으로 변경할 수 있다.

52 다음 중 각 데이터 형식에 맞는 쿼리의 조건식으로 옳지 않은 것은?

① 숫자 데이터 형식인 경우 : 〉=2000 AND 〈=4000
② 날짜 데이터 형식인 경우 : 〈"2019-07-17"
③ 문자 데이터 형식인 경우 : 〈〉"성북구"
④ 문자 데이터 형식인 경우 : In ("서울", "부산")

해설 날짜 데이터는 인용 부호(' ') 내에 입력한다.

53 다음 중 두 테이블의 조인된 필드가 일치하는 행만 포함하여 보여주는 조인 방법은?

① 간접 조인 ② 내부 조인
③ 외부 조인 ④ 중복 조인

해설 INNER JOIN(내부 조인) : 가장 일반적인 형식으로 두 테이블의 공통된 필드 값이 일치하는 경우 두 테이블의 레코드를 결합하는데 메모나 OLE 개체 데이터가 있는 필드를 조인하면 오류가 발생한다.

54 다음 중 Access의 기본키에 대한 설명으로 옳지 않은 것은?

① 기본키는 테이블의 [디자인 보기] 상태에서 설정할 수 있다.
② 기본키로 설정된 필드에는 널(NULL) 값이 허용되지 않는다.
③ 기본키로 설정된 필드에는 항상 고유한 값이 입력되도록 자동으로 확인된다.
④ 관계가 설정되어 있는 테이블에서 기본키 설정을 해제하면 해당 테이블에 설정된 관계도 삭제된다.

해설 기본키 : 튜플을 유일하게 식별할 수 있는 속성값으로 후보 키가 두 개 이상인 경우 그 중 하나를 선택하며, 기본키가 설정된 상태에서 다른 필드를 기본키로 지정하면 기존의 기본키는 자동으로 해제된다.

55 다음 중 '일련번호' 데이터 형식에 관한 설명으로 옳지 않은 것은?

① 새로운 레코드 추가 시 자동으로 번호가 부여된다.
② 해당 데이터 필드에 값이 입력되면 일련번호는 수정할 수 없다.
③ 삭제된 일련번호는 다시 부여되지 않는다.
④ 일련번호 형식의 필드 크기는 변경할 수 없다.

해설 일련번호 : 레코드가 추가될 때마다 시스템에서 자동으로 값을 입력해 주며, 업데이트나 수정이 불가능하다. 또한, 필드에 데이터를 입력한 후에는 데이터 형식을 일련번호로 변경할 수 없다.

56 다음 중 폼 작성 시 사용하는 컨트롤에 대한 설명으로 옳지 않은 것은?

① 레이블 컨트롤은 제목이나 캡션 등의 설명 텍스트를 표현하기 위해 많이 사용된다.
② 텍스트 상자는 바운드 컨트롤로 사용할 수 있으나 언바운드 컨트롤로는 사용할 수 없다.
③ 목록 상자 컨트롤은 여러 개의 데이터 행으로 구성되며, 대개 몇 개의 행을 항상 표시할 수 있는 크기로 지정되어 있다.
④ 콤보 상자 컨트롤은 선택 항목 목록을 보다 간단한 방식으로 나타내기 위해 드롭다운 화살표를 클릭하기 전까지는 목록이 숨겨져 있다.

해설 텍스트 상자는 레코드 원본의 데이터를 표시하는 것으로 바운드 텍스트 상자는 컨트롤 원본 속성이 테이블의 필드명으로 지정된 경우이고, 언바운드 텍스트 상자는 컨트롤 원본 속성이 비어있는 경우이다.

57 다음 중 [학생] 테이블의 'S_Number' 필드 레이블이 [데이터시트 보기] 상태에서는 '학번'으로 표시하고자 할 때 설정해야 할 항목은?

① 형식 ② 캡션
③ 스마트 태그 ④ 입력 마스크

해설 캡션 : 폼이나 필드에서 사용할 수 있는 필드 레이블이다.

정답 52 ② 53 ② 54 ④ 55 ④ 56 ② 57 ②

58 다음 중 폼에서 Tab 키를 누를 때 특정 컨트롤에는 포커스가 이동하지 않도록 하기 위한 방법은?

① '탭 인덱스' 속성을 '0'으로 설정한다.
② '탭 정지' 속성을 '예'로 설정한다.
③ '탭 인덱스' 속성을 '-1'로 설정한다.
④ '탭 정지' 속성을 '아니요'로 설정한다.

해설 탭 정지 속성은 폼 보기에서 Tab 키를 사용해 커서를 컨트롤로 옮길 수 있는지의 여부를 지정하는 것으로 '탭 정지' 속성을 '아니요'로 지정하면 Tab 키를 눌러 포커스를 컨트롤로 옮길 수 없다.

59 다음 중 폼 작성에 대한 설명으로 옳지 않은 것은?

① 컨트롤 마법사를 사용하여 폼을 닫는 매크로 함수를 실행하는 '명령 단추'를 삽입할 수 있다.
② 폼에서 연결된 테이블의 레코드를 삭제한 경우 영구적인 작업이므로 되돌릴 수 없다.
③ 폼에 컨트롤을 삽입하면 탭 순서가 위에서 아래로, 왼쪽에서 오른쪽 순으로 자동적으로 지정된다.
④ 폼 디자인 도구를 이용하여 여러 컨트롤의 크기와 간격을 일정하게 설정할 수 있다.

해설
- 폼에서 컨트롤을 만들면 폼의 탭 순서대로 컨트롤 위치가 자동으로 할당되며, 새로 만든 컨트롤은 탭 순서의 마지막에 놓인다.
- 탭의 순서는 컨트롤 폼에 추가한 순서와 항상 일치하는데 기본적으로 위에서 아래쪽으로 커서가 이동되며, 사용자가 임의로 설정할 수 있다.

60 다음 중 폼에 대한 설명으로 옳지 않은 것은?

① 모든 폼은 기본적으로 테이블이나 쿼리와 연결되어 표시되는 바운드 폼이다.
② 폼 내에서 단추를 눌렀을 때 매크로와 모듈이 특정 기능을 수행하도록 할 수 있다.
③ 일 대 다 관계에 있는 테이블이나 쿼리는 폼 안에 하위 폼을 작성할 수 있다.
④ 폼과 컨트롤의 속성은 [디자인 보기] 형식에서 [속성 시트]를 이용하여 설정한다.

해설 폼에 데이터가 연결되어 있는지의 여부에 따라 바운드 폼과 언바운드 폼이 구분되는데 바운드 폼은 일반적으로 테이블의 내용을 표시하며, 이를 수정할 수 있다.

정답 58 ④ 59 ③ 60 ①

2020년 02월 29일 시행 기출문제

1과목 | 컴퓨터 일반

01 다음 중 사운드의 압축 및 복원과 관련된 기술에 해당하지 않는 것은?

① FLAC ② AIFF
③ H.264 ④ WAV

해설 H.264(MPEG-4/AVC, MPEG-4 Part 10) : 고선명 비디오의 녹화, 압축, 배포를 위한 가장 일반적인 포맷으로 높은 데이터의 압축 효율과 최근 비디오 코덱에서 많이 사용된다(동영상을 다른 코덱에서 절반 정도의 작은 용량으로 만들 수 있음).

02 다음 중 컴퓨터 게임이나 컴퓨터 기반 훈련과 같이 사용자와의 상호 작용을 통해 진행 상황을 제어하는 멀티미디어의 특징을 나타내는 용어는?

① 선형 콘텐츠 ② 비선형 콘텐츠
③ VR 콘텐츠 ④ 4D 콘텐츠

선형 콘텐츠는 영화의 화면을 표현하고, 비선형 콘텐츠는 데이터를 사용자의 선택(사용자와의 상호 작용)에 따라 처리한다.

03 다음 중 정보 보안을 위한 비밀키 암호화 기법에 대한 설명으로 옳지 않은 것은?

① 비밀키 암호화 기법의 안전성은 키의 길이 및 키의 비밀성 유지 여부에 영향을 많이 받는다.
② 암호화와 복호화 시 사용하는 키가 동일한 암호화 기법이다.
③ 복잡한 알고리즘으로 인해 암호화와 복호화 속도가 느리다.
④ 사용자가 증가할 경우 상대적으로 관리해야 할 키의 수가 많아진다.

해설 비밀키 암호화 기법은 알고리즘이 간단하여 실행 속도가 빠르다.

04 다음 중 분산 서비스 거부 공격(DDos)에 관한 설명으로 옳은 것은?

① 네트워크 주변을 돌아다니는 패킷을 엿보면서 계정과 패스워드를 알아내는 행위
② 검증된 사람이 네트워크를 통해 데이터를 보낸 것처럼 데이터를 변조하여 접속을 시도하는 행위
③ 여러 대의 장비를 이용하여 특정 서버에 대량의 데이터를 집중적으로 전송함으로써 서버의 정상적인 동작을 방해 하는 행위
④ 키보드의 키 입력 시 캐치 프로그램을 사용하여 ID나 암호 정보를 빼내는 행위

분산 서비스 거부 공격(DDOS) : 많은 호스트에 패킷을 범람시킬 수 있는 공격용 프로그램을 분산 설치하여 표적 시스템에 대해 일제히 데이터 패킷을 범람시켜 시스템의 성능을 저하시키거나 마비시키는 방법이다.

05 다음 중 VoIP에 대한 설명으로 옳지 않은 것은?

① 인터넷 IP 기술을 사용한 디지털 음성 전송 기술이다.
② 원거리 통화 시 PSTN(Public Switched Telephone Network) 보다는 요금이 높지만 일정 수준의 통화 품질이 보장된다.
③ 기존 회선 교환 방식과 달리 네트워크를 통해 음성을 패킷 형태로 전송한다.
④ 보컬텍(VocalTec)사의 인터넷폰으로 처음 소개되었으며 PC to PC, PC to Phone, Phone to Phone 방식으로 발전하였다.

- VoIP : 음성 데이터를 인터넷 프로토콜 데이터 패킷으로 변화하여 일반 데이터망에서 통화를 가능하게 해주는 통신 서비스 기술이다.
- 원거리 통화 시 사용자간 회선을 보장해 주지 않으므로 트래픽이 많아지면서 통화 품질이 떨어진다.

06 다음 중 대량의 데이터 안에서 일정한 패턴을 찾아내고, 이로부터 가치 있는 정보를 추출해 내는 기술을 의미하는 것은?

정답 01 ③ 02 ② 03 ③ 04 ③ 05 ② 06 ②

① 데이터 웨어하우스(Data Warehouse)
② 데이터 마이닝(Data Mining)
③ 데이터 마이그레이션(Data Migration)
④ 메타 데이터(Metadata)

해설 • ① 기간 시스템의 데이터베이스에 축적된 데이터를 공통 형식으로 변환하여 관리하는 데이터베이스이다.
• ③ 데이터를 사용자의 요구에 따라 이동하는 것이다.
• ④ 데이터를 효율적으로 이용하기 위해 구조화하는 데이터 정보이다.

07 다음 중 네트워크 프로토콜(Protocol)의 기능에 해당하지 않는 것은?

① 패킷 수를 조정하는 흐름 제어 기능
② 송수신기를 같은 상태로 유지하는 동기화 기능
③ 데이터 전송 도중에 발생하는 에러 검출 기능
④ 네트워크 기반 하드웨어 연결 문제 해결 기능

해설 프로토콜은 통신 절차, 에러 검사 및 제어, 흐름 제어(패킷 수 조절), 동기화 등에 관련된 기술이다.

08 다음 중 인터넷 서버까지의 경로를 추적하는 명령어인 Tracert의 실행 결과에 관한 설명으로 옳지 않은 것은?

① IP 주소, 목적지까지 거치는 경로의 수, 각 구간 사이의 데이터 왕복 속도를 확인할 수 있다.
② 특정 사이트가 열리지 않을 때 해당 서버가 문제인지 인터넷 망이 문제인지 확인할 수 있다.
③ 인터넷 속도가 느릴 때 어느 구간에서 정체를 일으키는지 확인할 수 있다.
④ 현재 자신의 컴퓨터에 연결된 다른 컴퓨터의 IP 주소나 포트 정보를 확인할 수 있다.

해설 • Tracert : 접속 호스트의 경로를 추적하고, 사이트 연결이 원활하지 않을 경우 문제를 찾는 명령어이다(IP 라우터가 패킷을 제대로 전송하는지를 확인).
• 보기 ④번은 netstat 명령어에 대한 설명이다.

09 다음 중 IPv6 주소에 관한 설명으로 옳지 않은 것은?

① 16비트씩 8부분으로 총 128비트로 구성된다.
② 각 부분은 10진수로 표현되며, 세미콜론(;)으로 구분한다.
③ 주소 체계는 유니 캐스트, 멀티 캐스트, 애니 캐스트로 나누어진다.
④ 실시간 흐름 제어로 향상된 멀티미디어 기능을 지원한다.

해설 IPv6 : IPv4의 주소 공간을 4배 확장한 것으로 128비트를 16비트씩 8개로 나누어 표시하며, 각 부분은 콜론(:)으로 구분한다(각 부분은 4자리의 16진수로 표현).

10 다음 중 객체 지향 프로그래밍 특징으로 옳은 것은?

① 객체에 대하여 절차적 프로그래밍의 장점을 사용할 수 있다.
② 객체 지향 프로그램은 주로 인터프리터 번역 방식을 사용한다.
③ 객체 지향 프로그램은 코드의 재사용과 유지 보수가 용이하다.
④ 프로그램의 구조와 절차에 중점을 두고 작업을 진행한다.

해설 객체 지향 프로그래밍 : 동작보다는 객체, 논리보다는 자료를 기준으로 구성하며, 소프트웨어 재사용성으로 프로그램 개발 시간을 단축한다(절차적 프로그램 개발에 적합).

11 다음 중 ASCII 코드에 대한 설명으로 옳지 않은 것은?

① 3개의 Zone 비트와 4개의 Digit 비트로 하나의 문자를 표현한다.
② 데이터 통신용으로 사용하며, 128가지 문자를 표현할 수 있다.
③ 2비트의 에러 검출 및 1비트의 에러 교정 비트를 포함한다.
④ 확장 ASCII 코드는 8비트를 사용하여 문자를 표현한다.

해설 보기 ③번은 해밍 코드에 대한 설명이다.

12 다음 중 하나의 컴퓨터에 여러 개의 중앙 처리 장치를 설치하여 주기억 장치나 주변 장치들을 공유하여 신뢰성과 연산 능력을 향상시키는 시스템은?

① 시분할 처리 시스템(Time Sharing System)

정답 07 ④ 08 ④ 09 ② 10 ③ 11 ③ 12 ④

② 다중 프로그래밍 시스템(Multi-Programming System)
③ 듀플렉스 시스템(Duplex System)
④ 다중 처리 시스템(Multi-Processing System)

해설 • ① CPU의 처리 시간을 일정한 시간(Time Quantum)으로 나누어서 여러 개의 작업을 연속적으로 처리하는 시스템이다.
• ② 하나의 CPU에서 여러 개의 프로그램을 동시에 처리하는 방식으로 각 프로그램이 주어진 시간만큼 CPU를 사용하고 반환한다.
• ③ 시스템의 안정성을 위하여 한쪽의 CPU가 가동중일 때 다른 한쪽의 CPU가 고장나면 즉시 대기중인 CPU가 작동되도록 운영하는 시스템이다.

13 다음 중 CPU의 제어 장치를 구성하는 레지스터에 관한 설명으로 옳지 않은 것은?

① 프로그램 카운터 : 프로그램의 실행된 명령어 개수를 계산한다.
② 명령 레지스터 : 현재 실행 중인 명령을 기억한다.
③ 부호기 : 해독된 명령에 따라 각 장치로 보낼 제어 신호를 생성한다.
④ 메모리 주소 레지스터 : 기억 장치에 입출력되는 데이터의 번지를 기억한다.

해설 프로그램 카운터 : 프로그램 수행에 있어서 다음 순서에 실행할 명령어의 주소를 저장하는 레지스터이다.

14 다음 중 프린터에서 출력할 파일의 해상도를 조절하거나 스캐너를 이용해 스캔한 파일의 해상도를 조절하기 위해 쓰는 단위는?

① CPS(Character Per Second)
② BPS(Bits Per Second)
③ PPM(Paper Per Minute)
④ DPI(Dots Per Inch)

해설 DPI(Dot Per Inch) : 인치당 인쇄되는 점의 수이다(인쇄 선명도의 단위).

15 다음 중 BIOS(Basic Input Output System)에 관한 설명으로 옳지 않은 것은?

① BIOS는 메인보드 상에 위치한 EPROM, 혹은 플래시 메모리 칩에 저장되어 있다.
② 컴퓨터의 전원을 켜면 자동으로 가장 먼저 기동되며, 기본 입출력 장치나 메모리 등 하드웨어의 이상 유무를 검사한다.
③ CMOS 셋업 프로그램을 이용하여 시스템의 날짜와 시간, 부팅 순서 등 일부 BIOS 정보를 설정할 수 있다.
④ 주기억 장치의 접근 속도 개선을 위해서 가상 메모리의 페이징 파일 크기를 설정할 수 있다.

해설 바이오스(BIOS) : 펌웨어의 일종으로 컴퓨터의 입출력 장치나 메모리 등 하드웨어 환경을 관리하며, Windows를 부팅하는 과정에서 컴퓨터의 자기 진단과 주변 기기 등을 점검한다.

16 다음 중 반도체를 이용한 컴퓨터 보조 기억 장치로 크기가 작고 충격에 강하며, 소음 발생이 없는 대용량 저장 장치는?

① HDD(Hard Disk Drive)
② DVD(Digital Versatile Disk)
③ SSD(Solid State Drive)
④ CD-RW(Compact Disc Rewritable)

해설 SSD : 기계적 장치인 HDD와는 달리 반도체를 이용하여 정보를 저장하는 장치로 소형화, 경량화할 수 있는 하드 디스크의 대체 저장 장치이지만 가격이 비싸다.

17 다음 중 Windows의 [시스템 구성]에 대한 설명으로 옳지 않은 것은?

① Windows가 제대로 시작되지 않는 문제를 식별하도록 도와주는 고급 도구이다.
② 시작 모드 선택에서 '선택 모드'는 기본 장치 및 서비스로만 Windows를 시작하여 발생된 문제를 진단하는데 유용하다.
③ 한 번에 하나씩 공용 서비스 및 시작 프로그램을 끈 상태에서 Windows를 재시작한 후 다시 켤 때 문제가 발생하면 해당 서비스가 문제의 원인임을 알 수 있다.

정답 ▸ 13 ① 14 ④ 15 ④ 16 ③ 17 ②

④ 부팅 옵션 중 '안전 부팅'의 '최소 설치'를 선택하면 중요한 시스템 서비스만 실행되는 안전 모드로 Windows를 시작하며, 네트워킹은 사용할 수 없다.

해설 보기 ②번은 선택 모드가 아니고 진단 모드에 대한 설명이다.

18 다음 중 Windows의 [폴더 옵션] 대화 상자에서 설정할 수 있는 작업으로 옳지 않은 것은?

① 탐색 창, 미리 보기 창, 세부 정보 창의 표시 여부를 선택할 수 있다.
② 숨김 파일이나 폴더의 표시 여부를 지정할 수 있다.
③ 폴더에서 시스템 파일을 검색할 때 색인의 사용 여부를 선택할 수 있다.
④ 알려진 파일 형식의 파일 확장명을 숨기도록 설정할 수 있다.

해설 보기 ①번은 파일 탐색기 창에 있는 [보기] 탭의 [창] 그룹에서 선택할 수 있다.

19 다음 중 Windows의 백업과 복원에 관한 설명으로 옳지 않은 것은?

① 특정한 날짜나 시간에 주기적으로 백업이 되도록 예약할 수 있다.
② 백업에서 사용되는 파일의 확장자는 .bkf이다.
③ 백업된 파일을 복원할 때 복원 위치를 설정할 수 있다.
④ 직접 선택한 폴더에 있는 알려진 시스템 폴더나 파일도 백업할 수 있다.

해설 직접 선택 방식으로 백업하는 경우 사용자가 알려진 시스템 폴더의 모든 파일을 선택하여 백업할 수는 없다.

20 다음 중 Windows의 작업 표시줄에 대한 설명으로 옳지 않은 것은?

① 작업 표시줄의 위치나 크기를 변경할 수 있으며, 크기는 화면의 1/2까지만 늘릴 수 있다.
② 작업 표시줄에 있는 단추를 작은 아이콘으로 표시되도록 설정할 수 있다.
③ 작업 표시줄을 자동으로 숨길 것인지의 여부를 선택할 수 있다.
④ 작업 표시줄에 있는 [시작] 단추, 검색 상자(검색 아이콘), 작업 보기 단추의 표시 여부를 설정할 수 있다.

해설 검색 상자(검색 아이콘)와 작업 보기 단추는 숨길 수 있으나 [시작] 단추는 숨길 수 없다.

2과목 | 스프레드시트 일반

21 다음 중 자동 필터와 고급 필터에 대한 설명으로 옳은 것은?

① 자동 필터는 각 열에 입력된 데이터의 종류가 혼합되어 있는 경우 날짜, 숫자, 텍스트 필터가 모두 표시된다.
② 고급 필터는 조건을 수식으로 작성할 수 있으며, 조건의 첫 셀은 반드시 필드명으로 입력해야 한다.
③ 자동 필터에서 여러 필드에 조건을 설정한 경우 필드 간은 OR 조건으로 처리되어 결과가 표시된다.
④ 고급 필터는 필터링 한 결과를 원하는 위치에 별도의 표로 생성할 수 있다.

해설
- ① 자동 필터는 각 열에 입력된 데이터의 종류가 혼합되어 있는 경우 가장 많은 형식의 데이터만 표시된다.
- ② 조건 범위의 첫 행에 입력될 조건 필드명은 원본 필드명과 다른 필드명을 입력하거나 생략할 수 있다.
- ③ 자동 필터에서 여러 필드에 조건을 설정한 경우 필드 간은 AND 조건으로 처리되어 결과가 표시된다.

22 다음 중 데이터 정렬에 관한 설명으로 옳지 않은 것은?

① 대소문자를 구분하여 정렬할 수 있다.
② 표 안에서 다른 열에는 영향을 주지 않고 선택한 열 내에서만 정렬하도록 할 수 있다.
③ 정렬 기준으로 '셀 아이콘'을 선택한 경우 기본 정렬 순서는 '위에 표시'이다.
④ 행을 기준으로 정렬하려면 [정렬] 대화 상자의 [옵션]에서 정렬 옵션의 방향을 '위쪽에서 아래쪽'으로 선택한다.

정답 18 ① 19 ④ 20 ④ 21 ④ 22 ④

해설
- 위쪽에서 아래쪽 : 하나 이상의 열 값을 기준으로 행을 정렬한다.
- 왼쪽에서 오른쪽 : 하나 이상의 행 값을 기준으로 행을 정렬한다.

23 다음 중 시나리오에 대한 설명으로 옳지 않은 것은?

① 시나리오 요약 보고서를 만들 때에는 결과 셀을 반드시 지정해야 하지만 시나리오 피벗 테이블 보고서를 만들 때에는 결과 셀을 지정하지 않아도 된다.
② 여러 시나리오를 비교하여 하나의 테이블로 요약하는 보고서를 만들 수 있다.
③ 시나리오 요약 보고서를 생성하기 전에 변경 셀과 결과 셀에 이름을 정의하면 셀 참조 주소 대신 정의된 이름이 보고서에 표시된다.
④ 시나리오 요약 보고서는 자동으로 다시 갱신되지 않으므로 변경된 값을 요약 보고서에 표시하려면 새 요약 보고서를 만들어야 한다.

해설 시나리오 요약 보고서를 만들 때에는 결과 셀을 지정하지 않아도 되지만 시나리오 피벗 테이블 보고서를 만들 때에는 결과 셀을 반드시 지정해야 한다.

24 다음 중 셀 스타일에 대한 설명으로 옳지 않은 것은?

① 셀 스타일은 글꼴과 글꼴 크기, 숫자 서식, 셀 테두리, 셀 음영 등의 정의된 서식의 집합으로 셀 서식을 일관성 있게 적용하는 경우 편리하다.
② 기본 제공 셀 스타일을 수정하거나 복제하여 사용자 지정 셀 스타일을 직접 만들 수 있다.
③ 사용 중인 셀 스타일을 수정한 경우 해당 셀에는 셀 스타일을 다시 적용해야 수정한 서식이 반영된다.
④ 특정 셀을 다른 사람이 변경할 수 없도록 셀을 잠그는 셀 스타일을 사용할 수도 있다.

해설 사용 중인 셀 스타일을 수정한 경우 해당 셀에는 셀 스타일을 다시 적용하지 않아도 자동적으로 반영된다.

25 다음 중 피벗 테이블과 피벗 차트에 대한 설명으로 옳지 않은 것은?

① 새 워크시트에 피벗 테이블을 생성하면 보고서 필터의 위치는 [A1] 셀, 행 레이블은 [A3] 셀에서 시작한다.
② 피벗 테이블과 연결된 피벗 차트가 있는 경우 피벗 테이블에서 [피벗 테이블 도구]의 [모두 지우기] 명령을 사용하면 피벗 테이블과 피벗 차트의 필드, 서식 및 필터가 제거된다.
③ 하위 데이터 집합에도 필터와 정렬을 적용하여 원하는 정보만 강조할 수 있으나 조건부 서식은 적용되지 않는다.
④ [피벗 테이블 옵션] 대화 상자에서 오류 값을 빈 셀로 표시하거나 빈 셀에 원하는 값을 지정하여 표시할 수도 있다.

해설 보기 ③번에서 조건부 서식은 적용되지 않는다. → 조건부 서식도 적용된다.

26 다음 중 입력 데이터에 사용자 지정 표시 형식을 설정한 경우 그 표시 결과로 옳지 않은 것은?

	입력 데이터	표시 형식	표시 결과
①	0	#	
②	123.456	#.#	123.5
③	100	##.##	100.00
④	12345	#,###	12,345

해설
- 보기 ③번에서 입력 데이터(100) – 표시 형식(##.##) – 표시 결과(100.)
- # : 유효 자릿수만 표시하며, 무효의 0은 표시하지 않는다. 즉, 소수 자릿수에 있는 #은 자릿수도 아니고 0도 아니다.

27 다음 중 데이터가 입력된 셀에서 채우기 핸들을 드래그하여 데이터를 채우는 경우에 대한 설명으로 옳은 것은?

① 일반적인 문자 데이터나 날짜 데이터는 그대로 복사되어 채워진다.
② 1개의 숫자와 문자가 조합된 텍스트 데이터는 숫자만 1씩 증가하고, 문자는 그대로 복사되어 채워진다.
③ 숫자 데이터는 1씩 증가하면서 채워진다.

정답 23 ① 24 ③ 25 ③ 26 ③ 27 ②

④ 숫자가 입력된 두 셀을 블록 설정하여 채우기 핸들을 드래그하면 두 숫자가 반복하여 채워진다.

- ① 날짜 데이터는 증가되면서 채워진다.
- ③ 숫자 데이터는 복사되고, 1씩 증가면서 채우려면 Ctrl+드래그해야 한다.
- ④ 두 셀의 숫자 차이만큼 증가하거나 감소한다.

28 다음 중 셀 포인터의 이동 작업에 대한 설명으로 옳지 않은 것은?

① Alt+Page Down 키를 눌러 현재 시트를 기준으로 오른쪽에 있는 다음 시트로 이동한다.
② 이름 상자에 셀 주소를 입력한 후 Enter 키를 눌러 원하는 셀의 위치로 이동한다.
③ Ctrl+Home 키를 눌러 [A1] 셀로 이동한다.
④ Home 키를 눌러 해당 행의 A 열로 이동한다.

해설 Alt+Page Down 키를 누르면 한 화면을 기준으로 오른쪽으로 이동한다.

29 다음 중 시트의 [A9] 셀에 수식 '=OFFSET(B3,-1,2)'를 입력한 경우 결과값은?

	A	B	C	D	E
1	학번	학과	학년	성명	수소
2	12123	국문과	2	박태훈	서울
3	15234	영문과	1	이경섭	인천
4	20621	수학과	3	윤혜주	고양
5	18542	국문과	1	민소정	김포
6	31260	수학과	2	함경표	부천
7					
8					
9					
10					

① 윤혜주　　② 서울
③ 고양　　④ 박태훈

- OFFSET(영역, 행 수, 열 수, 행 높이, 열 너비) : 기본 참조 영역으로부터 지정한 만큼 떨어진 위치의 참조 영역을 구하며, 특정 높이와 너비의 참조 영역을 표시한다.
- =OFFSET(B3,-1,2) : [B3] 셀에서 시작하여 -1은 위쪽으로 한 칸을 이동하고, 2는 오른쪽으로 두 칸을 이동하면 '박태훈'을 표시한다.

30 다음 중 [개발 도구] 탭의 [컨트롤] 그룹에 대한 설명으로 옳지 않은 것은?

① 컨트롤 종류에는 텍스트 상자, 목록 상자, 옵션 단추, 명령 단추 등이 있다.
② ActiveX 컨트롤은 양식 컨트롤 보다 다양한 이벤트에 반응할 수 있지만 양식 컨트롤보다 호환성은 낮다.
③ [디자인 모드] 상태에서는 양식 컨트롤과 ActiveX 컨트롤 모두 매크로 등 정해진 동작은 실행하지 않지만 컨트롤의 선택, 크기 조절, 이동 등의 작업을 할 수 있다.
④ 양식 컨트롤의 '단추(양식 컨트롤)'를 클릭하거나 드래그해서 추가하면 [매크로 지정] 대화 상자가 자동으로 표시된다.

해설 [디자인 모드] 상태에서 ActiveX 컨트롤은 크기, 이동은 가능하지만 매크로 동작은 실행할 수 없다. 하지만 양식 컨트롤은 크기, 이동뿐만 아니라 매크로 동작도 실행할 수 있다.

31 다음 중의 프로시저가 실행된 후 [A1] 셀에 입력되는 값으로 옳은 것은?

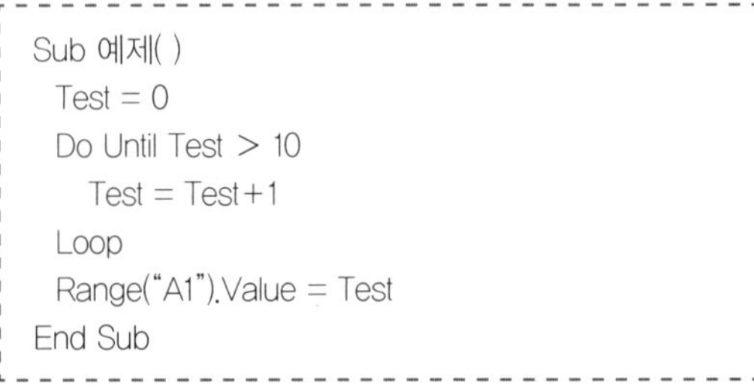
```
Sub 예제( )
  Test = 0
  Do Until Test > 10
    Test = Test+1
  Loop
  Range("A1").Value = Test
End Sub
```

① 10　　② 11
③ 0　　④ 55

해설 Test 값은 0부터 순차적으로 1씩 늘어나는 Loop이므로 조건식(Do Until Test 〉 10)에 따라 Test의 값에서 10이 초과되는 순간 Loop는 종료된다. 즉, Test의 값이 11이 되는 순간 Loop는 종료된다.

32 다음 중 시트에 대한 각 수식의 결과값이 나머지 셋과 다른 것은?

	A	B	C	D	E	F	G
1	10	20	30	40	50	60	70
2							

정답 28 ① 29 ④ 30 ③ 31 ② 32 ④

① =SMALL(A1:G1, {3})

② =AVERAGE(SMALL(A1:G1, {1;2;3;4;5}))

③ =LARGE(A1:G1, {5})

④ =SMALL(A1:G1, COLUMN(D1))

• 보기 ①, ②, ③번의 결과값은 '30'이고, 보기 ④번의 결과값은 '40'이다.

• COLUMN(D1)은 열 번호를 추출하므로 '4'이고, SMALL는 범위 지정 목록에서 4번째로 작은 값을 구하면 '40'이다.

33 다음 시트에서 주민등록번호의 여덟 번째 문자가 '1' 또는 '3'이면 '남', '2' 또는 '4'이면 '여'로 성별 정보를 알 수 있다. 다음 중 성별을 계산하기 위한 [D2] 셀의 수식으로 옳지 않은 것은? (단, [F2:F5] 영역은 숫자 데이터임)

	A	B	C	D	E	F	G
1	번호	성명	주민등록번호	성별		코드	성별
2	1	이경훈	940209-1******	남		1	남
3	2	서정연	920305-2******	여		2	여
4	3	이정재	971207-1******	남		3	남
5	4	이춘호	990528-1******	남		4	여
6	5	김지수	001128-4******	여			

① =IF(OR(MID(C2, 8, 1)="2", MID(C2, 8, 1)="4"), "여", "남")

② =CHOOSE(VALUE(MID(C2, 8, 1)), "남", "여", "남", "여")

③ =VLOOKUP(VALUE(MID(C2, 8, 1)), $F$2:$G$5, 2, 0)

④ =IF(MOD(VALUE(MID(C2, 8, 1)), 2)=0, "남", "여")

=IF(MOD(VALUE(MID(C2, 8, 1)), 2)=0, "남", "여") : [C2] 셀에서 뒷자리 첫 번째 숫자를 2로 나눈 나머지 값이 0이면 "여", 그렇지 않으면 "남"으로 표시한다. 즉, 1을 2로 나누면 나머지 값이 1이고, "남"으로 표시되어야 하므로 =IF(MOD(VALUE(MID(C2, 8, 1)), 2)=1, "남", "여")의 수식이 맞다.

34 다음의 시트에서 국적별 영화 장르의 편수를 계산하기 위해 [B12] 셀에 작성해야 할 배열 수식으로 옳지 않은 것은?

	A	B	C	D	E
1					
2	No.	영화명	관객수	국적	장르
3	1	럭키	66,962	한국	코미디
4	2	허드슨강의 기적	33,317	미국	드라마
5	3	그물	9,103	한국	드라마
6	4	프리즘☆투어즈	2,778	한국	애니메이션
7	5	드림 쏭	1,729	미국	애니메이션
8	6	춘몽	382	한국	드라마
9	7	파수꾼	106	한국	드라마
10					
11		코미디	드라마	애니메이션	
12	한국	1	3	1	
13	미국	0	1	1	

① {=SUM(($D$2:$D$9=$A12)*($E$2:$E$9=B$11))}

② {=SUM(IF($D$2:$D$9=$A12, IF($E$2:$E$9=B$11, 1)))}

③ {=COUNT(($D$2:$D$9=$A12)*($E$2:$E$9=B$11))}

④ {=COUNT(IF(($D$2:$D$9=$A12)*($E$2:$E$9=B$11), 1))}

보기 ③번의 경우 논리곱 True=1, False=그 외의 값인데 COUNT 함수는 모든 셀을 구하므로 옳지 않다.

35 다음 중 이름 상자에 대한 설명으로 옳지 않은 것은?

① Ctrl 키를 누르고 여러 개의 셀을 선택한 경우 마지막 선택한 셀 주소가 표시된다.

② 셀이나 셀 범위에 이름을 정의해 놓은 경우 이름이 표시된다.

③ 차트가 선택되어 있는 경우 차트의 종류가 표시된다.

④ 수식을 작성 중인 경우 최근 사용한 함수 목록이 표시 된다.

차트가 선택되어 있는 경우 차트가 만들어진 순서대로 '차트1', '차트2'로 표시된다.

36 다음 중 엑셀의 화면 확대/축소 작업에 관한 설명으로 옳지 않은 것은?

① 문서의 확대/축소는 10%에서 400%까지 설정할 수 있다.

② 설정한 확대/축소 배율은 통합 문서의 모든 시트에 자동으로 적용된다.

정답 33 ④ 34 ③ 35 ③ 36 ②

③ 화면의 확대/축소는 단지 화면에서 보이는 상태만을 확대/축소하는 것으로 인쇄 시 적용되지 않는다.

④ Ctrl 키를 누른 채 마우스의 스크롤을 위로 올리면 화면이 확대되고, 아래로 내리면 화면이 축소된다.

해설 설정한 확대/축소 배율은 현재 지정한 시트에서만 적용된다.

37 다음 중 인쇄 기능에 대한 설명으로 옳지 않은 것은?

① 기본적으로 워크시트의 눈금선은 인쇄되지 않으나 인쇄 되도록 설정할 수 있다.

② [페이지 설정] 대화 상자의 [시트] 탭에서 '간단하게 인쇄'를 선택하면 셀의 테두리를 포함하여 인쇄할 수 있다.

③ [인쇄 미리 보기 및 인쇄] 화면을 표시하는 단축키는 Ctrl+F2 이다.

④ [인쇄 미리 보기 및 인쇄]에서 '여백 표시'를 선택한 경우는 마우스로 여백을 변경할 수 있다.

해설 간단하게 인쇄 : 그래픽 개체(도형, 차트, 일러스트레이션 등)를 제외하고, 텍스트만 빠르게 인쇄한다.

38 다음 중 차트 도구의 [데이터 선택]에 대한 설명으로 옳지 않은 것은?

① [차트 데이터 범위]에서 차트에 사용하는 데이터 전체의 범위를 수정할 수 있다.

② [행/열 전환]을 클릭하여 가로 (항목) 축의 데이터 계열과 범례 항목(계열)을 바꿀 수 있다.

③ 범례에서 표시되는 데이터 계열의 순서를 바꿀 수 없다.

④ 데이터 범위 내에 숨겨진 행이나 열의 데이터도 차트에 표시할 수 있다.

해설 차트를 선택한 후 [차트 도구]-[디자인] 탭의 [데이터] 그룹에서 [데이터 선택] 단추를 클릭하여 데이터 순서를 바꿀 수 있다.

39 다음의 데이터를 차트로 작성하여 사원별로 각 분기의 실적을 비교 및 분석하려는 경우 가장 비효율적인 차트는?

사원	1분기	2분기	3분기	4분기
김수정	75	141	206	185
박덕진	264	288	383	353
이미영	305	110	303	353
구본후	65	569	227	332
안정인	246	483	120	204
정주리	209	59	137	317
유경철	230	50	116	239

① 누적 세로 막대형 차트

② 표식이 있는 꺾은선형

③ 원형 대 가로 막대형

④ 묶은 가로 막대형

해설 원형 대 가로 막대형 : 기본 원형 차트의 작은 원형 조각을 보다 쉽게 구분할 수 있는 차트로 원형 계열의 차트는 항상 한 개의 데이터 계열만을 가지고 있으므로 축이 없다.

40 다음 중 셀 영역을 선택한 후 상태 표시줄의 바로 가기 메뉴인 [상태 표시줄 사용자 지정]에서 선택할 수 있는 자동 계산에 해당되지 않는 것은?

① 선택한 영역 중 숫자 데이터가 입력된 셀의 수

② 선택한 영역 중 문자 데이터가 입력된 셀의 수

③ 선택한 영역 중 데이터가 입력된 셀의 수

④ 선택한 영역의 합계, 평균, 최소값, 최대값

해설 문자 데이터가 입력된 셀만 구할 수 없으며, 공백을 제외한 문자, 숫자가 입력된 전체 개수를 구하거나 숫자만 입력된 셀의 개수는 구할 수 있다.

3과목 | 데이터베이스 일반

41 다음 중 Access 파일에 암호를 설정하는 방법으로 옳은 것은?

정답 37 ② 38 ③ 39 ③ 40 ② 41 ②

① [데이터베이스 압축 및 복구] 도구에서 파일 암호를 설정할 수 있다.
② 데이터베이스를 단독 사용 모드(단독으로 열기)로 열어야 파일 암호를 설정할 수 있다.
③ 데이터베이스를 MDE 형식으로 저장한 후 파일을 열어야 파일 암호를 설정할 수 있다.
④ [Access 옵션] 대화 상자의 보안 센터에서 파일 암호를 설정할 수 있다.

해설 Access 파일에 암호를 설정하려면 [열기]-[찾아보기]를 선택한 후 [열기] 대화 상자에서 파일을 선택하고, [열기]-[단독으로 열기]를 선택한다.

42 다음 중 데이터 보안 및 회복, 무결성, 병행 수행 제어 등을 정의하는 데이터베이스 언어로 데이터베이스 관리자가 데이터 관리를 목적으로 주로 사용하는 언어는?

① 데이터 제어어(DCL)
② 데이터 부속어(DSL)
③ 데이터 정의어(DDL)
④ 데이터 조작어(DML)

해설
- ③ 구조나 데이터의 형식, 처리 방식 등을 정의하는 언어(데이터 기술 언어)이다.
- ④ 데이터베이스에 대한 검색, 추가, 삭제, 갱신 등을 하기 위한 언어이다.

43 다음 중 SQL 질의에 대한 설명으로 옳지 않은 것은?

① ORDER BY절 사용 시 정렬 방식을 별도로 지정하지 않으면 기본 값은 'DESC'로 적용된다.
② GROUP BY절은 특정 필드를 기준으로 그룹화하여 검색할 때 사용한다.
③ FROM절에는 테이블 또는 쿼리 이름을 지정하며, WHERE절에는 조건을 지정한다.
④ SELECT DISTINCT문을 사용하면 중복 레코드를 제거할 수 있다.

해설 ORDER BY절은 쿼리 결과로 검색된 레코드를 특정 필드를 기준으로 정렬할 때 사용하는 것으로 기본 값은 'ASC'이다.

44 다음 중 보고서의 그룹화 및 정렬에 대한 설명으로 옳지 않은 것은?

① '그룹'은 머리글과 같은 소계 및 요약 정보와 함께 표시되는 레코드의 모음으로 그룹 머리글, 세부 레코드 및 그룹 바닥글로 구성된다.
② 그룹화할 필드가 날짜 데이터이면 전체 값(기본), 일, 주, 월, 분기, 연도 중 선택한 기준으로 그룹화할 수 있다.
③ SUM 함수를 사용하는 계산 컨트롤을 그룹 머리글에 추가하면 현재 그룹에 대한 합계를 표시할 수 있다.
④ 필드나 식을 기준으로 최대 5단계까지 그룹화할 수 있으며, 같은 필드나 식은 한 번씩만 그룹화할 수 있다.

해설 필드나 식을 기준으로 최대 10단계까지 그룹화 할 수 있다.

45 다음 중 보고서 작업 시 필드 목록 창에서 선택한 필드를 본문 영역에 추가할 때 자동으로 생성되는 컨트롤은?

① 단추 ② 텍스트 상자
③ 하이퍼링크 ④ 언바운드 개체 틀

해설 [보고서 디자인 도구]-[디자인] 탭의 [도구] 그룹에서 [기존 필드 추가] 단추를 클릭하면 필드 목록 창에는 테이블에 이용된 필드가 표시되며, 보고서 작업 시 추가할 때 '텍스트 상자' 컨트롤로 생성된다.

46 다음 중 보고서의 보기 형태에 대한 설명으로 옳지 않은 것은?

① [보고서 보기]는 출력되는 보고서를 화면 출력용으로 보여주며, 페이지를 구분하여 표시한다.
② [디자인 보기]에서는 보고서에 삽입된 컨트롤의 속성, 맞춤, 위치 등을 설정할 수 있다.
③ [레이아웃 보기]는 출력될 보고서의 레이아웃을 보여주며, 컨트롤의 크기 및 위치를 변경할 수도 있다.
④ [인쇄 미리 보기]에서는 종이에 출력되는 모양을 표시하며, 인쇄를 위한 페이지 설정이 용이하다.

해설 [보고서 보기]는 인쇄 미리 보기와 비슷하지만 페이지의 구분 없이 한 화면에 보고서를 표시한다.

정답 42 ① 43 ① 44 ④ 45 ② 46 ①

47 다음의 보고서에 대한 설명으로 옳지 않은 것은?

대리점명: 서울지점

순번	모델명	판매날짜	판매량	판매단가
1	PC4203	2018-07-31	7	₩1,350,000
2		2018-07-23	3	₩1,350,000
3	PC4204	2018-07-16	4	₩1,400,000
		서울지점 소계 :		₩19,100,000

대리점명: 충북지점

순번	모델명	판매날짜	판매량	판매단가
1	PC3102	2018-07-13	6	₩830,000
2		2018-07-12	4	₩830,000
3	PC4202	2018-07-31	4	₩1,300,000
4		2018-07-07	1	₩1,300,000
		충북지점 소계 :		₩14,800,000

① '모델명' 필드를 기준으로 그룹이 설정되어 있다.
② '모델명' 필드에는 '중복 내용 숨기기' 속성을 '예'로 설정하였다.
③ 지점별 소계가 표시된 텍스트 상자는 그룹 바닥글에 삽입하였다.
④ 순번은 컨트롤 원본을 '=1'로 입력한 후 '누적 합계' 속성을 '그룹'으로 설정하였다.

해설 '대리점명' 필드를 기준으로 그룹이 설정되어 있다.

48 다음 중 〈학생〉 테이블에 대한 SQL문의 실행 결과로 옳은 것은?

학생

학번	전공	학년	나이
1002	영문	SO	19
1004	통계	SN	23
1005	영문	SN	21
1008	수학	JR	20
1009	영문	FR	18
1010	통계	SN	25

```
SELECT AVG([나이]) FROM 학생
WHERE 학년="SN" GROUP BY 전공
HAVING COUNT(*) >= 2;
```

① 21　　② 22
③ 23　　④ 24

해설 학년이 'SN'인 학생을 전공으로 그룹화하면 통계(2명), 영문(1명)으로 묶을 수 있고, 2명 이상의 그룹은 통계뿐이다. 여기에서 나이의 평균은 (23+25)/2=24이다.

49 다음 중 선택 쿼리에서 사용자가 지정한 패턴과 일치하는 데이터를 찾고자 할 때 사용되는 연산자는?

① Match　　② Some
③ Like　　④ Any

해설 Like : 질의 문자와 심벌을 이용해 문자 패턴에 일치하는 레코드를 검색할 때 사용하는 연산자로 데이터에 지정한 문자 혹은 문자열이 포함되어 있는지를 판별할 때 사용한다.

50 다음 중 SQL문으로 생성된 테이블에서의 레코드 작업에 대한 설명으로 옳지 않은 것은? (단, 고객과 계좌 간의 관계는 1:M이다.)

```
CREATE TABLE 고객
(고객ID          CHAR(20) NOT NULL,
 고객명          CHAR(20) NOT NULL,
 연락번호        CHAR(12),
 PRIMARY KEY (고객ID)
 );
CREATE TABLE 계좌
(계좌번호        CHAR(10) NOT NULL,
 고객ID          CHAR(20) NOT NULL,
 잔액            INTEGER DEFAULT 0,
 PRIMARY KEY (계좌번호),
 FOREIGN KEY (고객ID) REFERENCES 고객
 );
```

① <고객> 테이블에서 '고객ID' 필드는 동일한 값을 입력할 수 없다.
② <계좌> 테이블에서 '계좌번호' 필드는 반드시 입력해야 한다.
③ <고객> 테이블에서 '연락번호' 필드는 원하는 값으로 수정하거나 생략할 수 있다.
④ <계좌> 테이블에서 '고객ID' 필드는 동일한 값을 입력할 수 없다.

해설
- PRIMARY KEY(기본키)는 널 값, 중복 값을 가질 수 없지만 필드 값은 변경할 수 있으며, 레코드를 유일하게 식별할 수 있다.
- FOREIGN KEY(외래키)는 한 테이블의 속성이 다른 테이블의 기본키와 일치하거나 널 값인 키로 하나 이상의 테이블을 연결하는 경우 중복 값을 허용한다.

51 다음 중 테이블에서 입력 마스크를 "LA09?"로 설정한 경우 입력할 수 없는 값은?

정답 47 ① 48 ④ 49 ③ 50 ④ 51 ①

① AA111 ② A11
③ AA11 ④ A111A

해설
- L : A부터 Z까지의 영문자를 입력한다(필수 요소).
- A : 영문자나 숫자, 한글을 입력한다.
- 0 : 0부터 9까지의 숫자를 입력한다.
- 9 : 숫자나 공백을 입력한다.
- ? : A부터 Z까지의 영문자를 입력한다(선택 요소).

52 다음 중 <고객>과 <구매리스트> 테이블 관계에 참조 무결성이 항상 유지되도록 설정할 수 없는 경우는?

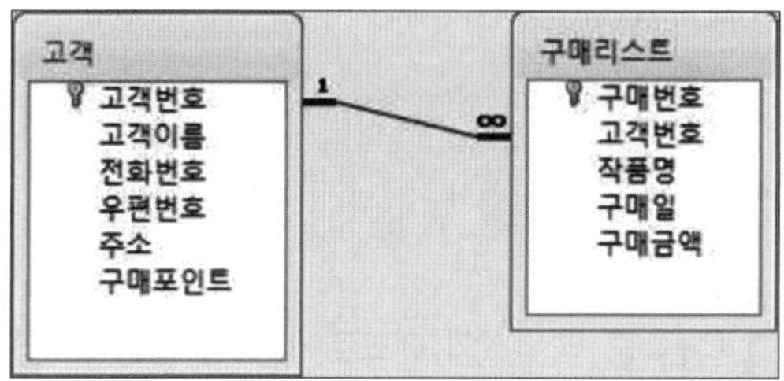

① <고객> 테이블의 '고객번호' 필드 값이 <구매리스트> 테이블의 '고객번호' 필드에 없는 경우
② <고객> 테이블의 '고객번호' 필드 값이 <구매리스트> 테이블의 '고객번호' 필드에 하나만 있는 경우
③ <구매리스트> 테이블의 '고객번호' 필드 값이 <고객> 테이블의 '고객번호' 필드에 없는 경우
④ <고객> 테이블의 '고객번호' 필드 값이 <구매리스트> 테이블의 '고객번호' 필드에 두 개 이상 있는 경우

해설
- 참조 무결성 : 외래키 값은 널(Null) 값이거나 참조 테이블에 있는 기본키 값과 동일해야 한다.
- 〈구매리스트〉 테이블에서 외래키는 고객번호이고, 고객번호는 〈고객〉 테이블의 고객번호에 존재하거나 Null값이어야 한다.

53 다음 중 외부 데이터 가져오기 기능에 대한 설명으로 옳지 않은 것은?

① 텍스트 파일을 가져와 기존 테이블의 레코드로 추가하려는 경우 기본키에 해당하는 필드의 값들이 고유한 값이 되도록 데이터를 수정하며 가져올 수 있다.
② Excel 워크시트에서 정의된 이름의 영역을 Access의 새 테이블이나 기존 테이블에 데이터 복사본으로 만들 수 있다.
③ Access에서는 한 테이블에 256개 이상의 필드를 지원하지 않으므로 원본 데이터는 열의 개수가 255개를 초과하지 않아야 한다.
④ Excel 파일을 가져오는 경우 한 번에 하나의 워크시트만 가져올 수 있으므로 여러 워크시트에서 데이터를 가져오려면 각 워크시트에 대해 가져오기 명령을 반복해야 한다.

해설 텍스트 파일을 가져와 기존 테이블의 레코드로 추가하려는 경우 기본키에 해당하는 필드의 값들이 고유한 값이 되도록 데이터를 수정하며 가져올 수 없다. 외부 데이터를 가져오더라도 원본 데이터는 변경되지 않으며, 가져오기한 데이터를 변경해도 원본 데이터에는 영향을 미치지 않는다.

54 다음 중 위쪽 구역에 데이터시트를 표시하는 열 형식의 폼을 만들고, 아래쪽 구역에 선택한 레코드에 대한 정보를 수정하거나 입력할 수 있는 데이터시트 형식의 폼을 자동으로 만들어 주는 도구는?

① 폼 ② 폼 분할
③ 여러 항목 ④ 폼 디자인

해설
- ① 입출력을 위한 화면을 제공할 뿐 데이터가 직접 저장되는 것은 아니다.
- ③ 행(레코드)으로 표현된 데이터시트를 그대로 옮긴다.
- ④ 폼 만들기 도구로 빈 양식의 폼에서 사용자가 직접 텍스트 상자, 레이블, 단추 등의 필요한 컨트롤들을 삽입하여 작성한다.

55 다음 중 이벤트 프로시저에서 쿼리를 실행 모드로 여는 명령은?

① DoCmd.OpenQuery
② DoCmd.SetQuery
③ DoCmd.QueryView
④ DoCmd.QueryTable

해설 DoCmd.OpenQuery : VBA 모듈에서 선택 쿼리를 데이터시트 보기, 디자인 보기, 인쇄 미리 보기 등으로 열기 위해 사용하는 메서드이다.

정답 52 ③ 53 ① 54 ② 55 ①

56 다음 중 폼의 구성 요소에 대한 설명으로 옳지 않은 것은?

① 폼 머리글은 인쇄할 때 모든 페이지의 상단에 매번 표시된다.
② 하위 폼은 폼 안에 있는 또 하나의 폼을 의미한다.
③ 폼 바닥글은 폼 요약 정보 등과 같이 각 레코드에 동일하게 표시될 정보가 입력되는 구역이다.
④ 본문은 사용할 실제 내용을 입력하는 구역으로 폼 보기 형식에 따라 하나의 레코드만 표시하거나 여러 개의 레코드를 표시한다.

해설 폼 머리글은 폼의 제목 같이 모든 레코드에 대해 동일한 정보를 표시하며, 인쇄할 때는 첫 페이지의 맨 위에 나타난다.

57 다음 중 폼 작성에 관한 설명으로 옳지 않은 것은?

① 여러 개의 컨트롤을 선택하여 자동 정렬할 수 있다.
② 컨트롤의 탭 순서는 자동으로 화면 위에서 아래로 설정된다.
③ 사각형, 선 등의 도형 컨트롤을 삽입할 수 있다.
④ 컨트롤 마법사를 사용하여 폼을 닫는 매크로를 실행 시키는 단추를 만들 수 있다.

해설
- 탭 인덱스(TabIndex) : 컨트롤의 탭 순서를 지정한다.
- 컨트롤의 탭 순서가 자동으로 화면 위에서 아래로 지정되는 것은 아니다.

58 다음 중 관계형 데이터베이스의 조인(JOIN)에 대한 설명으로 옳지 않은 것은?

① 쿼리에 여러 테이블을 포함할 때는 조인을 사용하여 원하는 결과를 얻을 수 있다.
② 내부 조인은 조인되는 두 테이블에서 조인하는 필드가 일치하는 행만을 반환하려는 경우에 사용한다.
③ 외부 조인은 조인되는 두 테이블에서 공통 값이 없는 데이터를 포함할지 여부를 지정할 수 있다.
④ 조인에 사용되는 기준 필드의 데이터 형식은 다르거나 호환되지 않아도 가능하다.

해설 조인에 사용되는 기준 필드의 데이터 형식은 동일하거나 호환되어야 한다.

59 다음 중에서 폼 바닥글의 텍스트 상자의 컨트롤 원본으로 <사원> 테이블에서 직급이 '부장'인 레코드들의 급여 평균을 구하는 함수식으로 옳은 것은?

① =DAVG("[급여]", "[사원]", "[직급]='부장'")
② =DAVG("[사원]", "[급여]", "[직급]='부장'")
③ =AVG("[급여]", "[사원]", "[직급]='부장'")
④ =AVG("[사원]", "[급여]", "[직급]='부장'")

해설 DAVG("필드", "테이블", "조건") : 조건에 만족하는 필드의 평균을 구한다.

60 다음 중 액세스의 매크로에 대한 설명으로 옳지 않은 것은?

① 반복적으로 수행되는 작업을 자동화하여 간단히 처리할 수 있도록 하는 기능이다.
② 매크로 함수 또는 매크로 함수 집합으로 구성되며, 각 매크로 함수의 수행 방식을 제어하는 인수를 추가할 수 있다.
③ 매크로를 이용하여 폼을 열고 닫거나 메시지 박스를 표시할 수도 있다.
④ 매크로는 주로 컨트롤 이벤트에 연결하여 사용하며, 폼 개체 내에서만 사용할 수 있다.

해설 매크로는 테이블, 쿼리, 폼, 보고서 등의 각 개체에서 자동화 작업이 가능하도록 미리 정의된 기능이다.

정답 56 ① 57 ② 58 ④ 59 ① 60 ④

2020년 07월 04일 시행 기출문제

1과목 | 컴퓨터 일반

01 다음 중 컴퓨터 및 정보 기기에서 사용하는 펌웨어(Firmware)에 관한 설명으로 옳은 것은?

① 주로 하드 디스크의 부트 레코드 부분에 저장된다.
② 인터프리터 방식으로 번역되어 실행된다.
③ 운영 체제의 일부로 입출력을 전담한다.
④ 소프트웨어의 업그레이드만으로도 기능을 향상시킬 수 있다.

해설 펌웨어(Firmware) : 하드웨어와 소프트웨어의 중간 형태 프로그램으로 하드웨어의 교체 없이 소프트웨어 업그레이드만으로 시스템 성능을 개선할 수 있다.

02 다음 중 수의 표현에 있어 진법에 대한 설명으로 옳지 않은 것은?

① 16진수(Hexadecimal)는 0~9까지의 숫자와 A~F까지 문자로 표현하는 진법으로 한 자리수를 표현하는데 4개의 비트가 필요하다.
② 2진수, 8진수, 16진수를 10진수 실수(Float)로 변환하려면 정수 부분과 소수 부분을 나누어서 변환하려는 각 진수의 자리 값과 자리의 지수 승을 곱한 결과 값을 모두 더하여 계산한다.
③ 10진수(Decimal) 정수를 2진수, 8진수, 16진수로 변환하려면 10진수 값을 변환할 진수로 나누어 더 이상 나눠지지 않을 때까지 나누고, 몫을 제외한 나머지를 역순으로 표시한다.
④ 8진수를 16진수로 변환하려면 8진수를 뒤에서부터 2자리씩 자른 후 각각 16진수를 1자리로 계산한다.

해설 8진수를 16진수로 변환하려면 2진수로 변환하고, 뒤에서부터 4자리씩 자른 후 각각 16진수를 계산한다.

03 다음 중 정보 보안을 위한 비밀키 암호화 기법의 설명으로 옳지 않은 것은?

① 서로 다른 키로 데이터를 암호화하고 복호화 한다.
② 암호화와 복호화의 속도가 빠르다.
③ 알고리즘이 단순하고 파일의 크기가 작다.
④ 사용자의 증가에 따라 관리해야 할 키의 수가 상대적으로 많아진다.

해설 비밀키 암호화 기법은 동일한 키로 데이터를 암호화하고 복호화한다.

04 다음 중 시스템 보안을 위해 사용하는 방화벽(Firewall)에 대한 설명으로 적절하지 않은 것은?

① IP 주소 및 포트 번호를 이용하거나 사용자 인증을 기반으로 접속을 차단하여 네트워크의 출입로를 단일화 한다.
② '명백히 허용되지 않은 것은 금지한다.'라는 적극적 방어 개념을 가지고 있다.
③ 방화벽을 운영하면 바이러스와 내외부의 새로운 위험에 효과적으로 대처할 수 있다.
④ 로그 정보를 통해 외부침입의 흔적을 찾아 역추적할 수 있다.

해설 방화벽 : 외부의 불법적인 침입으로부터 정보를 보호하기 위한 보안 시스템이지만 내부의 불법적인 해킹은 막지 못한다.

05 다음 중 Windows 운영 체제에서의 백업과 복원에 관한 설명으로 옳지 않은 것은?

① 특정 날짜와 시간에 백업할 수 있도록 백업 주기를 예약할 수 있다.
② Windows에서 백업에 사용되는 파일의 확장자는 .bkf이다.
③ 백업 파일을 복원할 경우 복원 위치를 지정할 수 있다.
④ 여러 파일이 백업되어 있는 경우 원하는 파일을 선택하여 복원할 수 없다.

해설 여러 파일이 백업되어 있는 경우 원하는 파일을 선택하여 복원할 수 있다(백업한 개별 파일, 파일 그룹 또는 전체 파일을 복원 가능).

정답 01 ④ 02 ④ 03 ① 04 ③ 05 ④

06 다음 중 스마트폰을 모뎀처럼 활용하는 방법으로 컴퓨터나 노트북 등의 IT 기기를 스마트폰에 연결하여 무선 인터넷을 사용할 수 있게 하는 기능은?

① 와이파이(WiFi)
② 블루투스(Bluetooth)
③ 테더링(Tethering)
④ 와이브로(WiBro)

해설
- ① 무선 접속 장치(AP)가 설치된 일정 거리 안에서 무선 인터넷을 사용할 수 있는 근거리 통신망 기술이다.
- ② 근거리에 놓여 있는 컴퓨터와 이동 단말기를 무선으로 연결하여 쌍방향으로 실시간 통신을 가능하게 해주는 규격이다.
- ④ 휴대폰, 노트북 등을 이용하여 이동하면서 초고속 인터넷에 접속할 수 있는 무선 광대역 서비스이다.

07 다음 중 네트워크 관련 장비로 브리지(Bridge)에 관한 설명으로 옳지 않은 것은?

① OSI 참조 모델의 데이터 링크 계층에 속한다.
② 두 개의 근거리 통신망을 상호 접속할 수 있도록 하는 통신망 연결 장치이다.
③ 통신 프로토콜을 변환하여 네트워크를 확장한다.
④ 통신량을 조절하여 데이터가 다른 곳으로 가지 않도록 한다.

해설 보기 ③번은 게이트웨이(Gateway)에 대한 설명이다.

08 다음 중 인터넷 기반 기술을 이용하여 기업들이 외부 보안을 유지한 상태에서 협력 업체 간의 효율적인 업무 처리를 위해 사용하는 네트워크로 옳은 것은?

① 인트라넷(Intranet)
② 원거리 통신망(WAN)
③ 엑스트라넷(Extranet)
④ 근거리 통신망(LAN)

해설
- ① 기업 네트워크를 인터넷 정보망에 연결하여 저렴한 비용으로 회사 업무 네트워크를 구축하는 시스템이다.
- ② 국가와 국가 또는 전 세계의 컴퓨터가 하나로 연결된 통신망이다.
- ④ 건물, 기업, 학교 등 가까운 거리에 있는 컴퓨터끼리 연결하는 통신망이다.

09 다음 중 TCP/IP 프로토콜에서 IP 프로토콜의 개요 및 기능에 관한 설명으로 옳은 것은?

① 메시지를 송수신자의 주소와 정보로 묶어 패킷 단위로 나눈다.
② 패킷 주소를 해석하고, 경로를 결정하여 다음 호스트로 전송한다.
③ 전송 데이터의 흐름을 제어하고, 데이터의 에러를 검사한다.
④ OSI 7계층에서 전송 계층에 해당한다.

해설
- TCP : 두 종단간 연결을 설정한 후 데이터를 패킷 단위로 교환한다.
- IP : 패킷 주소를 해석하고 경로를 설정하여 다음 호스트로 전송한다.

10 다음 중 디지털 콘텐츠의 생성/거래/전달/관리 등 전체 과정을 관리할 수 있는 기술로 멀티미디어 프레임워크의 MPEG 표준은?

① MPEG-1　　② MPEG-3
③ MPEG-7　　④ MPEG-21

해설
- ① CD 매체에 VHS 테이프의 동영상과 음향을 최대 1.5Mbps로 압축 저장하는 기술이다.
- ② 고화질 TV의 높은 화질을 얻기 위한 영상 압축 기술이다.
- ③ 동영상 데이터 검색과 선자상거래 등에 적합하며, 멀티미디어의 정보 검색이 가능하도록 메타 데이터를 추가한 기술이다.

11 다음 중 GIF 파일 형식에 대한 설명으로 옳지 않은 것은?

① 인터넷 표준 그래픽 형식으로 8비트 컬러를 사용하여 256색만 지원한다.
② 간단한 애니메이션 표현이 가능하다.
③ 색상의 무손실 압축 기술을 사용한다.
④ 벡터 방식으로 이미지를 표현한다.

해설 GIF : 인터넷 표준 그래픽 형식으로 8비트 컬러를 사용하여 최대 256 색상까지 표현할 수 있으며, 애니메이션 구현이 가능하다.

12 다음 중 Windows의 [제어판]–[장치 및 프린터]에 표시되지 않는 것은?

① 사용자 컴퓨터

정답 06 ③ 07 ③ 08 ③ 09 ② 10 ④ 11 ④ 12 ②

② 하드 디스크 드라이브와 사운드 카드
③ 컴퓨터의 USB 포트에 연결하는 모든 장치
④ 컴퓨터에 연결된 호환 네트워크 장치

해설 보기 ②번은 [제어판]-[장치 관리자]에서 표시된다.

13 다음 중 컴퓨터의 제어 장치에 있는 부호기(Encoder) 레지스터에 관한 설명으로 옳은 것은?

① 명령 레지스터에 있는 명령어를 해독한다.
② 해독된 명령어에 따라 각 장치로 보낼 제어 신호를 생성한다.
③ 다음 순서에 실행할 명령어의 주기억 장치 주소를 기억한다.
④ 뺄셈 연산을 위해 음수로 변환한다.

해설 부호기(Encoder) : 명령 해독기에서 받은 명령을 실행 가능한 신호로 변환하여 전송한다.

14 다음 중 Windows에서 바로 가기 아이콘에 관한 설명으로 옳지 않은 것은?

① 바로 가기 아이콘을 실행하면 연결된 원본 파일이 실행된다.
② 파일, 폴더뿐만 아니라 디스크 드라이브나 프린터에도 바로 가기 아이콘을 만들 수 있다.
③ 일반 아이콘과 비교하여 왼쪽 아랫부분에 화살표가 포함되어 표시된다.
④ 하나의 바로 가기 아이콘에 여러 개의 원본 파일을 연결할 수 있다.

해설 하나의 바로 가기 아이콘에는 하나의 원본 파일만 연결할 수 있다.

15 다음 중 Windows에서 파일이나 폴더, 프린터, 드라이브 등 컴퓨터 자원의 공유에 관한 설명으로 옳지 않은 것은?

① 공유 폴더에 대한 접근 권한은 사용자에 따라 다르게 설정할 수 있다.
② 탐색기의 주소 표시줄에 '₩₩localhost'를 입력하면 네트워크를 통해 공유한 파일이나 폴더를 확인할 수 있다.
③ 탐색기의 공유 기능을 이용하면 파일이나 폴더를 쉽게 다른 사용자와 공유할 수 있다.
④ 공유한 파일명 뒤에 '$'를 붙이면 네트워크의 다른 사용자가 해당 파일을 사용하고 있는지의 여부를 바로 확인할 수 있다.

해설 다른 사람이 공유 여부를 모르게 하려면 폴더나 드라이브의 공유 이름에 '$' 표시를 한다.

16 다음 중 출력 장치인 디스플레이 어댑터와 모니터에 관련된 용어의 설명으로 옳지 않은 것은?

① 픽셀(Pixel) : 화면을 이루는 최소 단위로서 같은 크기의 화면에서 픽셀 수가 많을수록 해상도가 높아진다.
② 해상도(Resolution) : 모니터 화면의 픽셀 수와 관련이 있으며 픽셀 수가 많을수록 표시할 수 있는 색상의 수가 증가한다.
③ 점 간격(Dot Pitch) : 픽셀들 사이의 공간을 나타내는 것으로 간격이 가까울수록 영상은 선명하다.
④ 재생률(Refresh Rate) : 픽셀들이 밝게 빛나는 것을 유지하기 위한 것으로 재생률이 높을수록 모니터의 깜빡임이 줄어든다.

해설
- 해상도(Resolution) : 정밀도를 나타내는 화질 평가의 기준으로 점(Pixel)의 개수가 많을수록 고해상도의 선명한 화면이다(비디오 카드의 성능이나 모니터 크기를 결정).
- 픽셀 수가 많을수록 표시할 수 있는 색상의 수가 증가하는 것은 아니다.

17 다음 중 컴퓨터에서 사용하는 기억 장치에 관한 설명으로 옳지 않은 것은?

① 플래시(Flash) 메모리는 비휘발성 기억 장치로 주로 디지털 카메라나 MP3, 개인용 정보 단말기, USB 드라이브 등 휴대용 기기에서 대용량 정보를 저장하는 용도로 사용된다.
② 하드 디스크 인터페이스 방식은 EIDE, SATA, SCSI 방식 등이 있다.

정답 13 ② 14 ④ 15 ④ 16 ② 17 ④

③ 캐시(Cache) 메모리는 CPU와 주기억 장치 사이에 위치하여 두 장치간의 속도 차이를 줄여 컴퓨터의 처리 속도를 빠르게 하기 위한 메모리이다.
④ 연관(Associative) 메모리는 보조 기억 장치를 마치 주기억 장치와 같이 사용하여 실제 주기억 장치 용량보다 기억 용량을 확대하여 사용하는 방법이다.

- 연관 메모리 : 주소 대신 기억된 정보를 이용하여 기억 장치에 접근하는 장치로 CAM이라고도 한다.
- 보기 ④번은 가상 메모리에 대한 설명이다.

18 다음 중 패치(Patch) 버전 소프트웨어에 관한 설명으로 옳은 것은?

① 정식으로 대가를 지불하고 사용하는 소프트웨어이다.
② 홍보용으로 사용 기간이나 기능에 제한을 둔 소프트웨어이다.
③ 오류 수정이나 성능 향상을 위해 프로그램 일부를 변경해 주는 소프트웨어이다.
④ 정식 프로그램 출시 전에 테스트용으로 제작되어 일반인에게 공개하는 소프트웨어이다.

해설 보기 ①번은 상용 소프트웨어, 보기 ②번은 데모 버전, 보기 ④번은 베타 버전에 대한 설명이다.

19 다음 중 컴퓨터에서 사용하는 압축 프로그램에 관한 설명으로 옳지 않은 것은?

① 압축한 파일을 모아 재압축을 반복하면 파일 크기를 계속 줄일 수 있다.
② 여러 개의 파일을 압축하면 하나의 파일로 생성되어 파일 관리를 용이하게 할 수 있다.
③ 대부분의 압축 프로그램에는 분할 압축이나 암호 설정 기능이 있다.
④ 파일의 전송 시간과 비용을 절약하고, 디스크 공간을 효율적으로 사용할 수 있다.

해설 압축한 파일을 모아 재압축을 반복하면 파일 크기에 변화는 거의 없다.

20 다음 중 Windows에서 바탕 화면의 바로 가기 메뉴에 관한 설명으로 옳지 않은 것은?

① 바탕 화면에서 Shift+F10 키를 누르면 바로 가기 메뉴가 표시된다.
② 바탕 화면에 폴더나 텍스트 문서, 압축 파일 등을 새로 만들 수 있다.
③ 삭제된 컴퓨터, 휴지통, 네트워크 등의 바탕 화면 아이콘을 다시 표시할 수 있다.
④ 아이콘의 정렬 기준을 변경하거나 아이콘의 크기를 변경하여 볼 수 있다.

해설 바탕 화면의 바로 가기 메뉴 : 새 폴더, 보기, 정렬 기준, 새로 고침, 붙여넣기, 바로 가기 붙여넣기, 새로 만들기, 디스플레이 설정, 개인 설정 작업이 가능하다.

2과목 | 스프레드시트 일반

21 다음 중 피벗 테이블에 대한 설명으로 옳지 않은 것은?

① 피벗 테이블 보고서를 작성한 후 원본 데이터를 수정하면 피벗 테이블 보고서에 자동으로 반영된다.
② [피벗 테이블 필드 목록]에서 보고서에 추가할 필드 선택 시 데이터 형식이 텍스트이거나 논리값인 필드를 선택하여 '행 레이블' 영역에 추가한다.
③ 값 영역에 추가된 필드가 2개 이상이면 Σ 값 필드가 열 레이블 또는 행 레이블 영역에 추가된다.
④ 열 레이블/행 레이블 단추를 클릭하여 레이블 필터나 값 필터를 설정할 수 있다.

해설 원본 데이터가 변경되면 데이터 새로 고침 기능을 이용하여 피벗 테이블 데이터도 변경할 수 있다.

22 다음 그림과 같이 설정한 상태에서 [매크로 기록] 대화 상자의 [확인] 단추를 누른다. [A2:A6] 범위를 선택한 후 글꼴 스타일을 굵게 지정하고 [기록 중지]를 눌러 '서식' 매크로의 작성을 완료하였다. 다음 중 매크로 작성 후 [C1] 셀을 선택하고 '서식' 매크로를 실행한 결과로 옳은 것은?

정답 ▶ 18 ③ 19 ① 20 ③ 21 ① 22 ③

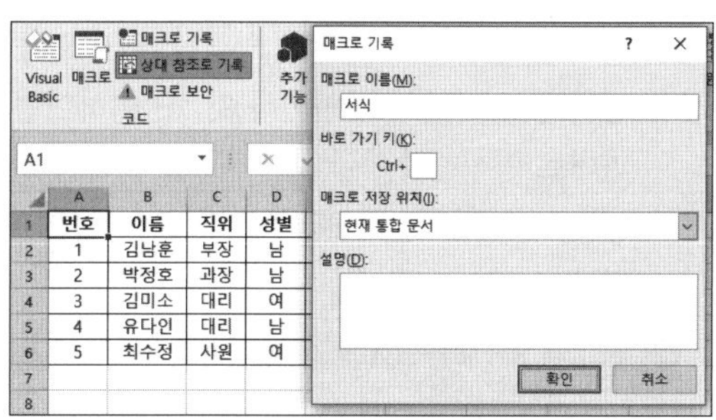

	A	B	C	D
1	번호	이름	직위	성별
2	1	김남훈	부장	남
3	2	박정호	과장	남
4	3	김미소	대리	여
5	4	유다인	대리	남
6	5	최수정	사원	여
7				
8				

① [A2:A6] 영역의 글꼴 스타일이 굵게 지정된다.
② [A1] 셀만 글꼴 스타일이 굵게 지정된다.
③ [C2:C6] 영역의 글꼴 스타일이 굵게 지정된다.
④ [C1] 셀만 글꼴 스타일이 굵게 지정된다.

해설 [A1] 셀에서 [A2:A6] 영역을 굵게 지정했기 때문에 [C1] 셀에서 매크로를 실행하면 같은 열에 있는 [C2:C6] 영역이 굵게 지정된다. 즉, 현재 셀의 위치에 따라 달라지는 상대 참조 방식으로 동작한다.

23 다음 중 그림과 같은 시나리오 요약 보고서에 대한 설명으로 옳지 않은 것은?

시나리오 요약	현재 값:	호황	불황
변경 셀:			
냉장고판매	2%	4%	-2%
세탁기판매	3%	6%	-3%
$C$5	5%	10%	-5%
결과 셀:			
예상판매금액	516,600,000	533,200,000	483,400,000

① '호황'과 '불황' 두 개의 시나리오로 작성한 시나리오 요약 보고서는 새 워크시트에 표시된다.
② 원본 데이터에 '냉장고판매', '세탁기판매', '예상판매금액'으로 이름을 정의한 셀이 있다.
③ 원본 데이터에서 변경 셀의 현재 값을 수정하면 시나리오 요약 보고서가 자동으로 업데이트된다.
④ 시나리오 요약 보고서 내의 모든 내용은 수정 가능하며, 자동으로 설정된 윤곽도 지울 수 있다.

해설 원본 데이터에서 변경 셀의 현재 값을 수정하면 시나리오 요약 보고서가 자동으로 업데이트 되지 않는다.

24 다음의 시트에서 사원명이 두 글자이면서 실적이 전체 실적의 평균을 초과하는 데이터를 검색할 때, 고급 필터의 조건으로 옳은 것은?

	A	B
1	사원명	실적
2	유민	15,030,000
3	오성준	35,000,000
4	김근태	18,000,000
5	김원	9,800,000
6	정영희	12,000,000
7	남궁정훈	25,000,000
8	이수	30,500,000
9	김용훈	8,000,000

①

사원명	실적조건
="=??"	=$B2>AVERAGE($B$2:$B$9)

②

사원명	실적
="=??"	=$B2&">AVERAGE($B$2:$B$9)"

③

사원명	실적
=LEN($A2)=2	=$B2>AVERAGE($B$2:$B$9)

④

사원명	실적조건
="=**"	=$B2>AVERAGE($B$2:$B$9)

해설 사원명이 두 글자는 ="=??"으로 나타내고, 실적이 전체 실적의 평균을 초과하는 데이터는 =$B2>AVERAGE($B$2:$B$9)로 표시하되 두 번째 조건의 논리식에서 조건란에 '실적' 필드명을 그대로 사용할 수는 없다.

25 다음 중 데이터가 입력되어 있는 연속된 셀 범위를 선택하는 방법으로 옳지 않은 것은?

① 첫 번째 셀을 클릭한 후 Ctrl+Shift+<방향키>를 눌러 선택 영역을 확장한다.
② 첫 번째 셀을 클릭한 후 Shift 키를 누른 상태에서 범위의 마지막 셀을 클릭한다.
③ 첫 번째 셀을 클릭한 후 F8 키를 누르고, <방향키>를 눌러 선택 영역을 확장한다.
④ 첫 번째 셀을 클릭한 후 Ctrl 키를 누른 상태에서 <방향키>를 눌러 선택 영역을 확장한다.

해설 첫 번째 셀을 클릭한 후 Ctrl 키를 누른 상태에서 방향키를 누르면 셀 범위가 선택되지 않은 채로 연속된 셀 범위의 마지막 행 또는 열로 이동한다.

26 다음 중 [외부 데이터 가져오기] 기능에 대한 설명으로 옳지 않은 것은?

정답 23 ③ 24 ① 25 ④ 26 ①

① 텍스트 파일은 구분 기호나 일정한 너비로 분리된 모든 열을 엑셀로 가져오기 때문에 일부 열만 가져올 수는 없다.

② 액세스 파일은 표, 피벗 테이블, 워크시트의 특정 위치 등으로 다양하게 불러올 수 있다.

③ 웹상의 데이터 중 일부를 워크시트로 가져오고, 새로 고침 기능을 이용하여 최신 데이터로 업데이트 할 수 있다.

④ 기타 원본의 Microsoft Query 기능을 이용하면 외부 데이터베이스에서 가져올 데이터의 추출 조건을 설정하여 원하는 데이터만 가져올 수 있다.

해설 텍스트 파일은 구분 기호나 일정한 너비로 분리된 모든 열을 엑셀로 가져오기 때문에 일부 열만 가져올 수도 있다.

27 다음 중 [찾기 및 바꾸기] 대화 상자에 대한 설명으로 옳지 않은 것은?

① 찾을 내용에 '*수정*', 바꿀 내용에 '*변경*'으로 입력하고, [모두 바꾸기] 단추를 클릭하면 '수정'이라는 모든 글자를 '*변경*'으로 바꾼다.

② '=A1*B1'과 같은 수식을 검색하려면 찾는 위치를 '수식'으로 선택한 후 찾을 내용에 '=A1~*B1'로 입력한다.

③ 찾을 내용과 바꿀 내용은 입력하지 않고, 찾을 서식과 바꿀 서식으로 설정할 수 있다.

④ 셀 포인터 위치를 기준으로 앞에 위치한 데이터를 찾으려면 Shift 키를 누른 상태에서 [다음 찾기] 단추를 클릭한다.

해설 와일드카드(*, ?) 문자 자체를 검색하려면 기호 앞에 '~'를 입력해야 한다(예 : ~*, ~?).

28 다음 중 엑셀에서 날짜 데이터의 입력 방법에 대한 설명으로 옳지 않은 것은?

① 날짜 데이터는 하이픈(-)이나 슬래시(/)를 이용하여 년, 월, 일을 구분한다.

② 날짜의 연도를 생략하고 월과 일만 입력하면 자동으로 현재 연도가 추가된다.

③ 날짜의 연도를 두 자리로 입력할 때 연도가 30 이상이면 1900년대로 인식하고, 29 이하이면 2000년대로 인식한다.

④ Ctrl+Shift+; 키를 누르면 오늘 날짜가 입력된다.

해설 현재 날짜 입력은 Ctrl+; 키를, 현재 시간 입력은 Ctrl+Shift+; 키를 누른다.

29 다음 중 차트에 대한 설명으로 옳지 않은 것은?

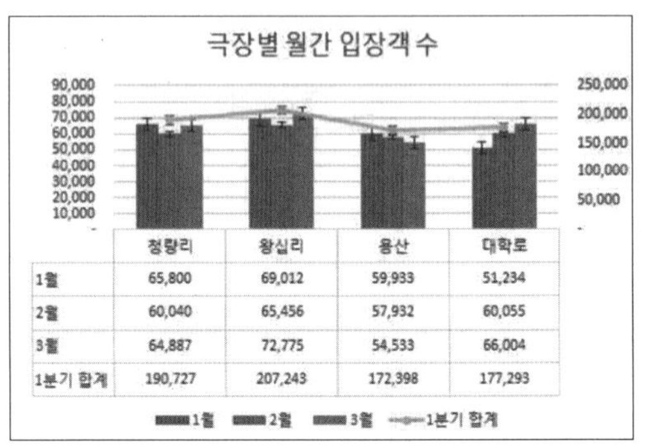

	청량리	왕십리	용산	대학로
1월	65,800	69,012	59,933	51,234
2월	60,040	65,456	57,932	60,055
3월	64,887	72,775	54,533	66,004
1분기 합계	190,727	207,243	172,398	177,293

① 계열 옵션에서 '간격 너비'가 0%로 설정되어 있다.

② 범례 표지 없이 데이터 표가 표시되어 있다.

③ '1월', '2월', '3월' 계열에 오차 막대가 표시되어 있다.

④ '1분기 합계' 계열은 '보조 축'으로 지정되어 있다.

해설
- '계열 겹치기'에서 수치를 음수로 지정하면 데이터 계열 사이가 벌어지고, 양수로 지정하면 데이터 계열이 서로 겹쳐진다.
- 문제의 차트는 계열 옵션에서 '계열 겹치기'가 0%로 설정되어 있다.

30 다음 중 서식 코드를 셀의 사용자 지정 표시 형식으로 설정한 경우 입력 데이터와 표시 결과가 옳지 않은 것은?

	서식 코드	데이터 입력	표시
㉠	# ???/???	3.75	3 3/4
㉡	0.00#,	-6789	-0.007
㉢	*-#,##0	6789	*---6,789
㉣	▲#;▼#;0	-6789	▼6789

① ㉠　　② ㉡

③ ㉢　　④ ㉣

정답 27 ① 28 ④ 29 ① 30 ③

• # : 유효 자릿수만 표시하며, 무효의 0은 표시하지 않는다.
• 0 : 무효의 0을 포함하여 숫자의 자릿수를 표시한다.
• , : 천 단위 구분자로 콤마를 삽입한다.
• 보기 ⓒ에서의 결과는 6,7890이다.

31 다음 중 매크로 편집 및 삭제에 대한 설명으로 옳지 않은 것은?

① [매크로] 대화 상자에서 편집할 매크로를 선택하고, [편집] 단추를 클릭하면 Visual Basic 편집기를 실행할 수 있다.
② Alt+F8 키를 눌러 Visual Basic 편집기를 실행하면 매크로를 수정할 수 있다.
③ PERSONAL.XLSB 파일을 삭제하면 통합 문서에 있는 모든 매크로를 삭제할 수 있다.
④ Visual Basic 편집기에서 삭제할 매크로의 코딩 부분을 범위로 지정한 뒤 Delete 키를 눌러 여러 매크로를 한 번에 삭제할 수 있다.

Alt+F11 키를 눌러 Visual Basic 편집기를 실행하면 매크로를 수정할 수 있다.

32 다음 중 워크시트에서 수식의 결과로 '부사장'을 출력하지 않는 것은?

	A	B	C	D
1	사원번호	성명	직함	생년월일
2	101	구민정	영업 과장	1980-12-08
3	102	강수영	부사장	1965-02-19
4	103	김진수	영업 사원	1991-08-30
5	104	박용만	영업 사원	1990-09-19
6	105	이순신	영업 부장	1971-09-20
7				

① =CHOOSE(CELL("row", B3), C2, C3, C4, C5, C6)
② =CHOOSE(TYPE(B4), C2, C3, C4, C5, C6)
③ =OFFSET(A1:A6, 2, 2, 1, 1)
④ =INDEX(A2:D6, MATCH(A3, A2:A6, 0), 3)

• CHOOSE(번호, 인수1, 인수2) : 인수 목록 중 번호에 해당하는 인수를 구한다(목록 중 하나를 골라 선택).
• CELL("row", B3)이 3이므로 [C2], [C3], [C4] 중 3번째인 [C4] 셀에 있는 영업 사원이 출력된다.

33 다음 중 워크시트에서 작성한 수식으로 결과값이 다른 것은?

	A	B	C
1	10	30	50
2	40	60	80
3	20	70	90
4			

① =SMALL(B1:B3, COLUMN(C3))
② =SMALL(A1:B3, AVERAGE({1;2;3;4;5}))
③ =LARGE(A1:B3, ROW(A1))
④ =LARGE(A1:C3, AVERAGE({1;2;3;4;5}))

• 보기 ①, ③, ④번의 결과값은 70이고, 보기 ②번의 결과값은 30이다.
• =SMALL(A1:B3, AVERAGE({1;2;3;4;5})) : AVERAGE({1;2;3;4;5} = 3(1, 2, 3, 4, 5의 평균)이므로 =SMALL(A1:B3, 3) = 30([A1:B3] 영역에서 세 번째로 작은 값)이다.

34 다음 중 통합 문서에 대한 설명으로 옳지 않은 것은?

① 시트 보호는 통합 문서 전체가 아닌 특정 시트만을 보호한다.
② 공유된 통합 문서는 여러 사용자가 동시에 변경 및 병합할 수 있다.
③ 통합 문서 보호 설정 시 암호를 지정하면 워크시트에 입력된 내용을 수정할 수 없다.
④ 사용자가 워크시트를 추가, 삭제하거나 숨겨진 워크시트를 표시하지 못하도록 통합 문서의 구조를 잠글 수 있다.

해설 통합 문서 보호 설정 시 암호를 지정해도 워크시트에 입력된 내용은 수정할 수 있다.

35 다음의 시트에서 각 부서마다 직위별로 종합점수의 합계를 구하려고 한다. 다음 중 [B17] 셀에 입력된 수식으로 옳은 것은?

정답 ▶ 31 ② 32 ① 33 ② 34 ③ 35 ③

	A	B	C	D	E
1	부서명	직위	업무평가	구술평가	종합점수
2	영업부	사원	35	30	65
3	총무부	대리	38	33	71
4	총무부	과장	45	36	81
5	총무부	대리	35	40	75
6	영업부	과장	46	39	85
7	홍보부	과장	30	37	67
8	홍보부	부장	41	38	79
9	총무부	사원	33	29	62
10	영업부	대리	36	34	70
11	홍보부	대리	27	36	63
12	영업부	과장	42	39	80
13	영업부	부장	40	39	79
14					

	A	B	C	D
16	부서명	부장	과장	대리
17	영업부			
18	총무부			
19	홍보부			
20				

① {=SUMIFS($E$2:$E$13, $A$2:$A$13, $A$17, $B$2:$B$13, $B$16)}

② {=SUM(($A$2:$A$13=A17)*($B$2:$B$13=B16)*$E$2:$E$13)}

③ {=SUM(($A$2:$A$13=$A17)*($B$2:$B$13=B$16)*$E$2:$E$13)}

④ {=SUM(($A$2:$A$13=A$17)*($B$2:$B$13=$B16)*$E$2:$E$13)}

해설 보기 ③번에서 $A17은 영업부, 총무부, 홍보부 행이 변경되면서 값이 입력되어야 하므로 열을 고정하고, B$16은 부장, 과장, 대리 열이 변경되면서 값이 입력되어야 하므로 행을 고정한다.

36 다음 중 셀에 수식을 입력하는 방법에 대한 설명으로 옳지 않은 것은?

① 통합 문서의 여러 워크시트에 있는 동일한 셀 범위 데이터를 이용하려면 수식에서 3차원 참조를 사용한다.

② 계산할 셀 범위를 선택하여 수식을 입력한 후 Ctrl+Enter 키를 누르면 선택한 영역에 수식을 한 번에 채울 수 있다.

③ 수식을 입력한 후 결과 값이 상수로 입력되게 하려면 수식을 입력한 후 바로 Alt+F9 키를 누른다.

④ 배열 상수에는 숫자나 텍스트 외에 'TRUE', 'FALSE' 등의 논리값 또는 '#N/A'와 같은 오류 값도 포함될 수 있다.

해설 수식을 입력한 후 결과 값이 수식이 아닌 상수로 입력되게 하려면 수식을 입력한 후 바로 F9 키를 누른다.

37 다음 중 그림에서 [보기] 탭 [창] 그룹의 각 명령에 대한 설명으로 옳지 않은 것은?

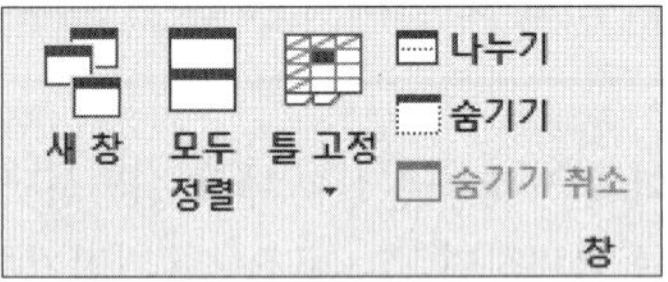

① [새 창]을 클릭하면 새로운 빈 통합 문서가 표시된다.

② [모두 정렬]은 현재 열려 있는 통합 문서를 바둑판식, 계단식, 가로, 세로 등 4가지 형태로 배열한다.

③ [숨기기]는 현재 활성화된 통합 문서 창을 보이지 않도록 숨긴다.

④ [나누기]를 클릭하면 워크시트를 최대 4개의 창으로 분할하여 멀리 떨어져 있는 여러 부분을 한 번에 볼 수 있다.

해설 새 창 : 현재 문서 보기가 있는 새 창을 열 수 있다(동시에 여러 곳에서 작업할 수 있도록 문서를 다른 창에서 열기 함).

38 다음 중 엑셀의 상태 표시줄에 대한 설명으로 옳지 않은 것은?

① 상태 표시줄에서 워크시트의 보기 상태를 기본 보기, 페이지 레이아웃 보기, 페이지 나누기 미리 보기 중 선택하여 변경할 수 있다.

② 상태 표시줄에는 확대/축소 슬라이더가 기본적으로 표시된다.

③ 상태 표시줄의 바로 가기 메뉴를 이용하여 셀의 특정 범위에 대한 이름을 정의할 수 있다.

④ 상태 표시줄은 현재의 작업 상태에 대한 기본적인 정보가 표시되는 곳이다.

해설 셀의 특정 범위에 대한 이름을 정의하려면 이름 상자에 입력해야 한다.

정답 36 ③ 37 ① 38 ③

39 다음 중 차트의 편집에 대한 설명으로 옳지 않은 것은?

① 차트와 연결된 워크시트의 데이터에 열을 추가하면 차트에 자동적으로 반영되지 않는다.
② 차트 크기를 조정하면 새로운 크기에 가장 적합하도록 차트 내의 텍스트 크기 등이 자동적으로 조정된다.
③ 차트에 적용된 원본 데이터의 행이나 열을 숨겨도 차트에는 반영되지 않는다.
④ 데이터 계열의 순서가 변경되면 범례의 순서도 자동으로 변경된다.

해설 차트에 적용된 원본 데이터의 행이나 열을 숨겨도 차트에 반영된다.

40 다음 중 엑셀의 인쇄 기능에 대한 설명으로 옳지 않은 것은?

① 차트만 제외하고 인쇄하기 위해서는 [차트 영역 서식] 대화 상자에서 '개체 인쇄'의 체크를 해제한다.
② 시트에 표시된 오류 값을 제외하고 인쇄하기 위해서는 [페이지 설정] 대화 상자에서 '셀 오류 표시'를 '<공백>'으로 선택한다.
③ 인쇄 내용을 페이지의 가운데에 맞춰 인쇄하려면 [페이지 설정] 대화 상자에서 '문서에 맞게 배율 조정'을 체크한다.
④ 인쇄되는 모든 페이지에 특정 행을 반복하려면 [페이지 설정] 대화 상자에서 '인쇄 제목'의 '반복할 행'에 열 레이블이 포함된 행의 참조를 입력한다.

해설
- 문서에 맞게 배율 조정 : 머리글 및 바닥글에서 워크시트와 동일한 글꼴 크기와 배율을 사용할지의 여부를 지정한다.
- 인쇄 내용을 페이지의 가운데에 맞춰 인쇄하려면 [여백] 탭에서 페이지 가운데 맞춤의 '가로'와 '세로'를 선택한다.

3과목 | 데이터베이스 일반

41 다음 중 관계형 데이터베이스 모델에 대한 설명으로 옳지 않은 것은?

① 도메인(Domain)은 하나의 애트리뷰트(Attribute)가 취할 수 있는 같은 타입의 원자값들의 집합이다.
② 한 릴레이션(Relation)에 포함된 튜플(Tuple)들은 모두 상이하며, 튜플(Tuple) 사이에는 순서가 있다.
③ 튜플(Tuple)의 수를 카디널리티(Cardinality), 애트리뷰트(Attribute)의 수를 디그리(Degree)라고 한다.
④ 애트리뷰트(Attribute)는 데이터베이스를 구성하는 가장 작은 논리적 단위이며, 파일 구조상의 데이터 필드에 해당된다.

해설 한 릴레이션을 구성하는 속성들 사이에는 순서가 없다.

42 다음 중 입력 마스크 설정에 사용하는 사용자 정의 입력 마스크 기호에 대한 설명으로 옳은 것은?

① 9 : 소문자로 변환
② > : 숫자나 공백을 입력받도록 설정
③ < : 영문 대문자로 변환하여 입력받도록 설정
④ L : 영문자와 한글만 입력받도록 설정

해설
- 9 : 숫자나 공백을 입력한다.
- 〉, 〈 : 모든 문자가 대문자, 소문자로 변환된다.

43 다음 중 데이터를 입력 또는 삭제 시 이상(Anomaly) 현상이 일어나지 않도록 데이터베이스를 설계하기 위한 기술을 의미하는 용어는?

① 자동화 ② 정규화
③ 순서화 ④ 추상화

해설 정규화 : 데이터의 종속으로 발생하는 이상(Anomaly) 현상(삽입, 삭제, 갱신)을 방지하는 것으로 종속성을 제거한다(자료의 무결성 유지와 자료 관리의 효율성을 강조).

정답 ▶ 39 ③ 40 ③ 41 ② 42 ④ 43 ②

44 다음 중 [관계 편집] 대화 상자에 대한 설명으로 옳지 않은 것은?

① 관계를 구성하는 어느 한쪽의 테이블 또는 필드 및 쿼리를 변경할 수 있다.
② 조인 유형을 내부 조인, 왼쪽 우선 외부 조인, 오른쪽 우선 외부 조인 중에서 선택할 수 있다.
③ '항상 참조 무결성 유지'를 선택한 경우 '관련 필드 모두 업데이트'와 '관련 레코드 모두 삭제' 옵션을 선택할 수 있다.
④ 관계의 종류를 일대다, 다대다, 일대일 중에서 선택할 수 있다.

해설 관계의 종류는 맞지만 해당 종류를 선택할 수는 없다(관계를 구성하는 테이블간 기본키와 외래키의 설정 상태에 따라 자동으로 설정).

45 다음 중 테이블의 필드 속성 설정 시 사용하는 인덱스에 관한 설명으로 옳지 않은 것은?

① 인덱스를 설정하면 레코드의 검색과 정렬 속도가 빨라진다.
② 인덱스를 설정하면 레코드의 추가, 수정, 삭제 속도는 느려진다.
③ 데이터 형식이 OLE 개체인 필드에는 인덱스를 설정할 수 없다.
④ 인덱스는 한 개의 필드에만 설정이 가능하므로 주로 기본키에 설정한다.

해설 한 테이블에서 여러 개의 인덱스를 생성할 수 있다(인덱스는 10개의 필드를, 테이블은 32개의 인덱스를 설정).

46 다음 중 테이블의 [디자인 보기]에서 설정 가능한 작업에 해당하지 않는 것은?

① 폼 필터를 적용하여 조건에 맞는 레코드만 표시할 수 있다.
② 필드의 '설명'에 입력한 내용은 테이블 구조에 영향을 미치지 않고, 상태 표시줄에 표시된다.
③ 컨트롤 표시 속성은 텍스트 상자, 목록 상자, 콤보 상자 중 선택할 수 있다.
④ 한 개 이상의 필드를 선택하여 기본키로 설정할 수 있다.

해설 보기 ①번은 [디자인 보기]가 아니라 [폼 보기]에서 가능하다.

47 다음과 같이 관계가 설정된 데이터베이스에 [Customer] 테이블에는 고객번호가 1004인 레코드만 있고, [Artist] 테이블에는 작가이름이 CAT인 레코드만 있다. 다음 중 이 데이터베이스에서 실행 가능한 SQL문은? (단, SQL문에 입력되는 데이터 형식은 모두 올바르다고 간주)

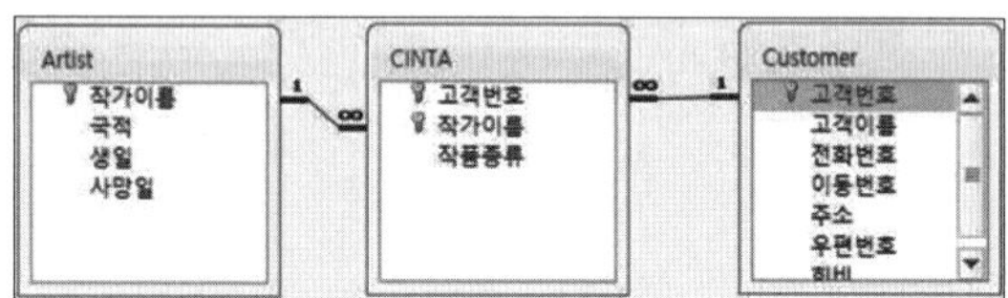

① INSERT INTO Artist VALUES ('ACE', '한국', Null, Null);
② INSERT INTO CINTA (고객번호, 작가이름) VALUES (1004, 'ACE');
③ INSERT INTO Customer (고객번호, 고객이름) VALUES (1004, 'ACE');
④ INSERT INTO CINTA VALUES (1234, 'CAT', '유화');

해설
- NSERT INTO 테이블(필드 이름1, 필드 이름2, …) VALUE(필드값1, 필드값2, …); : 테이블에 레코드를 하나 또는 여러 개 추가할 때 사용하며, 날짜나 문자 데이터는 인용 부호(' ')를 이용한다.
- ② Artist 테이블에 'ACE'라는 작가가 없으므로 잘못되었다.
- ③ Customer 테이블에 이미 1004번 고객이 있으므로 중복된다.
- ④ Customer 테이블에 1234번 고객이 없으므로 잘못되었다.

48 다음 중 주어진 [학생] 테이블을 참조하여 SQL문을 실행한 결과로 옳은 것은?

```
SELECT AVG(나이) FROM 학생
WHERE 전공 NOT IN ('수학', '회계');
```

정답 44 ④ 45 ④ 46 ① 47 ① 48 ①

[학생] 테이블

학번	전공	학년	나이
100	국사	4	21
150	회계	2	19
200	수학	3	30
250	국사	3	31
300	회계	4	25
350	수학	2	19
400	국사	1	23

① 25 ② 23
③ 21 ④ 19

해설 [학생] 테이블에서 전공이 '수학'과 '회계'가 아닌 학생들의 나이 평균을 구하는 것이므로 수학과 회계를 제외한 국사 전공의 학생들 나이 평균은 (21+31+23)/3=25이다.

49 다음과 같이 조회할 고객의 최소 나이를 입력받아 검색하는 매개 변수 쿼리를 작성하려고 한다. 다음 중 'Age' 필드의 조건식으로 옳은 것은?

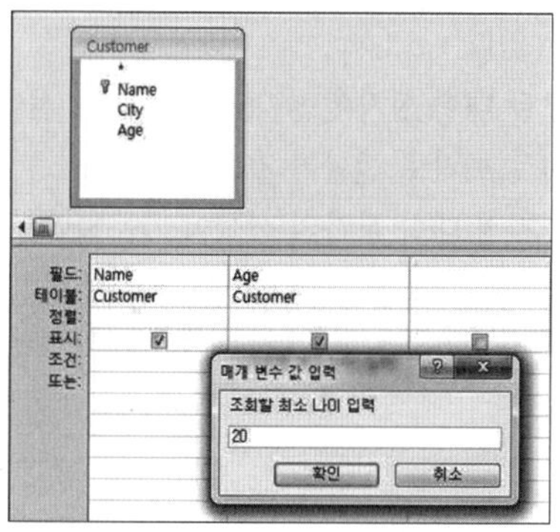

①>={조회할 최소 나이 입력}
②>="조회할 최소 나이 입력"
③>=[조회할 최소 나이 입력]
④>=(조회할 최소 나이 입력)

해설 매개 변수 쿼리 : 디자인 보기의 '조건' 행에서 매개 변수 대화 상자에 표시할 텍스트는 대괄호[ ]로 묶어 입력한다.

50 다음 중 이벤트 프로시저에 대한 설명으로 옳지 않은 것은?

```
Private Sub cmd재고_Click( )
txt재고수량=txt입고량 – txt총주문량
DoCmd.OpenReport "제품별재고현황", _
acViewDesign, , "제품번호='"& cmb조회 & "'"
End Sub
```

① 'cmd재고' 컨트롤을 클릭했을 때 실행된다.
② 'txt재고수량' 컨트롤에는 'txt입고량' 컨트롤에 표시되는 값에서 'txt총주문량' 컨트롤에 표시되는 값을 차감한 값으로 표시된다.
③ '제품별재고현황' 보고서가 즉시 프린터로 출력된다.
④ '제품별재고현황' 보고서가 출력될 때 '제품번호' 필드 값이 'cmb조회' 컨트롤 값과 일치하는 데이터만 표시된다.

해설 OpenReport : 보고서를 디자인 보기, 미리 보기로 열거나 바로 인쇄한다(보고서에서 인쇄할 레코드를 제한).

51 다음 중 주어진 [Customer] 테이블을 참조하여 SQL문을 실행한 결과로 옳은 것은?

```
SELECT Count(*)
FROM (SELECT Distinct City From Customer);
```

Customer

City	Age	Hobby
부산	30	축구
서울	26	영화감상
부산	45	낚시
서울	25	야구
대전	21	축구
서울	19	음악감상
광주	19	여행
서울	38	야구
인천	53	배구

레코드: 1/9 필터 없음

① 3 ② 5
③ 7 ④ 9

해설
• Distinct : 테이블에서 중복을 제거한 레코드를 검색할 때 사용되는 키워드이다.
• Customer 테이블에서 City명 중 중복을 제거하면 부산, 서울, 대전, 광주, 인천이므로 SQL문의 실행 결과는 5이다.

정답 49 ③ 50 ③ 51 ②

52 다음 중 보고서에서 '텍스트 상자' 컨트롤의 속성 설정에 대한 설명으로 옳지 않은 것은?

① '상태 표시줄 텍스트' 속성은 컨트롤을 선택했을 때 상태 표시줄에 표시할 메시지를 설정한다.
② '컨트롤 원본' 속성에서 함수나 수식 사용 시 문자는 작은 따옴표('), 필드명이나 컨트롤 이름은 큰 따옴표 (")를 사용하여 구분한다.
③ '사용 가능' 속성은 컨트롤에 포커스를 이동시킬 수 있는지의 여부를 설정한다.
④ '중복 내용 숨기기' 속성은 데이터가 이전 레코드와 같을 때 컨트롤의 숨김 여부를 설정한다.

해설 컨트롤 원본 속성을 식으로 설정한 컨트롤에는 값을 입력할 수 없다.

53 다음 중 보고서에서 [페이지 번호] 대화 상자를 이용한 페이지 번호 설정에 대한 설명으로 옳지 않은 것은?

① 첫 페이지에만 페이지 번호가 표시되거나 표시되지 않도록 설정할 수 있다.
② 페이지 번호의 표시 위치를 '페이지 위쪽', '페이지 아래쪽', '페이지 양쪽' 중 선택할 수 있다.
③ 페이지 번호의 형식을 'N 페이지'와 'N/M 페이지' 중 선택할 수 있다.
④ [페이지 번호] 대화 상자를 열 때마다 페이지 번호 표시를 위한 수식이 입력된 텍스트 상자가 자동으로 삽입된다.

해설 페이지 번호의 표시 위치는 '페이지 위쪽[머리글]', '페이지 아래쪽[바닥글]'만 표시되고 '페이지 양쪽'은 없다.

54 다음 중 서류 봉투에 초대장을 넣어 발송하려는 경우 우편물에 사용할 수신자의 주소를 프린트하기에 가장 적합한 보고서는?

① 업무 문서 양식 보고서 ② 우편 엽서 보고서
③ 레이블 보고서 ④ 크로스탭 보고서

해설 우편 레이블 보고서 : 우편 발송을 위해 편지 봉투에 붙일 주소 레이블을 작성하는 보고서로 많은 양의 우편물을 발송할 때 간편하게 주소를 출력해서 사용할 수 있다.

55 다음 중 폼 작성에 대한 설명으로 옳지 않은 것은?

① [폼 디자인 도구]의 [디자인] 탭에서 [컨트롤 마법사 사용] 여부를 선택할 수 있다.
② [레이블] 컨트롤은 마법사를 이용한 만들기가 제공되지 않으며, 레이블 컨트롤을 추가한 후 내용을 입력하지 않으면 추가된 레이블 컨트롤이 자동으로 사라진다.
③ [텍스트 상자] 컨트롤을 지칭하는 이름은 중복 설정이 가능하다.
④ [단추] 컨트롤은 명령 단추 마법사를 이용하여 다양한 매크로 함수를 제공한다.

해설 [텍스트 상자] 컨트롤을 지칭하는 이름은 중복 설정이 불가능하다.

56 다음 중 폼의 모달 속성에 관한 설명으로 옳지 않은 것은?

① 폼이 열려 있는 경우 다른 화면을 선택할 수 있다.
② VBA 코드를 이용하여 대화 상자의 모달 속성을 지정할 수 있다.
③ 폼이 모달 대화 상자이면 디자인 보기로 전환 후 데이터 시트 보기로 전환이 가능하다.
④ 사용자 지정 대화 상자의 작성이 가능하다.

해설 폼을 모달 폼으로 열 것인지의 여부를 지정하는데 [예]를 선택하면 해당 폼이 열려 있는 경우 다른 화면을 선택할 수 없다.

57 다음 중 보고서에 대한 설명으로 옳지 않은 것은?

① 보고서에 포함할 필드가 모두 한 테이블에 있는 경우 해당 테이블을 레코드 원본으로 사용한다.
② 둘 이상의 테이블을 이용하여 보고서를 작성하는 경우 쿼리를 만들어 레코드 원본으로 사용한다.
③ '보고서' 도구를 사용하면 정보를 입력하지 않아도 바로 보고서가 생성되므로 매우 쉽고 빠르게 보고서를 만들 수 있다.
④ '보고서 마법사'를 이용하는 경우 필드 선택은 여러 개의 테이블 또는 하나의 쿼리에서만 가능하며, 데이터 그룹화 및 정렬 방법을 지정할 수도 있다.

정답 52 ② 53 ② 54 ③ 55 ③ 56 ① 57 ④

> **해설** '보고서 마법사'를 이용하는 경우 필드 선택은 여러 개의 테이블 또는 여러 개의 쿼리에서 가능하며, 데이터 그룹화 및 정렬 방법을 지정할 수도 있다.

58 다음 중 분할 표시 폼에 대한 설명으로 옳지 않은 것은?

① 분할 표시 폼은 [만들기] 탭의 [폼] 그룹에서 [기타 폼]-[폼 분할]을 클릭하여 만들 수 있다.
② 분할 표시 폼은 데이터시트 보기와 폼 보기를 동시에 표시하는 기능이며, 이 두 보기는 같은 데이터 원본에 연결되어 있어 항상 상호 동기화된다.
③ 분할 표시 폼을 만든 후에는 컨트롤의 크기 조정은 할 수 없으나 새로운 필드의 추가는 가능하다.
④ 폼 속성 창의 '분할 표시 폼 방향' 항목을 이용하여 폼의 위쪽, 아래쪽, 왼쪽, 오른쪽 등 데이터시트가 표시되는 위치를 설정할 수 있다.

> **해설** 분할 표시 폼을 만든 후에 컨트롤의 크기 조정과 이동은 가능하다.

59 다음 중 매크로 함수에 대한 설명으로 옳지 않은 것은?

① FindRecord 함수는 필드, 컨트롤, 속성 등의 값을 설정한다.
② ApplyFilter 함수는 테이블이나 쿼리로부터 레코드를 필터링한다.
③ OpenReport 함수는 작성된 보고서를 호출하여 실행한다.
④ MessageBox 함수는 메시지 상자를 통해 경고나 알림 등의 정보를 표시한다.

> **해설** FindRecord : 조건에 맞는 데이터의 첫째 레코드나 다음 레코드를 찾는다(테이블 데이터시트, 쿼리 데이터시트, 폼 데이터시트, 폼에서 레코드를 찾음).

60 다음 중 하위 폼에 대한 설명으로 옳지 않은 것은?

① 기본 폼과 하위 폼을 연결할 필드의 데이터 형식은 같거나 호환되어야 한다.
② 본 폼 내에 삽입된 다른 폼을 하위 폼이라 한다.
③ 일대다 관계가 설정되어 있는 테이블들을 효과적으로 표시하기 위해 사용된다.
④ '폼 분할' 도구를 이용하여 폼을 생성하면 하위 폼 컨트롤이 자동으로 삽입된다.

> **해설** [폼 디자인 도구]-[디자인] 탭의 [컨트롤] 그룹에서 [컨트롤 마법사 사용]을 선택하여 하위 폼을 삽입한다.

정답 ▶ 58 ③ 59 ① 60 ④

2021년 상시01

점

1과목 | 컴퓨터 일반

01 컴퓨터는 처리 방식에 의한 분류로 아날로그, 디지털, 하이브리드 컴퓨터로 나타낼 수 있다. 다음 중 아날로그 컴퓨터의 주요 구성 회로는?

① 논리 회로　　② 증폭 회로
③ 연산 회로　　④ 플립플롭 회로

해설
- 디지털 컴퓨터 : 문자, 숫자와 같은 이산적인 데이터를 취급하며, 논리 회로를 사용한다.
- 아날로그 컴퓨터 : 전압, 전류와 같은 연속적인 데이터를 취급하며, 증폭 회로를 사용한다.

02 다음 중 컴퓨터 통신에서 사용하는 프로토콜 기능에 관한 설명으로 적절하지 않은 것은?

① 통신망에 전송되는 패킷의 흐름을 제어해서 시스템 전체의 안전성을 유지한다.
② 정보를 전송하기 위해 송수신기 사이에 같은 상태를 유지하도록 동기화 기능을 수행한다.
③ 데이터 전송 도중에 발생하는 오류를 검출한다.
④ 네트워크에 접속된 다양한 단말 장치를 자동으로 인식하고 호환성을 제공한다.

해설
- 프로토콜(Protocol) : 컴퓨터와 컴퓨터, 컴퓨터와 터미널간의 데이터 통신을 위해 규정된 통신 규약으로 통신을 원하는 두 개체간에 무엇을, 어떻게, 언제 통신할 것인가에 대해 약속한 규정이다.
- 보기 ④번은 동일한 프로토콜을 사용하는 경우로 운영 체제가 서로 다른 경우 호환되는 프로토콜을 설치해 주어야 자동으로 인식하고 호환성을 제공한다.

03 다음 중 컴퓨터의 소프트웨어 관련 용어에 대한 설명으로 옳지 않은 것은?

① 셰어웨어(Shareware)는 일정 기간 무료로 사용한 후 원하면 정식 프로그램을 구입할 수 있는 형태의 프로그램이다.
② 프리웨어(Freeware)는 누구나 자유롭게 사용할 수 있는 프로그램으로 기간 및 기능에 제한이 없다.
③ 패치 프로그램(Patch Program)은 기능을 알리기 위해 기간이나 기능에 제한을 두어 무료로 배포하는 프로그램이다.
④ 베타 버전(Beta Version)은 정식 프로그램을 발표하기 전에 프로그램의 문제 발견이나 기능 향상을 위해 무료로 배포하는 프로그램이다.

해설
- 패치 프로그램 : 오류 수정이나 성능 향상을 위해 이미 배포된 프로그램의 일부를 변경해 주는 프로그램이다.
- 보기 ③번은 데모 버전(Demo Version)에 대한 설명이다.

04 다음 중 PC의 바이오스(BIOS)에 대한 설명으로 옳지 않은 것은?

① 바이오스는 컴퓨터의 입출력 장치나 메모리 등 하드웨어를 관리하는 프로그램이다.
② 컴퓨터에 연결된 주변 장치를 관리하는 인터럽트(Interrupt) 처리 부분이 있다.
③ 바이오스는 프로그램은 하드 디스크에 저장되어 있다.
④ PC의 전원을 올리면 먼저 바이오스 프로그램이 작동하여 시스템을 초기화시킨다.

해설 바이오스(BIOS) : 펌웨어의 일종으로 컴퓨터의 입출력 장치나 메모리 등 하드웨어 환경을 관리하며, ROM에 저장되어 있어 ROM-BIOS라고도 한다.

05 다음 중 컴퓨터 그래픽과 관련하여 이미지를 표현하는 방식 중 비트맵(Bitmap) 방식에 대한 설명으로 옳지 않은 것은?

① 점과 점을 연결하는 직선이나 곡선을 이용하여 이미지를 표현하는 방식이다.
② 다양한 색상을 이용하기 때문에 사실적 표현이 용이하다.
③ 이미지를 확대하면 테두리가 거칠게 표현된다.

정답 01 ② 02 ④ 03 ③ 04 ③ 05 ①

④ 비트맵 파일 형식으로는 BMP, TIF, GIF, JPEG 등이 있다.

해설 보기 ①번은 벡터(Vector) 방식에 대한 설명이다.

06 다음 중 컴퓨터에서 사용하는 자료의 외부적 표현 방식에 관한 설명으로 옳은 것은?

① ASCII는 데이터 통신용이나 개인용 컴퓨터에서 사용하며, 128가지의 문자를 표현할 수 있다.
② BCD는 8비트로 구성되어 있으며, 하나의 문자를 표현할 수 있다.
③ EBCDIC는 대형 컴퓨터에서 사용되는 범용 코드이며, 6비트로 구성되어 있다.
④ Unicode는 국제 표준 코드로 최대 256가지의 문자 표현이 가능하다.

해설
- BCD : 6비트로 구성되며, 64가지의 문자를 표현한다.
- EBCDIC : 8비트로 구성되며, 256가지의 문자를 표현한다.
- Unicode : 전 세계 모든 문자를 표현할 수 있는 16비트 완성형 국제 표준 코드이다.

07 다음 중 컴퓨터의 연산 장치에 있는 레지스터에 관한 설명으로 옳지 않은 것은?

① 2진수 덧셈을 수행하는 가산기(Adder)가 있다.
② 뺄셈을 수행하기 위해 입력된 값을 보수로 변환하는 보수기(Complementor)가 있다.
③ 연산 결과를 일시적으로 저장하는 누산기(Accumulator)가 있다.
④ 연산에 사용될 데이터를 기억하는 상태 레지스터(Status Register)가 있다.

해설
- 상태 레지스터(Status Register)는 CPU 상태와 연산 결과 상태를 기억한다.
- 보기 ④번은 데이터 레지스터(Data Register)에 대한 설명이다.

08 다음 중 컴퓨터의 정상적인 작동을 방해하여 운영 체제나 저장된 데이터에 손상을 입힐 수 있는 보안 위협의 종류는?

① 바이러스　　② 키로거
③ 애드웨어　　④ 스파이웨어

해설 바이러스 : 운영 체제나 다른 응용 프로그램에 손상을 입히는 악성 프로그램으로 디스크의 부트 영역이나 프로그램 영역에 숨어 있으며, 주로 인터넷을 통해 감염된다.

09 다음 중 정보 통신망의 구성 형태를 설명한 내용으로 옳지 않은 것은?

① 망형(Mesh Topology)은 네트워크상의 모든 노드들이 서로 연결되는 방식으로 특정 노드에 이상이 생겨도 전송이 가능하다.
② 링형(Ring Topology)은 모든 노드들을 하나의 원형으로 연결하는 구조로 통신 제어가 간단하고, 신뢰성이 높아 특정 노드의 이상도 쉽게 해결할 수 있다.
③ 트리형(Tree Topology)은 하나의 컴퓨터에 네트워크를 연결하여 확장하는 형태로 확장이 많을 경우 트래픽이 과중될 수 있다.
④ 버스형(Bus Topology)은 모든 노드들이 하나의 케이블에 연결되어 있으며, 케이블 종단에는 종단 장치가 있어야 한다.

해설 링형 : 서로 인접한 노드끼리 둥글게 연결된 형태로 양방향 전송이 가능하고, LAN에서 가장 많이 이용한다(두 노드 사이의 채널이 고장나면 전체 네트워크가 손상).

10 한글 Windows의 [폴더 옵션] 대화 상자에서 설정할 수 있는 작업으로 옳지 않은 것은?

① 탐색 창, 미리 보기 창, 세부 정보 창의 표시 여부를 선택할 수 있다.
② 숨김 파일이나 폴더의 표시 여부를 지정할 수 있다.
③ 폴더에서 시스템 파일을 검색할 때 색인의 사용 여부를 선택할 수 있다.
④ 알려진 파일 형식의 파일 확장명을 숨기도록 설정할 수 있다.

해설 보기 ①번은 파일 탐색기 창에 있는 [보기] 탭의 [창] 그룹에서 선택할 수 있다.

정답 06 ①　07 ④　08 ①　09 ②　10 ①

11 한글 Windows의 [휴지통]에 관한 설명으로 옳지 않은 것은?

① 휴지통에 지정된 최대 크기를 초과하면 보관된 파일 중 가장 용량이 큰 파일부터 자동 삭제된다.
② 휴지통에 보관된 실행 파일은 복원은 가능하지만 휴지통에서 실행하거나 이름을 변경할 수는 없다.
③ 휴지통 속성에서 파일이나 폴더가 삭제될 때마다 삭제 확인 대화 상자가 표시되지 않도록 설정할 수 있다.
④ 휴지통의 파일이 실제 저장된 폴더 위치는 일반적으로 C:₩$Recycle.Bin이다.

해설 휴지통에 지정된 최대 크기를 초과하면 보관된 파일 중 가장 먼저 삭제되어 휴지통에 보관된 파일부터 순차적으로 삭제된다.

12 다음 중 하나의 컴퓨터에 여러 개의 중앙 처리 장치를 설치하여 주기억 장치나 주변 장치들을 공유하고, 신뢰성과 연산 능력을 향상시키는 시스템을 의미하는 것은?

① 시분할 처리 시스템(Time Sharing System)
② 다중 프로그래밍 시스템(Multi-Programming System)
③ 듀플렉스 시스템(Duplex System)
④ 다중 처리 시스템(Multi-Processing System)

해설
- ① CPU 내부에서 처리할 명령어나 연산의 결과 값을 일시적으로 기억하는 고속의 기억 장치이다.
- ② 하나의 CPU에서 여러 개의 프로그램을 동시에 처리하는 방식으로 각 프로그램이 주어진 시간만큼 CPU를 사용하고 반환한다.
- ③ 시스템의 안정성을 위하여 한쪽의 CPU가 가동중일 때 다른 한쪽의 CPU가 고장나면 즉시 대기중인 CPU가 작동되도록 운영하는 시스템이다.

13 다음 중 중앙 처리 장치와 입출력 장치 사이의 속도 차이로 인한 문제를 해결하기 위한 장치는?

① 범용 레지스터 ② 터미널
③ 콘솔 ④ 채널

해설 채널(Channel) : 입출력 장치와 주기억 장치간의 데이터 전송을 담당하며, 두 장치 사이의 속도 차이를 개선한다. 또한, 주변 장치에 대한 제어 권한을 CPU로부터 넘겨받아 CPU 대신 입출력을 관리하며, 입출력 작업이 끝나면 CPU에게 인터럽트 신호를 보낸다.

14 다음 중 컴퓨터에서 사용하는 기억 장치에 관한 설명으로 옳지 않은 것은?

① 플래시(Flash) 메모리는 비휘발성 기억 장치로 주로 디지털 카메라나 MP3, 개인용 정보 단말기, USB 드라이브 등 휴대형 기기에서 대용량 정보를 저장하는 용도로 사용된다.
② 하드 디스크 인터페이스 방식은 EIDE, SATA, SCSI 방식 등이 있다.
③ 캐시(Cache) 메모리는 CPU와 주기억 장치 사이에 위치하여 두 장치간의 속도 차이를 줄여 컴퓨터의 처리 속도를 빠르게 하기 위한 메모리이다.
④ 연관(Associative) 메모리는 보조 기억 장치를 마치 주기억 장치와 같이 사용하여 실제 주기억 장치 용량보다 기억 용량을 확대하여 사용하는 방법이다.

해설
- 연관(Associative) 메모리 : 내용에 따라 값을 읽거나 변경시키는 메모리로 접근 속도가 빠르다.
- 보기 ④번의 내용은 가상(Virtual) 메모리에 대한 설명이다.

15 다음 중 멀티미디어(Multimedia)의 특징으로 옳지 않은 것은?

① 디지털 데이터로 변환하여 통합 처리한다.
② 정보 제공자와 사용자 간의 상호 작용에 의해 데이터가 전달된다.
③ 데이터가 사용자 선택에 따라 순차적으로 처리되는 선형성의 특징을 가진다.
④ 문자, 그림, 사운드 등의 여러 미디어를 통합하여 처리한다.

해설 멀티미디어는 문자나 숫자 데이터 외에 소리 등의 데이터를 처리하는 비선형성(Non-Linear)의 특징을 가진다.

16 다음 중 멀티미디어 그래픽과 관련하여 렌더링(Rendering) 기법에 대한 설명으로 옳은 것은?

① 제한된 색상을 조합하여 새로운 색을 만드는 기술이다.
② 2개의 이미지를 부드럽게 연결하여 변환하는 기술이다.

정답 ▶ 11 ① 12 ④ 13 ④ 14 ④ 15 ③ 16 ③

③ 3차원 그래픽에서 화면에 그린 물체의 모형에 명암과 색상을 입혀 사실감을 더해 주는 기술이다.
④ 그림의 경계선을 부드럽게 처리해 주는 필터링 기술이다.

해설 보기 ①번은 디더링, 보기 ②번은 모핑, 보기 ④번은 안티앨리어싱에 대한 설명이다.

17 한글 Windows의 [개인 설정] 창에서 할 수 있는 작업으로 옳지 않은 것은?

① 바탕 화면에 새로운 테마를 지정하여 적용할 수 있다.
② 화면 보호기 설정을 사용하여 화면의 해상도를 변경할 수 있다.
③ Windows 및 프로그램의 이벤트에 적용되는 소리 구성표를 변경할 수 있다.
④ 창 테두리, 시작 메뉴, 작업 표시줄의 색을 변경할 수 있다.

해설 [시스템]의 [디스플레이] 창에서 디스플레이 해상도와 방향(가로, 세로, 가로/세로 대칭 이동)을 설정할 수 있다.

18 한글 Windows의 파일 탐색기에서 검색 상자를 사용하여 파일이나 폴더를 찾는 방법으로 옳지 않은 것은?

① 검색 상자에서 찾으려는 파일이나 폴더명을 입력하면 자동으로 필터링 되어 결과가 표시된다.
② 검색 내용에 '$'를 붙이면 해당 내용이 포함되지 않은 파일이나 폴더를 검색한다.
③ '*'나 '?' 등의 와일드카드 문자를 사용하여 파일이나 폴더를 검색할 수 있다.
④ 특정 파일 그룹을 정기적으로 검색하는 경우 검색 저장 기능을 이용하면 다음에 사용할 때 원래 검색과 일치하는 최신 파일을 표시해 준다.

해설 검색 상자에 내용을 입력하면 자동으로 검색이 시작되며, 검색 내용 앞에 '–'를 붙이면 해당 내용이 포함되지 않은 파일이나 폴더를 검색한다.

19 다음 중 인터넷 보안을 위한 해결책으로 사용되는 암호화 기법에 대한 설명으로 옳지 않은 것은?

① 비밀키 암호화 기법은 동일한 키로 데이터를 암호화하고 복호화한다.
② 비밀키 암호화 기법은 대칭키 암호화 기법 또는 단일키 암호화 기법이라고도 하며, 대표적으로 DES(Data Encryption Standard)가 있다.
③ 공개키 암호화 기법은 비대칭 암호화 기법이라고도 하며, 대표적인 암호화 방식으로 RSA(Rivest, Shamir, Adleman)가 있다.
④ 공개키 암호화 기법에서는 암호화할 때 사용하는 키는 비밀로 하고, 복호화할 때 사용하는 키는 공개하는 방식을 사용한다.

해설
- 공개키는 송신자가 암호화할 때 사용키와 수신자의 복호화키가 서로 다르다.
- 데이터를 암호화할 때 사용하는 키(암호키, 공개키)는 공개하고, 복호화할 때의 키(해독키, 비밀키)는 비공개한다.

20 다음 중 컴퓨터 소프트웨어의 개발을 위한 객체 지향 언어에 관한 설명으로 옳지 않은 것은?

① 데이터와 그 데이터를 처리하는 함수를 객체로 묶어서 문제를 해결하는 언어이다.
② 상속, 캡슐화, 추상화, 다형성 등을 지원한다.
③ 시스템의 확장성이 높고, 정보 은폐가 용이하다.
④ 대표적인 객체 지향 언어로는 BASIC, Pascal, C 언어 등이 있다.

해설 대표적인 객체 지향 언어로는 Smalltalk, C++, Java 등이 있다.

2과목 | 스프레드시트 일반

21 다음 중 데이터 입력에 대한 설명으로 옳지 않은 것은?

① 고정 소수점이 포함된 숫자를 입력하려면 [Excel 옵션]의 [고급] 편집 옵션에서 '소수점 자동 삽입' 확인란을 선택하고 소수점 위치를 설정한다.

정답 17 ② 18 ② 19 ④ 20 ④ 21 ②

② 셀에 입력하는 글자 중 처음 몇 자가 해당 열의 기존 내용과 일치하면 나머지 글자가 자동으로 입력되며, 텍스트나 텍스트/숫자 조합, 날짜가 입력되는 경우에만 자동으로 입력된다.
③ 두 개 이상의 셀을 선택하고 채우기 핸들을 끌 때 Ctrl 키를 누르고 있으면 자동 채우기 기능을 해제할 수 있다.
④ 시간을 12시간제로 입력하려면 '9:00 pm'과 같이 시간 뒤에 공백을 입력하고 am 또는 pm을 입력한다.

해설
- 셀 내용 자동 완성 기능은 텍스트 또는 텍스트와 숫자가 결합된 항목에만 적용되고, 숫자, 날짜, 시간만으로 이루어진 항목에는 적용되지 않는다.
- 보기 ②번에서는 텍스트만 자동으로 입력된다.

22 다음 중 메모 기능에 대한 설명으로 옳지 않은 것은?

① 새 메모를 작성하려면 Shift+F2 키를 누른다.
② 메모 텍스트에는 [홈] 탭의 [글꼴] 그룹에 있는 [채우기 색]과 [글꼴 색] 옵션을 사용할 수 없다.
③ 삽입된 메모는 시트에 표시된 대로 인쇄하거나 시트 끝에 모아서 인쇄할 수 있다.
④ [홈] 탭의 [편집] 그룹에 있는 [지우기]-[모두 지우기]를 이용하여 셀을 지운 경우 셀의 내용과 서식만 삭제되고, 메모는 삭제되지 않는다.

해설 [지우기]-[모두 지우기]를 선택하면 셀에 입력된 데이터, 서식, 메모 등을 모두 삭제한다.

23 다음 중 부분합에 대한 설명으로 옳지 않은 것은?

① 부분합을 작성하려면 첫 행에는 열 이름표가 있어야 하며, 그룹화할 항목을 기준으로 반드시 정렬해야 제대로 된 결과를 얻을 수 있다.
② 그룹화를 위한 데이터의 정렬을 오름차순으로 할 때와 내림차순으로 할 때의 그룹별 부분합의 결과는 서로 다르다.
③ 부분합을 제거하면 부분합과 함께 표에 삽입된 윤곽 및 페이지 나누기도 모두 제거된다.
④ [부분합] 대화 상자에서 '새로운 값으로 대치'를 해제하지 않고, 부분합을 실행하면 이전에 작성한 부분합은 삭제되고 새롭게 작성한 부분합만 표시된다.

해설 그룹화를 위한 데이터의 정렬을 오름차순이나 내림차순으로 할 때 그룹별 부분합의 결과는 차이가 없다.

24 다음 중 시나리오에 대한 설명으로 옳지 않은 것은?

① 시나리오 관리자에서 시나리오를 삭제하면 시나리오 요약 보고서의 해당 시나리오도 자동으로 삭제된다.
② 특정 셀의 변경에 따라 연결된 결과 셀의 값이 자동으로 변경되어 결과값을 예측할 수 있다.
③ 여러 시나리오를 비교하기 위해 시나리오를 피벗 테이블로 요약할 수 있다.
④ 변경 셀과 결과 셀에 이름을 지정한 후 시나리오 요약 보고서를 작성하면 결과에 셀 주소 대신 지정한 이름이 표시된다.

해설 시나리오는 결과를 예측하기 어려운 경우 다양한 가상 상황에 따른 결과값을 비교 분석할 수 있는 기능으로 시나리오 관리자에서 시나리오를 삭제해도 이미 작성된 시나리오 요약 보고서는 삭제되지 않는다.

25 워크시트에서 [A1:D2] 영역을 블록 설정하고, '=1, 2, 3, 4; 6, 7, 8, 9'를 입력한 후 Ctrl+Shift+Enter 키를 눌렀다. 다음 중 [B2] 셀에 입력되는 값은?

① 0 ② 4
③ 7 ④ 없다.

해설 콤마(,)는 열을 구분하고, 세미콜론(;)은 행을 구분한다. 즉, 콤마가 하나씩 추가될 때 1열씩 추가되고, 세미콜론이 하나씩 추가될 때 1행씩 늘어난다. 그러므로 [A1:D1] 영역에 1, 2, 3, 4가 입력되고, [A2:D2] 영역에 6, 7, 8, 9가 입력된다.

정답 22 ④ 23 ② 24 ① 25 ③

26 다음 중 텍스트 파일의 데이터를 워크시트로 가져올 때 사용하는 [텍스트 마법사]에서 각 필드의 너비(열 구분선)를 지정하는 단계에 대한 설명으로 옳지 않은 것은?

① 앞 단계에서 원본 데이터 형식을 '구분 기호로 분리됨'을 선택한 경우 열 구분선을 지정할 수 없다.
② 구분선을 넣으려면 원하는 위치를 마우스로 클릭한다.
③ 열 구분선을 옮기려면 구분선을 삭제한 후 다시 넣어야 한다.
④ 구분선을 삭제하려면 구분선을 마우스로 두 번 클릭한다.

해설 열 구분선을 옮기려면 구분선을 마우스로 드래그한다.

27 다음 중 괄호( ) 안에 해당하는 바로 가기 키로 옳은 것은?

> 통합 문서 내에서 (㉠) 키는 다음 워크시트로 이동, (㉡) 키는 이전 워크시트로 이동할 때 사용한다.

① ㉠ Shift+Page Down, ㉡ Shift+Page Up
② ㉠ Ctrl+Page Down, ㉡ Ctrl+Page Up
③ ㉠ Ctrl+←, ㉡ Ctrl+←
④ ㉠ Shift+↑, ㉡ Shift+↓

해설 시트 전환 시 Ctrl+Page Up 키를 누르면 이전 워크시트로 이동하고, Ctrl+Page Down 키를 누르면 다음 워크시트로 이동한다.

28 다음의 조건을 처리하는 셀 서식의 사용자 지정 표시 형식으로 옳은 것은?

> 셀의 값이 1000 이상이면 '파랑', 1000 미만 500 이상이면 '빨강', 500 미만이면 색을 지정하지 않고, 각 조건에 대해 천 단위 구분 기호(,)와 소수 이하 첫째 자리까지 표시한다.
> [표시 예 : 1234.56 → 1,234.6, 432 → 432.0]

① [파랑][>=1000]#,##0.0;[빨강][>=500]#,##0.0;#,##0.0
② [파랑][>=1000]#,###.#;[빨강][>=500]#,###.#;#,###.#
③ [>=1000]<파랑>#,##0.0;[>=500]<빨강>#,##0.0;#,##0.0
④ [>=1000]<파랑>#,###.#;[>=500]<빨강>#,###.#;#,###.#

해설
• # : 유효 자릿수만 표시하며, 무효의 0은 표시하지 않는다.
• 0 : 무효의 0을 포함하여 숫자의 자릿수를 표시한다.
• [파랑][>=1000];[빨강][>=500] : 셀의 값이 1000 이상이면 '파랑', 1000 미만 500 이상이면 '빨강', 500 미만이면 색을 지정하지 않는다.
• #,###.0 또는 #,##0.0 : 천 단위 구분 기호(,)와 소수 이하 첫째 자리까지 표시한다.

29 다음의 차트에 대한 설명으로 옳지 않은 것은?

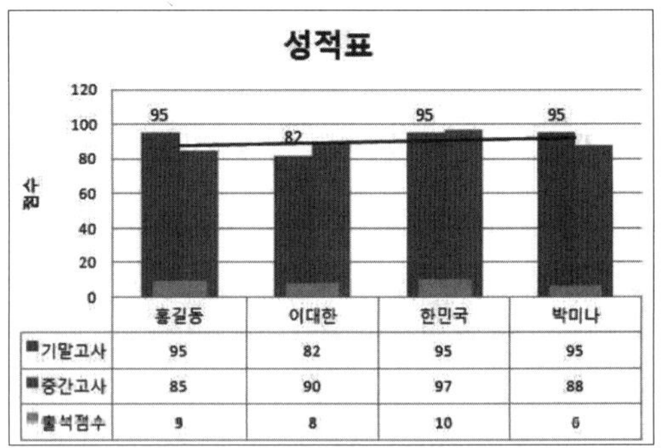

① 기본 세로 축 제목으로 "점수"가 입력되었다.
② 세로 (값) 축의 주 단위는 20이고, 보조 눈금선은 표시되지 않았다.
③ 기말고사에 대한 변화 추세를 파악하기 위하여 추세선과 데이터 레이블을 표시하였다.
④ 범례와 범례 표지가 표시되지 않았다.

해설 차트 아래에 범례 표지가 표시되어 있다.

30 다음 중 공유 통합 문서에 대한 설명으로 옳지 않은 것은?

① 여러 사용자가 동시에 동일한 셀을 변경하려면 충돌이 발생한다.
② 통합 문서를 공유한 후 하이퍼링크, 시나리오, 매크로 등의 기능은 변경할 수 없지만 조건부 서식, 차트, 그림 등의 기능은 변경할 수 있다.

정답 26 ③ 27 ② 28 ① 29 ④ 30 ②

③ 공유 통합 문서를 네트워크 위치에 복사해도 다른 통합 문서나 문서의 연결은 그대로 유지된다.

④ 공유 통합 문서를 열면 창의 제목 표시줄의 엑셀 파일명 옆에 [공유]라는 글자가 표시된다.

해설 보기 ②번에서 조건부 서식, 차트, 그림 등의 기능도 추가하거나 변경할 수 없다.

31 다음의 워크시트에서 [F2] 셀에 소속이 '영업1부'인 총 매출액의 합계를 계산하기 위한 수식으로 옳지 않은 것은?

	A	B	C	D	E	F	G
1	성명	소속	총매출액		소속	총매출액	평균매출액
2	이민우	영업1부	8,819		영업1부	28,581	7,145
3	차소라	영업2부	8,072				
4	진희경	영업3부	6,983				
5	장용	영업1부	7,499				
6	최병철	영업1부	7,343				
7	김철수	영업3부	4,875				
8	정진수	영업2부	5,605				
9	고희수	영업3부	8,689				
10	조민희	영업3부	7,060				
11	추소영	영업2부	6,772				
12	홍수아	영업3부	6,185				
13	이경식	영업1부	4,920				
14	유동근	영업2부	7,590				
15	이혁재	영업2부	6,437				

소속별 총매출액의 합계

① =DSUM(A1:C15, 3, E1:E2)

② =DSUM(A1:C15, C1, E1:E2)

③ =SUMIF(B2:B15, E2, C2:C15)

④ =SUMIF(A1:C15, E2, C1:C15)

해설
- SUMIF(셀 범위, 찾을 조건, 합을 구할 셀 범위) : 조건에 맞는 셀들의 합을 구하며, 합을 구할 셀 범위를 생략하면 처음 지정한 셀 범위의 합을 구한다.
- =SUMIF(B2:B15, E2, C2:C15) : [B2:B15] 영역에서 [E2] 셀(영업1부)과 동일한 데이터를 찾은 후 [C2:C15] 영역에서 같은 행에 있는 데이터들의 합계를 구한다.
- =SUMIF(A1:C15, E2, C1:C15) : [A1:C15] 영역의 첫 번째 A열에서 [E2] 셀(영업1부)과 동일한 데이터를 찾는데 해당 데이터가 없으므로 결과값은 0이다. 셀 범위는 찾을 조건이 있는 소속 열만 범위를 지정해야 한다.

32 다음 중 엑셀의 틀 고정에 대한 기능 설명으로 옳지 않은 것은?

① 틀 고정은 특정 행 또는 열을 고정할 때 사용하는 기능으로 주로 표의 제목 행 또는 제목 열을 고정한 후 작업할 때 유용하다.

② 선택된 셀의 왼쪽 열과 바로 위의 행이 고정된다.

③ 틀 고정 구분선을 마우스로 잡아끌어 틀 고정 구분선을 이동시킬 수 있다.

④ 틀 고정 방법으로 첫 행 고정을 실행하면 선택된 셀의 위치와 상관없이 첫 행이 고정된다.

해설 창 나누기 기준은 마우스로 위치를 이동할 수 있지만 틀 고정 구분선은 마우스로 위치를 이동시킬 수 없다.

33 다음 중 워크시트에서 수식의 결과로 '부사장'을 출력하지 않는 것은?

	A	B	C	D
1	사원번호	성명	직함	생년월일
2	101	구민정	영업 과장	1980-12-08
3	102	강수영	부사장	1965-02-19
4	103	김진수	영업 사원	1991-08-30
5	104	박용만	영업 사원	1990-09-19
6	105	이순신	영업 부장	1971-09-20
7				

① =CHOOSE(CELL("row", B3), C2, C3, C4, C5, C6)

② =CHOOSE(TYPE(B4), C2, C3, C4, C5, C6)

③ =OFFSET(A1:A6, 2, 2, 1, 1)

④ =INDEX(A2:D6, MATCH(A3, A2:A6, 0), 3)

해설
- CHOOSE(번호, 인수1, 인수2) : 인수 목록 중 번호에 해당하는 인수를 구한다(목록 중 하나를 골라 선택).
- CELL("row", B3)이 3이므로 [C2], [C3], [C4] 중 3번째인 [C4] 셀에 있는 영업 사원이 출력된다.

34 다음 중 [보기] 탭의 [페이지 나누기 미리 보기]에 대한 설명으로 옳지 않은 것은?

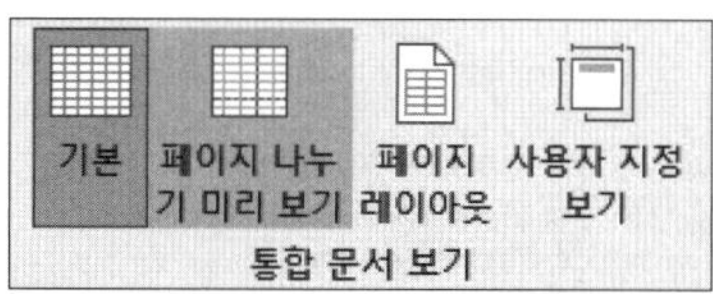

① 페이지 나누기는 구분선을 이용하여 인쇄를 위한 페이지 나누기를 빠르게 조정하는 기능이다.

② 행 높이와 열 너비를 변경하면 자동 페이지 나누기의 위치도 변경된다.

정답 31 ④ 32 ③ 33 ① 34 ③

③ [페이지 나누기 미리 보기]에서 수동으로 삽입된 페이지 나누기는 파선으로 표시되고, 자동으로 추가된 페이지 나누기는 실선으로 표시된다.

④ 용지 크기, 여백 설정, 배율 옵션 등에 따라 자동 페이지 나누기가 삽입된다.

해설 [페이지 나누기 미리 보기]에서 수동으로 삽입된 페이지 나누기는 실선으로 표시되고, 자동으로 추가된 페이지 나누기는 파선으로 표시된다.

35 다음 중 보기의 설명에 해당하는 차트 종류는?

- 항목의 값을 점으로 표시하여 여러 데이터 값들의 관계를 보여주며, 주로 과학 데이터의 차트 작성에 사용된다.
- 가로 축의 값이 일정한 간격이 아닌 경우나 데이터 요소의 수가 많은 경우 사용된다.
- 기본적으로 5개의 하위 차트 종류가 제공되며, 3차원 차트로 작성할 수 없다.

① 분산형 차트 ② 도넛형 차트

③ 방사형 차트 ④ 혼합형 차트

해설
- 도넛형 : 원형 차트를 개선한 것으로 전체 항목에 대한 각 항목의 비율을 나타낸다.
- 방사형 : 많은 데이터 계열의 집계 값을 비교할 때 사용한다.
- 혼합형 : 여러 개의 데이터 계열로 이루어진 차트에서 특정 데이터 계열만 선택하여 다른 차트로 나타낼 때 사용한다.

36 다음 중 [찾기 및 바꾸기] 대화 상자의 '찾기' 기능에 대한 설명으로 옳지 않은 것은?

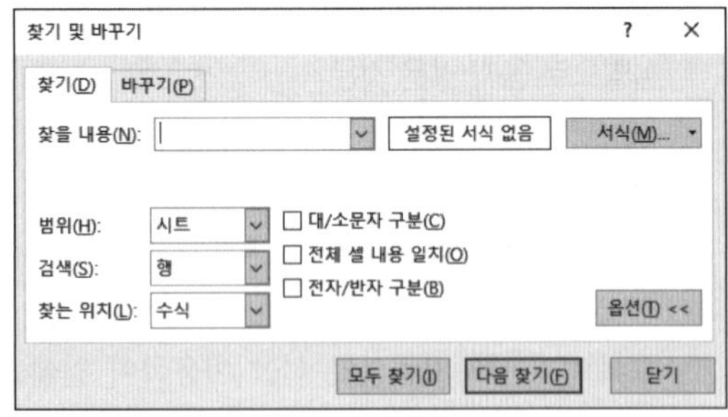

① [서식] 단추를 이용하면 특정 셀의 서식을 선택하여 동일한 셀 서식이 적용된 셀을 찾을 수도 있다.

② '찾을 내용'으로 숫자, 특수 문자, 한자 등을 입력하여 찾을 수 있으나 *와 ?는 와일드카드 문자이므로 사용할 수 없다.

③ '찾는 위치'는 수식, 값, 메모 중 선택하여 찾을 수 있다.

④ '검색'에서 행 방향을 우선하여 찾을 것인지 열 방향을 우선하여 찾을 것인지를 지정할 수 있다.

해설 찾을 내용으로 대표 문자(?, *)를 이용하여 검색할 수 있으며 +, −, = 등과 같은 특수 문자도 찾을 수 있다.

37 다음 중 3차원 참조에 대한 설명으로 옳지 않은 것은?

① 여러 워크시트에 있는 동일한 셀 데이터나 셀 범위 데이터에 대한 참조를 뜻한다.

② Sheet2부터 Sheet4까지의 [A2] 셀을 모두 더하라는 식을 =SUM(Sheet2:Sheet4!A2)와 같이 3차원 참조로 표현할 수 있다.

③ SUM, AVERAGE, COUNTA, STDEV 등의 함수를 사용할 수 있다.

④ 배열 수식에 3차원 참조를 사용할 수 있다.

해설 배열 수식에는 3차원 참조를 사용할 수 없다.

38 다음 중 시트에서 각 수식을 실행했을 때의 결과값으로 옳은 것은?

	A	B	C	D	E
1	이름	국어	영어	수학	평균
2	홍길동	83	90	73	82
3	이대한	65	87	91	81
4	한민국	80	75	100	85
5	평균	76	84	88	82.66667
6					

① =SUM(COUNTA(B2:D4), MAXA(B2:D4)) → 102

② =AVERAGE(SMALL(C2:C4, 2), LARGE(C2:C4, 2)) → 75

③ =SUM(LARGE(B3:D3, 2), SMALL(B3:D3, 2)) → 174

④ =SUM(COUNTA(B2, D4), MINA(B2, D4)) → 109

정답 35 ① 36 ② 37 ④ 38 ③

- ① COUNTA(B2:D4) : [B2:D4] 영역에서 비어 있지 않은 셀의 개수는 9이고, MAXA(B2:D4) : [B2:D4] 영역에서 가장 큰 값은 100이므로 SUM(9, 100)의 결과는 109이다.
- ② SMALL(C2:C4, 2) : [C2:C4] 영역에서 두 번째로 작은 값은 87이고, LARGE(C2:C4, 2) : [C2:C4] 영역에서 두 번째로 큰 값은 87이므로 AVERAGE(87, 87)의 결과는 87이다.
- ③ LARGE(B3:D3, 2) : [B3:D3] 영역에서 두 번째로 큰 값은 87이고, SMALL(B3:D3, 2) : [B3:D3] 영역에서 두 번째로 작은 값은 87이므로 SUM(87, 87)의 결과는 174이다.
- ④ COUNTA(B2, D4) : [B2] 셀과 [D4] 셀에서 비어 있지 않은 셀의 개수는 2이고, MINA(B2, D4) : [B2] 셀과 [D4] 셀에서 가장 작은 값을 구하면 83이므로 SUM(2, 83)의 결과는 85이다.

39 다음 중 각 VBA 코드에 대한 설명으로 옳지 않은 것은?

① Range("A5").Select ⇒ [A5] 셀로 셀 포인터를 이동한다.

② Range("C2").Font.Bold = "True" ⇒ [C2] 셀의 글꼴 스타일을 '굵게'로 설정한다.

③ Range("A1").Formula = 3 * 4 ⇒ [A1] 셀에 수식 '=3*4'가 입력된다.

④ Workbooks.Add ⇒ 새 통합 문서를 생성한다.

Range는 워크시트의 특정 셀이나 셀 범위를 의미하고, Formula는 범위에 있는 실제 내용을 지정하므로 [A1] 셀에는 수식 3 * 4의 결과값인 12가 입력된다.

40 다음 중 매크로 작성 시 지정하는 바로 가기 키에 대한 설명으로 옳은 것은?

① 엑셀에 이미 지정되어 있는 바로 가기 키는 매크로의 바로 가기 키로 지정할 수 없다.

② 매크로 기록 시 바로 가기 키는 반드시 지정하여야 한다.

③ 매크로 작성 시 지정한 바로 가기 키는 추후에도 수정이 가능하다.

④ 바로 가기 키는 기본적으로 Ctrl과 영문 소문자로 조합하여 사용하나 대문자로 지정하면 Ctrl에 이어서 Alt가 자동으로 덧붙여 지정된다.

- ① 엑셀에 이미 지정되어 있는 바로 가기 키는 매크로의 바로 가기 키로 지정할 수 있다.
- ② 매크로 기록 시 바로 가기 키는 지정하지 않아도 된다.
- ④ 기본적으로 Ctrl+영문 소문자로 지정되지만 바로 가기 키 입력란에 대문자를 입력하면 Ctrl+Shift+영문 대문자로 지정된다.

3과목 | 데이터베이스 일반

41 다음 중 기본키(Primary Key)에 대한 설명으로 옳은 것은?

① 모든 테이블에는 기본키를 반드시 설정해야 한다.

② 액세스에서는 단일 필드 기본키와 일련번호 기본키만 정의가 가능하다.

③ 데이터가 이미 입력된 필드도 기본키로 지정할 수 있다.

④ OLE 개체나 첨부 파일 형식의 필드에도 기본키를 지정할 수 있다.

- ① 테이블에는 기본키를 설정하지 않을 수 있다.
- ② 액세스에서는 일련번호 기본키, 단일 필드 기본키, 다중 필드 기본키를 정의할 수 있다.
- ④ OLE 개체나 첨부 파일 형식의 필드에는 기본키를 지정할 수 없다.

42 다음 중 참조 무결성에 대한 설명으로 옳지 않은 것은?

① 참조 무결성은 참조하고 참조되는 테이블 간의 참조 관계에 아무런 문제가 없는 상태를 의미한다.

② 다른 테이블을 참조하는 테이블 즉, 외래키 값이 있는 테이블의 레코드 삭제 시에는 참조 무결성이 위배될 수 있다.

③ 다른 테이블을 참조하는 테이블의 레코드 추가 시 외래키 값이 널(Null)인 경우에는 참조 무결성이 유지된다.

④ 다른 테이블에 의해 참조되는 테이블에서 레코드를 추가하는 경우에는 참조 무결성이 유지된다.

해설 다른 테이블에 의해 참조되는 테이블의 레코드를 삭제하는 것은 참조 무결성 위배되지만 외래키 값이 있는 테이블은 레코드를 삭제해도 상관없다.

43 다음 중 정규화에 대한 설명으로 옳지 않은 것은?

① 정규화를 통해 삽입, 삭제, 갱신 이상의 발생을 방지할 수 있다.

② 정규화를 통해 데이터 삽입 시 테이블 재구성의 필요성을 줄일 수 있다.

정답 39 ③ 40 ③ 41 ③ 42 ② 43 ④

③ 정규화는 테이블 속성들 사이의 종속성을 최대한 배제하는 과정으로 볼 수 있다.

④ 정규화를 수행하여 데이터의 중복을 완전히 제거할 수 있다.

해설 • 정규화는 테이블 속성들 사이의 종속성을 최대한 배제하는 과정으로 테이블의 불일치 위험을 최소화하고, 데이터 구조의 안정성을 최대화한다.
• 정규화를 수행해도 데이터의 중복을 완전히 제거할 수는 없다.

44 다음 중 E-R 다이어그램 표기법의 기호와 의미가 올바르게 연결된 것은?

① 사각형 – 속성(Attribute) 타입
② 마름모 – 관계(Relationship) 타입
③ 타원 – 개체(Entity) 타입
④ 밑줄 타원 – 의존 개체 타입

해설 사각형 – 개체 타입, 타원 – 속성 타입, 밑줄 타원 – 키 속성 타입

45 다음 중 DBMS의 단점에 대한 설명으로 옳지 않은 것은?

① 하드웨어나 DBMS 구입 비용, 전산화 비용 등이 증가함
② DBMS와 데이터베이스 언어를 조작할 수 있는 고급 프로그래머가 필요함
③ 데이터를 통합하는 중앙 집중 관리가 어려움
④ 데이터의 백업과 복구에 많은 비용과 시간이 소요됨

해설 중앙 집중 관리는 DBMS의 장점으로 데이터의 불일치성을 제거한다.

46 다음 중 폼이나 보고서에서 테이블이나 쿼리의 필드를 컨트롤 원본으로 사용하는 컨트롤을 의미하는 것은?

① 언바운드 컨트롤 ② 바운드 컨트롤
③ 계산 컨트롤 ④ 레이블 컨트롤

해설 • 언바운드 컨트롤 : 데이터 원본이 없고 연결되지 않는 컨트롤로 정보, 선, 사각형, 그림 등을 표시할 수 있다.
• 계산 컨트롤 : 원본 데이터로 '='로 시작되는 계산식을 지정하며, 사용자가 직접 값을 입력할 수 없다.
• 레이블 컨트롤 : 주로 폼이나 보고서의 제목과 같이 간단한 문자열을 나타낼 때 사용되는 컨트롤로 독립된 개체이다.

47 다음 중 데이터의 형식에 관한 설명으로 옳지 않은 것은?

① 짧은 텍스트 형식에는 텍스트와 숫자 모두 입력할 수 있다.
② 숫자 형식에는 필드 크기를 설정하여 숫자 값의 크기를 제어할 수 있다.
③ 긴 텍스트 형식은 짧은 텍스트와 비슷하나 최대 255자까지 입력이 가능하다.
④ 하이퍼링크 형식에는 웹 사이트나 파일의 특정 위치로 바로 이동하는 주소 데이터를 입력할 수 있다.

해설 긴 텍스트 형식은 최대 64,000자까지 입력할 수 있다.

48 다음과 같이 필드로 구성된 〈SERVICE〉 테이블에서 실행 가능한 쿼리로 적절하지 않은 것은?

	필드 이름	데이터 형식
	등급	짧은 텍스트
	비용	숫자
🔑	번호	숫자

① INSERT INTO SERVICE(등급, 비용) VALUES ('C', 7000);
② UPDATE SERVICE SET 등급 = 'C' WHERE 등급 = 'D';
③ INSERT INTO SERVICE (등급, 비용, 번호) VALUES ('A', 10000, 10);
④ UPDATE SERVICE SET 비용 = 비용*1.1;

해설 • 추가 쿼리(INSERT INTO~VALUE) : 테이블에 레코드를 하나 또는 여러 개를 추가할 때 사용하며, 지정하는 필드의 수와 데이터 형은 같아야 한다.
• 〈SERVICE〉 테이블에는 '번호' 필드가 기본키로 설정되어 있기 때문에 데이터를 삽입할 때는 반드시 '번호' 필드에 값이 입력되어야 하는데 보기 ①번에서 '번호' 필드가 누락 되었으므로 실행 시 키 위반 오류가 발생한다.

정답 44 ② 45 ③ 46 ② 47 ③ 48 ①

49 다음 중 이름이 'txt제목'인 텍스트 상자 컨트롤에 '매출내역'이라는 내용을 입력하는 VBA 명령으로 옳지 않은 것은?

① txt제목 = "매출내역"
② txt제목.text = "매출내역"
③ txt제목.value = "매출내역"
④ txt제목.caption = "매출내역"

해설
- caption 속성은 언바운드 컨트롤에서 텍스트를 표시할 때 사용하는데 텍스트 상자 컨트롤에는 caption 속성이 없다. 즉, 컨트롤에 텍스트를 입력할 때는 value 또는 text 속성을 이용하는데 속성을 생략하고, 보기 ①번처럼 지정하면 value 또는 text 속성이 생략된 것으로 간주한다.
- caption은 보여 지는 이름으로 이름은 'txt제목'인데 텍스트 상자 컨트롤에 '매출내역'을 보이게 할 경우 caption을 사용지만 caption = "매출내역"을 입력하면 txt제목은 변경되지 않는다.

50 다음 중 보고서의 그룹 바닥글 구역에 '=COUNT(*)'를 입력했을 때 출력되는 결과로 옳은 것은?

① Null 필드를 포함한 그룹별 레코드 개수
② Null 필드를 포함한 전체 레코드 개수
③ Null 필드를 제외한 그룹별 레코드 개수
④ Null 필드를 제외한 전체 레코드 개수

해설 COUNT 함수는 레코드 개수를 계산하는 함수로 COUNT(*)를 사용하면 Null 필드가 있는 레코드까지 포함하여 전체 레코드 수를 계산하고 반환한다.

51 다음 중 사원 테이블에서 호봉이 6인 사원의 연봉을 3% 인상된 값으로 수정하는 실행 쿼리를 작성하고자 할 때 각 괄호에 넣어야 할 용어를 순서대로 나열한 것으로 옳은 것은?

```
UPDATE 사원
(      ) 연봉=연봉*1.03
(      ) 호봉=6;
```

① FROM ~ WHERE ② SET ~ WHERE
③ VALUE ~ SELECT ④ INTO ~ VALUE

해설 UPDATE~SET은 하나 이상의 테이블에서 레코드 그룹을 전체적으로 변경할 때 사용하며, 형식은 UPDATE 테이블 SET 필드 이름1=식1, 필드 이름2=식, 2 … WHERE 조건으로 나타낸다.

52 다음 중 테이블의 조회 속성에 대한 설명으로 옳지 않은 것은?

① 조회 속성을 이용하면 사용자가 직접 값을 입력하는 과정에서 발생하는 오류를 줄일 수 있다.
② 조회 열에서 다른 테이블이나 쿼리에 있는 값을 조회하도록 설정할 수 있다.
③ 원하는 값을 직접 입력하여 조회 목록을 만들 수 있다.
④ 조회 목록으로 표시할 열의 개수는 변경할 수 없으며, 행 원본에 맞추어 자동으로 설정된다.

해설
- 조회 속성은 여러 가지 컨트롤을 이용해 값의 목록이나 다른 테이블에서 값을 선택할 수 있도록 지정하는 것으로 조회 마법사로 목록 상자나 콤보 상자를 작성하면 컨트롤의 특정 속성이 자동으로 설정된다.
- 보기 ④번에서 조회 목록으로 표시할 열의 개수는 변경이 가능하다.

53 다음 중 자료 분석에 유용한 결과를 보여주는 크로스탭 쿼리에 관한 설명으로 옳은 것은?

① 크로스탭 쿼리는 값을 요약한 다음 세 가지의 집합 기준으로 그룹화 한다.
② 열과 행이 교차하는 곳에는 숫자 값을 사용하는 필드만 선택 가능하다.
③ 크로스탭 쿼리 작성 시 행 머리글은 최대 3개까지 필드를 지정할 수 있다.
④ 크로스탭 쿼리는 폼 또는 보고서 개체를 데이터 원본으로 사용한다.

해설 크로스탭 쿼리 : 열과 행 방향의 표 형태로 숫자 데이터의 집계를 구해주는 쿼리로 행 머리글을 최대 3개까지 지정할 수 있다(열 머리글은 하나만 지정 가능).

54 다음 중 [폼 마법사]를 이용한 폼 작성 시 선택 가능한 폼의 모양 중 각 필드가 왼쪽의 레이블과 함께 각 행에 표시되고 컨트롤 레이아웃이 자동으로 설정되는 것은?

① 열 형식 ② 테이블 형식
③ 데이터시트 ④ 맞춤

정답 ▶ 49 ④ 50 ① 51 ② 52 ④ 53 ③ 54 ①

해설 • 테이블 형식 : 각 레코드의 필드들이 한 줄에 나타나며, 레이블은 폼의 맨 위에 표시한다.
• 데이터시트 : 레코드는 행, 필드는 열로 각각 나타나는 행/열 형식이다.
• 맞춤 : 필드 내용의 분량에 따라 각 필드를 균형 있게 배치하는 형식이다.

55 다음 중 기본 폼과 하위 폼을 연결하기 위한 기본 조건에 대한 설명으로 옳지 않은 것은?

① 기본 필드와 하위 필드의 데이터 형식과 필드의 크기는 같거나 호환되어야 한다.
② 중첩된 하위 폼은 최대 2개 수준까지 만들 수 있다.
③ 테이블간에 관계가 설정되어 있지 않은 경우에도 하위 폼으로 연결할 수 있다.
④ 하위 폼의 기본 필드 연결 속성은 기본 폼을 하위 폼에 연결해 주는 기본 폼의 필드를 지정하는 속성이다.

해설 각 하위 폼이 기본 폼 안에 배치되기만 하면 기본 폼이 포함할 수 있는 하위 폼의 수에는 제한이 없으며, 하위 폼을 7개까지 중첩시킬 수 있다.

56 다음 중 폼이나 보고서에서 조건에 맞는 특정 컨트롤에만 서식을 적용하는 조건부 서식에 대한 설명으로 옳은 것은?

ⓐ 조건부 서식은 식이 아닌 필드 값으로만 설정이 가능하다.
ⓑ 컨트롤 값이 변경되어 조건을 만족하지 않으면 적용된 서식이 해제된다.
ⓒ 조건은 50개까지 지정할 수 있으며, 조건별로 다른 서식을 적용할 수 있다.
ⓓ 지정한 조건 중 2개 이상이 참이면 조건이 참인 서식이 모두 적용된다.

① ⓐ, ⓑ　　② ⓑ, ⓒ
③ ⓒ, ⓓ　　④ ⓐ, ⓓ

해설 • 조건부 서식 : 폼이나 보고서에서 조건에 해당되는 컨트롤에만 원하는 서식을 적용하고자 할 때 사용하는 것으로 조건은 50개까지 지정할 수 있으며, 각 조건별로 다른 서식을 적용할 수 있다. 필드 값, 식, 포커스를 가지는 컨트롤에 설정할 수 있으며, 해당 값이 변경되어 조건이 만족하지 않으면 서식이 해제된다(기본 서식 적용).
• ⓐ 조건부 서식은 값이나 식을 기준으로 설정할 수 있다.
• ⓓ 지정한 조건 중 2개 이상의 조건이 참이면 첫 번째 조건의 서식이 적용된다.

57 다음 중 각 연산식에 대한 결과값이 옳지 않은 것은?

① IIF(1, 2, 3) → 결과값 : 2
② MID("123456", 3, 2) → 결과값 : 34
③ "A" & "B" → 결과값 : "AB"
④ 4 MOD 2 → 결과값 : 2

해설 MOD : 두 수를 나누어 나머지를 구하는 연산으로 4 MOD 2의 결과값은 0이다.

58 다음 중 폼에서 Tab 키를 누를 때 특정 컨트롤에서 포커스가 이동하지 않도록 하기 위한 방법은?

① '탭 인덱스' 속성을 '0'으로 설정한다.
② '탭 정지' 속성을 '예'로 설정한다.
③ '탭 인덱스' 속성을 '-1'로 설정한다.
④ '탭 정지' 속성을 '아니오'로 설정한다.

해설 탭 정지 속성은 폼 보기에서 Tab 키를 사용해 커서를 컨트롤로 옮길 수 있는지의 여부를 지정하는 것으로 '탭 정지' 속성을 '아니오'로 지정하면 Tab 키를 눌러 포커스를 컨트롤로 옮길 수 없다.

정답 55 ② 56 ② 57 ④ 58 ④

59 다음 중 현재 폼에서 'cmd숨기기' 단추를 클릭하는 경우 DateDue 컨트롤이 표시되지 않도록 하기 위한 이벤트 프로시저로 옳은 것은?

① Private Sub cmd숨기기_Click( )
```
      Me.[DateDue]!Visible = False
End Sub
```
② Private Sub cmd숨기기_DblClick( )
```
      Me!DateDue.Visible = True
End Sub
```
③ Private Sub cmd숨기기_Click( )
```
      Me![DateDue].Visible = False
End Sub
```
④ Private Sub cmd숨기기_DblClick( )
```
      Me.DateDue!Visible = True
End Sub
```

- Private Sub cmd숨기기_Click( ) : 이름이 'cmd숨기기'인 컨트롤을 클릭할 때 해당 프로시저가 수행된다. 참고로 DblClick( )은 컨트롤을 마우스 왼쪽 단추로 두 번 클릭할 때 발생한다.
- Me![DateDue].Visible = False : 폼, 보고서, 액세스 페이지 등의 표시 여부를 설정하는 것으로 'True'이면 개체가 보이고, 'False'이면 개체가 보이지 않는다.

60 다음 중 폼을 디자인 보기나 데이터시트 보기로 열기 위해 사용하는 매크로 함수는?

① RunCommand ② OpenForm
③ RunMacro ④ RunSQL

- ① 액세스의 기본 명령을 실행한다.
- ③ 매크로나 매크로 그룹을 실행한다.
- ④ 해당 SQL문으로 액세스의 실행 쿼리를 실행한다.

정답 ▶ 59 ③ 60 ②

2022년 상시02

점

1과목 | 컴퓨터 일반

01 다음의 보기에서 설명하는 웹 프로그래밍 언어로 옳은 것은?

- HTML의 단점을 보완하고 웹에서 구조화된 문서를 상호 교환하는 언어
- 홈 페이지 구축, 검색 기능 등을 향상

① HTML ② SGML
③ XML ④ VRML

해설
- ① 하이퍼텍스트를 작성하는 언어로 이식성이 높고 사용이 용이하나 복잡한 문서 작성이 어렵다. 의 집계 값을 비교할 때 사용한다.
- ② 멀티미디어 문서의 저장과 독립적인 문서를 처리하는 언어로 전자 출판에 이용된다.
- ④ 3차원 가상 공간을 표현하기 위한 언어로 웹에서 3차원 입체 이미지를 묘사한다.

02 다음 중 멀티미디어와 관련된 비디오 데이터에 관한 설명으로 옳지 않은 것은?

① AVI는 고화질 동영상 압축을 위한 비표준 동영상 파일 형식으로 Windows Media Player로만 재생이 가능하다.
② DivX는 MPEG-3과 MPEG-4를 재조합한 방식으로 기존 MPEG와는 다르게 비표준 동영상 파일 형식이다.
③ ASF는 MS사에서 개발한 통합 멀티미디어 형식으로 용량이 작고, 음질이 뛰어나 주로 스트리밍 서비스를 하는 인터넷 방송국에서 사용된다.
④ MPEG는 동영상 전문가 그룹에서 제정한 동영상 압축 기술에 관한 국제 표준 규격으로 동영상뿐만 아니라 오디오 데이터도 압축할 수 있다.

해설 AVI : Windows에서 디지털 동영상을 재생하기 위한 표준 파일 형식으로 오디오 정보와 비디오 정보를 디지털 오디오 방식으로 압축하므로 압축 속도가 빠르다.

03 다음 중 보안 위협 요소에 대한 설명으로 옳지 않은 것은?

① 백 도어(Back Door) : 컴퓨터 시스템의 보안 예방책에 침입하여 시스템에 무단 접근하기 위해 사용되는 일종의 비상구이다.
② 스니핑(Sniffing) : 네트워크 주변의 모든 패킷을 엿보면서 계정(Account)과 암호(Password)를 알아내기 위한 행위이다.
③ 드롭퍼(Dropper) : 사용자가 모르는 사이 바이러스나 트로이 목마 프로그램을 사용자의 컴퓨터에 설치하는 프로그램이다.
④ 피싱(Phishing) : 공격용 프로그램을 설치하여 표적 시스템에 대해 일제히 데이터 패킷을 범람시켜 성능을 마비시키는 방법이다.

해설
- 피싱(Phishing) : 불특정 다수에게 메일을 발송해 위장된 홈페이지로 접속하도록 한 후 이용자들의 금융 정보 등을 빼내는 수법이다.
- 보기 ④번은 분산 서비스 거부 공격(DDOS)에 대한 설명이다.

04 다음 중 DNS(Domain Name System)에 대한 설명으로 옳지 않은 것은?

① IP 주소를 네트워크 ID 부분과 호스트 ID 부분으로 구별하기 위해서 사용한다.
② DNS Server는 도메인 이름과 대응하는 IP 주소의 데이터베이스를 원하는 컴퓨터에 제공한다.
③ URL의 도메인 이름과 호스트 이름을 DNS Server에 등록한다.
④ 문자로 입력된 도메인 이름을 컴퓨터가 인식하는 IP 주소로 변경하는 시스템이다.

해설 보기 ①번은 서브넷 마스크(Subnet Mask)에 대한 설명이다.

정답 01 ③ 02 ① 03 ④ 04 ①

05 다음 중 인터넷 주소 체계인 IPv6(Internet Protocol version 6)에 관한 설명으로 옳지 않은 것은?

① 주소의 확장성, 융통성, 연동성이 뛰어나며 실시간 흐름 제어로 향상된 멀티미디어 서비스를 제공할 수 있다.
② 16비트씩 4부분, 총 64비트의 주소를 사용하여 IP 주소의 부족 문제를 해결할 수 있다.
③ 주소 체계는 유니캐스트(Unicast), 애니캐스트(Anycast), 멀티캐스트(Multicast) 등 세 가지로 나뉜다.
④ 실시간 흐름 제어로 향상된 멀티미디어 기능과 보안 기능을 지원하며, 데이터의 전송 속도가 빠르다.

해설 IPv6 : IPv4의 주소 공간을 4배 확장한 것으로 128비트를 16비트씩 8개로 나누어 표시하며, IP는 콜론(:)으로 구분한다.

06 다음 중 인터넷 서비스와 관련하여 FTP(File Transfer Protocol) 서비스에 관한 설명으로 옳지 않은 것은?

① TCP/IP 프로토콜을 기반으로 인터넷을 통하여 서버와 클라이언트 사이의 파일을 송수신한다.
② FTP 서버에 있는 프로그램은 접속 후에 서버에서 바로 실행시킬 수 있다.
③ 익명(Anonymous) 사용자는 계정이 없는 사용자로 FTP 서비스를 이용할 수 있다.
④ 기본적으로 그림 파일은 Binary 모드로 텍스트 파일은 ASCII 모드로 전송한다.

해설 FTP 서버에 있는 프로그램은 접속 후에 다운로드하여 실행시킬 수 있다.

07 한글 Windows의 파일 시스템(File System)에 대한 설명으로 옳지 않은 것은?

① 디스크의 파일 정보가 저장된 섹터를 찾아볼 수 있도록 정보를 저장하는 특수 영역이다.
② FAT, FAT32는 TRACERT 명령을 이용하여 NTFS로 변환이 가능하다.
③ 개별 파일과 폴더 외에도 NTFS 드라이브 전체를 압축할 수 있다.
④ NTFS 압축을 사용하면 성능이 저하된다.

해설 FAT, FAT32는 Convert 명령을 이용하여 NTFS로 변환이 가능하다.

08 한글 Windows에서 사용하는 USB(Universal Serial Bus)에 대한 설명으로 옳지 않은 것은?

① 1.5Mbps의 저속 모드는 HID(Human Interface Device)에서 사용한다.
② USB 3.0은 이론적으로 최대 5Gbps의 전송 속도를 가지며, PC 및 연결 기기, 케이블 등의 모든 USB 3.0 단자는 파란색으로 되어 있어 이전 버전과 구분이 된다.
③ 키보드, 마우스, 스캐너, 프린터 등을 최대 64개까지 연결할 수 있다.
④ 여러 개의 직렬 장치를 하나로 통합한 방식으로 플러그 앤 플레이(PnP)를 지원한다.

해설 USB : 여러 개의 직렬 장치를 하나로 통합한 방식으로 플러그 앤 플레이(PnP)와 핫 플러깅(Hot Plugging)을 지원하며, 주변 기기를 최대 127개까지 연결할 수 있다.

09 한글 Windows에서 사용하는 작업 표시줄에 대한 설명으로 옳지 않은 것은?

① 작업 표시줄의 크기와 위치를 조절하려면 바로 가기 메뉴에서 [모든 작업 표시줄 잠금]의 체크 표시를 해제한다.
② 작업 표시줄의 빈 부분을 드래그하여 위쪽, 아래쪽, 왼쪽, 오른쪽에 위치시킬 수 있다.
③ 알림 영역에서는 작업 표시줄에 표시할 아이콘을 선택하거나 시스템 아이콘의 켜기/끄기를 선택할 수 있다.
④ 작업 표시줄의 빈 영역을 선택한 후 Ctrl+ESC 키를 누르면 작업 표시줄 설정 창이 나타난다.

해설
- 작업 표시줄의 빈 영역을 선택한 후 Alt+Enter 키를 누르면 작업 표시줄 설정 창이 나타난다.
- Ctrl+ESC 키는 [시작] 메뉴를 호출한다.

정답 05 ② 06 ② 07 ② 08 ③ 09 ④

10 한글 Windows에서 바로 가기 아이콘에 관한 설명으로 옳지 않은 것은?

① 실제 프로그램이 아니라 응용 프로그램의 경로를 기억하고 있는 아이콘으로 확장자는 'LNK'이다.
② 파일, 폴더뿐만 아니라 디스크 드라이브나 프린터에도 바로 가기 아이콘을 만들 수 있다.
③ 위치는 실제 파일 위치와 다를 수 있으며, 삭제해도 원본 파일에는 전혀 영향을 주지 않는다.
④ 하나의 바로 가기 아이콘에 여러 개의 원본 파일을 연결할 수 있다.

해설 하나의 바로 가기 아이콘에는 하나의 원본 파일만 연결할 수 있다.

11 한글 Windows의 <u>보조프로그램</u>에 대한 설명으로 옳지 않은 것은?

① 메모장은 화면 창의 가로/세로 크기에 맞추어 텍스트를 편집할 수 없다.
② 워드패드는 다양한 글꼴, 글꼴 스타일, 단락 서식 등으로 문서 서식을 적용할 수 있다.
③ 그림판은 OLE 기능을 지원하므로 다른 응용 프로그램과 연결이 가능하다.
④ 캡처 도구는 화면의 창이나 전체 화면을 캡처하여 HTML, PNG, GIF, JPG 파일로 저장할 수 있다.

해설 메모장에서 자동 줄 바꿈 기능을 이용하면 창의 가로 크기에 맞게 텍스트를 편집할 수 있다.

12 한글 Windows에 설치된 프린터의 인쇄 관리자 창에 관한 설명으로 옳지 않은 것은?

① 인쇄 대기열에 있는 문서의 인쇄를 일시 중지시킬 수 있다.
② [문서]–[취소] 메뉴를 선택하면 일시 중지가 취소되어 문서를 다시 인쇄된다.
③ 현재 인쇄가 수행 중인 상태에서 새로운 문서의 인쇄 명령을 실행하면 인쇄 대기열에 추가된다.
④ 인쇄 대기열에 있는 문서의 인쇄 순서를 변경할 수 있다.

해설 [문서]–[취소] 메뉴를 선택하면 현재 선택한 문서의 인쇄를 취소한다.

13 한글 Windows의 [제어판]–[프로그램 및 기능]에 대한 설명으로 옳지 않은 것은?

① Windows에 설치된 프로그램을 제거하거나 특정 옵션을 이용하여 프로그램 구성을 변경할 수 있다.
② 게임, 인쇄 및 문서 서비스, 인터넷 정보 서비스 등 Windows에 포함되어 있는 다양한 기능의 사용 여부를 선택할 수 있다.
③ 설치된 업데이트를 확인할 수 있으며, 업데이트 목록에서 업데이트를 제거하거나 변경할 수 있다.
④ 컴퓨터를 장시간 사용하지 않을 경우 모니터와 하드 디스크의 전원을 차단할 수 있다.

해설 보기 ④번은 [설정]–[개인 설정]–[잠금 화면]에서 가능하다.

14 다음 중 CPU가 프로그램의 명령어를 수행하는 중에 산술 및 논리 연산의 결과를 일시적으로 저장하는 레지스터는 무엇인가?

① 주소 레지스터(MAR)
② 누산기(AC)
③ 보수기(Complement)
④ 프로그램 카운터(PC)

해설
- ① 기억 장치에서 메모리 주소를 기억한다.
- ③ 음수 표현이나 뺄셈 시 입력된 데이터를 보수로 변환한다.
- ④ 다음에 실행될 명령어 주소를 저장하며, 프로그램의 수행 순서를 제어한다.

15 다음 중 컴퓨터에서 사용하는 캐시 메모리(Cache Memory)에 관한 설명으로 옳은 것은?

① 중앙 처리장치와 주기억 장치 사이에 위치하여 컴퓨터의 처리 속도를 향상시키는 역할을 한다.
② 보조 기억 장치의 일부를 주기억 장치처럼 사용하는 메모리이다.

정답 10 ④ 11 ① 12 ② 13 ④ 14 ② 15 ①

③ EEPROM의 일종으로 전원이 끊어져도(OFF) 저장된 정보가 지워지지 않는 비휘발성 메모리이다.
④ CPU와 주변 장치 사이의 속도 차이를 줄이기 위한 임시 메모리이다.

해설
- 보기 ②번은 가상 메모리(Virtual Memory)에 대한 설명이다.
- 보기 ③번은 플래시 메모리(Flash Memory)에 대한 설명이다.
- 보기 ④번은 버퍼 메모리(Buffer Memory)에 대한 설명이다.

16 다음 중 컴퓨터 운영 체제의 운영 방식에 대한 설명으로 옳지 않은 것은?

① 실시간 처리(Real Time Processing) : 처리할 데이터가 입력될 때마다 바로 처리하는 방식으로 각종 예약 시스템이나 은행 업무 등에서 사용한다.
② 일괄 처리(Batch Processing) : 컴퓨터에 입력하는 데이터를 일정량 또는 일정 시간 동안 모았다가 한꺼번에 처리하는 방식이다.
③ 다중 처리(Multi–Processing) : 한 개의 CPU로 여러 개의 프로그램을 동시에 처리하는 방식이다.
④ 분산 처리(Distributed Processing) : 여러 대의 컴퓨터를 통신망으로 연결하여 작업과 자원을 분산시켜 처리함으로써 컴퓨터의 처리 능력과 효율을 향상시키는 시스템이다.

해설 다중 처리(Multi Processing) 시스템 : 하나의 컴퓨터에 여러 개의 중앙 처리 장치(CPU)를 설치하여 주기억 장치나 주변 장치들을 공유하고, 신뢰성과 연산 능력을 향상시키는 시스템이다(업무를 분담하여 처리).

17 다음 중 소스 코드까지 제공되어 사용자들이 자유롭게 수정하거나 변경할 수 있는 소프트웨어를 의미하는 것은?

① 패치 프로그램(Patch Program)
② 오픈 소스 소프트웨어(Open Source Software)
③ 셰어웨어(Shareware)
④ 베타 버전(Beta Version)

- ① 이미 출시된 프로그램에 존재하는 프로그램의 오류 수정 및 기능 향상을 위해 프로그램의 일부 파일을 변경하는 소프트웨어이다.
- ③ 일정 기간이나 기능에 제한을 두고 프로그램을 사용한 후 구입 여부를 판단하는 소프트웨어이다.
- ④ 소프트웨어 개발사가 프로그램을 공개하기 전에 테스트를 목적으로 일반인에 공개하는 소프트웨어이다.

18 다음 중 컴퓨터에서 하드 디스크를 연결하는 SATA 방식에 관한 설명으로 옳지 않은 것은?

① 직렬 인터페이스 방식을 사용하며, 핫 플러그인 기능을 지원한다.
② PATA 방식보다 데이터 전송 속도가 빠르다.
③ 메인보드와 보조 기억 장치의 데이터 전송 시 한 번에 한 비트씩 전송한다.
④ EIDE는 일반적으로 SATA를 의미한다.

해설 EIDE : 500MB 이상의 하드 디스크를 최대 4개(주변 장치 포함)까지 연결하는 방식이다.

19 다음 중 컴퓨터 메인보드에 사용되는 칩셋(Chip Set)에 관한 설명으로 옳은 것은?

① 컴퓨터 성능을 높이기 위해 회로 기판에 추가로 장착할 수 있는 슬롯이다.
② 메인보드에 장착되어 있는 각 장치들을 제어하고 역할을 조율한다.
③ 컴퓨터를 구성하는 모든 장치들이 장착되고 연결되는 기판이다.
④ CPU를 장착하여 연결하는 소켓을 말한다.

해설 칩셋 : 데이터의 송수신, CPU, Memory, System Bus 사이의 데이터 흐름을 제어하고, 메인보드를 관리하기 위한 정보와 각 장치를 지원하기 위한 정보가 있다.

20 다음 중 정보 통신 기술 관련 용어에 대한 설명으로 옳지 않은 것은?

정답 16 ③ 17 ② 18 ④ 19 ② 20 ②

① IoT : 사물에 센서를 부착하여 실시간으로 정보를 모은 후 인터넷을 통해 개별 사물들간 정보를 주고받게 하는 기술이다.
② Wibro : 음성 데이터를 인터넷 프로토콜 데이터 패킷으로 변환하여 인터넷 망에서 음성 통화를 가능하게 하는 기술이다.
③ SSO : 시스템마다 인증 절차를 거치지 않고 한 번의 로그인 과정으로 기업 내 각종 업무 시스템이나 인터넷 서비스에 접속할 수 있는 보안 기술이다.
④ RFID : 제품 식별, 출입 관리 등 다양한 분야에서 활용되는 기술로 전파를 이용하여 정보를 인식하는 기술이다.

해설
• 와이브로(Wibro) : 휴대폰, 노트북, PDA 등을 이용하여 이동하면서 초고속 인터넷에 접속할 수 있는 무선 광대역 서비스이다.
• 보기 ②번은 VoIP에 대한 설명이다.

2과목 | 스프레드시트 일반

21 다음 중 외부 데이터베이스 사용에 관한 설명 중 옳지 않은 것은?

① Access, FoxPro, Oracle 등과 같은 데이터베이스 파일을 외부 데이터 가져오기를 이용하여 워크시트로 가져올 수 있다.
② 외부 데이터 가져오기를 사용하여 가져온 데이터는 복사되어 가져오는 개념이므로 원본 데이터가 변경될 경우 반영되지 않는다.
③ 외부 데이터베이스에서 가져올 데이터의 추출 조건을 쿼리로 만들어 조건에 만족하는 데이터만 가져올 수 있다.
④ 외부 데이터베이스의 여러 테이블을 조인하여 데이터를 가져와야 할 경우 [새 쿼리 만들기]를 이용한다.

해설 외부 데이터 가져오기 : 원본 데이터가 변경될 경우 가져온 데이터 파일에도 적용되도록 설정할 수 있다.

22 다음 중 엑셀에서 사용하는 이름에 대한 설명으로 옳지 않은 것은?

① 'A1'처럼 셀 주소와 같은 형태의 이름을 사용할 수 있다.
② 이름의 첫 글자는 문자나 밑줄(_)만 쓸 수 있고, 나머지 글자는 문자, 숫자, 밑줄(_), 마침표(.)를 사용할 수 있다.
③ 같은 통합 문서에서 동일한 이름을 중복하여 사용할 수 없다.
④ 이름 상자의 화살표 단추를 클릭하고, 정의된 이름 중 하나를 선택하면 해당 셀 또는 셀 범위가 선택된다.

해설
• 보기 ①번에서 셀 주소와 같은 형태의 이름을 사용할 수는 없다.
• 셀 주소의 이름을 입력하면 해당 셀로 이동한다.

23 다음 중 엑셀의 각종 데이터 입력에 관한 설명으로 옳지 않은 것은?

① 오늘 날짜를 간단히 입력하기 위해서는 TODAY 함수나 Ctrl+; 키를 누르면 된다.
② 시간 데이터는 콜론(:)으로 시, 분, 초를 구분하여 입력한다.
③ 수식은 반드시 등호(=) 또는 빼기(-) 기호로 시작해야 한다.
④ 범위를 지정하고 데이터를 입력한 후 Ctrl+Enter 키를 누르면 동일한 데이터가 한꺼번에 입력된다.

해설 엑셀의 수식은 반드시 등호(=) 기호로 시작해야 한다.

24 다음 중 데이터 분석을 하기 위하여 수행하는 정렬에 관한 설명으로 옳지 않은 것은?

① 빈 셀은 오름차순이나 내림차순에서 모두 맨 마지막에 정렬된다.
② 정렬 기준은 생략할 수 없으며, 다음 기준은 필요할 때만 지정한다.

정답 ▶ 21 ② 22 ① 23 ③ 24 ④

③ 정렬 옵션을 이용하여 행을 기준으로 열을 정렬하는 작업도 가능하다.
④ [정렬 옵션] 대화 상자에서 대/소문자를 구분하도록 변경하여 오름차순으로 정렬하면 대문자가 소문자보다 우선 순위를 갖는다.

해설 [정렬 옵션] 대화 상자에서 대소문자를 구분하도록 변경하여 오름차순으로 정렬하면 소문자가 대문자보다 우선 순위를 갖는다.

25 다음 중 수식에서 어떤 값을 '0'으로 나누었을 때 표시되는 오류 메시지로 옳은 것은?

① #NAME? ② #NUM!
③ #DIV/0! ④ #VALUE!

해설
- ① 함수명을 잘못 사용하거나 수식에 인용 부호 없이 텍스트를 입력한 경우 발생한다.
- ② 숫자 인수가 필요한 함수에 다른 인수를 지정한 경우 발생한다.
- ④ 잘못된 인수나 피연산자를 사용했을 경우 발생한다.

26 다음의 VBA 구문에 대한 설명으로 가장 옳은 것은?

```
Sub Cell_1( )
    Worksheets("성적표").Range("B2:E5").Copy_
    (Worksheets("성적표").Range("B12"))
End Sub
```

① [성적표] 시트의 [B2:E5]의 범위를 복사한다.
② [성적표] 시트의 [B12] 셀을 복사하여 [B2:E5]의 범위에 붙여넣기를 한다.
③ [성적표] 시트의 [B2:E5]의 범위를 복사하여 [B12] 셀에 붙여넣기를 한다.
④ [성적표] 시트의 [B2:E5]의 범위와 [B12] 셀의 내용을 병합한다.

해설 문제에서 VBA 구문은 [성적표] 시트의 [B2:E5] 영역을 복사하여 [B12] 셀에 붙여넣기하는 것으로 Worksheets("성적표")는 성적표 워크시트를, Range는 워크시트의 셀이나 셀 범위를, Copy는 복사를 의미한다.

27 다음 중 VBA에서 프로시저(Procedure)에 대한 설명으로 옳지 않은 것은?

① 특정한 기능을 수행할 수 있는 명령문들의 집합이다.
② 사용자가 직접 기록한 매크로도 프로시저로 기록된다.
③ Sub ~ End Sub 프로시저는 명령문들의 실행 결과를 반환한다.
④ 하나 이상의 프로시저들을 이용하여 모듈을 구성할 수 있다.

해설 Sub 프로시저는 프로그램에서 설정된 작업을 수행하면서 결과값은 반환하지 않는다(Sub~End Sub).

28 다음 중 제품코드[A3:A5]의 첫 글자가 제품기호[B8:D8]이고, 판매금액은 판매단가×판매수량 일 때 판매금액[D3]을 계산하는 수식으로 옳은 것은?

	A	B	C	D
1		[표1] 제품코드		
2	제품코드	제품명	판매수량	판매금액
3	P-3456	LCD-TV	7	4,550,000
4	D-1234	DVD	6	720,000
5	E-5647	노트북	3	2,550,000
6				
7		[표2] 제품별 단가표		
8	제품기호	E	D	P
9	판매단가	850,000	120,000	650,000
10				

① =VLOOKUP(LEFT(A3, 1), $B$8:$D$9, 2, 0)*C3
② =HLOOKUP(LEFT(A3, 1), $B$8:$D$9, 2, 0)*C3
③ =VLOOKUP(MID(A3, 1), $B$8:$D$9, 2, 0)*C3
④ =HLOOKUP(MID(A3, 1), $B$8:$D$9, 2, 0)*C3

해설
- 참조 범위[B8:D9]에서 찾을 값이 행 방향[B8:D8]이므로 HLOOKUP 함수를 사용한다.
- =HLOOKUP(기준값, 범위, 행 번호, 옵션) : 범위의 첫 행에서 값을 검색하여 지정한 값에 해당하는 열 데이터를 검색 범위에서 찾는다.
- =LEFT(텍스트, 개수) : 텍스트의 왼쪽으로부터 원하는 수만큼의 문자를 구한다.

정답 25 ③ 26 ③ 27 ③ 28 ②

29 다음 중 =ROUNDUP(324.54, 1)+ABS(PRODUCT(1, −2)) 수식의 결과값으로 옳은 것은?

① 325.6　② 326.6
③ 324.6　④ 325.5

해설
- ROUNDUP(324.54, 1) : 324.54를 소수 둘째 자리에서 반올림하므로 324.6이 된다.
- =ABS(PRODUCT(1, −2)) : 수치나 범위 지정된 인수를 모두 곱하므로 −2이고, 여기에서 절대값을 구하면 2가 된다.

30 다음 중 매크로(Macro)에 대한 설명으로 옳지 않은 것은?

① 매크로 실행을 위한 바로 가기 키는 엑셀에서 이미 사용하고 있는 바로 가기 키를 사용할 수 없다.
② 매크로 기록 도중에 선택한 셀은 절대 참조로 기록할 수도 있고, 상대 참조로 기록할 수도 있다.
③ 양식 도구에 있는 명령 단추에 매크로를 지정하여 매크로를 실행할 수 있다.
④ Visual Basic Editor에서 코드 편집을 통해 매크로의 이름이나 내용을 바꿀 수 있다.

해설 매크로 바로 가기 키는 엑셀에서 이미 사용하고 있는 바로 가기 키를 사용할 수 있는데 이때, 매크로 바로 가기 키가 엑셀의 바로 가기 키보다 우선한다.

31 다음 중 데이터 표와 데이터 통합에 대한 설명으로 옳지 않은 것은?

① 데이터 표는 특정한 값의 변화에 따른 결과값의 변화를 표 형태로 보여주는 기능이다.
② 데이터 표에서 두 개의 변수에 대한 변화를 계산하려면 행과 열을 사용하는 2차원 표를 이용한다.
③ 데이터 통합은 여러 곳에 분산 입력되어 있는 데이터를 일정한 기준에 의해 하나로 합쳐서 계산해 주는 기능이다.
④ 데이터 통합 시 원본 데이터에서 행이나 열에 병합된 셀이 있어도 올바른 결과가 계산된다.

해설 데이터 통합은 여러 개의 데이터를 하나의 데이터 파일로 합치는 기능으로 병합된 셀이 있을 경우 정확하게 계산되지 않는다.

32 다음의 조건을 이용하여 사용자 지정 표시 형식을 설정할 경우 옳은 것은?

> 셀의 값이 200 이상이면 '빨강', 200 미만 100 이상이면 '파랑', 100 미만이면 색을 지정하지 않고, 천 단위 구분 기호와 소수 이하 첫째 자리까지 표시할 것

① 〈빨강〉[>=200]#,##0;〈파랑〉[>=100]#,##0;#,##0
② [빨강][>=200]#,##0;[파랑][=100]#,##0;#,##0
③ [빨강][>=200]#,##0.0;[파랑][>=100]#,##0.0;#,##0.0
④ 〈빨강〉[>=200]#,##0.0;〈파랑〉[>=100] #,##0.0;#,##0.0

해설
- 조건이나 글꼴 색을 지정할 경우 대괄호([ ]) 안에 입력한다.
- 천 단위 구분 기호와 소수 이하 첫째 자리까지 표시하는 것은 #,##0.0이다.

33 다음 시트의 [D10] 셀에 =DCOUNT(A1:D6, 3, A8:B10)을 입력했을 때 결과값으로 옳은 것은?

	A	B	C	D
1	나무	높이	나이	수확량
2	사과	18	20	14
3	배	11	12	10
4	사과	14	15	10
5	배	10	8	8
6	사과	8	9	6
7				
8	나무	높이		
9	사과			
10		>10		
11				

① 3　② 4
③ 32　④ 40

정답 29 ② 30 ① 31 ④ 32 ③ 33 ②

해설 =DCOUNT(범위, 열 번호, 찾을 조건) : 지정한 조건에 맞는 데이터베이스에서 숫자를 포함한 셀의 개수를 구하는 함수로 [A1:D6] 영역에서 나무가 '사과'이거나 높이가 '10' 이상인 셀의 개수는 4이다.

34 다음 중 주어진 수식에 대한 결과값이 옳지 않은 것은?

① =REPLACE("monkey", 4, 6, "ey") → money

② =ISERROR(4/0) → FALSE

③ =FIXED(987654321,1) → 9,876.5

④ =TEXT("2021-3-21", "mmm dd, yy") → Mar 21, 21

해설 ISERROR(인수) : 인수로 지정한 셀에 오류가 발생하면 TRUE를, 오류가 발생하지 않으면 FALSE를 구하는 함수로 보기 ②번의 결과값은 'TRUE'이다.

35 다음의 차트에 대한 설명으로 옳지 않은 것은?

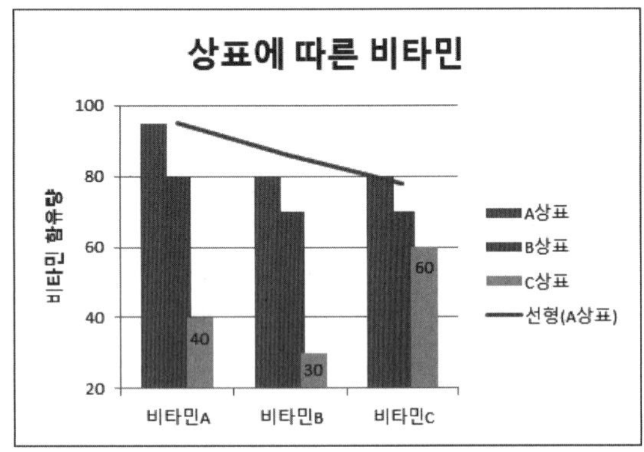

① [데이터 계열 서식] 작업 창에서 '계열 겹치기' 값이 0보다 작게 설정되었다.

② 'A상표' 계열에 선형 추세선이 추가되었고, 'C상표' 계열에는 데이터 레이블이 추가되었다.

③ 세로(값) 축의 주 단위는 20이고, 최소값과 최대값은 각각 20과 100으로 설정되었다.

④ 기본 세로 축 제목은 '제목 회전'으로 "비타민 함유량"이 입력되었다.

해설
- 계열 겹치기 : 수치를 음수로 지정하면 데이터 계열 사이가 벌어지고, 양수로 지정하면 데이터 계열이 서로 겹쳐진다.
- 문제의 차트에서는 계열 겹치기가 0보다 큰 양수로 지정되었다.

36 다음은 매크로를 Visual Basic Editor에서 확인한 것이다. 해당 매크로에 대한 설명으로 옳지 않은 것은?

```
Selection.Font.Italic = True
With Selection
        .VerticalAlignment = xlCenter
        .WrapText = False
        .Orientation = 0
        .AddIndent = True
        .IndentLevel = 2
        .ShrinkToFit = False
        .MergeCells = True
End With
With Selection.Font
        .Name = "고딕"
        .Size = 15
        .Strikethrough = False
        .Superscript = False
        .Subscript = False
        .OutlineFont = False
        .Shadow = False
        .Underline = xlUnderlineStyleNone
        .ColorIndex = xlAutomatic
End With
```

① 여러 개의 셀을 선택하고, 매크로를 실행하면 선택된 셀들이 하나로 병합된다.

② 글꼴 스타일은 기울임꼴로 설정된다.

③ 매크로 실행 후 셀의 가로 텍스트 맞춤은 가운데로 정렬된다.

④ 글꼴 크기는 15로 설정된다.

해설
- Selection.MergeCells = True : 보기 ①
- Selection.Font.Italic = True : 보기 ②번
- Selection.Font.Size = 15 : 보기 ④번
- VerticalAlignment 속성은 셀의 세로 맞춤을 지정하므로 가로 맞춤을 지정하려면 HorizontalAlignment 속성을 사용해야 한다.

37 다음 중 배열 상수에 관한 설명으로 옳지 않은 것은?

① 텍스트는 큰 따옴표(" ")로 묶어야 한다.

② {10, 20, 30, 40}과 같이 입력된 경우는 4행 1열 참조와 동일한 것이다.

정답 34 ② 35 ① 36 ③ 37 ②

③ 배열 상수에 정수, 실수, 지수형 서식의 숫자를 사용할 수 있다.

④ 배열 상수로 숫자, 텍스트, TRUE나 FALSE와 같은 논리값, #N/A와 같은 오류값 등을 사용할 수 있다.

해설 [A1:D1] 영역을 범위 지정한 후 ={10, 20, 30, 40}을 입력하고, Ctrl+Shift+Enter 키를 누르면 [A1] 셀에 10, [B1] 셀에 20, [C1] 셀에 30, [D1] 셀에 40이 각각 입력되므로 1행 4열을 참조한다.

38 다음의 워크시트에서 1학년(B3:F6), 2학년(I3:M6)의 시간표를 이용하여 전체 시간표를 작성하려고 할 때 [B10:F13] 영역의 배열 수식으로 올바른 것은?

	A	B	C	D	E	F	G	H	I	J	K	L	M
1	1학년							2학년					
2		월	화	수	목	금			월	화	수	목	금
3	1교시	국어						1교시		국어			미술
4	2교시	국어		영어		체육		2교시		국어		체육	
5	3교시		수학		과학			3교시	수학		영어		과학
6	4교시		수학			미술		4교시	수학				
7													
8	전체												
9		월	화	수	목	금							
10	1교시	국어	국어			미술							
11	2교시	국어	국어	영어	체육	체육							
12	3교시	수학	수학	영어	과학	과학							
13	4교시	수학	수학			미술							
14													

① {=MATCH(B3:F6, I3:M6)}

② {=CONCATENATE(B3:F6, I3:M6)}

③ {=REPLACE(B3:F6, I3:M6)}

④ {=SUBSTITUTE(B3:F6, I3:M6)}

해설
- CONCATENATE(텍스트1, 텍스트2) : 여러 텍스트를 하나의 텍스트로 조인하여 표시하는 함수로 텍스트를 서로 결합하여 나열한다.
- 배열 수식을 입력하고 Ctrl+Shift+Enter 키를 동시에 누르면 수식 앞뒤에 중괄호({ })가 자동으로 입력된다.

39 다음 프로그램의 실행 결과에서 변수 Test의 값으로 올바른 것은?

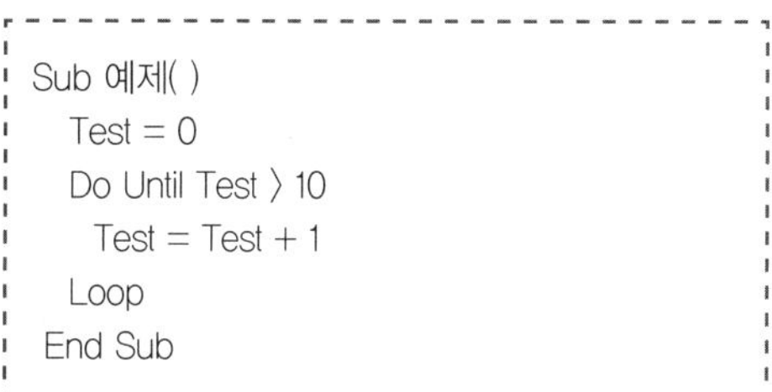

```
Sub 예제( )
  Test = 0
  Do Until Test > 10
    Test = Test + 1
  Loop
End Sub
```

① 10 ② 11

③ 0 ④ 55

Do Until Test > 10 : 'Test가 10보다 크다'에서 Test의 초기값은 0이므로 거짓이다. Test 값이 10보다 클 때까지 반복(Test = Test + 1)하면 Test가 0부터 10보다 작을 때까지 1씩 증가하므로 결과는 11이다.

40 다음 중 차트에서 사용하는 추세선에 대한 설명으로 옳은 것은?

① 추세선은 데이터의 추세를 그래픽으로 나타내는 선으로 데이터 예상이나 표본을 미리 확인할 수 있다.

② 3차원 차트에 추세선을 표시하려면 2차원 차트를 작성하여 추세선을 추가한 후 3차원으로 변환한다.

③ 지수, 선형, 로그 등 3가지 추세선 유형이 있다.

④ 모든 종류의 차트에 추세선을 사용할 수 있다.

해설
- 추세선은 지수, 선형, 로그, 다항식, 거듭제곱, 이동 평균 등 6가지의 종류가 있다.
- 추세선을 추가할 수 없는 차트에는 3차원, 방사형, 원형, 표면형, 도넛형 차트 등이 있다.

3과목 | 데이터베이스 일반

41 다음에서 설명하는 데이터베이스 시스템의 구성 요소로 가장 적절한 것은?

- 사용자나 애플리케이션과 DB를 연결하는 인터페이스 역할 수행
- SQL 문 형태로 사용자 지시를 받아 데이터의 정의나 조작 업무 수행

① 데이터베이스 관리자(DBA)

② 데이터베이스 관리 시스템(DBMS)

③ 데이터 사전(DD)

④ 데이터 조작어(DML)

정답 38 ② 39 ② 40 ① 41 ②

> **해설** DBMS : 응용 프로그램과 데이터베이스 사이에서 데이터베이스를 효율적으로 관리 및 운용하는 시스템으로 데이터의 종속성과 중복성 문제를 해결한다(데이터 검색, 추가, 갱신 등의 기능이 있음).

42 [학생] 테이블에서 '학번' 필드를 기본키로 설정하였더니 다음과 같은 내용의 오류 메시지가 나타났다. 중복된 학번을 찾는 질의로 가장 적절한 것은?

> 인덱스, 기본키 또는 관계에서 중복된 값을 만들었기 때문에 요청된 변경 사항이 적용되지 않았습니다. 필드의 데이터 또는 중복 데이터가 있는 필드를 변경하거나 인덱스를 제거하거나 중복이 가능한 인덱스로 다시 정의하여 다시 시도하십시오.

① Select 학번 From 학생 Having Count(*)〉1
② Select 학번 From 학생 Group by 학번 Where Count(*)〉1
③ Select 학번 From 학생 Where Count(*)〉1 Group by 학번
④ Select 학번 From 학생 Group by 학번 Having Count(*)〉1

> **해설**
> - Group by : 대상 필드를 지정된 필드 값에 따라 그룹으로 나눈다.
> - Having : GROUP BY로 레코드를 그룹화하고 HAVING절의 조건에 맞는 레코드를 나타낸다.
> - 보기 ④번은 학생 테이블에서 학번을 그룹으로 묶어서 학번별 학번 개수가 1개 이상인 학번만 검색한다.

43 [제품] 테이블의 '제품명' 필드는 기본키(PK)가 아니면서도 동일한 값이 두 번 이상 입력되지 않도록 설정하고자 한다. 다음 중 가장 바람직한 것은?

① 해당 필드에 '중복 불가능' 색인(Index)을 설정한다.
② 해당 필드에 '입력 마스크' 속성을 설정한다.
③ 해당 필드에 '유효성 검사 규칙'을 지정한다.
④ 해당 필드에 '빈 문자열 허용'을 '아니오'로 설정한다.

> **해설** 중복 불가능은 인덱스 지정 시 중복 데이터의 입력을 허용하지 않는 것으로 기본키가 아니면서도 동일한 값을 허용하지 않으려면 '중복 불가능' 색인을 설정한다.

44 다음과 같은 보고서를 작성하기 위해서는 어떠한 기준으로 정렬 및 그룹화를 하는 것이 가장 적절한가?

종목별 특기생 목록

종목코드	종목명	감독명	학번	성명	성별	키	몸무게	생년월일
A012	사이클	허석회	10030	한유란	여	160	56	1985-03-17
			종목별인원: 1					
종목코드	종목명	감독명	학번	성명	성별	키	몸무게	생년월일
A013	축구	임종헌	10005	황수홍	남	190	85	1984-05-11
			10041	조엄주	여	158	56	1985-06-12
			10044	정설진	여	175	69	1978-05-09
			종목별인원: 3					
종목코드	종목명	감독명	학번	성명	성별	키	몸무게	생년월일
A014	탁구	양영자	10008	이성숙	여	165	59	1985-04-13
			10009	주현아	여	160	55	1984-04-15
			10011	김수연	여	167	65	1982-05-15
			10026	홍희영	여	187	59	1981-05-11
			10031	함영식	남	158	59	1977-12-04
			10036	최영신	여	175	79	1985-06-25
			종목별인원: 6					

2010년 2월 9일 화요일 총 6쪽 중 4쪽

① 종목코드와 성명을 기준으로 오름차순으로 정렬하고, 종목코드를 기준으로 그룹화한다.
② 성명과 종목코드를 기준을 오름차순으로 정렬하고, 성명을 기준으로 그룹화한다.
③ 종목명과 학번을 기준으로 오름차순으로 정렬하고, 학번을 기준으로 그룹화한다.
④ 종목명과 학번을 기준으로 오름차순 정렬하고, 종목명을 기준으로 그룹화한다.

> **해설** 문제의 보고서는 '종목명'과 '학번'을 기준으로 오름차순 정렬하고, '종목명'을 기준으로 그룹화되어 있다.

45 다음 중 보고서 인쇄에 관련된 '페이지 설정'에 대한 설명으로 옳지 않은 것은?

① 열 크기에서 '본문과 같게'는 열의 너비와 높이를 보고서 본문의 너비와 높이에 맞춰 인쇄하는 것이다.
② 열 레이아웃은 레코드의 배치 순서를 설정하는 것으로 '열 우선', '행 우선', '사용자 지정' 옵션이 있다.

정답 42 ④ 43 ① 44 ④ 45 ②

③ [인쇄 옵션] 탭의 '데이터만 인쇄'는 눈금선 및 선이나 사각형 같은 그래픽 개체의 표시 여부를 지정할 수 있다.
④ 인쇄할 용지의 크기 및 용지 방향을 지정할 수 있다.

해설 열 레이아웃에는 '행 우선'과 '열 우선'의 옵션만 있다.

46 다음과 같은 SQL 문에 대한 설명으로 옳지 않은 것은?

```
SELECT 부서, AVG(기본급) AS [부서별기본급평균]
FROM 직원 GROUP BY 부서;
```

① GROUP BY 절을 생략할 수 있으며, 생략하여도 질의 결과는 같다.
② SELECT 부서, SUM(기본급)/COUNT(기본급) AS [부서별기본급평균] FROM 직원 GROUP BY 부서; 질의어와 항상 동일한 결과를 나타낸다.
③ 표시되는 레코드의 수와 관계없이 질의의 결과 필드 수는 항상 2개이다.
④ 질의의 결과는 반드시 '부서'의 개수(부서 필드 값의 종류 수)만큼의 레코드를 표시한다.

해설 GROUP BY : 대상 필드를 지정된 필드 값에 따라 그룹으로 나누는데 이를 생략하면 그룹화가 되지 않기 때문에 질의 결과가 달라진다.

47 테이블에 잘못된 데이터가 입력되면 이후 많은 문제가 발생한다. 이런 문제를 해결하기 위한 방안으로 점검을 필요로 하는 필드에 요구 사항이나 조건 또는 입력이 가능한 데이터 등을 미리 지정한 후 데이터 입력 시 이를 점검하도록 하는 기능은 다음 중 어느 것인가?

① 기본값 ② 필수 여부
③ 빈 문자열 허용 ④ 유효성 검사 규칙

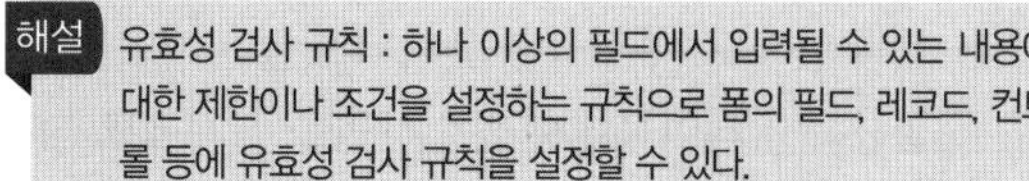

해설 유효성 검사 규칙 : 하나 이상의 필드에서 입력될 수 있는 내용에 대한 제한이나 조건을 설정하는 규칙으로 폼의 필드, 레코드, 컨트롤 등에 유효성 검사 규칙을 설정할 수 있다.

48 다음 중 회원(회원번호, 이름, 나이, 주소) 테이블에서 회원번호가 555인 회원의 주소를 '부산'으로 변경하는 질의문으로 옳은 것은?

① UPGRADE 회원 SET 회원번호=555 WHERE 주소='부산'
② UPGRADE 회원 SET 주소='부산' WHERE 회원번호=555
③ UPDATE 회원 SET 회원번호=555 WHERE 주소='부산'
④ UPDATE 회원 SET 주소='부산' WHERE 회원번호=555

해설
- UPDATE 테이블명 SET 필드명 = '필드의 변경될 실제값' WHERE 조건절
- UPDATE 회원 SET 주소 = '부산' : 회원 테이블에서 주소가 '부산'인 자료를 수정한다.
- WHERE 회원번호 = 555 : 회원번호가 555인 레코드를 검색한다.

49 다음 중 데이터베이스를 이용하는 경우의 장점으로 가장 옳은 것은?

① 데이터간의 종속성을 유지할 수 있다.
② 데이터 관리 비용을 절감할 수 있다.
③ 데이터의 일관성 및 무결성을 유지할 수 있다.
④ 데이터를 중복적으로 관리하므로 시스템에 문제가 발생하더라도 복구가 쉽다.

해설 데이터베이스의 특징으로 실시간 접근성, 계속적인 변화, 동시 공유, 중복의 최소화, 데이터의 일관성 및 무결성 등이 있다.

50 다음에서 설명하는 폼의 이벤트로 가장 적절한 것은?

- 폼이 열릴 때마다 발생
- 포커스가 한 레코드에서 다른 레코드로 이동할 때 발생
- 폼을 새로 고치거나 폼의 원본 데이터를 다시 쿼리할 때 발생
- 폼에서 이루어지는 작업 결과를 수시로 반영하는 프로시저를 수행할 때 유용

① Current ② Open
③ Activate ④ Load

정답 46 ① 47 ④ 48 ④ 49 ③ 50 ①

해설 • Open : 폼을 열어 레코드를 처음으로 표시하기 전이나 보고서를 열어 인쇄하기 전에 발생한다.
• Activate : 폼이나 보고서가 현재 창이 될 때 발생한다.
• Load : 폼을 열어 레코드들이 표시될 때 발생한다.

51 데이터베이스 질의를 사용할 때 다양한 특수 연산자가 있어 매우 유용하게 이용되고 있다. 다음 중 특수 연산자에 대한 설명으로 옳지 않은 것은?

① IN 연산은 OR 연산을 수행한 결과와 같다.
② BETWEEN 연산은 AND 연산을 수행한 결과와 같다.
③ LIKE 연산자를 사용하면 특정한 문자로 시작하는 결과를 검색할 수 있다.
④ WHERE 번호 BETWEEN 1 AND 3을 입력하면 1은 포함되고 3은 포함되지 않는다.

해설 BETWEEN A AND B는 A와 B 사이의 값이므로 WHERE 번호 BETWEEN 1 AND 3은 1과 3 사이의 번호를 의미한다.

52 다음은 폼에 관한 설명이다. (A)와 (B)에 들어갈 알맞은 말은?

(A)은 일반적으로 바운드 컨트롤이 표시되는 영역으로 단일 폼에서는 한 화면에 하나의 레코드가 표시되지만 폼의 (B) 속성에 의해 지정하는 연속 폼과 데이터시트 폼에서는 한 화면에 여러 개의 레코드가 표시된다.

① (A) 본문 영역 (B) 기본 보기
② (A) 폼 머리글 영역 (B) 레코드 원본
③ (A) 폼 머리글 영역 (B) 기본 보기
④ (A) 본문 영역 (B) 레코드 원본

해설 • 본문 영역 : 바운드 컨트롤이 표시되는 영역으로 세부 구역은 레코드를 표시한다.
• 기본 보기 : 폼을 여는 보기를 지정하는 것으로 속성에는 단일 폼, 연속 폼, 데이터시트 등이 있다.

53 COUNT 함수를 이용하여 회원수를 구했더니 '3'이라는 숫자만 표시되어 '주소' 필드의 값을 포함하여 '서울 거주 회원수는 3명'과 같이 출력하려고 한다. 다음 중 작성식으로 옳은 것은?

주소	회원번호	이름	나이
서울	527	김혜민	29
	327	최명주	55
	120	박찬주	21
회원수 :	서울 거주 회원수는 3명		

① ="[주소] 거주 회원수는 "& Count([회원번호])& "명"
② ="[주소] 거주 회원수는 "& Count([이름])& "명"
③ =[주소]& " 거주 회원수는 "& Count([주소])& "명"
④ =[주소]& " 거주 회원수는 " Count([*])& "명"

해설 필드명은 [ ] 안에 입력하고 다른 내용과 연결 시에는 '&' 기호를 사용하며, 문자열의 경우는 큰 따옴표("")로 묶어준다. COUNT는 필드의 레코드 수를 구하는 그룹 함수로 사용 형식은 Count([필드명])이다.

54 [부서] 테이블과 [사원] 테이블에는 표와 같이 데이터가 들어 있다. [부서] 테이블의 '부서코드'는 기본키로 설정되어 있고, [사원] 테이블의 '소속부서' 필드는 [부서] 테이블의 부서코드를 참조하고 있는 외래키이다. 다음의 설명으로 옳지 않은 것은?

[부서]

부서코드	부서명
1	회계부
2	관리부
3	총무부

[사원]

사번	사원명	소속부서
1	홍길동	1
2	김을섭	3
3	박부자	1
4	이원수	null

① 현재 참조 무결성(Referential Integrity)이 유지되고 있다.
② [사원] 테이블에서 4번 사원의 '소속부서'를 4로 바꾸면 참조 무결성은 유지되지 않는다.
③ [사원] 테이블에서 2번 사원을 삭제해도 참조 무결성은 유지된다.
④ [부서] 테이블에서 2번 부서를 삭제하면 참조 무결성이 유지되지 않는다.

정답 51 ④ 52 ① 53 ③ 54 ④

해설 • 참조 무결성은 관련된 테이블간의 관계를 유지하고 사용자가 실수로 관련 데이터를 삭제하거나 변경하지 않도록 하는 규칙으로 관계 설정에 사용되는 두 테이블의 필드는 데이터 형식이 같아야 한다.
• 사원 테이블의 소속 부서에 2번 부서에 대한 내용이 없으므로 부서 테이블에서 2번 부서를 삭제해도 참조 무결성이 유지된다.

55 액세스 질의문에서 사용되는 산술/대입 연산자 중에서 연산의 몫을 구하는 것으로 올바른 것은?

① ＼
② /
③ &
④ Mod

해설 • 보기 ②번은 두 수를 나누고, 부동 소수점을 구한다.
• 보기 ③번은 문자열을 결합한다.
• 보기 ④번은 두 수를 나누어 나머지를 구한다.

56 다음의 설명 중 SQL 문의 특징을 모두 고르시오.

ㄱ) 여러 줄에 나누어 입력이 가능하다.
ㄴ) 문장 끝에는 콜론(:)을 붙인다.
ㄷ) Keyword는 대문자로 입력해야 한다.
ㄹ) Select 질의 시 정렬 순서의 기본값은 오름차순이다.

① ㄱ, ㄴ
② ㄴ, ㄷ, ㄹ
③ ㄱ, ㄹ
④ ㄱ, ㄷ

해설 • ㄴ) : 문장 끝에는 세미콜론(;)을 붙인다.
• ㄷ) : Keyword는 대문자 또는 소문자로 입력한다.

57 다음 중 특정 데이터를 시각적으로 강조하여 표시하는 조건부 서식에 대한 설명으로 옳지 않은 것은?

① 하나 이상의 조건에 따라 폼과 보고서의 컨트롤 서식 또는 컨트롤 값의 서식을 변경할 수 있다.
② 컨트롤 값이 변경되어 조건에 만족하지 않으면 적용된 서식이 해제되고, 기본 서식이 적용된다.
③ 폼이나 보고서를 다른 파일 형식으로 출력하거나 내보내도 조건부 서식은 유지된다.
④ 지정한 조건 중 두 개 이상이 true이면 true인 첫 번째 조건의 서식만 적용된다.

해설 폼이나 보고서를 다른 파일 형식으로 출력하거나 내보내도 조건부 서식은 유지되지 않는다.

58 다음 중 기본키(Primary Key)와 외래키(Foreign Key)에 관한 설명으로 옳지 않은 것은?

① 기본키와 외래키는 동일한 테이블에 동시에 존재할 수 없다.
② 참조 무결성이 유지되기 위해서는 외래키 필드의 값은 참조하는 필드 값들 중 하나와 일치하거나 널(Null)이어야 한다.
③ 기본키를 이루는 필드의 값은 Null이 될 수 없다.
④ 기본키는 개체 무결성의 제약 조건을, 외래키는 참조 무결성의 제약 조건을 가진다.

해설 • 기본키는 튜플을 유일하게 식별할 수 있는 속성값이고, 외래키는 어떤 릴레이션에 속해 있는 속성이나 집합이 다른 릴레이션의 기본키가 되는 경우이다.
• 기본 키와 외래키는 동일한 테이블에 동시에 존재할 수 있다.

59 다음 중 액세스에서 색인(Index)에 대한 설명으로 가장 옳지 않은 것은?

① 인덱스 이름을 공통적으로 부여하면 여러 개의 필드를 하나의 인덱스로 구성할 수 있다.
② 'OLE 개체'를 제외한 모든 데이터 형식 필드에 인덱스를 설정할 수 있다.
③ 인덱스를 설정하면 조회 및 정렬 속도는 느려지지만 업데이트 속도는 빨라진다.
④ 중복 불가능(Unique) 색인을 설정하면 중복된 자료의 입력을 방지할 수 있다.

해설 인덱스를 사용하면 테이블이 갱신될 때마다 인덱스도 같이 업데이트되므로 전체적인 속도는 느려진다.

정답 ▶ 55 ① 56 ③ 57 ③ 58 ① 59 ③

60 다음의 ( ) 안에 들어갈 용어로 가장 적절한 것은?

- 가 : 연속 폼에서 폼의 아랫 부분에 오늘의 날짜와 시간을 표시하려면 어떻게 하나요?
- 나 : 그건 말이지. (A) 영역에 (B) 컨트롤을 만들고, (C) 속성을 (D)로 설정해 주면 됩니다.

	A	B	C	D
①	본문	텍스트 상자	컨트롤 원본	=date( )
②	폼 바닥글	레이블	컨트롤 원본	=now( )
③	본문	레이블	컨트롤 원본	=date( )
④	폼 바닥글	텍스트 상자	컨트롤 원본	=now( )

해설 폼의 아랫 부분에 표시해야 하므로 폼 바닥글을 이용하고, 함수나 수식을 표시해야 하므로 텍스트 상자를 사용한다. 여기에서 오늘의 날짜와 시간을 표시하는 함수는 =Now( )이다.

정답 60 ④

Computer Efficiency Test

실전모의고사 정답 및 해설

제 01 회 실전모의고사

01 ②	02 ④	03 ④	04 ③	05 ②	06 ②	07 ④	08 ③	09 ②	10 ④
11 ②	12 ④	13 ④	14 ②	15 ①	16 ②	17 ①	18 ④	19 ②	20 ①
21 ①	22 ③	23 ①	24 ③	25 ②	26 ③	27 ①	28 ③	29 ②	30 ①
31 ③	32 ①	33 ③	34 ④	35 ④	36 ④	37 ③	38 ②	39 ③	40 ①
41 ③	42 ③	43 ②	44 ④	45 ④	46 ①	47 ③	48 ②	49 ④	50 ③
51 ①	52 ②	53 ②	54 ④	55 ②	56 ②	57 ③	58 ④	59 ①	60 ④

01 • ① 기억 장치에서 메모리 주소를 기억한다.
- ③ 현재 실행중인 명령어를 해독하기 위해 임시로 보관한다.
- ④ 다음에 실행될 명령어 주소를 저장하며, 프로그램의 수행 순서를 제어한다.

02 네트워크 구성 요소 : Microsoft Networks용 클라이언트, QoS 패킷 스케줄러, Microsoft 네트워크용 파일 및 프린터 공유, 인터넷 프로토콜(TCP/IP) 등이 있다.

03 DHCP는 네트워크 관리자가 중앙에서 IP 주소를 할당하고, 다른 네트워크에 접속되었을 때 자동으로 새로운 IP 주소를 보낸다.

04 • ② 3차원 가상 공간을 표현하기 위한 언어로 웹에서 3차원 입체 이미지를 묘사한다.
- ④ 뉴스, 영화, 게임 등의 멀티미디어 데이터베이스를 구축하여 사용자의 요구에 따라 영상 정보를 원하는 시간에 볼 수 있도록 전송하는 양방향 서비스이다.

05 • ① 대표적 가중치 코드로 6비트로 구성된다.
- ③ 8비트로 구성되며, 범용(대형) 컴퓨터에서 정보 처리 부호용으로 사용된다.
- ④ 전 세계 모든 문자를 표현할 수 있는 16비트 완성형 국제 표준 코드이다.

06 워터마크(Watermark) : 이미지, 소리, 영상, MP3 등의 디지털 콘텐츠에 사람이 식별할 수 없도록 삽입하는 것으로 외부로부터의 손상이나 변형에 강하여 최근 널리 사용되는 콘텐츠 보호 기술이다.

07 • ① 두 종단간 연결을 설정한 후 데이터를 패킷 단위로 교환한다.
- ② 네트워크에서 컴퓨터간 메시지 교환 시 제한된 서비스만을 제공한다.
- ③ 패킷 주소를 해석하고 경로를 설정하여 다음 호스트로 전송한다.

08 관리자 계정 : 전체 컴퓨터 설정을 변경하거나 다른 사람의 파일을 사용할 수 있으며, 암호 변경 및 제거, 계정 이름 및 사진 변경, 새로운 계정 등의 기능을 제공한다.

09 [*] : 선택한 폴더의 모든 하위 폴더를 표시한다.

10 • ① 에너지 소비와 성능 사이의 균형을 자동으로 유지한다.
- ② 컴퓨터 성능을 최대로 낮추어 에너지를 절약한다.
- ④ 성능에 우위를 두지만 더 많은 에너지를 사용한다.

11 인공 지능 분야에 널리 사용되는 언어는 LISP이다.

12 새로운 프린터의 설치는 ㉡ – ㉠ – ㉤ – ㉣ – ㉢ 순으로 진행된다.

13 • ① 고화질 TV의 높은 화질을 얻기 위한 영상 압축 기술이다.
- ② MPEG-2를 개선한 것으로 동영상 데이터의 전송이나 화상 회의 시스템의 양방향 전송을 사용하기 위해 개발된 기술이다.
- ③ 동영상 데이터 검색과 전자상거래 등에 적합하며, 멀티미디어의 정보 검색이 가능하도록 메타 데이터를 추가하는 기술이다.

14 [문서]-[취소] 메뉴를 선택하면 현재 선택한 문서의 인쇄를 취소한다.

15 라우터 : 네트워크에서 최적의 경로를 배정하며, 패킷에 의해 네트워크 노드를 결정하는 장치이다.

16 • 공유된 프린터의 아이콘 그림에는 왼쪽 아래에 사람 모양이 표시된다.
• 보기 ②번은 기본 프린터에 대한 설명이다.

17 펌웨어(Firmware) : 하드웨어와 소프트웨어의 중간 형태 프로그램으로 하드웨어 동작을 지시하는 소프트웨어이지만 하드웨어의 일부분으로도 볼 수 있다.

18 주문형 비디오(VOD) : 뉴스, 영화, 게임 등의 멀티미디어 데이터베이스를 구축하여 사용자의 요구에 따라 영상 정보를 원하는 시간에 볼 수 있도록 전송하는 양방향 서비스이다.

19 인트라넷(Intranet) : 기업 내 네트워크를 인터넷의 정보망에 연결하여 저렴한 비용으로 회사 업무 네트워크를 구축하는 시스템이다(인터넷 기술을 기업 내 정보 시스템에 적용).

20 • ② CPU의 처리 시간을 일정한 시간으로 나누어서 여러 개의 작업을 연속적으로 처리하는 시스템이다.
• ③ 동시에 프로그램을 수행할 수 있는 CPU를 두 개 이상 두고 업무를 분담하여 처리하는 시스템이다.
• ④ 하나의 CPU에서 동시에 여러 개의 프로그램을 처리하는 방식으로 각 프로그램이 주어진 시간만큼 CPU를 사용하고 반환하는 시스템이다.

21 보기 ①번에서 자동적으로 삭제된다. → 삭제되지 않는다.

22 도넛형 차트도 첫째 조각의 각을 0도에서 360도 사이의 값을 이용하여 회전시킬 수 있다.

23 • IF(조건식, 참값, 거짓값) : 조건식이 참이면 참에 해당하는 값을 표시하고, 그렇지 않으면 거짓에 해당하는 값을 표시한다.
• LEFT(텍스트, 수치) : 텍스트의 왼쪽부터 지정한 개수만큼의 문자를 표시한다.

24 보기 ③번에서 Shift+Enter 키 → Ctrl+Enter 키

25 • ① 주식의 가격 동향을 나타내거나 온도 변화와 같은 과학 데이터를 표현하는데 사용한다.
• ③ 시간에 따른 변동의 크기를 강조하며, 합계 값을 추세와 함께 표시할 수 있다.
• ④ 많은 데이터 계열의 집계 값을 비교할 때 사용한다.

26 수동 페이지 나누기를 모두 제거하려면 워크시트에서 임의의 셀을 마우스 오른쪽 단추로 클릭한 다음 바로 가기 메뉴에서 [페이지 나누기 모두 원래대로]를 선택한다.

27 매크로 이름을 Auto_Open으로 지정하면 기록된 매크로가 파일을 열 때마다 자동으로 실행된다.

28 • 피벗 테이블 보고서는 대량의 데이터를 빠르게 요약하는데 사용할 수 있는 대화형 테이블이다.
• 보기 ③번에서 사용할 수 없다. → 사용할 수 있다.

29 • For ... Next문 : 지정한 횟수만큼 실행문을 반복 실행한다.
• MsgBox문 : 특정 값을 창(Window) 형태로 출력하고자 할 때 사용한다.

30 [페이지 설정] 대화 상자의 [시트] 탭에서 '눈금선'을 선택하면 워크시트에서 셀 눈금선의 인쇄 여부를 설정할 수 있다.

31 셀 색, 글꼴 색 또는 아이콘의 기본 정렬 순서는 없으며, 각 정렬 작업에 대해 원하는 순서를 정의해야 한다.

32 =PMT(이자, 기간, 현재 가치, 미래 가치, 납입시점) : 연금의 주기적인 지급액을 구하는 함수로 정기적으로 불입하고 일정한 이율이 적용되는 대출에 대하여 매회 불입액을 계산한다. 여기에서는 연 이자율 5.5%를 월 단위로 나누고, 2년간(24개월) 대출하여 상환하는 것이므로 −10000000을 입력한다.

33 셀 포인터가 표 범위 내에 있지 않아도 [정렬] 대화 상자는 표시된다.

34 순환 참조 경고 : 순환 참조는 동일한 수식의 결과에 종속되는 수식 내의 모든 참조로 하나 이상의 수식에 순환 참조가 포함되어 있으면 제대로 계산할 수 없다.

35 • YEAR( ) : 날짜 일련 번호로부터 년 단위(1900년부터 9999까지)를 구한다.
• VLOOKUP(찾을 값, 범위, 열 번호, 찾는 방법) : 배열 첫 열에서 값을 검색하여 지정한 열의 같은 행에서 데이터를 추출한다.

36 매크로가 적용되는 셀의 바로 가기 메뉴에는 매크로 실행이 없다.

37 Worksheets는 현재 통합 문서에 있는 워크시트이고, Cells는 워크시트의 셀이므로 Cells(6, 1)는 6행 1열에 해당하는 [A6] 셀이 된다. 즉, Sales 시트의 [A6] 셀에 korea를 입력한다.

38 소수점 자동 삽입 : 숫자 데이터의 소수점 위치를 지정한다(양수 : 소수점 이하 자릿수, 음수 : 소수점 이상 자릿수).

39 한글 모음을 입력한 후 한자 키를 누르면 화면에 아무것도 표시되지 않는다.

40 • 메모 : 데이터에 보충 설명이나 참고 사항을 추가하는 기능으로 문자, 숫자, 특수 문자도 표현이 가능하다.

• 윗주 : 데이터 위쪽에 주석문을 추가하는 기능으로 문자열 데이터에서만 가능하다.

41 • 도메인 : 애트리뷰트에서 나타날 수 있는 값의 집합을 말한다.
• 튜플 : 데이터베이스 모델에서 테이블의 행(레코드)으로 중복 데이터를 최소화하여 입력해야 한다.
• 차수 : 테이블에서 속성/필드의 개수이다.

42 일련번호 형식의 필드는 업데이트 되지 않으며, 일단 필드에 데이터를 입력한 후에는 데이터 형식을 일련번호로 변경할 수 없다.

43 캡션 속성에 &T라는 글자를 포함시키면 [Alt]+[t] 키를 눌렀을 때 폼에 삽입된 단추 컨트롤을 클릭했을 때와 동일하게 동작한다.

44 필드로 포커스가 이동되었을 때 설정할 한글 입력기의 상태를 지정하며 현재 상태 유지, 한글, 한글 전자, 영숫자 전/반자 등을 설정한다.

45 보기 ④번에서 이동시킬 수 있다. → 이동시킬 수 없다.

46 '제품별 납품 현황'의 제목은 보고서 매 페이지마다 인쇄하므로 페이지 머리글에 작성한다.

47 가져올 수 있는 외부 데이터 파일에는 FoxPro, dBASE, Paradox, Excel, Lotus 1-2-3, 텍스트 파일, HTML 등이 있다.

48 추가 가능은 폼을 사용할 때 레코드의 추가 여부를 지정하는 것으로 하위 폼에서 새로운 레코드를 추가할 때 설정해야 할 폼 속성은 '추가 가능'을 '예'로 설정한다.

49 [Pages]는 전체 페이지, [Page]는 현재 페이지를 의미하고, =[Page] & "페이지"는 1페이지를 나타내므로 보기와 같이 출력하려면 띄어쓰기가 되어 있는 ④번이 맞다.

50 • ① 숫자 값을 Long 형식으로 변환한다.
• ② 숫자 형태의 문자열을 숫자 값으로 변환한다.
• ④ 조건에 만족하는 필드 값을 구한다.

51 • Group by : 대상 필드를 지정된 필드 값에 따라 그룹으로 나눈다.
• Having : GROUP BY로 레코드를 그룹화하고 HAVING 절의 조건에 맞는 레코드를 나타낸다.

52 • ① 보고서에서 필드나 식을 기준으로 10개까지 정렬할 수 있다.
• ④ 그룹에 대해서 머리글이나 바닥글을 표시할 수 있다.

53 • SELECT 필드 이름 FROM 테이블 이름 WHERE 조건 GROUP BY 필드 이름;
• 월별로 납부금액의 합계를 계산하므로 GROUP BY MONTH(납부일)

54 폼, 보고서, 데이터 액세스 페이지 등에서 쿼리를 레코드 원본으로 사용할 수 있다.

55 기본 폼은 단일 폼으로만 표시할 수 있지만 하위 폼은 데이터시트를 포함하거나 단일 폼 또는 연속 폼으로 표시할 수 있다.

56 • 데이터베이스 관리자(DBA) : DDL과 DCL을 통해 데이터베이스 시스템의 모든 관리와 운영을 책임지는 사람 또는 그룹을 의미한다.
• 보기 ①, ③, ④번은 데이터베이스 언어이다.

57 Recordset 개체는 기본 테이블이나 실행된 명령 결과로부터 전체 레코드 집합을 나타내고, 공급자로부터 데이터를 조작할 수 있으므로 지원 기능을 고려해야 한다.

58 • ① 후보 키에서 기본키를 제외한 나머지 후보 키들을 의미한다.
• ② 속성들이 해당 개체 내에서 유일하게 지정되는 키를 의미한다.
• ③ 유일성과 최소성을 만족하는 튜플의 최소성을 갖는 키를 의미한다.

59 보고서는 데이터 원본으로 테이블, 쿼리, SQL문을 사용한다.

60 VAL( ) : 입력한 데이터를 숫자로 변환한다.

제 02 회 실전모의고사

01 ③	02 ①	03 ②	04 ④	05 ③	06 ④	07 ②	08 ②	09 ④	10 ③
11 ④	12 ③	13 ④	14 ④	15 ③	16 ③	17 ④	18 ③	19 ④	20 ③
21 ④	22 ③	23 ②	24 ④	25 ②	26 ③	27 ②	28 ④	29 ④	30 ④
31 ③	32 ②	33 ③	34 ②	35 ③	36 ③	37 ③	38 ②	39 ①	40 ④
41 ④	42 ③	43 ②	44 ②	45 ④	46 ②	47 ②	48 ①	49 ①	50 ②
51 ①	52 ③	53 ②	54 ②	55 ①	56 ④	57 ④	58 ①	59 ①	60 ④

01 레지스트리는 컴퓨터를 구성하는 하드웨어와 소프트웨어에 대한 실행 정보를 관리하는 계층적인 데이터베이스로 부팅 관련 파일이나 시스템 관련 프로그램과는 아무 상관이 없다.

02 • 보기 ②번에서 DRAM → SRAM이다.
• 보기 ③, ④번은 가상 메모리에 대한 설명이다.

03 쿠키(Cookie) : 웹 사이트의 방문 기록(ID)을 남겨 사용자와 웹 사이트를 매개해 주는 역할을 한다.

04 바이오스 : 펌웨어의 일종으로 컴퓨터의 입출력 장치나 메모리 등의 하드웨어를 관리하며, 메인보드의 ROM에 저장되어 있어 ROM-BIOS라고도 한다.

05 • ① 텍스트, 사운드, 이미지, 동화상 등이 복합된 HTML 언어와 하이퍼텍스트 기반으로 되어 있는 HTTP 프로토콜을 사용한다.
• ② 하이퍼텍스트 문서를 작성하는 언어로 문서의 표현 형식을 지정한다.
• ④ NetBIOS에서 IP 주소를 얻는데 필요한 서비스이다.

06 • Tracert : 접속 호스트의 경로를 추적하고, 사이트 연결이 원활하지 않을 경우 문제를 찾는 명령어이다(IP 라우터가 패킷을 제대로 전송하는지를 확인).
• 보기 ④번은 netstat 명령어에 대한 설명이다.

07 비트맵 방식은 사실적 이미지의 고해상도를 표현하는데 적합하며, 기억 공간을 많이 차지한다.

08 • ② 필요하다. → 필요하지 않다.
• 스풀링(Spooling) : 프린터가 인쇄 작업을 하는 동안 컴퓨터는 다른 작업을 할 수 있도록 하는 방식이다.

09 불필요한 시작프로그램이 있는 경우 [Windows 시스템]-[실행]에서 'msconfig' 명령어를 입력한 후 [시스템 구성] 대화상자의 [시작프로그램] 탭에서 원하는 시작프로그램들을 해제(삭제)할 수 있다.

10 • Windows 업데이트 : 운영 체제 업데이트를 통해 컴퓨터의 보안 및 성능을 향상시키는 것으로 최신 하드웨어 드라이버나 시스템 파일을 다운로드하여 설치한다.
• ③ 바이러스 백신 소프트웨어를 업데이트 하지는 않는다.

11 운영 체제의 목적 : 처리 능력(Throughput) 향상, 응답 시간(Turnaround Time) 단축, 신뢰도(Reliability) 향상, 사용 가능도(Availability) 향상

12 [시스템] 창에서는 Windows 버전, 시스템(프로세서, 메모리, 시스템 종류 등), 컴퓨터 이름, 도메인 및 작업 그룹 설정, Windows 정품 인증 등을 표시한다.

13 작업 표시줄에 있는 프린터 아이콘을 더블 클릭하여 인쇄중인 문서와 인쇄 대기중인 문서를 확인하고, 인쇄 작업을 일시 중지하거나 취소할 수 있다.

14 피어-투-피어 : 고속 LAN을 기반으로 컴퓨터간 1:1로 연결되며, 워크스테이션이나 개인용 컴퓨터를 단말기로 사용하는 방식이다(동배간 처리 시스템).

15 • 공개키/이중키 : 비대칭형 암호 방식으로 송신자가 암호화할 때 사용키와 수신자의 복호화키가 서로 다르다.
• 개인키/비밀키 : 대칭형 암호 방식으로 송수신자의 비밀키가 일치하는 것을 이용하여 암호를 해독한다.

16 • ① 실제 장면을 촬영한 후 화면에 등장하는 캐릭터나 물체의 윤곽선을 추적하여 애니메이션의 기본형을 만들고, 여기에 수작업으로 컬러를 입히거나 형태를 변형시켜 사용하는 기법이다.

• ② 셀이라는 투명한 비닐 위에 배경이나 주인공 등을 그려 색칠하는 기법이다.

17 • ① 데이터를 일정량 또는 일정 기간 모아서 한꺼번에 처리한다.
• ② 하나의 CPU에서 동시에 여러 개의 프로그램을 처리하는 방식으로 각 프로그램이 주어진 시간만큼 CPU를 사용하고 반환한다.
• ③ 동시에 프로그램을 수행할 수 있는 CPU를 두 개 이상 두고 업무를 분담하여 처리한다.

18 • ① 네트워크에서 최적의 경로를 배정하며, 패킷에 의해 네트워크 노드를 결정하는 장치이다.
• ② 각 포트에서 패킷을 고속으로 전송하며, 신호 처리와 관리 기능을 갖는 장치이다.
• ④ 전화 회선을 통신 회선으로 사용할 때 디지털 신호를 아날로그 신호로 변조하고, 아날로그 신호를 디지털 신호로 복조하는 장치이다.

19 Bit → Nibble(4Bit) → Byte(8Bit) → Word → Field → Record → File → Database

20 지그비 : 근거리 통신을 지원하는 IEEE 802.15.4 표준의 하나로 가정, 사무실 등의 무선 네트워킹 분야에서 10~20m 내외의 근거리 통신과 유비쿼터스 컴퓨팅을 위한 기술이다(전력 소모를 최소화).

21 • LEFT(텍스트, 수치) : 텍스트의 왼쪽부터 지정한 개수만큼의 문자를 표시한다.
• 배열 수식은 수식을 입력한 후 Ctrl+Shift+Enter 키를 누르는 것 외에는 다른 수식을 만들 때와 동일하다.

22 한 셀에 두 줄 이상의 문자열을 입력할 때는 Alt+Enter 키를 누르고 입력한다.

23 Range : 워크시트의 특정 셀이나 셀 범위를 나타낸다.

24 정렬 기준 : 값, 셀 색, 글꼴 색, 셀 아이콘 등이 있다.

25 • 데이터 레이블 : 차트의 데이터 레이블을 추가하거나 제거할 수 있으며, 위치를 지정할 수도 있다.
• 레이블 내용 : 계열 이름, 항목 이름, 값 중에서 선택한다.

26 • 부분합은 데이터 열에 대한 요약 함수를 계산하는 기능으로 데이터 아래에 요약을 표시할 수 있다.
• 보기 ③번에서 만들 수 있다. → 만들 수 없다.

27 매크로 기록 도중에 선택한 셀은 절대 참조로 기록할 수도 있고, 상대 참조로 기록할 수도 있다.

28 행 입력 셀 : 변하는 값이 행에 있을 경우 변화되는 셀 주소를 지정한다.

29 외부 데이터 가져오기의 파일 형식 : Access, 웹, 텍스트, SQL Server 등이 있다.

30 • COUNT(인수1, 인수2, …) : 범위 지정 목록에서 숫자 데이터가 있는 셀의 개수를 구한다.
• 보기 ④번의 결과 값은 '8'이다.

31 [데이터 계열 서식] 작업 창의 [계열 옵션]에서 [도넛 구멍 크기의]의 수치 값을 작게 조정한다.

32 메모가 입력된 셀 데이터를 다른 곳으로 복사하면 메모도 같이 복사되며, 셀을 이동하면 메모를 포함한 모든 내용이 같이 이동된다.

33 • 페이지 나누기 미리 보기는 페이지 구분선과 페이지 번호가 나타나며, 페이지 구분선을 드래그하여 페이지의 나눌 위치를 조정할 수 있다.
• 머리글 및 바닥글은 [페이지 설정] 대화 상자의 [머리글/바닥글] 탭에서 가능하다.

34 • 틀 고정을 수행하면 셀 포인터의 왼쪽과 위쪽으로 틀 고정선이 표시되며, 화면에 틀이 고정되어 있어도 인쇄에는 적용되지 않는다.
• 보기 ②번에서 자동 설정된다. → 설정되지 않는다.

35 • INDEX(배열, 행 번호, 열 번호) : 표나 범위에서 지정된 행이나 열에 해당하는 값을 구한다.
• MOD(인수, 나눌 값) : 나눗셈의 나머지 값을 구하며, 결과는 나눌 값과 동일한 부호를 갖는다.

36 • 셀 스타일은 전체 통합 문서에 적용되는 문서 테마를 기반으로 하며, 다른 문서 테마로 전환하면 새 문서 테마에 맞도록 셀 스타일이 업데이트 된다.
• 보기 ③번에서 사용자가 만든 셀 스타일을 모든 엑셀 통합 문서에서 사용할 수는 없다.

37 통합 문서(Worksheets)의 첫 번째 시트(Sheets(1)) 뒤(After)에 새로운 시트를 추가(Add)한다.

38 • Dim은 변수가 선언된 모듈이나 프로시저 내에서만 사용할 수 있도록 변수를 선언한다.

• MsgBox는 특정 값을 창 형태로 출력하고자 할 때 사용한다.

39 DMIN(범위, 열 번호, 찾을 조건) : 지정한 조건에 맞는 데이터베이스의 필드(열) 값 중에서 가장 작은 값을 구하는 함수로 [A1:C6] 영역에서 몸무게가 60 이상인 사람의 키 중 가장 작은 값은 '165'이다.

40 일부 시트만을 선택하여 저장할 수 있다.

41 가져올 수 있는 외부 데이터 파일에는 FoxPro, dBASE, Paradox, Excel, Lotus 1-2-3, 텍스트 파일, HTML 등이 있다.

42 InStr([start,] string1, string2 [,compare]) : 문자열에서 특정한 문자 또는 문자열이 위치한 자릿수를 구한다.

- start : 각 검색의 시작 위치를 설정하는 수식으로 생략하면 첫 번째 문자 위치에서 검색한다(선택 요소).
- string1 : 특정 문자열을 검색할 원본 문자열 식이다(필수 요소).
- string2 : 검색할 문자열 식이다(필수 요소).
- compare : 문자열 비교 유형을 지정한다(선택 요소).

43 • 조작 기능 : 사용자의 요구에 따라 검색, 갱신, 삽입, 삭제 등을 지원한다.

- 제어 기능 : 데이터베이스의 내용을 정확하고, 안전하게 유지한다.
- 정의 기능 : 응용 프로그램과 데이터베이스간의 인터페이스를 제공한다.

44 페이지 번호의 표시 위치는 '페이지 위쪽[머리글]', '페이지 아래쪽[바닥글]'만 표시되고 '페이지 양쪽'은 없다.

45 • L : A부터 Z까지의 영문자를 입력한다(필수 요소).

- & : 모든 문자나 공백을 입력한다(필수 요소).
- A : 영문자나 숫자를 입력한다(필수 요소).

46 반복 실행 구역 속성을 '예'로 설정하면 해당 머리글이 매 페이지마다 표시된다. 즉, 반복 실행 구역은 한 그룹의 내용이 많아 다음 페이지로 넘어가는 경우 새로운 페이지에도 그룹 머리글을 표시한다.

47 폼 안에 있는 또 다른 폼으로 기본이 되는 폼을 기본 폼, 기본 폼 안에 들어 있는 폼을 하위 폼이라고 한다.

48 여러 필드를 연결한 슈퍼키(Super Key)를 기본키로 설정할 수 있다.

49 • SELECT 필드 이름 FROM 테이블 이름 WHERE 조건;

- 조건의 학과명은 [ ]를 이용한다.

50 • DCOUNT([인수], [도메인], [조건])은 도메인에서 조건에 맞는 데이터를 기준으로 인수의 개수를 구하는 도메인 계산 함수이다.

- 문제의 인원수를 구하기 위해서는 DCOUNT 함수를 이용해야 하며, '학번' 필드가 '학생' 테이블의 기본키이므로 보기 ②번이다.

51 레이블은 우편물 발송을 위한 것으로 반드시 테이블에 우편번호와 주소가 있어야 되는 것은 아니다.

52 텍스트 상자 컨트롤의 속성 창을 열고 이름 항목에 입력하는 경우 폼에 삽입된 텍스트 상자 컨트롤의 이름이 변경된다.

53 • insert into 거래처 select * from 주소록 : 주소록 테이블의 내용을 거래처 테이블에 추가한다.

- where 거래처번호 not in (select 거래처번호 from 거래처) : 거래처번호 필드를 기준으로 거래처 테이블에 존재하지 않는 데이터만을 추가한다.

54 GROUP BY 절에 대한 조건식은 HAVING절을 사용한다.

55 연결 테이블로 가져온 테이블을 삭제하면 연결되어 있는 원본 데이터베이스 테이블은 삭제되지 않는다.

56 전체 업체의 총 판매금액에 대한 사항은 보고서 바닥글에서 구성한다.

57 제1정규형(1NF) : 하나의 제한 조건에서 릴레이션 R 내에 존재하는 도메인값이 원자값만을 포함하는 경우 모든 정규화 릴레이션은 제1정규형에 해당된다.

58 SELECT 필드 FROM 테이블1 INNER JOIN 테이블2 ON 테이블1.필드=테이블2.필드 : 두 테이블의 공통된 필드 값이 일치하는 경우 두 테이블의 레코드를 결합한다.

59 • 순번(1, 2, 3...)을 표시하려면 컨트롤 원본 속성을 '=1'로 설정한다.

- 그룹 : 그룹별로 누적 합계를 계산한다.

60 • ① 액세스의 화면상에 나타나는 모든 명령(메뉴 모음, 도구 모음, 바로 가기 메뉴)을 실행한다.

- ② 매크로를 실행하며, 매크로는 매크로 그룹에 포함될 수 있다.
- ③ 해당 SQL문으로 액세스의 실행 쿼리를 실행한다.

제 03 회 실전모의고사

01 ③	02 ②	03 ④	04 ③	05 ④	06 ③	07 ①	08 ①	09 ①	10 ③
11 ③	12 ②	13 ④	14 ①	15 ④	16 ④	17 ②	18 ②	19 ③	20 ②
21 ③	22 ③	23 ③	24 ④	25 ③	26 ②	27 ②	28 ②	29 ③	30 ②
31 ①	32 ②	33 ②	34 ④	35 ③	36 ④	37 ④	38 ④	39 ②	40 ④
41 ④	42 ④	43 ④	44 ①	45 ④	46 ③	47 ①	48 ③	49 ④	50 ②
51 ③	52 ③	53 ②	54 ④	55 ④	56 ①	57 ②	58 ①	59 ①	60 ②

01 휴지통 크기(용량)를 초과하여 사용하면 보관된 파일 중 가장 오래된 파일부터 자동 삭제된다.

02 보기 ①번은 셰어웨어(Shareware), 보기 ③번은 베타(Beta) 버전, 보기 ④번은 패치(Patch) 프로그램에 대한 설명이다.

03 특정 앱을 시작 화면에 고정시키려면 해당 앱 목록에서 마우스 오른쪽 버튼을 클릭하고, [시작 화면에 고정]을 선택한다.

04 비선형성(Non-Linear) : 문자나 숫자 데이터 외에 소리 등의 데이터를 처리한다.

05 인쇄 대기 중인 문서의 용지 방향, 용지 공급, 인쇄 매수 등을 설정할 수 있지만 변경할 수는 없다.

06 ASF : MS사에서 개발한 통합 멀티미디어 형식으로 파일을 다운로드 하면서 동시에 재생이 가능하다.

07 저작권법은 공적 이용을 위하여 공공 기관 등에서 복제하여 사용할 수 없다.

08 IPv6은 IPv4의 주소 공간을 4배 확장한 것으로 128비트를 16비트씩 8개로 나누어 표시하며, IP는 콜론(:)으로 구분한다.

09
- 제어 프로그램 : 감시 프로그램, 자료 관리 프로그램, 작업 관리 프로그램
- 처리 프로그램 : 언어 번역 프로그램, 서비스 프로그램

10 리피터 : 광학 전송 매체에서 신호를 재생하여 매체의 다음 구간으로 전송시키는 장치로 인터넷 신호를 증폭하여 장거리로 정보를 전달할 때 사용한다.

11
- 계층형 : 하나의 회선에 여러 대의 단말기가 연결된 형태로 이웃한 노드에는 회선을 연장하여 연결한다.
- 버스형 : 하나의 통신 회선에 여러 대의 단말기가 연결된 형태로 CATV 망에 적합하다.
- 링형 : 서로 인접한 노드끼리 둥글게 연결된 형태로 양방향 전송이 가능하고, LAN에서 가장 많이 이용한다.

12 인트라넷(Intranet) : 기업 내 네트워크를 인터넷의 정보망에 연결하여 저렴한 비용으로 회사 업무 네트워크를 구축하는 시스템이다(인터넷 기술을 기업 내 정보 시스템에 적용).

13 Windows 방화벽은 해커나 악성 소프트웨어가 인터넷 또는 네트워크를 통해 컴퓨터에 액세스하는 것을 방지하는 기능으로 보기 ④번의 기능은 없다.

14 임베디드(Embedded) 시스템 : 일반 PC 형태가 아닌 보드(회로 기판) 형태의 반도체 기억 소자에 응용 프로그램을 탑재하여 컴퓨터 기능을 수행하는 시스템으로 Windows CE에서 사용한다.

15 그레이(Gray) 코드 : 아날로그-디지털 변환 또는 데이터 전송 등에 사용되는 코드로 입출력 장치 코드에 유용하며, 연산에는 부적합하다.

16 디스크 단편화를 제거하여 사용 중인 디스크의 입출력 속도와 디스크 공간을 최적화시키는 것은 드라이브 조각 모음이다.

17 [시스템]의 [디스플레이] 창에서 디스플레이 해상도와 방향(가로, 세로, 가로/세로 대칭 이동)을 설정할 수 있다.

18
- 보조 기억 장치에는 자기 디스크, 하드 디스크, 자기 테이프, 광 디스크 등이 있다.
- 레이저 프린터는 레이저로 열을 가하여 토너를 흡착시킨 후 드럼을 회전시켜 인쇄하는 것으로 인쇄 속도가 빠르고, 소음이 없지만 가격이 고가이다.

19 XML(eXtensible Markup Language) : 구조화된 문서 제작용 언어로 HTML에 태그의 사용자 정의가 가능하고 태그(Tag)와 속성을 사용자가 정의할 수 있으며, 문서 내용과 이를 표현하는 방식이 독립적이다.

20 • ① 기억 장치에서 메모리 주소를 기억한다.
• ③ 현재 실행중인 명령어를 해독하기 위해 임시로 보관한다.
• ④ 기억 장치에서 읽거나 저장할 데이터를 일시적으로 기억한다.

21 Worksheets는 현재 통합 문서에 있는 워크시트이고, Cells는 워크시트의 셀이므로 Cells(6, 3)는 6행 3열에 해당하는 [C6] 셀이 된다. 즉, Sheet5 시트의 [C6] 셀에 "KOREA"를 입력한다.

22 자동 필터를 사용하면 목록 값, 서식, 조건으로 필터를 하나씩 만들 수 있지만 적용할 필터의 유형을 두 가지 이상 적용할 수는 없다.

23 • LARGE(셀 범위, k)는 범위 지정 목록에서 k번째로 큰 값을 구하므로 '87'이고, SMALL(셀 범위, k)은 범위 지정 목록에서 k번째로 작은 값을 구하므로 '87'이다. 그러므로 두 개의 합은 174가 된다.
• 보기 ①번의 결과 : 109, 보기 ②번의 결과 : 97, 보기 ④번의 결과 : 85

24 숫자나 날짜 데이터의 경우 자동 완성 기능이 적용되지 않는다.

25 개인용 매크로 통합 문서 : PERSONAL.XLSB에 저장되어 엑셀을 실행할 때마다 기록된 매크로를 사용할 수 있도록 저장한다(Excel Startup(=XLSTART) 폴더에 저장).

26 • Range : 워크시트의 특정 셀이나 셀 범위를 의미하며, 셀 주소는 직접 셀 주소로 나타낸다.
• Formula : 범위에 있는 실제 내용을 지정한다.
• Select : 해당 셀 범위를 선택한다.
• Range("A1").Select → [A1] 셀을 선택한다.
• RActiveCell.FormularR1C1="Name" → 선택된 [A1](=R1C1) 셀에 Name을 입력한다.
• Range("B2").Select → [B2] 셀을 선택한다.

27 피벗 차트 보고서 생성 시 항목과 범례는 자동으로 표시되지만 차트 제목은 직접 입력해야 한다.

28 데이터 표 : 특정 값의 변화에 따른 결과 값의 변화 과정을 표 형태로 표시하는 기능으로 입력 값과 설정 수식으로부터 표를 만들어 수식 값의 변경한 결과를 확인할 수 있다.

29 오차 막대를 화면에 표시하는 방법에는 모두, 음의 값, 양의 값이 있다.

30 • ① 자동으로 반영된다. → 반영되지 않는다.
• ③ 없다. → 있다.
• ④ 기본적으로 사용되는 텍스트 파일의 형식은 *.txt, *.prn, *.csv이다.

31 선택하여 붙여넣기 : 복사 내용의 전체를 붙여넣는 것이 아니라 수식, 값, 서식, 메모 등의 특정 내용만 붙여넣을 수 있다.

32 분기는 가로 (항목) 축으로 사용되고 있다.

33 • 배열 상수로 숫자(정수, 실수, 지수형 서식), 텍스트, TRUE나 FALSE 같은 논리값, #N/A와 같은 오류 값 등을 사용할 수 있다.
• 보기 ②번에서 수식은 사용할 수 없다.

34 • F12 키를 누르면 [다른 이름으로 저장] 대화 상자가 나타난다.
• Shift+F11 키를 누르면 새 워크시트가 삽입된다.

35 쓰기 암호를 설정할 경우 암호를 모르면 읽기 전용으로 불러와 수정할 수 있으나 원래 문서에는 저장할 수 없다.

36 보기 ④번은 [페이지 설정] 대화 상자의 [머리글/바닥글] 탭에서 가능하다.

37 통합 문서 보호는 시트의 이동, 삭제, 숨기기, 숨기기 해제, 이름 바꾸기, 창 이동, 창 크기 조절 등을 할 수 없도록 통합 문서를 보호한다.

38 시트 보기를 확대/축소하여도 인쇄에는 영향을 미치지 않는다.

39 보기 ②번의 경우 '이 함수에 대해 너무 적게 인수를 입력했습니다.'라는 메시지 대화 상자가 나타난다. 즉, 데이터베이스 함수는 배열 수식을 작성할 수 없다.

40 • 보기 ①, ②, ③번의 결과값은 '30'이고, 보기 ④번의 결과값은 '40'이다.
• COLUMN(D1)은 열 번호를 추출하므로 '4'이고, SMALL는 범위 지정 목록에서 4번째로 작은 값을 구하면 '40'이다.

41 • 0 : 0부터 9까지의 숫자를 입력하는 필수 요소로 덧셈과 뺄셈 기호를 사용할 수 없다.
• 9 : 숫자나 공백을 입력하는 선택 요소로 덧셈과 뺄셈 기호를 사용할 수 없다.
• # : 숫자나 공백을 입력하는 선택 요소로 덧셈 기호와 뺄셈 기호를 사용할 수 있다.

42 보기 ①, ②, ③번은 특정한 변경 작업을 한 후 발생하고, 보기 ④번은 컨트롤을 더블 클릭할 때 발생한다.

43 DBMS 도입 시 시스템 고장에 대한 예비 조치와 데이터 유실 시 백업과 회복이 어렵다는 단점이 있다.

44
- ② 데이터베이스의 구성 요소인 속성(Attribute), 개체(Entity), 관계(Relation)의 상호 관계를 정의한 것이다.
- ③ 관계 대수와 관계 해석을 기초로 한 선언적 형태의 데이터 언어이다.
- ④ 어떻게 질의를 수행할 것인가를 명시하는 절차적 언어이다.

45
- DoCmd 개체 : 액세스 매크로 함수를 실행할 수 있는 액세스 개체로 창 닫기, 폼 열기, 컨트롤 값 설정 등과 같은 액세스 함수를 실행한다.
- OpenForm : 폼 보기, 폼 디자인 보기, 인쇄 미리 보기, 데이터시트 보기로 폼을 연다.
- GoToRecord : 지정한 레코드를 열려 있는 테이블, 폼, 쿼리 결과 집합에서 현재 레코드로 만든다.
- OpenForm "사원정보"로 사원정보 폼을 폼 보기(acNormal)로 열고, 새 레코드(acNewRec)로 이동하는(GoToRecord) 이벤트 프로시저를 수행한다.

46 보기 ③번의 식 : =Format([Page], "000"), 결과 : 100

47 사용자 정의 형식 'mmm'은 월(月)의 영문 표기 중 앞의 3글자를 나타낸다.

48 그룹 바닥글에 출판사별 도서수가 표시되어 있다.

49
- 실행 쿼리는 데이터를 변경하거나 복사하는 쿼리로 추가 쿼리, 삭제 쿼리, 테이블 만들기 쿼리, 업데이트 쿼리 등이 있다.
- 선택 쿼리는 가장 일반적인 유형의 쿼리로 레코드를 그룹으로 묶어 합계, 개수, 평균 등을 계산할 수 있다.

50 COUNT 함수는 레코드 개수를 계산하는 함수로 COUNT(*)를 사용하면 Null 필드가 있는 레코드까지 포함하여 전체 레코드 수를 계산하여 반환하고, COUNT([필드])를 사용하면 Null 필드가 있는 레코드는 제외하고 개수를 반환한다. 그러므로 보기 ②에서 결과는 '2'이다.

51
- 한글이름이 '김'으로 시작하고, 도시명이 '서울시'이거나 '경기도'인 레코드를 검색한다.
- LIKE : 지정한 문자열이 포함되어 있는 레코드를 검색한다.

52 RIGHT 함수는 오른쪽부터 지정 개수만큼 문자를 자르는 함수로 맨 앞(왼쪽으로부터)이 아니라 맨 뒤가 기준이 된다.

53 'Σ 요약' 기능은 보고서에서 사용할 수 없다.

54 폼이나 보고서에서는 ODBC 데이터베이스, dBASE 파일, Paradox 파일 등으로 내보내기 할 수 없다.

55 '데이터만 인쇄'에 체크 표시를 하면 선이나 레이블과 같은 항목들은 인쇄하지 않고, 데이터만을 인쇄하므로 미리 만들어진 양식 종이를 이용할 수 있다.

56 보기 ①번은 4바이트, 보기 ②번은 8바이트, 보기 ③번은 8바이트, 보기 ④번은 텍스트 형식으로 최대 255자까지 지정한다.

57
- ⓐ 조건부 서식의 경우 식을 사용하여 서식을 변경할 수 있다.
- ⓓ 지정한 조건 중 2개 이상이 참인 경우 첫 번째 참인 서식만 적용된다.

58 보기 ①번에서 데이터 원본 → 레코드 원본

59 기본 폼과 하위 폼에서는 기본 폼이 '일', 하위 폼이 '다'인 '일대다'의 관계를 가지고 있다.

60
- ① 행(레코드)으로 표현된 데이터시트를 그대로 옮긴다.
- ③ 폼을 편리하게 만들어 주는 도구이다.
- ④ 다른 창으로 포커스가 이동하지 않고 닫힐 때까지 포커스를 유지한다.

제 04 회 실전모의고사

01 ③	02 ①	03 ②	04 ③	05 ①	06 ②	07 ④	08 ④	09 ③	10 ②
11 ④	12 ④	13 ②	14 ②	15 ①	16 ④	17 ①	18 ②	19 ④	20 ②
21 ④	22 ③	23 ①	24 ①	25 ④	26 ③	27 ④	28 ④	29 ③	30 ③
31 ②	32 ②	33 ②	34 ④	35 ①	36 ②	37 ②	38 ②	39 ③	40 ③
41 ③	42 ①	43 ②	44 ①	45 ④	46 ④	47 ②	48 ②	49 ②	50 ①
51 ④	52 ④	53 ③	54 ③	55 ④	56 ④	57 ③	58 ①	59 ①	60 ④

01 3차원 애니메이션을 만드는 과정 중의 하나로 물체의 모형에 명암과 색상을 입혀서 사실감을 더해 주는 작업을 렌더링(Rendering)이라고 한다.

02 • JPEG : 사진과 같은 정지 영상을 표현하기 위한 국제 표준 압축 방식으로 주로 인터넷에서 사용한다.
• GIF : 인터넷 표준 그래픽 형식으로 8비트 컬러를 사용하여 256가지의 색을 표현할 수 있다.
• WMF : 점과 점을 연결하는 직선이나 곡선을 이용하여 이미지를 표현하는 벡터 파일 형식이다.

03 • Sniffing : 네트워크 주변의 모든 패킷을 엿보면서 계정(Account)과 암호(Password)를 알아내기 위한 행위이다.
• Spoofing : 신뢰성 있는 사람이 네트워크를 통해 데이터를 보낸 것처럼 허가받지 않은 사용자가 네트워크상의 데이터를 변조하여 접속하는 행위이다.
• Trap Door : 프로그램을 개발할 때 코드 중간에 중단 부분을 만들어 악의적인 목적으로 사용한다.

04 • ① 중앙의 컴퓨터와 1:1로 연결되는 중앙 집중식 형태로 온라인 시스템에 적합하다.
• ② 하나의 통신 회선에 여러 대의 단말기가 연결된 형태로 CATV 망에 적합하다.
• ④ 하나의 회선에 여러 대의 단말기가 연결된 형태로 이웃한 노드에는 회선을 연장하여 연결한다.

05 허브(Hub) : 물리 계층에서 각 노드를 통신선으로 연결하며, 통합 회선 관리를 목적으로 한다.

06 • ③ 기업 내 네트워크를 인터넷 망에 연결하여 저렴한 비용으로 회사 업무 네트워크를 구축하는 시스템이다.
• ④ 인트라넷의 범위를 확대해서 기업 대 기업을 대상으로 정보를 공유한다.

07 • 프로토콜(Protocol) : 컴퓨터와 컴퓨터, 컴퓨터와 터미널간의 데이터 통신을 위해 규정된 통신 규약이다.
• 동기화 : 오프라인에서 사용되는 파일이 네트워크상의 파일과 일치하도록 하는 것이다.

08 • 대표적인 객체 지향 언어로는 자바(Java)가 있다.
• BASIC, Pascal, C 언어는 고급 언어에 해당된다.

09 • 색 채우기 : 전경색으로 채울 영역을 캔버스에서 클릭한다(마우스 오른쪽 단추를 클릭하면 배경색이 채워짐).
• 선택한 영역의 색은 [색 채우기] 도구를 이용하여 다른 색으로 변경할 수는 없다.

10 고정 소수점
• 부호와 절대치 : 부호 비트에서 양수(+)는 '0', 음수(−)는 '1'로 표현한다.
• 부호와 1의 보수 : 부호 비트를 제외한 비트에서 '1'은 '0'으로, '0'은 '1'로 변환한다.
• 부호와 2의 보수 : 1의 보수를 구한 다음 오른쪽 끝자리에서 '1'을 더한다.

11 RAID : 프로세서와 디스크 드라이브 사이의 속도 차이를 개선하며, 동일 데이터를 여러 디스크에 중복 저장할 수 있어 장애에 강하다.

12 캐시 메모리의 효율성은 적중률(Hit Ratio)로 나타낼 수 있으며, 적중률이 높을수록 시스템의 전체적인 속도가 향상된다.

13 서브넷 마스크 : 0~255까지의 숫자 4개를 점으로 표기하며, IP 주소와 결합하여 사용자 컴퓨터의 네트워크를 식별한다(IP 주소를 네트워크 ID 부분과 호스트 ID 부분으로 구별).

14 BCD 코드 : 대표적 가중치 코드(=8421 코드)로 6비트로 구성되며, (64)가지의 문자를 표현한다.

15 • ② 네트워크상에서 파일과 프린터를 다른 사람과 공유한다.
• ③ 네트워크상에서 다른 컴퓨터간 정보 교환을 가능하게 하는 통신 규약이다.
• ④ 다른 네트워크에 있는 공유 파일과 프린터의 액세스를 제공한다.

16 보기 ④번은 [시작] 메뉴에서 가능하다.

17 실행 중인 프로그램을 닫지 않고, 사용자를 전환할 수는 없다.

18 장치 관리자 : 시스템에 설치된 하드웨어 정보를 확인하거나 각 장치의 고급 설정 및 속성을 변경하는 것으로 가상 메모리의 정보나 설정 값을 변경할 수는 없다.

19 레지스트리 정보는 삭제할 수 있으나 레지스트리에 문제가 있을 경우 시스템이 부팅되지 않을 수 있으므로 삭제하지 않는 것이 좋으며, 시스템 복원에서 마지막으로 컴퓨터를 시작했을 때 사용한 레지스트리 버전으로 복원할 수 있다.

20 셰어웨어 : 일정 기간이나 기능에 제한을 두고 프로그램을 사용한 후 구입 여부를 판단하는 소프트웨어이다.

21 MONTH : 날짜 일련 번호로부터 월 단위(1월부터 12월까지)를 구한다.

22 같은 열에 날짜, 숫자, 텍스트가 섞여 있으면 모든 필터가 기본으로 적용된다.

23 데이터 유효성 검사 : 잘못된 데이터를 셀에 입력하는 것을 방지하는 기능으로 잘못된 날짜나 1000보다 큰 숫자를 취소할 수 있으며, 지정한 값의 드롭다운 목록에서 선택한 데이터가 입력되도록 할 수 있다.

24 원본 데이터가 변경되면 데이터 새로 고침 기능을 이용하여 피벗 테이블 데이터도 변경할 수 있다.

25 현재 날짜 입력은 Ctrl+; 키를, 현재 시간 입력은 Ctrl+Shift+; 키를 누른다.

26 • COUNTIF(셀 범위, 찾을 조건) : 범위 지정 목록에서 찾을 조건과 일치하는 셀의 개수를 구하며, 비교 연산자를 사용할 경우 큰 따옴표(" ")로 묶는다.
• 보기 ④번의 경우 [A2:A7] 영역에 모두 셀 서식이 적용된다.

27 다른 문서에 대한 링크 업데이트 : 다른 응용 프로그램에 대한 참조가 있는 수식을 계산하고 업데이트한다.

28 • # : 유효한 자릿수만 표시하고, 유효하지 않은 0은 표시하지 않는다.
• 0 : 무효의 0을 포함하여 숫자의 자릿수를 표시한다.

29 • ① 없다. → 있다.
• ② 매크로 기록 시 바로 가기 키는 지정하지 않아도 된다.
• ④ 기본적으로 Ctrl+영문 소문자로 지정되지만 바로 가기 키 입력란에 대문자를 입력하면 Ctrl+Shift+영문 대문자로 지정된다.

30 ActiveCell은 활성화된 셀에 대한 참조를 반환하고, Formula는 범위에 있는 실제 내용을 지정한다(A1 스타일의 수식).

31 • AVERAGE(인수1, 인수2, …, 인수30) : 범위 지정한 인수의 평균을 구한다.
• MOD(인수, 나눌 값) : 나눗셈의 나머지 값을 구하며, 결과는 나눌 값과 동일한 부호를 갖는다.

32 • [A4] 셀은 '2', [B4] 셀은 '4', [A5] 셀은 '6', [B5] 셀은 '8'이 표시된다.
• 수식을 입력하고 Ctrl+Shift+Enter 키를 동시에 누르면 수식 앞뒤에 중괄호({ })가 자동으로 입력된다.

33 • =SUMPRODUCT는 배열 또는 범위끼리 대응하는 값들을 서로 곱해서 그 합을 구하는 함수이다.
• =COUNTIFS(범위1, 조건1, 범위2, 조건2,...) : 범위 내에서 여러 조건을 만족하는 셀의 개수를 구하는 함수이다.

34 • [C2:C8] 영역에서 '부장'에 해당하는 [D2:D8] 영역의 급여 평균을 구한다.
• 수식을 입력하고 Ctrl+Shift+Enter 키를 동시에 누르면 수식 앞뒤에 중괄호({ })가 자동으로 입력된다.

35 Ctrl+F1 : 리본 메뉴가 표시되거나 숨겨진다.

36 보기 ①번 Alt 키 → Ctrl 키, 보기 ③번 Ctrl 키 → Shift 키, 보기 ④번 Shift 키 → Ctrl 키

37 차트 제목을 클릭한 후 수식 입력줄에서 등호(=)를 입력하고, [B1] 셀을 선택하면 [B1] 셀의 제목이 차트 제목으로 표시된다.

38 하나의 데이터 계열에 두 개 이상의 추세선을 사용할 수 있다.

39 • ① 워크시트의 확대/축소 배율(10~400%)을 설정할 수 있다.
• ② 워크시트에서 셀 눈금선의 인쇄 여부를 설정할 수 있다.
• ④ 해당 시트에 입력된 메모의 인쇄 위치(시트 끝, 시트에 표시된 대로)를 설정할 수 있다.

40 보기 ③번에서 이동시킬 수 있다. → 이동시킬 수 없다.

41 보기 ①번은 업데이트 가능한 Recordset 개체를 위해 새 레코드를 작성한다.

42 모듈의 종류
• 기본 모듈 : 다른 프로시저에도 사용할 수 있도록 Sub과 Function 프로시저를 생성하는 모듈이다.
• 클래스 모듈 : 새로운 개체에 대한 정의를 포함할 수 있는 모듈이다.

43 보기 ②번에서 데이터의 중복을 최소화한다.

44 • ③ 구조나 데이터의 형식, 처리 방식 등을 정의하는 언어(데이터 기술 언어)이다.
• ④ 데이터베이스에 대한 검색, 추가, 삭제, 갱신 등을 하기 위한 언어이다.

45 • 순번(1, 2, 3...)을 표시하려면 컨트롤 원본 속성을 '=1'로 설정한다.
• 그룹 : 그룹별로 누적 합계를 계산한다.

46 요약 옵션은 합계, 평균, 최대, 최소 중 동시에 계산 값을 선택할 수 있다.

47 보고서 모양에는 단계, 블록, 외곽선이 있으며, 문제의 그림은 '블록'을 선택한 경우이다.

48 • 하위 보고서는 일대다의 관계가 설정되어 있는 테이블의 데이터를 출력할 때 유용하다.
• 디자인 보기 화면에서 삽입된 하위 보고서의 크기 조절과 이동은 가능하다.

49 UPDATE~SET은 하나 이상의 테이블에서 레코드 그룹을 전체적으로 변경할 때 사용하며, 형식은 UPDATE 테이블 SET 필드 이름1=식1, 필드 이름2=식, 2 … WHERE 조건으로 나타낸다.

50 SELECT 필드 FROM 테이블1 INNER JOIN 테이블2 ON 테이블1.필드=테이블2.필드 : 두 테이블의 공통된 필드 값이 일치하는 경우 두 테이블의 레코드를 결합한다.

51 UNION 질의
• 형식 : SELECT 필드 이름1 FROM 테이블1 UNION SELECT 필드 이름2 FROM 테이블2;
• 내용 : 성격이 비슷한 두 개의 테이블이나 질의 내용을 통합하여 하나의 테이블을 만드는 것으로 동일한 레코드는 한 번만 기록되며, 두 테이블의 열(필드) 개수가 다르면 통합되지 않는다.

52 LIKE 연산자를 사용하면 특정한 문자로 시작하는 결과를 검색할 수 있다.

53 기본키(Primary Key)는 튜플을 유일하게 식별할 수 있는 속성값으로 기본키 필드 값은 변경이 가능하다.

54 보기 ③번에서 저장된다. → 저장되지 않는다.

55 • 0 : 0부터 9까지의 숫자를 입력하는 필수 요소로 덧셈과 뺄셈 기호를 사용할 수 없다.
• 9 : 숫자나 공백을 입력하는 선택 요소로 덧셈과 뺄셈 기호를 사용할 수 없다.
• # : 숫자나 공백을 입력하는 선택 요소로 덧셈과 뺄셈 기호를 사용할 수 있다.

56 보기 ④번의 형식이 표준이므로 '1234'를 입력하는 경우 표시되는 값은 '1,234.0'이 된다.

57 • ① 텍스트 상자와 목록 상자를 결합한 형식으로 새로운 값을 입력할 수 있다.
• ② 데이터 목록을 항상 표시한다.
• ④ 레코드를 찾거나 인쇄 등의 특정 기능을 실행할 때 사용된다.

58 • 바운드 컨트롤 : 테이블 또는 쿼리의 필드가 컨트롤의 원본 데이터로 연결된 컨트롤이다.
• 언바운드 컨트롤 : 테이블 또는 쿼리의 필드가 컨트롤의 원본 데이터로 연결되지 않은 컨트롤이다.

59 폼 머리글은 폼의 제목 같이 모든 레코드에 대해 동일한 정보를 표시하며, 인쇄할 때는 첫 페이지의 맨 위에 나타난다.

60 DCOUNT([인수], [도메인], [조건])은 도메인에서 조건에 맞는 데이터를 기준으로 인수의 개수를 구하는 도메인 계산 함수이다.

제 05 회 실전모의고사

01 ④	02 ①	03 ③	04 ③	05 ④	06 ③	07 ①	08 ②	09 ③	10 ③
11 ②	12 ③	13 ④	14 ④	15 ④	16 ④	17 ③	18 ④	19 ④	20 ①
21 ①	22 ③	23 ③	24 ①	25 ①	26 ①	27 ①	28 ②	29 ④	30 ②
31 ①	32 ②	33 ①	34 ③	35 ②	36 ④	37 ④	38 ③	39 ②	40 ③
41 ③	42 ④	43 ②	44 ④	45 ②	46 ④	47 ④	48 ①	49 ①	50 ④
51 ②	52 ③	53 ②	54 ①	55 ③	56 ③	57 ③	58 ②	59 ①	60 ①

01 • ① 제한된 색상을 조합하여 새로운 색을 만드는 작업이다.
• ② 이미지의 대략적인 모습을 먼저 보여준 다음 점차 자세한 모습을 보여주는 기법이다.
• ③ 두 이미지를 자연스럽게 연결하고, 어떤 모습을 서서히 다른 형상으로 변화시키는 기법이다.

02 AVI : 오디오 정보와 비디오 정보를 디지털 오디오 방식으로 압축하므로 압축 속도가 빠르다.

03 서비스 거부 공격(DoS) : 관리자 권한 없이도 특정 서버에 처리할 수 없을 정도로 대량의 접속 신호를 한꺼번에 보내 해당 서버가 마비되도록 하는 해킹 기법이다.

04 DNS Server는 도메인 이름과 이에 대응하는 IP 주소의 데이터베이스를 원하는 컴퓨터에 제공한다.

05 사용자가 웹 서버에 있는 홈 페이지를 수정할 수는 없다.

06 데이터 링크 계층 : 물리 계층의 전송 오류를 검출하고 수정, 링크의 확립/유지/단절의 수단을 제공한다.

07 URL의 형식은 프로토콜://호스트 도메인 이름[:포트 번호]/파일 위치 및 파일명 순이다.

08 • ③ 정보를 제공하는 컴퓨터와 정보 자원을 활용하는 다수의 컴퓨터를 연결하여 독자적인 데이터 처리를 하는 분산 처리 방식이다.
• ④ 양 쪽 방향으로 정보 전송이 가능하지만 동시에는 전송할 수 없는 방식이다.

09 패치 프로그램 : 이미 출시된 프로그램에 존재하는 프로그램의 오류 수정 및 기능 향상을 위해 프로그램의 일부 파일을 변경하는 소프트웨어이다.

10 응용 소프트웨어 : 특정 분야에서 필요한 작업을 쉽게 수행하기 위하여 사용자 측면에서 개발된 프로그램이다.

11 CPU가 클럭 주기에 따라 명령을 수행할 때 클럭 값이 높을수록 CPU는 빠르게 일을 처리한다.

12 ③ CISC 프로세서에 비해 생산 가격이 저렴하고, 소비 전력이 낮다.

13 SSD는 하드 디스크(HDD)의 대체 저장 장치이지만 가격이 비싸다.

14 • BPI(Byte Per Inch) : 자기 테이프의 기록 밀도 단위이다.
• RAM의 성능 단위는 ns(나노 초)이다.

15 • [제어판]-[장치 및 프린터] : 시스템 장치, 프린터, 인쇄 작업 등을 관리한다.
• 키보드와 마우스 등도 플러그 앤 플레이(PnP) 기능을 이용하여 자동으로 설치할 수 있다.

16 [연결 프로그램] 대화 상자에서 연결 프로그램을 삭제해도 연결된 데이터 파일은 삭제되지 않는다.

17 NTFS : FAT나 FAT32 보다 대용량(16TB)의 디스크에 적합하고, 안정성과 보안성이 좋은 파일 시스템으로 FAT32도 사용할 수 있다.

18 • [시작] 메뉴의 검색 상자에서는 검색 필터를 사용할 없다.
• 파일 탐색기의 검색 상자에서 검색 필터를 사용하여 파일을 검색할 수 있다.

19 [폴더 옵션] 대화 상자의 [일반] 탭에서 [기본값 복원]은 폴더 찾아보기, 마우스 클릭, 탐색 창에서 설정한 값들을 원래대로 복원하는 것으로 원격 데스크톱 사용과는 관계가 없다.

20 Alt+ESC : 열린 순서대로 항목 전환

21 Ctrl+F 키를 누르면 [찾기] 탭이 선택되어 있는 [찾기 및 바꾸기] 대화 상자를 표시한다.

22 Range는 워크시트의 특정 셀이나 셀 범위를 의미하고, Formula는 범위에 있는 실제 내용을 지정하므로 [A1] 셀에는 수식 3 * 4의 결과값인 12가 입력된다.

23 [정렬 옵션] 대화 상자에서 대소문자를 구분하도록 변경하여 오름차순으로 정렬하면 소문자가 대문자보다 우선 순위를 갖는다.

24 엑셀에서 기본적으로 제공되는 목록은 수정하거나 삭제할 수 없다.

25 [시나리오 관리자] 대화 상자에서 시나리오를 삭제해도 이미 작성된 시나리오 요약 보고서는 삭제되지 않는다.

26 • 금액[B2:B4]에서 가장 큰 값은 3,800원으로 첫 번째 규칙에 따라 [A3:C3] 영역의 채우기 색이 노랑으로 적용된다.
• 두 번째 규칙의 수식은 RIGHT 함수에 따라 오른쪽에서 첫 번째가 '손'인 글자가 없으므로 해당 사항이 없다.

27 강호동, 박명수, 유재석의 이름을 기준으로 항목이 그룹화되었다.

28 특수 문자를 입력하려면 먼저 한글 자음을 입력한 후 키보드의 한자 키를 눌러 원하는 특수 문자를 선택한다.

29 • 'h'는 시간을 0~23으로 표시하고, 'mm'은 분을 00에서 59로 표시한다.
• 경과된 시간 표시는 [ ]로 묶어주어야 한다.

30 배열 수식은 수식을 입력하고 Ctrl+Shift+Enter 키를 동시에 누르면 수식 앞뒤에 중괄호({ })가 자동으로 입력된다. 즉, =B2:B5*C2:C5는 [B2:B5] 영역과 [C2:C5] 영역을 각각 곱하는 것으로 여기에 배열 수식을 이용하면 한 번에 금액을 구할 수 있다.

31 매크로 이름의 첫 글자는 반드시 문자로 시작되어야 하며, 특수 문자(+, −, ?, $, & 등)는 사용할 수 없다.

32 • 보기 ①, ③, ④번의 결과는 545.75이다.
• 보기 ②번에서 COUNT 함수로 인하여 숫자의 개수를 모두 세기 때문에 0이 입력된 셀까지의 평균을 구하면 결과는 363.8333이다.

33 =PMT(이자, 기간, 현재 가치, 미래 가치, 납입시점) : 연금의 주기적인 지급액을 구하는 함수로 정기적으로 불입하고 일정한 이율이 적용되는 대출에 대하여 매회 불입액을 계산한다. 여기에서는 연 이자율 5.5%를 월 단위로 나누고, 2년간(24개월) 대출하여 상환하는 것이므로 −10000000을 입력한다.

34 [페이지 나누기 미리 보기]에서 수동으로 삽입된 페이지 나누기는 실선으로 표시되고, 자동으로 추가된 페이지 나누기는 파선으로 표시된다.

35 시트명이 숫자로 시작하거나 워크시트 이름 중간에 공백이 있는 경우는 작은 따옴표(' ')로 묶는다.

36 • ① 탭 이동 단추를 이용하여 다른 시트로 빠르게 이동할 수 있다.
• ② 행과 열이 교차되면서 만들어진 사각형으로 데이터가 입력되는 기본 단위를 셀이라고 한다.
• ③ 워크시트의 수는 기본적으로 3개이지만 최대 255개까지 지정할 수 있다.

37 보기 ④번은 [파일]-[옵션]-[일반] 탭에서 설정할 수 있다.

38 • Alt+F11 키를 누르면 Visual Basic 창이 열린다.
• 데이터 범위를 지정한 후 F11 키를 누르면 엑셀의 기본 차트인 세로 막대형 차트가 빠르게 작성된다.

39 • ① 주식의 가격 동향을 나타내거나 온도 변화와 같은 과학 데이터를 표현하는데 사용한다.
• ③ 시간에 따른 변동의 크기를 강조하며, 합계 값을 추세와 함께 표시할 수 있다.
• ④ 많은 데이터 계열의 집계 값을 비교할 때 사용한다.

40 &[날짜], &[시간], &[전체 페이지 수], &[페이지 번호] 등과 같이 왼쪽에 & 연산자를 사용하며, 문자열은 " "로 표시하지만 머리글/바닥글에서는 " " 없이 사용한다. 뒤쪽에 문자열이 오더라도 & 연산자 없이 사용한다.

41 DblClick은 더블 클릭을 의미하므로 txt날짜 컨트롤이 더블 클릭될 때 실행된다.

42 디자인 보기 상태에서 보고서 바닥글은 가장 마지막 구역에 표시되지만 인쇄하거나 미리 보는 경우에는 마지막 페이지의 바닥글 위쪽에 한 번만 표시된다.

43 • 데이터 조작어(DML) : SELECT, UPDATE, INSERT, DELETE 등
• 데이터 정의어(DDL) : CREATE, ALTER, DROP 등

• 데이터 제어어(DCL) : COMMIT, ROLLBACK, GRANT, REVOKE 등

44 데이터 중복을 최소화하기 위해 데이터베이스의 논리적 설계 단계에서 수행한다.

45 눈금 설정의 열 개수는 단(2단, 3단) 의미로 열 크기(너비)가 부족한 경우 자동 축소되지 않고, 일부 데이터가 잘릴 수 있다.

46 • 그룹 머리글(제품명)에 작성된 내용은 기본적으로 한 번만 표시되지만 현재 와이어는 4개의 레코드, 감쇠기는 5개의 레코드가 표시되어 있다. 따라서 [제품명] 컨트롤을 본문에 작성하여 중복 내용 숨기기를 '예'로 설정한다.
• 그룹 머리글 영역 : 그룹이 지정될 경우 그룹 상단에 반복적으로 표시하거나 새로운 그룹의 데이터가 시작되기 전에 표시한다.

47 보고서를 서식 있는 텍스트 파일(*.rtf)로 내보내는 경우 테이블을 내보내지 않더라도 보고서와 연결된 데이터가 표시된다.

48 보기 ①번에서 숫자 형식을 선택하면 기본적으로 정수(Long)가 지정된다.

49 삽입(INSERT)문은 여러 개의 레코드를 동시에 추가할 수 있지만 한 번에 하나의 테이블에만 추가한다.

50 SELECT 필드 이름 FROM 테이블 이름 WHERE 조건; : 여러 필드 중 특정 조건에 만족하는 레코드만 검색할 때 사용된다. 조건에 문자열을 지정할 때는 작은 따옴표(' ')나 큰 따옴표(" ")로 묶어야 한다. 즉, T1의 품번과 T2의 제조사 필드를 검색한다.

51 매개 변수를 적용할 필드의 조건 행에서 매개 변수 대화 상자에 표시할 텍스트를 [ ] 대괄호로 묶어 입력한다.

52 • INSTR( ) : 문자열에서 특정한 문자 또는 문자열이 존재하는 위치를 구해 준다.
• 보기의 경우 "CD"라는 문자열이 "ABCDABCDAB" 문자열에서 가장 첫 번째로 나타나는 곳의 위치 번호(3번째)를 결과로 나타낸다.

53 UPDATE 테이블 이름 SET 필드 이름 WHERE 조건 : 하나 이상의 테이블에서 레코드 그룹을 전체적으로 변경할 때 사용되며, 특정 조건을 지정하여 조건에 해당되는 레코드나 필드만 선택적으로 변경할 수도 있다.

54 다대다(M:N) : 두 테이블 간의 여러 레코드가 서로 대응되는 것으로 필드는 기본키나 인덱스(중복 불가능)로 설정되어야 하는데, 기본키나 인덱스로 설정된 필드에는 동일한 값이 입력될 수 없기 때문에 두 테이블을 직접 다대다로 설정할 수 없다.

55 모달 대화 상자 실행 시 현재 선택된 폼과 상관없이 새로운 폼(Form1)이 생성되면서 [확인], [취소] 버튼이 나타난다. 폼 보기를 통해 [확인], [취소] 실행 시 모두 폼 대화 상자가 닫힌다.

56 • Private Sub cmd숨기기_Click( ) : 이름이 'cmd숨기기'인 컨트롤을 클릭할 때 해당 프로시저가 수행된다. 참고로 DblClick( )은 컨트롤을 마우스 왼쪽 단추로 두 번 클릭할 때 발생한다.
• Me![DateDue].Visible = False : 폼, 보고서, 액세스 페이지 등의 표시 여부를 설정하는 것으로 'True'이면 개체가 보이고, 'False'이면 개체가 보이지 않는다.

57 '예/아니요'의 세부 형식은 Yes/No, True/False, On/Off의 총 세 가지를 제공한다.

58 [탭 순서] 대화 상자의 [자동 순서]는 탭 순서를 위에서 아래로, 왼쪽에서 오른쪽으로 설정한다.

59 FindRecord : 조건에 맞는 데이터의 첫째 레코드나 다음 레코드를 찾는다(테이블 데이터시트, 쿼리 데이터시트, 폼 데이터시트, 폼에서 레코드를 찾음).

60 보기 ①번에서 '일 대 다' 관계일 때 기본 폼에는 '일'에 해당하는 데이터가 표시되고, 하위 폼에는 '다'에 해당하는 데이터가 표시된다.

교재로 채택하여 강의 중인 컴퓨터학원입니다.

[서울특별시]

한양IT전문학원(서대문구 홍제동 330-54)
유림컴퓨터학원(성동구 성수1가 1동 656-251)
아이콘컴퓨터학원(은평구 갈현동 390-8)
송파컴퓨터회계학원(송파구 송파동 195-6)
강북정보처리학원(은평구 대조동 6-9호)
아이탑컴퓨터학원(구로구 개봉1동 65-5)
신영진컴퓨터학원(구로구 신도림동 437-1)
방학컴퓨터학원(도봉구 방학3동 670)
아람컴퓨터학원(동작구 사당동 우성2차 09상가)
국제컴퓨터학원(서초구 서초대로73길54 디오빌 209호)
백상컴퓨터학원(구로구 구로1동 314-1 극동상가 4층)
엔젤컴퓨터학원(도봉구 창2동 581-28)
독립문컴퓨터학원(종로구 무악동 47-4)
문성컴퓨터학원(동작구 대방동 335-16 대방빌딩 2층)
대건정보처리학원(강동구 명일동 347-3)
제6세대컴퓨터학원(송파구 석촌동 252-5)
명문컴퓨터학원(도봉구 쌍문2동 56)
영우컴퓨터학원(도봉구 방학1동 680-8)
바로컴퓨터학원(강북구 수유2동 245-4)
뚝섬컴퓨터학원(성동구 성수1가2동)
오성컴퓨터학원(광진구 자양3동 553-41)
해인컴퓨터학원(광진구 구의2동 30-15)
푸른솔컴퓨터학원(광진구 자양2동 645-5)
희망컴퓨터학원(광진구 구의동)
경일웹컴퓨터학원(중랑구 신내동 665)
현대정보컴퓨터학원(양천구 신정5동 940-38)
보노컴퓨터학원(관악구 서림동 96-48)
스마트컴퓨터학원(도봉구 창동 9-1)
모드산업디자인학원(노원구 상계동 724)
미주컴퓨터학원(구로구 구로5동 528-7)
미래컴퓨터학원(구로구 개봉2동 403-217)
중앙컴퓨터학원(구로구 구로동 437-1 성보빌딩 3층)
고려아트컴퓨터학원(송파구 거여동 554-3)
노노스창업교육학원(서초구 양재동 16-6)
우신컴퓨터학원(성동구 홍익동 210)
무궁화컴퓨터학원(성동구 행당동 245번지 3층)
영일컴퓨터학원(금천구 시흥1동 838-33호)
셀파컴퓨터회계학원(송파구 송파동 97-43 3층)
지현컴퓨터학원(구로구 구로3동 188-5)

[인천광역시]

이컴IT.회계전문학원(남구 도화2동 87-1)
대성정보처리학원(계양구 효성1동 295-1 3층)
상아컴퓨터학원(경명대로 1124 명인프라자1, 501호)
명진컴퓨터학원(계양구 계산동 946-10 덕수빌딩 6층)
한나래컴퓨터디자인학원(계양구 임학동 6-1 4층)
효성한맥컴퓨터학원(계양구 효성1동 77-5 신한뉴프라자 4층)
시대컴퓨터학원(남동구 구월동 1225-36 롯데프라자 301-1)
피엘컴퓨터학원(남동구 구월동 1249)
하이미디어아카데미(부평구 부평동 199-24 2층)
부평IT멀티캠퍼스학원(부평구 부평5동 199-24 4, 5층)
돌고래컴퓨터아트학원(부평구 산곡동 281-53 풍성프라자 402, 502호)
미래컴퓨터학원(부평구 산곡1동 180-390)
가인정보처리학원(부평구 삼산동 391-3)
서부연세컴퓨터학원(서구 가좌1동 140-42 2층)
이컴학원(서구 석남1동 513-3 4층)
연희컴퓨터학원(서구 심곡동 303-1 새터빌딩 4층)
검단컴퓨터회계학원(서구 당하동 5블럭 5롯트 대한빌딩 4층)
진성컴퓨터학원(연수구 선학동 407 대영빌딩 6층)
길정보처리회계학원(중구 인현동 27-7 창대빌딩 4층)
대화컴퓨터학원(남동구 만수5동 925-11)
new중앙컴퓨터학원(계양구 임학동 6-23번지 3층)

[대전광역시]

학사컴퓨터학원(동구 판암동 203번지 리라빌딩 401호)
대승컴퓨터학원(대덕구 법동 287-2)
열린컴퓨터학원(대덕구 오정동 65-10 2층)
국민컴퓨터학원(동구 가양1동 579-11 2층)
용운컴퓨터학원(동구 용운동 304-1번지 3층)
굿아이컴퓨터학원(서구 가수원동 656-47번지 3층)
경성컴퓨터학원(서구 갈마2동 1408번지 2층)
경남컴퓨터학원(서구 도마동 경남(아)상가 301호)
둔산컴퓨터학원(서구 탄방동 734 3층)
로얄컴퓨터학원(유성구 반석동 639-4번지 웰빙타운 602호)
자운컴퓨터학원(유성구 신성동 138-8번지)
오원컴퓨터학원(중구 대흥동 205-2 4층)
계룡컴퓨터학원(중구 문화동 374-5)
제일정보처리학원(중구 은행동 139-5번지 3층)

[광주광역시]

태봉컴퓨터전산학원(북구 운암동 117-13)
광주서강컴퓨터학원(북구 동림동 1310)
다음정보컴퓨터학원(광산구 신창동 1125-3 건도빌딩 4층)
광주중앙컴퓨터학원(북구 문흥동 999-3)
국제정보처리학원(북구 중흥동 279-60)
굿아이컴퓨터학원(북구 용봉동 1425-2)
나라정보처리학원(남구 진월동 438-3 4층)
두암컴퓨터학원(북구 두암동 602-9)
디지털국제컴퓨터학원(동구 서석동 25-7)
매곡컴퓨터학원(북구 매곡동 190-4)
사이버컴퓨터학원(광산구 운남동 387-37)
상일컴퓨터학원(서구 상무1동 147번지 3층)
세종컴퓨터전산학원(남구 봉선동 155-6 5층)
송정중앙컴퓨터학원(광산구 송정2동 793-7 3층)
신한국컴퓨터학원(광산구 월계동 899-10번지)
에디슨컴퓨터학원(동구 계림동 85-169)
엔터컴퓨터학원(광산구 신가동1012번지 우미아파트상가 2층 201호)
염주컴퓨터학원(서구 화정동 1035 2층)
영진정보처리학원(서구 화정2동 신동아아파트 상가 3층 302호)
이지컴퓨터학원(서구 금호동 838번지)
일류정보처리학원(서구 금호동 741-1 시영1차아파트 상가 2층)
조이컴정보처리학원(서구 치평동 1184-2번지 골든타운 304호)
중앙컴퓨터학원(서구 화정2동 834-4번지 3층)
풍암넷피아정보처리학원(서구 풍암 1123 풍암빌딩 6층)
하나정보처리학원(북구 일곡동 830-6)
양산컴퓨터학원(북구 양산동 283-48)
한성컴퓨터학원(광산구 월곡1동 56-2)

[부산광역시]

신흥정보처리학원(사하구 당리동 131번지)
경원전산학원(동래구 사직동 45-37)
동명정보처리학원(남구 용호동 408-1)
메인컴퓨터학원(사하구 괴정4동 1119-3 희망빌딩 7층)
미래컴퓨터학원(사상구 삼락동 418-36)
미래i컴퓨터학원(부산진구 가야3동 301-8)
보성정보처리학원(사하구 장림2동 1052번지 삼일빌딩 2층)
영남컴퓨터학원(기장군 기장읍 대라리 97-14)
우성컴퓨터학원(사하구 괴정동 496-5 대원스포츠 2층)
중앙IT컴퓨터학원(북구 만덕2동 282-5번지)
하남컴퓨터학원(사하구 신평동 590-4)
다인컴퓨터학원(사하구 다대1동 933-19)
자유컴퓨터학원(동래구 온천3동 1468-6)
영도컴퓨터전산회계학원(영도구 봉래동3가 24번지 3층)
동아컴퓨터학원(사하구 당리동 303-11 5층)
동원컴퓨터학원(해운대구 재송동)
문현컴퓨터학원(남구 문현동 253-11)
삼성컴퓨터학원(북구 화명동 2316-1)

[대구광역시]

새빛캐드컴퓨터학원(달서구 달구벌대로 1704 삼정빌딩 7층)
해인컴퓨터학원(북구 동천동 878-3 2층)
셈틀컴퓨터학원(북구 동천동 896-3 3층)
대구컴퓨터캐드회계학원(북구 국우동 1099-1 5층)
동화컴퓨터학원(수성구 범물동 1275-1)
동화회계캐드컴퓨터학원(수성구 달구벌대로 3179 3층)
세방컴퓨터학원(수성구 범어1동 371번지 7동 301호)
네트컴퓨터학원(북구 태전동 409-21번지 3층)
배움컴퓨터학원(북구 복현2동 340-42번지 2층)
윤성컴퓨터학원(북구 복현2동 200-1번지)
명성탑컴퓨터학원(북구 침산2동 295-18번지)
911컴퓨터학원(달서구 달구벌대로 1657 4층)
메가컴퓨터학원(수성구 신매동 267-13 3층)
테라컴퓨터학원(수성구 달구벌대로 3090)

[울산광역시]

엘리트정보처리세무회계(중구 성남동 청송빌딩 2층~6층)
경남컴퓨터학원(남구 신정 2동 명성음악사3,4층)
다운컴퓨터학원(중구 다운동 776-4번지 2층)
대송컴퓨터학원(동구 대송동 174-11번지 방어진농협 대송지소 2층)
명정컴퓨터학원(중구 태화동 명정초등 BUS 정류장 옆)
크린컴퓨터학원(남구 울산병원근처-신정푸르지오 모델하우스 앞)
한국컴퓨터학원(남구 옥동 260-6번지)
한림컴퓨터학원(북구 봉화로 58 신화프라자 301호)
현대문화컴퓨터학원(북구 양정동 523번지 현대자동차문화회관 3층)
인텔컴퓨터학원(울주군 범서면 굴화리 49-5 1층)
대림컴퓨터학원(남구 신정4동 949-28 2층)
미래정보컴퓨터학원(울산시 남구 울산대학교앞 바보사거리 GS25 5층)
서진컴퓨터학원(울산시 남구 달동 1331-13 2층)
송샘컴퓨터학원(동구 방어동 281-1 우성현대 아파트상가 2, 3층)
에셋컴퓨터학원(북구 천곡동 410-6 아진복합상가 310호)
연세컴퓨터학원(남구 무거동 1536-11번지 4층)
홍천컴퓨터학원(남구 무거동(삼호동)1203-3번지)
IT컴퓨터학원(동구 화정동 855-2번지)
THC정보처리컴퓨터(울산시 남구 무거동 아이컨셉안경원 3, 4층)
TOPCLASS컴퓨터학원(울산시 동구 전하1동 301-17번지 2층)

[경기도]

샘물컴퓨터학원(여주군 여주읍 상리 331-19)
인서울컴퓨터디자인학원(안양시 동안구 관양2동 1488-35 골드빌딩 1201호)
경인디지털컴퓨터학원(부천시 원미구 춘의동 116-8 광덕프라자 3층)
에이팩스컴퓨터학원(부천시 원미구 상동 533-11 부건프라자 602호)
서울컴퓨터학원(부천시 소사구 송내동 523-3)
천재컴퓨터학원(부천시 원미구 심곡동 344-12)
대신IT컴퓨터학원(부천시 소사구 송내2동 433-25)
상아컴퓨터학원(부천시 소사구 괴안동 125-5 인광빌딩 4층)
우리컴퓨터전산회계디자인학원(부천시 원미구 심곡동 87-11)
좋은컴퓨터학원(부천시 소사구 소사본3동 277-38)
대명컴퓨터학원(부천시 원미구 중1동 1170 포도마을 삼보상가 3층)
한국컴퓨터학원(용인시 기흥구 구갈동 383-3)
삼성컴퓨터학원(안양시 만안구 안양1동 674-249 삼양빌딩 4층)
나래컴퓨터학원(안양시 만안구 안양5동 627-35 5층)
고색정보컴퓨터학원(수원시 권선구 고색동 890-169)
셀파컴퓨터회계학원(성남시 중원구 금광2동 4359 3층)
탑에듀컴퓨터학원(수원시 팔달구 팔달로2가 130-3 2층)
새빛컴퓨터학원(부천시 오정구 삼정동 318-10 3층)
부천컴퓨터학원(부천시 원미구 중1동 1141-5 다운타운빌딩 403호)
경원컴퓨터학원(수원시 영통구 매탄4동 성일아파트상가 3층)
하나탑컴퓨터학원(광명시 광명6동 374-10)
정수천컴퓨터학원(가평군 석봉로 139-1)
평택비트컴퓨터학원(평택시 비전동 756-14 2층)

[전라북도]

전주컴퓨터학원(전주시 완산구 삼천동1가 666-6)
세라컴퓨터학원(전주시 덕진구 우아동)
비트컴퓨터학원(전북 남원시 왕정동 45-15)
문화컴퓨터학원(전주시 덕진구 송천동 1가 480번지 비사벌빌딩 6층)
등용문컴퓨터학원(전주시 완산구 풍남동1가 15-6번지)
미르컴퓨터학원(전주시 덕진구 인후동1가 857-1 새마을금고 3층)
거성컴퓨터학원(군산시 명산동 14-17 반석신협 3층)
동양컴퓨터학원(군산시 나운동 487-9 SK5층)
문화컴퓨터학원(군산시 문화동 917-9)
하나컴퓨터학원(전주시 완산구 효자동1가 518-59번지 3층)
동양인터넷컴퓨터학원(전주시 완산구 삼천동1가 288-9번 203호)
골든벨컴퓨터학원(전주시 완산구 평화2동 893-1)
명성컴퓨터학원(군산시 나운1동792-4)
다울컴퓨터학원(군산시 나운동 667-7번지)
제일컴퓨터학원(남원시 도통동 583-4번지)
뉴월드컴퓨터학원(익산시 부송동 762-1 번지 1001안경원 3층)
젬컴퓨터학원(군산시 문화동 920-11)
문경컴퓨터학원(정읍시 연지동 32-11)
유일컴퓨터학원(전주시 덕진구 인후동 안골사거리 태평양 약국 2층)
빌컴퓨터학원(군산시 나운동 809-1번지 라파빌딩 4층)
김상미컴퓨터학원(군산시 조촌동 903-1 시영아파트상가 2층)
아성컴퓨터학원(익산시 어양동 부영1차아파트 상가동 202호)
민컴퓨터학원(전주시 완산구 서신동 797-2번지 청담빌딩 5층)
제일컴퓨터학원(익산시 어양동 643-4번지 2층)
현대컴퓨터학원(익산시 동산동 1045-3번지 2층)
이지컴퓨터학원(군산시 동흥남동 404-8 1층)
비젼컴퓨터학원(익산시 동산동 607-4)
청어람컴퓨터학원(전주시 완산구 평화동2가 890-5 5층)
정컴퓨터학원(전주시 완산구 삼천동1가 592-1)
영재컴퓨터학원(전라북도 완주군 삼례읍 삼례리 923-23)
탑스터디컴퓨터학원(군산시 수송로 119 은하빌딩 3층)

[전라남도]

한성컴퓨터학원(여수시 문수동 82-1번지 3층)

[경상북도]

현대컴퓨터학원(경북 칠곡군 북삼읍 인평리 1078-6번지)
조은컴퓨터학원(경북 구미시 형곡동 197-2번지)
옥동컴퓨터학원(경북 안동시 옥동 765-7)
청어람컴퓨터학원(경북 영주시 영주2동 528-1)
21세기정보처리학원(경북 영주시 휴천2동 463-4 2층)
이지컴퓨터학원(경북 경주시 황성동 472-44)
한국컴퓨터학원(경북 상주시 무양동 246-5)
예일컴퓨터학원(경북 의성군 의성읍 중리리 714-2)
김복남컴퓨터학원(경북 울진군 울진읍 읍내4리 520-4)
유성정보처리학원(경북 예천군 예천읍 노하리 72-6)
제일컴퓨터학원(경북 군위군 군위읍 서부리 32-19)
미림-엠아이티컴퓨터학원(경북 포항시 북구 장성동 1355-4)
가나컴퓨터학원(경북 구미시 옥계동 631-10)
엘리트컴퓨터외국어스쿨학원(경북 경주시 동천동 826-11번지)
송현컴퓨터학원(안동시 송현동 295-1)

[경상남도]

송기웅전산학원(창원시 진해구 석동 654-3번지 세븐코아 6층 602호)
빌게이츠컴퓨터학원(창원시 성산구 안민동 163-5번지 풍전상가 302호)
예일학원(창원시 의창구 봉곡동 144-1 401~2호)
정우컴퓨터전산회계학원(창원시 성산구 중앙동 89-3)
우리컴퓨터학원(창원시 의창구 도계동 353-13 3층)
웰컴퓨터학원(김해시 장유면 대청리 대청프라자 8동 412호)
이지컴스쿨학원(밀양시 내이동 북성로 71 3층)
비사벌컴퓨터학원(창녕군 창녕읍 말흘리 287-1 1층)
늘샘컴퓨터학원(함양군 함양읍 용평리 694-5 신협 3층)
도울컴퓨터학원(김해시 삼계동 1416-4 2층)

[제주도]

하나컴퓨터학원(제주시 이도동)
탐라컴퓨터학원(제주시 연동)
클릭컴퓨터학원(제주시 이도동)

[강원도]

엘리트컴퓨터학원(강릉시 교1동 927-15)
권정미컴퓨터교습소(춘천시 춘천로 316 2층)
형제컴퓨터학원(속초시 조양동 부영아파트 3동 주상가 305-2호)
강릉컴퓨터교육학원(강릉시 임명로 180 3층 301호)

컴퓨터 활용능력 1급 필기 총정리 문제집

2021. 2. 10. 1판 1쇄 발행
2022. 1. 5. 개정증보 1판 1쇄 발행
2022. 7. 20. 개정증보 2판 1쇄 발행

저자와의 협의하에 검인생략

지은이 | Vision IT
펴낸이 | 이종춘
펴낸곳 | BM (주)도서출판 성안당
주소 | 04032 서울시 마포구 양화로 127 첨단빌딩 3층(출판기획 R&D 센터)
10881 경기도 파주시 문발로 112 파주 출판 문화도시(제작 및 물류)
전화 | 02) 3142-0036
031) 950-6300
팩스 | 031) 955-0510
등록 | 1973. 2. 1. 제406-2005-000046호
출판사 홈페이지 | **www.cyber.co.kr**
도서 내용 문의 | leo45@hanmail.net
ISBN | 978-89-315-5800-5 (13000)
정가 | 23,000원

이 책을 만든 사람들
책임 | 최옥현
진행 | 최창동
본문 디자인 | Vision IT
표지 디자인 | 박원석
홍보 | 김계향, 이보람, 유미나, 이준영
국제부 | 이선민, 조혜란, 권수경
마케팅 | 구본철, 차정욱, 오영일, 나진호, 강호묵
마케팅 지원 | 장상범, 박지연
제작 | 김유석